Wessel/Gesing Umwelt – Bildung

Umwelt – Bildung

Spielend die Umwelt entdecken

herausgegeben von

Johannes Wessel
Harald Gesing

Luchterhand

Die Deutsche Bibliothek - CIP-Einheitsaufnahme

Umwelt – Bildung: spielend die Umwelt entdecken / hrsg. von
Johannes Wessel ; Harald Gesing. – Neuwied ; Kriftel ; Berlin :
Luchterhand, 1995
ISBN 3-472-02216-7
NE: Wessel, Johannes [Hrsg.]

Gefördert durch die Deutsche Bundesstiftung Umwelt

Alle Rechte vorbehalten.
© 1995 by Hermann Luchterhand Verlag GmbH Neuwied, Kriftel, Berlin.
Das Werk einschließlich aller seiner Teile ist urheberrechtlich geschützt.
Jede Verwertung außerhalb der engen Grenzen des Urheberrechtsgesetzes
ist ohne Zustimmung des Verlages unzulässig und strafbar. Das gilt insbesondere für Vervielfältigungen, Übersetzungen, Mikroverfilmungen und die
Einspeicherung und Verarbeitung in elektronischen Systemen.
Druck: Wilhelm & Adam, Heusenstamm
Printed in Germany, Februar 1995

∞ Gedruckt auf säurefreiem, alterungsbeständigem und chlorfreiem Papier

Inhaltsverzeichnis

Harald Gesing/Johannes Wessel
Spielend die Umwelt retten?! –
Einleitung zum Umweltspiele-Handbuch

Reinhold E. Lob
Umwelt und Umwelterziehung
in der gesellschaftlichen Diskussion

Rainer Buland
Zwischen Colored Desert und Grand Canyon:
Gedanken über Naturspiele und wilderness – ein Essay

1. Das Umweltspiel in Pädagogik, Umwelterziehung, Psychologie und Gesellschaft

Harald Gesing/Johannes Wessel
Einleitung

Pädagogik

1.1 *Rainer Buland*
»Für eine freundliche Zukunft!« –
Spielforschung, Spielpädagogik und Erziehung

Spielen und Umwelterziehung

1.2 *Fredon Salehian*
Spiel und Umwelt. Alles Spielerei?

1.3 *Klaus Hübner*
Zeit zu spielen

Psychologie

1.4 *Manfred Holodynski*
Umweltspiele zwischen Spaß und Anspruch –
Ein Überblick zu ihren spielpsychologischen Grundlagen

Gesellschaft

1.5 *Rainer Korte*
Zur gesellschaftlichen Bedeutung des Spielens

1.6 *Matthias Gürtler/Ursula Buch*
Spielen in der DDR –
Situation vor und nach der Wende

2. Theorie und Praxis der Spielformen

Johannes Wessel/Harald Gesing
Einleitung — 136

2.1 *Bernward Thole*
Brettspiele in der Umwelterziehung — 138

2.2 *Fritz E. Gericke/Alena Knör*
Rollen- und Planspiele in der Umweltbildung –
Handlungs- und erlebnisorientiertes Lernen — 160

2.3 *Stephanie Vortisch*
Theater mit der Umwelt –
Was es heißt, Stücke für die
Umwelterziehung zu erarbeiten — 176

2.4 *Hans Hermsen*
Theater kann provozieren –
»Unsichtbares Theater« nach Augusto Boal
oder »Ein Picknick auf der Straße« — 204

2.5 *Regina Frerich*
Musik ist Leben – Leben braucht Musik!
Zur Bedeutung von Musik, Liedern und Tänzen
in der Umwelterziehung — 219

2.6 *Klaus Hübner*
Umweltspiele im Erlebnisbereich Wasser — 241

2.7 *Klaus Hübner*
Umweltspiele im Erlebnisbereich Wiese — 251

2.8 *Matthias Oriwall*
Walderfahrungsspiele — 258

2.9 *Matthias Nicolai*
Erlebnispädagogik und spielerisches Umweltlernen.
Versuch einer Verbindung aus sozialpädagogischer Sicht — 280

2.10 *Peter Hohenauer*
Naturnahe Spielräume –
Aspekte zu einer notwendigen Verbesserung
der Spielmöglichkeiten im öffentlichen Raum — 290

2.11 *Jürgen Fritz*
Computerspiele für die Schule — 318

2.12 *Jürgen Fritz*
Mit SimAnt in die Welt der Ameisen — 322

2.13 *Valdis Bisters/Raimonds Ernsteins/Ivars Kudrenickis*
Das Simulationsspiel »Am See« in der Umwelterziehung –
Ein Beispiel aus Lettland — 327

3. Praxis der Umweltspiele in verschiedenen Zielgruppen

Harald Gesing/Johannes Wessel
Einleitung — 338

3.1 Rainer Strätz/Rita Möcklinghoff
Spiel und Umwelt im Kindergarten — 339

3.2 Hildegund Hartmann/Gabriele Jung
Umweltspiele in der Grundschule — 349

3.3 Gerald Klenk
Umweltspiele in der Sekundarstufe I — 365

3.4 Maria-Luise Brunn
Lernspiele zum Thema Umwelt in der Sekundarstufe II — 375

3.5 Doris Poklekowski
Spielerische Elemente in der umweltbezogenen
schulischen Berufsbildung — 389

3.6 Herbert Kersberg
Umweltspiele bei Wanderungen und bei Aufenthalten
in Schullandheimen und Jugendherbergen — 402

3.7 Willy Klawe
Umweltspiele mit behinderten Kindern
und Jugendlichen — 420

3.8 Uli Geißler
Praktische Anregungen zum Einsatz
von Umweltspielen in der Jugendarbeit — 430

3.9 Dieter Niehoff
Einsatzmöglichkeiten ausgewählter Umweltspiele
in der Erwachsenenbildung — 444

3.10 Uli Geißler
Umweltbildung im Wohnzimmer und beim Spaziergang –
Möglichkeiten von Umweltspielen in der Familie — 460

3.11 Barbara Fischer
Umweltspiele machen vor dem Alter nicht halt –
Einsatzmöglichkeiten im Seniorenbereich — 473

3.12 Ursula Schlüter
Entwicklung und Einsatz von Umweltspielen
im kommunalen Bereich — 483

4. Umweltspiele international

Johannes Wessel/Harald Gesing
Einleitung — 500

4.1 *Edith Amberger-Dirringer/Regina Kobler/Regina Steiner*
Praktische Erfahrungen mit Spielen
in der österreichischen Umwelterziehung — 502

4.2 *Reinhard Hübner*
Schweizer Umweltspiele – Ein Überblick
und eine Kommentierung ausgewählter Spiele — 515

4.3 *Jan van der Heide*
Umweltspiele in den Niederlanden –
Praxisbeispiele aus der Provinz Overijssel — 530

4.4 *Christa Messner*
Das Spiel in der Umwelterziehung –
Ein Bericht aus Italien — 539

4.5 *Orah S. Elron*
Umweltspiele in der nordamerikanischen Umwelterziehung –
Praxisbeispiele aus Colorado/USA — 555

4.6 *Raimonds Ernsteins/Valdis Bisters/Andrej Schtscherbakow*
Umweltspiele im baltisch-russischen Raum — 574

4.7 *Izumi Ohtaka*
Umweltspiele in Japan — 592

5. Hinweise und Anmerkungen

5.1 *Martin Rauch*
Das »Freiburger Raster« – eine Analyse- und Bewertungshilfe
für den Einsatz von Umweltspielen in der Bildungsarbeit — 602

5.2 *Johannes Wessel*
Adressen, Spieleveranstaltungen, Spielelisten — 611

Autorenregister — 621

Personenregister — 631

Spieleregister — 637

Spielend die Umwelt retten?! –
Einleitung zum Umweltspiele-Handbuch

Harald Gesing/Johannes Wessel

Nachdem man in der *ersten Phase* der Umwelterziehung in den 70er bzw. zu Beginn der 80er Jahre die Notwendigkeit der schulischen Umwelterziehung erkannt hatte, wurden zunächst grundlegende Begründungszusammenhänge ökologischer Art aufgezeigt. Diese allgemeinökologischen Überlegungen flossen anschließend in die pädagogisch-didaktische Diskussion der schulischen Bildungspolitik ein, die sich dann schon recht schnell auf die jeweiligen Zielgruppen – hier Schulstufen – *(zweite Phase)* bezog. Daraufhin entstanden viele didaktisch-methodische Ansätze zur schulischen Umwelterziehung. Es wurden Umweltthemen in den Unterricht mit einbezogen, und es entstanden z.B. Schulbiologiezentren verschiedener Träger und mehr oder weniger große Schulgärten. Durchgängig durch alle Schulstufen handelte es sich (z.T. bis in die heutige Zeit hinein) fast ausschließlich um Themen aus dem naturwissenschaftlich-technischen Bereich, die in der Primarstufe innerhalb des Faches Sachunterricht behandelt wurden und in den Sekundarstufen ihren Platz in den entsprechenden Fächern (Biologie, Geographie etc.) fanden (siehe auch GESING/LOB 1991).
Ab Mitte der 80er Jahre fand eine Ausweitung der schulischen Umwelterziehung in mehrfacher Hinsicht statt *(dritte Phase)*: Aspekte der Umwelterziehung wurden auf »neue« Fächer ausgeweitet (angefangen vom Religionsunterricht bis zur Mathematik), und »neue« Arbeitsweisen (Projekttage, das Aufsuchen außerschulischer Lernorte etc.) halfen bei der Förderung der Umwelterziehung. Der »Katastrophenunterricht« wurde durch positive handlungs- und kindorientierte Ansätze ersetzt. Zum Teil wurde die Umwelterziehung sogar curricular verankert (GESING/WESSEL 1991).
In einer *vierten Phase* erfolgte gegen Ende der 80er Jahre eine Ausweitung der Umwelterziehung auf außerschulische Bereiche. Es entstanden neue Aktivitäten in den verschiedensten Bildungsbereichen: angefangen bei der Vorschulerziehung in den Kindergärten über die außerschulische Jugendarbeit (oft in kirchlicher Trägerschaft) bis hin zu Erwachsenengruppen (VHS, Berufsfort- und -weiterbildung, Gesundheitswesen etc.), die sich ganz unterschiedlichen, meist regional bedeutsamen Themen annahmen. Zu nennen wären hier beispielsweise die Aspekte Verkehr und Abfall.

Was bis heute noch weitgehend fehlt, ist die Überprüfung der didaktischen Ansätze und methodischen Zugänge hinsichtlich ihrer Wirkungsweise und Wirksamkeit auf die Rezipienten (siehe ebenfalls vierte Phase). Dies gilt sowohl für die Themenauswahl als auch für die Art der Behandlung der Inhalte. Insbesondere ist zu klären, ob bestimmte Vermittlungsformen den Zielen der Umwelterziehung allgemein bzw. im Einzelfall bestimmten Inhalten im besonderen Maße entsprechen oder hinderlich sind. Wichtig ist also hier die Korrelation zwischen Inhalt, didaktischem Ansatz und Vermittlungsform. Daran anschließend müßten

Harald Gesing/Johannes Wessel

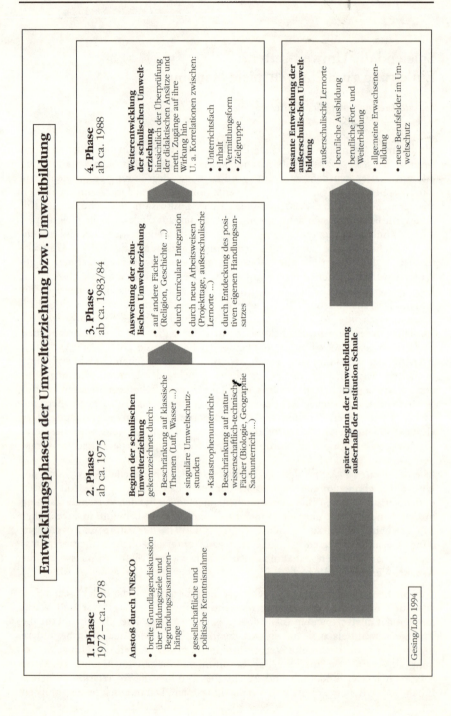

integrative didaktische Modelle entwickelt werden, die die verschiedenen fachspezifischen Zugänge integrieren und der ganzheitlichen Sichtweise bzw. dem ganzheitlichen Erleben und Empfinden sowohl von Kindern als auch von Erwachsenen Rechnung tragen. Themenfelder und Arbeitsweisen der naturwissenschaftlich-technischen Disziplinen, aber auch anderer Fachgebiete, wie Ethik, Religion oder Politik, sollten in modifizierter Weise in andere Schulfächer, zu anderen Zielgruppen etc. »verlängert« werden. Die anschließende Erprobung und ggf. Modifizierung in der jeweiligen praktischen Umsetzung ist selbstverständlich ein unverzichtbarer Bestandteil jedes Modells.

Entsprechend dieser in Phasen zu beschreibenden Entwicklung der Umwelterziehung schritt auch die Arbeit der »Zentralstelle für Umwelterziehung« (ZUE) an der Universität Essen voran. Im Rahmen der ersten Phase wurde die ZUE 1977 als Arbeitsgruppe im Fachbereich 9 (Architektur, Bio- und Geowissenschaften) gegründet. 1985 erhielt sie den Status eines Institutes. Im Dezember 1980 fand in Essen ein UNESCO-Workshop zu grundlegenden Fragen der Umwelterziehung statt. Im Rahmen der dritten Phase hat die ZUE 1988 ein Symposium zur Umwelterziehung in den Sekundarstufen und 1991 eine ähnliche Tagung zur Umwelterziehung in der Primarstufe veranstaltet. Auch eine Tagung zur Umwelterziehung im Mathematikunterricht (1989) ist in diese dritte Phase einzuordnen.

Zu den wesentlichen Aufgaben des Institutes gehört die Beratung von Pädagogen aus der praktischen schulischen oder außerschulischen Arbeit sowie von Angehörigen anderer Hochschulinstitute bzw. ähnlicher Einrichtungen. Diese Beratung findet sowohl persönlich als auch schriftlich statt. Zu Beginn der 90er Jahre spiegelte sich sowohl in diesen Anfragen als auch in unserer eigenen praktischen Tätigkeit die Tendenz zur Ausweitung der Umwelterziehung auf außerschulische Zielgruppen wider. Gleichzeitig deutete sich ein Übergang an von Aspekten einzelner Fachdisziplinen hin zu verschiedenen nichtfachbezogenen didaktischen Ansätzen und methodischen Zugängen. Einer dieser Ansätze ist das *Umweltspiel*. In den konkreten Unterrichtsversuchen in der Schule und in der außerschulischen Bildungsarbeit bekamen spielerische Vermittlungsformen eine zunehmend größere Bedeutung, und auch immer mehr Anfragen betrafen umweltbezogene spielerische Aktivitäten. Gleichzeitig mußten wir feststellen, daß keine grundlegende zusammenfassende Literatur über das Umweltspiel in seinen vielfältigen Ausprägungen existiert, sondern nur einzelne methodische und auf der Wahrnehmungs- und Handlungsebene verbleibende Beschreibungen vorliegen. Daher entstand 1990 der Gedanke, ein Handbuch zum Umweltspiel zu erarbeiten, in dem sowohl maßgebende pädagogische Aspekte erörtert werden als auch praktische methodische Ausprägungen ihren Raum haben sollten.

Die Spannbreite der beschriebenen bzw. verbreiteten Umweltspiele reicht von der in vielen Spielzeugläden erhältlichen, daher bekanntesten und historisch gesehen auch sehr alten Spielform des Brettspiels (THOLE) über die sogenannten Naturerfahrungsspiele, über die es sicher noch die vielfältigste Literatur gibt, bis hin zum Bereich der Musik und des Theaters. Während Naturerfahrungsspiele vor allem in Umwelt- und Naturschutzgruppen als die *eigentlichen* Umweltspiele angesehen werden, gelten die Brettspiele oft als zu langweilig oder nicht genü-

13

gend informativ. Außerdem stehen sie z.T. im Verdacht, aus rein kommerziellen Gründen entwickelt worden zu sein, wobei der Umweltaspekt nicht mehr ist als der Ausdruck einer momentan wirksamen Werbestrategie. Denn wie anders sollte man, abgesehen von der Spielbarkeit etc., einige der von großen deutschen Unternehmen vertriebenen Spiele verstehen? Andererseits zeigt gerade der Beitrag von R. HÜBNER, daß auch eine Menge von derlei Spielen aus Kleinstverlagen bzw. diversen Initiativen stammt, die nicht in erster Linie aus kommerziellen Erwägungen Spiele produzieren.

Musik und Theater hingegen heben sich von diesen Spielformen ab, da sie oft den ganzen Menschen ansprechen. Besonders das Theater fordert sowohl das Sachwissen als auch Kreativität, Phantasie, z.T. auch Mut – wie am Beispiel des unsichtbaren Theaters nach BOAL (HERMSEN) festgestellt werden kann.

Darüber hinaus soll in diesem Handbuch auch auf die Randbereiche des Spielens (vgl. KERSBERG und andere Beiträge) eingegangen werden.

Mit diesem Handbuch wird also ein Werk vorgelegt, das sich auf die Vermittlungsform Spiel im Kontext der Umwelterziehung beschränkt. Gerade diese spielerische Form des Lernens hat allerdings insofern eine überragende Bedeutung, als sie (je nach Ausprägung) vielen zentralen Forderungen sowohl der Umwelterziehung als auch der allgemeinen Didaktik Rechnung trägt:

- soziales Lernen,
- vernetztes Lernen,
- fachübergreifendes Lernen,
- ganzheitliches Lernen,
- lustbetontes Lernen.

Im Rahmen eines von der »Deutschen Bundesstiftung Umwelt« in Osnabrück geförderten Projektes haben die Herausgeber nun für die verschiedensten Aspekte im Schnittbereich von Umweltbildung und Spiel Fachleute gebeten, die aus ihren jeweiligen Tätigkeitsbereichen sich ergebenden Erkenntnisse niederzuschreiben. Alle Artikel behandeln sowohl den jeweiligen theoretischen Hintergrund als auch die praktische Umsetzung in unterschiedlicher Gewichtung. Das Spektrum reicht daher von der Theorie der pädagogischen/psychologischen Grundlagen bis hin zu konkreten Erfahrungsberichten über einzelne Gruppen bzw. Spiele. Dieser Band stellt somit die erste strukturierte Zusammenfassung von fundierten Artikeln führender Fachleute aus den Bereichen Spielpädagogik, allgemeine Pädagogik, Psychologie und Umwelterziehung zum jetzigen Zeitpunkt dar.

Neben grundlegenden pädagogischen und psychologischen Überlegungen zum Spiel, zu seiner Stellung in der Gesellschaft und seinem Verhältnis zur Umwelterziehung im *ersten Kapitel* gibt es im vorliegenden Band drei weitere Themenkomplexe.

Im *zweiten Kapitel* geht es zunächst um die Vorstellung der ganzen Variationsbreite dieser Vermittlungsform.

Da jede spezifische Ausprägung (z.B. das Naturerfahrungsspiel) wiederum je nach Zielgruppe sehr unterschiedlich verwendet werden kann und muß bzw. sich für bestimmte Institutionen, Personen etc. im Einzelfall besser oder weniger gut eignet, ist das *dritte Kapitel* nach Zielgruppen geordnet. Hier werden z.B. die

Spielend die Umwelt retten?!

speziellen Rahmenbedingungen in der Zielgruppe dargestellt und exemplarisch anhand einzelner Beispiele beschrieben.

Im *vierten Kapitel* soll ein »Blick über den Zaun« geworfen werden. Auf der internationalen Ebene gibt es im einzelnen große Unterschiede, so z.B. hinsichtlich der Akzeptanz des Spieles als Vermittlungsform und der Stellung der Umweltbildung. An einigen ausgewählten Beispielen werden diese Abweichungen verdeutlicht.

Bei der Konzeption des Handbuches sind die Herausgeber zu dem Schluß gekommen, in das Buch keine der zahlreichen Umweltspielelisten aufzunehmen oder gar eine eigene neue zu gestalten. Dies lag einmal an dem enormen Platzbedarf, den eine solche Liste beansprucht, zum anderen ist eine solche Liste sehr schnell veraltet und muß – will man die Spiele rezensieren – auch subjektive Komponenten enthalten. Im Anhang verweist WESSEL auf einige solcher Listen. Eine gewisse Ausnahme stellen hierbei allerdings die Beiträge von R. HÜBNER und THOLE dar. Während HÜBNER im Vorgriff auf ein wahrscheinlich 1994 erscheinendes Buch, das sämtliche bekannten Umwelt(brett)spiele enthalten soll, in einer kurzen Übersicht spezielle schweizerische Umweltspiele als Teilbereich vorstellt, gibt THOLE einen größeren Überblick über Umweltbrettspiele. Dabei erstellt er aber keine Liste, sondern ordnet die bekanntesten Spiele – kurz beschreibend – diversen Umweltinhalten zu.

Die Herausgeber und Autoren haben die Hoffnung, allen interessierten Pädagogen, Eltern, Spielern, Umwelterziehern und sonstigen Personen mit diesem Buch ein Instrument an die Hand zu geben, das ihnen hilft, Umweltspiele als Vermittlungsform gezielt und fundiert einzusetzen.

Spielend die Umwelt retten?! So haben wir unsere Einleitung genannt. Kann dies gelingen? Sicherlich ist allein mit Hilfe des Spieles unser Bewußtsein und unser Verhalten nicht zu ändern. Das Spiel soll *ein* Mosaikstein in unseren Bemühungen sein, der Welt künftig verantwortungsbewußter gegenüberzutreten. Es ist uns wichtig, daß das Spiel als Instrument genutzt wird, da es – im Gegensatz zu vielen anderen »Erkenntniswegen« – ein entkrampftes, fröhliches und oft auch intensives Lernen und Verstehen unserer Welt fördert. Umweltschutz und Umwelterziehung dienen nicht nur Pflanzen und Tieren, sondern helfen auch den Menschen. Vor allem helfen sie unseren nächsten Generationen, eine Welt vorzufinden, in der es sich noch leben läßt. Er wurde schon oft gesagt, aber auch wir wiederholen den Satz: Die Umwelt braucht die Menschen nicht, aber die Menschen brauchen die Umwelt! Sei unser Handeln danach, spielen wir nicht mit der Welt, aber spielen wir in ihr.

Zum Schluß möchten wir uns bei allen bedanken, die uns bei der Fertigstellung dieses Handbuches geholfen haben. An erster Stelle zu nennen ist hier Volker Wichert, der die Beiträge redigierte, die Publikation redaktionell betreute und den PC-Satz erstellte. Neben einer Vielzahl von ungenannt bleibenden Personen aus zahlreichen Institutionen, Verbänden etc. gilt unser Dank auch besonders folgenden Personen, die uns in vielfältiger Weise hilfreich zur Seite standen: Erika Clasen, Daniel Fechner, Christa Henze, Christa Lob, Henrike Lob, Claudia Pohle, Monika Seiler und Ulrike Wessel.

Literatur

GESING, HARALD/LOB, REINHOLD E. (Hrsg.): Umwelterziehung in der Primarstufe. Grundlinien eines umfassenden Bildungskonzeptes. Dieck, Heinsberg 1991;
GESING, HARALD/WESSEL, JOHANNES: Es tut sich was ... Richtlinien zur Umwelterziehung in Bayern. In: Grundschule 23(1991), H. 7–8, S. 68–70.

Umwelt und Umwelterziehung in der gesellschaftlichen Diskussion

Reinhold E. Lob

1. Ein Blick zurück: die lokale Betroffenheit und die Entstehung von Bürgerinitiativen im Umweltschutz

Als Deutschland nach dem Ende des Zweiten Weltkrieges zerstört war und hungerte, da war der Wille zum Überleben die treibende Kraft zum Wiederaufbau. Zerstörte Dörfer, Städte und Industrien mußten wieder hergerichtet werden, und viele Millionen von Flüchtlingen wurden aufgenommen. Deutschland waren wichtige Flächen seines Landes verlorengegangen, und die Menschen in der Bundesrepublik und der DDR hatten in ihren Gebieten kaum Rohstoffe, sieht man einmal von Stein- und Braunkohle ab. Allein eine leistungsfähige Industrie, eine aktive Wirtschaft und gute Eisenbahn-, Autobahn- und Flugverbindungen waren der Motor zum Aufbau eines hohen Lebensstandards.

Auf engem Raum leben derzeit ca. 80 Millionen Menschen im vereinten Deutschland mit einer leistungsfähigen Wirtschaft, die in alle Teile der Welt exportiert. Mehr und mehr Fabriken wurden in den letzten Jahrzehnten gebaut, große Wohngebiete am Rande der Städte und auf dem Lande entstanden. Viele moderne Autobahnen und neue Eisenbahnstrecken durchqueren das Land. Die Flüsse wurden begradigt und die Wiesen entwässert. Neue Landebahnen für Großflughäfen wurden in Wälder geschlagen. Es geht den allermeisten Menschen gut, ja sehr gut.

Ab Mitte der 60er Jahre mahnten einige Naturwissenschaftler, daß viele Tier- und Pflanzenarten durch diese Entwicklung in unserem Lande immer seltener würden und auszusterben drohten. Aber was bedeutet nach einer Zeit der Trümmer und des Hungers das Überleben einer Lurch-Gattung?

Zu Beginn der 70er Jahre erkannten die Menschen in den Industriegebieten, daß ihre Luft zum Atmen immer schlechter wurde, daß der steigende Verkehr ihre Wohngebiete verlärmte und die Bäche und Flüsse in ihrer Nachbarschaft so schmutzig waren, daß Baden für Kinder gefährlich wurde. Deutlich wurde auch, daß mehr und mehr Menschen an Krebs erkrankten und allergische Krankheiten auf dem Vormarsch waren. Naturwissenschaftliche Kenntnisse zu diesen Problemen oder gar ökologische Zusammenhänge waren nur wenigen Experten bekannt. In den Schulen und Universitäten wurde darüber nicht diskutiert, erst recht nicht in der Öffentlichkeit. Auch an den bürgerlichen Stammtischen war dies kein Thema.

Heute kennt fast jedes Kind in unserem Lande Begriffe wie Smog, Luftbelastung, Emission, Immission, SO_2, Saurer Regen und Waldsterben, Grundwasserschutz, Feuchtgebiet etc. Der Begriff »Ökologie« ist in aller Munde. Bürger diskutieren heute mit Verwaltungsexperten über die Belastung von Grundwasserströmen durch Mülldeponien und legen mit Hilfe eigener Experten Gutachten zu Pla-

nungsproblemen vor. Sie werden sogar als »sachkundige Bürger« offiziell in Planungen einbezogen und von Stadträten gehört. Wie kam es innerhalb von etwa 16 Jahren zu diesem grundlegenden Wandlungsprozeß?
Die wesentlichen Anstöße kamen durch die Arbeit lokaler Umweltschutzgruppen. Seit ca. 1970 entwickelten sich überall in der Bundesrepublik Deutschland lokale Bürgergruppen, die spontan gegen Umweltbelastungen ankämpften. Andere Gruppen bildeten sich, um soziale Belange in ihrem Ortsteil zu verbessern. Die Menschen wollten nicht nur alle vier oder fünf Jahre ihre Politiker wählen, sie wollten nun immer häufiger auch zwischen den Wahlen Einfluß auf das Geschehen in ihrem Lebensumfeld gewinnen. Dies war zunächst eine Überraschung für die Politiker und die Verwaltungsexperten. Man nahm diese Bürgergruppen zunächst häufig nicht ganz ernst und machte ihnen klar, daß sie keine Sachkenntnisse hätten. Aber sie ließen sich meist nicht abweisen und machten sich sachkundig: Wenn etwa um eine neue Straße durch ein bisher ruhiges Wohngebiet gestritten wurde, so legten nun die Bürger den Politikern und der Verwaltung Meßdaten von Lautstärken an schon bestehenden ähnlichen Straßen vor und belegten mit Hilfe von Fachaussagen aus der medizinischen Fachliteratur, daß diese Geräuschwerte insbesondere in der Nacht zu schweren Schlafstörungen und damit zu Gesundheitsschäden führen würden. Der zuständige Politiker wurde eingeladen und ihm Gutachten und Unterschriftenlisten überreicht und mit der nächsten Wahl gedroht. Auf diese Weise gelang es vielen Gruppen, ihre Ziele durchzusetzen. Ganz wichtig bei dieser Arbeit von Bürgergruppen war die breite Unterstützung durch eine freie und unabhängige Presse. Ohne die vielen Berichte der Zeitungen wären die meisten Erfolge der Bürgergruppen nicht denkbar.
Auch wenn es gelegentlich zu gewalttätigen Auseinandersetzungen zwischen Polizei und Bürgergruppen kam (beispielsweise beim Bau einer neuen Startbahn West für den Flughafen Frankfurt oder beim geplanten Bau einer Wiederaufbereitungsanlage in Wackersdorf), so ist doch die weitaus größte Zahl von Bürgeraktionen gewaltlos gewesen. Es ist geradezu ein Kennzeichen der westdeutschen Umweltbewegung, daß sie nicht auf Gewalt, sondern auf Sachkenntnis aufbaute. In den vielen Tausend großen und kleinen Bürgergruppen, die insbesondere für den Umweltschutz eintraten, hatte sich erhebliche Sachkenntnis ausgebildet.
Völlig neu für das Verständnis von Wissenschaft und Bildung war für viele Mitbürger, daß man diese Kenntnisse nun gezielt politisch einsetzt, auch gegen die Absichten der Politiker und staatlichen Planer. Man erkannte, daß wissenschaftliche Kenntnisse, besonders naturwissenschaftliche, politische Parteinahme oder sogar Macht bedeuten konnten.
Man sollte an dieser Stelle nicht verschweigen, daß viele Bürgergruppen durchaus egoistische Ziele verfolgten: Sie interessierte nur das Problem vor ihrer Haustür. War dies erledigt, löste sich oft die Gruppe auf. Bei vielen anderen Gruppen wurde durch das eigene Problem erst der Blick für ähnliche und grundsätzliche Fragen geweitet. Sie machten weiter und stellten ihre Erfahrungen anderen Gruppen zur Verfügung.
Die Bürgergruppen auf der lokalen Ebene baten häufig Fachleute um ihre Mitarbeit. So ist es bezeichnend, daß viele Lehrer, Professoren, Verwaltungsmitarbei-

ter und Mitglieder freier Berufe, wie Ärzte und Juristen, in den Gruppen führend tätig waren.
Wichtig war auch das Engagement der 30- bis 40jährigen, denn sie verfügten über Techniken und Verbindungen. Schon sehr früh entwickelten sich enge Kontakte zu den jeweiligen Universitäten, Bürgergruppen trafen sich in den Räumen der Hochschulen und konnten deren Büchereien und Zeitschriftensammlungen benutzen. Die dezentrale und föderale Struktur der Bundesrepublik Deutschland mit einem breit gestreuten Netz von Universitäten kam dieser Entwicklung entgegen. Die Bürger lernten, sich Bücher und Zeitschriften zu verschaffen, sie lernten Fachausdrücke kennen und Gutachten zu lesen. Für manche Mitbürger wurde dies zu einem zweiten Ausbildungsweg nach Dienstschluß. Statt Fernsehen am Abend arbeitete man sich mühevoll durch Fachliteratur. Auf regelmäßigen oder unregelmäßigen Treffen hörte man Experten an. Man lernte, Briefe zu schreiben, mit Behörden umzugehen und Presseerklärungen zu verfassen.

Kurzum: Die Umweltschutz- und Bürgerinitiativbewegung war geprägt durch eigene Betroffenheit, lokale und regionale Probleme vor der Haustür, politisches Engagement, Zivilcourage, breite soziale Streuung, einen Altersaufbau um die 30 mit einer Streuung von 17 bis 60, dem Willen zum Lernen und der Fähigkeit zur Darstellung der Probleme.

Aus der fruchtbaren und wilden Aufbruchsphase der Bürgerinitiativen sind wir seit Jahren hinaus. Die Bewegung ist etabliert: Ein von der Zahl her nahezu unbedeutender Teil driftete in die Radikalität ab, wenn dies auch manchmal auf leider negative Weise medienwirksamer war. Entscheidender jedoch war der Entwicklungszweig, der zur Gründung der Partei »Die Grünen« führte. Eine große Mehrheit der neuen Umweltfreunde aus dem mittleren und gehobenen Bürgertum aber organisierte sich in neuen Vereinen und Verbänden, bis hin zu bundesweiten Zusammenschlüssen – etwa dem BUND.

Alle gerade beschriebenen Vorgänge müssen – trotz der lokalen und regionalen Gebundenheit – vor dem Hintergrund weltweiter Entwicklungen im Umweltbereich gesehen werden: Hierzu gehören so wichtige Studien wie »Die Grenzen des Wachstums« (MEADOWS), der Bericht »Global 2000« an den damaligen US-Präsidenten CARTER und die Veröffentlichungen des »Clubs von Rom«. Für viele Bürger war aber auch das Erlebnis der Energiekrisen und der Benzinbeschränkungen ein sie unmittelbar berührendes Signal. Allmählich dämmerte in vielen Köpfen die Erkenntnis, daß ein »Weiterwirtschaften wie bisher« zukünftig nicht mehr möglich sein würde.

Eine wirkliche Wende aber war keineswegs zu erkennen: Die umweltbewegten Mitbürger wurden vielfach als Öko-Spinner belächelt, engagierte Wissenschaftler und politisch Aktive wurden als gefährliche »Grüne Umstürzler« betrachtet, die an den Grundfesten von Staat und Wirtschaft sägten, die Gewerkschaften sahen in diesen Leuten »Job-Killer«. Abwehrhaltung und Frontenbildung waren die Folge. Wer dann obendrein noch nach einer ganzheitlichen Durchdringung des Bildungswesens mit allen Aspekten der Umweltgefährdung rief, war ein besonders gefährlicher Zeitgenosse.

2. ... und sie bewegt sich doch: Umdenken und neues Handeln in der deutschen Gesellschaft der 80er und 90er Jahre

Waren die siebziger und die frühen achtziger Jahre noch in etwa so geprägt, wie gerade beschrieben, so wandelte sich die gesellschaftliche Wertigkeit des Themas Umwelt bald sehr stark und bekam ein ernsthaftes Gewicht in der breiten Öffentlichkeit. Hierzu trugen vor allen Dingen die Wahlerfolge der Partei »Die Grünen« bei, aber auch spektakuläre und globale Umweltprobleme: Tankerunglücke, Robbensterben, Waldsterben, die Reaktorkatastrophe von Tschernobyl, der Treibhauseffekt und das Ozonloch. Die Aktionen von Greenpeace erregten nationales wie internationales Aufsehen, und am Horizont tauchte sehr ernsthaft das Gespenst des ökologischen Zusammenbruchs der so glänzenden westlichen Verschwendungsgesellschaft auf. Nach der ersten Phase einer mehr an vordergründigen Themen (Wasser, Müll und Landschaftsschäden) festgemachten Umweltdiskussion steht zu Beginn der neunziger Jahre die Frage des politischen und wirtschaftlichen Überlebens der reichen Länder und letztlich die Existenz der Erde zur Debatte. Der sich verschärfende Nord-Süd-Konflikt mit dem massiven Aufbegehren der armen Länder (mit dem weitaus größten Teil der Weltbevölkerung) und die immer deutlicher werdenden großflächigen Umweltbelastungen im Bereich der ehemaligen Sowjetunion potenzieren die besorgniserregende Situation. Das intensive Aufgreifen all dieser Themen in den deutschen Medien und im Bereich der offenen Erwachsenenbildung haben in unserem Lande erheblich dazu beigetragen, das Umweltbewußtsein der Bevölkerung zu schärfen. Schutz und Bewahrung der Umwelt sowie die Behebung von Schäden gehören heute zu den zentralen Anliegen der Deutschen – so sagen es Befragungen, Parteiprogramme und Grundsatzerklärungen der verschiedensten gesellschaftlichen Gruppen. Dies ist zwar prinzipiell ein großer Fortschritt in den Köpfen der Menschen, aber noch keineswegs alltägliche Maxime ihres Handelns.

Erste Ansätze eines neuen Handelns lassen sich allerdings in den späten achtziger Jahren erkennen. Hierzu gehören z.B. umfassende Naturschutzprogramme, ökologisch-orientierte Flurbereinigungsverfahren, Landschaftspläne und der ökologische Rückbau von Gewässern: Grünkosmetik, wie manche abschätzig sagen. Aber auch Wasser- und Luftreinhaltungsprogramme zeigen ihre ersten Wirkungen und mehr und mehr basteln Kommunen und Gesamtstaat an einem aufwendigen Regelwerk von Umweltschutzauflagen. Umweltministerien und -behörden entstehen und erhalten Kompetenzen, Schulen integrieren den Umweltschutz in ihre tägliche Arbeit und die Universitäten arbeiten an umfangreichen Umweltforschungsprogrammen auf nahezu allen Gebieten. Längst sind dies mehr als »Feigenblatt-Einrichtungen«, und ich kann aus meinen internationalen Erfahrungen sehr wohl bestätigen, was immer wieder gesagt wird: Die Deutschen sind im internationalen Vergleich Musterknaben und haben die Nase vorn im Umweltschutz.

Hatten die Bürger der siebziger Jahre mit ihren Initiativen den Anstoß zur Umweltbewegung gegeben, so kann man für die achtziger Jahre ein breites Aufgreifen des Themas Umweltschutz in den Medien, in Bildung und Forschung sowie in den staatlichen Regelmechanismen feststellen. Eine wichtige Größe allerdings fehlte bisher im Spektrum der gesellschaftlichen Kräfte: Die Wirtschaft mit den beiden Seiten, Unternehmen und Gewerkschaften. Sie verharrten bis zuletzt in unbeweglicher Abwehrhaltung und beäugten argwöhnisch die Entwicklung. Erst in den letzten Jahren bewegen sich hier die Fronten: Mehrere große Wirtschaftskongresse (z.B. Köln 1991) griffen nun Themen auf wie »Umweltökonomie«, »Umweltmanagement« und »Umweltmarketing«. Die Vorstandsvorsitzenden großer Unternehmen (Mercedes-Benz, ABB) traten nun volltönend für den Umweltschutz in den Betrieben auf. Der »Bundesarbeitskreis umweltbewußtes Management« (B.A.U.M.) wurde gegründet, und wer will, kann sein Unternehmen einem Umwelt-Check unterziehen.

Inzwischen war auch eine ganz neue Branche von Unternehmen gewachsen, die sich ökonomisch intelligent mit Techniken und Dienstleistungen aller Art im Umweltschutz befaßten und zugleich belegten, daß Umweltschutz auch Arbeitsplätze schafft, die zudem recht zukunftssicher sind. Die Branche boomt. Immer deutlicher wird, daß angesichts der eigenen und der weltweiten Umweltprobleme umweltgerechtere technische Lösungen und Fähigkeiten zur Behebung von Umweltschäden einen enormen Zukunftsmarkt darstellen. Die neuen TÖPFERschen Abfall-Verordnungen haben zusätzlich Schwung in den Gesamtbereich Abfallwirtschaft und Wiederverwertungstechnik gebracht, so sehr sie auch umstritten sein mögen und in ihrer Durchsetzung massive Probleme verursachen. Es wimmelt geradezu heute in Deutschland an Aktivitäten zu mehr Umweltschutz im Wirtschaftsleben – wenn auch erst embryonal. Nun ist der umweltbewußte Bürger gefragt – als mithandelnder Partner bei einer ökologischen Umorientierung des Wirtschaftssystems. Nur wenn es uns in Deutschland gelingt, eine solche wirtschaftliche Umsteuerung praktisch vorzuleben, wird es uns möglich sein, Produkte und Verfahrenstechniken mit mehr Umweltschutzaspekten international marktreif zu machen. Und dies geht nur mit dem bestens umweltbewußt motivierten, informierten und handelnden Bürger.

Umwelterziehung in der Schule und Umweltbildung zur beruflichen Aus- und Fortbildung sowie allgemeine Erwachsenenbildung sind nun keine »umstürzlerischen Systemgefahren« mehr – sie sind salonfähig geworden. Umweltakademien – gerade auch für die Zielgruppe »Wirtschaft« – schießen wie Pilze aus dem Boden (z.B. die Europäische Umweltakademie im Kreis Borken/Westf.). Eine breit angelegte Umwelterziehung und Umweltbildung wird zum Nährboden der Hoffnung für eine auch wirtschaftlich umweltverträglichere Zukunft. Wie steht es damit in der Gegenwart? Wie war es bisher, und was sind die Notwendigkeiten der Zukunft?

3. Zur Kritik an den Naturwissenschaften und am Fortschrittsglauben der Industriegesellschaften

Das Fach Geographie sowie die naturwissenschaftlichen Fächer Biologie und Chemie bildeten seit Beginn der Diskussionen um schulische Umwelterziehung die Speerspitze der Entwicklung. Sie waren und sind in diesem Bildungsbereich Pioniere. Mir war jedoch nie ganz wohl bei der Durchsicht der umweltbezogenen Themenpalette dieser Fächer: Wasserbelastung, Luftverschmutzung, Bodenbelastung, Geoökologie, Landschaftsökologie. Wo blieben die Kultur, die sozialwissenschaftlichen Aspekte, und wo blieb die Fähigkeit zur Zusammenschau aller Faktoren? Und wieder einmal war es die UNESCO, die auf einer Konferenz im Februar 1986 in Paris das Startsignal gab zu einer verstärkten Einbeziehung des Umweltschutzes in alle ethischen, sozialen und kulturellen Unterrichtsfelder. Die gegenwärtigen und zukünftigen Umweltprobleme erfordern ein gewaltiges ganzheitliches Umdenken, wozu insbesondere das Fach Geographie und die nicht-naturwissenschaftlichen Fächer notwendig sind.

In den vergangenen Jahrhunderten haben wir Europäer die Welt geprägt, insbesondere durch unseren Vorsprung in Wissenschaft und Technik. Doch diese Fähigkeiten – allein dominant – haben sich zu gefährlichen Instrumenten entwickelt. Wir haben der Welt nicht nur Fortschritt gebracht – wir haben auch die Ideen und Werkzeuge für ihre Ausbeutung und Gefährdung geschaffen und wenden sie immer noch an. Verlangen wir nicht hochnäsig ein Umdenken bei den anderen draußen in der Welt – wir Europäer und Nordamerikaner stehen vor dieser Aufgabe. Wir haben mit unserem Materialismus in Ost und West viel Reichtum angehäuft, aber andere Werte und Lebensinhalte zerstört und schon gar nicht mehr wahrgenommen, was wir alles in uns und um uns herum verderben.

Menschen, die nur noch materialistisch-technokratisch denken, die nicht mehr – z.B. aus einer christlichen Grundhaltung heraus – die Schwächen und die Fehlerhaftigkeiten ihrer selbst wahrhaben wollen, Menschen, die keine Bescheidenheit, Demut und Selbstbesinnung mehr gelten lassen wollen, solche Menschen glauben, alles im Griff zu haben, und reden in ihrer Selbstüberschätzung vom »Restrisiko«. Aber die Begriffe der Fehlerhaftigkeit und menschlichen Schwäche sind heute rund um den Globus jedem bekannt: Sie heißen Harrisburg, Bophal, Seveso und Tschernobyl. All dies waren »Restrisiken«! Umgekehrt kann man eigentlich nur noch von einer »Resthoffnung« sprechen, daß diese Kette menschlicher Überschätzung und Fehlerhaftigkeit nicht endlos weitergeführt wird. Wir stehen erst ganz am Anfang eines hierzu notwendigen Umdenkungsprozesses in den Fachwissenschaften und im Bereich unseres Bildungswesens und damit auch in der Umwelterziehung. Wir müssen auch in der Schule endlich weg vom kritiklosen Fortschrittsoptimismus.

4. Zur Kritik am derzeitigen Stand der schulischen Umwelterziehung

Schmutzige Flüsse und Seen, belastete Luft, immer neue Müllberge, zerschnittene Landschaften, zunehmender Lärm und eine zurückgehende Artenvielfalt sowie das Ozonloch waren und sind einige der erschreckenden Symptome des menschlichen Umganges mit der Erde. In den frühen 70er Jahren erkannten immer mehr Mitbürger diese Entwicklung. Rohstoffknappheit und Energiekrise verschärften die Probleme zusätzlich: Die epochale Aufgabe des Schutzes unserer Umwelt vor der Ausbeutungswut des Menschen wurde erkannt. Schon bald formulierte die UNESCO ein weltweites Erziehungsprogramm. Denn eines war rasch klargeworden: Alle technisch-naturwissenschaftlichen und politisch-administrativen Maßnahmen würden in dieser Krise letztlich allein wenig helfen, wenn nicht ein breites Bewußtsein zur Rettung und zum dauerhaften Schutz unserer Umwelt geschaffen wird.

Die Schule war als erste aufgefordert, denn in ihr wachsen die nächsten Generationen heran. Weil aber die Phänomene der Belastung unserer Erde biologischer, geowissenschaftlicher oder chemischer Natur waren und noch sind, deshalb griffen zunächst die Schulfächer Biologie, Geographie und randlicher die Sozialkunde entsprechende Themen auf. Diese Fächer wurden bereits vor mehr als 15 Jahren zu den Wegbegleitern der modernen Umwelterziehung im In- und Ausland. In den ersten umfassenden Darstellungen dieser neuen Erziehungsaufgabe um 1980 stehen daher die obengenannten Fächer absolut dominant im Vordergrund. Sie werden häufig als die Zentrierungsfächer bezeichnet. Daneben werden dann noch die sogenannten Komplementärfächer genannt: Chemie, Physik, Technik/Werken, Haushaltslehre/Hauswirtschaft, Geschichte, Religion, Kunsterziehung und Deutsch. Die Fächer Philosophie, Musik, Textilgestaltung, Sport, Mathematik sowie die Sprachen Englisch, Französisch fehlen gänzlich.

Diese Einteilung der Schulfächer in quasi »wichtige« und »weniger wichtige« hat auf der einen Seite zu erfreulichen Anstrengungen in den naturwissenschaftlichen Fächern – insbesondere Biologie und Geographie – geführt, auf der anderen Seite jedoch die Beteiligung und Entfaltung der übrigen Schulfächer wenig gefördert, wenn nicht sogar blockiert. Im Grunde wurde der alte Fortschrittsglaube an die Machbarkeit durch die Naturwissenschaften in der schulischen Umwelterziehung fortgeschrieben; aber gerade diese Dominanz von Naturwissenschaft und Technik hat doch die Menschheit in die Umweltkrise geführt. Genauso wie der Allmachtsglaube an die Machbarkeit aller Dinge unter dem Vorzeichen der Naturwissenschaften nicht rechts und nicht links schaute und keine Folgen seines Tuns abschätzte, Ethik, Verantwortung und religiöse Bindung über Bord warf, genauso sollte in der Bildungspolitik nun technokratisch/naturwissenschaftlich »repariert« werden. Man beschrieb auch in der schulischen Umwelterziehung weitestgehend nur die Symptome und forderte die Schüler auf zum Bau von Ökoteichen. An die Wurzeln des menschlichen Umganges mit der Erde ging solch eine Umwelterziehung kaum.

Dieses ist um so erstaunlicher, als schon bereits auf der Tiflis-Konferenz der UNESCO 1977 gefordert wurde, »Umwelterziehung als Katalysator oder als gemeinsamer Nenner bei der Erneuerung des Bildungswesens« zu nutzen. Vor nunmehr 17 Jahren wurde dort das Zusammenwirken aller Fächer und Aspekte eindeutig betont, und es stehen in der Empfehlung Nr. 1 »Werthaltungen« und »Einstellungen« gleichberechtigt neben »Kenntnissen« und »praktischen Fähigkeiten« (EULEFELD/KAPUNE 1978, S. 36). Auch der wegweisende Beschluß der bundesdeutschen Kultusminister zur Umwelterziehung von 1980 sieht an zentraler Stelle den Menschen in seiner ethischen Verantwortung:

»Er (Der Mensch) darf seine Eingriffe nicht allein am kurzfristigen Vorteil für den heute lebenden Menschen orientieren. Er muß in der Verantwortung für die nachfolgenden Generationen die Ausgewogenheit zwischen Aneignung und Nutzung einerseits und Erhaltung und Schutz der Naturgrundlagen andererseits gewährleisten.« Weiter heißt es im KMK-Beschluß: *»Insofern ist Umwelterziehung ein fächerübergreifendes Unterrichtsprinzip, das in gleicher Weise den naturwissenschaftlichen wie den gesellschaftswissenschaftlichen Unterrichtsbereich durchdringt«* (KMK 1980).

Allerdings wurde dieser Beschluß in Nordrhein-Westfalen erst 1991(!) offiziell bekanntgegeben und erlangte damit als Runderlaß verbindlichen Charakter (Kultusminister NRW 1991). Dies zeigt die z.T. noch herrschende Diskrepanz zwischen Worten und Taten im Bereich der Bildungspolitik.

In den Jahren 1986/87 (Sekundarstufe) und 1990/91 (Primarstufe) haben wir mit Hilfe und Mitarbeit zahlreicher Kolleginnen und Kollegen im Rahmen zweier Forschungsprojekte an unserem Institut einen ersten Überblick zur grundsätzlich fachdidaktischen und schulischen Situation gewinnen können. Die Ergebnisse dieser Studien (LOB/WICHERT 1987; GESING/LOB 1991) können auch heute noch (1994) als weitgehend zutreffend angesehen werden. Untersucht wurden die Schulfächer Deutsch, Kunst, Mathematik, Musik, Haushaltslehre, Textilunterricht, Arbeitslehre, Technik, Sport, Geschichte, Politik/Sozialkunde, Arbeitslehre/Wirtschaft, Philosophie, Katholische und Evangelische Religionslehre und fächerübergreifende Ansätze.

Es war angesichts der Fülle von vorhandenen Arbeiten und noch möglichen Beiträgen aller genannten Fächer nicht ratsam, eine wertende Rangfolge aufzustellen. Offenkundig war, daß die Fächer zur Umwelterziehung jeweils verschiedene Stoffmengen beizutragen haben und sich in unterschiedlichen Entwicklungsstadien befinden. Legt man den derzeitigen Entwicklungsstand zugrunde, so ergab sich in aller Vorsicht für die Sekundarstufe das folgende Bild:

Nach dem Stand der Richtlinien und Lehrpläne und den erkennbaren Bemühungen in der Schulpraxis ließ sich mit den Fächern Evangelische Religionslehre und Politik/Sozialkunde eine führende Gruppe feststellen. Sie wurde gefolgt von Philosophie, Geschichte, Katholische Religionslehre, Arbeitslehre/Wirtschaft, Kunst, Haushaltslehre und Technik als jene Schulfächer, die schon einige Jahre am Thema arbeiten und sich in einer lebhaften Phase der Diskussion und Verwirklichung befinden. Schlußlicht waren nach unserem Eindruck Textilgestaltung, Sport, Deutsch und Musik.

Wie weit der Entwicklungsstand auch jeweils sein mag, es ist mit den Fachbeiträgen zu unserem Projekt deutlich geworden, daß alle Fächer zu zentralen Anliegen der Umwelterziehung entweder schon Beiträge liefern oder doch zukünftig liefern werden. Wenn es auch oft nur wenige sind – die Aufgabe ist überall erkannt worden, und die ersten, wenn auch zögerlichen Arbeiten haben begonnen.

Durch alle Projektbeiträge zog sich wie ein roter Faden, daß der von der Aufgabe Umwelterziehung ausgehende Anstoß zu einer inhaltlichen und methodischen Aufgabenerweiterung, zu einer befruchtenden Erneuerung der Fächer führt. Insbesondere fiel auf, daß die Schule zahlreiche Impulse zu mehr lebendigem Lernen erfahren hatte: Projektunterricht auch in diesen Fächern, Gelände- und Betriebserkundungen, Befragungen und Interviews, Eigenleistung und mehr Arbeit außerhalb des Schulgebäudes sind nicht nur Kennzeichen der Umwelterziehung in Biologie oder Geographie. Entscheidend war aber die Erkenntnis: Die naturwissenschaftliche Sicht der Probleme wird langsam, aber deutlich erweitert um Ethik und Wertfragen, um Emotionen und Empfindungen, um Fragen des persönlichen Alltagsverhaltens im Konsumbereich, um literarische und musische Umweltwahrnehmung, um Aspekte der historischen Einbindung unseres Tuns und der kritischen Sicht unseres politischen und ökonomischen Handelns. Erst hierdurch zeichnen sich Umrisse einer ganzheitlichen Umwelterfahrung und Umweltverantwortung ab.

Neben diesem mühsamen Weg der Durchdringung möglichst vieler Schulfächer mit Umweltinhalten und der Entwicklung neuer Arbeitsformen in und außerhalb der Schule hat es in den letzten Jahren der Diskussion um schulische Umwelterziehung auch sehr radikal-theoretische und utopische Überlegungen gegeben: Ohne sich allzu sehr um praktische schulische Umsetzung zu kümmern, stellte die Ökopädagogik die »herkömmliche Umwelterziehung« und das »ökologische Lernen« als angepaßtes pädagogisches Krisenmanagement in Frage und wollte »die Voraussetzungen der ökologischen Krise (ebenso) radikal hinterfragen« (BEER/DE HAAN 1987, S. 41). Richtig ist zweifellos, daß unsere Gesellschaft – und damit alles Lernen – vor epochalen Umbrüchen steht, wollen wir die von uns verursachten Umweltschäden begrenzen oder sogar verbessern. Damit stehen ganz grundsätzliche wirtschaftliche/soziale Fragen zur Diskussion. Insofern gebe ich den Vertretern der ökopädagogischen Denkrichtung sehr recht. Ich bin jedoch ebenso überzeugt, daß abgehobenes, nach abgestandenem Sozialismus riechendes linkes Theoriegerede hier keinen Schritt weiterhilft.

Eine »konkrete Utopie« für eine zukünftige neue schulische Umwelterziehung vertritt W. BUDDENSIEK mit seinem Buch »Wege zur Öko-Schule« (BUDDENSIEK 1991). Darin entwirft er das Szenario eines Schulgebäudes, in welchem die derzeit verfügbare Umwelttechnik vorhanden ist und eine Durchdringung von Draußen und Drinnen stattfinden kann. Den Kern seiner Ideen aber bildet eine an organischen Vorbildern orientierte Organisation des Lernens und Unterrichtens, die sich auch in der inneren baulichen Aufteilung des Schulgebäudes widerspiegelt. Kreatives, entdeckendes Lernen und die Abkehr vom Frontalunterricht gehören ebenso dazu wie die Mitarbeit der Schüler an der inneren und äußeren Gestaltung der Schulanlage und ihrer Grünflächen. Wie schwer jedoch die Durchführung einer solchen Idee ist, zeigt sich spätestens dann, wenn man für sein Vorhaben auf öffentliche Gelder zurückgreifen muß. Viel mehr als nichtsbringende Absichtserklärungen bleibt kaum übrig. Um notwendige Änderungen zu bewirken, bedarf es auch hier dringend einer ökologischen Diskussion und des praktischen Handelns seitens der zuständigen Behörden bzw. Verwaltungsinstanzen.

5. Ein Blick in die außerschulische Umweltbildung

Es wurde im ersten Abschnitt schon betont, mit welcher Skepsis man zunächst der neuen schulischen Bildungsaufgabe Umwelterziehung begegnete. Solange dies aber nur biologische Spielereien bedeuteten, war dies unproblematisch. Diese Ablehnung und das Abdrängen auf »bio-ökologische Spielwiesen« galt natürlich erst recht für die umweltbezogene allgemeine Bürgerinformation sowie für die berufliche Aus- und Fortbildung – mithin für das ganze Spektrum der allgemeinen sowie der beruflichen Erwachsenenaus- und -fortbildung. Hier ging es um ernsthafte Dinge und ums harte Geschäft. Da hatte der Öko-Spaß ein Ende. Auch dies hat sich grundlegend verändert, wie ich im Abschnitt 2 deutlich gemacht habe.

Inzwischen ist man überall an der Arbeit, die Studien- und Ausbildungspläne mit umweltbezogenen Themen anzureichern. Oft geschieht dies vielleicht nur halbherzig – aber es hat begonnen, und der gesellschaftliche Zwang hierzu wird stärker. Allein das gesetzliche Regelungswerk zum Abfallbereich kann heute keinen Handwerker mehr kaltlassen, will er nicht in ernsthafte Schwierigkeiten kommen. Die Bürger merken ohnehin an ihren Abfall- und Energiekosten, daß ein neues Denken und Handeln gefragt ist.
So sind auch in den letzten Jahren erstaunliche Informations- und Bildungsangebote in Sachen Umweltschutz entwickelt worden. Man denke nur an die betrieblichen Umweltberater, die kommunalen Umwelt- und Abfallberater sowie die in einigen Kreisen und Städten vorhandenen kommunalen Umweltpädagogen. Alle größeren Betriebe müssen heute Abfall- und Emissionsschutzbeauftragte benennen. Diese Fachkräfte bedürfen der intensiven Schulung. Wurden solche staatlichen Auflagen auch bisher nicht von allen Betrieben sehr ernst genommen, so wächst doch zunehmend die Erkenntnis, daß mehr Umweltschutz sogar Kosten sparen und das Image des Unternehmens erheblich verbessern kann. Zusätzlich wirkt sich dies sogar positiv auf die Motivation und Identifikation der Mitarbeiter in bezug auf das Unternehmen aus. Die inzwischen vielfach verpflichtend vorhandenen Emissionspläne sowie betrieblichen Abfallwirtschaftspläne üben einen weiteren Zwang zur umweltbezogenen Information und Ausbildung der Mitarbeiter aus. Dies alles sind nur erste kleine, unter gesetzlichem Zwang sich entwickelnde Maßnahmen, verglichen aber mit dem, was vor 10 Jahren war, doch ernsthafte Anstöße. Noch fehlt das Thema Umwelt allerdings als »Selbstläufer« im Wirtschaftsleben.
Im kommunalen Bereich ist seit der flächendeckenden Einführung der Landschaftspläne und der Umweltverträglichkeitsprüfung (UVP) ebenfalls ein deutlicher Informations- und Bildungsschub in Sachen Umweltschutz erkennbar. Viele Städte und Kreise müssen ihre Mitarbeiter zu Fortbildungen schicken und bieten – beispielsweise zum Abfallbereich – Informationsveranstaltungen mit unterschiedlichen Themen für ihre Bürger an.
Längst hat die allgemeine Erwachsenenbildung die Umweltthematik aufgegriffen und bietet – z.B. als VHS-Angebote – ein großes Spektrum an. Selbst bisher wenig genannte Arbeitsfelder – wie etwa das Rechtswesen oder die Medizin und der Krankenhausbereich – werden in diesen Jahren für Bildungs- und Informationsveranstaltungen zu Umweltthemen ihres Bereiches geöffnet. Dies alles ist keineswegs bereits die Erfüllung aller Wünsche, aber ein klar erkennbarer breit angelegter Bildungsaufbruch.

6. Schlußbetrachtung

Im Rahmen der Bund-Länder-Förderung zur Umweltbildung laufen derzeit in den verschiedensten Teilen Deutschlands Versuche mit den unterschiedlichsten Zielsetzungen, so daß man von einem breiten Spektrum an Aktivitäten zur Umweltbildung sprechen kann. Entscheidend wird sein, ob es uns gelingt – ähnlich wie in der allgemeinen Umweltdiskussion –, vom Naturschutz über die Beschreibung der vordergründigen Umweltthemen (Luft, Wasser, Boden, Müll) voranzukommen zu den Kernfragen unseres wirtschaftlichen Verhaltens in Beruf, Freizeit und Konsumverhalten. Unsere heutigen Schüler- und Erwachsenengenerationen müssen z.B. vertraut werden mit materialsparendem Kreislaufdenken, müssen beim Kauf der Ware bereits das Abfallproblem erkennen, wegkommen vom kurzzeitigen Wegwerfkonsum, sollen erkennen, daß Qualitätslangzeitprodukte letztlich preiswerter sind und auch im Freizeitbereich weniger Hektik und Aktivität mehr Lebens- und Erlebnisqualität bringen kann. In einem solchen Zusammenhang sind Schulfächer wie Sozial- und Wirtschaftskunde, Hauswirtschaft und Textilunterricht von erheblicher Bedeutung, denn hier geht es ans »Eingemachte« unserer bisherigen Verschwendungswirtschaft. In diesen Gedankengängen liegt auch die Brücke zu meinen Ausführungen im Kapitel 2: Wir haben nur die Chance einer ökologischen Umsteuerung unseres Wirtschaftslebens, oder wir werden scheitern. Diese Umsteuerung kann nur evolutionär – allerdings möglichst rasch – geschehen. Revolutionäre Brüche würden nicht nur den Wohlstand der reichen Länder zerstören, sondern auch die gesamte übrige Welt in ein unübersehbares Chaos stürzen. Entsprechend müssen Bildung und Erziehung zugleich Schrittmacher und Reagierende in der Überlebensfrage Umweltschutz sein. Auch hier nützen radikale Brüche und utopische Phantasien nichts. Wir müssen drängend voranschreitend unsere nächsten Generationen mit dem heute schon Machbaren bekannt machen und aufzeigen, wo die nächsten möglichen und nötigen praktischen Schritte liegen.

Auch wenn man das Thema »Umweltschutz« in Schule, Beruf und Freizeit manchmal nicht mehr hören mag – der begriffliche Mißbrauch gerade auch des Wortes »Ökologie« ist allzu häufig –, so ist doch ganz sicher, daß uns die Aufgabe der Entwicklung einer ökologisch überlebensfähigen Gesellschaft noch weit ins nächste Jahrtausend begleiten wird. Die gesellschaftliche Diskussion der Themen Umweltschutz und Umwelterziehung wird uns erhalten bleiben, ja sich in ihrer Notwendigkeit weiter verstärken. Wir stehen erst ganz am Anfang zur Lösung der Probleme, falls es nicht schon zu spät ist.

Literatur

BEER, WOLFGANG/HAAN, GERHARD DE: Ökopädagogik – neue Tendenzen im Verhältnis von Ökologie und Pädagogik. In: CALLIESS, JÖRG/LOB, REINHOLD E. (Hrsg.): Handbuch Praxis der Umwelt- und Friedenserziehung. Bd. 2: Umwelterziehung. Schwann, Düsseldorf 1987, S. 32–42;
BUDDENSIEK, WILFRIED: Wege zur Öko-Schule. AOL/Die Werkstatt, Lichtenau/Göttingen 1991;
EULEFELD, GÜNTER/KAPUNE, THORSTEN (Hrsg.): Empfehlungen und Arbeitsdokumente zur Umwelterziehung – München 1978. IPN-Arbeitsberichte, Bd. 36. IPN, Kiel 1979;
GESING, HARALD/LOB, REINHOLD E. (Hrsg.): Umwelterziehung in der Primarstufe. Grundlinien eines umfassenden Bildungskonzepts. Dieck, Heinsberg 1991;
KMK: STÄNDIGE KONFERENZ DER KULTUSMINISTER DER LÄNDER IN DER BUNDESREPUBLIK DEUTSCHLAND (Hrsg.): Umwelt und Unterricht. Beschluß der Kultusministerkonferenz vom 17.10.1980. Bonn 1980;
KULTUSMINISTER NRW: Umwelt und Unterricht. Runderlaß des Kultusministeriums vom 17.1.1991, GABl. NW I, S. 33;
LOB, REINHOLD E./WICHERT, VOLKER (Hrsg.): Schulische Umwelterziehung außerhalb der Naturwissenschaften. Europäische Hochschulschriften, Reihe 11: Pädagogik, Bd. 328. Peter Lang, Frankfurt a.M. 1987.

Zwischen Colored Desert und Grand Canyon: Gedanken über Naturspiele und wilderness – ein Essay

Rainer Buland

für meinen Vater Friedrich Buland

Arizona, USA, Highway 89. Mein Vater schläft auf der Bank, hinten im Camping-Bus – motor-home wird dies hier genannt. Ich fahre und fahre durch diese schier endlose Weite, dorthin, wo die Straße den Horizont berührt. Colored Desert heißt das, was da draußen in der Gluthitze flimmert, rötlich, violett und bräunlich gelb. Und meine Gedanken schweifen. Das also ist der Südwesten. So weit das Auge reicht kein Zeichen von Zivilisation, lediglich eine Straße und ab und zu ein Auto darauf. Hier ist nichts als Landschaft, Natur. Und der Begriff Naturschutz bekommt einen seltsamen Klang. Hier könnte kein Mensch überleben, hier muß sich der Mensch vor der Natur schützen.
Und meine Gedanken schweifen zurück zu dem Kongreß vor zwei Wochen in St. Paul/Minnesota und zu MARGE KAISER aus Nevada City/Kalifornien. Sie hat uns eine Stunde lang erzählt, wie sie mit Rodeo-Reitern lebt und wie das wilderness-Training aussieht, das sie mit den Managern aus der Großstadt macht, irgendwo in der Einöde hinter Nevada City. Und dann dachte ich an die Erzählung des deutschen Anthropologen, der den letzten Winter bei den Inuit im Yukon-Gebiet zugebracht hat, wie er Fischen und Jagen lernte, über den zermürbenden Kampf gegen Kälte und Finsternis. Und dann dachte ich wieder über Umweltschutz nach, und ein seltsames Gefühl beschlich mich. Sehen wir nicht einiges verkehrt? Böse Gedanken stiegen in mir hoch.

Umwelt und Natur wird zumeist als etwas Zerbrechliches vorgestellt, als etwas, das unseres Schutzes bedarf. Dabei ist das Gegenteil der Fall: Die Natur ist nicht zerbrechlich, sie wird den Untergang der Menschheit mit Sicherheit überleben. Wir Menschen sind der zerbrechliche und gefährdete Teil der Natur. Nur einstweilen, bis heute noch, gelingt es uns, die Probleme nach außen zu projizieren und uns als Beschützer aufzuspielen, so als läge alles in unseren Händen. Dabei sind wir auf dieser Erde lediglich geduldet. Wie lange noch?

Häufig sehen wir die Natur nicht nur als zerbrechlich, sondern auch als harmlos an. Die Natur, das ist der Wald ohne Raubtiere, das sind Eichhörnchen und Turteltauben. Wir leben mit einem Idealbild. Alle wilden und dunklen Seiten, alle Grausamkeit, die wir auch in uns verdrängen, fehlen in diesem Idealbild. Umweltschutz degeneriert so zum Papierchensammeln im Stadtpark, zum Baumhausbauen in einem Monokulturwald bei Sonnenschein.

Und ebenso sehen wir im Spielen eine harmlose Tätigkeit, den Kindern erlaubt, den Erwachsenen zum Freizeitvergnügen. Das Spielen in der Natur wird zum Beobachten von Fröschen mit einem Erziehungsverantwortlichen in der Nähe, der aufpaßt, daß niemand ins Wasser fällt. Doch das Spielen ist eine ernsthafte, ernst zu nehmende Tätigkeit. Das Spielen in der Natur ist nicht harmlos, nicht ein Picknick im Wald mit Delikateß-Gurken und Himbeereis.

Das Spielen in der Natur nimmt den Menschen in die Pflicht, aufmerksam zu sein, Verantwortung zu übernehmen für sich, für seine Mitwelt, zu lernen, sein eigenes Überleben zu sichern und das Überleben der Mitwelt, die er ja zu seinem Überleben braucht. Zu Umwelterfahrungsspielen, die zu Recht das Wort Erfahrung im Titel tragen, würde gehören, eine Nacht im Wald zu verbringen, im November unter einem Felsen, 16 Stunden absolute Finsternis und Naßkälte, und stundenlanges Warten auf das erste graue Dämmerlicht des Morgens. Und es würde in so manchen Köpfen dämmern, was Sonnenlicht bedeutet, welche Freude aufkommt, wenn die Sonne nach langer Nacht aufgeht. In unserer immerwährenden großstädtischen Helligkeit glauben wir leicht, wir könnten das Sonnenlicht durch Glühbirnen ersetzen. Erst nach der elementaren Erfahrung von Kälte und Finsternis ist es uns möglich, Wintersonnenwende und Weihnachten in seiner ganzen Tiefe zu feiern.

Wenn wir das Bild in diese Richtung zurechtgerückt haben, vor allem auch in uns zurechtgerückt haben, dann können wir beginnen, über ökologische Erziehung nachzudenken. Und jedes Nachdenken über Erziehungsfragen hat mit einem Kyrie, mit dem Eingeständnis der eigenen Schuld zu beginnen. Das ist unbequem und unbeliebt, doch der einzig ehrliche Weg. Wir, die Generation der eben Erwachsenen, und die Generation unserer Väter und die Generationen vor unseren Vätern haben die Erde in eine riesige Müllkippe verwandelt, und wir maßen uns an, unsere Kinder über ökologische Fragen belehren zu dürfen. Wir haben in einer unbeschreiblichen Gier die Reserven der Natur vergeudet, wir leben über unsere Verhältnisse, auf Kosten unserer Kinder, die den Preis bezahlen werden müssen, und wir wollen unsere Kinder zur Solidarität mit der Natur erziehen?!? Wir müssen unsere Kinder um Verzeihung bitten! Wir müssen unsere Fehler eingestehen, daran können unsere Kinder lernen. Ein erhobener Zeigefinger ist reine Heuchelei und wird von den Kindern auch nicht ernst genommen, denn Kinder sind nicht dumm. Sie spüren genau, wer authentisch zu ihnen spricht, wer eine Seins-Autorität ist. Dieses Eingeständnis ist schmerzhaft, aber wir verlieren dabei nicht unsere Autorität, wir gewinnen sie.

Der nächste Schritt ist ein Gloria, ein Lobpreis, ein Erfassen der Größe der Schöpfung. Jede ökologische Erziehung bleibt oberflächliches Geplänkel, wenn nicht die Liebe und die Sehnsucht des Menschen beflügelt wird. Ein großer Kenner der menschlichen Seele, ANTOINE DE SAINT-EXUPÉRY, hat gesagt: Willst du eine Flotte bauen, so lehre deine Männer die Sehnsucht nach dem Meer.
Alles Vermitteln von Fakten und Wissen ist zweitrangig. Zu allererst wichtig ist die Liebe zum Ganzen. Dies kann auch durch Poesie vermittelt werden. Hören wir doch einmal auf die Erzählung des Dichters, der lediglich einen einzigen Baum schildert (DE SAINT-EXUPÉRY 1956, S. 46–47):

»Denn eines Abends in der Wüste am Lagerfeuer erzählte jener Dichter die schlichte Geschichte seines Baumes. Und meine Soldaten, von denen viele nie etwas anderes als gelbliches Gras und Zwergpalmen und Dornen gesehen hatten, hörten ihm zu. ›Ihr wißt nicht‹, sagte er ihnen, ›was ein Baum ist. Ich habe einen gesehen, der von ungefähr in einem verlassenen Hause, einem fensterlosen Gemäuer gewachsen war, und der sich aufgemacht hatte, das Licht zu suchen. Wie der Mensch Luft um sich haben muß und der Karpfen Wasser, braucht der Baum Helle. Denn da er mit seinen Wurzeln in die Erde und mit seinen Zweigen in die Gestirne gepflanzt ist, ist er der Weg des Austausches zwischen uns und den Sternen. Dieser blindgeborene Baum hatte also in der Finsternis seine mächtigen Wurzeln ausgedehnt; er war von Wand zu Wand getappt, er war hin und her geschwankt, und dieser Kampf hatte sich in die Windungen seines

Stammes eingezeichnet. Sodann hatte er in der Richtung der Sonne ein Mauerloch aufgebrochen und war hochgeschossen, aufrecht wie ein Säulenschaft, und so bin ich – mit dem Abstand des Geschichtsforschers – Zeuge der Bewegungen seines Sieges geworden. Er unterschied sich aufs herrlichste von den Knoten, mit deren Schürzung sich der in seinen Sarg eingeschlossene Rumpf abgemüht hatte, und entfaltete sich in aller Ruhe; wie eine große Tafel, auf der die Sonne bedient wurde, breitete er sein Blattwerk aus, und so wurde er vom Himmel selbst gesäugt und von den Göttern mit köstlicher Speise bewirtet.
Und ich sah, wie er jeden Morgen bei Tagesanbruch vom Wipfel bis zum Fuße erwachte. Denn er war beladen mit Vögeln. Und sobald es dämmerte, begann er zu leben und zu singen; wenn dann die Sonne aufgegangen war, ließ er seine Schätze in den Himmel hinaus wie ein nachsichtiger alter Hirte – mein Baum, der ein Haus, der ein Schloß war und leerblieb bis zum Abend...‹
So erzählte er, und wir wußten, daß man den Baum lange anschauen muß, damit er ebenso in uns gedeihe. Und ein jeder beneidete ihn um diese Fülle von Blättern und Vögeln, die er in seinem Herzen trug.«

Es muß das Agnus Dei folgen, die Erschütterung darüber, was wir Menschen zu opfern bereit sind eines kurzfristigen Wohlstandes wegen. Wie wir das Lamm geopfert haben – und immer wieder zu opfern bereit sind – um uns in unserer satten Bequemlichkeit nicht stören zu lassen, so sind wir bereit, die Lebensgrundlage unserer Kinder zu opfern für unser kurzes Wohlleben. Wir leben nicht mehr am Puls der Natur, wir verstehen ihre Sprache nicht mehr, und so sind wir auch nicht erschüttert über ihre Zerstörung. Aber wir haben den Schatz der Erzählungen. Der wilderness-Trainer TOM BROWN jr. ist von einem alten Indianer erzogen worden, den er Großvater nennt. Er hat die Sprache der Natur gelernt, er ist durch die Wildnis gelaufen viele Jahre lang, und wenn er seine Gefühle angesichts der Umweltzerstörung schildert, dann greift dies ans Herz:

»Lebhaft erinnere ich mich an den kalten und klaren Tag im Januar. Ich fuhr in eine verlassene Gegend, die die Einöde der Pinien genannt wird, mit dem kleinen Tommy und meiner Pfeife, und ich war so glücklich, so friedvoller Stimmung und gleichzeitig so aufgeregt, nach langem wieder in die Einfachheit der Wildnis zu gehen. Dieses den Göttern geweihte Land habe ich seit beinahe einem Jahrzehnt nicht mehr gesehen, und ich war so freudig erregt, mit meinem gerade ein paar Wochen alten Sohn zurückzukehren. Ich parkte den Wagen, wickelte den kleinen Tommy ein, trug ihn in der einen Hand, in der anderen die Pfeife und wanderte, tief in Gebete versunken, den Pfad hinunter in das heilige Gebiet. Mein Herz flog hoch mit den Adlern, bis ich zur Biegung kam, wo der Pfad hinunterführt in die Schlucht, die die Schlucht der Medizinmänner genannt wird. Wie angedonnert blieb ich stehen, und die Stimmung des Friedens war verflogen, weil vor mir, so weit das Auge reicht, lag ein Meer von Müll. Das ganze Gebiet war im Namen des Fortschritts umgepflügt und schließlich wieder aufgegeben worden und ist jetzt eine illegale Mülldeponie. Berge von Hausmüll lagen verstreut und überall Kanister mit Chemikalien, auf dem kleinen Fluß schimmerten Ölflecken, und die paar Bäume, die noch da waren, sind verbrannt.
Ich mußte mein Baby auf einem Müllberg niederlegen, weil kein Fleckchen Erde übrig war. Jetzt wußte ich, warum Großvater, der weise Indianer, mir aufgetragen hatte, meinen Erstgeborenen hierherzubringen. Er wußte, daß dies mein Leben für immer verändern würde und daß ich meinen Feldzug für das Leben (my living VISION) beginnen würde, was ich so lange verweigert hatte. In diesem Augenblick begriff ich, daß mein eigener Sohn niemals das Leben in der Wildnis schmecken würde, wie ich dies einstmals getan habe. Ich sah das Ergebnis einer Gesellschaft, die sich keine Gedanken darüber macht, wie ihre Enkel überleben werden. Wie noch nie in meinem Leben war ich zu Tode betrübt. Hilfloser als das Baby zu meinen Füßen fühlte ich mich. Und dann sah ich vor meinem geistigen Auge die Gegend, wie sie war, damals, als ich das erste Mal auf die große Suche (the Vision Quest) mitgenommen wurde, vierzig Tage lang, und es brannte in mir wie ein Waldbrand. Ich erhob meine Pfeife und schwörte dem Schöpfer, daß ich mein freies Leben in der Wildnis aufgeben werde, daß ich alles in meinem Leben aufgeben

werde, um das zu retten, was von der Wildnis übriggeblieben ist. Irgend jemand muß doch den Mut und die Entschlossenheit haben, zu kämpfen, alles andere aufzugeben und zu kämpfen für unsere Enkelkinder. Ich konnte nicht in die Wildnis zurückkehren, weil ab nun mußte ich unterrichten, um-erziehen, damit mein eigenes Kind ... could run free and wild as I once did« (BROWN 1991, S. 240; Übersetzung R.B.).

Wir können und wir sollen keine wilderness-Trainer werden, doch wir können Menschenherzen erschüttern, und wir können die Sehnsucht erwecken.

Und zuletzt die Missio, das Hinausgehen und Hinausgeschicktwerden in die Welt, in der Hoffnung, daß sich das Leben erhalten wird, daß die Kreativität des Menschen auch die größte Krise bewältigen wird, daß wir Menschen im Fluß des Lebens bleiben werden, daß wir einen freundschaftlichen Umgang mit der Natur finden werden und sie uns gestattet, weiter auf diesem Planeten zu wohnen.

Jeder wilderness-Trainer weiß: In der Natur überlebt nur derjenige, der die Natur versteht, der nahe an ihren Puls herankommt. Ein Überleben ist lediglich im Einklang mit der Natur möglich, ihre Zerstörung ist eine Tat des Wahnsinns, von Menschen begangen, die kurzsichtig und blind sind, die den Puls des Lebens nie gefühlt haben. Die Hoffnung, die zu vermitteln wir Erzieher verpflichtet sind, ist die Hoffnung auf die Kreativität unserer Kinder, auf ihre Fähigkeit zu lernen. Zum Freisetzen von Kreativität, zum Denken-Lernen in Alternativen, zum Einüben der Solidarität – Solidarität auch gegenüber der Natur – ist das Spielen ein optimales Medium.

Und ich bog nach Westen ab, auf den Highway 64, fuhr vorbei am Desert View zum Grand Canyon, South Rim, und am nächsten Tag stieg ich mit meinem Vater hinunter, den Angel Trail hinunter zum Colorado River.

Zwei (österreichische) Anmerkungen

Über das Leben mit Angst und Hoffnungslosigkeit:
Oft überfällt mich Angst angesichts des schier überwältigenden Berges von Problemen und angesichts meiner überaus bescheidenen Möglichkeiten. Wie ich immer wieder feststellen konnte, bin ich mit diesem Gefühl nicht allein. Nun ist diese Angst – oder nennen wir dies besser Besorgnis – ja durchaus berechtigt. Nur ist diese Besorgnis ein großes Hindernis, ein Lernhindernis und ein Hindernis für persönliches Engagement. Gerade in der Arbeit mit jungen Menschen sollten wir unsere eigene Besorgnis aussprechen, um eine Bresche zu schlagen in die Mauer des Schweigens. Dann wird ein Gespräch möglich über Besorgnis und Mutlosigkeit.
Oft überkommt Erwachsene dabei eine zusätzliche Angst: die Angst davor, die Hoffnungslosigkeit nicht mehr abfangen zu können. Und gleichsam gewaltsam wird dann Hoffnung entgegengesetzt: Wir müssen hoffen. Doch durch dieses Verdrängen der Angst bleibt sie bestehen und nagt im Verborgenen. Besser dürfte es sein, Ängste anzusprechen und auszusprechen.
Vor dem Abgleiten in Hoffnungslosigkeit bewahrt uns ein Satz von FRIEDRICH HÖLDERLIN: »Wo Gefahr ist, wächst das Rettende auch.« Dieser Satz, sozusagen

als Angelpunkt verwendet, führt uns zum Gespräch über hoffnungsvolle Ansätze.

Diesen Satz hat schon MARTIN HEIDEGGER in seiner Schrift »Vom Wesen der Technik« als Dreh- und Angelpunkt verwendet, um über die Gefahren der Technik hinwegzukommen. Und diesen Satz zitiert der große Zukunftsforscher ROBERT JUNGK immer wieder, um zu seinem, wie er es nennt, »Prinzip Hoffnung« zu gelangen. Die Schriften von JUNGK sind monumentale Stützen für Mut und Engagement (und sollten eigentlich in der Schule Pflichtlektüre sein).

Vor jeder sinnvollen Arbeit im Bereich der Umwelterziehung müssen wir erst innehalten und Mut fassen, nur so werden wir Träger einer Hoffnung in die Zukunft.

Über das Leben mit Widersprüchen:
»Wie kann nur jemand, der offensichtlich der Faszination des Autofahrens erlegen ist, über ökologische Erziehung schreiben?«, so höre ich schon Fragen und Anklagen.

Das Automobil ist das Feindbild der Umweltschützer, sozusagen der blechgewordene Teufel. Und wer von der Faszination des Autofahrens spricht, ist mit dem Teufel im Bunde. Und alle, alle besitzen sie ein Auto, und viele verurteilen den Autor, der kein Auto besitzt und sommers und winters mit dem Rad unterwegs ist. Nun, es hilft uns nichts, und wir machen uns lediglich lächerlich, wenn wir Widersprüche nicht sehen und lernen, damit zu leben. Nur mit dem Automobil ist es möglich, den Südwesten der USA zu durchreisen. Und auch als Mensch, der versucht der Natur verantwortlich gegenüberzustehen, darf ich zugeben, daß der Herrschaft über Geschwindigkeit und Richtung eine Faszination innewohnt, daß das Autofahren ein Gefühl von Pseudo-Freiheit (es ist keine wirkliche Freiheit) und von Rausch vermittelt. Und wir Menschen tragen in uns die Sehnsucht nach Freiheit und Rausch. Es kommt darauf an, dies zu erkennen und in die Persönlichkeit zu integrieren, sonst verfallen wir diesem Komplex allzu leicht und finden wir keine vernunftgeleitete Einstellung zu diesem einen Verkehrsmittel unter vielen. So sehr wir auch das Auto verteufeln, wir werden doch dem Freiheitsrausch und dem Geschwindigkeitsrausch verfallen bleiben, solange die Sehnsucht in uns lebt. Nach dieser Selbsterkenntnis können wir uns frei entscheiden, so oder so oder so.

Unser Leben beinhaltet viele solche Widersprüche. Es wäre uns dringend angeraten, damit zu leben. Das ist besser, als den Teufel an die Wand zu malen, denn der Teufel ist immer der andere, und über eines dürften wir uns wohl einig sein: Wir wollen eine freundliche Zukunft.

Literatur

BROWN JR., TOM: The Vision. Berkley, New York 1991;
SAINT-EXUPÉRY, ANTOINE DE: Die Stadt in der Wüste (Citadelle). Ullstein, Frankfurt a.M. 1956.

1. Das Umweltspiel in Pädagogik, Umwelterziehung, Psychologie und Gesellschaft

Einleitung

Harald Gesing/Johannes Wessel

Das Lernen in spielerischer Form ist gerade in institutionalisierten Lernorten durchaus nicht unumstritten (vgl. z.B. die Beiträge von BRUNN oder FRITZ). Die Einwände der Skeptiker können und sollten auch nicht zu schnell beiseite gelegt werden. Gerade die Fragen nach der Effizienz von Lern- bzw. Umweltspielen, nach ihrer Altersangemessenheit und ihrer Wirkungsweise müssen beantwortet werden – nicht nur um die rationalistischen, nicht spielenden Zweifler zu überzeugen, sondern vielmehr um von verschiedenen Blickrichtungen aus eine kaleidoskopartige »Theorie des Umweltspiels« zu zeichnen. Diese ist nicht in sich geschlossen und baut keinen logisch-stringenten Argumentationsstrang auf. Unseres Erachtens ist das weder möglich noch wünschenswert, weil auch die beiden Bereiche »Spiel« und »Umweltbildung« schon für sich kein einheitliches Ganzes darstellen. Das Spiel ist zum Glück immer veränderlich, offen und hat in seinen vielfältigen Ausprägungen viele schillernde Facetten. Ebenso gibt es nicht *die* Umweltbildung. Vom naturwissenschaftlich-biologischen Ansatz bis zur ethischen Grundlagendiskussion über heutige Werte und Normen und von der Kindergartenerziehung bis hin zu den Fernsehspots des DSD (Duales System Deutschland) reichen die Spannbreiten. In diesem Zusammenhang sei auch auf die z.T. heftig geführte Diskussion über die richtige und wahre Bezeichnung hingewiesen: Umwelterziehung, Umweltbildung, Umweltpädagogik oder Ökopädagogik sind nur einige. Wir möchten uns im Rahmen dieses Handbuches nicht an diesem Streit beteiligen, da wir der Ansicht sind – und der Inhalt des Buches belegt dies auch –, daß man in jeder Altersgruppe und in jeder Bildungsinstitution in irgendeiner Art und Weise spielerisch tätig werden kann, ganz gleich, ob man sich als Umwelterzieher oder Ökopädagoge bezeichnet.

Dementsprechend muß das Umweltspiel sowohl unter spielpädagogischen Gesichtspunkten (BULAND) als auch hinsichtlich der Nahtstelle Spiel- und Umwelterziehung (SALEHIAN, K. HÜBNER, aber auch BULAND, HOLODYNSKI) betrachtet werden. Auch die Fragen nach Lernchancen und Grenzen des Umweltspieles auf den verschiedenen Ebenen menschlichen Denkens und Verhaltens (HOLODYNSKI) dürfen sowenig ausgeklammert werden wie die heutige gesellschaftliche Bedeutung des Spieles (KORTE, K. HÜBNER). Unter Berücksichtigung der speziellen gesellschaftspolitischen Rahmenbedingungen betrachten GÜRTLER/BUCH die Stellung des Spiels im Bildungsbereich der neuen Bundesländer vor und nach der Wende (vgl. auch KORTE).

Neben aller Ernsthaftigkeit beim Thema Umwelt sollte aber gerade im Spiel die Freude, das Spaßhaben nicht außer acht gelassen werden (HOLODYNSKI, aber auch SALEHIAN, K. HÜBNER).

In welchem Kontext das Umweltspiel auch immer steht, Umweltbildung darf nicht (wie vielfach in der Vergangenheit) Thema oder Ziel von Unterricht, Gruppenstunden, Seminaren etc. sein, sondern sie muß ein ganzheitliches Bildungs- bzw. Erziehungsprinzip sein (LOB/GESING 1991). Hierzu gehört unverzichtbar auch der Modellcharakter des Spieles selbst und das modellhafte Verhalten des Spielleiters (DOLLASE 1991). Ein Umweltbrettspiel, das aufwendig unter Einsatz vieler verschiedener Kunststoffe verpackt und hergestellt wurde, ist höchst fragwürdig. Der Spielleiter, der zwar ständig mit seiner Gruppe Umweltspiele spielt, aber z.B. seine Getränke in Dosen neben sich stehen hat, sollte lieber auf ein Spiel ohne Umweltaspekt zurückgreifen.

Literatur

DOLLASE, RAINER: Entwicklungspsychologische Grundlagen der Umwelterziehung. In: GESING, HARALD/LOB, REINHOLD E. (Hrsg.): Umwelterziehung in der Primarstufe. Grundlinien eines umfassenden Bildungskonzeptes. Dieck, Heinsberg 1991, S. 32-63;
LOB, REINHOLD E./GESING, HARALD: Umwelterziehung – ganzheitlicher und umfassender Bildungsauftrag für die Grundschule. In: GESING, HARALD/LOB, REINHOLD E. (Hrsg.): Umwelterziehung in der Primarstufe. Grundlinien eines umfassenden Bildungskonzeptes. Dieck, Heinsberg 1991, S. 7-31.

1.1 »Für eine freundliche Zukunft!« –
Spielforschung, Spielpädagogik und Erziehung

Rainer Buland

1. Einleitung

Es ist mir in aller Leichtigkeit, mit der Ich Spielthemen anzugehen versuche, schwergefallen, einen Anfang zu finden, der mehr ist als ein beliebiger Beginn und der sogleich auf den nötigen Ernst einstimmt und Tiefen aufreißt. Habe ich den Herausgeber richtig verstanden, so ist meine Aufgabe im Zusammenspiel verschiedener Autoren, einige Worte über das Spielen selbst, die Spielpädagogik und über Spielen und Umwelterziehung im besonderen zu verlieren bzw. zu finden. Gleich zu Beginn möchte ich unmißverständlich zugeben, daß ich sehr darunter leide, nicht zu wissen, für wen ich diese Zeilen schreibe. Einem Pädagogen z.B. muß ich Dinge anders erklären als einem Menschen, der einfach Freude am Spiel findet. Und worin die Freude am Spiel besteht, vermag ich nicht zu erklären, auch nicht, was das Spielen selbst nun eigentlich ist. Die Erziehungswissenschafter werden mich deswegen der Unwissenschaftlichkeit zeihen, während mich die spielenden Menschen verstehen werden. Dieses Dilemma möchte ich auflösen, indem ich in jedem Kapitel ein möglichst klar umrissenes Thema behandle und Sie, liebe Leserin, lieber Leser, sich bitte entscheiden, ob Sie an einer rein theoretischen Frage der Spielforschung interessiert sind und etwas über die Probleme der Definition von Spiel und der Frage nach dem Wesen von Spiel erfahren wollen – dies wären die ersten Kapitel. Oder ob Sie mehr an praktischen Fragen Interesse haben, dann lesen Sie den Aufsatz am besten von rückwärts nach vorne. Die letzten beiden Kapitel beschäftigen sich mit Spielpädagogik und ökologischer Erziehung in einem sehr nahen Verhältnis zur Praxis. Die einzelnen Kapitel können übrigens für sich selbst gelesen werden, sie sind nicht aufeinander aufbauend.
Immer wieder fällt mir bei theoretischen Werken über Spiel und Spielpädagogik auf, daß fast ausschließlich von den anderen, meist von Kindern gesprochen wird: »... in den Spielstunden finden sich die Kinder in einem offenen Interaktionssystem ...«; und wo befinden sich die Erwachsenen, die Lehrer, die Spielleiter, die erwachsenen Mitspieler? »In den Spielstunden ist man freier ...«, heißt es oft; doch wer ist freier? Die Kinder? Auch die Erwachsenen? Gibt es wirklich niemanden, der theoretisch über das Spiel schreibt und denkt und gleichzeitig auch Mitspieler ist, so daß er schreiben könnte »wir fühlen uns freier« oder gar »ich fühle mich freier«?
Wenn ich in diesem Aufsatz häufig persönliche Aussagen mache, dann tue ich dies bewußt. Mir ist jedes Versteckspiel hinter Allgemeinplätzen zuwider, und ich wage es auch, vor allen Lesern einzugestehen: Ich spiele gerne, mit Freude, und wo ich nur kann.

1.1 Zur »ewigen Frage« nach der Definition von Spiel, oder warum der Begriff »Spiel« nicht definiert werden soll

Gibt es eine Definition des Begriffes »Spiel«? – Nein, es gibt nicht eine Definition, es gibt deren dutzende. Doch gibt es keine allgemein anerkannte. Dies ist die eindeutige Antwort, und viele Wissenschafter sind darob geradezu schockiert und meinen, dies sei ein Zustand, der behoben werden müßte. Seit drei Jahren beschäftige ich mich mit dem Problem der Definition, und ich kenne unzählige Versuche. Zunächst meinte ich wie alle anderen, dies wäre ein untragbarer Mangel der wissenschaftlich betriebenen Spielforschung, und ich beteiligte mich an der Suche – erfolglos.
Manche Forscher, wie HANS SCHEUERL, trugen diesen Zustand mit Humor:

»Für alle diese Geschehnisse in ihrer phänomenalen Vielfalt eine gemeinsame abstrakte Definition oder Erklärungstheorie zu suchen, wäre so aussichtslos, als wenn man eine Theorie der Sterne zu entwerfen versuchte, die neben Himmelskörpern auch Bühnenstars und Christbaumsterne umfassen sollte« (SCHEUERL 1991, S. 221).

Schließlich kam mir ein Gedanke, der zunächst nichts als ein Verdacht war. Immer und immer wieder hatte ich gelesen – und muß ich immer noch lesen –, daß es unmöglich sei, Spiel zu definieren. Was allerdings kaum einen Autor davon abgehalten hat, es dennoch zu versuchen. Und der Verdacht stieg in mir hoch, was, wenn die Frage unsinnig ist? Was ist, wenn die Frage falsch gestellt ist?
Und ich verließ in meinen Überlegungen die inhaltliche Ebene, heraus aus dem Kreislauf der immer gleichen Frage ohne Antwort und beschäftigte mich mit trockener Wissenschaftstheorie.
Das Ergebnis war überraschend, und ich schrieb meine Gedanken nieder, veröffentlicht im zweiten Band des »Homo ludens – der spielende Mensch« (BULAND 1992, S. 43–63).
Wissenschaftstheoretisch exakt formuliert, lautet die Frage:
Muß ein Begriff wissenschaftlich definiert sein, um Gegenstand einer Wissenschaft werden zu können?

Die Erfahrung sagt dazu ein eindeutiges Nein. Als Musikwissenschafter kann ich behaupten, es gibt keine wissenschaftliche Definition von Musik, und doch ist sie Gegenstand der Musikwissenschaft. Bei Psyche und Psychologie liegt der Fall ähnlich. In den Naturwissenschaften ist der Begriff Natur kaum noch vorhanden, und in ihren einzelnen Richtungen wie Chemie und Physik scheint eine einseitige Sichtweise den Gegenstand selbst aus den Augen verloren zu haben. Bei den rein formalen Wissenschaften – allem voran der Logik – ist es zumindest fraglich, ob sie einen Gegenstand der Forschung haben.
Es zeigte sich also, daß in keiner Forschungsrichtung der Gegenstand, über den geforscht wird, genau definiert ist.
In weiteren Überlegungen zeigte sich der gewichtige Vorteil dieses Sachverhaltes.
An einem Beispiel erläutert:
Wäre z.B. am Ende des vorigen Jahrhunderts Musik definiert worden, so hätte SCHÖNBERG kaum und JOHN CAGE sicherlich nicht Gegenstand musikwissenschaftlicher Forschung werden können, denn die Werke von JOHN CAGE

sind keine Musik per definitionem. Die Offenheit desjenigen Begriffes, der Gegenstand wissenschaftlicher Forschung ist, scheint geradezu Grundbedingung für das Gedeihen einer Wissenschaft zu sein. Andernfalls wäre es auch nicht möglich, daß sich eine Wissenschaft wandelt, inneren und äußeren Bedingungen anpaßt.

Was wir heute unter Spiel verstehen, wird sich in zehn Jahren gänzlich verändert haben, und diesen Wandel kann die Spielforschung nur mitvollziehen, wenn der Begriff nicht festlegend definiert wird.

Diese Idee habe ich mit rein wissenschaftstheoretischen Argumentationen untermauert, was ich hier jedoch nicht wiederholen möchte – das Ergebnis möchte ich noch zitieren.

Im Anschluß an diese Gedanken formulierte ich folgende grundlegende Aussage:

Der Begriff Spiel muß als Gegenstand der wissenschaftlichen Spielforschung nicht definiert werden, er sollte ein vorwissenschaftlicher Begriff bleiben.

Zusammenfassung:

Es existiert keine allgemein anerkannte Definition des Begriffes »Spiel«. Alle Überlegungen in diese Richtung sind wissenschaftlich überflüssig. Der Begriff »Spiel« sollte bewußt ein unscharfer, aber lebendiger Begriff der Alltagssprache bleiben. Nichtsdestotrotz wird es für manche Forschungen notwendig sein, anzugeben, was im Rahmen dieser einen speziellen Forschung unter Spiel verstanden wird.

Eine Ermutigung an alle spielenden Menschen: Sie »wissen« – nicht im Sinne eines wissenschaftlichen Wissens, sondern im Sinne von »haben begriffen« –, was »Spielen« ist und bedeutet auch ohne wissenschaftliche Definition.

1.2 Die »ewige« Suche nach dem Wesen des Spiels oder WITTGENSTEINS »Familienähnlichkeit«

Was ist das Wesen des Spiels?

Diese Frage scheint uns berechtigt und »natürlich«. Kaum denken wir darüber nach, was wir mit dieser Frage eigentlich stellen. Sehr selbstverständlich gehen wir davon aus, daß jede Sache und jede Verhaltensweise einige wesentliche Aspekte »besitzt«, daß ihnen gewisse Merkmale wesentlich zukommen, die sich auch sprachlich fassen lassen.

Und ein Verdacht stieg in mir hoch: Was ist, wenn das Wesen des Verhaltens, das wir als Spiel bezeichnen, so chaotisch und in sich widersprüchlich ist, daß alle sprachlichen Beschreibungsversuche sich in Widersprüchen verheddern? Es ist uns doch bekannt, daß die Wörter der Sprache zum Teil sehr unterschiedliche Bedeutungen haben. Nach einer eingehenden wissenschaftstheoretischen Erörterung, die ich hier nicht nachzeichnen möchte, und einer eingehenden Lektüre LUDWIG WITTGENSTEINS formulierte ich den zweiten grundlegenden Satz:

Die Frage nach dem Wesen des Spiels führt in eine Sackgasse, wohingegen es viel fruchtbarer sein dürfte, Spiele in Gruppen zusammenzufassen und nach Ähnlichkeiten zu fragen.

Im »Blauen Buch« (1933/34 diktiert) ersetzt WITTGENSTEIN den Begriff des »Wesens« durch die flexiblere Vorstellung der »Familienähnlichkeit«.

»Da ist die Bestrebung, nach etwas Ausschau zu halten, das all den Dingen gemeinsam ist, die wir gewöhnlich unter einer allgemeinen Bezeichnung zusammenfassen. Wir sind z.B. geneigt zu denken, daß es etwas geben muß, das allen Spielen gemeinsam ist, und daß diese gemeinsame Eigenschaft die Anwendung der allgemeinen Bezeichnung ›Spiel‹ auf die verschiedenen Spiele rechtfertigt; während Spiele doch eine Familie bilden, deren Mitglieder Familienähnlichkeiten haben. Einige haben die gleiche Nase, einige die gleichen Augenbrauen und andere wieder denselben Gang; und diese Ähnlichkeiten greifen ineinander über« (WITTGENSTEIN 1984, S. 37).

Im Anschluß an diese Gedanken erscheint es mir sinnvoll, kein allgemein gefaßtes »Wesen des Spiels« anzunehmen, sondern Spiele in Gruppen zu fassen (Brettspiele, Rätselspiele, freie Kinderspiele usw.) und nach Ähnlichkeiten zu fahnden.

Vielleicht kommen wir so weiter, schließlich sind wir immer noch nicht über die in den 30er Jahren aufgestellte Behauptung des holländischen Kulturhistorikers JOHAN HUIZINGA hinaus, der meinte:

»Dies letzte Element, der Witz des Spiels, widerstrebt jeder Analyse, jeder logischen Interpretation. Das holländische Wort für Witz, ›aardigheid‹, ist dafür höchst bezeichnend. Es ist von ›aard‹ abgeleitet, das Art aber auch Wesen bedeutet, und legt damit sozusagen Zeugnis dafür ab, daß die Sache nicht weiter rückführbar ist« (HUIZINGA 1938, S. 4).

2. Die Bedeutung des Spielens

2.1 Die Bedeutung des Spielens für Erwachsene

Zumeist rührt das Unverständnis der enormen Bedeutung des Spielens daher, daß unter Spielen etwas völlig Falsches verstanden wird. Leichtfertig bezeichnen wir alles, was Kinder tun und treiben, als Spiel und alles, was erwachsene Personen tun, benennen wir mit bedeutungsschwereren Worten wie Sport, gruppendynamische Sitzung, Interaktionsmethode usw. In Wahrheit handelt es sich jedoch um Spiele. Sobald wir den Begriff in all seinen Facetten und in seiner ganzen Weite zu sehen beginnen – und unser Geist reicht dafür kaum hin, die Weite des Spiels überschauen zu können –, werden wir erkennen, wie unverzichtbar Spielen für das Leben ist, und nicht nur für das menschliche – ja es ist unvermeidbar.

Wollen wir jedoch über SCHILLERs aus ästhetischen Überlegungen heraus erwachsenen Satz »... der Mensch spielt nur, wo er in voller Bedeutung des Wortes Mensch ist, und er ist nur da ganz Mensch, wo er spielt« (Ästhetische Erziehung des Menschen, 15. Brief) hinausgelangen und empirisch die Bedeutung erfassen, so stoßen wir auf größte methodologische Probleme.

Da sich der Beitrag meines Kollegen MANFRED HOLODYNSKI ausführlich mit den psychologischen Grundlagen des Spielens beschäftigt, brauche ich hier keine psychologischen Theorien erörtern, sondern kann mich darauf beschränken, die Bedeutung des Spielens aufzuzeigen. Spiel ist dabei wesentlich weitreichender zu sehen als das abendliche Brettspiel im Kreise der Familie. Es geht um eine spielende und spielerische Lebenshaltung im Alltag.

Mir ist nur ein einziger Forscher bekannt, der das Wagnis unternahm, das Erlebnis der Freude in nüchterne Zahlen zu fassen. Der aus Ungarn emigrierte, nun in Chicago tätige Soziologe MIHALY CSIKSZENTMIHALYI (sprich: Tschiksentmihail) ging der Frage nach, was manche menschliche Tätigkeiten zu erfreulichen Tätigkeiten macht, und er fand, daß die Beschreibungen für die Freude an einer Tätigkeit weitgehend übereinstimmen, egal, ob es sich um Spielen, Basketball, Tanzen, Klettern, Schachspielen oder um die Arbeit eines Chirurgen handelt. Immer wird dabei von »Eintauchen in ein freudiges Erlebnis«, von der »Erfahrung des Fließens und In-Fluß-Seins« und von »Aufhebung der Begrenzungen« gesprochen. CSIKSZENTMIHALYI sieht ein einziges Erlebnis hinter all diesen Erscheinungsweisen, und er nannte es das »flow-Erlebnis«, so auch der deutsche Titel seines Buches mit dem bezeichnenden Untertitel: »Jenseits von Angst und Langeweile: im Tun aufgehen«. Seine Absicht ist von großer sozialpolitischer Tragweite:

»Wenn der Mensch spielt, ist er – wie Denker von PLATO bis SARTRE zum Ausdruck gebracht haben – im Vollbesitz seiner Freiheit und Würde. Wenn wir herausfinden könnten, was das Spielen zu einer derart befreienden und belohnenden Aktivität macht, kämen wir in die Lage, dieses Wissen auch außerhalb des spielerischen Rahmens anzuwenden. Vielleicht hatte PLATO recht, und ist es doch möglich, ›das Leben als ein Spiel zu leben‹. Aber in diesem letzten Viertel des zwanzigsten Jahrhunderts, in welchem die Menschen trotz noch nie dagewesenen Wohlstandes und Verfügens über die Umwelt sich verlassener und unfreier als je zuvor zu fühlen scheinen, fällt es schwer, der intuitiven Spielstimmung wieder nahezukommen. Daher präsentieren wir hier solche Untersuchungen, die – so analytisch und objektiv wie möglich – das Erlebnis der Freude zu beschreiben versuchen, ...« (CSIKSZENTMIHALYI 1992, S. 13).

Und dazu führt er ein kleines praktisches Beispiel an:

»Tatsächlich könnten viele – wenn nicht die meisten – Berufe intrinsisch lohnend gestaltet werden, wenn sie im Sinne der flow-Bedingungen umstrukturiert würden. Das kann von oben her geschehen oder durch den Ausübenden selber. So hatte beispielsweise die von TERKEL (1974) interviewte Supermarkt-Angestellte eine Anzahl spezifischer Handlungsmöglichkeiten in ihrer Arbeit entdeckt – vom Bemühen, mit dem Rhythmus der Registrierkasse mitzugehen (›es ist wie Klavierspielen‹), bis zum Kennenlernen jedes Kunden –, so daß sie schließlich ebenso in ihrer Arbeit aufging, wie dies bei einem Chirurgen der Fall ist« (CSIKSZENTMIHALYI 1992, S. 176–177).

Um der Bedeutung des flow-Erlebnisses noch weiter auf die Spur zu kommen – und wir dürfen flow-Erlebnis und Spielen weitgehend in eins setzen –, untersuchte er, welche Auswirkungen es zeitigt, wenn Menschen sich auf bestimmte Zeit jedes flow-Erlebnis versagen: »(...), daß sie sich in jeder Beziehung normal verhalten sollen, mit der einen Ausnahme, sich allen Spielens zu enthalten«. Das Ergebnis der Untersuchung formuliert CSIKSZENTMIHALYI so:

»Es läßt sich also sagen, daß die Unterdrückung der gewohnten Art und Weise, das Alltagsleben durch kleine flow-Episoden zu strukturieren, dazu führt, daß die betreffenden Personen sich zunehmend müde fühlen. Sie berichteten, schläfriger, weniger gesund und angespannter zu sein und mehr Kopfweh zu haben« (CSIKSZENTMIHALYI 1992, S. 186).

Dies ist die empirisch ausgedehnteste und wohl interessanteste Studie, die versucht, dem Spielerlebnis und seiner Bedeutung auf die Spur zu kommen. Und das Ergebnis weist eindeutig auf, daß das Spielen einen enormen Beitrag zur psychischen Gesundheit leistet.

2.2 Die Bedeutung des Spielens für die Senioren

In einer Gesellschaft, in der der Anteil der älteren Bevölkerung beständig zunimmt, bekommt gerade diese Frage zunehmend Bedeutung, zumal wenn mitgedacht wird, daß mit dem Älterwerden eine Vereinsamung einhergeht. Gerade das Spielen könnte dem entgegenwirken, doch ist die Spielunfähigkeit gerade unter Senioren erschreckend verbreitet.
Langsam wird dieses Thema entdeckt, und das Institut für Spielforschung darf sich das Verdienst zusprechen, schon seit einiger Zeit in Vorträgen, Gesprächen und Publikationen dieses Thema zu behandeln. Ein vielversprechender Ansatz besteht darin, Spielzeughersteller, Spieleautoren, Psychologen, Seniorenbetreuer und Spielpädagogen zusammenzuholen und eine koordinierte Entwicklung in Gang zu setzen.
Da in diesem Handbuch ein eignes Kapitel (FISCHER) den Senioren gewidmet ist, wo über die Bedeutung des Spielens im Alter reflektiert wird, kann ich mich hier darauf beschränken, zwei Hilfen für die Praxis zu erwähnen.
Da wäre zunächst die sehr hilfreiche Spielkartei »Seniorenspiele – für das Alter ab 18 Jahre«, verfaßt von BRIGITTE BECKER.
Spezieller und hervorragend der Altersgruppe angepaßt ist das Buch »Gesellschaftsspiele im Seniorenclub« von PAUL MERGAST und GISELA UIHLENKAMP (1992).

2.3 Die Bedeutung des Spielens für die Entwicklung der Kinder

Kindsein ist Entwicklung, daher läßt sich die Frage nach der Bedeutung des Spielens für die Kinder und die Frage nach der Bedeutung des Spielens für die Entwicklung und das Lernen der Kinder nicht trennen.
Immer wenn ich über die Bedeutung des Spielens befragt werde, frage ich zurück: Welche Bedeutung hat der Humor für das Leben? Einerseits ist diese Frage durchaus nicht abwegig und abseits unseres Themas, andererseits zeigt mir die Antwort, mit wem ich es hier zu tun habe, und ich kann meine Antwortstrategie danach ausrichten.
Tatsächlich denken in den USA einige Anthropologen und Mediziner sehr intensiv über den Humor nach, im therapeutischen Bereich werden Humor-Seminare angeboten usw. Zunächst scheint uns dies eine überspannte Modeerscheinung zu sein. Bald aber bilden sich zwei Lager. Im ersten Lager versammeln sich die Leute, die intuitiv erfassen, welch große Bedeutung der Humor für ein geglücktes Leben spielen kann; im zweiten Lager finden sich jene Leute, die dem Humor jede größere Bedeutung absprechen. Im ersten Lager sind alle humorvollen Menschen versammelt, im zweiten die armen Menschen ohne jeden Humor. Nun kommt – nehmen wir einmal an – ein Wissenschafter und soll vor beiden Gruppen über die Bedeutung des Humors sprechen. Was kann er beibringen? Das einzige letztgültige Argument wäre, zu zeigen, daß es unmöglich ist, ohne Humor zu leben. Aber die Existenz humorloser Menschen »beweist« eben das Gegenteil. Er kann also nur unter Aufbietung aller sophistischen Künste und gefinkelter Auslegung von empirischen Studien aufzeigen, daß das Leben mit Humor leichter zu bewältigen ist. Doch ist »leichter zu bewältigen« keine wis-

senschaftliche Kategorie, es gibt kein Kriterium dafür. Somit bleiben alle Versuche wissenschaftliche Trapezakte, ohne wirkliche Bedeutung.
Außerdem, was wäre gewonnen, könnte die Gruppe der Humorlosen durch trockene, wissenschaftliche Überlegungen von der großen Bedeutung des Humors überzeugt werden? Würden sie dadurch zu humorvollen Menschen? Würden sie dadurch glücklicher? Die einzige Möglichkeit hier ist die Praxis.
Was will ich mit dieser kurzen Exkursion zeigen?

Erstens: Wir sollten bedenken, es gibt spielende Menschen und es gibt spielunfähige Menschen. Die ersteren werden intuitiv die große Bedeutung des Spielens erfassen, die zweiteren werden sich nicht überzeugen lassen, und selbst wenn, hilft dies nichts gegen ihre Spielunfähigkeit. Bei aller wissenschaftlichen Beschäftigung mit dem Thema dürfen wir also niemals vergessen, daß das wirklich Wichtige die Spielpraxis ist. Wir setzen allzu leicht voraus - weil jeder irgendwann einmal im Sandkasten gespielt hat -, zum Spielen sei jeder befähigt. Dies ist schlichtweg falsch. Die Spielfähigkeit muß entwickelt und gefördert werden.
Nun stellen spielunfähige Menschen sofort die Frage: Wozu?

Die einzige, wirkliche Antwort würde lauten: Weil es zum Menschsein gehört. Doch weil wir keine Ahnung haben, was Menschsein wirklich ist, noch davon, was alles dazugehört, ist mit dieser Aussage nichts gewonnen.
Ich kann also lediglich einige Mosaiksteine zusammentragen, was verschiedene Wissenschaften zur Bedeutung des Spielens meinen.
Schließlich sind zu dieser Frage schon unübersehbar viele Aussagen gemacht worden, und sie sind sehr schwer gegeneinander abzuwägen, weil die Autoren aus sehr verschiedenen Fachrichtungen stammen, mit je spezifischer Ausdrucksweise, ihren Grundannahmen, Sichtweisen. Und nach welchem Kriterium sollen wir entscheiden, ob z.B. die psychoanalytische Sichtweise, Spielen habe eine kathartische Funktion, oder die Sichtweise der Kulturanthropologen, das Spielen diene dem Kennenlernen und dem Einüben in die Kultur, vorzuziehen ist? Welche Theorie ist »richtig«, »wahr«?
Aufgrund des heutigen Wissensstandes dürfen wir annehmen, sowohl als auch. Die einzelnen Theorien widersprechen sich weniger, vielmehr ergänzen sie sich. Wenn auch noch keine überzeugende Synthese gelungen ist (wir am Institut für Spielforschung in Salzburg arbeiten daran), so können doch die Theorien mosaikartig nebeneinander gestellt werden und zeigen so zumindest die Weite des Feldes und die Tiefe der Bedeutung auf.
Die spielenden Menschen mögen dies als Bestätigung lesen, auf richtigem Weg zu sein, und als Bekräftigung, diesen Weg weiterzugehen. Menschen, die dem Spiel negativ gegenüberstehen, werden diese Zeilen kaum lesen, und wenn, dann mögen sie dies als Herausforderung nehmen, ihre Einstellung zu überdenken.
Zusammen mit dem sehr tiefschürfenden Artikel von RAINER KORTE »Zur gesellschaftlichen Bedeutung des Spielens« dürfte die nun folgende Aufstellung ein recht umfängliches Bild ergeben.

2.3.1 Entwicklungspsychologie

Die Aussagen der Entwicklungspsychologie zum Thema Spiel sind so reichhaltig, daß auch der kürzeste Abriß den Umfang eines größeren Aufsatzes annehmen würde. Auch wird die Diskussion dominiert von dem Schweizer Psychologen JEAN PIAGET, dessen Ausführungen jedoch äußerst abstrakt und schwierig nachzuvollziehen sind. Außerdem ging es ihm in erster Linie um die Entwicklung der kognitiven Fähigkeiten und nicht eigentlich um die Entwicklung von Fähigkeiten durch das Spiel. Will sich jemand in diese Materie vertiefen, so empfehle ich als Einstieg sein Buch: Nachahmung, Spiel und Traum. Die Entwicklung der Symbolfunktion beim Kinde (PIAGET 1990).
Ein Werk, das besonders im zweiten Teil, der ausschließlich dem Spiel, seiner Entstehung, Klassifikation und Bedeutung gewidmet ist, wichtige Aussagen zum Thema Kinderspiel und Entwicklung enthält. Es ist allerdings Leuten vorbehalten, die bereit sind, sich wirklich lange in die Materie einzuarbeiten, denn es ist überaus schwierig zu lesen. Um eine Vorstellung davon zu vermitteln, hier die Formulierung seiner ersten These:

»Wir werden in diesem Band hauptsächlich zwei Thesen zu entwickeln versuchen. Die erste liegt auf dem Gebiet des Spiels und der Nachahmung: Hier können wir kontinuierlich den Übergang von der sensomotorischen Assimilation und Akkommodation – diesen beiden Prozessen, die uns bei der Bildung der ursprünglichen und vorverbalen Formen der Intelligenz als wesentlich erschienen sind – zur geistigen Assimilation und Akkommodation, die die Anfänge der Vorstellung charakterisieren, verfolgen. Vom Beginn der Vorstellung können wir sprechen, wenn gleichzeitig die Differenzierung und Koordinierung zwischen dem Zeichen (signifiant) und dem Bezeichneten (signifié) oder der Bedeutung auftritt. Im übrigen werden die ersten differenzierten Zeichen durch die Nachahmung und ihr Derivat, das Vorstellungsbild, geliefert, die beide die Akkommodation an Objekte der Umwelt weiterführen. Was die Bedeutung als solche anbelangt, werden sie durch die Assimilation geliefert, die im Spiel überwiegt und die sich mit der Akkommodation in der angepaßten Darstellung im Gleichgewicht befindet« (PIAGET 1990, S. 16–17).

Leichter faßlich hat die New Yorker Psychologin BARBARA BIBER die Bedeutung des Spielens für die Entwicklung dargestellt:

*»Was bedeuten Spielerfahrungen für das Wachstum des Kindes? Wenn ein Kind eine wirklich heilsame Erfahrung mit dem Spiel macht, so ist das zugleich die förderlichste Art von Vergnügen, die ein Kind überhaupt haben kann. Daß ein Kind Freude erlebt, ist grundlegend für seine künftige Fähigkeit, glücklich zu sein. Das Spiel in früher Kindheit kann die Grundsubstanz abgeben, aus der sich eines seiner Lebensmuster bildet, nämlich die Erfahrung, daß es nicht nur Freude **erleben**, sondern daß es Freude **bereiten** kann. Die meisten von uns Erwachsenen erleben nur noch eine verwässerte, produzierte Art von Freude – wir gehen ins Kino, kaufen etwas ein, hören ein Konzert oder sehen ein Baseball-Spiel an; es ist uns unklar geworden, daß die tiefsten Wurzeln des Glückerlebens in uns selber liegen und keinen Eintrittspreis kosten. Aus solchen Sicherheiten setzt sich aber eine positive Lebenshaltung überhaupt zusammen. (...)
Ein anderes wichtiges Nebenprodukt des Spiels ist das Gefühl der Kraft, das es dem Kind verleiht, Befreiung vom Gefühl der Machtlosigkeit und Hilflosigkeit, das viele Kinder als die geringeren Glieder unserer wohlgeordneten Erwachsenenwelt so stark empfinden. Im Spiel geben wir ihnen die Chance, dieser Machtlosigkeit in gewissem Maße entgegenzuwirken. Hier hat das Kind Gelegenheit, Pläne zu machen, zu beurteilen, was das beste ist, und die Abfolge der Ereignisse selber zu erschaffen. Das dramatische Spiel ist eine der grundlegenden Weisen, in denen Kinder ihre Fähigkeiten, das Leben zu strukturieren, erproben können. Der Umstand, daß sie es dabei mehr mit Symbolen als mit Realitäten zu tun haben, beeinträchtigt dieses Gefühl der Bemeisterung nicht. (...)*

Indem es seine Erfahrungen wiedererlebt und frei dramatisiert, **denkt** *das Kind auf seine eigene Weise und zusammen mit anderen Kindern. Es* **lernt** *dabei auf dem besten Weg, der möglich ist«* (BIBER 1973, S. 13–15; Hervorhebungen im Original).

2.3.2 Psychoanalyse

Der Fachjargon der Psychoanalyse ist für Uneingeweihte überaus unerfreulich. Ich kenne lediglich eine einzige leicht faßliche und kurze Darstellung dessen, was die Psychoanalyse über den Wert und die Bedeutung des Spielens zu sagen hat, sie stammt von ROBERT WAELDER:

»Das Spiel ist nun nach den Ergebnissen, zu denen die Psychoanalyse gekommen ist, ein solcher Vorgang im Sinne des Wiederholungszwanges, in dem das übermäßige Erlebnis in kleine Portionen zerlegt, wieder vorgenommen und spielerisch assimiliert wird. (...) Das Spiel aber mag man nunmehr als eine Methode bezeichnen, ein Erlebnis, das zu groß war, um sofort mit einem Schlage assimiliert zu werden, immer wieder vorzunehmen und gleichsam brockenweise zu assimilieren« (WAELDER 1973, S. 57–58).

Und über die Aufgabe des Pädagogen schreibt er:

»Wenn es wahr ist, daß durch das Spiel ein Abreagieren traumatischer Erlebnisse zustande kommt, dann ist der Erzieher auch in der Lage, dem Kinde zu dieser Art von Abreagieren zu verhelfen. Wenn das Kind etwas Unangenehmes, Erschütterndes oder Angsterregendes erlebt hat, so ist es dem Erzieher möglich, das Erlebnis mit ihm sofort zum Spiel zu machen, dabei gelegentlich das Spiel mit anderem Ausgang oder mit anderer Rolle des Kindes ablaufen zu lassen und ihm so verhältnismäßig rasch zur Assimilation zu verhelfen« (WAELDER 1973, S. 61).

2.3.3 Psychoanalytische Entwicklungspsychologie

In dieser besonderen Richtung der Entwicklungspsychologie hat sich besonders ein Mann hervorgetan, ERIK HOMBURGER ERIKSON, ein Amerikaner, der in Frankfurt geboren wurde und in Wien Schüler von SIGMUND FREUD war. Das Zentrum seiner Sichtweise bildet die Identität. Die Bedeutung des Spielens liegt für ihn besonders darin, das Urvertrauen des Kindes zu stärken. Im Handbuch der Spielpädagogik ist dies kurz zusammengefaßt:

»ERIKSON geht noch einen Schritt weiter, wenn er nach einem Vergleich der Spiele der Tiere und Menschen feststellt, daß das Fehlen der Spiele als Ausdruck des dominierenden ›Urmißtrauens‹ gleichsam ›eine spezifische Form der Tödlichkeit hervorbringt‹. (...) Eine der wichtigsten anthropologischen Aufgaben des Spiels ist es, aus dem ursprünglichen ›Kampf zwischen Urvertrauen und Urmißtrauen in der Kindheit‹ Hoffnung und Freude als Ausdruck des gestärkten Urvertrauens hervorgehen zu lassen. Gerade die Such- und Greifspiele, die ein sicherndes Mal kennen, das das Gefahrenmoment ausklammert, sind geeignet, die Urangst zu überwinden. Spiele wie Hase und Fuchs vergegenwärtigen diese Fluchtsituation in Gestalt eines geliebten, aber häufig gejagten Tieres, das dann doch den rettenden Unterschlupf in der offenen Reihe im Kreis findet. Dieses Aufnehmen des Gejagten durch den Mitgespielen vermag die in allen diesen Situationen gegenwärtige Urangst ein erstes Mal spielend unter Kontrolle zu bringen« (RÖHRS 1983, S. 56–57).

2.3.4 Schul-, Spiel- und Lerntheoretiker (Pädagogen)

Die Aussagen von Pädagogen über Spielen und Lernen, Spielen und Erziehen, Spielen in der Schule usw. füllen viele Bände an schwer und unerfreulich zu lesender Literatur. Aus den wenigen Ausnahmen greife ich zwei heraus, einen, der als Praktiker des Spielens ebenso hervorgetreten ist wie als Theoretiker und Organisator – er ist Gründer und Leiter des Salzburger Instituts für Spielforschung und Spielpädagogik –, GÜNTHER BAUER. Er äußert sich über das Spielen in der Schule und über Motivation durch Spiel sehr eindeutig:

*»Jedes gesunde Kind wird im allgemeinen weder aufgefordert, weder gezwungen noch durch komplizierte pädagogische Maßnahmen motiviert werden müssen zu spielen. Kinder aller Altersstufen nehmen jede Gelegenheit wahr, um irgendein Spiel spielen zu können, jeder Ort wird im Handumdrehen in einen Spielort verwandelt oder direkt ›verzaubert‹, Kinder können vom frühen Morgen bis in die späte Nacht hinein intensiv, engagiert und mit der größten Ernsthaftigkeit spielen, ohne müde zu werden. Kinder verbringen ihr Leben im tiefsten Wortsinn spielend. Empirische Untersuchungen zeigen, daß Kinder, die viel spielen, intelligenter und kreativer sind und ein größeres Handlungsrepertoire haben als Kinder, die wenig spielen. Außerdem konnte nachgewiesen werden, daß Kinder in ihren sprachlichen Fähigkeiten, in ihrer Phantasieaktivität und in ihrem Interaktionsverhalten z.B. durch sozio-dramatische Rollenspiele wesentlich gefördert wurden.
In der frühen Kindheit scheint also Spielen die Form motivierten Lernens schlechthin zu sein«* (BAUER o.J., S. 35).

Das zweite Zitat stammt von dem großen Pädagogen ANDREAS FLITNER; er äußert sich darüber, welche Fähigkeiten das Spielen fördert, wie folgt:

»Wenn man das Spielen als eine humane Grundfähigkeit anzusehen bereit ist, bedarf es kaum weiterer Rechtfertigungen; es zu lernen und sich darin zu Hause zu fühlen, es über die Kindheit hinaus zu bewahren, ist ein hinreichend bedeutendes Ziel. Dennoch kann man eine Reihe von Teilfähigkeiten verfolgen, die gewiß auch im Spiel mit gefördert werden. Die folgenden seien hier hervorgehoben:

- *das sensumotorische Können, Auffassung und Geschicklichkeit;*
- *die inhaltliche Beherrschung des Spiels und seiner Regeln;*
- *die Ausdrucksfähigkeit und spielerhaltende Erfindung;*
- *die Erfassung der kognitiven Aufgaben und Elemente;*
- *die Beherrschung der sozialen Anforderungen des Spiels«* (FLITNER 1972, S. 120).

2.3.5 Intelligenzforschung

Die in Berlin tätige Dozentin für Pädagogische Psychologie, MARION KAUKE, hat kürzlich ein hochinteressantes und fundiertes Buch veröffentlicht, in dem sie dem Thema Intelligenz und Spiel nachging, daher der Titel »Spielintelligenz, spielend lernen – Spielen lehren?«. Aus der Vielzahl von Aspekten dieses Themas sei einer herausgegriffen:

»Moderne Untersuchungen belegen, daß durch spielerische Unterweisung im Unterricht die Lust vieler, wenn auch nicht aller Kinder am Lernen wächst. Die Schüler setzen sich nicht nur intensiver, sondern auch wirksamer mit dem Stoff auseinander, wenden sich Problemen zu und suchen ausdauernder nach Lösungsvarianten. Die gewonnenen Erkenntnisse werden verläßlicher im Gedächtnis gespeichert und wendiger praktiziert. (...) Allgemein erweist sich, daß geistige Potenzen von Schulkindern durch Einsatz von Spielen vornehmlich mit Denkanforderungen im Unterricht intensiver angeregt werden können. Am Beispiel des methodisch gelehrten Schachspieles gingen wir dieser These an einem repräsentativen Querschnitt von Schülern der dritten bis siebten Klasse nach. Der ›Gewinn‹ offenbarte sich in einer beachtlichen Zunahme der intellektuellen Lernfähigkeit. In weitergeführten pädagogisch-psychologischen Experimentalstudien ließ sich in der sechsten Klasse ein Zuwachs in der Planmäßigkeit, Wirksamkeit und Exaktheit des schöpferischen Denkens sowie der Ausarbeitung von Ideen nachweisen. Diese Effekte zeigten sich bereits nach drei bis fünf Monaten. Als besonders günstig erwies sich ein Kombinationstrainingsprogramm, das wie andere Schachlehrprogramme computerunterstützt laufen

kann. (...) *Beachtenswert ist, daß sich die denkfördernde Wirkung anspruchsvoller Spieltätigkeit nicht nur bei Schülern nachweisen ließ, die für das schwierige Regelspiel eine besondere Neigung mitbrachten. Sorgfältige Einzelfallstudien, die Schachpädagogen an Schulkindern über mehrere Schuljahre hinweg durchführten, belegen, daß das aktive strategische Spiel nicht nur leistungsstarken Kindern hilft, Findigkeit, Besonnenheit und Ausdauer bei der Lösung schwieriger Aufgaben und darüber hinaus Aktivität und Initiative zu entfalten, sondern besonders für versetzungsgefährdete Schüler günstig ist. Gefesselt vom Reiz des denkintensiven Spieles werden sie unmerklich angeregt, über einen längeren Zeitraum hinweg geistig aktiv zu sein und konzentriert zu denken. Das regelmäßige Training in einer schulischen Arbeitsgemeinschaft wirkte sich in einem sprunghaften Leistungsanstieg (im ersten Halbjahr) speziell in den mathematisch-naturwissenschaftlichen Fächern aus. (...) Auf dem Zeugnis der im Spiel unterwiesenen Schüler erschienen bessere Noten in Betragen, Mitarbeit, Fleiß, Ordnung und Gesamtverhalten. Charakterlich wirkten sie ausgewogener«* (KAUKE 1992, S. 156–157).

2.3.6 Ethologie und Ethnologie

Es geht um die Frage der Aneignung der Welt und der Kultur. Der Schweizer Ethologe RUDOLF SCHENKEL faßt Voraussetzung und Funktion des Spielens bei höheren Säugetieren, die Menschen miteingeschlossen, wie folgt zusammen:

»*Voraussetzung des Spiels ist die Betreuung des Kindes durch sein engstes soziales Umfeld, insbesondere die Mutter, über den Zeitabschnitt der Jugend. Diese Betreuung ist elterliche Investition. Aufgrund der relativen Offenheit seiner Verhaltensdisposition nutzt das Kind diese Investition, indem es durch Spielen in unbelasteter Auseinandersetzung mit der Umwelt sein später lebenswichtiges Kennen und Können vorbereitet.
Spiel ist prospektiv-funktionelles Lernen. Die Fähigkeiten entfalten sich durch ihre Betätigung im Spielen; dabei baut sich ein Inventar umweltadäquat organisierten Verhaltens auf, das später der Bewältigung von Ernstfunktionen dienen wird«* (SCHENKEL 1983, S. 86).

HERMANN RÖHRS, Professor für vergleichende Erziehungswissenschaft, schreibt dazu:

»*Die Berichte der Ethnologen über die Spielpraxis naturnaher Völker zeigen ziemlich einheitlich, wie das Spiel Teil eines Entwicklungsprozesses ist, der die Kinder in die Inhalte der Erwachsenenwelt führt. Dieser Übergang erfolgt nicht spielerisch übend neben der Erwachsenenwelt, vielmehr im schrittweisen spielerischen Realisieren ihrer Aufgaben und Inhalte. Da diese Inhalte in den Industrieländern seit ihrer Konstituierung kompliziert und abstrakt geworden sind, wird die Spielwelt zu einem Vorraum der vollen Reifung und spielerischen Einübung«* (RÖHRS 1983, S. 58).

2.3.7 Kulturanthropologie

Diese spricht von einem Ein-Spielen in die Kultur. Zunächst vermeinen wir zwei getrennte Bereiche vor uns zu haben, Spiel und Kultur, doch seit den grundlegenden Arbeiten von JOHAN HUIZINGA wissen wir, Spiel und Kultur sind weitgehend wesensident. So lautet auch die programmatische Kapitelüberschrift »Kultur als Spiel – nicht Kultur aus Spiel«:

»*Mit dem Ausdruck ›Spielelement der Kultur‹ ist hier nicht gemeint, ... daß Kultur durch einen Entwicklungsprozeß aus Spiel hervorgeht, in der Weise, daß etwas, was ursprünglich Spiel war, später in etwas übergegangen wäre, was nicht mehr Spiel ist und nun Kultur genannt werden kann. Im folgenden soll vielmehr gezeigt werden, daß Kultur in Form von Spiel entsteht, daß Kultur anfänglich gespielt wird. (...)
Dies ist nicht so zu verstehen, daß Spiel in Kultur umschlägt oder sich in Kultur umsetzt, vielmehr daß der Kultur in ihren ursprünglichen Phasen etwas Spielmäßiges eigen ist, ja daß sie in den Formen und der Stimmung eines Spiels aufgeführt wird. In der Zwei-Einheit von Kultur*

und Spiel ist das Spiel die primäre, objektiv-wahrnehmbare, konkret bestimmte Tatsache, während Kultur nur die Bezeichnung ist, die unser historisches Urteil dem gegebenen Fall anheftet« (HUIZINGA 1938, S. 75–76).

In einer breit angelegten Untersuchung geht er in der Folge dem Spielelement der Kultur nach.

So können wir sagen, das Spiel der Kinder ist eine Kulturtätigkeit. Manchmal sprechen wir auch von einer Spielkultur. Im sozialen Spiel, in der Nachahmung, in ihren Phantasiespielen lernen Kinder die Beherrschung von Kulturtechniken, sie lernen sich zurechtzufinden, und nicht nur dies, sie schaffen auch Kultur. Meist sehen wir die Ergebnisse nicht als Kulturgüter an, doch sie sind es. (Persönlich kann ich keinen Unterschied zwischen einem Bild von JACKSON POLLOK und einem meines vierjährigen Neffen feststellen, aber ich bin ein Laie auf diesem Gebiet.)

2.3.8 Allgemein

Zuletzt möchte ich den Nobelpreisträger und Leiter des Max-Planck-Instituts für biophysikalische Chemie, MANFRED EIGEN, zu Wort kommen lassen. Er hat in den 70er Jahren zusammen mit RUTHILD WINKLER ein bahnbrechendes Buch geschrieben, »Das Spiel. Naturgesetze steuern den Zufall«:

*»Entstammen nicht all unsere Fähigkeiten dem Spiel? Zunächst dem Spiel der Muskeln und Gliedmaßen: Aus ziellosem Greifen und Strampeln wird präzis korrelierter Bewegungsablauf. Sodann dem Spiel der Sinne: Aus spielerischer Neugier wird tiefgreifendes Wissen, aus dem Spiel mit Farben, Formen und Klängen unvergängliches Kunstwerk. Das Spiel steht am Anfang der Liebe: das verstohlene, heimliche Spiel der Augen, der Tanz, das Wechselspiel der Gedanken und Gefühle, das Sichhingeben – im Sanskrit heißt die Verschmelzung der Liebenden **kridaratnam**, ›das Juwel der Spiele‹«* (EIGEN 1975, S. 18; Hervorhebung im Original).

3. Spielpädagogik

3.1 Aufgaben – Ziele – Probleme

Nach meinen Beobachtungen zerfällt die Spielpädagogik in zwei große Bereiche, in spielerische Tätigkeiten innerhalb der Schule und in solche außerhalb derselben. Auch in ihrer Intention und ihrem Ziel sind Tätigkeiten in beiden Bereichen grundverschieden. Außerhalb der Schule liegt das Ziel spielerischer Tätigkeiten in diesen selbst begründet, in der Freude am Spiel, im Spaß; während es im schulischen Bereich immer Aufgaben und Ziele außerhalb des Spiels gibt, die eingehalten und erreicht werden müssen, außerdem muß sich jede Tätigkeit einer Evaluation unterziehen. Damit gerät die immer wieder zitierte Freiheit des Spiels in Konflikt mit den Zwecken des Schulsystems, wird in den Zwang der Evaluation genommen, kurz, wird fremden Zwecken unterworfen. Daraus aber resultiert eine umfangreiche Literatur, die das Spielen im schulischen Rahmen zu rechtfertigen versucht, die Spielen und Lernen in einen Zusammenhang bringt und das spielende Lernen propagiert. Doch der Widerspruch läßt sich nicht gänzlich beseitigen, und so hat diese Literatur häufig etwas Kampf- und Krampfartiges an sich.

Die Spielpädagogik außerhalb der Schule zeitigt in der Praxis große Erfolge.

Auch HANS SCHEUERL spricht sich in seinem Aufsatz »Spiel und Bildung« für eine vertiefte Sichtweise der Spielpraxis aus, wo das Herausfinden des konkreten Spielniveaus eines Kindes bevorzugt wird gegenüber einem müßigen Reflektieren über Theorien.

»Wo also auf die Frage nach dem Verhältnis von Spiel und Bildung pädagogisch eine Antwort gesucht wird, da sollte man immer sogleich auch die Frage nach der objektiv gegebenen Spielstruktur und dem Spielniveau stellen. Sie verdienen mindestens ebenso viel Aufmerksamkeit wie die immer wiederholten, generell aber wohl gar nicht lösbaren Versuche, Spiel und Arbeit oder Spiel und Ernst definitorisch zu trennen. Sie hilft vor allem, das spielerische Moment auf der jeweils alters- und könnens-spezifischen Ebene abzuheben gegen die angestrengte Überforderung wie gegen die Unterforderung bloßer Spielerei und bloßen Tobens« (SCHEUERL 1973, S. 29).

Die Spielpraxis in Jugendzentren, Jugendbildungsinstituten, in Institutionen der Erwachsenenbildung, in Kindergruppen und -organisationen, in Freizeiteinrichtungen und Ferienlagern funktioniert klaglos bis großartig. Für diesen Bereich gibt es seit der Schwalbacher Spielesammlung eine große Anzahl an Spielkarteien, und schon einige Institutionen bemühen sich darum, Spielleiter praxisgerecht auszubilden. Allen voran ist hier wohl die Akademie Remscheid zu nennen mit dem für die Spielpädagogik überaus verdienstvollen ULRICH BAER. Die Entsprechung in Österreich heißt Arbeitsgemeinschaft für Gruppenberatung. Wie in unserer Kultur üblich, ist in diesem Bereich, der ja der Freizeit zugeordnet wird, alles erlaubt, was Spaß macht. Und genau dies erzeugt Gegner und Widerhaken, sobald Spiel in denjenigen Bereich gebracht wird, den wir Arbeit nennen. Und die Schule gehört in den Bereich der Arbeit. Sobald jemand behaupten würde, er spiele während seiner Arbeitszeit, müßte er um seine Arbeit bangen. Arbeit ist eben kein Spiel, das lernen wir schon sehr früh. Wir hören diesen Satz in allen möglichen Formen so oft, daß er nicht mehr begründet zu werden braucht, er scheint uns selbstverständlich und nicht hinterfragbar. Die Schule nun hat auf diese Arbeit vorzubereiten, hat selbst Arbeit zu sein, und dies scheint uns so selbstverständlich, daß sich nicht das Schulsystem rechtfertigen muß, warum aus »aktiven, aufgeweckten, eroberungslustigen, unermüdlich die Umwelt erforschenden, mit allen Gegenständen experimentierenden, überall Probleme entdeckenden, Fragen über Fragen stellenden Kleinkindern, die man aus Familien und Kindergärten kennt, passive, gelangweilte, desinteressierte, unengagierte, lustlose Schüler« (CALLIESS 1973) werden; das Schulsystem muß sich nicht rechtfertigen, warum das Spielen, die ursprüngliche Art des Lernens, verdrängt wird; im Gegenteil müssen sich diejenigen rechtfertigen, die das Spielen in die Schule bringen wollen. An diesem verkehrten Zustand hat sich nichts geändert, seit zu Beginn der 70er Jahre eine breite Diskussion einsetzte über den Wert des Spiels für den Unterricht, für das soziale wie das kognitive Lernen der Kinder und Jugendlichen.

Einige Autoren waren damals wichtig bzw. taten sich hervor. Allen voran HANS SCHEUERL mit seinem schon 1954 veröffentlichten Standardwerk »Das Spiel – Untersuchungen über sein Wesen, seine pädagogischen Möglichkeiten und Grenzen«. Es folgten ANDREAS FLITNER, BENITA DAUBLEBSKY und GÜNTHER BAUER, um nur einige zu nennen. Voller Elan und Enthusiasmus formulierten diese Denker Aufgaben und Ziele des Spielens in der Schule und sprachen von der großen Bedeutung dieses Lernmittels. Bei ELKE CALLIESS – um nur eine herauszugreifen – liest sich dies so:

»Wenn die Spielstunde ein Spaß ist für Schüler und Lehrer, so könnte dieses Faktum schon allein Begründung sein für die Einrichtung von Spielstunden in der Schule. Wenn man darüber hinaus aus den Spielberichten BENITA DAUBLEBSKYs weiß, wie langsam und oft mühevoll die äußeren und inneren Bedingungen hergestellt werden, unter denen dieser Spaß des Spielens entsteht, was Kinder alles lernen müssen, ehe sie wirklich in der Schule spielen können – so, wie die kleinen Kinder spielen –, dann ist deutlich, daß in der Spielstunde selbst auch grundlegende emotionale, motivationale und kognitive Lernprozesse in Gang gesetzt werden können, die von entscheidender Bedeutung sind für schulisches Lernen ebenso wie für das Leben der Kinder« (CALLIESS 1973, S. 251).

Die Diskussion über die Bedeutung und die Funktion des Spielens in der Schule wurde und wird ausschließlich von Erwachsenen für und anstelle der Kinder geführt. Was aber kommt heraus, befragen wir die Kinder selbst dazu, welche Funktion das Spiel haben sollte.

BENITA DAUBLEBSKY schreibt aus Erfahrung nieder:

»Von Kindern aus gesehen, wäre das wohl nicht unbedingt nötig. Oder falls es nötig ist, können die Antworten auf der Ebene des Spiels bleiben. In einer der ersten Spielstunden wurde ein für europäische Kinder sehr schwieriges koreanisches Spiel gelernt, bei dem rhythmisches Sprechen, Beobachtung und Nachahmung von Bewegungen gefordert wird. Obwohl es allen sichtlich Freude machte, fragte man nach einigen Minuten, wozu das gut sein solle. Ich stand etwas ratlos da und konnte nichts sagen, das die Kinder befriedigte. Die Spielstunde ging weiter. Die Kinder spielten Indianer: Schleichen (mit wenig Erfolg) und Heulen (mit um so größerem) und schließlich einen Überfall auf Bleichgesichter. Als danach wieder das koreanische Spiel versucht wurde, gelang es schon etwas besser, und plötzlich erklärte einer der Buben, diese Art Spiel könne sehr nützlich sein, wenn man ein guter Indianer werden wolle. Daraus ergab sich ein Gespräch, bei dem dann alle übereinstimmten, daß es gut sei, die Art von Konzentration zu lernen, wie sie bei Beobachtung, Nachahmung und gleichzeitigem Neuerfinden von Bewegungen in diesem Spiel verlangt wird. Natürlich immer nur, um ein guter Indianer zu sein« (DAUBLEBSKY 1973, S. 271).

Den nächsten Meilenstein bildete sicherlich das von KARL JOSEF KREUZER Anfang der 80er Jahre herausgegebene vierbändige »Handbuch der Spielpädagogik«. Damals hatte die Diskussion – wohl wegen des geringen Erfolges in der praktischen Umsetzung – viel von ihrem Schwung und ursprünglichen Elan verloren. Viele Pädagogen, Forscher und Denker bemühten sich damals, die Bedeutung des Spielens für die Schule so unzweifelhaft, wissenschaftlich zu untermauern, daß als Ergebnis nur noch der Satz stehen kann: In der Schule muß gespielt werden. Dieser Versuch, das Thema möglichst rein wissenschaftlich anzugehen, zeitigte Erfolge. Es entstanden nämlich einige der besten und interessantesten Arbeiten über Spielen und Lernen, über Spielen und Erziehung, über Hintergrundaspekte, von der Entwicklungspsychologie bis zur empirischen Spielforschung.

Die Diskussion wurde jedoch so einseitig wissenschaftlich geführt – und so humorlos, möchte ich hinzufügen –, das Spielen wurde so ausschließlich von äußeren Zwecken und Zielen hergeleitet, daß auch in den eigenen Reihen Kritiker auftraten, die nun wissen wollten, ob hier nicht etwas Wesentliches aus dem Auge verloren wurde. Im ersten Band des Handbuches schreibt WINFRIED BÖHM unter dem provokanten Titel »Wider die Pädagogisierung des Spiels«:

»Das Spiel wird dann nicht mehr in erster Linie psychologisch betrachtet, sondern als von Grund auf geistige Leistung gesehen; sein pädagogischer Wert wird nicht in seiner Erholungs-

funktion, nicht in seiner Übungsfunktion und ebensowenig in seiner didaktischen Funktion erblickt, ja überhaupt nicht länger von irgendeiner Funktion hergeleitet; als sein pädagogischer Sinn wird vielmehr deutlich, daß das Kind jene Urerfahrung macht, aus denen es sich seine Welt aufbaut, mit anderen Worten: der pädagogische Sinn des Spiels besteht in der weltkonstituierenden Kraft dieser im Menschen immer schon vorhandenen, freilich zu entfaltenden und zu aktualisierenden Möglichkeit« (BÖHM 1983, S. 290). Folgerichtig fordert BÖHM zuletzt eine *»Ludifizierung der Pädagogik«.*

Trotz aller Versuche läßt sich das Spiel nicht für die Pädagogik in die Pflicht nehmen. In seiner 1982 veröffentlichten Dissertation »Spielen, Lernen und Entwickeln. Eine struktural-analytische Rekonstruktion« faßt DIETER SINHART, nach tiefschürfendsten Überlegungen, sein Ergebnis wie folgt zusammen, und diese Aussage hat bis heute seine Gültigkeit bewahrt:

»Spielen ist weder ein Lerntyp noch eine Methode des Lernens, das geht deutlich aus der Analyse hervor. Lernprozesse können mit Hilfe des Spiels nicht geplant werden, da Lerneffekte zufällig zustande kommen. Wer dennoch Spiele (z.B. Strategie- bzw. Planspiele oder Rollenspiele) mit Lernzielen versieht und sie pädagogisch, d.h. nicht spielimmanent, strukturiert, der macht daraus eine Lehrveranstaltung, die einem Leistungstraining gleichkommt. Eine solche Veranstaltung Spiel zu nennen, verschleiert die wahre Absicht, macht den Unterricht zum Motivationstrick und zerstört vor allem den Reiz des Spielens, die spielerische Motivation, die grundsätzlich auf Freiwilligkeit basiert. Aus diesen Gründen müssen vor allem in der Verbindung von Spiel und Schule den Schülern Freiräume zur Verfügung gestellt werden, in denen sie sich im Spielen kreativ und frei entfalten können, ohne daß ein Pädagoge die Situation für seine Interessen umwandelt« (SINHART 1982, S. 160-161).

NORBERT KLUGE formuliert selbiges in Form einer ethischen Forderung:

»Das Spielbedürfnis des Kindes darf nicht der zweckrationalen Organisation von Lernprozessen geopfert werden. (...)
Spiel darf nicht wie bisher:

❏ *primär mit Fremdzwecken legitimiert und somit ›zweckentfremdet‹ eingesetzt werden;*
❏ *mit Arbeit oder anderen Tätigkeitsformen gleichgesetzt und unter gleichen Bedingungen verplant werden.*

Wenn ein Spiel im Schulalltag als Unterrichtsgegenstand oder Unterrichtsmittel vorgesehen ist, erwartet man vom Lehrer, daß er zunächst einmal den Nutzen seines Vorhabens hinreichend begründet. Wie jedes andere Unterrichtsmedium hat sich das Unterrichtsspiel als Instrument einer erhofften, kontrollierbaren Leistung zu bewähren. Dieser landläufigen Auffassung im Umfeld einer leistungsorientierten Schule ist aus spieltheoretischen und spielpädagogischen Gründen entschieden zu widersprechen. Der erste Zweck des Spiels ist der garantierte Verlauf spielhafter Tätigkeit und nicht die im Rahmen des Spiels nur als Nebenabsicht zuzulassende Intention eines formalen oder materialen Lernziels. (...)
Positiv gewendet heißt das für künftige Spielpädagogik:

❏ *Spiel ist als Spiel pädagogisch zu planen und in seinem Vollzug zu garantieren;*
❏ *Spiel ist aufgrund seiner Wesensmerkmale (Freude, Spaß, Freiwilligkeit, Zweckunbewußtheit u.a.) subjektiv orientiert und erlebnisorientiert.*
❏ *Im Spiel möchte der Mensch vor allem sich selbst erleben, d.h. sich seiner selbst gefühlsmäßig innewerden oder seine Umwelt unmittelbar wahrnehmen, und nicht mit ihm zweckrational etwas vollbringen;*
❏ *Spielen setzt nichts als das Bedürfnis nach Erleben voraus und befriedigt es im unmittelbaren Vollzug. Spielbedürfnis und Erleben gehören zusammen«* (KLUGE 1981, S. 55).

Eine moderne Spielpädagogik hat diesen Aussagen Rechnung zu tragen. Wir sollen Spiel in der Schule einsetzen, aber wir als Pädagogen und Spielleiter müs-

sen davon abgehen, das Spiel als Methode einzusetzen, um Lernziele zu erreichen. Gerade auch eine Umweltpädagogik muß darauf Bedacht nehmen, daß Spielen eine freie Aktivität ist, nicht auf vordefinierte Ziele hin ausgerichtet werden darf, daß das Spielen freigegeben werden muß von Evaluation und Zweckorientierung. Ansonst läuft die Spielpädagogik in Gefahr, wieder einseitig rational ausgerichtet zu sein, und unsere einseitige und eindimensionale Rationalität ist eben die Ursache für unsere Umweltprobleme.
Spielpädagogik ist dann in der Schule richtig eingesetzt, wenn sie sich von der Orientierung auf Lernziele hin und vom Zwang der Evaluation befreit hat.

Dies heißt nun nicht, daß beim Spielen nichts erfahren und gelernt würde. Bei Spielen sowie bei Umweltspielen wird sehr viel erfahren, gelernt, sehr viel emotionale Beteiligung geschaffen, die wiederum Motivation ist für rationale Überlegungen, für Lernen. Nur die Ergebnisse sind nicht vorgeplant, sie entstehen im Prozeß. Und die so frei werdende Kreativität ist auch notwendig, überlebensnotwendig; unsere Kinder werden alle Kreativität dringend brauchen, wollen sie in der von uns und der Generation unserer Väter zerstörten Welt überleben. Bitte behindern wir sie nicht, sondern fördern wir sie, fördern sie durch Spielen!

3.2 Was steht dem Spielen entgegen?

Im Rahmen dieses Buches ist es meines Erachtens nicht notwendig, länger auf komplizierte theoretische pädagogische Erörterungen für und wider das Spielen in der Schule einzugehen, viel interessanter erscheint mir die Frage, was dem entgegensteht, das Spiel in der Schule breiter einzusetzen. Es ist ja geradezu eigenartig, daß wir zwar gut abgesicherte Erkenntnisse darüber haben, wie groß die Bedeutung des Spielen ist, aber diese theoretischen und wissenschaftlichen Erkenntnisse bewirken keinen Veränderungsprozeß in der Praxis. Und darauf käme es doch letztlich einzig an. Die überaus wichtige, wenn nicht entscheidende Frage, was eigentlich dem Spielen im Wege steht, ist selten gestellt worden. Meines Wissens ist BENITA DAUBLEBSKY die einzige, die diese Frage aufgeworfen hat, und zwar mehrmals. Zuerst Anfang der 70er Jahre in ihrem großen Buch »Spielen in der Schule« und dann in einer radikaleren und zeitgemäßeren Formulierung in dem von NORBERT KLUGE 1980 herausgegebenen Sammelband »Spielpädagogik. Neuere Beiträge zur Spielforschung und Spielerziehung«. BENITA DAUBLEBSKY sieht vor allem drei Schwierigkeiten:

»Die erste Schwierigkeit: die Einstellungen vieler Lehrer und die Dominanz des Unterrichts.«
Sie gibt dazu zwei Beispiele. Im einen ist der Lehrer unfähig, auf die spielfähigen und -willigen Kinder einzugehen, im anderen verhindert der Lehrplan die Einführung einer Spielstunde pro Woche im Englischunterricht; überdies stehen Kollegen entgegen, die darauf bestehen, Tests in allen Klassen auf selbem Niveau zu gleicher Zeit durchzuführen. So werden also Spielstunden durch die Unflexibilität des Systems und der Kollegen gleichermaßen verunmöglicht.

»Die zweite Schwierigkeit: die fehlende Vorbildung von Spielleitern.«
Dies ist das Problem, das sich das Institut für Spielforschung und Spielpädagogik in Salzburg zu beheben vorgenommen hat. Durch unseren Lehrgang und andere Veranstaltungen bieten wir die Möglichkeit eines Aufbaustudiums zum Spielleiter bzw. Spielpädagogen.

»Die dritte Schwierigkeit: die Probleme der Kinder.
Die Einführung von Spielstunden in der Schule ist nicht nur wegen des Gegensatzes zwischen Spielen und Lernschule und wegen der Probleme, die Lehrer als Spielleiter haben, schwierig, sondern weil sich bei den offenen und labilen Situationen des Spielens die verschiedenen – im Unterricht meist unterdrückten – Belastungen der Kinder sehr rasch zeigen« (alle Zitate: DAUBLEBSKY 1980, S. 19–25).

Diese Probleme sind Frustrationen der Kinder, Bewegungsbedürfnis, dann vor allem auch Spielunfähigkeit.

Ein weiteres möchte ich zu bedenken geben:

Schule ist für den Schüler ein zunächst unfreiwilliger Rahmen des Lernens. Das Spielen ist freiwillig und kann nur auf Freiwilligkeit beruhen. Ein Angebot, das nur freiwillig angenommen werden kann, innerhalb eines als unfreiwillig erlebten Rahmens bringt gewisse Konflikte. Dies drückt sich in der Protesthaltung der Schüler aus, »müssen wir mitspielen?«, angesichts derer die meisten Lehrer resignieren. Dieser versuchte Protest richtet sich weniger gegen das Spielen als solches, vielmehr gegen den unbefriedigenden Rahmen der Schulsituation. Endlich gibt es für den Schüler Gelegenheit, Frustrationen und Ärger kundzutun, obwohl der Adressat der falsche ist. Auch die Umstellung von der Konsumhaltung gegenüber dem Lehrangebot zu der aktiven Haltung des Mitspielens liegt in diesem Widerspruch begründet.

Generell darf auf diese Konflikte die einfache psychologische Regel angewandt werden: Allein das Aussprechen und Bewußt-Werden des Konflikts befreit uns – und so läßt sich in wenigen Fällen eine gelungene Spielstunde mühsam erkämpfen. Doch zumeist ist es der Mühe wert.

3.3 Spielpädagogik und Umwelterziehung

Eine der ersten fundierten theoretischen Auseinandersetzungen mit diesem Thema findet sich im »Handbuch der Spielpädagogik«. Dort schreiben KARL JOSEF KREUZER, der Herausgeber des Handbuches, und BARBARA THIELL:

»Es gilt die Tatsache, daß pädagogische Inhalte am wirksamsten transportiert werden, wenn die persönliche Betroffenheit der zu Erziehenden dabei berücksichtigt wird. Für Umwelterziehung, die ein verändertes Verhalten des Menschen zur Natur intendiert, besteht daher die Aufgabe, sich diese Betroffenheit erst einmal zu schaffen. Das Lernen von Empfindsamkeiten für die Agonie von Umwelt und Natur, das Gefühl der Solidarität mit einer Umwelt, die zu sterben droht, benötigt unsere Zuneigung zu ihr. Auch darin besteht eine Bringschuld der Pädagogik« (KREUZER/THIELL 1984, S. 701–702).

Und: *»Spiel ist eine ganzheitliche Aktivität – Gefühl, Körper und Geist werden gemeinsam beansprucht. Spielen ist zweifellos eine der selbstbestimmtesten Lernformen der Zukunft, seine Eigenschaften führen dazu, daß Sinnvolles sinnvoll vermittelt und ermittelt werden kann. Mit dem Einsatz von Spielen und der Gewährleistung spielerischer Freiräume erfüllt der Pädagoge in hohem Maße seine eigentliche Funktion als Bereitsteller von Möglichkeiten – gehört es doch primär zu seiner Aufgabe, sich selbst überflüssig zu machen. (...) Spiel als ein multimediales, anthropozentriertes Phänomen ist für Umwelterziehung unverzichtbar«* (KREUZER/THIELL 1984, S. 711–712).

Nachdem ausführlich die Wichtigkeit des Spiels für die Umwelterziehung dargestellt wurde, gliedern die Autoren auf, zu welchen Zielen Umwelterziehung beitragen muß. Sie folgen dabei den Autoren HALBACH, LEHMANN und SCHILKE (1982, zit. in: KREUZER/THIELL 1984, S. 701):

»Vor dem Hintergrund dieser Komplexität muß ein Spiel im Rahmen der Umwelterziehung mindestens zu einem der folgenden Ziele beitragen:

- *Gefühle: Der Spielende sollte empfindsamer für die Umwelt werden, welche ja letztlich keine Lobby hat.*
- *Kenntnisse: Das Spiel sollte Kenntnisse über tatsächliche Folgen von Umweltproblemen vermitteln.*
- *Handeln: Ein Ökologie-Spiel sollte zu intelligentem und solidarischem Handeln zur Verhinderung weiterer Naturzerstörung bzw. zur Wiederherstellung intakter naturnaher Umwelten anleiten.«*

Dies stimmt heute noch mit neuesten Ideen überein, so z.B. mit HANS JOACHIM JENCHEN (1992), der in seinem Buch »Ökologie im Schulalltag. Grundlagen, Aktivitäten und Unterrichtshilfen« eine ökologische Erziehung fordert. JENCHEN hebt sich bewußt ab von einer »falsch verstandenen Umwelterziehung«, die »den Schülern kaum Einsicht in die Ursachen und Auswirkungen ökologischer Probleme« vermittelt, und umreißt eine ganzheitliche ökologische Erziehung:

»Ökologische Erziehung geht davon aus, daß der Mensch heute durch vielfältige Einflüsse von seinen Lebensgrundlagen entfernt ist, und dies sowohl geistig als auch praktisch. Um vor diesem Hintergrund die Ziele zu erreichen und dem moralischen Anspruch gerecht werden zu können, müssen bestimmte Prinzipien zugrunde gelegt werden.

- *Handlungsorientierung:*
  Sie bedeutet für die ökologische Erziehung ein Ausrichten an Ernstsituationen, ein Wertlegen auf sinnhaftes, verantwortungsbewußtes Tun. Dabei geht es primär um die Natur und nicht (siehe Beispiel Umweltwettbewerbe oder Unratpädagogik) um publikums- bzw. imagewirksame Aktionen.
- *Situationsorientierung:*
  Sie bedeutet für die ökologische Erziehung eine Einbeziehung der Realsituation im Umfeld des Schülers und macht diese zum Ausgangspunkt und Ziel seiner Arbeit. Sie soll Veränderungen im Denken und/oder in der Praxis bewirken.
- *Interdisziplinarität:*
  Das bedeutet in der ökologischen Erziehung, daß die komplexe Wirklichkeit die Aufgabe stellt. Erst in zweiter Linie wird nach den Arbeitsweisen der Fächer gefragt. (...) Fächer wie Mathematik, Physik und Chemie sollen dann bestimmte Sichtweisen, nicht jedoch herrschende Denkweisen vermitteln.
- *Betroffenheit:*
  Der emotionalen Komponente kommt im Bereich der ökologischen Erziehung eine basale Bedeutung zu. (...) Betroffenheit wird in der ökologischen Erziehung nicht primär von außen her, z.B. durch eine Anhäufung von Faktenwissen und zumeist über Negativszenarien zu induzieren versucht, sondern – zumindest zunächst – über positive Erlebnisse und Erfahrungen.
  Beispiel: Am Anfang sollte nicht das Waldsterben stehen, sondern der Wald als etwas Positives, Schönes, Erholsames, Wertvolles und Bestaunenswertes mit allen Sinnen erlebt und erfahren werden. Zum Lernen an Negativszenarien gibt es lernpsychologische Erkenntnisse, die diesem Lernen wenig Stellenwert zukommen lassen.
- *Ganzheitlichkeit (...)*
- *Vernetzung (...)*

☐ *Ethisch-religiöse Grundausrichtung:*
Ökologische Erziehung setzt auf Leben im Einklang mit der Natur im Bewußtsein der Mitgeschöpflichkeit und Kreatürlichkeit der eigenen Natur des Menschen« (JENCHEN 1992, S. 10-12).

Diese ökologische Pädagogik bildet den Rahmen für den Einsatz von Spielen. Ist der Lehrer dabei nicht überfordert?
Ist es schon mühsam, in der Schule zu spielen, so ist der Lehrer hier noch mehr gefordert, denn er muß zugleich in Ökologie sattelfest sein und zudem eine Vorbildrolle übernehmen. Dabei ist eine menschlich nüchterne Sichtweise angebracht.

»Obwohl dem Lehrervorbild eine ganz entscheidende Rolle zukommt, heißt dies nun nicht, daß der Lehrer ein Übermensch sein muß, der sich in Sachen Umwelterhaltung stets und absolut korrekt verhält. Auch der Lehrer ist schließlich ein Mensch mit Fehlern und Schwächen. Zu diesen Fehlern und Schwächen muß er allerdings stehen (d.h. er darf sie nicht verheimlichen wollen) und daran muß er arbeiten« (JENCHEN 1992, S. 14-15).

Außerdem hat der Lehrer auf zwei Prinzipien zu achten:

»Das pädagogische Prinzip Hoffnung:
Auch wenn die Bedrohung durch Umweltverschmutzung extrem gravierend ist, wenn die Meldungen in den Medien immer weiter zunehmen, dann gilt für den Pädagogen doch das Prinzip Hoffnung. (...)
Das Recht auf Selbstbestimmung achten:
Hier geht es darum, daß es nicht angehen kann, daß der Pädagoge alle Schüler zu bestimmtem Verhalten zwingen kann und darf« (JENCHEN 1982, S. 14-15).

Wenn wir zwei Einschränkungen bedenken, erstens, daß der Lerneffekt nicht überprüfbar ist, und zweitens, daß durch jedes Spiel nur Teilbereiche des umfassenden Problems Ökologie thematisiert werden können, wenn wir diese Einschränkungen akzeptieren, dann sind Öko-Spiele das optimale Medium für die ökologische Erziehung.
Dies bestätigt auch GÜNTER WALTER, der in seinem soeben erschienenen sehr umfangreichen Buch »Spiel und Spielpraxis in der Grundschule« schreibt:

»Insbesondere die Überprüfung der Wirkungen von Simulationsspielen durch Befragung und Diskussion mit den Teilnehmern macht deutlich, daß der Einsatz von Spielen und Spielmitteln Verhaltensweisen fördert, die durch herkömmlichen Unterricht nicht erreicht werden. Solche Plan- und Simulationsspiele stellen oft die einzige Möglichkeit dar, bestimmte Realitätsbereiche, z.B. aus Politik, Ökonomie, Ökologie, die sonst einer direkten Manipulation nicht zugänglich sind, konkret handelnd – und zwar spielerisch – zu erschließen« (WALTER 1993, S. 217).

4. Praxis Spielpädagogik

»Die meisten Menschen unserer westlichen Kultur verlieren ihre Fähigkeit zu spielen, weil sie sich in einer Lebensform, die als ununterbrochener Kampf ums Dasein beschrieben wird, der ständigen Forderung zu konkurrieren, ein Image aufrechtzuerhalten oder zu Erfolg zu gelangen, unterwerfen. Um heute wirklich Mütter und Väter zu sein, die ihren Kindern in der Gegenwart ihrer Begegnungen mit ihnen begegnen, müssen die meisten Menschen unserer westlichen Kultur erst wieder lernen zu spielen« (VERDEN-ZÖLLER, in: MATURANA/VERDEN-ZÖLLER 1993, S. 158).

Dieses ernstlich zu bedenkende Zitat stellte ich bewußt an den Beginn meiner Überleitung in die Praxis.

Die praktische Erfahrung selbst ist durch das geschriebene Wort nicht zu ersetzen. Was ich hier bieten kann, sind lediglich ein paar Empfehlungen weiterführender Literatur zur Praxis der Spielpädagogik. Meine kleine Auswahl ist gänzlich subjektiv, allerdings habe ich nach bestem Wissen und Gewissen ausschließlich gute und brauchbare Bücher aufgenommen.

Spielpädagogik ist in einem Bereich angesiedelt, der kreativ und subjektiv ist und steter Wandlung unterworfen ist. Fertige Rezepte sind nicht zu finden. Jeder Spielleiter muß zuerst und zunächst seine Persönlichkeit bilden.

Die wohl wichtigste Institution in Deutschland dürfte die Akademie Remscheid sein, in Österreich die AGB, Arbeitsgemeinschaft für Gruppenberatung, und in der Schweiz die Akademie für Spiel und Kommunikation.

Dann ist es notwendig, sich ein Repertoire an Spielen zuzulegen. Jeder und jede muß sich also selbst eine Spielkartei aufbauen, deshalb kann ich darauf verzichten, einzelne Spielkarteien vorzustellen.

Alle Literatur zu dem Thema ist vorläufig und als Anregung zu verwenden. Für das Spielen außerhalb der Schule gibt es eine Unzahl hervorragender Spielbücher, aber leider existieren im Bereich der Praxis der Spielpädagogik sehr wenige fundierte und gute Publikationen.

Wohl immer noch brauchbar ist das sehr subjektiv geschriebene »Wörterbuch der Spielpädagogik« von ULRICH BAER (1981). Dies ist keine Spielesammlung. Zu jedem für die Spielpädagogik relevanten Stichwort findet sich eine kurze Erläuterung und Angaben weiterführender Literatur, die jedoch heute schon weitgehend veraltet ist.

Für den Bereich Bewegungs- und Sportspiele in Schule und Hort ist immer noch das Buch von ANNA KIRCHMAYER (1988) als Standardwerk anzusehen, »Schulspiele, für Knaben und Mädchen«. Es ist weder in Aufmachung noch Inhalt sehr ansprechend, doch bietet es in knapper Form einen weiten Überblick über diesen Bereich.

Weiterführend in den Bereich der Sportspiele ist das von WERNER GÜNZEL (1990) herausgegebene Buch mit dem Titel »Spiele vermitteln und erleben, verändern und erfinden«.

Ein Buch über Spielpädagogik im Freizeitbereich hat RENÉ REICHEL (1987) herausgegeben, »Spielpädagogik. Grundlagen und Berichte«. Dieses von der Arbeitsgemeinschaft für Gruppenberatung erarbeitete Buch ist eine Sammlung von Praxisberichten, bietet insofern keine tiefschürfende Theorie, und es ist auch keine Spielesammlung, jedoch sind darin viele Spiele beschrieben, und es ist sehr anregend zu lesen.

Der Leiter der Schweizer Akademie für Spiel und Kommunikation hat ein sehr schönes Buch herausgebracht, »Spielgruppen, Gründung, Planung, Spielideen« (1991). Darin wird den Fragen nachgegangen: Wie werde ich Spielleiter, und wie baue ich eine Spielgruppe auf?

Im Bereich der kooperativen Spiele möchte ich den Autor CHRISTOPH RIEMER hervorheben, der sich nach intensiver Beschäftigung mit dieser Art von Spielen nun seit einigen Jahren dem Maskenspiel und dem Maskenbilden zugewandt hat. Zusammen mit HANS PETER SIBLER (1987) hat er das Buch »Spiele ohne Sieger« herausgebracht, und schließlich als alleiniger Autor (1987) »Neue Spiele ohne Sieger«.

Damit habe ich den Weg freigegeben in die Praxis – diese ist wesentlich, nicht die Theorie. Ich möchte mit einem Wort schließen, das der große Mahner und Zukunftsforscher ROBERT JUNGK in unser Gästebuch geschrieben hat, als er anläßlich seines 80. Geburtstages zu einer Gesprächsrunde am Institut für Spielforschung eingeladen war:

»*Wer das Spielen ernst nimmt, wird mit der ernsten Lage, in die wir geraten sind, schöpferisch umgehen lernen. Das Schwere wird leichter, wenn wir uns nicht von ihm hinunterziehen lassen.*
Für eine freundlichere Zukunft!«

Literatur

AKADEMIE FÜR SPIEL UND KOMMUNIKATION: Spielgruppen, Gründung, Planung, Spielideen. Orell Füssli, Zürich 1991;
BAER, ULRICH: Wörterbuch der Spielpädagogik. Lenos, Basel 1981;
BAUER, GÜNTHER: Das freie Spiel in der Schule. Von Interaktionsspielen zum Schultheater. Bundesverband für Schulspiel, Jugendspiel und Amateurtheater, o.O. o.J.;
BECKER, BRIGITTE: Seniorenspiele – für das Alter ab 18 Jahre [Spielkartei]. Verlag gruppenpädagogischer Literatur, Wehrheim 1991;
BIBER, BARBARA: Wachsen im Spiel. In: FLITNER, ANDREAS (Hrsg.): Das Kinderspiel. Piper, München 1973, S. 12–17;
BÖHM, WINFRIED: Wider die Pädagogisierung des Spiels. In: KREUZER, KARL JOSEF (Hrsg.): Handbuch der Spielpädagogik. Bd. 1. Schwann, Düsseldorf 1983, S. 281–294;
BULAND, RAINER: Zur Grundlegung einer Spielforschung. In: BAUER, GÜNTHER G. (Hrsg.): Homo ludens – der spielende Mensch. Bd. 2. Katzbichler, München/Salzburg 1992, S. 43–63;
CALLIESS, ELKE: Spielen in der Schule – Motivationale Aspekte. In: DAUBLEBSKY, BENITA: Spielen in der Schule. Vorschläge und Begründungen für ein Spielcurriculum. Klett, Stuttgart 1973, S. 227–251;
CSIKSZENTMIHALYI, MIHALY: Das flow-Erlebnis. Jenseits von Angst und Langeweile: im Tun aufgehen. Klett-Cotta, Stuttgart 1992;
DAUBLEBSKY, BENITA: Spielen in der Schule. In: FLITNER, ANDREAS (Hrsg.): Das Kinderspiel. Piper, München 1973, S. 257–277;
DAUBLEBSKY, BENITA: Was das Spielen in der Schule schwierig macht. In: KLUGE, NORBERT (Hrsg.): Spielpädagogik. Neuere Beiträge zur Spielforschung und Spielerziehung. Klinkhardt, Bad Heilbrunn 1980, S. 19–26;
EIGEN, MANFRED/WINKLER, RUTHILD: Das Spiel. Naturgesetze steuern den Zufall. Piper, München 1975;
FLITNER, ANDREAS: Spielen – Lernen. Praxis und Deutung des Kinderspiels [1972]. Piper, München/Zürich 1986[8];
GÜNZEL, WERNER: Spiele vermitteln und erleben, verändern und erfinden. Unterrichtsbeispiele Sport, Bd. 3. Schneider, Baltmannsweiler 1990;
HALBACH, UDO/LEHMANN, JÜRGEN/SCHILKE, KARL (Hrsg.): Lernspiele in der Umwelterziehung. Einfache und komplexe Ökosysteme im Spiel. Beltz, Weinheim/Basel 1982;
HUIZINGA, JOHAN: Homo ludens. Versuch einer Bestimmung des Spielelementes der Kultur. Akademische Verlagsanstalt Pantheon, Basel 1938[3];
JENCHEN, HANS: Ökologie im Schulalltag. Grundlagen, Aktivitäten und Unterrichtshilfen. Ökotopia, Münster 1992;
KAUKE, MARION: Spielintelligenz. Spielend lernen – Spielen lehren? Spektrum, Heidelberg 1992;
KIRCHMAYER, ANNA: Schulspiele, für Knaben und Mädchen. Jugend und Volk, Wien/München 1988;
KLUGE, NORBERT: Spielen und Erfahren. Der Zusammenhang von Spielerlebnis und Lernprozeß. Klinkhardt, Bad Heilbrunn 1981;

KREUZER, KARL JOSEF/THIELL, BARBARA: Umwelterziehung im Spiel. In: KREUZER, KARL JOSEF (Hrsg.): Handbuch der Spielpädagogik. Bd. 3. Schwann, Düsseldorf 1984, S. 697–714;
MATURANA, HUMBERTO/VERDEN-ZÖLLER, GERDA: Liebe und Spiel. Die vergessenen Grundlagen des Menschseins. Auer, Heidelberg 1993;
MERGAST, PAUL/UIHLENKAMP, GISELA: Gesellschaftsspiele im Seniorenclub. Don Bosco, München 1992;
PIAGET, JEAN: Nachahmung, Spiel und Traum. Die Entwicklung der Symbolfunktion beim Kinde. Klett-Cotta, Stuttgart 1990^2;
REICHEL, RENÉ: Spielpädagogik. Grundlagen und Berichte. Ökotopia, Münster 1987;
RIEMER, CHRISTOPH: Neue Spiele ohne Sieger. Otto Maier, Ravensburg 1987;
RIEMER, CHRISTOPH/SIBLER, HANS PETER: Spiele ohne Sieger [1976]. Otto Maier, Ravensburg 1987^2;
RÖHRS, HERMANN: Das Spiel – eine Grundbedingung des Lebens. In: KREUZER, KARL JOSEF (Hrsg.): Handbuch der Spielpädagogik. Bd. 1. Schwann, Düsseldorf 1983, S. 43–67;
SCHENKEL, RUDOLF: Zur Funktionalität des Spiels. Eine vergleichend-biologische Untersuchung. In: KREUZER, KARL JOSEF (Hrsg.): Handbuch der Spielpädagogik. Bd. 1. Schwann, Düsseldorf 1983, S. 69–87;
SCHEUERL, HANS: Spiel und Bildung. In: FLITNER, ANDREAS (Hrsg.): Das Kinderspiel. Piper, München 1973, S. 18–29;
SCHEUERL, HANS (Hrsg.): Das Spiel. Bd. 2: Theorien des Spiels [1954]. Beltz, Weinheim/Basel 1991^{11};
SINHART, DIETER: Spielen, Lernen und Entwickeln. Eine struktural-analytische Rekonstruktion. Böhlau, Köln 1982;
VERDEN-ZÖLLER, GERDA, in: MATURANA, HUMBERTO/VERDEN-ZÖLLER, GERDA: Liebe und Spiel. Die vergessenen Grundlagen des Menschseins. Auer, Heidelberg 1993, S. 88–188;
WAELDER, ROBERT: Die psychoanalytische Theorie des Spieles. In: FLITNER, ANDREAS (Hrsg.): Das Kinderspiel. Piper, München 1973, S. 50–61;
WALTER, GÜNTER: Spiel und Spielpraxis in der Grundschule. Auer, Donauwörth 1993;
WITTGENSTEIN, LUDWIG: Das Blaue Buch [1933/34]. Werkausgabe, Bd. 5. Suhrkamp, Frankfurt a.M. 1984.

1.2 Spiel und Umwelt. Alles Spielerei?

Fredon Salehian

1. Einleitung

Für den Einsatz von Umweltspielen in der umweltpädagogischen Praxis gibt es eine zentrale Voraussetzung: Spielanimateur und Spielteilnehmer haben gleichermaßen Spaß daran. Wer also Lust hat, ein Umwelttheaterstück zu machen, blind Bäume zu berühren oder ein Umweltbrettspiel zu spielen oder zu erfinden, der braucht zunächst einmal keine weitere Begründung dafür. Über Erfolg und Mißerfolg entscheidet dabei allein die Praxis selbst, nämlich das Maß der Begeisterung seitens der Teilnehmer an diesen Spielen.
In der Regel verbindet sich mit dem Einsatz von Umweltspielen aber auch *ein Hoffnungsprogramm*: Umweltspiele fördern das Umweltbewußtsein, Umweltspiele regen zu umweltfreundlichem Verhalten an. Dabei wird unterstellt, daß das Umweltspielen einhergeht mit einem entsprechenden Umweltlernen.
Letztlich arbeiten Pädagogen immer mit Annahmen dieser Art. Darum sollten – ungeachtet der oben formulierten Begründung für den Einsatz von Umweltspielen – von Zeit zu Zeit diese Annahmen selbst reflektiert werden. Es stellt sich dann die Frage, ob und wie Umweltspiele wirklich einen wirksamen Beitrag zur Unterstützung von Umwelt(um)lernprozessen leisten können. Angesichts fehlender systematischer Untersuchungen in diesem Bereich darf keine abschließende Antwort erwartet werden. Die folgenden Ausführungen[1] sollen aber einige Plausibilitäten aufzeigen und einen Rahmen abstecken, in dem sich eine Auseinandersetzung mit dieser Frage bewegen könnte.

2. Spiel und Umwelt

»Spiel und Umwelt«, das geht leicht über die Zunge, und alle umweltpädagogisch Tätigen werden Umweltspiele in ihrem Repertoire haben. Unter anderem erklärt sich die Beliebtheit dieses Begriffspaares mit den Erfahrungen umweltpädagogischer Praxis: verbalorientierte Informationsvermittlung ist bei einem Großteil der umweltpädagogischen Klientel nicht der große »Bringer«. Eine spielerische Einkleidung verheißt dagegen Handlungsorientierung, Motivation, Aktion usw.
Angesichts des – schon länger formulierten – Unbehagens an dem sehr wissensorientierten herkömmlichen Bildungssystem wird eine Beschäftigung mit dem Spiel so fast zur Pflicht.

---

[1] Die Überlegungen dieses Aufsatzes beruhen auf der Diplomarbeit des Autors: »Spielen – ein Lernmedium gegen umweltschädliches Verhalten. Möglichkeiten, Grenzen und Gefahren einer pädagogischen Reaktion auf die Umweltproblematik«, vorgelegt 1988 an der Fakultät für Pädagogik, Universität Bielefeld.

Jedoch werden mit den Begriffen *Spiel und Umwelt* auch zwei recht unterschiedliche, ja gegensätzliche Begriffe zusammengebracht: »Spiel« und »Spielen« sind eher positiv besetzt – Spaß, Freude, Lust, Freiheit, Glück. Während sich diese Aufzählung gleichermaßen in jedem pädagogischen Zielkatalog wiederfinden läßt, ist das bei den Konnotationen um die Begriffe Umwelt-Zerstörung, Umwelt-Vernichtung, Umwelt-Probleme ganz und gar nicht der Fall: Ernst, Askese, Bedrohung, Unglück, Zukunftslosigkeit.

Auf diese Weise bestimmt sich die pädagogische Beschäftigung in dem einen Fall positiv (Spielen als essentieller Teil menschlicher Entwicklung) und in dem anderen Fall negativ: etwas tun oder untergehen. Drängt sich da nicht die Frage auf, ob Spielen angesichts dieser ernsten Bedrohung menschlicher Existenz vollkommen fehl am Platz ist?

3. Umweltpädagogik ist (k)eine ernste Pädagogik

Zunächst einmal nehmen alle Pädagogiken ihren Ausgang grundsätzlich von etwas, das noch nicht vollkommen ist. Das heißt hier: *Die Ursache für umweltschädliches Verhalten ist ein defizitäres Bewußtsein* (zu wenig Umweltwissen, zu wenig Mitgefühl und Verbundenheit mit der Natur, kein komplexes Denken), *das abgelöst werden muß durch ein entsprechend angemessenes Bewußtsein, kurz: Umweltbewußtsein.* Und wie geht das? Natürlich *durch entsprechende Lernprozesse* – z.B. initiiert durch Umweltspiele – als Vermittlungsinstanz zwischen defizitärem Anfangsbewußtsein und umweltbewußtem Endzustand.

Der Umstand, daß diese Argumentationslogik aus einem gesamtgesellschaftlichen Problem ein pädagogisches macht, entspricht der neuzeitlichen pädagogischen Tradition, nach der *Pädagogik immer auch Hoffnungsprogramm* für die Zukunft, Fortschrittsprogramm für die Menschheit ist. Das pädagogische Geschäft wird und muß auch weiterhin diesem Prinzip Hoffnung verpflichtet bleiben, weswegen Umweltpädagogik, trotz der Ernsthaftigkeit der Umweltproblematik, nie eine im engeren Sinne ernste Angst- und Katastrophenpädagogik sein kann.

Aus diesem Grund muß sich die Pädagogik – ungeachtet der grundsätzlichen Unbestimmtheit jeglichen pädagogischen Eingriffs – mit ihren Mitteln an der Suche nach Lösungsmöglichkeiten beteiligen.

Da aber unsere Klientel vornehmlich die erst kommende Generation ist, müssen wir uns einer wichtigen Beschränkung bewußt sein. Könnten wir tatsächlich Umlernprozesse z.B. durch Umweltspiele initiieren, dann würden diese erst sehr spät – möglicherweise zu spät – greifen. Vordringlicher erscheint daher eine schnelle und umfassende umweltpolitische Kurskorrektur. Dies ist aber am wenigsten eine pädagogische Aufgabe, sondern eine Frage von Entscheidungen im politisch-ökonomischen Raum.

(Umwelt-)Pädagogische Bescheidenheit ist also angesagt, und angesichts der Umweltbedrohung ist die vielleicht wichtigste Lektion für die Pädagogen zu lernen, sich für die Bewahrung der Umwelt einzusetzen, auch wenn der Ausgang von pädagogischen Bemühungen vollkommen ungewiß ist. Diese notwendige Bescheidenheit der Pädagogik darf aber nicht mit dem Verlust einer konkreten Utopie verwechselt werden. Diese wird immer Voraussetzung für die nachdrückliche phantasievolle Ausgestaltung einer wünschenswerten, ökologisch vernünftigen Zukunft sein. Ernst – im Sinne von nachdrücklich – muß jede Pädagogik betrieben werden, sonst verliert sie jeden Anspruch darauf, ernst genommen zu werden.

Wie könnte so ein umweltpädagogisches Lernprojekt aussehen, und welchen Stellenwert haben dort die Umweltspiele? Bevor wir dazu kommen, muß zunächst einmal die wohl zentralste umweltpädagogische Kategorie näher betrachtet werden – das sogenannte »Umweltbewußtsein«.

4. Umweltbewußtsein – reicht das?

Die *gängige Vorstellung* lautet: Wer umweltbewußt ist, der handelt auch weniger umweltschädlich. Folglich: Wenn Umweltspiele Umweltbewußtsein fördern, dann fördern sie auch ein weniger umweltschädliches Verhalten.

Bei einer genaueren Betrachtung der Umweltbewußtseinsforschung zeigt sich jedoch ein ernüchterndes Bild. Der Begriff »Umweltbewußtsein« ist nicht eindeutig bestimmt, es ist unklar, wie Umweltbewußtsein zu operationalisieren ist, wie es entsteht bzw. was es bewirkt. Es gibt allenfalls einige plausible Zusammenhänge. Das einzige, was mit Sicherheit klar ist: Die Deutschen sind den üblichen Umfragen zufolge sehr umweltbewußt, sie handeln nur nicht entsprechend. Warum wird dieses Umweltbewußtsein nicht entsprechend praktiziert (vgl. FIETKAU 1984)?

Offensichtlich können wir sehr unterschiedlich auf die Umweltproblematik reagieren, auch wenn alle sie gleichermaßen als »Störung« empfinden:

- Wir können diese *Störung leugnen* (indem wir die Ernsthaftigkeit der Konsequenzen leugnen; indem wir die Seriösität von Informationen bezweifeln; indem wir die Verantwortung auf andere schieben).
- Wir können uns *besser informieren*, indem wir auf externes Wissen zurückgreifen (Zeitschriften, TV, Bücher, Wissenschaftsläden, Umweltberatung).

Hilft beides nicht weiter, dann können wir noch

- *politisch aktiv werden, kompensieren* (»Sport treiben fördert ja die Gesundheit«) und *resignieren* (»Ich kann sowieso nichts machen«).

Die Aufgabe wird es also sein, alltägliche Handlungsmuster so zu »stören«, daß dabei die unerwünschten Folgen (Leugnung, Kompensation und Resignation) vermieden werden.

Legt man die Umweltbewußtseinsforschung sowie die verschiedenen Thesen zur Entstehung ökologischer Werte zugrunde, dann kristallisieren sich vor allem drei bedenkenswerte Dimensionen heraus, die es hierbei zu beachten gilt:

- *Betroffenheit* (weniger im Sinne von tatsächlich wahrnehmbarer Betroffenheit, denn damit können sich Menschen offenbar recht gut arrangieren; Menschen handeln offenbar eher umweltbewußt, wenn sie sich subjektiv betroffen fühlen – im Sinne einer ideellen Betroffenheit – und gleichzeitig auf ihr eigenes Handeln vertrauen).
- *komplexes Denken* (Ideelle Betroffenheit bedeutet u.a., daß man sich ausmalen kann, wie und wer durch Umweltprobleme leiden wird. Dazu bedarf es eines zukunftsorientierten Denkens, das die Unumkehrbarkeit von Entwicklung berücksichtigt sowie die

Eigendynamik, Vernetztheit, Offenheit und Unbestimmtheit unserer Situation in Rechnung stellt.);
- *prosoziales Verhalten* (Im komplexen Denken kommt die Bereitschaft zum Ausdruck, Verantwortung für andere Menschen bzw. Lebewesen zu übernehmen, obwohl diese entweder zeitlich oder räumlich nicht unbedingt gegenwärtig sind.).

Diese drei Dimensionen erklären für sich alleine sicherlich nicht die Entstehung ökologischer Werte, jedoch kommen sie am ehesten als konstruktive »Störungen« etablierter Handlungsmuster in Frage.

Handlungsanlässe dieser Art sind pädagogisch gewendet entsprechende Lernanlässe. Diese müssen offensichtlich die Möglichkeit zu besonderen ästhetischen Erfahrungen (eine sinnlicher reagierende Gesellschaft hätte sich kaum mit der derzeitigen Zurichtung von Natur und Umwelt abgefunden), zur Auseinandersetzung mit komplexen Problemlagen und zur »Einübung« kooperativen Denkens und Handelns in sich tragen.

Es muß sich zeigen, ob und inwieweit spielerisch organisierte Lernanlässe besondere ästhetische Erfahrungen, komplexes Denken und prosoziales Verhalten ermöglichen.

5. Umwelt – Lernen

Will man einen *Zusammenhang zwischen Umwelt und Lernen* herstellen, dann gilt es, *gleichermaßen inhaltliche wie methodische Aspekte* zu berücksichtigen. Für die folgenden Ausführungen verweise ich insbesondere auf MICHELSEN/SIEBERT (1985).

Inhaltlich muß sich jedes Umwelt-Lernen mit den Bereichen Politik, Wissenschaft und Lebenswelt auseinandersetzen. Die *politische Dimension* wurde dabei schon angesprochen. Wir müssen den moralisierenden Zeigefinger steckenlassen (Kinder haben wohl am wenigsten Schuld an der derzeitigen Misere) und dürfen keine Individualisierung der Umweltproblematik betreiben. Mangelnde Entscheidungen angesichts bekannter Umweltprobleme sind schließlich kein Lern-, sondern ein Macht- und Entscheidungsproblem.

Der *Lebensweltbezug* liegt auch auf der Hand. Zentrales Stichwort ist hier die subjektive Betroffenheit. Jedoch reicht eine nur subjektive Betroffenheit nicht aus. Für viele entscheidende Umweltprobleme (z.B. Treibhauseffekt oder Ozonloch) gibt es kaum einen direkt wahrnehmbaren Lebensweltbezug. Ein entsprechendes Lernen ist also immer auch ein reflexives Lernen von Alltagswissen, ein Lernen in relativer Distanz zum Alltag, damit sowohl die objektive Betroffenheit durch Umweltprobleme (im Sinne von ideeler Betroffenheit) als auch entsprechende alltägliche Handlungsmöglichkeiten deutlich werden. Dies verweist auf die dritte Dimension: Wissenschaft.

Keine Lernvariante wird vorbeikommen an dem *Bezugspunkt Wissenschaft*, d.h. insbesondere der Ökologie, da sie aufgezeigt hat, daß einer komplexen, vernetzten, ganzheitlichen Wirklichkeit auch nur mit einer entsprechenden Wirklichkeitssicht angemessen begegnet werden kann. Das Problem beginnt jedoch da, wo die wissenschaftliche Sicht der Natur mit eben dieser gleichgesetzt wird und wo Umweltbewußtseinsprobleme auf Wissensprobleme reduziert werden.

Sicherlich gehört das Erlernen ökologischer Inhalte und Probleme zu einem angemessenen Lernprojekt. Wir dürfen dabei aber die Wirklichkeit – und damit auch die Lernwirklichkeit – nicht ihres widersprüchlichen und ambivalenten Charakters berauben. Wir müssen uns damit abfinden, daß Natur und Ökologie keinen heimlichen Lehrplan bereithalten, nach dem wir uns einfach richten müßten. Zudem wäre es falsch zu glauben, daß der Schwerpunkt bei der Umweltthematisierung auf die Wissensvermittlung gelegt werden sollte, wenn dies auch der üblichen schulischen Vermittlungsform entgegenkommt. Das Umweltproblem ist weniger ein Umweltbewußtseinsproblem – im Sinne von fehlendem Wissen –, sondern vielmehr eine Frage von fehlendem umweltbewußten Verhalten. Umweltwissen bedeutet hier allenfalls eine flankierende Maßnahme.

Als *Fazit* kann festgehalten werden, daß sich ein Umweltlernprojekt gleichermaßen gegen eine Pädagogisierung der Ökologie wie gegen eine Ökologisierung der Pädagogik wehren muß. In diesem Sinne ist ein entsprechendes Lernen immer auch ein dialektisches Lernen, und für die Betrachtung von Umweltspielen heißt das, daß man sehen muß, ob und inwieweit sie ein politisches, lebensweltliches und wissenschaftliches Lernen zulassen.

In bezug auf die methodische Ebene kann hier schon soviel erwartet werden: Lernanlässe müssen so beschaffen sein, daß sie alle sinnlichen Erfahrungs- und Lernkanäle des Menschen berücksichtigen. Da es an dieser Stelle um ganz spezifische Lernanlässe geht, eben spielerisch organisierte, stellen sich die folgenden Fragen: Kann überhaupt etwas beim Spielen gelernt werden, und wenn ja, zeichnen sich dann Lernprozesse bei Umweltspielen in besonderer Weise aus? Was sind eigentlich Umweltspiele?

6. Spiel – Spiele – Spielen

Das Spiel ist ein sehr schillerndes Phänomen, das sehr unterschiedliche Sachverhalte bezeichnen kann: die mit dem Wollknäuel kabbelnde Katze über **Supermario** (ein Videospiel), **Doppelkopf** und **Memory** bis hin zu den Grashalmen, die mit Grazie vom Wind bewegt werden. Mitunter gewinnt man den Eindruck, als wäre das ganze Leben ein großes Spiel – eine These, für die sich solch bekannte Mitstreiter wie KANT, SCHILLER, HEIDEGGER, WITTGENSTEIN und auch NIETZSCHE finden lassen. Darum versteht es sich von selbst, daß die unterschiedlichsten Fachdisziplinen dieses Phänomen beleuchtet haben, insbesondere die Psychologie, Anthropologie, Ethnologie, Philosophie, Geschichte und die Pädagogik (z.B. FLITNER 1988; EINSIEDLER 1985; aber auch BULAND, HOLODYNSKI und KORTE in diesem Buch).

Nachdem – insbesondere in Deutschland – lange Zeit nach dem »Wesen« des Spiels gesucht wurde, wird das Spiel inzwischen als ein *nicht definierbares Phänomen* gesehen. Es wird vielmehr eine Unterscheidung getroffen zwischen folgenden Dimensionen:

- ❏ »*das*« *Spiel* (als Gattungsbegriff; die besondere Verlaufsgestalt, der Spielablauf, das Gesamtgeschehen während des Spiels sind Ausgangspunkt des Interesses, also die Frage: Warum ist etwas Spiel?);

❏ *die Spiele* (die verschiedenen historisch gewachsenen Spielformen und Spielarten; die Betonung liegt auf den Inhalten, den Spielen als Regelgebilden, als je spezifischen Objektivationen von Spielabläufen);
❏ *das Spielen* (als Tätigkeitsbegriff; die Betonung liegt auf dem Erzeugen und Inganghalten von Spielabläufen, den damit verbundenen Motivationen, Einstellungen und Haltungen).

Theoretische Spieldeutungen und Spielerklärungen setzen unterschiedliche Schwerpunkte in dieser Trias, welche die gleichermaßen unterschiedlichen Erklärungsmuster verständlich machen. Mir geht es nicht um »das« Spiel und sein »Wesen« also. Mein Interesse gilt vielmehr einer besonderen Art und Form von Spielen – den Umweltspielen – und zunächst auch der damit verbundenen Spieltätigkeit, da es ohne eine Beschäftigung mit einem Umweltspiel auch keinen Lernanlaß geben kann. Aber gibt es überhaupt ein Lernen beim Spiel?

7. Spielen – Lernen

Um diese Beziehung näher zu betrachten, möchte ich eine weitere Unterscheidung treffen: zwischen den Bedingungen/Voraussetzungen des Spiels und des Spielens, der Spielstruktur selbst und den Auswirkungen des Spiels. Eingedenk dieser Unterscheidung kann von einem Lernen vor dem Spiel(en) bzw. für das Spiel(en), einem Lernen im/beim Spiel(en) und schließlich einem Lernen aus/nach dem Spiel(en) gesprochen werden. Einen guten Einblick in das Verhältnis von Spielen und Lernen geben hier FLITNER (1972) und SINHART (1982).

Das Lernen *vor* dem Spiel wird von niemandem bestritten. Ein Spiel stellt immer schon Anforderungen an Kenntnisse und Fähigkeiten, die von grundlegenden motorischen Fähigkeiten bis hin zur Regelkenntnis des zu spielenden Spiels reichen.
Strittig ist in diesem Zusammenhang nur das Verhältnis von Lernen und kognitiver Entwicklung für die Fähigkeit, Spiele zu spielen. Die je spezifische (alters-, kultur- und schichtabhängige) Spielfähigkeit ist eine wichtige Frage: Ein 6jähriges Kind wird kaum Gefallen bzw. Verständnis für ein komplexes Umweltsimulationsspiel zeigen, genausowenig wie wahrscheinlich ein Erwachsener großes Gefallen an einem Räuber- und Gendarmspiel im Wald haben wird. Dieser Zusammenhang ist hier aber nicht so wichtig. Mir geht es insbesondere darum, nach den für die Umweltproblematik notwendigen Lernprozessen und den damit zusammenhängenden konstitutiven Faktoren für ein umweltbewußteres Verhalten zu fragen, um dann Umweltspiele entsprechend zuzuordnen und kritisch zu hinterfragen.
Die relative Übereinstimmung, die über das Lernen vor dem Spiel besteht, existiert nicht mehr, wenn es um Fragen nach dem Lernen *im/beim* Spiel bzw. dem Lernen *aus/nach* dem Spiel geht. Dabei ist es nicht immer klar, wann Autoren von einem Lernen beim Spiel ausgehen, aber ein Lernen aus dem Spiel meinen (und umgekehrt). Hierin offenbart sich der Umstand, daß »das« Spiel ein nicht definierbares Phänomen ist, so daß die Autoren je nach eigener Definition Anfang und Ende eines Spiels unterschiedlich verstehen.

So lassen sich einige Grundmodelle vom Lernen im bzw. nach dem Spiel nachzeichnen, welche sich auf einem Kontinuum anordnen lassen, das von gar keinem Zusammenhang von Spielen und Lernen bis hin zu einem »spielenden Lernen« reicht. Jedoch weder die Vorstellung eines spielenden Lernens noch die einer lernmethodischen Dysfunktionalität scheinen derzeit plausibel.
Gegen die (wohl am häufigsten vertretene) These einer Kongruenz von Spielen und Lernen spricht vor allen Dingen das nahezu vollständige Fehlen irgendeines empirischen Nachweises. Und wenn einmal Lerneffekte festgestellt wurden, dann ist nicht entscheidbar, ob diese nun auf die Struktur von Spielen oder auf den jeweiligen Kontext zurückzuführen sind (z.B. die Art und Weise, wie Erfahrungen mit einem Spiel von einem Spielleiter aufgearbeitet werden). Außer diesem empirischen Defizit gibt es noch das notorische Defizit, zwischen Begriffen wie Explorations- und Spielverhalten sowie Lern- und Spielmotivation zu unterscheiden. So wird gar nicht gefragt, ob Probehandeln, Üben, Exploration überhaupt noch spielspezifisch sind. Es wird einfach behauptet, daß die intrinsische Lernmotivation der des Spielens entspricht. So kommt SINHART (1982) nach einer Durchsicht der Schriften der Befürworter eines spielenden Lernens zu dem Schluß, daß es nicht das Spiel, sondern daß es erst der Eingriff der Pädagogen – ihre methodisch-didaktische Vermittlung – ist, der den Spielablauf zum Lernprozeß macht.
Das könnte zu der Annahme verleiten, Spielen und Lernen hätten gar nichts miteinander zu tun.
So gibt es auch die These, daß das Lernen mit dem Explorationsverhalten vor dem Spiel zusammenhängt und daß das Spiel die Informationsaufnahme sogar hemme, da Spielen erst dann einsetzt, wenn ein Gegenstand schon vertraut, d.h. exploriert ist. Oder: Während des Spiels kann gar kein Lernen – im Sinne von angemessener Verarbeitung von Realitätserfahrungen – auftreten, weil im Spiel die Realität den eigenen Vorstellungen angepaßt wird.
Richtig ist, daß es von der motivationalen Seite her eine Ähnlichkeit zwischen Spiel- und explorativem Verhalten gibt. Der Unterschied besteht im Zeitraum des Spannungsgefüges: Der »Lerner« will die Kluft zwischen Wissen und Nicht-Wissen schnell abbauen, der Spieler versucht dagegen, ein Spannungsniveau über einen längeren Zeitraum aufrechtzuerhalten. Deshalb ist das Spielen wohl kein Lerntyp, aber es bleibt nicht ausgeschlossen, daß aus diesen Spielsituationen Lernerfahrungen erwachsen können bzw. daß sich die Spielorientierung in eine Lernorientierung verwandelt. Dies ist aber unvorhersagbar und läßt sich daher nicht planen.

Auch das Argument, daß der Spieler nicht lernt, weil er die Realität an sich selbst anpaßt, kann ganz anders gelesen werden. So kann die spielerische Auseinandersetzung auch ein distanzierteres Verhältnis zu den Gegenständen, Erfahrungen und sozialen Beziehungen möglich machen. Spielen kann dann eine innovative Funktion bekommen, da es nicht um eine Bestätigung »der« Realität, eine Adaption an bestehende Wissensbestände bzw. um Informationsverarbeitung geht, sondern um eine Veränderung und Neukonstruktion dieser Realität, um eine Antizipation neuer möglicher Zustände, um eine Ausweitung von Handlungsmöglichkeiten, um Informationsverwandlung – quasi eine Adaption in spe. Was jedoch nicht geklärt werden kann, ist, ob diese adaptive Dialektik einer spielerischen Auseinandersetzung in irgendeiner Form auf das »normale« Leben übertragen werden kann.

Als *Fazit* bleibt festzuhalten: Sicher ist jetzt schon, daß es ausgesprochen naiv wäre, von dem Einsatz von Umweltspielen einen direkten Einfluß auf das Ausmaß an umweltschädlichem Verhalten zu erwarten. Was hier für das Verhältnis von Umweltspielen und umweltschädlichem Verhalten gilt, gilt prinzipiell für jedes pädagogische Mittel, das im pädagogischen Handeln eingesetzt wird.
Wer spielt, der lernt nicht im Sinne eines planbaren methodischen Kalküls. *Spielen ist deshalb nur ein Lernmedium*, und das auf zweierlei Weise: Es sind zum einen die personalen Bedingungen (wie z.B. kognitive Entwicklung, Wissensstand, Motivation), die einen Wechsel von einer Spielhaltung zu einer Lernhaltung beeinflussen. Diese Bedingungen sind aber nicht planbar im Sinne einer vorgängigen methodischen Verrechnung. Ein im Zusammenhang mit dem Spielen stehendes Lernen scheint weniger einen klaren Bezug zu einem vordefinierten Lernobjekt zu haben (im Sinne einer Informationsverarbeitung). Vielmehr geht es offenbar um ein je spezifisches Ausprobieren von Möglichkeiten, das zufällig mit diesem Lernobjekt zusammenhängt (im Sinne einer Informationsverwandlung). Dies verweist auf einen zweiten Aspekt. Ob diese Informationsverwandlung als Erweiterung des adaptiven Verhaltenspotentials irgendeinen Effekt auf reale Zustände hat, wird wesentlich von den situativ-gesellschaftlichen Bedingungen abhängen. Wenn es nicht die Möglichkeit gibt, neue, im Spiel gefundene Reaktionsmöglichkeiten auch umzusetzen, dann werden diese »Spielerei« bleiben.

Praktisch gewendet: Wenn im Spiel die Möglichkeit entdeckt wird, den Treibhauseffekt durch die Nutzung des öffentlichen Personennahverkehrs zu verringern, dieser aber nie entsprechend ausgebaut wird, dann bleibt dieser Lerneffekt letztlich Makulatur. Nur das Wissen um eine umweltfreundlichere Alternative ändert eben noch nichts. Das gilt natürlich nicht nur für das Spiel, sondern auch für jede Form des Lernens.

Was bleibt nun: Angesichts fehlender Untersuchungen zu Umweltlerneffekten beim Spielen von Umweltspielen behelfe ich mich damit, daß ich den vorhandenen Spieltypus »Umweltspiel« näher betrachte und danach abklopfe, inwiefern er zu einem Lernmedium gegen umweltschädliches Verhalten werden könnte. Genauer: Bei welchen Umweltspielen lassen sich die beschriebenen konstruktiven Störungen finden, und wie werden dort die Dimensionen eines politischen, lebensweltlichen und wissenschaftlichen Lernens berücksichtigt?

8. Umweltspiel – was ist das?

Zunächst einmal gibt es nicht »das« Umweltspiel – genausowenig wie es »das« Spiel überhaupt geben kann.
Da ist z.B. eine wichtige inhaltliche Beschränkung: Ein Spiel kann nur einen relativ begrenzten Teilausschnitt des globalen Umweltsystems behandeln, es muß immer Komplexität stark reduzieren. Und das gilt nicht nur bezogen auf den »großen Wurf« (Umweltprobleme als naturwissenschaftlich, soziologisch,

psychologisch, ethisch, historisch beschreibbare Probleme), sondern auch innerhalb ein und desselben Problemkreises (Müll: Vermeidung, Verminderung, Entsorgung, Müllverbrennungsanlage, Plastik, Papier usw.).

Auf der Ebene des spielerischen Handelns entspricht dieser Vielfalt der Aspekte von Umweltthemen eine Vielfalt von Spielmethoden und Spielformen: Planspiele, Rollenspiele, Puppenspiele, Diskussionsspiele, Brettspiele, Naturerfahrungsspiele, aber auch Naturerkundungen, Umweltexperimente, Spielaktionen und Computerspiele.

Zwischen diesen Eckpfeilern von Spielinhalt und Form sind unzählige Varianten denkbar, über deren Einsatz wiederum Alter, Vorwissen, räumliche und zeitliche Möglichkeiten sowie die Spielfähigkeit der Mitspieler entscheiden.

Es kann somit keine einheitliche Definition von Umweltspielen geben, allenfalls allgemeine Beschreibungen. Deshalb reicht es mir als Minimalkriterium aus, von Umweltspielen zu sprechen, wenn sie zumindest einen bedeutsamen Aspekt der Umweltthematik behandeln, was von der Naturerfahrung über Naturwissenschaft, Politik und Wirtschaft und ihren Auswirkungen sowie Umweltverhalten im Alltag bis hin zur Umweltethik reichen kann.

Weiterhin kommt erschwerend hinzu, daß es keine einheitlichen Bewertungsmaßstäbe für Umweltspiele gibt (geben kann?). Da das Maß der Spielfreude (und das ist wohl aus spielpraktischen Gründen der gewichtigste Bewertungsmaßstab) bei jedem Spiel und bei jedem Spieler sehr unterschiedlich ist, ist es zumindest schwierig, Spielbewertungen abzugeben. Interessanter ist da die Frage, was denn Umweltspiele fördern, vorbereiten und vertiefen können bzw. sollen?

Dabei muß einem Aspekt besondere Aufmerksamkeit geschenkt werden. Offenbar sind Umweltspiele eo ipso exklusiv, d.h., sie ermöglichen ganz bestimmte Erfahrungen, schließen deshalb aber andere wiederum aus. Dies macht auf einen pädagogisch bedeutsamen Aspekt aufmerksam: Spezifische Spielerfahrungen bedürfen auch der Aufarbeitung hinsichtlich der umweltrelevanten Erfahrungsbereiche, die in den Spielen nicht berücksichtigt werden können.

9. Umweltspielen – Umweltlernen?

Zunächst könnte man annehmen, daß durch ein Umweltspiel etwas gelernt werden kann, weil es ja einen bestimmten Umweltinhalt zum Ausgangspunkt hat. In der Regel werden diese dadurch eingebracht, daß die Spieler eine Rolle oder ein System durchspielen (als Politiker in einem Gesellschaftssystem, als Schmetterling in einem Ökosystem), oder dadurch, daß Informationen in schriftlicher oder bildlicher Form (als Ereigniskarten, Rollenbeschreibungen, Fragekarten etc.) als Rand- oder Zusatzinformationen in das Spielgeschehen einfließen.

Ungeachtet der Frage, inwieweit solche Lerneffekte überhaupt im Spiel meßbar sind, zeigen meine Erfahrungen speziell mit *Brettspielen, die auf Umweltwissen zielen*, daß diese Informationen für die Spieler während des Spielens meist nur eine vernachlässigte Randbedeutung haben. In der Regel werden sie als aufgesetzt empfunden oder sogar (z.B. bezogen auf das Vorlesen der Texte) einfach nur als hinderlich zur Erreichung des Spielziels betrachtet. Gerade jüngere Spieler interessiert hauptsächlich, wie sie gewinnen können, was sie zu zahlen haben bzw. was sie bekommen.

Da diese – insbesondere im Brettspielbereich vorherrschende – Art von Umweltspielen zudem wenig Bezug zu den besagten konstruktiven Störungen alltäglichen Verhaltens aufweist,[2] beschränke ich mich des weiteren auf die Kategorien von Spielen, die einen Bezug zu den konstruktiven Störungen haben: *Naturerfahrungsspiele* (als besondere ästhetische Erlebnisse), *Simulationsspiele* (als Übungen im komplexen Denken), *kooperative Spiele* (als Möglichkeiten prosozialen Verhaltens).

9.1 Naturerfahrungsspiele als ein ästhetisches Erlebnis

Bei solchen Spielen geht es um einen konkreten, sinnlichen Zugang zur Natur bzw. zu Naturgegenständen, der tastend, schmeckend, sehend, riechend, lauschend sein kann. Durch diesen sehr persönlichen und emphatischen Zugang können Naturerfahrungsspiele zu einer Wiedergewinnung von Sinnlichkeit beitragen. Sie ermöglichen Erfahrungen von der Größe und Schönheit der Natur und kultivieren damit ein Stück Zuneigung und Ehrfurcht ihr gegenüber. Sie lösen damit Gefühle aus, die uns empfindsam machen gegenüber der zugleich bedrohten und hilflosen Natur.

Daß dieses nicht nur blanke Theorie ist, wird jeder bestätigen können, der öfter Naturerfahrungsspiele durchgeführt hat. Diese sehr persönlichen Naturerfahrungen sind wohl das originärste Moment dieser Spiele. Jedoch sei daran erinnert, daß man durch dieses sinnliche »Einschwingen« in die scheinbare Harmonie (z.B. eines Waldes) gar nicht bemerken kann, daß der Baum, den ich gerade ertaste, mittlerweile in der zweiten Kategorie der Waldschadensstatistik katalogisiert ist, daß der Boden, auf dem ich gerade mit nackten Füßen stehe, saurer als Zitronensaft ist, daß der so kuschelige Moosboden becquerelgeschwängert ist und schon beachtliche anthropogene Schwermetallanreicherungen hat, daß beim Erlauschen der Stimmen des Waldes bestimmte Stimmen gar nicht mehr zu erlauschen sind, weil bestimmte Vogelarten inzwischen ausgerottet wurden.

Inhaltlich gesehen ist der Lernanlaß »Naturerfahrungsspiel« am ehesten im Bereich »Lebenswelt« anzusiedeln. Soweit hier ein Lernen stattfindet, wird es durch die direkte Erfahrung, durch eine positiv besetzte, – im wahrsten Sinne des Wortes – fühlende Betroffenheit motiviert sein. Auf diese Weise können diese Spiele zu einer konstruktiven Störung alltäglichen Verhaltens und damit zu einem Lernmedium gegen umweltschädliches Verhalten werden. Methodisch gesehen ist hier das Moment des ganzheitlichen Lernens auf der Ebene des Lernsubjekts erfüllt, weil die sensuelle Dimension von Lernprozessen Beachtung findet. Jedoch sind Naturerfahrungsspiele immer auch insofern exklusiv, als sie keine distanzierte Betrachtung der sinnlichen Erfahrungen ermöglichen.

---

2 Das Urteil über jene Umweltwissensspiele – und das gilt im Grunde für jede Art von Umweltspiel – sähe jedoch ganz anders aus, würden diese gemeinsam mit den Kindern entwickelt. Die gemeinsame Suche nach Form und Inhalt sowie schließlich die Umsetzung dieser Idee hat insbesondere mit dem Moment prosozialen Verhaltens, aber auch mit der Kategorie komplexen Denkens zu tun.

Ein Besinnenlernen, eine Reflexion eben dieser Erfahrung darf nicht aus dem Blick verlorengehen. Erst dadurch führt das gegenwärtige Naturerlebnis auch zu einer Auseinandersetzung mit unserer möglichen Zukunft, da dieses Erlebnis möglicherweise eines Tages nicht mehr möglich sein wird, entweder weil der Wald nicht mehr da ist oder weil es mit gesundheitlichen Gefahren verbunden ist, sich in der »freien« Natur aufzuhalten. In den Blick kommen so die Lebensbereiche Politik und Wissenschaft. Letztere hat den Blick geöffnet für nicht mehr wahrnehmbare und fühlbare Gefahren, für Zusammenhänge, die globale Ausmaße haben und schon deshalb nicht lokal virulent sind; sich mit diesen Problemen nicht abfinden zu wollen und etwas dagegen zu unternehmen bedeutet wiederum, in politische Auseinandersetzungen zu treten, entsprechende Maßnahmen einzuklagen. In beiden Fällen ist man entweder auf eine entsprechende Aufarbeitung der Erfahrungen oder auf andere Umweltspieltypen angewiesen.

9.2 Umweltsimulationsspiele und komplexes Denken

Bei Umweltsimulationsspielen (wie z.B. das Spiel **Ökolopoly** von FREDERIC VESTER) geht es darum, ein inhaltlich und zeitlich gerafftes Modell von schwer zugänglichen Zusammenhängen und Prozessen zu geben.
Das können natürliche Beziehungsgefüge sein. In solchen naturwissenschaftlichen Umweltsimulationsspielen werden natürliche Ökosysteme (z.B. ein Teich, eine Landschaft) mit dafür typischen pflanzlichen und/oder tierischen Bewohnern und/oder Stoffkreisläufen nachgestellt, auf die unter Umständen umweltschädliche Faktoren einwirken.
Es kann aber auch um soziale Beziehungsgefüge gehen (z.B. beim Spiel **Ökolopoly**). In solchen im Prinzip sozialwissenschaftlichen Umweltsimulationsspielen sind die natürlichen Umweltfaktoren nicht der Simulationsgegenstand, sondern als symbolische Randbedingungen ein mehr oder weniger verschmutzter Indikator für bestimmte soziale Verhältnisse. In diese Kategorie fallen auch die sogenannten Rollen- und Planspiele, da diese in der Regel bestimmte soziale Entscheidungsprozesse simulieren und erfahrbar machen wollen.
Inhaltlich gesehen ist der Lernanlaß »Umweltsimulationsspiel« am ehesten im Bereich Wissenschaft anzusiedeln. Denn die Grundlage für ein Spielmodell ist ja nicht »die« Realität, sondern es sind Ideen, Theorien, Modelle, Ergebnisse wissenschaftlicher Experimente aus den Natur- (insbesondere Kybernetik und Ökosystemforschung) und Sozialwissenschaften.
Gehen wir einmal davon aus, daß in den Spielmodellen einige der Charakteristika sogenannter komplexer Entscheidungssituationen eingebaut sind – nämlich: *Vernetztheit* verschiedener Lebensbereiche, wobei dieses Wirkungsgefüge sowohl *intransparent* als auch *eigendynamisch* ist, da die beteiligten Faktoren über *Rückkopplungsprozesse* miteinander verbunden sind. Dabei dürfen diese Beziehungen aber weder eindeutig in der Einflußrichtung (*keine einfachen Ursache-Wirkung-Beziehungen*) noch eindeutig in der Einflußstärke (z.B. *exponentielle Zusammenhänge*) sein. DÖRNER (1989) eignet sich hervorragend, um einen Einblick in die Voraussetzungen von komplexen Entscheidungssituationen bzw. den Problemen im Umgang damit zu bekommen.

Auf diese Weise wird dann eine Situation geschaffen, die durch *Offenheit und Unbestimmtheit* gekennzeichnet ist, und der Einsatz von Umweltsimulationsspielen wäre dann auch tatsächlich eine Möglichkeit, sich eben mit dieser Offenheit und Unbestimmtheit auseinanderzusetzen.

Dabei besteht die eigentliche Relevanz dieser Spiele darin, daß sie Zusammenhänge sichtbar machen, die so nicht auf der Hand liegen. Durch Reduktion der Komplexität auf ein spielbares Maß wird ein Sichtbarmachen auch auf einem Niveau (älterer) Kinder und Jugendlicher geleistet. Des weiteren zeichnen sich diese Spiele dadurch aus, daß sie keine direkten realen Auswirkungen haben. So ist im Spiel ein Trial-and-error-Vorgehen möglich, was angesichts des Charakters von Umweltproblemen (Dringlichkeit und Vernetztheit) als reales Entscheidungsverhalten fatal wäre. Erst auf diese Weise kann man – angesichts eines im Spiel zerstörten Systems – überlegen, was falsch gemacht wurde, wo Wechselbeziehungen übersehen worden sind. Auf diese Weise, so ist zu vermuten, kann man auch auf die Mängel im Umgang mit komplexen Problemen stoßen: lineares Ursache-Wirkung-Denken; Status-quo-Befangenheit; Unfähigkeit, in exponentiellen Entwicklungen zu denken.

Diese Spiele sind dann insoweit ein Lernanlaß, als sie ein Aha-Erlebnis ermöglichen (»Dabei habe ich doch alles so gut gemeint«), das als konstruktive Störung wirken könnte. Aus diesem Grunde sind Umweltsimulationsspiele insbesondere dann interessant, wenn die Spieler die eigentlichen Akteure, die strategischen Entscheider sind. Wenn die Spieler nur Handlanger vorgegebener Wechselbeziehungen sind – wie in ausgesprochen naturwissenschaftlichen Simulationsspielen –, dann kann wohl erkannt werden, was »Komplexität« heißen mag und daß die Natur komplex »funktioniert«, nicht aber, was ein Denken angesichts solcher Situationen leisten müßte. *Nur wenn ich selber entscheiden kann, macht es Sinn, unklare Globalziele zu konkretisieren, Zielantagonismen zu erkennen, Neben- und Fernwirkungsanalysen zu betreiben.*

Dabei sind Umweltsimulationsspiele in jedem Fall insofern exklusiv, als in ihnen nur eine bestimmte, konstruierte Wirklichkeitsauffassung zum Tragen kommt. Bezugspunkt ist ja nicht »die« Realität, sondern es sind wiederum allgemeinere Modelle, die z.B. in mathematische Funktionen oder bestimmte Rollenklischees übersetzt worden sind.

Unbestimmtheit und Offenheit des Spielsystems existieren also nur so lange, wie die eingebauten kybernetischen Gesetzmäßigkeiten oder das vorbestimmte Rollenverhalten nicht erkannt wurden, um dann das definierte Gleichgewicht im System zu erzielen. Es ist die Auseinandersetzung mit den Reduktionen des Ausgangsmodells für das Spielmodell selbst, seinen Implikationen und seiner Exklusivität, die zum Ausgangspunkt von Lernprozessen werden kann. Erst so stellen sich Fragen nach der Angemessenheit der dargestellten Abhängigkeitsverhältnisse, der Einflußmöglichkeiten, der Einflußrichtungen und Auswirkungen. Erst so stellt sich die Frage, wie zentrale Globalziele (wie z.B. Lebensqualität) zu spezifizieren sind.

Die Suche nach Antworten auf diese Fragen könnte veranschaulichen, was ein komplexes Denken leisten müßte, denn es würde gleichzeitig erfordern, sich mit seinen eigenen gegenwärtigen und zukünftigen Lebensentwürfen auseinanderzusetzen, eine Situationsanalyse vorzunehmen und Fern- und Nebenwirkungen eigener Lebensentwürfe darzulegen. Wie könnte sonst auch das Wort

»Angemessenheit« irgendeinen Sinn geben. Des weiteren kommen auf diese Weise auch wieder die Dimensionen Lebenswelt und Politik in den Blick durch den Kontrast der Auseinandersetzung der eigenen alltäglichen Lebensentwürfe mit der realen Entscheidungssituation: Wer entscheidet tatsächlich wie und warum? Warum werden wir an Entscheidungen nicht beteiligt? Wie geht das zusammen: alltägliches Leben und komplexes Denken? Brauche ich neben einem adäquaten distanzierten Denken nicht erst einmal ein undistanziertes Gefühl von Betroffenheit, eine entsprechende Gefühlsbasis? Denn es ist ja auch der komplex denkende Wirtschaftsmanager vorstellbar, der nicht Umweltoptimierung, sondern rücksichtslose Gewinnmaximierung im Sinn hat.

Man kann nicht davon ausgehen, daß sich diese bewußte Auseinandersetzung von selbst in bzw. aus dem Spielen des Umweltsimulationsspiels ergibt. Wir haben es hier nur mit einem Lernanlaß zu tun, der entweder vom Spieler selbst aufgenommen oder von außen an ihn herangetragen wird. Im ersten Fall handelt es sich um ein unplanbares Ereignis, das wahrscheinlich (verständlicherweise) überlagert wird von dem Wunsch, einfach ein Spiel mit Spaß zu spielen. Im zweiten – pädagogischen – Fall handelt es sich um ein geplantes Ereignis, wobei jedoch die Art und Intensität der anschließenden Auseinandersetzung der Spieler mit ihrem Spielgegenstand relativ wenig planbar ist.

9.3 Kooperative Umweltspiele und prosoziales Verhalten

Es ist zu vermuten, daß Spiele (insbesondere Umweltsimulationsspiele) mit ausgesprochenem Wettbewerbscharakter der Förderung komplexer Denkmuster eher abträglich sind. Bei diesen geht es darum, Entscheidungen mit aller (rhetorischen) Macht durchzusetzen. Die Orientierung läuft dann eher entlang kurzfristiger persönlicher Erfolge anstatt an längerfristigen Überlegungen, die das Gemeinwohl (sprich: eine saubere Umwelt) berücksichtigen.

Weniger umweltschädliches Verhalten kann dann als ein prosoziales Verhalten aufgefaßt werden, das in Anbetracht der möglichen Neben- und Fernwirkungen von Umweltschäden für jetzt oder zukünftig lebende Menschen bzw. Spezies stattfindet. Auch wenn der Zusammenhang zum komplexen Denken hier sehr naheliegt, ist doch anzumerken, daß die Motivation für ein solches Verhalten (z.B. persönliche Bemühungen um einen ökologischeren Alltag bzw. um ein politisches Engagement) auch stark mit eher gefühlsbetonten Motivationen zusammenhängt (z.B. Altruismus, Gemeinschaftsgefühl, moralische Prinzipien).

Bei kooperativen Umweltspielen müssen die Spieler *gemeinsam vorgehen*, und sie müssen die Spielfolgen – eine »heile« oder »kaputte« Umwelt – immer kollektiv tragen. So steht dann weniger die Vergegenwärtigung der zukünftigen Auswirkungen eigenen Handelns im Vordergrund als vielmehr die Verdeutlichung der Notwendigkeit von Kooperation und der Schaffung interpersonellen Vertrauens als wichtige Voraussetzungen für umweltbewußtes Verhalten. Denn Umweltprobleme werden genausowenig durch einzelne allein erzeugt, wie sie auch nachträglich nicht durch einzelne abgeschafft werden können. Hier bedarf es der Kooperation verschiedener Personenkreise und Betroffener. Diese Kooperation bedeutet aber auch Einschnitte finanzieller Art in die persönlichen Lebensbereiche (z.B. höhere Preise bzw. weniger Produktion) und/oder Beschränkungen der individuellen Wahlfreiheit (z.B. keine Tempo-Raserei). Diese »Kosten« sind jedoch – in längeren Zeiträumen gedacht – geringer als die »Kosten«, die entstehen, wenn Natur und Umwelt weiterhin zerstört, ausgebeutet, verbaut, vergiftet, »vernutzt« werden.

Es ist diese Charakterisierung der Umweltproblematik, die sie zu einem sogenannten sozialen Dilemma macht, da es vordergründig »rationaler« erscheint, seine Eigeninteressen zu verfolgen und nicht das Gemeinwohl. Angesichts der zunehmenden Dringlichkeit der Umweltprobleme besteht die Gefahr, daß sich die Vorstellung einer zwanghaften, autoritären Lösung – eine Ökokratie – durchsetzt. Dabei ist jedoch zweierlei zu berücksichtigen. Zum einen spricht einiges gegen die Annahme, daß ein autoritärer Staat von ökologischen Königen regiert würde. Zum anderen bleibt bei solchen Überlegungen die Möglichkeit für die Praktizierung von kooperativem Verhalten in solchen Situationen außen vor.

Kooperative Umweltspiele können die Notwendigkeit kooperativer Problemlösungen aufzeigen, sie zumindest zum Gegenstand von Diskussionen machen. Meine einfache Unterstellung ist hier also die, daß – wenn die Erhaltung der Umwelt Menschen braucht, die kooperieren und Vertrauen zueinander haben – es dann auch die Möglichkeit geben muß, angesichts eines Umweltproblems zu kooperieren und interpersonelles Vertrauen aufzubauen. Kooperative Umweltspiele wären – wenn auch zunächst nur im Spiel – dann als ein kleiner Beitrag zu verstehen, diese Handlungsoption möglich bzw. als Handlungsoption zum Gegenstand der Diskussion zu machen. Sie sind ein Lernmedium gegen umweltschädliches Verhalten, weil sie den – für die Entstehung ökologischer Werte wichtigen – Faktor prosoziales Verhalten zum Spielprinzip machen, indem sie die Notwendigkeit kooperativer Problemlösungen angesichts der Umweltprobleme aufzeigen.

Diese Erkenntnis folgt nicht mit Notwendigkeit aus dem Spielen selbst, jedoch kann es zu einer konstruktiven Störung, zu einem Lernanlaß werden, was zu so wichtigen Fragen führen könnte wie: Welche Möglichkeiten habe ich, um mit anderen gemeinsam an der Lösung von Umweltproblemen zu arbeiten? Welche Steine werden uns dabei in den Weg gelegt, und wie können diese aus dem Weg geräumt werden? Warum ist ein prosoziales Verhalten angesichts der Umweltprobleme angemessener als die Verfolgung des individuellen Nutzens? Was bedeutet prosoziales Verhalten für meinen Lebensalltag, wo kann ich es wie praktizieren? Was würde die Alternative, eine Ökokratie, für uns bedeuten? Warum können uns die Ökowissenschaften diese Aufgabe einer gemeinsamen Problemlösung nicht abnehmen, wie helfen mir diese aber bei der Lösungsfindung?

9.4 Fazit

Die von mir – idealtypisch – betrachteten Umweltspiele setzen unterschiedliche Schwerpunkte, was sie exklusiv macht hinsichtlich der durch sie zu machenden Erfahrungen bezüglich der Entstehung von ökologischen Werten. Während bei Naturerfahrungsspielen die direkte ästhetische Sensation im Vordergrund steht, befassen sich Umweltsimulationsspiele mit der kognitiven Durchdringung der Beziehungsgefüge, die »hinter« der eigentlichen Wahrnehmung stehen und wel-

che sie modellhaft nachzustellen versuchen. Kooperative Umweltspiele wiederum verweisen auf die Formen der zwischenmenschlichen Beziehungen selbst, d.h., daß interpersonelles Vertrauen und kooperatives Verhalten notwendige Voraussetzungen für den Schutz der Umwelt sind.
Es ist einerseits diese Exklusivität der einzelnen Umweltspieltypen, die sie zu konstruktiven Störungen etablierter Handlungsmuster machen kann. Gleichzeitig macht diese Exklusivität aber auch ihre Beschränkung deutlich. Inhaltlich zeigt sich das in verschiedenen Affinitäten zu den Lebensbereichen Lebenswelt, Wissenschaft, Politik. Aber auch methodisch gibt es unterschiedliche Affinitäten. Während Naturerfahrungsspiele »ihr« Augenmerk auf ein Lernen aus Erfahrung und Betroffenheit richten, setzen die Umweltsimulationsspiele auf eine mehr distanzierte Betrachtung der Realität durch ihren Modellcharakter. Kooperative Umweltspiele dagegen betonen das »ökologisch Handeln-Lernen«, die gemeinsame Verständigung über ein solidarisches Handeln für eine lebenswerte Zukunft.
Werden die Umweltspiele in diesem Sinn als konstruktive Störungen empfunden, so wäre schon einiges gewonnen; und daß dies als Möglichkeit besteht, macht sie, jedes auf seine Weise, zu einem Lernmedium gegen umweltschädliches Verhalten. Aber das kann, muß aber nicht sein. Hierin zeigt sich die weitere Bedeutung des Begriffs »Lernmedium« für das Spielen (von Umweltspielen), da es nicht antizipativ auf notwendige Wirkungen hin planbar ist. Beerbt wird somit letztlich nur die Beschränkung jeder pädagogischen Reaktion, wonach Erziehung grundsätzlich wesentlich weniger erfüllen kann als die in sie gesetzten Erwartungen.

10. Nachwort

Angesichts der vielen Worte möchte ich hier am Schluß mit Rückgriff auf die Einleitung nochmals wiederholen: Wenn ein Spieler am Spielen eines Umweltspiels Spaß und Freude hat, dann ist das Begründung genug dafür. Die vorangegangenen Zeilen sollten zeigen – wie auch die vielen eher praktisch orientierten Beiträge dieses Bandes belegen werden –, daß es viele reizvolle spielerische Umsetzungen des Umweltthemas gibt, für die mitunter auch umfangreiche Vorarbeiten nötig sind. Dieser Einsatz – das haben mir meine persönlichen Erfahrungen gezeigt – lohnt sich aber. Und ich kann nur sagen: Just play it.

Literatur

DÖRNER, DIETRICH: Die Logik des Mißlingens. Rowohlt, Reinbek 1989;
EINSIEDLER, WOLFGANG (Hrsg.): Aspekte des Kinderspiels. Beltz, Weinheim/Basel 1985;
FIETKAU, HANS-JOACHIM: Bedingungen ökologischen Handelns. Beltz, Weinheim 1984;
FLITNER, ANDREAS: Spielen – Lernen. Praxis und Deutung des Kinderspiels. Piper, München 1972;
FLITNER, ANDREAS (Hrsg.): Das Kinderspiel. Piper, München 1988[5];
MICHELSEN, GERD/SIEBERT, HORST: Ökologie lernen. Fischer, Frankfurt a.M. 1985;
SALEHIAN, FREDON: Spielen – ein Lernmedium gegen umweltschädliches Verhalten. Möglichkeiten, Grenzen und Gefahren einer pädagogischen Reaktion auf die Umweltproblematik. Unveröffent. Diplomarbeit, Fakultät für Pädagogik, Univ. Bielefeld 1988;
SINHART, DIETER (Hrsg.): Spielen, Lernen und Entwickeln. Böhlau, Köln/Wien 1982.

1.3 Zeit zu spielen

Klaus Hübner

1. Einleitung

Zeit, die scheinbar unbegrenzte Ressource der Natur, ist für den Menschen eines der kostbarsten Güter.
Seine Lebenszeit sinnvoll zu nutzen ist deshalb moralischer Appell von Kirche und Politik. Dieser wird gern übernommen von Lehrern und Eltern, die sich dem Credo unserer Zeit anschließen: »Trödle nicht!« Das Anprangern des Zeitvergeudens hat Tradition bei uns, in protestantischen Ländern noch mehr als in katholischen. Sinnsprüche wie: »Time is money«, »Sich regen bringt Segen«, »Der frühe Vogel pickt den Wurm« wollen uns alle dazu führen, Zeit nutzbringend zu verwenden.
Kein Wunder, daß dort, wo eine solche Mentalität vorherrscht, kaum Zeit zum Spielen bleibt. Auch wir Naturschützer stoßen oft in das gleiche Horn, wenn es um immer knappere Zeiteinheiten geht: Fünf vor zwölf ist es für viele, die sich intensiv mit der Situation unserer Umwelt befassen und die unablässig nach Auswegen suchen. In solchen Krisensituationen ist in unserer Gesellschaft – und das gilt für alle Verantwortlichen – kein Platz für spielerischen Umgang mit Problemen. Hier zählt nur Krisenmanagement, rigorose Reduktion auf das Wesentliche, konsequentes Handeln nach angestrengtem Denken.
Hinzu kommt noch, daß wir als Minderheit den Nicht-Naturschützern zeigen müssen, wie perfekt wir unsere Rolle als Bewahrer der Schöpfung – nein, nicht spielen, sondern – akzeptiert haben. In unseren Kreisen hat das Spiel deshalb ebenfalls erheblich zu leiden. Es wird allenfalls geduldet als Einstieg über Naturerfahrungsspiele für Kinder oder zwischendurch auch mal bei Erwachsenen, wenn es der Ernst der Situation gerade noch zuläßt, die Konzentrationsfähigkeit etwas abnimmt und man Auflockerung nach harter Naturschutzarbeit sucht.
Auch bei uns gilt der Grundsatz, das Spiel allenfalls als Zuckerbrot auf dem harten Weg zu einer besseren Gesellschaft einzusetzen. Das Spiel als eine mögliche Methode zum besseren Verständnis von Naturphänomenen, der klassische »spielerische Einstieg« wird auch im Naturschutz nur dazu verwandt, schnell zum eigentlichen, ernsten Kern der Sache vorzustoßen.

2. Verspielte Zeit?

Wer dem Spiel die oben skizzierten Funktionen zuschreibt, verkennt, daß das (lebenslange) Spiel den Menschen schlechthin als Menschen charakterisiert.
Dies macht schon ein kurzer Blick in die Verhaltensforschung deutlich. Je höher entwickelt die Organisationsstufe bei Tieren, desto länger ist die Zeit, die zum Spielen verwendet wird. Nach EIBL-EIBESFELDT (1969, S. 280) heißt spielen, einen

Dialog mit der Umwelt führen. Dieser Dialog wird um so länger, je komplexer das Verhaltensrepertoire der einzelnen Arten ist, je länger die Reifezeit dauert und je sensibler das Wahrnehmungssystem für Umweltreize ist. Dies gilt für Objektspiele wie für Sozialspiele. Sie sind für die Individualentwicklung von größter Bedeutung und haben adaptive biologische Funktionen. Dabei können sie je nach Lebensumstand zum Erwerb und zur Festigung senso-motorischer Fähigkeiten, der Sozialfähigkeit und zur Regelung der Partnerbeziehungen beitragen. »Spielappetenz und Lernappetenz haben wohl eine gemeinsame Wurzel, Spiel ist eine Form des aktiven Lernens« (EIBL-EIBESFELDT 1969, S. 288).
Es handelt sich sozusagen um eine spielerische Eroberung des evolutionär zugestandenen Freiraums.

Dabei darf man allerdings nicht außer acht lassen, daß die Anwendung des Erlernten nicht unmittelbar erfolgt, sondern Selbstzweck und Zweckvergnügen am augenblicklichen Erleben stehen während des Spiels im Vordergrund (EINSIEDLER 1991, S. 22).

Die Spiele der höher entwickelten Säuger, die diese Aussage belegen, sind hinlänglich bekannt. Deshalb sei hier als Beispiel aus der Vogelwelt eine Beobachtung an vier jungen Grasmücken gezeigt, die F. SAUER seinerzeit in Freiburg im Laboratorium aufgezogen hat:

Vier Grasmückengeschwister, die in einer großen Vogelstube frei fliegen durften, fingen an ihrem 49. Lebenstag ein neues Spiel an: Ein 1,5 Gramm schweres Steinchen, das mit frischem Sand unbeabsichtigt in den Käfig kam, wird von einem Jungen mit dem Schnabel gepackt, auf einen Ast hochgeschleppt, wie ein Beutetier totgeschlagen und nach einer halben Minute wieder fallen gelassen. Sogleich fliegt das Junge hinterher und holt das Steinchen wieder herauf. Die Geschwister fliegen neugierig herbei und spielen mit. Dabei fällt das Steinchen einmal zufällig in die fast leere gläserne Futterschale, so daß es hell klirrt. Wie auf ein Kommando flattern alle vier Geschwister gleichzeitig auf den Rand der Schale, eines nach dem anderen nimmt das Steinchen auf und läßt es wieder zurückfallen. In ihrem unermüdlichen Treiben ist jetzt nichts mehr davon zu merken, daß das Steinchen ursprünglich als Beute behandelt wurde; offensichtlich erwarten die Jungen jetzt nichts anderes als das Klirren auf dem Glas. Das Steinchen hat den Wert einer Ersatzbeute verloren. Es ist in dem Augenblick zu einem echten Spielzeug geworden, als es zum ersten Mal auf das Glas klirrte. Im Spieleifer tragen die Jungen den Stein immer häufiger auf den Ast 25 cm über der Schale und lassen ihn in sie hinunterfallen. Während danach ein Junges mit dem Stein wieder nach oben hüpft, schauen die Geschwister, die reihum neben der Schale stehen, gespannt hinterher. Dann blicken alle dem fallenden Stein nach und lauschen offensichtlich seinem hellen Aufprall. Erst wenn er ausgeklirrt hat, kommt wieder Bewegung in die Spieler: Einer ergreift abermals den Stein, wirft ihn über den Rand der Schale oder läßt ihn vom Glasrand in sie hineinfallen, wobei der Stein oft erst so hoch wie möglich gehalten oder hochgeschnippt wird, oder sie lassen ihn wieder vom Ast herunterfallen. Das Spiel klingt nach Minuten, nach einer halben Stunde oder nach noch längerer Dauer allmählich aus, indem der Stein unterwegs häufiger verloren wird und die inzwischen hungrig gewordenen Vögel ihn nicht mehr beachten (nach PORTMANN, in: Bayerische Akademie der Schönen Künste 1976, S. 62).

Es lassen sich von der Stammesgeschichte her zwei Phänomene beobachten. Einerseits erscheint das Spiel um so wichtiger, je mehr Anpassungsleistungen an die Umwelt eine Art erbringen muß. Andererseits tritt das Spiel auch um so häufiger auf, je undifferenzierter die Instinktausstattung für bestimmte Lebensbedingungen ist.

Bei den Spielformen, die überwiegend nur noch beim Menschen vorkommen wie Phantasiespiele und Rollenspiele, wird die direkte Funktionsbestimmung immer schwieriger. Das ist ein Punkt, der sicher zur voreiligen Abqualifikation des Spiels als Spielerei beiträgt.

Ein Beispiel aus der Antike:
Das Spiel hatte in der Antike oft eine wesentlich bedeutendere Rolle. HERODOT beschreibt in den »Persischen Kriegen«, Buch 1, Kapitel 94, die Geschichte von ATYS, dem König des kleinasiatischen Lyderreiches.
Vor ungefähr 3000 Jahren wurde dieses Land Lydien von einer Hungersnot heimgesucht. Einige Zeit ertrug das Volk die Härten, ohne zu klagen, in der Hoffnung, daß die guten Zeiten zurückkehren würden. Als sich aber die Lage nicht verbesserte, griffen die Lyder zu seltsamen Mitteln.

»Der Plan gegen die Hungersnot war, sich jeweils einen Tag so vollständig dem Spielen zu widmen, daß dabei kein Hunger aufkommen konnte, um dann am anderen Tag jeweils zu essen und sich des Spielens zu enthalten«, schreibt HERODOT. *»Auf diese Weise verbrachten sie 18 Jahre.«* Und in dieser Zeit erfanden sie den Würfel, das Knöchelspiel, den Ball und *»alle die Spiele, welche auch die Griechen kennen«* (vgl. CSIKSZENTMIHALYI 1992, S. 11).

HERODOT schreibt dem Spiel die Fähigkeit zu, dem Menschen Hunger und andere Beeinträchtigungen des Lebens erträglich werden zu lassen, wenn er ganz im Spiel aufgeht. Normalerweise spielt man erst dann, wenn alle anderen Triebe befriedigt sind, doch ist der Mensch auch in der Lage zu spielen, um andere Triebe zu unterdrücken. Das ist eine kulturelle Meisterleistung, die in unseren Tagen aber immer weniger gewürdigt wird.

3. Das Spiel – räumlich und zeitlich vom Leben getrennt

Wie sehr das Spiel aus unserem alltäglichen Leben verschwunden ist, läßt sich auch schön an der räumlichen Abgrenzung ablesen, die wir für diese Art von »überflüssiger« Beschäftigung gefunden haben.
Gespielt wird auf dem Spielplatz, auf normierten, DIN-gerechten Flächen, die meist nur Kindern bis 14 Jahren zugewiesen werden. Hier ist es möglich, auf bundesweit einheitlichen Geräten zu wippen, Sandkuchen zu backen oder an einem Klettergerüst hochzuklettern. Auch etwas phantasievollere Spielgeräte lenken nur davon ab, daß der Spielplatz ein ganz bestimmtes Reservat innerhalb des Lebensraumes des Menschen ist.

Diese Trennung des Spiels vom eigentlichen Leben bleibt während des ganzen Lebens erhalten: Wer gewohnt ist, auf normierten Spielplätzen zu spielen, der wird auch später problemlos sogenannte Spielhallen mit den entsprechenden Automaten annehmen, die den Beinamen Spiel aber ebensowenig verdienen wie die meisten Kinderspielplätze.
Jeder von uns kennt die schon fast groteske Situation des anregenden Ambiente, wie es etwa ein Naturpark darstellt: Es gibt tausendundeine Möglichkeit, in naturnaher Umgebung zu balancieren, am Bach Interessantes zu entdecken oder einen Felsen zu besteigen – unzählige natürliche Kletter-, Balance-, Sensibilisierungs- und Lernmöglichkeiten. Und dann: Mittendrin liegt der gleiche nor-

mierte, DIN-gerechte Spielplatz, wie ihn die Kinder von jedem Vorort her kennen. Natürlich – das garantieren die Landschaftsarchitekten – optimal in das Landschaftsbild integriert, selbstverständlich aus Holz und im Idealfall in Sichtweite zur nächsten Kneipe, von der aus dann die Eltern ihren Kindern beim Spiel zusehen können.

Die räumliche Trennung des Spielraumes vom eigentlichen Leben findet konsequenterweise auch in der zeitlichen Dimension ihren Niederschlag. Als Weltmeister der Trennung zwischen Arbeitszeit und Freizeit haben wir innerhalb der Freizeit dem Spiel einen bestimmten zeitlichen Rahmen zuerkannt.

Ganz eklatant ist diese Trennung in Spiel und Ernst bei kleinen Kindern zu beobachten. Im Kleinkindalter ist Spiel und Ernst untrennbar miteinander verbunden. Spielend erfahren Kinder ihre Umgebung und wollen bei allem »mitspielen«, was die Erwachsenen tun. Hier heißt es aber oft: »Das kannst du noch nicht. Geh doch spielen.« Statt dann mitzukochen, mitzuputzen, mitzugarteln, mitzu..., müssen die Kinder pädagogisch wertvolles Spielzeug zu Türmen aufrichten, Quadrate von Dreiecken trennen oder mit Hilfe von einfachen Lerncomputern Größen unterscheiden lernen.

Diese Haltung setzt sich oft wie ein roter Faden fort durch Schule, Ausbildung bis hin zu »pädagogisch wertvollen« Scheinfirmen, in denen Wirtschaftsleben simuliert wird.

4. Die neue Erfolgsstrategie: Spielen

Wie sich immer mehr herausstellt, ist es allerdings ein grundlegender Fehler, das Spiel aus dem vermeintlichen »Ernst des Lebens« zu verbannen.

Verhaltensforschung und Psychologie haben in der jüngeren Vergangenheit ein ganz anderes Bild des Spiels entwickelt. GERD BINNIG, der Physik-Nobelpreisträger von 1986, erinnert sich, daß er auf neue Ideen nur beim Spielen gekommen sei. Er habe dafür allerdings immer ertragen müssen, für einen Kindskopf gehalten zu werden. Hier steht das Spiel für erfüllte Zeit, in der die eigentliche Kreativität des Menschen zum Ausdruck kommen kann.

Längst hält das Spiel ja unbemerkt wieder Einzug in die Arbeitswelt, natürlich nicht als Spiel, sondern als Brainstorming, Szenario oder Simulation, bei denen die erfolgversprechendsten Strategien auf ihre Durchführbarkeit hin geprüft werden.

Manager werden auf Kreativwochenenden psychisch soweit gelockert, daß sie wieder flexibler auf die Anforderungen des Alltags reagieren können. Der Trend setzt sich fort, denn man will die Anlagen der Mitarbeiter optimal nutzen.

Nicht umsonst nennt die Unternehmensberaterin GERTRUD HÖHLER ihr Buch über zeitgerechte Führungsstrategien, mit dem sie Managern über den Leistungsfrust hinweghelfen will, »Spielregeln für Sieger«.

»In der Tat sind solche Einübungsprozesse bei jungen Menschen zu beobachten. Von erwachsenen Beschauern als Experimentierlust mißdeutet, zielen sie vor allem darauf, handlungsfähig und widerstandsfähig zu werden in einer Welt der komplexen Aufforderungen, der unübersichtlichen Herausforderungen und widersprüchlicher Angebote« (HÖHLER 1992, S. 59).

Erfolgreiche Umweltspiele müssen vor allem Spiele sein und erst in zweiter Linie Umweltinformation transportieren. Dabei möchte ich das Umweltspiel nicht nur als das Spiel definiert wissen, das sich mit dem Thema Umwelt »spielerisch« beschäftigt, sondern den Begriff ausweiten auf alle Spiele, die in naturnaher Umgebung durchgeführt werden können und dadurch an Reiz gewinnen. (Das schließt Spiele wie beispielsweise Squash aus, läßt aber das klassische Räuber- und Gendarmspiel zu.) Unberührt von dieser Definition bleiben Umweltbrettspiele bzw. Umwelt-Frage-und Antwortspiele. Auch Mensch-ärgere-Dich-nicht wird dadurch nicht zum Umweltspiel, daß man es auf der grünen Wiese spielt.

Die Umweltspiele, die obiger Definition genügen, enthalten alle Faktoren, die für das Zustandekommen eines echten Spiels Voraussetzung sind. SCHEUERL (1990) hat sie folgendermaßen zusammengefaßt: Handlungsfreiheit, Ganzheitserlebnis, Kommunikation, Offenheit und Wagnis, Überfluß und Nichtnotwendigkeit, Reversibilität, Erregung und Sensation sowie Dialektik.

Grundsätzlich lassen sich Umweltspiele in verschiedene Grundtypen unterteilen (vgl. FLITNER, in: Bayerische Akademie der Schönen Künste 1976, S. 81):

- in Erkundungsspiele, in denen neue Gegenstände oder Zusammenhänge erprobt werden;
- in Gestaltungsspiele, in denen Kinder wie Erwachsene mit verschiedensten Naturmaterialien bauen und gestalten;
- in Geschicklichkeitsspiele aller Art, in denen Techniken und Fertigkeiten probiert werden, und schließlich
- in Handlungs- und Rollenspiele, die auch das Erleben und Gestalten von komplexen Situationen erlauben.

Auch wenn es Umweltpädagogen schwerfällt zu akzeptieren: Selbst zwei Kinder, die auf dem Parkplatz eines Großmarktes zwischen Mülltonnen »Miami Vice« spielen und sich gegenseitig jagen, erleben eine erfüllte Zeit. Sie sind so versunken, daß sie sich weder durch Autoabgase noch durch die versiegelten Flächen noch durch den säuerlichen Geruch der Mülltonnen beim Spiel stören lassen. Vielleicht lernen sie gerade, daß nur äußerste Konzentration auf jedes Geräusch den anderen aufspüren hilft, daß der Stand der Sonne bei Nichtbeachten zu verräterischen Schatten führen kann. Vielleicht verändern sie auch gerade die Spielregeln für den zweiten Durchgang, um das Spiel fairer zu machen, vielleicht tauscht gerade der Gute mit dem Bösen die Rollen ... Die beiden erleben gerade, daß sie etwas können, und empfinden Freude dabei.

Im Spiel können auch Frustrationserlebnisse abreagiert werden. Das ist ein nicht unerheblicher Aspekt in einer Zeit immer latenterer Gewaltbereitschaft.

Spielerisch den Unterschied vom Spiel zur Realität erleben heißt letztlich auch, gesellschaftliche Regeln unbewußt einüben. Wer in einem Rollenspiel immer nur derjenige sein will, der bestimmt und nach dessen Pfeife alle anderen tanzen müssen, wird im Spiel sehr schnell erfahren, daß eine solche Haltung auf wenig Gegenliebe stößt und Partizipation wesentlicher Bestandteil eines gelungenen Spiels ist.

Die Freude am Spiel – und das gilt auch für alle »guten« Umweltspiele – ist das Wichtigste, was wir bei unseren Mitspielern erreichen können.

Für den Psychologen BRUNO BETTELHEIM (1990, S. 129) entwickelt sich aus der Freude am Spiel im Idealfall eine Freude am Leben schlechthin. Verantwortlich dafür ist etwas ganz Wesentliches, das Kinder im Spiel lernen: Die Welt geht nicht unter, wenn ich verliere. Wer einmal verliert, gewinnt beim nächsten oder übernächsten Mal wieder. Ganz allmählich erkennen Kinder so, daß sie trotz zeitweiliger Rückschläge im Leben doch noch gewinnen können und daß es legitim ist, gewinnen zu wollen.
Dieser Prozeß erfordert Zeit, Zeit für Wiederholungen, Zeit für die Abwandlung von Situationen, Zeit zur Erprobung neuer Lösungen.

Auf unsere Situation übertragen erfordert dies von den Umweltpädagogen eine ganz wesentliche Eigenschaft: zusehen zu können oder auch einmal mitzumachen, ohne gleich zu korrigieren, zu verbessern oder sich sonst einzumischen. Selbst die in bester Absicht gegebene Korrektur verhindert, daß das Kind seine eigene Lösung findet, selbst zu einem Ergebnis kommt. Wird es öfter mit der Patentlösung konfrontiert, die ihm letztlich nur die eigene Unfähigkeit aufzeigt, wird es die Lust am weiteren Experimentieren verlieren, gleich nach vorgegebenen Lösungen greifen oder vermeintlich Kompetentere fragen, wie es sich zu verhalten hat. Lassen wir Kinder aber gewähren, so erlernen sie im Spiel Fähigkeiten wie Ausdauer, Geduld, Geschicklichkeit im Umgang mit Dingen und Flexibilität im Denken.

Der Spielort Natur ist dank seiner eigenen Komplexität in idealer Weise geeignet, die komplexen Strukturen des menschlichen Gehirns zu schulen.
So spannend das Spiel auf dem Parkplatz des Großmarktes auch ist, um wieviel eindrucksvoller kann es in einer Umgebung sein, in der man durch den Ruf eines Eichelhähers verraten werden kann, in der Zweige knacken, man an Brombeeren hängenbleibt oder man sich beim Hexenring neben der alten Buche verabreden kann.
Solche Naturerlebnisräume wecken die Neugier, animieren zum Spiel oder einfach dazu, sich irgendwo hinzulegen und den eigenen Gedanken nachzuhängen. Auch dieses scheinbare Nichtstun ist ein wichtiger Spielbereich, der es ermöglicht, auf Gedankenreisen zum eigenen Ich zu finden – wenn wir die nötige Zeit dazu haben.

Eine neue phantasievolle Welt entsteht, wenn wir uns auf Sprachspielereien einlassen: Das reicht von Sprachspielen für anfangs unbekannte Blumen wie Seekunkel, Wiggel-waggel, Knibbelinchen, Löwenbeiß oder Kakelfuß (BELTZIG 1978) bis hin zu der witzigen Insektenbestimmungshilfe von ULRICH KATTMANN (1991), der es verstanden hat, die schier unübersehbare Vielfalt unserer Insektenwelt in Elfen, Gaukler und Ritter zu unterteilen. Die Spielregeln der klassischen Systematik hat er so verändert, daß auch absolute Neulinge auf diesem Gebiet in der Lage sind, sich in der faszinierenden Welt der Insekten zurechtzufinden: Glasklar-durchsichtige Flügel charakterisieren die Elfen, dichtbeschuppte oder dichtbehaarte Flügel sind typische Merkmale der Gaukler, ledrigfeste Vorderflügel kennzeichnen die Ritter.

Allerdings möchte ich an dieser Stelle die Behauptung aufstellen, daß jedes gute Spiel (das den Kriterien von SCHEUERL genügt, siehe oben) ein Umweltspiel ist. Es steigert dann nämlich die Wahrnehmungsfähigkeit, eröffnet neue Perspektiven, vertieft Wissen, kann ebenso zum Staunen wie zur Besinnung und Ruhe führen. Fähigkeiten wie Ausdauer, Geduld und Geschicklichkeit sowie Flexibilität im Denken können sich dabei entwickeln.

5. Das flow-Erlebnis – Katalysator bei der Verschmelzung von Spiel und Ernst

Bei ernsthaft spielenden Kindern ist immer wieder ihre totale Versunkenheit in ihre momentane, für manche auf den ersten Blick sinnlose Tätigkeit festzustellen. Es besteht eine Versunkenheit, die wesentlich länger anhält, als die modernen Didaktiker Kindern an Konzentrationsfähigkeit zuschreiben wollen.

Das, was den Reiz eines solchen Spieles ausmacht, hat MIHALY CSIKSZENTMIHALYI (1992) als »flow« bezeichnet. Der amerikanische Psychologe definiert mit diesem Begriff ein erhöhtes Lebensgefühl, das entsteht, wenn der Mensch jenseits von Angst und Langeweile im Tun aufgeht. Ob ein Kleinkind seine erste Schleife bindet, ein Kletterer im oberen Bereich seiner Leistungsfähigkeit eine schwierige Wand meistert, ein Schachspieler mit einem gleichwertigen Gegner ringt oder ein Chirurg den Wettlauf mit dem Tod aufnimmt, entscheidend dabei ist, daß sich die Menschen dem flow-Erlebnis um des Zustandes selbst willen hingeben und nicht wegen damit verbundener äußerer Belohnungen (CSIKSZENTMIHALYI 1992, S. 34ff.; vgl. hierzu auch BULAND in diesem Handbuch).

VON CUBE/ALSHUTH (1991) zeigen das flow-Erleben als die lustvolle Endhandlung des Neugiertriebes auf. Dies ist freilich nur verständlich, wenn man den evolutionären Sinn des Neugiertriebes kennt: den Gewinn an Sicherheit.
Der Sinn der Neugier besteht nach VON CUBE/ALSHUTH (1991, S. 136ff.) darin, das Neue kennenzulernen und damit die Sicherheit zu erhöhen. Dabei ist es sinnvoll, nicht nur das Neue zu erforschen, das von außen in unsere Lebenswelt eindringt, sondern aktiv auf das Neue zuzugehen, Grenzen des gewohnten Lebensraums zu überschreiten, neue Probleme zu suchen. Das ist genau das, was im Spiel immer wieder passiert. Natürlich ist das Neue und Unbekannte mit Risiko behaftet, mit Unsicherheit, aber der Einsatz lohnt sich.
Je größer die erforschte Umgebung ist, je mehr Probleme gelöst sind, je mehr Fremdes zu Bekanntem wird, desto größer ist die erreichte Sicherheit (VON CUBE/ALSHUTH 1991).

In diesem Zusammenhang kann man das Spiel als Königsweg zur Erreichung von Sicherheit betrachten. Deshalb ist speziell das Umweltspiel auch das beste Mittel, Sicherheit im Umgang mit der Umwelt zu erreichen, die im Idealfall auch zur intuitiven Gewißheit bei der Einschätzung neuer Situationen führt.

6. Umweltspiele: (k)eine Altersfrage

Je kleiner Kinder sind, um so instinktsicherer suchen sie Situationen auf, in denen flow-Erlebnisse möglich sind. Spielerischer Ernst oder ernstes Spiel charakterisiert die Phase bis zum Krabbelalter. Die neugewonnene Mobilität und die Gefährlichkeit der Umgebung setzen dem Neugiertrieb aber bald Grenzen. Hier ist es unsere Aufgabe als Umweltpädagogen, für jede Altersstufe die »wilden Ecken« zu finden, in denen flow-Erlebnisse möglich sind. Dies können wilde Ecken in der Stadt für Kinder sein, die naturnahe Gestaltung des Schulgeländes für Jugendliche oder der Kampf gegen eine Umgehungsstraße durch ein Naturschutzgebiet. Die Kinderspiele bleiben auf diese Art und Weise im Kinderzimmer zurück und machen neuen Herausforderungen Platz, die mit spielerischem Ernst gelöst werden können.

In idealer Weise erlernen Kinder durch unsere Umwelterfahrungsspiele, daß auch unsere Gesellschaft »nur« nach bestimmten Spielregeln funktioniert, die nicht unabänderlich sind, sondern den jeweiligen Erfordernissen angepaßt werden müssen.

Ein Blick auf den Zustand unserer Umwelt zeigt uns, daß es höchste Zeit ist, die Spielregeln, nach denen wir handeln, zu ändern – eine wahrlich ernste Aufgabe, die sich aber nur bewältigen läßt, wenn wir eine wesentliche Eigenschaft kultiviert haben: die Spielbereitschaft.

Nehmen wir sie uns wieder: die Zeit zum Spielen!

Literatur

BAYERISCHE AKADEMIE DER SCHÖNEN KÜNSTE (Hrsg.): Der Mensch und das Spiel in der verplanten Welt. dtv, München 1976;
BELTZIG, JRI: Die blaue Stunde. Heyne, München 1978;
BETTELHEIM, BRUNO: Ein Leben für Kinder. dtv, München 1990;
CSIKSZENTMIHALYI, MIHALY: Das flow-Erlebnis. Jenseits von Angst und Langeweile: im Tun aufgehen. Klett-Cotta, Stuttgart 1992^4;
CUBE, FELIX VON/ALSHUTH, DIETGER: Fördern statt verwöhnen. Die Erkenntnisse der Verhaltensbiologie in Erziehung und Führung. Piper, München 1991;
EIBL-EIBESFELDT, IRENÄUS: Grundriß der vergleichenden Verhaltensforschung. Piper, München 1969^2;
EINSIEDLER, WOLFGANG: Das Spiel der Kinder – zur Pädagogik und Psychologie des Kinderspiels. Klinkhardt, Bad Heilbrunn 1991;
HÖHLER, GERTRUD: Spielregeln für Sieger. Econ, Düsseldorf 1992^4;
HUIZINGA, JOHAN: Homo ludens – vom Ursprung der Kultur im Spiel. Rowohlt, Reinbek 1965;
KATTMANN, ULRICH: Elfen, Gaukler und Ritter – Insekten am Wegesrand. In: Unterricht Biologie 15 (1991), H. 164, S. 27–31, 54;
LAWICK-GOODALL, JANE VAN: Wilde Schimpansen. Rowohlt, Reinbek 1975;
MERTENS, GERHARD: Umwelterziehung – eine Grundlegung ihrer Ziele. Schöningh, Paderborn 1989;
SCHEUERL, HANS: Das Spiel. Bd. 1: Untersuchungen über sein Wesen, seine pädagogischen Möglichkeiten und Grenzen. Beltz, Weinheim/Basel 1990^{11};
SCHEUERL, HANS (Hrsg.): Das Spiel. Bd. 2: Theorien des Spiels. Beltz, Weinheim/Basel 1991^{11}.

1.4 Umweltspiele zwischen Spaß und Anspruch – Ein Überblick zu ihren spielpsychologischen Grundlagen

Manfred Holodynski

1. Einleitung

Spiele, die das Etikett »Umweltspiel« tragen, wollen in der Regel mehr sein als nur ein »Spiel«. Sie sind mit einer Lernabsicht verbunden: In Umweltspielen sollen die Spielenden im weitesten Sinne etwas über ökologische Systeme und Zusammenhänge lernen. Allerdings gibt es in der neueren Umweltspieldiskussion eine Aufwertung derjenigen Umweltspiele, die »einfach nur Spaß machen« (sollen). Damit wird das Umweltspiel als *Spiel* aus seiner zuweilen ausschließlich didaktisierenden Verwendung herausgeführt und dem genuin Spielerischen am Spiel stärker Rechnung getragen.

Betrachtet man die Bandbreite an Umweltspielen, dann lassen sich vier große Verwendungszwecke abgrenzen:

- *als Mittel zur Wissensvermittlung:*
Umweltspiele sollen den Spielenden Wissen über die Umweltproblematik und über ökologische Systeme und Zusammenhänge vermitteln.
- *als Mittel zur Erziehung eines handlungswirksamen Umweltbewußtseins:*
Umweltspiele sollen den Spielenden dazu motivieren, ökologisch zu handeln und ein entsprechendes ökologisches Verantwortungsbewußtsein aufzubauen.
- *als Mittel zur Motivierung:*
Umweltspiele sollen als Motivationshilfe dienen, um auch solche Personen für die Umweltthematik ansprechen zu können, die mit stark lernorientierten Vermittlungsformen nicht erreicht werden können wie Vor- und Grundschulkinder oder die sich anderweitig nicht mit der Umweltthematik auseinandersetzen würden. Man hofft aufgrund des Spielcharakters der Umweltspiele, daß sich die Spielenden mit Freude des Themas annehmen und darüber mindestens implizit einiges über die Umweltthematik lernen, wenn nicht gar ein weitergehendes Interesse für die Umweltthematik geweckt werden kann.
- *als Mittel zum Spaßhaben:*
Die Betonung liegt hier auf dem Umwelt*spiel*. Vor allen Lernabsichten geht es darum, Spaß und Freude am Spiel zu erleben – nicht mehr, aber auch nicht weniger.

Waren die ersten Umweltspiele vornehmlich Regelspiele, die den Spielenden die Dynamik komplexer ökologischer Vernetzungen vor Augen führen wollten, so haben mittlerweile die Umweltspiele auch im Zuge ihrer Kommerzialisierung die ganze Bandbreite an existierenden Spielformen erobert, seien es Formen von Erkundungsspielen, Rollenspielen, Regelspielen, Planspielen oder Konstruktionsspielen. Das vorliegende Handbuch gibt dazu einen umfassenden Überblick. Allerdings liegt nach wie vor der Schwerpunkt auf den Regelspielen. Gerade wegen dieser Ausweitung der Umweltspiele ist es sicherlich sinnvoll, sich darauf zu besinnen, was Spiele überhaupt leisten können und welche Möglichkeiten und Grenzen sie in bezug auf die Ansprüche aufweisen, die mit ihnen im Rahmen der Umwelterziehung verbunden sind. Die folgenden Ausführungen sollen einen Beitrag dazu leisten.

Eine solche Prüfung kann auf zwei Wegen geschehen: Zum einen kann man die Forschungen zum Spiel an sich heranziehen, die dort analysierten Funktionen und Wirkungen des Spiels sichten und auf ihre Übertragbarkeit auf die Umweltthematik prüfen. Zum anderen kann man die Effektivität von Umweltspielen in bezug auf die erhofften Effekte direkt zu messen versuchen, indem man den Einstellungswandel der Spielenden erfaßt und mit anderen Lernverfahren vergleicht. Solche Evaluationsstudien sind allerdings bislang nur an den klassischen ökologischen Dilemmata-Regelspielen vorgenommen worden, weshalb ihre Aussagen nur von begrenzter Übertragbarkeit sind.

Im folgenden sollen beide Wege beschritten werden. Zunächst gehe ich auf die spielpsychologischen Grundlagen derjenigen Spielformen ein, auf die auch bei Umweltspielen zurückgegriffen wird, und prüfe dann die oben angeführten Ansprüche von Umweltspielen. Dabei kommen auch die Evaluationsstudien zu den Umweltspielen zur Sprache. Auf diese Weise erhoffe ich, dem Leser einige wichtige, an spielpsychologischen Überlegungen orientierte Bewertungsdimensionen für Umweltspiele an die Hand geben zu können.

2. Psychologische Grundlagen von Spiel und Spielen

Ein Blick in die Spielforschungsliteratur zeigt, daß die Auffassungen darüber, was als Spiel zu bezeichnen sei, weit auseinandergehen. Entsprechend gibt es auch keine einheitliche Theorie *des* Spiels (EINSIEDLER 1991; vgl. auch BULAND und KORTE in diesem Band). Aufgrund dieser Vieldimensionalität schlägt EINSIEDLER vor, auf eine universelle Spieldefinition zu verzichten und statt dessen nur eine Begriffsexplikation vorzunehmen. Dies beinhaltet eine offene Aufzählung charakteristischer Merkmale, die für sich genommen fließende Übergänge zu anderen Verhaltensformen, z.B. zu Erkundungs- oder Leistungsverhalten, aufweisen:

»Wir verstehen unter Kinderspiel eine Handlung oder eine Geschehniskette oder eine Empfindung,
- *die intrinsisch motiviert ist/durch freie Wahl zustande kommt,*
- *die stärker auf den Spielprozeß als auf ein Spielergebnis gerichtet ist (Mittel-vor-Zweck),*
- *die von positiven Emotionen begleitet ist*
- *und die im Sinne eines So-tun-als-ob von realen Lebensbezügen abgesetzt ist«* (EINSIEDLER 1991, S. 17).

Diese Merkmale versteht EINSIEDLER als akzentuierende Hinweise, die nicht alle zugleich vorliegen müssen, wenn man vom Spiel sprechen will. Je nach Kombination heben sie unterschiedliche Typikalitäten des Spiels hervor. Mit Zunahme der Definitionsmerkmale wird das betrachtete Spiel allerdings prototypischer. Als Schnittmenge aller vier Merkmale erscheint denn auch der vermeintliche Prototypus des Spiels: das selbstversunkene Rollenspiel des Kindes.

Um potentielle Wirkungen von Umweltspielen abschätzen zu können, läßt sich fragen, ob und welche generellen Funktionen und Wirkungen dem Spiel und dem Spielen für die Entwicklung der menschlichen Persönlichkeit zugesprochen werden können. Aus dieser *funktionalen* Perspektive haben sich eine Reihe von Psychologen mit dem Spiel befaßt. In ihren Analysen haben sie je nach ihrem allgemeinpsychologischen Fokus jeweils unterschiedliche funktionale Zusammenhänge zwischen Spiel und Persönlichkeitsentwicklung thematisiert; und je nach Altersstufe und Spielform rücken unterschiedliche Funktionen und Wirkungen in den Vordergrund. Dabei lag und liegt der Schwerpunkt der Theorien auf dem kindlichen Spiel, dem allgemein eine große Bedeutung für die psychische Entwicklung zugesprochen wird (MOGEL 1991). Das Spiel Erwachsener ist demgegenüber wenig erforscht.

Darüber hinaus haben die kulturvergleichenden Studien von SUTTON-SMITH (1983) ergeben, daß selbst das, was gemeinhin als das prototypische Spiel bezeichnet wird, das selbstversunkene, sich selbst genügende Rollenspiel von Kindern, nicht in allen Kulturen existiert bzw. nicht unbedingt mit Spiel assoziiert ist. Man hat daraus den Schluß gezogen, daß das Spiel und das Spielen selbst kein kulturunabhängiges Phänomen mit einer nur biologisch verankerten Funktion ist. Vielmehr wird das Spiel und das Spielen durch die kulturelle Entwicklung selbst multifunktional ausdifferenziert, indem neue Spielformen, Spielmittel und Spielsujets geschaffen und zum Gemeingut der (spielenden) Menschen werden (vgl. RETTER 1979; KREUZER 1983a).

Diese soziokulturelle Entwicklung des Spiels führt auf der einen Seite zu einer verwirrenden Fülle an Spielformen, -funktionen und -mitteln, so daß keine eindeutigen allgemeinverbindlichen Aussagen zu *dem* Spiel mit *der* Wirkung zu treffen sind. Auf der anderen Seite wird das Spiel und das Spielen durch diese Vermannigfachung zu einem äußerst variablen, vielfältigen und universalen Gestaltungsmittel, das – nach entsprechenden Adaptationen – in vielen Gegenstandsbereichen einsetzbar wird (vgl. KREUZER 1983b, 1984a, 1984b).

Für unsere Zwecke bietet sich als Ordnungsraster für die Vielzahl an Spielen die Unterteilung nach der Spielform an, da die unterschiedlichen Wirkungen des Spiels eng mit der Form des Spiels verbunden sind. Es lassen sich vier genuine Spielformen unterscheiden:

❏ das *Erkundungsspiel*: es zentriert auf das Erkunden von unbekannten Gegenständen und Sachverhalten;
❏ das *Rollenspiel*: es zentriert vornehmlich auf die personale Dynamik von sozialen Beziehungen und Rollen;
❏ das *Regelspiel*: es zentriert auf die regelhafte Dynamik von Systemen;
❏ das *Konstruktions- oder Bauspiel*: es zentriert auf die Gestaltung von Bauwerken, aber auch von »Lebensräumen«, seien es Wohnungen, Gärten oder Landschaften.

2.1 Das Erkundungsspiel

2.1.1 Definition

Erkundungsspiele sind die einfachste Form von Spielen. Sie werden aus der Freude an der Bewegung und den daraus erzeugten Effekten gespeist. In dieser Spielform erkundet das Kind unbekannte Gegenstände auf ihre Material- und

Funktionseigenschaften. Das Kind probiert, was sich mit den Dingen machen läßt. Die Dinge werden betrachtet, zerlegt, geknittert, gestoßen, geöffnet, geschlossen, zerrissen, geknetet, geklopft, getürmt etc. – und dabei erfährt das Kind, was die Gegenstände hergeben. Das Tätigsein steht im Vordergrund, nicht ein bestimmtes Endprodukt. Neben der Frage, was passiert mit dem *Gegenstand*, wenn ich das und das mit ihm mache, kann es beim Erkundungsspiel aber auch um die Frage gehen, was passiert mit *mir und meinem (Körper-) Erleben*, wenn ich das und das tue. Hier steht das Ausprobieren von Bewegungsformen im Vordergrund: Laufen, Springen, Klettern, Krabbeln, Toben, Rutschen, freies Tanzen und das alles im Sand, im Wasser, im Matsch, im Gras, an Bäumen etc. Hierzu zählt ebenso das Ausprobieren der eigenen Stimme: Schreien, Jodeln, freies Singen, Flüstern, Krächzen, Quietschen. Man betrachte hierbei nur die ungestüme Herzenslust, mit der Kinder in Regenpfützen herumpatschen und sich zusauen – zum Entsetzen derjenigen, die die Kleider wieder saubermachen müssen –, oder das ohrenbetäubende, nervtötende, aber lustvolle Krachmachen von Kindern – zumeist zum »Leidwesen ruhebedürftiger Erwachsener«.

2.1.2 Entwicklung

Erkundungsspiele treten bereits im ersten Lebensjahr auf. Sie haben ihre entwicklungspsychologische Blüte im zweiten Lebensjahr, wenn das Kind anfängt, den Zusammenhang von Materialeigenschaften und funktionalen Eigenschaften der Gegenstände zu erforschen. Aber bereits im Laufe des zweiten Lebensjahres beginnt das Kind neben den Erkundungsspielen auch die anderen oben genannten Spielformen zu meistern. In psychologischer Hinsicht haben die Erkundungsspiele auf den weiteren Entwicklungsstufen nur (noch) insofern eine Bedeutung, als es um die Erkundung bislang unbekannter Gegenstandseigenschaften oder um die Erfahrung von neuen Körperempfindungen geht, wie z.B. in den Karussels auf dem Rummelplatz. Das insbesondere dann, wenn die jeweiligen Gegenstände nur selten zur Verfügung stehen, wie z.B. für Stadtkinder der Wald mit seinen spielerischen Erkundungsmöglichkeiten, für Landratten das Meer mit Sand, Wasser und Wellen.
Allerdings sind auf späteren Entwicklungsstufen die Übergänge zu anderen Spielformen, wie z.B. *regelgeleitete* Bewegungsspiele, Rollen- und Konstruktionsspiele, aber auch zu anderen Tätigkeitsformen, wie Sport, Tanzen, Gesang, Lernen oder Arbeit, fließend. Nichtsdestotrotz, wenn Erkundungsspiele große Effekte hervorrufen, wie oben angedeutet, dann bleiben sie auch auf späteren Entwicklungsstufen von Interesse, weil sie »einfach« Spaß machen – vorausgesetzt, sie werden dem Kind nicht durch Verbote und Strafen oder zu beengte Lebensformen i.w.S. verleidet.

2.1.3 Zentrale Funktionen

Die entwicklungspsychologische Funktion von Erkundungsspielen ist die, dem Kind einen Grundkanon an einfachen sensomotorischen Fähigkeiten und Erfahrungen zu verschaffen, auf denen komplexere, zielgerichtete Handlungsweisen aufbauen können wie funktionale Werkzeughandlungen (z.B. mit einem Löffel Suppe löffeln) und Spielhandlungen (z.B. mit einem Stock so tun, als ob man Suppe löffelt). Es sichert dem Kind grundlegende Erfahrungen bezüglich Materialqualitäten und Materialbeziehungen, aber auch bezüglich eigener Körperempfindungen. Wenn diese Erfahrungen dann aufgebaut sind, werden ältere Kinder bei der Analyse unbekannter Gegenstände nur noch in verkürzter Form auf das Erkundungsspiel zurückkommen. Sobald das Spiel mit dem Material keine neuen Effekte, sei es an Materialeffekten oder Körperempfindungen, mehr hervorbringt, wird der Gegenstand uninteressant, und das Kind geht in der Regel zu anderen Spielformen über. Insofern haben reine Erkundungs*spiele* ein begrenztes Entwicklungspotential.

Im Zusammenhang mit Umweltspielen sind vielfach sogenannte Naturerkundungsspiele entwickelt worden, die die Spielenden zur Entdeckung der Natur und der Gegenstände in ihr anregen sollen. Welche Bäume gibt es, wie fühlen sich unterschiedliche Bodenarten wie Sand, Erde, Mulch etc. an, wie hören sich Vogelstimmen an etc. Um Mißverständnissen vorzubeugen, ist zu beachten, daß die Praxis dieser Naturerkundungsspiele sich nicht auf das Erkundungsspiel im hier vorgetragenen engeren Sinne beschränkt. Vielmehr wird dabei nicht nur die ganze Palette der anderen Spielformen mit eingesetzt, sondern neben der Spielmotivation auch an anderen Motivationen (Neugier, Lernen) angeknüpft, wie die Beiträge von K. HÜBNER und ORIWALL in diesem Band zeigen. So geht es zwar vielfach um Erkundung und Neugierde einerseits und um Rollen- und Regelspiele andererseits, das ist aber nicht deckungsgleich mit dem entwicklungspsychologischen Verständnis von Erkundungsspiel im hier vorgetragenen engeren Sinne.

Beim Einsatz des Erkundungsspiels im engeren Sinne ist zu berücksichtigen, daß Kinder ab dem Vorschulalter mit dem Erkunden unbekannter Gegenstände relativ pragmatisch umgehen. Sie machen dann *ihre* Spiele daraus. Es müssen schon relativ überraschende Effekte geboten werden, wenn sie sich dem zuwenden sollen. Andererseits dürfte dies wiederum für Stadtkinder im Wald oder Landratten am Wasser relativ leicht möglich sein, wenn der Spielleiter selbst entsprechend erfahren ist. KERSTE (1989) bietet hier Anregungen (vgl. auch Beiträge von K. HÜBNER und ORIWALL in diesem Band).

2.1.4 Übergänge zu anderen Spiel- und Tätigkeitsformen

Bei Vorschul- und Grundschulkindern ist aufgrund ihres Entwicklungsstandes (siehe den folgenden Abschnitt über das Rollenspiel) das Motiv sehr stark ausgeprägt, jegliche Erkundungsformen, insbesondere wenn es sich um unbekanntes Gelände handelt, in Rollenspiele einzubinden und z.B. so zu tun, als würde man als Pirat eine unbekannte Insel erkunden, auf der ein Schatz vergraben liegt.

Das Erkundungsverhalten geht aber auch in andere Aneignungsformen über, die auch für die Vermittlung umweltthematischer Sachverhalte nutzbar sind:
Im Vorschulalter ist das vornehmlich das erwachende Frageverhalten der Kinder. Sie fragen nach Gott und der Welt und wie das alles funktioniert. Ihr Wissensdurst kann schier unersättlich werden, vorausgesetzt, sie machen die Erfahrung, daß ein Erwachsener ihnen interessiert zuhört und sich um kindgerechte Antworten auch in Form einfacher Demonstrationen oder Illustrationen (auch aus Sachbüchern) bemüht. Allerdings bleibt das Fragen der Kinder sprunghaft und augenblicksorientiert. Es läßt sich kaum in ein systematisches Curriculum pres-

sen. Hier diktiert das Kind das Tempo der Wissensaneignung. Viele Erläuterungen werden auch einfach wieder vergessen. Das Ziel kann daher auch weniger darin bestehen, so früh wie möglich abrufbares Wissen zu vermitteln, als vielmehr darin, die ursprüngliche Neugier des Kindes wachzuhalten, sie auf neue Gegenstandsbereiche auszuweiten und dem Kind die allgemeine Erfahrung zu ermöglichen, daß hinter der *bekannten* Oberfläche der alltäglichen Gegenstände immer wieder *neue* spannende und überraschende Phänomene und Zusammenhänge auftauchen können.

Diese kindliche Neugier kann man auch auf umweltthematische Zusammenhänge richten. So ist es möglich, die Kinder mit überraschenden Effekten und für sie offensichtlichen Widersprüchen zu konfrontieren, die ihre Neugierde und Wißbegierde wecken. Hier bestehen Übergänge zum willkürlichen Experimentieren mit den Gegenständen, das bereits den Charakter kleinerer naturwissenschaftlicher bzw. umweltthematischer Experimente annehmen kann, das aber einer entsprechend gezielten Anleitung und Vorbereitung auf seiten des Erwachsenen bedarf (STRECKER/WENZ 1981).

Solche Vermittlungsformen haben aber vom Psychologischen her gesehen weniger mit Spiel und Spielmotivation zu tun als mit Neugiermotivation und bereits mit ersten Formen von Lernmotivation. Lernmotiviert ist jemand, der genuin daran interessiert ist, *wie* etwas funktioniert, was das Geheimnis eines Sachverhalts ist, und der auch die Ausdauer hat, es in Erfahrung zu bringen. Diese Lernform entsteht – wenn sie überhaupt entsteht – frühestens im Laufe der Grundschulzeit. Sie wäre sicherlich ein idealer Nährboden für die Vermittlung umweltthematischen Wissens.

2.2 Das Rollenspiel

2.2.1 Definition

SCHENK-DANZINGER (1983) führt fünf Merkmale des Rollenspiels an:

- die Als-ob-Einstellung (das Kind kreiert eine eingebildete Situation, in der es handelt),
- eine willkürliche Symbolsetzung oder Umdeutung von Gegenständen in fiktive Spielgegenstände,
- die Verlebendigung von Leblosem,
- die fiktive Verwandlung der eigenen und anderen Personen (Rollenübernahme) und
- die Nachahmung von rollenkonformen Handlungen und Handlungsabläufen.

Das wesentliche Mittel des Rollenspiels ist die eingebildete Situation, in die sich die Beteiligten hineinversetzen und in der sie *ernsthaft* im Sinne der auszufüllenden Rollen agieren. Allerdings erleben die Kinder dabei keinen Realitätsverlust, vielmehr wissen sie, auch wenn sie noch so sehr ins Spiel vertieft sind, daß sie nur so tun als ob.

Im Rollenspiel werden durch die Akteure soziale Beziehungen nachgestaltet. Zentraler Gegenstand des Rollenspiels ist die soziale Rolle in ihren charakteristischen Handlungs- und Beziehungsmustern. Diese Handlungsmuster weisen eine innere Regelhaftigkeit auf. In jedem Rollenspiel sind implizite Regeln verborgen, nach denen zu spielen ist; und umgekehrt: In jedem Regelspiel ist implizit eine soziale Rolle, eine eingebildete Situation verborgen (ELKONIN 1980). Von daher ist in einer jeweiligen Rolle nicht alles spielbar. Werden diese impliziten Grenzen im Spiel ohne Konsens der beteiligten Spieler überschritten, bricht das Spiel zusammen, und – zumindest erfahrene – Spieler versuchen über Metakommunikation, einen Konsens über die Rollenregeln zu erzielen, um rollenkonform weiterspielen zu können.

Welche Rollen überhaupt spielbar sind, wird durch die jeweilige Kultur vorgegeben. Dies können Berufsrollen, Familienrollen oder Statusrollen (wie z.B. König und Ritter, Indianer und Cowboys) sein, aber auch Charakterrollen, d.h. solche Rollen, die einen bestimmten Charakterzug oder ein bestimmtes Charakterpaar verkörpern (z.B. Robin Hood, Heman, Little Food, ein Dinosaurier aus »Ein Land vor unserer Zeit«). In der Metakommunikation über das Spiel dienen diese kulturell vorgegebenen Rollen als Begründung für die Rollengestaltung: »So geht das aber nicht. Ein König muß dies und das tun ...« Gespielt werden insbesondere solche Rollen, die kulturell positiv bewertet werden. Die Anziehungskraft sogenannter böser Rollen rührt im allgemeinen daher, daß sie trotz ihrer Boshaftigkeit etwas Positives verkörpern. So gelten Piraten zwar als »böse«, weil sie fremde Schiffe ausplündern, aber zugleich gelten sie als todesmutig, stark, unabhängig, Abenteurer, eingeschworene Gemeinschaft. Auch wenn dieses Klischee mit der grausamen Wirklichkeit wenig zu tun hat, so existiert es als Spielvorlage für die Kinder (z.B. bei Lego). Was allerdings letztlich im konkreten Spielprozeß als rollenkonform angesehen wird, ist nochmals durch das persönliche Regelverständnis der beteiligten Spielpartner gebrochen.

2.2.2 Entwicklung

Das Rollenspiel entwickelt sich aus dem Symbolspiel der Kleinkinder, in dem sie *Werkzeug*handlungen als *Spiel*handlungen reproduzieren, z.B. wenn sie mit einem Stöckchen eine eingebildete Suppe aus einer Pappdose löffeln. Bereits im Symbolspiel ist implizit eine bestimmte Rolle enthalten: Wenn ein Kind z.B. »Baby füttern« spielt, nimmt es implizit zumeist die Rolle der Mutter ein. Aber erst wenn sie sich selbst eine Rolle zuschreiben – »Ich bin jetzt die Mutter« –, spricht man vom Rollenspiel. Es tritt erstmals im Alter zwischen zwei und drei Jahren auf. Dabei ist eine ontogenetische Entwicklungsfolge beobachtbar: Anfangs steht die *Reproduktion von Handlungsverfahren* im Vordergrund: Arzt sein heißt: Pflaster aufkleben, Spritze geben, Patienten abhorchen. Dann tritt im Laufe des Vorschulalters die Gestaltung der Beziehung zu anderen Rollen in den Vordergrund: Arzt sein heißt: dem Patienten helfen, sich einfühlend und vertrauenerweckend geben, dem Krankenpfleger Anweisungen geben. Hier dominiert zunächst das Stereotyp der jeweiligen Rollen. Das entwickeltste Stadium des Rollenspiels ist das soziodramatische Spiel, das sich im Übergang zum Grundschulalter herausbildet. Hier werden die *Rollen mit »Persönlichkeit« gefüllt*, die Rollen werden mit individuellem Charakter angereichert. Die Spieldynamik wird dadurch um ein weiteres reicher und komplexer, aber auch »realitätshaltiger«. Arzt sein heißt dann: der mütterliche Arzt, der strenge Arzt, der Alleskönner-Arzt. In diesem Stadium werden Berufsrollen seltener gespielt, und die Kinder gehen zu »Charakterrollen« über: Heman, ein bestimmtes (wertgeschätztes) Tier (Little Food und Cera aus »Ein Land vor unserer Zeit«), Pirat, Robin Hood etc.

2.2.3 Zentrale Funktionen

Insbesondere Kinder stehen in dem Widerspruch, daß sie viele Tätigkeiten, die quasi in sozialen Rollen verdichtet vorliegen, gern tun würden, daß sie sie aber aufgrund ihrer mangelnden Erfahrung und Fähigkeiten nicht tun können oder dürfen. Das Rollenspiel ermöglicht es ihnen, dieses Identifikationsbedürfnis, so sein zu wollen wie diese wertgeschätzten Personen, unmittelbar zu befriedigen, indem sie so tun, als ob sie so wären.

Im Hinblick auf die Persönlichkeitsentwicklung des Kindes kann das Rollenspiel vier zentrale Funktionen haben:

a) eine *psychohygienische Funktion:*
Kinder spielen in der Regel nicht beliebige Rollenspiele. Sie haben Vorlieben für bestimmte Rollen, in denen sich der besondere Inhalt ihrer Wünsche zeigt (Heman könnte z.B. dafür stehen, unbesiegbar, gut und beliebt zu sein) oder in denen sie erfahrene Kränkungen, Ängste oder aufregende oder traurige Erlebnisse in einer für sie annehmbaren Form ausagieren können: Zum Beispiel wenn ein Haustier stirbt, das das Kind sehr liebgewonnen hat, wird es vielleicht Szenen spielen, in denen das Tier auf eine große Reise gegangen ist und dort viele Abenteuer erlebt oder in denen es nachts heimlich wiederkommt und als gute Fee agiert. Diese Formen können z.T. stark rituellen Charakter annehmen, indem immer wieder eine gleiche Spielsequenz abgespult wird. Auf diesen Aspekt haben insbesondere psychoanalytische Spieltheorien abgehoben. Oder ein Grundthema wird in den vielfältigsten Schattierungen immer wieder neu umspielt, sei es das liebevolle Einrichten einer Landschaft für Dinosaurier oder das fortwährende Kämpfen und Siegen von starken Helden. Insofern sind Rollenspiele für die Psychohygiene der Kinder ein wesentliches Mittel, verschafft es ihnen die Möglichkeit, ihre ersehnten, erlittenen und befürchteten Beziehungen zur Welt aktiv auszudrücken und auszugestalten (vgl. die Spieltheorien von MOGEL 1991; SCHÄFER 1989; OERTER 1993, aber auch psychoanalytische Spieltheorien wie ERIKSON 1978). Erwachsene nutzen dazu andere Formen als das Rollenspiel.

b) eine *Erziehungsfunktion in bezug auf die motivationale Selbstregulation:*
Im Rollenspiel entwickeln die Kinder die Fähigkeit, sich aus der Perspektive eines anderen sehen zu können und die einzelnen Handlungen und ihre Folgen aus der Perspektive eines sozialen Netzwerkes zu bewerten. Im Rollenspiel zwingen sich die Kinder, Regeln einzuhalten und damit ihre spontanen Impulse einer übergeordneten Perspektive unterzuordnen (vgl. die Spieltheorien von WYGOTSKI 1980 und ELKONIN 1980). Insofern kann man das Rollenspiel zumindest für Vor- und Grundschulkinder als eine Schule des Willens betrachten. Im Spiel sind ihnen Motivhierarchisierungen möglich, die ihnen im realen Alltag noch sehr schwerfallen. So können bereits jüngere Vorschulkinder z.B. das Essen von leckeren Keksen zurückstellen, wenn es die Rolle von ihnen verlangt.

Diese Fähigkeit zur Perspektivenübernahme ist eine wesentliche Voraussetzung, um die Befriedigung seiner eigenen Motive in einem sozial koordinierten Kontext, in dem soziale Normen das Miteinander regeln, *selbständig* vor-

nehmen zu können (HOLODYNSKI 1993). Älteren Kindern fällt eine solche Motivkoordinierung bereits leichter, weshalb das Rollenspiel für sie immer weniger jene Willensschulung innehat. Das übernimmt jetzt zunehmend das reale Leben mit seinen tatsächlichen Anforderungen.
Doch wird das Rollenspiel in dieser Funktion durchaus noch in therapeutischen oder pädagogischen Zusammenhängen eingesetzt, wenn es darum geht, eingeschliffene und nur schwer kontrollierbare, aber dysfunktionale Verhaltensweisen durch neue funktionale Verhaltensweisen zu ersetzen. In der eingebildeten Situation eines Rollenspiels fällt eine solche Ersetzung leichter als im gewohnten Trott oder Streß des Alltagshandelns. Diese Erziehungsfunktion kann auch im Rahmen von Umwelterziehung eingesetzt werden. Greenpeace oder Robin Wood werden das Rollenspiel zur Vorbereitung ihrer spektakulären Aktionen sicherlich in dieser Funktion benutzen.

c) eine *Bildungsfunktion in bezug auf die Entwicklung der Kommunikationsfähigkeit* nicht nur von Kindern, sondern auch von Erwachsenen:
Wenn sich die Spieler im Rollenspiel ernsthaft an ihre übernommenen Rollen halten, dann werden in der Spieldynamik Möglichkeiten der realen Dynamik von sozialen Beziehungen reproduziert. Die Spieler können die Handlungsmöglichkeiten, aber auch die Begrenzungen von Rollen und sogar von Persönlichkeitseigenschaften hautnah erfahren und in der Metakommunikation über die Spielerfahrungen bewußt verarbeiten. Das macht auch die Faszination des Rollenspiels nicht nur für die Kinder aus, sondern hierin liegt auch der unschätzbare Wert des Rollenspiels für Therapie- und Bildungsprozesse. Denn es ermöglicht – ernsthaft betrieben – einerseits die Reproduktion sozialer Beziehungsdynamiken, vermeidet aber andererseits aufgrund ihres Als-ob-Charakters ihre möglichen negativen Folgen für die Beteiligten. Insofern ist das Rollenspiel eine Schule der Kommunikationsfähigkeit, der Orientierung in und aktiven Gestaltung von sozialen Beziehungen. Hier sind die Übergänge zum Theater fließend. Weitere Anregungen bezüglich dieser Dimension sind dann auch nicht mehr in der Spielliteratur, sondern in der Theaterliteratur zu finden (HOLZAPFEL/RÖHLKE 1987).

d) eine *Bildungsfunktion in bezug auf die Entwicklung der Fähigkeit zur Symbolisierung,* allerdings vorrangig nur bei Kindern:
Vorschulkinder sind erst im Begriff, diese zu lernen. Für sie ist das Spiel eine Übergangsform zum Denken, zum Operieren mit bedingten bzw. mentalen Plänen und Modellen, wie es für Erwachsene typisch ist (vgl. ELKONIN 1980; EINSIEDLER 1991, S. 44ff.). In dieser Hinsicht hat das Spiel für ältere Kinder und Erwachsene keine Funktion mehr. Allerdings ist für diese der umgekehrte Prozeß zuweilen sehr nützlich, wenn das mentale Operieren mit Plänen zu komplex wird: Dann können im Spiel die Denkhandlungen durch ihre Rückwandlung in materialisierte Handlungen wieder anschaulich und überschaubar gemacht werden.

2.2.4 Übergänge zu anderen Spiel- und Tätigkeitsformen

Das Rollenspiel des Vorschulkindes trägt in sich zwei Entwicklungslinien. Zum einen führt es zum Regelspiel und der damit verbundenen Aufgabenorientierung, die einen Leistungsaspekt beinhaltet: Beweise, daß du als Spieler dieses Ziel erreichen kannst. In dem Fall wird auf die Regelhaftigkeit, die in jeder sozialen Rolle implizit enthalten ist, abgehoben und das Befolgen der Regel bzw. ihr Entdecken in den Vordergrund gestellt (siehe Abschnitt über das Regelspiel). Zum anderen führt das Rollenspiel über das soziodramatische Spiel zu ästhetisch/künstlerischen Tätigkeiten, in denen der Selbstausdruck, das Sichfinden als Persönlichkeit im Vordergrund steht: Wie kann ich für andere und damit erst auch für mich das ausdrücken, was für mich persönlich bedeutungsvoll ist?
Dies ist auch ein Anknüpfungspunkt für die Bedeutung des Spiels für Erwachsene, wie es in modernen theaterpädagogischen Konzeptionen ausgearbeitet worden ist (HOLZAPFEL/RÖHLKE 1987; KRAMER 1989):
In diesen theaterpädagogischen Spielformen wird nicht auf das Spielen sozialer Rollenstereotype abgehoben, in denen die Komplementarität sozialer Beziehungen auf *verschiedene* Rollen verteilt ist (z.B. Industriemanager = Macht – Bürgerinitiative = Ohnmacht), sondern diese Komplementarität ist in *einer* Rolle angelegt (Macht zu haben und doch ohnmächtig zu sein), wie dies bei allen »großen« Lebensthemen der Fall ist: das Gute gewollt, aber letztlich Schlechtes erreicht zu haben. Im Zentrum steht, sich mit den Fragen des Lebenswerten aktiv auseinanderzusetzen und zu erkennen, wie sich diese allgemeinen Beziehungsdynamiken in der individuellen Biographie und Lebensführung widerspiegeln. In diesem Verständnis hat das Selbst-Spielen der Rollen die entscheidende Funktion: Theater dient hier nicht der »Erbauung«, sondern der Selbsterfahrung. Es fungiert als Bildungsmittel der Persönlichkeitsentwicklung (HOLZAPFEL/RÖHLKE 1987): ... man spielt, wie man *ist*, und merkt daran, *wie* man ist. Nicht die Aneignung von abstraktem Wissen steht im Vordergrund, sondern wie man reagiert, wenn man selbst in diese Widersprüche hineingestellt wird. Das ermöglicht, im eigenen Spielen die allgemeinen Regeln zu entdecken und sein individuelles Schicksal in einer kommunizierbaren Form begreifen zu können, in der die Gemeinsamkeiten zu anderen individuellen Schicksalen sichtbar werden. Erst dann ist es auch möglich, sich ein größeres und angemesseneres Repertoire an Handlungsstrategien und -mitteln aneignen zu können. Pionierarbeit hierbei sind die Arbeiten von STANISLAWSKIJ (1988), BRECHTs Lehrstücke für Schauspieler (STEINWEG 1976) oder das Theater der Unterdrückten von BOAL (1979; vgl. auch den Beitrag von HERMSEN in diesem Band). Ihr Fokus kann mit BRECHTs Frage »Hilft der Mensch dem Menschen?« umschrieben werden. Mit der Umweltthematik ist ein weiterer Aspekt »Zerstört der Mensch sich selbst?« aufgetaucht, dessen Einarbeitung in entsprechende Theaterstücke und -vorlagen erst in den Anfängen steckt (vgl. dazu die Beiträge von VORTISCH und von HERMSEN in diesem Band, aber auch KRAMER 1989).
Insgesamt kann man sagen, daß das Potential, das durch das Rollenspiel und das »Mitmach«-Theater gegeben ist, bislang nur in Ansätzen für die Umweltthematik erschlossen ist. Hier wäre eine interdisziplinäre Zusammenarbeit von Umwelt- und Theaterpädagogen sicherlich sehr fruchtbar.

2.3 Das Regelspiel

2.3.1 Definition

Das Regelspiel nimmt das Rollenspiel in sich auf und ergänzt es. Hierzu zählen Brettspiele, Computerspiele, aber auch Glücksspiele. Im Regelspiel ist die *Bedingtheit* des Handelns expliziter. Es hat zwar ebenfalls noch einen Als-ob-Charakter, d.h. ein eingebildetes Sujet mit bestimmten Rollenverteilungen und Spielregeln, aber die Spiel*rolle* tritt gegenüber der Spiel*regel* zurück. Beim Schach gibt es zwar einen König, Bauern, Pferde etc., aber entscheidend ist, im Rahmen der Spielregeln das Spielziel zu erreichen. Im Regelspiel geht es daher darum, ein Ziel unter definierten Bedingungen zu erreichen (ELKONIN 1980). Es nähert sich damit dem aufgabenorientierten Handeln Erwachsener an.
Der Unterschied zu einem tatsächlichen aufgabenorientierten Handeln besteht neben dem Als-ob-Charakter darin, daß das Regelspiel trotz seiner Zielgerichtetheit dennoch prozeßorientiert bleibt: Der Clou bei einem guten Regelspiel ist, daß zwar für jeden Spieler ein klares Ziel definiert ist, das er zielstrebig ansteuern soll, daß aber durch den Eingriff der Mitspieler eine Dynamik erzeugt wird, die *regelhaft* und doch im einzelnen zu *unvorhersehbaren* Spielverwicklungen führt. Und diese Spielverwicklungen in Form von Aktion und Reaktion machen gerade den Spannungsbogen eines guten Spiels aus. Die einzelne Spielhandlung führt daher im Resultat weniger dazu, den Prozeß zielstrebig einem definierten Ende näher zu bringen, sondern im Gegenteil, den Spielprozeß aufrechtzuerhalten.

Spiele mit Wettkampfcharakter haben den Vorteil, daß das Erfolgskriterium nicht absolut (einen definierten Standard erreichen), sondern relativ definiert ist (besser sein als die anderen), so daß sie in ihrer Dynamik bei gleichwertigen Spielpartnern spannend und abwechslungsreich bleiben können.
Umweltspiele, die demgegenüber die Kooperation als spielinhärenten Normwert bemühen, stehen daher nicht nur im Widerspruch zum herrschenden gesellschaftlichen Wertekodex, sondern sie müssen eine spannende Spieldynamik allein durch die Tücken der Aufgabe, also durch das Regelwerk, ermöglichen. Kooperation, d.h. die gewollte Absprache der Spielstrategie unter den Beteiligten, darf nicht zu leicht vorhersagbaren Spielverläufen führen: sei es in Form einer eilfertigen Einigungsmöglichkeit auf das »moralisch Bessere« oder sei es, daß ein Verlieren fast gar nicht möglich ist oder daß das Spiel in einem unüberbrückbaren stereotypen Patt endet. Dann wird es langweilig. Die Tücke des *Spiels* – und nicht die gegenseitige Tücke der Spielenden – muß dann ein entsprechendes Anforderungsprofil für die Spielenden schaffen. Doch gerade in dieser Hinsicht bietet der Gegenstand von Umweltspielen, das komplexe ökologische Netzwerk, eigentlich genügend Tücken.
Aufgrund dieser Prozeßorientierung von Regelspielen sind sie hervorragend zur Simulation von komplexen ökologischen Systemdynamiken geeignet, weshalb Regelspiele in der Umwelterziehung ein sinnvolles Mittel dafür sind, das nicht Erlebbare erlebbar zu machen und ökologische Systemdynamiken hautnah und anschaulich zu machen. Wir werden im Kapitel über die spielpsychologische Bewertung von Umweltspielen darauf ausführlicher eingehen.

2.3.2 Entwicklung

Erste Formen des Regelspiels treten am Ende des Kleinkindalters auf. Sie sind hier jedoch noch in ein Rollenspielsujet eingebettet, wie z.B. dem Katz-und-Maus-Spiel. Kleinkinder brauchen noch eine anschauliche Stütze der Rolle, um ihr Verhalten regelgerecht ausrichten zu können, nämlich daß die Katze die Mäuse fangen muß, die Mäuse aber weglaufen müssen und sich nicht fangen lassen dürfen. Im späten Vorschulalter treten die Rollen zunehmend zurück, und das Einhalten einer Regel rückt für die Kinder in den Vordergrund. Aber erst das Grundschulalter kann man als die Domäne des Regelspiels in den unterschiedlichsten Variationen bezeichnen. In diesem Alter spielen die Kinder ausdauernd und gern Regelspiele.

Wenn sich eine Spielform bis ins Erwachsenenalter durchzieht, dann ist es das Regelspiel, das in vielerlei Formen auch in der Erwachsenenwelt kultiviert wird, sei es in Form von Sportspielen, Kartenspielen, Gesellschaftsspielen oder Glücksspielen.

2.3.3 Funktionen

Auch das Regelspiel kann mehrere Funktionen für die psychische Entwicklung einnehmen:

a) Auch Regelspiele haben eine *Erziehungsfunktion in bezug auf die motivationale Selbstregulation*:

Vorschulkindern fällt es aufgrund ihres Entwicklungsstands noch schwer, ihr Verhalten einer Aufgabenstellung unterzuordnen und sich nicht durch belanglose Nebeneffekte ablenken zu lassen. Das Regelspiel verlangt von ihnen, die Zielerreichung von den Spielregeln abhängig zu machen, unabhängig davon, ob man dies gerade möchte oder nicht. Beim **Mensch ärgere dich nicht** muß man einerseits akzeptieren, daß der Mitspieler einen im Einklang mit den Spielregeln rauswerfen kann, auch wenn man dadurch verlieren sollte. Durch die Zufälligkeit des Würfelns garantiert das Spiel andererseits wiederum, daß es *jeden* Mitspieler treffen kann. Im Regelspiel können die Kinder ihre Selbstbeherrschung entwickeln und lernen, wie man mit Mißerfolgen umgehen kann: daß sie vorkommen, daß andere sie auch haben etc. Der *bedingte* Charakter des Regelspiels – es ist ja nicht ernst, sondern wir tun ja nur so – entschärft die Bedeutung des jeweiligen Mißerfolgs. Nichtsdestotrotz ist die reale Bewältigung dieser Aufgabe für Vorschulkinder sehr schwer, und sie sollte entsprechend behutsam an sie herangetragen werden. Selbst Erwachsene rasten dabei zuweilen aus. Oberstes Prinzip muß der *gemeinsame Spaß* bzw. auch einmal ein Spaß auf Kosten der Erwachsenen sein, wenn man Regelspiele dem Kind nicht verleiden möchte (vgl. dazu auch Satire von POLT in Kap. 3.4 dieses Beitrags). Erst wenn das gewährleistet ist, darf man im Regelspiel von Herzen gemein sein.

b) Regelspiele ermöglichen eine Demonstration von *Leistungen*:

In ihnen können die Spielenden sich und anderen zeigen, was sie können und daß sie allgemein geteilten Wertmaßstäben genügen, sei es bezüglich körperlicher, geistiger, handwerklicher oder anderer Fähigkeiten. Erfolge verschaffen den Genuß selbstwertstärkender Gefühle wie Stolz und Freude.

c) Regelspiele ermöglichen die *Entwicklung von Metarepräsentationen*: Diese Funktion des Regelspiels ist vornehmlich für Vor- und Grundschulkinder relevant. Um die durch das Regelspiel gestellte Aufgabe zu erreichen, muß das Kind nicht nur das *Ziel*, sondern auch die *Bedingung*, unter der das Ziel gegeben ist, berücksichtigen und beides zueinander in Beziehung setzen. Dieses In-Beziehung-setzen-Können ist eine wesentliche Voraussetzung reversiblen, planvollen Handelns, das den Arbeitstätigkeiten Erwachsener zugrunde liegt.

Jugendliche und Erwachsene können aber mit entsprechend komplexen Regelspielen ihre Denkfähigkeit weiter trainieren. Welche Bedeutung dies für den Einsatz von Umweltspielen hat, wird weiter unten behandelt.

2.3.4 Übergänge zu anderen Spiel- und Tätigkeitsformen

Im Regelspiel bestehen zum einen Übergänge zum Leistungshandeln, und zwar wenn das »So-tun-als-ob« wegfällt und das Handeln expliziten Prüfungscharakter annimmt, es also tatsächlich darauf ankommt zu beweisen, was man zu leisten imstande ist. Leistungshandeln hat Ernstcharakter. Zuweilen nehmen Spielende das Regelspiel zu ernst, und es wird für sie tatsächlich zu einer Leistungsdemonstration. Die Sportspiele des Hochleistungssports sind z.B. in dieser Hinsicht Leistungshandlungen, keine Spielhandlungen mehr. Zum anderen bestehen im Regelspiel Übergänge zum Lernen. Die Notwendigkeit, im Regelspiel Ziel und Bedingungen zueinander in Beziehung zu setzen, führt bereits dazu, auf die Prozeßlogik zu achten: Wie funktioniert denn das, wenn ich das Ziel unter diesen Bedingungen erreichen will? Oder, wie funktioniert es, wenn ich es nicht oder anders mache – im Rahmen des vereinbarten Regelwerks? Die Entwicklung von Spieltaktiken und Spielstrategien verlangt eine Einarbeitung in die Sachlogik des jeweiligen Gegenstandsbereichs, aus dem das Spiel stammt bzw. den es simuliert. Gutes Spielen setzt Sachkenntnis voraus. Gut spielen wollen spornt an, sich die Sachkenntnisse anzueignen. In dieser Hinsicht werden Regelspiele als didaktische Spiele eingesetzt.

2.4 Das Konstruktionsspiel

2.4.1 Definition

EINSIEDLER (1991) beschreibt das Konstruktions- bzw. Bauspiel als eine Spielform,

> »bei denen die Kinder nicht mehr nur um des Spielprozesses willen spielen ..., sondern mehr oder weniger zielstrebig ein dreidimensionales Spielprodukt herstellen wollen; es handelt sich um ein Spiel, da bauspielerische Tätigkeiten überwiegend intrinsisch motiviert sind, mit Freude ausgeführt werden und das Ergebnis meist ein Spielprodukt im Sinne einer ›Scheinwelt‹ ist« (EINSIEDLER 1991, S. 106).

Allerdings sind die Grenzen zu der Schaffung eines Produkts, das einen realen Gebrauchswert hat, fließend.

In unserem Kulturkreis ist das Konstruktionsspiel stark *technisch-instrumentell* ausgerichtet und mit dem (Nach-)Bau möglichst »natur«getreuer technischer Werke wie Autos, Häuser, Flugzeuge etc. assoziiert. In dieser Beziehung ist das Bauspiel nur eine miniaturisierte Widerspiegelung unserer hochindustrialisierten Welt, dem die Lego-, Holz- und Metallbaukästen Rechnung tragen.

Das Konstruktionsspiel hat aber neben einer technisch-instrumentellen Ausrichtung auch eine andere Ausrichtung, die *künstlerisch-kreative*: dazu gehören das Anlegen einer Landschaft, das Modellieren von Tieren und Menschen, das Malen von Bildern, das Basteln, das Bauen von Buden im Wald oder im Zimmer, das Sich-gemütlich-Machen darin, aber auch das Gestalten einer Stadt mit Häusern und Grünflächen, sei es aus Lego oder aus Naturmaterialien. Das Kriterium ist, daß es dem Kind weniger um eine naturgetreue Abbildung, sondern um eine eigene *»Vision«*, um einen eigenen ganzheitlichen Entwurf geht, der eine persönlich bedeutsame Sinnbeziehung zum Ausdruck bringen soll: z.B. wenn ein Kind eine »liebevolle«, anheimelnde Steppenlandschaft aus Naturmaterialien für seine Spieltiere nachbildet oder ein anderes Kind eine mit allen technischen Raffinessen ausgestattete Weltraumlandschaft für seine Astronauten. Baumaterialien können nicht nur Lego, Bausteine und Baukästen sein, sondern auch natürliche Materialien wie Sand, Erde, Pflanzen, Ton, Holz etc. Man kann daher alles Spielen, das auf das Herstellen eines Werkes zielt, als Konstruktionsspiel verstehen. Dem zum Teil erbittert geführten Glaubensstreit, ob es Naturmaterialien sein müssen oder auch Kunststoffmaterialien sein können, kann in diesem Zusammenhang die Schärfe genommen werden: Es kommt vor allem darauf an, was die Kinder mit den Materialien *tun* können und ob sie hinreichende Anregungen gerade auch durch das *gemeinsame Spiel mit Erwachsenen oder erfahreneren Kindern* bekommen. Sowohl Natur- als auch Kunststoffmaterialien haben ihre eigenen Möglichkeiten, aber auch Grenzen.

Bei Vor- und Grundschulkindern ist das Konstruktionsspiel eng mit dem Rollenspiel verbunden. Beide Spielformen gehen ineinander über, wenn Kinder beim Bauen schon mit den Baumaterialien in einer eingebildeten Situation zu handeln beginnen, so daß Außenstehenden eine Trennung zuweilen nicht möglich ist.

2.4.2 Entwicklung

Am differenziertesten ist die Entwicklung des Konstruktionsspiels bislang von HETZER (1931) und BÜHLER (1967) untersucht worden. Neuere Arbeiten reichen nicht an deren Elaboriertheit heran. Für unseren Zusammenhang ist es ausreichend zu wissen, daß Kinder erst ab dem vierten Lebensjahr fähig werden, zu der beabsichtigten Herstellung eines darstellenden Werkes überzugehen. Erst in diesem Alter etwa sind klare Bauabsichten sowie ein klarer Handlungsplan erkennbar. Mit zunehmendem Alter nimmt im Konstruktionsspiel die Tendenz zu, die nachgebauten Gegenstände – zumeist technischer Art – nicht mehr nur vom Aussehen, sondern auch von der Funktion her dem Original anzunähern, d.h. Dinge anzufertigen, die wirklich funktionieren. Hier ist der Übergang zur Arbeit mit der Schaffung von realen Gebrauchswerten, die auch als solche benutzt werden können, fließend.

Die Spielhäufigkeit und der Spielerfolg hängen beim Konstruktionsspiel viel stärker als bei anderen Spielen von den materiellen und sozialen Anregungsbedingungen ab: Je nach Attraktivität des Bauspielangebotes und der sozialen Anregungen in Form von gemeinsamen Bauspielen Erwachsener bzw. erfahrenerer Kinder mit unerfahreneren Kindern entwickelt oder verkümmert das Konstruktionsspiel. Dabei ist ein eindeutiger Geschlechtseffekt beobachtet worden: Jungen spielen wesentlich häufiger Konstruktionsspiele als Mädchen (vgl. EINSIEDLER 1991, S. 113ff.).

2.4.3 Zentrale Funktionen

Anders als bei Rollen- und Regelspielen sind die Funktionen bzw. ist die Entwicklungsrelevanz von Konstruktionsspielen weniger systematisch erforscht. In motivationaler Hinsicht haben bereits HETZER und BÜHLER darauf hingewiesen, daß das Bauspiel hervorragend dazu geeignet ist, daß sich das Kind als Verursacher von Effekten und Werken erleben kann. Im Bauspiel kann das Kind zeigen, daß es bereits etwas zu leisten vermag, das es anderen zeigen kann. Aus Spiel wird Schaffen (BÜHLER 1967). Die Übergänge von einer Spielmotivation zu einer Leistungsmotivation sind dabei fließend. So wird eine der Wurzeln der Leistungsmotivation u.a. im Bauspiel gesehen. Mit dem fertigen Bauprodukt tut das Kind nicht nur so, als ob es etwas schaffen könnte, sondern es beweist damit, daß es aus dem unzusammenhängenden Rohmaterial zielstrebig und der Baulogik gehorchend ein Produkt herstellen kann. Im Bauspiel kann das Kind ebenfalls so sein wie die »Großen«, nicht indem es nur so tut als ob, sondern indem es reale Werke, die einem Plan gehorchen, produziert.

Darüber hinaus sind Lerneffekte des Konstruktionsspiels in bezug auf die Entwicklung bestimmter Fähigkeiten nachgewiesen worden wie der Raumvorstellung, des technischen Verständnisses – vorausgesetzt, die Anregungen sind entsprechend gestaltet –, aber auch mehr globalerer Fähigkeiten wie der Konzentrationsfähigkeit.

In bezug auf den Gegenstand »Umweltspiele« sind Konstruktionsspiele bislang kaum in Betracht gezogen worden und wenn, dann überwiegt ihre technisch-instrumentelle Ausrichtung, wie z.B. in Form von solargetriebenen Modellbaukästen, Umweltbausätze als Experimentierkästen, Windräder etc. Hier ist sicherlich noch ein weites Feld für die Erfindung weiterer umweltthematisch orientierter Konstruktionsspiele gegeben. Die Grenze solcher technisch-instrumentellen Umweltspiele für eine ganzheitliche Umwelterziehung liegt darin, daß sie auf Technologie zentrieren und das *einzelne Werk* in den Vordergrund stellen. Das ist unbestritten eine wichtige Orientierung.

Eine andere ebenso wichtige dazu komplementäre Orientierung betrifft das Zueinander der Einzelwerke, ihre *ganzheitliche Vernetzung*. Für diesen Aspekt ist die andere, die künstlerisch-kreative Ausrichtung von Konstruktionsspielen bedeutsam. Allerdings ist sie für die Umweltspielthematik bislang nur in Ansätzen entdeckt, etwa in der spielerischen Gestaltung von Landschaften und Lebensräumen für Tiere oder Menschen, die lebenswert, naturbelassen und/oder umweltgerecht sind, oder in der Gestaltung und der echten Pflege von Terrarien, Blumenbänken oder Gärten (vgl. ORIWALL und HOHENAUER in diesem Band).

Von ihrem Charakter her gehen die letzteren Tätigkeiten bereits in gebrauchswertschaffende Arbeit über, müssen es aber nicht, wenn nicht so sehr der

»Gebrauchswert für andere« im Vordergrund steht, sondern sie eher um ihrer selbst willen getan werden: weil es schön ist, diese Dinge zu pflegen, und weil man damit zeigen kann, daß man tatsächlich etwas schaffen kann.
Bezüglich der künstlerisch-kreativen Ausrichtung von umweltthematischen Konstruktionsspielen ist sicherlich noch ein weites Feld für die Erfindung entsprechender »Spielwelten«, in denen Visionen einer umweltgerechten Welt gestaltbar sind, gegeben. Die großen Spielzeugfirmen wie Lego oder Playmobil bieten hier nur klassische Spielwelten an wie Piraten, Auto(!)-Stadt, Ritter, Indianer, Raumfahrt, Familie, Eisenbahn etc.
Doch ist dieser Aspekt nicht nur etwas für Kinder, sondern auch für Erwachsene: Denn für die Gestaltung umweltgerechter Lebensräume bedarf es auch entsprechender ganzheitlicher Visionen. Das künstlerisch-kreative Konstruktionsspiel kann eines der Mittel dazu sein.

3. Eine spielpsychologische Bewertung von Umweltspielen

Nachdem die für unseren Zusammenhang wesentlichen Dimensionen der einzelnen Spielformen aus spielpsychologischer Sicht vorgestellt worden sind, gehe ich dazu über, die in der Einleitung angeführten (impliziten) Ansprüche von Umweltspielen im einzelnen abzuwägen, inwiefern sie durch das Medium »Spiel« eingeholt werden und wo mögliche Grenzen liegen können.
Wie eingangs bereits erwähnt, werden Umweltspiele im wesentlichen zu viererlei Zwecken verwendet:

- als Mittel zur Wissensvermittlung,
- als Mittel zur umweltbewußten Erziehung der Spielenden,
- als Mittel zur Motivierung der Beteiligten und
- als Mittel zum Spaßhaben.

Die einzelnen Verwendungszwecke überschneiden sich zum Teil, wir werden sie aber im folgenden der Reihe nach abhandeln.

3.1 Spiel als Mittel zur Wissensvermittlung

Wenn man Spiele als Mittel zur Wissensvermittlung im Rahmen von Umwelterziehung einsetzen möchte, fragt man sich, für welche Wissensdimensionen sich Spiele besonders eignen. In Umweltspielen sollen die Mitspieler etwas über ökologische Systeme und Zusammenhänge lernen. LEHMANN (1982) geht dabei von vier ökologischen Analyseebenen aus, die in sich einen sachlogischen Wirkungszusammenhang beinhalten. In diese lassen sich auch die vorhandenen Umweltspiele klassifizieren:

Ebene 1: Menschen wirken aufeinander ein.
Ebene 2: Menschen wirken auf natürliche Verläufe und Zustände ein.
Ebene 3: Die Veränderung der natürlichen Zustände und Verläufe führt zu Veränderungen weiterer natürlicher Ereignisse.
Ebene 4: Die Veränderungen der natürlichen Ereignisse wirken auf den Menschen zurück.

Bis auf direkte Naturerkundungsspiele oder einige Rollenspiele und Theaterstücke besteht der größte Teil an Umweltspielen aus Regelspielen, in denen mehr oder weniger realitätsnah ökologische Systeme simuliert werden. Man kann daher auch von Simulationsspielen sprechen.

Für das Verständnis von ökologischen Zusammenhängen wird auf allen vier Analyseebenen eine Umorientierung vom linearen, (mono)kausalen Denken zum vernetzten, systemischen Denken als eine der wesentlichsten Voraussetzungen angesehen (VESTER 1984). Allerdings richten sich die meisten dieser Umweltspiele mit dieser Zielrichtung aufgrund der geistigen Fähigkeiten, die sie auf seiten der Spielenden voraussetzen, an (ältere) Schüler und Erwachsene. In diesen Spielen geht es zum einen um einen Erkenntnisgewinn, den Spielenden durch Simulation die Folgen eines an linearen Denkstrukturen ausgerichteten (menschlichen) Handelns auf komplexe Ökosysteme vor Augen zu führen und das nicht Erlebbare erlebbar zu machen. Dies geschieht z.B. durch Zeitraffermethoden, durch eine Konzentration auf die wesentlichen Systemvariablen, durch Rückmeldung der hervorgerufenen Effekte etc. Zum anderen geht es um einen Trainingsgewinn, Fähigkeiten zu trainieren, mit denen die Spielenden komplexe Systeme ausgewogen steuern können.

Die denkpsychologischen Forschungen von DÖRNER (1992) zum Problemlösen in unbestimmten und komplexen Denksituationen haben einige Anregungen für die Konstruktion von Umweltspielen geliefert. In diesen Studien ging es darum, z.b. als Bürgermeister der simulierten mitteleuropäischen Kleinstadt Lohausen zu agieren oder als Entwicklungshelfer in einer fiktiven afrikanischen Steppenlandschaft Tanaland die Lebensbedingungen der dort ansässigen Bevölkerung zu verbessern. Nur wenigen Spielenden gelang eine befriedigende Steuerung der jeweiligen Systeme, die meisten endeten in Katastrophen – und das, obwohl die Spielenden durchweg Studierende waren, sie also über einen hohen Bildungsstand verfügten. Dies verdeutlicht noch einmal, wie wenig Personen mit vernetzten Systemen angemessen umgehen können.

Um in Umweltspielen einerseits die Bedeutung solcher Fähigkeiten zu demonstrieren und andererseits sie auch zu trainieren, sollten Umweltspiele Situationen enthalten,

- in denen unklare Globalziele in klarere Teilziele zergliedert werden müssen;
- in denen die Spielenden mit exponentiellem Wachstum umgehen müssen;
- in denen Dilemmata zu bewältigen sind, wie z.B. in Form von positiven Nahwirkungen, die aber negative Fernwirkungen haben, oder in Form von widersprechenden Individual- und Gemeinschaftsinteressen.

Mit diesen Spielelementen enthält das Regelwerk gerade jene Regeln, die für eine spannende Spieldynamik mit z.T. steuerbaren, z.T. unvorhersehbaren Spielverläufen sorgen. Insofern ist das Regelspiel für diesen Verwendungszusammenhang bestens geeignet. Das Spielsujet kann dann entsprechend adaptiert werden, wobei auf die Rollenvorlieben der potentiellen Spielenden als auch auf eine griffige Spielidee zu achten ist. Jugendliche Schüler wollen nicht unbedingt Hirten, Fischer oder Entwicklungshelfer sein.

Anzumerken bleibt allerdings, daß solche komplexen Spiele kaum spontan gespielt werden können, weil man z.B. einfach Lust dazu hat, denn es dauert in der Regel einige Zeit, bis man im Spielfluß ist.

Was die Wirksamkeit dieser Art von Umweltspielen betrifft, so ist insbesondere das sogenannte **Allmendespiel**, bei dem typische Verhaltensweisen von Menschen bei der gemeinsamen Nutzung von Umwelt nachgebildet werden, mehrfach experimentell auf seine Effekte hin untersucht worden. Beim **Allmendespiel**, auch als Nichtnullsummenspiel bezeichnet, geht es um die Meisterung des klassischen ökologischen Grundkonflikts: der Konflikt zwischen dem, was für das *Individuum kurzfristig* vernünftig ist, und dem, was für die *Gemeinschaft langfristig* vernünftig ist. Zwei Konfliktdimensionen sind hier ineinander verschränkt: der Konflikt zwischen Individuum und Gruppe und der Konflikt zwischen kurzfristigem Nutzen und langfristigem Schaden. Diese Konfliktsituation ist in vielfältigen Spielvarianten – auch als Computersimulationen – bezüglich ihrer Lerneffekte auf die Spielenden untersucht worden. Zum Beispiel lassen KNAPP (1986) und ERNST/SPADA (1991) die Spielenden als einzelne Fischer einen gemeinsamen See befischen oder als einzelne Hirten eine gemeinsame Weide benutzen.

Entscheidende Elemente, die ein umweltbewußtes Verhalten in diesen Simulationsspielen zumindest ermöglichten, waren:

☐ den Spielenden die Möglichkeit der Kommunikation untereinander geben, d.h. Metakommunikation zu ermöglichen, um ein Ausplündern der Ressourcen zu verhindern;
☐ die Auswirkungen des eigenen Handelns auf die gemeinschaftsbezogenen Teile vergegenwärtigen;
☐ eine Verantwortungsübergabe von Gemeinschaftsteilen auf die Individuen möglich machen;
☐ Formen von kontrollierter, öffentlicher Verpflichtung einführen;
☐ den Spielenden ein Verständnis der verdeckten Spiellogik und Spieldynamik ermöglichen, sei es durch kompetente Spielpartner oder durch die Gelegenheit zur Metakommunikation.

Einem allzu großen Enthusiasmus beim Übertragen dieser Effekte auf die wirklichen Effekte von Umweltspielen ist jedoch mit Vorsicht zu begegnen. Wie beim Einsatz didaktischer Spiele generell, so bringen auch Umweltspiele die erhoffte Vermittlung von ökologischem Wissen nur dann, wenn den Spielenden die beabsichtigten Lernziele des Spiels bekannt sind und die Spielerfahrungen entsprechend eingeholt und nachgearbeitet werden (PORTELE 1976; HÜBNER 1982). Sollen solche Verfahren im Rahmen des Schulunterrichts eingesetzt werden, erhöht es die Wirkung solcher Medien, wenn die Unterrichtsgestaltung weniger Frontalunterricht und mehr Projektarbeit mit System- und Handlungsorientierung aufweist (GRIGAT/LOB/MÜLLER 1982; LANDSBERG-BECHER 1990).

Es wurde bereits darauf hingewiesen, daß die meisten Umweltspiele als Regelspiele konzipiert sind. Bei diesen Spielen treten die jeweiligen Spielrollen in den Hintergrund, so daß die *System*dynamik und nicht die *personale* Dynamik im Vordergrund steht. Soweit dies intendiert ist, ist dagegen nichts einzuwenden.

Es wäre jedoch eine Verkürzung realer Wirklichkeitsbezüge, wenn es dazu führte, die sozialwissenschaftliche Ebene, Menschen wirken aufeinander ein, ebenfalls ausschließlich als regelhafte Systeme zu konzipieren, in denen Menschen nur auf ihre Funktionen reduziert werden. Bei einer solchen Betrachtung geht verloren, daß diese Funktionen durch konkrete menschliche Persönlichkeiten ausgefüllt werden, die die Systemkonflikte auch als personale Konflikte in sozialen Beziehungen austragen. Gerade wenn der Schwerpunkt darauf liegt, die eigene Verstrickung mit ihren psychologischen Abhängigkeiten in den Blick zu nehmen, haben Regelspiele ihre Grenzen erreicht. Hier liegt die Domäne des Rollenspiels. Für ältere Schüler und Erwachsene ist es das Theaterspiel (vgl. auch GERICKE/KNÖR in diesem Band).

Wir haben die entsprechenden Hinweise bereits im Rollenspielkapitel angeführt. Insbesondere Formen des Selbstspielens tragen ein enormes Erkenntnispotential in sich. Es setzt jedoch in weit größerem Maße als das Regelspiel eine sehr erfahrene Spielleitung voraus, die die Auswahl und Ausgestaltung der Charaktere kompetent begleiten kann. Die entsprechenden Anregungen hierzu findet man in der theaterpädagogischen Literatur (HOLZAPFEL/RÖHLKE 1987; KRAMER 1989). Für Kinder sind adaptierte Formen des Kasperlespiels oder adaptierte Formen von Rollenspielen wie Umweltdetektive, Captain Planet etc. wählbar (vgl. auch VORTISCH in diesem Band).

Das Planspiel nimmt in den Spielformen eine Zwitterstellung ein. Es liegt an der Schnittstelle, an der soziale Systeme durch Menschen gesteuert werden. Es ist eine besondere Art des Rollenspiels, indem im Spiel ein Interessenkonflikt zwischen den Spielparteien eingebaut ist, den die Spielenden durch *real gespielte* und nicht nur *fiktiv gedachte* Interaktionen wie beim Regelspiel austragen müssen. Insofern lassen sich die **Allmendespiele**, die als Regelspiele konzipiert sind, auch zu Planspielen umgestalten, in denen die Spielenden in reale Verhandlungen untereinander treten müssen. Die soziale Dynamik von Berufs- und Funktionsrollen mit ihren Spielräumen und Wirkungsgrenzen stehen dann im Zentrum und nicht so sehr die abstraktere Regeldynamik z.B. von Fischbeständen und Übernutzung.

Das Konstruktionsspiel fällt aus der in der Einleitung benutzten Aufteilung der Umweltspiele heraus. Es hat seine Stärken zum Teil in der direkten Wissensvermittlung, stärker jedoch in der Entwicklung der gestalterischen Fähigkeiten des Spielenden. Dies kann sowohl eine sehr technisch-instrumentell orientierte Gestaltungsfähigkeit sein als auch eine sehr künstlerisch-kreative. Im Rahmen von Umweltspielen könnte man das Nachbauen von solargetriebenen Maschinen oder von Windrädern, also den Bau von umweltfreundlicher Technik, zur erstgenannten Dimension, das Anlegen von Terrarien, Gärten und Teichen, das Gestalten von menschen- und tierfreundlichen (Spiel-)Landschaften zur letztgenannten Dimension zählen. Gerade wenn man davon ausgeht, daß eine umweltgerechtere Welt nicht nur erkannt, erdacht und gewollt werden kann, sondern auch in bezug auf die gegenständlichen Dinge gestaltet und gebaut werden muß, ist diese Spielform sicherlich noch unterentwickelt bzw. führt sie im Rahmen solcher kindlichen Rollenspiele, in denen sich die Kinder eine schöne, lebenswerte Welt bauen, ein Mauerblümchendasein.

Allerdings ist anzumerken, daß solche künstlerisch-kreativen Konstruktionsspiele dem Kind auch einen gestaltbaren, nicht bereits durchfunktionalisierten Lebensraum zur Verfügung stellen müssen. In ländlichen Gebieten suchen sich die Kinder von allein diese Lebensräume. In städtischen Gebieten mit ihrer durchfunktionalisierten Struktur dürfte das schwer zu finden sein (vgl. HOHENAUER in diesem Band). Selbst Grünstreifen und Spielplätze werden durch die kommunalen Gartenbauämter »schön« aufgeräumt gehalten und dürfen nicht verwildern oder willkürlich von Kindern zugebaut werden.

Zusammenfassend läßt sich sagen, daß sich mit allen diesen Spielformen (mehr oder weniger) wirklichkeitsgetreue Simulationen von realen Prozessen in Natur und Gesellschaft reproduzieren lassen. Symbolspielformen sind daher insbesondere für folgende Lernintentionen geeignet:

- Symbolspiele können sichtbar und hautnah erfahrbar machen, wie sich aus jeweiligen Spielverläufen spezifische Ergebnisse entwickeln, wie Systemdynamiken zu handfesten Resultaten führen. In dieser Hinsicht sind sie anderen sekundären Erfahrungsquellen wie Texte, Gespräche, Medien gegenüber überlegen.
- Aufgrund des Als-ob-Charakters von Symbolspielen können Regelhaftigkeiten von ökologischen Systemen wie von sozialen Beziehungen erfahren und durchgespielt werden, und zwar ohne jene negativen Folgen, die ihr tatsächliches Ausprobieren hervorbringen würde – andernfalls würde aus dem Spiel Ernst werden.
- Die Offenheit der Regeln und die dadurch verursachte Unvorhersehbarkeit des Spielverlaufs erzeugen eine Widerständigkeit, die den Spielenden als Aufgabe, als Problem entgegentritt und die sie im Rahmen des Spiels, also im Rahmen der durch das Regelwerk erzeugten Systemdynamik, lösen müssen. Darin liegt die Ernsthaftigkeit und potentielle Wirklichkeitsnähe des Spiels.
- Das Spielen ermöglicht ein erstes Einüben entsprechender Fähigkeiten zur Prozeßgestaltung.

Dabei ist es immer eine Frage der Zielsetzung, die man mit einem Spiel verknüpft, welche Spielform die geeignetere ist. Je nach der gewünschten Zentrierung ergeben sich die Stärken der einzelnen Spielformen:

- für die personale Dynamik von sozialen Beziehungen und Rollen *das Rollenspiel;*
- für die regelhafte Dynamik von Systemen *das Regelspiel,* sei es als Brettspiel oder als Computersimulation;
- für die Vermitteltheit der Steuerung sozialer Systeme durch Menschen *das Planspiel;*
- für die Gestaltung von »Lebensräumen« (Wohnungen, Gärten, Landschaften) *das Konstruktionsspiel.*

Bei den Vorzügen des Spielens sollten jedoch auch seine Grenzen nicht aus den Augen verloren werden:

- Der Spielcharakter muß nicht notwendigerweise ein realitätsangepaßtes Verhalten im Sinne eines umweltbewußten Verhaltens erzeugen. So kann aufgrund des Als-ob-Charakters durchaus die Spieldynamik mit den Spielenden »durchgehen«. Dann wird alles andere als umweltbewußt gespielt. Diese Freiheit gehört zum Spielen. Das Spielen selbst erhöht im positiven Sinne zunächst nur die Optionen der Spielenden, sich im Regelwerk bzw. im Rollensujet zu bewegen. Es verschafft die notwendigen lebendigen Erfahrungen, es erhöht aber nicht notwendig die Moral der Spielenden!
- Die Konstruktion des Regelwerks muß eine »kontrollierbare Unvorhersehbarkeit« für die Spielenden schaffen: Sie darf nicht so undurchschaubar werden, daß die Spielenden überhaupt keine Kontrolle erlangen können, aber auch nicht so einfach sein, daß nach kurzer Zeit das Spiel durch Routinen steuerbar wird. Dann verliert das Spiel seine Dynamik und wird langweilig.
- Wenn insbesondere bei Regelspielen (Computersimulation, Brettspiel, Planspiel) beabsichtigt ist, einen Transfer zu realen Systemdynamiken zu ermöglichen, muß sowohl das Regelwerk als auch das Sujet realitätsnah gestaltet werden, was entsprechendes Wissen und Erfahrung auf seiten des Spieleerfinders voraussetzt. Anregungen dazu sind bei SCHILKE (1982), aber auch in diesem Band zu finden.

☐ Im Spiel angeeignete Kompetenzen werden nicht automatisch auf außerspielerische Zusammenhänge übertragen. Wenn ein Transfer beabsichtigt ist, dann muß explizit gemacht werden, worauf es beim Übertragen ankommen soll. Dies ist eine eigenständige Aufgabe, bei der die Spielerfahrungen in den entsprechenden Kontext eingebunden werden. Hierhin gehören auch Fragen der Ethik und Moral sowie des Unterschieds von Spiel und Wirklichkeit. Das Spiel ersetzt in der Regel nicht eine explizite Wissensaneignung – wenn sie umfassend und strukturiert sein soll.

3.2 Spiel als Mittel zur Erziehung eines handlungswirksamen Umweltbewußtseins

Eine engagierte Umwelterziehung zielt nicht nur auf die Vermittlung relevanten *Wissens*, sondern letztlich auf die Förderung ökologischen *Handelns* und eines entsprechenden ökologischen Verantwortungsbewußtseins. Spiele und damit auch Umweltspiele zeichnen sich gerade dadurch aus, daß in ihnen nur so getan wird als ob. Es reicht also nicht, nur gut zu spielen. Es müßte auch ein Transfer der Spielinhalte in das Alltagshandeln erfolgen und das gewonnene Wissen auch angewendet werden.
Wenn dies Aussicht auf Erfolg haben soll, dann muß das Spiel bzw. der umweltthematische Spielinhalt mit relevanten Rollenvorgaben, Werten bzw. Leistungsnormen der für den Spielenden (Kinder, Jugendliche, Erwachsene) bedeutsamen sozialen Kultur korrespondieren: Wenn für ein Regelspiel (sei es auch als Computersimulation) ein Jugendlicher in das Sujet eines Entwicklungshelfers von Tanaland schlüpfen soll, er aber kein Entwicklungshelfer sein will, dann wird er die Konsequenzen des Spiels nicht ernsthaft für sich wägen.
Man könnte einwenden, daß sich zumindest Vor- und Grundschulkinder aufgrund ihrer entwicklungspsychologischen Lebenssituation leicht gerade für Rollenspiele begeistern lassen. Von daher ist es verlockend, Kindern über das Rollenspiel Umweltthemen oder umweltgerechte Rollen nahebringen zu wollen. Doch wenn diese Umweltthemen nicht auch im alltäglichen Leben der Kinder verankert sind, dann werden solche Inhalte von ihnen auch nicht angenommen, sondern unter der Hand mit ihren Themen aufgefüllt. Denn die Kinder schöpfen die Inhalte ihrer Rollenspiele, so phantastisch sie auch sein mögen, letztlich aus ihren alltäglichen Lebensbezügen, aus dem, was sie als Wirklichkeit erleben. Das kann auch eine Fernsehwirklichkeit sein. Ein Kind, das im Krieg aufwächst, wird Krieg spielen, und ein Kind, das in einer Welt aufwächst, die das, was die Umwelt zerstört, als ihre Errungenschaften feiert, wird dies im Spiel bedenkenlos übernehmen. Es sei denn, es erfährt hautnah in seinem Alltag, wie die große Umweltzerstörung auch seinen Lebensraum und das, was ihm schätzenswert ist, zerstört und daß es möglich ist, etwas dagegen zu tun. Das Spiel muß, wenn es seine Wirkung entfalten soll, eingebunden sein in einen ganzen Verbund an Erfahrungen, zu denen (Bilder-)Buchgeschichten, reale Begehungen, Medienangebote (z.B. die Fernsehserie »Als die Tiere den Wald verließen«), praktische umwelterhaltende und -gestaltende Aktionen etc. gehören, die sich auch wechselseitig aufeinander beziehen sollten. Zu den wesentlichen Knoten dieses Verbundes zählen jedoch die für die Kinder relevanten Bezugspersonen. Umweltspiele haben einen wirksamen Effekt auf das Alltagshandeln nur für solche Personen, deren relevante Bezugspersonen und Vorbilder ökologische Werte nicht nur auf

den Lippen tragen, sondern auch in ihrem Handeln verkörpern, für die Kooperation und ökologisches Handeln akzeptierte Werte darstellen. Das ist die Voraussetzung dafür, daß die Kinder umweltbewußtes Handeln bzw. solche sozialen Rollen, die das verkörpern, überhaupt erst als nachzueifernde Vorbilder erfahren können, die sie dann auch in ihren Rollenspielen darstellen. Die fundamentale Bedeutung des Modellernens gilt auch für die Umweltthematik – in positiver (aber leider auch in negativer) Hinsicht (vgl. DOLLASE 1990). Umwelt*spiele* können zumindest in motivationaler Hinsicht nicht ein mangelndes Engagement auf seiten des sozialen Umfelds kompensieren.

3.3 Spiel als Mittel zur Motivierung

Die Form des Spiels wird zuweilen gewählt, wenn man die Beteiligten zum Mitmachen und Dabeibleiben bewegen will. Man hofft darauf, daß ein Spiel, weil es ein *Spiel* ist, aus sich heraus motivierend auf die Spielenden wirkt.
Wenn man Spiele als »Motivationshilfe« in der Umwelterziehung nutzen will, muß man sich zwecks passender Spielauswahl über die Motivationsgrundlage von Spielen Klarheit verschaffen und prüfen, inwiefern man den potentiellen Spielern eine solche Spielmotivation unterstellen kann.
Die Spielmotivation hat, wie andere Motivationsformen auch, eine spezifische Ausrichtung. Spielmotiviert zu sein heißt, Spaß haben am »So-tun-als-ob« und am Schauspielern. Ein Spiel reizt nur dann zum Spielen, wenn es mit einer solchen Motivation des Angesprochenen korrespondiert. Dann kann es aber auch passieren, daß die Spielenden »nur« einfach Spaß haben beim Spielen und der vielleicht intendierte Lerneffekt sich nicht einstellt oder erst später, wenn er nicht mehr kontrollierbar ist.
Das Rollenspiel und das Regelspiel sprechen dabei unterschiedliche Motivationsaspekte dieses »So-tun-als-ob« an, wobei das Konstruktionsspiel eine Zwitterstellung einnimmt:
Alle Formen von *Rollenspiel* leben davon, daß die Spielenden auf der einen Seite sehr gern bestimmte Rollen darstellen möchten, sie aber auf der anderen Seite diese Rollen realiter nicht bekleiden können (oder dürfen), so daß sich das Spielen dieser Rolle als eine Lösung des Konflikts anbietet. Dieser Widerspruch zwischen Wunsch und Realität ist bei Vor- und Grundschulkindern aufgrund ihres Entwicklungsstandes am stärksten vorhanden. Daher ist für sie das Rollenspiel sehr attraktiv. Für Jugendliche und Erwachsene kann sich dieser Widerspruch zwar auch noch stellen. Doch wird von ihnen gemeinhin verlangt, die Diskrepanz zwischen Wunsch und Realität durch realitätsangepaßtes Verhalten zu schließen oder sich mit der Unerfüllbarkeit ihrer Wünsche abzufinden, auf keinen Fall aber den Widerspruch mit Hilfe von Rollenspielen zu überbrücken. Entsprechend dürften sie mit Befangenheit darauf reagieren, wenn sie wieder wie die Kinder spielen sollen. Sie brauchen dann mindestens eine ungezwungene Einspielphase, bei der der *Spaß* am So-tun-als-ob wieder geweckt und die (auch gegenseitige) Selbstkontrolle abgebaut wird.
Das *Regelspiel* lebt davon, daß die Spielenden zeigen wollen, daß sie eine (durch das Spiel eingeführte) Aufgabe meistern können, sie also leistungsmotiviert sind. Für die meisten Regelspiele besteht dieses selbstgenügsame Kräftemessen darin,

wer als Erster die Aufgabe meistert, womit eine gesellschaftlich hoch anerkannte Norm zum Aufgabenkriterium gemacht ist. Der spielerische Rahmen ermöglicht es den Spielenden, sich einerseits voll eingeben zu können, ohne aber beim Verlieren das Gesicht verlieren zu müssen, da das Kräftemessen ja nur ein »So-tun-als-ob« war.

Bezüglich der (Spiel-)Motivation ist beim Regelspiel wie beim Rollenspiel eine Berücksichtigung von verschiedenen Altersstufen sinnvoll: Für Vorschulkinder sind explizite Regelspiele, bei denen die konkreten Spielrollen eher verborgen sind, nur bedingt motivierend, da das Spielsujet zu »nackt« ist und die Einhaltung der Regeln ihnen noch sehr schwerfällt (man denke nur an **Mensch ärgere dich nicht**). Allerdings können zuweilen auch Erwachsene bei Regelspielen »ausrasten«. Ältere Vorschulkinder bis hin zu älteren Kindern sind hingegen stark motiviert, die spielerische Herausforderung der Regelspiele an ihre Fähigkeiten anzunehmen und sie unter Beweis zu stellen. Bei Jugendlichen und Erwachsenen kann sich hingegen aufgrund der Tatsache, daß sie sich im realen Leben bereits mit genügend Herausforderungen konfrontiert sehen oder sie angesichts dessen die spielerische Herausforderungsform nicht mehr ernst nehmen können, ein Überdruß bzw. ein Desinteresse demgegenüber entwickelt haben.

Wenn es unwahrscheinlich erscheint, bei den Beteiligten auf eine genuine Spielmotivation bauen zu können, man aber ein bestimmtes Spiel dennoch einsetzen möchte, so bleibt nur die Alternative, es in einen inhaltslogischen Zusammenhang zu anderen Motivationsformen, z.B. des Lernens oder der Arbeit, einzubinden und seine Stärke als Anschauungs- und Erkenntnismittel herauszuarbeiten.

3.4 Spiel als Mittel zum Spaßhaben

In der neueren Umweltspieldiskussion verstärkt sich die Meinung, daß Umweltspiele – wie alle anderen Spiele auch – in erster Linie Spaß machen sollen. Die Einbettung in eine Umweltthematik ist zwar beabsichtigt und Lerneffekte bezüglich umweltthematischen Wissens sind erwünscht, aber nicht Spielzweck. Damit wird das Umweltspiel als *Spiel* aus seiner zuweilen ausschließlich didaktisierenden Verwendung herausgeführt und dem genuin Spielerischen am Spiel stärker Rechnung getragen. Als Beispiel kann man **Das Müllspiel** (Castor-Fiber Spieleverlag 1992, Umweltspiel ab 6 Personen oder für Gruppen, ab 13 Jahre) anführen, das bezüglich der Zusammenhänge von Müllproduktion und -lagerung wenig informativ ist, dafür aber aufgrund seines Regelwerks außerordentlich Spaß macht.

Unabhängig von einem Grundsatzstreit, ob das Wesentliche am Spielen das »Spaßhaben« ist, kann man festhalten, daß es immer noch die beste Auszeichnung für ein *Spiel* ist, wenn es aus sich heraus zum Spielen motiviert und nicht auf spielfremde »Hilfs«-Motivationen, wie z.B. eine gute Zensur in der Schule oder den Kontakt mit einer geliebten Person, angewiesen ist.

Allerdings ist mit dieser Feststellung noch nicht viel gewonnen, denn es verlagert nur das Problem. Die Frage hieße dann nicht mehr: »Was ist ein (gutes) Spiel?«, sondern: »Was macht Spaß, bzw. was erzeugt positive Emotionen?«

Im psychologischen Sinne entstehen positive Emotionen wie Freude, Schadenfreude, Spaß und Stolz dann, wenn man der Befriedigung eines Bedürfnisses näher gekommen ist, ohne es in dieser Weise *erwartet* zu haben. Positive Emotionen hängen daher mit den eigenen Zukunfts-Erwartungen zusammen, die durch das eigene Tun oder den glücklichen Gang der Ereignisse übertroffen werden: Je routinierter und vorhersehbarer eine Tätigkeit verläuft, desto weniger Anlaß gibt es für positive Emotionen.

Freude entsteht, wenn man sich trotz Hindernissen als erfolgreichen Akteur erlebt; Stolz entsteht, wenn man wertgeschätzte Aufgaben bewältigt; Spaß entsteht, wenn eigenes oder fremdes Tun durch die Verfremdung des Vertrauten und Alltäglichen (mit Hilfe von Über- oder Untertreibung, Kontextvariation, Wort- und Bedeutungsspielen etc.) zu überraschenden Einsichten und Erkenntnissen führt; und Schadenfreude entsteht durch die Umkehrung der gewohnten Statushierarchien oder der Täter-Opfer-Rolle.

Es ist leicht einzusehen, daß das Spiel mit seiner Möglichkeit des »So-tun-als-ob« und der willkürlichen Konstruktion von Spielregeln ein hervorragendes Mittel darstellt, ein Setting zu schaffen und Anlässe herbeizuführen, die positive Emotionen hervorrufen. Wie bereits in den Abschnitten zum Rollen- und Regelspiel ausgeführt, führt ein geschickt konstruiertes Regelwerk bei Regelspielen zu unvorhersehbaren Spielverläufen, die aber potentiell beherrschbar bleiben. Freude über gelungene Spielzüge oder überraschende Spielwendungen sind dadurch möglich. Beim Rollenspiel bietet die Verfremdung vertrauter Rollen hervorragende Möglichkeiten zu unerwarteten Erkenntnissen über Beziehungs- und Rollendynamiken und damit zum Spaßhaben.

Doch in dem Maße, wie das Spiel Anlässe für positive Emotionen bietet, beinhaltet es auch Anlässe für negative Emotionen, seien es jene des Ärgers über mißlungene Spielzüge, der Beschämung über das Verlieren, der Trauer über erkannte Beziehungsdynamiken etc. Hier ein Übergewicht der Anlässe für positive Emotionen zu gewährleisten, das ist Aufgabe der Spielkonstrukteure und der Spielanleiter. Leider sieht die Wirklichkeit gerade im familiären Bereich – wie viele sicherlich bestätigen können – nicht immer positiv aus. Spielszenen – wie in der folgenden Satire von GERHARD POLT beschrieben – kommen immer wieder vor:

»Mensch ärgere dich nicht

Karl und Gudrun spielen mit ihrem Sohn Heinz-Rüdiger Mensch-ärgere-dich-nicht

Karl	*würfelt* Sechs. Eins, zwei, drei, vier, fünf, sechs *und würfelt Drei*. Eins, zwei, drei. Haha, jetzt muaßt naus, Heinz-Rüdiger. *Setzt ein Spielhütchen wieder an den Anfang.*
Gudrun	*würfelt* Vier. Eins, zwei, drei, vier. Haha, nomal naus. *Setzt ein Spielhütchen auf Anfang.* So, jetzt bist du dran, Heinz-Rüdiger.
Heinz-Rüdiger	*will nicht.*
Karl	Da wird schön anständig gewürfelt!
Gudrun	Das Spiel heißt Mensch-ärgere-dich-nicht. Gel, komm jetzt spiel schön anständig.
Karl	Ja, was is denn? Werd da gespielt oder net?! *Wütend.* Des muaßt von der heiteren Seite nehmen, is doch a Spiel! Da, jetzt würfel gefälligst!
Heinz-Rüdiger	*bockt.*
Gudrun	Ja Herrschaftszeitn, hörst du schlecht?! Du bist dran! Malefitzkrippl, jetzt wird gwürfelt!
Karl	Jetzt wennst net glei würfelst, na würfel ich für dich!
Gudrun	Hast des gehört? Tu an Bappa net reizen. Jetzt spiel schön ordentlich, sonst spielt der Bappa für dich!
Heinz-Rüdiger	*bockt.*
Karl	Gut, dann spiel ich für dich. *Würfelt.* Eins ... Haha, bloß an Einser.
Gudrun	Siehst, des hast jetzt davon.
Karl	Jetzt hast dann verloren. So, und jetzt komm ich ... *Würfelt Drei ...* Da schau her! Jetzt bist ganz draußen.
	Karl und Gudrun lachen.
Heinz-Rüdiger	*räumt das Spiel ab.*
Gudrun	Ja, spinnst jetzt du?!
Karl	Du Rotzlöffel!! *Haut Heinz-Rüdiger eine runter.* Dir werd ichs Spielen no beibringen, mei Liaba!! Jetzt baust es wieder auf, genauso wies war, und dan werd anständig gspielt! Ja, wo sammer denn?
Gudrun	Dir wern mas Spielen no beibringen, du Saukerl! Des machst net nomal!!
Karl	Und des sag i dir glei, wenn mir jetzt nach Italien fahrn, na werd des Spiel mitgnommen. Na werd solang gspielt, bis du den Ernst von so am Spiel begreifst, du Hundsbua!
Gudrun	Daß des Kind a so infantil is. Der hat zum Spielen einfach koa richtige Einstellung«

(POLT/MÜLLER 1984, zit. in: Umweltlernen, Zeitschrift für ökologische Bildung, H. 54/55 – Themenheft »Spiele(n)«. Kallmeyer, Seelze 1991, S. 72).

Wie bereits im Abschnitt »Spiel als Mittel zur Motivierung« ausgeführt worden ist, kann das Spiel diese »Spaßfunktion« allerdings nur erfüllen, wenn sie eine entsprechende Spielmotivation mitbringen. Diese ist je nach Altersgruppe und Spielenden an unterschiedliche Spiel*formen* und Spiel*inhalte* gebunden.

Diese Spielmotivation gleichzusetzen mit der von CSIKSZENTMIHALYI (1992) beschriebenen flow-Motivation, bei der der Tätigkeitsprozeß selbst und nicht sein Resultat oder seine Folgen das Motivierende ist, wäre eine Überverallgemeinerung (vgl. auch BULAND in diesem Band). Eher ist die Spielmotivation eine besondere Form dieser flow-Motivation, bei der das »*So-tun-als-ob*« im Vordergrund steht. Ein Freikletterer an der Steilwand oder ein Chirurg bei der Arbeit, prototypische Beispiele von flow-Motivation, befindet sich in einer *Ernst*situation, in der er letztlich auf ein Ziel orientiert ist. Der *reale* Tätigkeitsprozeß enthält jene herausfordernden Unvorhersehbarkeiten und Hindernisse, sie müssen nicht erst durch eine Spielregel eingeführt werden.

Daß sich der Akzent bei Umweltspielen vom didaktischen Aspekt auch auf den Spaßaspekt ausweitet, dafür lassen sich m.E. drei Gründe nennen:

a) Spiele mit umweltthematischem Bezug sollen und wollen sich am Spielwarenmarkt durchsetzen:

Dadurch, daß die Umweltthematik als Spielsujet auch von den Spieleherstellern entdeckt worden ist, werden Umweltspiele verstärkt auf den Markt gebracht, die nicht nur für den kleinen Kreis an bereits »Überzeugten« oder für einen didaktischen Verwendungszweck bestimmt sein sollen, sondern für den Freizeitmarkt. Sie müssen für die Kurzweil der potentiellen Käufer geeignet sein. Wegen der Freiwilligkeit des Kaufes müssen solche Umweltspiele wenn nicht über den Anspruch (das war bislang ihre Stoßrichtung) oder über die Assoziation mit prestigeträchtigen Attributen (das ist eine der Aufgaben der Werbung), dann über die tatsächliche *Spielfreude* überzeugen, die sie beim Spielen ermöglichen. Die Umweltthematik ist dann eine neue, attraktive Hülle, weil aktuell und brisant, für die Erfüllung eines uralten Spielzwecks. Daß dies auf Kosten eines realitätshaltigen, informativen Spielsujets gehen kann, ist dabei zweitrangig.

b) Eine gelingende Umwelterziehung ist weniger über den Appell an das Pflichtgefühl und das Aufzeigen der drohenden Apokalypse möglich als über das Nahebringen des Lebenswerten, der Lebensfreude und des Naturschönen:

In der Umwelterziehung setzt sich die Erkenntnis durch, daß die rationale Aufklärung über ökologische Zusammenhänge und die Folgen unökologischen Handelns sowie der Appell an das Pflichtgefühl der Kinder und Erwachsenen nur eine Seite der Medaille sind. Die Anerkenntnis, daß gerade für die Bewältigung von Negativem positive Erfahrungen und Visionen unerläßlich sind, bedeutet für eine gelingende Umwelterziehung auch, daß sie i.w.S. »Spaß« macht und mit positiven Erfahrungen und Emotionen verbunden ist. Spiele sind dazu *ein* mögliches Mittel neben vielen anderen. Sie stehen für die Erfahrung, daß auch bezüglich der Umweltthematik die Lebensfreude nicht außen vor bleiben soll und nicht bei jeder Auseinandersetzung mit dieser Thematik nur die »richtige« Moral und das »richtige« Wissen gezeigt werden dürfen.

c) Die Umweltthematik verliert ihren esoterischen Charakter und reiht sich ein in die Reihe der »Lebensthemen«, von denen jedes Spiel mehr oder weniger offensichtlich handelt:
Auch die Umweltthematik ist unter diesem Blickwinkel eine weitere, wenn auch höchst aktuelle und brisante Variation des ewigen Kampfes zwischen dem »Guten« und dem »Bösen« und der spielerischen Gewißheit, daß das »Gute« siegen wird. Statt Sciene-fiction-Kämpfern oder Indianer und Cowboy sind die eigentlich realitätsnahen Spielsujets u.a. der Kampf zwischen Umweltsündern und Umweltschützern in ihren vielfältigsten Variationen. Hierzu erlebnisreiche, spannende Spielsujets zu kreieren und sie in die öffentliche Meinungs- und Spielbildung einzubringen, dies wäre sicherlich ein sehr lohnendes Ziel der Umwelterziehung, auch wenn dadurch nicht zugleich gewährleistet ist, daß auch die »richtige« Moral gespielt wird. Aber dadurch würde die Umweltthematik für die Kinder zu einem Teil ihrer psychisch verarbeitbaren Wirklichkeit und nicht nur die letztlich veralteten Visionen einer Weltraum-Science-fiction oder einer Piraten-, Ritter- und Cowboy-Vergangenheit.

Literatur

BOAL, AUGUSTO: Theater der Unterdrückten. Suhrkamp, Frankfurt a.M. 1979;
BÜHLER, CHARLOTTE: Kindheit und Jugend [1928]. Hogrefe, Göttingen 1967^4;
CSIKSZENTMIHALYI, MIHALY: Das flow-Erlebnis. Jenseits von Angst und Langeweile: im Tun aufgehen. Klett-Cotta, Stuttgart 1992;
DOLLASE, RAINER: Entwicklungspsychologische Grundlagen der Umwelterziehung. In: GESING, HARALD/LOB, REINHOLD E. (Hrsg.): Umwelterziehung in der Primarstufe. Grundlinien eines umfassenden Bildungskonzepts. Dieck, Heinsberg 1990, S. 32–63;
DÖRNER, DIETRICH: Die Logik des Mißlingens. Strategisches Denken in komplexen Situationen. Rowohlt, Reinbek 1992;
EINSIEDLER, WOLFGANG: Das Spiel der Kinder. Zur Pädagogik und Psychologie des Kinderspiels. Klinkhardt, Bad Heilbrunn 1991;
ELKONIN, DANIIL B. (Hrsg.): Psychologie des Spiels. Pahl-Rugenstein, Köln 1980;
ERIKSON, ERIK H.: Kinderspiel und politische Phantasie: Stufen in der Ritualisierung der Realität. Suhrkamp, Frankfurt a.M. 1978;
ERNST, ANDREAS M./SPADA, HANS: Bis zum bitteren Ende? In: Psychologie heute 18(1991), H. 11, S. 62–70;
GRIGAT, KARIN/LOB, REINHOLD E./MÜLLER, ADOLF PETER: Öko-Boom und Unterrichtsmaterialien. Eine kritische Sichtung. In: Westermanns Pädagogische Beiträge 34(1982), H. 9, S. 400–404;
HETZER, HILDEGARD: Kind und Schaffen. Fischer, Jena 1931;
HOLODYNSKI, MANFRED: Individualisierung im Vorschulalter. Vom autoritären zum konsensuellen Modus der Motivkoordinierung. In: Zentrum für Kindheits- und Jugendforschung (Hrsg.): Wandlungen der Kindheit. Theoretische Überlegungen zum Strukturwandel der Kindheit heute, Bd. 1. Leske + Budrich, Opladen 1993, S. 49–76;
HOLZAPFEL, GÜNTHER/RÖHLKE, GERD: »... man spielt, wie man ist, und merkt daran, wie man ist.« Empirische Untersuchungen zum Zusammenhang von Theaterarbeit, Arbeiterbildung und Lernen in der politischen Erwachsenenbildung. Forschungsschwerpunkt Arbeit und Bildung der Universität Bremen, Bremen 1987;

HÜBNER, REINHARD: Zur Kritik der Umweltspiele. In: HALBACH, UDO/LEHMANN, JÜRGEN/SCHILKE, KARL (Hrsg.): Lernspiele in der Umwelterziehung. Beltz, Weinheim 1982, S. 168-177;
KERSTE, ULRICH: Spielen: In und mit der Natur. In: Motorik 12(1989), H. 3, S. 104-112;
KNAPP, ANDREAS: Wie verhalten sich Spieler in einem umweltpsychologischen Konfliktspiel? In: Gruppe und Spiel 12(1986), H. 3, S. 27-32;
KRAMER, MICHAEL: Authentisches Theater. Theater der sozialen Prozesse. Burckhardthaus-Laetare, Offenbach 1989;
KREUZER, KARL JOSEF (Hrsg.): Handbuch der Spielpädagogik. Bd. 1: Das Spiel unter pädagogischem, psychologischem und vergleichendem Aspekt. Schwann, Düsseldorf 1983a;
KREUZER, KARL JOSEF (Hrsg.): Handbuch der Spielpädagogik. Bd. 2: Das Spiel im frühpädagogischen und schulischen Bereich. Schwann, Düsseldorf 1983b;
KREUZER, KARL JOSEF (Hrsg.): Handbuch der Spielpädagogik. Bd. 3: Das Spiel als Erfahrungsraum und Medium. Schwann, Düsseldorf 1984a;
KREUZER, KARL JOSEF (Hrsg.): Handbuch der Spielpädagogik. Bd. 4: Spiel im therapeutischen und sonderpädagogischen Bereich. Schwann, Düsseldorf 1984b;
LANDSBERG-BECHER, JOHANN-WOLFGANG: Schule als ökologischer Lernort. In: Pädagogik 42(1990), H. 12, S. 44-47;
LEHMANN, JÜRGEN: Zur Klassifikation von Umweltspielen. In: HALBACH, UDO/LEHMANN, JÜRGEN/SCHILKE, KARL (Hrsg.): Lernspiele in der Umwelterziehung. Beltz, Weinheim 1982, S. 34-39;
MOGEL, HANS: Psychologie des Kinderspiels. Die Bedeutung des Spiels als Lebensform des Kindes, seine Funktion und Wirksamkeit für die kindliche Entwicklung. Springer, Berlin 1991;
OERTER, ROLF: Psychologie des Spiels. Ein handlungstheoretischer Ansatz. Quintessenz, München 1993;
POLT, GERHARD/MÜLLER, HANNS CHRISTIAN: Da schau her. Alle alltäglichen Geschichten. Haffmanns, Zürich 1984;
PORTELE, GERHARD: Behauptete pädagogische Effekte von Simulationsspielen. In: LEHMANN, JÜRGEN/PORTELE, GERHARD (Hrsg.): Simulationsspiele in der Erziehung. Beltz, Weinheim 1976, S. 235-245;
RETTER, HEIN: Spielzeug. Handbuch zur Geschichte und Pädagogik der Spielmittel. Beltz, Weinheim u.a. 1979;
SCHÄFER, GERD E.: Spielphantasie und Spielumwelt. Spielen, Bilden und Gestalten als Prozesse zwischen Innen und Außen. Juventa, Weinheim/München 1989;
SCHENK-DANZINGER, LOTTE: Zur entwicklungspsychologischen Bedeutung des Spiels. In: KREUZER, KARL JOSEF (Hrsg.): Handbuch der Spielpädagogik. Bd. 1: Das Spiel unter pädagogischem, psychologischem und vergleichendem Aspekt. Schwann, Düsseldorf 1983, S. 369-384;
SCHILKE, KARL: Wie ein Umweltspiel entsteht. In: HALBACH, UDO/LEHMANN, JÜRGEN/SCHILKE, KARL (Hrsg.): Lernspiele in der Umwelterziehung. Beltz, Weinheim 1982, S. 178-195;
STANISLAWSKIJ, KONSTANTIN S.: Die Arbeit des Schauspielers an sich selbst. Das Europäische Buch, Berlin 1988;
STEINWEG, REINER (Hrsg.): Brechts Modell der Lehrstücke. Zeugnisse, Diskussion, Erfahrung. Suhrkamp, Frankfurt a.M. 1976;
STRECKER, BERND/WENZ, WERNER: Umwelterziehung im Kindergarten. Bonz, Fellbach 1981;
SUTTON-SMITH, BRIAN: Die Idealisierung des Spiels. In: GRUPE, OMMO u.a. (Hrsg.): Spiel – Spiele – Spielen. Hofmann, Schorndorf 1983, S. 60-75;
VESTER, FREDERIC: Neuland des Denkens. Vom technokratischen zum kybernetischen Zeitalter. dtv, München 1984;
WYGOTSKI, LEW S.: Das Spiel und seine Bedeutung in der psychischen Entwicklung des Kindes. In: ELKONIN, DANIIL B. (Hrsg.): Psychologie des Spiels. Pahl-Rugenstein, Köln 1980, S. 441-465.

1.5 Zur gesellschaftlichen Bedeutung des Spielens

Rainer Korte

Vorbemerkungen

Zwei wichtige Voraussetzungen wissenschaftlichen Arbeitens sind eine möglichst präzise Definition des Objektbereiches und ein methodisch sauberes Vorgehen. Beim Gegenstand des Spielens sind jedoch diese Bedingungen kaum einzuhalten, da sich das Spiel durch seine extreme Formenvielfalt einem definitorischen Zugriff geradezu von seinem Wesen her verschließt und immer wieder neue Zugänge verlangt. HANS SCHEUERL sprach diese Problematik folgendermaßen an:

»*Spiele sind eine merkwürdige Sache: Einmal erscheinen sie als Randphänomene und nutzlose Überflüssigkeiten, mit denen man Langeweile verscheucht; ein andermal als erregende, faszinierende, Leidenschaften aufstachelnde Ereignisse, in deren Bann mancher Spieler alles auf eine Karte setzt bis zur Gefährdung der eigenen Existenz. Die Assoziationsfelder um das Wort ›Spiel‹ herum sind weit und vielschichtig: Man denkt an Kinder, die sich traumhaft versunken ihren Imaginationen hingeben; aber man denkt auch an Roulett oder Glücksautomaten; man denkt an variable Gestaltungs- und Ausdrucksprozesse beim Bauen, beim Schmücken und Darstellen; oder an die interaktiven Strategien und Taktiken des Zusammenspiels von Mannschaften, des Wettkampfs von Gegnern, wo bis zuletzt für Überraschungen alles offen ist; man denkt auch an die streng sich wiederholenden Abläufe geregelter Rituale. Hochdifferenziertes artistisches Können auf ästhetischem oder sportlichem Feld kann Spiel sein, aber auch Domino oder Mummenschanz oder das linkische Springen und Tapsen und Torkeln junger Katzen, denen man bewegliche Dinge vor Augen hält*« (SCHEUERL 1991, S. 9).

Mit diesem breiten Spektrum wird eine hinreichend präzise und akzeptable Definition »des« Spiels so gut wie ausgeschlossen, was natürlich auch ein methodisch korrektes Vorgehen erschwert.

Nun könnte man vermuten, daß aber doch wenigstens die gesellschaftliche Bedeutung der sogenannten »Gesellschaftsspiele« nicht in Frage stehen würde, wodurch sich eine halbwegs tragfähige Plattform für das weitere Vorgehen ergeben würde.

Allein schon aus historischer Sicht ist der Begriff des »Gesellschaftsspiels« politisch und ideologisch sehr stark vorbelastet, denn zum Beispiel die Militarisierung der Kindheit erfolgte in verschiedenen Formen vom 17. Jahrhundert an bis in die jüngste Vergangenheit – und leider auch noch in die Gegenwart hinein. Es wäre relativ tröstlich, wenn zum Beispiel der etwa 12jährige LUDWIG XIV. um 1650 nur anhand von silbernen Miniatursoldaten hätte die »Kriegskunst« erlernen sollen. Vor zeitgeschichtlichem Hintergrund wäre es letztlich auch noch erklärbar, daß in der Zeit vor dem Ersten Weltkrieg und verstärkt im Nationalsozialismus die Kriegswilligkeit durch Spielzeug und entsprechende Gesellschaftsspiele systematisch gefördert wurde. Kaum nachvollziehbar aber ist es doch, wenn die Spielwarenhersteller trotz der Diskussion im Bundestag über ein Verbot der Herstellung von Kriegsspielzeug bereits in den Jahren nach 1950 – wenn

auch in mengenmäßigen Grenzen – bereits wieder eindeutig militärische Spiele und Spielwaren produzieren (CHRISTIANSEN 1990a, S. 10f.).
Wie gering letztlich der Lernprozeß aus den Schrecken der Kriege und dem Terror des Nationalsozialismus auch im Hinblick auf das Spiel war, läßt sich nicht zuletzt daraus ersehen, daß heute das Kriegsgeschehen äußerst realistisch in diversen TV-Spielgeräten und Computerspielen simuliert werden kann. So schreibt CHRISTIANSEN:

»Ob man als Bomberpilot seinen Punktestand durch die Vernichtung von Büschen, Bäumen und Häusern erhöht, oder als Einzelkämpfer dann besonders belohnt wird, wenn man Sanitäter mit Verwundeten abschießt, hier hat die Darstellung des Krieges perfide Züge angenommen. Sicherlich, diese Geräte sind Jugendlichen nicht (oder noch nicht) zugänglich. Aber auch einige Heimvideospiele und Computerspiele verharmlosen den Krieg. Der Krieg als technisches Abenteuer, als Auseinandersetzung mit der Technik verschweigt die Leiden und Schrecken des Menschen« (CHRISTIANSEN 1990b, S. 137).

Wenn in unserer Gesellschaft das Phänomen der Gewalt gegenwärtig dermaßen an Bedeutung gewinnt, dann ist natürlich auch das Verhältnis von Spiel und Gewalt zu hinterfragen, da gesellschaftliches Spiel zu einem nicht geringen Teil auch Spiegel der realen Gesellschaft ist. Die Wechselwirkungen zwischen Spiel und Gewalt sind leider noch recht wenig untersucht worden, wenngleich hier wertvolle pädagogische Ansätze zu einer verantwortungsvollen Friedenserziehung gefunden werden können.

Doch auch der Begriff der »Gesellschaftsspiele« in dem harmlosen Sinne, daß es sich hierbei schlicht um Spiele handelt, die »in Gesellschaft« gespielt werden, kann im vorliegenden Zusammenhang nicht viel weiterführen, da mit diesen Spielen wiederum unterschiedlichste Formen, Strukturen und Inhalte gemeint sind, die lediglich darauf verweisen, daß es sich nicht um Solitär- oder Einzelspiele handelt, sondern um Spielformen für Gruppen und Gemeinschaften.
Somit müssen je und je unterschiedliche Fragestellungen gefunden werden, die den gesellschaftsorientierten und zuweilen auch gesellschaftsbedingten Charakter der in Frage kommenden Spiele hervorheben und aufdecken können.

Von diesem Ansatz her ist sicherlich keine geschlossene Übersicht über die gesellschaftliche Funktion der Spiele und des Spielens zu erwarten, aber die Erforschung übereinstimmender Strukturen zwischen den jeweiligen gesellschaftlichen Vorstellungen und den zeitlich parallel laufenden Spielen steckt zweifelsohne noch in ihren Kinderschuhen. So hat es jüngst der Spielforscher JÜRGEN FRITZ an vier Bereichen – Glücksspielen, Tarot, Puppen und Videospielen – unternommen, ihre gesellschaftlichen Bezüge herauszuarbeiten (FRITZ 1992).

Die erheblich ältere »Analyse des Kinderspiels« von SCHMIDTCHEN und ERB hatte bereits mit aller Deutlichkeit aufgezeigt, daß die sogenannten Spieltheorien letztlich erheblich mehr über die Autoren und ihren jeweiligen Denkansatz aufzeigen als über das Spiel selbst (SCHMIDTCHEN/ERB 1976, S. 17ff.).

Die nachfolgenden Abschnitte sollen in ihrer je und je verschiedenen Weise Schlaglichter auf das breite Spektrum des Spiels werfen, um einerseits historische Bedingtheit und gesellschaftliche Prägewirkung andererseits herauszuarbeiten.

1. Das Spiel im Umkreis von Langeweile und Muße

Über den eigentlichen Ursprung des Spiels ist viel und oft gerätselt und auch ernsthaft nachgedacht worden.
So meint zum Beispiel E. GLONNEGGER, daß das Spiel so alt ist wie die Menschheit selbst und auch älter als die Kulturtechniken des Lesens und Schreibens (GLONNEGGER 1988, S. 6).
Die fundamentale Bedeutung des Spiels für den Menschen hat der Kulturhistoriker JOHAN HUIZINGA in der Schrift »Homo ludens« bereits 1930 hervorgehoben, wenn er im Spiel sogar den Anfang und den Ursprung aller menschlichen Kultur sieht. Für HUIZINGA lassen sich aus dem Spiel alle bedeutsamen Kulturerscheinungen ableiten; das reicht beispielsweise von der Sprache über Dichtung, Philosophie, Kunst und Politik bis hin zu den Rechtssystemen moderner Gesellschaften (HUIZINGA 1987).

Es ist gewiß müßig, nun weiter über alle möglichen Ursprünge des menschlichen Spiels nachzudenken, denn unbezweifelbar hat der Mensch schon dann einen Teil seiner Zeit in das Spiel umgesetzt, wenn er nicht mehr genötigt war, sich ausschließlich und mit voller Energie der Befriedigung seiner primären Bedürfnisse und dem Selbsterhalt zu widmen. Bereits die ersten Ritualisierungen der vielzitierten »Sammler und Jäger« sind letztlich nichts weiter als Spielformen des menschlichen Lebens.
Spiel ist ein nicht mehr weiter ableitbares Phänomen, das in anthropologischer Sicht auf die Freiheit des Menschen und seine Sonderstellung in der Evolution verweist. Wo der Mensch nicht mehr eingebunden ist in die Natur, wo er Zeit hat für sich und auch die Verfügungsmöglichkeit über sich besitzt, da entsteht der Freiraum für das Spiel.
Spiel setzt also ein positives Verständnis der freien Zeit voraus, die »Langeweile« kann in wohlverstandener Sicht zur Muße werden und die Grundlagen für spielerisches Handeln schaffen. So kann auch in der Gegenwart ein Teil des Spiels quer durch die unterschiedlichen Lebensalter als Mittel gegen die pure Langeweile einerseits verstanden werden, anderseits jedoch auch als Möglichkeit zum kommunikativen, schöpferischen Tun. Aus anthropologischer Sicht ist das Spiel in sich zunächst wertfrei zu betrachten, erst von einer arbeitsbetonten Ethik her erhält das Spiel einen negativen Beigeschmack. Dieser abwertende Akzent kann beispielsweise in einer Leistungsgesellschaft dermaßen überbetont werden, daß das Spiel als vertrödelte und nutzlos vertane Zeit angesehen wird. Leider hat eine ausschließlich »erfolgsorientierte« Erziehung vieler Eltern und Erzieher zu einer Abwertung und Verunglimpfung des Spiels geführt; fälschlicherweise wird Spiel und Spielen als nutzlos vertane Zeit interpretiert. Das Spiel benötigt seine Zeit, und wenn dieses nicht ausdrücklich »produktiv« ist, dann ist die kostbare Zeit (»Zeit ist Geld!«) eben scheinbar vergeudet, und genau das widerspricht der sogenannten Arbeitsethik (vgl. auch K. HÜBNER in diesem Handbuch).

Bei der Frage nach dem tatsächlichen Stellenwert des Spiels im Verhältnis zu Langeweile und Muße geht es letztlich um den Vorrang bestimmter gesellschaftlich-kultureller Werte. Aus diesem Grunde ist es nahezu müßig, ausdrücklich darauf hinzuweisen, daß in einer pluralistischen Gesellschaft auch das Spiel die unterschiedlichsten Wertungen und Einstufungen erfährt.

2. Das Spiel als typische Betätigungsform in der Kindheit

Es gibt wohl kaum Kulturen und menschliche Gruppierungen, die das Spiel nicht wenigstens für die frühe Kindheit zulassen und als ein mehr oder weniger entwicklungsbedingtes Phänomen ansehen. ARISTOTELES soll schon darauf hingewiesen haben, daß man den Kindern Puppen geben möge, damit sie nicht allzu rauh mit ihren Geschwistern umgehen. Spielzeug dient in dieser Sichtweise also dazu, daß die Kinder über den Weg der Spielmittel zu einem guten und sachgerechten Umgang mit den Dingen der Erwachsenenwelt finden. Das Lernspielzeug ist keine Entdeckung gegenwärtiger Didaktik, sondern der spielerische Umgang mit den Dingen sollte immer schon den Kindern den Zugang zur Welt eröffnen. In diesem Sinne lassen sich die unterschiedlichsten Spiele und Spielzeuge verschiedener historischer Epochen interpretieren: das reicht von den Spielzeugfunden aus der Urgeschichte der Menschheit bis hin zu digitalen Steuerungen heutiger hochtechnisierter Modelleisenbahnen.

Nicht übersehen werden sollte jedoch, daß die Phase der Kindheit im eigentlichen Sinne eine Entdeckung der jüngsten Zeit ist; nicht ohne Grund verfaßte ELLEN KEY erst im Jahre 1900 ihr Werk »Das Jahrhundert des Kindes« (KEY 1991). Unbestreitbar aber haben die unterschiedlichsten Kultur- und Gesellschaftssysteme dem Spiel in der frühen Kindheit einen legitimen Platz eingeräumt, wenngleich die Dauer dieser Phase und die Intensität ihrer Ausrichtung auf die Erwachsenenwelt sehr unterschiedlich waren.

Auch in unserer heutigen Zeit verweisen breite Bevölkerungsschichten das Spiel in erster Linie in die Kindheit; mit dem Eintritt in die Schule muß die »Verspieltheit« abgelegt und der »Ernst des Lebens« übernommen und anerkannt werden. Leider wird durch die Geringschätzung des Spielens eine wirkliche kindgemäße Verhaltensform viel zu früh abgebaut und unterdrückt. Viel zu wenig wird dabei gesehen, daß damit auch die ausgesprochen positiven Auswirkungen des Spiels auf die Entwicklung der Phantasie, der Intelligenz und des sozialen Verhaltens gewaltsam abgeschnitten werden.

Das Spiel in späteren Lebensphasen, etwa in der Jugend oder dem Erwachsenenalter, dient dann - wenn es überhaupt noch zugelassen wird - mehr der Zerstreuung und Erholung.

Eine gewisse Ausnahme in dem Akzeptanzgrad stellen einige Denk- und Strategiespiele dar, die hohe Ansprüche an die intellektuelle Seite des Menschen stellen; hier ist zum Beispiel an das Schachspiel zu denken, das so ausdifferenziert ist, daß regelrechte Turniere auf verschiedenen Ebenen durchgeführt werden. Hier aber hat das Spiel einen dermaßen starken »Ernstcharakter« erhalten, daß es im Grunde schon kein Spiel mehr ist, was einige »Schach-Profis« durch die kommerzielle Austragung ihrer Partien und Wettbewerbe sehr eindrucksvoll belegen können. So lassen beispielsweise manche »Duelle« um die Weltmeisterschaft nicht nur den Charakter des Spiels, sondern auch jede Form von Fairneß vermissen.

Durch den in jüngster Zeit sehr attraktiv gewordenen Begriff der (körperlichen) Fitneß haben die Sportspiele und sportlichen Spielereien eine sehr hohe Wertschätzung erhalten. Dabei sollte aber nicht übersehen werden, daß auch der Sport in einer Leistungsgesellschaft nur allzuleicht in die Richtung des puren

Leistungssports gedrängt wird, der ausschließlich auf permanentes Siegen und Karriere angelegt ist. Die Diskussion um das Verhältnis von Spitzensport und Breitensport erfolgt nur viel zu wenig und wird von den führenden Sportverbänden wohl auch nicht sehr geschätzt. Die Profis in den verschiedensten sportlichen Disziplinen sind jedenfalls ein Beleg dafür, daß es im öffentlichen Sportverständnis weniger um eine zweckfreie, spielerische Betätigung des Menschen in seiner Ganzheit geht, sondern um das mehr oder weniger professionelle und kommerzielle Training von hochgradigen Spezialisten, die nicht nur ihre Freizeit, sondern auch ihren Beruf den »sportlichen« Ambitionen unterordnen.

3. Spiel als fundamentale Form der Kommunikation

Seit Aufkommen der Kommunikationswissenschaften wird üblicherweise zwischen verbaler und nonverbaler Kommunikation unterschieden. Das Spiel selbst kann zur Kommunikation werden und bedient sich dabei je nach Erfordernis verbaler oder nonverbaler Elemente.

Wie rasch das Spiel Kommunikation schaffen kann, wird deutlich sichtbar, wenn Kinder unterschiedlicher Sprachräume miteinander spielen; sie können sich in kürzester Zeit über die Spielregeln »verständigen«, ohne die Sprache als solche dabei zu gebrauchen. Es ist immer wieder erstaunlich, wie schnell zum Beispiel ausländische Kinder auch an Tisch- und Brettspielen teilnehmen können, wenn sie in Kindergarten oder Hort nur einen Moment zugesehen haben. Die Spielregeln werden bemerkenswert rasch verinnerlicht oder akzeptiert.

Aber das Spiel der Kinder erzeugt keineswegs nur Harmonie, sondern im Spiel treten auch Konflikte auf. Es ist wohl nur zu verständlich, daß bei wettbewerbsorientierten Spielen jedes Kind Sieger oder Gewinner sein möchte. Von der Anlage der Spiele her muß es aber Unterlegene und Verlierer geben, wenn man an dieser Stelle von der relativ geringen Zahl der kooperativen Spiele absieht. Diese kooperativen Spiele versuchen, dem Gewinner-Verlierer-Schema meist dadurch zu entgehen, daß die gesamte Spielgruppe gegen einen fiktiven (»bösen«) Gegner außerhalb der Mitspieler gewinnen oder verlieren kann. Dadurch kann sowohl die vielleicht auftretende Arroganz des Gewinners ebenso vermieden werden wie der Ärger oder die Enttäuschung des Verlierers.

Der soziale Lernprozeß, daß der einzelne nicht immer im Mittelpunkt stehen oder Gewinner sein kann, ist in einer Gesellschaft, deren Kinderzahl stetig abnimmt und in der die »Ein-Kind-Familie« zum Regelfall wird, ausgesprochen notwendig; diese wichtige soziale Erfahrung ergibt sich in fast »natürlicher« Form über das Spiel. Das Spiel hilft auf diese Weise, eine gesellschaftlich unerläßliche Frustrationstoleranz zu bilden. Dabei ist es sehr wichtig, daß Eltern und Erzieher das Kind nicht aus falsch verstandener Großzügigkeit heraus immer gewinnen lassen, da sonst eben doch jene Egozentrik ausgebildet und verstärkt wird, die eigentlich im Spiel abgebaut werden kann und soll. Verantwortungsvolle Erzieher entwickeln ein Gespür dafür, wie oft ein Kind verlieren kann und soll, ohne daß dessen Selbstwertgefühl leidet.

Im Spiel erfährt das Kind, daß es Spielregeln gibt, die einerseits wegen des Gemeinschaftsrahmens eingehalten werden sollen, die andererseits aber auch immer wieder hinterfragt werden sollen; nämlich ob diese Spielregeln so sein müssen, wie sie nun einmal sind, oder ob sie nicht zweckmäßigerweise doch verändert werden sollten. Im Grunde werden damit im Spiel die erforderlichen Verhaltensweisen eines »mündigen Bürgers« in natürlicher Form eingeübt. Sinnvolle Spielregeln leisten damit auch immer einen wesentlichen Beitrag zur sozialen und politischen Erziehung des jungen Menschen.

4. Spiel als Modell der Konfliktlösung

Durch seine verschiedenen Thematiken führt das Spiel das Kind und natürlich auch alle anderen Mitspieler in den jeweiligen Altersstufen zu denjenigen Konflikten, die auch sonst den heutigen Alltag bestimmen. HEIMLICH spricht diesen Bezug folgendermaßen aus:

»Spielsituationen werden unter ökologischem Aspekt erfaßbar als Spannungsfeld von zeitlichen, räumlich-dinglichen und sinnlich-sozialen Elementen, das durch eine So-tun-als-ob-Perspektive konstituiert wird und sich in einem gegebenen sozialräumlichen Umfeld konkret ausprägt« (HEIMLICH 1993, S. 40).

Von besonderem Interesse können im vorliegenden Zusammenhang all diejenigen Spiele sein, die sich mit dem Umweltschutz im engeren und weiteren Sinne befassen. Denn auch in ökologischen Fragestellungen stoßen immer wieder die unterschiedlichsten Interessenlagen aufeinander; das reicht vom bequemen und lediglich genußorientierten Konsumenten auf der einen Seite bis zum kritischen und verantwortungsbewußten Verbraucher auf der anderen Seite, von den diametralen Interessen mancher ausschließlich gewinnorientierter Produzenten einerseits bis zu den vorausschauenden Ökologen andererseits.

So können schon Kinder im Vorschulalter zum Beispiel in dem Spiel **Ene mene ... Müll** lernen, daß es sinnvoll ist, den Abfall im Sinne eines konsequenten Recyclings als wertvolle Rohstoffquelle anzusehen, wenngleich die jüngste Diskussion um das »Duale System« durchaus Zweifel an der Sinnhaftigkeit dieses Lernziels aufkommen läßt. Jugendliche und Erwachsene können in **Ökolopoly** (ein kybernetisches Umweltspiel von FREDERIC VESTER, auch als Computerversion erhältlich) die Vernetzung verschiedener Lebensbereiche der modernen Zivilisation kennenlernen. Im Spiel lassen sich Erfahrungen gewinnen, wie die jeweiligen Eingriffe in hochkomplexe Systeme auch wieder äußerst komplexe Effekte hervorbringen, was von unerwarteten Rückkopplungen über unkalkulierbare Zeitverzögerungen bis hin zu diversen Spätfolgen reicht. In konsequenter Weise werden den Mitspielern die Zusammenhänge folgender Bereiche vor Augen geführt: Politik, Sanierung, Produktion, Umweltbelastung, Bevölkerung, Vermehrungsrate, Lebensqualität und Aufklärung. Man kann über diese Einteilung gewiß streiten, aber in diesem Spiel lassen sich doch grundlegende Interessenkonflikte erfahren und in ihren Vernetzungen deutlich machen.

Das Spiel muß also keineswegs Ausdruck der Harmonie sein, sondern im Spiel lassen sich auch Konflikte erfahren und austragen. So können beispielsweise auch in den weit verbreiteten Gesellschaftsspielen wie **Mensch ärgere dich nicht** zum Teil sehr interessante Erfahrungen über offene und latente Konflikte gemacht werden (vgl. in diesem Handbuch HOLODYNSKI, Kap. 2.3.3 und Kap. 3.4). Da haben zum Beispiel die sonst häufig unterlegenen Familienmitglieder im Spiel einmal die Möglichkeit, sich gegen die sonst immer »übermächtigen« Gruppenmitglieder zu wehren. Wer derartige Spielkonstellationen aufmerksam beobachtet, kann sehr viel über die zugrundeliegenden Gruppenstrukturen erfahren. Ein anschließendes Gespräch kann eventuell sogar dazu beitragen, den sonst immer unterdrückten und zu kurz gekommenen Familien- oder Gruppenmitgliedern endlich zu ihrem Recht zu verhelfen.

In vielen Spielrunden mit Pägagogen vom Kindergarten bis hin zum Gymnasium wurde die Erfahrung gemacht, daß das Spiel häufig die zwischenmenschliche Atmosphäre so entkrampfen kann, daß während des Spiels oder im Anschluß daran über belastende Konflikte gelöster diskutiert werden konnte.

5. Spiel als verbindendes Element

Wenn zuvor betont wurde, daß das Spiel zur Formulierung polarisierender Interessen dienen kann, daß im Spiel durchaus verschiedene Konfliktlösungsmodelle erarbeitet werden können, dann darf nicht übersehen werden, daß das Spiel aber auch geradezu gegenteilige Wirkungen besitzen kann: Es verbindet Menschen miteinander.

So entsteht in verschiedenen Spielen nicht nur der Wille zum Gewinnen, sondern die Mitspieler fühlen sich zuweilen auch atmosphärisch als eine Gemeinschaft. Dabei handelt es sich im Spiel stets um eine freiwillige Gemeinschaft, denn die Bereitschaft zum Mitspielen kann eigentlich nie erzwungen werden, ohne daß sich bestimmte Mitglieder der Spielrunde regelrecht ausgenutzt oder gar »vergewaltigt« fühlen. Es ist ein geradezu widersprüchliches Phänomen, daß sich selbst bei einem wettbewerbsorientierten Spiel die Mitspieler gegenüber den Außenstehenden als »verschworene« Gemeinschaft fühlen; so werden auch Einmischungen von Dritten zuweilen ziemlich rüde zurückgewiesen.

Das Spiel verbindet aber nicht nur Menschen gleicher Altersstufen, sondern es verbindet auch Generationen miteinander. Viele der beliebten Gesellschaftsspiele sind inzwischen schon von einer Generation zur anderen weitergegeben worden und erfreuen sich daher eines hohen Bekanntheitsgrades.

Jüngere Kinder, Jugendliche und junge Erwachsene stehen den jährlichen Neuerscheinungen im Spielemarkt meist sehr aufgeschlossen gegenüber. Es gibt eine Anzahl von sogenannten »Spiele-Freaks«, denen es einfach Spaß macht, neue Spiele kennenzulernen und auszuprobieren. Die älteren Menschen neigen zum Teil dazu, stärker die bewährten Spiele zu pflegen, was sicherlich nicht nur daran liegt, daß manche der neuen Spielmechanismen zu komplex angelegt sind, sondern sich auch daraus ergibt, daß viele Spielregeln dermaßen schlecht geschrieben sind, daß die Spiellaune durch unverständliche Texte bereits erheblich gedämpft wird. In den letzten Jahren sind hier zwar Fortschritte erzielt worden, aber der sprachlichen und graphischen Gestaltung der Spielregeln wird von einigen Produzenten immer noch viel zu wenig Bedeutung beigemessen.

Nicht selten wird beklagt, daß in der heutigen Gesellschaft besonders die älteren Menschen in eine zunehmende Isolation geraten. Das Spiel allein kann hier sicherlich keine Lösung darstellen, aber es kann immer wieder helfen, daß zwischen den Generationen Verbindungen entstehen. Hier ist in Zukunft viel stärker an frei zugängliche Spielrunden in Cafés, Gast- und verschiedenen Begegnungsstätten zu denken. Wenn im Spiel die Vorurteile zwischen den Generationen abgebaut werden, dann lassen sich vielleicht auch für manche isolierte jüngere Familien sogenannte Ersatzomas und Ersatzopas finden, die selbst wieder durch derartige Kontakte neuen Lebensmut gewinnen. Das Spiel ist also, wie an dem letzten Punkt besonders deutlich geworden sein mag, auch ein ausgezeichnetes sozialpädagogisches Hilfsmittel.

Wichtig ist aber in diesem Zusammenhang, daß auch die Pädagogen selbst erst wieder einen Zugang zum Spiel finden und seinen Wert erkennen, denn nur derjenige, der selbst gern spielt, kann die Begeisterung für das Spiel weitervermitteln. Wenn jemand ungern spielt, wird er gewiß niemanden für das Spielen begeistern können. Somit ist auch bei den Pädagogen aller Arbeitsbereiche erst ein Bewußtsein für das Spiel zu schaffen, um dann die verbindende Wirkung zum Tragen kommen zu lassen. HEIMLICH faßt die Basisqualifikationen eines Spielpädagogen in fünf Sätzen zusammen (HEIMLICH 1993, S. 139f.):

- Wer Spielpädagoge werden will, muß selbst spielen können.
- Spielpädagogisches Handeln hängt aufs engste mit der eigenen Spielbiographie zusammen.
- Spielpädagogen verfügen über ein hohes Maß an Beobachtungsfähigkeit.
- Spielpädagogen verfügen über ein hohes Maß an Sensibilität und Flexibilität im sozialen Umgang.
- Spielpädagogen können kreativ und phantasievoll mit Räumen und Materialien umgehen.

Die hier aufgeführten Merkmale können in sehr eindrucksvoller Weise hervorheben, welche pädagogischen Prozesse und Bewegungen sich auch in erstarrten Systemen und Strukturen entfalten können, wenn dem Spiel genügend Beachtung geschenkt wird, wenn sein tatsächlicher Stellenwert Berücksichtigung findet.

6. Spiele als Konsumartikel

In einer Konsumgesellschaft gibt es nicht nur pädagogisch orientierte oder gar wertvolle Spiele, sondern das Spielzeug ist eine Ware geworden, für die mit allen Mitteln Konsumenten gesucht werden. Das Spektrum der heute angebotenen Spielmittel hat Ausmaße erreicht, die sich die heutige Eltern- und Erziehergeneration in der eigenen Kindheit nie hätte träumen lassen. Nicht zuletzt die neuen Materialien, Plastikarten und diverse Kunststoffe, ermöglichten Spielzeuge zu relativ günstigen Preisen, die heute die Angebotsregale der Kaufhäuser und Spielzeuggroßanbieter füllen. Die recht unterschiedliche Lebensdauer und die starke Unterwerfung in bezug auf Modetrends und Zeitgeist führen dazu, daß es einerseits sehr langlebige Produktgruppen (z.B. Modelleisenbahnen, Teddybären und Konstruktionsspielzeuge) und andererseits sehr kurzlebige Artikel (diverse Monstermodelle, elektronische Spielgeräte und bestimmte Puppen) gibt. Die letztgenannten werden dabei vor allem in den Massenmedien binnen eines sehr begrenzten Zeitraumes beworben und hochgepuscht, geraten aber schon nach kurzer Zeit wieder in Vergessenheit bzw. werden durch neue Modespielwaren und aktuelle Trends ersetzt oder gar zu Schleuderpreisen verkauft.

Ganz ohne Zweifel besitzt das Spiel eine Fülle pädagogischer Chancen und Impulse, die zum Teil noch gar nicht systematisch und konsequent genutzt werden. Es steht aber genauso außer Frage, daß Spiele und Spielzeug in einem nie zuvor geahnten Ausmaß ein Produkt von wirtschaftlichem Interesse sind.
So ist für den europäischen Spielzeugmarkt das größte Ereignis eines jeden Jahres die »Nürnberger Messe«; hier trafen sich 1993 knapp 2.400 Aussteller aus 48 Ländern, um ihre jeweiligen Neuheiten und bewährten Produkte zu präsentieren (Branchenbrief international, 2/93); insgesamt besuchten etwa 52.000 Besucher diese Messe (Branchenbrief international, 3/93).
Die Spielwarenindustrie hatte im Jahre 1992 einen Gesamtumsatz von knapp 6,6 Milliarden DM (Branchenbrief international, 1/93); wovon nach Befragung der »Fachgruppe Spiel«, ein Zusammenschluß der größeren Spieleproduzenten, rund 800 Millionen DM auf den Bereich der Spiele und Puzzles entfielen (Branchenbrief international, 3/93). Die genannten Summen lassen bereits ahnen, daß das Geschäft mit Spielen und Spielzeugen ein heftig umkämpfter Markt ist. Wie stark dieses Ringen um Marktanteile tatsächlich ist, zeigen beispielsweise die Werbeausgaben. So wurden im Jahre 1992 von der Spielzeugbranche insgesamt etwas über 162 Millionen DM für Werbung in den Massenmedien ausgegeben, was gegenüber 1991 eine Steigerung um 40,4 % bedeutet (Branchenbrief international, 6/93).

Aus diesen Zahlen ergibt sich zwangsläufig, daß das Spiel nicht vom Idealismus einiger Spielpädagogen und Spielforscher lebt, sondern ein ausgesprochen hartes Geschäft ist. Mit allen Mitteln, die sonst auch im wirtschaftlichen Bereich angewandt werden, kämpfen die einzelnen Firmen mit harten Marketing- und PR-Strategien um den jeweiligen Anteil am entsprechenden Marktsegment. Besonders hohe Werbeetats haben die Hersteller von Computer- und Videospielen eingesetzt, um sich ihren extrem hohen Marktanteil in kürzester Zeit zu erkämpfen. Einige der großen Hersteller klassischer Tisch- und Brettspiele haben diese Herausforderung noch nicht deutlich genug erkannt und auch noch nicht angenommen. Man träumt hier noch gar zu gern von den zum Teil zweistelligen Zuwachsraten vergangener Jahre und verkennt dabei, daß durch die Struktur der Bevölkerungspyramide ein noch härterer Wettbewerb ins Haus steht.
Auf den Spielwarenmessen bieten die großen Spieleproduzenten den Händlern komplette Werbestrategien an. Es wird also nicht nur das jeweilige neu auf den Markt gebrachte Produkt ausgiebig beworben, sondern es werden flankierende Werbemaßnahmen unterschiedlicher Art angeboten. Das Fernsehen hat in diesem Werbewettkampf einen hohen Stellenwert, denn wenn ein Spiel oder Spielzeug intensiv und geschickt in diesem Medium plaziert wird, lassen die gesteigerten Absatzzahlen nicht lange auf sich warten. In diese Werbemaßnahmen werden verständlicherweise auch alle übrigen Massenmedien eingesetzt. Durch verschiedene Preisverleihungen soll die Attraktivität einzelner Spiele für den

Konsumenten noch gesteigert werden. In der Tat sind mit einzelnen Preisen auch beträchtliche Steigerungen der Verkaufszahlen verbunden.
Auch die »Internationalen Spieltage«, die jährlich in der Messestadt Essen organisiert werden, dienen nicht nur dem Informationsbedürfnis der Spiele-Freaks. Sie haben auch nicht mehr den »intimen« Charakter aus der Zeit ihrer Gründung, wo sie noch in den Räumen einer Volkshochschule stattfinden konnten. Jetzt werden die Messehallen nach Angaben des Organisators in den letzten Jahren von über 100.000 Menschen in nur vier Tagen besucht, was letztlich auch zu einer Kommerzialisierung beiträgt.
Durch diesen allerorts zu entdeckenden Trend zur Kommerzialisierung ist das Spiel längst nicht mehr das liebevoll gestaltete Produkt eines kleinen oder mittleren Handwerks- oder Manufakturbetriebes, sondern es ist ein Massenartikel geworden, dessen Kalkulation unter strengen wirtschaftlichen Maßstäben erfolgen muß. Schon äußerlich kommen fast nur noch normierte Kartongrößen zur Anwendung, weil auf diese Weise der Transport auf Euro-Paletten und die Präsentation in den Großkaufhäusern erleichtert werden.
In früheren Zeiten besaßen die meisten Familien nur eine mehr oder minder große Spielesammlung, die sorgsam gehütet und genutzt wurde; darum lernten die Kinder schon früh den sorgfältigen Umgang mit dem familieneigenen »Spiele-Magazin« oder jedenfalls mit einem sorgfältig ausgewählten Fundus bewährter Spiele. In der Gegenwart wird das Spiel weniger als ein Kulturgut, sondern eher als ein Verbrauchsartikel angesehen. Damit unterliegen die Spiele viel stärker den Prinzipien der Verbrauchs.
In unserem Kulturkreis werden insbesondere in der Herbst- und Vorweihnachtszeit die Spiele beworben und so in den Horizont des Verbrauchers gerückt. Dabei werden die vielfältigen Wünsche und Bedürfnisse der Käufer von der Spieleindustrie weitgehend berücksichtigt: Der Markt macht seine Angebote vom preiswerten »Mitbringspiel«, das sich die Kinder wegen des erschwinglichen Preises auch untereinander beispielsweise zu Kindergeburtstagen schenken können, bis hin zum repräsentativen Exklusiv-Spiel, das den gehobenen Ansprüchen der Erwachsenen genügen mag.
Es ist sehr bedauerlich, daß die meisten Spiele in Plastikfolien eingeschweißt werden, damit einerseits der Käufer sicher sein kann, sein Spielmaterial vollständig im erworbenen Karton erhalten zu haben, damit andererseits der Karton äußerlich nicht beschädigt wird. Diese Plastikfolie ist – wie in vielen anderen Bereichen auch – eine Verschwendung kostbarer Rohstoffe, die unter ökologischen Gesichtspunkten dringend vermieden werden müßte. Aber hier muß erst ein Bewußtsein bei Herstellern wie Konsumenten gleichermaßen geschaffen werden. Einzelne Firmen sind erfreulicherweise dazu übergegangen, die Unversehrtheit und Vollständigkeit eines Spieles auch mit einer Verpackung aus Recycling-Papier oder mit Siegelmarken kenntlich zu machen.
Wenngleich das Spiel nun Gegenstand industrieller Produktion geworden ist, sollte aus pädagogischer Sicht betont werden, daß viele Spiele, die im Handel angeboten werden, zum Teil mit geringen Mitteln selbst hergestellt werden können (HEROLD/HEROLD 1993). Gleichzeitig ist hervorzuheben, daß zum Beispiel

Kinder sich viel eher mit einem Spiel identifizieren, wenn sie es selbst hergestellt haben oder zumindest die Herstellung selbst mitverfolgen konnten. In den letzten Jahren haben sich auch einige Firmen gefunden, die breit gefächerte Rohmaterialien für selbstentwickelte Spiele vertreiben und dem kreativen Spieleerfinder einige handwerkliche Arbeiten abnehmen können.

In der Tat ist es nicht leicht, sich in dem Spielemarkt, der jährlich etwa 300 Neuerscheinungen allein im deutsch-sprachigen Raum bringt, zurechtzufinden. Die Werbung in den Medien bietet nur selten hilfreiche Sachinformationen, sondern zielt mit allen erdenklichen Mitteln auf Verkaufsförderung. Nicht selten suggerieren derartige Werbespots etwas, das mit dem eigentlichen Spiel kaum noch etwas zu tun hat. Kinder und Eltern erleben oft herbe Enttäuschungen, wenn sie ihre Kaufentscheidung für ein Spiel nach der Werbung getroffen haben. Die Beschreibungen der Spiele auf den Rückseiten der Kartons sind meist auch nicht ausreichend, um sich ein genaueres Bild vom jeweiligen Spiel zu machen. Die Verkäufer sowohl in den Fachgeschäften als auch besonders in den großen Kaufhäusern sind überfordert, wenn sie alle neuen und alten Spiele so kennen sollen, daß sie den Kaufinteressenten wirklich sachkundig beraten könnten. Ganz und gar »erschlagen«, weil meist ohne Beratung auf sich allein gestellt, sind die Käufer allerdings im riesigen Sortiment eines in Deutschland immer häufiger anzutreffenden Spielzeugsupermarktes.

Ein guter Weg zum richtigen Spiel liegt für den Käufer im Besuch einer der vielen Bibliotheken, die heute das Spiel in ihr Angebot aufgenommen haben. Durch die Ausleihe eines Spiels können die potentiellen Käufer vorab ausprobieren, ob ein Spiel tatsächlich dasjenige hält, was sie von ihm erwarten.
Es gibt auch einige Ratgeber oder Spielelisten von diversen Spielekritikern, die bei der Einschätzung und Bewertung von Spielen hilfreich sein können (z.B. in Buchform: KORTE/GREGAREK 1992; SPEICHERT/GOTTWALD 1992 oder die Hinweise von WESSEL in Kap. 5.2 dieses Handbuchs).
Einige Schwierigkeiten für alle Spielekritiker dürften einerseits in der Natur des Spiels selbst liegen, andererseits in der Subjektivität der Maßstäbe. So kann zum Beispiel die Spannung eines Spiels von ganz verschiedenen Faktoren abhängen, die von der Art der Mitspieler bis zur jeweiligen Atmosphäre reichen, was sich leicht verdeutlichen läßt. So ist z.B. das **Waldschattenspiel** ein sehr reizvolles Kinderspiel für die dunkle Herbst- oder Winterzeit, wäre aber zum Beispiel im Sommer oder gar am Strand so gut wie unspielbar. **Life Style** und **Ungeheuer Indiskret** sind beispielsweise sehr kommunikative Spiele, die aber dennoch keinen Spaß machen, wenn die jeweiligen Teilnehmer kein Interesse haben, etwas über andere Menschen zu erfahren, und/oder nicht bereit sind, auch etwas von sich selbst preiszugeben.

Dem Konsumenten kann letztlich nur der Rat erteilt werden, sich möglichst firmenunabhängig zu informieren und ein Spiel nach Möglichkeit vor dem Kauf selbst auszuprobieren, weil sich so am ehesten Enttäuschungen und Fehlkäufe vermeiden lassen.

7. Umweltspiele und Gesellschaft

Eine sehr umfangreiche Analyse der Beziehungen zwischen den jeweiligen Spielmitteln und den gesellschaftlichen Strukturen hat HEIN RETTER in einem »Handbuch zur Geschichte und Pädagogik der Spielmittel« vorgelegt, worin er unter anderem folgende Erkenntnis formuliert:

»*Alles Spielzeug bildet einen Ausschnitt aus dem gegenständlichen und geistigen Leben seiner Zeit ab. Gleichzeitig weist es über den Bereich des Bestehenden und allgemein Bekannten hinaus und vermittelt etwas Neues, das die Imagination des Betrachters bzw. Benutzers anregt*« (RETTER 1979, S. 80).

In ähnlicher Weise hat G. SCHÄFER den Ort des Spiels als »intermediären Raum« angesprochen, der zwischen innerer und äußerer Realität liegt (SCHÄFER 1989, S. 31ff.).

Wie stark die gesellschaftlichen Leitthemen und besonderen Probleme von den Spielen inhaltlich aufgegriffen werden, läßt sich wohl am anschaulichsten mit dem **Monopoly-Spiel** verdeutlichen, das in den vergangenen 60 Jahren mit rund 150 Millionen Stück das meistverkaufte Wirtschaftsspiel in Deutschland war (Branchenbrief international, 1/93).

Es bedarf kaum eines Kommentars, daß in einer leistungsorientierten Gesellschaft nahezu alle Formen des Wettkampfes ihre Entsprechungen auch im Spiel finden. So finden sich viele Formen des Konkurrenzverhaltens, das reicht von Börsen- und Bankenspielen über diverse Wirtschafts- und Handelsgüter bis hin zu den Spielen, in denen sich Machtstreben, Belagerung, Angriff, Verteidigung und kämpferische Auseinandersetzung spiegeln.

Leider ist es erst in jüngster Zeit dem Umweltschutz gelungen, zu einem anerkannten Thema der Gesellschaft zu werden. Zum Schutz der Umwelt bildeten sich je nach Situation kleinere Intiativgruppen und größere Umweltschutzorganisationen.

Die drängenden Fragen des Umweltschutzes wurden zum Teil auch von einigen Spieleherstellern aufgegriffen, weil man sich entweder der Sache verpflichtet fühlte oder eben nur eine Marktlücke witterte.

Nun wurden die ersten Umweltspiele sehr stark auf den Lerneffekt und das Umweltbewußtsein hin entwickelt, wodurch der Spielspaß ganz einfach zu kurz kam. Aus dem Umfeld der Bemühungen um Spiele, die sich einem ökologischen Bewußtsein widmen, kamen auch verschiedene Umwelt-Spiel(e)bücher, die insgesamt zwar die Anliegen des Umweltschutzes in den Vordergrund stellten, aber damit den Spiel-Erwartungen der Interessenten nicht voll entsprachen; es handelte sich meist um sehr brauchbares Seminarmaterial, das aber keine allzu starke Breitenwirkung erzielen konnte (z.B. ADAM/HOFFMANN/SALEHIAN 1988; HOFFMANN u.a. 1988; KNIRSCH 1988; BARTL/BARTL 1990; BREUCKER-RUBIN u.a. o.J.). Auch das Bewußtsein, daß ein gutes und spannendes Spiel kein industriell vorgefertigtes Produkt sein muß, sondern zum Teil mit sehr einfachen Materialien gebaut werden kann, muß erst noch auf breiterer Ebene entwickelt werden.

In vielen umwelt- und naturschutzorientierten Gruppen, auch von vielen Schulklassen, sind in der Vergangenheit sehr interessante Umweltspiele, zum Teil mit

»Wegwerf«-Materialien, entwickelt worden. Der Arbeitseifer und die Kreativität von Kindern und Jugendlichen auf diesem Gebiet waren erstaunlich; so wurde zum Beispiel von einer Dortmunder Schulklasse in einem selbstgebastelten Spiel die Müllsortierung sehr lebensnah mit benutzten Filmpatronen simuliert, die sich hervorragend als Miniatur-Mülltonnen eigneten.

Derartige Spiele bieten sogar eine Möglichkeit, daß die Erwachsenen von Kindern lernen, zumal die Kinder über weite Strecken viel eher für die Anliegen des Umweltschutzes zu gewinnen sind, da sie noch nicht so bequem und festgefahren in den Konsumgewohnheiten wie die Elterngeneration sind.

Wie schwer man sich mit dem didaktischen Spielmaterial und den reinen Lernspielen tat, hat man wohl am deutlichsten in der ehemaligen DDR erfahren (siehe auch Beitrag GÜRTLER/BUCH in diesem Handbuch), wo das Spielen letztlich nur legitim war, wenn nachweislich dadurch gelernt wurde. W. JESKE charakterisierte diese Spielpädagogik als ziemlich überholt und schrieb darüber:

»Die Kinder gestalten im Spiel selbständig Erscheinungen ihrer gesellschaftlichen Umwelt nach und reproduzieren sie. Sie handeln und verhalten sich so, als ob ihre Darstellungen Wirklichkeit wären; sie wollen so handeln wie die Erwachsenen. Damit wird die Darstellung des Inhalts der Tätigkeit von Erwachsenen zum Ziel ihres Spiels« (JESKE 1983, S. 532).

Das Spiel in dem genannten Sinn ist also keineswegs Selbstzweck, sondern empfängt seine Zielsetzung aus der Ausrichtung auf das spätere Leben und die konkrete Arbeit:

»Die Erziehung der Liebe zur Arbeit ist ein wesentlicher Grundbestandteil der zentralen und umfassenden Aufgabe der sozialistischen Bewußtseinsbildung der Kinder. Im Vorschulalter sollen bereits erste Erkenntnisse und Einsichten darüber grundgelegt werden – durch das Spiel –, daß Arbeit im Sozialismus den gesellschaftlichen und persönlichen Interessen dient. Die Erziehung der Persönlichkeit erfolgt im Kollektiv und durch das Kollektiv zum kollektiven Verhalten« (JESKE 1983, S. 544).

Spiel war in der sozialistischen Pädagogik nur dann gestattet, wenn sich daraus direkte und nach Möglichkeit auf das sozialistische Kollektiv bezogene Erkenntnisse gewinnen ließen (CLAUS/HECKMANN/SCHMIDT-OTT 1973, insb. S. 172ff.). Aus diesem Grunde bemühen sich Pädagoginnen und Pädagogen nahezu aller Erziehungseinrichtungen in den neuen Bundesländern nach der Wiedervereinigung erst einmal darum, den Wert des Spieles in sich zu entdecken und es nicht nur als didaktisch-methodisches Hilfsmittel einzusetzen.

Insgesamt aber müssen die Möglichkeiten des Spiels zur Weckung und Pflege eines ökologischen Verantwortungsbewußtseins sowohl im schulischen als auch im außerschulischen Raum erst entdeckt und zu Spielformen gestaltet werden, die nicht nur an Materialsammlungen für Wochenendseminare erinnern, sondern die das freudige Tun in den Vordergrund stellen.

Zur Entwicklung solcher Spielformen könnten beispielsweise neben den Spieleherstellern größere Umwelt- und Naturschutzorganisationen oder auch Bundes- und Länderministerien entsprechende Förderpreise in verstärktem Maße aussetzen. Hier liegt ein großes Arbeitsfeld für den Bereich des Spiels noch weitgehend brach.

8. Soziale Unterschiede im Spielverhalten

Wenn zuvor der verbindende Charakter des Spiels betont wurde, so darf doch nicht übersehen werden, daß das Spiel auch trennende Züge an sich hat. Schon beim Eintritt in den Kindergarten fallen aufmerksamen Erzieherinnen und Beobachtern rasch die großen Unterschiede zwischen den Kindern auf, die im Elternhaus – sei es nun im Umgang mit den Erwachsenen oder auch mit Gleichaltrigen – das Spielen »gelernt« haben, und denjenigen, die nicht spielen können.

Im Erziehungsverhalten der mittleren und gehobenen sozialen Schichten haben sich inzwischen doch einige Erkenntnisse über die Bedeutung des Spiels für die Gesamtentwicklung des Kindes bemerkbar gemacht. Es gibt in höheren Sozialschichten durchaus ein Bewußtsein für »gutes« Spielmaterial, weil man weiß, daß das Spiel alle Bereiche der Entwicklung fördern kann: das reicht von einfachen körperlich-motorischen Übungsfunktionen über emotional-affektive Aspekte und die soziale Entfaltung bis hin zur intellektuellen Entwicklung der Persönlichkeit. Aus diesen Gründen wird dem Spiel einfach mehr Beachtung geschenkt; aufgeschlossene Eltern sind durchaus bereit, dem Spiel mit ihren Kindern auch die entsprechende Zeit zu »opfern«.

Die Eltern und Erzieher aus gehobenem sozialen Milieu achten sehr genau auf pädagogisch-psychologische »Güte«-Siegel des Spielmaterials; sie sind auch bereit, sich eingehend über unterschiedliches Spielzeug zu informieren, und stellen keineswegs nur den Preisaspekt in den Vordergrund. Je höher die soziale Stellung der Eltern liegt, desto geringer sind die Spontankäufe im Spielbereich; mit wachsender Information geht ein kritisches Verhalten einher, was selbstverständlich die eine oder andere Fehlanschaffung nicht ausschließt.

Nun hat gutes Spielmaterial nicht zuletzt wegen seiner Gestaltung, der guten Verarbeitung und des stabilen Materials einen relativ hohen Preis; dieser Preis aber zahlt sich im Regelfall durch die große Haltbarkeit einerseits und die langdauernde Attraktivität des Spielmaterials aus. Dennoch ist es durchaus verständlich und einleuchtend, daß einkommensschwächere Bevölkerungsteile für das Spielmaterial ihrer Kinder eben nur beschränkte Summen ausgeben können. Aber gutes Spielmaterial ist keineswegs nur eine Frage des Geldes, sondern der gesamten Einstellung zum Spiel.

So sei nur darauf verwiesen, daß mit entsprechender Phantasie und Kreativität ohne großen Kostenaufwand hervorragende Spielmaterialien für die Kinder geschaffen werden können, wenn nur erst der Wille und die Bereitschaft vorhanden sind, das kindliche Spiel nicht als überflüssige Spielerei und Kinderei abzutun, sondern es als ursprüngliche Ausdrucks- und Verhaltensweise des Kindes anzunehmen und zu erwidern.

9. Der Stellenwert des Spiels für die Gesellschaft

Vor etwa zehn Jahren gab der leider inzwischen tragisch verunglückte Pädagoge KARL JOSEF KREUZER ein erstes größeres »Handbuch zur Spielpädagogik« in vier Bänden heraus (KREUZER 1983/84), womit er den Stellenwert des Spiels in der Pädagogik verdeutlichen wollte. Zunächst konnten viele Pädagogen mit dem

Spiel nicht viel anfangen, da sie zu sehr auf das Lernen ausgerichtet waren; auch die klassischen Erziehungsinstitutionen vom Kindergarten bis zur Hochschule konnten sich mit dem Spiel zunächst nicht anfreunden. Noch vor drei Jahren glaubte der Leiter des Arbeitsamtes einer nordrhein-westfälischen Großstadt nicht, daß Spielpädagogik überhaupt etwas mit Arbeit zu tun haben könnte, und wollte für seinen Bereich keinerlei Arbeitsbeschaffungsmaßnahme in dieser Richtung gelten lassen, weil er Spiel nur mit Freizeit und Vergnügen, mit Erholung, Entspannung und vergeudeter Zeit assoziieren konnte.

Doch je stärker sich unsere Gesellschaft in Richtung einer Leistungsgesellschaft entwickelt, desto mehr benötigt sie – zum Teil als Gegengewicht – den Pol des Spiels, das in sich selbst wieder sehr kreativ sein kann, aber nicht zwangsläufig sein muß.

Des weiteren ist auch zu bedenken, daß eine Freizeitgesellschaft, die dermaßen stark auf die Nutzung des Fernsehens (mit einer fast unübersehbaren Vielzahl von Kabel- und Satellitenprogrammen) ausgerichtet ist, in verschiedenen Spielaktivitäten ein aktives Gegengewicht zur sonst stark passiven Haltung finden kann.

Die Spielpädagogik muß der Gesellschaft wieder deutlich machen, daß das Spiel eine Grundkategorie des menschlichen Seins ist, die dem Menschen nicht ungestraft genommen werden darf. Es muß wieder deutlich werden, daß der Mensch auch ein »Homo ludens« ist, also ein Wesen, das nicht nur spielen kann, sondern auch spielen muß.

Das Spiel stellt eine Kategorie des menschlichen Lebens dar, die weiter nicht zu begründen ist; das Spiel ist letztlich eine Grundform menschlicher Äußerungsmöglichkeiten. So würdigt ANDREAS FLITNER in seinem Nachwort die kulturhistorische Einordnung des Spiels durch JOHAN HUIZINGA folgendermaßen:

»*Der Mensch ist ein Spieler – und zwar nicht nur in den unteren, den primitiven Schichten seines seelischen Lebens, wo sein Spielbedürfnis dem junger Tiere ähnlich ist. Ein Spieler ist er gerade auch dort, wo seine feinsten und humansten Möglichkeiten sich entfalten: wo die Kultur entsteht*« (FLITNER, in: HUIZINGA 1987, S. 232).

Da Umwelt- und Naturschutz für den modernen Menschen wichtiger und lebensnotwendiger als je zuvor geworden sind, wäre es wünschenswert, wenn sich die Gesellschaft dieses fundamentale Anliegen auch im Spiel zu eigen machte und wenn jüngere und ältere Menschen gleichermaßen erkennen würden, daß zum Erhalt der Gesellschaft Umwelt- und Naturschutz dringend ins Spiel gebracht werden müssen.

Noch ist die Welt nicht ganz verspielt! – Auch im Spiel haben Natur, Ökologie und Gesellschaft noch Chancen!

Literatur

ADAM, HILDE/HOFFMANN, WOLFGANG/SALEHIAN, FREDON (Hrsg.): Umwelt im Spiel. Brett-, Rollen-, Naturerfahrungsspiele, Spiel- und Mitmachaktionen. Ökotopia, Münster 1988;
BARTL, ALMUTH/BARTL, MANFRED: Umweltspiele noch und noch. Tolle Spielideen für drinnen und draußen. Herder, Freiburg/Basel/Wien, 1990^2;
BRANCHENBRIEF INTERNATIONAL 13(1993), Nr. 1, 2, 3, 6;
BREUCKER-RUBIN, ANNETTE u.a.: Umwelt-Spielekartei. Ökotopia, Münster/Rhinozeros, Essen o.J.;

CHRISTIANSEN, BRODER-HEINRICH: Militarisierung der Kindheit. In: Militarisierung der Kindheit. Katalogreihe »Ausstellungen Museum Schloß Salder«, Bd. 12. Stadt Salzgitter, Salzgitter 1990a, S. 9–12;
CHRISTIANSEN, BRODER-HEINRICH: Schlußgedanken. In: Militarisierung der Kindheit. Katalogreihe »Ausstellungen Museum Schloß Salder«, Bd. 12. Stadt Salzgitter, Salzgitter 1990b, S. 137–138;
CLAUS, JÖRG/HECKMANN, WOLFGANG/SCHMIDT-OTT, JULIA: Spiel im Vorschulalter. EVA, Frankfurt a.M. 1973;
FRITZ, JÜRGEN: Spiele als Spiegel ihrer Zeit. Matthias Grünewald, Mainz 1992;
GLONNEGGER, ERWIN: Das Spiele-Buch. Brett- und Legespiele aus aller Welt. Hugendubel, München/Otto Maier, Ravensburg 1988;
HEIMLICH, ULRICH: Einführung in die Spielpädagogik. Klinkhardt, Bad Heilbrunn 1993;
HEROLD, CORDULA/HEROLD, WIELAND (Hrsg.): Tolle Spiele selbst gemacht. Rowohlt, Reinbek 1993;
HOFFMANN, WOLFGANG u.a.: Das Umweltspielebuch. Brett-, Rollen-, Plan- und Naturerfahrungsspiele, Spiele-Ketten. Ökotopia, Münster 1988[4];
HUIZINGA, JOHAN: Homo ludens. Rowohlt, Reinbek 1987;
JESKE, WERNER: Das Spiel des Vorschulkindes im Sozialismus. In: KREUZER, KARL JOSEF (Hrsg.): Handbuch der Spielpädagogik. Bd.1: Das Spiel unter pädagogischem, psychologischem und vergleichendem Aspekt. Schwann, Düsseldorf 1983, S. 531–545;
KEY, ELLEN: Das Jahrhundert des Kindes [1900]. Beltz, Weinheim/Basel 1991;
KNIRSCH, RUDOLF R.: Unsere Umwelt entdecken. Spiele und Experimente für Eltern und Kinder. Krüger, Frankfurt a.M. 1988;
KORTE, RAINER/GREGAREK, SILVIA: 77 Spitzen-Spiele. Grafit, Dortmund 1992;
KREUZER, KARL JOSEF (Hrsg.): Handbuch der Spielpädagogik. 4 Bde. Schwann, Düsseldorf 1983/84;
RETTER, HEIN: Spielzeug. Handbuch zur Geschichte und Pädagogik der Spielmittel. Beltz, Weinheim/Basel 1979;
SCHÄFER, GERD E.: Spielphantasie und Spielumwelt. Juventa, Weinheim/München 1989;
SCHEUERL, HANS (Hrsg.): Das Spiel. Bd. 2: Theorien des Spiels. Beltz, Weinheim/Basel 1991[11];
SCHMIDTCHEN, STEFAN/ERB, ANNELIESE: Analyse des Kinderspiels. Kiepenheuer und Witsch, Köln 1976;
SPEICHERT, HORST/GOTTWALD, BERND (Hrsg.): Die ausgezeichneten Spiele. Rowohlt, Reinbek 1992.

1.6 Spielen in der DDR – Situation vor und nach der Wende

Matthias Gürtler/Ursula Buch

1. Einleitung

Der Ostberliner Fotograf CHRISTIAN BORCHERT fotografierte Mitte der achtziger Jahre Familien in der DDR – in Berlin, auf dem Land und in mittleren Städten. Oft mit Hilfe eines Pfarrers als Vertrauensperson fand er Einlaß in den inneren Schutzbereich der Familien. Er bat sie, sich in ihrem Wohnzimmer aufzustellen, so wie sie es selbst wollten, und auch den Hintergrund zu wählen. Die Bilder sind reich an Details, zeigen die Einrichtung, die Wirklichkeit, auch den Traum vom anderen Beruf oder eines anderen Seins, zeigen Nähe und Abstand zueinander.
Diese Bilder wurden in verschiedenen Ausstellungen gezeigt, so auch in der DDR-Kunstausstellung in Dresden. Als aber die Kirche Interesse an diesen Bildern zeigte und noch eine ganze Reihe von (spielerischen) Ideen dazu nannte, schöpfte das für die Druckgenehmigung zuständige Kulturministerium Verdacht und verweigerte diese. Wie so oft gab es keine Begründung, die man entkräften oder der man begegnen konnte. Die Genehmigung wurde einfach nicht gegeben. Einer der Funktionäre ahnte wohl, wie aufschlußreich die Bilder in der Hand des unkontrollierten und nichtmanipulierten Betrachters sein konnten.
Über alle Bereiche unseres Lebens und natürlich auch über Literatur und Kultur zogen sie ein Netz der Kontrolle und Steuerung. Die Staatssicherheit horchte und spähte nicht nur, sondern zog auch aus dem »Dunkeln« an den Fäden.

Kurz vor der Wende gelang es, diese Bilder und die entsprechenden »Spielanleitungen« als Fotomappe für die innerkirchliche Bildungsarbeit zu veröffentlichen (BORCHERT 1989). Auch heute geben diese Bilder noch einen guten Einblick in die menschliche Situation der ehemaligen DDR. Einige Bilder davon lassen sich auch für den Bereich der Umwelterziehung nutzen. So kann man z.B. die Bilder 12 und 26 mit folgenden Arbeitsanweisungen einsetzen:

2 Familien – 2 Welten:
Hoyerswerda, mitten in der Braunkohle, aufgerissene Erde, Industrie- und Kraftwerksschornsteine, aus denen die Abgase quellen. Der Montagemeister und die Lohnbuchhalterin sind durch ihre Arbeit gebunden. Welche Probleme belasten die Familie F. (Umwelt, Gesundheit, Ernährung, Kultur u.a.)? Kommt für sie eine andere Lebensart in Frage?
Familie A., beide Maler und Grafiker, sind auf's Land gezogen (Krummenhagen). Sie suchen eine Alternative zur Stadt, die immer weniger Spielraum läßt. Warum konnten sie auf's Land ziehen? Was erhoffen sie sich davon?
Wie könnte eine (zufällige) Begegnung zwischen beiden Familien aussehen?

Foto 1: Familie F.

Foto 2: Familie A.

2. Zum Beispiel: der Kindergarten

Eine Kindergärtnerin berichtete kürzlich über die Veränderungen, die sie nach der Wende in ihrer Arbeit erlebte. Sie sagte:

»Ich konnte es mir nie vorstellen, daß es eine andere und bessere Pädagogik geben würde als die, mit der ich aufgewachsen bin. Ich hielt es nicht für möglich, daß wir den Kindern so viel Freiraum lassen können und nicht alles drunter und drüber geht. Sie dürfen jetzt an die Schränke und Spielzeug herausholen. Vorher haben wir die Zeit eingeteilt und das Spielzeug zugeteilt, so wie es nach dem Stundenplan vorgeschrieben war.«

Das System spiegelte sich im Kleinen wider. Den Kindern wurde ein enger Rahmen abgesteckt. Ein einheitlicher, reglementierter Tagesablauf wurde vorgeschrieben; selbst die Entwicklung der Kinder sollte nach Plan ablaufen. Natürlich gab es Menschen, die große Abneigung gegen die Einheitspädagogik hegten, so auch gegen die Kinderkrippe und Besuche des Kindergartens bei der NVA (DDR-Armee). Aber wir fanden auch unter kritisch denkenden Menschen eine erstaunliche Zustimmung zu dieser an staatlich beauftragte ErzieherInnen delegierten Erziehung. Der Zulauf zu kirchlichen Kindergärten hingegen, nicht wenige Parteigenossen waren darunter, beweist, daß viele Eltern auch eine alternative Kindererziehung wünschten.

3. Zum Beispiel: die Schule

LENIN gemäß mußte die herrschende Klasse unbedingt die Schule in den Griff bekommen, und das tat sie dadurch, daß sie die Lehrer »siebte«. Im Zweifelsfall zog man politische Konformität pädagogisch-fachlicher Kompetenz vor und bezeichnete dies als Klassenbewußtsein. Die Schule in der DDR ließ kaum Spielraum für andere Ansichten als die herrschende. Erst in den achtziger Jahren sollten die Schüler ihre Ansichten wenigstens äußern – um sie danach mit verschiedenen Mitteln auf Linie bringen zu können. Der Lehrplan war genauso Gesetz wie die Wirtschaftspläne. Selbst im Sportunterricht drängte der Leistungssport, der die Überlegenheit des sozialistischen Systems zeigen sollte, die Spiele zurück. Bei Kindern und Eltern, Schülern und Lehrern verarmten Phantasie und Spiel. Mit vielen alten Traditionen wurde gebrochen und dadurch »das Kind oft mit dem Bade ausgeschüttet«. Besonders für die weiterführenden Schulen galt zu Zeiten der DDR, daß dort weniger gespielt, aber mehr auf den »Ernst« des Lebens vorbereitet wurde. Zudem haftete ja dem Spielen nach der DDR-Ideologie der Geruch an, Privileg und Zeitvertreib derer zu sein, die die Früchte der Arbeit anderer ernteten. Auch wenn sich im Schulsystem nach der Wende viel geändert hat, fristet das Spiel in diesen Schulen, z.B. durch Lehrstundenkürzungen trotz gleicher Lerninhalte, eher ein Randdasein. In der Oberstufe kann man davon ausgehen, daß es kaum noch vorkommt. Im Grundschulbereich konnten sich die Lehrer in der DDR – natürlich auch abhängig von den örtlichen Gegebenheiten und dem persönlichen Engagement – noch einen kleinen Freiraum für das Spielen bewahren, wie die Unterstufenlehrerin U. BUCH in ihren Erfahrungen mit dem Spiel in der Grundschule vor und nach der Wende berichtet:

»Das Spiel nimmt in meiner Arbeit als Unterstufenlehrerin einen wichtigen Platz ein. Auch in der Zeit vor der Wende wurde im Unterricht gespielt. Natürlich hing das auch vom Engagement jedes einzelnen Lehrers ab, von seiner Bereitschaft, schöpferische Unruhe im Unterricht in Kauf zu nehmen – was sich auch nach der Wende nicht besonders geändert hat.
*Die Spiele dienen besonders der Konzentrationsförderung, dem Kennenlernen der Schüler untereinander (**Mein rechter Platz ist leer**), dem Gedächtnistraining (**Ich packe meinen Koffer und lege ... hinein**), der Festigung des vermittelten Stoffes (**Buchstaben und Ziffern auf den Partnerrücken schreiben; Bank rutschen; Stadt, Land, Fluß**). Auch das Nachspielen von Lesestücken war anzutreffen. In der 1. Klasse wurden zur Lockerung kleinere Bewegungs- und Fingerspiele durchgeführt.*
Nach der Wende überschwemmte uns eine Flut von neuen Spielangeboten, die wir natürlich erst einmal ausprobierten. Neu waren für mich besonders die Phantasiegeschichten, die ich begeistert in mein Repertoire aufgenommen habe.
Der anfängliche Rausch legte sich aber wieder etwas, da uns viele Stunden gekürzt wurden, wir aber trotzdem die Rahmenpläne erfüllen müssen.
War es vor der Wendezeit Ideenmangel, so ist es heute ganz einfach der Zeitmangel, der verhindert, daß noch mehr Spiele durchgeführt werden.
Durch das Einbauen der Spiele habe ich festgestellt, daß die Kinder mit mehr Freude lernen und daß auch ohne Verhaltensnoten eine gute Lernatmosphäre möglich ist.«

4. Nischen und Spielräume

Als Gegengewicht zu dieser kleinkarierten DDR-Welt suchten sich die Menschen Nischen und schufen sich Spielräume. Oft wurden private Westkontakte dazu genutzt, um an Literatur zu gelangen. In manchem Schrank finden sich noch heute geschmuggelte Bücher, nachgezeichnete Spielpläne, abgetippte Spielregeln. Viele unschätzbare Verbindungen sind damals auf diese Weise entstanden. Heute sind sie »unnötig« geworden, was zur Verarmung der Kommunikation führte. In dieser Zeit, am 26. Juni 1989 genau, entstand auch der nachfolgende Text:

Am Anfang war das Spiel

das Licht tauchte im Urmeer
und der Tag tanzte mit der Nacht

die Wellen des Wassers spielten am Ufer
und der Wind blies den Wellen ins Haar

zwischen Fischen und Vögeln gab es einen Wettlauf
und unbeschadet spielte das Insekt auf dem Sonnentau

das Kind baute Burgen am Loch der Natter
der Löwe tollte mit dem Lamm

Adam spielte mit einer Hirtenflöte
und nannte Eva seine Gespielin

Kain und Abel lagen im Gras
ich sehe was was du nicht siehst

Gott selbst spielte mit seinen Kindern

dann später kam der Ernst des Lebens
ging von Ort zu Ort
und erklärte allen
daß Spiel und Leben
auseinanderzuhalten sind

Spielen in der DDR – Situation vor und nach der Wende

Kain und Abel begriffen es geradezu spielend
doch Licht und Meer
und Wind und Wasser
und Kind und Lamm spielen
noch immer

MATTHIAS GÜRTLER

Mit der vermeintlichen Stabilisierung der DDR wurden einige Verbote gelockert, auch das Westfernsehen im privaten Wohnzimmer geduldet. Vor dem Fernsehgerät wuchsen die Verbindungen wieder nach, die im Kindergarten, in der Schule und bei Schulungen unterbunden wurden.

Einer der Spielräume war auch die jährliche Werkwoche, die von der Mittelstelle für Werk und Feier in Eberswalde, einem Referat der Evangelischen Jugendarbeit der DDR, angeboten wurde. Hier trafen sich für zehn Tage im Sommer 100 Jugendliche, nahmen dafür sogar ihren knapp bemessenen Urlaub, um ihrer Phantasie freien Lauf zu lassen. Unter diversen Gruppen, wie Grafik/Malerei, Korbflechten, Holzschnitzen, Puppenbau, Schmuckgestaltung, Schablonendruck, Batiken etc., konnten sie wählen. 1988 war zum ersten Mal eine Spielgruppe dabei und fand großes Interesse. Daraus entstand ein reger Austausch mit westdeutschen Spielpädagogen aus der Arbeitsstelle für Neues Spielen Bremen, der Akademie Remscheid und der AGB Österreich. Eine Spielpädagogenausbildung wurde konzipiert, kam allerdings erst nach der Wende – 1989 – zum Tragen.

Die Remscheider Spielkartei wurde – ohne Genehmigung des zuständigen DDR-Ministeriums – im Eigenverlag der Mittelstelle für Werk und Feier nachgedruckt.

Aufgrund dieser Verbindung und Vorbereitung konnte unmittelbar nach der Wende 1990 der erste Spielmarkt in Ostdeutschland entstehen, der Spieleerfinder und -pädagogen, Verlage und ein aufmerksames Publikum zusammenführte, das nach Ideen und alternativen pädagogischen Ansätzen hungerte. Inzwischen hat der Spielmarkt sich etabliert und fand 1994 bereits zum vierten Mal statt.

Im Spiel geht es um das Einsetzen und das Sichaussetzen, um Aufmerksamkeit und Phantasie, darum, sich in Frage stellen zu lassen und sich frei zu äußern. Es geht um Risiko und Chance, Glück und Enttäuschung, Vorangehen und Zurückstecken, um Auf und Ab, um das Einhalten und Verändern von Regeln, gerade so wie im »richtigen« Leben. Von »Gewinnern und Verlierern der Wende« ist die Rede, als ob die Wende ein zurückliegendes und abgeschlossenes Ereignis wäre.

Manche, die sich 1989/90 aufrichteten, ducken sich inzwischen wieder, als ob sie einer stärkeren Macht ausgesetzt wären als vorher. In manchem Spiel können wir lernen, daß es nötig ist, Partner zu suchen, um das Ziel zu erreichen, und daß es manchmal nicht im ersten Anlauf zu schaffen ist. Ebenso erfährt man, daß sich manchmal völlig neue Perspektiven eröffnen, man also vor Überraschungen nicht sicher ist, und daß es aus festgefahrenen Situationen Auswege gibt.

5. Spiel und Umwelt

Die DDR hatte eine Umweltgesetzgebung, die fortschrittlich und lückenlos erschien. Dadurch konnte man den Eindruck gewinnen, daß auch die Wirklichkeit entsprechend aussah. Und tatsächlich wurde auch vielfach von der Gesetzgebung her argumentiert. Über die Wirklichkeit, wenn sie nicht paßte, wurde oft eine Informationssperre verhängt. Auf jede Kritik reagierte der Apparat empfindlich. Als 1982 in einem kirchlichen Schaukasten eine Collage gezeigt wurde, in die ein Foto von der Ostsee: »Achtung Abwassereinfluß – Baden 300 m rechts und links verboten!« eingearbeitet war, begann der Staatsapparat, der Rat des Kreises und die Staatssicherheit, das Ärgernis zu beseitigen. Das Ärgernis war dabei nicht der Abwassereinfluß, sondern die Kritik.

In den Kindergärten und Schulen wurden die Umweltfragen ebenfalls unter Ideologieverdikt gestellt nach dem Motto: In der DDR befinden sich Mensch – Wirtschaft – Umwelt im Einklang. Einzelne (kleine) Abweichungen sind korrigierbar. Unter gleichem Ideologieverdikt stand auch das Spielen. Experimentierkästen, mit denen Umweltbelastungen analysiert werden konnten, waren tabu. Fehlanzeige waren genauso Spiele, die den Beobachtungssinn schärfen und das Problembewußtsein wecken konnten.

Nach der Wende kam die Offenbarung, wie weit die Umweltzerstörung reichte und wie skrupellos die Industrie in die Natur eingegriffen hatte (z.B. im Braunkohlentagebau in der Lausitz), was selbst kritische Geister erschütterte. Vielleicht gab es in der großen Umstellung auf den Westen seit 1989 noch eine Phase, in der dem Westen zugetraut wurde, Industrialisierung mit der Umweltverträglichkeit optimal harmonisieren zu können. In der Phase der Ernüchterung aber erkannten wir, vor welch großer Aufgabe des Umdenkens und des schnellen Ausstiegs aus unserer (gemeinsamen) bisherigen Lebensweise wir stehen. Und da haben die Spiele ihren Sinn und Ort, die Zusammenhänge zu erschließen und die Augen zu öffnen. Wie so oft sind es engagierte einzelne, die im Kindergarten und Unterricht, in Jugendgruppen und Gesprächskreisen ein Bewußtsein dafür wecken.

Literatur

BORCHERT, CHRISTIAN: Familien in der DDR. Arbeitsmaterial der Mittelstelle für Werk und Feier (WUF) beim Bund der Evangelischen Kirchen in der DDR, Kommission Kirchliche Jugendarbeit. Selbstverlag WUF, Eberswalde-Finow 1989.

2. Theorie und Praxis der Spielformen

Einleitung

Johannes Wessel/Harald Gesing

Schon in der schulpädagogischen Literatur wird eine große Bandbreite verschiedener Spielformen beschrieben. So gliedert MEYER (1993, S. 348f.) beispielsweise in Interaktionsspiele (freies Spiel, Sport- und Mannschaftsspiel, Gesellschaftsspiel etc.), Simulationsspiele (Rollenspiel, Planspiel) und szenisches Spiel (freies darstellendes Spiel, Theater) und ordnet diesen Spielformen jeweils spezifische Ziele bzw. Spielmotivationen zu: von Spannung, Spaß und Erholung über Arbeit an Haltungen und Entscheidungstraining bis hin zu Aufführungen.
Um wieviel breiter muß die Palette sein, wenn es um Umweltspiele geht!
Die für Umwelterzieher und -pädagogen bekannteste Umweltspielform sind wohl die Naturerfahrungsspiele, um die sich insbesondere CORNELL große Verdienste erworben hat. Diese Aktivitäten können in den verschiedensten Umgebungen durchgeführt werden. Ein kleines Waldstück oder zumindest einige Bäume in der näheren Umgebung reichen für einige der beschriebenen Walderfahrungsspiele (ORIWALL) schon aus. Für viele Gruppen sind auch Wahrnehmungsspiele am Wasser und auf der Wiese (K. HÜBNER) durchaus möglich. Die Schule kann heute kaum den allgemeinen Verlust an Entfaltungsmöglichkeiten kompensieren, der u.a. durch eingeschränkte bzw. fehlende Spielmöglichkeiten in Wohnghettos hervorgerufen wird. Sie ist für Schülerinnen und Schüler leider oft noch allein Denkanstalt statt auch sinnlicher und körperlicher Erfahrungsraum. Gemeinsam mit der außerschulischen Jugendbildungsarbeit (NICOLAI) können den Kindern und Jugendlichen Möglichkeiten geschaffen werden, durch intensive Erlebnispädagogik ihr Bedürfnis nach Spannung und »action« zu befriedigen. Andererseits kann auch dem Aspekt des verantwortlichen Umgangs mit der Natur in der pädagogischen Arbeit Rechnung getragen werden.
Bei den Spielpädagogen sind die Brett- bzw. Gesellschaftsspiele mit Umweltbezug aus der Diskussion nicht mehr wegzudenken. Über Gesellschaftsspiele gibt es eine reichhaltige Literatur inklusive der kommentierten und bewerteten Sammlungen und bundesweit bekannter Prämiierungen (z.B. »Spiel des Jahres«). Die Betrachtung von Brettspielen allgemein sowie unter umwelterzieherischem Gesichtspunkt wird in dieser Form erstmalig vorgenommen (THOLE). Ältere und neuere Denkansätze werden dabei ebenso in den Blick genommen wie die historische Entwicklung. Neben dem Bestehenden legt der Autor aber auch besonderen Wert auf das Weiterentwickeln alter bzw. das Erfinden neuer Spiele.
Diese noch recht bekannten und verbreiteten Spielformen werden ergänzt durch solche, die nicht in allen Personenkreisen bzw. Institutionen üblich oder bekannt sind. Rollen- und Planspiele (GERICKE/KNÖR) stellen dabei eine wichtige Form handlungs- und erlebnisorientierten Lernens dar, die insbesondere wichtige Qualifikationen wie Einfühlungsvermögen, vernetztes Denken und Entscheidungskompetenz fördern.
Beim Theaterspiel (VORTISCH) steht stärker die Auseinandersetzung mit der Sache und den damit verbundenen eigenen Einstellungen und Empfindungen im

Vordergrund. Als eine noch wenig bekannte, aber höchst interessante Sonderform soll hier das provozierende Theater (HERMSEN) vorgestellt werden.
FRERICH zeigt in ihrem Beitrag, daß Musik und Umwelt nicht nur zwei Begriffe sind, die sehr wohl zusammenpassen, sondern auch Musik und Tanz eine bedeutende Rolle in der Umwelterziehung spielen können. Daß dies für alle Bildungsbereiche möglich ist, demonstriert ihre Liedauswahl.
Einen mehr oder weniger großen Teil ihrer »Spielzeit« verbringen vor allem Kinder auf ausgewiesenen Spielplätzen bzw. auf Flächen, die sie selbst zu ihren Spielplätzen machen. Naturnahe Spielräume (HOHENAUER) können sicher viel zu einem angemessenen Verhältnis zur eigenen Umwelt beitragen und sollten auch in der schulischen Arbeit stärkere Beachtung finden.
Seit die Datenverarbeitung es in zunehmendem Maße erlaubt, immer größere Datenmengen zu bewältigen und miteinander zu vernetzen, werden Simulationsspiele insofern immer interessanter, als den Spielern deutlich gemacht werden kann, daß ökologische Zusammenhänge – z.B. in der Welt der Ameisen (FRITZ) – hochkomplex sind und einzelne Entscheidungen in der Regel weitreichende Konsequenzen haben. Der anzustrebende Anspruch der Vernetzung kann allerdings besonders im Schulbereich aufgrund unzureichender technischer Infrastruktur noch nicht erfüllt werden (FRITZ). Ohne den Einsatz eines Computers kommt ein weiteres Simulationsspiel (BISTERS/ERNSTEINS/KUDRENICKIS) aus.

Literatur

MEYER, HILBERT: UnterrichtsMethoden. Bd. 2. Scriptor, Frankfurt a.M. 1993^5.

2.1 Brettspiele in der Umwelterziehung

Bernward Thole

1. Einleitung

In der ungeheuer vielfältigen Welt des Spiels und des Spielens haben die regelhaften, materialgebundenen Brett- und Tischspiele ihren höchst eigenen und eigenständigen Platz. Sie gehören, das kann nicht oft genug wiederholt werden, zu den ältesten kulturellen Äußerungen des Menschen, älter als alle in schriftlicher Form niedergelegten Ideengebäude und Gesetze und beinahe ebenso alt wie die frühesten bildlichen Darstellungen.
Im Laufe der Jahrhunderte entwickelte jede Zeit, jeder Stand und jedes Alter spezifische und oft modegebundene Formen und Spielarten. Sie alle zu erfassen und mit Spielplänen und Spielregeln zu dokumentieren, dazu würde ein Menschenleben nicht ausreichen.
Gerade in Hochkulturen und Gesellschaften mit hohem Lebensstandard erlebten Spiele dieser Art eine besondere Blüte. Das zeigt der Rückblick in die chinesische, in die indische oder auch indianische Geschichte ebenso wie die Analyse der heutigen Spielkultur in Europa und in Deutschland insbesondere. Heute können wir hierzulande eine breite Begeisterung für das Spiel registrieren, ein breites Angebot und zugleich eine so hohe Qualität der Spiele wie nie zuvor in unserer Geschichte.
Da liegt der Gedanke nahe, solche Brett- und Tischspiele – zumal gerade wenn sie auch Themen von Ökologie und ökonomischer Krise behandeln – unmittelbar in die Umwelterziehung einzubringen und dort in Dienst zu stellen. Spiel als erzieherisches Medium – wer sich mit dieser Thematik eingehender befaßt hat, weiß um die besonderen Möglichkeiten, aber auch um die Grenzen, die hier von diesem Medium selbst gesetzt werden.
Vor einem Einsatz von Brett- und Tischspielen in der Umwelterziehung muß daher die Reflexion über dieses Medium selbst stehen. Da es sich hier um ein Produkt unserer Freizeit- und Unterhaltungskultur handelt, ist man schnell geneigt, sich über seine Struktur, seine spezifischen Dispositionen und seine Bezüge zu den spielenden Menschen keine weiteren Gedanken zu machen. Man glaubt vielmehr, alles zu wissen, und handelt dann merkwürdig unsensibel im erzieherischen Alltag.
Im folgenden wird es zunächst darum gehen, Basiswissen über diese uralte und immer noch erstaunlich lebendige Spielgattung der Brett- und Tischspiele zu gewinnen. Es gilt, sowohl ihre gesellschaftliche Stellung zum Zeitgeschehen als auch ihre Bedeutung im Leben des einzelnen Menschen zu beleuchten sowie aus dieser Zeit- und Individualgebundenheit einen Überblick über die Spielarten der Spiele zu entwickeln.
In einem nächsten Schritt soll dann die Behandlung der Umweltthematik im Spiel näher untersucht werden. Hintergrund dabei sind immer Überlegungen, inwieweit überkommene Spieltraditionen noch wirksam sind oder geändert

werden müssen, da sie der heutigen Lebensproblematik nicht mehr gerecht werden, ja unter Umständen auch unsere weitere Existenz auf diesem Globus gefährden. In der Zusammenfassung sollen schließlich grundsätzliche Erkenntnisse über den unmittelbaren Einsatz von Spielen in der Umwelterziehung und erste unmittelbare Anregungen vermittelt werden.

2. Basiswissen für den Einsatz von Spielen

2.1 Definition der Spiele

Brett- und Tischspiele definieren sich zunächst einmal von ihrer äußeren Struktur her durch ihre Material- und vor allem ihre Regelgebundenheit. Auf der Materialebene stellt der Spielplan oder der Tisch selbst das Spielfeld oder die Bühne dar, auf der das Spiel sich entwickeln soll. Die Regel legt das Beziehungsgeflecht zwischen den dort agierenden »Figuren« oder Gegenstände fest, definiert ihre Bewegungs- und ihre Wirkungsmöglichkeiten, setzt letztendlich in diesem Spannungsfeld das Spielziel fest, das es zu erreichen gilt.
Beide, Spielmaterial und Regel, bedingen einander und ermöglichen gemeinsam erst in der Zielgerichtetheit das sinn- und genußvolle Spielerlebnis. Ein Spiel, zu dem nur noch das Spielmaterial wie Figuren und Spielplan, aber keine Spielregel erhalten ist, kann nicht mehr gespielt werden. Oder umgekehrt: Erst wenn zu einer Regel der Spielplan und das Spielmaterial (re)konstruiert wurden, kann das Spiel selbst aufgenommen und entwickelt werden.
Bedingt durch das Spielmaterial, dann aber auch durch die von der Regel angelegten Spielabläufe, wenden sich Brett- und Tischspiele in der überwiegenden Mehrzahl an 2 oder an 2 bis 4 Spieler, selten oder nie an mehr als 9 Spieler. Von ihrem Ursprung und ihrem Wesen her stellen sie in der vielfältigen, facettenreichen Welt des Spiels sozusagen die Kammermusik dar. In dieser Intimität entwickeln sie einerseits ihre Wirkung, liegt andererseits aber auch ihre Begrenztheit beim Einsatz in der Erziehung.

2.2 Spiel im Leben des Menschen: Kindheit, Jugend, Alter

Brett- und Tischspiele sind allerdings auch keine unmittelbaren Instrumente der Erziehung, wie uns manche Pädagogen heute glauben machen wollen. Bei einer eingehenderen Beschäftigung mit der Geschichte der Spiele macht man alsbald eine erstaunliche Feststellung: Erst in der Handelsstruktur des 19. und 20. Jahrhunderts vermischen sich Spielzeug und Spiele. Historisch sind sie jedoch zuvor eigene Wege gegangen.
Brettspiele für Kinder aus früherer Zeit? Ist das wirklich ein ketzerischer Gedanke, daß Brettspiele für Kinder erst ein Produkt der letzten 150 Jahre Spielentwicklung sind? Gemeinsames Spiel in der Familie, seit wann und bei welchen Völkern gibt es das? Von der Frühzeit an, das kann man heute als gesichert betrachten, sind diese Spiele durchaus keine Kindersache, sondern eher eine kulturelle Beschäftigung der Erwachsenen gewesen, vielfältig verknüpft mit anderen Kulturtechniken, insbesondere der Mathematik, der Bau- und Kriegs-

kunst, aber auch mit religiösen und mythologischen Vorstellungen. Die Funde in den Stollen zu den Gräbern der Priesterkönige von Ur sind da ein beredtes Zeugnis. Dies einmal nachzuzeichnen wäre sicherlich eine sehr reizvolle Aufgabe für eine Kultur- und Sozialgeschichte des Spiels, die bis heute noch ungeschrieben ist.

Der erwachsene Mensch, soviel läßt sich auf den ersten Blick heute schon feststellen, hat über die Jahrhunderte hinweg Spiele erfunden als Herausforderung an den Verstand, als Trainingsinstrument für die »kleinen grauen Zellen«. Spielerisch geht er in ihnen den Gesetzen des Zufalls und denen der Regelhaftigkeit auf den Grund. Im Spiel findet er zugleich und darüber hinaus Erholung durch Anspannung, Geselligkeit, Interaktion und Kommunikation, derer er als auf soziale Kontaktnahme ausgerichtetes Wesen lebens- und überlebensnotwendig bedarf.

Wenn Schachhistoriker tatsächlich Recht haben, diente das »königliche Spiel« der spielerischen Unterrichtung der Prinzen in der Kunst der Kriegführung. Schach wäre dann wohl das erste Spiel, das erzieherisch eingesetzt wurde. Zumindest zeigt das Beispiel, was Spiel für das Lebensalter Jugend bedeuten kann: Kräftemessen im gemeinsamen Spiel, Einsatz der körperlichen Kräfte in Sportspielen, Einsatz der geistigen Kräfte in den Brett- und Tischspielen. Und jedesmal verbunden mit dem Erlebnis des gemeinsamen Handelns und Spielgenusses. Im Spiel erfährt der Jugendliche Möglichkeiten und Grenzen seiner Fähigkeiten, er baut sie aus und lernt, sie optimal einzusetzen.

Auch das Spiel in der Kindheit nutzt manche dieser Möglichkeiten der Selbstentwicklung und Selbstverwirklichung. Zunächst aber lernt das Kind, im gemeinsamen Spiel gewisse Regelsetzungen zu akzeptieren, ein schwieriger Vorgang, der aber durch das Erlebnis gefördert wird, daß sich gerade in der Regelhaftigkeit plötzlich gemeinsamer Spielspaß einstellt und Kreativität entwickelt werden kann.

Spielend wächst so das Kind hinein in die menschliche Gesellschaft, die es antrifft, und lernt, sich im sozialen Raum zu orientieren, spielend mit den Mitspielern umzugehen, sich einzuordnen, aber auch durchzusetzen. Es lernt, seine wachsenden geistigen Kräfte einzusetzen, im Regelsystem der Spiele vorausschauend und planend Zusammenhänge zu erkennen und zu beeinflussen, Erfolg und Mißerfolg, Sieg und Niederlage zu erleben und zu verarbeiten, allesamt für das spätere Leben und Überleben höchst wichtige Dinge. Spiel und Spiele begleiten also den Menschen auf seinem gesamten Lebensweg. Sie ändern ihre Funktion in den einzelnen Phasen von der Kindheit bis zum Alter, Spiel bleibt aber immer ein ebenso wichtiger wie nützlicher Finger der Lebenshand des Menschen, wie SHAKESPEARE sagt, – neben Arbeit, Essen, Gebet und Schlaf.

2.3 Zeitgebundenheit von Spielen

Jedes Land der Erde hat so im Lauf der zurückliegenden Jahrhunderte und Jahrtausende seine eigene spielgeschichtliche Entwicklung gestaltet. Schon in dieser Hinsicht sind Spiele erstaunlich ambivalent. Auf der einen Seite sind sie stark regional gebunden, wie am Beispiel bestimmter Kartenspiele, **Binokel** und **Gaigel** etwa, leicht gezeigt werden kann. Zugleich ist das Spiel aber auch ein Me-

dium, das schon immer die Grenzen der Nationen und der Kontinente überschritten hat. Über Handelswege und Heerstraßen wurden Spiele von Kontinent zu Kontinent übertragen. Heute sogar noch beschleunigt durch die international verknüpften Vermarktungswege.
Immer aber standen sie und stehen sie mittelbar und unmittelbar im Spannungsfeld ihrer Zeit, unterliegen dementsprechend vielerlei Einflüssen und Strömungen. Es gilt hier von der scheinbar handlichen These, daß heutzutage neue Spiele nicht mehr erfunden werden, sondern nur noch die alten Klassiker wiederholt oder verändert werden, Abschied zu nehmen. Durch eine solche Ansicht erhielten diese Klassiker wie etwa Schach, Mühle oder Dame unversehens eine geradezu archaische Dimension: Sie waren eigentlich schon immer da und werden immer da sein, sozusagen als eine Art ewiger Vorrat klassischer Brettspiele.
Eine solche These hält natürlich einer genaueren Untersuchung nicht stand. Auch diese klassischen Spiele stehen in einer gesellschaftlich bedingten Entwicklungsreihe, haben in der Regel deutlich erkennbare Vorläufer und waren zu ihrer Entstehungszeit, die teilweise noch gar nicht so weit zurückliegt, auch einmal »Neuerscheinungen«. Sie hatten Glanzzeiten und gerieten wieder in Vergessenheit, standen also keinesfalls immer und ewig und monolithisch in der Zeitgeschichte, wie manche glauben machen wollen.
Am deutlichsten wird dies an der Geschichte des Schachspiels. Angesichts seines dunklen Ursprungs ist das »königliche Spiel« sicherlich am intensivsten erforscht worden. Verfolgt man die Entwicklung zum heute weitgehend erstarrten Standard-Schach, so wird sofort sichtbar, daß dieses Spiel auf jeder seiner Entwicklungsstufen sowohl von der Thematik und dem Inhalt her als auch in seiner gesamten formalen Struktur Ausdruck der jeweiligen Zeit und der diese bewegenden Kräfte und Ideen gewesen ist. Genannt seien hier nur als jüngste Stationen der Entwicklung das **Wehrschach** (Berlin: Verlag Die Wehrmacht, 1937) aus der Zeit des Nationalsozialismus und das **Astro-Weltraumschach** (München: Lauterbach, 1976), das in den 70er Jahren entstand.
Das Spiel als kulturelles Produkt wird aber nicht nur jeweils von den spielenden Menschen verändert und geprägt. Es prägt umgekehrt auch in subtiler Weise das Bewußtsein der Spielenden, baut also – in einem bisher noch nicht genau untersuchten Ausmaß – selbst Bewußtsein und Verhaltensweisen auf. Diktatorische Systeme unterschiedlichster Prägung haben diese Erkenntnis in jüngster Vergangenheit immer wieder genutzt und das Spiel in den Dienst ihrer Ideologie und Propaganda gestellt.
Ist der Blick erst einmal für diese Zusammenhänge geschärft, wird einem zunächst schmerzlich bewußt, wie wenig demokratisches Denken und Wollen Eingang in unsere Spiele gefunden haben. Jeder, der Spiele kennt oder kritisch sichtet, wird auf Anhieb eine ganze Reihe von Titeln finden, die ganz und gar nicht mit den politischen und gesellschaftlichen Idealen unserer Zeit in Übereinstimmung stehen, ja diese geradezu unterminieren. Und man erkennt plötzlich auch, wie so manches Spiel mehr oder weniger gedankenlos als »Klassiker« mitgeschleppt wird, dessen Gedankengut einer kritischen Überprüfung nicht im geringsten standhalten würde. Auf diesen gesellschaftspolitischen und sozioökonomischen Hintergrund wird näher einzugehen sein, wenn es um die Behandlung der Umweltthematik im Spiel geht.

2.4 Spielarten der Spiele

Neben dem Wissen um die unterschiedliche Bedeutung des Spiels im Leben der Menschen und um die gesellschaftliche Bedingtheit ihres Wesens gehört zu einer spielpädagogischen Praxis auch das Wissen um die höchst unterschiedlichen Spielarten der Spiele. Im Laufe der Geschichte hat der Mensch hier eine Reihe von Grundmustern entwickelt, die seinen höchst unterschiedlichen Interessen und Spielvorlieben entsprechen.

Wer sich auch nur ein wenig mit Spielen eingelassen und Menschen beim Spielen beobachtet hat, weiß, daß es bei den Spielern recht unterschiedliche Temperamente gibt. Entsprechend gibt es auch Spiele mit höchst unterschiedlichen Grundstrukturen. Beide, Spieler und ihm entsprechende, ihn interessierende Spielform und -inhalt, müssen im Erziehungsprozeß, vor allem auch dann, wenn es um Umwelterziehung geht, zueinander gebracht werden. Es ist also nötig, diese Spielformen einmal grundsätzlich in Kürze zu überblicken. Grundlage ist dabei die Klassifikation des Deutschen Spiele-Archivs, die aus der Frage nach dem spielauslösenden Kern der jeweiligen Spielidee und unter Bezug auf die spielenden Menschen entwickelt wurde (THOLE 1992).

Die *Würfel-Wettlaufspiele* gehören zu den ältesten und beliebtesten Spielegrundmustern, die wir haben. Bei ihnen steht der Würfel als »Zufallsgenerator« im Mittelpunkt. Die Spieler fordern das Glück heraus, sie wägen das Risiko ab und versuchen durch Kalkulation, aber auch durch List, ihr Pech zu korrigieren. Es geht darum, als erster ein bestimmtes Ziel zu erreichen, gegnerische Figuren zu fangen, bestimmte Punkte auf dem Spielplan anzusteuern und als erster zu erreichen. Jeder kennt die temperamentvollen Abläufe eines **Mensch-ärgere-dich-nicht**-Spiels oder einer **Malefiz**-Runde. Hier werden viel Temperament und Emotion freigesetzt. Neben diesen bewährten Formen der »Start-Ziel-Spiele« und »Such- und Fangspiele« sind in jüngster Zeit auch komplexere Würfelspiele entstanden, die eine stärkere taktische Komponente ins Spiel einbringen.

Die *Legespiele* dagegen leben von dem ästhetischen Reiz der Dinge, die durch planvolles Legen entstehen, ein Fluß, ein farbiges Bild, ein Kreuzworträtsel. Das bestimmt auch auf weite Strecken das eher geruhsame Temperament dieser Spiele. Manche Spiele dieses Genres entwickeln eine Nähe zu den Glücksspielen, andere aber eher zu den Denkspielen. Und manche zu beiden gleichzeitig. **Domino** und **Scrabble** (Jumbo), **Rummikub** (Jumbo) und **Café International** (Mattel), aber auch die beliebten **Lotto**-Spiele gehören in diese Spielegattung.

Die *Denkspiele* haben stets einen »Wettkampf der Hirne« zum Gegenstand, das Glück ist weitgehend ausgeschaltet. Im Idealfall haben beide Spieler die gleiche Ausgangslage und damit die gleichen Chancen. Bei strategischen Spielen dieses Genres (**Schach**) geht es um die »Vernichtung des Gegners« auf dem Spielbrett, bei taktisch-topologischen Spielen (**Halma**) um die schnellere Bewegung auf ein Ziel hin. Auch dort, wo ein Code (**Mastermind**) zu lösen oder ein gutes Gedächtnis (**Memory**) unter Beweis zu stellen ist, sucht man den Würfel, immer ein Element des unberechenbaren Zufalls, in der Regel vergeblich.

Die *Rollenspiele* sind ein typisches Produkt unseres Jahrhunderts. Sie stellen im Zeitalter von Film und Fernsehen heute die verbreitetste Gattung dar. Der Würfel, soweit bei diesen Spielen überhaupt vorhanden, ist nur Zubehör, die Umlaufbahn auf dem Spielbrett die Bühne, auf der agiert wird: Facetten des Alltags und der großen Welt werden durchgespielt. Oder der Spieler ist für ein paar Stunden Immobilienhändler (**Monopoly**, Parker), ist Feldherr und Politiker (**Risiko**, Parker; **Diplomacy**, Parker), von Kopf bis Fuß ein scharfsinniger Detektiv (**Cluedo**, Parker) oder führt ein Radrennteam zum Erfolg (**Um Reifenbreite**, Jumbo). Er schlüpft also für die Dauer eines Spiels in eine andere Rolle, der Grad der Rollenausprägung ist unterschiedlich, immer aber erhalten die Spielzüge ihre innere Logik aus dem simulierten Vorgang.

Die *Geschicklichkeits- und Aktionsspiele* haben die Tücke der Objekte (Gewichte, Kegel usw.) zum Gegenstand, sie gilt es zu meistern. In der Regel entscheidet die schnelle (oder ruhige) Hand (**Spitz paß auf**, Schmidt; **Mikado**), oft müssen auch »Köpfchen« und kühle Überlegung hinzukommen. Bei den Aktionsspielen liegt der Spielreiz in raffiniert einfachen technisch-mechanischen Abläufen, die durchdacht und sozusagen richtig vorprogrammiert werden müssen. Die Talfahrt einer Kugel über mehrere Hindernisse hinweg (**Avalanche**, Parker), Spannungsbögen unter zusammengepreßten Spielsteinen (**Scree**, Parker) gilt es vorauszuberechnen. Die Mehrzahl der elektronischen Spiele gehört in diese Gattung.

Unter *Sonstige Spiele* sind insbesondere alte, ursprünglich nichtmaterialgebundene Gesellschaftsspiele aufzuführen, die gerade in jüngster Zeit wiederaufgenommen und mit der Form der Brettspiele verknüpft wurden. Bei diesen Quiz- und Ratespielen (**Trivial Pursuit**, Parker; **Barbarossa**, ASS), Psycho- und Konversationsspielen (**Sympathie**, Ravensburger; **Therapy**, MB) ist das Spielbrett in der Regel nur Zählboard, um den aktuellen Punktestand zu ermitteln, einen Sieger zu verdeutlichen oder Kommunikationsvorgänge zu regeln.

In nahezu all diesen höchst unterschiedlichen Spielgattungen hat die Umweltthematik in den letzten beiden Jahrzehnten Eingang gefunden. Ein Pädagoge, Spielpädagoge oder Erzieher, der mit dem Medium Brett- und Tischspiel arbeiten will, sollte daher alle diese einzelnen Gattungen mit ihrem Formen- und Ausdrucksreichtum einmal überblickt haben, um so die ihnen innewohnenden Ausdrucksmittel und Vermittlungsmöglichkeiten zu erkennen und im Erziehungsprozeß spontan und zielgruppengerecht einsetzen zu können.

3. Umweltthematik im Spiel

Wer die deutschsprachige Spieleproduktion nach 1945 nach Spielen durchforstet, die für eine Umwelterziehung eingesetzt werden können, wird feststellen, daß das Thema Umwelt, daß ökologische Fragestellungen insgesamt erst sehr spät Eingang in dieses Medium gefunden haben. Das entspricht der enormen Verzögerung, mit der sich die Politik und die gesamte Gesellschaft dieses Themas angenommen haben. Spiele waren über weite Strecken nachhaltig reaktionär geprägt und in den ersten beiden Nachkriegsjahrzehnten (teilweise sogar bis weit darüber hinaus!) kleinbürgerlich-konservativ ausgerichtet. Die Wahl der Themen war eher brav und bieder. Die schon damals (nicht nur durch die Rüstungsindustrie) stark belastete Natur etwa wurde ausschließlich als idealisierte Idylle vorgeführt, Wirtschaftsspiele waren eher frühkapitalistisch ausgerichtet als der neuentwickelten sozialen Marktwirtschaft verpflichtet.

Hier ist der Punkt, an dem die These, daß Spiel und Spiele stets auch in einem gesellschaftspolitischen, sozioökonomischen Zusammenhang gesehen werden müssen, wiederaufzunehmen ist. Es wird im folgenden zu erörtern sein, welcher historisch begründete Spielansatz den Brettspielproduktionen bisher zugrunde lag und wo in wirklich radikaler Weise, das heißt von der Wurzel her, heute ein Umdenken herbeigeführt werden muß. Erst dann ist eine Reflexion darüber, ob und welche Spiele bereits heute für die Umwelterziehung geeignet sind, schlüssig und sinnvoll zu führen.

3.1 Hypothek überkommener Denk- und Spieltraditionen

Die Vorstellung, daß das Spiel und die Spiele im gesellschaftlichen Spannungsfeld jeder Zeit stehen und dementsprechend vielerlei Einflüssen und Strömungen unterliegen, mag zunächst einmal auf allgemeine Ablehnung stoßen. Ein Blick auf die Behandlung der Umweltthematik in den ersten Jahrzehnten nach dem Krieg ist da jedoch sehr hilfreich.

Die Natur wurde in den 50er und 60er Jahren durchgängig als schöne, idealisierte Natur gezeigt, als Erholungsraum und romantisiertes Refugium des Unberührten und Intakten und damit als bunte Gegenwelt für die graue Ödnis, die die Bewohner der Städte und Industrielandschaften zunehmend umgab. Auf ihre Weise sind sie beredte Dokumente der Restauration, die diese Zeit prägte.

In einer zweiten Phase verschiebt sich das Bild. Hochrüstung und Industrialisierung nehmen ein immer schärferes Tempo an. Man spielt mit Begeisterung **Monopoly** (Parker) und **Öl für uns alle** (Ravensburger), aber auch **Risiko** und **Diplomacy** (beide Parker). Natur wird im Spiel wie im ökonomisch geprägten Alltag zum Ausbeutungsobjekt, zum bloßen Rohstoff- und Energielieferanten degradiert. Auf der Ebene der Unterhaltungskultur wird das im Spiegel der Spiele recht ungeschminkt deutlich.

Dementsprechend wird die gesamte Spieleproduktion in dieser Zeit ausschließlich durch Konkurrenzspiele beherrscht, eine Tatsache, die auch noch von der pädagogischen Wissenschaft gestützt und nahezu als »Naturgesetz« verteidigt wurde. Hier fehlte der kritische Blick auf die historische Bedingtheit des eigenen Denk- und Analyse-Ansatzes, der sich erst in den letzten Jahren zu entwickeln beginnt.

Konkurrenzspiele aber erklären sich bei näherem Hinsehen tatsächlich recht deutlich als ein Produkt jener Phase der Menschheitsgeschichte, in der man in Stämmen, in abgeschlossenen Städten und kleinen Staatsgebilden lebte. Man mußte ganz einfach kämpfen, immer neue Waffentechniken und Festungsarchitekturen entwickeln, um in Sicherheit zu sein und zu überleben. Die kompetitive, auf Wettbewerb beruhende Spielausrichtung, die sich über die Jahrhunderte in diesem Kontext entwickelte, blieb bis weit in die 70er Jahre form- und strukturkonstituierend.

Allmählich dämmerte aber in den folgenden Jahren die Erkenntnis, daß wir genau am Ende dieser Phase stehen und zugleich am Beginn einer neuen. Moderne Nachrichten- und Verkehrstechnik haben die Welt in einem unvorstellbaren Maße zusammenschrumpfen lassen, die neuesten Errungenschaften der Wehrtechnik mit Überschalljägern, Raketen und Atombomben lassen keine Schutzmöglichkeiten mehr zu, die Erde kann mitsamt ihrer Bevölkerung inzwischen gleich mehrfach in die Luft gesprengt werden.

Brettspiele in der Umwelterziehung

Bereits im Jahre 1980 führten uns die Studien des Club of Rome sehr überzeugend vor Augen, was die Stunde geschlagen hat. Simples Konkurrenzdenken auf gewohnten Schienen wird bei den Problemen, die mit Rohstoffknappheit, Überbevölkerung, Umweltzerstörung usw. auf uns zukommen, nicht weiterhelfen. Im Gegenteil: Sie werden uns mit ziemlicher Sicherheit sogar in absolut gefährliche Situationen bringen und in höchstem Maße zerstörerisch wirken.
Vor diesem Hintergrund erscheinen kompetitive Konkurrenzspiele zunehmend als ein Anachronismus. In einer Zeit, in der mehr und mehr Menschen weltweit erkennen, daß neue Forderungen an uns gestellt werden, in der sie nach neuen Formen des Zusammenseins und Zusammenlebens suchen müssen, wird das Lernziel neu bestimmt: wir müssen lernen, miteinander zu leben statt auf Kosten anderer. Jeder Mensch muß dabei mit seinen Möglichkeiten und Fähigkeiten erlebt und akzeptiert werden. Im Kampf um das Leben und Überleben – das ist eine tiefgreifende Erkenntnis – kosten Konkurrenz und gegenseitiges Zerfleischen angesichts der anstehenden ökologischen Probleme nur unnötig Energie, sie programmieren ein endgültiges Scheitern vor.

3.2 Kooperation als neues Spielziel

Damit ergibt sich auch für diese Zeit ein neues Spielziel: Der Spieler sollte nicht mehr als Gegenspieler, als Gegner definiert werden, sondern als Mit-Spieler. Im spielerischen Sich-zueinander-Öffnen sollen Erfahrungen von Abhängigkeiten und Notwendigkeiten, Problemen und Lösungsvorstellungen zusammengetragen, ausgetauscht, reflektiert und nutzbar gemacht werden. Hier existiert bereits eine ganze Reihe von ernst zu nehmenden Versuchen, die einer Analyse durchaus wert sind und bereits hohen Spielreiz aufzuweisen haben.
Merkwürdigerweise tun sich aber gerade unsere gestandenen großen Verlage in der Spielebranche auf diesem Gebiet noch immer schwer. In den von ihnen produzierten Spielen werden nach wie vor teilweise feudale und frühkapitalistische Ideologien und Praktiken gedankenlos weitertransportiert. Es ist schon erstaunlich, mit welcher Verve man einerseits in der Öffentlichkeit das Bekenntnis zu einer freien, sozialverantwortlichen Marktwirtschaft ablegt und mit welcher Schizophrenie gleichzeitig Wirtschaftsspiele entwickelt und auf den Markt geworfen werden, die all diesen Prinzipien Hohn sprechen.
Angesichts solcher und ähnlicher Spiel- und damit auch Lernmittel beantwortet sich die Frage, ob Konkurrenzverhalten, ob rücksichtsloser Ehrgeiz und Kampftrieb angeborene oder anerzogene Eigenschaften sind, schon beinahe von allein. Liegt denn die Spannung eines Spiels tatsächlich nur in der Ermittlung eines Siegers? Und der Reiz eines Spieles nur im Vorhandensein eines Besiegten?
Erste Versuche, mit Phantasie neue Spielmöglichkeiten für die Zukunft zu entwickeln, kamen bezeichnenderweise nicht von den Spiele-, sondern von den Buchverlagen. Zu nennen wären da »Spiele ohne Sieger« aus dem Otto Maier Verlag in Ravensburg, das Buch von JIM DEACOVE »Kooperative Kinderspiele« aus dem DOKU-Verlag Ettlingen und das im Ahorn-Verlag erschienene Buch »Die neuen Spiele«. Es handelte sich hier durchgehend um Versuche, den Bereich der freien und vor allem aber auch der Sportspiele für neue, offene und gerade kooperative Spielformen zu öffnen.

Erst mit einiger Verspätung fanden solche Ansätze und Versuche im Bereich der Brettspiele ihren ersten Niederschlag. Es ist das Verdienst des Herder-Verlags, auf dem Sektor der Grund- und Vorschulspiele bahnbrechende Experimente gewagt zu haben. Bereits die Spiele **Wundergarten** (1977), **Drachenspiel** (1978) und **Strandburg** (1979) wurden zu neuen Klassikern in den Kindergärten.

An diesen Beispielen wird bereits deutlich, daß kooperative Spiele nicht ohne Spannung und Auseinandersetzung verlaufen, nicht gänzlich konkurrenzfrei sein müssen. Der Kampfgeist wird keineswegs aus dem Spiel verbannt, sondern in der Zielrichtung umgekehrt. Es geht nicht mehr um ein Gegeneinander und Zerstören, sondern um ein gemeinsames Aufbauen und Bestehen von Gefahren.

Und auch in diesen Spielen steht im Mittelpunkt das Erproben der eigenen Fähigkeiten, das Erkennen ihrer Möglichkeiten und Grenzen. Das Spiel bleibt als Herausforderung des Geistes durchaus bestehen. Es soll nicht etwa die Konkurrenz aus der Welt diskutiert werden. Die Überlegungen wenden sich vielmehr gegen sinnloses Konkurrenzverhalten als unreflektiert tradiertem Selbstzweck. Sie treten statt dessen für partnerschaftliche Strukturen auch im Spiel ein und wenden sich gegen die in der Tat ganz erstaunliche Abwertung der Solidarität und jeglicher kooperativer Verhaltensmuster in unseren Spielen.

Wer für diese neue Form der kooperativen Spiele eintritt, wird häufig mit dem stereotypen Einwand konfrontiert, daß ein Kind doch auf die brutale Welt, so wie sie nun einmal ist, mit entsprechenden Spielen vorbereitet werden muß. Darauf ist mit einer Gegenfrage zu antworten: Sollten Spiele nicht besser auf eine Welt vorbereiten, die veränderbar ist oder besser: höchst reparaturbedürftig?!

Kooperative Spiele vermitteln da erheblich mehr Einsichten als kompetitive Spiele. Sie zeigen ganz einfach besser, wie man auch mit Rückschlägen und Niederlagen, die ja immer in der Gemeinschaft der Spielenden erfahren werden, zurechtkommt und fertig wird. Auch hier kümmert sich jeder Spieler zunächst und aus alter Gewohnheit um seine eigenen Interessen auf dem Spielfeld. Dann aber gilt, was der Herder-Verlag für das **Drachenspiel** (1978) als Hinweis zum Spiel in die Regel geschrieben hat:

»Dieses Verhalten, das jeder für normal hält, wird durch die Spielregel nicht bestraft. Erst wenn sich alle Spieler nur um ihren eigenen Vorteil kümmern und als erste mit ihrem Muster fertig sein wollen, werden sie die Erfahrung machen, daß sie das Spiel verlieren. Diese Erfahrung bringt sie dazu, ihre Art des Spielens zu überdenken und alle Möglichkeiten der Spielregel anzuwenden. Kooperation wird ihnen also nicht aufgezwungen.«

Neue Spiele, das wird hier klar, bedingen in der Tat auch den neuen Spieler, der bereit ist, sich auf ungewohnten geistigen Bahnen zu bewegen. Er muß eine ganz anders geartete Bereitschaft zum Spielen aufbringen, gegen den ganzen Ballast tradierter Spielvorstellungen anspielen. Statt des bisher antrainierten Pokerface nun Offenheit, statt Eigennutz und Egoismus aktives Wollen und Sich-Einlassen auf gemeinschaftliches Handeln und Erleben.

Eine solche Wendung zu einem neuen Spielen und damit zu einem neuen Spieltyp ist sicherlich nicht über Nacht zu erreichen. Aber der Weg dorthin ist uns durch unsere Zeit und ihre ökologischen und ökonomischen Probleme nun einmal vorgezeichnet. Er muß zäh und unbeirrt verfolgt werden, damit auch durch das Medium Spiel ein kleiner, bescheidener Beitrag zum Überleben auf diesem Globus geleistet werden kann.

3.3 Verarbeitung von Umweltproblemen im Spiel

Alle Tisch- und Brettspiele heutiger Produktion, also natürlich auch solche, die sich unmittelbar mit Umweltproblemen auseinandersetzen, stehen in dem aufgezeigten Spannungsfeld von kompetitivem und kooperativem Spielansatz. Bei der Suche nach Spielen, die sich für die Umwelterziehung eignen, kann man sehr schnell feststellen, daß sich genau hier die Geister scheiden. An zwei konkreten Beispielen soll das im folgenden deutlich gemacht wer den.
Der renommierte Spieleautor WOLFGANG KRAMER bringt gemeinsam mit seiner Frau URSULA KRAMER 1985 im Ravensburger Otto Maier Verlag ein Spiel mit dem Titel **Abenteuer Tierwelt** heraus, ein Expeditionsspiel für 2–6 Spieler ab 10 Jahren. Im Vorwort zu diesem Spiel wird erläutert, welche Absicht die Autoren mit dem Spiel verbinden:

»So wie Forschungsexpeditionen in die Welt hinausziehen, um Tiere zu beobachten und die Voraussetzungen kennenzulernen, unter denen man bedrohten Tierarten vielleicht helfen kann, so ziehen die Spieler auf dem Spielplan mit ihren Expeditionen in die Welt und suchen eine bestimmte Anzahl von Tieren auf.
Die Spieler lernen dabei ganz außergewöhnliche und großartige Tiere kennen und erfahren etwas über die Lebensumstände dieser Tiere. Dieses Spiel möchte Verständnis wecken für bedrohte Tiere und Bewußtsein schaffen für die Probleme der Tierwelt. Erst durch genaue Information wird wirksamer Schutz der Tiere möglich. Die Tiere gehören in unsere Welt. Ihr Schicksal darf uns nicht gleichgültig sein!«

Aus der »roten Liste« der gefährdeten Tierarten haben die Autoren 72 Tiere ausgewählt. Sie werden sowohl in einem Begleitheft als auch auf Tierkarten im Spiel näher vorgestellt. Dort werden auch die Gefahren umrissen, die ihnen drohen.
Im Spiel, das ein relativ hohes Raffinement aufweist, finden gleichzeitig drei Expeditionen zu den Lebensräumen vieler Tier arten statt. Die Spieler können sich an ihnen beteiligen und da bei versuchen, die acht oder zwölf Tiere aufzuspüren, deren Karten sie zu Beginn erhalten haben.
Obwohl es letztendlich um die Rettung der vom Aussterben bedrohten Tiere geht und die Spieler möglichst viele dieser Tiere kennenlernen sollen, ist das Spiel strikt kompetitiv aufgebaut: »Gewinner ist, wer die Expeditionsrouten für seine Forschungsaufträge am geschicktesten beeinflussen und so die meisten Tierkarten sammeln konnte.«
Im Spiel geht es dann auch nur noch am Rande um die Sache der bedrohten Tiere. Die Spieler versuchen in ihrem antrainierten Eigennutz ihre Mitspieler alsbald dadurch zu behindern, daß man ihnen kurz vor Erreichen einer Tierart die entsprechende Expedition in eine andere Richtung leitet oder mit einem Sperrstein à la **Malefiz** am Weiterkommen hindert. Viele Tierarten bleiben da durch rechts oder links liegen, werden gar nicht erreicht, weil der selbstsüchtige Ehrgeiz den Spieler nur eigene Ziele verfolgen läßt. Der Text, der von der gerade eroberten Karte verlesen und die Informationen über die bedrohten Tiere übermitteln soll, trifft dann auf mehr oder weniger taube Ohren.
Auf diesen Sachverhalt angesprochen, gaben die Autoren im Gespräch mit dem Verfasser unumwunden zu, daß ihnen dies selbst einiges Unbehagen verursacht habe. Sie hätten sich auch durchaus um eine kooperative Lösung für den Aufbau des Spiels bemüht, eine solche sei ihnen aber nicht möglich gewesen. Es sei ihnen

dabei bewußt geworden, wie sehr man doch in kompetitive Spielmuster eingebunden sei und wie schwer es sei, sich davon zu lösen.

Einen ganz anderen Weg ging JOHANNES TRANELIS, als er ebenfalls Mitte der 80er Jahre sein Spiel **Sauerbaum** (Herder, 1988) entwickelte. Anstoß dazu war eine Botschaft, mitten im Wald mit weißer Ölfarbe auf grauem Asphalt hingepinselt: »Der Wald stirbt«. Immer wieder mußte er mit seinem Auto diese Stelle passieren. Der Vorgang löste schließlich bei ihm den gedanklichen Anstoß zu einer ganz bestimmten Gestaltung eines Spiels aus:

»Ich weiß schon seit Jahren, daß der Wald stirbt, aber er lebt auch, und hier wachsen die Bäume immer noch grün in den blauen Himmel wie je und eh. Das Phänomen an dieser widersprüchlichen Geschichte, das dämmerte mir von Fahrt zu Fahrt, ist, daß wir nicht sehen, was wir zu wissen glauben. Erst wenn wir mehr und mehr Baumgerippe herumstehen sehen, werden wir sehen und erfahren können, daß und wie der Wald stirbt.
Dann ist es wahrscheinlich zu spät, noch etwas zu tun, und so kam ich darauf, ein Spiel zu machen, das man jetzt schon erleben kann. Ein grüner Baum sollte vor einem blauen Himmel stehen und der Himmel sollte – blaues Stück für blaues Stück – auf den grünen Baum fallen, so daß man den Baum tatsächlich Stück für Stück verschwinden sehen kann.
Ich sah einen stilisierten Baum vor mir, der durch einen Raster in Spielfelder aufgeteilt war. Von oben herab verschwand der Baum Feld für Feld, Reihe für Reihe, von der Krone über den Stamm bis zur Wurzel. Und von unten herauf kletterten die Spieler mit ihren Figuren den Baum hoch und sammelten den Himmel stückweise wieder ein, damit der Baum nicht verschwindet und sichtbar bleibt. Als Spielverlauf sah ich ein optisches Hin und Her zwischen Verschwinden und Wieder-Auftauchen, und zum Schluß war der Baum entweder ganz verschwunden blau in blau, oder er war ganz und grün da.
Das war der Anstoß. Und ich war mir gleich sicher, daß das Spiel funktionieren würde« (zitiert nach dem »Informationsdienst« der Pressestelle des Herder-Verlages).

Die weitere Schilderung der einzelnen Entwicklungsschritte bis hin zum fertigen Spiel sind hochinteressant für die Arbeitsweise dieses Spieleautors. Festzuhalten bleibt, daß hier ein gänzlich anderer Weg gegangen wird, nämlich der von der Anschauung zur Abstraktion. Über langwierige Probespiele und Experimente findet TRANELIS schließlich zum Symbol, auf das er alles konzentriert, das Symbol eines Baumes.

Der Spielplan zeigt einen großen, schräg mit Spielfeldern gerasterten Baum, der vom sauren Regen bedroht ist. Dieser hat schon vor Spielbeginn den Baum befallen: Ein Tropfen wird gleich zu Beginn auf das oberste Feld in die Baumspitze gelegt. Alle anderen (maximal 60) Tropfen liegen in Gestalt kleiner, linsenförmiger blauer Spielsteine rund um den Baum in den Himmel gestreut. Im Verlauf des Spiels dringen sie in den Baum ein, verteilen sich über alle Äste, bis sie über den Stamm in die Wurzeln eindringen. Haben sie sich schließlich über alle Wurzeln verteilt, stirbt der Baum, und alle Spieler haben das Spiel verloren. Klar, daß die sofort auf Tropfenfang gehen.

Jeder Spieler würfelt mit vier Würfeln. Der blaue große Regenwürfel zeigt an, wieviel Tropfen es aus dem blauen Himmel in den Baum regnet, die drei grünen, welche Züge der Spieler mit seiner Figur auf dem Spielbrett umeinander ziehen darf.

Beim Ziehen der Figur wird jede Zahl einzeln und in der vom Spieler bestimmbaren Reihenfolge gezogen. Es gilt, bei jedem Zug wirklich die optimale Zahl an Tropfen einzufangen, sonst haben die Spieler keine Chance zu gewinnen. Gefan-

gen wird ein Tropfen, wenn die Figur am Ende eines Würfelzuges direkt auf einem Tropfenfeld ankommt.
Sind dann alle Tropfen im Baum, wird die Sache noch spannender. Jetzt fällt der Regen innerhalb des Baumes herunter. Das heißt, Tropfen für Tropfen wird er nach dem entsprechenden Wurf des großen Regenwürfels links oben weggenommen und rechts in der untersten Reihe wieder angelegt.
Bei ihrem Versuch, die Regentropfen aus dem Baum zu holen, müssen die Spieler ständig darauf achten, daß sie sich nicht zu weit in die Regenfront hineinwagen. Beim Ziehen darf man zwar über die Figuren der Mitspieler hinwegziehen, nicht aber über die Regentropfen. Wird eine Figur von den Tropfen eingeschlossen, kann – das weiß man nach einigen Spielpartien – der Regen leicht außer Kontrolle geraten. Jede Figur wird da gebraucht. Also müssen die Spieler schleunigst versuchen, ihren Mitspieler wieder herauszuholen.
Genau hier liegt die Stärke des Spiels. Über das Symbol des Baumes schafft JOHANNES TRANELIS die Identifikation der Handelnden mit ihrer Aufgabe. Die Botschaft ist spielimmanent und wird in der Handlung selbst erfahren. Sie wird bei den Spielenden – und das macht das Spiel auch als Umweltspiel so wichtig – als eigene Erfahrung gespeichert: Das Problem des Baumsterbens ist nur durch gemeinsames Handeln lösbar.
Insbesondere von pädagogischer Seite wurde immer wieder angemahnt, daß hier das Problem der Ursachen des Waldsterbens mit seinen vielen Faktoren nicht differenziert genug vorgeführt würde. Von wohlmeinender Seite erhielt TRANELIS die Anregung, doch Ereigniskarten ins Spiel zu bringen, die positives und negatives Umweltverhalten aufzeigen könnten. Wenn zwei grüne Würfel die gleiche Augenzahl zeigten, sollten die Spieler dann eine solche Karte ziehen, für die auch gleich einige Beispiele mitgeliefert wurden: »Ich verwende Schuhwichse statt umweltschädigende Sprays. – Ich darf einen Regentropfen aus dem Baum zu meiner Beute nehmen.« Oder: »Ich habe beim Abwaschen unsinnig viel Spülmittel genommen. – Alle Mitspieler ärgern sich, weil jeder aus seiner Beute einen Regentropfen in den Baum setzen muß.«
Verlag und Autor widerstanden mit guten Gründen diesem Ansinnen. Die Botschaft sollte über das Spiel selbst kommen und nicht mit der Krücke der Ereigniskarten transportiert werden, die die Ereignisse schildern, aber nicht wirklich im Spiel erfahrbar eintreten lassen. Ganz davon abgesehen lehnten sie die Tendenz der Textvorschläge ab, das Spiel wieder in die altgewohnte kompetitive Richtung zu manövrieren. Sie verriet deutlich, daß die eigentliche Botschaft des Spiels, nämlich die Aufforderung zu gemeinsamem, für das Ganze verantwortlichem Handeln nicht akzeptiert worden war. Wer die Zeichen der Zeit erkannt hat, weiß, daß dies mit Sicherheit Botschaft genug ist und durch weitere Zutaten nur verwässert würde.
Das Spiel **Sauerbaum** wurde als erstes kooperatives Spiel allgemein akzeptiert. In der Spieleszene pflegt man es als eine Art Kultspiel. Im Jahr 1987, als es der Autor noch im Eigenverlag vertrieb, wurde das Spiel bereits auf die Auswahlliste des renommierten Kritikerpreises »Spiel des Jahres« gesetzt und erhielt im darauffolgenden Jahr in der Version des Herder-Verlags den »Sonderpreis für das beste kooperative Spiel«. Gerade über seinen hohen Spielwert hat es mit Sicherheit sehr viel für den Gedanken der Umwelterziehung durch Spiele erreicht.

3.4 Übersicht über die Themen des Spieleangebots

Im nationalen oder gar internationalen Trend der Spieleproduktion liegen die Spiele mit Umweltthematik sicher noch nicht. Aber dennoch ist die Zahl der Titel, die sich mit dem Problem Ökologie – Ökonomie beschäftigen, durchaus erstaunlich. Neben Quiz- und Ratespielen, ein bißchen Selbsterfahrung und reichlich Fantasy und Science-fiction sind diese »grünen« Spitzen nur modische Attribute? Eine neue »deutsche Welle«? Das bleibt abzuwarten. Zumindest aber stellen sie für die Verlage allem Anschein nach noch immer ungewohnte Sujets dar. Was sich hier ökologisch ambitioniert gibt, ist in dieser Hinsicht oft genug eher skurril zu nennen.

Der folgende gedrängte Überblick über die Brettspiele, die sich mit Umweltproblemen beschäftigen, beschränkt sich im wesentlichen auf Spiele, die entweder in den letzten drei Jahren neu erschienen sind oder aber noch immer auf dem Markt angeboten werden. Er soll zugleich auch eine Übersicht über die dort angesprochenen Themen vermitteln. Dabei geht es nicht darum, alle verfügbaren Titel zu den einzelnen Themenbereichen aufzuführen. Es sollen vielmehr Anregungen bei der Suche nach geeigneten Spielen gegeben werden.

3.4.1 Vermittlung von Wissen über Tiere und Pflanzen

Spiele, die Wissen über Tiere und Pflanzen vermitteln, haben sicherlich eine sehr alte Tradition. In diesem Bereich bewegen sich die Verlage noch auf gesichertem Terrain, vor allem dann, wenn sie auf die altbekannte, bei Kindern immer noch beliebte Form des Lottospiels zurückgreifen.

An das erste Spielalter wendet sich **Mein erstes Biotop-Lotto** (ASS 1993, Legespiel für 2–4 Spieler, ab 4 J.). Wenn man unter »Biotop« einen Lebensraum von Tier- und Pflanzenarten, die ähnliche Umweltbedingungen verlangen, versteht, erliegt man falschen Erwartungen. Die Bilder auf den 4 Tableaus und 24 Legekärtchen dieses kleinen Mitbring-Spiels zeigen hübsch gezeichnete Tiere und vor allem Pflanzen ohne ihren Lebensraum. Kinder lernen, genau hinzuschauen. Die gezeigten Tiere, wie Igel, Hahn oder Schmetterling, werden sie weniger überraschen. Aber gerade bei einer Reihe von Pflanzen werden sie überlegen müssen, wo sie die denn schon einmal gesehen haben.

48 geschützte und gefährdete Tiere aus aller Welt werden in dem Lottospiel **Tiere in Gefahr** (Schmidt 1993, Legespiel für 2–4 Spieler, 4–10 J.) in Wort und Bild vorgestellt. Neben der gängigen Lottoregel wird noch eine Art Frage-und-Antwort-Spiel für ältere Spieler vorgeschlagen. Eine gefundene richtige Karte wird erst dann auf seinem Tableau abgelegt, wenn der Spieler den Text etwa zu einem Indri oder einem Blauwal vorgelesen hat und eine Frage zu diesem Tier beantworten kann, ohne noch einmal auf den Kartentext zu schauen.

Unter dem Obertitel **Mein erstes Naturspiel** hat BERTRAM KAES für den Otto Maier Verlag in Ravensburg eine Reihe von Merkspielen entwickelt, die allesamt auf dem erfolgreichen **Memory** aufbauen. Jedes Kind weiß, wie ein Apfel aussieht, aber nur wenige erkennen sofort den dazugehörigen Baum, das Blatt oder eine Blüte. Bei **Kennst Du den Baum?** (Ravensburger 1992, Merkspiel für 2–4 Kinder, 5–8 J.) werden nach dem Memoryprinzip im Lauf des Spiels 35 Kärtchen mit Baumteilen aufgedeckt und den entsprechenden fünf Baumgruppen zuge-

ordnet. Sieger ist, wer die meisten Karten einer Gruppe gefunden hat. Weitere Titel in dieser Reihe sind: **Wie Tiere groß werden** (1993) und **Woher kommt mein Essen?** (1993).
Tatsächlich ein Biotop, nämlich ein ländliches Anwesen mit Garten, umgeben von Wiesen und einem Weiher, zeigt der Spielplan von **Igel, Frosch und Maus ... Wer ist wo zu Haus?** (Noris 1991, Würfelspiel für 2-6 Spieler, ab 6 J.). Es ist der Lebensraum von 32 heimischen Tierarten. In ihren Silhouetten sieht man sie auf dem verzweigten Weg, der durch dieses Biotop führt. Dazu passen Karten, die ausführlich über Verbreitung, Nahrung, Fortpflanzung und Besonderheiten informieren. Wer zuerst hier ein bestimmtes Tierquartett (Vogel, Käfer usw.) eingesammelt hat, gewinnt das graphisch sehr ansprechend gestaltete Spiel.
Eines der spannendsten und zugleich spielerisch ansprechendsten Spiele, die Wissen über Tiere vermitteln, hat ALFRED CLARK mit **Tieren auf der Spur** (Ravensburger 1991, Ratespiel für 3-6 Spieler, ab 10 J.) vorgelegt. Durch geschicktes Fragen und Kombinieren gilt es, zahme und wilde Tiere aus aller Welt zu erraten. Sechzig Fragen geben wertvolle Hinweise zu den gesuchten Tieren: ein Raubtier, das im Dschungel lebt, länger als zwei Meter wird und scharfe Krallen hat? Durch geschicktes Fragen und gutes Kombinieren gewinnt man die Tierkarten und erfährt ganz nebenbei sehr viel Wissenswertes. Die Stärke dieses Spiels liegt darin, daß dieser Lernvorgang nicht aufgesetzt, sondern in das Spiel integriert ist.
Fragen über Tiere und Pflanzen, Gedanken zum Naturschutz stehen im Mittelpunkt des Spiels **Der Natur auf der Spur** (Ravensburger 1988, Quiz- und Ratespiel für 2-4 Spieler, ab 9 J.). Trotz des ähnlichen Titels handelt es sich hier um ein einfaches Quizspiel mit simplem Spielaufbau. Die meisten Fragen können auch durchaus von jüngeren Spieler beantwortet werden.
Als weiteres Quizspiel, das sich mit Fragen zu Natur und Umwelt beschäftigt, ist **Das Naturspiel** (ASS 1993, Quizspiel für 2-6 Spieler, ab 10 J.) zu nennen.

3.4.2 Vermittlung von Wissen über Umweltschutz

Die Zahl der Quizspiele, die Wissen über Umweltschutz abfragen und über das Abfragen zugleich vermitteln wollen, ist inzwischen enorm. Beinahe jeder Verlag führt einen solchen Titel in seinem Programm.
Bereits an 6jährige wendet sich der Noris-Verlag mit dem Spiel **Li-La-Laune-Bär's Natur- und Umweltspiel** (Noris 1991, Quizspiel für 3-7 Spieler, 6-14 J.). Er nutzt dabei die Popularität des Li-La-Laune-Bärs aus der RTL-plus-Sendung mitsamt Moderator Metti, um ihnen über 550 Quizfragen die drei Bereiche Tiere, Pflanzen, bedrohte Umwelt nahezubringen.
Von Kindern selbst erfunden und im Rahmen eines Wettbewerbs unter der Schirmherrschaft des Bundesumweltministers KLAUS TÖPFER ausgezeichnet wurde das Spiel **Die Ökolis** (Ravensburger 1992, Umweltquiz für 2-6 Spieler, ab 8 J.). Wer die nicht allzu schwierigen Fragen aus 6 Umweltgebieten des Alltags (z.B. Natur, Verkehr, Energie) beantworten darf, wird zuvor ausgeknobelt.
Daß man solche Quizspiele nicht unbesehen und ungeprüft übernehmen und blindlings einsetzen kann, wird deutlich, wenn man sich das Spiel **Macht die Bäume wieder grün** (Schmidt 1985, Quizspiel für 2-4 Spieler, ab 8 J.) einmal näher anschaut. Der Verlag Schmidt-Spiele in Eching und sein Autor GILBERT

OBERMAIR halten es hier mit dem ebenso blauäugigen wie unsinnigen Motto »Problem erkannt – Problem gelöst«.
Liegt da eine »Problemkarte« im Weg nach vorn? Das Wasser ist vergiftet durch Säuren, Laugen, Salze und Schwermetalle? Da hilft doch »Willi Wipfel«, der Weise vom ZDF, mit folgender Lösungskarte: »Wirksame mechanisch-biologische Kläranlagen entfernen 80 bis 94 % der Schadstoffe. Eine weitere Klärung schafft nochmals einige Prozent. Den Rest besorgen die Pflanzen und Mikroorganismen. So gewinnt man sauberes Wasser.« Da fragt sich der Spieler doch umgehend, wozu eigentlich dann das ganze Gerede über die zunehmende Vergiftung unserer Umwelt nötig ist, wenn das alles anscheinend so einfach zu beseitigen ist. Die Frage, ob ein Klärwerk tatsächlich auch die Schwermetalle herausfiltern kann, bleibt außen vor. Die Diskussion darüber, daß es gar nicht möglich ist, alles belastete Wasser in Klärwerke einzuleiten, muß von außen kommen.

In **Mäxchens Umwelt-Quiz** (Noris 1990, Quizspiel für 2–12 Spieler, ab 12 J. und Erw.) darf der Spieler zur Belohnung sich vorwärtswürfeln, wenn er eine Frage richtig beantwortet hat. Das Spiel bringt verblüffend originelle Fragen, wie etwa die folgende: »Gibt es ›Luftbefeuchter‹, die ohne Strom funktionieren?« Die ebenso einleuchtende wie richtige Antwort: »Ja, Pflanzen im Zimmer.«

Die Aktionsgemeinschaft Umwelt, Gesundheit, Ernährung e.V. (A.U.G.E.) empfiehlt ein Quizspiel, das der Münchener Giesche Verlag unter dem Titel **Was weißt Du über Deine Umwelt?** (Giesche 1989, Quizspiel 2–4 Spieler, ab 11 J.) herausgebracht hat. 294 Frage- und Ereigniskarten zum Thema Umwelt sollen zum Handeln ermutigen. Umweltfreundliches Handeln wird allerdings nicht verbal vermittelt und kann im Spiel nicht erlebt bzw. erfahren werden.

In Kooperation mit dem Hugendubel-Verlag erschien bei Giesche auch das **Frankfurter Umweltspiel** (Giesche 1990, Quizspiel 2–4 Spieler, ab 11 J.). In diesem reinen Quizspiel ist der Versuch gemacht, in einigen Fragen den unmittelbaren Bezug zu Frankfurter Umweltverhältnissen herzustellen: »Welches sind die besten Möglichkeiten, zur Luftreinhaltung in Frankfurt beizutragen?«

3.4.3 Kinder als Helfer der Natur

Quizspiele haben da ihre Grenzen, wo sie allemal nur abstraktes Wissen behandeln. Da helfen auch keine sogenannten »Ereigniskarten«, die ja mögliche Ereignisse nur benennen, aber im Spiel tatsächlich nicht unmittelbar emotionell erfahrbar eintreten lassen. Hier ist die Form des Rollenspiels tatsächlich wirksamer, die Zusammenhänge in der Natur erlebnisgerechter zu vermitteln.

In einer ganzen Gruppe von Spielen erleben sich die Kinder im Bündnis mit den gefährdeten Tieren, schlüpfen sie in die Rolle eines Helfers der Natur. Fast alle diese Spiele haben eines gemeinsam: Sie sind der Problemlage entsprechend kooperativ angelegt. Sie vermitteln die Botschaft, nur wenn alle mitmachen und zusammenhalten, kann das Ziel erreicht werden.

In dem Spiel **Wilde Wiese** (Ökotopia 1993, kooperatives Naturschutzspiel für 2–8 Spieler, ab 4 J.) geht es darum, Rudi Raser mit seiner Mähmaschine vom Mähen abzubringen und den Pflanzen und Tieren ihren Lebensraum zu erhalten. Die Kinder führen auf dem sehr anschaulich gestalteten Spielplan die Insekten (Biene, Marienkäfer und Schmetterling) von Blume zu Blume. Gelingt es ihnen,

alle Pflanzen auf der Wiese zu besuchen, behalten sie die Oberhand, und die Biene darf den Rudi Raser verscheuchen.
Ebenfalls um den Schutz eines Biotops geht es in **Schützt unseren Teich!** (Ravensburger 1987, kooperatives Würfelspiel für 2–4 Spieler, 4–8 J.). Mit Hilfe des Würfels sollen die Kinder ihre Teiche mit Fröschen, Wasservögeln, Schnecken und Libellen besiedeln. Ein Bagger droht im Hintergrund, er will die Teiche ausheben. Noch ist er nicht zusammengebaut, aber wenn das Baggersymbol auf dem Würfel erscheint, kommt ein Teil dazu. Nur wenn die Kinder rechtzeitig alle 8 Stoppsteine (Kleeblattsymbol auf dem Würfel) vor ihm aufstellen, wird der Baggeraufbau abgebrochen. Es gewinnt dann in einer kompetitiven zweiten Spielphase der Spieler, der zuerst alle Tiere in seinem Teich untergebracht hat.
Noch unmittelbarer und enger wollen zwei Spiele aus dem Ökotopia-Verlag die Kinder an die Natur heranführen. In **Schlaufuchs und Stachelhaut** (Ökotopia 1990, kooperatives Umweltspiel für 2–4 Spieler, ab 6 J.) müssen sie versuchen, die Gefahren, die ihrem Igel drohen, zu meiden. Sie können die Würfelpunkte entweder mit dem eigenen Igel setzen oder damit den gemeinsamen Fuchs durchs Feld bewegen. Wer seinen Igel geschickt und vorausschauend durch alle Gefahren führt und zuerst ins Igelnest zurückbringt, hat gewonnen.
Erheblich komplexer und vor allem wieder kooperativ läuft **Das Froschwanderspiel** (Ökotopia 1992, kooperatives Umweltspiel für 2–4 Spieler, ab 7 J.) ab. Die Spieler begleiten ihre Frösche vom Winterquartier zum Laichwasser. Auf diesem Weg läßt das wiederum sehr anschaulich gestaltete Spiel die besonderen Reize der Natur im Vorfrühling erleben. Man erfährt aber auch, welche Hindernisse das Leben und Überleben der Frösche bedrohen. Die abgelegten Lösungskarten, graphisch gut in den Spielplan eingepaßt, führen vor Augen, wie man den Tieren helfen kann, ein Unterhaltungs- und Lernspiel in einem.
Natürlich muß das oben bereits ausführlicher angesprochene Spiel von JOHANNES TRANELIS **Sauerbaum** (Herder 1988, kooperatives Würfelspiel für 3–7 Spieler, ab 8 J.) dieser Gruppe zugerechnet werden.

3.4.4 Umweltschutz vor der eigenen Haustüre

Jeder einzelne Bürger ist an der immer verhängnisvolleren Spirale von unbegrenzter Massenproduktion und hemmungslosem Konsumverhalten beteiligt. Was auch in Spielen zunächst als Zeichen des Wohlstands empfunden wurde, erweist sich bald als ökologische Zeitbombe: explodierende Müllberge, mangelhaft »entsorgte« Atomabfälle, Tourismus giftiger Industrieschlämme und -stäube. Seit die Müllkatastrophe unübersehbar wurde, bieten zahlreiche Spiele die trügerische Zauberformel Mülltrennung und Recycling an. Müllvermeidung wird nur am Rande behandelt.
Insgesamt fordert diese Gruppe von Spielen dazu auf, mit offenen Augen durch die Umwelt zu gehen und sehen zu lernen, was zur Umweltverschmutzung und damit zur Umweltgefährdung beiträgt, vor allen Dingen aber, was wir selbst zur Zerstörung unseres Lebensraumes beitragen. Wie solche Belastungen und Zerstörungen vermieden werden können, das ist das Spiel- und Lernziel.
Wer ist der gewieftste Umweltdetektiv und kommt einschlägigen Sündern am schnellsten auf die Spur? Bei **Öko-Detektiv** (Schmidt 1992, für 2–5 Spieler, ab 7 J.) geht es allerdings nicht nur um Umweltvergehen aller Art, sondern auch um

positive Umweltaktionen (Aufstellen eines Krötenschutzzauns, Begrünung von Hausfassaden, Aufhängen von Nistkästen usw.). Ein ergänzendes Fahndungsset ermöglicht, durch Wasseruntersuchungen den Grad der Umweltverschmutzung in der eigenen Umgebung festzustellen.

Gemeinsam mit den Kindern will »Knud, das kleine grüne Naturwesen«, in dem Spiel **Am Ende des Regenbogens** (Ökotopia 1992, kooperatives Umweltspiel für 3-5 Spieler, ab 5 J.) gegen den bösen »Schmutzich« vorgehen, der überall mit Müll, Lärm und Abgasen die Umwelt vergiftet. Nur wenn ihm das Handwerk gelegt wird, ist das Ende des Regenbogens wiederzusehen. Autor ULI GEISSLER bemüht sich sehr, eine kindgemäße Erlebnisebene aufzubauen. Auf großen Bildkarten wird Positives wie Negatives herübergebracht. Sie zu erläutern und sinnvoll in das Spiel einzubeziehen, bedarf es eines erwachsenen Spielleiters.

Bilder dieser Art sind auch Grundlage des **Umwelt-Memory** (Ravensburger 1993, Merkspiel für 2-5 Spieler, ab 8 J.).

In dem Quizspiel **Fünf vor zwölf** (Domino 1991, Würfel-Quiz-Spiel für 2-6 Spieler, ab 8 J.) werden die Fragen meist nach dem Multiple-choice-Verfahren gestellt. Richtige Antworten werden mit Chips belohnt. Für drei Chips darf ein Spieler ein Puzzleteil mit »schöner Natur« auf das Müllspielfeld legen. Falsche Antworten oder Ereigniskarten mit negativen Handlungen gegen die Umwelt lassen die Uhr vorrücken.

In all diesen Spielen wird immer wieder das Müllproblem als das zentrale Problem der Umweltbelastung angesprochen. Der erste Titel, der dieses Thema 1982 unmittelbar zum Gegenstand eines Spieles machte, war **Ene mene ... Müll** (Ravensburger 1982, kooperatives Müllspiel für 2-4 Spieler, 5-10 J.). Die Kinder sollen an das Thema Umwelt, Müllverwertung und Recycling herangeführt werden. Bis das Müllauto vorbeikommt, muß der Müll - nach Flaschen, Altpapier und Hausmüll sortiert - vor der Türe stehen. Was dann eigentlich mit diesem getrennten Müll geschieht, sagt ihnen weder der Autor W. W. WINDISCH noch die Spielregel noch der abrupt endende Spielverlauf selbst. Doppelt irritiert vor diesem Hintergrund das dekorative Müllauto altgewohnter Bauart und die Gesamt-Mülltonnen auf dem Cover?! Das Spiel macht den Kindern zwar auf weiten Strecken Spaß, ist aber an diesen Punkten nicht zu Ende gedacht.

Die gleiche Kritik gilt auch für das beinahe 10 Jahre später erschienene **Emil räumt auf** (Ravensburger 1991, Würfelspiel für 2-6 Spieler, ab 6 J.), bei dem auch wieder Müll getrennt werden muß. Zumindest erläutert hier die »Müll-Fibel« in der Spielregel, was man im Spiel wieder nicht erfährt. Irritierend aber bei dem von JANOSCH sehr schön illustrierten Spiel sind Karten wie diese: »Solange Kunststoffe nicht recycelt werden, bevorzugst du andere Materialien (Glas, Metall, Holz). - Schenke einem Mitspieler 1 Müllkarte deiner Wahl.«

Die Erkenntnis, daß es noch am besten ist, wenn man Müll vermeidet, transportiert das Spiel **Augen auf beim Umweltkauf** (Ökotopia 1987ff., kooperatives Einkaufsspiel für 2-5 Spieler, ab 6 J.). Umweltbewußte Einkäufer greifen hier nur zu umweltfreundlichen Waren, die die Natur nicht mit Chemikalien und Müll belasten. Wenn am Ende des Spiels tatsächlich nur noch umweltfreundliche Waren im Regal liegen, haben alle gewonnen.

3.4.5 Umweltschutz als globale Aufgabe

Katastrophen und Skandale haben in den letzten Jahren die Erkenntnis gefördert, daß Umweltgefährdung durch Giftmüll und lecke Atomkraftwerke, durch ungefilterte Industrieabgase und ungeklärte Einleitung von belastetem Brauchwasser nicht vor Landesgrenzen haltmachen. Obwohl Wissenschaftler seit langem die drohende ökologische Krise ankündigten, wurden diese Warnungen lange Zeit nicht ernst genommen. Erst seit für jeden erfahrbare Folgen eintraten, bahnt sich ein Umdenken an.

Zunächst zeigten Spiele die Umweltproblematik eher distanziert und stellten bloß denkbare oder befürchtete Gefahren dar. In den 80er Jahren signalisierten ganz massiv adhortative Titel wie **Schützt unseren Teich!**, **Macht die Bäume wieder grün** und **Rettet unsere Erde!** (Huki, 1990), daß uns die Probleme inzwischen unmittelbar auf den Leib gerückt sind. Insbesondere die spektakulären Aktionen von Greenpeace haben deutlich gemacht: Umweltschutz muß zwar vor der eigenen Haustüre beginnen, darf dort aber nicht enden.

Unmittelbar auf Greenpeace-Aktionen Bezug nimmt das Spiel **Rettet die Wale** (Die Barque 1988, Würfelspiel für 2 Spieler, ab 6 J.). Die Walfangflotte hat in einer Bucht 12 Wale ausgemacht. Ein Spieler übernimmt die 5 Fangschiffe, der andere die 10 Schlauchboote von Greenpeace. Der Spieler mit den Greenpeace-Steinen kann nur gewinnen, wenn er mehr als 6 Walfiguren vor dem Abschuß bewahrt, indem er seine Boote zwischen die Wale und die Fangschiffe manövriert.

Im Rahmen einer Patenschaftsaktion für 100 qm tropischen Regenwaldes in Kolumbien hat der Verlag ASS in Leinfelden das Spiel **Rettet den Regenwald** (ASS 1991, kooperatives Umweltspiel für 2-5 Spieler, ab 8 J.) entwickelt. Es geht darum, gemeinsam über den Erwerb von Zertifikaten 25 Bäume auf den Baumfeldern in der Spielfeldmitte zu pflanzen, bevor die Bulldozer auf der Lichtung eintreffen und ihr Zerstörungswerk beginnen können. Wer hier die meisten Tropenbäume pflanzt und keine Umweltsünden begeht, gewinnt das Spiel.

In dem Spiel **Schützt unsere Erde** (Klee 1990, Reisespiel für 2-6 Spieler, ab 12 J.) bereisen die Spieler als Mitglieder einer Umweltorganisation die ganze Erde. Wer zuerst je einen Öko-Orden in allen sechs Kontinenten einsammeln konnte und überdies mit 1.000 Öko-Dollars seine Heimatstadt erreicht, gewinnt das Spiel, das zu den merkwürdigsten im Bereich der Umweltspiele zählt.

3.4.6 Denken und Handeln in vernetzten Systemen

Der Druck auf die Umwelt, die schrankenlose Ausbeutung aller Ressourcen und das dramatische Ansteigen der Weltbevölkerung: die Erkenntnis wächst, daß unser Leben in immer enger vernetzte Strukturen eingebunden ist. Verantwortliches und planvolles Handeln auf allen Ebenen muß jetzt monokausales Denken ablösen, um ein Überleben auf dem angeschlagenen Planeten Erde zu sichern.

Spiele beginnen, auf Ursache und Wirkung im Verhältnis des Menschen zur Natur aufmerksam zu machen. Erste Versuche, vernetzte Systeme spielerisch zu nutzen, sind beachtlich. Sie vermitteln neue Spielreize wie auch neue Erkenntnisse der Zusammenhänge menschlichen Handelns und ökologischer Veränderungen.

Eine Fundgrube an Spielideen und ein Lehrstück für alle, die heute Spiele mit ökonomischer und ökologischer Thematik entwickeln wollen, ist das von FREDERIC VESTER vorgelegte **Ökolopoly** (Ravensburger 1983ff., Regierungsspiel für 1–6 Spieler, ab 10 J.). Während es im altgewohnten **Monopoly**, an das der Name ja erinnert, noch darum ging, in aller Einfalt möglichst große Profite auf Kosten der Mitspieler zu erzielen, geht es hier um die Folgen solchen Tuns. Jeder Spieler lenkt für eine bestimmte Zeit die Geschicke des Landes »Kybernetien«. Produktion, Sanierung, Umweltbelastung, Aufklärung, Bevölkerungsentwicklung: alle diese Größen gilt es zu beeinflussen und auszusteuern. Dabei zieht jeder Impuls, der in das eng vernetzte gesellschaftliche System dieses Staates eingegeben wird, stets eine verblüffende, aber in sich logische Kette von Wirkungen und Rückwirkungen an Punkten nach sich, die man eigentlich nicht unmittelbar angesteuert hat. Das Spiel gewinnt seine Spannung und seinen Spielspaß daraus, daß der nach Monopoly-Art Handelnde in diesem eng vernetzten System, in dem wir heute leben, am Ende keinen wirklichen Profit mehr erzielt, sondern mitsamt der Umwelt und der Gesellschaft scheitert.

Auch bei **Öko** (Öko-Spiele-Verlag 1979, Wirtschaftsspiel für 2–7 Spieler, ab 12 J.) erfahren die Spieler in unterhaltsamer Form die Zusammenhänge zwischen Wachstum, Umweltbelastung, Energie- und Rohstoffknappheit sowie deren Auswirkungen auf die eigene Existenz. Durch Entscheidungen und Maßnahmen kann jeder seine persönlichen Lebensbedingungen, aber auch die gesellschaftlichen Rahmenbedingungen beeinflussen. Wer durch optimales Aussteuern die höchste Lebensqualität erzielt, gewinnt das Spiel. Während **Ökolopoly** auf das gesamtgesellschaftliche Ökosystem ausgerichtet ist, zeigt FRANZ SCHOLLES in seinem Spiel **Öko** die Zusammenhänge aus der Sicht des einzelnen Bürgers.

In dem Spiel **Vertigo** (Eurogames 1991, Wirtschaftsspiel für 2–4 Spieler, ab 12 J.) lernt man anschaulich die Bedingungen kennen, unter denen heute Unternehmer und Industriemanager arbeiten, und kann zugleich das Problemfeld Ökologie gegen Ökonomie aus dieser Sicht studieren.

Interessant ist in diesem Zusammenhang auch das Spiel **Dicke Kartoffeln** (Abacus 1991, Wirtschaftsspiel für 2–6 Spieler, ab 12 J.), bei dem Öko-Bauern gegen »Normalbauern« antreten und das bessere wirtschaftliche Ergebnis erzielen müssen.

4. Zusammenfassung und Nutzanwendung für die Umwelterziehung

In der ersten Annäherung an das Thema »Brettspiele in der Umwelterziehung« wurde festgestellt, daß Spiele zu den ältesten Kulturgütern der Menschheit zählen und sich heute besonderer Beliebtheit erfreuen. Sie stellen damit ein ideales Instrument der Umwelterziehung dar.

Spiele haben in ihrer mehr als 5.000jährigen Geschichte nahezu alle Themen des individuellen und gesellschaftlichen Lebens verarbeitet und dabei eine Vielfalt von Ausdrucks- und Spielformen entwickelt. Nahezu alle Aspekte der ökologischen Krise und des Umweltschutzes wurden in den unterschiedlichsten Gattungsformen und für unterschiedliche Altersgruppen verarbeitet.

Dieses Material hat bei näherem Hinschauen höchst unterschiedlichen Wert, sowohl in spielerischer als auch in inhaltlicher Hinsicht. Für die Umwelterziehung stellt sich da natürlich die Frage, wie damit umzugehen ist. Auf der Basis der bisher vollzogenen Reflexion sind hier daher abschließend noch einige erste Gedanken anzufügen über die Rolle des Erziehers, die es ihm er möglichen, das Material möglichst kreativ und damit effektiv einzusetzen.

4.1 Die Rolle des Erziehers

Natürlich sind Spiele in gewisser Weise Selbstläufer und bedürfen, wenn sie gut angelegt sind, nicht der Eingriffe eines Erziehers. Diese könnten sich zuweilen sogar schädlich auf auszulösende Erkenntnisprozesse auswirken. Vor allem dann, wenn sie allzu unsensibel und mit dem didaktisch erhobenen Zeigefinger vorgetragen werden. Und doch erfordert es das Thema, daß die während des Spiels gewonnenen Erkenntnisse dem Spieler möglichst über das gemeinsame Gespräch ins Bewußtsein gehoben und vertieft werden sollten.

Auf dem Weg dahin ist die erste Aufgabe des Erziehers hier zunächst einmal die eines Animateurs. Er muß das Interesse für das Spiel und das Spielen wecken und darüber hinaus auch noch möglichst Spielspaß vermitteln. Das setzt allerdings die eigene Spielfähigkeit voraus. Man muß selbst gerne spielen, selbst zu spielen bereit sein, um Spiele und Spielmittel adäquat einsetzen zu können, um damit und dabei glaubwürdig gegenüber den Kindern und Jugendlichen zu sein, um die Vertrauensbasis und die Vertraulichkeit zu schaffen, die für das Spiel immer erforderlich sind.

Wer also mit dem Medium Spiel erziehen will, muß zuerst selbst (wieder?) das Spielen lernen. Und da genau stehen viele Lehrer und Erziehende heute in einem Konflikt. Spiel und Arbeit haben wir über Jahrzehnte sehr weit auseinandergerückt. Viele Erwachsene haben in einem erschreckenden Maße die Fähigkeit zu spielen verloren. Es lohnt sich, sie wiederzugewinnen (vgl. auch BULAND und HOLODYNSKI in diesem Handbuch).

In der Rolle eines »Gamesmasters«, der kreativ und spielerisch die Abläufe steuert, gewinnt der Erzieher die zusätzlichen Möglichkeiten, wichtige thematische Impulse, die das Spiel vermittelt, herauszuarbeiten und auf diese Weise zu vertiefen. Je offener und spielerischer das gelingt, um so komplexer wird der erzieherische Effekt sein. Es liegt nun einmal im Wesen des Spiels begründet, daß es sich aller Mechanisierung und Schematisierung und vor allem jedem Mißbrauch empfindsam entzieht. Es bleibt in all seinen Reizen und Effekten nur dort langfristig bestehen, wo es frei, kreativ und eben spielerisch vermittelt wird.

Spiele, und im besonderen Maße die Brettspiele, sind abhängig von dem Umfeld, in dem sie sich entwickeln sollen. Darin besteht die zweite wichtige Aufgabe für den Erziehenden, der Spiele einsetzen will. Er muß den freien Spielraum schaffen, der für jedes Spielen naturnotwendig ist, Spielraum sowohl in bezug auf die geistig aufgeschlossene Atmosphäre als auch, durchaus räumlich gedacht, in bezug auf das unmittelbare lokale Ambiente, das konzentriertes Spiel ermöglichen soll. Je mehr ein Erzieher über das Spiel und das Spielen nachgedacht hat, desto sensibler und kreativer wird er da bei der Öffnung und Absicherung solcher Räume vorgehen.

4.2 Die Auswahl der Spiele

Der Überblick über die Spieleproduktion ergibt, daß es sicherlich eine Fülle von Spielen zum Problemfeld Ökologie – Ökonomie gibt und diese überdies durchaus ein gewisses Spektrum sowohl von übergreifenden Themen als auch von spezielleren Themenausschnitten behandeln. Hier wird sehr schnell die Forderung nach Auswahlkriterien laut, nach denen man leicht die Spreu vom Weizen scheiden und schnell die guten Spiele herausfiltern könnte.
Eine solche Forderung hat dort einen Sinn, wo man tatsächlich solche Spiele als Selbstläufer, also ohne jede Vor- und Nachbereitung, einsetzen will. Im schulischen und aktiv erzieherischen Alltag aber verkennt die Forderung nach spielbezogenen Auswahlkriterien eine für den Praktiker kaum erstaunliche Tatsache: Bei näherer Untersuchung erweisen sich die merkwürdigsten Spiele als echte Bildungsmittel. In der Hand eines fähigen Lehrers oder Erziehers und in einer spielgünstigen Rahmensituation kann so ziemlich jedes Produkt ein Bildungsmittel sein.
Hier wird noch einmal deutlich: Das Problem »Spiel in der Umwelterziehung« hat nicht nur – man verzeihe das Wortspiel, aber es ist sicherlich hilfreich – einen *apparativen* Aspekt, sondern einen mindestens ebenso wichtigen, wenn nicht noch zentraleren *operativen* Aspekt. Zwischen beiden besteht ein dialektisches Beziehungsfeld, das es zu erkennen, zu beobachten und zu nutzen gilt. Das soll im folgenden an einem konkreten Beispiel kurz deutlich gemacht werden.
In der Übersicht der Spiele, die sich mit der Umweltthematik befassen, wurde auch das Wirtschaftsspiel **Vertigo** von Eurogames aufgeführt und in aller Kürze vorgestellt. Wie in allen Spielen dieser Art ist die Gewinnmaximierung das Spielziel: Wer am Schluß die meisten Fabriken in seinem Land aufgebaut hat, ist Sieger.
Der Realität entsprechend sind saubere Fabrikanlagen teurer als umweltverschmutzende. Überdies erfordern sie doppelt so viele Ingenieure zum Betrieb und bringen nur die Hälfte des Ertrags einer ganz gewöhnlichen Fabrik. Auf der anderen Seite stoßen gewöhnliche Fabriken eine Menge Dreck aus. Das kann dazu führen, daß ein Land ganz schnell vor dem Kollaps steht und zugleich die globale Umweltverschmutzung die UNO auf den Plan ruft, die dann harte Maßnahmen gegen die Verursacher trifft.
So wird hier unmittelbar zu einer Gratwanderung eingeladen. Das Ziel, die meisten Fabriken zu besitzen, zwingt dazu, Dreck zu erzeugen. Der darf aber nicht überhandnehmen, sondern muß so ausgesteuert werden, daß das Leben nicht zum Erliegen kommt. Hier ein bißchen sanieren, dort ein wenig in die Bevölkerung investieren, auf jeden Fall viele Akademiker produzieren und als Diplomaten in die UNO schicken: das Ganze ist spielerisch von hohem Reiz, aber in seiner moralischen Aussage weder Satire noch klare Umweltbotschaft noch Plädoyer für eine hemmungslose Industrialisierung.
Schlußfolgerung: Ein Spiel, das unter ausschließlich apparativem Blickwinkel in dieser indifferenten Grundhaltung mit triftigen erzieherischen Gründen abzulehnen wäre, könnte bei fähiger operativer Nutzung ein für die Umwelterziehung ganz hervorragend geeignetes Spiel sein, indem es spielerisch tiefe Einblicke in Konfliktschemata zwischen Ökologie und Ökonomie vermitteln kann.

Grundsätzlich ist daher alles zu vermeiden, was auf eine Entmündigung des für den eigentlichen Bildungsvorgang vor Ort verantwortlichen Erziehers hinausläuft. Damit er Spiele wirksam für die Umwelterziehung einsetzen kann, braucht er weniger starre Auswahlkriterien als vielmehr eine aus eigener Spielpraxis gewonnene umfassende Produktkenntnis, die ihn befähigt, für seinen jeweiligen erzieherischen Zweck das geeignete Spiel aufzugreifen und einzusetzen. Einschlägige Spielelisten, Umweltspielbücher und -karteien können ihm dabei nur Hilfsmittel und Anregung sein.

4.3 Aufforderung zu einem kreativen Umgang mit dem Medium Spiel

Wo der freie Raum für eine spielgerechte Aussteuerung geschaffen ist und die nötige grundsätzliche Fähigkeit zum Einsatz solcher Spielmittel erworben wurde, erreicht der Einsatz dieses Mediums auch sehr schnell eine neue Dimension, nämlich die des kreativen Umgangs mit dem Material. Es geht nicht mehr nur um die einfache Fähigkeit der bloßen Handhabung, sondern darüber hinaus um den Anstoß und die Anleitung zu einem kreativen Materialumgang.

Der Erzieher nutzt die Möglichkeit, das Spiel zu öffnen, indem er Einsicht in die Formbarkeit und Veränderbarkeit des vorliegenden Materials vermittelt. Mit wenigen Anregungen kann er den Raum für kreative Improvisationen öffnen, die Möglichkeiten für Veränderungen am Spiel und für Eingriffe in das Regelwerk andeuten. Und schon erreicht er, daß ein Spiel verbessert wird, sich an den Einsichten und Erfahrungen einzelner oder Gruppen orientiert und auf diese Weise verändert neuen Spielreiz erzeugt.

Ist ein solcher Schritt im Umgang mit dem Medium Spiel erst einmal gewagt, wird man bald mit Überraschung registrieren, wie kreativ Kinder und Jugendliche in der Veränderung, aber auch in der Neuentwicklung von Spielen sein können. Bei dem erwähnten Ideenwettbewerb unter der Schirmherrschaft des Bundesumweltministers KLAUS TÖPFER waren die Veranstalter von den Einsendungen geradezu überwältigt. Mit einer derartigen Fülle von zum Teil hochinteressanten Einsendungen hatte man nicht gerechnet.

Insbesondere Jugendliche im Alter zwischen 12 und 14 Jahren interessieren sich weniger für vorgefertigte Spiele, sie wollen viel lieber eigene Spiele entwickeln und dabei ihre Kreativität unter Beweis stellen. Dies wäre sicherlich auch eine, vielleicht sogar die sympathischste und effektivste Form der Umwelterziehung über das Spiel und durch das Spiel.

Literatur

COUNCIL ON ENVIRONMENTAL QUALITY/US-AUSSENMINISTERIUM (Hrsg.): Global 2000. Zweitausendeins, Frankfurt a.M. 1980;

DEACOVE, JIM: Kooperative Kinderspiele. Doku, Ettlingen 1979;

FLUEGELMAN, ANDREW/TEMBECK, SHOSHANA: New Games – Die neuen Spiele. Ahorn, München 1979;

SIBLER, HANS-PETER u.a.: Spiele ohne Sieger. Otto Maier, Ravensburg 1976;

THOLE, BERNWARD: Die Klassifikation des Deutschen Spiele-Archivs. In: fachdienst spiel 1(1992), H. 2, S. 18–22.

2.2 Rollen- und Planspiele in der Umweltbildung – Handlungs- und erlebnisorientiertes Lernen

Fritz E. Gericke/Alena Knör

1. Einführung anhand eines praktischen Beispiels: »Kybernetien – das Parlament entscheidet«

1986 fand die erste von drei Fachtagungen der Bundeszentrale für politische Bildung mit dem Thema »Veränderungen – Umwelt/Umfeld« statt. Ausgangspunkt war, daß ökologische Fragen und Probleme *nicht isoliert* betrachtet werden können, sie stehen immer im *direkten Bezug zu anderen Lebensbereichen,* wie z.B. zur Ökonomie, zur Arbeitswelt, zur Freizeit, zum Freiraum, zur Politik.

Diese Vielfalt der Beziehungen fordert eine Vielfalt von Vermittlungsmethoden und Medien geradezu heraus. Und so standen die drei Fachtagungen im Zeichen einer dynamischen methodischen Entwicklung: Auf der ersten Fachtagung beschäftigten sich drei Arbeitsgruppen mit einem Medium (Film) und drei Themenbereichen (Umwelt, Arbeitswelt, Freiraum). Auf der zweiten Fachtagung beschäftigten sich drei Arbeitsgruppen mit einem Thema (Realität und Medienrealität) und drei Medien (Film/Video, Rollen-/Planspiel, Naturerfahrung). Auf der dritten Fachtagung entwickelten alle drei Arbeitsgruppen drei Seminarmodelle unter Ausnutzung möglichst vieler medialer und methodischer Möglichkeiten.

Daraus entstanden die dann vielfach und mit Erfolg erprobten multimedialen Seminarmodelle zu unterschiedlichen Themenbereichen wie Veränderungen – Umwelt/Umfeld, Gewalt/Extremismus oder Europa. Alle diese Seminarmodelle enthalten feste und flexible Bausteine.

Wie und aus welchen Elementen solch ein multimediales Seminarmodell aufgebaut ist, zeigt das Konzeptbeispiel »Veränderungen in Umwelt und Umfeld« (Bildungswerk der Erzdiözese Köln 1989):

a) *fixe Einheiten:*
Begrüßung – Einführung – themenbezogene und zielgruppenorientierte Vorstellrunde;
b) *flexible Einheiten* (Bausteine):
Brainstorming – Geschichte zum Weitererzählen – Sachinformationen zum Thema – Rollen-/Planspiel – Naturerfahrungsspiele – Exkursion – Film, Video (Vorführung/Analyse/Wirkung) – Brettspiel – Praktische Medienarbeit (Interviews, Szenarios etc.);
c) *fixe Einheit:*
Reflexion der Seminararbeit (zusätzliche Reflexionsphasen gehören an das Ende aller Bausteine).

Die *flexiblen Einheiten* sind untereinander austauschbar, je nach der Interessenlage der jeweiligen Gruppe sowie räumlicher und zeitlicher Erfordernis. Einzelne Bausteine können auch weggelassen oder durch andere ersetzt bzw. ergänzt werden. Der Kreativität der Beteiligten sind hier keine Grenzen gesetzt. Wir haben gezielt unterschiedliche Methoden und Medien genutzt, um uns aus verschiedenen Richtungen einem bestimmten Thema anzunähern. Die Lernprozesse vollziehen sich wechselnd und ergänzend sowohl auf der kognitiven wie auch auf der affektiven Ebene. Sie sind handlungs-, erlebnis- und teilnehmerorientiert. Ein Baustein dieser Seminarmodelle ist das Plan- und/oder Rollenspiel, auf das wir ausführlicher eingehen wollen.

Bei der Vorbereitung der ersten Fachtagung stießen wir auf das kybernetische Umweltspiel **Ökolopoly** von FREDERIC VESTER (als Brettspiel 1984 im Otto-Maier-Verlag, Ravensburg, erschienen; von der Studiengruppe Biologie und Umwelt, München, 1991 als Computerversion entwickelt). Neben der Intention und dem Aufbau des Spiels fanden wir es ökologischem Lernen besonders dienlich, weil hier nicht jeder gegen jeden oder Gruppe gegen Gruppe spielt, sondern alle Beteiligten nur gemeinsam gewinnen oder verlieren können. **Ökolopoly** stellt den, unserer Meinung nach gelungenen, Versuch dar, spielerisch in »vernetztes Denken« einzuführen, es erfahrbar und im wahrsten Sinne des Wortes begreifbar zu machen.
Umweltbildung kann auf die Grundlage *vernetzten Denkens nicht verzichten.*

Auch wenn heute *ganzheitliches Lernen* und *vernetztes Denken* Begriffe sind, die zum alltäglichen Sprachgebrauch gehören, so ist doch der Weg vom Wort zum Inhalt und erst recht zur Umsetzung in der Praxis der schulischen und außerschulischen Bildungsarbeit noch immer recht weit. Wir alle sind nicht geübt im ganzheitlichen Lernen und im vernetzten Denken. Daß dies ein existentiell bedrohlicher Zustand ist, wird noch immer verdrängt, unsere Schulen und Universitäten halten weitgehend fest an der Vermittlung der »bewährten« linearen Denkstrukturen. Die drastischste Situationsbeschreibung kommt von JOHN HOLT (1969):

»Kein Feind könnte sich eine diabolischere Art uns zu schaden ausdenken als unser Schul- und Ausbildungssystem, welches auf höchst effiziente Art verhindert, daß seine Absolventen jemals ihr volles geistiges Potential entwickeln und nutzen können!«

Wenn wir ökologische Bildung ernst nehmen, müssen wir nach neuen, nach *ökologischen Wegen* der Erkenntnisvermittlung suchen. Dazu gehört vor allem die Bewußtmachung, daß Umwelt nicht nur aus Pflanzen, Tieren und Häusern, aus Wasser und Luft besteht, sondern daß der Mensch zu dieser Umwelt gehört, daß er bei allem Schaden, den er anzurichten in der Lage ist, jedoch keineswegs das Zentrum allen Geschehens ist, sondern eben nur einen Teil des Systems darstellt. Mitwelt wäre deshalb sicher der bessere Begriff. Doch findet dieser leider (noch) keine Akzeptanz. Und wir brauchen eine *ökologische Kommunikationsstruktur*, die uns befähigt, trotz unterschiedlicher Interessenlagen und Standpunkte, zu *gemeinsamem Nutzen* zu handeln. Nutzen kann in diesem Zusammenhang auch schon als Abwendung, Vermeidung und sogar im Sinne von Begrenzung oder Minderung von Schaden verstanden werden.

Fritz E. Gericke/Alena Knör

1.1 Intention des kybernetischen Umweltspiels Ökolopoly

FREDERIC VESTER schreibt in der Gebrauchsanleitung zum Spiel (vgl. auch KNÖR/GERICKE 1991):

»*Wenn wir uns einmal die Wechselwirkungen in einem Ballungsraum vor Augen halten, so sehen wir, daß es eigentlich unmöglich ist, einzelne Bereiche getrennt für sich zu planen oder zu entwickeln. Das tun wir jedoch nach wie vor. Wir glauben, wenn wir eine gute Straße bauen, eine funktionsfähige Fabrik errichten, ein juristisch einwandfreies Gesetz erlassen oder erstklassige Chemiker ausbilden, daß dann auch das Zusammenspiel all dieser Faktoren funktionieren muß. Und dann sind wir überrascht, daß sich die Dinge plötzlich aufschaukeln, ganz woanders Spätfolgen zeigen oder miteinander unvereinbar sind. Für sich perfekt geplant, kann ihr Zusammenspiel durchaus in ein Chaos führen. Deshalb müssen wir dazu übergehen, bei der Gestaltung unseres Lebensraumes eine Strategie zu entwickeln, die das Zusammenspiel und die Selbstregulation der Komponenten innerhalb des Systems mit einbezieht. So etwas kann man üben. Denn Systeme sind nicht schwieriger – sie sind nur anders als Einzeldinge.*«

Und weiter: »*Damit man nicht immer nur durch Wort und Bild etwas über komplexe Wirkungen in dem Gefüge der Natur erfährt, sondern auch ein Gefühl für deren eigenartige Gesetzmäßigkeiten vermittelt bekommt, damit man also neben dem Wissen auch ein wenig erleben kann, wie sich bestimmte Eingriffe über kurz oder lang auf ein lebendiges System auswirken, wurde dieser ›Papiercomputer‹ entwickelt.*«

1.2 Wie funktioniert das kybernetische Umweltspiel Ökolopoly?

Der Spielplan zeigt das Land Kybernetien. Er ist unterteilt in verschiedene Bereiche, von denen jeder ein System darstellt, dem – der Spielbarkeit wegen – mehrere Unterbereiche zugeordnet sind:

- *Sanierung:* Umweltschutz, Recycling, sanfte Energie, Landschaftsschutz, Humanisierung der Arbeitswelt;
- *Produktion:* Industrie, Handwerk, Landwirtschaft, Dienstleistung;
- *Umweltbelastung:* Abgase, Abwässer, Abwärme, Lärm, Raubbau, Landschaftszerstörung, Trennung natürlicher Kreisläufe, Verkehrschaos, Städtezerfall;
- *Aufklärung:* gesunde Lebensweise, Selbstverwirklichung, Schulen, Erwachsenenbildung, Umweltbewußtsein, Freizeit, Bürgerinitiativen, Geburtenkontrolle;
- *Lebensqualität:* Gesundheit, Sicherheit, sinnvolle Arbeit, Wohnqualität, Naherholung, Freizeitangebote;
- *Vermehrungsrate:* Geburten, Sterbefälle, Unfälle, Zu- und Abwanderung;
- *Bevölkerung:* Bevölkerungszahl, Menschendichte, Altersaufbau, Arbeitskräfte, Sozialstruktur;
- *Politik:* Weitsicht, Autorität, Beliebtheit, einsichtige Programme, Entscheidungsgewalt;
- *Aktionspunkte:* Einfluß, Geld, Arbeit, Energie, Güter, Nahrung.

Zu jedem Bereich gehört eine mit Zahlen versehene Zahnradscheibe, die in einer Lasche im Spielplan befestigt wird. In Aussparungen am Spielplanrand und in kleinen Fenstern innerhalb des Spielplanes sind jeweils Zahlen erkennbar, an denen Entwicklung und Stand des Geschehens in Kybernetien ablesbar sind. Ein Wirkungsgefüge (s. Abb. 1) verbindet die einzelnen Bereiche miteinander.

Abbildung 1: Wirkungsgefüge von Kybernetien

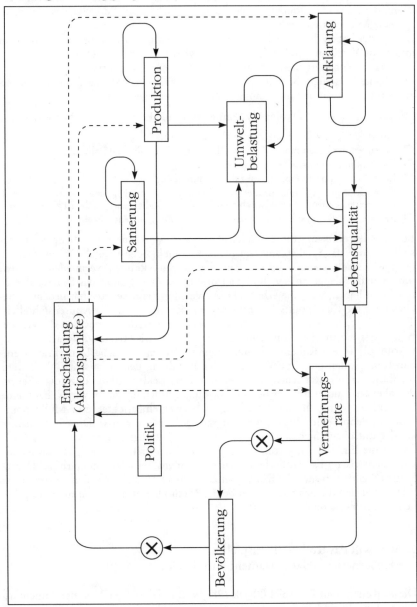

Quelle: KNÖR 1987, S. 12

Die Auswirkungen von Entscheidungen erfolgen also nicht linear nach dem Wenn-dann-Prinzip, sondern beeinflussen verschiedene Bereiche des gesamten Systems Kybernetien.
Die Spieler haben die Aufgabe, die Ausgangssituation zu analysieren und mit den ihnen zur Verfügung stehenden Mitteln Kybernetien ins Gleichgewicht zu bringen. Das Spiel nähert sich trotz aller Reduktion der Realität stark an.
Durch die beigefügte Spielanleitung und die Erläuterungen sind die Voraussetzungen für den Einsatz im Rahmen eines Planspiels gegeben.

Mit dem Einsatz von **Ökolopoly** können folgende Lernziele erreicht werden:

☐ Entwicklung und Einübung von Analysefähigkeit;
☐ Erkennen der Zusammenhänge von Ökologie, Ökonomie und Politik;
☐ Entwicklung von Entscheidungsbereitschaft;
☐ Entwicklung und Einübung von Entscheidungsfähigkeit;
☐ Entwicklung und Einübung der Fähigkeit, eigene Entscheidungen anhand der sich daraus ergebenden Fakten kritisch zu hinterfragen und gegebenenfalls zu korrigieren;
☐ Erkennen, daß *Eingriffe in ein System* eine *eigene Dynamik* entwickeln.

Bei aller Begeisterung für das Spiel, sahen wir es als eine wesentliche Schwachstelle an, daß das Spiel so angelegt ist, daß es allein oder allenfalls in einer Kleingruppe gespielt werden kann. »Entscheidungen« können vermieden werden, indem man solange an den Rädchen dreht, bis man glaubt, das System durchschaut zu haben, was eine erhebliche Abweichung von der Realität bedeutet. Bezogen auf die Ziele politischer Bildung, wie Entwicklung von Konsensfähigkeit, Toleranz etc., schien es uns durch die unkontrollierte Machtposition des »Regierungschefs« sogar eher kontraproduktiv. Deshalb erachteten wir es als sinnvoll, **Ökolopoly** in ein Rollenspiel zum Thema »Parlamentarische Demokratie« einzubetten. Rollenspiele mit dem Ziel der Einübung demokratischen Verhaltens im Sinne parlamentarischen Handelns und Entscheidens gibt es unzählige. Sie enden aber fast immer mit der Beschlußfassung: Ein Kindergarten wird gebaut, eine Straßenlaterne installiert, ein Fußgängerüberweg eingerichtet, eine Mülldeponie wird abgelehnt, eine Müllverbrennungsanlage verweigert usw. Die *Konsequenzen* aus der Entscheidung bleiben der Phantasie der Beteiligten überlassen.
Durch die Einbeziehung von **Ökolopoly** als Planspiel, dem lediglich bisher die parlamentarische Kontrolle fehlte, in ein Rollenspiel »Parlamentarische Demokratie«, bei dem bisher die Konsequenzen einer Entscheidung nicht überprüfbar waren, wurden die Schwachstellen beider Methoden, wenn schon nicht aufgehoben, so doch erheblich relativiert.

2. Was will das Rollen-/Planspiel »Kybernetien – das Parlament entscheidet«?

Dieses Rollen- und Planspiel (KNÖR 1987) will in lebendiger Weise parlamentarisches Handeln und Entscheiden vermitteln. Die Spielregeln orientieren sich an der Realität (Geschäftsordnung des Deutschen Bundestages). Um der Spielbarkeit willen wurden diese den zeitlichen und räumlichen Bedingungen angepaßt. Die Spielphasen sind: Wahl des Parlamentes, Bildung der Fraktionen (Wahl der Fraktionsvorsitzenden und der Fraktionsgeschäftsführer), Koalitionsverhandlungen (wenn erforderlich), Ministerpräsidentenwahl, Regierungsbildung, Einbringen des Haushaltsplanes, Haushaltsdebatte, Beschlußfassung (hier folgt dann der Einsatz von **Ökolopoly**: am Spielplan werden die vom Parlament beschlossenen Investitionen mit den sich daraus entwickelnden Konsequenzen eingestellt und abgelesen), Debatte zur Lage der Nation, Einbringen des nächsten Haushaltes usw.

Mit dem Rollen- und Planspiel »Kybernetien – das Parlament entscheidet« können zusätzlich zu den bei **Ökolopoly** aufgeführten noch folgende Lernziele erreicht werden:

- Entwicklung von Informationsfähigkeit;
- Entwicklung von Teamfähigkeit;
- Entwicklung von Flexibilität;
- Entwicklung von Kompromißfähigkeit;
- Entwicklung von Durchsetzungsvermögen;
- Entwicklung der Fähigkeit und Bereitschaft zur Übernahme von (Mit-)Verantwortung;
- Entwicklung und Einübung von Konfliktfähigkeit;
- Entwicklung und Einübung von Toleranz;
- Entwicklung und Einübung rhetorischer und argumentativer Fähigkeiten.

Unabhängig vom jeweiligen Verlauf des Spieles hielt die Begeisterung am Mitmachen über Stunden, ja auch über Tage an. Evaluationen wiesen eine hohe Effizienz aus. Es zeigte sich beispielsweise, daß über 70 % der Teilnehmer von zwei je eintägigen Veranstaltungen bei der Bundeswehr – zwei vom Bildungsstand, von der familiären und regionalen Herkunft sehr heterogene Gruppen – problemlos den Transfer des Einstiegs in vernetztes Denken vom Spiel in die Realität vollziehen konnten.

Zwei Zitate von Teilnehmern sollen den kurzen Einblick in die Erfahrungen mit dem Rollen- und Planspiel »Kybernetien – das Parlament entscheidet« abschließen. Ein Schüler des Herzog-Johann-Gymnasiums in Simmern, wo das Spiel erstmals erprobt wurde, sagte uns:

»Wir haben schon viel Theoretisches über die repräsentative parlamentarische Demokratie zu hören bekommen, aber heute, bei dem Spiel, hat es zum erstenmal so richtig klick gemacht!«

Und ein Teilnehmer an einem Jugendforum in München:

»Ich habe mich bisher mehr für die schöngeistigen Dinge interessiert, wie Literatur und Philosophie. Durch das Spiel ist es Ihnen gelungen, mich für Politik zu interessieren, und es ist mir klargeworden, wie sehr unser Leben von Ökonomie, Ökologie und Politik bestimmt wird. Ich werde das wohl nicht wieder vergessen.«

3. Allgemeine Betrachtungen zum Einsatz von Rollen- und Planspielen

Spätestens seit JOHANN AMOS COMENIUS im Jahre 1632 seine »Didacta Magna« veröffentlicht hat, wissen wir, daß nichts Lernen so befördert wie – um es zeitgemäß auszudrücken – »learning by doing«. Was man selbst getan, erfahren, erlebt hat, bleibt in der Erinnerung, ist immer wieder abrufbar. Learning by doing bedarf aber nicht immer nur der harten Realität. Es kann auch spielerisch erfolgen. Spielen ist das freundliche Geschwisterkind des wirklichen Lebens. Die Spielwiese ist das Übungsfeld, auf dem wir uns tummeln und Fehler machen dürfen, ohne ernsthaft dafür bestraft zu werden. Auf dieser Spielwiese können wir lernen, spielerisch gemachte Erfahrungen auf unseren Alltag zu transferieren, auf unsere Mitwirkung am Arbeitsplatz, in der Gemeinde, in einer Bürgerinitiative, Partei oder einem Interessenverband. Und wir können Erfahrungen sammeln in Bereichen, die uns sonst vielleicht völlig verschlossen bleiben. Wieviel von uns, um bei unserem praktischen Beispiel zu bleiben, werden schon einmal Bundestagsabgeordnete oder Minister, geschweige denn Ministerpräsident?

Wir wollen an dieser Stelle nicht schon wieder ein appellatives Plädoyer für spielerisches Lernen halten. Wir wollen auch nicht schon wieder und noch einmal in den Disput eintreten, daß spielerisches Lernen und Ernsthaftigkeit keine Gegensätze sind, sondern sich durchdringen.

Wir wollen versuchen, in dem engen uns zur Verfügung stehenden Rahmen etwas zur Theorie und zur Begriffsklärung beizutragen, ohne uns anzumaßen, etwa die Vielfalt theoretischer Ansätze und Thesen unter einen Hut zu bringen. Wir möchten vor allem Mut und Lust darauf machen, Rollen- und Planspiele als einen Baustein in der Umweltbildung einzusetzen.

Spiele, also auch Plan- und Rollenspiele, können – besonders in der Umweltbildung – immer nur *Teil eines Gesamtkonzeptes* sein.

Wenn dies aber so ist, stellt sich die Frage nach den Kategorien und der Einordnung in den Lernprozeß. Dabei gehen wir davon aus, daß Lernprozesse besonders in der außerschulischen Bildungsarbeit nicht einseitig verlaufen, sondern daß »Lehrende« und »Lernende« immer wieder die Rollen tauschen und Sender wie Empfänger gleichzeitig sind.

Die ausführlichste Gliederung für Spiele, die uns bekannt ist und die die verschiedensten Kriterien zugrunde legt wie Ordnungskriterien, Aktivitäten, Zielpersonen etc., hat MARIA SOECKNICK (1981) vorgenommen. Diese differenzierten Gliederungen sind so umfangreich, daß wir an dieser Stelle darauf verzichten müssen, näher darauf einzugehen. Sie sind in dieser Ausführlichkeit für die Entscheidung, ob und zu welchem Zweck welches Spiel im Rahmen von Umweltbildung einzusetzen ist, vielleicht auch von nicht ganz so ausschlaggebender Bedeutung. Aber Gliederungen sind dennoch hilfreich, wenn es darum geht, Spiel im Lernprozeß einzuordnen, weil sie uns helfen, bereits bei der Vorbereitung handlungs-, zielgruppen- und lernzielorientierte Entscheidungen zu treffen.

Aus der Vielzahl der Versuche, Spiele zu kategorisieren, wollen wir hier nur zwei Beispiele exemplarisch aufführen.

Bei GABRIELE TEUTLOFF (1989) findet sich folgende Gliederung:

- materialgebundene Wiederholungsspiele;
- faktenorientierte Übungsspiele;
- Brettspiele (einfach/komplex);
- aktuelle Diskussionsspiele.

Diese Gliederung geht vom Medium selbst aus. Das als Beispiel oben vorgestellte »Kybernetien – das Parlament entscheidet« paßt in alle vier Kategorien.

ULRICH BAER (1982) gliedert für die Erwachsenenbildung die Spielarten nach ihrer Verwendbarkeit, nach dem, was seiner Ansicht nach mit dem jeweiligen Spiel bei einer Zielgruppe erreicht werden kann:

»warming-up«-Spiele (Kennenlern- und andere Einstiegsspiele):
- Verdichtung der Kommunikation in der Gruppe,
- Angstabbau in Gruppen,
- Hinführung zu einem Sachthema;

Selbsterfahrungsspiele (Spielformen gruppendynamischer Übungen):
- Bewußtmachung individueller Situationen, sozialer Beziehungen, Fähigkeiten und Defizite,
- Bearbeitung von Gruppenkonflikten;

Entscheidungsspiele:
- Entscheidungen fällen,
- Entscheidungsmuster bewußtmachen, Verhaltensweisen im Entscheidungsprozeß trainieren,
- Entscheidungen vorstrukturieren (z.B. Alternativen klären);

Gesellschaftsspiele:
- Stabilisierung der Gruppe durch Spaß und Geselligkeit in einer Form, die nicht unbekannt ist,
- Erlernen und Üben formaler Strategien und Taktiken,
- Training von Durchsetzungsverhalten;

Rollenspiele:
- Hinführung zu einem Sachthema oder Illustration eines Sachthemas (z.B. soziale Konflikte),
- Bewußtmachung eines Problems in der Gruppe der Spielenden,
- Verhaltenstraining (auch: Berufsrollentraining);

Themenorientierte Großgruppenspiele (z.B. Planspiel, Produktionsspiel):
- Bewußtmachung gesellschaftlicher Zusammenhänge, Prozesse, Konflikte und Interaktionsformen,
- Verhaltenstraining für Gruppen-Interaktionen.

BAER hat hier nur die wesentlichsten Funktionen der genannten Spielarten benannt. Er geht davon aus, und wir können dies aus der Praxis heraus bestätigen, daß fast alle Spiele darüber hinaus eine *Verbesserung kommunikativer Kompetenzen* ermöglichen und die Gruppe, auch die Großgruppe, durch Spaß und Geselligkeit stabilisieren und zu gemeinsamer Leistung motivieren.

Wir möchten hier noch einmal auf die oben erwähnten *multimedialen Seminarmodelle* verweisen. Bereits der Einstieg in ein solches Seminar kann und sollte – entsprechend der Erkenntnisse, wie BAER sie beschreibt – spielerisch erfolgen, und zwar so, daß die Teilnehmer sich gleich zu Beginn einer Veranstaltung schon etwas näher kennenlernen und mehr übereinander erfahren als lediglich Namen, Familienstand und Funktion. Hier einige Beispiele:

Eine Fachtagung zum Thema Umwelt eröffneten wir damit, daß jeder Teilnehmer aus seinem Zimmer einen Gegenstand seines persönlichen Umfelds mitbrachte und sich damit vorstellte.

Auf einer anderen Fachtagung, wo wir Umweltthemen unter dem Aspekt von Identität und Anpassung behandelten, wurden die Teilnehmer gebeten, in der Bekleidung zu kommen, in der sie sich bei einem solchen Anlaß wohl fühlen, und sich mit einem Kleidungsstück vorzustellen.

In Seminaren, wo wir in vernetztes Denken einführen wollen, nehmen wir ein großes Wollknäuel mit. Die Teilnehmer stellen sich im Kreis auf. Von einem Teilnehmer ausgehend, wird das Knäuel jemand anderem zugeworfen. Jeder stellt sich so vor, hält den Faden straff und wirft das Knäuel weiter. So entsteht nach und nach ein Netzwerk zwischen den Beteiligten. Die Gruppe stellt sichtbar durch die untereinander bestehenden Verbindungen ein System dar. Sobald dann einige aufgefordert werden loszulassen, wird deutlich, daß dieser Eingriff das System beeinträchtigt bis hin zur völligen Zerstörung. Versuche, es wieder herzustellen, schlagen meist fehl.

Spielerische Einstiege in eine Seminar- bzw. Unterrichtseinheit sind lohnend, weil sie auflockern und eine gewisse Vertrautheit schaffen. Sie benötigen einen entsprechenden zeitlichen Rahmen.

So sehr wir von der Effektivität von Spiel in der Bildungsarbeit überzeugt sind, möchten wir dennoch ein einziges Mal den zu Recht verpönten pädagogischen Zeigefinger erheben. Wir bitten dafür um Absolution und Verständnis.

Spiel ist kein Lückenbüßer!

Spiel in der Bildungsarbeit darf nicht benutzt werden, weil einem gerade nichts Besseres einfällt, oder nur, weil es so motivierend ist und die anzusprechende Klientel dann von ganz allein zu arbeiten beginnt. (Was sich in diesem Fall dann wohl meistens als Irrtum herausstellen dürfte.)

Spiel bedarf gründlicher Vorbereitung!

Der Einsatz von Spiel in der Bildungsarbeit bedarf mindestens ebenso gründlicher Vorbereitung wie alle anderen Methoden oder zum Einsatz gelangenden Medien auch. Spiel muß, bei aller eigenen und von den Teilnehmern zu erwartenden Spielbegeisterung und Spielfreude, vom Einsetzenden ernst genommen, auf seine Eignung geprüft, entsprechend den Lernzielen eingeordnet und von den erforderlichen Spielmaterialien her entsprechend vorbereitet werden. Der Tücken gibt es viele: angefangen von fehlenden Utensilien, was meist durch Improvisation ausgeglichen werden kann, bis hin zu ungeeigneten oder gar fehlenden Räumlichkeiten, was dann das Ende aller spielerischen Aktivitäten bedeutet. Spiel kann für denjenigen, der es einsetzen will, vor allem dann, wenn er oder sie darin nicht geübt ist, mehr Arbeit bedeuten als manch ein gehaltvoller Vortrag – aber die Teilnehmer nehmen dafür auch mehr mit nach Hause, weil die gewonnenen Erkenntnisse von ihnen selbst erfahren und erarbeitet wurden.

Ende des erhobenen Zeigefingers!

3.1 Rollen- und Planspiel als methodischer Ansatz in der Umweltbildung

Die weiteren Betrachtungen sollen sich auf Rollen- und Planspiel als Methoden beschränken. Wie das »und« schon ausweist, handelt es sich dabei um zwei Methoden, die miteinander verbunden werden können.

Rollenspiel heißt zunächst einmal, daß wir die Rollen, die wir im Leben mehr oder weniger *unbewußt* spielen (Vater, Mutter, Lehrer, Erzieher, Angestellter, Politiker, Kind, Mann, Frau usw.), verlassen und die gleiche oder eine andere Rolle *bewußt* übernehmen und sie spielerisch darstellen.

Im Prinzip gilt: Es ist leichter, eine andere Rolle zu übernehmen als jene, die wir gewohnt oder gezwungen sind, alltäglich zu spielen.

In dem Augenblick, wo wir im Spiel eine Rolle übernehmen, entwickeln wir die Fähigkeit, die eigene und die fremde Rolle zu relativieren und auf die ihr zugrundeliegenden Normen hin zu untersuchen und zu kritisieren (Rollendistanz). Damit sind wir in der Lage, uns in die Rolle eines anderen zu versetzen und so seine Erwartungen und Vorstellungen nachzuempfinden und uns damit auseinanderzusetzen (Empathie). Dabei trainieren wir die Fähigkeit, mehrdeutige Situationen zu ertragen und eine Beziehung zu einem Partner einzugehen, auch wenn wir damit rechnen müssen, daß unsere eigenen Wünsche, Erwartungen und Vorstellungen nicht zum Tragen kommen. Wir lernen entgegengesetzte Bedürfnisspannungen auszuhalten (Ambiguitätstoleranz) (GÜMBEL 1974).

Vor dem Einsatz von Rollenspiel als Methode ist es wichtig, Klarheit darüber zu gewinnen, was man erreichen will.

Grundsätzlich sind Rollenspiele zu unterscheiden in solche zur Einübung von Fähigkeiten und Fertigkeiten (Vorstellungsgespräch, Präsentation eines Projektes etc.) und solche zur Überprüfung, gegebenenfalls Änderung des Verständnisses und der Einstellung (Argumentation aus der Sicht eines Andersdenkenden) (RUMPELTES 1993).

Außerdem sind Rollenspiele noch danach zu unterscheiden, ob ein *Szenario vorgegeben* wird oder ob die Beteiligten das Spiel *frei entwickeln*, d.h., sie wählen das Thema, die zu gestaltenden Rollen sowie die räumlichen und zeitlichen Ebenen selbst aus. Die Entscheidung, welche Rollenspielmethode angewandt werden soll, wird meist situativ erfolgen und hängt wesentlich von der Zielgruppe und den vorgegebenen Lernzielen ab.

Das freie assoziative Rollenspiel ist zeitaufwendiger, es fordert jedoch die Kreativität der Beteiligten in besonderem Maße heraus.

Das Rollenspiel mit vorgegebenen Rollen und vorgegebener Situation erfordert eine sehr gründliche Vorbereitung, die sich in ihrer Ausgestaltung, da hier ja die Lernziele andere sind, so dicht wie nur irgend möglich an realen Situationen orientiert, wie z.B. an Vorstellungsgesprächen oder Projektpräsentationen.

Die Trennung zwischen diesen beiden Methoden verläuft allerdings nicht starr. Zwischen freiem assoziativem Gestalten und strenger Vorgabe gibt es zahlreiche Variationsmöglichkeiten. Bewährte Modelle für Rollenspiele sind:

- *Fallstudie:*
  Sie bezieht sich in der Regel auf einen tatsächlichen Fall, auf etwas, was so geschehen ist. Die Spieler werden mit der Situation vertraut gemacht und suchen nach alternativen Lösungsmöglichkeiten.

☐ *Simulationsspiel:*
Im Simulationsspiel wird die Problemsituation in der Regel aus einer spezifisch didaktischen Perspektive konstruiert. Dabei ist der Konflikt durch die unterschiedlichen Interessenpositionen der Rollenträger bereits vorgegeben (BUDDENSIEK 1992).

In beiden Fällen geht es darum, für ein existierendes oder angenommenes Problem eine oder auch mehrere konsensfähige Lösungen zu finden.

Der Verlauf eines Rollenspiels gestaltet sich in der Regel folgendermaßen:
a) Einstiegsübung (warming-up)
b) Themenfindung
c) Entwicklung eines Szenarios
d) Rollenverteilung
e) Präsentation
f) Auswertung

Wir möchten zwei Schritte herausgreifen, denen unserer Meinung nach besondere Bedeutung zukommt:

Einstiegsübung (warming-up):
Erfahrungsgemäß haben viele Schüler bzw. Seminarteilnehmer eine ziemlich hohe Hemmschwelle, wenn es darum geht, in oder vor einer Gruppe eine Rolle in einem Rollenspiel zu übernehmen. Diese Hemmschwelle etwas zu senken, dient das *warming-up*. Hierzu gibt es verschiedene Methoden. Eine davon kann sein, daß die Teilnehmer aufgefordert werden, irgend etwas, was sie an sich tragen, einem anderen Mitglied der Gruppe anzuziehen und sich ihrerseits etwas von einem anderen Gruppenmitglied geben zu lassen. Das kann ein Schal sein, eine Jacke, ein Ring, eine Uhr usw. Wir haben die Erfahrung gemacht, daß alles getauscht wird, bis hin zu den Schuhen. Alle tragen diese ihnen fremden Sachen mindestens während der ganzen weiteren Vorbereitungsphase einschließlich aller Pausen. In der anschließenden Reflexionsphase berichten sie dann über ihre Erfahrungen, was sie selbst in und mit den ihnen fremden Sachen empfunden haben, und wie andere Leute, z.B. andere Seminarteilnehmer, auf ihr verändertes Aussehen reagiert haben. Es ist immer wieder beeindruckend, wie diese einfache Methode den Beteiligten die Angst vor den anderen, wenn schon nicht ganz nimmt, so diese doch erheblich mindert, und wie sie das Sich-vor-sich-selbst-fremd-Fühlen hervorruft und bei den Teilnehmern Abstand zur eigenen Person erzeugt. Sie treten dabei sozusagen ein Stück aus sich selbst heraus. Das ist ein wichtiger Schritt hin zu der weiter oben beschriebenen Rollendistanz.

Auswertung:
Für diese Phase muß von Anfang an eine Beobachtergruppe benannt werden. Die Beobachtergruppe muß nicht mit der Spielleitung identisch sein. Die Beobachtergruppe beteiligt sich nicht aktiv an den Phasen b) – e). Sie registriert lediglich das Geschehen. In der Reflexionsphase – und das ist besonders wichtig – nimmt sie keine Bewertungen vor. Sie hilft lediglich mit ihren Beobachtungen der Spielgruppe bei der Reflexion.

Wichtig: Rollenspiel ist keine Theaterveranstaltung!

Aus diesem Grunde kann und darf in der Reflexionsphase das *spielerische Talent* der einzelnen Mitwirkenden *nicht* Gegenstand von Diskussion oder gar Bewertungen sein, was trotzdem immer wieder vorkommt. Hier sind dann Spielleitung und Beobachtergruppe besonders gefordert, denn es geht in der Reflexionsphase lediglich um die Erkenntnisse, die der einzelne oder die Gruppe aus dem Spiel gewinnen konnte:

- Wer sich wie in seiner Rolle gefühlt hat,
- wie er oder sie die anderen gesehen hat,
- warum jemand oder mehrere oder gar alle aus der Rolle herausgegangen sind,
- warum eventuell abgebrochen wurde,
- welche Problemlösungen gefunden wurden,
- welche Themenbereiche angesprochen bzw. vermieden wurden und warum usw.

All dies soll ohne Wertungen von seiten der Spielleitung und der Beobachtergruppe geschehen. Wertungen, insbesondere solche, die sich auf die darstellerischen Fähigkeiten beziehen, können so negative Auswirkungen haben, daß jeder Lerneffekt ausbleibt, weil Teilnehmer, die ohnehin Zweifel an ihren »schauspielerischen« Fähigkeiten hatten (eine sich selbst bestätigende Prophezeiung), sich in ihrer negativen Einstellung zur Methode Rollenspiel bestätigt sehen. Hinzu kommt, daß für eine zukünftige Mitwirkung der Betreffenden an der Methode Rollenspiel dann kaum noch einmal eine Chance besteht. Aus diesem Grunde muß die Beobachtergruppe sorgfältig ausgewählt werden und, wenn nur irgend möglich, das Vertrauen aller Mitwirkenden besitzen.

3.2 Grenzen des Rollenspiels

Wie jeder Methode und jedem Medium sind auch dem Rollenspiel verhältnismäßig enge Grenzen gesetzt. Einen der wichtigsten Punkte in dieser Hinsicht haben wir oben schon erwähnt.
Das Spiel endet mit der Entscheidung, die die Beteiligten treffen, um eine Problemlösung herbeizuführen. Diese Entscheidung ist anschließend diskutierbar, sie kann im Hinblick auf ihre *Konsequenzen* aber *nicht überprüft* werden. Zur Verdeutlichung noch einmal ein einfaches Beispiel:
Simuliert wird die Debatte um die Einrichtung einer Mülldeponie in X-hausen. Im Rat von X-hausen sitzen Vertreter der verschiedenen Parteien; im Vorfeld der Beschlußfassung treten Interessenvertreter der Wirtschaft, Umwelt- und Elternverbänden usw. auf. Der Beschluß wird gefaßt und verkündet. Die Konsequenzen aus diesem Beschluß aber bleiben der Phantasie der Beteiligten überlassen. Diesem Manko kann abgeholfen werden, indem das Rollenspiel mit einem Planspiel kombiniert wird.

3.3 Planspiel

Dies ist ein Verfahren, mit dem gesellschaftliches, ökologisches, ökonomisches etc. Handeln in zeitlich gerafften Abläufen simuliert wird. Planspiele basieren auf dem Regelkreisprinzip. Sie ermöglichen (sollten ermöglichen), das Bezie-

hungsgeflecht von Systemen und ihre Reaktionen aufeinander zu erfahren und zu erproben (EBERT 1992).
Beide – Rollen- und Planspiele – sind Reduktionen. Bei beiden wird wahr- oder angenommene Realität auf ein spielbares Modell reduziert.

»*Reduktion auf das Modellhafte bedeutet, die Realität auf Grundzusammenhänge zurückzuführen oder auf aspekthafte Ausschnitte zu begrenzen. Der Prozeß der Reduktion zielt ebenfalls darauf ab, die Realität an das Lernniveau der Spielteilnehmer anzupassen*« (KEIM 1992).

Die Reduzierung der Realität auf ein Spielmodell bedeutet gleichzeitig, daß einzelne Faktoren besonders herausgehoben und damit akzentuiert werden. Das macht sie sichtbarer. Zusammenhänge zwischen den einzelnen Faktoren werden damit transparenter. Durch die Beschränkung auf einige überschaubare Bereiche laufen Entscheidungsprozesse und daraus folgende Handlungen schneller ab. Dadurch wird das Modell »produktiver« als die komplexere Wirklichkeit.

Daß Modell und Realität sich unterscheiden, ist unbestritten. Hierzu GOLOMBs vierter Merksatz zur Verwendung mathematischer Modelle (STEINMANN 1992):

> *Verwechseln Sie nie das Modell mit der Realität.*
> *Merksatz:*
> *Versuche nicht die Speisekarte zu essen.*

Dieser Merksatz paßt nicht nur auf mathematische Modelle, er paßt genauso auf alle Modelle für Plan- und Rollenspiele. Es ist wichtig, daß alle Beteiligten – auch und gerade bei »Kybernetien – das Parlament entscheidet« – diesen Merksatz immer im Gedächtnis behalten.

Die Differenz zwischen Modell und Wirklichkeit sollte jedoch auch nicht zu hoch bewertet werden, schließlich ist die Realität, so wie wir sie sehen, ebenfalls nur ein Ausschnitt, räumlich und zeitlich begrenzt und von vielen subjektiven Wahrnehmungsfaktoren bestimmt. Und so wird auch jedes Modell die Sichtweise und Vorstellungen des Autors widerspiegeln. Wir müssen die Modelle auf ihre *Intentionen hin hinterfragen* und lernen dabei vielleicht sogar das *Hinterfragen der von uns wahrgenommenen Realität*.

Abschließend möchten wir noch einmal die Vorteile festhalten, die Plan- und Rollenspiele insbesondere im Vergleich mit Entscheidungs- und Handlungsprozessen in der Realität haben (vgl. STEINMANN 1992):

❏ Rollen- und Planspiel ermöglichen simulierend die Teilnahme an allen gesellschaftlich relevanten Prozessen, gedanklichen Konstrukten oder Utopien von Realität.
❏ Rollen- und Planspiel ermöglichen das Erkennen von dynamischen Prozessen, von Handlungsabfolgen und von Beziehungsgeflechten der Entscheidungs- und Handlungsprozesse der Realität.
❏ Rollen- und Planspiel ermöglichen das Denken in und das (risikolose) Ausprobieren von Entscheidungs- und Problemlösungsalternativen.
❏ Rollen- und Planspiel erhöhen die Motivation durch spielerische Tätigkeit, unvorhersehbare Spielabläufe und festgelegte Spielziele.
❏ Rollen- und Planspiel stärken individuell und sozial erwünschte Verhaltensweisen (und Einstellungen).

Mehr, so meinen wir, kann von einer Methode nicht erwartet werden. Plan- und Rollenspiel sind keine Allheilmittel gegen Bildungsdefizite, allgemeines Desinteresse oder gegen die Angst, sich mit komplexen Lern- und/oder Entscheidungsprozessen zu befassen, aber sie können helfen, Lerninhalte so zu vermitteln, daß sie Lust machen, mehr und weiter zu lernen.

4. Einsatzmöglichkeiten in der schulischen und außerschulischen Bildungsarbeit

Rollen- und Planspiele und erst recht die multimedialen Seminar- bzw. Unterrichtsmodelle benötigen einen angemessenen zeitlichen Rahmen. Das wohl am meisten gebrauchte Argument gegen die oben angeführten Arbeitsmethoden lautet: Das ist ja alles ganz schön und gut, das klingt auch interessant, aber unter den Bedingungen, unter denen wir unterrichten bzw. Seminare abhalten, haben wir einfach nicht genug Zeit dafür.
Wir sind weit davon entfernt, dieses Argument einfach vom Tisch zu wischen, denn das hieße, schulische und außerschulische Realität zu leugnen. Wir sind aber auch nicht bereit, die zweifellos bestehenden Probleme als Totschlag-Argument gelten zu lassen. Wir finden uns vielmehr in Übereinstimmung mit der Meinung, daß zwar die bestehenden curricularen und schulorganisatorischen Rahmenbedingungen alles andere als günstig sind. Aber die *potentiellen Handlungsspielräume* der Lehrer und Schüler sind häufig *noch längst nicht ausgeschöpft* (KLIPPERT 1991).
Hinter dem Zeitargument verbirgt sich oft die Angst, daß bei handlungsorientierten Methoden nicht genügend Fachwissen vermittelt wird und vorgenommene bzw. vorgegebene Lernziele nicht erreicht werden. Dabei muß aber hinterfragt werden, was unter Erreichung des Lernzieles verstanden wird. Wir meinen, daß es nicht darum gehen sollte, festzustellen, daß der »Stoff« durchgenommen und abgefragt wurde, sondern darum, was die Schüler bzw. die Lernenden wirklich *begriffen* bzw. *behalten* haben. Geht es um dieses Ziel, liegen die handlungsorientierten Methoden weit an der Spitze. Sie sind geeignet, den Teufelskreis ständig beklagten Leistungsabfalls und schwindender Motivation zu durchbrechen. Wichtig ist, daß die Lehrkräfte alle Chancen nutzen, »Arbeitsinseln« zu schaffen, die schüler- bzw. teilnehmerorientiertes Lernen ermöglichen. Solche Arbeitsinseln müssen gezielt gesucht, vorbereitet, organisiert und moderiert werden. Kooperation ist angesagt. Dabei muß der Bildungs-, Leistungs- und Erfahrungsstand der Schüler angemessen berücksichtigt werden. Bei dem oben angeführten Beispiel des Rollen- und Planspiels »Kybernetien – das Parlament entscheidet« liegt das Mindestalter bei 15 Jahren. Dabei ist die Schulart nicht von so ausschlaggebender Bedeutung. Mit Berufsschülern und Gymnasiasten zusammen durchgeführte Veranstaltungen ergaben, daß der höhere Wissensstand der Gymnasiasten oft wettgemacht werden konnte durch die praktischen Erfahrungen, die die Berufsschüler in der Arbeitswelt gemacht hatten.

Wenn wir feststellen, daß zwischen den Lehrkräften Kooperation angesagt ist, so gehen wir davon aus, daß Umweltbildung, genauso wie soziale oder politische Bildung, fächerübergreifend ist. Wie eine solche Kooperation aussehen kann in

Form von Zusammenlegung von Unterrichtseinheiten oder gemeinsam gestalteten Projektwochen, darauf sind wir in Band 304 der Schriftenreihe der Bundeszentrale für politische Bildung »Methoden in der politischen Bildung – Handlungsorientierung« eingegangen. Der Einsatz des Rollen- und Planspiels »Kybernetien – das Parlament entscheidet« ist denkbar im

- Gemeinschaftskunde- bzw. Sozialkundeunterricht, da dabei gesellschaftliche, politische und wirtschaftliche Zusammenhänge verdeutlicht werden;
- Biologieunterricht bzw. Umwelterziehung, da ökologische Zusammenhänge mit Fragen von Wirtschaft, Bevölkerungswachstum, Freizeitverhalten etc. hergestellt werden können;
- Deutschunterricht, da von den »Abgeordneten« freie Rede fordert wird; die Erfahrungen mit dem Spiel haben gezeigt, daß die Teilnehmer schon in relativ kurzer Zeit rhetorische Fähigkeiten entwickeln lernen;
- Mathematikunterricht, da die Berechnung der Ergebnisse auf Formeln beruht, die nachvollzogen werden können.

Ein besonderes Beispiel, wie eine Kooperation aussehen kann, die über den schulischen Rahmen noch hinausgeht, haben wir in Simmern/Hunsrück in Zusammenarbeit mit dem Herzog-Johann-Gymnasium erfahren. Außer der Zusammenarbeit unterschiedlicher Fachbereiche, wie oben bereits ausgeführt, wurde die Öffentlichkeit mit einbezogen. Alle Sitzungen des Parlamentes von Kybernetien waren öffentlich, konnten also von den Eltern der Schüler und anderen Interessierten besucht werden, und die lokale Presse wie auch der lokale Rundfunk berichteten eine Woche lang über das Geschehen in Kybernetien, über die Regierungsentscheidungen genauso wie über die Parlamentsdebatten, über den Ausgang eines konstruktiven Mißtrauensvotums, über die sich verbessernde wirtschaftliche oder soziale Lage, über Fraktionsübertritte usw. Es versteht sich von selbst, daß die Erfahrungen, die alle Beteiligten in dieser spielerischen Situation gemacht haben, lange in Erinnerung bleiben. Damit ist mit Sicherheit eine Initialzündung für weitergehende Lernprozesse erfolgt.

Unsere Absicht ist es, Mut zu machen, die Chancen teilnehmer- bzw. schülerbezogener und erlebnisorientierter Vermittlungsmethoden zu nutzen.

Kein Lernprozeß ist effektiver als der, der *Spaß macht*, der *freudig* angegangen wird und der durch *eigenes Handeln* als Erfahrung in das Bewußtsein eingeht.

Literatur

BAER, ULRICH: Wörterbuch der Spielpädagogik. Lenos, Basel 1982;
BEER, WOLFGANG: Ökologische Aktion und ökologisches Lernen. Erfahrungen und Modelle für die politische Bildung. Buderich und Leske, Opladen 1982;
BILDUNGSWERK DER ERZDIÖZESE KÖLN (Hrsg.): Medien und Bildungsarbeit. Medienmodelle live 89. Köln 1989;
BIRKENBIHL, VERA F.: Stroh im Kopf. Oder: Gebrauchsanleitung für's Gehirn. Gabel, Speyer 1992[8];
BROICH, JOSEF: Rollenspiele mit Erwachsenen. Maternus, Köln 1992[4];
BUDDENSIEK, WINFRIED: Entscheidungstraining im Methodenverbund – Didaktische Begründung für die Verbindung von Fallstudie und Simulationsspiel. In: KEIM, HELMUT (Hrsg.): Planspiel, Rollenspiel, Fallstudie. Zur Praxis und Theorie lernaktiver Methoden. Bachem, Köln 1992, S. 9–24;
CALLIESS, JÖRG/LOB, REINHOLD E. (Hrsg.): Praxis der Umwelt- und Friedenserziehung. 3 Bde. Schwann, Düsseldorf 1987/88;

DAHL, JÜRGEN u.a. (Hrsg.): Die Erde weint. Frühe Warnungen vor der Verwüstung. Eine Auswahl aus der Zeitschrift »Scheidewege«. dtv-Klett-Cotta, München/Stuttgart 1987;
EBERT, GÜNTHER: Planspiel – eine aktive und attraktive Lehrmethode. In: KEIM, HELMUT (Hrsg.): Planspiel, Rollenspiel, Fallstudie. Zur Praxis und Theorie lernaktiver Methoden. Bachem, Köln 1992, S. 25–42;
GIESECKE, HERMANN: Methodik des politischen Unterrichts. Juventa, München 1984[6];
GÜMBEL, GERHARD: Zur Bedeutung von Rollenspielen für soziales und politisches Lernen. In: Grundschule 6(1974), H. 10, S. 515–521;
HOLT, JOHN: Chancen für unsere Schulversager. Lambertus, Freiburg 1969;
KAISER, ARNIM (Hrsg.): Handbuch zur politischen Erwachsenenbildung. Theorien – Adressaten – Projekte – Methoden. Olzog, München 1990[2];
KEIM, HELMUT: Kategoriale Klassifikation von Plan-, Rollenspielen und Fallstudien. In: KEIM, HELMUT (Hrsg.): Planspiel, Rollenspiel, Fallstudie. Zur Praxis und Theorie lernaktiver Methoden. Bachem, Köln 1992, S. 122–151;
KLAFKI, WOLFGANG: Neue Studien zu Bildungstheorie und Didaktik. Zeitgemäße Allgemeinbildung und kritisch-konstruktive Didaktik. Beltz, Weinheim 1993[3];
KLIPPERT, HEINZ: Handlungsorientierter Politikunterricht. In: Bundeszentrale für politische Bildung (Hrsg.): Methoden in der politischen Bildung – Handlungsorientierung. Schriftenreihe der Bundeszentrale für politische Bildung, Bd. 304. Bonn 1991, S. 9–30;
KLUGE, KARL-JOSEF/SCHMITZ, LEO: Die Lösung von Konflikten durch Rollenspiel. Schroedel, Hannover 1982;
KNÖR, ALENA: Arbeitshilfen. »Kybernetien – das Parlament entscheidet«. Ein Rollenspiel zu den Themenfeldern »Parlamentarisches Handeln – Ökologie – Ökonomie« für den ganzen Menschen ab 16 Jahren. Ravensburger Arbeitshilfen. Otto Maier, Ravensburg 1987;
KNÖR, ALENA/GERICKE, FRITZ E.: Erlebnisorientiertes Lernen und Lehren am Beispiel des Rollen- und Planspiels »Kybernetien – das Parlament entscheidet«. In: Bundeszentrale für politische Bildung (Hrsg.): Methoden in der politischen Bildung – Handlungsorientierung. Schriftenreihe der Bundeszentrale für politische Bildung, Bd. 304. Bonn 1991, S. 248–257;
KOCHAN, BARBARA (Hrsg.): Rollenspiel als Methode sprachlichen und sozialen Lernens. Scriptor, Kronberg/Ts. 1974;
MEYER, HILBERT: Unterrichtsmethoden. Bd. 2: Praxisband. Scriptor, Frankfurt a.M. 1993[5];
RUMPELTES, CHRISTIANE: Bericht Arbeitsgruppe »Feindbilder im Rollenspiel«. In: Bundeszentrale für politische Bildung (Hrsg.): »Das Ende der Gemütlichkeit«. Schriftenreihe der Bundeszentrale für politische Bildung, Bd. 316. Bonn 1993, S. 158–163;
SHAFTEL, FANNY R./SHAFTEL, GEORG/WEINMANN, WULF: Rollenspiel als soziales Entscheidungstraining. Reinhardt, München 1978[4];
SOECKNICK, MARIA: Von der Vielfalt der Spiele. In: Arbeitshilfen für die Erwachsenenbildung, Ausgabe M (1981), H. 10 – Themenheft: Spiele in der Erwachsenenbildung, S. 16–18;
STEINMANN, BODO: Konstruktion und Bedeutung gesellschaftsbezogener Unterrichtsspiele. In: KEIM, HELMUT (Hrsg.): Planspiel, Rollenspiel, Fallstudie. Zur Praxis und Theorie lernaktiver Methoden. Bachem, Köln 1992, S. 152–172;
TEUTLOFF, GABRIELE: Natur im Spiel. In: Schulpraxis (1989), H. 4/5, S. 26–29;
VESTER, FREDERIC: Lernbiologische Erkenntnisse als Basis für die Bewältigung komplexer Systeme. Symposion (25.–28.3.1987) Pädagogische Hochschule Kiel: Bewahrung des Menschlichen – Zukunftsfragen der Erziehung im Spiegel der Wissenschaft. Vervielf. Typoskr., Kiel 1987;
VESTER, FREDERIC: Denken – Lernen – Vergessen [1975]. dtv, München 1991[20];
VESTER, FREDERIC: Unsere Welt ein vernetztes System. dtv, München 1991[7];
VESTER, FREDERIC: Neuland des Denkens. Vom technokratischen zum kybernetischen Zeitalter. dtv, München 1993[8];
WEIZSÄCKER, CARL FRIEDRICH VON: Bewußtseinswandel. Hanser, München u.a. 1988.

2.3 Theater mit der Umwelt – Was es heißt, Stücke für die Umwelterziehung zu erarbeiten

Stephanie Vortisch

1. Warum machen wir Umweltstücke?

Als ich 1988 nach einer Vielzahl von Theaterprojekten an Schulen einer Haupt- und Realschule mein Konzept für das Projekt »Umwelttheater! Wie leben Kinder heute?« vorschlug, stieß ich auf große Bereitschaft von Schulleiter und LehrerInnen, sich auf neue Wege des Lernens zu begeben. Es war eigentlich genau das, was die Schule suchte: Lernen mit Kopf, Herz und Hand, das heißt, die kognitiven, emotionalen und pragmatischen Fähigkeiten beim Theaterspielen miteinander zu verbinden und zu fördern. Es war für uns alle ein Experiment, inwieweit Schule, Theater und Umwelt vereinbar sind und zu einem sinnvollen Ergebnis führen.
Das Projekt ging mit der Teilnahme von drei sechsten Klassen über den Rahmen einer üblichen Theatergemeinschaft hinaus. Für jede Klasse hatten wir ein Thema: Energie- und Wasserversorgung, Verkehr und Waldsterben, Abfall.

Foto 1

Theater mit der Umwelt

Foto 2

Alle Proben fanden am Vormittag während des Unterrichts statt. Es stand ein immenses Maß an Fachwissen der theatralen Umsetzung gegenüber. Und genau das ist der kritische Punkt beim Umwelttheater: Wie bringt man Sachwissen und politische Zusammenhänge in lebendige, phantasievolle Dialoge und Bilder, ohne platt und banal zu werden? Damals wußten wir nur, daß unser Theater nichts mit steifen Lehrstücken zu tun haben sollte und die SpielerInnen mit viel Ausdruck, Spannung, Bewegung und Spaß ihr eigenes Stück auf die Bühne bringen sollten. Eben dieser gemeinsame Entwicklungsprozeß des eigenen Stücks stand in den ersten sechs Wochen neben dem Erlernen des Fachwissens auf dem Stundenplan.

In den eh viel zu engen Klassenräumen, in den Ecken des Flures und im Treppenhaus arbeiteten SchülerInnen selbständig an kleinen Spielaufgaben. Es war eine energiegeladene Atmosphäre, mit Lachen, Streiten, Einigen und Ausprobieren, die ständig zum gegenseitigen Zeigen der Arbeitsergebnisse führte. In dieser Zeit lernte ich auch die SchülerInnen näher kennen, und es entwickelte sich gegenseitiges Vertrauen. Über die Ergebnisse dieser ersten Improvisationen erhielten die KlassenlehrerInnen und ich wertvolle Anregungen für das Entstehen des Textbuches.

Während sich die Inhalte konkretisierten, wurden Rollen besetzt, Musik ausgewählt, Lieder umgedichtet, Kostüme, Masken und Requisiten angefertigt. Nachdem das Textbuch der Trilogie »Von Kindern, die auszogen, das Fürchten und das Schimpfen zu lernen« stand, begannen die Probewochen. Die drei Teile der Inszenierung hatten die Figur des Quizmasters, der die Handlung anhält und knifflige Umweltfragen für das Publikum bereithält, und das Blinkmännchen, das immer wieder hilfreiche Informationen zum besten gibt, gemeinsam. Neben einer Vielzahl von personifizierten Elektrogeräten, Wassertropfen, Tieren und Pflanzen, Giftrohren, Kläranlagen, Abgasen, Rinnsalen, Hindernissen, Müllprodukten und Erdgeist standen in allen drei Stücken zwei oder drei Kinder im Mittelpunkt, die entweder zu Fuß, mit dem Paddelboot oder Fahrrad unterwegs waren.

Falls Sie dieses Schultheaterprojekt interessiert, finden Sie den Szenenaufbau mit Textbeispielen in dem Buch »Saure Zeiten – Viel Theater mit der Umwelt« (BACHMANN/VORTISCH 1989).

Theaterspielen erscheint mir als eine ideale Methode, das Thema Umwelt mit Leuten aller Altersgruppen aufzuarbeiten. So habe ich bereits im Kindergarten kleine Tiergeschichten, in der Grundschule bearbeitete Märchen und Umweltbilderbücher, einen Zirkus der Tiere in Not und eine Weltuntergangsrevue mit Erwachsenen entwickelt. Anregung für die Umwelttheateridee erhielt ich über die langjährige Praxis von Theaterstücken zu verschiedenen Wissensgebieten. Das emotionale und intellektuelle Engagement der SpielerInnen ließ auf eine intensive Auseinandersetzung schließen. Dieses Potential wollte ich für das Thema Umwelt nutzen. Gerade die Umweltproblematik, die durch ihre beißende Nähe oft nur Hilflosigkeit und Betroffenheit auslöst, bietet dem Theater ausreichend Konfliktstoff und Vielschichtigkeit. Es ist auf jeden Fall spannend, wenn zum Beispiel die Hühner der Legebatterie, von Robotern gequält, den Ausbruch planen oder das Dreckbrühmonster aus der Fabrik Hänsel und Gretel bedroht.

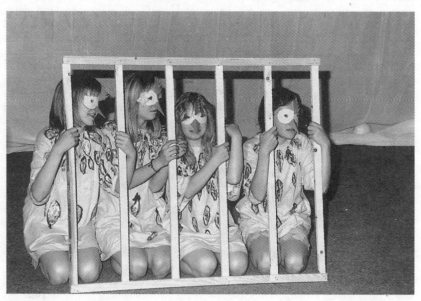

Foto 3: Gefangene Hühner

Die konkrete Umsetzung von Katastrophen, die man sonst nur in der Zeitung liest und die einen angesichts des sonstigen Aktionsradius wie Sammeln von Alufolie und Glasflaschen unzufrieden und ärgerlich machen, gibt den Spielern/Spielerinnen ein Gefühl von Widerstand und Auflehnung. Das Theater ermöglicht eine aktive Auseinandersetzung und den spielerischen Umgang mit unseren Ängsten.

Im Theater können wir die Wirklichkeit verdichten, die Zeiten und Standpunkte wechseln, Einblicke in die Vergangenheit geben und Zukunftsvisionen aufzeigen. Wir können das Spiel unterbrechen, die Handlung anhalten und den Dialog mit dem Zuschauer suchen. Dabei entwickeln die SpielerInnen Gefühl für Autonomie, Macht, Kreativität und Mut zum Phantastischen. Angesichts unserer ständigen Ohnmacht in bezug auf die Umweltzerstörung hat das Theaterspiel eine befreiende und reinigende Wirkung für die Spielenden. Im Spiel hat der sonst nur Beobachtende die Wahl zwischen den gegensätzlichsten Akteuren. Er kann sowohl in die Rolle der Opfer (Tiere, Pflanzen, Naturelemente und nicht zuletzt der Menschen selbst) als auch in die Rolle des Täters (natürlich der Mensch persönlich oder als Institution und in Form von Giften, Unglücken, Schäden, Industrie) schlüpfen. Der Spieler kann sich in der Rolle des Aggressors austoben und Spaß dabei haben, ohne mit realen Konsequenzen konfrontiert zu werden. Das ist genauso wichtig, wie das Mitfühlen für die Schwachen zu entwickeln. Zudem können wir im Theater Handlungsalternativen ausprobieren und eventuell zu Lösungen finden. Der ganze Prozeß findet in der Gruppe statt, das heißt, der Spieler findet eine Position in der Gruppe und lernt, daß er ein wichtiger Teil des gemeinsamen Ganzen ist. Seine Verläßlichkeit und Kooperationsbereitschaft stehen im Mittelpunkt dieses Prozesses. Daß sie so eng und hautnah am gemeinsamen Strang ziehen, erleben die SpielerInnen sonst selten. Diese Erfahrung des Zusammenhalts setzt eine neue Energie füreinander frei.

Inwieweit ein solch globales Thema wie Umwelt auf die Bühne übertragbar ist, ohne daß es nur zu einer moralisierenden Zeigefingerveranstaltung ausartet, ist für den Theaterpädagogen und die Gruppe eine ständige Herausforderung. Lädt doch das Thema Umwelt ein, sich selbst erst einmal als Umweltsünder auszuklammern und die Fehler und Widersprüche der »Bösen« aufzuzeigen. Beim eigenen Handlungsbedarf sollten die Stücke anfangen und von dort aus natürlich weiterführen. Haben wir doch im Theater die Macht, Welten entstehen zu lassen. Sowohl Traum- und Alptraum- als auch Wunschwelten erweitern die Wirklichkeit auf der Bühne. Und genau zu diesen Welten, in denen sich Kinder, Jugendliche und Erwachsene wiederfinden, in denen es Spielraum für Identifikation und Selbstverwirklichung gibt, wollen wir hin. So erfinden wir Kinder, die Umweltsündern auf die Schliche kommen und sie entlarven, oder Jugendliche, die Demonstrationen und Kampagnen gegen Walfang organisieren.

Mit der Aufführung machen wir den Schritt in die Öffentlichkeit, und die Akteure sind Kulturschaffende und politisch Handelnde. Es drängt sich die Frage auf nach der politischen Wirksamkeit unserer Umweltstücke. Inwieweit kann man mit Theater gesellschaftliche Veränderung bewirken?
So will die Theaterpädagogik den Menschen nicht belehren, sondern ihm die Möglichkeit der freien Selbstentfaltung bieten. Wichtig ist dabei das Ingangsetzen

der schöpferischen Prozesse. Zudem sollte der Mensch die Welt sehen, wie sie ist: veränderbar.

»*Theaterarbeit soll nicht als Spiegelbild der Realität gesehen werden, sondern als Experimentierfeld für Veränderbarkeit von individueller wie gesellschaftlicher Wirklichkeit*« (EHLERT 1986, S. 57).

Theaterpädagogische Arbeit findet in Kindergärten, Schulen, in der außerschulischen Jugendbildung, am Theater und in verschiedenen Bildungsinstitutionen statt. Sie ist in ihrer Methodik stark gebunden an die Person des Theaterpädagogen. Es gibt keine einheitliche Ausbildung, und die Theaterpädagogen bringen ihre unterschiedlichen beruflichen Vorerfahrungen ein. Manche kommen vom Theater, andere von der Pädagogik, und diese beiden Ansätze gilt es, in ihrer Arbeit sinnvoll zu verbinden.

»*Die pädagogischen Mittel wollen Wege gangbar machen, die ästhetische Erfahrungsräume öffnen und neue Wahrnehmungs- und Darstellungsweisen provozieren*« (RUPING/SCHNEIDER 1991, S. 10).

So gibt es auch derzeit kein allgemeingültiges Rezept der theaterpädagogischen Arbeit, das so ohne weiteres auf Ihre Bedürfnisse übertragbar wäre. Denn aus der Konstellation von SpielleiterIn, Gruppe, Raum und Thema ergibt sich während der Entwicklung des Stückes ein einzigartiger, nicht wiederholbarer Prozeß. Ich erlebe es selbst immer wieder, daß die Arbeit sehr unterschiedlich ist, viele individuelle Faktoren wirken ein. Natürlich habe ich bei verschiedenen Altersgruppen meinen speziellen Einstieg zum Theaterspielen und zum Thema. Trotzdem muß ich manchmal die Vorbereitung über Bord werfen und mich auf mein theaterpädagogisches Gespür verlassen, gerade wenn Spannungen, Unlust, Unruhe oder sonstiges im Raum stehen.

Es gibt Stimmen innerhalb der Theaterpädagogik, die generell das Theaterspiel als Medium zur Wissensvermittlung ablehnen. Da würden einige das Thema Umwelt als viel zu lehrhaft, nicht kindgemäß und problembeladen beurteilen. So sprechen PARIS/EBERT von der

»*Selbstüberschätzung der Pädagogik (...), theaterpädagogische Tätigkeit mit politischer Aktivität zu verwechseln. Wem die Veränderung der Welt wichtig ist (und hierfür gibt's ja nach wie vor einige gute Gründe), der soll Ernst und nicht Kunst machen!*« (PARIS/EBERT, in: RUPING/SCHNEIDER 1991, S. 18).

Lassen wir uns aber davon nicht entmutigen, auch innerhalb unserer recht komplexen und komplizierten Umweltproblematik müssen sich Identifikationsebenen und Möglichkeiten zur Umsetzung von lustvollem und körperorientiertem Spiel für die Akteure gleich welcher Altersgruppe finden.

2. Wie die Umwelttheaterarbeit beginnt

Obwohl ich Ihnen kein Rezept für die Entwicklung eines Theaterstückes geben kann, möchte ich Ihnen Hilfen zum Einstieg, Spielideen und Spielstücke anbieten. Ganz wesentlich für das Gelingen Ihrer Arbeit ist die *Umgebung*, in der Sie arbeiten. Vielleicht probieren Sie in einem schwarz abgehängten Theaterraum mit Scheinwerfern. Das ist allerdings selten, meistens spielen wir in leergeräumten Zimmern, die mit dem späteren Aufführungsort wenig gemeinsam haben. Gut sind auf jeden Fall kleine Turnhallen, Musikräume und Aulen. Beim Umweltstück empfiehlt sich auch eine Exkursion in den Wald, auf Wiesen, in die Stadt usw. So schnell wie möglich sollten Sie auch klarstellen, *wer jetzt definitiv beim Stück mitmacht*, und den Teilnehmern Zeitaufwand und Aufführungspläne vermitteln.

Wenn es Ihre erste gemeinsame Produktion ist, nehmen Sie sich auf jeden Fall die Zeit fürs *Kennenlernen* und *Zusammenwachsen*. In den Literaturangaben finden Sie ausreichend Büchervorschläge, die Übungen, Warm-ups und Techniken enthalten. Prinzipiell gilt, daß Sie am besten nur selbst praktisch erfahrene Übungen anwenden sollten.

Die Umwelttheaterarbeit beginnt mit dem *Grundrepertoire*. In »Saure Zeiten – Viel Theater mit der Umwelt« finden Sie im Kapitel »Theaterspielen. Der Einstieg« noch umfassendere Anweisungen.

Foto 4: Hilfe, der Berg bewegt sich!

2.1 Grundrepertoire

Umweltkreis:
Die SpielerInnen stehen im Kreis und stellen nacheinander einen Begriff mit einer Bewegung dar. Die Gruppe greift Wort und Darstellung auf und ahmt es gemeinsam nach.

1. Runde: einen Begriff aus dem Bereich Natur. Hier könnte noch differenziert werden in Tiere, Pflanzen, Elemente (Wasser, Erde ...), Landschaften (Wiese, Acker ...), Wetter (Regen ...), Jahreszeiten.
2. Runde: einen Begriff aus dem Bereich der Technik, wie z.B. Fabrik, Schornstein, Maschine, Rad, Auto usw.
3. Runde: ein Gefühl in bezug auf die Umweltsituation, wie z.B. Angst, Verzweiflung, Wut, Trauer, Hoffnung, Aggression usw.

Assoziationskreis:
Die SpielerInnen stehen im Kreis. Sie finden einen gemeinsamen Rhythmus mit Schritt- und Armbewegung. Wenn alle Beteiligten den Rhythmus und die Bewegung halten, nennt der/die SpielleiterIn einen beliebigen Begriff, beispielsweise Baum. Der/Die Nebenstehende assoziiert zu Blatt z.B. Raupe; so geht es reihum. Die Wortwahl kann man auf die Hauptwörter beschränken. Falls SpielerInnen aus dem Rhythmus kommen und zu spät ihr Wort sagen, können diese auch ausscheiden.

Raumspiel mit Einfrieren:
Die SpielerInnen laufen im Raum. Der/Die SpielleiterIn gibt das Tempo, die Richtung und die Art und Weise vor:

❐ schnell rennen, gehen, laufen in Zeitlupe;
❐ vor-, rück-, seitwärts;
❐ schlendern, hektisch, stampfend, schleichend.

Auf einen Stopp-Ruf frieren sie ihre Bewegung augenblicklich ein. Auf Zuruf gehen die SpielerInnen zu zweit zusammen und formieren sich zuerst als Tier, dann als Pflanze.
Auf Zuruf gehen die SpielerInnen zu dritt zusammen und formieren sich als Element (Feuer, Wasser, Luft, Erde).

Spaziergang:
Die Gruppe steht dicht um den/die SpielleiterIn. Während des »Spaziergangs« gibt diese(r) atmosphärische und spielerische Anweisungen, die die Gruppe mit ihm/ihr ausführt:

»*Es ist schönes Wetter – wir fühlen uns wohl – wir gehen über eine Wiese – das Gras ist hoch und dicht – wir schleichen uns durch – halten – horchen – sehen einen Vogel – einen wunderschönen Vogel – der Vogel fliegt weg – wir laufen hinterher – wir rennen – uns wird heiß – wir schwitzen – wir haben Durst – wir sehen einen Bach und laufen hin – wir legen uns auf den Boden, um zu trinken – wir tauchen Kopf und Arme ein – wir stehen auf und waten durch das Bachbett – das Wasser ist kalt – wir springen von Stein zu Stein – wir kommen an einen Sumpf und sinken ein – es wird immer schwieriger, vorwärts zu kommen – mit letzter Kraft schleppen wir uns aus dem Sumpf auf einen Felsen – wir erklimmen den Felsen – wir stellen uns unter einen Wasserfall zum Sauberwerden ...*«

Solch ein Phantasiespaziergang kann natürlich auch im Wald, in der Stadt, unter Wasser oder in einer Fabrik stattfinden. Das Buch »Saure Zeiten – Viel Theater mit der Umwelt« enthält im Kapitel »Theaterspielen. Der Einstieg« eine Fülle von Warm-ups, Theatertechniken und Improvisationen.
Ebenfalls gilt es, ein paar grundlegende Theatertechniken einzuführen:

PartnerInnenspiele:
Die SpielerInnen suchen sich eine(n) PartnerIn und verteilen sich paarweise im Raum.

- *Spiegelspiel:*
  Die SpielerInnen stehen sich gegenüber und der/die eine spiegelt die Bewegungen des/der anderen. Es wird gewechselt.
- *Schatten:*
  Die SpielerInnen stehen hintereinander. Der/Die jeweils hinten stehende imitiert die Bewegung des/der anderen.
- *Führen und Folgen:*
  Ein(e) SpielerIn überlegt sich eine bestimmte Gangart, und der/die PartnerIn folgt ihm/ihr in dieser Gangart.

Wenn diese Partnerübungen vorgestellt und ausprobiert sind, kann man sie inhaltlich nutzen. Die Bewegungen erhalten nun Eigenschaften wie rund, eckig, zittrig, tapsig, feurig, luftig ... Es können auch Tiere, Pflanzen, Elemente, Roboter und Maschinen gespiegelt werden. Die Partnerübungen werden als Gruppenübungen probiert, das heißt, einer gibt vor, und die Gruppe von vier bis acht Personen spiegelt, macht Schatten und Führen und Folgen nach.

Statuen:
Die SpielerInnen formen sich gegenseitig zu einer Statue. Im Anschluß gibt der/die BildhauerIn der Statue einen Titel. Die SpielerInnen stellen zu zweit und später in Vierer- bis Sechsergruppen eine Statue dar. Die Statuen bilden Gefühle, Tiere, Pflanzen, Gegenstände, Elemente, Begriffe usw. ab. Die Gruppe kann sich auch selbst eine Aufgabe stellen und ein *Denkmal* ohne BildhauerIn formen. Wenn sich die Statuen noch bewegen, was zum Beispiel bei Blitz, Regen und Meer sinnvoll ist, werden sie *lebende Bilder* genannt.

Rollenspieltechniken:
Man kann auch die Methoden des Rollenspiels für die Theaterarbeit im Probenprozeß und später auf der Bühne als Darstellungstechnik verwenden. Das Rollenspiel hilft, dem/der SpielerIn Zusammenhänge und Verhaltensweisen durchschaubar und nachvollziehbar zu machen. Ebenso kann es das Spiel unterstützen und erleichtern. Die SpielerInnen arbeiten in Zweier- oder Vierergruppen. Sie suchen sich für die ersten Übungen ein Thema, wie zum Beispiel »innere Konflikte« (in bezug auf Autofahren, Essen von Süßigkeiten usw.).

- *Beiseitereden:*
  Der/die SpielerIn spricht beiseite, was er/sie fühlt. Beispiel:
  A.: Ah, da vorne gibt es Eis!
  A. (beiseite): Ich würde ja so gerne ein Eis essen.
  A.: Habe ich denn genug Geld?
  A.: (beiseite): Jeden Tag ein Eis, das ist auch zuviel, zu süß und zu ungesund.
  Wenn der/die SpielerIn beiseite spricht, kann er/sie die Hand an den Mund nehmen und sich direkt an die ZuschauerInnen wenden. Er/Sie steigt für kurze Zeit aus seiner/ihrer Rolle aus und zeigt sein/ihr anderes Gesicht.
- *Doppelgänger-Ich:*
  Zwei SpielerInnen sind in der gleichen Szene. Ein(e) SpielerIn hat eine(n) HilfsspielerIn. Der/Die HilfsspielerIn sagt dem/der SpielerIn, was diese(r) empfindet und nicht sagt, und spricht es an seiner Stelle aus.

☐ *Rollentausch:*
Der/Die ProtagonistIn übernimmt die Rolle des Antagonisten/der Antagonistin, einer Person, mit der er/sie Schwierigkeiten hat. Die SpielerInnen tauschen Rollen und Plätze und spielen die Szene nochmals durch (zum Beispiel Mutter – Kind, Pflanze – Pflanzengift, Natur – Technik).

☐ *Armespiel* (JOHNSTONE 1993):
Ein(e) SpielerIn steht hinter dem/der anderen. Der/Die vordere ist SprecherIn, der/die hintere leiht der vorderen Person seine/ihre Arme. Das heißt, der Vordermann/die Vorderfrau verschränkt seine/ihre eigenen Arme hinter dem Rücken, und der/die hintere streckt seine/ihre Arme nach vorne. Der/Die vordere SpielerIn hält nun eine Rede über Umweltschutz, Autofahren, Reklame usw. Der/Die hintere SpielerIn unterstützt den Monolog mit seinem/ihrem Armespiel. Dabei gehen ebenso Impulse von den Armen als auch von der Sprache aus.

☐ *Simultansprechen* (JOHNSTONE 1993):
Zwei SpielerInnen agieren, und zwei andere (die SprecherInnen) leihen ihnen ihre Stimmen. Die Spieler/innen versuchen mit den Sprechern/Sprecherinnen gleichzeitig ihren Mund zu bewegen. Die SprecherInnen wechseln sich Satz für Satz ab, so daß ein einfacher Dialog entsteht, den die SpielerInnen mit Mimik und Gestik verdeutlichen können. Die Aktion sollte relativ konkret und einfach sein (zum Beispiel: sie backen Brot).

Alle diese Techniken sind bereits ein Teil der inhaltlichen Arbeit. Sie sind mit allen Altersgruppen durchführbar.

Bei dieser ersten theatralen Auseinandersetzung mit unserem Thema finden Ihre Spieler einen *spielerischen und kreativen Einstieg*. Ohne nachzudenken, sondern *spontan* und mit der Zeit *ungehemmt* und *mutig* arbeiten sie im Wechsel alleine, mit einem Partner und in der Gruppe. Dabei finden Körperausdruck, Bewegung und Stimme Anregung und Bestätigung. Es ist ganz selbstverständlich, daß Elemente (wie Wasser, Feuer, Luft und Erde), Pflanzen, Tiere und Gegenstände (aus dem Bereich der Technik, Industrie usw.) ganzkörperlich dargestellt werden. So soll zum Beispiel der schlaue, geschmeidige Fuchs oder die roboterhafte Fabrikmaschine als Person mit ganzer spielerischer Kraft und Intensität dargestellt werden.

Gerade diese Vorübungen ermöglichen dem Spieler das *Kennenlernen des eigenen Körpers* und das *Zusammenspiel mit anderen*. So trauen sich die SpielerInnen langsam, ihren Körper voll einzusetzen. Erleben wir doch am Anfang erst ein sehr verhaltenes, fast lasches Spiel ohne Anstrengung. Es kostet Überwindung, sich so ganz anders und extrem in Mimik und Gestik zu zeigen, und steht im Gegensatz zu der Mode des Cool-Seins und den Großaufnahmen des Films. Ermutigen Sie Ihre SpielerInnen zum *Vergrößern von Bewegung und Ausdruck*. Dazu eignen sich alle Arten von Fieslingen, Monstern, Hexen und Drachen. Lassen Sie die Spieler mit *Armen und Füßen reden*, das heißt, sie sollen zu der Stimme mit Gestik und Körper schimpfen, schreien, beschwichtigen, sich freuen und Angst haben. Geben Sie ihnen pantomimische Aufgaben, z.B. spielen Sie verzweifelte Fischschwärme oder sich türmende Abfallhaufen. Und mit der Zeit und durch das Beispiel von ein paar Mutigen erleben Sie skrupellose Fabrikbesitzer oder sich schlängelnde Urwaldpflanzen in ihrer vollen Ausdruckskraft.

Da die Auffassung von Theater bei Kindern und Jugendlichen von der vordergründigen Perfektion der Fernsehbilder geprägt ist, fehlen den Spielern/Spielerinnen, beeinflußt von diesem Pseudorealismus, erst einmal der Mut und die

Theater mit der Umwelt

Vorstellung für die Umsetzung von Ungewöhnlichem. Normalerweise sprechen eben Bäume, Kloaken oder Maschinen nicht. Geschweige denn, daß sie Gefühle haben und aktiv werden. Allerdings ist alles eine Sache der Gewöhnung und Überzeugung. Bekommen sie nach ersten Versuchen Freude an dieser Darstellung (Statuen, lebende Bilder), ist ihre Phantasie in Gang gesetzt, und es folgt eine Flut von phantastischen Umsetzungen. Mit ihren Körpern stellen die SpielerInnen gemeinsam mühelos Berge, Höhlen, Gruben, Zäune und Gewitter dar. Dieses Spiel hat auch *Einfluß auf ihre Ästhetik*. Vorher klebte die Vorstellung vom Bühnenhintergrund und der Ausstattung noch an aufwendigen Gemälden und Kulissen, doch nach dieser Erfahrung ist sparsame Ausstattung, aber effektvolle, sogar unrealistische Darstellung gewünscht. Das *körper- und bewegungsorientierte Spiel* entspricht den *Bedürfnissen jeder Altersgruppe*. Wichtig ist dabei auch die Erfahrung des genauen *Hinschauens und Nachahmens*, was bei Übungen wie Spiegeln, Schatten, Führen und Folgen spielerisch gemacht wird. Beginnen Sie diese Übungen mit Paaren, später spiegelt die Gruppe den einzelnen. Diese Übungen sind hilfreich für das Entwickeln von Aktionen (z.B. Demonstrationen), Stimmungsbildern und Tänzen in Gruppen. So kann ich mich an die Darstellung von bedrohlichen Abgasen erinnern, bei der die einzelnen SpielerInnen mit schwarzen Nylonstrümpfen über dem Kopf sich mit verführerisch-dämonischer Bewegung in Zeitlupe ihren Opfern (Radfahrern) näherten. Dabei wurde später auf die impulsgebende Anführerin wieder verzichtet, als die Gruppe insgesamt selbstsicherer und ausdrucksvoller eigene Variationen ausprobierte.

Das Zusammenspiel auf der Bühne kann nur funktionieren, wenn wir eine *Atmosphäre gegenseitiger Achtung und gegenseitigen Vertrauens* kreiert haben. Auch dafür ist die erste Übungsphase maßgebend. Noch ungeachtet eventueller Rollen und anderer szenischer Anforderungen haben die SpielerInnen Raum, sich auszuprobieren. *Ohne Zeit- und Leistungsdruck* entdecken sie vielleicht ungeahnte Vorlieben. Es ist schade, wenn man die SpielerInnen nur nach dem Maß ihrer Fähigkeiten einsetzt. Vielleicht gibt es auch einmal für einige die Chance, sich zu entdecken und zu behaupten.

Nach der Erkundung von Körper und Bewegung erhalten die SpielerInnen neue Impulse durch Materialangebote. Die klassischen *Theatermaterialien* (Requisiten) wie Hüte, Stöcke, Zeitungen und Tücher sollten Sie mit Ihren Spielern/Spielerinnen anhand der Übungen ausprobieren. Vielleicht stoßen sie auf eine interessante Darstellung von Gewässer beim Einsatz von Tüchern, oder sie finden einen Ausdruck für Hektik, Fabrik oder Gefängnis beim Probieren mit Stöcken.

Eine wesentliche Erweiterung der eigenen Bewegungsmuster erfahren die SpielerInnen durch das Einspielen von *Musik*. Dabei ist es natürlich besonders schön, wenn bei der Aufführung mit Live-Musik gearbeitet wird. So wurden z.B. bei der Inszenierung »Der Regenwald soll leben!« die Urwaldgeräusche vom Orff-Orchester produziert und unsere umgedichteten Brecht-Songs und der Urwald-Lambada von den Orff-Instrumenten begleitet. Die verschiedenen Rhythmen – ich arbeite mit Kassetten, auf denen ich ein- bis zweiminütige Musikstücke aneinandergereiht habe – setzen bei den Agierenden neue Bewegungsimpulse in Gang und beleben ihre Vorstellung. So hilft Musik, eine Darstellung *atmosphä-*

risch zu verdichten. Zum Beispiel unterstützen harte, metallische Klänge die Vorstellung von Industriewelten, im Gegensatz dazu entstehen bei weichen, melodiösen Tönen Pflanzenwelten.

Zusammenfassend gehen wir von folgenden Arbeitsschritten bei Umwelttheaterspielen aus:

- erster theatralischer Umgang mit dem Umweltthema anhand des Grundrepertoirs (Aktion);
- neue Sichtweise durch die körper- und bewegungsorientierte Darstellung des Themas (Reflexion);
- Erweiterung des Grundrepertoirs durch Theatermaterialien und Musik (Aktion);
- erste Ideen und Inspiration für eigene szenische Bilder (Reflexion);
- das Grundrepertoir zum Spezialgebiet: Wasser, Energie, Abfall usw. (Aktion).

Wie bereits im ersten Teil erwähnt, geht es bei unserem Thema auf keinen Fall ohne eine *inhaltliche Auseinandersetzung*. Politische Hintergründe, biologische Tatsachen und aktuelles Geschehen sollten genauestens recherchiert werden. Falls Sie das Theaterstück an der Schule innerhalb von Projektunterricht durchführen, können die verschiedenen FachlehrerInnen der Fächer Biologie, Chemie, Physik, Sozialkunde und Deutsch mitwirken. Auch in der außerschulischen Jugendbildung sollten Sie sich die Zeit nehmen und bereits vor Beginn oder während des Einstiegs das notwendige Wissen vermitteln. Aus diesen neu erfahrenen Fakten können sich sehr wohl Ideen für szenisches Spiel ergeben.

3. Wie entsteht ein Theaterstück? Überlegungen zur Eigenproduktion

Heute wird in der Theaterpädagogik dem selbstentwickelten Stück oder zumindest der stark bearbeiteten Vorlage gegenüber der Reproduktion eines fertigen Stückes der Vorzug gegeben. Falls Sie davon aber nicht zu überzeugen sind, finden Sie bei den Literaturangaben Hinweise auf Stücke. Bedenken Sie, daß diese Stücke meistens von Lehrern für Projekt- oder Aktionstage geschrieben wurden und aus einem bestimmten Bedürfnis der Klasse oder Schule entstanden sind. Bei fertigen Stücken haben Sie mit einigen Problemen zu rechnen. Oft fehlt es an Rollen, besonders an Mädchen- bzw. Frauenfiguren. Die Inhalte der Stücke entsprechen nicht dem aktuellen Anlaß oder dem Anliegen Ihrer SpielerInnen. Diese Sorgen haben Sie zumindest bei der Eigenproduktion nicht.

Der *Entstehungsprozeß* eines Stückes ist *nicht weniger wichtig als das Produkt selbst*. Jedenfalls haben die SpielerInnen bei einer Eigenproduktion größeren Einfluß auf Rollen, Inhalte und Gesamtgestaltung. Je nach Alter der SpielerInnen entstehen ganz verschiedene Formen der Zusammenarbeit. Das reicht von einfachen Spiel- und Rollenwünschen und -gestaltungen über gut verwertbares Improvisationsmaterial zum anschließenden gemeinsamen Schreiben der Spieltexte. Warum also nicht gleich die Chance ergreifen und ein eigenes Stück entwickeln? So haben wir mehr Raum für Experiment und Kreativität. Wir begeben uns mit den Spielern/Spielerinnen auf die Suche: *Thema! Story! Umsetzungsideen! Spannungsbögen! Überraschungen! Brüche! Verfremdungseffekte! Kostüme!* Da ist eine Menge Kreativität gefragt, und unterwegs gibt es immer wieder Situationen, in denen man hilflos ist angesichts mangelnder Einfälle, schwacher Lösungen, Lustlosigkeit der SpielerInnen, Müdigkeit und Ratlosigkeit. Zudem neigen die SpielerInnen dazu, viele Ideen und Angebote, die ihrer Meinung nach nicht perfekt genug, verständlich, interessant oder originell sind, abzuwürgen. Dadurch entsteht schnell eine ungute, allzu bewertende Arbeitsatmosphäre. Anscheinend fällt es schwer, einfach zu akzeptieren, ohne zerstörende Kritik auszuüben. Deshalb lege ich meinen Proben folgende Regeln zugrunde:

- Alles ist möglich! Alles ist erlaubt!
- Nicht blockieren, ja sagen! Seid positiv!
- Kein Nein und kein Aber, sondern ausprobieren!
- Es kann nur besser werden!
- Alles ist richtig, nichts ist falsch!
- Wir wollen zusammen Spaß haben!
- »Klauen« ist erlaubt. (Dabei geht es nicht um unbezahlte Aufführungsrechte an Theaterstücken, sondern um das Sammeln von Anregungen bei Inszenierungen oder um Inspiration beim Improvisieren durch andere Spieler.)
- Seid intensiv! Theaterspielen ist anstrengend.
- Theater ist nicht wie im richtigen Leben, aber manchmal doch.

Wesentlich bei der Entstehung des Stückes ist die *Improvisation*. In der Theaterpädagogik gibt es Begriffsüberschneidungen. Was die einen z.B. Entwickeln von Szenen, Etüden oder Spielideen nennen oder einfach freies Theaterspiel heißt, kann man als Improvisation bezeichnen.

»Improvisation: (von lat. improvisus = unvorhergesehen) ist eine Zwischenform in der Rollenerarbeitung des Schauspielers, ein grundlegendes Mittel jeder Schauspielerausbildung und eine Basisform der Spiel- und Theaterpädagogik« (EBERT 1979).

Demnach improvisiert unser(e) SpielerIn bereits bei den Techniken im Grundrepertoir.

In der Improvisation entwickelt ein(e) SpielerIn oder eine Gruppe anhand eigener Ideen oder gemäß der Anweisungen des Spielleiters/der Spielleiterin eine Rolle, Spielidee, Szene. Dieses Rohmaterial ergibt die *Bausteine* für unser Theaterstück. Es wird gesammelt, vertieft, entworfen und gefeilt und schließlich in der Regiearbeit *fixiert* (festgelegt bzw. verabredet).

Für alle Improvisationen gilt: Ein festgelegter zeitlicher Rahmen ist nötig, maximal 10–20 Minuten reichen meistens für die Aufgabe. Ein gegenseitiges Vorzeigen ist unbedingt zu erreichen.

Freie Improvisation:
Die SpielerInnen teilen sich in kleine Gruppen von 4–6 Personen, sie erhalten einen Arbeitsauftrag.
Die Gruppe überlegt sich selbst ein Thema, wie zum Beispiel Müll, Raumfahrt, Straßenbau, Wasser. Sie verteilt die Rollen und überlegt sich einen Konflikt.

Freie Improvisation mit Vorgabe:
Die SpielerInnen erhalten Vorgaben für die Rollenbesetzung. Die Rollen sind zur Hälfte mit Menschen, zur anderen Hälfte mit Tieren zu besetzen. Danach entscheidet sich die Gruppe für ihr Thema bzw. ihren Konflikt. Die Rollen kön-

Foto 5: Die Landvermesser

nen auch aus dem Bereich der Pflanzenwelt sein, aus personifizierten Umweltproblemen (z.B. Müllmonster, Ozongas bzw. -loch, Pestizidzwerg etc.) oder personifizierten Elementen wie Regenschauer, Wassertropfen, Sonnenstrahl, Sauerstoff stammen.

Thematische Improvisationen:

Zielgruppe Kindergarten:
- Die SpielerInnen gehen im Wald spazieren, und es passiert etwas ...
- Die SpielerInnen verirren sich in der Stadt ...
- Die SpielerInnen stellen Jahreszeiten, Wetter dar ...

Zielgruppe Grundschule:
- Die SpielerInnen entscheiden sich für eine Tierrolle. Sie überlegen, was ihnen in ihrer Heimat (Wald, Wiese, Fluß, Teich) nicht mehr gefällt. Sie erzählen oder spielen ihre negativen Erlebnisse und suchen gemeinsam nach Lösungen.
- Die SpielerInnen stellen eine Detektivgeschichte dar. Sie sind eine Bande und kommen irgendwelchen Umweltsündern auf die Schliche. Sie erhalten Informationen, schleichen sich an, beobachten, sammeln Beweise, greifen ein, holen die Polizei usw. Die Verbrechen können im Bereich von Müll, Öl, Wasser liegen.

Zielgruppe Orientierungsstufe (5. und 6. Schuljahr):
- Die SpielerInnen unternehmen eine Fahrradtour und geraten in Schwierigkeiten (Verkehrsdichte, Abgase usw.).
- Die SpielerInnen zeigen Familienszenen zum Thema Energie, Lichtbenutzung, elektrische Geräte in jeder Form und Wasserverschwendung.
- Die SpielerInnen verändern ein Märchen, z.B. geraten Hänsel und Gretel an/in einen verschmutzten Teich/Wald, die Hexe ist Fabrikbesitzerin, die Eltern sind gestreßt.

Zielgruppe Sekundarstufe I:
- Die SpielerInnen überlegen sich ein Fernsehprogramm mit Katastrophennachrichten.
- Die SpielerInnen zeigen eine Modenschau zum Thema »Leben 2000«, »Der letzte Baum«, »Mutierte Tierwelt«.
- Die SpielerInnen erfinden eine Szene zum Thema: »Gestern – Heute – Morgen«, zum Beispiel Haushaltsführung, Ernährung, Medien, Freizeit.

Zielgruppe Sekundarstufe II und Erwachsene:
- Die SpielerInnen erarbeiten eine besonders tragische Szene mit viel Geheul, Ausweglosigkeit und Schicksal, die ein Umweltthema beinhaltet.
- Die SpielerInnen zeigen dieselbe Umweltgeschichte von drei verschiedenen Standpunkten aus.

Improvisation der Superlative:
Die SpielerInnen tauschen untereinander das schönste Erlebnis in/mit der Natur aus. Sie einigen sich auf eine Geschichte und stellen sie gemeinsam dar. Sie variieren die Darstellung mit und ohne Sprache. Genauso verfahren sie mit weiteren Themen: – Das schlimmste Erlebnis in/mit der Natur; – Das schönste/schlimmste Erlebnis mit der Technik; – Das schönste/schlimmste Erebnis im Autoverkehr; – Was mir an meisten Angst/Mut macht; Die schönste/schlimmste Zukunftsvision; – Ein Alptraum/ein schöner Traum.
Anweisung: Die Gruppe bestimmt die Atmosphäre des Raumes für die Improvisation, d.h., sie überlegt und bespielt die Bühnenaufteilung, die Geräusche, die Rolle des Zuschauers/der Zuschauerin.

Improvisationsgegensätze:
Zur Einführung in die *Darstellung der Gegensätze* beginnen die SpielerInnen mit einer Gruppenimprovisation. Sie bilden zwei Gruppen, die sich unsortiert (sprich: als Haufen) gegenüberstehen. Sie rufen den Gruppen Gegensatzpaare zu, z.B.: rund – eckig, wild – zahm, traurig – lustig, verrückt – normal, klar – trübe, ruhig – laut. Die Gruppen stehen sich in den Kontrastpositionen gegenüber.
Variation: Die Kontrastgruppen gehen aufeinander zu, auf Zuruf: »Wechsel!« tauschen sie ihre Darstellung. Die Gruppen machen spontan Sprache und Geräusche dazu.

- *Gegenteil spiegeln:*
Die SpielerInnen gehen zu zweit zusammen, der/die eine spiegelt das Gegenteil der Darstellung seines Mitspielers/seiner Mitspielerin.
Die SpielerInnen suchen nach *Gegensatzpaaren* wie Natur – Technik, Sonne – Atomkraft, Verschwendung – Sparsamkeit, Tier – Mensch, Holz – Plastik. Sie stellen die Begriffe in Denkmälern dar, die Kontrastdenkmäler stehen sich gegenüber. Sie finden einen fließenden Übergang – Veränderung – zwischen den Kontrasten.
Die SpielerInnen bilden *Streit- und Kampfgruppen*: Fluß – Kloake, Industrie – Naturschutz, Pflanze – Bauer, Baum – Motorsäge, Fisch – Fangnetz, Müllvermeidung – Müllverbrennung. Der Streit oder Kampf wird sowohl körperlich als auch kämpferisch dargestellt. Diese Aufgabe kann von zwei Spielern/Spielerinnen dargestellt werden, vielfältiger und schwieriger ist es allerdings zu mehreren.

- *Beschimpfung:*
Dies ist eine Übung zum gemeinsamen Sprechen und zum Zusammenführen in den Gruppen. Zwei Gruppen notieren sich gut leserlich ca. 8–10 Schimpfwörter. Jede Gruppe stellt eine Person dar. Sie lesen die Schimpfwörter im Wechsel und sprechen innerhalb der Gruppe gemeinsam.

☐ *Gestaltung:*
Die Konfliktsituation kann man wie folgt spielerisch umsetzen: als Boxkampf, Ringkampf und Wettrennen, mit einem/einer ReporterIn, SchiedsrichterIn und einem Begleitteam (Fernsehen, Kamera, Mikrophon).

Textimprovisation:
Ebenso wie aus Rollen, Problemen und Inhalten Impulse für eine Szene ausgehen können, ist die Anregung mit verschiedenen Texten möglich. Die SpielerInnen arbeiten mit Zeitungen. Als erstes nehmen sie Schlagzeilen. Diese können als Titel für ein Standbild dienen. Die Schlagzeile gibt Ideen für eine neue Szene. Die Schlagzeile wird verändert: gesteigert, umgestellt, ergänzt und wiederholt. Ähnlich kann man mit einem ganzen Zeitungsartikel arbeiten. Die Informationen können für szenisches Spiel genutzt werden. Aus dem Artikel kann eine Rede oder ein Dialog entstehen. Die SpielerInnen bilden einen Sprechchor mit VorsprecherIn und nutzen einen Artikel dafür.

Improvisation mit Sprache:
Spannend ist es auch, Wortsammlungen zu machen, zum Thema Wasser und Natur ergeben sich z.B. Folgen wie:

Wasser	Natur
Wasserspülung	Naturkost
Trinkwasser	Naturschauspiel
Wasserverschmutzung	Naturzerstörung
Wassernot	natürlich
Wasserspaß usw.	usw.

Die SpielerInnen überlegen und entwickeln Bewegungsfolgen mit Gestik und Mimik, die die Worte verdeutlichen und unterstützen.

Nach einem ersten Zeigen der Szenen kann die *Improvisation mit weiterer Technik* unterlegt und präzisiert werden. Die SpielerInnen sollen jetzt ihre Improvisation nochmals ausführen, allerdings mit *technischen Ansätzen:*

☐ Die SpielerInnen frieren 3-5 Höhepunkte der Szene als *Statue* ein. Sie versehen die Statue mit Titeln.
☐ Die SpielerInnen bauen in die Improvisation *Bewegungstechniken* wie Spiegeln, Führen und Folgen ein.
☐ Die SpielerInnen benutzen *Rollenspieltechniken* wie Armespiel, Beiseitereden, Simultansprechen, Doppelgänger-Ich.
☐ Die Dialoge werden in *Nonsenssprache* (Grommolosprache) geführt.
☐ Ein *Requisit*, wie Hut, Klobürste oder Zeitung, wird auf verschiedene Weise immer wieder eingesetzt. Das Requisit erfährt durch das Spiel eine wechselnde Bedeutung.
☐ Die Szene ist ganz ohne Worte, aber begleitet von einer 2-5 Minuten langen *Musik*. Die Musik bestimmt den Spielrhythmus und gibt atmosphärische Impulse.

Das Hinzunehmen der Technik gibt den Spielern/Spielerinnen ein neues Maß an Sicherheit. Sie bekommen Impulse, Regeln und Verbindlichkeiten, die ihnen helfen, kreativ in einem abgesteckten Rahmen zu sein. Egal wie alt, meistens freuen sie sich über die Anweisungen und bauen sie phantasievoll ein. So habe ich die SchülerInnen zum Thema Energie improvisieren lassen. Sie stellen verschiedene Energieformen wie Sonnen-, Wasser- und Windenergie dar. Sie spielten die Szenen, in denen der Energieverbrauch Thema ist: wie beim Strombedarf für Elektrogeräte. Sie spielten die Herstellung von elektrischer Energie. Als endgültiges Ergebnis gefiel uns der Bewegungschor einer großen Gruppe, die ein Sprecher koordinierte. Zu den Ausrufen: »Energie ist Kraft! Energie ist Wille! Energie hat Spannung! Energie hat Bewegung, und Strom ist elektrische Energie!« formierten die SchülerInnen sich in entsprechend massiven Gestiken und Gesamtkörperbildern.

Zusammenfassend betrachtet entsteht ein Umweltstück in folgenden Arbeitsschritten:

- Entschluß zur Eigenproduktion;
- Zeit für den Entstehungsprozeß des Stückes;
- ermutigende Regeln für einen kreativen Probenrahmen;
- Improvisationsaufgaben mit verschiedenen Ansätzen;
- Improvisation und Text;
- Auswertung der Improvisationen: Was ist übertragbar und brauchbar für das Stück?

4. Stück für Stück! Das Umweltstück wächst zusammen

Während all der vorangehenden Arbeitsschritte ist es notwendig, daß Sie sich als SpielleiterIn *Aufzeichnungen* über Probenprozeß und Zwischenergebnisse machen. Dabei reicht es, Stichworte mitzuschreiben und kleine Skizzen über Bewegungsabläufe anzufertigen. Manchmal sind auch Tonbänder mit improvisierten Dialogen hilfreich. Ich selbst arbeite nicht mit Videoaufnahmen. Ich verlasse mich auf meine Aufzeichnungen und das Gedächtnis meiner SpielerInnen. Videoaufnahmen zeigen in diesem nicht perfekten Stadium zu kraß die verständlichen Mängel und lassen das Innovative, die zu nutzende Idee verblassen.
Bereits während der Improvisationsphase wissen Sie ungefähr das Thema, vielleicht noch nicht die Story. Falls Ihnen die zündende Idee fehlt, schalten Sie eine Reflexionsphase mit Ihrer Gruppe ein. Aus einem Sammelsurium von Ideen und Bedürfnissen ergibt sich eventuell ein roter Faden.
Anhand des Themas »Wasser ist Leben« möchte ich mit Ihnen ein paar Szenenentwürfe durchspielen.

4.1 Plot/Story/Inhalt/Geschichte

Es sind Sommerferien, Regina und Peter langweilen sich im Garten. Zum Abkühlen wollen sie das Schwimmbecken füllen, aber es herrscht Wassernotstand. Als sie unerlaubt den Wasserhahn aufdrehen, kommt der »Wassertropfen« aus dem Schlauch und läßt erst einmal voller Wut seinen Ärger über die wasservergeudenden und -verschmutzenden Menschen los. Die Kinder wollen dem Wassertropfen das Gegenteil beweisen und begleiten ihn auf der Suche nach natürlichem Wasser. Ihre Stationen sind z.B. der Fluß, ein Bach, ein Teich, ein See, das Meer, eine Quelle, ein unterirdisches Wasserreservoir, ein Gletscher, der Regen usw. Mit Hilfe der Magie des Wassertropfens erreichen sie sofort ihre örtlichen Ziele. Doch überall werden sie enttäuscht, denn nirgendwo ist das Wasser ungefährdet, ja sie selbst geraten in Gefahr, sich wie die Tiere und Pflanzen zu vergiften. Angesichts der Lage wollen sie in Zukunft ...

Eine solche Story kann auf verschiedenen Ebenen von 8–14jährigen gespielt werden. Sie legen mit Ihren Spielern/Spielerinnen die *Rollen* fest und besetzen sie. Der Wassertropfen, Regina und Peter transportieren die Geschichte von Ereignis zu Ereignis.

Wie zeichnet sich der Wassertropfen ab? Ist er mächtig wie ein Zauberer oder eine Fee, könnte er auch ein Wassergeist oder -mann, eine Nixe oder Hexe sein? Jedenfalls kann er ein musikalisches Leitmotiv haben und einen Wasserspruch, der die Ortswechsel zaubert. Viele Rollen hat das Stück für all die WasserspielerInnen, Tier- und PflanzenspielerInnen und für die Umweltbedroher oder -zerstörer.

Bei der *Darstellung* der verschiedenen *Gewässer* können Sie ganz verschiedene Umsetzungen ausprobieren und später abwechslungsreich in Szene setzen.

Fluß:	Die SpielerInnen schlängeln sich hintereinander, entweder im Stehen, Liegen, Sitzen oder im Wechsel der drei Positionen (Führen und Folgen).
Bach:	Zwei SpielerInnen halten ein zartes blaues Band (Spiel mit Requisite).
Teich:	Die SpielerInnen liegen am Boden und zappeln mit den Beinen (lebende Bilder).
See:	Die SpielerInnen stehen im Kreis und bewegen sich weich und wellenförmig Kreisspiel und Choreographie).
Quelle:	Ein(e) SpielerIn hält eine Handvoll blaue Bänder (Spiel mit Requisite).
Reservoir:	Die SpielerInnen halten ein großes blaues Tuch über ihre Köpfe.
Meer:	Die SpielerInnen schwingen blaue Tücher oder zwei bis drei breite Stoffbahnen.

Foto 6: Wasser oder Regenbogen

Die Ideen haben Sie im Improvisationsteil gesammelt. In den Gewässern leben die entsprechenden *Pflanzen und Tiere*.
Die GewässerspielerInnen können immer die gleichen DarstellerInnen sein. Sie sind in Blau- und Grüntönen gekleidet und geschminkt oder so verschmutzt, daß sie in Grau- und Brauntönen spielen.
Bevor es zu Dialogen und szenischen Spannungspunkten kommt, sollte das Gewässer Zeit für Wirkung und Auftritt haben: Bewegungschoreographie, Tanz, Sprechchor usw. Die *szenischen Höhepunkte* finden durch den Konflikt mit den Gefahren statt: Das können Chemieleitungen (Rohre), Motorboote, Ölwechsel, Dünger, Abwasser usw. sein.
Die SpielerInnen erhalten *Textmaterial*, oder je nach Alter finden Sie passende Infotexte zu ihrer Rolle. Vielleicht je zwei SpielerInnen des Gewässers suchen Textstellen für das Meer usw., sie machen eine Art gegenwärtige Bestandsaufnahme. Genauso recherchieren der Wassertropfen, die bedrohten Tierarten und Pflanzen die »lebenden Gefahren«. Die SpielerInnen drücken die Sachtexte in eigenen Worten aus. Es entstehen *Dialoge* zwischen Tieren und Pflanzen und Kindern/Wassertropfen. Bei diesen Dialogen sollte immer etwas passieren bzw. etwas zu tun sein, wie beobachten, untersuchen, sich verletzen, stolpern, erschrecken, streiten, und emotionale Beteiligung im Spiel sein, wie Wut, Angst, Freude. Gerade emotionale Wechselbäder eignen sich. Es kann ja ganz ausgelassen mit einer Wasserschlacht beginnen und dann ... Eventuell zeichnen die SpielerInnen ihre Dialoge mit der Handlung selbst auf, und Sie müssen das Material nicht mehr bearbeiten. Es kann aber auch sein, daß die Dialoge an Ihrem Schreibtisch die endgültige Fassung erhalten.
Sie sortieren für sich im Kopf einen ersten *Szenenaufbau*. Welche Szene schließt sich an die nächste an, wie und warum? Dabei suchen Sie nach logischen Übergängen. Im Laientheater sind die traurig-berühmten Umbauten grauenvoll lang und umständlich. Am besten ist es ganz ohne Umbau, und falls doch, dann szenisch integriert. So kann Ihr See auf der einen Seite verschwinden, vielleicht mit Musik wegtauchen, und der Fluß parallel dazu aus dem »Off« fließen. Der Wassertropfen könnte mit den Kindern die Zeit überbrücken: Der Zauber funktioniert nicht mehr, und sie müssen zu Fuß den Berg zur Quelle ersteigen.
Ungewöhnlich ist bestimmt, daß in Ihrem Stück Wasserelemente sprechen und ihre Position vertreten, doch suchen Sie weiter nach *Überraschungen* und *Brüchen*. Warum wendet sich der Wassertropfen nicht plötzlich an das Publikum und sammelt Taschentücher für die heulenden Robben, oder warum verläßt der Bach nicht die Bühne, weil er keine Lust mehr auf so ein negatives Stück hat? Es könnte sich auch »die heile Welt« in das Stück verirren, oder alles entpuppt sich am Schluß als Traum oder Alptraum. Oder die Frösche kommen aus dem Teich und wollen Menschen an die Wände klatschen. Vielleicht wird es bei Ihrem Szenenablauf immer spannender, die Katastrophen werden offensichtlicher und unabwendbarer.
Sie entscheiden sich für einige *Stationen*, und bei jeder Station ist etwas »faul«. Entweder ist die *Katastrophe* schon passiert, und es ist zu spät. Oder sie ereignet sich gerade, und der Wassertropfen und die Kinder greifen ein. Oder sie ist in Planung, und die Kinder agieren gegen die Pläne, oder die Katastrophe ist gut versteckt, schleichend, unsichtbar, und es bedarf genauer Kenntnisse zur Aufklärung.

Zusammenfassend können wir sagen, daß folgende Bausteine für Ihr Stück notwendig sind:

- Der Inhalt Ihres Stückes steht fest.
- Sie entwerfen Rollen und besetzen sie.
- Sie haben Umsetzungs- und Darstellungsideen und -abläufe aus der Improvisationsphase.
- Aus Rohtexten und Improvisation sind Dialoge entstanden und endgültig festgelegt.
- Sie entscheiden über Ihre Stationen im Stück, daraus ergibt sich die Szenenfolge.
- Sie wissen was, wie und warum es passiert. Die Dialoge sind eingebettet in emotionale und handlungsaktive Situationen.
- Ein Spannungsfaden entsteht und wird bewußt mit Brüchen und Überraschungen belebt.
- Sinnvolle und abwechslungsreiche Übergänge verbinden die einzelnen Szenen.

5. ... auch so wird es gemacht!
Konkrete Beispiele von Spielideen und Spielstücken

Aus Bilderbüchern, Erzählungen, Romanen und Zeitungsartikeln können Sie Anregungen für Ihr Stück nehmen. Dabei können Sie kreativ und sinnvoll arbeiten. Beim Bilderbuch kommen zum Text die oft sehr inspirierenden Bilder. Allerdings fehlt es manchmal an Dialogen, und es ist zuviel beschreibender Text. Das Kürzen auf den theaterergiebigen Stoff ist ein wesentlicher Arbeitsschritt.
Nach dem ersten gemeinsamen Lesen mit den Spielern/Spielerinnen greifen sie Spielsituationen aus dem Text auf, und die SpielerInnen spielen spontan das, was »hängengeblieben« ist mit eigenen Worten nach. Danach stellen Sie ihnen gezielte Spielaufgaben, wobei Sie die theatrale Umsetzung schon im Kopf haben. Ich schlage Ihnen folgende Aufgaben für die Bilderbücher vor:

5.1 Die Kinder in der Erde

»Die Kinder haben ein gutes Gespür für die Not, in der sich die gute alte Erde befindet. Dieses Märchen erzählt, wie mit Hilfe der Kinder eine Utopie zur Wirklichkeit wird, die für die Erde hoffen läßt« (FUCHSHUBER/PAUSEWANG 1988).

- Die SpielerInnen agieren mit einem riesigen, am besten braunem Tuch (5 x 5 m). Sie bewegen es von außen und von innen. Sie wühlen, graben, verschlingen sich darin. Sie probieren die Stimme der Erde mit Lauten und Geräuschmalereien.
- Die Menschen quälen die Erde: Sie graben, bohren, vergiften, zerstören usw. Die SpielerInnen finden lebende Bilder der Zerstörung auf der Erde.
- Die SpielerInnen improvisieren Dialoge mit Eltern: Warum wird der Erde soviel Schaden zugefügt?
- Die SpielerInnen suchen in der Rolle der Eltern die verschwundenen Kinder. Sie überlegen, rufen, warten, suchen, verzweifeln.
- Die SpielerInnen spielen Boten der Natur, als die Erde genest.

Finden Sie selbst weitere Umsetzungsideen für dieses Bilderbuch.

5.2 »Wir müssen fliehen!« sagen die Tiere

»Bäume werden gefällt, und der kleine Teich wird zugeschüttet. Da erkennen die Tiere des Waldes, daß sie sich eine neue Heimat suchen müssen ...« (DANN/DIETZSCH-CAPELLE 1988).

- Die SpielerInnen suchen sich eine Tierrolle aus dem Buch und stellen das Tier mit seinen Eigenarten dar.
- Die SpielerInnen stellen die Harmonie des Waldes (Bäume, Pflanzen, Tiere) und den plötzlichen Überfall der Menschen dar.
- Das Eindringen der Maschinen mit Geräusch und Bewegung wird erkundet.
- In den Tierrollen stellen sie Denkmäler für Angst, Schrecken und Flucht dar.
- Die SpielerInnen helfen sich in der Rolle der Tiere beim Flüchten.
- Drei Stationen der Flucht mit einer dramatischen Darstellung einer Gefahr: Feuer, Straße mit Autos, Fluß, Hunger.

5.3 Eine komplette Stückvorlage als Anregung: Der grüne Korsar – Ein Stück über die Nordsee

Die Klasse war im Entstehungsjahr des Stückes an der Nordsee und erhielt dort vor Ort kritische Informationen über die Lage der Nordsee. Es bestand der Wunsch nach einem abenteuerlichen Thema, weshalb wir zum Piratenmotiv griffen. Die eigentliche Probenzeit bestand aus nur sieben Schultagen.
Ich finde das Stück (Spieldauer 40 Minuten, VORTISCH 1990) immer noch sehr fragmentarisch und gerade deshalb ausbaufähig und übertragbar auf andere Situationen. So erhielt ich dieses Jahr einen Anruf von einem Lehrer am Bodensee, der das Stück auf die Verhältnisse am Bodensee übertragen hat.

Zum Inhalt:
Jule und Steffen spielen am Strand. Sie sind Piraten und erleben erdachte Abenteuer auf dem Meer. Gibt es denn heute noch Abenteuer auf See? Sie entdecken einen Taucher von »Greenpeace«. Mit ihm zusammen erleben sie Abenteuer. Sie lernen die gefährlichen Verunreiniger der Meere kennen.
Gespenstisch sind die Folgen der Abwässer, Schwermetalle, der Pestizide und Gifte für die Lebewesen der Meere. Qualvoll ist der Tod der Fische, Robben und Seevögel durch Öl und Dünnsäure.
Das Theaterstück wurde innerhalb von 10 Projekttagen eingeprobt. Die Kostüme und Requisiten wurden bereits im Kunstunterricht hergestellt. Eine Schülerin hat das Stück auf dem Klavier begleitet.

Rollen:
3 Fische, 4 Robben, 1 Seestern, 1 Muschel, 1 Krebs, Jule, Steffen, Sonnenschirm, Strandkorb, 4 Möwen, Taucher, 2 Bojen, Kot, Phosphat, Farbdose, Medizinflasche, 1 Ölfaß, 5 Algen, Quecksilber, Blei, Cadmium, Pestizid, Nitrat, Kali, Bohrinsel.

Kostüme:
Fische: Badenmützen, T-Shirts mit aufgenähten Schuppen; Robben: Sackkleider, Kapuzen, Taucherflossen; Seestern: Overall und Hutspitze; Muschel: Sandwichkostüm aus Karton in Muschelform; Krebs: Sandwichkostüm aus Karton in Krebsform; Jule/Steffen: Sommer- bzw. Badesachen; Sonnenschirm: Schirm mit Fransen; Strandkorb: gebastelter Korb aus Karton und Schilfrohr; Möwen: weiß gekleidet, Flügel aus Karton, Kopfmasken aus Luftballon mit Kleister und Papier beschichtet; Taucher: Trainingsanzug, Taucherflossen, Taucherbrille, Schnorchel; Bojen: rote Fässer aus Draht, beschichtet mit Kleister und Packpapier; Kot: brauner Stoff; Phosphat: weißes Kostüm mit weißer Watte behängt;

Farbe: rote Kleidung; Medizin: brauner Karton; Algen: grünes Kostüm mit vielen Fransen und grünem Netz; Quecksilber/Blei: silberne Kleidung; Cadmium: schwarzer Umhang; Pestizid: grellgelbe Kleidung; Nitrat: gelber Plastiksack; Kalisalz: weiße Kleidung; Bohrinsel: blauer Karton.

Requisiten:
Der Ölteppich ist Nesselstoff. Das Meer besteht aus drei blauen Tuchbahnen.

Bühne:
Guckkastenbühne mit weißem Nessel als Hintergrund, zur Hälfte abgehängt und hinterer Teil als Schattenbühne genutzt.

I. Szene: Tanz im Meer und Tanz am Strand

(Schattenspiel: Musik Klavierübung 14; alles im Schattenspiel: 6 Spieler schlagen 3 Bahnen Stoff als Wellen; 3 Fische tauchen zweimal hin und her, Klavier Nr. 14; 4 Robben patschen einmal hin und her, Klavier Nr. 17; 1 Seestern, 1 Muschel, 1 Krebs gehen vorbei, Klavier Nr. 17)
(Musik: Klavier-Menuett von MOZART)
(Bühne: Sonnenschirm und Strandkorb kommen und wiegen sich; 4 Möwen fliegen im Kreis und krächzen, Möwen setzen sich; 2 Kinder treten auf, spielen im imaginären Sand mit Sandspielzeug)
Jule: Komm, wir bauen ein Schiff!
Steffen: Au ja, ein Schiff für Seepiraten!
Jule: Ich bin der Kapitän. *(Bewegung mit Mütze)*
Steffen: Ich bin der rote Korsar. *(bauen mit Schirm und Strandkorb das Schiff)*
Steffen: Das ist das Segel, – der Mast, – der Bug, – das Heck.
Jule: Da ist das Steuer. Los auf's Schiff! *(springen rein)*
Steffen: Männer ahoi! Alles seeklar! Schiff sticht in See! Anker ...
Jule: ... einholen! Segel setzen! *(sie machen es imaginär)*
Steffen: Kurs West-Südwest *(alle vier wiegen sich)*
Jule: Mensch, ein Schatz! *(Eimer mit Strandgut)*
Steffen: Alles klar zum Tauchen! *(springt und taucht)* Kapitän, ich melde: Schatz an Bord!
Jule: Sieh mal, so viel Gold und Silber, Münzen und diese Ketten und Armbänder, Ohrringe und Broschen. *(hängt es sich um)*
Steffen: Und was machen wir jetzt mit diesem Schatz?
Jule: Na, du weißt doch, wir sind so etwas wie Robin Hood, nur auf dem Meer. Wir verteilen natürlich unsere Beute an die Armen – und zwar an die armen Inselbewohner.
Steffen: Wo sind die denn?
Jule: Da natürlich. *(große Armbewegung zum Publikum)*
Steffen: So viele? Da ist ja unser Schatz gleich weg. Da müssen wir ja gleich ein neues Abenteuer suchen. Ach weißt du, dieses Spiel ist doch blöd! Langweilig! Es gibt keine Abenteuer mehr!
Jule: Und keine Gefahren! *(beginnen abzubauen)*
Steffen: Und keine Schätze! *(setzen sich beim Zusammenpacken)*

II. Szene: Der grüne Korsar

(Schattenspiel: Wellenschlagen; der Taucher schwimmt im Meer, Klaviermusik Nr. 17)
Jule: Schau mal, da! Da ist jemand im Wasser.
Steffen: Mensch, ein Taucher. Wie aufregend. Was der wohl hier will?
(Taucher kommt vor auf die Bühne, holt sein Funkgerät aus der Tasche)
Taucher: Hallo, hallo. Hier grüner Korsar, bitte melden. Auftrag erledigt! Bitte Schlauchboot schicken, over.
Steffen: Mensch, das klingt ja spannend. *(schleichen sich an)*
Jule: Hast du gehört? Grüner Korsar! Komm, wir fragen ihn mal, was er hier macht!
(gehen zum Taucher) Hallo!
Steffen: Entschuldigung.

Taucher: Ja?
Jule: Wir sind Jule und Steffen.
Taucher: Ich bin der grüne Korsar.
(Schattenbild: Folie Segelschiff langsam einschieben)
Jule: Was machen Sie denn hier?
Taucher: Ich komme von dem Segler da draußen. Ich habe etwas im Hafen untersucht.
Steffen: Und was?
Taucher: Ja, wißt ihr, ich bin Mitglied von »Greenpeace«. Ich arbeite für diese Umweltorganisation und bin gerade mit ganz wichtigen Untersuchungen beschäftigt.
Jule: Von der Umweltorganisation »Greenpeace«! Daher auch das Wort »grün« im Namen. Aber wieso Korsar?
Taucher: Ihr kennt doch sicher »Die Geschichte von dem Roten Korsar«. Ich bin auch so ein »guter Seeräuber«, nur beschäftige ich mich mit der Umwelt.
Steffen: Mensch, das ist ja spannend! Haben Sie eine heiße Spur?
Taucher: Ich muß zurück zum Schlauchboot.
Steffen: Nehmen Sie uns mit?
Taucher: Aber auf mich wartet viel Arbeit.
Jule: Wir helfen Ihnen.
Steffen: Wir stören auch ganz bestimmt nicht.
Taucher: Na, dann kommt mal. *(gehen ab)*
(Möwen erheben sich, krächzend ab; Strandkorb und Sonnenschirm ab; im Schattenspiel: alle drei paddeln im Meer; Klaviermusik Nr. 14)

III. Szene: Abwasser der Stadt

(Schattenbild: Stadtsilhouette und Abwasserrohre; Bühne: Auftritt Bojen mit Meertuch; Musik: Trommeln; Kinder paddeln auf die Bühne)
Steffen: Was sind denn das für Rohre?
Taucher: Das sind die Abwasserrohre der Stadt. Von diesem Abwasser will ich jetzt eine Probe entnehmen und in unserem Labor untersuchen lassen.
Jule/Steffen: Iiih! Was kommt denn da heraus ??!!
Steffen: Was ist das? Was ist denn da los?
(Auftritt: Kot, Phosphat, Farbdose, Medizinflasche, Öltonne; Musik: Trommel, Klavier; Folie weg)
Siegerpose des Drecks (böse): Hurrah!
(während des folgenden Textes Schattenspiel der Fische)
Medizin: Ich bin Medizin! Ich bin schädlich für die Lebewesen im Meer. Juchhu, wie schön, daß die Menschen mich in den Abfluß werfen, und die Fische müssen sterben.
Siegerpose des Drecks (stark): Juchhu!
(während des folgenden Textes Muschel in Schattenspiel)
Farbe: Ich bin eine Farbe. Ich enthalte chlorierte Kohlenwasserstoffe. Wenn Pflanzen, Tiere und Menschen genug von mir in ihrem Körper gespeichert haben, lasse ich ihnen Krebstumore wachsen. Ich schädige ihre Haut und ihre Organe – und ihre Nerven. Die Muschel muß sterben.
Siegerpose des Drecks (zeigen): Juchhu!
(während des folgenden Textes Schattenspiel Krebs)
Kot: Wie schön, daß es kein Klärwerk gibt. Sonst käme ich nie bis hierher. Ich käme niemals bis ins Meer! Ich bin Kot! Ich enthalte viele Bakterien und Viren, viele Krankheitserreger. Die verteile ich im Wasser. Hoffentlich gelangen sie in viele Meeresbewohner. Hihi – was sind die Menschen doch so doof! Sie helfen mir bei ihrer eigenen Vernichtung. Der Krebs muß sterben.
Siegerpose des Drecks: Juchhu! *(Schattenspiel Seestern)*
Phosphat: Erkennt ihr mich? Wißt ihr, wer ich bin? *(zeigt auf Zuschauer)* Du hast mich schon oft benutzt, – und du – und du! Ich komme in Waschmitteln vor und in den vielen Haushaltsreinigern. Auch zum Düngen der Felder und Äcker, Gemüsebeete und Blumenbeete nimmt man mich. Richtig! Ich bin ein Phosphat. Der Seestern

muß sterben.
Pose des Drecks: Juchhu! *(Schattenbild Algen)*
Phosphat: Ich bin ein begehrter Nährstoff. Wenn die Algen mich fressen, dann wachsen und wachsen sie. Und irgendwann sind sie so viele, daß sie sich gegenseitig ersticken. Das Meer kippt um.
Kot: Zum Abbau der abgestorbenen Algen braucht man Sauerstoff – immer mehr Sauerstoff – und mehr – und mehr. Irgendwann ist dann kein Sauerstoff mehr da, und dann entsteht Faulschlamm. Und dann? Dann ist das Meer endgültig tot.
(Schattenspiel: Tanz der Algen; Klaviermusik: Mazurka)
Pose des Drecks: Juchhu!
Dreck: Hihi, was sind die Menschen doch doof! Sie helfen uns bei ihrer eigenen Vernichtung! *(zeigen ins Publikum)*
(Abgang des Abwasserdrecks; Musik: Trommeln; Kinder paddeln wieder über die Bühne)
Jule: Aber warum ist soviel Dreck im Wasser? Es gibt doch Kläranlagen.
Taucher: Aber wie ihr seht – nicht genug! Noch lange nicht genug! Und was nutzen alle Kläranlagen, wenn man nachher den Klärschlamm ins Meer schüttet? Dann kommen die Gifte nicht durch die Rohre ins Meer, sondern per Schiff!
Steffen: So ein Mist! Wie können Menschen nur so dumm sein? Was machen wir nur? Was sollen wir nur dagegen tun?
(Schattenbild: Kinder paddeln; Folie Hafen und Flußmündung auflegen)

IV. Szene: Im Hafen vor der Flußmündung

(Schattenbild Hafen und Flußmündung; Gifte: Quecksilber, Blei, Cadmium, Pestizid, Nitrat und Kali sowie Algen treten auf die Bühne; Jule, Steffen und der Taucher paddeln herein)
Jule: Seht mal, dort ist eine Flußmündung.
Steffen: Iih, wie schmutzig! Das ist ein Hafen!
Taucher: Vorsicht Kinder! Faßt hier um Gottes willen nicht ins Wasser. Das Wasser ist nicht nur schmutzig, sondern auch giftig. *(Gifte schwimmen im Meer, jagen die Kinder über die Bühne; Musik: Trommel und Klavier)*
Muschel: Woher kommt das Gift?
Gifte: Aus der Industrie!
Krebs: Und wohin mit dem Gift?
Gifte: In den Fluß damit!
Pestizid: Der billigste und schnellste Weg zur Entsorgung von Dreck und Gift ist der Fluß.
Muschel: Leider.
Krebs: Und wohin fließt der Fluß?
Gifte: Ins Meer.
Jule: So viel Dreck! So viel Gift!
Steffen: Wer seid ihr denn? *(zeigt auf Quecksilber)*
Jule: Und wie kommst du in den Fluß?
(Quecksilber dreht sich beim Tanzen um sich selbst)
Quecksilber: Ich bin ein Schwermetall und heiße Quecksilber.
Jule: Und wie kommst du in den Fluß?
Quecksilber: Durch die Abwässer der Elektro- und Papierindustrie. *(tanzt weiter)*
Jule: Und wer bist du?
Cadmium: Ich bin auch ein giftiges Schwermetall, Cadmium. Wenn ich erst einmal drin bin in deinem Körper *(zeigt auf Jungen)*, gehe ich nie wieder heraus.
Jule: (zeigt auf Blei) Bist du auch ein Schwermetall?
Blei: Ja, ich bin Blei.
Steffen: Bist du das Blei, das im Benzin ist?
Blei: Ja, ich bin besonders giftig. Man braucht mich in der technischen Industrie und in der Farbenindustrie.
Nitrat/Pestizid/Kali: Und wir sind Gifte!
Pestizid: Ich komme aus Pflanzenschutzmitteln. Ich bin ein chemischer Kampfstoff,

ein Gift, ein Lebenstöter. Man nennt mich Pestizid.
Jule: (zeigt auf Nitrat) Und wer bist du, gelbes Ungeheuer?
Nitrat: Ich bin eine Stickstoffverbindung – ein Nitrat – und stamme aus der Landwirtschaft. Dort benutzt man mich als Dünger. Der Regen schwemmt mich in das Grundwasser und den Fluß. Durch mich kannst du Krebs bekommen.
Kali: Und ich? Ich bin das Kalisalz aus der Industrie.
(Fische tauchen auf, ganz vorn hinter einem Meerestuch)
Fisch 1: Wir werden hier ganz krank!
Fisch 2: Todkrank!
Fisch 3: Wir krepieren!
Fisch 1: Helft uns, bevor es zu spät ist!
(Fische tanzen, sterben; Klaviermusik: Für Elise)
Steffen: Und was macht ihr von »Greenpeace« gegen so was?
Taucher: Wir decken diese Verbrechen auf und fordern Gesetze dagegen.
Jule: Ja, alle Menschen sollen von diesen Verbrechen erfahren und etwas gegen sie unternehmen.
(Sie vertreiben die Gifte; Gifte ab, Muschel und Krebs ab; Kinder und Taucher paddeln auf der Bühne; Schattenbild: Folie Hafen weg, Segelschiff auflegen)

V. Szene: Ölteppich

(Schattenspiel: Segelschiff; Taucher und Kinder sind auf der Bühne)
Funksprecher (vom Klavier): Grüner Korsar, bitte kommen!
Taucher: Hier grüner Korsar, bitte kommen!
Funksprecher: Achtung, Ölkatastrophe! Bitte Kurs West-Südwest, ich wiederhole: Ölkatastrophe, Kurs West-Südwest, over!
Taucher: Ich habe verstanden! Over! Schnell zum Segelschiff! *(alle drei ab)*
(Schattenbild: Folie Bohrinsel und rotes Licht; Wellenschlagen; Bühne: Auftritt Bohrinsel, Ölfaß, 2 Bojen mit Öltuch, Musik: Trommeln; Auftritt Möwen – Todestanz auf Öltuch, Klaviermusik: Für Elise)
Jule: Wo kommt denn das Öl her? Was ist denn da passiert? *(paddeln)*
Taucher: Die Bohrinsel ist explodiert, und das ganze Öl läuft ins Meer.
Steffen: Was machen wir denn jetzt mit den Möwen?
Jule: Kann man ihnen noch helfen?
Taucher: Wir bringen sie zur Vogelstation. Vielleicht können die ihnen helfen. Aber viele Vögel werden sterben, denn ihre Federn verkleben durch das Öl, und sie können nicht mehr fliegen. Außerdem gelangt das Öl in ihren Magen, und sie sterben dadurch.
Steffen: Und was ist mit den Fischen?
Taucher: Ja, bei den Fischen verkleben die Kiemen. Sie bekommen keinen Sauerstoff mehr und müssen elendiglich ersticken. Wißt ihr denn überhaupt, daß ein Liter Öl eine Million Liter Trinkwasser unbrauchbar macht? Öl hat im Wasser nichts zu suchen!
Jule: Wir können das doch nicht so einfach hinnehmen!
Steffen: Dagegen muß man doch kämpfen!
Taucher: Wir von »Greenpeace« kämpfen dagegen. Und da ihr mir jetzt helft, kämpfen wir zusammen.
(Möwen ab, Öltuch ab; Kinder und Taucher bleiben als Silhouette und paddeln; Rotlicht bleibt; Schattenbild: Folie Verklappungsschiff auflegen)

VI. Szene: Verklappung von Dünnsäure

(Schattenbild Schiffsverklappung und Wellen)
Jule: Was ist denn das für ein Riesenschiff?
Steffen: Guck mal, da fließt was raus!
Taucher: Das ist ein Verklappungsschiff. Die verklappen Dünnsäure.

Steffen: Dünnsäure, was ist das?
Taucher: Die besteht aus Schwefelsäure und Schwermetallen.
Jule: Aber das tötet doch bestimmt Tiere und Pflanzen im Meer?
Taucher: Ja, im Verklappungsgebiet ist schon die Hälfte der Tiere und Pflanzen ausgestorben.
Steffen: Ist das denn nicht verboten?
Jule: (Auftritt Robben) Guck mal, ganz viele Robben!
(Musik: Klavierromanze; Robben-Tanz: heben Füße, wackeln mit Körper, verneigen sich)
Jule: Die sind mitten in der Dünnsäure.
Steffen: Hoffentlich sterben sie nicht.
Taucher: Letztes Jahr sind 8.000 Seehunde gestorben, weil die Nordsee so schmutzig und vergiftet ist.
(Seehunde sacken zusammen und torkeln gebückt zur linken Seite; Klaviermusik: Für Elise; Folie weg, Schattenlicht aus)

VII. Szene: Schlußforderungen

(Auftritt: 1. Bojen, Bohrinsel, Sonnenschirm, Strandkorb; 2. Möwen; 3. Fische; 4. Algen; 5. Gifte; 6. Muschel und Krebs)
Sonnenschirm/Bojen/Bohrinsel: Es gibt nur diese eine Nordsee!
Möwen: Die Nordsee braucht den Menschen nicht.
Algen: Jedes Leben auf dieser Erde braucht reines Wasser.
Gifte: Wir gehören nicht ins Wasser.
Taucher/Steffen/Jule: Haltet die Nordsee sauber!
Muschel/Krebs: Erst wenn der letzte Baum gestorben, der letzte Fluß vergiftet, der letzte Fisch gefangen ist, werdet ihr feststellen, daß man Geld nicht essen kann. *(verneigen)*

6. Das Puppenspiel

Auch beim Puppenspiel ist die Umsetzung von Umweltthemen machbar. Dabei können Sie auf die traditionellen Figuren wie Kasper, Seppl, Gretl, Großmutter, Zauberer, Teufel usw. zurückgreifen und die alten Geschichten mit neuen Inhalten füllen. So zaubert der Zauberer Chemieprodukte und entledigt sich auf verbotene Weise der Abfälle, der König baut trotz längst verschuldeter Staatskasse weitere Autobahnen, und der Räuber stiehlt geheime Unterlagen der alternativen Energieforschung im Auftrag von ... Nun ist es die Aufgabe für Kasper und seine Freunde, mit unverminderter Schläue das Unheil abzuwenden.

Das Puppenspiel ist auf keinen Fall nur etwas für die Kleinen. Auf dem entsprechenden Niveau von Inhalt, Umsetzung und Figuren kann es für jede Altersgruppe seinen Reiz haben. Für einige ist es auch einfacher, sich beim Auftritt hinter einer Puppe zu »verstecken« und nicht gleich im Rampenlicht zu stehen. Allerdings finden wir im modernen Puppenspiel auch oft den/die PuppenspielerIn vor dem Vorhang im Dialog mit der Puppe.

Beim *Spiel* sollten die Puppen langsam und sehr akzentuiert bewegt werden. Falls Sie zwei Puppen bespielen, sollten Sie jeder Puppe eine andere *Stimme* geben. Es klingt sowieso gut, wenn Sie in einer anderen Stimmlage als Ihrer Normalstimme sprechen. Wichtig ist natürlich der *Dialog mit dem Publikum*, den Sie unbedingt einbauen sollten und der gerade beim Umweltspiel über das allgemeine »Seid Ihr alle da?« hinausgehen sollte.

Die *Kasperfiguren* sind im Spielwarenhandel erhältlich. Falls Sie sich zum Basteln entschließen, finden Sie in Puppenbaubüchern Anleitungsmaterial. Sofern Sie keine richtige Kasparbühne besitzen, eignet sich als *Bühne* nach wie vor Besenstiel und Decke über zwei Stühle oder Brett und Tuch im Türrahmen.
Puppenspiele habe ich in der Praxis mit dem Bau von Puppen verbunden. Die SchülerInnen haben einen viel stärkeren Bezug zu den selbstgestalteten Puppen und wollen sie zum Leben erwecken. Bei einem Umweltstück empfiehlt es sich, vor dem Bau der Puppen die Handlung und Puppenrollen festzulegen.
Es ist auch denkbar, daß Sie und die SpielerInnen Abfallprodukte wie Schachteln, Flaschen, Dosen, Plastik, Stoff usw. sammeln und sie zu Puppen gestalten. Die SchülerInnen bearbeiten das Produkt ihrer Wahl so, daß sie es als Handpuppe leicht bespielen können, und geben ihrer »Puppe« Persönlichkeit durch Augen, Mund, Nase oder Haare. Auch an weißen Handschuhen und alten Socken kann das Material befestigt werden. Zum Beispiel könnten Sie folgendes Stück entwickeln:

Die Verpackungsgesellschaft – Ideen für ein Puppenspiel:
- Die Puppen treten als glänzende, verlockende Verkaufsprodukte auf. Sie sind gut gelaunt, haben flotte Reklamesprüche auf den Lippen. Lassen Sie das Publikum raten, was die Verpackung beinhaltet.
- Menschenhände greifen zu und packen die Produkte in Plastiktüten.
- In der Plastiktüte, getragen von Menschenhand, ist großes Geschimpfe der Produkte.
- Die Menschenhände holen die Produkte aus der Tüte, packen die Ware aus und türmen die Verpackung.
- Die Menschenhände wissen nicht, was sie tun sollen. Der Verpackungsmüll sortiert sich mit den entsprechenden Kommentaren.

Spielhilfen: Die Menschenhände können auf der Haut bemalt werden, das heißt, sie erhalten ein Gesicht. Die Menschenhände können auch mit Handschuhen verschiedener Farben gespielt werden. Das gierige Auftreten der Menschenhände kann mit einem Tanz unterstützt werden. Auch das erste Erscheinen der Verkaufsprodukte wird mit Musik pompöser und wichtiger.

Ein weiteres Beispiel für Puppentheater findet sich unter dem Titel »Plastikbecher wachsen nicht auf Bäumen« im Buch »Saure Zeiten. Viel Theater mit der Umwelt« von BACHMANN/VORTISCH (1989, S. 43f.).

7. Und wenn es nur nachdenklich macht! – Schlußbetrachtungen

Meine Erfahrungen nach zwei Jahren Umwelttheater an Schulen im Landkreis Marburg-Biedenkopf sind auf den ersten Blick positiv. Natürlich hat die Durchführung der acht Projekte geklappt, das heißt, überall entstanden wirkungsvolle Umweltstücke zu recht differenzierten Themen, und von den Proben bis zur Aufführung waren sie für alle Beteiligten eine Bereicherung.
Allerdings lösten die Aufführungen nicht nur Begeisterung aus, was jedoch bei einem Umweltstück wunderbar ist, wenn es provoziert: Leute regen sich auf, fühlen sich angegriffen und wollen den Inhalt nicht glauben. So kam von unserem Elternpublikum nach der Aufführung von »Der grüne Korsar – Ein Stück über die Nordsee« nach anfänglichem Schweigen nur zögernder, zaghafter Ap-

plaus. Oder bei »Hänsel und Gretel entdecken die Umwelt« wurde einer Schülerin das weitere Mitspielen vom Vater verboten. Er, von Beruf Bauer, hatte sich empfindlich getroffen gefühlt angesichts unserer Szene auf dem Acker. Bei dieser Szene kriechen die von Schülern/Schülerinnen dargestellten Insekten, Kleintiere, Bakterien und Pilze aus der Erde und werden später von zwei Bauern mit Pestiziden getötet. Die Beschwerde ging bis zum Schulamt. Auch bei unserem Projekt »Hauptsache, es schmeckt?! Ein Stück über Ernährung« suchten hinterher einige Landwirte mit mir das Gespräch. Allgemeine Zustimmung gab es bei »Der Regenwald soll leben – Ein Stück über den tropischen Regenwald«. Gegen die Abholzung in fernen Ländern ist wohl jeder, und auf Pelzmäntel gefährdeter Tiere kann verzichtet werden.

Die Stücke, die Abfallvermeidung, Energie- und Wassersparen betrafen, lösten offenbar in den Elternhäusern heftige Diskussionen aus. Während der Proben fand ich die SpielerInnen sehr betroffen und aufgewühlt. Sie waren engagiert in ihren Geschichten und kannten Pro und Kontra der Problematik. Sie identifizierten sich mit den Opfern und versuchten die Situation von Tieren, Pflanzen und Gewässern nachzuempfinden. Auch wenn sie diese Rollen nicht alle selbst spielten, war allein durch das Zuschauen bei den Proben ein neues Verständnis für andere Lebewesen entstanden. Sie spielten auch all die Schrecklichkeiten wie Waldbrand, Massentierhaltung, Tierfang, Pflanzenvernichtung, Ölkatastrophen, Müllberge, Abgase, um nur einige zu nennen. Dabei stellten sie auch die Aggressoren wie Gifte, Dämpfe, Brände usw. dar. Vielleicht hilft es, Ängste diesbezüglich zu bewältigen, und erschrickt nicht so wie die Filmaufnahmen der Nachrichten.

Konflikte gab es um die Rollenbesetzung der Leitfiguren – sprich die Darstellung der Kinder, die als Identifikationsfiguren durch das Stück führten. Nicht für alle, aber für einige waren das die attraktivsten Rollen. Beliebt waren aber auch die sogenannten Helden oder phantastischen Figuren, die Unheil abwenden, positive Perspektiven entwerfen und Utopien entwickeln. Selten hatten unsere Stücke ein eindeutig gutes Ende, wir verabschiedeten uns auch mit Fragen und Bitten an das Publikum oder mit einem offenen Schluß. Trotzdem war der Grundtenor der Stücke nicht negativ oder hoffnungslos. Gerade das ist wesentlich bei einem Umweltstück, daß man nicht in Schwarzmalerei versackt oder alles beschönigt und verharmlost. Es ist eine Gratwanderung zwischen Realität und Optimismus.

Leider gibt es keine Untersuchung, die zeigt, inwiefern die SchülerInnen durch unsere Stücke nachhaltig beeinflußt werden. Eine einmalige Mitwirkung bei einem Umwelttheaterprojekt ist letztlich nicht mehr als Tropfen auf dem heißen Stein. Dabei spreche ich sowohl vom Umweltverhalten als auch vom Theaterspielen. Beides hat wohl am meisten Sinn, wenn es kontinuierlich gefördert wird.

Es stellt sich die Frage, inwieweit die SpielleiterInnen mit den Stücken nur ihr eigenes Gewissen beruhigen und sich einbilden, etwas für die Umwelt getan zu haben. Natürlich denken wir, daß das Probehandeln das eigene Umweltverhalten korrigiert; nur für wie lange? Denn wenn die emotionale Beteiligung wieder verflacht, werden auch leicht gute Vorsätze vergessen. Es bleibt eigentlich nur zu hoffen übrig, daß jegliche Auseinandersetzung auf möglichst vielfältige Weise etwas bewirkt, und wenn es nur aufmuntert, aktiv, beweglich und nachdenklich macht.

Literatur

BACHMANN, HELGA/VORTISCH, STEPHANIE: Saure Zeiten. Viel Theater mit der Umwelt. Ökotopia, Münster 1989;
BAHNER, ULI: Freude am Puppenspiel. Stuttgart 1979;
BATZ, MICHAEL/SCHROTH, HORST: Theater zwischen Tür und Angel. Rowohlt, Reinbek 1983;
BISCHOFF, GERNOT/PAHL, SÖREN: Schwarzenbach im Umweltfieber. Schwank um Ehrgeiz und Umwelt. Das Bühnenspiel, H. 236. Deutscher Theaterverlag, Weinheim o.J. [weitere Umwelttheaterstücke innerhalb dieser Reihe z.B. H. 233, H. 237];
BOAL, AUGUSTO: Theater der Unterdrückten. Übungen und Spiele für Schauspieler und Nicht-Schauspieler. Suhrkamp, Frankfurt a.M. 1989;
EBERT, GERHARD: Improvisation und Schauspielkunst. Henschel, Berlin 1979;
EHLERT, DIETMAR: Theaterpädagogik. Lese- und Arbeitsbuch für Spielleiter und Laienspielgruppen. Pfeiffer, München 1986;
FREUDENREICH, DOROTHEA/GRÄSSER, HERBERT/KÖBERLING, JOHANNES: Rollenspiel. Rollenspiellernen für Kinder und Erzieher. Schroedel, Hannover 1987;
GIFFEI, HERBERT (Hrsg.): Theater machen. Otto Maier, Ravensburg 1982;
HESS, HUBERTUS: Das Müllberggespenst. Ein Spiel zur Umwelterziehung in der Grundschule. Die Schulreihe, H. 582. Deutscher Theaterverlag, Weinheim o.J. [weitere Umwelttheaterstücke innerhalb dieser Reihe z.B. H. 370, H. 534, H. 550, H. 561, H. 569, H. 580, H. 581, H. 590];
JOHNSTONE, KEITH: Improvisation und Theater. Alexander, Berlin 1993;
KÄMMERER, CHRISTOF: Der Wald steht schwarz und schweiget. Umweltspiel mit Musik. Texte für junge Spieler, H. 3. Deutscher Theaterverlag, Weinheim o.J.;
LÜCKER, REINER/REISNER, STEFAN: Wasser im Eimer. Theaterstücke für Menschen ab 6. Weismann, München 1979;
LÜCKER, REINER/REISNER, STEFAN: Wasser im Eimer. Umwelt-Theater für Menschen ab 10. Otto Maier, Ravensburg 1985;
LUDWIG, VOLKER: Himmel Erde Luft und Meer. Berlin 1990;
LUDWIG, VOLKER/LÜCKER, REINER: Dicke Luft. Theaterstück für Menschen ab 8. Grips-Theater, Berlin 1982;
NEUGART, GEORG: Für die Bäume wollen wir sprechen. Die aktuelle Reihe, H. 3. Deutscher Theaterverlag, Weinheim o.J.;
RUPING, BERND/SCHNEIDER, WOLFGANG (Hrsg.): Theater mit Kindern. Erfahrungen, Methoden, Konzepte. Juventa, Weinheim/München 1991;
VORTISCH, STEPHANIE: Theater mit der Umwelt? Umwelterziehung durch Theater an Schulen! Ein Projekt des Landkreises Marburg-Biedenkopf. Marburg 1990.

Bilderbücher für Umwelttheater

BÄRWINKEL, BIRKE: Das Buch vom Bach. Meisinger, München 1989;
BARTOS-HÖPPNER, BARBARA: Ein schönes Leben für die kleine Henne. dtv, München 1988;
DANN, COLIN: Als die Tiere den Wald verließen. Ueberreuter, München 1992;
DANN, COLIN/DIETZSCH-CAPELLE, ERIKA: »Wir müssen fliehen!« sagten die Tiere. Betz, Wien 1988;
FUCHSHUBER, ANNEGERT/PAUSEWANG, GUDRUN: Die Kinder in der Erde. Otto Maier, Ravensburg 1988;
RESCH, BARBARA: Der Vogel singt, der König springt. Jungbrunnen, Wien/München 1976;
SCHOENHERR, JOHN/YOLEN, JANE: Eulen-Rufe. Otto Maier, Ravensburg 1989;
STEINEKE, INGE/PAUSEWANG, GUDRUN: Triller im Trusetal. Thienemann, Stuttgart 1989;
TAKAHASHI, HIROYOUKI: Der schwarz-weiße Bär. Rowohlt, Reinbek 1981.

2.4 Theater kann provozieren – »Unsichtbares Theater« nach Augusto Boal oder »Ein Picknick auf der Straße«

Hans Hermsen

> »Und wenn es Unterdrückung gibt, dann besteht auch die Notwendigkeit eines Theaters der Unterdrückten, und das meint, eines Theaters der Befreiung. Die Unterdrückten müssen zu Wort kommen. Nur sie selbst können ihre Unterdrückung zeigen. Sie müssen ihre eigenen Wege zur Freiheit entdecken, sie selbst müssen die Handlungen proben, die sie zur Freiheit führen.«
> (BOAL 1987, S. 68)

1. AUGUSTO BOAL und seine Methoden

1.1 Das »Theater der Unterdrückten«

Altstadt Bielefeld, 2 junge Musiker spielten auf der Gitarre und Flöte, und eine Schar von Schaulustigen schaute amüsiert zu und lauschte der Musik. 2 Polizisten in Zivil traten an, fragten nach und forderten die Musiker anschließend auf, ihre Musik zu beenden. Begründung: Lärmbelästigung, kein Gewerbeschein. Die Umstehenden hielten jedoch die Musiker an, weiterzuspielen. Es dauerte keine drei Minuten, bis 2 Autos mit Blaulicht angebraust kamen und acht uniformierte Polizisten sich auf die jungen Männer stürzten und sie wegschleppten. Der Vorgang gab Anlaß zu lebhaften Diskussion. Alle Anwesenden, auch ältere Mitbürger, waren erbost. Aber was tun? Alle fühlten sich hilflos, debattierten aufgeregt miteinander, ohne eine Lösung zu finden. Hätte es eine Handlungsmöglichkeit gegeben?

So kann es am Anfang eines Workshops oder Seminars/Kurses über die Theaterformen von AUGUSTO BOAL aussehen. Jeder schildert die Unterdrückungssituationen, die ihn persönlich in der Vergangenheit oder auch Gegenwart bewegt haben bzw. bewegen. In der Regel bedeutet Unterdrückung auch, die eigene Unfähigkeit zu erkennen, etwas Sinnvolles zu tun. Oftmals fällt es den Menschen schwer, in Unterdrückungssituationen Handlungsalternativen zu entwickeln. Resignation, Apathie und Zynismus können dann mögliche Handlungsweisen der Individuen sein.

In einem Workshop oder Kurs nach den Methoden von BOAL werden spielerisch viele Varianten von Lösungsmöglichkeiten in Unterdrückungssituationen ausprobiert. In dem obigen Beispiel haben wir Szenen erprobt, die von Versuchen der Organisierung eines Protestes durch die Umstehenden über eine mögliche Verständigung mit den Polizisten bis hin zum Bilden einer Mauer, hinter der dann die Musiker verschwinden konnten, reichten. Nie war die Lösung völlig befriedigend. Es blieb immer die Anmutung, das traut sich ja doch keiner wirklich zu, oder unsere Handlungsmöglichkeiten gegenüber der Ordnungsmacht sind äußerst begrenzt. Es trat folgerichtig auch im Spiel eine Ernüchterung ein. Ohnmacht wie in der realen Situation breitete sich aus. Wie kann eine solche Situation genutzt werden, so daß kein Märtyrertum produziert wird? Wie kann

die Situation so gestaltet werden, um das Absurde und Gefährliche dieser Situation für alle Beteiligten zu verdeutlichen? Wie können alle beteiligt werden? Viele Lösungsversuche blähten ja nur den amtlichen Vorgang auf bzw. spitzten ihn zu, ohne ihn zu verhindern. Meistens stelle ich an einem solchen Beispiel dar, daß durch persönliches Eingreifen dieser Gewaltsituation schlecht beizukommen ist. In dem Beispiel sind Strukturen, unsichtbare Fäden, die dem Verhalten gegenüber den Polizisten und deren gesellschaftlichen Auftrag zugrunde liegen, begründet zu erschließen. »Den Polizeiapparat kann man nicht knacken.«
BOAL, der ähnliche Erfahrungen mit westeuropäischen Teilnehmern in Workshops gemacht hat, zeigte dann auf, daß in seinem Land oder in Lateinamerika überhaupt die Angst vor der Polizei begründet sei. Dort drohe ein direkter Schuß, während in Westeuropa die Furcht eher in der Antizipation amtlicher Gewalt liege.

»Wenn es keine vernünftige Lösung gibt, dann spielt eine unvernünftige«, so rät er den Teilnehmenden. *»Spielt den Narren, aber tut etwas«*, fordert er sie dann auf.

In dem obigen Beispiel wäre es sicherlich möglich gewesen, alle aufzufordern zu singen. Diese Handlung würde auf der einen Seite demonstrieren, daß Singen nicht unbedingt die öffentliche Ordnung gefährdet, andererseits die Absurdität der Bestrafung durch die Polizei deutlicher machen. Denn 20 Umstehende würde die Polizei nicht verhaften, sondern eher einen Rückzug antreten bzw. zu Konzessionen bereit sein. Eine solche Lösung hilft aus der eigenen Unfähigkeit, gibt das Gefühl, eingreifen zu können, und zwar noch mit einer belustigenden, schalkhaften Wendung. Selbstsicherheit und Selbstbewußtsein können entstehen im Gefühl, einer Autorität es gezeigt zu haben. Aber auch ein Gefühl von praktischer Verantwortung und moralischer Integrität: Wir reden nicht nur, regen uns auf, wir tun auch etwas.
Sicherlich könnte der Einwand kommen, man müsse Unterdrückungssituationen analysieren und prüfen, was möglich sein könnte und was nicht. In dem Beispiel zeigt sich jedoch ein wesentliches Merkmal der Methoden von AUGUSTO BOAL.
Sein Theater hat sich die Aufgabe gestellt, Unterdrückung, wo immer es sie gibt, direkt aufzugreifen und spielerisch anzugehen.
Seiner Meinung nach hinterläßt eine Gesellschaft in Gesichtern, Gesten, Haltungen und Verhaltensweisen Spuren in Form individueller, ritualisierter oder gewohnheitsmäßiger Handlungen.
Damit der einzelne sich als ein wirkungsvolles Subjekt individueller wie der allgemeinen Geschichte begreift, soll und muß Widerstand geleistet werden. Dadurch wird ein gewohnter Ablauf gesprengt, und es kann deutlich werden, daß die Macht der Gewohnheit oft als Gewohnheit der Macht erscheint und erkannt werden kann. Im günstigsten Falle bemerkt der Mensch dann, daß ohne ihn die Geschichte anders, repressiver und auch ärmer verlaufen würde. Dadurch bewirkt das »Theater der Unterdrückten« in seinen verschiedenen Formen erfahrungsbezogene Umgangsformen mit gesellschaftlichen Phänomenen, wie z.B. der Umweltproblematik und daraus ableitbarer notwendiger Umwelterziehung. Neben dem Erlernen individueller Artikulationsfähigkeit bemerken die Menschen im kooperativen Austausch von Erfahrungen auch das Gemeinsame ihres

Werdens und Handelns in dieser konkreten Kultur/Gesellschaft. Wir sind alle von den Auswirkungen beispielsweise der Vernichtung unserer Umwelt betroffen und können daher gemeinsame Interessen für die Erhaltung unserer Umwelt bestimmen (vgl. RUPING 1991a).

»Du hast etwas von mir und ich erkenne einiges in deiner Geschichte wieder. Sicher habe ich Besonderheiten, aber für uns gewinnen sie allgemeine Bedeutung. Dies Allgemeine hilft uns, Gesellschaft besser zu verstehen« (BOAL, zit. in: RUPING, 1991b, S. 19).

AUGUSTO BOAL hat die Erfahrungen seines Theaters in Südamerika erworben und nach seiner erzwungenen Emigration 1971 auf Europa übertragen. Sein ursprüngliches »didaktisches Theater«, in dem der/die SchauspielerIn (KünstlerIn) als »höheres Wesen« eingeschätzt wird und die ZuschauerInnen sich als passive, nicht wissende Konsumenten/Konsumentinnen erleben, wertete er als falsch, weil es sich über den Menschen erhebt.

Er möchte nun in jedem Menschen den Künstler sehen und das alte Subjekt-Objekt-Verhältnis zwischen Zuschauer und Schauspieler aufheben. BOAL bezeichnet sein Theater insofern als »pädagogisches Theater«, weil seine ZuschauerInnen nicht belehrt werden, sondern im gleichberechtigten Dialog mit den Schauspielern/Schauspielerinnen lernen.

Sein Hauptwunsch ist es, die Mauer, die den/die ZuschauerIn von dem/der SchauspielerIn trennt und ihn/sie passiv macht, niederzureißen. Der/Die ZuschauerIn wird zum/zur Handelnden des Theaters.

Für BOAL ist jedoch das Theaterspielen nur die Vorbereitung für reale Handlungen, mit denen dann das Subjekt gestaltend in seine gesellschaftliche und soziale Wirklichkeit eingreift und diese zu verändern sucht.

Insofern wird seine Form einer »Übereignung des Theaters an die Zuschauer« zur Probe einer »Revolution«, in der Widerstand gegen Unterdrückung eingeübt wird. BOAL geht davon aus, daß in allen großen Gesellschaften Unterdrückung herrscht. Sie existiert in Lateinamerika nur in anderen Formen als in Europa. Unterdrückung arbeitet immer auch mit der Zustimmung der Unterdrückten, die durch eine bestimmte Manipulation in der Entfaltung ihrer Fähigkeiten behindert werden. Sie erleiden diese Unterdrückung und geben sie unhinterfragt weiter.

»Offen oder versteckt, Unterdrückung findet täglich und überall statt. Eine Rasse unterdrückt die andere, eine Klasse die andere, der Mann unterdrückt die Frau, die Alten unterdrücken die Jungen. Jedermann kann sich an einen Augenblick in seinem Leben erinnern, da er sich unterdrückt fühlte und gegen seine eigenen Interessen handelte. Und jedermann kann lernen, Widerstand gegen Unterdrückung zu leisten ... Widerstand gegen Unterdrückung ist eine Technik, die den Teilnehmern bewußtmachen soll, daß Unterdrückung nur dann zum Zuge kommen kann, wenn man sich unterdrücken läßt, mehr noch, wenn man dem Unterdrücker behilflich ist gegen sich selbst, und daß Widerstand gegen Unterdrückung immer möglich ist, ja daß man Widerstand leisten muß« (BOAL 1987, S. 39f.).

»Denn ohne selbst zu forschen, ohne Praxis, können Menschen nicht wahrhaft menschlich sein. Wissen entsteht nur durch Erfindung und Neuerfindung, durch die ungeduldige, ruhelose, fortwährend von Hoffnung erfüllte Forschung, der die Menschen in der Welt mit der Welt und miteinander nachgehen« (FREIRE 1973, S. 58).

1.2 »Unsere Sinne sind sehr enge Fenster«

Die Nahsinne sind entwickelte Naturformen, die an konkreten Situationen sich messen.

»Ein Kind wächst in einer Familie auf und begegnet Urobjekten, und es erscheint ihm eine ganze Zeitlang so, als werde die Welt durch konkrete Menschen reguliert. Alles, was es an Glück oder Unglück erfährt, mißt es an diesem Nähesinn« (KLUGE 1979, S. 57).

Die wirklichen Entwicklungen finden in Form von gesellschaftlichen Ereignissen statt, über die die Sinne nicht soviel aussagen. Wir brauchen ein »Telemikroskop«, um das Ferne mit bloßen Augen zu vergrößern. Es hilft technisch die Entfernung zwischen dem natürlichen Wahrnehmungs- und Erfahrungsraum zu überwinden. Dies entspricht dem Verfremdungseffekt bei BERT BRECHT, der den Bruch mit der eigenen Vertrautheit vornimmt.

»Was nicht fremd ist, findet befremdlich/Was gewöhnlich ist, findet unerklärlich/Was da üblich ist, das soll euch erstaunen/Was die Regel ist, das erkennt als Mißbrauch/Und wo ihr den Mißbrauch erkannt habt/Da schafft Abhilfe« (BRECHT 1967, S. 822).

Die »Pädagogik der Unterdrückten« (FREIRE) genauso wie das »Theater der Unterdrückten« lehnen das »Ernährungskonzept« der Erkenntnis ab, in dem Wissen eingelagert wird, um intellektuell »fett« zu werden. Jeder besitzt die Fähigkeit zum Schauspielern, wie jeder Ort dazu geeignet sein kann. Alltagserfahrungen und alltägliche Lebenssituationen – »Thematische Themen« (FREIRE) –, die mit Schlüsselproblemen besetzt sind, eignen sich ausgezeichnet für das Ansprechen von Unterdrückung und der Realisierung von notwendigen und wünschenswerten Veränderungs- und Umwandlungsprozessen.

Keine Altersgruppe ist ausgeschlossen. Es gibt keine Personengruppe, keine Örtlichkeit, keine Gelegenheit, die für die Theaterformen von BOAL ausgeschlossen sind. So können Kinder schon mit den ersten Rollenspielen im frühesten Alter zeigen, wie Elternhaus und Schule auf sie wirken, typische Situationen aus ihrem Elternhaus nachspielen und auch das Verhalten von Erwachsenen im Bereich der Umwelterziehung szenisch bewußt erfahren lassen. Gerade Kinder können Erwachsenen und anderen »Autoritäten« in dieser Hinsicht einen Spiegel vorhalten und mangelnde Übereinstimmung zwischen Wort und Tat in überraschend genauer Wahrnehmungs- und Beobachtungsschärfe nachweisen.

BOALs Theaterformen lassen sich zu allen vorstellbaren Anlässen im Rahmen von Festen, Podiumsdiskussionen, Veranstaltungen zur Umwelterziehung etc. denken und zur didaktischen und methodischen Untermalung einbauen. Das »Forumtheater« eignet sich – wie unser Beispiel (s. Kap. 2.5) es zeigt – selbst bei einem Volksfest mit Massenauflauf als einsetzbar. Um allerdings die verschiedenen Theaterformen BOALs angemessen anzuwenden und zu verfeinern, bedarf es einer bestimmten Vorbereitung der Beteiligten. BOAL schlägt dazu einen in sich logischen Aufbau von Übungen und Darstellungen vor. Der Übergang vom Zuschauer zum Handelnden verläuft nach BOAL in vier Phasen:

1. Phase: Seinen Körper kennenlernen
Hier handelt es sich um nonverbale Übungen, mit deren Hilfe die TeilnehmerInnen sich ihres Körpers bewußt werden sollen, d.h. ihrer körperlichen (Un-)Fähigkeiten und gesellschaftlich bedingten Deformationen. Sie spüren ihre Muskel-

entfremdungen, die sich aufgrund einseitig verrichteter Arbeiten herausgebildet haben, sowie die Möglichkeit ihrer körperlichen Wiederherstellung. Jeder Mensch muß seine Unterdrückung zuerst erleben, um sie zu erkennen. Erkennen bedeutet in diesem Zusammenhang, die eigene individuelle Unterdrückung wahrzunehmen und das gesellschaftlich Allgemeine darin zu entdecken.
Beispielsweise stellt sich einer der Workshopteilnehmer in die Mitte der Gruppe und macht ohne Sprache eine Geste vor, die seiner Meinung nach Unterdrückung symbolisiert. Hat nun einer die Geste erkannt und benannt, stellt er sich auch in die Mitte und macht eine Geste vor. Zum Schluß stehen alle TeilnehmerInnen in der Mitte und bilden die Gesten der Unterdrückung ab.
Manchmal wird aber auch die Unterdrückung von dem in einer ähnlichen Situation sich befindlichen erkannt. Dadurch wird das Allgemeine der Unterdrückung identifizierbar.
Diese Übungen werden ohne Gebrauch der Sprache durchgeführt und konzentrieren sich ausnahmslos auf den Körper. In dieser Phase soll jeder Teilnehmer üben, sich ohne die gewöhnlichen Kommunikationsmittel zu verständigen und Körperteile zu benutzen, die im Alltag nicht mehr wahrgenommen werden.

2. Phase: Seinen Körper ausdrucksfähiger machen
Hier schlägt BOAL eine Folge von Spielen vor, mit denen die TeilnehmerInnen sich unter Verzicht auf gewohnte und alltägliche Mitteilungsformen mit ihren Körpern auszudrücken lernen. Nicht nur die auf Sprache beschränkte Kommunikation, sondern eben auch die Ausdrucksfähigkeit und Ausdrucksmittel des Körpers sollen hier eingesetzt werden.
Die Übungen teilen sich in verschiedene Bereiche auf: Körper und Raum, Rhythmus, Atmung, ritualisierte Bewegungen, Masken, Blindenübungen etc. Die Übungen sind originell und systematisch aufgebaut. Die Erfahrungen, die jeder damit macht, sind wichtig. Die Beobachtung der eigenen Bewegungen und die der anderen wird geschärft, der Blick sensibilisiert für Gesten und Gebärden.
So vermag die »Spiegelübung«, bei der ein Akteur die Bewegungen seines Partners gleichzeitig mitvollzieht, es erforderlich machen, daß der Akteur sich in die Bewegungsabläufe des anderen hineinempfindet und hineindenkt.
Eine andere Übung – das »Blindenführen« – bedeutet, sich auf einen Partner verlassen zu müssen, der einem Anweisungen gibt: z.B. zu klettern, zu kriechen, zu springen, ohne die Augen öffnen zu dürfen. Er führt über angebliche Stromschnellen, Wasserfälle und reale Treppen. Der »Führer« ist für seinen »Blinden« verantwortlich, damit er sich nicht stößt und verletzt. Diese Übung ist sehr geeignet, die Orientierung des Menschen auf Sinne zu verlagern, deren Gebrauch im alltäglichen Leben eingeschränkt ist und die daher weitgehend abstumpfen.

3. Phase: Theater als Sprache
Hier liegt der Schwerpunkt auf dem Thema. Der Zuschauer wird zum Autor, der den weiteren Verlauf einer Handlung bestimmt, indem er die Schauspieler anweist, seine Veränderungsideen im Theaterspiel umzusetzen, z.B. in der »Simultanen Dramaturgie«. Das »Statuentheater« wiederum stellt eine Skulptur dar, die ein gefordertes oder gewünschtes Bild ausdrücken soll. Es werden der eigene Körper und die Körper der anderen als Baumaterial benutzt, um ein Thema anschaulich zu gestalten. Die Bilder sind lebendige Realbilder und wer-

den anschließend analysiert. Sinnbildlich wird eine tatsächlich vorgefundene Unterdrückung in der Gesellschaft gezeigt. Es kann dann das »Realbild« in ein »Idealbild« transformiert werden. Dabei deuten gleichmäßig verlangsamte Bewegungen an, wie sich ein Unterdrückter gegen die Unterdrückung durchsetzt. So können SchülerInnen ihre Unterdrückung durch Noten oder autoritäre Lehrer ausdrücken und im Idealbild Bewegungen dagegen initiieren, Mädchen, die von Jungen geschlagen werden, können zeigen, wie sie sich vorstellen, in dieser Szene sich anders als gewöhnlich zu verhalten. Deutlich können hier Identitäten in Unterdrückungssituationen bewußtgemacht werden. »Bildhauer«, die solches auch mit anderen herstellen können, werden gebeten, sich in die Situation zu integrieren. Auf diese Weise können eigene Unterdrückungsmechanismen – sie können wählen, ob sie Unterdrücker, Unterdrückte oder Randfigur sind – bildlich erfahrbar werden.

Zu erwähnen wäre noch das »Zeitungstheater«, das die Aufgabe hat, zu entlarven, inwieweit Journalismus von der bürgerlichen Ideologie geprägt ist und interessenbedingte relative »Wahrheiten« (Verfälschungen, Auslassungen etc.) produziert.

4. Phase: Theater als Diskurs
Der/Die ZuschauerIn gibt nun seine/ihre klassische Position völlig auf und wird zum Protagonisten des Geschehens, indem er/sie den Verlauf der Handlung bestimmt. Zwei Formen werden im folgenden genauer beschrieben.

1.3 Das »Unsichtbare Theater«

Das »Unsichtbare Theater« geht von einer festumrissenen Problemsituation und einem vorher geschriebenen Text aus. Es muß bis ins Detail von der Schauspielergruppe vorbereitet werden. Sie müssen sich dabei so intensiv wie möglich in die vorgeschriebenen Rollen hineinversetzen. Jede Kleinigkeit ist wichtig, um das Spielen der Szene glaubhaft zu machen. Es kommt im wesentlichen darauf an, die Realität in der Realität zu spielen. Es gibt keine klassische Bühne in dieser eingeübten Szene bzw. genauer gesagt, »die Welt stellt die Bühne dar«, d.h., die uns bekannte Öffentlichkeit (Alltag, Bus, Chefbüro, Bahnhof etc.) dient als Ort des Spielens. Keiner außer den Schauspielern/Schauspielerinnen weiß aber, daß ein Theater vorgeführt wird. Den Zuschauern/Zuschauerinnen des »Unsichtbaren Theaters« wird eine Situation direkt gespielt und werden innerhalb der entstehenden Diskussionen weitere Handlungen aufgezeigt. Für die ZuschauerInnen ist die Situation sehr real.

Der Wunsch von BOAL ist es, durch die gespielten Handlungen und Reaktionen Bewußtseinsveränderungen zu einem Schlüsselproblem zu entwickeln und durch das Aufdecken vorhandener Wahrnehmungs- und Einstellungs*bilder* eine intellektuelle und emotionale Befreiung der ZuschauerInnen zu bewirken. Doch nicht ein irgendwie gearteter revolutionärer Impetus soll geweckt, sondern eine zielgerichtete und vernünftige Aktivität zur Lösung von Problemen soll nunmehr ermöglicht werden. BOAL möchte mit seinen Methoden einen »Schlüssel« in die Hände der Menschen legen, die weiterhin die freie Entscheidung haben müssen, ob sie nun die Tür öffnen oder geschlossen haben wollen.

1.4 Das »Forumtheater«

Das »Forumtheater« spielt alltägliche soziale oder gesellschaftliche Konflikte. Nur darf dann jeder der ZuschauerInnen eine Rolle übernehmen, wenn sie meinen, daß sie eine bessere Lösung haben als die, die gerade gespielt wird. Die ZuschauerInnen werden somit direkt aufgefordert, auf der Bühne zu *handeln*.
Bei der Methode der »Simultanen Dramaturgie« wird hingegen nur aufgezeigt, daß es verschiedene Lösungsmöglichkeiten gibt, und diese werden direkt von den »professionellen« Schauspielern/Schauspielerinnen ohne Zensur umgesetzt. Beispiel für ein »Forumtheater«:

Ein unter mangelnden Aufträgen leidendes Architektenbüro diskutiert über seine derzeitige finanzielle Lage. Während der Diskussion tritt ein Mitglied des Büros zur Tür hinein und berichtet von einem möglichen neuen Auftrag, dem Bau des Verwaltungsgebäudes eines Atomkraftwerkes. Die erste Freude, einen Auftrag bekommen zu können, täuscht über den Tatbestand hinweg, daß es sich um ein Verwaltungsgebäude eines Atomkraftwerkes handelt. Ein Mitglied des Büros macht darauf aufmerksam, daß sie, die Mitglieder des Büros, doch gegen diese Art von Energie sind. Eine Frau und Mutter berichtet von ihrer sehr schlechten finanziellen Lage. Verschiedene Standpunkte werden ausgetauscht, aber schließlich wird ein Vertrag unterschrieben.
Dies löst im allgemeinen den Protest der ZuschauerInnen aus.

Der/Die ZuschauerIn des »Forumtheaters« wird zum handelnden Subjekt, tritt auf die Bühne und spielt eine andere Lösung des Konflikts. Dabei zeigt sich, daß niemand allwissend ist. Jeder Mensch hat Ideen für die Veränderung seines und des gesellschaftlichen Daseins. Das Theater hier ist Aktion. Es wird solange gespielt, bis eine für alle als befriedigend empfundene Lösung gefunden wird.

2. Einsatzmöglichkeiten und Grenzen im Bereich der Umwelterziehung

2.1 Die Vorbereitung auf einen Einsatz des »Unsichtbaren Theaters«

Für ein »Unsichtbares Theater« ist sowohl eine intellektuelle als auch das praktische Spiel vorbereitende Übung notwendig. Spontanität und Improvisation sind dadurch nicht ausgeschaltet, sondern werden gefordert und gefördert. Es ist ferner wichtig, daß die Idee für das »Unsichtbare Theater« aus dem Erfahrungsraum der TeilnehmerInnen kommt, die sie auch spielen müssen. Meistens sind es aktuelle Themen, die die TeilnehmerInnen interessieren bzw. spannend sind. Aus dieser Betroffenheit heraus können dann Engagement und Kreativität für das Entwerfen der Szenen entstehen. Wenn eine solche Szene vorher einstudiert wird, können auch die möglichen Reaktionen der Zuschauer berechnet werden. Die Beschäftigung mit der Problematik im Vorfeld ist nicht neu, sondern enthält schon Hypothesen und Emotionen. Da beim »Unsichtbaren Theater« besondere Anforderungen an das Zusammenspiel der Akteure gestellt werden, muß die Szene vorher sorgfältig geprobt werden. Auch die Örtlichkeiten müssen vorher sondiert und auf eventuelle Probleme hin untersucht werden. Dadurch können die Akteure Sicherheit und Vertrauen gewinnen. Die Vorbereitung der Szene bedarf auch der Niederschrift eines Textes. Es ist aber nicht notwendig, einen bis in sprachliche Details gehenden Text vorbereitet zu haben. Das »Unsichtbare

Theater« zielt ja auf die aktive Beteiligung der Zuschauer hin. Deren Reaktionen und Handlungsweisen sind das Material für weitere Spielszenen. Darauf muß eingegangen werden. Es ist daher wichtig, daß ein grob entworfenes Handlungsgerüst zusammen vorbereitet wird mit einem Katalog von Argumenten, der dann in kurze, prägnante Sätze gepackt werden kann und erlaubt, den roten Faden der Handlung trotz nicht einkalkulierter Interventionen zu behalten. Auch mögliche Impulse bei ausbleibenden Zuschauerreaktionen sind vorher zu überlegen.

In einem Workshop/Kurs/Seminar über die Methoden von BOAL sollten die erwähnten Körper- und Vertrauensübungen vorweg gemacht werden, um die kontinuierliche Entwicklung von Körperausdruck und Beseitigung von Hemmungen zu gewährleisten. Bevor die Realsituation gespielt wird, ist es noch wichtig zu überlegen, wie lang die Szene sein soll, wie viele Akteure die Szene braucht, wie sie zusammenwirken sollten, welche Rollen verteilt werden müssen und wie der Abschluß des Spiels aussehen soll.

2.2 Das »Unsichtbare Theater« am Beispiel einer Aktion in einer Fast-Food-Gaststätte

Die folgenden Beispiele sind aus Kursen des Ergänzungsunterrichts[1] entnommen, die am Oberstufen-Kolleg[2] in den letzten beiden Jahren stattfanden.

Ziel der Aktion war es, die Gäste eines Fast-Food-Restaurants mit Argumenten zu konfrontieren, die die eigene Gesundheitsgefährdung als auch die immensen Auswirkungen auf die Umwelt beinhalteten. Dies sollte sowohl eine Aufklärung über die Hintergründe als auch Weckung von Verhaltensänderungen bei den Gästen provozieren. Dabei ist es notwendig, sorgfältig zu recherchieren und die Argumente – wenn nötig – auch zu belegen.

Unser Katalog von Argumenten (insbesondere aus PATER 1989; GREFE u.a. 1987):

- Große Waldgebiete in Mittel- und Südamerika werden abgeholzt, um Anbauflächen für Soja zu erhalten. Die Menschen werden aus diesen Anbaugebieten verdrängt. Um ihnen Wohnmöglichkeiten zu geben, werden weiter große Waldflächen abgeholzt. Soja dient als Futtermittel für die amerikanischen wie europäischen Rinder.
- Die Tiere auf den großen Rinderfarmen werden mit Hormonen, Antibiotika und Tranquilizer geimpft. Die Farmer kontrollieren bei jedem Tier über einen Computer Wachstum, Mast, Schlachtung und konsumierbare Fleischportionen.
  In den USA ist das Supertier gekreuzt worden. Es hat zwei Rippen mehr als normale Rinder. Wachstumsfördernde Chemikalien sind gängige Futterbeimischungen. Der Umsatz der betreffenden US-Firma beträgt pro Jahr 195 Millionen Dollar. Dabei wird das menschliche Wachstumshormon Somatostatin in Schweine verpflanzt. Manche Wachstumshormone, z.B. das DES, gelten als krebsfördernd bei Menschen. Zementstaub im Getreide beschleunigt die Gewichtszunahme und senkt die Kosten.

---

1 Ergänzungsunterricht ist der jahrgangsübergreifend angebotene allgemeinbildende Unterricht, den die Kollegiaten/Kollegiatinnen ihren individuellen Interessen entsprechend auswählen können.
2 Das Oberstufen-Kolleg ist eine Versuchsschule, in der die Sekundarstufe II und das universitäre Grundstudium zusammengefaßt sind. Die Kollegiaten/Kollegiatinnen können sich frühzeitig in zwei Fächern spezialisieren, in denen sie bereits während der insgesamt vierjährigen Ausbildungszeit ein wissenschaftliches Grundstudium absolvieren.

❏ Auch in Deutschland gibt es im schwäbischen Raum einen »Fleischwolf«, durch den 100.000 Rinder gedreht werden. Kraftfutter ist mit Mais angereichert und Sojaschrot. Der Mais braucht viel Stickstoffdünger und schädigt durch Erosion den Boden. Die Soja ist mit DDT »gewürzt«. Und trotz Verbote floriert ein Schwarzmarkt mit Östrogenhormonen. Der Mais kräftigt das Fleisch der Rinder, aber das Fleisch wird heller und wäßriger. Es ist kaum noch konservierbar, weil die ph-Werte nicht mehr stimmen. Manche Sorten Fleisch sind nur noch im gekochten Zustand zu verarbeiten.

❏ Für die Verpackung werden pro Jahr 315 Quadratmeilen Wald abgeholzt. Der Stromverbrauch entspricht der Energie von 12,7 Millionen Tonnen Kohle, was z.B. 1970 dem Jahresverbrauch der Millionenstädte Boston, Washington und San Francisco entsprach.

Mit diesen und weiteren Argumenten haben wir Fast-Food-Restaurants aufgesucht und eine inszenierte Spielszene durchgeführt. Immer trat im Rahmen einer Gruppe von »essenden« Spielern ein »Provokateur« auf, der die anderen lautstark mit Argumenten konfrontierte, bis er dann den Raum verließ. Anschließend wurden die Reaktionen der Gäste beobachtet bzw. durch »Argumente« herausgefordert.

Zur Illustration ein kurzer Ausschnitt aus dem Erlebnisbericht einer Gruppe:

»Es war mittags, gut besucht, sehr viele Schüler, auch ältere Menschen saßen im Restaurant, total gemischtes Publikum. Die Tische waren voll. Wir fanden einen Platz am Fenster. Wir sahen, daß Hans mit seiner Kamera sich geschickt hingesetzt hatte und einem Nachbarn sie erklärte und sie zu säubern begann. Wir konnten anfangen. Unser ›Provokateur‹ fing an und fragte uns, warum wir dieses Zeug denn essen würden. Wir antworteten, daß es uns schmecke, woraufhin Ralf anfing, auf die Umweltzerstörung und krankmachenden Herstellungsbedingungen beim Fleisch hinzuweisen. Nach ca. 5 Minuten, nachdem wir schon ausgesprochene Unruhe an diversen Tischen wahrgenommen hatten, teilweise auch schon Redebeiträge zu uns rüberkamen, verließ Ralf das Restaurant. Wir schwiegen und warteten, was passieren würde ... Wir hatten eigentlich erwartet, daß nichts passierte, wir kennen doch das deutsche Publikum. BOAL hatte selbst Erfahrungen diesbezüglich gemacht. Gleichgültigkeit und stoische Ruhe, Wegschauen, das waren seine Erfahrungen. Aber bei uns begann die Diskussion. An einem Tisch schräg uns gegenüber standen zwei ältere Männer erregt auf und verließen mit mürrischem Gesicht den Raum: ›Wir lassen uns doch nicht den Appetit verderben.‹ An einem Nebentisch begann eine Diskussion zwischen einem Ehepaar und der Mutter, wahrscheinlich die des Mannes. Die Mutter hatte schon vorher ständig vorwurfsvolle Blicke zu uns rüber geworfen und gebrummelt, was er denn wolle, er könne doch rausgehen. Nur die junge Frau begann urplötzlich heftig zu reagieren und sprach, er ›habe ja total recht, total recht‹ wiederholte sie und begann eine Diskussion mit der Schwiegermutter. An einem anderen Tisch war ein Ehepaar mit Kind, das ziemlich unbewegt, aber auch mit deutlicher Unsicherheit unseren Argumenten gelauscht hatte, die Ralf gerade auch auf Familien mit Kindern gemünzt hatte. Sie wußten nicht so recht, was sie von den Argumenten halten sollten. Ihr Kind fragte sie auch noch, ob unser Ralf Recht habe. Gerade die Argumente für die Gefährdung der Kinder durch die vitaminarme und schadstoffreiche Nahrung ... Wir hatten unser Ziel erreicht und konnten die verschiedenen Diskussionen genießen ... allerdings uns selber war nach dem Essen sehr übel und ein Völlegefühl überkam uns ...«

2.3 Das »Unsichtbare Theater« am Beispiel »Picknick auf der Straße«

Wir berieten eine Aktion zur Problematik des Verkehrs, insbesondere des wachsenden Autoverkehrs und der Grenzen, die dieses Wachstum für uns und unsere Städte bedeutet. Dabei stellten wir die Argumente (vgl. BASTIAN/THEML 1990), die größtenteils gegen das Auto sprachen, in einer Ausstellung zusammen:

- Wer produziert in welchen Ländern Autos? Hiermit sollte das Problem der Arbeitsverlagerung von Autokonzernen in Billiglohnländer angesprochen werden.
- Welche Entwicklung nimmt die Fertigungsmaschinerie, die Automatisierung, Computerisierung, und welche Auswirkungen hat dies auf die Arbeitsplätze?
- Was kostet ein Auto? Hiermit waren Probleme der Umweltkosten eines Autos angesprochen.
- Hervorstechend in unseren Städten: das Problem der Verkehrsdichte; eingeschlossen wurden Probleme des Autobahnausbaus und der Umweltvernichtung, insbesondere Umweltverschmutzung, Lärm, Verkehrsopfer.
- Auswirkungen des Autos auf den psychischen Streß.
- Alternativen zum Auto.

Anschließend besprachen wir die Aktion. Wir beabsichtigten, als eine »private Initiative« mit der gespielten Szene »Picknick auf der Straße« gegen den wachsenden Verkehr in unseren Städten, gegen die Vernichtung von Grünflächen für Menschen, die ein Picknick machen wollen, zu demonstrieren. Wir beugten damit einer möglichen Anzeige der Polizei gegen den Kursleiter vor.
Wir vermuteten, daß die Polizei, falls sie keinen Verantwortlichen ausfindig machen kann, sich anders verhalten würde (Gewohnheit der Macht – Macht der Gewohnheit). Wir suchten uns nach sorgfältigen Überlegungen eine passende Straße aus, die bestimmte Kriterien erfüllen mußte. Beispielsweise sollte diese Straße nicht von öffentlichen Verkehrsmitteln befahren werden, weil wir diese unterstützen.
Wir entschieden uns für die »Morgenbreede« und stellten zwei große Tapeziertische mit einem entsprechenden Warenangebot – gedeckt mit Obst, Brötchen, Kaffee und Tee, Tellern etc. – auf.

Foto 1: Picknick auf der Straße

Auf einem Flugblatt haben wir den Sinn unserer Aktion erläutert und besonders betont, daß der Bau von Straßen immer mehr Grünflächen beseitige und dadurch ein Picknick im Grünen zunehmend erschwert würde. Aus diesem Grund hätten wir beschlossen, ein Picknick auf der Straße zu machen und die Straße umzufunktionieren. Jeder Autofahrer sei herzlich eingeladen, am Picknick teilzunehmen und einen Moment über die Problematik des Autos mit uns nachzudenken. Mit diesem Flugblatt verteilten wir außerdem noch Gummibärchen an jeden Autofahrer.

Die Aktion war ein voller Erfolg. Sie fand gezielt an dem Tag statt, wo am Oberstufen-Kolleg eine Tagung zum Umweltschutz stattfand, so daß auch Tagungsteilnehmer, die mit dem Auto zur Universität gefahren waren, mit unseren Argumenten konfrontiert wurden. Ungefähr eine Stunde konnten wir diese Aktion durchführen, bis die Polizei, durch ein Autotelefon (!) herbeigerufen, die Aktion unterband. Sie wollten von uns den Verantwortlichen wissen. Da sich alle als verantwortlich erklärten, zögerten die zwei Polizisten und zogen sich schließlich zurück, nachdem wir versicherten, das Picknick zu beenden.

Die Äußerungen der Autofahrer haben wir zusammengetragen, nach Kategorien eingeteilt und die Reihenfolge der Kategorien nach der Häufigkeit der Aussagen gebildet.

1. Kategorie: Das ist ja eine »nette Aktion, aber ...«
   Darunter ordneten wir z.B. folgende Aussagen:
   » ... ich habe keine Zeit und ich muß arbeiten.«
   » ... ich muß aber meine Kinder abholen.«
   »Das ist ja lobenswert, aber ungesetzlich ...« (ein Polizist) »Sie wissen ja, das ist Nötigung.«
   » ... das wissen wir doch schon alles, braucht ihr mir nicht zu sagen.«
2. Kategorie: Gewohnheitsbruch, »typisch Studenten«
   »Ich muß jetzt eure Kneipe saubermachen.«
   »Ich muß hier durch, wie immer.«
3. Kategorie: Kleinbürger mit typisch bürgerlich-beschränkter Argumentation
   »Immer auf die Kleinen ... bei den Kleinen fangt ihr an ...«
   »Wegen euch muß ich jetzt zurückfahren, und damit verbrauche ich noch mehr Sprit.«
4. Kategorie: »Ärger« und »Aggression«, gerichtet gegen die Aktion
   »Ich fahre euch alle über den Haufen. Ich muß hier durch.«
   »Wenn ihr nicht sofort die Barriere beseitigt, rufe ich die Polizei ... Unverschämtheit!«
5. Kategorie: »schlechtes Gewissen« – man fühlt sich aufgeklärt und nunmehr ertappt
   »Komme heute zum ersten Mal mit dem Auto, sonst Fahrrad.«
   »Ich bin auch gegen Autos, aber heute muß ich unbedingt mit dem Auto zur Uni.«
6. Kategorie: »Sachzwang«
   »Ich muß um 12 Uhr bei meinen Kindern sein.« (Laborschul-Lehrerin)
   »Ich muß eine Frau – querschnittsgelähmt – pflegen ...«
7. Kategorie: skurril-komische Reaktionen
   »Ich bin ein ordentlicher Motorradfahrer.«
   »Ich habe keinen Rückwärtsgang im Auto und kann nicht zurückfahren.«

Wir diskutierten anschließend selber intensiv über diese Reaktionen und unser eigenes Verhalten.

Alle brauchen das Auto, weil die Sachzwänge (Infrastruktur) es erforderlich machen. Wir beugen uns mit mehr oder weniger Gewissenszweifel, der Umwelt zu schaden und gleichzeitig unsere persönlichen Dinge erledigen zu müssen.

Wir analysierten, daß dies schon ein wirkliches Problem darstelle. Der einzelne kann nichts dafür, daß die Infrastruktur auf das Auto ausgerichtet wird, z.B. Großmärkte außerhalb der Stadt, Schließung der »Tante-Emma-Läden«, Pendelverkehr. Der Nahverkehr ist nicht ausgebaut. Unsere schnellebige Zeit bedeutet Zeitdruck für jeden, und »wir machen alle mit«. Dazu kommen die Rechtfertigungen und Rationalisierungen: »Ich fahre doch ein umweltfreundliches Auto.«

In der Auswertung wurde auch die Düpierung der Autofahrer durch »Unsichtbares Theater« problematisiert. Inwieweit machten die Autofahrer durch diese Aktion zu? Waren sie noch offen für eine Diskussion? Sind andere Aktionen, z.B. Parcours mit zu umfahrenden Schwierigkeiten, erfolgversprechender? Eine endgültige Antwort konnten wir nicht finden.

Wir diskutierten anschließend noch sehr intensiv über Alternativen und favorisierten besonders den Ausbau des Nahverkehrs, der Sammelbusse und kleinerer Nachtbusse. Wir verwiesen auf schon bestehende Angebote wie »Park-and-Ride-System«, das innerstädtische Fahrverbot für Autos und das gezielte Werben für das Umsteigen auf das Fahrrad. Eine spürbare Sensibilisierung für das Für und Wider des Autoverkehrs, aber auch eine differenziertere Bewertung der Rolle des Autos in unserer Gesellschaft war bei uns erreicht worden.

2.4 Weitere Beispiele des »Unsichtbaren Theaters«

»Unsichtbares Theater« im Café Knigge:
Ein sehr stark körperlich und geistig Behinderter ißt mit seinem Betreuer ein Stück Kuchen in Bielefelds teuerstem und bürgerlichstem Café. Eine Gruppe von »Spielern« bringt Argumente zur notwendigen Isolierung von Behinderten, eine Gruppe wehrt sich dagegen. Die Reaktionen der Bielefelder Bürger werden beobachtet.

Fremdländisches genießen, Fremdenangst entwickeln, Fremdenfeindlichkeit zeigen:
Angesichts der im Mai 1993 sich zuspitzenden Auseinandersetzungen um die Ausländerfeindlichkeit in Deutschland entwickelten wir eine Idee zum Thema Rassismus.
Diese Aktion sollte das Bereichernde des Fremden und Fremdländischen aufzeigen und die schon vollzogene, oftmals unbewußte Integration in unser Denken und Fühlen deutlich machen. Fremdländisches ist uns gewohnheitsmäßig so nahe, aber gleichzeitig machen wir uns über die Hintergründe der Produkte keine Gedanken mehr. So verzehren wir gerne die fremdländischen Produkte (z.B. Kaffee, Kakao oder Gewürze), integrieren Exotisches in unsere Lebens- und Wohnkultur und erfreuen uns an touristischen Träumen. Die oftmals unmenschlichen Arbeitsbedingungen der Menschen in den Entwicklungsländern, aus denen wir unsere Produkte beziehen, genauso wie die ökonomischen Mechanismen und Zwänge und die oftmals daraus resultierenden ökologischen Folgen, die wir als Industrieländer diesen Ländern aufzwingen, verdrängen wir, noch schlimmer, ignorieren wir allzu schnell. Oftmals wissen wir auch zu wenig, weil wir die ökonomischen Zusammenhänge im Welthandel nicht durchschauen (vgl. SKRODZKI/BRUNNER 1988; BRUNNER/PFEIFER 1990). Dazu kommt nun, daß wir

Menschen, die aus politischen, ethnischen und anderen Gründen zu uns kommen, ein menschenwürdiges Leben durch eine Erschwerung des Asylrechts behindern bzw. verunmöglichen.

Folgende Ideen für einen Schwierigkeits- und Quiz-Parcours in einem Zelt sollten das Gewohnheitsmäßige bewußtmachen und gleichzeitig wieder Sympathie für das Fremde und Wissen um die Zusammenhänge der Abhängigkeit der Entwicklungsländer von den Industrieländern wecken:

- Kostproben und Raten von Eßbarem und Zuordnung zu den Ländern, z.B. chinesische Krabben;
- Anhören und Raten von Musikstücken unterschiedlicher Nationalität;
- Getränke anbieten und Raten der Anbaugebiete, z.B. Tee aus Ceylon und Kaffee aus Nicaragua;
- Tanzschritte aus anderen Ländern und Zuordnung zu den Volksgruppen;
- Schätzungen der Löhne bzw. Verdienste von Arbeitern und Arbeiterinnen auf Kaffee- oder Bananenplantagen, von Textilarbeitern und Textilarbeiterinnen etc. in Entwicklungsländern bzw. Ländern, aus denen wir unsere Produkte überwiegend beziehen;
- Schätzung der Mengen Sonderabfall, die wir z.B. in die 3. Welt exportieren.

Zum Schluß des Parcours sollte ein »Forumtheater« stehen:
Gespielt wird eine Szene in einer Jugendgruppe, die entscheiden muß, ob sie einen ausländischen Jugendlichen aufnehmen will oder nicht. Die Jugendlichen bringen die Negativ-Argumente (passen nicht zu uns, Wohnungs- und Arbeitsmangel, Fremdheit), die in der Gesellschaft und oftmals von Politikern/Erwachsenen vorgebracht' werden, und entscheiden schließlich, daß er nicht aufgenommen wird. Die Aufgabe der ZuschauerInnen besteht darin, eine andere Lösung mit Argumenten zu vertreten. Es wird dabei geprüft, ob die vorher entwickelte Bewußtmachung des Fremdländischen, sein Genießen und das emotional Berührtsein von den im Alltag integrierten fremden Dingen sowie das Wissen um ökonomische Zusammenhänge sich in den Argumenten wiederfindet.

2.5 Das »Forumtheater« am Beispiel »Müllverbrennung«

Das Theaterstück beinhaltete eine Situation in einer Wohngemeinschaft, die überlegen muß, wie sie den von ihr produzierten Müll beseitigen kann. Wir spielten dieses Stück auf dem Leinewebermarkt (Ende Mai 1992) - einem öffentlichen Volksfest in Bielefeld - auf einer Wiese in der Nähe der Kunsthalle. Als Lösungsvorschlag taucht dann eine fiktive Müllverbrennungsanlage auf, die ein Wohngemeinschaftsmitglied für 1000 DM erstanden hatte, um den privaten Hausmüll, ob Plastik, Papier oder ähnliches, am schnellsten und einfachsten zu beseitigen. An dieser Stelle wurde dann tatsächlich etwas verbrannt und heftiger Rauch erzeugt. Das Publikum wurde gebeten, nun anstelle des Wohngemeinschaftsmitglieds Lösungen für die Beseitigung des Mülls zu spielen. Es kamen dann Menschen aus verschiedenen Schichten auf die Bühne und spielten die Rollen der Wohngemeinschaftsmitglieder. Sie schlugen z.B. eine Recycling-Börse, eine Reduzierung des Mülls durch Mehrwegflaschen, eine Verteilung des Mülls auf verschiedene Orte, ein Auflösen der Wohngemeinschaft etc. vor. Viele

Lösungen wurden vorgestellt, die alle nicht die ungeteilte Zustimmung des Publikums mit sich brachten. Aber die Müllverbrennung wurde von allen wegen der damit verbundenen Gefahren abgelehnt. Auch in diesem Fall war es notwendig, sich mit Argumenten gegen die Müllverbrennung zu beschäftigen. Die Bedeutung der Schwermetalle (Quecksilber, Blei, Cadmium u.a.), die Entstehung von Dioxinen und Furanen, die Belastung dieser Substanzen in den Rauchgasemissionen für die Gesundheit der Menschen usw. (vgl. Autorengruppe 1990; SPILL/WINGERT 1990; SCHILLER-DICKHUT/FRIEDRICH 1989) spielten bei unserer Vorbereitung der Argumentation gegen die Müllverbrennung eine Rolle.

3. Zusammenfassende Einschätzungen und kritische Anmerkungen

Das »Theater der Unterdrückten« gibt verschiedenen Berufen die Möglichkeit, für ihren Bereich Inhalte auszuwählen, um mit Hilfe der Methode von BOAL passive, konsumierende Menschen zum Handeln zu bewegen (für den Bereich der Sozialpädagogik vgl. ALTSTAEDT/GIPSER 1991). BOAL bezieht sich auf FREIRE, und seine Theaterpädagogik bedeutet immer Auseinandersetzung mit einer konkreten Situation.

»Das Theater der Unterdrückten ist immer Dialog: Wir lehren und lernen. Das Theater der Unterdrückten geht von zwei Grundsätzen aus: Der Zuschauer, passives Wesen, Objekt soll zum Protagonisten der Handlung, zum Subjekt werden ... Schluß mit einem Theater, das die Realität nur interpretiert, es ist an der Zeit, sie zu verändern. Der Zuschauer, der in einer Forumtheater-Sitzung fähig gewesen ist zu einem Akt der Befreiung, will diesen auch draußen, im Leben vollbringen, nicht nur in der fiktiven Realität des Theaters. Die ›Probe‹ bereitet ihn auf die Wirklichkeit vor« (BOAL 1987, S. 68).

Der Dialog ist Voraussetzung für Bewußtwerdung, für die Reflexion von Unterdrückung.
Ein Problem liegt darin, daß die Widersprüche zwischen dem politischen Anspruch des »Theaters der Unterdrückten«, besonders für Lehrende, Sozialpädagogen, Sozialarbeiter etc., und der realen Veränderung in der Wirklichkeit nicht so leicht aufhebbar sind. Die Theaterspiele wecken kurzfristig Begeisterung. Sie lösen im Spiel Probleme, aber die Wirklichkeit läßt sich nun mal nicht direkt durch Theater umgestalten. So können arbeitslose Schauspieler, die an den Seminaren von BOAL teilnehmen, ihre Situation nicht durch das Spiel beenden.
Allerdings können die alltäglichen Arbeitsmethoden im politischen und sozialen Bereich, die oft mühsam und frustrierend sind, durch BOALs Methoden angereichert und bereichert werden. Es ist ein Instrumentarium vorhanden zu allmählicher Veränderung pädagogischer Praxis und sozialer Realität. Aber es bleiben allemal mühevolle Lernprozesse, die lange dauern. Die Widersprüchlichkeit unserer Wirklichkeit ist eben nicht schnell veränderbar.
Ich bin der Meinung, daß die Methoden des »Theaters der Unterdrückten« mit gezieltem politischen und pädagogischen Engagement in vielen Bereichen der Realität Anwendung finden können, in der Jugend- und Sozialarbeit wie in Schule, Hochschule und Weiterbildung. Es können sich daran Hoffnungen knüpfen, sowohl in Situationen mit gesellschaftlich diskriminierten Gruppen verbessert zu arbeiten als auch Probleme bewußtzumachen.

Literatur

ALTSTAEDT, INGEBORG/GIPSER, DIETLINDE: Animationstheater in der Sozial- und Behindertenpädagogik? Erfahrungen mit einem Workshop zum Theater der Unterdrückten 1979. In: RUPING, BERND (Hrsg.): Gebraucht das Theater. Die Vorschläge des Augusto Boal. BKJ, Remscheid 1991, S. 30-51;
AUTORENGRUPPE: Gift übers Land. AV-Verlag, Augsburg 1990;
BASTIAN, TILL/THEML, HARALD: Unsere wahnsinnige Liebe zum Auto. Beltz, Weinheim/Basel 1990;
BOAL, AUGUSTO: Theater der Unterdrückten. Übungen und Spiele für Schauspieler und Nicht-Schauspieler. Suhrkamp, Frankfurt a.M. 1987;
BRECHT, BERT: Die Ausnahme und die Regel. In: Gesammelte Werke, Bd. 2. Suhrkamp, Frankfurt a.M. 1967, S. 791-822;
BRUNNER, URSULA/PFEIFER, RUD (Red.): Zum Beispiel Bananen. Lamuv, Göttingen 1990;
DABISCH, JOACHIM/SCHULZE, HEINZ (Hrsg.): Befreiung und Menschlichkeit. Texte zu Paulo Freire. AG-SPAK-Publikationen, München 1991;
FREIRE, PAULO: Pädagogik der Unterdrückten. Rowohlt, Reinbek 1973;
GREFE, CHRISTIANE u.a.: Das Brot des Siegers. Die Hamburger-Konzerne. Lamuv, Göttingen 1987;
KLUGE, ALEXANDER: Das Politische als Intensität alltäglicher Gefühle. In: Freibeuter 1(1979), S. 56-57;
PATER, SIEGFRIED: McDonald's beißt kräftig zu. Lamuv, Göttingen 1989;
RUPING, BERND (Hrsg.): Gebraucht das Theater. Die Vorschläge von Augusto Boal. Schriftenreihe der Bundesvereinigung Kulturelle Jugendbildung (BKJ), Bd. 17. BKJ, Remscheid 1991a;
RUPING, BERND: Tango, Sprünge und Theater: 15 Anläufe zum Vorwort. In: RUPING, BERND (Hrsg.): Gebraucht das Theater. Die Vorschläge des Augusto Boal. BKJ, Remscheid 1991b, S. 11-25;
RUPING, BERND: Vom szenischen Erkunden psycho-sozialer Befindlichkeiten. Erfahrungen mit einem Workshop zum »Theater der Unterdrückten« 1989. In: RUPING, BERND (Hrsg.): Gebraucht das Theater. Die Vorschläge des Augusto Boal. BKJ, Remscheid 1991c, S. 53-81;
SCHILLER-DICKHUT, REINER/FRIEDRICH, HARALD (Hrsg.): Müllverbrennung. Ein Spiel mit dem Feuer. AJZ-Druck, Bielefeld 1989;
SKRODZKI, JOHANNA/BRUNNER, URSULA: Bananen. Konsequenzen des Geschmacks. Edition dia, St. Gallen u.a. 1988;
SPILL, ELVIRA/WINGERT, ERDMANN (Hrsg.): Brennpunkt Müll. Eine Anleitung zum Widerstand. Gruner + Jahr, Hamburg 1990.

2.5 Musik ist Leben – Leben braucht Musik!
Zur Bedeutung von Musik, Liedern und Tänzen in der Umwelterziehung

Regina Frerich

1. Musik und Umwelt

Wenn es im folgenden um das Thema »Musik, Lieder und Tänze als Mittel der Umwelterziehung« gehen soll, ist es sicherlich sinnvoll, zunächst einige grundsätzliche Dinge zu erörtern.
Wie passen die beiden Begriffe »Umwelt« und »Musik« zueinander?

Wenn wir heute das Wort »Umwelt« hören, denken wir an Umweltverschmutzung, an wissenschaftliche Untersuchungen, die deutlich beweisen, daß »unbedingt etwas getan werden muß«, an eine Zukunft, die – vor allem für unsere Kinder – nicht besonders rosig aussieht. Wir sehen ein Bild vor uns, das aus der Phantasie eines Horrorromanschreibers stammen könnte.
Diesem Begriff steht das Wort »Musik« gegenüber, ein Wort, das für viele von uns »Entspannung«, »Ruhe«, »Harmonie« und »Kreativität« bedeutet. Um zu zeigen, daß »Umwelt« und »Musik« sehr wohl zwei Begriffe sind, die zusammenpassen, wollen wir zunächst einen Blick zurückwerfen.

Schon immer haben Naturereignisse die Komponisten aller Musikepochen besonders inspiriert. Dargestellt wurden Landschaften, Naturstimmungen, Lebewesen oder Ereignisse in der Natur. So kennt man bereits in der Musik des 14. Jahrhunderts die Imitation von Vogelstimmen. Der Komponist ANTONIUS SCANDELLUS (1517–1580) hat in dem Madrigal »Ein Hennlein weiß« das Gackern einer Henne imitiert.
Während in diesem Madrigal das Gackern durch Sprache *und* Musik verdeutlicht wird, kommen andere Komponisten ganz ohne Sprache aus. Einer der bekanntesten ist sicher der französische Komponist CAMILLE SAINT-SAËNS (1835–1921). Er hat in seinem Werk »Karneval der Tiere« eine Unmenge von Tieren dargestellt: Löwen, Schildkröten, Elefanten, Känguruhs und viele andere mehr.
Bei anderen Komponisten finden wir fliegende Hummeln (RIMSKY-KORSSAKOW) oder springende Pferde und gehetztes Wild (HAYDN).

Aber es gibt nicht nur Beispiele aus der Tierwelt. So schildert LUDWIG VAN BEETHOVEN in seiner Symphonie Nr. 6 F-Dur, op. 68 »Pastorale« eindrucksvoll einen Sommertag, der mit einem Morgenspaziergang beginnt. Dieser wird von einem heraufziehenden Gewitter unterbrochen. Der Zuhörer »sieht« förmlich die Blitze zucken, er hört das Pfeifen des Sturmes und das Grollen des Donners. Der Tag endet mit dem Abziehen des Gewitters und dem Hereinbrechen der Nacht.
Ein anderes Beispiel für eine imposante musikalische Schilderung eines Naturbildes ist »Eine Alpensinfonie« von RICHARD STRAUSS (1864–1949). Vom Ar-

beitszimmer seines Garmischer Landhauses hatte er stets den Blick auf die Zugspitze und das Wettersteingebirge. Diese Aussicht inspirierte ihn zu der Schilderung einer Hochgebirgswanderung, die ein ganz persönliches Dokument seiner Verbundenheit mit der Bergwelt ist. Auch hier »sieht« der Hörer die Nacht, den Sonnenaufgang, den Wald, den Bach, blühende Wiesen, Gletscher, den Gipfel und den Sonnenuntergang.

Ein drittes Beispiel soll hier ebenfalls erwähnt werden: »Die Moldau« von FRIEDRICH SMETANA. Der Komponist schildert den Weg der Moldau. Er belauscht ihre Quellen, verfolgt den Lauf des Stromes vorbei an Wiesen und Hainen, Schlössern und Burgen und malt auf diese Weise ein eindrucksvolles Bild seines Vaterlandes.

Man könnte noch viele Beispiele musikalischer Naturschilderungen aufzählen, doch das würde den Rahmen dieses Aufsatzes sprengen. Eines jedoch haben alle Werke gemeinsam: Sie schildern eine Welt, in der die Natur noch intakt ist. Das heißt jedoch nicht, daß in der Vergangenheit keine Umweltsünden begangen wurden (z.B. Waldrodungen zum Bau großer Schiffsflotten), doch sie werden in den Musikbeispielen nicht angesprochen. Es gibt keine sterbenden Wälder, keine zerstörte Ozonschicht, keine toten Flüsse und keine kranken Tiere. Aus allen Werken spricht die Liebe zur Natur und die Achtung vor ihren Gewalten. Alle vermitteln ein Bild vollkommener Harmonie und wahrhaft paradiesischer Zustände, in die wir uns nur zu gerne versetzen lassen möchten. Doch das fällt uns in der heutigen Zeit nicht leicht.

2. Kinder und Natur

Während es im ersten Kapitel schwer war, einen Zusammenhang zwischen zwei scheinbar gegensätzlichen Begriffen zu sehen, ist es hier sicherlich viel einfacher. »Kinder« und »Natur« sind zwei Begriffe, die eng zusammengehören.

Wenn es irgendwo Tiere zu streicheln gibt, sind meistens Kinder nicht weit. Im Zoo haben die Gehege den meisten Zulauf, in dem Tiere gestreichelt werden können. Es gibt kaum ein Kind, bei dem nicht ein eigenes Tier ganz oben auf dem Wunschzettel steht. Wer schon einmal beobachtet hat, mit welcher Hingabe Kinder ein krankes Tier pflegen, für den ist klar, daß zwischen Kindern und Tieren eine besondere Beziehung besteht. Und diese besondere Beziehung ist nicht *anerzogen*, sondern scheint *angeboren*, denn schon sehr kleine Kinder fühlen sich zu Tieren hingezogen. Doch es sind keineswegs nur Tiere, die im Leben eines Kindes eine besondere Rolle spielen, sondern auch z.B. Bäume, auf die man klettern, Sand, aus dem man Burgen bauen, Steine, mit denen man Dämme im Bach errichten kann.

Leider treten diese Spiele – bedingt durch den Einzug technischer Spielzeuge in die Kinderzimmer – immer mehr in den Hintergrund. Deshalb ist es gerade in der heutigen Zeit wichtiger denn je, Kindern zu zeigen, daß unsere Welt *schützenswert* ist. Das verstehen sie aber nur dann, wenn sie sensibel werden für die Umwelt, d.h., wenn ihre Sinne geschärft werden, die vielfältigen Schönheiten der Natur zu *sehen*, zu *hören*, zu *riechen* und zu *fühlen*.

Musik ist Leben – Leben braucht Musik!

»*In unserer heutigen Welt der Überbevölkerung und des Konsums ist es entscheidend, unsere Verbundenheit mit der Erde wieder zu erfahren: mit ihrem natürlichen Rhythmus, dem Wechsel der Jahreszeiten, ihrer Schönheit und ihrem Geheimnis. Alle Bemühungen in dieser Richtung werden ihr Ziel erst erreichen, wenn wir wieder lernen, die Erde zu lieben*« (PAUL E. KNOPP jr., Vorwort in: CORNELL 1979, S.8).

Ein Kind, das gelernt hat, Achtung vor der Welt und ihren Lebewesen zu haben, wird betroffen reagieren, wenn es merkt, daß die Natur gequält wird. Es wird versuchen, auf sie zu achten und sie zu schützen.

3. Kinder und Musik

Um eine intensivere Sensibilisierung der Kinder für die Umwelt zu erreichen, ist sicher die »Sprache« der Musik sehr hilfreich. Musik ist ein Medium, das bestimmte Gefühle und Stimmungen erwecken kann, das – auch ohne Sprache – etwas »erzählen«, etwas vermitteln kann.

Wir wollen uns dazu kurz die Entwicklungsstufen des Kindes vom Säuglingsalter bis hin zum Jugendlichen ansehen:
Bereits im frühen Kindesalter sind Lautäußerungen Ausdruck von Gefühlen aller Art. Wissenschaftler sehen bereits in den unterschiedlichen Lautäußerungen des Säuglings (Schreien, Jauchzen usw.) den Anfang musikalischen Ausdrucks. Gleichzeitig reagiert schon ein Säugling auf Musik, sei es nun auf den Gesang der Mutter, auf eine Türglocke oder auf das Erklingen eines Instrumentes: Er dreht den Kopf, wippt mit den Füßen, hört zu weinen auf oder schläft ein.
Mit zunehmendem Alter werden Tonfolgen behalten und wiedererkannt und Rhythmen in Bewegung umgesetzt. Das Kind tanzt und singt – allein oder auch mit anderen zusammen. Dabei kann der Partner durchaus auch eine Puppe oder ein Stofftier sein. Bei diesen musikalischen Betätigungen ist es nicht wichtig, daß das Kind »perfekt« singt oder tanzt, entscheidend ist allein die Tatsache, daß es seinen Gefühlen freien Lauf läßt.
In den ersten Schuljahren haben fast alle Kinder ein *positives* Verhältnis zur Musik. Sie singen und musizieren gerne, hören aber auch gerne zu, wenn Musik erklingt. Sie bevorzugen *lustige* und *fröhliche* Musik mit starken Rhythmen und *witzigen* und *originellen* Texten.
In der Pubertät ist eine neue Einstellung zur Musik zu erkennen: Bedingt durch zunehmende *Unzufriedenheit* mit sich selbst und der Umwelt wird Musik häufig als Ventil benutzt, um *Frust* und *Aggressionen* abzubauen. Dabei tritt der persönliche Musikgeschmack in den Hintergrund: gehört wird, was alle hören, was »in« ist. Auch das »Selber-Musik-Machen« bleibt bei vielen Jugendlichen auf der Strecke. Große Aufmerksamkeit findet aber die Musik, die sich direkt mit ihren Sorgen und Nöten auseinandersetzt; Musik, in der sie sich selbst wiederfinden können; Musik, die das sagt, was sie selbst nicht sagen können oder wollen.

Unsere kurze Betrachtung hat gezeigt, wie wichtig Musik im Leben von Kindern und Jugendlichen ist, wenn es darum geht, Gefühle auszudrücken oder zu erwecken. Die Bereitschaft von Kindern, sich auf Gefühle einzulassen, sollten wir als Chance nutzen, um sie aufmerksam und sensibel zu machen für eine Welt, in der wir alle – notgedrungen – zusammenleben müssen.

4. Musik, Lieder und Tänze zur Umwelterziehung

4.1 Allgemeines

Im folgenden Kapitel soll nun an konkreten Beispielen gezeigt werden, wie man Musik als Mittel zur Umwelterziehung und Sensibilisierung für die Umwelt einsetzen kann.

Betrachtet man die Fülle von Liedern, die sich im weitesten Sinne mit »Umwelt« beschäftigen, so läßt sich feststellen, daß sie grob in drei Kategorien unterteilt werden können:

- Lieder mit vorwiegend witzigen Texten;
- Lieder, die konkrete Tips zur Schonung der Umwelt geben;
- Lieder, die mit meistens sehr nachdenklich machenden Texten ganz bewußt die Gefühle der Kinder ansprechen.

Bedingt durch die psychische Entwicklung des Kindes ist es klar, daß sich mit zunehmendem Alter die Vorliebe für eine bestimmte Art von »Umweltmusik« ändert. Während Kleinkinder sicher die *rhythmischen* und *witzigen* Lieder bevorzugen, kann man bei Grundschulkindern die Lieder gut einsetzen, die *praktische Tips* zum Umweltschutz geben. Bei den älteren Kindern und Jugendlichen dagegen ist eine Vorliebe für die »gefühlsbetonte« Musik festzustellen. Diese Einteilung soll aber keineswegs starr sein, sondern die Übergänge sind sicher eher fließend. So kann auch ein Kleinkind durchaus schon auf »traurige« Musik reagieren. Ein Beispiel: Als meine Tochter im Alter von vier Jahren zum ersten Mal ein Lied hörte, in dem es um den Tod eines Vogels ging, fing sie bitterlich zu weinen an und konnte lange Zeit das Lied nicht bis zum Ende anhören.

Beim Einsatz von Umweltliedern in der Schule oder auch im außerschulischen Bereich sollte man darauf achten, daß die *Melodie* für die Kinder *nicht zu schwer* ist. Dadurch kann ihnen der Spaß am Singen vergehen, und die Folge wäre, daß die »Botschaft« des Liedes nicht ankommt.

4.2 Ziele

Durch den Einsatz von Musik in der Umwelterziehung soll erreicht werden, daß Kinder, Jugendliche und auch Erwachsene erkennen, daß die *Natur* für alle *lebensnotwendig* ist und deshalb *geschützt* werden muß. Sie sollen aufmerksam werden auf Dinge, die der Natur schaden. Sie sollen ganz konkrete Hilfen bekommen, wie *Müll vermieden* und *verwertet* werden kann. Gleichzeitig soll sich ihr Umweltverhalten zum Positiven ändern und dadurch die *Freude am Leben und an der Natur* erhalten bleiben.

4.3 Beispiele für den Elementarbereich

Wir wollen uns nun praktische Beispiele ansehen, wie man Musik im schulischen und außerschulischen Bereich als Mittel zur Umwelterziehung einsetzen kann. Dazu kann aus der Angebotsfülle natürlich nur ein Bruchteil erwähnt werden.

Beginnen möchte ich mit einem Lied, das schon 15 Jahre alt ist und das zeigt, daß auch damals schon engagierte Komponisten und Texter versucht haben, Kinder auf die Problematik der Müllvermeidung aufmerksam zu machen. Es heißt: »Das Lied vom Müll« (BARTOS-HÖPPNER/BONDY 1978). Der Text stammt von dem bekannten Kinderbuchautor JAMES KRÜSS, die Musik komponierte CHRISTIAN BRUHN. Dieses Lied eignet sich auch für kleinere Kinder, da es eine sehr einfache, leicht singbare Melodie hat. Der Text ist zwar nicht mehr ganz aktuell, da z.B. der Aspekt der »Abfallwiederverwertung« noch nicht aufgegriffen wird, es kommt aber gut zum Ausdruck, was passieren kann, wenn alles gedankenlos in den Müll geworfen wird.

In einem anderen Lied von ROLF KRENZER und LUDGER EDELKÖTTER soll Verständnis und Anerkennung für diejenigen geweckt werden, die damit beschäftigt sind, unseren Müll wegzuräumen: »Das Lied von der Müllabfuhr« (KRENZER/EDELKÖTTER 1986, S. 13f.). Auf witzige Art weisen die beiden Autoren darauf hin, wie sehr wir von der Arbeit der Müllmänner abhängig sind. Würden sie eines Tages ihre Arbeit nicht mehr machen, kämen wir bald im Müll um.

Ein weiteres Beispiel, wie Kindern die Problematik der Müllvermeidung auf witzige Art nahegebracht werden kann, ist der Kanon »Ich und du, Müllers Kuh«, der ebenfalls von den beiden Autoren KRENZER und EDELKÖTTER (1986, S. 75) stammt. Aus dem bekannten Kinderreim ist ein Kanon mit einem ganz aktuellen Thema geworden. Zu diesem Kanon bietet ROLF KRENZER auch einen »Tanz« an: Die Kinder stellen sich in drei Kreisen auf, die gegeneinander gehen. Zu jeder gesungenen Zeile werden passende Bewegungen ausgeführt (Eselsohren andeuten, Müllsäcke schleppen, Kopf schütteln usw.). Während das Lied selbst sicher auch von kleineren Kindern gesungen werden kann, erfordert die Darbietung als Kanon mit gleichzeitiger Durchführung des Tanzes schon einiges Können seitens der Kinder. Deshalb bietet sich diese Form der Aufführung eher für ältere Kinder an.

Im nächsten Beispiel zeigt der Komponist F. VAHLE, daß es sich lohnt, sich für das Überleben eines Lebewesens einzusetzen: »Der Kastanienbaum« (Aktive Musik Verlagsgesellschaft, Dortmund). Auf lustige Weise schildert er den Kampf der Leute vom Rudolfsplatz gegen Herrn von Schwinn, der wegen eines Hochhauses einen Kastanienbaum fällen will. In diesem Lied macht F. VAHLE den Kindern Mut, sich aktiv für die Natur einzusetzen. Durch die sehr einfache Melodie eignet sich auch dieses Lied für kleinere Kinder.

Viele Lieder befassen sich mit dem verantwortungsvollen Umgang mit der Natur. Ein Beispiel: »Tiere entdecken« von KRENZER/EDELKÖTTER (1986, S. 60–62). Dabei werden nicht nur Tiere erwähnt, die Kinder »niedlich« finden, sondern gerade die, vor denen sie sich »fürchten«: Spinnen, Ameisen und Bienen. Dieses Lied bietet auch die Möglichkeit, durch passende Bewegungen zu den einzelnen Tieren den *tänzerischen* Aspekt mit einzubeziehen, wobei »Tanz« noch nicht als eine festgelegte Form von Tanzschritten zu verstehen ist, sondern mehr als eine *Improvisation von Bewegungen*, die jedes Kind nach eigener Vorstellung ausführt.

Während in den oben genannten Beispielen jeweils originelle Texte und leicht singbare Melodien im Vordergrund standen, möchte ich nun einige »Umweltlieder« anführen, in denen Kinder ganz konkret Hinweise bekommen, wie sie die Umwelt schützen können. Um ihnen zu zeigen, daß Umweltschutz nicht nur

Sache der Erwachsenen ist, sind in den Liedbeispielen bewußt Dinge aus der Welt der Kinder aufgegriffen. Gleichzeitig können aber die Kinder durch das Singen dieser Lieder den Erwachsenen Verhaltensmuster an die Hand geben, wie sie Umweltschutz praktizieren können. Außerdem sind »musikalische« Belehrungen sicher wirkungsvoller, als wenn ständig der erhobene Zeigefinger droht: »Du darfst nicht ...; wenn du das tust, dann ...; du sollst ...«

Unser erstes Beispiel ist das Lied »Fahrradsong« von KRENZER/EDELKÖTTER (1986, S. 11f.). Hier wird deutlich, daß Radfahren eigentlich nur positive Seiten hat: Es hält fit, spart Benzin, macht keinen Lärm, verpestet die Luft nicht. Auch der Vater erkennt schließlich diese Vorteile. Die Kinder merken, daß sie – obwohl sie viel kleiner sind als die Erwachsenen – sehr wohl auch *Vorbild* sein können.

Ein ähnliches Ziel verfolgt auch das nächste Lied vom gleichen Autorenteam (1986, S. 82–86): »Mein Einkaufskorb«. Auch dieses Lied scheint eigentlich für Erwachsene gemacht, da sie zuweilen – viel öfter als Kinder – in die Versuchung geraten, schnell mal eine Plastiktüte zu kaufen, weil die Einkaufstasche zu Hause vergessen wurde.

Ein Beispiel, was man aus »Müll« machen kann, zeigt das Lied »Wir bauen uns ein Sperrmüllhaus« von P. LACH und F. TAORMINA (BARTOS-HÖPPNER/BONDY 1978). Die Kinder erhalten Tips, was sie mit alten, ausgedienten Haushaltsgegenständen noch alles anstellen können.

Ein Lied, das die Kinder zu einem aktiven Beitrag zum Umweltschutz auffordert, ist das Lied »In unserem Wald, da haben sie gehaust« von KRENZER/EDELKÖTTER (1986, S. 87–89). Die Kinder merken, daß sie verantwortlich sind für die Sauberkeit ihrer nächsten Umwelt: Klassenraum, Spielplatz, Parkanlagen usw. Außerdem wird deutlich, daß »die, die da gehaust haben,« oft sie selber sind. Ideal wäre es, wenn ein Erwachsener im Anschluß an die Erarbeitung des Liedes zusammen mit den Kindern eine Säuberungsaktion starten würde.

Wir wollen uns nun noch einige Beispiele ansehen, in denen die *Empfindungen* der Kinder angesprochen werden. Diese Kategorie von Umweltliedern scheint mir die problematischste zu sein, weil diese die Gefahr in sich bergen, die Kinder zu verängstigen. Einerseits soll in einem solchen Lied nichts beschönigt werden (»so schlimm ist es ja gar nicht«), andererseits aber soll auch nicht der Eindruck entstehen, daß »man ja nichts mehr machen kann«.

Ein Lied, das die Wahrheit erzählt, aber trotzdem Hoffnung macht, ist das Lied »Noch ist Zeit« von KRENZER/EDELKÖTTER (1986, S. 111). Auch hierzu gibt es eine schöne Anleitung zu Bewegungen und Gesten: Die Kinder sitzen still im Kreis, bewegen sich leicht hin und her, strecken ihre Arme aus und bilden einen Baum. Alle Bewegungen erfolgen – passend zur Musik – sehr ruhig.

Zur Sensibilisierung der Kinder für die Natur eignen sich – so traurig es auch klingt – Lieder, in denen Lebewesen zu Schaden kommen; Lieder, die nicht »gut ausgehen«. Ein Beispiel soll hier erwähnt werden: das »Lied vom kranken Feldmäuschen« von KRENZER/EDELKÖTTER (1986, S. 117f.). Die Kinder lernen hier, daß Schädlingsbekämpfungsmittel auch solchen Tieren schaden können, für die sie eigentlich nicht gedacht waren, daß im Kreislauf der Natur vieles zusammenhängt, was wir auf den ersten Blick nicht sehen, und daß auch kleine, »nutzlose«

Tiere ein Recht auf Leben haben. (Viele weitere Beispiele zu allen Bereichen enthält die Literaturliste am Ende dieses Textes.)

Zusammenfassend kann man feststellen, daß es gerade für Vorschul- und Grundschulkinder eine Fülle von Liedern gibt, die sich mit »Umweltschutz« im weitesten Sinne befassen. Ziel dieser Lieder ist es, die Kinder *aufmerksam* zu machen für das, was um sie herum geschieht. Wenn die Kinder verstanden haben, warum es sich *lohnt, die Umwelt zu schützen*, werden sie versuchen, auch die Erwachsenen in dieser Richtung zu beeinflussen, und wir Erwachsenen sollten erkennen, daß wir auf diesem Gebiet von den »Kleinen« noch manches lernen können.

Eine kleine *Gefahr* beim Einsatz von Umweltliedern sehe ich dann, wenn lediglich die *Wirkung* von falschem Umweltverhalten bekämpft wird, nicht aber dessen *Ursache*. Ich will an einem Beispiel verdeutlichen, was ich damit meine: In dem oben erwähnten Lied »In unserm Wald, da haben sie gehaust« werden die Kinder angeleitet, ihre direkte Umwelt sauberzuhalten, was ja auch gut und wichtig ist. Also gehen die Kinder in der Pause über den Schulhof und räumen Butterbrottüten aus Plastik oder Trinkpäckchen in den Müll. Durch das Lied könnte der Eindruck entstehen, daß sie damit ihren Teil zur Sauberhaltung der Umwelt beigetragen haben. Damit ist das Problem aber nicht gelöst. Besser wäre es, wenn sie von Anfang an solche Verpackungen gar nicht benutzen würden.

4.4 Einsatzmöglichkeiten im Kindergarten und in der Schule

Im Kindergarten ist das Singen von Umweltliedern immer dann angebracht, wenn z.B. im *Ablauf der Jahreszeiten* die Veränderung der Natur im Frühjahr oder im Herbst Thema ist. Die Kinder erfahren so, wie der Naturkreislauf sich jedes Jahr wiederholt, sie erfreuen sich daran und merken vielleicht auch, daß einige Pflanzen oder Tiere auf einmal nicht wiedergekommen sind. Weiter kann man diese Lieder einsetzen, wenn *Gesundheitserziehung* auf dem Plan steht (»Fahrradsong«).

In der Schule kommt als Einsatzgebiet natürlich noch der *Sachkundeunterricht* dazu, in dem man eine Fülle von Anregungen aus den Liedern aufgreifen kann (Tiere beobachten, Wald säubern, Dinge aus Sperrmüll bauen usw.).
Auch im *Sportunterricht* können diese Lieder eingesetzt werden (Tiere nachahmen durch Kriechen, Hüpfen, Schleichen, Springen ...).
Ruhige und nachdenkliche Lieder kann man im *Religionsunterricht* verwenden: Um den Kindern die Schönheit der Schöpfung Gottes zu zeigen, sammelt man kleine »Schätze« aus der Natur, z.B. ein buntes Blatt oder einen schönen Stein, Tannenzapfen oder Ast. Die Kinder legen diesen Gegenstand vor sich auf ihren Tisch und betrachten ihn, während die Musik leise vom Band erklingt. Dazu eignet sich im besonderen Maße auch *ruhige, gefühlvolle Instrumentalmusik*. Es ist erstaunlich, wie still Kinder dabei werden, die sonst kaum eine Minute auf ihrem Stuhl sitzen können, und wie genau sie »ihren« Schatz betrachten. Bei einer solchen Aktion waren Kinder sogar in der Lage, aus der Menge der Gegenstände ihren gerade betrachteten wiederzuerkennen. Hat man keine geeigneten Dinge zur Hand, kann man auch eine schöne Naturgeschichte erzählen. Die Kinder

legen dazu die Köpfe auf den Tisch und schließen die Augen. So können sie sich gut auf die Geschichte konzentrieren und ihrer Phantasie freien Lauf lassen. Dazu erklingt leise Instrumentalmusik.

Im *Deutschunterricht* kann man über die Liedtexte sprechen und so das Umweltbewußtsein der Kinder wecken.

Hauptsächlich wird man diese Lieder natürlich im *Musikunterricht* singen. Dazu kann man mit den Kindern »Müllinstrumente« bauen: Rasseln aus Dosen, die mit kleinen Steinchen gefüllt sind; Kartons, die als Trommeln eingesetzt werden können; Flaschen, die mit Wasser gefüllt werden und so als Blasinstrumente fungieren usw. Auch hier können die Kinder ihre Phantasie walten lassen. Das kann man übrigens auch gut im Kindergarten anwenden. In der Regel macht es den Kindern viel Spaß, weil der Einsatz dieser Musikinstrumente keine große musikalische Vorbildung erfordert.

Man sieht: Es gibt eine Menge von Gelegenheiten, wie Umweltlieder im schulischen und außerschulischen Bereich wirkungsvoll eingesetzt werden können.

4.5 Beispiele aus dem Sekundarbereich

Während bei kleinen Kindern die *Sensibilisierung für die Umwelt* im Vordergrund stand, müssen bei Jugendlichen und Erwachsenen noch drei wichtige Aspekte beachtet werden:

- Gerade in der Pubertät neigen Kinder zu Schwarzmalerei und »Weltuntergangsstimmung«. Sie unterschätzen ihre Fähigkeiten und sind mit sich selbst und der Welt unzufrieden. Sie sehen sehr wohl, was in ihrer näheren und weiteren Umgebung nicht stimmt, fühlen sich aber nicht in der Lage, etwas dagegen zu unternehmen. Deshalb muß ihre Musik so beschaffen sein, daß sie Mut macht, aktiv mitzuhelfen und sich nicht in *Gleichgültigkeit* und *Melancholie* zurückzuziehen.
- In der Pubertät steht naturgemäß ein Thema im Vordergrund, zu dessen Gunsten alle anderen Interessen zurückstecken müssen: die Beziehung zum anderen Geschlecht. Deshalb ist es in diesem Alter besonders schwierig, Begeisterung zu wecken für etwas, das nichts mit diesem Thema zu tun hat.
- In dieser Zeit entwickeln Jugendliche immer mehr eine Vorliebe für *englischsprachige Musik*, so daß es deutschsprachige Autoren sehr schwer haben, an diese Zielgruppe heranzukommen. Dementsprechend gering ist auch das Angebot an Liedern, die sich mit der Umweltproblematik auseinandersetzen. Hier bietet sich jedoch die Möglichkeit, im *Englischunterricht* Liedtexte mit entsprechenden Themen zu übersetzen und die Lieder im Musikunterricht zu singen.

Auf der Suche nach *deutschsprachigen Liedern* findet man z.B. bei PETER MAFFAY (»Sorry, Lady« aus MC/CD: PETER MAFFAY: 38317, Teldec 1991), bei den »Prinzen« (»Betriebsdirektor« aus MC/CD: Die Prinzen: Das Leben ist grausam, Hansa 1991), bei ROBERT LONG (»Feste, Jungs«, Text: ROBERT LONG und MICHAEL KUNZE, Musik: ROBERT LONG, Edition Padre, Winterscheid), bei NICOLE (»Ein leises Lied« aus MC/CD: Highlights des Jahres 91/92. Polyphon) oder aus dem Bereich der sogenannten Volksmusik bei BIANCA (»Lieber Gott, laß uns erhalten« aus MC/CD: Superhitparade. 16 volkstümliche Top-Schlager, Ariola-Express) Beispiele, die sich mit dem Thema »Umweltschutz« beschäftigen.

In dem Song »Sorry, Lady« entschuldigt sich PETER MAFFAY bei der Erde für unseren Umgang mit ihr und bittet sie gleichzeitig – im Namen der Kinder –, sich nicht an der Menschheit zu rächen:

> »Sorry Lady, gib dich noch nicht auf,
> laß die nach uns leben nicht im Stich.
> Sorry Lady, eine Runde noch,
> sie trifft keine Schuld.«

In ganz anderer Weise greifen die »Prinzen« das Thema auf. Auf ihre bekannt witzige und ironische Art prangern sie Luft- und Wasserverschmutzung an:

> »Wenn unser gold'ner Mond erst merkt: hier muß doch was nicht stimmen,
> weil die vielen kleinen Fischlein alle auf dem Rücken schwimmen,
> dann frag ich den Betriebsdirektor: Bitte, sag mir, muß das sein?
> Also schalt doch deine Kläranlage ein!«

Der holländische Sänger ROBERT LONG trifft mit seinem Lied am ehesten den Ton der Jugendlichen. Er nimmt kein Blatt vor den Mund, wenn er sagt:

> »Feste, Jungs, macht nur weiter so, ihr bekommt schon alles kaputt!
> Leitet alles Gift ins Meer, Dreck und Scheiße hinterher.
> Macht den Ozean zum Klo, Öl schwimmt da schon sowieso.
> Gehn die Fische dabei drauf, was liegt uns schon daran?
> ... Macht die Welt euch untertan!«

Ohne Umschweife prangert er Profitgier und Egoismus der Menschen an:

> »... Und werden auch paar Leute krank, es wird Profit gemacht.
> ... Wenn er nicht deiner Meinung ist, dann mach ihn lieber tot.«

Bei der Sängerin NICOLE klingt das ganze dann so:

> »Hundert Jahre alte Eichen mußten einer Straße weichen,
> wo einst eine Lärche sang, Hektik und Motorenklang.«

Sie will durch »ein leises Lied« die Herzen der Menschen öffnen, hat aber gleichzeitig »Angst, es könnte ungehört verklingen«.

Ein letztes Beispiel aus dem Bereich der Volksmusik ist das Lied »Lieber Gott, laß uns erhalten« von BIANCA, in dem auf sehr sentimentale Weise daran erinnert wird, daß der Mensch nur Gast auf Erden ist und daß wir uns so verhalten sollen, daß unsere Kinder eine Zukunft haben:

> »Vielleicht fängt irgendwann mit ›es war einmal‹ die Geschichte an,
> die man Kindern, wenn sie fragen, von der Welt erzählen kann.
> Es waren Wälder ohne Zahl, Seen, hell wie Kristall,
> rein und klar war das Meer, lang, lang ist's her.«

Während die ersten drei Beispiele eher die »Sprache« der Jugend sprechen, sprechen die erwähnten Lieder von NICOLE und BIANCA durch ihre sentimentalen Texte vornehmlich ältere Erwachsene und Senioren an.
Die hier erwähnten Beispiele zeigen, auf welch unterschiedliche Arten Komponisten und Texter versuchen, das Umweltbewußtsein der Menschen zu fördern. Die Texte befassen sich meistens mit allgemeinen Mißständen: Wasser- und Luftverschmutzung, Zerstörung der Natur zugunsten einer immer größer werdenden Profitgier der Menschen oder Opferung von Lebewesen zu wissenschaftlichen Zwecken.

Ein Werk, das sich speziell mit einer bestimmten Umweltkatastrophe auseinandersetzt, ist das Rock-Requiem »Die Kinder von Tschernobyl« von REINHARD HORN (Musik) und MARIA GÖRGES (Text). In eindrucksvollen und teilweise erschütternden Songs wird hier an das verheerende Atomunglück in der Sowjetunion vor einigen Jahren erinnert. Dieses Requiem (MC/CD »Die Kinder von Tschernobyl«, Kontakte-Musikverlag, Lippstadt) kann vor allem in der Sekundarstufe Thema des Unterrichts sein (siehe Liedbeispiel 1 im Anhang).

4.6 Umweltmusik für Erwachsene

Die musikalische Betätigung von Erwachsenen besteht in der Regel aus Singen in Chören, Musizieren in Orchestern, Blaskapellen, Spielmannszügen etc. und Tanzen in entsprechenden Clubs. Dabei ist das Repertoire fast ausschließlich *klassisch-traditionell* oder *volkstümlich*. Themen wie »Umweltschutz« oder »Sorge um die Natur« sind kaum zu finden.

Allerdings soll hier ein Beispiel erwähnt werden, das sich mit diesem Thema beschäftigt: »Wir pflügen und wir streuen – Musik zum Erntedank« (Informationen hierzu: MANFRED LIGENSA, Unter den Ulmen, 33330 Gütersloh). Es handelt sich bei diesem Werk um eine kleine Kantate zum Erntedankfest für Solo-Gesang, Chor und Orchester nach Texten von MATTHIAS CLAUDIUS und MANFRED LIGENSA. Der Komponist MANFRED LIGENSA hat das Erntedankfest zum Anlaß genommen, über den Umgang mit der Natur nachzudenken. So heißt es dort im Sopran-Rezitativ:

> »O Gott, was haben wir aus deiner Schöpfung gemacht!
> Aus den Wäldern und aus der ganzen Erde –
> selbst Sonne und Mond haben wir nicht verschont!«

Diese Kantate eignet sich durch ihre schlichte Eingängigkeit auch gut für Laienchöre.

Bedingt durch das geringe Angebot von »Umweltliedern« für Jugendliche und Erwachsene erhebt sich die Frage, ob man nicht *selbst* Ideen entwickeln kann und – im günstigsten Fall – sogar eigene Lieder komponieren kann. Über einen solchen Versuch möchte ich im nächsten Kapitel berichten.

5. Quodo – eine Geschichte mit Musik um die Welt

5.1 Der Anfang

An der Brinkmannschule Langenberg existiert seit einigen Jahren eine Musik-Arbeitsgemeinschaft, in der interessierte Kinder freiwillig mitarbeiten können. Diese AG trifft sich einmal in der Woche zwei Stunden, um gemeinsam Musik zu machen. Zunächst beschränkte sich ihr Wirkungskreis auf die Mitwirkung bei Schulfesten oder anderen feierlichen Anlässen.
Da zwar viele Kinder Interesse zeigten, aber nur wenige auch wirklich *gut singen* konnten, ein *Instrument beherrschten* oder *taktfest* waren, kam uns – meinem

Mann und mir – die Idee, auch andere Talente in diese AG einfließen zu lassen. Und so begannen wir, kleine Kinder-Musicals einzustudieren und aufzuführen, zunächst von fremden Autoren, später dann auch mit selbstkomponierten Liedern. Auf diese Weise konnten auch die Kinder in der AG bleiben, die zwar nicht »musikalisch« waren, aber über *schauspielerisches Talent* verfügten. Und selbst solche Kinder, die auch auf diesem Gebiet keine besonderen Fähigkeiten aufwiesen, wurden eingespannt als *Bühnenbildner, Beleuchter* oder *Statisten*. So hatte schließlich jedes Kind »seine« Aufgabe, die es gewissenhaft erledigte.

Nachdem sich dann vor einigen Jahren die Meldungen von Umweltkatastrophen häuften, beschlossen wir, eine Geschichte einzustudieren, die Kinder, Jugendliche und Erwachsene gleichermaßen aufrütteln sollte. Uns schwebte eine Geschichte vor, die einerseits die Mißstände in der Welt aufzeigt, andererseits aber auch Hoffnung weckt und eventuelle Möglichkeiten zeigt, wie jeder einzelne dabei mithelfen kann, daß diese Hoffnungen in Erfüllung gehen.
So entstand »Quodo – eine Geschichte mit Musik um die Welt«. Die »Botschaft« dieser Geschichte ist verblüffend einfach: Viele Umweltsünden werden nur deshalb gemacht, weil der Mensch *egoistisch* handelt. Würden alle Menschen auf der Welt »gewissenhaft« entscheiden – d.h. überlegen, ob es nur ihnen individuell nützt oder der ganzen Menschheit –, würden viele Katastrophen nicht stattfinden. Damit dies aber nicht in eine grenzenlose Belehrung ausartet, haben wir die Form eines modernen Märchens gewählt, in dem allerhand geheimnisvolle Dinge geschehen. So kann am Ende der Geschichte jeder für sich entscheiden, wieviel Wahrheit darin steckt und welche Konsequenzen sich für ihn persönlich daraus ergeben.

5.2 Die Geschichte

Im Mittelpunkt der Geschichte stehen die beiden ungleichen Schwestern Xenia und Bille, die sich immer wieder um ein Thema streiten: die Umwelt. Während Xenia der Meinung ist, daß nur das Leben »heute« zählt, vertritt Bille die Ansicht, daß der rücksichtslose Umgang mit der Welt schon bald in einer Katastrophe enden wird und daß man nichts mehr daran ändern kann.
Diese unterschiedlichen Standpunkte werden auch in ihrem Handeln deutlich: Xenia – lebenslustig und oberflächlich – kümmert sich nicht um Umweltverschmutzung, sondern sucht in erster Linie ihren eigenen Vorteil. Bille dagegen ist oft deprimiert und flüchtet sich in Resignation.
Als eines Morgens ein neuer Mitschüler – Quodo – in ihre Klasse kommt, dessen Vater – der Forscher Polyplusius – in der heimischen Chemiefabrik arbeitet, interessieren sich beide brennend für ihn. Für Xenia verkörpert Quodos Vater den Fortschritt, für Bille dagegen ist er der Urheber des ganzen Übels, unter dem sie so leidet. Erst ein Besuch im Labor des Vaters, bei dem wundersame Dinge geschehen, öffnet beiden die Augen, und sie erkennen, daß weder Gleichgültigkeit noch Resignation etwas ausrichten können, wenn es darum geht, die Umwelt zu schützen und zu erhalten.

5.3 Von der Idee bis zur Aufführung

Noch bevor die Geschichte in unseren Köpfen herangereift war, hatte sich bei uns eine größere Anzahl von Songs angesammelt, die wir im Laufe der Jahre komponiert, arrangiert und im eigenen Studio aufgenommen hatten. Viele dieser Lieder hatten direkt oder indirekt mit den Themen »Welt«, »Leben« oder »Erde« zu tun. Deshalb kamen wir auf die Idee, um diese fertigen Lieder herum eine Geschichte zu »erfinden«, die sich mit diesen Themen beschäftigt. So entstand das Musical »Quodo«.

5.3.1 Die Musik

Da die meisten der »Quodo«-Songs nicht speziell für das Musical geschrieben wurden, weisen sie auch keine typischen »Kinderliedstrukturen« auf, d.h., sie sind z.T. nicht leicht zu singen, die Texte sind nicht immer sofort für Kinder verständlich. Auch das Arrangement ist nicht »kindertümlich«, sondern eher rockig-poppig. Da die Geschichte aber nicht nur Kinder, sondern auch Jugendliche und Erwachsene ansprechen sollte, wollten wir am Arrangement der Songs auch nichts ändern. Deshalb war es notwendig, zu Beginn mit den Kindern über die Texte zu sprechen und bestehende Unklarheiten auszuräumen.
Durch das große Interesse der Kinder an den Liedern war es sogar möglich, daß einige Textzeilen *mit ihnen zusammen* erarbeitet wurden. Auf diese Weise entstand bei ihnen bald eine besondere Beziehung zu den Liedern, weil sie ja direkt daran beteiligt waren. Auch das poppige Arrangement stieß bei den Kindern auf große Begeisterung.

Bei der Auswahl der Hauptdarsteller mußten wir berücksichtigen, daß sie sowohl *gut singen* als auch *gut schauspielern* konnten. Das war bei der Suche nach »Quodo« besonders schwierig, da nur relativ wenige Jungen bereit waren, die Hauptrolle zu übernehmen, wir aber auf jeden Fall einen Jungen für diese Rolle einsetzen wollten. Die Mädchen zeigten sich wesentlich »mutiger«, so daß es bei der Wahl von Bille und Xenia keine Probleme gab.

Bei den Aufführungen wählten wir das Verfahren des »Halb-Playback«, d.h., die Musik kam von Band, während die Kinder »live« dazu sangen. Wir haben uns für diese Aufführungspraxis entschieden, weil der Einsatz einer »Live-Band« den Rahmen unseres Schuletats gesprengt hätte. Sollte eine Schule jedoch über geeignete Musiker (Schul-Band o.ä.) verfügen, kann die Musik natürlich selbst gespielt werden.

5.3.2 Einige Musikbeispiele

Im folgenden möchte ich kurz auf einige »Quodo«-Songs eingehen. Um die unterschiedlichen Standpunkte der beiden Mädchen in bezug auf das Thema »Umwelt« deutlich zu machen, singen beide in der zweiten Szene ein Lied. Den Handlungsrahmen dieser Szene bildet eine Schulklasse, die im Deutschunterricht über Träume spricht. Bille und Xenia sollen berichten, wovon sie träumen. Bille schildert ihren Traum in den dunkelsten Farben und verbreitet eine regelrechte Weltuntergangsstimmung (siehe Anhang Lied 2: »Flieg mit mir zum Mond«).

Um die dramatische Wirkung ihres Traumes noch zu unterstreichen, werden die Verse des Liedes nur gesprochen. Erst beim Refrain setzt eine einfache Melodie ein. Das Arrangement des Liedes ist bewußt düster gehalten und löst so beim Zuhörer Betroffenheit und Beklemmung aus.
Xenia reagiert auf Billes Lied mit Protest. Für sie sieht das Leben, von dem sie träumt, ganz anders aus (siehe Anhang Lied 3: »Ich geh' meinen Weg«).
Durch die rhythmische Melodie und das »fetzige« Arrangement kommt deutlich zum Ausdruck, um welche Sorte Mensch es sich bei Xenia handelt: Sie pfeift auf gute Ratschläge, sie braucht niemanden, der ihr sagt, was sie tun soll, und wirft alle »Regeln« über den Haufen.
Nachdem die beiden Mädchen den Forscher Polyplusius besucht haben, merken sie, daß beide Standpunkte – Gleichgültigkeit auf der einen und Resignation auf der anderen Seite – nicht richtig sind, und sie kommen in einem Lied auf einen gemeinsamen Nenner (siehe Anhang Lied 4: »Wir haben Hände«).
Hier sieht Bille ein, daß man sehr wohl noch etwas tun kann, um eine Katastrophe zu verhindern. Für Xenia ist jetzt klar, daß Egoismus kein Mittel ist, wenn es darum geht, für alle etwas zu erreichen. Das Lied ist einfach arrangiert, denn hier soll in erster Linie der Text sprechen.
Quodo versucht in seinen Liedern eine Vermittlerrolle zu übernehmen, was ihm aber nicht gelingt, denn für beide Mädchen ist er ein romantischer Träumer, der an der Wirklichkeit vorbeilebt. Deshalb schlägt er ihnen einen Besuch bei seinem Vater vor, der dann ja letzten Endes zum Sinneswandel der Mädchen führt.

5.3.3 Die Proben

Um bei den Kindern eine besondere Beziehung zu dem Musical zu wecken, bezogen wir sie in sämtliche Planungen mit ein. Sie bekamen also nicht ein fertiges Werk vorgesetzt, sondern durften sich *aktiv* an der Fertigstellung beteiligen. So wurde z.B. gemeinsam überlegt, wie bei den einzelnen Szenen das Bühnenbild aussehen sollte, welche Kulissen benötigt werden, wie die Kostüme gestaltet werden sollten und wie verschiedene Effekte (z.B. Licht oder Nebel) eingesetzt werden können.
Das Ergebnis war, daß einige Kleinmöbel herbeigeschafft wurden, die wir zur Ausstattung der beiden Mädchenzimmer brauchten, daß die Eltern mit ihren Kindern Kostüme schneiderten, die zu ihren Rollen paßten, und daß bergeweise altes Geschirr zusammengetragen wurde, welches Xenia in einem Anfall von Wut an die Wand zu werfen hatte, kurz: jedes Kind trug seinen Teil dazu bei, um die Aufführung zu einem großen Erfolg werden zu lassen.
Nachdem sich die Darsteller zunächst *allein* mit ihrem Text und ihren Liedern vertraut gemacht hatten, kamen die ersten *gemeinsamen Proben*, wobei wir folgendermaßen vorgingen: zunächst nur einzelne Szenen bzw. Dialoge – ohne Kulissen –, dann Szenen mit Songs, später dann mehrere Szenen hintereinander – auch mit Kulissen –, bis schließlich das ganze Musical »stand«.
Für die Hauptdarsteller ergab sich noch zusätzlich eine Schwierigkeit in bezug auf die eingesetzte Technik: Sie waren mit Sendermikrophonen ausgestattet, mußten aber zum Singen ein Gesangsmikrophon benutzen, damit die Stimme

mit Effekten, wie z.B. Hall, unterlegt werden konnte. Sie hatten sich also nicht nur auf ihren Text und ihre Musik zu konzentrieren, sondern auch darauf, daß das Gesangsmikrophon immer am richtigen Platz war. Auch das mußte in den Proben gründlich geübt werden.

5.3.4 Die Aufführungen

Insgesamt haben wir das Musical »Quodo« in einem Zeitraum von ungefähr acht Wochen siebenmal aufgeführt. Und erst bei einer Aufführung zeigt es sich, ob man die »richtigen« Kinder ausgewählt hat. Es hat keinen Sinn, wenn ein Kind zwar gut singen kann, vor Publikum jedoch jedesmal vor Lampenfieber »stirbt«. Doch auch für ängstliche Kinder kann die Mitwirkung bei einem solchen Projekt eine gute Hilfe sein, ihre Schüchternheit abzubauen. Im Einzelfall muß jedoch der Lehrer entscheiden, ob der Einsatz eines solchen Kindes sinnvoll ist oder nicht. Denn wenn ein schüchternes Kind eine Vorstellung aus Lampenfieber scheitern läßt, ist dieses Erlebnis sicher nicht geeignet, sein Selbstbewußtsein zu heben. In unserem Fall erwies sich die getroffene Wahl als gut, und sogar unter schwierigen Bedingungen (unaufmerksames Publikum, beengte Räumlichkeiten) waren sie zuverlässig und nervenstark.
Leise Zweifel unsererseits, daß die Kinder vielleicht den Spaß verlieren oder daß mit der Häufigkeit der Aufführungen die Konzentration nachläßt, erwiesen sich als unbegründet. Im Gegenteil: Je häufiger sie das Musical spielten, desto lockerer wurden sie, und sie gingen förmlich in ihren Rollen auf.

6. Abschließende Bemerkungen

Natürlich ist nicht jeder in der Lage, »seine« Umweltmusik selbst zu komponieren. Genausogut kann man schon vorhandene Lieder einsetzen und dazu eventuell selbst eine Geschichte erfinden, oder man überlegt zusammen mit den Kindern einen Handlungsrahmen, den man um diese Lieder spinnen kann. Die Erfahrung zeigt, daß Kinder in solchen Situationen sehr kreativ und phantasievoll sein können. Aber auch das reine Singen ohne die Einbettung in eine Handlung verfehlt mit Sicherheit nicht seine Wirkung, wenn über das Gesungene gesprochen wird und dabei konkrete Verhaltensweisen im Umgang mit der Natur vermittelt werden.

Zum Schluß möchte ich jeden Lehrer, Erzieher, aber auch alle Eltern ermutigen, durch konsequentes Handeln die Kinder zu verantwortungsvollen »Umweltschützern« zu erziehen, wobei die Musik sicher einen wertvollen Beitrag leisten kann.

Literatur

ABEL-STRUTH, SIGRID: Zur musikalischen Sozialisation des jungen Kindes unter besonderer Berücksichtigung des Kinderliedes. In: Institut für Frühpädagogik (Hrsg.): Musik und Bewegung im Elementarbereich. Kösel, München 1974, S. 45–57;
BARTOS-HÖPPNER, BARBARA/BONDY, ARPAD (Hrsg.): Kinderlieder unserer Zeit. Neue und alte Kinderlieder zu Spiel und Spaß, zum Tageslauf und durch das Jahr. Arena, Würzburg 1978;

Musik ist Leben – Leben braucht Musik!

CORNELL, JOSEPH BHARAT: Mit Kindern die Natur erleben. Ahorn, Oberbrunn 1979;
HANSELMANN, HEINRICH: Kind und Musik. Rotapfel, Zürich 1952²;
KRENZER, ROLF: Deine Welt ist meine Welt. Spielgeschichten und Lieder zur Umwelt- und Friedenserziehung in unserer Mitwelt. Herder, Freiburg/Basel/Wien 1989³;
KRENZER, ROLF/EDELKÖTTER, LUDGER: Kinderflohmarkt. Mit Kindern unsere Umwelt schützen. Neue Spiellieder, Theaterstücke, Geschichten, Anleitungen, Ideen. Impulse-Musikverlag Ludger Edelkötter, Drensteinfurt 1986 [auch als MC, Playback-MC und Liedheft erhältlich];
KREUSCH-JACOB, DOROTHÉE (Hrsg.): Lieder von der Natur. Wiese, Wasser, Wald und Himmel in Liedern, Gedichten und Rätseln. Otto Maier, Ravensburg 1988;
LEMMERMANN, HEINZ: Musikunterricht. Hinweise – Bemerkungen – Erfahrungen – Anregungen. Didaktische Grundrisse. Klinkhardt, Bad Heilbrunn/Obb. 1984³;
NEUHÄUSER, MEINOLF/REUSCH, ARNOLD/WEBER, HORST: Resonanzen. Arbeitsbuch für den Musikunterricht, Sekundarstufe 1. 2 Bde. Diesterweg, Frankfurt a.M./Berlin/München o.J.

Einige Musikverlage, bei denen man weitere Lieder und Musik zum Thema »Umwelt/Natur« finden kann:

Feedback-Musikverlag REGINA FRERICH, Schusterstraße 4, 33449 Langenberg;
Impulse-Musikverlag LUDGER EDELKÖTTER, Natorp 21, 48317 Drensteinfurt;
Kontakte-Musikverlag UTE HORN, Holtackerweg 26, 59558 Lippstadt;
Verlag »pläne« GmbH, Postfach 827, Dortmund.

Anhang

Lied 1: Tschernobyl

Rock-Ballade

Musik ist Leben – Leben braucht Musik!

Tschernobyl – irgendwo ein Ort
na ja, das ist weit fort.
Du irrst, es ist ein Ort wir Kalkar,
ganz schrecklich nah, nah, ganz nah.

Ein Tschernobyl, ein Tschernobyl –
ist eins zuviel, zuviel.
Tschernobyl, Tschernobyl,
für unsern Stern gibt's kein Exil.

Ganz schrecklich nah,
und vielleicht schrecklich bald
ändert das Leben auch hier die Gestalt.
Lachen wird Weinen
Kindheit wird Schreck
Und eh wir denken und meinen
sind wir schon weg.

Lied 2: Flieg mit mir zum Mond

Lied 3: Ich geh' meinen Weg

Xenia: 1. Guter Rat von guten Freunden,
was ich tun und lassen soll,
jeder will doch nur mein Bestes,
selbstlos und vertrauensvoll.
Jeder kennt des Rätsels Lösung,
jeder hat's selbst mitgemacht,
heiße Tips und tolle Pläne
haben sie sich ausgedacht.

2. Ja, sie kommen wie gerufen,
kaum ein Wort, schon sind sie da:
»Ist doch wirklich selbstverständlich,
keine Frage, ist doch klar!«
Und sie kennen jedes Mittel:
»Meine Oma hat das auch!«
Doch sie wollen gar nicht wissen,
ob ich sie auch wirklich brauch'.

Refrain: Ich geh' meinen Weg,
ich geh' meinen Weg,
ganz egal, was andre tun,
ja, ich geh' meinen Weg.

3. Tu' nur das, woran ich Spaß hab',
sing' ein Lied so laut ich kann,
Hausaufgaben können warten,
macht ja nichts, ich denk' nicht dran.
Sonntags schlaf' ich bis zum Mittag,
lieg' im Bett noch bis um drei,
Cola, Pommes sind mein Frühstück,
und ich denk' mir nichts dabei.

Refrain: Ich geh' meinen Weg,
ich geh' meinen Weg,
ganz egal, was andre tun,
ja, ich geh' meinen Weg.

4. Na na na na na na na na,
na na na na na na na,
na na na na na na na na,
na na na na na na na na,
na na na na na na na na,
na na na na na na na na.

Refrain: Ich geh' meinen Weg,
ich geh' meinen Weg,
ganz egal, was andre tun,
ja, ich geh' meine Weg.

Ich geh' meinen Weg,
ich geh' meinen Weg,
ganz egal, was andre tun,
ja, ich geh' meinen Weg.

Ich geh' meinen Weg,
ich geh' meinen Weg,
ganz egal, was andre tun,
ja, ich geh' meine Weg.

Lied 4: Wir haben Hände

Bille: 1. Wir haben Hände, die können viel,
doch nicht nur ganz für uns allein.
Was sie auch machen, da ist ein Ziel –
doch nur für uns, das darf nicht sein.

Wir brauchen Wald und Meer,
die Nacht, das Licht,
die Erde braucht uns nicht.

Nehmt eure Hände, es wird schon gehn,
doch nicht nur ganz für uns allein.

Regina Frerich

Xenia: 2. Wir haben Herzen, die schlagen laut,
doch nicht nur ganz für uns allein.
Wir wollen Schlösser auf Fels gebaut,
doch nur für uns, das darf nicht sein.

Wir brauchen Wald und Meer,
die Nacht, das Licht,
die Erde braucht uns nicht.

Nehmt eure Herzen, es wird schon gehn,
doch nicht nur ganz für uns allein.

Bille + Xenia: Doch nicht nur ganz für uns allein.

2.6 Umweltspiele im Erlebnisbereich Wasser

Klaus Hübner

Wasser bestimmt das Leben auf unserer Erde: Das Leben begann im Urmeer, und auch bei der Eroberung des Landes war die Entwicklung von Lebewesen immer unabdingbar mit dem wäßrigen Element gekoppelt. Wasser ist aber nicht nur Lebensraum für Tiere und Pflanzen, auch wir Menschen benötigen Wasser, um überleben zu können. Die folgende Auswahl von Spielen beschreibt Erkundungsmöglichkeiten eines Elements, das in zunehmendem Maße durch den Menschen bedroht ist. Es wird Zeit, sich wieder bewußtzumachen, wie lebensnotwendig Wasser für uns alle ist, ob in Bächen, Tümpeln, Teichen, Seen, Meeren, Nebeln oder unter dem Eis eines Sees. Neben den faszinierenden Geheimnissen, die sich auf oder unter der Wasseroberfläche abspielen, ist das Wasser natürlich auch ein (fast) reines Vergnügen zum Planschen, Tauchen und Schwimmen.

Wo immer es möglich ist, sollte man Kinder und Jugendliche daher am Wasser spielen lassen. Dies gilt auch auf Sonntagsspaziergängen mit den Eltern oder Freunden. Die beiden Jungen auf dem Bild (Foto 1) spielten an dem Tümpel mit z.T. gefrorener Oberfläche fast eine Stunde lang intensiv. Geplant war an sich ein »normaler« Spaziergang, am Ende machte es jedoch allen Beteiligten bei interessanten Wasserspielen Spaß. Wie das weitere Bild (Foto 2) zeigt, sollten Eltern ihre Kinder immer so anziehen, daß Spielen bei jeder Witterung möglich ist.

Foto 1

Foto 2

1. Bacherkundung

Ort:	nicht zu tiefer Bach
Wetter:	warm und trocken
Material:	stabiler Draht ohne Kunststoffisolierung, ca. 1 Meter lange Stücke; Gardinenstoff fein, je ca. 30 x 30 cm; Isolierband; eventuell Holzstäbe, 50 cm lang; gebrauchte Plastikbecher oder Schalen, möglichst durchsichtig; Pinsel; Löffel; Becherlupen; Bestimmungskärtchen
Alter:	ab 6 Jahre

Spielanleitung:
Zuerst muß ein Kescher gebastelt werden. Jedes Kind bekommt hierfür einen Draht und ein Gardinenstück. Der Draht wird entlang der Stoffkanten durchgestochen und dabei ringförmig gebogen. Die Endstücke werden zu einem Griff umgebogen und mit Isolierband stabilisiert oder an einem Holzstab befestigt.

Scharfe Endstücke werden mit Isolierband abgeklebt. Kleineren Kindern muß beim Kescherbasteln geholfen werden.
Die Kinder sollen nun im Bach, unter Steinen, im Schlamm oder an Wasserpflanzen nach Bachtieren suchen. Dabei muß immer ganz vorsichtig vorgegangen werden. Mit dem Pinsel können Tiere von Steinen gelöst werden. Die gefangenen Tiere gibt man in ein mit Wasser gefülltes Gefäß. Nach einiger Zeit kommt man wieder zusammen, um die Tiere genauer zu betrachten (Becherlupe). Mit Hilfe der Bestimmungskärtchen können ihre Namen herausgefunden werden. Die Farben der Kärtchen sind den unterschiedlichen Wasserqualitätsansprüchen der Tiere entsprechend verschieden. Über die Kärtchenfarbe kann somit auch der Grad der Wasserverschmutzung bestimmt werden. (In der Farbfolge Rot – Gelb – Grün – Blau wird das Wasser besser.)
Hinweise zum Behandeln der Tiere: Nur unter Wasser aufbewahren, da sie an der Luft nicht atmen können! Nach dem Beobachten sofort wieder zurückbringen: Glas ins Wasser hängen, nicht schütten, sondern Tiere herausgleiten lassen!

2. Bestimmen der Fließgeschwindigkeit

Ort:	nicht zu tiefer Bach
Wetter:	warm und trocken
Material:	Bindfaden, Sägen, Messer, Stoppuhr, Taschenrechner
Alter:	ab 6 Jahre

Zur Bacherkundung gehört auch die Bestimmung der Fließgeschwindigkeit des Wassers. Dazu bauen wir kleine Boote. Wer sich einmal genau am Ufer umschaut, kann dort auch einiges Material aus der Natur finden, welches sich gut eignet, um ein Schiff zu bauen, z.B. Baumrinde als Schiffskörper, ein Stock als Mast und ein großes Blatt als Segel. Mit Stöckchen gleichen Durchmessers und einem Stück Bindfaden kann man ein tolles Floß bauen. Nun wird eine Strecke abgemessen und die Zeit gestoppt, die das Boot braucht, um diese Strecke abzufahren. Mit der Formel: m/s x 3,6 = km/h erhält man die Fließgeschwindigkeit.

3. Bastelspiele

3.1 Basteln am Wasser

3.1.1 Unterwasserlupe

Ort:	draußen am Wasser
Wetter:	warm und trocken
Material:	Blechdosen, Klarsichtfolie, Dosenöffner, Gummi,
Alter:	ab 8 Jahre

Bauanleitung:
Von einer Blechdose entfernt man mit einem Dosenöffner Boden und Deckel. Über eine der Öffnungen wird klare Folie mit einer Schnur wasserdicht festgebunden. Hält man die Dose senkrecht ins Wasser, wölbt sich die Folie durch den Wasserdruck nach innen. Sie wirkt jetzt wie die Linse einer Lupe.

3.1.2 Taucher

Ort:	draußen am Wasser
Wetter:	warm und trocken
Material:	Luftballons, Ventilschlauch, Steine
Alter:	ab 8 Jahre

Bauanleitung:
An einem Luftballon wird ein Stein befestigt und ein längeres Stück Ventilschlauch so angebracht, daß es in den Ballon führt. Bläst man durch das Schläuchlein etwas Luft, so bläht sich der Ballon und beginnt schließlich im Wasser zu steigen und den Stein zu heben. Lassen wir etwas Luft heraus, so sinkt er wieder. Es ist erstaunlich, wie groß der Stein ist, den ein Ballon im Wasser trägt.

3.1.3 Wasserrad aus Astgabeln

Ort:	draußen am Wasser
Wetter	warm und trocken
Material:	Holzkisten zum Zersägen, Papier, gesammelte Äste, Nägel, Schnitzmesser, Sägen
Alter:	ab 8 Jahre

Bauanleitung:
Man suche sich mindestens acht Astgabeln mit langen, geraden Stielen. Wenigstens sechs davon werden in einer Nabe zusammengefaßt, die letzten zwei dienen als Lager. Weidenruten, wie sie am Bachrand wachsen, aber auch Erlen eignen sich gut. Beide Bäume wachsen schnell nach, so daß wir keinen Schaden anrichten. In Naturschutzgebieten dürfen wir uns natürlich nicht so bedienen. Die mögliche Größe des Rades reicht von wenigen Zentimetern bis zu einem Durchmesser von 1 m, also ca. 50 cm langen Astgabeln.
Die Nabe ist ein dickes Aststück, in das wir Schlitze schneiden zur Aufnahme der zugespitzten Gabeln, gleichmäßig rundum verteilt. Bei größeren Rädern müssen wir Löcher bohren. An den Astgabeln außen befestigen wir die Angriffsflächen für das Wasser: Brettchen oder Blechstücke, bei kleinen Rädern sind auch Blätter oder Papierstückchen denkbar. Das fertige Rad sollte einigermaßen ausgewogen sein, darauf muß man während des Bauens achten. Die übrigen beiden Astgabeln stecken wir in den Bachgrund als Lager. Als Laufstücke der Achse nageln wir Nägel in die Nabe, oder wir spitzen sie nur an.

3.2 Mini-Klärwerk

Ort:	draußen und drinnen
Wetter:	----
Material:	eine Filtertüte, ein Einmachglas, vier leere Joghurtbecher, jeweils drei Eßlöffel Kies, grober Sand, feiner Sand
Alter:	ab 8 Jahre

Bauanleitung:
In die Böden der Joghurtbecher wird jeweils ein Loch gebohrt. In den ersten Becher füllt man Kies, in den zweiten groben, in den dritten feinen Sand. In den vierten Becher steckt man die Filtertüte. Der ganze Becherturm wird in das Einmachglas gestellt.
Nun gießt man von oben Schmutzwasser ein, z.B. vom Geschirrspülen. Es tropft durch die einzelnen »Kammern« der Kläranlage und wird in »vier Stufen« gereinigt. In jeder Kammer bleibt der Schmutz, der sich im Wasser befindet, zwischen dem Klärmaterial hängen. Ins Einmachglas tropft nur das gesäuberte, klare Wasser.
An diesem Spiel kann verdeutlicht werden, wie aufwendig es ist, verschmutztes Wasser wieder zu reinigen, obwohl hier nur die mechanische Reinigung erläutert wird. Den Kindern kann erklärt werden, daß unsere Klärwerke noch weit mehr unternehmen müssen, um das Wasser wieder so aufzubereiten, daß wir es trinken können. Durch die starke chemische Verschmutzung – verursacht durch Haushalte, Industrie und intensive Landwirtschaft – wird dies immer schwieriger. Hier können auch Anregungen zum Gewässerschutz gesammelt werden.

3.3 Basteln mit Löwenzahn

3.3.1 *Wassermännchen*

Ort:	draußen und drinnen
Wetter:	----
Material:	Löwenzahnstengel, Messer, Wasserglas
Alter:	ab 6 Jahre

Bauanleitung:
Wir schneiden Stengelröhrchen auf beiden Seiten ein und legen sie ins Wasser, dabei entstehen krause Kringel und Locken. Daraus können sich die Kinder ihr eigenes »Phantasiewassermännchen« basteln. Dieses Spiel fasziniert die Kinder, weil die Stengel des Löwenzahns laufend ihre Form verändern und immer wieder neue lustige Figuren entstehen.

3.3.2 Wasserleitungen

> Ort: draußen und drinnen
> Wetter: ----
> Material: Löwenzahnstengel, mehrere Blechdosen oder Joghurtbecher
> Alter: ab 6 Jahre

Bauanleitung:
Kinder bauen mit Vergnügen lange Wasserleitungen. Dazu brauchen wir viele Löwenzahnstengel als Wasserrohre und kleine und große Büchsen als Reservoire. Die »Leitungsrohre« werden ineinandergeschoben, immer das dünnere Ende in das dickere. Die Reservoire werden vorgelocht. Nun müssen sie nur noch an die Wasserrohre angeschlossen und mit Wasser aufgefüllt werden. Mit Spannung verfolgen die Kinder den Weg des kanalisierten Wassers.

4. Pflanzen- und Tiereraten

> Ort: draußen und drinnen
> Wetter: ----
> Material: ----
> Alter: ab 5 Jahre

Spielanleitung:
Das im Beitrag »Umweltspiele im Erlebnisbereich Wiese« beschriebene Spiel kann auch für den Lebensraum Wasser und dessen Tier- und Pflanzenwelt angewendet werden. Am Beispiel des Frosches soll dies verdeutlicht werden:

- ❏ Ich lebe im Wasser und auf dem Lande.
- ❏ Zwei Tiere von meiner Art haben genausoviel Beine wie eine Spinne. Außerdem besitze ich ein Rückgrat und so viele Augen wie ein Mensch.
- ❏ Ich kann durch meine feuchte Haut atmen und trinken, zwei meiner Füße haben Schwimmhäute.
- ❏ Wenn ich noch klein bin, atme ich im Wasser mit Kiemen. Später als Erwachsener ändert sich mein Körper, und ich entwickle Lungen, mit denen ich Luft einatmen kann.
- ❏ Die Männchen meiner Art singen, um die Weibchen anzulocken. Aber weder Weibchen noch Männchen bauen Nester oder sorgen für die Kinder.
- ❏ Wenn du die Farben blau und gelb mischst, dann weißt du, was ich für eine Hautfarbe besitze.
- ❏ In meiner Jugend fresse ich grüne Pflanzen, wenn ich älter werde, stelle ich mich ganz auf Insektenkost um.
- ❏ Dazu besitze ich eine Zunge, die sich am Ende meines Mundes befindet. Ich klappe sie heraus und fange damit meine Beute.
- ❏ Ich bin ein Kaltblüter, kann schwimmen und lege meine Eier im Wasser ab.
- ❏ Wenn es im Winter kalt ist, verbringe ich meine Zeit im Schlamm, unten im Teich.

5. Das Anschleichspiel

> *Ort:* draußen und drinnen
> *Wetter:* trocken
> *Material:* Augenbinde
> *Alter:* ab 8 Jahre

Spielanleitung:
Leises Anschleichen und ruhiges Verhalten kann mit diesem Spiel geübt werden, das auch für das Erkunden anderer Lebensräume geeignet ist.
Mit den Kindern wird ein Kreis gebildet. Ein Kind darf in die Mitte treten, es bekommt die Augen verbunden und übernimmt dann die Rolle eines Wassertieres (Fisch/Frosch). Die Kinder im Kreis möchten das Tier fangen, um es zu beobachten. Der Spielleiter zeigt auf ein Kind, das sich leise an das Wassertier in der Mitte anschleichen darf. Wenn das Kind in der Mitte den Anschleicher hört, muß es in dessen Richtung zeigen: Der Anschleicher gilt nun als entdeckt, er hat das Tier verscheucht. Nun muß sich das Kind, das sich angeschlichen hat, in die Mitte des Kreises stellen und ebenfalls ein Wassertier spielen. Das andere Kind stellt sich in den Kreis zurück und fordert mit dem Finger einen neuen »Anschleicher« auf.
Die feuchtere Variante des Spiels läßt sich mit Hilfe einer Spritzpistole realisieren (auch Sprühflaschen etc.): Wer vom Wasserstrahl getroffen wird, muß zurück zum Ausgangspunkt.

6. Das Froschspiel

> *Ort:* draußen und drinnen
> *Wetter:* trocken
> *Material:* Seerosenblätter aus Pappe oder einfach Zeitungsblätter
> *Alter:* ab 5 Jahre

Spielanleitung:
Das Spiel lehnt sich an die bekannte »Reise nach Jerusalem« an. Die Seerosenblätter werden auf dem Boden verteilt, die Kinder »schwimmen« dazwischen als Frösche im Wasser. Dabei singen alle ein Lied. Auf ein vereinbartes Zeichen des Spielleiters wird das Lied unterbrochen, und alle Frösche müssen einen Sitzplatz auf einem Seerosenblatt finden. Im Verlaufe des Spiels wird die Anzahl der Seerosenblätter immer weiter reduziert. Dann kann man sehen, wie viele kleine Frösche auf einem Bein zusammengedrängt auf einem Seerosenblatt stehen können.

7. Wasserorchester

Ort:	drinnen und draußen, schön ist es direkt am Wasser
Wetter:	trocken
Material:	je 1 Wasserglas bzw. Wein- oder Saftflasche pro Teilnehmer (probieren, welche am schönsten klingen; nicht zu große Gruppen), Instrument zum Stimmen der Gläser
Alter:	ab 6 Jahre

Spielanleitung:
Die Gefäße werden unterschiedlich hoch mit Wasser gefüllt. Durch Anschlagen oder Kreisen des angefeuchteten Fingers auf dem Gefäßrand erklingen die Gefäße in unterschiedlichen Tönen. Nun kann eine frei erfundene »Wassermusik« gespielt werden. Die Gefäße lassen sich auch auf die Töne der Tonleiter stimmen. Dazu müssen sie tropfenweise gefüllt werden, bis sich der gewünschte Ton ergibt. Dann kann ein Lied gespielt werden. Dies ist auch gut als Gruppenaufgabe durchzuführen. Es gibt dann einen Dirigenten. Jeder Spieler hat ein Gefäß vor sich, das er auf Weisung des Dirigenten zum Klingen bringt.

8. Wassereierwerfen

Ort:	draußen
Wetter:	trocken und warm
Material:	Luftballons, Wasser, eventuell ein Trichter
Alter:	ab 6 Jahre

Spielanleitung:
Alles, was zu diesem Spiel gebraucht wird, sind mit Wasser gefüllte Luftballons. Es sollte aber nicht zuviel und nicht zuwenig Wasser in den Luftballons sein. Sie sollten ein wenig zittern, wenn man das »schwabbelige Ei« in den Händen hält. Nun sucht sich jeder ein Wasserei und eine Partnerin aus, und man bildet zwei Reihen. Die Personen stellen sich in etwa einen Meter Entfernung mit den Gesichtern zueinander auf. Mit dem Startzeichen werden die Wassereier vorsichtig zu den Partnern geworfen, die sie ebenso vorsichtig zu fangen versuchen.
Nach jeder Runde treten die Spieler einen Schritt zurück und werfen einander das »Schwabbelei« erneut zu. Wenn der Ballon platzt, scheidet das Paar aus dem Spiel aus, auch wenn man mit trockener Haut davonkommt. Wenn der Spieler aber vor Nässe trieft, kann er das Vergnügen durch eine herzhafte Umarmung mit seinem Partner teilen. Die letzten Spieler, die noch einen heilen Ballon besitzen, sind natürlich die Gewinner.

9. Wassertransport

> *Ort:* draußen
> *Wetter:* trocken und warm
> *Material:* mehrere Eimer, lange Stöcke, Bademützen, ein langes Brett, zwei Holzkisten, Schwimmreifen, alte Joghurtbecher
> *Alter:* ab 5 Jahre

Spielanleitung:
Bei diesem Staffellauf kommt es darauf an, möglichst viel Wasser zu einem großen Eimer zu transportieren. Dabei sind zum Beispiel folgende Hindernisse zu überwinden:

- Je zwei Mitspieler tragen einen langen Stock, an dem ein kleiner, mit Wasser gefüllter Eimer hängt.
- Jeder Läufer stellt ein Bein in einen Eimer, der mit Wasser halb gefüllt ist, und läuft los.
- Das Wasser wird in einer Badmütze über verschiedene Hindernisse getragen: etwa über ein langes Brett, durch einen Schwimmreifen oder unter einem großen Badehandtuch hindurch.
- Noch ein Hindernis: Diesmal müssen die Spieler das Wasser in einem Becher auf ihrem Kopf balancieren.

Diese Hindernisreihe kann natürlich beliebig erweitert werden. Gewinner sind die Spieler, die am Ende das meiste Wasser in ihrem großen Behälter zusammengetragen haben.

10. Seetang-Ziehen

> *Ort:* See oder Badegelegenheit
> *Wetter:* trocken
> *Material:* ein dickes Seil
> *Alter:* ab 6 Jahre

Spielanleitung:
Die Mitspieler werden in zwei Gruppen aufgeteilt. Jede Gruppe ergreift ein Ende des Seils und schwimmt so in Position, daß die Seilmitte sich auf Höhe des Spielleiters befindet, der entweder im Wasser steht oder auf der Stelle schwimmt. Auf ein Zeichen des Spielleiters versuchen beide Gruppen, so fest es geht, an dem Seil zu ziehen und die andere Gruppe auf ihre Seite zu bringen.
Dieses Spiel läßt sich natürlich in ganz unterschiedlichen Wassertiefen fortsetzen.

11. Ballonbootrennen

Ort:	relativ gerade Wasserstrecke an Bach, Weiher oder See
Wetter:	trocken
Material:	größere Rindenstücke, Gummiringe, Gummischlauch bzw. Rohrstückchen (ca. 5 cm), Korken, Schnitzmesser, kleiner Schraubenzieher, Luftballons
Alter:	ab 8 Jahre

Spielanleitung:
Die Kinder schnitzen sich aus den Rindenstückchen ein Schiff. Der Gummischlauch bzw. das Rohrstück wird mit einem Gummi mit dem Luftballon so verbunden, daß man diesen durch den Gummischlauch aufblasen kann. Ist dies geschehen, verschließt man das Röhrchen mit dem Korken. Jetzt muß man dieses Antriebsaggregat noch mit dem Boot verbinden. Das geschieht mit Hilfe von zwei Schrauben, die man im hinteren Drittel des Rindenschiffchens im Abstand des Durchmessers des Röhrchens anbringt. Dann wird das Röhrchen mittels eines Gummis zwischen den beiden Schrauben befestigt.
Jetzt bringt man die Schiffe in Startposition und markiert eine Ziellinie. Auf Kommando werden die Korken aus den Röhrchen gezogen, und das Rennen kann beginnen.

2.7 Umweltspiele im Erlebnisbereich Wiese

Klaus Hübner

Es wird in der heutigen Zeit immer schwerer, zu vermitteln, was unter dem Begriff »Wiese« eigentlich zu verstehen ist. »Wiese«, das ist leider in erster Linie das Abstandsgrün unserer Vororte oder Parkanlagen, allenfalls noch die fette, überdüngte Löwenzahnwiese, wie wir sie aus zahlreichen Werbespots als Sympathieträger für vermeintlich naturnahe Landschaften kennen. Aus diesem Grund ist es notwendig, das Auge wieder zu schulen für die faszinierenden Wiesen wie Salbei-Glatthaferwiesen, Bärwurz- oder Goldhaferwiesen, die unterschiedlichen Ausprägungen von Wiesengesellschaften, die trockenen und feuchten Standorte etc.

Mit den folgenden Spielen wollen wir versuchen, unsere abgestumpften Sinne wieder für die große Vielfalt der Gräser und Blumen, die das ganze Jahr hindurch eine Wiese zur Stelle zahlloser Entdeckungen werden lassen, zu sensibilisieren.

1. Als Ameise durch die Wiese

Ort:	Wiese oder Wegrand
Wetter:	trocken
Material:	Holzstäbchen, Pappröhren (Toilettenpapierrollen), Wollfaden,
Alter:	ab 5 Jahre

Spielanleitung:
Jedes Kind bekommt zwei Holzstäbchen, die mit einem drei Meter langen Faden verbunden sind. Sie sollen die Stäbchen in den Boden stecken, so daß an dem Ort ihrer Wahl eine drei Meter lange Strecke aufgespannt wird. Der Faden soll sich etwa 30 cm über dem Boden befinden. Die Kinder sollen wie eine Ameise ihren Weg entlang durch die Wiese krabbeln und dabei ihren Kopf nicht höher als die Schnur heben. Um die Beobachtung auf kleine Ausschnitte zu richten und die Konzentration zu fördern, bekommt jedes Kind eine Lupe oder eine Pappröhre (Toilettenpapierrolle).

Welche für Ameisen wichtige Beobachtungen werden dabei gemacht? Wie sieht meine Umgebung aus? Wer sind meine Nachbarn, Freunde oder Feinde? Was kann ich fressen? Anschließend können alle zusammenkommen und von ihrem Ausflug erzählen.

2. Als Forscher durch die Wiese

> *Ort:* Wiese oder Wegrand
> *Wetter:* trocken
> *Material:* 1 leere, durchsichtige Filmdose; 1 kleines Stück Seidenstrumpf (4 x 4 cm); 1 Aquariumschlauch 10 cm lang, 1 cm dick; 1 Aquariumschlauch 10 cm lang, 0,5 cm dick
> *Alter:* ab 6 Jahre

Für dieses Spiel bastelt jedes Kind einen Insektenstaubsauger, mit dem es ein Tier fangen kann, um es dann anschließend in der Becherlupe genauer zu betrachten. Gemeinsam können die Tiere mit den Abbildungen aus dem Bestimmungsbuch verglichen werden.

Bauanleitung:
Mit einer spitzen Schere wird in den Deckel der Filmdose ein kleines Loch geschnitten, so daß der dünne Aquariumschlauch darin fest sitzt. Um die Öffnung des Schlauchendes, das in der Dose ist, wird vorher noch der Seidenstrumpf gewickelt. Am Boden der Dose wird ein Loch mit knapp 1 cm Durchmesser geschnitten, so daß der dicke Schlauch fest hineingesteckt werden kann.
Mit den fertigen Insektenstaubsaugern können nun Insekten in die Dose gesaugt werden, indem man am dünneren Ende mit dem Mund ansaugt und das dicke Ende an das entdeckte Tier hält. Der Seidenstrumpf verhindert, daß das Tier in den Mund gelangen kann.

3. Die Wiese mit allen Sinnen erleben

> *Ort:* Wiese
> *Wetter:* trocken
> *Material:*
> ☐ *Sehen:* »Fernglas« aus Toilettenpapierrollen, aus Karton zurechtgeschnittene, mit Klebstoff oder Doppelklebeband versehene Malerpaletten
> ☐ *Hören:* Augenbinden, DIN-A5-Karten, ein Stift
> ☐ *Riechen:* Augenbinden, Markierungsfähnchen und Duftdöschen (schwarze Filmdosen)
> ☐ *Tasten/Fühlen:* kleine Stoffsäckchen
> *Alter:* ab 6 Jahre

Spielanleitungen:

☐ *Sehen:*
Als Erkundungsfeld bietet die Wiese besonders dem Auge sehr viel: bunte Blumen, Schmetterlinge und andere Tiere. Die Kinder sollen lernen, genau hinzusehen und zu beobachten. Dazu betrachten sie mit einem selbstgebastelten »Fernrohr« ausschnittsweise das Leben in der Wiese.

☐ *Kameraspiel:*
Jeweils zwei Kinder bilden ein Kamerateam. Jedes Team hat einen fiktiven Film mit jeweils drei Bildern. Der Kopf ist die Kamera, der Film wird eingelegt, die Augen sind die Linsen und zunächst einmal geschlossen.
Nun führt der Partner seine »Kamera« vor ein schönes Objekt, z.B. eine Blüte, ein Spinnennetz oder ein schöner Käfer. Die Kamera (der Kopf) wird auf das Objekt ausgerichtet und das Bild durch einen leichten Druck auf das Ohrläppchen ausgelöst. Die Linsen (die Augen) öffnen sich für drei Sekunden. Dann wird die Kamera zum nächsten Objekt geführt, bis alle drei Bilder verknipst sind. Danach tauschen die Partner. Welches Bild hat am meisten beeindruckt? Das Lieblingsbild kann anschließend gemalt werden.

☐ *Hören:*
Wenn den Kindern die Wiese durch das Beobachten etwas vertraut geworden ist, werden sie sich die Augen verbinden lassen. In kleinen Gruppen oder allein können sie eine Weile an der Wiese hocken und sich möglichst viele verschiedene Wiesengeräusche merken.

☐ *Geräuschekarte:*
Ziel dieses Spieles ist es, eine »Landkarte« von Wiesengeräuschen anzulegen. Jedes Kind bekommt eine DIN-A5-Karte und einen Stift. Die Gruppe verteilt sich auf dem Gelände; jeder sucht sich einen für ihn geeigneten Platz. Dort werden dann ca. 8 Minuten lang alle Geräusche auf den Karten notiert. Danach kommen alle zusammen und tauschen ihre Erlebnisse aus.

☐ *Riechen:*
Die Kinder sitzen mit verbundenen Augen an der Wiese und achten auf die verschiedenen Gerüche. Je länger sie sich konzentrieren, um so mehr Gerüche werden sie wahrnehmen. Es können aber auch einzelnen Kindern die Augen verbunden werden. Sie riechen an einer Pflanze, anschließend können die Kinder versuchen, diese Pflanze in der Wiese wiederzufinden. Es können außerdem stark duftende Pflanzen zerkleinert und in verschiedenfarbig markierte Duftdosen gegeben werden. Die Kinder schnuppern an den Dosen und versuchen, die betreffenden Pflanzen in der Wiese wiederzufinden und mit einem entsprechend farbigen Fähnchen zu markieren.

☐ *Tasten und Fühlen:*
Das Erkennen von Pflanzen durch Tasten erfordert sehr viel Feingefühl. Dazu gibt man verschiedene Pflanzen in kleine Beutel. Wenn die Kinder diese Pflanzen anschließend in der Wiese wiederfinden wollen, sind sie gezwungen, sehr genau zu tasten. Ein abschließendes Gespräch hilft den Kindern, Dinge genau zu beschreiben (z.B. haarig, spitz, rauh).

4. Ameisenstaat-Duftspiel

Ort:	draußen
Wetter:	trocken
Material:	Duftdöschen mit unterschiedlichen Düften
Alter:	ab 6 Jahre

Spielanleitung:
Ameisen werden bei der Rückkehr in ihren Bau von den Wächterinnen am Eingang auf ihren Duft hin überprüft.
Mindestens zwei Kinder sind Wächterinnen und bilden je einen Ameisenhaufen. Die Wächterinnen werden mit unterschiedlichen Duftdöschen ausgestattet. Die anderen Kinder sind Arbeiterinnen und bekommen ebenfalls Duftdöschen mit den gleichen oder anderen Duftstoffen wie die Wächterinnen. Die Spielleiterin darf dies den Kindern nicht verraten. Die Arbeiterinnen müssen sich bemühen, in ihr Nest zu gelangen. Dazu halten sie den Wächterinnen ihre Döschen unter die Nase. Die Wächterinnen entscheiden dann, ob sie ihren Duft haben und ins Nest dürfen oder ob sie abgewiesen werden müssen, weil sie einen fremden Duft besitzen. Die Arbeiterinnen, deren Duft nur einmal im Spiel vorkommt, werden überall abgewiesen, vorausgesetzt, die Wächterinnen haben gute Nasen. Es kann aber auch passieren, daß sich ein Fremdling im Haufen befindet. Sind letztendlich alle in ihrem Haufen gelandet, muß überprüft werden, ob sich keine Wächterin verrochen hat.

5. Das Pflanzenratespiel

Ort:	Wiese, Wald- oder Wegrand
Wetter:	trocken
Material:	Pflanzen und Pflanzenteile
Alter:	ab 6 Jahre

Spielanleitung:
Jedes Kind pflückt ein oder zwei Pflanzen mit Blüte und Blättern. Alle setzen sich zu einem Kreis zusammen und legen die gesammelten Pflanzen in die Kreismitte. Nun darf sich ein Kind eine Pflanze aussuchen, und die anderen versuchen, durch Fragen die ausgewählte Pflanze herauszufinden. Die Fragen werden nur mit »Ja« oder »Nein« beantwortet. Um die Lösung zu erschweren, darf die Blütenfarbe nicht erwähnt werden. Beim Beispiel Löwenzahn könnten folgende Fragen mit »Ja« beantwortet werden: »Ist der Stengel hohl? Hat der Stengel Milchsaft? Sind die Blätter unten zu einer Rosette geordnet?«
So können die Kinder völlig selbständig herausfinden, auf welche Merkmale sie achten müssen.

Variante:
Das Spiel kann bei Anfängern, die noch Schwierigkeiten bei der Fragestellung haben, auch umgedreht werden: Das Kind, das sich die Pflanze ausgesucht hat, beschreibt ein Bestimmungsmerkmal (z.B.: »Meine Pflanze hat herzförmige Blätter«). Die übrigen Kinder dürfen zweimal raten. Wenn beide Antworten falsch sind, muß ein weiteres Bestimmungsmerkmal genannt werden (z.B.: »Meine Pflanze hat herzförmige Blätter mit gesägten Rändern«). Die Gruppe erhält nun zwei neue Chancen. Wer zuerst die richtige Pflanze herausfindet, darf weiterfragen. Wenn nach der dritten Fragerunde noch keine Lösung vorliegt, sollte die Pflanze genannt werden.

6. Arten-Lotto

Ort: Wiese, Wald- oder Wegrand
Wetter: trocken
Material: pro Teilnehmer eine Karte mit 12 Pflanzennamen
Alter: ab 10 Jahre

Spielanleitung:
Jedes Kind erhält eine Spielkarte. Die Spielleitung zeigt ganze Pflanzen oder Teile davon und gibt sie demjenigen, der zuerst den richtigen Pflanzennamen nennt. Der Spieler darf den Namen aber nur dann nennen, wenn er auf seiner Lottokarte steht. Er legt die Pflanze oder das Pflanzenteilstück in das richtige Namensfeld seiner Karte. Wer zuerst alle Felder ausgefüllt hat, hat gewonnen.

Brennessel	Sauerampfer	Fuchsschwanz	Rainfarn
Löwenzahn	Storchschnabel	Spitzwegerich	Ruchgras
Welliges Honiggras	Gemeines Knäuelgras	Wiesenrispengras	Gundermann

7. Das Pflanzensuchspiel

Ort: Wiese, Wald- oder Wegrand
Wetter: trocken
Material: pro Teilnehmer ein Blatt »Bestimmungsmerkmale« und einen Stift
Alter: ab 10 Jahre

Spielanleitung:
Mit älteren Kindern kann man mit Hilfe einer vorhandenen Bestimmungskartei einen Bestimmungsschlüssel entwickeln. Dazu wird das »Bestimmungsmerk-

male-Blatt« mindestens einmal pro Kind kopiert. Jedes Kind sucht sich eine Pflanze aus und kreuzt mit einem Stift die Merkmale auf dem Blatt an, die diese Pflanze aufweist. Danach tauschen die Kinder ihre Blätter aus und versuchen anhand der angekreuzten Merkmale herauszufinden, welche Pflanzen von den anderen Kindern ausgewählt wurden.

8. Pflanzen- und Tiereraten

Ort:	draußen und drinnen
Wetter:	----
Material:	----
Alter:	ab 5 Jahre

Spielanleitung:
Alle Kinder und der Spielleiter setzen oder stellen sich in einen Kreis. Nun erzählt man Schritt für Schritt verschiedene Eigenschaften und Verhaltensweisen des zu erratenden Tieres oder der Pflanze. Sobald ein Kind glaubt zu wissen, was gesucht wird, soll es mit dem Zeigefinger auf seine Nase deuten. Wenn der Spielleiter sieht, daß alle Kinder die richtige Antwort zu wissen glauben, fragt er: »Was für ein Tier oder welche Pflanze könnte auf diese Beschreibung passen?« Daraufhin sollen alle Kinder im Chor die richtige Antwort sagen.
Am Beispiel des Schmetterlings soll dieses Spiel erklärt werden:

- ❏ Ich gehöre zu den farbenprächtigsten Insekten unserer Heimat.
- ❏ Ich besitze einen Kopf mit Facettenaugen, Fühler mit Fühlerkeule, einen Taster, Vorder- und Hinterflügel, Adern, ein zusätzliches Bein sowie Brust und Hinterleib.
- ❏ Meine Flügel sind mal bunt, mal einfarbig, oft besitzen sie die schönsten Muster. Sie bestehen aus vielen kleinen Schuppen, die wie Dachziegel die Flügeloberfläche bedecken. An dünnen Stielchen sind die Schuppen befestigt.
- ❏ Doch habe ich in meinem Leben schon eine Verwandlung mitgemacht. So wie ich jetzt aussehe, kann ich erst nach der Verwandlung aussehen.
- ❏ Ich bin mit feinen Sinnesorganen ausgestattet und kann mich deshalb auch rasch bewegen. Die Nahrung nehme ich mit einem Saugrüssel auf; dafür besuche ich alle Blüten.

9. Phantasie-Wiesenblumen

Ort:	Wiese
Wetter:	trocken
Material:	Hautcreme (Vaseline), eventuell Blumendraht, Bindfaden, Papierbögen, verschiedene Duftstoffe
Alter:	ab 5 Jahre

Spielanleitung:
Jedes Kind bastelt sich mit Materialien aus der Umgebung eine »Blüte« nach eigener Phantasie. Man kann sich auch ein Blumenmuster aus Naturmaterialien auf den Handrücken legen. Damit die Blütenblätter haften, streicht man die Hand mit Hautcreme ein. Nun bekommen die Blüten eine weitere Note: Jede Blüte wird mit einem Duftstoff versehen (nur einen Tropfen pro Blüte). Jeder versucht nun, den Duft der anderen Blüten zu erraten. Schließlich stellen die Kinder ihre Blüten vor. Dabei wird auch auf Farbe und Symmetrie geachtet. Gibt es in der Natur und vor allem in der Wiese ähnliche Blüten?

10. Naturfarbpalette

Ort:	Wiese, Wald, Wegrand
Wetter:	trocken
Material:	Farbpaletten aus Pappe, Doppelklebeband
Alter:	ab 6 Jahre

Spielanleitung:
Die Kinder sollen möglichst viele Farben aus der Natur zusammentragen. Dabei sollen nur kleine Ecken von Blüten und Blättern gepflückt und auf den Klebestreifen aufgeklebt werden. Dabei entdecken wir, wie viele Rot-, Braun-, Gelb- und Grünschattierungen es gibt. Welche Blütenfarbe findet ihr am häufigsten? Gibt es Farben, die in der Natur nicht oder nur selten vorkommen? Die bunte Malerpalette können die Kinder mit nach Hause nehmen. Sie wird sie im Winter an einen schönen Sommertag erinnern.

2.8 Walderfahrungsspiele

Matthias Oriwall

1. Ein Waldbild

Vor uns ein riesiger Wald. Mächtige Buchen ragen bis zu den Wolken herauf. Die Traufe des Waldes mit starken, überragenden Ästen und mit dichten Sträuchern im Unterstand läßt keinen Blick in das Innere zu. Das langgezogene Trommeln eines Spechtes dringt an unsere Ohren. Neugierig treten wir an den Waldrand heran. Die herunterragenden grünen Äste schieben wir wie einen Vorhang beiseite und stecken unsere Köpfe hindurch. Wir spüren den kühlen Luftzug und atmen die würzige Waldluft tief ein. Das dichte Blätterdach läßt wenige Sonnenstrahlen durchdringen. Nur an einer Stelle hat der Sturm einen dicken Baum umgeworfen. Der Wurzelteller ragt meterhoch empor, und in dem aufgeworfenen Loch hat sich Regenwasser zu einem kleinen Tümpel gesammelt. Der Boden hier, vom Sonnenlicht verwöhnt, läßt Kräuter, Sträucher und junge Bäume aufkommen. Und was ist das? Blitzschnell schießt aus dem Wurzelteller ein blauglänzender Vogel heraus und fliegt mit hellen Pfeiftönen davon. Unser Blick verliert sich in der Tiefe des Waldes. Irgend etwas zieht uns an. Wir wollen durch den Vorhang treten und diesen Wald erleben.

Dieses und viele ähnlich schöne Waldbilder entstehen, wenn ich mir mit ein wenig Phantasie meinen Wald vorstelle. Diese Phantasiereise ist eine schöne und gleichzeitig interessante Übung zu Beginn und Ende eines mehrtägigen Waldseminars, wie ich es zum Beispiel mit ErzieherInnen erlebe.

»*Wir können niemals von der Natur sprechen, ohne gleichzeitig von uns zu sprechen*« (CAPRA 1983, S. 91).

So ist es nicht verwunderlich, daß viele unterschiedliche Waldbilder zustande kommen, die den Walderfahrungen jedes einzelnen entsprechen. Das Waldbild in uns bestimmt den Grad der Bindung an den Wald und unsere Wertschätzung gegenüber dem Wald. Diese beeinflussen unser Verhalten.
Welche Bindung besteht derzeit zum Wald? Durch mangelnde Walderfahrungen und einseitige Wertschätzung hat sich das Verhältnis »Mensch – Wald« zu einer lebensbedrohlichen Situation entwickelt.

2. Waldbindung heute

Die Wertschätzung des Waldes hat sich in unserer heutigen Zeit weitgehend auf wirtschaftliche Nutzbarkeit reduziert (SEELAND 1992, S. 7).
Wie ist es sonst zu erklären, daß der tropische Regenwald vor seiner Zerstörung steht, in Kanada Kahlschlag um jeden Preis betrieben wird, weite Gebiete in Deutschland überwiegend aus standortfremden und monotonen Fichtenforsten bestehen und anstelle natürlicher Erlenbruchwälder Weihnachtsbaumkulturen aufgeforstet werden. Die Liste ließe sich ohne Schwierigkeiten fortsetzen.
Verbunden mit dieser Reduktion auf die wirtschaftlichen Werte des Waldes, scheint bei einem großen Teil unserer Bevölkerung die Wertschätzung des Wal-

des eher in Geringschätzung umzuschlagen oder einer lethargischen Gleichgültigkeit Platz zu machen. Nicht nur die junge Generation schenkt dem Wald und anderen Naturräumen als Erlebnisorten mangels Gelegenheit kaum Beachtung. Die Lebenswelt der städtischen Bevölkerung ist mehr und mehr durch technische Medien bestimmt.
Und wenn der Weg ins Grüne doch gefunden wird, sind Ghetto-bluster, Gameboy oder Walkman auf jeden Fall dabei. Oft ist Abfall der traurige Rest, der von dieser Art Walderlebnis zurückbleibt.
Im krassen Widerspruch dazu steht die Bindung der Deutschen an ihren Wald, wie wir es aus einschlägigen Heimatfilmen kennen: der märchenhafte, mystisch anmutende schöne deutsche Wald, in zahlreichen Liedern besungen und gelobt. Doch mal ehrlich, stellen wir nicht fest, daß es vorbei ist mit dieser deutschen Waldmentalität?
Der heutige sonntägliche Waldspaziergang mit Nadelstreif und Stöckelschuh erschöpft sich in der Regel in heißen Diskussionen auf breiten Wanderwegen. Das verschreckte Reh, der flüchtende Eichelhäher und der blühende Waldziest am Waldboden bleiben meist unbemerkt. Wen wundert es, wenn Stadtkinder, am Wald angekommen, wild aus dem Bus springen und mit imitiertem Maschinengewehrgeknatter nach Videomonstern schießen?
Es war mir mehrfach möglich, die oben beschriebenen Szenen zu beobachten. Es drängt sich die Frage nach den Ursachen für dieses Verhalten auf. Es ist nicht Sache dieses Beitrages, ausführlich auf die Hintergründe einzugehen. Da aber diese für mich als Waldpädagogen die Ansatzpunkte meines Vermittlungskonzeptes sind, seien hier kurz einige wichtige Ursachen genannt.

In der Schule immer noch weitgehend verkopft unterrichtet, im privaten Alltag durch Reize überflutet und andererseits einer allgemeinen Erlebnisarmut ausgesetzt, wird zunehmend der Kontakt zur tatsächlichen Welt verloren. Hinzu kommt vor allem bei Kindern und Jugendlichen, daß die in der Vergangenheit praktizierte »Erziehung mit dem erhobenen Zeigefinger« ein Gefühl von negativer Betroffenheit und Existenzangst hervorgerufen hat, die nicht selten als unüberwindbare Bedrohung empfunden wird.
Die Folgen sind ablehnendes Verhalten gegenüber umweltrelevanten Themen und abnehmende Bereitschaft, sich mit ökologischen Fragestellungen auseinanderzusetzen. Diese Art der Verdrängung, einhergehend mit fortschreitender Desensibilisierung und Entfremdung von der tatsächlichen Welt, mündet in dem Verlust der Wertschätzung für den Wald und dem Mangel an Verständnis für die Ökologie des Waldes.

3. Brauchen wir Waldpädagoginnen und -pädagogen?

Die zahlreichen Wünsche nach unseren Waldführungen und Seminaren, die auf Jahre hinaus ausgebuchten Waldjugendheime und die mit Waldführungsanfragen zeitlich und teilweise auch methodisch überlasteten Förster lassen die Notwendigkeit und den Bedarf nach Menschen, die diese Aufgaben übernehmen können, offenkundig werden.

»Der Waldpädagoge ist Mittler zwischen Mensch und Wald.« Dabei ist *»Gegenstand der Waldpädagogik nicht Wald und Natur selber, sondern den Vermittlungsprozeß als solchen aus der Fülle der Möglichkeiten, die sich im Wald bieten, zu gestalten«* (SEELAND 1992, S. 9).

4. Zielsetzung des Vermittlungsprozesses

Für mich als Waldpädagogen geht es darum, dazu beizutragen, den Kontakt zur tatsächlichen Welt, in diesem Falle zum Wald, mit den mir zur Verfügung stehenden Mitteln zu ermöglichen. Sowohl Verständnis für die Zusammenhänge im Wald aufzubauen als auch durch emotionale Bindung zu einer Wertschätzung zu gelangen, die auf einer ganzheitlichen Wahrnehmung des Waldes beruht, sind dabei meine Ziele. SEELAND (1992, S. 3) schreibt dazu:

»Dieser Vermittlungsprozeß ist der Katalysator, durch den Mensch und Natur im Wald aufeinander reagieren. Diese Vermittlungsprozesse schaffen Beziehungen, die dem Wald eine kulturelle und gesellschaftliche Bedeutung zuweisen.«

Wir kennen viele Arten der Vermittlung. Die Ansatzpunkte für mich liegen bei den Voraussetzungen, die viele Menschen in den Wald mitbringen:

»Reizüberflutung, allgemeine Erlebnisarmut, verkopft mit geringem Kontakt zur tatsächlichen Welt« (ANTES 1993, S. 13).

Einen Kontakt zur tatsächlichen Welt stelle ich nur durch die Begegnung mit dem Original her. Ohne diese originale Begegnung ist Waldpädagogik wertlos. Angesichts der allgemeinen Erlebnisarmut versuche ich die originale Begegnung zum *Walderlebnis* zu gestalten. Reizüberflutung erfolgt in der Regel über Augen und Ohren. Durch ganzheitlich sinnhafte Wahrnehmung die Vielfalt des Waldes zu be*greifen*, das ist für mich wesentlicher Teil des Walderlebnisses.

5. Walderfahrungsspiele

5.1 Spielen im Wald

Das Spiel nimmt eine bedeutende Rolle bei der oben genannten Vermittlung ein. Bevor ich aber näher auf das Spielen im Wald eingehen möchte, soll nachfolgendes Schema (s. Abb. 1) verdeutlichen, welche Stellung das Spiel bei einem Waldgang (originale Begegnung) nach meinem Verständnis in der Praxis einnimmt.

Grundlage jeder erfolgreichen Umweltbildung ist es, daß sie so früh wie möglich – also von Anfang an – beginnt und von allen Verantwortlichen gleichermaßen verfolgt wird. Ohne Unterstützung durch das Elternhaus tragen Bemühungen umweltpädagogischer Einrichtungen nur wenig Früchte. Aus diesem Grund ist auch die Einbeziehung der älteren Generation für eine erfolgreiche Vermittlung notwendig. Die sinnhaft ganzheitliche Wahrnehmung des Waldes kann nur im und am Original erfolgen. Dabei spielt die Anzahl der Waldbegegnungen eine große Rolle. Alle im Schema aufgeführten Institutionen, Methoden und Einstellungen wirken zusammen und machen auch nur so Sinn. Es ist sicher eine einmalige Erfahrung, allein in den Wald zu gehen, um sich ihm individuell zu nä-

Abbildung 1: Stellung des Spiels im Kontext eines Walderganges

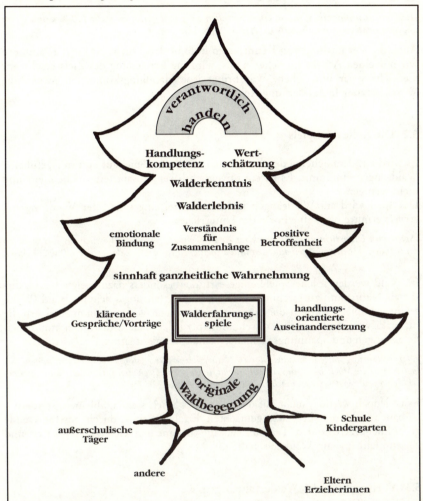

Entwurf: M. ORIWALL 1994

hern. Doch es bedarf der Anleitung und Erklärung, um die komplexen ökologischen Zusammenhänge zu verstehen und mit diesem Verständnis ökologische Handlungskompetenz im Alltag umzusetzen.

Die originale Begegnung spielt eine zentrale Rolle, und nur bei wiederholtem Kontakt mit dem Original läßt sich ein verantwortungsbewußter Umgang mit der Natur erreichen. Wird die Begegnung mit dem Wald ermöglicht, stellt sich die Frage nach der Art der Vermittlung. Die drei dargestellten Zugangswege können in der richtigen Mischung (je nach Alter) zu einem echten Walderlebnis werden:

»Erlebnis ist unmittelbar, macht einen betroffen ganz und gar, es ist nicht 100 % kalkulierbar und von relativer Einmaligkeit« (ANTES 1993, S. 12).

Auch die Vermittlung von Kenntnissen kommt dabei nicht zu kurz. Klammern wir nur einen Aspekt im Schema aus, wird die Erreichung des Ziels erschwert, vielleicht sogar unmöglich. Was bringt jede Handlungskompetenz, wenn die Wertschätzung fehlt oder umgekehrt?

5.2 Die Rolle des Spiels

Es wird aus dem Schema deutlich, welche Rolle das Spiel auf von mir geführten Waldgängen einnimmt. Es ist ein unverzichtbarer Mosaikstein, nicht mehr und nicht weniger.
Das Spiel wird auf Waldgängen nicht zweckfrei eingesetzt. Der Waldgang soll etwas vermitteln, ist eine Form des Unterrichts.

»Spielen im Unterricht ist nicht zweckfrei, sondern ein zielgerichteter Versuch zur Entwicklung der sozialen, kreativen, intellektuellen und ästhetischen Kompetenz der Schüler« (MEYER 1989, S. 345).

Im Wald werden solche Spiele eingesetzt, die besonders dazu geeignet sind, diesen als Naturraum zu erschließen. Diese Naturerfahrungsspiele im Wald (Walderfahrungsspiele) fördern die sinnhaft ganzheitliche Wahrnehmung, steigern die Eigenaktivität und schaffen durch immer wieder neue Situationen mit neuen Erfahrungen und Spannungsmomenten eine Erlebnissituation.

»Naturerfahrungsspiele ermöglichen das Naturerleben durch subjektive Empfindungen. Sie bieten auch die Möglichkeit, darauf aufbauend die zugrundeliegenden rationalen Komponenten erklärbar und verstehbar zu machen« (STELZNER 1991, S. 72).

Es ist jedoch wichtig, nicht auf der Ebene des Spiels stehenzubleiben, sondern – aufbauend auf den begrenzt gemachten Erfahrungen – durch abstrahierende gedankliche Arbeit den Transfer auf die allgemeinen Gesetzmäßigkeiten und Zusammenhänge im Wald zu schaffen.

5.3 Vorbereitung der Walderfahrungsspiele

Wer einer Gruppe ein Walderlebnis vermitteln möchte, sollte den Exkursionsort vorher erkunden, die Möglichkeiten abschätzen und die Route weitgehend festlegen. Besonders im stadtnahen Bereich kann ein »Märchenwald« nicht erwartet werden. Trotzdem ist es auch in der näheren Umgebung einer Stadt möglich, ein einigermaßen abwechslungsreiches Waldstück mit Kraut- und Strauchschicht, unterschiedlichen Baumarten, alten und trockenen und umgefallenen Bäumen zu finden.
Es hat sich für den Exkursionsleiter bewährt, einen Rucksack oder eine Umhängetasche mit entsprechender Ausstattung (siehe Kap. 6) auf den Waldgang mitzu-

nehmen. So ausgestattet mit einem Repertoire an Spiel- und Erkundungsmitteln kann es in den Wald gehen.
Der Wunsch nach einem möglichst umfassenden Walderlebnis darf nicht dazu führen, daß der Erlebnisort danach schwere Schäden aufweist. Vieles kann von den Wegen aus beobachtet und entdeckt werden. Wenn vom Weg abgegangen wird, sollte darauf geachtet werden, daß möglichst wenig zu Schaden kommt. Wer sich nicht ganz sicher ist, für den ist es immer sinnvoll, sein Vorhaben mit dem zuständigen Förster oder Waldbesitzer abzustimmen. Wer lieber Hilfe in Anspruch nehmen möchte, dem bieten entsprechende Einrichtungen durch ausgebildete Waldpädagogen und auf geeignetem Gelände Führungen und Seminare im Wald an. In Ruhrgebietsnähe stellt der Trägerverein Wildwald Umwelt- und Naturschule e.V. (W.U.N.Sch.) im Naturerlebnis Wildwald ein umfangreiches waldpädagogisches Programm bereit. Auf Anfrage kann die Waldschule ein breites Themenspektrum durch verschiedene Referenten abdecken. Viele weitere Adressen sind in KOCHANEK/PLEINES 1991 enthalten.

Dem echten Waldfreund macht die Vorbereitung viel Spaß. Altes wird aufgefrischt und Neues hinzugewonnen. Für die Vorbereitung verweise ich auf die Literaturliste des Beitrags (z.B. BARTL/BARTL 1990, BÖLTS 1985 oder CORNELL 1979, 1991). Übrigens, trotz intensiver Vorbereitung kann man nicht alles wissen. Keine Angst vor dem Nichtwissen, es macht auch viel Spaß, gemeinsam mit den Teilnehmern etwas Neues zu entdecken. Das ist auch nur möglich, wenn die Vorbereitung nicht in einem starren Konzept ohne Raum für Spontaneität und Flexibilität mündet.
Durch die Vorbereitung hat sich ein gewisses Polster an Möglichkeiten für Walderfahrungsspiele ergeben. Diese Möglichkeiten werden aber in den wenigsten Fällen vollständig ausgeschöpft. Vor allem Kinder entwickeln bei ihren Entdeckungsreisen eine ungeheure Ausdauer und Wißbegierde. Manchmal ist ein wegkreuzender Laufkäfer interessanter als das **Baumtelefon**.

Mit der Zeit entwickelt man ein Gefühl dafür, zu welcher Zeit und an welchem Ort Walderfahrungsspiele sinnvoll eingesetzt werden können. Bei der Auswahl der Spiele für einen Waldgang steht die Frage im Vordergrund, ob sie für das Ziel der Waldvermittlung dienlich sind oder nicht. Weiterhin muß überlegt werden, ob das Spiel für die Zielgruppe geeignet ist.
Es gibt eine Fülle von Interaktions-, Simulations- und szenischen Spielen, die als Naturerfahrungsspiele von verschiedenen Autoren aufgeführt werden. Einige der Spiele sind als Walderfahrungsspiele besonders geeignet, andere müssen etwas abgewandelt werden. Wieder andere regen zu eigenen Ideen an.
Auf jeden Fall sollten die Spiele selbst vorher ausprobiert werden, um möglichen Schwierigkeiten vorzubeugen. Bei den verschiedenen Zielgruppen sind oft überraschend positive Reaktionen festzustellen. Dies gilt besonders für ältere Teilnehmer.

Die nachfolgend beschriebenen Spiele haben sich auf den Waldgängen besonders bewährt. Die Angaben zu den Spielen resultieren aus gemeinsamen Überlegungen mit meiner Kollegin, der Waldlehrerin ANDREA HIRSCH. Es sind Erfahrungswerte, die auf zahlreichen Waldführungen gesammelt werden konnten. Sie können Anhaltspunkte für den Ratsuchenden sein. Eigene Erfahrungen zu sammeln, unter immer wieder anderen Bedingungen Neues auszuprobieren und Änderungen an Spielregeln vorzunehmen, sollte sich niemand scheuen.

5.4 Walderfahrungsspiele aus der Waldkartei

Die Beschreibung der Spiele erfolgt nach einem Schema, wie wir es für die »Waldkartei, Bd. 1: Walderfahrungsspiele« (ORIWALL/HIRSCH 1994) entworfen haben. Die aufgeführten Spiele sind zum größten Teil von verschiedenen Autoren entwickelt worden und deshalb nicht neu. Dennoch glauben wir mit diesem Band eine besondere Hilfe für die Praxis entworfen zu haben.

Die Besonderheit liegt darin, daß wir in unserer dreijährigen Zeit als Waldlehrerin und Waldlehrer die Spiele hundertfach mit den verschiedensten Zielgruppen erproben konnten. Mehr als 500 Gruppen mit etwa 10.000 Teilnehmern begleiteten wir auf unseren Walderkundungen. Unsere dabei gesammelten Erfahrungen spiegeln sich in geänderten Spielregeln, wichtigen Hinweisen und sonstigen Tips wider.

Das Karteiformat ist für den praktischen Einsatz vor Ort sehr nützlich. Neben den im folgenden beschriebenen Walderfahrungsspielen (Auswahl aus dem ersten Band der »Waldkartei«) wird Anfang 1995 der zweite Band »Ameisendetektive« folgen. Die Waldkartei ist eine Handreichung für die Praxis. Walderfahrungsspiele eignen sich als Einstieg in diese Thematik besonders gut.

5.4.1 Gebrauchsanweisung für die Walderfahrungsspiele der Waldkartei

Der Band 1 der Waldkartei enthält Walderfahrungsspiele, die immer nach dem gleichen Muster beschrieben werden:

Name des Spiels

- *Material:*
  Hier sind die nötigen Hilfsmittel für das Spiel beschrieben.
- *Spielverlauf:*
  Die Beschreibung des Spielverlaufs soll den Leiter in die Lage versetzen, daß Spiel durchzuführen. Je nach Altersstufe der Teilnehmer muß überlegt werden, wie das Spiel am besten erklärt wird.
- *Wichtig!*
  Hier sind Hinweise zu finden, die unnötige Schwierigkeiten vermeiden helfen.
- *Tip:*
  Auswertungsvorschläge, weitergehende oder übergreifende Ratschläge und sonstige Hinweise können an dieser Stelle nachgelesen werden.
- *Zielsetzung:*
  Wir möchten die Theorie nicht ausufern lassen und geben deshalb die Zielsetzung in knappster Form an.

Um eine rasche Orientierung zu ermöglichen, hat jedes Spiel der Waldkartei auf der rechten Seite der Spielanleitung eine Graphik, die über die jeweiligen Rahmenbedingungen, Voraussetzungen etc. in Form von Daten oder aussagefähigen Symbolen informiert. Da in diesem Beitrag auf die Wiedergabe einer solchen Graphik bei den in Kap. 5 beschriebenen Spielen verzichtet wurde, sei das Grundschema (Abb. 2) zur Anschauung vorgestellt:

Walderfahrungsspiele

Abbildung 2: Info-Baum

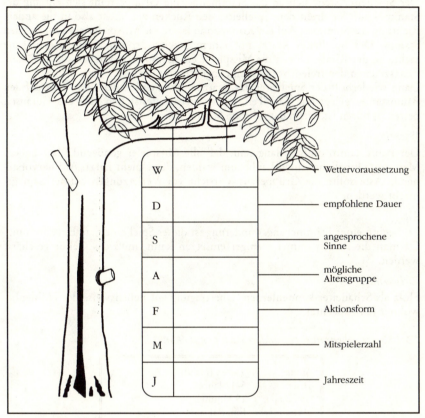

Quelle: ORIWALL/HIRSCH 1994

5.5 Waldspiele

5.5.1 Baumtelefon

Sinn:	Hören
Alter:	ab 6 Jahre
Spieldauer:	10 Minuten
Aktionsform:	Gruppenaktion
Spielerzahl:	ca. 30 Personen
Wetter:	beliebig
Jahreszeit:	beliebig
Material:	liegender Baumstamm

Spielverlauf:
Der Spielleiter stellt sich an das Stammende, die Gruppe reiht sich entlang des Stammes auf. Sie dreht dem Spielleiter den Rücken zu, blickt also in die andere Richtung des Stammes. Auf ein Kommando legen alle Mitspieler ein Ohr auf den Stamm. Der Spielleiter kratzt mit einem Stock oder den Fingernägeln ganz sachte an der Rinde. Hören die Mitspieler ein Geräusch, so heben sie als Erkennungszeichen den freien, vom Stamm abgewandten Arm.
Dann wiederholt der Spielleiter das Kratzen, ohne daß jemand sein Ohr auf den Baumstamm gelegt hat. Die Teilnehmer werden feststellen, daß das Geräusch besser zu hören ist, wenn das Ohr am Stamm anliegt.

Wichtig!
Der Baumstamm muß so lang sein, daß alle Mitspieler genügend Platz haben. Man sollte möglichst einen Laubbaum wählen, da er nicht harzt. Auf hervorstehende Äste sollte die Gruppe aus Vorsicht vor Verletzungen aufmerksam gemacht werden.

Tip:
Zu Beginn einer Dämmerungswanderung ist dieses Spiel eine gute Einstimmung. Da man die Augen immer weniger einsetzen kann, muß das Gehör geschärft werden.

Zielsetzung:
Holz als Schalleiter kennenlernen; Übertragung auf Lebensweise der Höhlenbewohner (z.B. Spechte).

5.5.2 Beutelgeheimnisse *(verändert nach BARTL/BARTL 1990)*

Sinne:	Tasten (Hand)
Alter:	5–12 Jahre
Spieldauer:	15 Minuten
Aktionsform:	Einzelaktion
Spielerzahl:	ca. 20 Personen
Wetter:	beliebig
Jahreszeit:	ganzjährig
Material:	ein Baumwoll- oder Leinenbeutel ca. 20 x 30 cm, 10 Dinge aus dem Wald (Zapfen, Eichel, Rindenstück, Blatt, Stein ...)

Spielverlauf:
Die Mitspieler greifen nacheinander in den Beutel und ertasten den Inhalt. Anschließend versuchen sie, die Dinge im Wald zu sammeln. Nach ca. 5 Minuten versammeln sich alle um den Spielleiter. Dieser zeigt nun der Reihe nach die **Beutelgeheimnisse**. Die Mitspieler können anhand ihrer Fundstücke feststellen, ob sie »richtig« gefühlt haben.

Wichtig!
Beim Hineingreifen in den Tastbeutel dürfen die Mitspieler den ertasteten Inhalt den anderen nicht verraten. Dies sollte der Spielleiter bei der Erklärung des Spiels berücksichtigen. Je nach Alter wird die Anzahl der Dinge variiert.

Tip:
Vielleicht regt das Spiel dazu an, eine Schatzkiste zu sammeln und zu Hause, in der Schule oder im Kindergarten Tastboxen zu basteln. Eine Erweiterung des Spiels kann darin bestehen, daß der Spielleiter, nachdem sich die Mitspieler um ihn versammelt haben, selbst (oder Mitspieler) in den Fühlbeutel faßt und das Gefühlte beschreibt. Die Mitspieler halten dann das Fundstück hoch, das ihrer Meinung zur Beschreibung paßt. Erst dann wird das **Beutelgeheimnis** gelüftet.

Zielsetzung:
Formenkenntnis durch Tastsinn schulen.

5.5.3 Die Blätterrallye (verändert nach BARTL/BARTL 1990)

Sinne:	Sehen
Alter:	10–14 Jahre
Spieldauer:	15 Minuten
Aktionsform:	Gruppenaktion
Spielerzahl:	30 Personen
Wetter:	beliebig
Jahreszeit:	Sommer, Herbst
Material:	Blätter von 5–10 verschiedenen Bäumen und Sträuchern

Spielverlauf:
Die Blätter werden vermischt auf einer kleinen Fläche ausgestreut. Es bilden sich zwei gleich große Gruppen. Sie stellen sich in Reihen auf. Auf ein Zeichen des Spielleiters läuft aus jeder Gruppe jeweils der erste zu dem 10 m entfernten Blatthaufen. Er nimmt ein Blatt auf und läuft damit zu seiner Gruppe zurück. Der zweite übernimmt das Blatt und läuft wieder zu dem Haufen. Er nimmt ein zweites Blatt auf, welches zu einer anderen Baumart gehört als das erste. Dann läuft er mit den beiden Blättern zu seiner Gruppe zurück und übergibt sie dem dritten Mitspieler. Das Spiel ist beendet, wenn der letzte jeder Gruppe gelaufen ist. Gewonnen hat die Gruppe, die möglichst viele verschiedene Blattarten hat.

Wichtig!
Es kommt bei diesem Spiel nur bedingt auf die Schnelligkeit an. Der Schwerpunkt soll auf dem Erkennen der unterschiedlichen Blätter liegen.

Tip:
Die Blätter können auf einem Spaziergang gemeinsam gesammelt und besprochen werden. Sie werden auch gern mitgenommen und zu Hause aufgeklebt.

Zielsetzung:
Baumartenschulung anhand der Blätter.

5.5.4 Blindenführer *(verändert nach CORNELL 1979)*

Sinne:	Tasten, Riechen, Schmecken
Alter:	ab 8 Jahre
Spieldauer:	15 Minuten
Aktionsform:	Partneraktion
Spielerzahl:	30 Personen
Wetter:	beliebig
Jahreszeit:	Frühjahr, Sommer, Herbst
Material:	Augenbinden

Spielverlauf:
Es bilden sich Paare. Einem Partner werden die Augen verbunden. Der »Sehende« führt seinen »blinden« Mitspieler langsam durch den Wald. Hin und wieder bleibt das Paar stehen. Der »Blinde« erhält Gegenstände, die er erriechen, ertasten, schmecken muß (z.B. Pilz, Sauerklee). Seine Vermutungen nennt er seinem Partner, der diese bestätigt oder verneint. Nach fünf Waldrätseln ist Wechsel.

Wichtig!
Es muß ein vertrauensvoller Umgang miteinander geschaffen werden. Ist das Wissen um eßbare Dinge nicht sehr groß, sollte aus Vorsichtsmaßnahmen auf den Geschmackssinn verzichtet oder der Spielleiter stets vorher gefragt werden.

Tip:
Gemischte Paare aus Erwachsenen und Kindern eignen sich gut, um Vertrauen zu schaffen, aber auch um miteinander zu lernen.

Zielsetzung:
Vertrauen entwickeln; sinnhafte Waldwahrnehmung unter Ausschluß des Sehsinns.

5.5.5 Einem Baum begegnen *(verändert nach BARTL/BARTL 1990 und CORNELL 1981)*

Sinne:	Tasten, Riechen
Alter:	ab 8 Jahre
Spieldauer:	20 Minuten
Aktionsform:	Partneraktion
Spielerzahl:	30 Personen
Wetter:	beliebig
Jahreszeit:	beliebig
Material:	Augenbinden

Spielverlauf:
Es bilden sich Paare. Einem Partner werden die Augen verbunden. Er wird von seinem sehenden Partner vorsichtig zu einem Baum geführt, den dieser für ihn ausgesucht hat. Der Blinde untersucht den Baum intensiv. Er reckt sich in die Höhe, um mögliche Äste zu erspüren. Er umarmt den Baum, um seinen Umfang

festzustellen. Er ertastet die Wurzeln und die Rinde. Meint der Blinde, »seinen« Baum zu kennen, wird er von seinem Partner auf einem Umweg zum Ausgangspunkt zurückgeführt. Hier nimmt er die Augenbinde ab und versucht nun, den Baum wiederzufinden. Der Partner kontrolliert, ob er den richtigen Baum erkannt hat. Anschließend wechseln die Spieler.

Wichtig!
Um den »Blinden« Vertrauen zu ihren Partnern zu vermitteln, sollte man Verhaltensregeln besprechen. Den Begleitern muß klarwerden, daß sie für ihren blinden Partner mitsehen müssen und verantwortlich sind. Das richtige Erkennen eines Baumes sollte gelobt, aber auch vom Spieler begründet werden. So wird ihm das Wesen »seines Baumes« bewußter.
Es hat sich bewährt, Gebietsgrenzen festzulegen.

Tip:
Bei jüngeren Kindern gemischte Paare mit Erwachsenen bilden, um Ängste abzubauen. Variante: Baumart an der ertasteten Rindenbeschaffenheit bestimmen.

Zielsetzung:
Individualität der Bäume herausstellen; Baumarten an arttypischen Rindenmerkmalen kennenlernen.

5.5.6 Eulen und Krähen (verändert nach CORNELL 1979)

Sinne:	Hören
Alter:	ab 7 Jahre
Spieldauer:	15 Minuten
Aktionsform:	Gruppenaktion
Spielerzahl:	30 Personen
Wetter:	beliebig
Jahreszeit:	beliebig
Material:	wird nicht benötigt

Spielverlauf:
Es bilden sich zwei Gruppen. Sie stehen sich im Abstand von 3–4 m linienförmig in zwei Reihen gegenüber. Der Spielleiter benennt eine Gruppe als »Eulen«, die andere Gruppe als »Krähen«. Anschließend trifft er eine Aussage über den Wald. Ist diese richtig, dann verfolgen die Eulen die Krähen und versuchen, sie bis zu einer gesetzten Markierung zu fangen. Ca. 10 m hinter jeder Gruppe wird eine Markierung gesetzt (helle Jacke oder Tasche), bis zu der die Jagd erfolgt. Ist die Markierung erreicht, kehren alle zum Ausgangspunkt zurück.
Ist die Aussage falsch, verläuft die Jagd in die andere Richtung, d.h., die Krähen verfolgen die Eulen. Nach jeder Verfolgungsjagd formieren sich die Gruppen wieder in zwei Reihen. Nach ca. fünf Durchgängen sind die Teilnehmer meistens erschöpft.

Wichtig!
Die vom Spielleiter getroffenen Aussagen müssen eindeutig sein, um Mißverständnissen vorzubeugen. Das Spiel sollte in einem Gebiet stattfinden, welches

gut zu überblicken und durch besondere Gegebenheiten auf beiden Seiten eingegrenzt ist. Auf diese Weise jagen sich die Gruppen nicht durch den ganzen Wald.

Tip:
Die Aussagen sollten dem Alter und Wissensstand der Mitspieler angepaßt sein. Am Ende eines Waldtages ist dieses Spiel zur lustigen »Rückschau« geeignet.

Zielsetzung:
Wissensauffrischung; Vertiefung der erworbenen Kenntnisse.

5.5.7 Fang Dir den Regenbogen (ORIWALL/HIRSCH 1994)

Sinne:	Sehen
Alter:	5–12 Jahre
Spieldauer:	offen
Aktionsform:	Einzelaktion
Spielerzahl:	30 Personen
Wetter:	unbedingt sonnig
Jahreszeit:	Frühling, Sommer, Herbst
Material:	Zur Sicherheit hat der Spielleiter auf Eignung getestete Vogelfedern dabei.

Spielverlauf:
Der Spielleiter läßt die Mitspieler einzeln oder zu zweit ausschwärmen und Federn suchen. Wer Glück hat, findet eine Feder, mit der die Regenbogenfarben »eingefangen« werden können. Wenn bei Sonnenschein durch eine geeignete Feder gegen die Sonne geschaut wird, sind Spektralfarben zu sehen.

Wichtig!
Nicht in die pralle Sonne schauen! Am besten klappt es, wenn unter einem Baum die durchfallenden Sonnenstrahlen mit der Feder »eingefangen« werden. Dabei wird die Feder im Abstand von ca. 3 bis 20 cm vor das Auge gehalten. In der Regel sind Schwanz- und Schwungfedern geeigneter als Deckfedern. Mit ganz hellen und ganz dunklen Federn läßt sich das Farbenspiel nicht so gut einfangen.

Tip:
Geeignete Federn nehmen Kinder gerne als besonderes Fundstück mit (Schatzkiste Wald!). Je nach Situation kann der Spielleiter vor der Suche die Kinder durch die mitgebrachten Federn schauen lassen. Das motiviert manche zusätzlich. Nicht selten wird auch nach dem Spiel intensiv nach Federn gesucht. Das hat unter Umständen Einfluß auf den weiteren Ablauf des Waldtages. Ich beginne häufig die »Schatzsuche« mit diesem Spiel.

Zielsetzung:
Aufbau der Vogelfeder kennenlernen; Motivation für »Schatzsuche«; das Schöne am Unscheinbaren erkennen.

5.5.8 Fundstücke wiedererkennen (verändert nach BARTL/BARTL 1990)

Sinne:	Tasten, Sehen, Riechen
Alter:	ab 5 Jahre
Spieldauer:	10 Minuten
Aktionsform:	Gruppenaktion
Spielerzahl:	30 Personen
Wetter:	beliebig
Jahreszeit:	beliebig
Material:	Gegenstände aus dem Wald

Spielverlauf:
Auf einem Spaziergang hat sich jeder Mitspieler einen besonderen Gegenstand aus dem Wald mitgenommen. Diese Gegenstände werden eingesammelt. Jedem Mitspieler werden die Augen verbunden. Dann wird das erste Fundstück herumgegeben. Der erste Mitspieler befühlt es genau. Handelt es sich nicht um sein Fundstück, gibt er es an den nächsten Spieler weiter. Dieser untersucht es ebenfalls genau und gibt es gegebenenfalls wieder weiter. Wenn alle richtig getastet haben, müßte am Ende des Spiels jeder sein Fundstück in den Händen halten.

Wichtig!
Keine lebenden Tiere oder Pflanzen mitnehmen oder beschädigen.

Tip:
Die Fundstücke werden gerne als Erinnerung mit nach Hause genommen.

Zielsetzung:
Formenkenntnis schulen.

5.5.9 Jagender Uhu (verändert nach CORNELL 1979)

Sinne:	Hören, Tasten (Fuß)
Alter:	ab 10 Jahre
Spieldauer:	ca. 30 Minuten
Aktionsform:	Gruppenaktion
Spielerzahl:	8 Personen pro Spielgruppe
Wetter:	möglichst trocken und sonnig
Jahreszeit:	Frühling, Sommer, Herbst
Material:	pro Spielgruppe 1 Tuch zum Verbinden der Augen (besser eine vorher gebastelte Uhumaske aus Pappe und Mullbinden), 3 Spritzen (ggf. Wasserpistolen), Wasser (wenn vor Ort nicht vorhanden, dann in einer Literflasche), Fichtenzapfen (notfalls Stöckchen)

Spielverlauf:
Ein Mitspieler ist der **Jagende Uhu**, die anderen sind seine mögliche Beute. Der Uhu wird an einer Stelle postiert, die rundherum in einem Umkreis von ca. 10 m einigermaßen belaufen werden kann. Um diesen Jagdansitz des Uhus wird die

Nahrung der Beutetiere in einem Abstand von etwa einen Meter abgelegt. Dem Uhu werden die Augen verbunden, und er erhält drei mit Wasser gefüllte Spritzen. Die Beutetiere verteilen sich rund um den Uhu im Abstand von ca. zehn Schritten. Bei absolutem Schweigegebot versuchen nun die Beutetiere, »ihre« Nahrung vorsichtig zu erreichen, mitzunehmen und genauso langsam und leise, wie sie gekommen sind, ihren Ausgangspunkt zu erreichen.
Der Uhu versucht, die schleichenden Tiere mit dem Gehör zu orten und mit einem Wasserstrahl zu erlegen. Erlegte Beutetiere dürfen sich nicht mehr bewegen, bis das Spiel zu Ende ist (Wasserspritzen leer oder Nahrung »gefressen«).
Das Spiel kann mehrmals durchgeführt werden, wobei der Uhu auch von anderen gespielt werden kann.

Wichtig!
Es schadet dem Spiel, wenn der Uhu durch Ablenkungsgeräusche (Ast wird neben ihn geworfen, mit dem Fuß wird absichtlich gescharrt u.a.) dazu gebracht wird, seine Jagdenergie (das Wasser) zu verbrauchen.
Bei parallel spielenden Gruppen ist darauf zu achten, daß diese weit genug voneinander entfernt spielen. Das erschwert die Spielleitung, so daß es sinnvoll ist, bei diesem Spiel Schiedsrichter einzusetzen.

Tip:
Wenn der Spielgedanke erst einmal klar ist, wird dieses Spiel mit Spaß und Erfolg eingesetzt. Sinnvoll ist es, dieses Spiel vor der Großgruppe in »Kleinformat« (1 Uhu/3 Beutetiere/1 Wasserspritze) vorzuführen. Der Uhu wird feststellen, wie schwierig es ist, die Beute mit dem Gehörsinn zu orten, was der Jagdmethode des Uhus entspricht. Weiterhin entspricht es auch der Realität, daß längst nicht jeder Jagdversuch glückt. Sind die Jagdreserven durch viele Fehlversuche erschöpft (leere Wasserspritzen), muß der Uhu verhungern. Verhalten sich die Beutetiere auf der anderen Seite sehr laut und unvorsichtig, sind sie eine leichtere Beute für den Uhu. Aus diesem Grund scheint der laute Igel auf der Speiseliste des Uhus weit oben zu stehen.

Zielsetzung:
Schwierigkeit der Ortung von »Beute« mit dem Gehör kennenlernen; Schwierigkeit der lautlosen Bewegung auf Waldboden erfahren.

5.5.10 Das Raupenspiel (verändert nach BARTL/BARTL 1990)

Sinne:	Sehen
Alter:	ab 7 Jahre
Spieldauer:	10 Minuten
Aktionsform:	Gruppenaktion
Spielerzahl:	30 Personen
Wetter:	beliebig
Jahreszeit:	beliebig
Material:	halbe, bunte Holzwäscheklammern, Bindfaden, Baumstumpf oder Stöcke

Spielverlauf:
Ein Spielfeld wird mit Ästen oder Bindfaden markiert (ca. 4 x 4 m). In diesem Feld verstreut der Spielleiter wahllos die vielfarbigen Holzklammern. Sie sind Schmetterlingsraupen, die hier aufgrund guter Nahrungsbedingungen in Massen auftreten.
Es bilden sich Paare. Sie sind Vogeleltern, die möglichst viele Raupen für ihre hungrigen Jungen im Nest suchen müssen. Die Nester befinden sich in einem Abstand von ca. 5 m um das Spielfeld herum. Sie sind durch Stöcke gekennzeichnet oder befinden sich auf Baumstümpfen. Auf ein Zeichen des Spielleiters stürzen alle Vogeleltern los und suchen die Raupen. Hat ein Vogel 4–5 Raupen gefunden, dann bringt er sie so schnell wie möglich zu seinem Nest. Von dort startet er unverzüglich zu einer neuen Suchaktion.
Nach einer festgelegten Zeit (ca. 5 Min.) beendet der Spielleiter das Spiel. Dann geht er von Nest zu Nest und kann Punkte für die gefundenen Raupen vergeben. Diejenige Raupenfarbe, die am besten zu sehen war, bekommt die geringste Punktzahl. Diejenige, die am schwersten zu erkennen war, erhält die höchste.

Wichtig!
Die Klammern sollten vor dem Spiel gezählt werden, um nach dem Spiel große Verluste auszuschließen. Das Spiel sollte auf verschiedenen Untergründen durchgeführt werden (Laubstreu, Gras). Dann wird ersichtlich, daß die beste Tarnfarbe je nach Umgebung variiert.

Tip:
Auffällige Farben (weiß, gelb) werden sofort gefunden, grün und schwarz dagegen schwer. Je besser ein Tier (Raupe) also an seine Umgebung angepaßt (getarnt) ist, desto bessere Überlebenschancen hat es. Hier kann sich auch ein Gespräch über die Kleiderfarbe von Jägern und Forstleuten anschließen.

Zielsetzung:
Bedeutung der Tarnfarbe kennenlernen.

5.5.11 Waldkamera (verändert nach CORNELL 1991)

Sinne:	Sehen
Alter:	ab 8 Jahre
Spieldauer:	15 Minuten
Aktionsform:	Partneraktion
Spielerzahl:	30 Personen
Wetter:	beliebig
Jahreszeit:	ganzjährig
Material:	pro Pärchen 1 Bleistift, 2 unliniierte Karteikarten,

Spielverlauf:
Es finden sich Pärchen zusammen. Ein Mitspieler des Pärchens ist der Waldphotograph, der andere die Waldkamera. Der Photograph stellt sich hinter die Kamera und legt seine Hände auf deren Schulter. Die Kamera hält zunächst die

Augen (Blende) geschlossen. Der Waldphotograph sucht sich nun ein schönes Waldmotiv und führt (»schiebt«) die Kamera dorthin. Nun ist es die Aufgabe des Photographen, die Kamera auf das Motiv auszurichten.

Die Kamera läßt sich bereitwillig beugen, drehen (in allen Gelenken), hinlegen und alles mit sich machen, was sonst noch notwendig ist, um die Kamera in die richtige Ausgangsstellung zu bekommen.

Natürlich geht der Photograph behutsam mit der Kamera um. Wenn er sicher ist, daß die Ausrichtung perfekt ist, »schießt« er ein Photo. Dies gelingt, indem er der Kamera auf die Schulter (Auslöser) klopft.

Die Kamera öffnet die Blende solange, bis der Photograph erneut auf die Schulter klopft. Dann werden die Augen geschlossen, und die Photographie ist gemacht. Auf diese Weise werden fünf Photos »geschossen«. Dann wird gewechselt, der Photograph wird Kamera, die Kamera wird Photograph. Wenn beide als Kamera fünf Photos gemacht haben, wird ein Bild (das schönste) entwickelt (auf die Karteikarte gezeichnet). Der Photograph muß dann feststellen, um welches Motiv es sich gehandelt hat. Kann er das nicht, hat er »verwackelt«.

Wichtig!
Es soll das schönste Photo gezeichnet werden, daß man als Kamera gemacht hat, nicht als Photograph.

Tip:
Die Rückseite der Karteikarte kann noch als Geräuschelandkarte dienen.
Dieses Spiel wird auch am Ende eines Waldtages gerne eingesetzt, um »Abschiedsphotos zu schießen«. Die gemalten Photos werden oft als Erinnerung behalten.

Zielsetzung:
Formenkenntnis; Beobachtungsschulung.

5.5.12 Waldlabyrinth (verändert nach BARTL/BARTL 1990)

Sinne:	Tasten
Alter:	ab 7 Jahre
Spieldauer:	20 Minuten
Aktionsform:	Einzelaktion
Spielerzahl:	30 Personen
Wetter:	beliebig
Jahreszeit:	beliebig
Material:	Augenbinden, Seil

Spielverlauf:
Der Spielleiter bindet in Hüfthöhe ein Seil an einen Startbaum. Von dort aus führt er das Seil in gleichbleibender Höhe mit häufigem Richtungswechsel um andere Bäume und über kleine Hindernisse zu einem Zielbaum.

Noch außer Sichtweite des Labyrinths werden jedem Mitspieler die Augen verbunden. In einem Abstand von einer Minute werden sie an den Startbaum geführt und tasten sich am Seil entlang bis zum Zielbaum.

Wichtig!
Alle Mitspieler, die das Ziel schon erreicht haben, sollten sich dort ganz leise verhalten, um die nachfolgenden Spieler nicht zu stören. Es können auch Aufgaben gegeben werden, z.B. **Beutelgeheimnisse** spielen, um den Spielern eine Beschäftigung zu geben, bevor Unruhe auftritt.
Bei der Auswahl der Bäume, um die das Seil geführt wird, sollte man darauf achten, daß sich in Augenhöhe keine starren Äste befinden, um Verletzungen vorzubeugen.

Tip:
Als besonderes Abenteuer auf einer Nachtwanderung bietet sich das **Waldlabyrinth** auch an. Die Mitspieler werden im Laufe der Nachtwanderung an den Startbaum des bereits vorbereiteten **Waldlabyrinths** geführt und tasten sich dann allein im Abstand von 2-3 Minuten am Seil entlang durch die Dunkelheit.

Zielsetzung:
Formen des Waldes ertasten.

5.5.13 Waldpantomime (ORIWALL/HIRSCH 1994)

Sinne:	Sehen
Alter:	5-12 Jahre
Spieldauer:	max. 20 Minuten
Aktionsform:	Einzel-, Partner- oder Gruppenaktion
Spielerzahl:	2-50 Personen
Wetter:	möglichst trocken und sonnig
Jahreszeit:	ganzjährig
Material:	10-20 Kärtchen (ca. 10 x 10 cm) mit ausgesuchten heimischen Waldtieren

Spielverlauf:
An einer Stelle im Wald, an der ein größerer Kreis gebildet werden kann, wird das Spiel begonnen. Ein freiwilliger Mitspieler wird Schauspieler im Waldtheater, die anderen sind die Zuschauer. Dem Schauspieler zeigt der Spielleiter ein Bildkärtchen. Das abgebildete Tier versucht der Schauspieler darzustellen, ohne daß er etwas sagt. Die Zuschauer raten dann das Tier. Der Mitspieler, der das Tier zuerst errät, darf dann Schauspieler werden.

Wichtig!
Kleinen Kindern ist es oft nicht klar, worum es geht, oder sie erkennen das Tier auf dem Bild nicht. Im ersten Fall kann der Spielleiter das Spiel selbst eröffnen, im zweiten Fall reicht es meist, den Namen des Tieres leise ins Ohr zu flüstern. Wenn der Spielverlauf so geändert wird, daß die Mitspieler sich selbst Tiere ausdenken dürfen, sollte aber die Vorgabe gemacht werden, daß nur Tiere, die in unseren Wäldern leben, dargestellt werden dürfen. Andernfalls würden Affen und Tiger vorherrschen. Das gehört nicht zur Zielsetzung dieser Waldkartei.

Tip:
Bei Eltern-Kindergruppen macht es allen Teilnehmern sehr viel Spaß, wenn die Eltern die Spielrunde mit einigen **Waldpantomimen** eröffnen. Allerdings muß man schon ein gewisses Gespür dafür haben, welcher Vater bereit ist, eine Kreuzotter oder einen Igel darzustellen. Wenn es ganz ohne Laute nicht geht, dann können Ruf- oder Freßgeräusche des betreffenden Tieres erlaubt werden (z.B. Trommeln des Spechtes, Grunzen des Wildschweins ...).

Zielsetzung:
typische Verhaltensweisen heimischer Waldtiere nachahmen.

5.5.14 *Waldschatz raten (verändert nach CORNELL 1979)*

Sinne:	Sehen
Alter:	ab 8 Jahre
Spieldauer:	15 Minuten
Aktionsform:	Gruppenaktion
Spielerzahl:	30 Personen
Wetter:	beliebig
Jahreszeit:	Frühjahr, Sommer, Herbst
Material:	Blätter, Blüten, Samen, Federn (von jeder Art 1 Stück)

Spielverlauf:
Es bilden sich zwei gleich starke Gruppen. Die Mitspieler jeder Gruppe stellen sich in einer Reihe nebeneinander auf, die Gruppen stehen sich im Abstand von 10 m gegenüber. Beide Gruppen werden durchgezählt, so daß jeder Mitspieler eine Nummer erhält. Damit gibt es also zwei Mitspieler mit der gleichen Nummer. Zwischen den beiden Gruppen legt der Spielleiter den Waldschatz linienförmig aus. Dann nennt er einen Gegenstand (z.B. »gesucht wird das Blatt einer Hainbuche«) und ruft eine Nummer. Die Spieler beider Gruppen mit der jeweiligen Nummer laufen los und versuchen, den entsprechenden Gegenstand zu finden. Der Gewinner erhält zwei Punkte. Sieger ist die Gruppe, die die meisten Punkte sammelt.

Wichtig!
Der Waldschatz kann von den Mitspielern unterwegs selbst gesammelt werden. So wird die Beobachtung geschult, und die Gegenstände sind den Spielern schon vertraut.

Tip:
Das Spiel bietet sich nach einem Waldspaziergang an, auf dem die einzelnen Baumarten oder andere Dinge bestimmt worden sind. Es dient der Wiederholung des Gelernten.

Zielsetzung:
Formenkenntnis einüben.

5.5.15 Wir finden den Waldschatz (ORIWALL/HIRSCH 1994)

Sinne:	Sehen
Alter:	5–12 Jahre
Spieldauer:	offen
Aktionsform:	Einzelaktion
Spielerzahl:	30 Personen
Wetter:	beliebig
Jahreszeit:	Frühling, Sommer, Herbst, ggf. Winter
Material:	gut zu tragender Karton (ggf. mit Packband Henkel anbringen)

Spielverlauf:
Bei diesem Suchspiel darf alles gesammelt werden, ohne Schaden anzurichten. Lebende Pflanzen und Tiere sind natürlich tabu. Nester dürfen auch nur gesammelt werden, wenn sie herabgefallen oder eindeutig verlassen sind (im Zweifelsfall nie!).

Wichtig!
Dieses Spiel fördert in besonderer Weise die Sensibilisierung für die Vielfalt des Waldes. Voraussetzung dafür ist aber, daß der Leiter selbst für die verschiedensten Fundstücke »offen« ist, das heißt, er muß sie auch als Schatzteile gegenüber den Kindern würdigen. Ein Stock ist dann nicht eben nur ein Stock, sondern ein Teil des Waldschatzes.

Tip:
Die gefundenen Schatzteile können später als Waldausstellung dienen, in Fühlboxen ertastet und wiedererkannt oder als Naturcollagen gestaltet werden. Besonders bei älteren Kindergartenkindern und Grundschülern kann die Suche eines Waldschatzes einen Waldtag füllen, sofern die Fundstücke zu Erklärungen herangezogen werden.

Zielsetzung:
Vielfalt des Waldes entdecken; Formenkenntnis.

6. Praktische Tips

Auf einer Waldwanderung lohnt es sich immer, einen Rucksack oder eine Umhängetasche mitzunehmen. Je nach Zielsetzung wird der Inhalt des Rucksacks sich ändern.

Die nachfolgenden Angaben beziehen sich auf die Waldkartei. Wer also die genannten Materialien in den Rucksack steckt, kann die aufgeführten Walderfahrungsspiele ohne Probleme durchführen. Es ist gut, wenn der Rucksack über ein kleines und zwei größere Fächer verfügt. Mit seinem Inhalt wiegt er dann etwa 6–7 kg.

Im kleinen Fach sollte unabhängig von den Spielen immer griffbereit sein:

- ein Taschenmesser für Untersuchungen;
- eine Leinentasche (für spontan gesammelte Fundstücke);
- evtl. Bestimmungsliteratur;
- 2-3 leere Filmdöschen (für empfindliche oder stinkende Fundstücke, z.B. Gewölle, Eischalen, leere Schneckenhäuschen);
- kleine Plastikbeutel für Federn, Steine etc.;
- Klapplupe (8fache Vergrößerung);
- Fernglas.

Für die Walderfahrungsspiele benötigt man bei 30 Teilnehmern folgende Dinge:

- 30 Augenbinden (z.B. gewaschene Windeln);
- 50 halbe, verschiedenfarbige Holzwäscheklammern;
- 2 x 20 m Seil (ca. 1 cm Durchmesser);
- 2-5 Leinen- oder Baumwollbeutel (20 x 30 cm);
- 35 Karteikarten unliniiert;
- 32 Bleistifte und Anspitzer;
- 20 Karten mit Bildern von heimischen Waldtieren;
- Daunenfedern;
- Schwanz- oder Schwungfedern (z.B. von der Haustaube);
- 3 Uhumasken (oder Augenbinden s.o.);
- 9 Einwegspritzen (je ca. 20 ml);
- 1 Flasche mit Wasser (wenn es im Exkursionsgebiet nicht geschöpft werden kann).

Es lohnt sich die Anschaffung der genannten Materialien vor allem dann, wenn der Rucksack mehrfach zum Einsatz kommen kann. So können sich Schulen oder Kindergärten gemeinsam einen Rucksack bereitstellen, der von verschiedenen Spielleitern genutzt werden kann. Vor Einsatz des Rucksacks können die in Frage kommenden Spielleiter gemeinsam die Spiele mit den dazugehörigen Materialien ausprobieren.

Wenn Taschenlampen benötigt werden, können diese von den Teilnehmern mitgebracht werden.

Literatur

ADAM, HILDE/HOFFMANN, WOLFGANG/SALEHIAN, FREDON (Hrsg.): Umwelt im Spiel. Brett-, Rollen-, Naturerfahrungsspiele, Spiel- und Mitmachaktionen. Ökotopia, Münster 1988;

AHLERS, ASTRID: Lernen im Wald. In: Lernmittel aktuell 8(1982), H. 3, S. 12-14;

ANTES, WOLFGANG: Erlebnispädagogik - Fundierte Methode oder aktuelle Mode? In: Jugendstiftung Baden-Württemberg (Hrsg.): Erlebnispädagogik. Theorie und Praxis in Aktion, Bd. 1. Ökotopia, Münster 1993, S. 11-24;

BARTL, ALMUT/BARTL, MANFRED: Umweltspiele noch und noch. Tolle Spielideen für drinnen und draußen. Herder, Freiburg i.Br./Basel/Wien 1990;

BÖLTS, HARTMUT: Wald erkunden - Wald verstehen. Soznat - Materialien für den Unterricht, H. 18. Redaktionsgemeinschaft Soznat, Marburg 1985;

BUDDENSIEK, WILFRIED: Wege zur Ökoschule. AOL, Lichtenau 1991;

CAPRA, FRITJOF: Wendezeit. Bausteine für ein neues Weltbild. Scherz, Bern/München/Wien 1983;

CORNELL, JOSEPH BHARAT: Mit Kindern die Natur erleben. Ahorn, Oberbrunn 1979;

CORNELL, JOSEPH BHARAT: Mit Freude die Natur erleben. Naturerfahrungsspiele für alle. Verlag an der Ruhr, Mülheim 1991;
GÖPPEL, ROLF: Umwelterziehung. Katastrophenpädagogik? Moralerziehung? Ökosystemlehre? Oder ästhetische Bildung? In: Neue Sammlung 31(1991), H. 1, S. 25-38;
HEID, HELMUT: Problematik einer Erziehung zur Verantwortungsbereitschaft. In: Neue Sammlung 31(1991), H. 3, S. 459-481;
HOFFMANN, WOLFGANG u.a.: Das Umwelt-Spiele-Buch. Brett-, Rollen-, Plan- und Naturerkundungsspiele, Spiele-Ketten. Ökotopia, Münster 1988[4];
KNIRSCH, RUDOLF: Unsere Umwelt entdecken. Spiele und Experimente für Eltern und Kinder. Ökotopia, Münster 1991;
KOCHANEK, HANS-MARTIN/PLEINES, STEFANI (Hrsg.): Umweltzentren in Deutschland. Dokumentation der Tagung vom 21.-23.9.1990 im Ökowerk Berlin. Schriftenreihe der Arbeitsgemeinschaft Natur- und Umwelterziehung (ANU), Bd. 3. Verlag an der Ruhr, Mülheim 1991;
MEYER, HILBERT: UnterrichtsMethoden. Bd. 2: Praxisband. Scriptor, Frankfurt a.M. 1989[2];
ORIWALL, MATTHIAS/HIRSCH, ANDREA: Die Waldkartei. Bd. 1: Walderfahrungsspiele. Selbstverlag, Iserlohn 1994;
POSTMAN, NEIL: Das Verschwinden der Kindheit. Fischer, Frankfurt a.M. 1985[10];
SCHMITHÜSEN, FRANZ/DUHR, MICHAEL: Waldpädagogik aus forstpolitischer Sicht. In: Schweizerische Zeitschrift für Forstwesen 144(1993), H. 3, S. 163-176;
SEELAND, KLAUS: Kulturelle und gesellschaftliche Aspekte der Bedeutung des Waldes. Vortragsmanuskript anläßlich des Seminars »Was bewegt die Waldpädagogik?«, Hotel Zürichberg 11. Juni 1992;
STELZNER, ANDREA: Erleben des Lebensraumes Wald mit Hilfe von Naturerfahrungsspielen. Unveröffentlichte schriftliche Hausarbeit im Rahmen der Zweiten Staatsprüfung für das Lehramt, Arnsberg 1991.

2.9 Erlebnispädagogik und spielerisches Umweltlernen. Versuch einer Verbindung aus sozialpädagogischer Sicht

Matthias Nicolai

Die folgenden Ausführungen versuchen die Erfahrungen zusammenzufassen, die in mehreren eintägigen bzw. einwöchigen Seminarveranstaltungen mit Schülerinnen und Schülern verschiedener Schulklassen (7. Hauptschulklasse, 8. Hauptschulklasse, 10. Klasse Gymnasium, Oberstufenschülerinnen und -schüler aus fünf europäischen Schulen) und Jugendlichen aus einem sozialen Brennpunkt Marburgs gemacht wurden. Die Seminare wurden vom Jugendbildungswerk der Stadt Marburg in Kooperation mit dem BSJ (Verein für bewegungs- und sportorientierte Jugendsozialarbeit) und der jeweiligen Schule bzw. der Bürgerinitiative für soziale Fragen (BSF) durchgeführt.

1. Vorüberlegungen: Lebenswelten Jugendlicher heute

Kinder und Jugendliche wurden und werden aus ihrem ursprünglichen Spiel- und Bewegungsraum Straße verdrängt. Es entstehen spezialisierte Bereiche. Die Straße für die Autos, Spiel- und Bolzplätze für Kinder und Jugendliche. Die häufig durch Erlebnisarmut gekennzeichneten innerstädtischen Wohnbereiche verhindern die Entfaltung der Sinne und bieten nur sehr eingeschränkte Möglichkeiten, die Umwelt nach den eigenen Bedürfnissen der Jugendlichen zu interpretieren und aktiv in deren Gestaltung einzugreifen. Die Jugendlichen erfahren somit die Entsinnlichung ihrer Lebenswelt hautnah und tagtäglich.
BÖHNISCH/MÜNCHMEIER (1990) und der 8. Jugendbericht der Bundesregierung (1990) stellen fest, daß es für Jugendliche heute immer schwieriger wird, direkte Erfahrungen zu machen. Zum einen wird auf die immer größer werdende Entsinnlichung und Unwirtlichkeit von Lebens- und Wohnwelten in den Städten verwiesen, zum anderen auf die Tatsache des Lernens aus zweiter Hand. VON HENTIG (1984) beklagte das allmähliche Verschwinden von Wirklichkeit durch die Auswirkung des massenhaften Fernsehkonsums auf Kinder und Jugendliche, und ROLFF (1983) zeigte auf, wie technische Geräte, z.B. Fernsehen und Video, sich zwischen Mensch und Natur schieben und die Erfahrungen der Realität qualitativ verändern. Wirklichkeit wird nicht mehr handelnd erlebt und erfahren, sondern medial in Form von Botschaften über die Wirklichkeit vermittelt.
Es zeigt sich, daß in solchen Wohn- und Lebensverhältnissen die jugendliche Suche nach unmittelbaren, direkten Erfahrungen häufig in massivem Alkohol- und tagtäglichem, stundenlangem Videokonsum endet.
Eine weitere Folge ist, daß viele Jugendliche ihre Alltagswelt als öde, trist und langweilig empfinden. BECKER (1991) hat die Lebenswelten Jugendlicher und ihre Formen der Alltagsgestaltung im sozialen Brennpunkt anschaulich geschildert. Dieses, im Szene-Jargon, »stumpfe Abhängen an der Platte«, das von den Jugendlichen selbst als »ätzend« empfundene Nichtstun und Rumhängen läßt verstehen,

warum das genaue Gegenteil, das Bedürfnis nach »action«, das ewige Suchen nach dem »thrill« einen so hohen Stellenwert bei Jugendlichen hat.

2. Zusammenarbeit von schulischer und außerschulischer Jugendbildung

Die Schule kann solche Erfahrungsverluste kaum kompensieren. Sie ist eher Denkanstalt, in der sinnlichen Erfahrungen und körperbezogenem Lernen wenig Raum gegeben wird. Ganzheitliche Lernerfahrungen in der Bindung von Kopf und Hand, Sinnen und Motorik werden meistens ausgeblendet. Selbst der Sportunterricht favorisiert eher methodisierte Lernprozesse und die Zerlegung von Bewegungen nach Übungsprozessen. Für viele Heranwachsende bedeutet schulische Sozialisation die Erfahrung, daß körperliches, direktes Handeln und Lernen unvereinbar sind. Schule wird häufig als einschränkend und fremd erlebt.
Als Konsequenz aus der Erkenntnis, daß abstrakte/kognitive Lernprozesse gerade für viele Haupt- und Realschüler eben nicht die adäquate Lernform darstellen, da sie in zu großer Diskrepanz zu ihren Lebenswelten stehen, öffnete sich die Schule, ging nach außen, suchte dort Kooperationspartner[1] und bediente sich in zunehmendem Maß der Methoden außerschulischer Bildungsarbeit (Stichwort Projektunterricht). Andernorts (HILLEBRAND/NICOLAI 1991)[2] haben wir aufgezeigt, wie Schule in der Öffnung nach außen Situationsarrangements schaffen kann, in denen im Gegensatz zu den oft medial vermittelten Erfahrungen ganzheitliches Erfahrungslernen mit dem Körper und allen Sinnen für Schüler möglich wird. Eine dieser Möglichkeiten liegt in der Umgestaltung bzw. Erschließung von stadtnahen Naturräumen als Bewegungsräumen, die einerseits das Bedürfnis Jugendlicher nach Spannung und »action« befriedigen, andererseits ein Lernfeld für den verantwortungsvollen Umgang mit Natur darstellen könnten.

These 1:
Wenn die Sozialarbeit versucht, mit Körper und Bewegung den Mangel an direkten Erfahrungen durch die Inszenierung von Erlebniswelten zu kompensieren, indem sie Situationsarrangements schafft, in denen im Gegensatz zu den häufig medial vermittelten Erfahrungen ein ganzheitliches Erfahrungslernen mit dem Körper und allen Sinnen möglich wird, wenn es sich dabei um Arrangements in und mit der Natur handelt, dann muß die Frage gestellt werden, welche Auswirkungen ein solches Angebot eben gerade auf die Natur hat.

Exkurs: Hier ist es jetzt an der Zeit, kurz auf die Bedeutung von Umweltlernen oder Umweltbildung einzugehen. So unterschiedlich wie die Begriffe benutzt

---

1 Ein Beispiel von vielen ist das Buch »Heraus aus der Schule – aber wohin?« der Außenstelle Marburg des Hessischen Instituts für Lehrerfortbildung. Im Vorwort wird konstatiert, daß »... es Kindern in zunehmendem Maße an Primärerfahrungen in ihrer Umwelt fehlt« und daß es darum gehe, »ihnen ihre natürliche, soziale ... Umwelt (wieder) erfahrbar« zu machen. Eine Fülle von außerschulischen Lernorten wird vorgestellt.

2 In dem Artikel geht es um die Vermeidung von Naturbeanspruchung durch Freizeitaktivitäten und die Wiederentdeckung des Abenteuerraumes Stadt und stadtnaher Naturräume, bei denen Jugendliche und Natur gleichermaßen profitieren.

werden und so unterschiedlich wie die Zielvorstellungen sind, die hinter diesen Begriffen stehen, so klar ist zumindest, daß es heutzutage eigentlich niemanden mehr gibt, der nicht einen »bewußteren«, einen »schonenderen«, einen »sensibleren«, was immer das heißen mag, Umgang mit der Natur fordert.

Wenn es aber stimmt, daß einerseits Pädagogen sowie auch Bildungspolitiker aller Parteien eine wie auch immer geartete – fachspezifische oder integrative, vernetzte und/oder ganzheitliche – Umweltbildung für nötig halten, andererseits aber die Nachfrage nach Umweltbildungsangeboten in den Programmen von Bildungsträgern wesentlich geringer ist, als es das in Umfragen sich immer wieder äußernde hohe Umweltbewußtsein in der Bevölkerung vermuten ließe, dann gilt es meiner Meinung nach für Jugendliche, die sich noch schwerer damit tun als Erwachsene, institutionell gebundene Lernorte aufzusuchen, einen Zugang zu Umweltthemen zu finden.

Ein solcher Zugang könnte meiner Meinung nach bestehen in:

- der Methodik des aufsuchenden Lernens, und zwar in dem Sinne, daß nicht die Jugendlichen den Bildungsträger aufsuchen, sondern umgekehrt der Bildungsträger auf die Jugendlichen zugeht (Stichwort: Vernetzung), und
- dem Versuch, Jugendliche über adäquate, positiv besetzte Handlungen, nämlich körperliche Bewegungen, für Umweltfragen zu sensibilisieren.

So wie die Reformpädagogik sich durch handelnde Auseinandersetzungen in und mit der Natur Bedeutung für die Persönlichkeitsentwicklung der Jugendlichen versprach, so glaube ich, daß neben der sozialen Komponente (z.B. das Sich-verlassen-Können oder auch -Müssen beim Fels- oder Baumklettern, das Sichern des Partners, das Entwickeln gemeinsamer Lösungsstrategien) auch die Bereitschaft wächst, sich über sein Handeln Gedanken zu machen, zu überlegen, was man mit diesem Handeln in der Natur bewirken, verändern oder gar zerstören kann. Das heißt:

These 2:
Abenteuer- und Risikosportarten als Medium, als Mittel für Umweltlernen einsetzen und nutzen!

Ohne hier zu tief in die fachspezifische Diskussion der Umweltbildung oder des Umweltlernens eindringen zu wollen, möchte ich klarstellen, was ich unter Umweltlernen verstehe: In Anlehnung an APEL (1991, S. 22)

»... geht es nicht darum, Umweltexperten auszubilden, sondern Sensibilisierungen, Verständnis und Verantwortung für Prozesse zu wecken, die das Mensch-Natur-Verhältnis gefährden können«.

Im APELschen Sinne der Sensibilisierung für drohende Gefahren im Mensch-Natur-Verhältnis heißt Lernen dann beispielsweise auch zu begreifen:

- daß Skifahren auf zu geringer Schneedecke die Vegetation zerstören und zu Erosion führen kann;
- daß Felsklettern zu bestimmten Zeiten unterbleiben sollte, da sonst brütende Greifvögel gestört werden;
- daß Joggen und Mountainbikefahren nur auf befestigten Wegen unproblematisch ist;
- daß Kajak- und Kanufahren in den hochsensiblen Schilfgürteln Vögel auf ihren Brut-, Nist- und Rastplätzen stört usw.

Erlebnispädagogik und spielerisches Umweltlernen

Ich möchte nun anhand unserer Veranstaltungen aufzeigen, wie eine mögliche Verbindung von Abenteuer- und Risikosportarten mit Umweltlernen aussehen kann. Warnen möchte ich vor zu großen Hoffnungen, Erwartungen und Ansprüchen. Wenn APEL (1991) schon für die Erwachsenenbildung feststellt, daß es nicht leistbar ist und auch gar nicht darum geht, »Umweltexperten« auszubilden, dann gilt dies meines Erachtens um so mehr für den Bereich der Verknüpfung von Jugendarbeit und Umweltlernen in der außerschulischen Jugendbildung.

3. Erstes Seminar

Der erste Seminartyp wurde in drei Projekten bei den Ersten Roßberger Natur- und Umwelttagen im September 1991 sowie bei einer Schulprojektwoche 1992 durchgeführt. Unser Programm, das ein Bedürfnis nach »action« aus erster Hand befriedigen und gleichzeitig zum Nachdenken animieren sollte, sah fünf Erlebnisstationen vor.
Das wichtigste vorweg: *Sicherheitsvorkehrungen treffen!* Hier: das Anlegen der Klettergurte.

Foto 1: Körperpyramide

Aufgabe 1: Körperpyramide
Die Aufgabe besteht darin, in Kleingruppen eine Körperpyramide zu bilden. »Bringt die Tesa-Krepp-Markierung, so hoch es geht, am Baum an. Ihr habt soviel Zeit, wie ihr wollt, aber beachtet, daß alle aus eurer Gruppe an der Pyramide beteiligt sind.« Hierbei werden erste Balance- und Kooperationsformen gefordert.
Beobachtung: Die Teilnehmer erkannten schnell die Notwendigkeit der Zusammenarbeit. Nach dem Bau der Pyramide und nach der konkreten Auseinandersetzung mit fehlenden Ästen und rissiger Rinde, an der man sich die Haut aufschürfen konnte, war bei ihnen die Bereitschaft vorhanden, sich Gedanken über Bäume, deren Verschiedenheit und ihre Funktion, z.B. als Wasserspeicher, Erosionsschutz etc., zu machen.

Aufgabe 2: Spinnennetz
Eine zweite Aufgabe bildet die Überwindung eines Spinnennetzes, das aus Kletterseilen, Reepschnüren, Karabinerhaken und einem Handlauf zur Körpersicherung in drei Metern Höhe zwischen Bäumen gespannt war. »Ihr habt unbegrenzt Zeit, um über das Spinnennetz von einem Baum zum anderen zu balancieren. Wie ihr euch vorwärts bewegt, ist euch überlassen.« Die Aufgabenstellung ist offen. Sie beinhaltet keine vorgefertigten »Könnerlösungen«. Es kommt darauf an, ein subjektives Bewußtsein für die eigene Körperlage zu entwickeln.[3]
Beobachtung: Nach teilweisem Zögern zu Beginn merkten an dieser Station gerade die Mädchen sehr schnell, daß für sie eine echte Chancengleichheit existierte: Nicht körperliche Kraft war der ausschlaggebende Faktor; etwas Mut, vor allem aber Vertrauen, Geschicklichkeit, Einfallsreichtum und Ideen waren gefragt. So konnten wir die verschiedensten Lösungsstrategien beobachten: den Versuch, aufrecht stehend zu balancieren, auf allen vieren balancierend, auf dem Bauch robbend, mit dem Körper nach unten hangelnd und mit dem Körper rollend.

Aufgabe 3: Seilblindgang
Die Jugendlichen bewegen sich mit verbundenen Augen entlang eines gespannten Seiles über verschiedene Untergründe und natürliche Hindernisse (z.B. einer Baumstammwippe) hinweg. »Tastet euch am Seil bis zum Ende entlang. Dort findet ihr eine Glocke, an der ihr läuten sollt.« Etwas Mut und Geschicklichkeit gehören dazu. Das Bewegungserlebnis des Balancierens ist um so intensiver, je besser es gelingt, den Körper aus einer risikoreichen Lage wieder in die normale Körperlage einzupendeln.
Beobachtung: Zwischen den beiden Hauptschulklassen und der Gymnasialklasse waren bei Stationen, die alleine bewältigt werden mußten (wie das Spinnennetz oder der Seilblindgang), deutliche Verhaltensunterschiede festzustellen, wenn das eigene Tun abgeschlossen war, die Konzentration nachließ und ein anderer an

---

[3] Für das Klettern hat WOLFF (1991, S. 51) eine Vielzahl neuartiger, offener Handlungssituationen beschrieben. »*Die hier geforderten Bewältigungsstrategien – Dialog mit der Umwelt, planvolles, beharrliches Agieren mit Hand und Kopf, solidarisches Handeln, ohne aus der übernommenen Verantwortung entlassen zu werden – sind für andere Lebensbereiche ebenso relevant wie die mit dem Aufstieg verbundenen Gefühle von Selbstwirksamkeit und Selbstwert.*«

der Reihe war. Während die Gymnasialschüler mehr beobachteten, Tips gaben oder auch »frotzelten«, sich also mit der Tätigkeit des anderen auseinandersetzten, waren die Hauptschüler (Jungen wie Mädchen) schnell abgelenkt. Sie interessierten sich kaum für den anderen, suchten sich neue Handlungsmöglichkeiten, wollten ständig »weiter zur nächsten Station« und sprühten nur so vor Aktivität und Bewegungsdrang. Während dies sicherlich ein Indiz dafür ist, daß Hauptschüler größere Schwierigkeiten haben, die Befriedigung ihrer Bedürfnisse aufzuschieben, und ihre Frustrationstoleranz geringer ist,[4] so zeigt es unserer Meinung nach jedoch auch etwas Positives: Angeregt von den Aufgabenstellungen, experimentierten die Jugendlichen abseits des Parcours selbständig. Sie begannen die Umwelt zu erforschen und sich eigene Situationsarrangements zu schaffen. Da schauten die Jugendlichen nicht Tarzan zu, wie er von Ast zu Ast schwingt, sondern sie selbst waren aktiv Handelnde: In direkter Auseinandersetzung mit ihrer Umwelt, begreifend, in des Wortes ursprünglicher Bedeutung, sammelten sie Erfahrungen aus eigener Hand.

Aufgabe 4: Der Kletterbaum
Die vierte Station ist ein Kletterbaum von sechs Metern Höhe. Taue, eine selbstgebaute Strickleiter oder eine Aluleiter bilden eine zusätzliche, instabile Auf-

Foto 2: Kletterbaum

---

4 BECKER (1991, S. 21) hat aufgezeigt, daß »*der für die allgemeine Jugendsituation charakteristische Konflikt zwischen Verzichtleistungen und Bedürfnisbefriedigung ... im sozialen Brennpunkt aufgrund mangelnder Ressourcen und Maßnahmephantasie zugunsten der Gegenwart und zu Lasten der Zukunft entscheiden (wird)*«. Wenn die Zukunft so wenig zu bieten hat, wird die Gegenwart immer wichtiger.

stiegshilfe. Die Körpersicherung ist mit der des Felskletterns identisch. Durch eine Karabinerumlenkung im Baum wird ein Kletterseil geführt. »Klettert an dem Baum nach oben bis zur Glocke.« Der eine sichert, der andere klettert. Mit Händen und Beinen der Schwerkraft entgegenzuwirken heißt, das Gleichgewicht immer wieder neu herstellen zu müssen. Dies führt zur Sicherheit der eigenen Sinneswahrnehmungen.

Beobachtung: Die Teilnehmer überwanden ihre Ängste (»Mach du erst«) und gewannen Selbstwertgefühl (»Ich hätte nie gedacht, daß ich das schaffe, erst hatte ich ja Schiß, jetzt bin ich stolz«).

Aufgabe 5: Die Felswand

An der fünften Station wird ein dschungelartiger stillgelegter Steinbruch als Klettermöglichkeit genutzt. Fachmännisch angeseilt und gesichert, bewältigen die Jugendlichen die Situation mit dem tastenden Griff der Hand oder dem zwei-

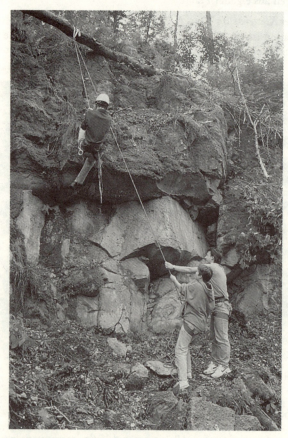

Foto 3: Klettern in der Felswand

felhaften Stand des Fußes. »Klettert an der Wand bis nach oben. Sucht euch euren eigenen Weg. Nutzt die Möglichkeiten des Geländes, und habt Vertrauen in euren Sicherungspartner.«

Beobachtung: Die risikoreichen Situationen »zwangen« die Teilnehmer, Verantwortung für ihr eigenes Handeln zu übernehmen. Dies stärkte das Selbstvertrauen. Sie erlebten, wie unterschiedlich sie mit Angst- und Lustgefühlen umgingen und wie durch den Umgang Erlebnisse des Könnens möglich wurden. Die notwendigen körperlichen Bewältigungsstrategien bildeten gleichzeitig einen anschaulichen Anknüpfungspunkt dafür, gemeinsam ökologische Problemstellungen zu diskutieren: Wie sollte sich ein verantwortungsbewußter Kletterer verhalten?

- Sich an Sperrzeiten halten;
- keine Pflanzen ausreißen/keine Blumen pflücken;
- keinen Müll zurücklassen;
- beim »Absturz« noch mal den Freunden zuwinken;
- im Frühjahr auf brütende Vögel Rücksicht nehmen und nicht klettern;
- »sanft« klettern nach den Richtlinien des Deutschen Alpenvereins und/oder der IG Klettern;
- mindestens fünf verschiedene Kletterführer oder Kletterzeitschriften im Rucksack in einer wasserdichten Folie mitnehmen;
- zu Beginn und kurz vor Ende der Kletterstrecke seine Initialen auf die Felswand sprayen?

Für alle fünf Stationen treffen folgende Beobachtungen zu:

- Sie hatten unabhängig von der Schulform und vom Geschlecht der Teilnehmer einen sehr hohen Aufforderungs- und Sensationscharakter.
- Die Abenteuersituationen an den einzelnen Stationen boten Erlebnisperspektiven und Erfahrungsmöglichkeiten. Aus der Erfahrung lernen bedeutete für die Jugendlichen hier, sich auf die Situation zu besinnen, zu merken, was vor sich geht, und sich im Verlauf des Lernprozesses ihrer Sache sicherer zu werden. Es bedeutete weiterhin, in gleicher Weise mit Kopf, Körper und Gefühl beteiligt zu sein, auf seine Sinneswahrnehmungen zu »hören« und sich eigene Handlungskompetenzen zu erschließen. Die Eigenlogik solcher Abenteuersituationen besteht in subjektivem Erforschen, Erproben und Lösen.
- Auffällig war die hohe Konzentrationsfähigkeit gerade derjenigen, die sonst nach Aussage der Lehrer große Schwierigkeiten haben, sich zu konzentrieren. Sie waren engagiert bei der Sache.
- Fast alle Teilnehmer verfügten über das wichtigste Handwerkszeug – Phantasie und Improvisationstalent.
- Es zeigte sich, daß das körperliche Tun durchaus ein Vehikel für das Nachdenken über ökologische Probleme sein kann: Nach dem Klettern in der Felswand waren die Jugendlichen mit großem Eifer und Ernst dabei, sich Gedanken über »sanftes« Klettern zu machen, und erarbeiteten selbst Gründe für Sperrzeiten (z.B. brütende Greifvögel), an die man sich halten muß.

Diese für den Teilnehmerkreis neue Bereitschaft, sich nach einer körperorientierten Auseinandersetzung mit der Natur auch kognitiv mit Umweltfragen auseinanderzusetzen und Probleme zu reflektieren, war auch das Hauptergebnis des Wochenseminares.

4. Zweites Seminar

Die Zielgruppe bestand aus 12 Jugendlichen im Alter von 10–14 Jahren, 5 Mädchen und 7 Jungen, davon 8 ausländische Jugendliche, alle aus einem sozialen Brennpunkt. Über die drei Bewegungsarrangements

- Floßbau (aus Brettern, Seilen und Plastiktonnen wurde nach eigenen Plänen ein tragfähiges Floß gebaut, mit dem jede Gruppe, bestehend aus 6–8 Jugendlichen, über den See und wieder zurück ruderte),
- Baumklettern (in zwei Achterseilschaften an zwei je 30 m hohen Fichten) und
- Abseilen in eine Höhle und Höhlenerkundung (gesichert mit Klettergurt über toprope-Sicherung)

initiierten wir bei den »Kids« Nachdenken über Natur, Nachfragen, Nachschlagen in Büchern, Aufstellen von Verhaltensregeln; kurz Lernprozesse, wie sie für diese Zielgruppe sonst nicht selbstverständlich sind, vergleicht man sie mit den Schulbiographien und dem »normalen« Verhalten im Jugendzentrum.

Mit den Seminaren glauben wir zeigen zu können, daß wir in Anlehnung an GÖPPEL (1991, S. 32)

»Erfahrungsmöglichkeiten im Umgang mit der Natur ... schaffen (können), die angesichts der naturfernen Lebensweise vieler Familien für Kinder heutzutage keineswegs mehr selbstverständlich sind«,

und daß über eine den Jugendlichen zusagende, positiv besetzte Handlungsform, nämlich der Bewegung, sich ein Gespür für zerstörerische Prozesse im Mensch-Natur-Verhältnis entwickelte und darauf aufbauend auch Handlungskompetenzen für einen naturschonenden Umgang auch im Alltagsleben von ihnen herausgebildet werden. Ein Beispiel hierfür ist die auf dem Wochenseminar zum Inhalt gewordene Müllproblematik (sie entwickelte sich aus der Höhlenerkundung und führte in der Nachbereitung zu Diskussionen über Abfallvermeidung, -trennung und -verwertung bzw. Recycling sowohl während der Woche als auch zu Hause in der Familie und im Jugendclub).

Wenn es stimmt, daß nur derjenige bereit ist, sich zum Schutz für etwas einzusetzen, der dieses Etwas kennen, schützen und lieben gelernt hat, dann glauben wir, durch unseren körper- und bewegungsorientierten Ansatz dazu einen kleinen Teil beitragen zu können.

Völlig klar ist, daß wir nicht alle Teilnehmer unserer Projekte zu aktiven Umweltschützern, was immer das auch sei, machen können.

Zum Abschluß dieser Überlegungen möchte ich versuchen, unseren Ansatz noch einmal kurz zusammenzufassen: Wenn wir Abenteuer- und Risikosportarten in der sozialpädagogischen Arbeit zur Prävention von deviantem Verhalten und zur Persönlichkeitsentwicklung einsetzen, dann müssen wir uns meines Erachtens auch Gedanken darüber machen,

- welche Auswirkungen unser Sporttreiben in und mit der Natur für diese hat (ich verweise in diesem Zusammenhang auf die schmale Gratwanderung zwischen Naturnutzung und Naturschädigung) und
- ob wir nicht gerade dieses Sporttreiben in und mit der Natur als einen Einstieg in das oder ein Medium für das Umweltlernen im Sinne einer Sensibilisierung für einen bewußten und schonenden Umgang mit der Natur nutzen können.

Basis dieses Ansatzes ist die These, daß Erlebnisfähigkeit in der Natur und eine sich daraus entwickelnde Wahrnehmungsfähigkeit für die Natur (und die ihr drohenden Gefahren) eine wesentliche Dimension von Bildung ausmacht. Dies glauben wir über einen bewegungsorientierten Ansatz erreichen zu können.

Literatur

APEL, HEINO: Integration von Umweltbildung in allgemeine Themen der Weiterbildung. In: Pädagogische Arbeitsstelle des Deutschen Volkshochschul-Verbandes (Hrsg.): Integration von Umweltbildung in der Erwachsenenbildung. Bonn/Frankfurt a.M. 1991, S. 5–22;
BECKER, PETER: Sozialarbeit mit Körper und Bewegung! Theoretische und programmatische Vorbemerkungen zur Entwicklung einer bewegungsbezogenen Sozialarbeit. AFRA, Frankfurt a.M. 1991²;
BÖHNISCH, LOTHAR/MÜNCHMEIER, RICHARD: Pädagogik des Jugendraums. Zur Begründung und Praxis einer sozialräumlichen Jugendpädagogik. Juventa, Weinheim 1990;
DER BUNDESMINSTER FÜR JUGEND, FAMILIE, FRAUEN UND GESUNDHEIT (Hrsg.): 8. Jugendbericht. Bonn 1990;
GÖPPEL, ROLF: Umwelterziehung. Katastrophenpädagogik? Moralerziehung? Ökosystemlehre? Oder ästhetische Bildung? In: Neue Sammlung 31(1991), H. 1, S. 25–38;
HENTIG, HARTMUT VON: Das allmähliche Verschwinden der Wirklichkeit. Ein Pädagoge ermutigt zum Nachdenken über die neuen Medien. Hanser, München u.a. 1984;
HESSISCHES INSTITUT FÜR LEHRERFORTBILDUNG (Hrsg.): Heraus aus der Schule – aber wohin? Ergebnisse regionaler Lehrerfortbildung. Fuldatal 1991;
HILLEBRAND, REINHARD/NICOLAI, MATTHIAS: Die Entdeckung der Stadt als Abenteuer- und Freizeitraum. In: geographie heute 12(1991), H. 93, S. 20–24;
KOCH, JOSEF: Gehalte der Erlebnispädagogik im Rahmen einer körperorientierten Sozialarbeit. In: AFET-Nachrichten 1(1991), H. 1/2, S. 24–30;
ROLFF, HANS-GÜNTER: Massenkonsum, Massenmedien und Massenkultur – über den Wandel kindlicher Aneignungsweisen. In: PREUSS-LAUSITZ, ULF u.a.: Kriegskinder, Konsumkinder, Krisenkinder. Zur Sozialisationsgeschichte seit dem Zweiten Weltkrieg. Beltz, Weinheim/Basel 1983, S. 153–167;
WOLFF, ROLAND: Felsklettern als Erfahrungsraum von Kontrolle und Selbstwirksamkeit. Tips und Hinweise zur Durchführung eines Kletterkurses mit Jugendlichen aus sozialen Brennpunkten. Risikosportarten in der Sozialarbeit, Bd. 2. AFRA, Frankfurt a.M. 1991.

2.10 Naturnahe Spielräume – Aspekte zu einer notwendigen Verbesserung der Spielmöglichkeiten im öffentlichen Raum

Peter Hohenauer

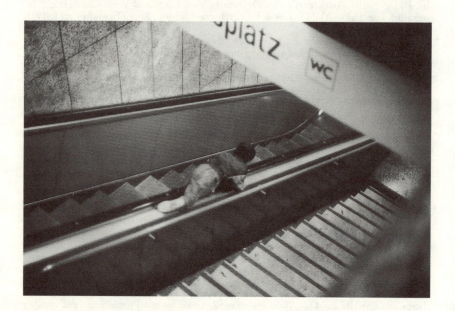

1. Öffentliche Spielsituation und Aufgaben der Spielplätze

1.1 Einführende Gedanken zum Mikrokosmos Spielplatz

Spielplätze im weitesten Sinne sind keine Erfindung der Nachkriegszeit. Es gibt sie wohl schon so lange, wie der Mensch spielt, also seit Menschengedenken. Wie Spielen seit jeher zu den elementarsten Äußerungen menschlichen Lebens gehört, so existierten schon immer besondere Orte und ebenso spezielle Einrichtungen für das Spiel. Dies gilt für das relativ spontane, einzelne Spiel, allein oder in einer kleinen Gruppe, wie für das veranstaltete, inszenierte innerhalb einer großen Gemeinschaft, eines Clans, einer Zunft, eines Dorfes, einer Stadt etc. Eine klare Trennungslinie zwischen Arbeit, Kunst, Kult(ur), Mythologie und Spiel war und ist dabei oft kaum zu ziehen.

Wenn auch hier nicht näher darauf eingegangen werden kann, muß klar sein, daß der Begriff Spiel sehr viel mehr beinhaltet als das, worauf er heutzutage meist reduziert wird. Erwähnt werden sollen hier zum einen lediglich die Theorien von JOHAN HUIZINGA (1956) in seinem »Homo ludens«, wo das Spiel als *der* kulturschaffende Faktor dargelegt wird. Zum anderen ist auf den Zusammenhang von Spiel nicht nur mit unserem menschlichen Handeln, sondern auch mit der Natur, ja mit der ganzen Genesis hinzuweisen: Spiel als Spiel zwischen Regel und Zufall, zwischen Vorgegebenem und Möglichem, als Antrieb für die Evolution und ebenso für den menschlichen Entdeckergeist und die wissenschaftliche Forschung, als Anlaß für metaphysische Auseinandersetzungen und damit für die Theologie und Philosophie, als Mittel und Weg für künstlerisches Schaffen und ästhetisches Gestalten usw. Ein wirklich guter, naturnaher Spielplatz könnte mit seinem Mikrokosmos vieles davon beinhalten, zu vielem davon anregen. Darauf wird später ausführlicher eingegangen werden.

Auch das menschliche Bedürfnis nach Spielmöglichkeiten und fest institutionalisierten, gesellschaftlich legitimierten Spielorten ist als bekannt vorauszusetzen und soll hier ebenfalls nicht näher thematisiert werden.

Abbildung 1: oh selig – oh selig ...

Entwurf: Edition Xenia Fiebig

Daß dieses Bedürfnis befriedigt werden muß, steht nach (entwicklungs-)psychologischen, pädagogischen und soziologischen Erkenntnissen außer Frage. Daher erstaunt es, daß einerseits bestimmte Spiele, insbesondere die der Erwachsenen und dabei nicht nur die offenkundigen Spielformen, sondern ebenso die verdeckten, impliziten, gerade in unserer Freizeitgesellschaft enorm legitimiert sind. Wie viele technische Neuerungen sind weniger effektiv als vor allem spielerisch befriedigend, und wie viele Potentiale werden dafür aufgewendet! Andererseits muß für die Kinder noch immer Überzeugungsarbeit hinsichtlich der Notwendigkeit von Spielräumen geleistet werden. Und wenn es Spielplätze gibt, fallen die Spielangebote häufig sehr dürftig und unbefriedigend aus. Nicht zuletzt an den Debatten und juristischen Auseinandersetzungen über den durch spielende Kinder verursachten »Lärm« und an den so überaus zahlreichen Verbotsschilder, die das Spielen zu reglementieren bis vollkommen zu verhindern versuchen, lassen sich die grundlegenden Mißstände ablesen.

Die Gründe liegen in einer unzureichenden ideellen, kulturellen und sozialen Gewichtung des Spielens in unserer Gesellschaft und dem Fehlen einer starken politischen Lobby. Hier gilt es, in Zukunft eine breitgefächerte und fundierte Aufklärungsarbeit über die Bedeutung von Spiel und Spielmöglichkeiten im öffentlichen Raum für die kindliche Entwicklung wie für das soziokulturelle Gemeinschaftsleben unserer Gesellschaft zu leisten.

1.2 Natürliche Spielmöglichkeiten und Spielgeräte

Auch als noch weitgehend überall gespielt werden konnte, eigneten sich bestimmte Orte besonders zum Spielen, sei es

- auf Grund ihrer Atmosphäre, ihrer Magie – besonders angenehme Kleinklimabereiche, stimmungsvolle Lichtverhältnisse – oder
- wegen spezieller natürlicher Spielangebote – ein umgestürzter Baum, auf dem gewippt werden konnte, ein zugefrorener See, der zu Rutschpartien einlud – oder
- durch bestimmte Installationen und Bauten – ein an einem Ast befestigtes Seil, ein über einen liegenden Holzstamm gelegtes Brett, ein Baumhaus oder ein anderes Spielgerät.

Ein Bedürfnis nach Spielgeräten gab es auch in den Zeiten, als noch genügend natürliche Spielmöglichkeiten vorhanden waren, als die Kinder sich ihre Plätze zum Spielen relativ frei aussuchen konnten. Damals stellte das Spielen in und mit der Natur und mit Spielgeräten offenbar kaum einen Gegensatz, sondern eine Ergänzung dar. Dies wird später noch thematisiert werden.

1.3 Der Verlust an kindlichen Spielmöglichkeiten im öffentlichen Raum

Kinder wollen und sollen nicht nur in den privaten Wohnungen, sondern auch außerhalb, in den sogenannten öffentlichen Räumen spielen. Draußen findet die Begegnung mit »der Welt«, mit dem und den anderen, mit den Erscheinungen der Zivilisation und – heute allerdings nur noch selten – mit der Natur statt.

Naturnahe Spielräume

Das Kind will und muß seine Mitwelt kennenlernen und sich damit spielend auseinandersetzen. Erfahrungshunger und Abenteuerlust gehören zu einer gesunden Entwicklung und müssen (müßten) überall gelebt werden können, wo Kinder und Jugendliche aufwachsen.

Kinder konnten früher fast überall in der Stadt und der Natur spielen; sie und ihr Spiel gehörten dazu. Auf Straßen und Wegen, in Vorgärten und Hinterhöfen, vor den Handwerksläden und den Hauseingängen hatte sich früher ein reges Leben abgespielt, in das die Kinder integriert waren – mit allen Vor- und Nachteilen, Abenteuern und Gefährdungen. An manchen erhaltenen alten Wohnstrukturen in Dörfern oder Städten läßt sich heute noch ablesen, welche unterschiedlichen Angebote die verschiedenen halbprivaten und öffentlichen Orte und Plätze für das gemeinschaftliche Leben besaßen. Dabei spielten Bäume, Sträucher, Zier- und Nutzgärten eine entscheidende Rolle.

Mit der Beseitigung und Planierung dieser kleinteiligen und vielschichtigen Räume – Bäume und Gärten mußten Garagen und Stellplätzen weichen – wurde häufig auch das Gemeinschaftsleben abgeschafft. Zudem haben sich durch die negativen Umweltentwicklungen die Vegetationsbedingungen für Pflanzen und die Lebensbedingungen für die Menschen – die vorher aus ganz anderen Gründen unbefriedigend waren – entscheidend verschlechtert.

Foto 1: Spiel-»Landschaft«

Die ersten Anfänge unserer heutigen Art von Spielplätzen hängen meiner Ansicht nach zeitlich eng mit der zunehmenden Industrialisierung, der Einrichtung von Freizeitangeboten für die BürgerInnen der Städte, mit der planmäßigen Anlage von neuen Vierteln in den rasch wachsenden Städten zusammen. So wurde in München der erste Spielplatz im Jahr 1860 eingerichtet, um 1900 waren es bereits 21. In den 30er Jahren legte man sie vor allem zum Zweck der sportlichen und körperlichen Ertüchtigung an, und vor Beginn des Zweiten Weltkrieges war ihre Zahl bereits auf 83 angewachsen.

Die Spielplätze, um die es hier im folgenden gehen soll,[1] sind in ihrer Struktur und Anlage seit den 50er Jahren entstanden. Sie sind Ausdruck unserer hochindustrialisierten, zweckorientierten und verplanten Welt. Alles ist genutzt, Freiflächen existieren kaum noch, und wenn, sind sie meistens nicht für das Spielen vorgesehen, schließen eine solche Nutzung häufig ausdrücklich, z.B. mittels Einzäunungen und Verbotsschildern, aus. Innerstädtische Brachflächen gibt es fast nur mehr als belastete ehemalige Industriegebiete; gespielt werden darf und kann hier nicht.

Spielplätze und Spielgeräte sind in ihrer heutigen Form Ausdruck und Sinnbild unserer allgemeinen Lebenssituation. Durch Arbeitsteilung und Industrialisierung, Aufteilung und Funktionalisierung der Lebenswelt in Wohn-, Arbeits- und Freizeitbereiche, Anlegung eines immer dichteren Verkehrswegesystems und zunehmende Mobilisierung, Verdichtung der Bebauung und Verknappung der Freiflächen ist es für die Kinder unmöglich geworden, sich in ihrem unmittelbaren Wohnumfeld spielend einzurichten und kindgerecht aufzuwachsen. Die Beseitigung wohnungsnaher Spielbereiche in Hinterhöfen, Baulücken, Treppenhäusern, Grünzonen (Spielen verboten! – siehe Abb. 1) hat ebenso wie der vehemente Ausbau und die drastische Zunahme des Straßenverkehrs zu einem radikalen Verlust an Spielorten und -möglichkeiten geführt. All dies hat das Spielen in öffentlichen Räumen, häufig auch den bloßen Aufenthalt im Freien weitgehend unmöglich gemacht.

1.4 Spielplätze und Spieldefizite

Indem sich die natürlichen Spielmöglichkeiten in den letzten Jahrzehnten drastisch verringert haben, kam den Spielplätzen und -geräten eine neue Funktion zu: Sie sollten die vor allem in städtischen Wohngebieten entstandenen Defizite ausgleichen helfen.

Die Spielplätze sind häufig von diesen Defiziten geprägt, sind selbst oft genug mangelhaft, schlecht geplant, ungenügend ausgestattet, falsch gepflegt. Mancher unseriöse Hersteller versucht mit Spielgeräten, die teilweise nicht einmal den Sicherheitsnormen entsprechen, ein schnelles Geschäft zu machen. Nicht selten und oft zu Recht werden Spielplätze als Spielghettos, als künstliche, eingezäunte Reservate, in die die Kinder abgeschoben werden, kritisiert und abgelehnt. Spielgeräte haben darin vorrangig die Funktion, daß sich die Kinder möglichst lange

---

1 In diesem Text wird nicht auf betreute Spielplätze, also auf Bau-, Aktiv-, Bauernhof-Spielplätze etc. eingegangen werden. Es geht ausschließlich um unbetreute Spielplätze, die allgemein und öffentlich zugänglich sind. Vieles läßt sich jedoch auch auf Schulhöfe übertragen, die ja zunehmend öffentlich zugänglich gemacht werden. Auch die Außenanlagen von Kindergärten und Kindertagesstätten werden im folgenden implizit behandelt; fast alle Anregungen und Erläuterungen gelten ebenso für diese Spielorte.

– wie der Hamster im Rad – austoben und Bewegungsdefizite irgendwie ausgleichen sollen. Spielplätze sind, so der Vorwurf, vor allem dazu gemacht, um das schlechte Gewissen einer Gesellschaft zu beruhigen, die sich noch immer viel stärker am Bild einer wirtschaftlich funktions- und autogerechten Stadt als an dem eines kinder- und menschengerechten Lebensraumes orientiert. Diese Einschätzung trifft leider sehr häufig zu.

Foto 2: »Spielplätze«

Aufgrund eines gewandelten Bewußtseins in der Bevölkerung, das einem ökologischen Denken immer stärkere Bedeutung zumißt, verändern sich allmählich politische Vorgaben und kommunale Planungsgrundsätze. Zwar langsam, aber immer stärker setzt sich die Einsicht in die Notwendigkeit einer menschengerechten Stadtplanung und ebenso eine positivere Einstellung zum Spiel durch. Der Kurswechsel drückt sich auf vielfältige Weise aus: Wohnviertel werden verkehrsberuhigt, Spielstraßen angelegt, die Stadtbegrünung erschöpft sich z.T. nicht mehr im Aufstellen von Alibis wie Pflanzkübeln, die Tempo-30-Regelung wird nicht nur nominell, sondern auch real eingeführt, Erholungs- und Spielzonen werden zunehmend als wichtig erachtet.

Diese Anstrengungen reichen natürlich, so positiv sie im Einzelfall sein mögen, bei weitem nicht aus. Teilweise gibt es sogar Tendenzen, die Rückschritte andeuten. Die Gruppe derjenigen findet verstärkten Zulauf, die glauben, sich in Zeiten wirtschaftlich-finanzieller Engpässe ökologische und kindgerechte Planungen nicht mehr leisten zu können. Hier wird weder auf der ökologisch-pädagogischen noch auf der wirtschaftlichen Ebene ganzheitlich gedacht. Bei den Lebensverhältnissen von Kindern auf dringend notwendige Maßnahmen zu verzichten ist volkswirtschaftlich stets falsch und langfristig teurer als das jeweilige Projekt.

Solange eine kind- bzw. menschengerechte Stadt mit einer bespielbaren Umwelt, mit einem großen Angebot an Ruhe-, Freizeit- und Spielmöglichkeiten Utopie ist – und gravierende Probleme wie die Wohnungsnot und damit der Bedarf an Freiflächen für den Wohnungsbau oder die Verkehrsprobleme stellen dabei große Hindernisse dar –, solange bleibt die wichtigste Spielmöglichkeit für Kinder der Spielplatz. Ihn gilt es als notwendige Zwischenlösung zu akzeptieren und nach den jeweiligen Voraussetzungen und Erfordernissen so gut wie möglich zu planen, zu gestalten, auszustatten und auf Dauer instand zu halten bzw. weiterzuentwickeln. Das Ziel bleibt dabei freilich eine ökologisch gesunde, möglichst weitreichend bespielbare städtische Lebenswelt.

1.5 Aufgaben der Notlösung Spielplatz

Spielplätze haben die Aufgabe, den Kindern Freiräume zur Verfügung zu stellen und Spiele, Aktivitäten, Erfahrungen usw. zu ermöglichen, die sonst nicht mehr oder zuwenig möglich sind.
Spielplätze und Spielgeräte müssen je nach den örtlichen räumlichen und sozialen Voraussetzungen, den Bedürfnissen der Nutzergruppen – zu denen nicht nur die Kinder zählen –, unterschiedliche Funktionen erfüllen. So sollten sie u.a. folgendes sein:

- ein Stück erfahrbare, erlebbare und bespielbare Natur. Durch gut geplante – keine Beliebigkeit! – Bodenmodellierungen und Bepflanzungen läßt sich bereits ein kleines Spielreich schaffen.
- ein bezüglich des Verkehrs sicherer Ort, an dem man sich ausgiebig und auf verschiedenste Arten (Klettern, Rutschen, Schwingen, Rennen etc.) bewegen kann, wo getobt und, zumindest bis zu einem gewissen Grad, gelärmt werden darf und man sich teilweise auch z.B. auf Schulhöfen abreagieren kann. Hierfür hat die Spielgeräteindustrie ein sehr breites Angebot geschaffen.

Foto 3

- eine Gelegenheit, sich relativ unbeobachtet von den Erwachsenen, den Eltern und den Lehrern zu verhalten, sich einem Spiel hinzugeben, seinen eigenen Gedanken freien Lauf zu lassen, sich zurückzuziehen, um nachzudenken, zu träumen, Erlebtes zu verarbeiten, sich zu erholen.
- ein Bereich, in dem es möglich ist, selbständig eigene Erfahrungen zu machen und sich zu entfalten; ein Gebiet, das man erforschen und sich aneignen kann, und ein Gelände, auf dem etwas zu verändern und kreativ zu gestalten ist.

Ein Spielplatz mit viel Natur und damit vielen natürlichen Spielmaterialien, wie Äste, Blätter, Steine, Erde,

Lehm, Sand, Wasser und wenn möglich auch Feuer, besitzt die meisten Anregungen. Dinge, die sich bearbeiten, verändern, formen und gestalten lassen, sind für die kindliche Entwicklung enorm wichtig. Aus Sauberkeits-, Sicherheits- und Pflegegründen gibt es jedoch sowohl bei den zuständigen Ämtern wie bei den Eltern große Vorbehalte. Häufig existiert über den Sandkasten hinaus kein weiteres Angebot an kreativen Spielmöglichkeiten. Hier herrscht dringender Handlungsbedarf.

Stadtkinder müssen wieder lernen, wie man Feuer macht, denn nichts ist gefährlicher, als wenn unwissend und ohne ausreichende Erfahrung gezündelt wird. Es empfiehlt sich daher, Kinder unter Aufsicht Feuer machen zu lassen. Soweit es auf einem Spielgelände möglich und sinnvoll ist – dies hängt von den örtlichen und sozialen Voraussetzungen ab –, kann eine Feuer- oder noch besser Grillstelle baulich angelegt und entsprechend sicher gestaltet werden. Damit macht man den Spielplatz auch für gemeinsame Picknicks mit Eltern und Nachbarn etc. interessant.

❏ eine gute Möglichkeit, mit anderen Kindern zu spielen, Gleichaltrige kennenzulernen und Freundschaften zu schließen, also ein Ort sozialer Kontaktaufnahme und -pflege.

❏ Spielplätze sind nicht nur Treffpunkte und Kennenlernorte für Kinder und Jugendliche, sondern ebenfalls für Eltern, alleinerziehende Väter und Mütter und für ältere Menschen. Auf das Nutzungsinteresse dieser Gruppen sollte bei der Planung und Einrichtung eingegangen werden. Je stärker alle Bevölkerungsgruppen integriert sind, desto stärker ist die Akzeptanz des Spielplatzes.

Einen begrüßenswerten Ansatz stellen in diesem Zusammenhang Spielplatzpatenschaften dar, wie sie z.B. von den Städten Essen und Köln ins Leben gerufen worden sind. Eltern und Anwohner organisieren die Betreuung und/oder Pflege eines nahe gelegenen Spielplatzes. In der heißen Jahreszeit werden teilweise auch Erfrischungsgetränke für die Kinder mitgebracht. Solche Projekte sollten insbesondere Personen einbeziehen, die froh darüber sind, eine soziale Aufgabe übernehmen zu dürfen. Alte Menschen und Arbeitslose gewinnen an Selbstwertgefühl, wenn sie sich subjektiv und objektiv nützlich machen können, und fühlen sich dadurch stärker integriert.

Ein guter Spielplatz ist ein Ort, der durch seine Vielfältigkeit und Atmosphäre zu Spielen, Begegnungen, zur Kommunikation, zu Entdeckungen und eigenen Ideen anregt. Wenn sich – eben nicht zufällig – auf einem Spielplatz viele gute Spiele »ergeben«, dann ist es ein guter Spielort. Wenn sich Kinder an einem Spielgerät wohl fühlen und immer wieder gerne dort hingehen, besitzt es einen hohen Spielwert.

1.6 Spielgeräte, Sicherheit und offene Spielangebote

Von der Industrie, einem Handwerksbetrieb oder in Eigeninitiative gefertigte Spielgeräte müssen solide und – entsprechend dem von der DIN 7926 (Kinderspielgeräte) vorgegebenen Sicherheitsvolumen – sicher gebaut sein und sollten einen möglichst hohen Spielwert besitzen.

Um einem häufig geäußerten Mißverständnis vorzubeugen: Die DIN-Norm 7926 ist nicht erarbeitet worden, um das freie Spiel einzuschränken und jegliches erdenkliche Risiko beim Spielen auszuschließen. Bauliche Mängel, konstruktive Fehler, von Kindern nicht erkennbare, vorhersehbare oder einschätzbare Gefahren sollten damit verhindert, unseriösen Geschäftemachern entgegengetreten werden. Die Geräte müssen sicher sein, man muß sich auf ihre Stabilität und Haltbarkeit verlassen können. Erst solchermaßen nutzungssichere Geräte schaffen die Voraussetzung, daß sich ihr Spielwert entfalten kann.

Natürlich müssen und dürfen die Kinder spielerische Risiken auf Spielplätzen und an den Spielgeräten eingehen; der Bundesgerichtshof (BGH) hat in einem Urteil vom 25.4.1978 (AktZ: VI ZR 194/76; vgl. dazu AGDE 1989) ausdrücklich auf die Zulässigkeit und Notwendigkeit sportlich-spielerischer Risiken für eine gesunde Entwicklung der Kinder hingewiesen. Kinder brauchen Abenteuer; sichere Spielgeräte müssen solche Abenteuer ermöglichen.

Spielgeräte sollten hohen und umfassenden Qualitätsanforderungen genügen, an einem geeigneten Standort plaziert werden und in einem möglichst positiven Verhältnis zu ihrer Umgebung stehen.

Spielgeräte sind ein Angebot und dürfen daher den Spielablauf nicht festschreiben. Ihr Sinn liegt vor allem darin, Impulse und Anregungen zu geben, die von den Spielern je nach Neigung aufgenommen und weiterentwickelt werden können. Nicht die Kinder sollen sich an die Möglichkeiten der Geräte anpassen, sondern umgekehrt müssen die Geräte so offen und interpretierbar sein, daß sie sich in die kindliche Spielwelt und Phantasie einbauen lassen. Spielgeräte sollten auch Spiele ermöglichen, die mit ihrer eigentlichen Funktion wenig zu tun haben (z.B. eine Rutsche als vorgestelltes Flugzeug), sie müssen den Kindern diesen geistigen und emotionalen Spiel-Raum lassen.

1.7 Wichtigkeit einer guten Planung

Eine qualifizierte und genaue Planung ist eine entscheidende Voraussetzung für einen guten Spielplatz. Sie macht sich in jeder Hinsicht bezahlt und kann eine Menge Ärger ersparen. Viele willkürlich aufgestellte Spielgeräte machen noch keinen guten Spielplatz aus; wenige, aber gute Geräte, die sinnvoll plaziert wurden, können schöneres, intensiveres und fruchtbareres Spiel ermöglichen als eine klotzig möblierte Anlage.

Um einen Spielplatz richtig planen zu können, müssen zuerst die Spielbedürfnisse der zukünftigen Benutzergruppen festgestellt und die bereits vorhandenen Spielangebote berücksichtigt werden.

Außerordentlich wichtig ist, daß das zur Verfügung stehende Gelände durch Bepflanzungen und eventuell durch Bodenmodellierungen anregend gestaltet bzw. eine solche positive Struktur weitgehend erhalten wird. Damit schafft man bereits eine Menge Spielmöglichkeiten, z.B. für Versteck-, Fang- und andere Bewegungsspiele; ein kleiner Hügel ermöglicht allein schon viele Spiele (Rutschen, Herabrollen) und wichtige Erlebnisse (z.B. einmal größer als die Erwachsenen zu sein). Die Geräte sollten nach zusätzlichen und ergänzenden Spielfunktionen ausgesucht werden.

Spielgeräte müssen zueinander sinnvoll aufgestellt werden, so daß sie sich ergänzen. Ihre Spielangebote dürfen sich nicht gegenseitig behindern oder sogar überflüssig machen, denn sinnlose Geräte reizen ebenso wie kaputte zu Zerstörungen.
Nicht die Quantität, sondern die Qualität der Geräte ist entscheidend. Die Qualität eines Spielgerätes wird geprägt von der Menge bzw. Attraktivität der Spielangebote, seinem Animationscharakter, der Höhe der Spielwerte, der Sicherheit, der Stabilität, der Wartungsfreundlichkeit, den Serviceleistungen des Herstellers wie die Ersatzteilbeschaffung und Entsorgungsmöglichkeiten, wenn es eines Tages ausrangiert wird.
Doch nicht alles kann, soll und darf geplant werden: Spielen kann nicht vorausgeplant und darf nicht verplant werden. Die Aufgabe der Planung ist daher, einen Ort zum Wohlfühlen und damit die Voraussetzung zu schaffen, daß freies Spiel möglich ist.
Die Unterhaltung eines Spielgeländes müßte sich an diesen Prämissen und Zielen orientieren. Die zuständige Abteilung bzw. Personengruppe sollte bereits in die Planung miteinbezogen werden, damit eine möglichst optimale Erhaltung bzw. Fortentwicklung – ein Spielplatz ist ein flexibles System, das sich durch Klima, Jahreszeiten, Nutzung ständig verändert – gewährleistet ist.

2. Pflanzen und Spielplätze

2.1 Die Bedeutung der Pflanze für die kindliche Entwicklung

Heutzutage sind Spielplätze und Außenanlagen von Kindergärten oft die einzigen verbliebenen Orte, an denen Kinder noch draußen spielen und die Natur kennenlernen könn(t)en. Obwohl gerade hier noch ein wenig Naturnähe möglich wäre, findet man häufig nur einige kümmerliche Standardpflanzen vor.
Auf den folgenden Seiten soll die große Bedeutung von Natur und Pflanzen für Spielbereiche, Spielplätze und Spielflächen (DIN 18034, 2. Auflage 1988) thematisiert werden.[2] Meiner Meinung nach müßte die Natur als originäres Angebot für das Spiel der Kinder viel stärker in die Planungen einbezogen und bei der Unterhaltung entsprechend behandelt werden.
Spielplätze dürfen nicht zu Anlagen reduziert werden, die man mit allem ausstattet, was die Spielgeräteindustrie entwickelt hat oder Pädagogen, Psychologen, Soziologen u.a. nach ihren (mehr oder weniger wissenschaftlich gestützten, zeitgeistabhängigen, ja sogar aktuell modischen) Kriterien für erforderlich halten. Die Kinder sollen und müssen ihre Spiele selbst (er-)finden und entwickeln können, ohne Vorgaben, ohne Anleitungen, ohne vorgedachte Strukturen.

Die Natur besitzt – wie im Grunde unsere gesamte Alltagswelt – ein unerschöpfliches Angebot an solchen offenen Erfahrungs-, Erlebnis- und Spielmöglichkei-

---

2 Die Ausführungen dieses Kapitels lehnen sich eng an die entsprechenden Passagen meines Buches »Spielplatzgestaltung. Naturnah und Kindgerecht« an, das 1994 im Bauverlag Wiesbaden erschienen ist.

ten. Das Unbekannte, das Vielfältige, das Abwechslungsreiche und das Abenteuerliche der Natur enthalten unendliche Potentiale. Hier können sich Kinder ihr Spiel selbst gestalten.
Die Natur ist nicht etwas funktionsgerecht Inszeniertes, nichts Genormtes und Vorgefertigtes, sie hat nichts Schablonenhaftes, denn jede Pflanze ist einmalig. Die Natur hat ein selbständiges Eigenleben, trägt ihren Sinn in sich selbst und vermittelt doch ein ökologisches Miteinander, in das sich die Kinder/die Menschen grundsätzlich integrieren können.
Kinder lernen im Spiel sich selbst und ihre Lebenswelt kennen und verstehen. Sie nehmen die Eindrücke aus der Außenwelt auf und verarbeiten sie. Indem es ihnen möglich ist, Entdeckungen zu machen, etwas kennenzulernen, auszuprobieren und zu erforschen, aber auch etwas zu verändern und zu gestalten, entwickeln sie sich.
Durch die Beschäftigung mit einer vielfältigen Pflanzenwelt werden nicht nur die Sinne (z.B. differenzierte Wahrnehmung von Gerüchen, Geräuschen, Formen und Strukturen), die körperlichen (z.B. Fingerfertigkeiten) und die intellektuellen (z.B. Erkennen von physikalischen, biologischen etc. Regeln, von Zusammenhängen und Unterschieden) Fähigkeiten geschult. Pflanzen sind zudem eine reichhaltige Nahrung für das Herz und die Seele.
Das Spielangebot sollte so offen und weit sein, daß möglichst alle menschlichen Wahrnehmungsbereiche angeregt und gefördert werden: Sehsinn (visuelle Wahrnehmung), Hörsinn (auditive Wahrnehmung), Geruchs- und Geschmackssinn, Tastsinn (taktile Wahrnehmung), Gleichgewichtssinn (vestibuläre Wahrnehmung) und Bewegungssinn (kinästhetische Wahrnehmung). Um so besser können sich u.a. die sensorischen Systeme, das zentrale Nervensystem und die Organe entwickeln. Zudem werden dabei die Kontakt- und Auseinandersetzungsformen mit der Außenwelt, die Möglichkeiten, auf »die Welt« einzugehen und mit ihr umzugehen, das ästhetische Empfinden und der eigene schöpferische Ausdruck, das individuelle Selbstverständnis, Selbstbewußtsein und die persönliche Lebenseinstellung geprägt.
Es ist wissenschaftlich erwiesen, daß sich die in den Kindern vorhandenen sensitiven, emotionalen und kognitiven Anlagen nur dann bzw. um so besser ausbilden und entwickeln können, wenn sie durch positive und mannigfaltige Reize, Anstöße und Anregungen aus der Außenwelt aktiviert werden. Fördert man diese Anlagen im Kindesalter nicht, dann verkümmern oder stagnieren sie. Bespielbare Pflanzen besitzen daher für die kindliche Entwicklung eine große Bedeutung.

2.2 Naturnahe Spielräume

Sicher ist es in der Stadt schwierig, auf den wenigen, meist kleinen freien Flächen wirkliche Natur zu erhalten bzw. wieder anzusiedeln und zu sichern. Zwangsläufig muß die Natur hier fast immer – künstlich, kunstvoll – gestaltet und gepflegt werden. Daher sind phantasievolle Konzepte und gut durchdachte Planungen für *naturnahe* Spielräume gefragt. Dies gilt auch für ländliche Gebiete, in denen leider zunehmend städtisch gestaltete Spielplätze eingerichtet werden.

In der Stadt wird die übriggebliebene »Natur«, die Pflanze, sehr häufig als etwas Fremdes (wozu man keine innere Beziehung hat), Museales (was es zu schützen und zu erhalten gilt, ohne damit direkt, sinnlich in Berührung zu kommen) oder sogar Feindliches (vor dem man sich schützen muß) empfunden. Überhaupt wird das Thema »Pflanzen auf Spielplätzen« noch immer zu sehr unter problematisierenden oder negativen Blickwinkeln behandelt, wovon noch zu sprechen sein wird.
Offenbar ist die positive Bedeutung der Pflanze als Gestaltungs- sowie als Erfahrungs- und Spielgegenstand noch nicht grundsätzlich erkannt, geschweige denn umgesetzt worden. Mit Pflanzen lassen sich Räume und Kleinklimaoasen schaffen. Kinder können an ihnen u.a. physikalische Gesetze und optische Phänomene spielerisch erleben. Daher sollten die Pflanzen nicht, wie oft üblich, nach ihrem Zierwert für Erwachsene, sondern nach ihrem *Spiel- und Erlebniswert* ausgewählt werden.
In diesem Sinne ist in der Folge der Begriff *»naturaher Spielraum«* zu verstehen: *ein Spielbereich mit Pflanzen, die auch zum Spielen da sind.* Doch nicht nur der Spielplatz, auch der die tägliche Erfahrung prägende Pausenhof sollte möglichst interessant und anregend bepflanzt sein. Gleiches gilt für die Haustürfreiräume, die Vorgärten, Hinterhöfe, die oft täglich begangenen Wege, die städtischen Plätze sowie die Außenanlagen von Kinderkrippen und Kindergärten.
Voraussetzungen für die Anlage eines guten naturnahen Spielplatzes sind eine genaue Bestandsaufnahme und eine gute Planung.

2.3 Die Angst vor Giftpflanzen

Wie wichtig eine wirklich vielfältige, lebendige Pflanzenwelt ist, wird von einer Vielzahl pädagogischer, sozialer, psychologischer und nicht zuletzt ökologischer Argumente belegt. Trotzdem ist dieses Potential bisher viel zu wenig genutzt worden. Zudem werden häufig kreative Ansätze durch negative Einstellungen oder übertriebene Befürchtungen blockiert. Insbesondere die starke Thematisierung der Giftpflanzen- und der Zerstörungsproblematik in den Medien, bei den Eltern und teilweise leider noch immer in Fachkreisen ist an dieser Stelle zu nennen. Hier gilt es, Aufklärungsarbeit zu leisten.
Bis vor kurzem war die Angst vor möglichen Vergiftungen der Kinder durch sogenannte Giftpflanzen in öffentlichen Räumen so groß, daß lange Listen »gefährlicher« Pflanzen verteilt wurden. Hier hat man vieles übertrieben, und im Hausgarten stellen Maiglöckchen, Goldregen, Efeu etc. offensichtlich auch kein Sicherheitsproblem dar. Während die weitaus größeren Gefahren (z.B. Straßenverkehr) gesellschaftlich legitimiert waren und z.T. noch sind, wurde und wird die Pflanze als Naturgefahr dämonisiert.
Mittlerweile weiß man – bzw. sollte man wissen –, daß eine strikte Einteilung in giftig und genießbar gar nicht vernünftig zu machen ist. Es gibt keine Pflanze, die in allen Teilen zu jeder Jahreszeit in jeder Menge eßbar wäre. Bestimmte Obstsorten könnten ansonsten ebenso (mögliche Koliken) als Giftpflanzen bezeichnet werden wie die Kartoffel, die tatsächlich auf einigen »Giftlisten« aufgeführt worden ist.

2.4 Sicherheit durch Wissen

Gefährlich ist nicht die Pflanze, sondern unser Unwissen und unsere falsche Einstellung zur Natur.[3] Kinder und Erwachsene müssen aus ökologischen und pädagogischen Gründen wieder lernen, daß die Natur nicht beliebig verfügbar oder zum gedankenlosen Verzehr gemacht ist, sondern daß man nur essen kann, was man kennt. Wie im Haushalt, Sport, Verkehr usw., so müssen auch über die Natur Erfahrungen und Wissen erworben werden.[4]
Eindringlich wird in Fachkreisen vor dem Versuch gewarnt, alle irgendwie bedenklichen Pflanzen vollkommen zu beseitigen, um dann die Parole auszugeben: »Alle vorgefundenen Pflanzen sind unbedenklich und können gegebenenfalls gegessen werden.« Dies ist unmöglich, zudem unökologisch und extrem gefährlich, da dadurch die individuellen Selbstsicherungsmechanismen ausgeschaltet werden würden.
Da die Vielzahl an amtlichen Erlassen und Bekanntmachungen mit ihren unterschiedlichen Bewertungen zu einiger Verwirrung und übertriebenen Ängsten geführt haben, wird mittlerweile eine realistischere und praxisnähere Form der Handhabung in Fachkreisen befürwortet. Diese orientiert sich weniger an rein theoretisch denkbaren Gefährdungen als an den (wenigen) wahrscheinlichen bzw. naheliegenden Gefahren mit schwerwiegenden Folgen. Dabei bezieht man sich auf langjährige Erfahrungen, die z.B. aus den Statistiken der Giftinformationszentralen abgeleitet werden konnten.
In Konsequenz aus all diesen Erkenntnissen wurden in der »DIN 18 034: Freiflächen zum Spielen«, Abs. 5.4, nur mehr vier Pflanzen indiziert, die auf Grund ihres verlockenden Aussehens und ihres Giftigkeitsgrades als besonders brisant gelten:

»*Im Bereich von Freiflächen zum Spielen dürfen folgende Pflanzenarten nicht gepflanzt werden:*

Pfaffenhütchen (Euonymus europaea)
Seidelbast (Daphne mezereum)
Stechpalme (Ilex aquifolium)
Goldregen (Laburnum anagyroides)

Landesrechtliche Vorschriften bleiben davon unberührt« (AGDE u.a. 1991, S. 136).

Der Bundesverband Garten-, Landschafts- und Sportplatzbau erläutert diese Liste:

»*Neben diesen vier Arten gibt es zahlreiche andere Kultur- oder natürlich vorkommende Pflanzen, welche in bestimmten Grünflächen nicht gepflanzt werden oder die dort nicht aufwachsen sollten, z.B. Aronstab, Eibe, Fingerhut, Herbstzeitlose, Tollkirsche.*
Die Entscheidung, welche Pflanzen für welche Grünflächen ungeeignet sind, muß für den Einzelfall getroffen werden. Erforderlichenfalls muß der Rat des Fachmannes eingeholt werden.
Ungeachtet der fachlichen Verantwortung von Bauherren, Landschaftsarchitekten und Unternehmern des Garten-, Landschafts- und Sportplatzbaues hinsichtlich der Verwendung von

---

3 Vgl. hierzu auch den Essay von RAINER BULAND in diesem Handbuch, in welchem die Unverantwortlichkeit einer idyllisierenden Natursentimentalität reflektiert wird.
4 Diese Meinung vertreten ebenfalls und aus denselben Gründen die Ständige Konferenz der Gartenbauamtsleiter beim Deutschen Städtetag sowie der Bundesverband Garten-, Landschafts- und Sportplatzbau.

›giftigen‹ *Pflanzen wird allen Eltern und Erziehern nahegelegt, den Kindern möglichst früh beizubringen, welche Pflanzen und Pflanzenteile Gefahren in sich bergen können. Nur so kann erreicht werden, daß gefährliche Vergiftungen durch Pflanzen und Pflanzenteile vermieden werden.«*

Natürlich kann es dazu kommen – wie übrigens zu Hause auch –, daß Kinder ungenießbare Pflanzenteile oder unreifes Obst in größeren Mengen verzehren und sich darauf erbrechen. Das sollte jedoch als offensichtlich notwendige Erfahrung und unter heilsame Lehre verbucht werden – genauso wie die blauen Flecken wegen eines zu riskanten Sprungs oder eines anderen Wagnisses.

Die Erfahrung, daß nicht alles für einen zubereitet ist, daß Gefahren lauern, mahnt zur Vorsicht, motiviert zum Respekt vor der Mitwelt und erzieht zur Selbständigkeit. Es kann heilsam sein, auf etwas Bitteres gebissen oder sich die Finger an Brennesseln verbrannt zu haben. Genauso wie das Kind richtig fallen können muß, um laufen zu lernen, ist es für das Leben wichtig, rechtzeitig die Notwendigkeit von Vorsichtsmaßnahmen zu begreifen.

Freilich sind auf Spielbereichen für Kleinkinder besondere Maßnahmen oft notwendig. Darüber hinaus lassen sich nur schwer pauschale Aussagen machen, da es von den örtlichen Gegebenheiten (ob die betreffende Pflanze überhaupt kontaktierbar ist), von den sozialen Strukturen vor Ort und von dem allgemeinen Bewußtsein abhängt, auf welche Pflanzen man verzichten möchte. Nur dort, wo eine wirkliche Gefährdung zu erwarten und relativ wahrscheinlich ist oder das Risiko zwar nicht allzu wahrscheinlich, aber äußerst folgenschwer ist (wenn z.B. geringe Mengen hochgiftig sind wie bei manchen Pilzen), müssen Sicherheitsmaßnahmen getroffen werden.

Maßnahmen der Art, wie sie vor kurzem in München geschehen sind, als Holunder aus den Außenanlagen von Kindergärten entfernt werden mußte, weil ein Kind unreife Früchte gegessen hatte und infolgedessen »krank« geworden ist, halten wir für sehr gefährlich. Denn dadurch werden die Kinder zu einem falschen Bewußtsein erzogen. Obendrein versäumen die Kinder nun jedes Jahr den bisher üblichen Holunderkuchen aus den Früchten des »eigenen« Gartens.

Es ist aus ökologischen und genauso aus sozialen und psychologischen Gründen enorm wichtig, daß die Kinder lernen, zu warten, bis Obst und Gemüse reif sind. Ein gesundes Leben mit der Natur, eine intakte Sozialgemeinschaft beinhaltet die Einhaltung von notwendigen Regeln. Dieses Wissen sollte nicht (nur) aus Büchern, abstrakt und »aus zweiter Hand« vermittelt, sondern persönlich, sinnlich und direkt erfahren werden. Der Lerneffekt ist wesentlich höher, wenn ein individueller Bezug zu den Dingen vorhanden ist.

2.5 Die »Bedrohung« der Pflanze durch das Spiel

Ein weiteres Argument gegen eine vielfältigere Pflanzenwelt auf Spielplätzen war und ist die vermeintliche Bedrohung der Pflanze auf einem Spielgelände. Dies hat häufig zu einer Standardisierung der Pflanzenwelt auf niedrigem Niveau geführt, was sowohl aus pädagogischen als auch aus ökologischen Gründen zu bedauern ist.

So kann das Abreißen von Pflanzen nicht grundsätzlich als gewollte Zerstörung verstanden werden. Meistens geht es dabei um eine Kontaktaufnahme mit der Natur, um ein interessiertes Kennenlernen der Pflanze. Die Kinder wollen deren Eigenschaften erforschen, aber ebenso ihren Gebrauchswert nutzen, z.B. eines Zweiges für ein Spiel oder ein Bauwerk im Sandkasten.
Als Zerstörung erscheint das Ergebnis nur deshalb, weil so wenige Pflanzen vorhanden und Verluste sofort spürbar sind. Dies liegt an der zu geringen Anzahl und Größe der Spielflächen. Die Bedrohung der Pflanze kommt nicht von den Kindern, sondern von uns Erwachsenen, die die Natur aus den Städten weitgehend beseitigt haben. Kinder haben ein Recht darauf, Pflanzen zu erfahren und zu untersuchen. Man darf nicht von ihnen erwarten, daß sie auf den wenigen ihnen zugestandenen Flächen auch noch die Pflanze schützen müßten.

Natürlich sollen die Kinder zu einem verständnisvollen und pfleglichen Umgang mit der Natur erzogen werden. Doch dies kann wohl kaum gelingen, wenn man die Pflanze als etwas den eigenen Spielinteressen Entgegenstehendes, nur zu Schützendes und Museales erfährt. Gerade der, der die Eigenschaften, die allgemeinen (z.B. Heilpflanze) wie die subjektiven Werte (z.B. Schönheit) einer Pflanze erkennt, wird ein Interesse an ihrem Erhalt entwickeln. Und nur wer sich selbst als lebendigen Teil eines ökologischen Systems und nicht als außenstehenden Beobachter *begreift*, ist auch imstande, mit der Pflanze zu leben.

Foto 4: Be-greifen

Dabei kann es sehr hilfreich sein, wenn die Kinder durch zeitlich begrenzte Betreuungsprogramme, z.B. anläßlich einer Neubepflanzung, auf ökologische Zusammenhänge aufmerksam gemacht werden oder wenn sie gelegentlich, z.B.

bei botanischen Kartierungs- und Pflegearbeiten, miteinbezogen werden. Das zuständige Amt könnte durch Plakatanschläge auf dem Spielplatz oder andere Hinweise Kinder und Eltern zu einer solchen Aktion einladen. Auch naturkundliche Veranstaltungen auf dem Gelände, die von einer nahe gelegenen Schule, einer schulbiologischen Institution oder einer Person aus dem ökopädagogischen Bereich durchgeführt werden, wirken bewußtseinsbildend. Sehr zu begrüßen ist es, wenn Personen aus der Nachbarschaft, Anwohner, Eltern oder ältere Menschen, die vielleicht die Geschichte des Platzes genau kennen, für solche oder ähnliche Projekte zu gewinnen sind. Daraus entstehen oft neue soziale Zusammenhänge, die sich positiv auf das Gemeinschaftsleben auswirken.

Wenn die Pflanzen von den Kindern kaum geschont, sondern drastisch abgeholzt werden, sollte dies jedoch keine grundsätzlichen Zweifel an der Richtigkeit einer naturnahen Spielanlage erzeugen. Man muß versuchen, die Ursachen festzustellen, klären, ob Forscherdrang, Spielfreude oder Aggressionen dahinterstecken, und diese Erkenntnisse gegebenenfalls in eine Neuplanung, eventuell unter Verwendung anderer Pflanzen, einfließen lassen.

Je besser der Spielraum ist, je vielfältiger er als Lebens- und Erfahrungsraum angelegt wurde, desto positiver kann sich das Verhältnis zur Pflanze entwickeln. Und je reichhaltiger die Pflanzenwelt ist, desto vielschichtiger und anregender sind die Erlebnisse nicht nur direkt mit ihr, sondern zusätzlich mit den sich einfindenden Vögeln und Kleintieren, den Jahreszeiten, dem Wetter, den Gerüchen, den Geräuschen, dem Licht usw.

Aus dieser positiven Zielsetzung heraus, und nicht auf Grund eines negativen Zerstörungsdenkens, müssen bei der Planung und Unterhaltung eines Spielplatzes Maßnahmen überlegt werden, wie der Pflanzenbestand dort so vielfältig wie möglich zu gestalten und zu sichern ist. Der Verein Info-Spiel möchte allen Personen, die sich aus privaten oder beruflichen Gründen mit der Einrichtung und Unterhaltung von Spielplätzen beschäftigen, Mut machen: Mehr Natur in den Spielräumen wie überhaupt in unseren Städten ist ein Gewinn für die Lebensqualität aller Bevölkerungsgruppen.

2.6 Räumliches Gestalten mit Pflanzen

Durch Pflanzen und eine naturnahe Gestaltung erhält ein Spielgelände Leben, Abwechslung und Farbe. Aus bioklimatischen Gründen, z.B. wegen seiner erfrischenden Wirkung in heißen Sommern, ist es ein angenehmer und erholsamer Aufenthaltsort. Dieser wird insbesondere durch große Laubbäume und Gehölzgruppen, aber auch durch Lauben, bewachsene Wände und Dächer etc. geschaffen. Je vielfältiger die Pflanzenwelt, je naturbelassener das Gelände bzw. gelungener die Gestaltung ist, desto wertvoller ist es für die Kinder und desto stärker können sie sich mit ihm identifizieren.

Das Gelände läßt sich durch Büsche, Hecken und Solitäre gliedern und strukturieren, wodurch verschiedene Spielaktivitäten nebeneinander ermöglicht werden. So lassen sich z.B. Rollenspielbereiche von Bewegungsspielbereichen durch eine Pflanzung abschirmen und Nutzungskonflikte vermeiden, ohne deswegen die Kommunikation und ein mobiles Spielverhalten zu verhindern. Es können Orte für eine aktivere und solche für eine ruhige Betätigung geschaffen werden, so daß eine unterschiedliche Nutzung des Geländes, eventuell durch mehrere Nutzergruppen (Kinder verschiedener Altersstufen, ältere Menschen), möglich wird.

Bäume, Sträucher und Hecken eignen sich hervorragend als lebendiger Windschutz, Sonnenschutz (ein Aspekt, der auf Grund der Ozonproblematik immer wichtiger wird), Sicht-, Staub- und Lärmschutz.

Da es sich um lebendes Material handelt, entsteht keine starre Raumeinteilung. Die Gestaltung lebt, sie verändert sich permanent, indem sie wächst und im Wechsel der Jahreszeiten Farben und Formen wechselt.

Immer wieder wird man nach den passenden Pflanzen gefragt. Eine für alle Regionen »richtige« und überall gleichermaßen anzuwendende Zusammenstellung von »geeigneten« Pflanzen ist nicht möglich und ökologisch nicht sinnvoll. Auf Grund der verschiedenen geographischen, klimatischen und ökologischen Bedingungen ist eine Eignung immer von den örtlichen Gegebenheiten abhängig. Damit eine Pflanze gut wächst, muß sie auf jeden Fall standortgerecht gesetzt werden.

Aus der unendlichen Vielzahl an Gestaltungsmöglichkeiten sollen nur einige wenige beispielhaft angedeutet werden. Weitere, ausführlichere Informationen auch dazu enthält mein Buch »Spielplatzgestaltung. Naturnah und Kindgerecht« (HOHENAUER 1994).

Lebende Zäune können beispielsweise aus ineinander verflochtenen Weiden- oder Haselnußpflanzen gebildet werden. Dornige Pflanzen dürfen zwar nicht neben einem Spielgerät wachsen, doch als Abgrenzung gegenüber Gefahrenbereichen wie einer Straße oder einem Bahndamm machen sie sehr viel Sinn, indem sie mit ihren Stacheln und Dornen auf die dahinter liegende Gefahr hinweisen. Diese Pflanzen schaffen sich selbst Respekt und können auch als Schutz für empfindlichere Gewächse oder Neuanpflanzungen dienen. Pflanzliche Eigenschaften sowie Planungs- und Spielinteressen lassen sich häufig durchaus sinnvoll miteinander verbinden.

Weidenhäuschen sind in den letzten Jahren sehr beliebt geworden. Damit das Ergebnis jedoch nicht enttäuschend ausfällt, müssen bei der Anpflanzung die Standortbedingungen berücksichtigt werden. Die Gestaltung eines Spielraumes mittels Pflanzen beinhaltet immer, sich mit einem bestimmten Maß an pflanzenkundlichem Wissen auszustatten.

Ein bespielbarer Rasen und Mutterboden wird zwar nie wie ein Zierrasen aussehen, aber er ist und bleibt der vielfältigste, lebendigste und interessanteste Untergrund für Spielbereiche.

Auch mit bewachsenen Wänden und Dächern, bepflanzten Mulden und Hügeln, lebenden Räumen, Trockenmauern, Hecken, phantasievollen oder »wilden« Pflanzungen usw. lassen sich vielfältige Erlebnis- und Spielmöglichkeiten verbinden.

2.7 Spontanvegetation und Spiel – ein ökologisches System

Auf Spielflächen siedeln sich von selbst immer wieder Wildkräuter und -stauden an. Da sie nicht geplant sind, sind sie oft unerwünscht, werden als Unkraut bezeichnet und bei Pflegevorgängen beseitigt.
Aus vielen ökologischen Gründen und weil sie mit ihrer Formenvielfalt einen hohen Erfahrungs-, Erlebnis- und Spielwert für die Kinder haben, wäre es wichtig, diese Spontanvegetation zuzulassen.
Es gibt Pflanzen, zu deren Standortbedingungen eine Art der Nutzung gehört, wie sie auf Spielplätzen anzutreffen ist, so z.B. Trittrasen oder Weidengebüsch in der Nähe von Wasserspielgeräten. Ihre Existenzgrundlagen werden vom Spielen also nicht beeinträchtigt, sondern begünstigt. Folglich gibt es auf Spielflächen ökologische Systeme, die sich nur dann im Gleichgewicht befinden, wenn intensiv gespielt wird.
Läßt man diese Pflanzen zu, dann erlaubt man ein System, in dem die spielenden Kinder nicht eine Bedrohung für diese Pflanzen sein können, sondern ihre Grundlage bilden. Dies ist eine große Chance, daß Kinder sich – ob bewußt oder unbewußt – als festen und integrierten Bestandteil der Natur begreifen. In einer Zeit, in der der Mensch von der Natur relativ stark entfremdet ist, kann dies ein wichtiger Ansatz für ein besseres Verhältnis in der Zukunft sein.
Grundsätzlich soll damit auf die Möglichkeit hingewiesen werden, auf einem Spielplatz auch die Pflanzen wachsen zu lassen, die sich dort von alleine einfinden. Es kann beobachtet werden, wie sich durch die sich sukzessiv ansiedelnden Gewächse nach und nach eine Pflanzengesellschaft bildet, die mit der spezifischen Spielplatzsituation ein eigenes, ausgewogenes System bildet. Ökologie und Spiel brauchen kein Gegensatz zu sein.
Auf gar keinen Fall sollte man den ungewünschten Pflanzen mit chemischen Mitteln zu Leibe rücken, denn die Rückstände dieser Substanzen würden eine große Gefahr für die spielenden Kinder darstellen.

2.8 Pflanzen als Spiel- und Erlebnisobjekte

Ein naturnaher Spielplatz bietet durch seine Vielfalt an Farben und Formen, seine Lebendigkeit und Wandlungsfähigkeit unerschöpfliche Möglichkeiten zum *Wahr*nehmen, *Er*fassen und *Be*greifen. Äste, Wurzeln, Rinden, Knospen, Blätter, Kätzchen, Blüten, Pollen, Samen und Früchte ermöglichen im Spiel unzählige biologische, physikalische, sinnlich-ästhetische und sogar philosophische Erfahrungen.
Geniale natürliche Konstruktionen und Bauprinzipien können hautnah erlebt und für das eigene spielerische Handeln genutzt werden. Die unterschiedlichen Flugeigenschaften verschiedener Blätter, die Tragfähigkeit und Elastizität von Ästen und Gräsern, die sich in Bauspielen beweisen, die Zusammensetzung von Kastanien und Bucheckern, all das zeigt, wie multifunktional, flexibel und phantasievoll die Natur angelegt ist.
Durch die Veranstaltung von Erfahrungs-, Bastel- und Bauspielen oder anderen spielpädagogischen Aktionen vor Ort kann dieser Reichtum anschaulich ge-

macht und seine spielerische Nutzung erlernt werden. Früher wußten die Kinder viel mehr über Spielmöglichkeiten mit Naturmaterialien, heute müssen sie vielerorts erst wieder entdeckt werden.

Die Bedeutung der Pflanzen als Lebensraum für Vögel, Insekten und andere Tiere kann beobachtet und ihre Rolle in einem ökologischen System erfahren werden.
Mit Strauchpflanzungen können Räume, Ecken, Nischen, Höhlen, Tunnels und sogar Labyrinthe geschaffen werden, die phantasievolle Bewegungs- und Rollenspiele ermöglichen.
Bäume eignen sich hervorragend als Treff- und Ruhepunkte und sind auch in ihrem Identifikationswert enorm wichtig. Nach wie vor ist es ungemein reizvoll, auf ihnen herumzuklettern, oben in den Ästen zu liegen, nachzudenken und zu träumen. Hainbuchen und andere Bäume mit tief herabreichenden, bekletterbaren Ästen eignen sich hier besonders.

Die Natur ist auf einem Spielgelände einem besonders hohen Nutzungsdruck ausgesetzt. In den intensiv bespielten Bereichen empfehlen wir daher die Verwendung möglichst robuster Pflanzen. In Randbereichen, unter Umständen in einer Art Dickicht, können dagegen auch empfindlichere Arten gedeihen. Generelle Aussagen lassen sich natürlich auch hier nicht machen.

2.9 Spielgeräte in naturnahen Spielräumen

Unter Umständen ist es sinnvoll, die hauptsächlichen Spielaktivitäten auf ausgewählte Bereiche zu konzentrieren und somit die übrigen Flächen vor einer Überbeanspruchung zu schützen. Erfahrungsgemäß gelingt dies, indem an einer geeigneten Stelle eine Spielzone mit attraktiven Spielgeräten geschaffen wird.

Es ist nicht die Aufgabe der Natur, als Ventil für die aufgestauten Energien der Kinder eines bestimmten Einzugsgebietes zu dienen; dafür eignen sich Spielgeräte viel besser. Wenn sich die Kinder ausgetobt haben oder etwas besprechen möchten, ziehen sie sich gerne zurück. Dabei ergibt sich dann häufig ein langsames Kennen- und Schätzenlernen der Natur.

Ebenso wie Natur und Architektur müssen Pflanzen und Spielgeräte keinen unverträglichen Gegensatz bilden. Es gibt durchaus geeignete Geräte und viele Möglichkeiten, wie Pflanzen und Spielgeräte nebeneinander bestehen und sich in ihren Erfahrungs- und Spielangeboten ergänzen können. Ein Spielgerät kann, wenn es gut gemacht und sinnvoll eingesetzt wird, eine Bereicherung für ein naturnahes Spielgelände sein. Bestimmte Spiele wie Schaukeln, Rutschen etc. sind ohnehin am besten auf Spielgeräten möglich.

Oft ist es ratsam und sinnvoll, Natur- und Geräteteile, natürliche Gegebenheiten und menschliche Bauten miteinander zu verbinden; was übrigens nicht nur für Spielplätze gilt. Im einzelnen kann an einem aufgeschütteten Hügel eine Rutsche angelegt und der Aufstieg als Klettersteig errichtet werden. Eine Rutsche ist an Hochsommertagen auch in der Mittagshitze zu benutzen, wenn sie von schattigen Baumkronen umgeben ist. Die Konstruktion eines Seilzirkus kann auf spannende Weise mit Ästen, Zweigen und Blättern korrespondieren. Die Sandkiste lädt nur in einem relativ windgeschützten Bereich zu längerem Aufenthalt ein.

Foto 5

2.10 Ökologie und Spiel

Da es auf Grund der unterschiedlichen Standort- und Naturgegebenheiten keine transferierbaren kompletten Ideallösungen geben kann, ist es wichtig, Anregungen zu geben und zu ermuntern, vor Ort selbst nach sinnvollen naturnahen Konzepten zu suchen.
Nur in Kenntnis dieser spezifischen Bedingungen kann darüber befunden werden, welche Pflanzen geeignet sind, wie robust sie sein müssen, in welcher Form man sie als Klettermöglichkeiten oder Erforschungsobjekte zur Verfügung stellen will und wie dies planerisch umzusetzen ist. Hierbei spielt die Entscheidung für ein eher langfristiges oder nur auf einen bestimmten Zeitraum bezogenes Modell eine wichtige Rolle. Die Pflege eines Spielplatzes muß darauf abgestellt sein.

Der Erfolg eines naturnahen Spielplatzes sollte vor allem daran gemessen werden, ob sich die Kinder dort gerne aufhalten, ob sie schöne Erfahrungen machen, Interessantes beobachten, selbständig etwas entdecken und Freude erleben können, und nicht daran, ob es sich um eine optisch »ordentliche« Anlage handelt.

Schließlich soll angemerkt werden, daß es bei dem hier behandelten Thema nicht nur um eine isoliert zu betrachtende Spielplatzthematik geht, sondern um einen von vielen notwendigen Ansätzen, unsere natürlichen Lebensgrundlagen zu erhalten und eine ökologisch gesunde Mitwelt wiederherzustellen – für unsere Kinder und für uns alle.

Daher sollten soweit wie möglich auch alle anderen Bereiche in den Städten, die Hauseingangsbereiche, Vorgärten, Hinterhöfe, Wege, Straßen und Plätze, so gestaltet sein, daß sie das Ökosystem Stadt mittragen, spielerische Atmosphäre und viele Angebote für unterschiedliche Aktivitäten besitzen und vor allem zu einer positiven Lebensqualität für alle ihre Bewohner beitragen. Diese wird ganz entscheidend geprägt von dem Maß, wie sich Spiel und Natur ansiedeln und wohl fühlen können.

Nichtentfremdetes, nichtfunktionalisiertes, freies, positives Spiel steht nicht im Gegensatz zur Ökologie. Das Spiel ist wesentlicher Bestandteil einer ökologisch gesunden Lebenswelt.

3. Spielerische Bauaktionen

3.1 Gemeinsames Bauen mit Naturmaterialien

Gerade Naturmaterialien wie Gehölze, Hölzer, Steine, Lehm und Erdreich sind äußerst geeignet für spielerische Mitmach-Bau-Begegnungs-Aktionen, die man in einem Stadtviertel, einer Gemeinde, einem Dorf bzw. in einem Kindergarten, einem Park, auf einem Schulhof oder Spielplatz veranstalten kann.

Flechtzäune und Häuschen aus Weidenruten und anderen Pflanzenarten, wie z.B. die Haselnuß, können ebenso wie Trockenmauern, Biotope, Lehmöfen etc. auf Grund der einfachen Techniken zusammen mit Kindern, Eltern, Anwohnern errichtet werden. In einer befristeten Bauaktion, zu der alle interessierten Personen eingeladen werden, erhält der Hinterhof, Spielplatz oder Pausenhof somit ein zusätzliches Erlebnis- und Spielangebot. Im Prinzip können dabei auch komplexere Konstruktionen entstehen wie eine lebende Laube, eine Grillhütte, ein Labyrinth usw.

Die Baumaterialien wie Weiden- oder Haselruten fallen ohnehin jedes Jahr beim notwendigen Auslichten von Wäldern, Bahndämmen, Flußtälern, Hochufern usw. an. Wenn man rechtzeitig bei den Grünämtern, Gartenbaufirmen etc. nachfragt, dürfte es im allgemeinen kein Problem sein, die Ruten zu bekommen, da sie meistens nur verhäckselt und kompostiert werden. Sie müssen allerdings bis zum Baubeginn relativ feucht gelagert werden, wenn sie anwachsen und neu austreiben sollen.

Folglich ist das Bauen mit Ruten nicht mit Naturzerstörungen verbunden, sondern im Gegenteil eine ideale Form der Weiter- und Wiederverwertung, also eine Art Naturrecycling. Ähnliches läßt sich für das Bauen mit Bauschuttmaterialien, alten Ziegeln, Kacheln- und Fliesenresten sagen, mit denen phantasievolle Mauern und Sitzgelegenheiten und wunderbare Mosaike gestaltet werden können.

Das gemeinsame spielerische Bauen, das mit einem Einweihungsfest abgeschlossen werden sollte, fördert das Kennenlernen, die Integration des einzelnen und das Gemeinschaftsgefühl. Dies führt zum einen zu einer relativ hohen allgemeinen Akzeptanz des Geschaffenen und damit zu einem breiten Interesse an seiner Erhaltung. Zum anderen kommt es dem zukünftigen gemeinschaftlichen Leben und Arbeiten im jeweiligen Rahmen, in der Nachbarschaft, dem Kindergarten oder der Schule, zugute.

Sehr positive Erfahrungen wurden z.B. bei den Projekten der Gruppe »Sanfte Strukturen« mit der Einbeziehung von Menschen anderer Nationalitäten und Hautfarbe gemacht. Hier können Menschen aus anderen Kulturen ihre Geschicklichkeiten und Fähigkeiten zeigen. Sei es, daß ihnen das Bauen mit Naturmaterialien und die dazu notwendigen handwerklichen Techniken noch sehr vertraut sind, sei es, daß sie interessante kulinarische Besonderheiten aus ihrer Heimat zubereiten können. Beim gemeinsamen spielerischen Arbeiten, Essen und Plaudern wächst dann oft das Verständnis und Interesse füreinander.

3.2 Die Angst vor dem Fremden und das Vergessen unserer gemeinsamen kulturellen Lebenswurzeln

Seit die Eisernen Vorhänge und trennenden Mauern – nicht nur in Berlin – gefallen sind und immer mehr Grenzen geöffnet werden, ist die Neugierde auf andere Kulturen und deren Menschen spürbar zurückgegangen. Es gibt sogar eine Angst vor dem/den Fremden, und viele versuchen sich innerlich und äußerlich *abzugrenzen*. Türen und Menschen bleiben verschlossen, Begegnungen werden selten gesucht.
Wenn heute wieder die Ausgrenzung des Fremden versucht und eine unabhängige eigene Kultur behauptet wird, so hat das viel mit unserer zunehmenden Entfremdung zu tun. Unsere natürlichen und kulturellen Lebenswurzeln müssen wieder in Erinnerung gerufen werden, wie z.B. die weitgehend verlorengegangene Erfahrung, unsere Welt mit all unseren Sinnen *wahr*zunehmen und zu be*greifen*. Die Wirklichkeit aus zweiter Hand hat unsere eigene Wahrnehmungsfähigkeit reduziert und unsere Sinne verkümmern lassen. Ängste zeugen oft von fehlendem Wissen und Bewußtsein. Das Bauen mit Naturmaterialien soll und kann ein Gemeinschaftserlebnis ermöglichen und an die Wurzeln unserer gemeinsamen Zivilisation erinnern.

3.3 Die Münchener Weltenlaube – eine Bau-Begegnungs-Aktion mit in- und ausländischen Menschen und Kulturen

Angesichts der zunehmenden Fremdenfeindlichkeit in Deutschland hat »Info-Spiel e.V.« (diese und weitere Adressen am Ende des Beitrages) in Kooperation mit der »Pädagogischen Aktion/Spielkultur e.V.« und der Bürgerinitiative »Miteinander Leben/Slevogtstraße« im Mai 1993 und September 1993 das Projekt **Weltenlaube** in München durchgeführt.
Die Ideen dazu basierten auf einem Grundkonzept der »Sanften Strukturen«, einer Gruppe von Architekten und Künstlern aus Baden-Württemberg, die das Bauwerk planerisch entwickelt hatten und die Veranstaltungen vor Ort leiteten und gestalteten. In einer jeweils eine Woche dauernden Bau-Begegnungs-Aktion waren die Bewohner des Stadtviertels und die Asylbewerber aus einer nahe gelegenen provisorischen Unterkunft (die Bezeichnung Asylantenheim erscheint mir

nicht angemessen) eingeladen, auf spielerische Weise zusammen zu arbeiten, zu essen und zu plaudern. Auf diese Weise ist von Kindern, Jugendlichen und Erwachsenen gemeinsam eine Laube aus Naturmaterialien errichtet worden, die **Weltenlaube**[5] (Fotos 6-8).

Foto 6

Die Weidenruten waren Ende Februar bei den alljährlichen Pflegearbeiten im Überschwemmungsbereich des Isarbettes angefallen und seitdem in einem Teich

---

5 Das Projekt fand im Rahmen der »Tage des Spiels – OIKOS – Sinnenreich 1993« statt. Auf unterschiedlichste Weise sollen im Projekt OIKOS auch in Zukunft ureigenste menschliche Erfahrungswelten sinnlich erlebbar gemacht werden. Um das zentrale ›Erfahrungsfeld zur Entfaltung der Sinne‹ aus Düsseldorf gab es 1993 ein umfangreiches dezentrales Programm unterschiedlichster Veranstalter. OIKOS '93 wurde im Auftrag der Landeshauptstadt München unter der Schirmherrschaft des Münchener Bürgermeister CHRISTIAN UDE durchgeführt.

gelagert worden. Weiden sind nicht nur besonders biegsam, sondern auch robust und wuchsstark, so daß sie am geeignetsten für lebende Bauwerke sind.

Beim Bauen und gemeinsamen Zubereiten von Mahlzeiten ergaben sich zahllose Gelegenheiten für Gespräche zwischen Anwohnern und Gästen, zwischen In- und Ausländern, zwischen Bekannten und Fremden; es wuchsen nicht nur architektonische, sondern auch persönliche Verbindungen. Man lernte sich (besser) kennen, aus Fremden wurden Bekannte, und bisweilen begannen sogar Freundschaften.

Die Kinder einer nahe gelegenen Grund- und Hauptschule wirkten ebenfalls mit und gestalteten aus Keramik- und Fliesenresten Mosaike am vor Ort gebauten Tisch und an den Stühlen. Die Direktoren der Schulen und viele LehrerInnen sowie die katholische Gemeinde St. Joachim und das Gartenamt München unterstützten die Aktion mit Rat und Tat. Finanzielle Unterstützung kam für die erste Aktion vom Stadtjugendamt der Stadt München und der deutschen UNESCO-Kommission und für das zweite Projekt vom »Fonds Soziokultur«.

Foto 7

Mit dem Einweihungsfest wurde das Erreichte zusammen gefeiert. Dabei nahmen auch Personen teil, die vor der Bauaktion noch relativ reserviert bis ablehnend gegen »Ausländer« und »Asylanten« eingestellt waren. Durch den persönlichen Kontakt konnten manche Vorbehalte reduziert bzw. aufgehoben werden. Herzlich willkommen waren natürlich interessierte Personen aus anderen Stadtteilen, die sich informieren oder zu ähnlichen Bau-Spiel-Projekten anregen lassen wollten. Die **Weltenlaube** sollte und soll Anregung für weitere Kultur-Begegnungs-Aktionen sein.

Foto 8

Die lebende **Weltenlaube** ist seitdem weitergewachsen, hat frische Triebe und viele neue Freunde bekommen. Von den Anwohnern wird sie als Treffpunkt, Brotzeitplatz und für Geburtstagsfeiern genutzt; Schulklassen halten in ihr Unterrichtsstunden und Gottesdienste ab. Vor allem die Kinder identifizieren sich mit »ihrer« Laube, die Symbol für das friedliche Zusammen-Leben mit anderen Menschen, für das Leben mit der Natur (und nicht gegen sie) und die Bereicherung durch andere Kulturen ist. Sie steht für die Welt als ein zusammenhängendes Ganzes, als ein lebendiges Haus, das die konstruktive Zusammenarbeit aller erfordert und den Mitwirkenden Nutzen und Freude bringt.

Mittlerweile gibt es bereits viele Menschen, die seinerzeit zwar nicht selbst mitgebaut haben, aber vom Ergebnis und der darin verwurzelten Idee so begeistert sind, daß sie Besucher, Freunde und Verwandte aus anderen Städten zu »ihrer« Laube führen, um sie ihnen zu zeigen und zu erklären.

Wegen des großen Erfolges der ersten Veranstaltung und der starken Nachfrage fand im September 1993 eine zweite Bau-Begegnungs-Aktion statt. Dabei ist die **Weltenlaube** winterfest ausgebaut worden, und wo die Natur noch nicht selbst dafür gesorgt hatte, wurden Anpflanzungen vorgenommen, damit sich die lebende Architektur im nächsten Jahr noch besser begrünen und weiterwachsen kann.

Besonders wichtig ist, daß an den Tragebögen Weidenruten gut anwachsen und kräftig austreiben, damit sie in ca. drei Jahren nach und nach die gesamten tragenden Aufgaben der Konstruktion übernehmen können. Dann ließe sich die Laube natürlich auch umgestalten und neu formen, je nachdem wie die Triebe geschnitten bzw. miteinander verflochten werden: eine Laube aus lebenden

Bäumen, ein Spiel zwischen dem Gestaltungswillen der Natur und dem des Menschen.
Zusätzlich fand im September eine Lehmbauaktion statt (s. Foto 9). Lehm wird seit Menschengedenken in unzähligen Kulturen als Baumaterial genutzt. Dieser Urstoff natürlichen Bauens wird in jüngster Zeit als idealer Stoff für ökologisches und soziales Bauen auch bei uns wieder entdeckt. Das spielerische Bauen mit Lehm ist gleichzeitig ein kommunikativer, Gemeinsinn stiftender Akt, bei dem Erinnerungen an Urgemeinschaften wachgerufen werden. Neben dem Ausprobieren und Be*greifen* des Materials war es möglich, verschiedene nutzbare oder einfach sinnlich-schöne Bauwerke, Skulpturen etc. zu schaffen. Auch ein Lehmofen zum Zubereiten gemeinsamer Mahlzeiten ist entstanden.

Foto 9: Lehmskulpturen

Wie beim ersten Mal hat wieder eine große Anzahl von Menschen mitgemacht: Kinder, Jugendliche und Erwachsene, hellhäutige und dunkelhäutige Menschen, Passanten und Anwohner. Spezielle Kenntnisse waren für das Bauen nicht erforderlich, denn die wenigen Techniken sind einfach und schnell erlernbar. Jeden Tag hat jemand anderes ein Mittagessen gekocht, viele kamen täglich zur »Arbeit« und zum Spielen, zum Schauen, Verweilen, Sich-Erkundigen, Kennenlernen. Das Ganze gestaltete sich so als ein sinnlicher, kreativer und kommunikativer Spielplatz für alle Generationen.

Mittlerweile ist die Laube, die bis dahin von der Bürgerinitiative selbst gewartet und gereinigt worden war, von der Stadt München übernommen worden. Die neu geschaffene Einrichtung und ihre Erbauer hatten sich bewährt, das öffentliche Interesse an einer langfristigen Erhaltung der Laube war riesig, die Sicherheitsauflagen waren erfüllt, und somit war das Experiment gelungen. Für das kommende Jahr sind weitere Aktivitäten, Bürgerfeste und kleine kulturelle Veranstaltungen geplant. Im Frühjahr will man die Laube zusätzlich mit Kletterpflanzen wie Wildem Wein, Hopfen, vielleicht auch einer Clematis beranken, so daß je nach Jahreszeit schöne Farbenspiele zu erwarten sind.

Mit der **Weltenlaube** ist anschaulich vorgeführt worden, wie sich Bürger in Zusammenarbeit mit kommunalen Ämtern selbst einen Treff- und Identifikationspunkt in einer öffentlichen Anlage schaffen können. Die spielerische Aneignung und Gestaltung des Lebensraums Stadt(park) durch die Anwohner schafft neue Bezüge zur Natur und zur sozialökologischen Gemeinschaft im Stadtviertel. Ein Bauwerk aus (weiter-)wachsenden Naturmaterialien ist zudem ein Beispiel für eine lebendige Architektur, die mit den Bewohnern und der Natur lebt, sich entwickelt und immer wieder zu Begegnungen und Feiern animiert.

Adressen und weitere Informationen zum Projekt **Weltenlaube**:

- Organisationsstelle und zentraler Veranstalter im Rahmen der »Tage des Spiels – OIKOS – Sinnenreich 1993«: PA/Spielkultur, Reichenbachstr. 12, 80469 München, Tel.: (089) 2609208, Fax: (089) 268575.
- Das Projekt **Weltenlaube** wurde initiiert und inhaltlich organisiert von: Info-Spiel e.V. – Dokumentations- und Informationsdienst für den Bereich Spielen im öffentlichen Raum, Thalkirchner Str. 106, 80337 München, Tel.: (089) 7258900, Fax: (089) 7258958. Es wurde gemeinsam mit der PA/Spielkultur e.V., die für die wirtschaftliche Organisation zeichnete, veranstaltet. 1. Bauphase: 20.–28.05.93; 2. Bauphase: 11.–17.09.93. Ort: München-Sendling, Südpark, Surheimer Weg.
- Atelier Sanfte Strukturen, Im Park 7, 88634 Herdwangen, Tel.: (07557) 1363, Fax: (07557) 8868. Seit vielen Jahren bauen, pflanzen, flechten und gestalten die Sanften Strukturen (Dipl.-Ing. MARCEL KALBERER: Modell und Konstruktionen; DOROTHEA KALB-BRENEK: Mosaike; JÜRGEN SCHABLOW: Lehmbau) kommunikative und lebende Architekturgebilde. Das Bauen mit Ausländern und Randgruppen ist dabei nur ein kleiner Zweig ihres Schaffens.

Literatur

AGDE, GEORG: Sammlung von Gerichtsurteilen. Spielplatzunfälle im Spiegel der Rechtsprechung. Info-Spiel, München 1989;

AGDE, GEORG/NAGEL, ALFRED/RICHTER, JULIAN: Sicherheit auf Kinderspielplätzen. Spielwert und Risiko. Sicherheitstechnische Anforderungen. Rechts- und Versicherungsfragen. Bauverlag, Wiesbaden/Berlin 1981;

AGDE, GEORG u.a.: Freiflächen zum Spielen. Kommentar zu DIN 18 034. Beuth, Berlin/Köln 1991;

ANDRITZKY, MICHAEL/SPITZER, KLAUS (Hrsg.): Grün in der Stadt. Rowohlt, Reinbek 1981;

BELTZIG, GÜNTER: Kinderspielplätze mit hohem Spielwert – Planen, Bauen, Erhalten. Bauverlag, Wiesbaden/Berlin 1987;

BELTZIG, GÜNTER/RICHTER, JULIAN/TRÄTNER, REINHARD: Sicherheitsanforderungen zur DIN 7926. Info-Spiel, München 1991[2];

BOCHNIG, STEFAN: Bausteine für eine bespielbare Stadt. Neue Aufgaben für Freiraumplanung und Stadtentwicklung. In: Spielraum 14(1993), H. 1, S. 2–8;

BRÜGGER, TOBIAS/VOELLMY, LOUIS: Das BeiSpielplatz-Buch. Pro Juventute, Zürich 1984;

BUNDESVERBAND GARTEN-, LANDSCHAFTS- UND SPORTPLATZBAU E.V.: Informationsblatt zu Giftpflanzen. Bad Honnef o.J.;
DIN – DEUTSCHES INSTITUT FÜR NORMUNG (Hrsg.): Kinderspielgeräte und zitierte Normen. DIN Taschenbuch, Bd. 105. Beuth, Berlin/Köln 1991^3;
HOHENAUER, PETER: Das Bodenproblem auf Spielplätzen. Info-Spiel, München 1989;
HOHENAUER, PETER: Warum wir Spielplätze und Spielgeräte brauchen. Info-Spiel, München 1990;
HOHENAUER, PETER: Warum Spielplätze notwendig sind. Der Verlust an Spielorten muß ausgeglichen werden. In: Spielraum 12(1991), H. 5, S. 212;
HOHENAUER, PETER: Ein Spielplatz ist kein Sammelsurium. Planerische Überlegungen: Ein Ort zum Wohlfühlen und für freies Spiel. In: Spielraum 13(1992), H. 3, S. 108–109;
HOHENAUER, PETER: Spielplatzgestaltung. Naturnah und Kindgerecht. Bauverlag, Wiesbaden 1994;
HUIZINGA, JOHAN: Homo ludens. Vom Ursprung der Kultur im Spiel. Rowohlt, Reinbek 1956;
KALBERER, MARCEL: Rock'n'Roll der Architektur – Sanfte Strukturen 3 (1977–90). Werner Pieper, Löhrbach 1990;
KÜKELHAUS, HUGO/ZUR LIPPE, RUDOLF: Entfaltung der Sinne. Fischer, Frankfurt a.M. 1984;
NATURSCHUTZ-ZENTRUM HESSEN (Hrsg.): Umwelt und Natur in der Lebenswelt der Kinder – Internationale Tagung 29.05.– 02.06.1989. Wetzlar 1989;
NATURSCHUTZ-ZENTRUM NORDRHEIN-WESTFALEN (Hrsg.): Natur-Kinder-Garten. Ein Materialheft für Kindergärten. Recklinghausen 1993^4;
NATURSCHUTZ-ZENTRUM NORDRHEIN-WESTFALEN (Hrsg.): Natur-Spiel-Räume. Eine Arbeitshilfe zur Gestaltung naturnaher Spielräume an Kindergärten und anderswo. Recklinghausen 1993^4;
OBERHOLZER, ALEX/LÄSSER, LORE: Gärten für Kinder. Naturnahe Schul- und Familiengärten. Ulmer, Stuttgart 1991;
STÖCKLIN-MEIER, SUSANNE: Naturspielzeug. Spielen mit Blüten, Blättern, Gräsern, Samen und Früchten. Otto Maier, Ravensburg 1992^6;
VOELLMY, LOUIS/WETTSTEIN, FELIX: Pause. Schulgelände beleben und gestalten. Pro Juventute, Zürich 1992;
WIELAND, DIETER/BODE, PETER M./DISKO, RÜDIGER (Hrsg.): Grün kaputt. Landschaft und Gärten der Deutschen. Raben, München 1988^{10} [ein plastischer Überblick über die Bedeutung der Natur für unsere Städte und Dörfer und über die Auswirkungen ihrer Beseitigung in den vergangenen Jahrzehnten];
ZIMMER, RENATE: Vom Sinn der Sinne. Zur Bedeutung von Wahrnehmung und Bewegung für die kindliche Entwicklung. In: Spielraum 14(1993), H. 1, S. 11–14.

2.11 Computerspiele für die Schule

Jürgen Fritz

1. Spielen und Lernen in der Schule miteinander vereinbaren

Die Vorstellung, daß Spielen und Lernen unvereinbare Gegensätze seien, beherrscht nach wie vor das organisierte Lernen in den Schulen. Diese erstreckt sich auch auf alle bislang entwickelten Formen der Computernutzung in der Schule. Computer*spiele* sind daher für eine unterrichtliche Verwendung verpönt: Man lerne nichts von ihnen, sie seien im Gegenteil bedenklich, fördern die Suchtgefahr oder die Bereitschaft zur Aggression. Akzeptiert ist allenfalls eine Software, der ihre lernbezogene Intention quasi mit Leuchtbuchstaben auf der Stirn geschrieben steht. Und damit der Muff einer jahrhundertealten Paukschule nicht allzu penetrant riecht, besprüht man das so entwickelte Produkt mit dem modern klingenden Begriff »Edutainment« – als wenn damit das durchaus fruchtbare Spannungsverhältnis zwischen Spielen und Lernen gelöst wäre.
»Leider« spielen die Kinder und Jugendlichen nicht in der gewünschten Weise mit. Die herkömmlichen Computerspiele sagen ihnen wesentlich mehr zu. »Lernsoftware« ist allenfalls eine hinlänglich akzeptable Alternative zum »aufreibenden« Frontalunterricht. Kinder und Jugendliche finden sich in dieser Software nicht wieder; sie berührt nicht ihre Interessen und erzeugt nicht die Spannung, die Kinder und Jugendliche zu ihrer *Ent*spannung suchen (und in vielen Computerspielen finden).
Computerspiele ohne (schulbezogenen) Lern- und Nutzeffekt sind nicht von vornherein pädagogisch suspekt. Hier teile ich ausdrücklich die Einschätzung von WERNER SACHER (1993, S. 326). Bei einer genauen Analyse der »pädagogisch wertlosen« Spiele tauchen zahlreiche Lernbereiche auf, in denen die Spiele Förderungsmöglichkeiten bieten: von der allseits bekannten Auge-Hand-Koordination über räumliches Vorstellungsvermögen, Kombinationsfähigkeit, operatives Denken bis hin zur Streßresistenz kann man fündig werden (ganz zu schweigen von den Spiel*inhalten*, die vielfältige Lernmöglichkeiten bereithalten). Problematisch an diesen »Lernzielen« ist, daß sie sich nur mit großer Mühe in den »festgefrorenen« Kanon schulischen Lernens einordnen lassen. Dadurch werden sie jedoch nicht »problematisch«, sondern zu einer Herausforderung für die Macher von Lernsoftware. An den erfolgreichen Computerspielen könnten sie lernen, warum Kinder und Jugendliche sich davon eher motivieren lassen als von den gängigen »Lernversoftungen«.

2. Zur Faszinationskraft von Computerspielen

Um »erfolgreiche« Lernsoftware machen zu können, müßte man wissen, was die Faszinationskraft erfolgreicher Computerspiele ausmacht. Diesem Ziel dient ein umfassendes dreijähriges Forschungsvorhaben in Nordrhein-Westfalen, das Ende

1994 abgeschlossen sein wird.[1] Einige erste Ergebnisse lassen sich für die weiteren Erörterungen der hier anstehenden Problematik jetzt schon nutzbar machen.

Ein wesentliches und zentrales Motiv, das entscheidende Bedeutung für die Faszinationskraft von Computer- und Videospielen besitzt, ist der Wunsch nach *Kontrolle*, nach Beherrschung des Spiels. Die Spieler sind darum bemüht, das Spiel zu verstehen, seine impliziten und expliziten Regeln angemessen anzuwenden, um das Spiel zu *beherrschen*, um ihr Bleiberecht im Spiel zu behaupten. Dafür spannen sie alle ihre Fähigkeiten an, ertragen Streß und setzen ihre Zeit ein. Offensichtlich hat das Computer- und Videospiel die Funktion, einen Ausgleich zu schaffen für den permanenten Kontrollverlust, der die Lebenssituationen insbesondere von Kindern und Jugendlichen (auch und gerade in der Schule) kennzeichnet. In diesem Zusammenhang interessant sind die Ergebnisse von Untersuchungen zum Zuschauerverhalten bei Fernsehsendungen. Auch hier liegt im erlittenen Kontrollverlust eine zentrale Motivationsquelle für das Sehen bestimmter Sendungen (vgl. hierzu VITOUCH 1993).

Erfolgreiche Computer- und Videospiele ermöglichen in einer *subtil auf die Fähigkeiten des Spielers abgestimmten Weise*, Kontrolle über das Spiel zu gewinnen, wobei die Schwierigkeiten im Spiel mit den wachsenden Fähigkeiten der Spieler koppelbar sind. Spiele, bei denen Spieler nicht klarkommen, die für sie unverständlich oder zu schwer sind und bei denen sie daher Kontrollverluste erleiden, werden rasch abgebrochen und als »schlecht« beurteilt.
Neben dem Kontrollmotiv ist für die Faszinationskraft von Spielen entscheidend, daß sich die Spieler mit ihren Erfahrungen, Vorlieben, Interessen, Wünschen und Fantasien darin wiederfinden können. Von den Spielen muß ein »Angebot« ausgehen, das auf die »Erwartung« der Spieler trifft. Mit anderen Worten: Für die Faszinationskraft von Computer- und Videospielen ist es unabdingbar, daß sich Spiel und Spieler auf einer dynamischen und thematischen Ebene strukturell koppeln.

Dazu muß man wissen, daß sich das Kontrollmotiv in den Spielen über verschiedene »spieldynamische Grundmuster« vermittelt, die Entsprechungen zu den grundlegenden Handlungsorientierungen in den Industriegesellschaften besitzen. Um Kontrolle über das Spiel zu gewinnen, muß man beispielsweise etwas »erledigen«, sich bereichern und »armieren«, in »Zweikämpfen« den Sieg davontragen, sich ausdehnen, Prüfungen und Bewährungssituationen bestehen.
Diese grundlegenden Handlungsorientierungen vermitteln sich ihrerseits wieder durch bestimmte Thematiken, Rollenangebote und Spielinhalte, die für die Spieler attraktiv sind: ein Auto lenken, in einem Labyrinth als »Kämpfer« Gegenstände finden und gegen Monster antreten, als »Bürgermeister« eine Stadt aufbauen und verwalten.
So finden sich die Spieler in einer Welt wieder, die ihnen thematisch zusagt und in der sie Handlungsweisen zeigen dürfen, die ihrem Wunsch nach Kontrolle

---

[1] An dem vom Wissenschaftsministerium NRW geförderten Forschungsverbund sind beteiligt die Universitäten Dortmund und Bochum sowie die Fachhochschulen Köln und Dortmund. Die einzelnen Forschungsteile haben das Ziel herauszufinden, was die Faszinationskraft von Computer- und Videospielen ausmacht.

entgegenkommen. Auf dem Bildschirm entfaltet sich aus diesen Bestandteilen ein dramatisches Geschehen, das den Spieler deswegen in seinen Bann schlägt, weil er sich darin mit Aspekten seiner Person wiederfindet und seinem Wunsch nach Kontrollierbarkeit dieser Welt Rechnung getragen wird.

Eine solche »Motivationsstruktur« ist für die Entwicklung von Software, in der bestimmte Inhalte und Lernprozesse zum Tragen kommen sollen, grundsätzlich zu bedenken, sollen diese »Lernspiele« bei Kindern und Jugendlichen Erfolg haben. Wie dies konkret aussehen könnte, wollen wir uns jetzt ansehen.

3. Computerspiele für den Unterricht entwickeln

❐ Im Geographieunterricht ist das Thema »Tourismus« sicher von Interesse, ist es doch ein Bereich, den Kinder und Jugendliche insbesondere in ihren Ferien »hautnah« erleben. Ein Computerspiel wäre denkbar, in dem einzelne Teams von älteren Schülern die Rolle des Gemeinderats übernehmen und ihr Dorf in eine Feriensiedlung »verwandeln« könnten. Ihnen stünde für jedes Jahr ein Etat zur Verfügung, mit dem sie den Straßenbau fördern, Kuranlagen bauen, Hotelansiedlungen fördern oder den Ausbau bestehender Häuser vorantreiben könnten. Dabei bestünde sowohl die Möglichkeit, sich für einen zahlenmäßig begrenzten »sanften« Tourismus zu entscheiden, als auch zu versuchen, viele Gäste in ihren Ort zu locken. Bei ihren Bemühungen stehen die Teams in Wettbewerb zu anderen »Gemeinden« mit ähnlichen Zielen.

Besonders reizvoll wäre es, wenn die verschiedenen Teams untereinander vernetzt wären, so daß alle an *einem* Spiel beteiligt wären und sehen könnten, wie es in den anderen »Gemeinden« zugeht. Ein Spiel dieser »lernorientierten« Art gibt es nicht. Es steht auch nicht zu erwarten, daß so etwas programmiert würde. Kultusministerien und Landesinstitute für Schule und Weiterbildung sind gefragt, solche Produkte bei geeigneten Softwarehäusern in Auftrag zu geben. Dabei kann es durchaus sinnvoll sein, den Softwaremarkt auf ähnliche Produkte hin zu untersuchen.

❐ Der Geschichtsunterricht an der Schule steht vor der Aufgabe, den Schülern u.a. auch das Leben von Menschen in vergangenen Zeiten nahezubringen. Wie haben sich Menschen im frühen Mittelalter ernährt? Welche Berufe gab es? Welchen Gefahren waren die Menschen ausgesetzt? Wie trieben sie Handel? Wie funktionierte ihre Wirtschaft? Wie sah ihr ökologischer Kreislauf aus? Diese und ähnliche Fragen ließen sich auch in einem spannenden Simulationsspiel beantworten. Die Spieler könnten vor die Aufgabe gestellt werden, als eine Gruppe von Siedlern in einem Flußtal Land zu bebauen, Handel zu treiben, Handwerker auszubilden, Mineralien zu suchen, Erzminen zu bauen und später eine Stadt zu gründen, eine Mauer zu bauen und Soldaten zu ihrem Schutz auszubilden. Spielziel wäre nicht die Eroberung, sondern das Wohlergehen der »Bewohner«.

Bei dieser Idee zu einer schulbezogenen Lernsoftware könnte man möglicherweise auf bestehende Produkte zurückgreifen (so z.B. auf das sehr gelungene Spiel **Die Siedler** von der deutschen Softwareschmiede »Bluebyte«) und die Softwarefirma beauftragen, ihr Produkt zu modifizieren. Wichtig wäre auch hier die Möglichkeit der Vernetzung, so daß alle Spieler ein Spiel zugleich spielen können.

❑ Die Umweltproblematik und insbesondere der Umweltschutz sind Themen, die für die Schülerinnen und Schüler und damit auch für den Unterricht von großem Interesse sind. Man stelle sich nun ein Computerspiel vor, in dem der Schüler eine (ihm ähnliche) Hauptfigur wählen kann, mit der er als »Umweltschützer« Umweltschäden feststellen und untersuchen kann. Spannend wird das »Öko-Adventure« durch das Spielziel, den Verursacher eines Umweltschadens herauszufinden. Dazu müssen Bodenproben untersucht, Abwässer analysiert, verschiedene Personen befragt, Einsicht in Dokumente genommen werden. Für Liebhaber von »Action«-Elementen darf eine zünftige Verfolgungsjagd mit anschließender Festnahme nicht fehlen.
Bei einem solchen Spiel würde das Fachwissen »spielend« nebenher gelernt. Man könnte auch dieses Spiel so programmieren, daß es sich an verschiedenen Computerarbeitsplätzen *zugleich* spielen ließe. Die herausgefundenen Ergebnisse während des Spielverlaufs kämen *allen* Spielern zugute.

Die hier skizzierten Vorstellungen deuten auf eine Schule, die sich von einer reinen Lern- und Paukanstalt fortbewegt zu einer Institution, die bereit ist, anregende Lernumgebungen für vielfältige Schülerinteressen zu schaffen.
Dabei ersetzen Lernsoftware und entsprechende Computertypen nicht den Lehrer, sondern weisen ihm eine andere, eine wichtigere Aufgabe zu. Er muß da sein für das sich entfaltende Interesse von jungen Menschen. Er kann Anregungen geben, Gespräche und Auseinandersetzung möglich machen, begleiten, unterstützen und fördern.
Denn: Was nützt der methodisch und didaktisch exzellent geplante Ökologieunterricht, wenn die Ökologie menschlicher Beziehungen in der Schule, der Wunsch der Menschen nach Selbstkontrolle ihres Lebens dabei auf der Strecke bleibt? In dem Maße, wie Schülerinnen und Schüler sich durch ihr Interesse an bestimmten Inhalten und Sachverhalten selbst binden und selbst kontrollieren lernen, benötigen sie keine Spielsoftware, um den als schmerzhaft empfundenen Kontrollverlust in ihrem Leben auszugleichen.

Literatur

SACHER, WERNER: Jugendgefährdung durch Video- und Computerspiele? In: Zeitschrift für Pädagogik 39(1993), H. 2, S. 313–333;
VITOUCH, PETER: Fernsehen und Angstbewältigung. Westdeutscher Verlag, Opladen 1993.

2.12 Mit SimAnt in die Welt der Ameisen

Jürgen Fritz

1. Willkommen im elektronischen Ameisenhaufen

Zu den Vergnügungen unseres elektronischen Zeitalters gehören Ausflüge in für uns fremde Welten. Mit Hilfe einer Computeranlage und entsprechender Software werden wir zum Piraten und machen die Meere des 18. Jahrhunderts unsicher. Wir steigen in futuristische Raumschiffe, jagen mit Lichtgeschwindigkeit dahin, treiben Handel mit fremden Planeten und überstehen manche gefährliche Weltraumschlacht.

Wir gründen mit geringem Startkapital eine Reederei und entwickeln uns mit etwas Glück und viel Verstand zum mächtigsten Reeder im ausgehenden 19. Jahrhundert. Warum also nicht auch einmal einen Ausflug in eine Welt machen, die wir in der freien Natur tagtäglich beobachten könnten – es aber in der Regel nicht tun? Das Videospiel **SimAnt** (Vertrieb über die Firma Bomico/Kelsterbach) bietet eine solche Welt, die zum Kennenlernen einlädt.

In diesem Spiel »verwandeln« Sie sich in eine Ameise, die die Aufgabe hat, einen Ameisenstaat zu gründen und am Leben zu halten. Das ist leichter gesagt als getan: Zunächst steht man ganz alleine vor einem Berg an Problemen: Futtersuche, Brutpflege, Ausbau der Ameisenkolonie. Nach und nach kommen Artgenossen dazu und helfen, einen prächtigen Ameisenhaufen zustande zu bringen. Das Ziel ist Wachstum und Verbreitung. Durch angemessene Entscheidungen, durch geschickte Futtersuche und gelungene Aufzucht vieler Nachkommen dehnt sich unser Ameisenstaat langsam, aber sicher aus und umfaßt bald immer mehr Bereiche von Garten und Haus.

Aber vor dem Erfolg steht, auch in einem Videospiel, der eigene Schweiß. Und der wird reichlich fließen, denn die eigenen Ziele lassen sich nur gegen Widerstände durchsetzen. Da sind zunächst die »natürlichen« Feinde: Eine ausgewachsene Gartenspinne hat Ameisen auf ihrem Speisezettel und macht Jagd auf alles, was sich bewegt und in ihre Reichweite gelangt. Tückisch sind auch die Ameisenlöwen. Schaut man nicht genau auf den Weg, landet man in der Falle und wird behaglich verspeist. Aber all diese Gefahren sind nichts gegen die mörderische Konkurrenz der eigenen Gattung. Neben den »guten« Schwarz-Ameisen, die es gilt zu vermehren, sichten wir nach kurzer Zeit unangenehme Artgenossen, denen der Programmierer die rote Farbe zugeteilt hat.

Nun sollte ein wichtiger Aspekt unseres spielerischen Bemühens darin bestehen, diesen Futterneidern recht schnell die »rote Karte« zu zeigen – denn beim Fressen hört die Moral auf. Es gilt, die eigenen Soldaten um sich zu scharen, die Feinde zu überfallen und von den saftigsten Futterplätzen abzudrängen. Sind die »Roten« schon recht zahlreich, muß man sich auf einen langen und verlustreichen Krieg gefaßt machen. Die beste Strategie und die größten Ressourcen sind entscheidend. Dabei muß der Spieler vieles zugleich berücksichtigen und nicht aus dem Auge verlieren: Futternachschub, Aufzucht der Jungen, angemessenes Verhältnis zwischen Arbeiterinnen und Soldaten, Verteidigung des Nestes, »Geleitschutz« beim »Ernten« der Futterplätze, Angriffe auf das feindliche Nest. Beim Ausprobieren der unterschiedlichen Strategien wird der Spieler irgendwann dahinterkommen, daß der eigene Futternachschub und das »Aushungern« des Gegners die besten Spielerfolge verspricht. Ganz Schlaue kommen auf die Idee, sich in die Spinne zu verwandeln und in dieser Gestalt den »Roten« den Garaus zu machen.

Hat man diese Anfangsprobleme zur Zufriedenheit gemeistert, lauern neue Gefahren: starke Regengüsse, die das Nest überschwemmen können, und schließlich die Menschen, die mit Rasenmäher und Hund, einem Naturereignis gleich, den angestrengten Spieler um die Früchte seines Bemühens bringen können. Da ist es allemal günstig, sich nicht nur mit einer kleinen Rasenfläche zu begnügen, sondern mittels Ameisenköniginnen und Jungfernflügen für eine weitere Verbreitung zu sorgen. Dafür spricht auch, daß die »Roten« nicht untätig bleiben. Ehe man sich versieht, entstehen überall blühende Ameisenkolonien mit roten Artgenossen.

2. Zur allgemeinen Freude der Biologielehrer

Das pädagogische Naserümpfen Videospielen gegenüber resultiert meist daraus, daß die Damen und Herren Pädagogen in den spielerischen Welten beim besten Willen keine fachdidaktische Relevanz der Inhalte erblicken können. Um so erfreuter können Biologielehrer bei **SimAnt** sein: Hier wird Fachwissen pur vermittelt. Was man nicht alles im Spiel und durch das hervorragend gemachte Handbuch über Ameisen erfahren kann: von der Besonderheit der Ameisen, ihrer Sozialorientierung, dem Lebenszyklus, den Kasten, dem Bau von Ameisenkolonien, der Nahrung, der Futtersuche, der Kommunikation durch chemische, akustische, taktile und visuelle Signale, den besonderen Verhaltensweisen, den Freunden und Feinden bis zur Entwicklungsgeschichte der Ameisen und den verschiedenen Ameisenarten. Die Kombination von informativem Handbuch und simulativer Realisation kann gewiß Motivationen auch bei den Schülern wecken, denen der herkömmliche Biologieunterricht in der Schule wenig Lernvergnügen bereitet. Als Ameise im **SimAnt** läßt sich wirkungsvoller lernen, als bei einem Lehrervortrag folgen zu müssen. Sicher wächst auch das Interesse am Thema, wenn man einmal die Gestalt einer Ameise angenommen hat. Hervorragende Bildberichte in Illustrierten über »Die Waldmeister« (z.B. Stern, Ausgabe 33/93, S. 46ff.) werden dann sicher mit anderen Augen wahrgenommen.

Und wem das alles noch nicht reicht, der kann sich mit »wissenschaftlicher Orientierung« in einer weiteren Spielmöglichkeit von **SimAnt** als Experimentator betätigen und das Verhalten von Ameisen in verschiedenen Situationen beobachten. Dazu stehen verschiedene Eingriffsmöglichkeiten zur Verfügung. So kann man z.B. Hindernisse errichten und Ameisen im Hinblick auf die Futtersuche und das Verhalten in Labyrinthen testen.

3. Zur Freude der Spieler

Die beste Fachdidaktik nützt nicht viel, wenn die Schüler wenig Neigung verspüren, sich mit der Thematik zu befassen. Und das geschieht in der Regel dann, wenn die Inhalte mit ihrer eigenen Lebenssituation wenig zu tun haben, wenn das »Lernerlebnis« alles andere als spannend ist, wenn der »Stoff« als zu schwierig (oder zu einfach) empfunden wird oder wenn die Methode der Aneignung den Fähigkeiten und Möglichkeiten der Schüler wenig entgegenkommt.

Wie sieht das nun bei SimAnt aus? Die Handhabungstechnik dieses Spieles ist »erste Sahne« und erleichtert es, ins Spiel zu kommen. SimAnt bietet dem Spieler verschiedene Bildansichten: das eigene Nest als Seiten- oder Oberflächenansicht, die gesamte Spielebene in grafischer Darstellung, mehr oder weniger große Ausschnitte der Spielfläche als naturalistische Draufsicht, grafische Darstellungen der Ameisenwege, strategische Karten, Verteilungskarten und vieles mehr.

Die Leistungsforderungen von SimAnt sind zunächst inhaltlicher Art: Der Spieler muß vieles über Ameisen lernen und sich die in dieser Rolle zur Verfügung stehenden Handlungsmöglichkeiten aneignen. Das ist in der Regel ohne Handbuch kaum möglich. Es ist Disziplin gefordert, wichtige Teile des Handbuches zu lesen. Zu den wesentlichen Spielforderungen gehört, angemessene Strategien zu entwickeln, auf Veränderungen flexibel zu reagieren und geschickt mit der eigenen »Spieler-Ameise« umzugehen. Nach einigen Stunden Spielerfahrung wird der Spieler effektive Strategien entwickelt haben, die sein »Bleiberecht« in der »Electronic Ant Colony« für einige Zeit sichern. Mit zunehmender Erfahrung steigen die Schwierigkeiten und wächst die zu bewältigende Komplexität.

Die Spannung im Spiel entsteht durch die zahlreichen »Bewährungssituationen«, die im Grunde eine wirkungsvolle Strategie erfordern. Der Spieler »testet« seine Strategien, modifiziert sie, paßt sie neuen Situationen an. Und immer steht der Spieler vor der Frage: Gelingt es oder gelingt es nicht? Mit fortschreitenden Fähigkeiten sorgt das Ziel, sich auszubreiten, für ständige Spannung. Der Spieler hofft, daß sich sein eigenes Territorium, allen Widrigkeiten zum Trotz, ausdehnt und sich »seine« Ameisen ausbreiten.

Nur: Was haben Ameisen mit dem Leben der Spieler zu tun? Was an SimAnt schafft, wenn überhaupt, Motivation, sich mit diesem Spiel zu befassen?

4. Hintergründiges

Der offenkundige pädagogische Effekt liegt im Spielinhalt: dem Kennenlernen der Welt der Ameisen. Indem man selbst zur »Ameise« wird, lernt man diese Welt und ihre Bewältigungsmodi kennen. Von diesem Inhalt geht jedoch nur eine kurzfristige Motivation aus: Ameisen haben im Leben der meisten Spieler wenig Bedeutung.

Wesentlicher ist da schon die Spielforderung: »Seid fruchtbar, mehret und verbreitet Euch!« Die Ausdehnung des eigenen Herrschafts- und Machtbereiches ist ein starkes Motiv, das sich in vielen Videospielen (sehr unterschiedlichen Inhalts) wiederfindet. Dieses Motiv ist deshalb so anregend, weil die Spieler hierzu vielfältige Anknüpfungspunkte in ihrer eigenen Lebenssituation finden. Unter diesem Blickwinkel ist **SimAnt** eine Metapher zum eigenen Leben. Der Geburt folgt das Kennenlernen des Nahraumes und führt zum Impuls, seine eigenen Grenzen im fortschreitenden Leben zu erweitern. Dies stößt auf vielfältige Widerstände mit der äußeren Welt, die man mit Mut, Überlegung und Tatkraft angehen muß. Jeder Schritt der Ausdehnung birgt neue Schwierigkeiten in sich und stellt immer neue Herausforderungen dar, die bewältigt werden müssen. Es entspricht auch der Lebensrealität von Menschen, immer wieder unterschiedliche Rollen anzunehmen, um situationsgemäß reagieren zu können. Mal ist es günstig, die »Güter der Welt« einzusammeln, ein anderes Mal hilft nur eine aggressive Auseinandersetzung, für die man gewappnet sein muß.

Auf einer tieferen Ebene bietet das Spiel die Erfahrung, daß Ausdehnung nicht nur heißen kann, sich räumlich auszudehnen, sondern auch, Verantwortung für den eigenen Ameisenstaat zu übernehmen. Dazu gehört u.a.: die Versorgung mit Lebensgütern sicherstellen, den Ausbau des Nestes vorantreiben, Brutpflege betreiben, neue Königinnen heranbilden, Arbeit und Aufgaben unter den Ameisen angemessen verteilen. Mit anderen Worten: **SimAnt** fordert vom Spieler »mehrdimensionales«, ausbalanciertes Handeln, das der Ganzheit einer Ameisenkolonie weitgehend Rechnung trägt. Dies entspricht auch den Aufgaben und Anforderungen in der eigenen Lebenssituation: sich als Teil einer Ganzheit verstehen, die Interessen anderer mit im Auge behalten, Gruppenprozesse steuern, Aufgaben untereinander angemessen verteilen und dabei eigene Verantwortung tragen.

5. Drei Welten im Blick

Was bleibt vom Spielinhalt »Ameisenkolonie«, wenn unterhalb dieser Inhaltlichkeit typisch menschliche Verhaltensmuster, Blickweisen und Orientierungen das Spielgeschehen in Spannung halten? Eine Ameise zu sein ist schlicht nicht vorstellbar. Was die Welt der Ameisen *wirklich* ist, entzieht sich unserem Erkenntnisvermögen. Was *unsere* Welt, also die Welt der Menschen *wirklich* ist, steht nicht fest; sie entwickelt sich in der Ausfaltung unserer Erkenntnismöglichkeiten. Dieser Prozeß der Ausfaltung orientiert sich nach Kriterien von Ähnlichkeit, Nähe und Wiederholbarkeit. Wir überziehen unsere Welt mit den Mustern unseres Weltverständnisses und erschließen sie uns durch Symbole, Metaphern und Regelmäßigkeiten.

Dies führt dazu, daß wir auch die »Welt der Ameisen« nur insoweit verstehen, als sie sich durch unsere Muster, Metaphern und Symbole erschließen läßt. Im Grunde sehen wir die Ameisen so, wie wir uns sehen. Etwas anderes ist dem Menschen nicht möglich. Und indem dies geschieht, schaffen wir einen Bezug zu der uns fremden (und immer fremd bleibenden) Welt der Ameisen. Von daher geht es bei **SimAnt** nur vordergründig um die Welt der Ameisen. Thema ist vielmehr die Welt des Menschen und sein Verständnis der Ameisen auf der Folie seiner eigenen Weltbewältigung. Oder um es noch schärfer zu sagen: Das Thema »Ameisen« ist nur die »Verpackung«, um immer wieder nur das eine zu finden: sich selbst.

Ein Videospiel ist ein gutes Spiel, wenn es etwas zu diesem Selbstfindungs- und Selbstentfaltungsprozeß beitragen kann. Im Hinblick auf **SimAnt** gibt es einige fruchtbare Ansatzpunkte. Neben dem Thema der eigenen Selbstentfaltung und Ausdehnung spielt nach unseren Beobachtungen auch das Bemühen um Verstehen eine wichtige Rolle. Dabei geht es nicht um das Verstehen der von Menschen so konzipierten Verständnisbrücken zu den Ameisen. Vielmehr handelt es sich, ganz im Sinne der nach technischem Erkenntnisinteresse ausgerichteten Gesellschaft, schlicht darum, möglichst rasch zu verstehen, »wie das Spiel funktioniert« (und das möglichst ohne Spielanleitung).

Von seiner formalen Struktur entspricht **SimAnt** den üblichen Anwendungsprogrammen mit komplexer »Benutzeroberfläche«. Es wird zu einem »Spiel um das Spiel«, die Funktionsweisen dieser Benutzeroberfläche nach dem Muster von »Versuch und Irrtum« zu erschließen. Das selbstformulierte Spielziel heißt also, das Spiel zu verstehen. Diesen spielerischen Herausforderungen sind ältere, mit Benutzeroberflächen bereits vertraute Spieler durchaus gewachsen – sehr zur Verblüffung »altgedienter« Pädagogen, die sich Software nur mittels Handbuch erschließen können. Das Spiel um funktionales Verstehen ist ein Spiel »auf höherer Ebene« und entfaltet seine Faszinationskraft durch Erprobungsstrategien, die die Spieler entwickelt haben oder sich bei diesem Spiel aneignen. Ist man erst einmal diesem Spiel »verfallen«, wird man Spielreize auf der oberflächlichen inhaltlichen oder spieldynamischen Ebene des eigentlichen Spiels kaum mehr empfinden. Hat man das Spiel erst einmal verstanden, besteht kaum Interesse, es durchzuspielen.

Spieler »auf höherer Ebene« finden sich in ihren Spielen wieder, weil die von ihnen »kreierten« Spiele genau auf die Fähigkeiten und Muster Bezug nehmen, die für Spieler dieser Art wichtig sind. Hinter dem »Wie geht das?« steckt ein grundlegendes Erkenntnisinteresse, das für unsere technologische Kultur beherrschend geworden ist: Wiederholbarkeit sicherzustellen; zu wissen, was zu tun ist, um ein erwünschtes Ergebnis zu erreichen.

Indem die »Welt der Ameisen« in einem Computerprogramm erscheint, artikuliert sich genau dieses Erkenntnisinteresse: die »Welt der Ameisen« handhabbar zu machen; zu erkennen, daß man die vorgegebenen Ziele erreichen kann, wenn man sich des »technischen Blicks« bedient und »zweckrational« handelt.

2.13 Das Simulationsspiel »Am See« in der Umwelterziehung – Ein Beispiel aus Lettland

Valdis Bisters/Raimonds Ernsteins/Ivars Kudrenickis

1. Einführung

Eines der Hauptziele der Umwelterziehung ist die Vermittlung von Kenntnissen und Fertigkeiten zur schonenden Nutzung von Ressourcen. Wir beginnen zu erkennen, daß dies ein Problem ist, welches viele Disziplinen betrifft. Neben den Naturwissenschaften müssen auch die Sozialwissenschaften einbezogen werden. Es ist wichtig, den ökologischen Charakter von Umweltproblemen zu verstehen sowie die sozialen Regelungsmechanismen zu erkennen, die den Handlungsweisen von Individuen und gesellschaftlichen Gruppen zugrunde liegen. Somit hat die Umwelterziehung eine komplizierte Aufgabe zu bewältigen: den Unterrichtsprozeß mit solch einer Methodik zu gestalten, die dem komplexen und sozialen Charakter der Umweltprobleme entspricht. Das ist im wesentlichen von der richtigen Methodenwahl abhängig. Eine der wichtigsten Einstiegsmöglichkeiten hierzu ist das Erwerben von Kenntnissen durch eigene Erfahrungen. Dementsprechend kommt den Simulationsspielen eine ganz besondere Bedeutung zu.

Simulationsspiele sind Übungen, die in sich die grundsätzlichen Charakteristika von Spielen und Simulationen vereinen.
Bei einer Simulation müssen zwei Grundbedingungen erfüllt sein. Zum einen muß eine aktuelle Situation des wirklichen Lebens dargestellt werden, zum anderen müssen die ablaufenden Prozesse operationalisiert werden. Das zweite Kriterium schließt bei Simulationen die statischen Analogien (Fotos, Karten, Grafiken und Diagramme) aus, schließt jedoch die arbeitsfähigen Modelle ein.
Definiert man Spiel als eine konkurrierende Handlung von Spielern, die nach bestimmten Regeln das Ziel verfolgen zu gewinnen, dann muß das Spiel logischerweise zwei Bedingungen enthalten: Es bedarf erstens des Wettbewerbs zwischen den Einzelspielern oder den Spielteams. Des weiteren muß es zweitens ein Regelwerk besitzen, d.h., die Spieler dürfen nur innerhalb gesetzter Grenzen operieren.
Simulationsspiele werden daher um eine sich verändernde Situation aus dem wirklichen Leben oder irgendeine imaginäre Situation entwickelt. Diese Gruppe umfaßt eine Reihe manueller Brettspiele ebenso wie computerunterstützte Simulationsmodelle oder reine Computersimulationen.

Das Spielen von Simulationsspielen hat sich als eine nützliche Technik in der Umwelterziehung erwiesen. Dies gilt besonders für die Bewußtmachung der Probleme, die in umweltbezogenen Entscheidungen liegen. Darüber hinaus ermöglichen der Wissenstransfer und die Fähigkeit, Probleme zu lösen, Erfahrungen in sozialer Interaktion und Werteorientierung.

In diesem Artikel möchten wir die Leser mit einem Simulationsspiel bekannt machen, das den anfänglich genannten Kriterien der Umweltbildung in besonderer Weise gerecht wird. Es handelt sich dabei um das Simulationsspiel **Am See**, das z.Z. allerdings zum größten Teil nur Hochschullehrkräften der ehemaligen Sowjetunion bekannt ist.

2. Spielbeschreibung

2.1 Allgemeine Informationen

Das Simulationsspiel **Am See** ist eine Modifikation des bekannten amerikanischen Spieles **The Common Game** (POWERS/DUUS/NORTON 1983). Es gehört zur Gruppe der Ausbildungsspiele, mit denen sich auf einfache Weise die Prinzipien der schonenden Nutzung von Ressourcen verdeutlichen lassen. Es spiegelt den biologischen, ökonomischen und sozialen Charakter der Umweltprobleme wider. In diesem Spiel sind die Elemente eines Tischspieles mit der Praxis von individuellen und kollektiven Handlungsweisen sehr gut verbunden. Das einfache mathematische Modell läßt sich ohne Computer anwenden. Dies ist besonders wichtig für das Gebiet der ehemaligen Sowjetunion, da die Computertechnik dort im Ausbildungsbereich erst in der letzten Zeit an Bedeutung gewonnen hat.

2.2 Zur Geschichte der Spielentstehung

Das Spiel ist Ende der 80er Jahre mit dem Ziel entwickelt worden, die immer stärker werdenden Konflikte zwischen Umweltschutz und Industrialisierung in der ehemaligen Sowjetunion aufzuzeigen. Es hat aber auch heute – besonders in den osteuropäischen Staaten – seine Aktualität nicht verloren. Die Thematik des Spieles hängt mit der sogenannten »Tragedy of Commons« (HARDIN 1988) zusammen. Das Spiel **Am See** ist eine Modifikation von **The Common Game**, in dem ein Interessenkonflikt zwischen Industrie und Naturschutz behandelt wird. Die Konfrontation zwischen diesen Gruppen wurde ausgewählt, weil hier im Spielprozeß die oft auftretenden Widersprüche zwischen den Interessen von Individuen (Gruppen) und der Gesellschaft besonders stark hervortreten. Außerdem kann man gleichzeitig die simulierte Situation auf andere gesellschaftliche Bereiche projizieren. Im Spielverlauf führt das individuelle Verhalten der einzelnen Teilnehmer zu unterschiedlichen Spielergebnissen. Ziel der Spieler ist es, die maximal mögliche Punktzahl, d.h. die beste Lösung zu erreichen. Diese Lösung muß jedoch erst im Spielverlauf gefunden werden. Die Spielbeschreibung kann man in einer kleinen Broschüre finden, die unter dem Titel »Methodische Hinweise für die Organisation und Durchführung des Simulationsspieles **Am See**« (KOMAROW 1988) in russischer Sprache herausgegeben wurde. Eine kurze Analyse des Spieles – ohne detaillierte Ausführungen zu den Regeln – ist in englischer Sprache in den Materialien der Kioto-Konferenz der Internationalen Simulations- und Spiel-Assoziation (The International Simulation and Gaming Association) zu finden (KRYKOWA 1992).

2.3 Ziel des Spieles

Das Ziel des Spieles ist es, die gemeinsame Nutzung der Ressourcen zu simulieren und die Praxis von kollektiven Handlungsweisen darzustellen.

2.4 Zielgruppen/Teilnehmer

Das Spiel eignet sich für Schüler der Grund-, Mittelschulen und Gymnasien wie auch für Hochschulstudenten und Umweltschutzfachleute. Es ist für 6-8 Teilnehmer ausgelegt. Ist die Teilnehmerzahl größer, sollten Gruppen gebildet werden. In diesem Fall braucht jede Gruppe einen Leiter, der die gefaßten Beschlüsse notiert und den Teilnehmern die entsprechende Punktzahl mitteilt. Die Ergebnisdiskussion sollte gemeinsam mit allen Gruppen erfolgen. Oft ist eine Einteilung der Teilnehmer in Gruppen wünschenswert, weil die Spieltaktiken der Gruppen unterschiedlich sind und somit interessanten Diskussionsstoff bieten.

2.5 Spielmaterialien und Spieldauer

Folgende Spielmaterialien werden benötigt und sind leicht selber herzustellen:
- Spielbeschreibung;
- Spielblätter, auf denen der Leiter die Beschlüsse festhält;
- Spielplan mit einem graphischen Modell der Seewasserqualität und Kennzeichen zu ihrer genauen Bestimmung (z.B. Spielfiguren);
- Beschlußkärtchen in verschiedenen Farben;
- Sichtblenden, die die Anonymität der gefaßten Beschlüsse gewähren;
- normale Spielwürfel zur Bestimmung der Hochwasserstärke.

Mit Ergebnisdiskussion benötigt der Spielverlauf etwa 1,5 bis 2 Stunden.

2.6 Spielregeln

Jeder Spielteilnehmer vertritt einen von 6-8 Betrieben, die sich am Seeufer befinden. Sie stellen Produkte her, für die sie große Wassermengen benötigen. Es gibt aber nur ein nutzbares Wasserreservoir – den See. Die Abwässer werden in ihn zurückgeleitet. Das Spiel umfaßt insgesamt faktisch 40 Zyklen (offiziell 48). Ein Zyklus stellt den Fertigungsprozeß von der Dauer eines Monats dar. Jeder Betrieb kann in einem Zyklus eine der fünf folgenden Vorgaben und Handlungsanweisungen realisieren und unter diesen in jedem Zyklus neu wählen:

a) Einleitung von ungeklärten Abwässern in den See, wodurch eine Verschmutzung hervorgerufen wird (z.B. ein schwarzes Kärtchen),
b) Klärung der Abwässer (z.B. ein weißes Kärtchen),
c) Umstellung der Produktion (z.B. ein gelbes Kärtchen),
d) Anwendung von Sanktionen gegen den Einleiter ungeklärter Abwässer (z.B. ein rotes Kärtchen),
e) Prämienvergabe an Betriebe, die ihre Abwässer klären (z.B. ein blaues Kärtchen).

Mit jeder der fünf möglichen Vorgaben ist eine bestimmte Punktzahl verbunden, die von der Wasserqualität und den Beschlüssen der anderen Teilnehmer abhängig ist.

Wenn ein Betrieb nach der Vorgabe a) handelt (Einleitung von ungeklärten Abwässern, schwarzes Kärtchen), macht er einen großen Gewinn (+ 100 Punkte), da er das Geld für eine Abwässerklärung einspart. Doch jede Einleitung ungeklärter Abwässer in den See verursacht eine zunehmende Verschmutzung, so daß die Wasserqualität allmählich (pro ungeklärte Einleitung Abnahme um einen Punkt) sogar für wirtschaftliche Zwecke zu schlecht wird. Demzufolge ist der Betrieb gezwungen, zusätzliche Mittel zur Klärung des Seewassers bereitzustellen. So nimmt der Gewinn des Betriebes proportional zum Wasserverschmutzungsgrad ab. Die Wasserqualität wird jeweils auf dem Spielplan dargestellt, der die profitorientierte ungeklärte Einleitung ebenso anzeigt wie die Abwässerklärung.

Die Klärung der Abwässer (zweite Handlungsanweisung; weißes Kärtchen) führt zu einem geringeren Gewinn (durchgängig 20 Punkte). Die Seewasserqualität wird dabei aber gewahrt. Einmal im Jahr tritt infolge der Schneeschmelze eine Reinigung des Sees durch das Frühlingshochwasser ein. Damit ergibt sich eine Verbesserung der Wasserqualität. Als Konsequenz erwirtschaften die Betriebe durch das Hochwasser einen höheren Gewinn. Die Intensität des Hochwassers ist jedoch stets unterschiedlich und wird durch einen ausgewürfelten Zufallsfaktor bestimmt.

Bei der Wahl der dritten Vorgabe (Umstellung der Produktion; gelbes Kärtchen) geht der Betrieb auf eine Produktionsweise über, die kein Wasser benötigt, und man erhält somit einen sehr geringen, aber stabilen Gewinn von 8 Punkten.

Bei der Durchführung der vierten Handlungsanweisung (Sanktionen; rotes Kärtchen) richtet eine Betriebsleitung ihre Aufmerksamkeit auf andere Verschmutzer des Sees mit dem Ziel, diese zu entdecken und zu bestrafen. Laut Spielregel werden alle Betriebe, die in diesem Zyklus das Wasser verschmutzt haben, gemeldet und bestraft. Diese Betriebe erhalten statt eines Gewinnes einen Verlust von 8 Punkten. In der gleichen Phase erleidet der Betrieb, der die Vorgabe d) gewählt hat, einen großen Verlust, da er sich weniger um die effektive Organisation seines Produktionsprozesses und mehr um gesellschaftliche Belange gekümmert hat.

Die fünfte Entscheidungsmöglichkeit (Prämie; blaues Kärtchen) sieht vor, daß die Betriebsleitung teilnimmt an der Prämierung der anderen Betriebe, die im entsprechenden Zyklus ihr Abwasser geklärt haben. Demzufolge gibt es für die ausgezeichneten Betriebe einen Gewinn von 8 Punkten. Die Initiatoren des Beschlusses erleiden kleine Verluste – nach demselben Prinzip wie bei der Vorgabe d), weil die Leitung von ihren grundsätzlichen Aufgaben abwich.

Bei Sanktionen und Prämien wird die Punktzahl jedoch jeweils durch n geteilt, wobei n die Zahl der Betriebe angibt, die durch ungeklärte Einleitungen bestraft bzw. für die Abwässerklärung belohnt werden.

Wenn bereits eine Sanktion durch die Spielteilnehmer ausgesprochen wurde, erhalten Unternehmen, die ungeklärte Abwässer einleiten, einen Abzug von 20 Punkten, wohingegen Spieler, die sich für eine saubere Produktionsweise entscheiden, 10 zusätzlich Punkte erhalten, wenn bereits eine Prämie gewährt worden ist.

Obwohl man den Teilnehmern vorher mitteilt, daß das Spiel 48 Zyklen umfaßt, und diese Zahl auch auf den Beschlußblättern der Teilnehmer festgehalten ist, wird das Spiel nach dem 40. Zyklus/Monat beendet. Dadurch soll einer Strategie nach dem Motto »Nach mir die Sintflut« vorgebeugt werden. Während des Spielprozesses notiert der Leiter die von den Teilnehmern gefaßten Beschlüsse und teilt die entsprechenden Punktzahlen mit. Außerdem verstellt er das Zeichen für die Wasserqualität auf dem graphischen Modell (Karte). Die Teilnehmer fassen einen Beschluß, indem sie von den fünf verschiedenfarbigen Kärtchen das entsprechende auswählen und es dem Spielleiter verdeckt zeigen. Dazu benutzen sie die Sichtblenden. Die Punktzahl hält jeder Teilnehmer einzeln auf seinem Ergebnisbogen fest. Nach Beendigung des Spieles siegt der Spieler mit der höchsten Punktzahl.

Um den Prozeß der gemeinsamen Handlungsstrategie zu simulieren, ist ein entsprechender Mechanismus in den Spielregeln enthalten: Eine Versammlung der Betriebsleiter (des Direktorates) findet in bestimmten Abständen (alle »8 Monate«) für 2-3 Minuten statt. In diesen Versammlungen können sich die Spielteilnehmer über ihre Beschlüsse und eine gemeinsame Handlungsstrategie einigen. Eine Veränderung des mathematischen Algorithmus des Spieles ist jedoch nicht möglich. In der übrigen Zeit ist eine Absprache zwischen den Spielteilnehmern untersagt. Ähnlich wie in der Realität, haben die in den Versammlungen erzielten Einigungen lediglich einen empfehlenden Charakter. Ihre Umsetzung geschieht daher ausschließlich auf freiwilliger Basis. In der Praxis bilden sich in jeder Teilnehmergruppe – wie auch in jedem staatlichen Umweltschutzsystem – typische individuelle und kollektive Verhaltensweisen der Mitwirkenden heraus.

3. Die Anwendung des Spieles im Unterricht

Das erwähnte Spiel kann man sowohl in einzelnen Seminaren als auch in längeren Kursen durchführen. Normalerweise verwenden wir das Spiel, wenn sich die Teilnehmer bereits kennen. Daraus ergibt sich die Möglichkeit, die Teilnehmer in die Diskussion mit einzubeziehen und so auf neue Ideen zu stoßen. Durch das gemeinsame Gespräch eröffnet sich die Möglichkeit, Mängel an individuellen Handlungen zu entdecken und Nachteile bei kollektiven Handlungsweisen und Strategien auf natürliche Weise zu entdecken. Andererseits kann man das Spiel auch mit Menschen spielen, die sich untereinander noch nicht kennen. In diesem Fall wird der Prozeß der Gruppenbildung in den Spielverlauf integriert. Diese Methode bietet häufig interessanten Stoff für die Diskussion am Ende des Spieles, wenn man den Spielverlauf, die zunehmende Zusammenarbeit und die Endergebnisse bespricht.

Das Spiel kann sehr gut für verschiedene Unterrichtsziele genutzt werden, und es ist technisch leicht durchzuführen. Die folgenden Punkte geben unserer Meinung nach die wichtigsten Vorzüge dieses Spieles an:

- Die Organisation des Spieles benötigt keine teuren Spielmaterialien. Sie sind einfach und eigentlich unter allen Bedingungen herstellbar.
- Das Spiel ist dynamisch und liefert viel Stoff für weitere Diskussionen.
- Der Spielaufbau bzw. der Spielablauf ist sehr einfach und leicht verständlich. Dies ermöglicht eine Nutzung des Spiels für verschiedenste Lernziele. Es kann sowohl in Grund- oder Mittelschulen als auch in interessierten Umweltschutzgruppen eingesetzt werden.
- Ein wichtiges Element des Spieles ist die Anonymität der Handlungsweisen (wenn die Teilnehmer sich entscheiden, ihre Vorgehensweisen nicht zu veröffentlichen). Das läßt auch schüchterne Unterrichtsteilnehmer am Spiel mitwirken und hilft ihnen, sich emotional zu befreien (der Teilnehmer muß sich nicht schämen, wenn die von ihm ausgewählte Spielstrategie nicht besonders erfolgreich war).
- Das Spiel enthält die Möglichkeit, vom individuellen Vorgehen auf Gruppenzusammenarbeit überzugehen, um die optimale Spielstrategie zu bestimmen.
- Das Spiel hat eine interessante mathematische Logik.

Im allgemeinen wird deutlich, daß durch den mathematischen Algorithmus des Spieles auch ohne Strafsanktionen (Entfernen des entsprechenden Kärtchens) eher die Zusammenarbeit als das individuelle Spielen zum besseren Spielergebnis führt. Das zeigt demnach, daß einzelne administrative Entscheidungen und Maßnahmen keine Triebkraft für die Entwicklung der Gesellschaft sein können. Die Teilnehmer sollen erkennen, daß Umweltschutzmaßnahmen nicht nur administrative Regulationsmechanismen zugrunde liegen, sondern in erster Linie von der Einstellung der Gesellschaft zur Realisierung eines gemeinsamen Zieles abhängen.

Das Lernziel des Spieles ist dann erreicht, wenn die Teilnehmer im Spielprozeß die Schwächen der gemeinsamen Handlungsstrategie erkennen und eine bessere Strategie für ihre Zusammenarbeit ausarbeiten können. Die Praxis zeigt aber, daß solch eine Entwicklung des Spielprozesses leider ziemlich selten vorkommt. Deshalb ist Gruppenunterricht nach dem individuellen Spiel empfehlenswert, um selbständig eine optimale Strategie auszuarbeiten. Zu diesem Zweck soll der Spielleiter Gruppen und eine Jury (auch aus Teilnehmern möglich) zusammenstellen. Die Gruppenaufgabe ist es nun, die optimale Spielstrategie und die Nutzung der gemeinsamen Ressource (hier das Seewasser) auf der Grundlage des mathematischen Spielalgorithmus zu bestimmen und auszuarbeiten. Nach dieser Ausarbeitung verteidigt ein Vertreter jeder Gruppe seinen Vorschlag vor der Versammlung aller Gruppen. Zuletzt entwerfen die Teilnehmer dann ein gemeinsames Handlungsprojekt.

Ein sehr wichtiger Bestandteil des Spieles ist die Besprechung der Ergebnisse, der man besondere Aufmerksamkeit widmen sollte. Dazu werden vorher schon Materialien vorbereitet, die dem Teilnehmerkreis und den speziellen Verhältnissen der Region gerecht werden. Diese Materialien sollen sowohl theoretische als auch praktische Unterlagen umfassen. So nutzen wir z.B. bei unserer Durchführung Daten über die Verschmutzung der Ostsee. Auch die Anteile der Anliegerstaaten an der Verschmutzung werden dabei berücksichtigt. Man kann auch Probleme des Balaton- sowie des Baikalsees einbeziehen. Die Teilnehmer können die Rollen der real existierenden Produktions- und Landwirtschaftsbetriebe einnehmen.

Wenn man nach dem individuellen Spieldurchlauf den oben erwähnten Gruppenunterricht nicht durchführen kann, sind für die Diskussion folgende Fragen empfehlenswert:

- In welchem Ausmaß hat sich die Qualität des Seewassers infolge der negativen oder positiven Beeinflussung geändert?
- Ist es gelungen, eine Strategie für die gemeinsame Wassernutzung auszuarbeiten?
- Was war der Grund dafür, daß Teilnehmer von gefaßten Einigungen abgewichen sind?
- Wie spiegelt dieses Spiel die gemeinsame Nutzung anderer Naturressourcen wider?
- Wie ist der Stand der Gesetzgebung zur Begrenzung der Wasser- und Luftverschmutzung, und welche Widersprüche ergeben sich durch die Wirtschaftspolitik?

4. Kurze Analyse der möglichen Spielstrategien

Nach den Ausführungen des Spieleautors (KOMAROW 1988) kann man im Spielverlauf gewöhnlich vier Typen von Spielern beobachten:

- erfolgreiche Individualisten, die mehr als achtmal im Spielverlauf den Entschluß fassen, das Wasser nicht zu klären, die aber weniger als viermal bestraft werden;
- Individualisten ohne Erfolg, die ähnlich handeln, aber in mehr als der Hälfte der Fälle bestraft werden;
- passive Kollektivmitglieder, die im Spielverlauf weniger als achtmal den Beschluß fassen, das Wasser nicht zu klären und weniger als siebenmal insgesamt die Beschlüsse »Prämie« und »Strafe« wählen;
- aktive Kollektivmitglieder mit mehr als sieben aktiven Beschlüssen im Spielverlauf.

Im Spiel siegen meistens passive Kollektivmitglieder oder die erfolgreichen Individualisten. Das ist von dem jeweiligen Kontrollmechanismus im Spielverlauf abhängig. Solch ein Mechanismus kann auch ohne gegenseitige Einigung auf reiner Gefühlsgrundlage der Teilnehmer funktionieren, z.B.: Wenn ich keinen Erfolg habe, versuche ich, die anderen zu strafen.
Die besten Ergebnisse ergibt allerdings die Strategie, bei der alle Teilnehmer der Handlungsanweisung b) – die Reinigung der Produktionsabwässer – folgen. Diese Vorgabe kann man mit dem Beschluß e) (Prämie) verstärken, der auf der Grundlage der gegenseitigen Einigung der Teilnehmer gefaßt wird. Bei diesem Spielverlauf kann jeder Teilnehmer durchschnittlich viermal mehr Punkte erreichen, als wenn gegenseitige Konkurrenz herrscht. Die Spielpraxis zeigt jedoch, daß viele Teilnehmer einen schnellen Gewinn anstreben und damit eine kollektive Spielstrategie verhindern. Das einfachste Gegenmittel wäre in diesem Falle folgendes: Die Teilnehmer, die im Kollektiv handeln möchten, einigen sich über den Einsatz eines Kontrollmechanismus – z.B. dadurch, daß sie die vierte Beschlußvariante (Strafe) wählen.

Die besten Spieler erzielen in der Praxis gewöhnlich nur 1100–1200 Punkte, der Mittelwert liegt bei einer nicht aufeinander abgestimmten Gruppe bei 700 Punkten. Die Erfahrung der Autoren dieses Artikels zeigt, daß es nur in einem Drittel der Unterrichtseinheiten gelingt, die gemeinsame Handlungsstrategie zu finden und bis zum Ende zu führen. Es gibt auch Fälle, bei denen die Zahl der »Kontrolleure« in einem konkreten Spielzyklus mehr als die Hälfte aller Spieler erreicht, ohne daß es zu einer Einigung zwischen ihnen kommt. Diese Situation ist ein gutes Beispiel für eine spontane Überkontrollierung. Auf Grund mangelnder Organisation verschwendet die Gesellschaft sinnlos Mittel, die an anderer Stelle besser eingesetzt wären.

5. Zusammenfassung

Das Simulationsspiel **Am See** bietet ein hervorragendes methodisches Instrument für den Gruppenunterricht. Die Teilnehmer bemerken gewöhnlich nicht, daß es sich um ein Lernspiel mit einem bestimmten Lernziel handelt, da ernste Themen auf spannende Weise spielerisch bearbeitet werden. Die Spielatmosphäre regt zu gemeinsamen Diskussionen sowie zum Sammeln neuer Ideen an. Weiterhin werden Probleme formuliert, Handlungsanweisungen analysiert und festgelegt. Simulationsspiele stellen eine interaktive Schulungsmethode dar und haben im Vergleich zur gewöhnlichen Vorlesungsmethode viele Vorteile, da sich ein dynamischer Zusammenhang zwischen den Kenntnissen, Erfahrungen und Verhaltensweisen in einer ungezwungenen Form herausbildet (BISTERS/ERNSTEINS 1993). Diese Charakteristika des Spieles stellen wichtige Voraussetzungen für das Verstehen der genannten Umweltprobleme dar.

Literatur

BISTERS, V./ERNSTEINS, R.: Interdisciplinary Training in Environmental Education Through Simulation and Gaming. In: KLEIN, H. (Hrsg.): Innovation Through Cooperation. WACRA, Boston 1993, S. 145-150;

HARDIN, G.: The Tragedy of Commons. In: Science 162(1968), S. 1243-1248;

KOMAROW, W. F.: Metoditscheskie ukasanija po podgotowke i prowedeniju imitazionnoi igri »U osera« [in russischer Sprache]. Info & Systema, Novosibirsk 1988;

KRYKOWA, I. L.: Three Simulation Games and Their Impact on Participants. In: CROOKALL, D./ARAI, K. (Hrsg.): Global Interdependence: Simulation and Gaming Perspectives. Springer, Tokio 1992, S. 205-207;

POWERS, R. B./DUUS, R. E./NORTON, R. S.: Common Game. Utah State University, Logan 1983.

3. Praxis der Umweltspiele in verschiedenen Zielgruppen

Einleitung

Harald Gesing/Johannes Wessel

Der Einsatzbereich von Umweltspielen ist so vielfältig, daß er kaum vollständig beschrieben werden kann. Schon der traditionellste institutionalisierte Lernort, die Schule, muß sehr differenziert betrachtet werden. Wenn man die Vorschulerziehung hinzunimmt, reicht dieser Bereich vom 4jährigen Kindergartenkind (STRÄTZ/MÖCKLINGHOFF) über die Grundschule (HARTMANN/JUNG) und die Sekundarstufe I (KLENK) bis hin zum Abiturienten der Sekundarstufe II (BRUNN) bzw. zum Auszubildenden in der Berufsausbildung (POKLEKOWSKI). Die beiden letzteren verdeutlichen, daß es auch innerhalb einer Altersgruppe höchst unterschiedliche Chancen und Grenzen von spielerischen umweltbezogenen Aktivitäten gibt. Besondere Möglichkeiten gibt es in jeder Altersstufe unter den spezifischen Bedingungen von Klassenfahrten oder Wanderungen (KERSBERG).
Nicht nur in den verschiedenen Sonderschulen, sondern auch in anderen Bereichen ist es möglich, mit behinderten Kindern und Jugendlichen im Sinne der Umwelterziehung spielerisch zu lernen (KLAWE). Die beschriebenen Spielformen eignen sich auch für die pädagogische Arbeit mit behinderten Erwachsenen.
Auch außerhalb der Institution Schule gibt es hervorragende Möglichkeiten, mit Umweltspielen umzugehen. Angefangen von der Jugendarbeit (GEISSLER), deren häufigster Träger die Kirchen sind, über die Erwachsenenbildung (NIEHOFF), die in unserer Gesellschaft eine immer größere Bedeutung bekommt, bis hin zum Seniorenbereich (FISCHER), in allen Bereichen gibt es immer wieder Konstellationen und Situationen, die sich für den Einsatz von Umweltspielen eignen.
Von Natur aus altersgemischt ist die Familie (GEISSLER). Gerade das gemeinsame Spielen zumindest zweier Generationen bietet die Chance, sowohl miteinander zu lachen als auch ins Gespräch zu kommen, beispielsweise über die Verantwortung der älteren Generation für die jüngere.
Ähnlich gemischt sind z.T. die Rezipienten der kommunalen Umweltbildung (SCHLÜTER). Hier spielen neben der Schule auch alle anderen Zielgruppen immer wieder eine Rolle. Die Klammer ist hier in der Regel der Inhalt. Eines der größten Themen der kommunalen Umweltbildung der letzten Jahre war die Abfallvermeidung und -verwertung.

In allen Beiträgen werden exemplarische Beispiele genannt, die die jeweiligen Spezifika der Zielgruppen verdeutlichen. Die Leser sollten zunächst im zweiten Kapitel unter der entsprechenden Spielform nachschlagen, für die sie sich interessieren. Wichtig ist bei jedem Thema und jeder Spielform, daß der Einsatz von Umweltspielen genauso überlegt vorgenommen werden muß wie der Einsatz jeder anderen Vermittlungsform. Ja, er sollte in der Regel sogar noch sorgfältiger vorbereitet werden! Es kann nicht im Sinne der Umweltbildung sein, wenn z.B. Schüler nach einiger Zeit nur noch stöhnen: »Noch so'n Umweltspiel« oder: »Schon wieder spielen« (vgl. z.B. WESSEL; THOLE). Auch wäre es fatal, wenn in unpassenden Zusammenhängen immer wieder Umweltaspekte »an den Haaren herbeigezogen« würden. Auf lange Sicht kann dies nur kontraproduktiv sein.

3.1 Spiel und Umwelt im Kindergarten

Rainer Strätz/Rita Möcklinghoff

1. Zielsetzungen und Vorgehensweisen

Bevor wir konkrete Beispiele vorstellen, erscheint es uns notwendig, auf das Prinzip der Spielförderung und die Diskussion um realistische Ziele einer Umweltpädagogik im Kindergarten zumindest kurz einzugehen.

1.1 Spielförderung als traditioneller Schwerpunkt der Kindergartenpädagogik

»Spielen im Kindergarten« ist ein restlos abgegrastes Thema – sollte man meinen. Schließlich war die Förderung des Spiels Forderung an alle Erzieherinnen, erhoben von FRÖBEL bis in die jüngste Vergangenheit. Spiel galt nicht als bangloser Zeitvertreib, sondern wurde von Erziehungszielen her befragt: Was entwickelt sich im Spiel, was wird gefördert? Alle Merkmale, deren Förderung ehrgeizige Konzepte der Kindergartenpädagogik zuwiesen, sollten sich im Spiel entwickeln und stabilisieren können: Selbständigkeit, Konzentration, Rücksichtnahme, Neugier, Ausdauer, Kreativität, prosoziales Verhalten, Sprachkultur etc. »Spielförderung« wies der Erzieherin die Rolle derjenigen zu, die Umgebung gestaltet, die Anregungen gibt, aber auch die Freiräume läßt, ohne die sich intensives Spiel nicht entwickeln kann. Das Nachdenken über »Umweltpädagogik« hätte also direkt dazu führen müssen, Spielformen, Spielinhalte und Spielzeug einmal auf ihren diesbezüglichen Gehalt hin zu betrachten. Leider kam es zunächst anders.

1.2 Der Kindergarten als »Vorschule«

Mit der »Vorschul«welle war nämlich ein Mißverständnis in die Kindergartenpädagogik eingesickert, das Bildung auf die Vorwegnahme und Imitation von Schule verengte. Daß Pädagogen »Bildung« immer umfassender verstanden haben, ging dabei unter. Der Vorschulgedanke hatte u.a. drei Konsequenzen:

- Das Leben im Kindergarten wurde in die drei voneinander getrennten Schubfächer »Bildung«, »Erziehung« und »Betreuung« zerlegt, die in dieser Reihenfolge absteigenden pädagogischen Wert hatten. (Das ist bis heute nicht überwunden.)
- Die »Sitzpädagogik« hielt Einzug: Was im Sitzen passierte, war (eventuell) wertvolle Bildung, anderes nicht. Das hat auch zu einer Mißachtung des Außenspielgeländes geführt, das nur noch fürs Austoben und für rote Bäckchen zuständig war.
- Das Spiel wurde unter der Bezeichnung »Freispiel« als Pausenfüller, »Erholungsphase« und erzieherisch minderwertig verschlissen. Es war gerade noch zulässig, weil die Kinder vor der Schule leider nichts Vernünftigeres tun können. Worauf es wirklich ankam, war Wissensvermittlung: Erst Buchstaben und das Hantieren mit Mengen, dann (wg. Umwelt) die Vogelarten und der Wasserkreislauf – alles natürlich »spielerisch«.

1.3 Pädagogische Zielsetzungen

So kamen Belehrungskataloge verschiedenster Zielrichtung in die Diskussion, die unter dem Stichwort »Weckung von Umweltbewußtsein« liefen und auch mit isolierten Aktionen verbunden waren: Anläßlich der Umweltwoche kam montags der städtische Umweltberater und kippte im Gruppenraum eine repräsentativ gefüllte Mülltonne aus, am Mittwoch wurden aus dem Wald rostige Fahrräder abgeschleppt. Zur »Vertiefung« wurde freitags Kresse mit Öl gegossen, damit die Kinder lernten, daß das Pflanzen nicht bekommt.

Dieser Aktionismus wandelte sich dann schnell in Überlegungen zur umweltbewußten Haushaltsführung im Kindergarten, und in diesem Zusammenhang haben auch Spiele eine Funktion (s. Kap. 2.1).

Das Grundproblem allerdings steckt woanders, sagen viele Erzieherinnen mit Recht: Wir müssen Kinder zunächst mit Lebensvorgängen bekannt machen und sie Natur erleben lassen. Es muß davon ausgegangen werden, daß Kinder zwischen Fernsehsessel, Autorücksitz und Kinderzimmer aufwachsen und Natur höchstens in Form des »Vorgarten-Sterilhandtuchs« kennenlernen. Diesen Kindern müssen wir zeigen, *daß da draußen überhaupt etwas ist*. Das bedeutet, daß das Außenspielgelände der Einrichtung zu einem interessanten Spiel-Platz umgestaltet werden muß, um die Kinder nach draußen zu »locken«. »Bekanntmachen mit Lebensvorgängen« kann aber auch heißen, daß Spiele in den Gruppenräumen angeregt werden (s. Kap. 2.2).

In diesem Zusammenhang ergibt sich dann auch eine Neubesinnung über den Wert von Spielzeug und die Bedeutung von Naturmaterial, so daß die Entwicklung der »Umwelterziehung« letztlich zu grundsätzlichen Überlegungen zur Spielförderung zurückführt (s. Kap. 2.3).

Auf diese drei genannten Komplexe beschränken sich die folgenden Beispiele, auch wenn Erzieherinnen ihre Ziele längst in breiterem Rahmen diskutieren: Brav den Müll zu sortieren und gefällten Bäumen nachzutrauern, das wird für ein Leben im Frieden mit der Natur bei weitem nicht reichen. Solidarische, nachdenkliche und couragierte Leute werden gebraucht, die den Mund aufmachen, wo immer falsche Prioritäten gesetzt werden, und deren Lebensweise insgesamt anders aussehen wird als die der meisten Zeitgenossen. Wie also, fragen sich Erzieherinnen grundsätzlich, sieht der Mensch aus, an dessen Erziehung und Entwicklung ich beteiligt sein möchte? Deshalb denken sie im Zusammenhang mit Umwelt an Lernziele wie Solidarität, Selbstbehauptung, divergentes Denken und andere.

2. Beispiele

Sparsamer Umgang mit Ressourcen im Haushalt hat im Kindergarten zwei traditionelle Aufhänger: den ewig laufenden Wasserhahn im Waschraum und den Papierverbrauch der Kinder beim Malen und Zeichnen. Darauf beziehen sich die beiden ersten Beispiele.

2.1 Kinder machen Entdeckungen und Erfahrungen im Spiel

2.1.1 Kläranlagen

Alle Kinder kennen den Unterschied zwischen sauberem und schmutzigem Wasser. Wo das saubere Wasser herkommt und was mit dem schmutzigen passiert, wissen allerdings die wenigsten. Ein Besuch im Klärwerk als Anschauungshilfe läßt sich nur selten arrangieren, aber es gibt andere, bessere Möglichkeiten: Schon ein Plastikbecher mit einigen kleinen Löchern im Boden, gefüllt mit Kies, Moos, Rinde oder Sand, hat eine (er-)klärende Wirkung. Wasser aus einer Pfütze, oben hineingeschüttet, kommt unten sauberer wieder heraus. Mehrere Becher übereinandergestapelt ergeben am Ende ziemlich sauberes Wasser.

Foto 1   Foto 2

Wer so etwas als einmalige Anschauungshilfe im Unterricht verwendet, erntet ein einmaliges Staunen. Wer es – wie die Erzieherinnen einer Einrichtung im Rheinland – Kindergartenkindern zeigt, stößt damit ein Spiel an:

Die Kinder suchten im Bestand der Einrichtung nach brauchbaren Utensilien. Was noch fehlte, brachten sie von zu Hause mit. Nachdem sie das Prinzip begriffen hatten, brauchten sie keine Anleitung mehr. Sie probierten allein immer neue Varianten aus und waren mächtig stolz, wenn sie Kindern aus anderen Gruppen, die noch nicht wußten, worum es ging, vormachen konnten, worauf es ankam. Mit Wasser, Sand und Steinchen hantieren zu können wirkte als Magnet. Die turmartigen Konstruktionen wurden mit der Zeit ziemlich waghalsig, so daß die **Kläranlagen** aus dem Waschraum nach draußen verlagert wurden. Wochenlang beschäftigten sich Kinder damit. Den Erzieherinnen und den Eltern wurden die neusten Modelle vorgeführt, wenn auch den Kindern recht schnell klar war: »Ganz sauber wird das Wasser nicht, auch wenn wir uns noch so viel Mühe geben.« Hier hakten die Erzieherinnen ein, um mit den Kindern über den Wasserverbrauch zu sprechen – mit Erfolg: Der erhobene Zeigefinger früher hatte keine Wirkung erzielt; erst die eigene Erfahrung, daß Wasserreinigung mühsam und aufwendig ist, bewirkte den bewußteren Umgang mit Wasser.

Vom Ablauf her ist das **Kläranlagen-Spiel** ein »Kleingruppenangebot«, wie es in vielen Kindergärten praktiziert wird: Einer kleinen Gruppe von Kindern, die sich für ein bestimmtes Thema interessieren, bietet die Erzieherin etwas an, stellt Raum, Zeit und Material zur Verfügung und zieht sich dann schrittweise aus dem sich entwickelnden Spiel zurück. Sie beobachtet in der Folge die Entwicklungen im Spielinhalt und der Zusammensetzung der Spielgruppe, um zu entscheiden, welchen Beitrag sie jeweils leisten kann und soll. Für die Kinder wird es »ihr Spiel«, mit dem sie sich allein oder in kleinen, in der Zusammensetzung öfter wechselnden Grüppchen beschäftigen. Ein Thema kann sich über Tage oder Wochen am Leben halten, und die Kinder entscheiden, wann es »ausgespielt« ist. In einer Umgebung, die »Spielprozesse« (MERKER/RÜSING/BLANKE 1980)[1] so fördert, entwickeln sich dann die Eigenschaften und Haltungen, auf die es ankommt. Zugleich lernen die Kinder im Spiel auch ökologische Zusammenhänge und Probleme kennen.
Dasselbe passierte im folgenden zweiten Beispiel.

2.1.2 Papierherstellung

Das getrennte Sammeln von Abfall ist in vielen Kindergärten schon seit längerer Zeit selbstverständlich. Viele Worte brauchen nicht gemacht zu werden, weil die Kinder sich gegenseitig zeigen, in welchen Abfallkorb das Papier gehört.
Wenn das Gespräch einmal auf Recycling kommt, ist es kein großer Aufwand, Kinder selbst Papier herstellen zu lassen: Aus einem Brei von gebrauchtem aufgelöstem Papier und Karton wird mit einem Rahmen ein »Blatt« geschöpft und auf einer glatten Unterlage zum Trocknen abgelegt. Am nächsten Tag ist es trocken, so fest und zumindest auf der Unterseite so glatt, daß es mit Wasserfarben oder Wachsmalstiften bemalt werden kann.
Die Entwicklung des Spiels verlief ähnlich wie bei den **Kläranlagen**: Einige Kinder nahmen die Idee auf, transportierten sie weiter (auch in andere Gruppen) und sorgten dafür, daß Erwachsene hier bald »überflüssig« wurden. Die Schüssel hatte ihren Platz im Waschraum, und die Kinder, die wollten, konnten Papier machen. Bald wurde nicht nur »einfaches«, sondern auch farbiges, duftendes Papier oder welches mit Negativabdrücken von Gegenständen, die vor dem Trocknen auf die Unterlage gelegt worden waren, hergestellt. Immer wieder saßen Kinder am Maltisch und überlegten sehr lange und genau, was sie auf ihr selbst hergestelltes Papier malen sollten, denn es war knapp und die Herstellung kostete Zeit und Mühe. Selbstverständlich war das der Punkt, an dem die Erzieherinnen mit den Kindern über den früheren Papierverbrauch am Maltisch sprachen. Auch auf diese Kinder zeigten die selbst gemachten Erfahrungen Wirkung.

---

1 Die Autorinnen bezeichnen damit *»... inhaltlich zusammenhängende Spielaktivitäten einer Kindergruppe, die sich über einen gewissen Zeitraum hin dynamisch entwickelt haben«* (S.18).

Wer mit Kindergartenpädagogik nicht vertraut ist, könnte fragen, ob solche Abläufe nicht »unsystematisch« und »unplanbar« sind. Sie verlangen ganz sicher viel Flexibilität bei der Planung, nicht nur hinsichtlich der Themen, sondern auch in bezug auf die zeitlichen Abläufe. Ideen und Erzählungen der Kinder müssen schnell aufgegriffen und umgesetzt werden. Vieles muß »auf Vorrat« geplant und manches Vorhaben verschoben werden. Nur so aber, sagen Erzieherinnen, kommen die Kinder zu intensivem Spiel, und nur dadurch können wir unsere pädagogischen Ziele erreichen. Wenn einmal ein einzelnes Thema wochenlang im Vordergrund steht, ist das nicht schlimm. Auch wenn nur ein Teil der Kinder bei einem Angebot mitmacht, ist das nicht so wichtig. Es ist normal, daß ganz verschiedene Dinge gleichzeitig in einer Gruppe ablaufen. Entscheidend ist, daß jedes Kind sowohl die Anregungen als auch die Freiräume bekommt, die es zu seiner Entwicklung braucht.

2.2 Kinder werden im Spiel sensibel für Lebenszusammenhänge

So wichtig die umweltbewußte Haushaltsführung sein mag: Entscheidender und grundlegender sind die Bemühungen des Kindergartens, bei den Kindern ein Verhältnis zur Natur, zu Tieren und Pflanzen anzubahnen. Wenn Kinder dann z.B. erfahren, daß zur Papierherstellung Bäume gefällt werden müssen, verankert sich das Prinzip umweltbewußter Haushaltsführung viel umfassender. Einen Ansatz, Kindern das Leben in der Natur nahezubringen, beschreibt folgendes Beispiel.

2.2.1 *Naturspielecken*

Als die Leiterin der Einrichtung aus dem Fenster schaut, sieht sie drei Kinder auf den Gehwegplatten hocken. Sie warten auf Ameisen, die aus den Fugen hervorkrabbeln, um sie dann mit Stöckchen zu jagen. Daß ein Kind auf die Idee kommt, eine Ameise zu zertreten, liegt in der Luft. Der erste Impuls der Erzieherin: Raus und den Kindern deutlich klarmachen, was sie davon hält. Doch dann denkt sie weiter: Dieselben Kinder, die Ameisen jagen, finden das kleine Kätzchen so süß und wollen es streicheln. Offenbar machen wir Erwachsene doch einen Fehler in der Art, wie wir Kindern den Wert des Lebens von Tieren nahebringen: Wenn wir »schöne« von »häßlichen« Tieren unterscheiden und »seltene«, »wertvolle« Tiere, die im Fernsehen oder Zoo angestarrt werden können, von »gewöhnlichen«, »uninteressanten« trennen, dann ist es kein Wunder, daß sich die Kinder bald entsprechend verhalten. Wenn dann noch die »Streichel- und Schmusetiere« besonders herausgestellt werden, bleibt der Respekt vor Tieren schon auf der Strecke, noch bevor er sich wirklich entwickeln kann.

Die Frage für die Leiterin war daher: Wie helfe ich Kindern, sich in die Lebenswelt von Tieren einzufühlen, und zwar besonders in das Leben von schutzbedürftigen, versteckt lebenden Tieren?

Die **Naturspielecken** laden die Kinder ein, mit Tierfiguren (aus Kunststoff, Holz oder Pappmaché) und verschiedensten Materialien (Wurzeln, Ästen, Zweigen, Blättern, Früchten, Moos, Gräsern, Steinen, Rinde und Wasserbehältern aus Stein oder Ton) Situationen aus dem Leben von Tieren zu spielen und zu gestalten. Manchmal laufen hier »Familiengeschichten« ab wie im Rollen- oder Puppenspiel, manchmal tauchen Erlebnisse aus gemeinsamen Waldspaziergängen wieder auf. Eine besonders große Rolle spielen Höhlen als Schutz- und Schlafstätten, die aus Ast- und Rindenstücken sorgfältig gestaltet werden. Für die Kinder ist auch die Suche der Tiere nach Nahrung und das Anlegen von Vorräten sehr wichtig, ebenso das Trinkwasser im Bach oder See.

Manche BesucherInnen kritisierten die Plastiktiere, aber diese hatten zwei Vorteile: Zum einen waren viele im Bestand der Einrichtung schon vorhanden, brauchten als nur aus anderen Ecken und Schachteln herausgeholt zu werden. Das Einrichten der **Naturspielecken** nahm ohnehin schon viel Zeit und Mühe in Anspruch. Zweitens waren die Figuren den (vor drei Jahren) grassierenden »Aktionsspielfiguren« (He-Man und Konsorten) vom Material ähnlich, so daß die Kinder ihr Interesse für die »Masters« auf die Tierfiguren übertrugen. Elefanten und Saurier symbolisierten einerseits Begriffe wie »stark« und »mächtig«. Andererseits wurde den Kindern im Spiel klar, daß auch große, mächtige Tiere Nahrung brauchen und manchmal Schutz suchen. (So wie hier geschieht es bei der Planung von Spielangeboten fast regelmäßig, daß mehrere verschiedene Themen und Vorgeschichten aufgegriffen und gebündelt werden.)

Wieviel *Zeit* in die Planung solcher »Spielprozesse« investiert werden muß, wird ebenfalls deutlich: Zeit wird nicht nur für das Zusammenstellen von Material gebraucht, sondern auch für die vorbereitenden Gespräche im Team. Die *räumliche Gestaltung* kristallisiert sich ebenfalls erst im Lauf der Zeit heraus. Verschiedene Orte (in diesem Fall die Gruppenräume, der Flur und ein gesonderter Kellerraum) wurden erprobt, die Größe der Spielecken variiert: Sie können zu klein, aber auch zu groß (und damit unübersichtlich und ungemütlich) sein.

Die *Wirkungen* der Spiele in den Naturecken wurden nach und nach deutlich: Es ging nicht mehr nur um die Ameisen, die bald in Ruhe gelassen wurden. Bald wurden gemeinsam mit den Kindern Laubhaufen als Winterquartiere für Kleintiere unter Sträuchern eingerichtet, Nistkästen aufgehängt und Futterstellen für Vögel angelegt. Ganz selbstverständlich gewöhnten sich die Kinder auch an, nicht mehr überall zwischen Pflanzen herumzulaufen, sondern sich an Plätze zum Spielen ebenso zu halten wie an Plätze, die mit Rücksicht auf die Tiere in Ruhe gelassen werden sollten.

Solche Entwicklungen brauchen Zeit, aber sonst haben sie kein Fundament. Den Kindern wird jetzt auch nichts mehr unvermittelt vorgesetzt, sondern aus dem bisherigen Geschehen heraus entwickeln sich neue Fragen der Kinder und neue Themen.

Solche Entwicklungen setzen natürlich notwendig eine entsprechende Einstellung der Erzieherinnen zur Natur voraus. Kinder registrieren sehr feinfühlig das Vorbild der Erwachsenen, und nur wer selbst interessiert und begeisterungsfähig ist, wird Kinder interessieren und begeistern können.

Das Beispiel zeigt schließlich, daß für die Entwicklung, Förderung und Reflexion von Spielprozessen eine Trennung von »drinnen« und »draußen« unsinnig ist: Erlebnisse von Spaziergängen tauchten im Spiel »drinnen« wieder auf, Erfahrungen dort waren die notwendigen Grundlagen, die weitere Aktivitäten »draußen« erst möglich und sinnvoll machten.

2.3 Kinder lernen sinn-volles und kreatives Spiel durch Naturmaterial

Holzspielzeug liegt im Trend, oft zu gehobenen Preisen. Der wunderschön gemaserte Holztraktor ist aber immer noch nur ein Traktor und gibt für die Förderung von Spielen auch nicht mehr her als sein verrufener Kollege aus Plastik. Wie interessant »rohes« Naturmaterial sein kann, dessen Eigenschaften und Funktionen die Kinder während des Spiels sich ausdenken, erkunden und verändern können, sollen die folgenden Beispiele zeigen.

2.3.1 Steine

Steine sammeln sich in allen Kinderhosentaschen an, sofern Erwachsene das nicht unterbinden. Steine werden genau angeschaut, weil sie alle verschieden sind. Steine werden getauscht, mit Steinen wird »bezahlt«, Steine sind ein »Schatz«. Aus Steinen werden Muster gelegt, sie werden einen Abhang heruntergekullert, im Sandkasten verbuddelt und wieder ausgegraben. Der dicke Stein bekommt eine Lehmpackung und Erwachsene einen Schreck, wenn sie anschließend nur auf die Jackenärmel und Hosen sehen. Kinder haben eine Menge zu tun, wozu sie Steine brauchen: Eine ganze Wanne voll Kieselsteinen war in einem Kindergarten (mit 115 Kindern) nach wenigen Wochen leer, kein einziger Stein war mehr aufzufinden. Große Steine sind schwer. Beim Heben und Tragen lernen Kinder die Grenzen ihrer Körperkraft kennen. Eltern und Erzieherinnen könnten fragen: Ist das nicht gefährlich? Die Erfahrung zeigt, daß die Kinder sehr vorsichtig mit ihnen umgehen und sorgsam darauf achten, daß nichts passiert (MÖCKLINGHOFF-VORMWEG/STRÄTZ 1992).

Pflastersteine im Sandbett zu verlegen ist eine neue Herausforderung für die Kinder. Aber auch dabei zeigt sich, wie ernsthaft, interessiert und ausdauernd Kinder bei der Sache sind, wenn sie mit »richtigem« Werkzeug und Material umgehen können. Die Gespräche mit den »Pflasterern« drehten sich bald um verschiedene Themen aus der Arbeitswelt, aber auch um die Gestaltung von Wohnsiedlungen.

Wenn die Kinder draußen ebenso wie drinnen leben und spielen können, dann entwickeln sie im Kindergartenalter zwangsläufig eine Verbundenheit mit der Natur und ein solches Interesse für das, was um sie herum passiert, daß sie später, wenn sie sich mit Umweltproblemen und -risiken auseinandersetzen, wissen, worum es geht und worauf es ankommt. Deshalb ist die Gestaltung des Außenspielgeländes als interessanter Spiel-Platz (STRÄTZ/GLOTH 1991) so entscheidend. Zum interessantesten Spielmaterial gehört Holz.

2.3.2 Holz

Stamm- und Aststücke, kurze Bretter und Holzscheiben sind für Kinder alles mögliche: Tisch und Stühle, Turm und Herd, Raumschiff und Schranke, Gerät zum Balancieren und Fußballtor. Was sich sonst noch alles damit anfangen läßt, können Erwachsene, wenn sie wollen, von Kindern lernen.
Damit allerdings Kinder, die einen »Besen« brauchen, nicht den nächsten Ast vom Spierstrauch rupfen, ist es wichtig, mit ihnen über den Unterschied zwischen lebendem Holz, das wir pflegen, und totem Holz, mit dem wir spielen, zu

sprechen. Kinder, die begriffen haben, worum es geht, sind in der Folge oft konsequenter als viele Erwachsene.

Auf den Bauteppichen in Kindergärten entstehen oft dieselben oder einander sehr ähnelnde Bauwerke, weil das übliche Material recht einseitig und genormt ist. Wer aber zusätzlich Holzreste verschiedener Art und Größe, Scheiben, Leisten- und Plattenstücke anbietet, bekommt Bauwerke zu sehen, die nur Kinder schaffen können. Weil die Teile ganz unterschiedliche Maße haben, ist es äußerst schwierig, damit stabil zu bauen, aber gerade darin liegt der besondere Reiz.

Foto 3

Kinder waren stolz, wenn sie Holzstücke für das gemeinsame Spiel mitgebracht und so hergerichtet hatten, daß es in den Bauecken benutzt werden konnte. Kein Kind kam übrigens auf die Idee, Stücke zu zersägen oder mit Nagel und Hammer zu bearbeiten. Die Kinder beschränkten sich darauf, die Oberfläche und besonders die Kanten glattzuschmirgeln: Ein Vorbild für einen behutsamen Umgang mit Material aus der Natur.

Wenn Kinder lernen – und Eltern sehen –, daß es nicht auf teures, gekauftes »Fertigspielzeug«, sondern auf Gelegenheiten ankommt, Phantasien auszugestalten, dann ist nicht allein unter ökologischen Aspekten bereits viel erreicht. Wenn solche Beispiele Schule machen, können sie dazu beitragen, daß das Kinderspiel neu entdeckt, zumindest wieder höher bewertet wird.

3. Zusammenfassung und Ausblick

Der Gruppenraum steht voller Tische, die Regale sind voller Brettspiele, und ständig sagen die Erzieherinnen: »Sucht Euch aus, was Ihr spielen möchtet!« In unseren Augen ist das Animation wie im Ferienclub, aber keine Erziehung, und für uns macht es dann auch keinen Unterschied, ob zwei oder drei »Umweltspiele« mit im Regal liegen oder nicht. Sie bewirken doch nichts, außer daß die Kinder damit die Zeit totschlagen können.

Was wir wollen, ist die »klassische« Spielförderung, auch und gerade im Hinblick auf ökologische Zielsetzungen. Was dabei oft genug im Weg steht, das sind »Spiele« als Viertelstundenveranstaltungen aus dem Pappkarton, das ist der Ausdruck »spielerisch«, wenn damit »künstlich verkindlicht« gemeint ist, und das ist »Spielzeug« in perfektionierter, überdidaktisierter Form.

Spielen können, das heißt, daß die Kinder Raum und Zeit bekommen, etwas zu schaffen und zu gestalten aus ihren »Spielphantasien« einerseits und der – von den Erzieherinnen vorzubereitenden – »Spielumwelt« andererseits (SCHÄFER 1989). Nur so entwickeln sich Haltungen und Eigenschaften, auf die es in Zukunft ankommen wird: Kreativität, Hartnäckigkeit, Neugier, Solidarität, Selbstbewußtsein. Nur so können Kinder eigene Erfahrungen zur Grundlage ihres Lernens machen, nur so können Kinder sogar im »Auto-Video-Barbie-Zeitalter« eine Antenne für die Natur entwickeln.

Foto 4

Die Schwierigkeiten dabei liegen auf der Hand: Die Erzieherinnen müssen in langen Zeiträumen planen, sie müssen den Kindern und sich selbst Zeit lassen.

Sie können als »Produkt« ihrer Arbeit keine schönen Strohsterne mehr vorweisen, sondern »nur noch« schmutzige Hosen, und sie müssen darauf vorbereitet sein, manchen Eltern (und vielleicht auch dem Träger der Einrichtung) begründen zu müssen, warum das wichtiger ist. Sie müssen sich im Team zumindest grundsätzlich einig werden. Sie müssen die Chance bekommen, das Außenspielgelände, wo es notwendig ist, zumindest schrittweise aus einer tristen Rasen-Platte zu einem Spiel-Platz umzugestalten, auch wenn das Geld kostet – übrigens nicht so viel, wie manche glauben.

Drei Dinge sind unbedingt notwendig: Ein Konzept, hinter dem das Team steht, ein langer Atem und Unterstützung – in der Regel durch Eltern. Im Zeitalter leerer Trägerkassen gibt es selten eine andere Wahl als schrittweises Vorgehen in eigener Regie. Für das Anpflanzen einer Strauchgruppe oder das Aufschütten eines (kleinen!) Hügels findet sich doch ab und zu ein »Arbeitstrupp« zusammen. Und wer einmal mitgemacht hat, ist auch später leichter ansprechbar für Belange des Kindergartens – sofern sich die Ansprüche an Zeit und Arbeitskraft in Grenzen gehalten haben und das Unternehmen keine »sture Maloche« war.

Grundlage ist allerdings, daß ein detaillierter Gesamtplan für das Außengelände mit zumindest ungefähren Maßangaben in der Schublade liegt, damit das Apfelbäumchen nicht genau da hingepflanzt wird, wo es später am meisten stört. (So etwas passiert schnell, wenn ein Erntedankfest aus dem Handgelenk ökologisch aufgepeppt wird.) Aber wenn es gut läuft – und dafür gibt es eine Reihe von Beispielen –, dann zeigen Eltern und Erzieherinnen den Kindern, worauf es ankommt: Durchhalten, Dinge selbst in die Hand nehmen, solidarisch handeln.

Literatur

MERKER, HELGA/RÜSING, BRIGITTE/BLANKE, SYLVIA: Spielprozesse im Kindergarten. Kösel, München 1980;
MÖCKLINGHOFF-VORMWEG, RITA/STRÄTZ, RAINER: Natur und Kinderspiel. Sozialpädagogisches Institut des Landes Nordrhein-Westfalen (SPI), Köln 1992;
SCHÄFER, GERD E.: Spielphantasie und Spielumwelt. Spielen, Bilden und Gestalten als Prozesse zwischen Innen und Außen. Juventa, Weinheim/München 1989;
STRÄTZ, RAINER/GLOTH, VERA: Spiel-Platz. Zur Gestaltung des Außengeländes von Kindergärten. Sozialpädagogisches Institut des Landes Nordrhein-Westfalen (SPI), Köln 1991.

3.2 Umweltspiele in der Grundschule

Hildegund Hartmann/Gabriele Jung

> »Die rechte Gehirnhälfte, die für Kreativität, Gefühle, bildhaftes und ganzheitliches Denken zuständig ist, wird in unserem Gesellschafts- und Bildungssystem dramatisch vernachlässigt.«
> (ROGER SPERRY)

1. Umwelterziehung in der Grundschule

»In allen Ländern ist die Umwelterziehung etablierter Lernbereich der Grundschule«, so erfahren wir aus einer Veröffentlichung der Kultusministerkonferenz (KMK 1982, S. 5). Gleichzeitig wird die Arbeit an den Schulen kritisch hinterfragt, wobei sich diese Kritik vor allem gegen die Überfrachtung des Unterrichts mit kognitiven Elementen richtet.
Es stellt sich die Frage, ob die unterrichtliche Praxis vor Ort die oben zitierte Behauptung der KMK in dieser Form bestätigt und was tatsächlich unter Umwelterziehung verstanden wird.
Da gibt es zunächst Vorzeigeschulen, die sogenannten »Öko-Schulen«, in denen SchülerInnen, Eltern und LehrerInnen in jahrelanger engagierter Arbeit ihr Schulgelände zu einem Biotop umgestaltet haben, das für die tägliche Unterrichtsarbeit genutzt werden kann.
An anderen Schulen finden Einzelaktionen statt wie das Einsammeln von Müll auf dem Schulweg und dem Schulgelände oder das Trennen des täglichen Abfalls in den Klassen. Dies alles bleibt ohne tiefere Einsicht, wenn die Kinder nicht selbst einmal Papier aus Altpapier herstellen dürfen oder sie nicht den Humus, der im Komposter entstanden ist, im Klassenbeet verwenden können.
In manchen Klassen liegt der Schwerpunkt der Umwelterziehung auf Naturerfahrungen, die die Kinder im Wald, auf der Wiese und am Bach machen können. Durch das aktive Entdecken und sinnhafte Erleben sollen die Schüler für das Naturschöne sensibilisiert werden. Dahinter steht der Gedanke: Nur wer die Natur kennen- und liebengelernt hat, wird sich auch um ihren Schutz bemühen! Umwelterziehung wird hier zum Unterrichtsprinzip in allen Fächern.
Umwelterziehung findet auch häufig nur im Sachunterricht statt. Mit Buch, Papier und Stift werden die typischen Umweltthemen Wasser, Müll, Verkehr und Luft behandelt. Daten und Fakten werden gesammelt, gegenübergestellt; es wird nach möglichen Lösungswegen gesucht. Die aufgezeigten Umweltprobleme lassen Betroffenheit und sogar Ängste entstehen, sie machen hoffnungslos. Schließlich sind Grundschulkinder und -lehrer überfordert und werden zwangsläufig scheitern, wenn sie Lösungen für Probleme finden wollen/sollen, wo Wissenschaftler sich redlich mühen, wo Politik und Wirtschaft kläglich versagen.
Weiterhin muß festgestellt werden, daß nach wie vor viele GrundschullehrerInnen Aspekte der Umwelterziehung völlig aus ihrer Unterrichts- und Erziehungs-

arbeit ausklammern. Die Meinung, daß Grundschulkinder erst einmal lesen, schreiben und rechnen lernen sollen, ist durchaus nicht selten, und das Argument, daß hier, wo die Gesellschaft versagt hat, die Schule wieder einmal mit Reparaturmaßnahmen überfordert und überfrachtet wird, ist durchaus ernst zu nehmen.

Nicht zuletzt ist das Thema Umwelterziehung sowohl in der ersten wie auch in der zweiten Phase der Lehrerausbildung rein fakultativer Natur. Sowohl Quantität und Qualität des Angebotes als auch die individuelle Nutzung durch Studenten bzw. Referendare bleibt zufällig. Gleiches gilt für die Lehrerfortbildung.

Diese wenigen (und sicher verkürzt dargestellten) Beispiele aus dem Schulalltag zeigen, wie unterschiedlich Umwelterziehung definiert und praktiziert wird, daß die vorgenannte Kritik in vielen Fällen berechtigt ist und daß das Thema Umwelterziehung noch lange nicht an jeder Grundschule ernst genommen wird.

In der Fachliteratur werden (wie bei allen pädagogischen Themen auch) Ansätze unterschiedlichster Zielrichtungen vorgestellt. Von der Katastrophen- und Betroffenheitspädagogik bis hin zu einer ästhetischen Betrachtung des Naturschönen reichen die didaktischen Ansätze. Von der Information und Belehrung bis zur handlungsorientierten Umwelterziehung geht die Spannbreite der methodischen Zugänge. Einen Überblick hierzu geben GESING/LOB (1991) in dem Band »Umwelterziehung in der Primarstufe«.

Für LehrerInnen und ErzieherInnen ist es nicht leicht, sich zu orientieren. Sicher ist, es gibt keine fertigen Rezepte und Modelle, die einfach für eine Klasse übernommen werden können. Im konkreten Fall muß immer wieder neu überlegt und entschieden werden. Diese Entscheidung ist abhängig vom Alter und den Vorerfahrungen der Schüler und von den Bedingungen des schulischen Umfelds.

»Ziel der Umwelterziehung ist es, Kinder so zu beeinflussen, daß sie sich verstärkt mit ihrer Umwelt auseinandersetzen: mit der natürlichen und der gebauten, ihrer individuellen und der gesellschaftlichen. Aus dieser Auseinandersetzung mit natürlicher und geschaffener Umwelt sollen Wissen, Fähigkeiten, Einstellungen und die Bereitschaft entstehen, umweltbewußt(er) zu denken und zu handeln« (UNTERBRUNER 1989, S. 6f.).

ULRIKE UNTERBRUNER hat diese Ziele zur Umwelterziehung in der Grundschule formuliert und hierzu zehn Thesen aufgestellt (1989, S. 6f.), die für die Planung und Gestaltung des Unterrichts eine wichtige Orientierungshilfe sind:

*» 1. Schulische Umwelterziehung ist in ihren Möglichkeiten begrenzt.
Illusionen schaden der Verwirklichung ihrer Ziele und Aufgaben.*

2. Umwelterziehung darf keine Katastrophenpädagogik sein.

3. Die komplexen Ziele der Umwelterziehung verlangen nach komplexem Lernen. Sie muß den ganzen Menschen ansprechen.

4. Umwelterziehung fordert Begreifen, Erleben, Handeln.

5. Umweltbewußtes Verhalten muß täglich geübt werden.

6. Umwelterziehung muß ernst gemeint sein.

7. Umwelterziehung heißt: Mit Konflikten umgehen lernen.

8. Umwelterziehung heißt: Mit Ängsten umgehen lernen.

9. Umwelterziehung darf spannend und verspielt sein.

10. Umwelterziehung bedeutet, daß auch Lehrerinnen und Lehrer dazulernen müssen.«

Im Rahmen dieses Handbuches kommt der 9. These eine besondere Bedeutung zu. ULRIKE UNTERBRUNER (1989, S. 7) führt hierzu weiter aus:

»*Nicht nur Konflikten und Ängsten soll Aufmerksamkeit gewidmet werden; ebenso wichtig ist der Spaß, die Freude, die Spannung, das spielerische, lustbetonte Lernen. Was mit Freude handelnd eingeübt wird, führt zu Handlungssicherheit und zur positiven Einstellung.*«

Insofern müßte u.E. diese These eigentlich noch schärfer formuliert werden: Umwelterziehung muß auch spannend und verspielt sein!

2. Spielen in der Grundschule

Von Spieldidaktikern wurden die Vorzüge des spielenden Lernens und des lernenden Spiels immer wieder aufgezeigt. So führt z.B. MEYER (1987, S. 345) an:

- »*Spielend können sich die Schüler in die Welt der Erwachsenen vorwagen; Probehandlungen durchführen.*
- *Sie können soziale Erfahrungen sammeln.*
- *Spielen ist immer ganzheitlich. Es erlaubt ein Lernen mit Kopf, Herz und Hand.*
- *Spielen fördert die Selbsttätigkeit der Schüler.*
- *Spielen kann sehr gut zur Anwendung und Vertiefung des vorher Erarbeiteten dienen.*
- *Die Lehrerzentrierung des Frontalunterrichts kann durch Spielphasen abgebaut werden.*«

Trotz all dieser überzeugenden Argumente für das Spiel als eine kindgemäße Lernform ist folgende Aussage bei vielen Eltern, Lehrern und Lehrerinnen zu hören: »Die Kinder können nicht die ganze Grundschulzeit spielen. Spätestens ab dem 2. Schuljahr müssen sie lernen, richtig zu arbeiten.« Erst in den letzten Jahren, mit der allmählichen Öffnung des Unterrichts, entwickelte sich ein verändertes Verständnis von Lernen. Die gesellschaftlichen Veränderungen und damit eine veränderte Kindheit müssen Konsequenzen für die Schule haben. »Die Schule hat Möglichkeiten zu schaffen, damit Kinder vielfältige Lernerfahrungen machen können.« Schule soll Lern- und Lebensstätte sein. »Dazu gehört das Bereitstellen von Spiel- und Gestaltungsräumen« (MORSCH-SCHLEICHER 1992, S. 15), in denen Kinder einzeln oder in Gruppen agieren können, so können sie ihre Sozial- und Selbstkompetenz erweitern. Der Wechsel von gemeinsamen Unterricht und offenen Lernformen berücksichtigt den biologischen Rhythmus des Kindes von Spannung und Entspannung.

Diese Forderungen werden von engagierten Lehrern und Lehrerinnen eingelöst und in der täglichen Unterrichtsarbeit praktisch umgesetzt. In der offenen Unterrichtsform wie in der Freiarbeit, im Lern- und Übungszirkel, Tages- oder Wochenplan, Vorhaben oder Projekt können die Schüler ihren Lernprozeß mitbestimmen und mitverantworten. Bei vielfältigen Lernangeboten haben sie die Möglichkeit, das Neue über verschiedene Wahrnehmungskanäle aufzunehmen, ihren Lerntyp zu finden und ihr eigenes Lerntempo zu bestimmen. Im offenen Unterricht ist das Spiel in seinen vielfältigen Erscheinungsformen ein fest integrierter Bestandteil des Lernangebotes geworden.

Auch im traditionellen Unterricht, der seinen berechtigten Platz in der täglichen Arbeit hat, ist das Spiel eine spezifische Methode, sich mit Umweltthemen auseinanderzusetzen, Denkanstöße zu geben und Einsichten zu vermitteln.

3. Umweltspiele konkret

Schon der Vergleich der Thesen von UNTERBRUNER (s. Kap. 1) mit den von MEYER betonten spezifischen Vorzügen des spielorientierten Lernens (s. Kap. 2) macht deutlich, daß im Rahmen der Umwelterziehung in der Grundschule auf das Lernen im Spiel nicht verzichtet werden kann. Zudem wird sowohl durch entwicklungs- und kognitionspsychologische Untersuchungen als auch durch die tägliche Erfahrung von Grundschullehrerinnen und -lehrern bestätigt, daß gerade in der Primarstufe kognitionsorientierte Lehreinheiten weniger lernwirksam sind als andere Lernarten (DOLLASE 1991). Selbstverständlich darf keine Wahrnehmungsart und kein methodisches Konzept ausgeklammert werden. Auch in der Umwelterziehung besteht ein enger Zusammenhang zwischen Inhalt, didaktischer Begründung, Zielen und Methoden (LOB/GESING 1991, S. 15ff.). Daher kann es einerseits nicht zweckdienlich sein, Umwelterziehung ausschließlich über Spiele zu betreiben. Andererseits muß deutlich betont werden: Umwelterziehung ohne spielende Vermittlungsformen kann ebenfalls nicht sinnvoll und erfolgreich sein!

Aus den vielfältigen Spielideen, die in Büchern, Zeitschriften und von Spieleverlagen angeboten werden, haben wir einige ausgewählt, die wir nun vorstellen wollen. Die meisten dieser Umweltspiele haben wir in unseren Klassen ausprobiert und wollen unsere Erfahrungen auf diesem Wege weitergeben.

3.1 Naturerfahrungsspiele

Kinder unserer Städte und Dörfer haben es teilweise verlernt, Natur direkt zu erleben. Ihr Wissen basiert häufig auf Sekundärerfahrungen. Sinnhaftes, handelndes und entdeckendes Lernen sind daher wichtige Grundsätze der Umwelterziehung in der Schule.
CORNELL hat in seinen Büchern »Mit Kindern die Natur erleben« (1979) und »Mit Freude die Natur erleben« (1991) viele Anregungen gegeben, wie man mit Kindern in unmittelbaren Kontakt mit der Natur kommen kann. Auch das Buch von GERHARD TROMMER »Natur wahrnehmen mit der Rucksackschule« (1991) enthält eine Fülle von Spielideen. Diese Spiele wecken Intuition und Gefühl für die Natur, aber auch Verständnis für die ökologischen Zusammenhänge. Spielerisch entwickeln die Kinder so Liebe und Respekt für ihre natürliche Umgebung. Wir stellen hier drei Spiele vor, weitere Informationen zu Naturerfahrungsspielen finden Sie in diesem Band in den Beiträgen von K. HÜBNER bzw. ORIWALL.

3.1.1 Verstehen – Entdecken

»Dieses Spiel soll den Sinn für Tarnfarben und Anpassung in der Tierwelt wecken.
Entlang eines Pfades von etwa 18 Metern verteile zehn bis fünfzehn künstliche Gegenstände. Manche sollten sich deutlich abheben – etwa eine Blitzlichtbirne oder ein Luftballon; andere sollten sich so in ihre Umgebung einfügen, daß man sie schwer davon unterscheiden kann. Behalte für dich, wie viele Dinge du versteckt hast.
Die Kinder gehen einzeln und in Abständen den Pfad entlang und versuchen, möglichst viele der versteckten Dinge zu entdecken (ohne sie wegzunehmen). Am Ende flüstern sie in dein Ohr, wie viele sie ausfindig gemacht haben. Wenn niemand alle Gegenstände gefunden hat, sage den

Kindern, wie viele gesehen wurden, daß es aber noch mehr gibt, und laß sie noch einmal von vorne beginnen.
Beende das Spiel mit einem Gespräch über den Nutzen, den Tarnfarben für Tiere haben. Dann geh auf die Suche nach kleinen, getarnten Tieren (Insekten, Spinnen usw.)« (CORNELL 1979, S. 42).

Wir haben einer Schülergruppe die Vorbereitung und Durchführung des Spieles übertragen und waren erstaunt, mit wieviel Phantasie und Kreativität der Suchweg gestaltet wurde. Die Sucher waren mit Begeisterung bei der Sache und waren oftmals überrascht, welche Dinge sie auf dem Pfad übersehen hatten. Dieses »Detektivspiel« – wie es die Kinder nennen – kann entlang einer Hecke im Schulgelände, an Feldrainen, auf der Wiese und im Wald gemacht werden.

3.1.2 Netz knüpfen

»In diesem Spiel wird die wechselseitige Abhängigkeit aller Teile der Natur für die Kinder lebendig. Sie erfahren, wie Luft, Boden, Pflanzen und Tiere in einem ausgeglichenen Lebensgewebe miteinander verbunden sind.
Die Kinder bilden einen Kreis. Du stellst dich in den Kreis nahe am Rand, mit einem Knäuel Schnur in der Hand: ›Wer kann eine Pflanze nennen, die in dieser Gegend wächst? ... Löwenzahn. ... Gut. Hier, Fräulein Löwenzahn, halte den Anfang der Schnur fest. Kennt jemand ein Tier, das den Löwenzahn frißt? ... Kaninchen. ... Oh, was für ein üppiges Mahl. Meister Lampe, du faßt die Schnur hier an; du bist mit Fräulein Löwenzahn verbunden, weil du dir aus ihren Blättern dein Mittagessen bereitest. Nun, und wer fängt sich das Kaninchen, um es zu verspeisen?‹
Während du so ein Kind nach dem anderen mit der Schnur verbindest, wird deutlich, daß sie alle miteinander in Beziehung stehen und voneinander abhängen. Bring neue Elemente ins Spiel, andere Tiere, Erde, Wasser und so weiter, bis alle Kinder im Kreis in einem symbolischen Lebensnetz miteinander verwoben sind. Nun habt ihr euer eigenes Ökosystem geschaffen.
Um zu demonstrieren, wie wichtig jeder einzelne für die ganze Gemeinschaft ist, laß auf plausible Weise ein Mitglied ausfallen. Zum Beispiel tötet ein Feuer oder ein Holzfäller einen Baum. Wenn der Baum fällt, reißt das Kind, welches ihn verkörpert, an der Schnur in seiner Hand. Jeder, der den Ruck fühlt, ist vom Tod des Baumes betroffen und zieht nun seinerseits an der Schnur ... und so weiter, bis jeder spürt, daß durch die Zerstörung des Baumes das Gleichgewicht aller gestört ist« (CORNELL 1979, S. 58f.).

Dies ist eine Spielform, die den Kindern vom sozialen Lernen her vertraut ist. Im ersten und zweiten Schuljahr wird sich der Lehrer noch stark als Spielführer einbringen, wie CORNELL es beschreibt. Wir haben dieses Spiel in einer 3. Klasse in Form eines Brainstormings genutzt. So konnten die Schüler ihr Vorwissen und ihre Interessen einbringen, die ersten Fragestellungen wurden formuliert. Es schloß sich die Unterrichtseinheit »Stockwerke des Waldes« an. Durch das Einführungsspiel blieb der Blick gerichtet auf die Abhängigkeiten und Beziehungen alles Lebens in der Natur. Am Ende einer Unterrichtseinheit dient das Spiel der Wiederholung und Übung des Gelernten.

3.1.3 Pflanzen bestimmen rückwärts

»Mit einer Gruppe von Grundschulkindern wandere ich über eine blühende Sommerwiese. Löwenzahn, Klee und Butterblume sind den meisten Kindern bekannt. Aber da blüht ja noch mehr! Wir bilden fünf gleich starke Gruppen. Jede Gruppe bekommt zehn Pflanzensteckschilder und ein Bestimmungsbuch ›Was blüht denn da?‹. Die Steckschilder sind verschiedenfarbig beschriftet. Bei jeder Gruppe hat die Schrift eine andere Farbe. Die Aufschriften sind bei allen fünf Gruppen gleich: die zehn Namen von Blütenpflanzen, die auf dieser Wiese vorkommen. Die Vorgehensweise ist denkbar einfach und führt garantiert zum Erfolg. Die Namen werden

im alphabetischen Verzeichnis des Bestimmungsbuches nachgeschlagen, dort ist die Seitenzahl angegeben, unter der die Pflanze abgebildet ist. Anhand der Abbildung soll die Pflanze im Gelände wiedergefunden und mit dem entsprechenden Steckschild gekennzeichnet werden. Wer zuerst alle zehn Pflanzen gefunden hat, ist Sieger. Die unterschiedlichen Schriftfarben der Schilder jeder Gruppe sind wichtig für die Auswertung, sonst gibt es Streitigkeiten darüber, wem welches Schild gehört. Spionage – also Abgucken bei anderen Gruppen – bringt Punktabzug. Wenn an einer Pflanze die Schilder mehrerer Gruppen stecken, bekommt keiner einen Punkt. Um sich davor zu schützen, gehen sich die Gruppen von allein aus dem Weg.
Bei diesem Spiel müssen die Kinder genau hinschauen, manchmal auch den Text zu Hilfe nehmen. Diese Genauigkeit wird durch richtige Ergebnisse belohnt. Kleine Erfolge im Umgang mit Bestimmungsliteratur ermutigen dazu, wieder einmal so ein Buch in die Hand zu nehmen. Das gilt übrigens genauso für Erwachsene. Dingen einen Namen geben, scheinbar Fremdes wiedererkennen und zuordnen, das ist auch ein Weg, Natur zu entdecken« (TROMMER 1991, S. 62f.).

Dies ist ein Bestimmungsspiel, das schon Ende des 2. Schuljahrs durchgeführt werden kann. Es lohnt sich, jeweils im Frühling, Sommer und Herbst solche Erkennungsübungen durchzuführen, bei denen Bekanntes wiederholt und Neues hinzugelernt wird. Dabei werden wichtige Arbeitsweisen und -techniken geübt wie genaues Betrachten, Untersuchen, Sammeln, Ordnen, Nachschlagen u.v.m.

3.2 Arbeitshefte, Bücher, Karteien

Die folgenden Schriften überzeugen durch ihre umfassende Darstellung der Umweltproblematik in Form von Informationen und Spielangeboten.

»Meine Umweltfibel« (Aktion Saubere Landschaft o.J.) ist ein Bastel-, Mal- und Rätselbuch für die Hand der Kinder. Es kann gegen einen geringen Unkostenbeitrag (DM 1,50 pro Heft) als Klassensatz bezogen werden beim Informationszentrum Umwelt, Friedrich-Ebert-Str. 17, 40210 Düsseldorf. Dieses Heft kann ab dem 2. Schuljahr eingesetzt werden. Die Themen sind so aufbereitet, daß die Kinder selbständig ihr Umweltbuch ausgestalten können.

In Zusammenarbeit mit der BUNDjugend hat HEINZ FECHNER (1993) das Info- und Spielebuch »Umweltspiele« erstellt, das sich mit allen aktuellen Themen der Ökologie auf kindgemäße Weise auseinandersetzt: Lebensraum, Lebensgemeinschaft, Klimazonen, Naturkatastrophen, Wald, Meer, Wasser, Mensch und Natur, Ozonschicht, Smog, Treibhauseffekt, Energie, Alternative Energiegewinnung u.v.m. Dieses Heft vermittelt nicht nur Wissen, sondern zeigt auch Beziehungen und Ursachen auf. Es kann von Schülern ab dem 3. Schuljahr weitgehend selbständig erarbeitet werden, daher eignet es sich auch für das Freiarbeitsregal. Dem Lehrer kann es bei der Planung und Vorbereitung des Unterrichts hilfreich sein.

»Kinder machen 50 starke Sachen – damit die Umwelt nicht umfällt« (The Earth Works Group 1990). Dieses Buch gibt Hintergrundinformationen, Denkanstöße und Tips zum Umweltschutz. Wir haben uns viele Themen dieses Buches als Info- und Aktionskartei aufbereitet. Sie kann ab dem 3. Schuljahr eingesetzt werden.

PETRA BRANDT und PETER THIESEN (1991) haben mit ihrer Veröffentlichung »Umwelt spielend entdecken« ein Handbuch für Kindergarten, Hort und Grundschule erstellt. Mit einem großen Methoden- und Materialangebot zum

spielerischen Entdecken der kindlichen Umwelt behandeln sie die Themen Ernährung, Gesundheit, Haushalt, Einkaufen, Müll, Garten, Wald und Wiese.
Spiele-, Foto- und Arbeitskarteien bieten vielfältige Gestaltungsideen, die sich für themendifferentes Arbeiten in Freiarbeit hervorragend eignen, aber auch Anregungen für den gemeinsamen Unterricht geben. Zum Beispiel über den Verlag an der Ruhr in Mülheim oder den Ökotopia Verlag in Münster können neben vielen interessanten Arbeitsmaterialien zur Umwelterziehung auch folgende Karteien bezogen werden: »Umwelt-Spielekartei« (BREUCKER-RUBIN u.a. o.J.), »Fotokartei Natur und Umwelt« (GALLAGHER 1992), »So wachsen Tiere und Pflanzen« (1991) und »Kartoffeln in der Tonne« (HETTICH u.a. 1992).

3.3 Umwelttheater

»Saure Zeiten. Viel Theater mit der Umwelt« (BACHMANN/VORTISCH 1989) ist ein Handbuch, das witzige und anregende Anleitungen für die Theaterarbeit präsentiert.
VORTISCH (1990) stellt in dem Buch »Theater mit der Umwelt? Umwelterziehung durch Theater an Schulen!« eine weitere sehr interessante und brauchbare Publikation zum Bereich des Umwelttheaters vor. Acht verschiedene Theaterstücke werden in Text, Anleitung und zahlreichen Abbildungen präsentiert. Alle Stücke wurden in einem Projekt des Landkreises Marburg-Biedenkopf praktisch erprobt.
In dem Buch »Stutzen, Staunen, Stöbern: Spiele mit Knud dem Umweltfreund« (HOFFRAGE/SALEHIAN/SANDER 1991) gibt eine Puppenspielerin wichtige Tips, wie die Puppe eingeführt und mit ihr agiert werden kann. Knud stellt dann lustige Spiele, Lieder, Rätsel, Experimente und Aktionen vor. Dieser erste Band behandelt die Themen Wasser, Wald und Müll. Knud kann die Klasse schon ab dem 1. Schuljahr bei Unterrichtsgängen und Wandertagen begleiten.
Der Folgeband »Spielend lernen mit Knud« (HOFFRAGE 1991) stellt eine Unterrichtseinheit zum Bereich Müllanfall, Müllbeseitigung und Müllvermeidung vor.

3.4 Umweltspiele vom Fachhandel

Umweltspiele für alle Altersstufen, zu unterschiedlichen Problemfeldern, mit Frage- und Antwortkarten, als Strategiespiel oder als konkurrenzfreies Würfelspiel: das Angebot der Verlage ist vielfältig und wird ständig erweitert. Aus dem reichhaltigen Angebot sollen hier nur einige positive Beispiele vorgestellt werden.
Mein erstes Naturspiel (Ravensburger 1992, 2-4 Spieler von 5-8 Jahren, ca. 20 DM) beantwortet Fragen nach Bäumen, Tieren und Naturerscheinungen. In Form eines **Memorys** sollen je fünf Karten eines Sets gefunden werden. Dieses Spiel eignet sich auch für Allein- und Partnerarbeit.
Schützt unseren Teich! (Ravensburger 1987, Würfelspiel für 2-4 Spieler von 4-8 Jahren, ca. 25 DM) ist ein Kooperationsspiel mit Elementen des Glücksspiels. Ein Bagger bedroht den Teich. Der Lebensraum Teich wird sehr vereinfacht darge-

stellt, ökologische Zusammenhänge fehlen. Dennoch ist die Spielhandlung recht spannend, so daß Kinder im 1. und 2. Schuljahr sehr gerne damit spielen. Es kann im Freiarbeitsregal angeboten werden, denn die Spielregeln sind einfach und verständlich.

Im Spiel **Schlaufuchs und Stachelhaut** (Ökotopia 1990, kooperatives Umweltspiel für 2-4 Spieler ab 6 Jahren, ca. 35 DM) rettet man mit Glück und Taktik Igel vor Füchsen und Autos und verhindert die Zerstörung ihrer Umwelt. Ein Spielangebot für den Ausklang einer Unterrichtseinheit »Tiere unserer Heimat«.

Die Ökolis (Ravensburger 1992, Umweltquiz für 2-6 Spieler ab 8 Jahren, ca. 40 DM): Hier stellen Comicfiguren auf Ereigniskarten viele gescheite Fragen zum Thema Umweltschutz. Ein Spiel, das Wissen vermittelt und festigt. Ein Angebot für Lerngruppen bei Wochenplanstunden und in der Freiarbeit.

Wir können und wollen hier keine weiteren Empfehlungen aussprechen, denn es ist immer wieder von der Situation der Klasse (Zielsetzung, Vorerfahrungen und Lernverhalten der Kinder, schulisches Umfeld u.v.m.) abhängig, welches Spiel angeschafft wird. Es hat sich bewährt, gemeinsam mit einigen Kindern der Klasse vor Ort im Spielwarenladen Umweltspiele auszusuchen und zu testen. Ein einfacher Kriterien- oder Fragenkatalog, aus den nachfolgenden Gesichtspunkten mit der Klasse gemeinsam erarbeitet, hilft sicher bei der Auswahl:

Inhalt
- Werden allgemeine Umweltfragen angesprochen, oder wird ein spezielles Thema vertiefend behandelt?
- Orientieren sich die Fragen des Spieles an den aktuellen Erkenntnissen der Umweltforschung?
- Ist das Spiel eine Ergänzung der geplanten Umweltthemen dieser Klasse, oder wird es als Zusatzangebot eingebracht?
- Wird nur Wissen vermittelt, oder werden auch ökologische Beziehungen aufgezeigt?
- Werden Entscheidungen begründet und Einsichten vermittelt?
- Ist Kreativität und Phantasie gefragt?
- Wird zu Aktivitäten ergänzend zur eigentlichen Spielhandlung angeregt?

Schwierigkeitsgrad
- Sind die Altersangaben zutreffend?
- Ist das Thema für Kinder interessant und fragwürdig?
- Sind die Spielregeln verständlich formuliert?
- Sind die Fragen verständlich und die Begründungen ausreichend?

Spieldauer
- Kann das Spiel in etwa 30 Minuten beendet werden?
- Ist bei frühzeitigem Spielabbruch eine zufriedenstellende Auswertung möglich?
- Bleibt auch bei Wiederholung der Spielspaß erhalten?

Spielmaterial
- Ist das Material kindgemäß und ansprechend aufbereitet?
- Ist es solide und gut handhabbar?
- Ist es leicht zu organisieren (einsortieren und aufbewahren)?

Preis
- Stimmt das Preis-Leistungs-Verhältnis?

3.5 Umweltspiele selbstgemacht

3.5.1 Brettspiele

Fachzeitschriften für die Grundschule und Themenhefte zur Umwelterziehung enthalten oft Kopiervorlagen, die nur noch von den Schülern vergrößert, aufgeblockt und ausgemalt werden müssen und dann als Brettspiel im Unterricht eingesetzt werden können.

Hausmaus und Feldmaus (ein Würfelspiel für zwei Kinder) ist ein solches Beispiel aus einer didaktischen Fachzeitschrift (CLAUSSEN 1988). Die Spielmaterialien können schon von Erstklässlern hergestellt werden. Ein guter Leser kann mit der Geschichte zum Vorlesen den Mitspielern die Spielidee vorstellen. Das Spiel ist von seinen Inhalten auch fächerübergreifend einzusetzen, z.B. im Sachunterricht oder/und im Rechnen.

- »*Geschichte zum Vorlesen*
  Eine Maus wohnt im Haus. Das ist eine Hausmaus.
  Eine Maus wohnt im Kornfeld. Das ist eine Feldmaus.
  Mäuse sind oft hungrig.
  Dann kommen sie aus ihren Löchern heraus.
  Sie suchen was zum Fressen.
  Jetzt riechen sie den Käse. Sie wollen ihn haben.
  Aber sie haben draußen immer Angst.
  Vor der Katze oder dem Bussard.
  Wenn sie den Käse haben, rennen sie schnell zurück. Ins Loch.

- *Spiel-Anleitung*
  Auf jedes Loch stellt ihr eine Maus.
  In die Mitte stellt ihr den Käse. Ihr würfelt abwechselnd.
  Ihr rückt immer ein Feld vor, wenn ihr die Punktzahl würfelt, die auf dem Feld steht. Wer zuerst beim Käse ist, hat **einmal** gewonnen.
  Diese Maus muß jetzt zweimal mit dem Würfeln aussetzen.
  Sie nimmt den Käse mit ins Loch.
  Die andere Maus darf sofort zurück.
  Wichtig ist, daß jede Maus schnell ins Loch zurückkommt.
  Mit oder ohne Käse.
  Wer sein Loch zuerst erreicht, hat auch **einmal** gewonnen.

- *Technische Hinweise*
  Der Spielplan [siehe Abb. 1] wird aus der Heftung gelöst. (...) Danach wird der Spielplan auf ein gleich großes Stück Buchbinderpappe aufgezogen, und zwar möglichst mit wasserfreiem Klebstoff, damit sich die Pappe nicht verzieht. Wer will, kann den Spielplan mit glasklarer Folie überziehen. Dann hält er länger.
  Die beiden Spielmäuse und der Käse werden ausgeschnitten und auf handelsübliche Spielsteine für Mühle/Dame oder auf Pappstückchen aufgeklebt.
  Außerdem braucht man noch zwei Würfel ... und dann kann's losgehen. Wer will, kann auch Mäuse aus halben Walnüssen und Pappe herstellen!

- *Variation der Spielregeln*
  Zu diesem Brettspiel können auch andere als die vorgeschlagenen Regeln mit den Kindern verabredet werden.

- *Beispiel 1*
  Die ohne Käse rücklaufende Maus darf immer zweimal würfeln,
  um ihre Gewinnchance zu erhöhen.

Abbildung 1: Spielplan »Hausmaus und Feldmaus«

Quelle: CLAUSSEN 1988

❏ *Beispiel 2*
Die ohne Käse rücklaufende Maus darf immer dreimal würfeln. Wenn sie das sichere Gefühl hat, bald im Loch zu sein, kann sie rufen: ›Da kommt die Katze/der Bussard!‹ Dann muß die andere Maus den Käse liegen lassen und darf auch dreimal würfeln, um schneller ins Loch zu kommen ... und der Käse zählt nicht mehr als Gewinn.
Es sind weitere Variationen möglich.

❏ *Spielidee*
Mäuse suchen Nahrung und haben Angst vor ihren Feinden. Sie kommen aus ihren sicheren Löchern heraus und wollen schnell wieder zurück.
Das Spiel, das aus diesem Inhalt entwickelt ist, versucht jedem Mitspieler/jeder Mitspielerin eine Gewinnchance zu geben. Die Gewinnchancen hängen zwar weitgehend vom Würfel-Zufall ab, sind aber annähernd gleich verteilt, so daß es am Ende zwei Gewinner geben kann, allerdings aber auch einen Doppelgewinner.
Ein Gewinn ist der Käse, ein weiterer die sichere Rückkunft ins Loch.

❏ *Didaktischer Hinweis*
Das Spiel unterstützt – außer daß es Gewinn-Spannung erzeugt – die Mengenauffassungen (1. Schuljahr/Vorklasse).
Die in den Feldern aufgezeichneten Mengen entsprechen nicht den üblichen Mengenfeldern auf den Würfeln – sie müssen also jedesmal genau verglichen bzw. gezählt werden« (CLAUSSEN 1988).

Ganz Mutige können natürlich auch ein Umweltspiel von der ersten Inhalts- bzw. Spielidee bis zur Ausführung hin selber gestalten. Erfahrungsberichte bzw. Anregungen dazu findet man z.B. bei KNOLL/EBERTSHÄUSER (1992) oder in der Zeitschrift Grundschulunterricht (»Ein Umweltspiel mit Kinder gestalten« in Heft 2, 1992).

3.5.2 Spiele im Freien

Die beiden folgenden Spiele (**Im Zauberwald**, 1. und 2. Schuljahr; **Waldspiel**, 3. und 4. Schuljahr) wurden in der Praxis erprobt. Sie sind aus dem Unterricht entstanden und wurden zum Teil mit Elternhilfe durchgeführt, daher werden sie in Form kurzer Erfahrungsberichte dargestellt. Einige Details können an dieser Stelle nur sehr verkürzt geschildert werden, dennoch sollen die Beispiele Anregungen geben, eigene Erfahrungen zu sammeln.

3.5.2.1 Im Zauberwald

Der »**Tag im Zauberwald**« wurde am Ende eines 1. Schuljahres durchgeführt. In den Wochen vorher hatten sich die Kinder mit dem Thema »Wald« auseinandergesetzt, d.h. eigene Erlebnisse und Beobachtungen eingebracht, Geschichten gelesen und erzählt, Bilder gemalt, getont, Lieder gesungen, Ausstellungen aufgebaut. Den Abschluß dieser Einheit sollte ein Erlebnistag im Wald sein. An einem Elternabend wurde die Idee vorgestellt, und es fanden sich sofort Mütter, die bereit waren, mitzuhelfen. Gemeinsam wurde dann der Tag geplant.

Von unserer Schule mußten wir etwa 60 Minuten laufen, um in den »**Zauberwald**« zu gelangen. Die Mütter erwarteten uns dort schon als »weise Waldfrauen«.
Ganz wichtig war die nun folgende Ruhepause. Die Kinder sollten sensibilisiert werden; deshalb wurde im Kreis die Einführungsgeschichte erzählt.

Hinweis: Die in der untenstehenden Geschichte erwähnten »Wundertaler« waren »Goldstücke« aus Schokolade!

Einführungsgeschichte:
Wir sind jetzt in einem Zauberwald. Spürst du es?
Spitze deine Ohren! Hörst du, was die Bäume und Sträucher dir erzählen?
Öffne deine Augen! Siehst du die kleinen Wichtel und Waldgeister
im Gebüsch und in den Ästen?
Frage doch einmal leise, warum sie so traurig sind?
Hast du es gehört? Sie haben keinen Waldkönig und
keine Waldkönigin mehr!
Und nun müssen sie viele Aufgaben lösen.
Willst du ihnen dabei helfen? Ja?
Da freuen sich aber die Wichtel, und als Dank haben sie Wundertaler ausgestreut. Sammele alle ein, die du findest!
Sie bringen Glück!

Hier sind nun die Aufgaben. Suche:
1 Tannenzapfen, 1 Stein – einen Wunderstein. Erzähle nachher, warum du glaubst, daß es ein besonderer Stein ist! –, 3 verschiedene Blätter, etwas Rotes, etwas, das andere weggeworfen haben.

Doch wenn das Waldhorn ertönt, ist die Zeit vorbei. Melde dich dann bei den weisen Waldfrauen und zeige deine Schätze! Sie stellen dir aber noch eine wichtige Frage:

Du mußt 2 Dinge nennen, die du im Wald nicht tun darfst, wenn du die Pflanzen und Tiere für die Wichtel und dich erhalten willst.

Alles, was im Wald lebt, drückt dir jetzt die Wurzeln, Pfoten, Fühler, Äste, Wichteldaumen ... und vielleicht bist sogar Du der nächste Waldkönig oder die nächste Waldkönigin!

(Die fleißigen Waldgeister haben schon die Kränze geflochten.)

Nach dieser stillen Phase wurde dem Bewegungsdrang der Kinder Rechnung getragen – sie wurden zum Suchen und Sammeln losgeschickt.

Den Höhepunkt (nach ca. 1 Std.) bildete die Krönung des Waldkönigs (der Waldkönigin). Die Mütter hatten dafür einen aus Naturmaterialien geflochtenen Kranz vorbereitet. Für alle Beteiligten war es ein großer Tag gewesen. Auf dem Weg zurück zur Schule spürten und hörten wir, wie begeistert und beeindruckt die Kinder waren. Noch Wochen später brachten sie Bilder von den »Waldfrauen« mit.

3.5.2.2 Waldspiel

Ganz anders konzipiert war das folgende Beispiel für das 3. und 4. Schuljahr, denn Vorbereitung und Durchführung lagen zum großen Teil in den Händen der Schülern. Die Teilnahme an den Waldjugendspielen gab den Anstoß. In Gruppen wurden verschiedene Einzelbereiche zu diesem Thema im Unterricht erarbeitet. Diese Erfahrungen wollten wir nutzen und regten deswegen ein **Waldspiel** an.

Zur Organisation:

1. Tag:
❏ Bekanntgabe des Zieles »Wir gestalten gemeinsam ein Waldspiel« (großes Plakat!).
❏ Die Gruppen fanden sich durch Ziehen von Puzzleteilen (6 zerschnittene Bilder mit Waldmotiven). Jede Gruppe bestand aus 4 oder 5 Schülern.
❏ Jedes Kind bastelte ein Gruppenerkennungsschild (Ameise, Hase ..., Vorlagen dazu waren vorhanden), malte es an, klebte es auf eine Wäscheklammer und heftete es gut sichtbar an seine Kleidung.

2. Tag:
6 Karteikarten lagen verdeckt auf dem Boden. Jeder Gruppensprecher zog eine Station und führte dann sofort ein Planungsgespräch mit seinen Partnern. Dazu verteilten sich die einzelnen Gruppen in verschiedene Räume oder Flure. (Ein kleiner Hinweis an dieser Stelle: Haben sie keine Angst wegen einer Vernachlässigung der Aufsichtspflicht. Wir praktizieren solche Verfahren häufig und haben nur positive Erfahrungen gesammelt. Kinder schätzen das Vertrauen, das man ihnen entgegenbringt.) Beispiel einer Karteikarte:

Gruppe »Ameisen«	Station 1 – (Fertigt euer Stationsschild an!)

Eure Gruppe bereitet eine »Memory-Station« vor.
❏ Besorgt euch eine alte Tischdecke oder ein altes Bettuch!
❏ Breitet dieses Tuch an eurer Station aus.
❏ Sammelt 8–10 verschiedene Naturmaterialien aus der näheren Umgebung unseres Standortes.
❏ Legt diese unter die Decke.
Jede Gruppe darf sich 30 Sekunden lang (Stoppuhr!) diese Gegenstände ansehen, dann wird das Tuch wieder darübergedeckt. In 5 Minuten (Uhr!) sollen nun die Gruppenmitglieder versuchen, möglichst viele der gesehenen Naturmaterialien zu finden.
❏ Prüft die mitgebrachten Gegenstände, und tragt das Ergebnis in den Auswertungsbogen ein.
❏ Diese Auswertungsbögen habt ihr vorbereitet! Zum Beispiel:

Gruppe: _____

_____ *Gegenstände mitgebracht.*

Die weiteren 10 Stationen möchten wir nur kurz beschreiben:
2. Station: »Baumerkennung«
3–5 bunte Bänder werden an verschiedene Bäume gebunden. Mit Hilfe von ausgelegten Baumsteckbriefen sollen die markierten Bäume erkannt werden.

3. Station: »Fühlen«
In Pappschachteln lagen 5 verschiedene Naturmaterialien, welche die Kinder ertasten mußten.
4. Station: »Verstecken – entdecken«
An einem markierte Weg (Zauberschnur) waren 10 künstliche Dinge versteckt. Diese mußten entdeckt und gemerkt werden.
5. Station: »Pflanzen bestimmen«
Verschiedene gepreßte Wiesenblumen sollten mit Hilfe von Bestimmungsbüchern erkannt werden.
6. Station: »Große Suche«
Auf einer Liste standen 20 verschiedene natürliche Gegenstände. In einer festgesetzten Zeit mußten die Kinder z.B. etwas Weißes, etwas Rundes ... finden.
7. Station: »Baumstrunk«
Auf einer Zeichnung sollte erkannt werden, zu welchem Baumstrunk die abgebrochene Tanne gehört.
8. Station: »Ameisen«
Zwei Ameisen kriechen auf zwei verschiedenen Wegen. Werden sie sich treffen?
9. Station: »Spuren im Schnee«
Welche Spur gehört zu welchem Tier?
10. Station: »Hören«
Sucht euch einen stillen Ort, und notiert 5 Geräusche des Waldes!
11. Station: »Pantomime«
Stellt gemeinsam (ohne Worte) ein Tier eurer Wahl dar!
(Nur die ersten 6 Stationen wurden auf Karteikarten geschrieben. Die Stationen 7–11 waren von uns vorbereitet und mußten von allen Gruppen besucht werden.)

3. Tag:
Die Kinder waren mit Herstellen und Beschaffen der benötigten Materialien beschäftigt. Dann folgte ein Gespräch im Plenum über die Organisation des Waldtages. Wir erweiterten das Plakat des 1. Tages, die Regeln formulierten wir später.

Ein Waldspiel in 11 Stationen

Zur Organisation:
Jede Gruppe ist für ihre Station verantwortlich, d.h.:
❒ Stationsschilder herstellen,
❒ Auswertungsbögen erstellen,
❒ Material beschaffen,
❒ am Standort Station aufbauen,
❒ Aufgaben ausführen lassen, kontrollieren, Ergebnisse notieren.

Jede Gruppe durchläuft 10 Stationen (s. Laufzettel).
Die eigene Station wird verständlicherweise ausgespart!
Die Stationen 7–11 werden von allen Gruppen durchlaufen.
Die Ergebnisse werden vom Lehrer bzw. von Eltern notiert.

Am Ende des Waldspieles räumt jede Gruppe ihre betreute Station zusammen – ohne Rückstände zu hinterlassen!

4. Tag: Waldspieltag
- Wanderzeit ca. 90 Minuten
- Sichten des Geländes und Aufbau der Stationen ca. 40 Min.
- Spieldauer: ca. 2 Std. 30 Min.
- Abbau: ca. 30 Min.

Doch trotz dieses gelungenen Vorhabens wollen wir nicht verschweigen, daß es verbesserungsfähig ist. Als ein Schwachpunkt erwies sich z.B. unser Laufzettel. Man sollte vorher genauer überlegen, welche Zeiten eine Gruppe für die Bewältigung der einzelnen Stationen braucht. Wir machten aber die Erfahrung, daß die Kinder selbständig die Reihenfolge ihrer Anlaufstellen bestimmen können. Also sollte man ruhig den Mut haben, mehr Verantwortung den Schülern zu übertragen und nichts zu »überorganisieren«!

Nach unserer bisherigen Erfahrung erweckten wir durch diese Art von Spielen Bereitschaft und Aufgeschlossenheit bei den Kindern. Die Umwelt selbst zu erleben und zu erfahren erscheint uns sinnvoller als die im Handel angebotenen Fertigprodukte. Diese haben sicher auch ihre Berechtigung und ihren (eher kognitiven) Nutzen, doch sie ersetzen keine Originalbegegnungen. Wie schon an früherer Stelle betont, sollten alle Sinne beteiligt werden, denn nur ein unmittelbarer Kontakt ermöglicht den Kindern jetzt und in der Zukunft, Sprachen und Zeichen ihrer Umwelt zu verstehen und zu verinnerlichen.

Das Zitat einer 8jährigen Schülerin (Mareike) soll diesen Artikel beenden. Sie schrieb bei den Waldspielen zu Station 10: »Ich höre die Stille, ich höre die Autobahn, das stört mich.«

Literatur

ADAM, HILDE/HOFFMANN, WOLFGANG/SALEHIAN, FREDON (Hrsg.): Umwelt im Spiel. Ökotopia, Münster 1988;
AKTION SAUBERE LANDSCHAFT: Meine Umweltfibel. Düsseldorf o.J.;
BACHMANN, HELGA/VORTISCH, STEPHANIE: Saure Zeiten. Viel Theater mit der Umwelt. Ökotopia, Münster 1989;
BRANDT, PETRA/THIESEN, PETER: Umwelt spielend entdecken. Beltz, Weinheim 1992;
BREUCKER-RUBIN, ANNETTE u.a.: Umwelt-Spielekartei. Rhinozeros, Essen/Ökotopia, Münster o.J.;
CLAUSSEN, CLAUS: Würfelspiel »Hausmaus und Feldmaus«. In: Praxis Grundschule (1988), H. 4, unpaginierter Beihefter;
CORNELL, JOSEPH BHARAT: Mit Kindern die Natur erleben. Ahorn, Oberbrunn 1979;
CORNELL, JOSEPH BHARAT: Mit Freude die Natur erleben. Naturerfahrungsspiele für alle. Verlag an der Ruhr, Mülheim 1991;
DIE GRUNDSCHULZEITSCHRIFT 6(1992), H. 53 – Themenheft: Stöbern, Stutzen, Staunen. Umwelt wahrnehmen und begreifen;
DOLLASE, RAINER: Entwicklungspsychologische Grundlagen der Umwelterziehung. In: GESING, HARALD/LOB, REINHOLD E. (Hrsg.): Umwelterziehung in der Primarstufe. Agentur Dieck, Heinsberg 1991, S. 32–63;
EIN UMWELTSPIEL MIT KINDERN GESTALTEN. In: Grundschulunterricht 39(1992), H. 2, S. 32–35;
FECHNER, HEINZ: Umweltspiele. Ensslin, Reutlingen 1993;
GALLAGHER, SHEILA: Fotokartei Natur und Umwelt. Verlag an der Ruhr, Mülheim 1992;

GESING, HARALD/LOB, REINHOLD E. (Hrsg.): Umwelterziehung in der Primarstufe – Grundlinien eines umfassenden Bildungskonzeptes. Agentur Dieck, Heinsberg 1991;
GRUNDSCHULUNTERRICHT 39(1992), H. 2 – Themenheft: Umwelterziehung;
HETTICH, MECHTHILD u.a.: Kartoffeln in der Tonne. 160 Aktivitäten »um Welt« zu erleben. Ökotopia, Münster 1992;
HOFFMANN, WOLFGANG u.a.: Das Umwelt-Spiele-Buch. Ökotopia, Münster 1988⁴;
HOFFRAGE, HENRIKE: Spielend lernen mit Knud. Unterrichtseinheit: Müllanfall, Müllbeseitigung und Müllvermeidung. Ökotopia, Münster 1991;
HOFFRAGE, HENRIKE/SALEHIAN, FREDON/SANDER, USCHI: Stutzen, Staunen, Stöbern. Spiele mit Knud dem Umweltfreund. Ökotopia, Münster 1991;
KMK: STÄNDIGE KONFERENZ DER KULTUSMINISTER (Hrsg.): Umwelterziehung in der Schule. Veröffentlichungen der Kultusministerkonferenz. Luchterhand, Neuwied 1982;
KNOLL, CARLA/EBERTSHÄUSER, MARLIES: Engagiert für die Umwelt. Schüler einer zweiten Klasse entwerfen ein Umweltspiel. In: Grundschule 24(1992), H. 4, S. 62–63;
LOB, REINHOLD E./GESING HARALD: Umwelterziehung – ganzheitlicher und umfassender Bildungsauftrag für die Grundschule. In: GESING, HARALD/LOB, REINHOLD E. (Hrsg.): Umwelterziehung in der Primarstufe. Agentur Dieck, Heinsberg 1991, S. 7–31;
LÜFTNER, WERNER: Handelndes Lernen im Sachunterricht. Diesterweg, Frankfurt a.M. 1983;
MEYER, HILBERT: Unterrichtsmethoden. Bd. 2. Cornelsen, Frankfurt a.M. 1987;
MORSCH-SCHLEICHER, ULRIKE: Modellversuch »Lern- und Spielschule«. In: PZ-Nachrichten (1992), H. 2, S. 15;
PRAXIS GRUNDSCHULE (1992), H. 2 – Themenheft: Umwelterziehung im Schulgarten und Klassenraum;
SO WACHSEN TIERE UND PFLANZEN. Verlag an der Ruhr, Mülheim 1991;
THE EARTH WORKS GROUP: Kinder machen 50 starke Sachen, damit die Umwelt nicht umfällt. Carlsen, Hamburg 1990;
TROMMER, GERHARD (Hrsg.): Natur wahrnehmen mit der Rucksackschule. Westermann, Braunschweig 1991;
UNTERBRUNER, ULRIKE: Thesen zur Umwelterziehung in der Grundschule. In: Die Grundschulzeitschrift 3(1989), H. 26, S. 6–7;
VORTISCH, STEPHANIE: Theater mit der Umwelt? Umwelterziehung durch Theater an Schulen! Ein Projekt des Landkreises Marburg-Biedenkopf. Kreisausschuß des Landkreises Marburg-Biedenkopf, Schulamt, Marburg 1990.

3.3 Umweltspiele in der Sekundarstufe I

Gerald Klenk

Stets hat sich der Homo ludens[1] vielfältige Zugänge zu seiner Mitwelt geschaffen, die er als Res cogitans kaum gefunden hätte: Spieler und Denker zu sein hat den Menschen zur Kreativität befähigt. Spielen gehört unverzichtbar zum menschlichen Leben. Aber gilt dies uneingeschränkt?

1. Wegen Umbau geschlossen

1.1 Jugendliche vor schwierigen Entwicklungsaufgaben

Das Lebensalter der Kinder und Jugendlichen in der Sekundarstufe I steht im Zeichen großer Veränderungen. Zahlreiche Aufgaben müssen von den heranwachsenden Persönlichkeiten bewältigt werden:

- Entwurf eines selbstverantworteten Lebensplans,
- Erwerb und Stabilisierung eines Selbstkonzeptes (Identitätsfindung),
- Erwerb und Ausgestaltung differenzierter Rollen, Berufs- und Partnerbeziehungen,
- Aufnahme und verantwortliche Gestaltung intimer und emotionaler Beziehungen,
- Ablösung vom Elternhaus,
- Aufnahme und Gestaltung von sich ständig differenzierenden Sozialbeziehungen,
- Übernahme persönlicher und sozialer Verantwortung,
- Aufbau eines persönlichen Wertekonzepts u.a.

Diese Aufgaben klingen so selbstverständlich und beinhalten doch ein sehr großes Konfliktpotential. Die kleine Liste markiert Phasenabschnitte in der jugendlichen Biographie, in denen ein Quantensprung in der Evolution des Individuums in seiner Ganzheit stattfindet, sozusagen ein persönlicher Urknall, der einen neuen Entwicklungsabschnitt einleitet. Übrigens treten derartige Turbulenzen in nahezu regelmäßigen Abständen im Leben eines Menschen auf. Sie leiten Phasen relativer Sicherheit und Gleichmäßigkeit ein, in denen eine iterative Ausgestaltung persönlicher Lebensentwürfe greifen kann. Wie ein Bachlauf, in dem die Wasseroberfläche nach einem Stein zunächst in wilde Strudel zerrissen wird, um anschließend wieder zurück zu Ruhe und Gleichmäßigkeit zu finden, so verlaufen auch unsere Biographien.

Die Sekundarstufe I ist die Schulstufe, in der solche Strudel gehäuft auftreten. Der Bach wird danach nicht mehr derselbe sein wie vorher. Umbauten stehen an, und die Jugendlichen scheinen ein Brett vor dem Kopf zu haben, auf dem – wie bei einer Ladenrenovierung – steht: »Wegen Umbau geschlossen.«

---

[1] Er wird in diesem Text aus Gründen der Übersichtlichkeit durchgehend mit dem Maskulinum bezeichnet. Selbstverständlich sind jeweils alle Menschen beiderlei Geschlechts gemeint.

Dabei bleibt nicht viel Zeit für Spiele(reien). Handfeste und zukunftsentscheidende Aufgaben gilt es zu lösen. Jeder Erzieher muß diese Situation erstens erkennen, zweitens respektieren und drittens in seine Zielsetzung einbeziehen. Oft wird es passieren, daß Kinder und Jugendliche absolut keine Lust zum Spielen haben, durch Blödeleien die besten Absichten der Pädagogen boykottieren; aber genauso oft wird plötzlich das Kind wieder wach und verlangt nach Spielen, wo der Erzieher Reife erwartet. Das Umbruchalter läuft ab zwischen Nicht-mehr-Kind-Sein und Noch-nicht-erwachsen-Sein.

1.2 Belastungen von außen

Neben diesen ganz alltäglichen Turbulenzen, die sich überzeitlich bei allen Menschen auswirken und zum humanen Entwicklungsprozeß unabdingbar dazugehören, kommen noch die historisch-aktuellen Belastungen mit ins Spiel. Gemeint sind die Aufgaben, die sich den Jugendlichen aus der konkreten gesellschaftlichen Situation heraus stellen.
Unsere postmoderne Zeit wartet mit einer nicht unerheblichen Liste derartiger Problembereiche auf. Sie reicht von der Schlaraffenland-Mentalität unserer übersättigten Wohlstandsgesellschaft, die gerade wegen ihres rosaroten Werbehimmels Gewaltpotentiale weckt und diese in der subkulturellen Medienszene ästhetisiert, über die Auseinandersetzung mit den Problemen der Wohlstandsfestung Europa, die Drogenproblematik bis hin zu den immer gravierender werdenden Auswüchsen der ökologischen Krise. Mit all diesen Dingen müssen sich die Jugendlichen über ihre entwicklungsbedingten Grundaufgaben hinaus auch noch auseinandersetzen, und dies führt zu einigen postmodernen Sonderproblemen.

1.2.1 Individualisierungsdruck

Die postmoderne Gesellschaft verlangt von den Individuen Autonomie und Einzigartigkeit, die sich weniger in klar umrissenen Lebensentwürfen als an der ästhetischen Oberfläche bemerkbar macht (Kleidung, Freizeitbeschäftigung u.ä.). Was vordergründig zu einer gesteigerten Freiheit des einzelnen führt, erweist sich in der Jugendphase als zusätzliche Belastung, weil mit der uneingeschränkten Individualität die Sinnstützen wegfallen: Jeder muß selber sehen, wo er bleibt. Dies hat sich beispielsweise bei den Jugendlichen Ostdeutschlands beängstigend ausgewirkt, als sie plötzlich auf der Straße standen, weil ihre bisherigen Freizeittreffs ersatzlos gestrichen wurden.

1.2.2 Destabilisierung

Die Identitätsentwicklung des Jugendlichen verlangt nach Orientierung und Integration in soziokulturelle Kontexte. Beides fällt in der postmodernen Gesellschaft weitgehend weg oder wird durch einen konzeptlosen Synkretismus für eine bunte Collage chaotischer Lebensbilder ersetzt. Dadurch wird die Bildung unerwünschter Gruppierungen (rechte Szene) ebenso begünstigt wie die Unmöglichkeit einer kontinuierlichen Lebensplanung. Man denke nur an die erzwungene Mobilität innerhalb von Berufen (Stichwort Karrierebewußtsein) und auch zwischen Berufsgruppen: Es wird zunehmend unwahrscheinlich, daß ein Arbeitnehmer in dem Beruf pensioniert wird, den er nach dem Verlassen der Schule einmal erlernt hat. Gleichzeitig erleben die Jugendlichen, daß auch die sogenannten Erwachsenen sich ständig mit wechselnden Rollen und Rollenanforderungen auseinandersetzen müssen und dabei selber Schwierigkeiten haben.

1.2.3 Ästhetisierung

In dieser Lebensform bleibt kaum Zeit für Ruhe, Besinnung, Zurücknahme, Vertiefung. Gefragt ist rasante Flexibilität, möglichst nicht sein Herz an eine Sache, eine Beschäftigung (und vielleicht sogar auch Menschen) hängen. Diese Schmetterlingsmentalität äußert sich farbenprächtig an der Oberfläche, die schwergewichtig zählt: Nicht *was* du bist, sondern *wie* du aussiehst, ist wichtig. Ästhetische Gestaltung dessen, was man rasch auf den ersten Blick sieht, ist wichtiger als die Person, die hinter dieser Fassade lebt. Jugendliche passen sich dieser Umgebung sehr schnell an, ja sie sind schneller als die Erwachsenengesellschaft und setzen selber die Trends, übertreiben und pointieren. Sie halten unserer Gesellschaft wie einstens jener Narr und Gaukler den Spiegel vor, ohne daß sie dies zu bemerken scheint.

1.2.4 Visualisierung

Dazu paßt schließlich auch die Tatsache, daß Menschen heute in einer beinahe schon virtuellen Realität leben. Sie kommunizieren immer stärker über Bilder und deren Vermittler (Medien), in denen nicht mehr die Wirklichkeit selbst, sondern lediglich das Bild davon aufgenommen und *wahr*genommen wird: Wahrheit äußert sich in Bildern, man glaubt den Bildern (WYSIWYG: What you see is what you get) und umgibt sich mit immer mehr Bildern, schnellen Bildern. Vielfach ist zu beobachten, daß – etwa in typischen Touristensituationen – die Menschen nicht mehr den Eindruck einer überwältigenden Landschaft staunend aufnehmen, um später zu Hause von den inneren Bildern, der Er-Innerung, zehren zu können, sondern sie visieren das Ereignis durch den Monitor im Okular ihrer Videokamera an, zeichnen bewegte Bilder elektronisch auf und geben sich dann zu Hause dieser *abgebildeten* Wirklichkeit hin.

Jugendliche werden in dieser Welt groß, erleben dies als Normalfall und sind immer seltener in der Lage, ihre eigene Entfremdung zu registrieren: Sie bemerken kaum noch, daß auf dem Videoband keine Gerüche, keine Hautempfindungen, ja nicht einmal alle Geräusche und Seh-Eindrücke vollkommen wiedergegeben werden können; sie geben sich mit einem fragwürdigen Extrakt zufrieden, weil sie erleben, daß alle Welt über diese Instanteindrücke kommuniziert.

2. Umwelterziehung in der Sekundarstufe?

2.1 Schule unter besonderen Bedingungen

Wenn all diese Aufgaben und Probleme auf den Jugendlichen in der Sekundarstufe I einstürmen, darf es nicht verwundern, wenn die Schule, genauer das von den Lehrkräften vorgetragene Lernangebot, nur auf geringe Zustimmung stößt.

Während in der Grundschule die Kinder normalerweise noch ähnlich einem trockenen Schwamm das Wissen, die Eindrücke, Empfindungen in sich aufnehmen, weil sie erwarten, sich damit ein Instrumentarium zur Welterschließung aufzubauen, rechnen Jugendliche bereits ein erstes Mal mit dieser Welt ab. Gerade in dieser Zeit möchte Schule jedoch wegen der nunmehr stärker vorhandenen kognitiven Reife zukunftsorientierte Inhalte vermitteln: für das spätere Berufsleben, für das Studium, für die künftige Karriere, für die Erziehung der eigenen Kinder etc.

2.2 Umwelterziehung, Schule und das »richtige« Leben

Entsprechend unserer kultur- und wissenschaftsgeschichtlichen Tradition aus den vergangenen Jahrhunderten der Aufklärung sehen wir die Welt fast nur noch durch die kartesianische[2] Brille: Wir sind Perfektionisten auf dem Gebiet der ständig weiter sich verästelnden Zerstückelung. Wir glauben, unsere Probleme dadurch lösen zu können, daß wir sie in möglichst kleine und damit leichter lösbare Teilprobleme zerlegen und die erreichten Teillösungen anschließend addieren.

So haben wir auch die Schule aufgebaut: In den Fächern werden Teilaspekte des Lebens »behandelt«, und in aller Regel bleibt es dem Schüler, besonders in der Sekundarstufe I, selber überlassen, die Verbindungen herzustellen. Dies kann er oft genug nicht, zumal ihm dafür der Blick nicht geweitet wird. Daher muß Umwelterziehung dieses kartesianische Prinzip umkehren: Nicht die Teile, die Häppchen sind gefragt, sondern das Ganze. Das »richtige« Leben ist gefragt, nicht die Wissenschaftsextrakte.

2.3 Umwelterziehung – Kartesianismus oder Aufbruch zur Ganzheit?

Die Umwelterziehung mußte sich in den vergangenen Jahren nicht zu Unrecht vorwerfen lassen, daß sie das Zerstückeln als gängige Denkpraxis unreflektiert übernommen hat. Sie hat Gefährdungen der Um- und Mitwelt analysiert, beschrieben und daraus Konsequenzen für das veränderte Verhalten abgeleitet. Sie stellt damit den Versuch dar, die Menschen zum Umgang mit der Krise zu befähigen, deutlicher: sich mit der (unaufhaltsamen) Katastrophe zu arrangieren. In diesem Zusammenhang sind Spiele dann leider nur emotionale Mäntelchen.

Gefragt ist jedoch – darauf haben die Ökopädagogen hingewiesen (BEER/DE HAAN 1984), und das Weiterdenken der modernen Physik (STEPHEN HAWKING, BENOIT MANDELBROT, GERD BINNIG, DAVID BOHM u.a.) wirft ein neues Licht auf diese Forderung – der Aufbruch zu Ganzheiten. Dabei sollte beachtet werden, daß es sich dabei keineswegs um einen klar definierbaren Begriff handelt, sondern daß Ganzheiten sich aus ihren Kontexten heraus bilden, ineinanderge-

---

2 Der Philosoph RENÉ DESCARTES (1596–1650) wird allgemein als Begründer der mechanistischen Trennung von Mensch und Natur gesehen, der Grundlage des gegenwärtigen Denkens.

schachtelt sind und evolutiven Prinzipien unterliegen. Am einfachsten wird dies deutlich aus der Antwort auf die Frage: Welche Zahl ist die größte? Antwort: die 1. Sie ist die Ganzheit schlechthin. Ihre Ausprägung in den Lebenswelten kann tausenderlei Gestalt annehmen.

Umweltspiele haben darin keinen ergänzenden, quasi beschönigenden Charakter, sondern sind elementarer Teil der Umwelterschließung. Sie sind nicht Spielerei, sondern Ernstfall. Sie sind nicht aufgesetzt, sondern notwendig. Dies soll in den folgenden Abschnitten exemplarisch verdeutlicht werden.

2.4 Was Umweltspiele beim »Umbau« leisten können

Die bisher geschilderte Situation von Jugendlichen vorausgesetzt, haben Umweltspiele nur dann Sinn (und auch eine Chance, anzukommen), wenn sie einen Beitrag zu dem erwähnten Umbau liefern bzw. der Bewältigung der zusätzlichen Belastungen dienen.

2.4.1 Umweltspiele sollen entlastend wirken

Wenn aus der Lebensumwelt so viele Belastungsmomente auf die Jugendlichen einwirken, sollen (Umwelt-)Spiele gerade dabei Entlastung bringen. Konkret bedeutet dies: Sie sollten einen Schonraum anbieten, in dem man nicht immer mit dem vollen Bewußtsein anwesend sein muß, sondern sich auch einmal seinen Gefühlen hingeben darf, einmal blödeln darf, einfach abschalten kann. Für die Spiele heißt dies natürlich, daß sie wenig problembeladen sein dürfen. Genau dies wird in der Schule oft genug mißverstanden: Spiele werden als didaktische Fallrückzieher mißbraucht, damit die Kinder und Jugendlichen nicht bemerken, daß sie letztlich doch kognitiv arbeiten (Stichwort »spielerisches Lernen«). *Spiele im positiven Sinne dienen schlicht der Entspannung.* Damit leisten sie dem Anliegen der Umwelterziehung weit mehr Dienste, als zunächst anzunehmen ist, weil sie in ihrer ursprünglichen Spielsituation befreiende Wirkung haben. Erst der vom Alltagsdruck befreite Jugendliche hat überhaupt Voraussetzungen dafür, daß er sich auch kognitiv seiner Umwelt zuwenden kann.

Beispiel 1: **Blinde Karawane** (CORNELL 1979)
Die Teilnehmer laufen mit verbundenen Augen durch das Gelände, wobei sie sich an einem Seil orientieren, das an einer bestimmten Strecke entlang gespannt ist. Wenn der Weg ohne Schwierigkeiten/Hindernisse verläuft, kann dieses Spiel sehr entspannend sein.
Hinweis: Bei vielen Umweltspielen in der freien Natur werden einzelne Sinne der Spieler vorübergehend eliminiert. Dies schafft eine Situation, die entlastend wirkt, entspannt und dem Spielvergnügen entgegenkommt.

Beispiel 2: **Sumja, die Honigbiene** (ADAM u.a. 1988)
Dieses Brettspiel animiert zum Weitergestalten. Inhaltlich geht es um die Honigbiene, ihre Lebensweise und ihre Gefährdung. Ähnlich dem Lerneffekt bei **Monopoly** (oberstes Ziel: Geld vermehren – Money makes the world go around), wird hier nebenbei Umweltwissen vermittelt.

Hinweis: Wer den Lerneffekt nicht in den Vordergrund rückt, tut gut daran. Beim Spielen wird nebenbei gelernt.

Beispiel 3: **Ökomemory**
Die Teilnehmer werden in zwei Gruppen geteilt. Jede Gruppe wendet sich ihrem Areal von ca. 5 x 5 Metern im Wald, auf dem Feld oder sonst wo im Gelände zu. Die Flächen sind mit einer Schnur abgegrenzt und liegen so weit auseinander, daß das jeweilige Areal für die andere Gruppe nicht einsehbar ist. Zunächst prägen sich die Teilnehmer »ihr« Feld ganz genau ein (ca. drei bis fünf Minuten); anschließend werden die Felder vertauscht. Nun verändert jede Gruppe bis zu fünf vorgefundene Gegebenheiten innerhalb von fünf Minuten. Nach der Rückkehr ins eigene Feld gilt es herauszufinden, was verändert wurde. Auch hier kann ein Zeitlimit gesetzt werden (fünf Minuten).

2.4.2 Umweltspiele sollen zur Ruhe bewegen

Ein zentrales Erlebnis von Jungsein ist heute das permanente Tunmüssen, die Hektik, »Action«, die nahezu überall schon zum guten Ton gehört. Die Welt ist lauter geworden, geräuschvoller. Die Geräusche überdecken die Töne. Auf der Strecke bleiben Ruhe und damit Besinnung. Die uralte Weisheit, daß Töne nur durch die Stille dazwischen entstehen, scheint verloren. Vielerorts leben Menschen nur noch im Dauergeräusch, d.h., sie merken nicht einmal mehr das Geräusch, weil die Stille dazwischen fehlt.
Untrennbar mit der Erfahrung der Stille ist das Insichkehren verbunden. Das Hören läßt die Welt in uns hinein, in der Stille gehen wir in uns. Damit eröffnet sich eine andere Wahrnehmungsdimension, die das *Schauen hinter die Dinge* ermöglicht.

Beispiel 4: **In der Stille hören** (GRIESBECK 1988)
An einem Ort, an dem es möglichst still ist, an dem man auch ungestört von anderen sein kann, schließt man die Augen und verharrt geräuschlos für zehn (oder mehr?) Minuten. Anschließend schreibt man auf, was man gehört hat: eine Fliege, das eigene Atmen, ein vorbeifahrendes Auto u.ä.
Variante: **Geräuschkärtchen** (CORNELL 1991, S. 75)
Bereits während der Stillephase hält jeder auf einem vor ihm liegenden Kärtchen fest, aus welcher Richtung welches Geräusch kommt.

Beispiel 5: **Erdfenster** (CORNELL 1979, S. 22)
Jeder Teilnehmer sucht sich im Gelände eine Kuhle, in die er sich hineinlegen und mit herumliegenden Pflanzenabfällen soweit zudecken kann, bis nur noch die Augen einen einigermaßen freien Blick zum Himmel oder dem Kronendach des Waldes haben. So bleiben alle ca. 15 Minuten liegen. Ob alle es aushalten, wenn Käfer, Ameisen und Spinnen über unsere Haut krabbeln?

Beispiel 6: **Komm mit zur Quelle** (KROMBUSCH u.a. 1989; POEPLAU/EDELKÖTTER 1989)
Unterlegt mit einer verhaltenen Musik mit Ostinato-Motiven wird von einem Sprecher der Weg eines Wassertropfens aus der Regenwolke in das Meer und zurück beschrieben. Der Zuhörer kann sich in die Rolle des Tropfens fallen lassen und mit ihm den langen Weg erleben (Dauer: ca. 6 Minuten).

Variante: **Fantasiereise durch das Ohr** (BERENDT 1988)
Der Sprecher führt den Zuhörer auf eine abgelegene Insel im Meer und eröffnet ihm breit gefächerte Sinneseindrücke. Diese Fantasiereise dauert ca. 30 Minuten. Fantasiereisen bieten variable Erlebnisse mit der Umwelt. Sie können den unterschiedlichen Voraussetzungen der beteiligten Gruppen oder Klassen angepaßt werden. Auch die Themenpalette ist sehr breit.

2.4.3 Umweltspiele sollen unter die Oberfläche gehen

Angesichts der permanenten Konfrontation mit Oberflächlichkeiten, beispielsweise und vor allem in den Fernsehprogrammen und den Videotheken, wird es zunehmend wichtig, den Schülern den Blick hinter die Dinge zu ermöglichen, in die Tiefe zu gehen. Dies hängt natürlich ganz eng mit dem voran genannten Prinzip zusammen: Erst wenn Ruhe und Stille eingekehrt sind, wenn der einzelne zur Ruhe kommt, nicht mehr durch Termine, Proben oder auch nur durch den nicht abschaltbaren Stundengong am Verweilen gehindert wird, kann eine tiefergehende Betrachtung erfolgen. Das bedeutet beispielsweise ganz konkret, daß in der Auseinandersetzung mit einem Natur-/Umweltphänomen nicht ein isolierter Aspekt allein »behandelt« wird, sondern das gesamte Phänomen.

Wenn sich Jugendliche mit dem Wald befassen, dann spielen eben nicht nur die Fakten des Ökosystems eine Rolle, sondern auch der kreativ-musische Umgang mit dem Wald, z.B. das Gestalten mit Naturmaterialien (vgl. DÜRR 1990; WUCHERPFENNIG 1985), die Beschäftigung mit Literarischem (Gedichte, Texte; hier insbesondere: Der Wald 1984; STURM 1989) oder die Auseinandersetzung mit der Symbolik der Bäume und ihrer Bedeutung für das menschliche Leben (BASP ca. 1995; BECKER 1987). Dabei handelt es sich ebenfalls um ein Spielen: Gedanken spielen lassen, weit durch das Thema schweifen ohne systematische Korsetts. *Ganzheitlicher Umgang mit der Natur, der Mitwelt* schafft auf diese Weise Tiefe – und dazu können auch Spiele im engeren Sinne beitragen.

Beispiel 7: **Das Spiel der Nacht** (GRIESBECK 1987, S. 44f.)
Bei vollkommener Dunkelheit bewegen sich die Teilnehmer mit verbundenen Augen möglichst leise in einem Areal, das mit einer Schnur in Hüfthöhe eingegrenzt ist. Wenn sich zwei berühren, verlassen sie das Areal.
Dem Spiel kann eine Meditation über Dunkelheit, Begegnung u.a. folgen.

Beispiel 8: **Überleben in Katonida**[3]
In diesem Planspiel zum Thema Geld und Ungerechtigkeit erlebt die spielende Gruppe die Mechanismen der Abhängigkeit von Kleinbauern in einem erfundenen westafrikanischen Staat. Die Gründe der Abhängigkeit reichen vom Wetter über das Klima bis hin zu internationalen Verflechtungen.

2.4.4 Umweltspiele sollen Wirklichkeit erschließen

Die um sich greifende Dominanz von Bildern, von virtuellen Gebilden hat bereits dazu geführt, daß Menschen aller Altersstufen, besonders aber auch Jugendliche, immer seltener zwischen Wirklichkeit und Abbildung unterscheiden kön-

---

[3] zu beziehen über den Vertrieb der Aktion »Brot für die Welt«, Schultze-Delitzsch-Straße 30, 70565 Stuttgart

nen. Ja, es ist sogar zu beobachten, daß diese Grenze selbst in intellektuellen Köpfen nicht mehr festzumachen ist. Was heißt echt, wirklich? Ist die Blume vor mir »echter«, »wirklicher« als das Bild von ihr im Biologiebuch? Ist der für mich nicht beobachtbare Vorgang des Wachsens dieser Blume draußen im Garten »wirklicher« als die beobachtbare Zeitrafferaufnahme auf Video?

Die Grenzen verschwimmen. Sie verschwimmen, weil wir es wollen. Wir wollen das, weil die virtuelle Realität der Lebensraum für die von uns geschaffenen »Wesen« ist, von E.T. bis zum Homecomputer, vom Game-Boy bis zur Mikrowelle. All dies hat keinen Platz in der »natürlichen«[4] Wirklichkeit, von der wir uns immer mehr entfernen. Das ist Entfremdung pur, und das ist die Lebenswelt der Jugendlichen (zum drastischen Einfluß der Multimedia-Welt: FERCHHOFF 1993, insbesondere S. 133ff.).

Umweltspiele haben aus diesem Blickwinkel nur dann Sinn, wenn die »natürliche« Realität als spannend und bereichernd erlebt wird, wenn sie eine ebenso faszinierende Wirkung hat wie die virtuelle Realität[5]. Vorbedingung für diese Wirkungskraft ist es, daß die Dinge für den, der damit umgeht, Bedeutung bekommen. Umweltspiele sollten daher *Bedeutungs- und Erklärungswissen* vermitteln. Hier haben sie ihren Vorteil gegenüber dem Alltagsunterricht, der doch meist Faktenwissen verbreitet.

Beispiel 9: **Tarnung und Warnung** (Landesbund für Vogelschutz o.J.)
Vor dem Spiel werden entlang einer Wegstrecke gleich viele rote und braune Pappkäfer gut sichtbar »versteckt«. Die Schüler fassen sich an den Händen und werden diesen Weg geführt. Eine Hälfte der Klasse soll die roten, die andere Hälfte die braunen Käfer still für sich zählen. Feststellung: Die Zahl der entdeckten roten Käfer wird größer sein als die der bemerkten braunen. Hintergrund: Tiere schützen sich entweder dadurch, daß sie sich farblich ihrer Umgebung besonders gut anpassen, oder durch aggressive Farben, die den potentiellen Feind abschrecken sollen (z.B. bei den Wespen).

Beispiel 10: **Natur als Malerin** (Landesbund für Vogelschutz o.J.)
Die Schüler erhalten eine Malerpalette aus weißgrundiger Pappe. Sie bekommen die Aufgabe, die Farben für ihre Palette in der Natur zu finden. Dies kann entweder dadurch geschehen, daß färbende Pflanzenteile auf dem Pappdeckel zerrieben und zum Abfärben gebracht werden, oder indem diese Pflanzenteile als Ganzes auf die Palette geklebt werden. Man sollte wissen, daß nicht jede zu sehende Farbe beim Zerreiben gleichbleibt (Birkengrün wird beispielsweise gelb). An dieses Spiel lassen sich Erklärungen zur Entstehung der Pflanzenfärbung anknüpfen.

---

4 Hier ist nicht der Ort, um die Frage zu erörtern, was der Begriff »natürlich« in diesem Kontext leistet. Er soll hier lediglich als ein Gegenbegriff – undefiniert und unsystematisch – zu dem Begriff »virtuell« verstanden werden. Virtuell ist schließlich auch schon den Computer-»Kids« geläufig – natürlich auch?

5 Mir flößt der Gedanke, daß sich unsere Intelligenz, unser Leben nahezu zwangsläufig auf eine höher einzustufende künstliche Intelligenz hinentwickelt, große Angst ein (vgl. dazu GERD BINNIG 1992). Wie wird die künstliche Intelligenz über uns herrschen? Wird sie es so tun, wie wir über die Natur herrschen?

2.4.5 Umweltspiele erschließen neue Dimensionen

Auch wenn die virtuelle Realität uns allmählich aufzufressen scheint, so gibt es dennoch auch durchaus sinnvolle Ansätze, diese technischen Möglichkeiten einzusetzen und für den Schüler ab der Sekundarstufe I nutzbar zu machen. Hier ist an die vielfältigen Möglichkeiten der Computersimulation zu denken, die hier ganz bewußt unter den Begriff *Spiel* eingeordnet werden soll. Denn als solche sollte sie betrachtet werden.

Beispiel 11: **Simulationsprogramm WORLD 3-91**
Das auf dem Buch »Die neuen Grenzen des Wachstums« (MEADOWS u.a. 1992) basierende und von HARTMUT BOSSEL entwickelte Simulationsprogramm enthält 13 verschiedene Szenarios, von natürlichen Ressourcen über Umweltbelastung, Industrieproduktion, Geburtenkontrolle bis hin zum industriellen Gleichgewicht.[6] Der »Spieler« hat bei diesem Programm die Möglichkeit, die Anfangseinstellungen gezielt zu verändern und über die veränderten Parameter unterschiedliche künftige Entwicklungen zu prognostizieren. Damit wird deutlich, welche Konsequenzen bestimmte Verhaltensweisen haben. Die Ausgabe erfolgt in Diagrammen oder Tabellen.

Selbstverständlich haben wir hier genau den Fall, daß uns die künstliche Intelligenz dominiert, daß virtuelle Realitäten unser Verhalten erfordern. Dennoch mag diese Art der Spiele ihre Berechtigung haben.

Computersimulation, die sich in sämtlichen Bereichen unseres Lebens, also auch in der Schule, immer stärker durchsetzt (vgl. zum Beispiel die Frankfurter »Buch«messe 1993), kann dem Jugendlichen, der aufgrund seiner (kognitiven) Fähigkeiten und Bedürfnisse die Welt zunehmend detaillierter erklärt haben möchte, durchaus entgegenkommen und *subsidiäre Funktion bei der Welterschließung* übernehmen.
Die heute verfügbaren Informationen zu allen Bereichen des Lebens haben ein unüberschaubares Ausmaß angenommen, so daß der schnelle Computer bei der Bewältigung der Informationsflut sicher ein hilfreiches Medium sein kann. Wenn jedoch die didaktische Restitution der simulierten Situationen (d.h. das Festmachen der gewonnenen Ergebnisse in der »natürlichen« Realität, im Erfahrungsraum des Lernenden und damit das Fruchtbar-werden-Lassen des Gelernten) ausbleibt, wenn die Arbeit am Computer sich im Kreise dreht, Selbstzweck wird und der Schüler die Welt tatsächlich nur noch auf dem Bildschirmquadrat kennen(?)lernt, dann wird diese Art von Spiel bedenklich, ja inhuman und damit gefährlich.
Wo jedoch das Medium Computer Erklärungsfunktion besitzt, wo es hilft, den vielfältigen Phänomenen der Welt Bedeutung zu geben, und damit auch eine angemessene Handlungskonsequenz ermöglicht, darf ein derartiges Hilfsmittel nicht fehlen.

---

6 Speziell für den Bedarf an Hauptschulen (mit Modifikationen für weiterführende Schularten) ist ein ähnliches Simulationsprogramm erhältlich über den Lehrstuhl für Geographiedidaktik, Prof. Dr. SCHRETTENBRUNNER, Erziehungswissenschaftliche Fakultät der Universität Erlangen-Nürnberg, Regensburger Straße 160, 90478 Nürnberg.

3. Spielen heißt Leben

Schlägt man das Duden-Herkunftswörterbuch auf, dann begegnet uns Spielen als Wort in verschiedenen Phrasen und Zusammensetzungen: spielend i.S.v. leicht, sich abspielen (vor sich gehen), aufspielen (großtun), spielerisch (seit dem 17. Jahrhundert verspielt, tändelnd) etc. Das Spiel hat seinen festen Platz im Leben, gehört zu den wesentlichen Möglichkeiten des Menschen, sich mit der Welt auseinanderzusetzen, konkret: die Welt zu erforschen aus intrinsischer Motivation, seine emotionalen Fähigkeiten zu erleben und einzusetzen, soziale Beziehungen zu erleben und auch sich selbst und seine Fähigkeiten und Fertigkeiten zu entdecken (nach HOFER 1990, S. 83).

Gerade in der Sekundarstufe I sollten die Kinder und Jugendlichen erfahren, daß man von ihnen nicht erwartet, kleine Erwachsene zu sein, die sich gefälligst den Bedingungen der Arbeitswelt anzupassen haben. Die Jugendzeit ist – wie jedes Alter – eine ganz wichtige, eigenständige Lebensphase, in der das Recht auf Spiel ausdrücklich gewährleistet sein muß. Das Kopfarbeiten erschließt nur einen kleinen Ausschnitt der Welt, das Spiel ergänzt die Welterfahrung durch einen unverzichtbaren humanen Bestandteil.

Literatur

ADAM, HILDE u.a. (Hrsg.): Umwelt im Spiel. Brett-, Rollen-, Naturerfahrungsspiele, Spiel- und Mitmachaktionen. Ökotopia, Münster 1988;
BASP: BAYERISCHE AKADEMIE FÜR SCHULLANDHEIMPÄDAGOGIK E.V. (Hrsg.): Ökologische Erziehung ist religiöse Erziehung. Handreichungen zur Umwelterziehung in Schullandheim und Schule, Bd. 1. Verlag des Verbandes Deutscher Schullandheime, Hamburg/Burgthann 1995 (in Vorb.);
BECKER, GERHOLD: Die Ursymbole in den Religionen. Styria, Graz/Wien/Köln 1987;
BEER, WOLFGANG/DE HAAN, GERHARD (Hrsg.): Ökopädagogik. Aufstehen gegen den Untergang der Natur. Beltz, Weinheim/Basel 1984;
BERENDT, JOACHIM-ERNST: Vom Hören der Welt [zweite von vier Kassetten; auch auf CD erhältlich]. Zweitausendeins, Frankfurt a.M. 1988;
BINNIG, GERD: Aus dem Nichts. Piper, München 1992^4;
CORNELL, JOSEPH B.: Mit Kindern die Natur erleben. Ahorn, Soyen 1979;
CORNELL, JOSEPH B.: Mit Freude die Natur erleben. Verlag an der Ruhr, Mülheim 1991;
DER WALD. Ein Lesebuch mit vielen Bildern. Delphin, München/Zürich 1984;
DÜRR, RUTH E.: Basteln mit Naturmaterialien. Englisch, Wiesbaden 1990^3;
FERCHHOFF, WILFRIED: Jugend an der Wende des 20. Jahrhunderts. Lebensformen und Lebensstile. Leske und Budrich, Opladen 1993;
GRIESBECK, JOSEF: Sehen, was man sonst nicht sieht. Entspannen – nachdenken – beten. Kösel, München 1987;
GRIESBECK, JOSEF: Glauben mit allen Sinnen. Kösel, München 1988;
HOFER, GERHARD: Erlebnis Mitwelt. Neue Wege in der Umwelterziehung. Breitschopf, Wien 1990;
KROMBUSCH, GERHARD u.a.: Mit Kindern auf dem Weg in die Stille. Arbeitshilfe zu »Komm mit zur Quelle«. Impulse, Drensteinfurt 1989;
LANDESBUND FÜR VOGELSCHUTZ IN BAYERN E.V. (Hrsg.): Natürlich lernen. Thema: Farben in der Natur. Selbstverlag, Hilpoltstein o.J.;
MEADOWS, DONELLA u.a.: Die neuen Grenzen des Wachstums. DVA, Stuttgart 1992;
POEPLAU, WOLFGANG/EDELKÖTTER, LUDGER: Komm mit zur Quelle [CD/MC zum Buch »Mit Kindern auf dem Weg in die Stille«]. Impulse, Drensteinfurt 1989;
STURM, GERHARD: Leben im Wald. Freies Geistesleben, Stuttgart 1989;
WUCHERPFENNIG, PETER: Umweltwerkbuch. Rowohlt, Reinbek b. Hamburg 1985.

3.4 Lernspiele zum Thema Umwelt in der Sekundarstufe II

Maria-Luise Brunn

1. Die Wirklichkeit spielend erfahren – zur Funktion des Lernspiels in der Sekundarstufe II

»Umwelt« und »Umweltschutz« gehört neben Themen wie »Friedenssicherung«, »soziale Reformen«, »Hilfe für die Dritte Welt« zu den Standardthemen des Unterrichts in sehr vielen Fächern. Auf den folgenden Seiten werden die Themenvorgaben aus den Richtlinien der entsprechenden Fächer vorgestellt.[1]

	Biologie
Kursthema:	Ökologie in 12/I ❐ (13) Wechselwirkung zwischen Mensch und Umwelt
Kursthema:	Ökologie unter Berücksichtigung stoffwechselphysiologischer Grundlagen in 11/II oder 12/I ❐ (15) Wechselwirkung zwischen Mensch und Umwelt ❐ (16.4) Maßnahmen zum Schutz der Umwelt ❐ (17.1–17.3) Umweltschutzaspekte
Kursthema:	Evolutionsbiologie/Ökologie in 13 ❐ (21) Wechselwirkung zwischen Mensch und Umwelt ❐ (23.2–23.3) Umweltschutzaspekte

	Chemie
Kursthema:	Reaktionsverhalten organischer Moleküle ❐ Umweltprobleme
Kursthema:	Waschmittel ❐ Maßnahmen zur Behebung/Vermeidung von Umweltschäden ❐ Umweltbelastung durch Polyphosphate
Kursthema:	Energie ❐ Quellen – Nutzung – Umweltbelastung
Kursthema:	Makromoleküle ❐ Umweltbelastung
Kursthema:	Umweltbelastung – Umweltschutz

---

[1] Alle Beispiele sind entnommen den Richtlinien für die gymnasiale Oberstufe in Nordrhein-Westfalen.

	Erdkunde
Kurs 11/I:	Waldgebiete verschiedener Breiten in ihrer unterschiedlichen Nutzung und ökologischen Gefährdbarkeit (Unterthema)
Kurs 11/II:	Unterschiedliche Einschätzung der Energieentwicklung und ihrer ökonomischen und ökologischen Probleme ❑ Konflikt zwischen Wirtschaftswachstum und Umweltschutz als globalem Problem
Kurs 12/I:	Inwertsetzung und Wiederinwertsetzung von Großräumen im Spannungsfeld politischer, wirtschaftlicher und ökologischer Interessen
Kurs 12/II:	Ausgewählte Probleme von Entwicklungsländern
Kurs 13/I:	Raumordnungsprobleme ❑ industrielle Umweltbelastung ❑ Probleme der Flußregulierung ❑ Gefährdung der Wassernutzung

	Physik
Kursthema:	Kernprozesse und ihre energetische Nutzung ❑ Nutzung der Kernenergie und Umweltschutz
Kursthema:	Kernprozesse und ihre technische Nutzung ❑ Nutzung der Kernenergie und Umweltschutz

	Technik
Kurs 11/II:	Stoffumsatz in technischen Systemen ❑ Gesichtspunkte zur Planung einer Raffinerie (Umweltschutz)
Kurs 12/I:	Energieumsatz in technischen Systemen ❑ Gesichtspunkte zur Planung eines Kraftwerkes (Umweltschutz)
Kurs 13/II:	Wechselwirkungen technischer Systeme mit ihrem Umfeld ❑ Entwicklungsstufen der Technik (Umweltschutz) ❑ Entwicklungstendenzen und Aufgaben technischer Forschung, zukunftsorientierter Gestaltung der Umwelt durch die Technik (Belastung der Umwelt, Entwicklung rohstoffsparender Technologien, Entwicklung umweltfreundlicher Technologien)

	Katholische Religionslehre
Kursthema:	Handeln aus christlicher Verantwortung (13/I) ❑ Felder sittlicher Auseinandersetzung heute (z.B. Achtung vor dem Leben, Macht und Gewalt, Überflußgesellschaft und Dritte Welt, Umweltproblematik)

	Evangelische Religionslehre
Kursthema:	»Machet euch die Erde untertan« – Schöpfungsglaube und menschliche Verantwortung für eine gefährdete Umwelt ❏ Bedrohung und Zerstörung unserer Umwelt ❏ menschliche Grundeinstellungen als Ursache der Umweltkrise ❏ Möglichkeiten alternativen Umweltbewußtseins ❏ Schöpfungsauftrag und Ökologie – Freiheit und Verantwortung des Menschen
Kursthema:	Glaube und Naturwissenschaft ❏ Welche praktischen Konsequenzen hat der Schöpfungsglaube? (z.B. Umweltproblematik)

	Sozialwissenschaften
Kursthema:	Politische Sozialisation ❏ institutionalisierte Beteiligungsformen ❏ aktuelle Beteiligungsformen (in beiden Fällen könnte man Beispiele zum Umweltschutz wählen)
Kursthema:	Beziehung zwischen Industrie- und Entwicklungsländern ❏ ökonomische Bedeutung ausgewählter Rohstoffe und landwirtschaftlicher Erzeugnisse für Industrie- und Entwicklungsländer ❏ aktuelle soziale Veränderungen in einem Entwicklungsland ❏ Wachstums- und Fortschrittsproblematik in Industrieländern

	Geschichte
Kursthema:	Deutschland im Spannungsfeld von ökonomischem Fortschritt und politischer Rückständigkeit ❏ Wirtschaft, Gesellschaft, Staat im Zeitalter der Industrialisierung ❏ ökologische Folgen des ökonomischen Wachstums im 19. Jahrhundert und heute

	Hauswirtschaftswissenschaften
Kursthema:	Lebensmittel in ernährungsphysiologischer und warenkundlicher Sicht (12/I) ❏ landwirtschaftliche Erzeugung von Lebensmitteln mit ihrem Einfluß auf Beschaffenheit und Qualität der Produkte (z.B. Verwendung von Pestiziden) ❏ Lagerung, Vermarktung von Lebensmitteln

Wie aus einigen der oben aufgeführten Beispiele ersichtlich, wird der Bezug zur Ökologie bzw. zur Umweltschutzproblematik nicht immer direkt formuliert. Dies gilt insbesondere auch für die oben nicht erwähnten Fächer Mathematik, Informatik, Psychologie, Sport, Deutsch, Literatur, Musik und Kunst, die alten

und neuen Sprachen. Aus der Unterrichtspraxis wird berichtet, daß z.b. in Sport, Deutsch, Literatur oder auch in den neuen Sprachen Umweltprobleme nicht mehr auszuklammern sind und in vielfältiger Weise Eingang in den Unterricht gefunden haben. Schließlich fordert das allen Richtlinien gemeinsame allgemeine Lernziel »Selbstverwirklichung in sozialer Verantwortung« alle Fächer auf, ihren Beitrag zur Bewahrung des Lebensraums zu leisten. Einer besonderen Legitimierung des Themas in seiner gesellschaftlichen Bedeutung bedarf es daher nicht.
Zum Einsatz von Lernspielen finden sich in den Richtlinien keine Hinweise. Auf diese stößt man eher in den Fachdidaktiken, z.B. für Biologie (ESCHENHAGEN/KATTMANN/RODI 1985, S. 326).

Im folgenden geht es um die Frage, welche Möglichkeiten es in der Sekundarstufe II gibt, diese Thematik über den herkömmlichen Unterricht hinaus für die Schüler durchschaubar und erfahrbar zu machen. Meines Erachtens bietet dafür das *Lernspiel* gute Voraussetzungen. Dabei ist festzuhalten: Es geht nicht darum, den herkömmlichen Unterricht durch Lernspiele abzulösen, sondern ihn durch eine lerneffizientere Methode zu ergänzen.

Unter Lernspiel verstehe ich eine Aktionsform, die sich an einem bestimmten Thema (im vorgegebenen Fall handelt es sich um den Gegenstand »Umweltproblematik«) orientiert und die versucht, den Lernstoff in Ergänzung zu der üblichen Lernsituation anregend zu erarbeiten und sinnlich erlebbar und erfahrbar zu machen (vgl. GUDJONS 1982; FRITZ 1982; HANNIG/HANNIG 1981).

Dabei hat das *Lernspiel* gegenüber der kognitiv belastenden Erarbeitung der Umweltproblematik im Unterricht auf der einen und gegenüber der tatsächlichen Teilnahme des einzelnen am gesellschaftlichen Umweltprozeß auf der anderen Seite eine Reihe von Vorteilen:

- Das Lernspiel schafft die Möglichkeit einer Distanz zur harten Wirklichkeit. Umweltproblematik kann risikolos und handelnd erfahren werden. Das Lernspiel ist *»gespielte Wirklichkeit«* (KIRSTEN/MÜLLER-SCHWARZ 1981, S. 192).
- Im kognitiven Bereich komplex gestaltete Lernspiele machen vernetztes Denken erfahrbarer, erlebbarer, trainierbarer, als es eine theoretische Erörterung im Unterricht leisten kann.[2]
- Neben der Sachebene gewinnt dabei die soziale Ebene erhebliches Gewicht. Gemeinsames Mit- und Gegeneinander machen den Ablauf von Entscheidungsprozessen überschaubarer, einfacher, als die komplexe Wirklichkeit das tun kann.
- Der einzelne Teilnehmer am Lernspiel muß in seiner Rolle aufgehen, er muß einen Standpunkt beziehen, er muß gewissermaßen sein Visier öffnen. Anders als bei theoretischen Erörterungen (hier kann sich der einzelne hinter einer alle betreffenden Theorie verschanzen) und anders als in der gesellschaftlichen Realität Umwelt (hier kann sich der einzelne der Mitverantwortung durch Rückzug in die Anonymität entziehen), ist er im Lernspiel zum Mittun aufgefordert.

Solche - z.T. sicher noch zu überprüfenden - Vorteile sollten meines Erachtens dazu führen, wenigstens teilweise den Einsatz von Lernspielen zu wagen. Der Versuch, Lernspiele unter bestimmten unterrichtlichen Aspekten zu kategorisieren, soll eine Hilfe für den Umgang mit möglichen Lernspielen sein.

---

2 Erfahrungsgemäß neigen die Schüler auch in der Umwelterziehung dazu, Probleme linear lösen zu wollen. Hier können insbesondere komplex angelegte Umweltspiele in ihrer Umsetzung hilfreich sein.

Es wird im folgenden zwischen Themen, aus denen selbst Lernspiele entwickelt werden können, und verschiedenen Arten von Lernspielen unterschieden.

2. Lernspiele ja – aber wie?

2.1 Themen, aus denen Lernspiele entwickelt werden können

Folgende Themen erscheinen mir als Grundlage für eine Entwicklung zu Lernspielen geeignet:

- Anlage eines Golfplatzes in einem Wiesen-/Waldgebiet.
- Anlage von 6 Tennisfeldern, einem Clubhaus mit entsprechenden Umkleide- und Gastronomieeinrichtungen für 300 Mitglieder in der Nähe von Wohnbebauung.
- Anlage von Fischteichen auf dem Hof eines Landwirts.
- Ausbau einer Sommerskipiste in den Dünen von Bergen (Niederlande).
- Einrichtung eines Feuchtbiotops auf dem Schulgelände mit vorgegebenen Materialien.

Achtung! Zumindest das eine oder andere Thema dieser Liste erscheint auf den ersten Blick interessant, aber wie gehe ich vor? Eines muß vorweg gesagt werden: Die Vorbereitung eines Lernspiels bedarf viel Zeit. Eine *Checkliste* für *vorbereitende Aktivitäten* mag dies verdeutlichen:

- Materialien besorgen,
- Materialien für die Teilnehmer am Spiel verfügbar machen,
- eigene Materialien herstellen,
- möglichst genaue Definition des Konfliktfalls vornehmen,
- Einzelpersonen/Institutionen ansprechen,
- Fachcurriculum auf das Lernspiel abstimmen,
- eventuell notwendige außerschulische Zeit schulorganisatorisch abstimmen,
- Schüler sinnvoll (in Teamarbeit) an der Vorarbeit beteiligen,
- Regeln festlegen,
- Rollen festlegen.

Eine solche Liste mag abschrecken, aber nichts ist unfruchtbarer als ein schlecht oder gar nicht vorbereitetes Lernspiel, das im Ergebnis das Niveau eines Pausen- oder Thekengespräches kaum überbieten kann.

2.2 Aspekte für Lernspiele – Beispiele von Lernspielen

Es wird unterschieden zwischen Lernspielen, die

- zeitlich auf höchstens 90 Minuten (Doppelstunde) begrenzt sind, und solchen, die länger (ca. einen Vor- oder Nachmittag) dauern;
- inhaltlich eher einfach bzw. inhaltlich eher komplex sind;
- fachbezogen bzw. fächerübergreifend sind.

Ich stelle zunächst eine Checkliste zur Durchführung und zur Nachbereitung von Lernspielen vor und gehe dann zu Beispielen über. Vor- und Nachbereitung dürfen das eigentliche Lernspiel allerdings nicht verdrängen.

Checkliste für Durchführung:
- Arbeits-/Sitzordnung herstellen,
- Materialien verteilen, Vollständigkeit überprüfen,
- Aufgaben klar definieren lassen,
- Zwischenschritte festlegen,
- Protokollanten gewinnen,
- Teilergebnisse klären,
- Zeitökonomie beachten,
- Wechsel von Arbeitsformen ermöglichen.

Checkliste für Nachbereitung:
- Einigung über Ergebnisse anstreben,
- Prozeß der Ergebnisfindung schildern lassen,
- Schwierigkeiten/Störungen ansprechen,
- erstellte Produkte veröffentlichen.

Ich verzichte darauf, den von der Didaktik und der Methodik her bestimmten Einsatzort der vorgestellten Spiele in einer Unterrichtssequenz anzugeben. Jeder Spieleinsatz erwächst aus Unterricht, der gebunden ist an die situativen Bedingungen der Lerngruppe. Er kann daher m.E. nur vom Unterrichtenden bestimmt werden (vgl. auch Anmerkungen zum Turmspiel, Kap. 2.2.3 in diesem Beitrag).

2.2.1 Erstellung einer Plakatcollage zum Thema »Neubauwohnungen in Stadtwaldnähe«

Rahmenbedingungen:
- länger als eine Doppelstunde;
- inhaltlich eher komplex;
- fächerübergreifend (z.B. Biologie, Erdkunde, Sozialwissenschaften).[3]

Wie soll die Plakatcollage aussehen? Sie soll möglichst viele Menschen unterschiedlicher Auffassung ansprechen. Folgende vier Interessengruppen sollen jeweils eine Untergruppe bilden: die Anwohner, die möglichen Mieter bzw. Hausbauer, die Natur- und Umweltschützer, die Vertreter der Stadtverwaltung bzw. der Politik.

Zeitplan:
a) 30 Minuten Arbeit in Kleingruppen
b) 30 Minuten Gespräch im Plenum
c) 30 Minuten gemeinsame Erstellung der Plakatcollage durch »Experten« und »Zuarbeiter«
d) 30 Minuten abschließendes Gespräch über Veröffentlichungsmöglichkeiten der Plakatcollage

---

3 Es sei an dieser Stelle noch einmal ausdrücklich darauf hingewiesen, daß die hier und bei allen folgenden Beispielen angegebenen Fächer nur eine kleine Auswahl darstellen, da *immer* weitere Fachgebiete als die genannten eine Rolle spielen können.

zu a) Ziel der Arbeit ist nicht eine möglichst »perfekte« Plakatcollage, sondern vor allem muß die Interessenlage der Gruppe deutlich werden.
zu b) Die Inhalte der vorgelegten Entwürfe werden diskutiert, die Gruppen einigen sich auf ein Gesamtkonzept mit dem Ziel einer für alle vertretbaren Lösung.
zu c) Die endgültige Erstellung wird an 3–5 Gruppenmitglieder übertragen, welche die notwendigen Fähigkeiten zur Gestaltung mitbringen. Die anderen Teilnehmer/Teilnehmerinnen arbeiten entweder zu oder machen Vorschläge zur weiteren Organisation (Vervielfältigung, Druck, Veröffentlichung der Plakatcollage, Umsetzen in konkrete Aktionen).
zu d) Abschließendes Gespräch zum weiteren Vorgehen.

2.2.2 Ökolopoly

> *Rahmenbedingungen:*
> ❐ für eine Doppelstunde geeignet;
> ❐ inhaltlich eher komplex;
> ❐ fächerübergreifend (z.B. Chemie, Biologie, Sozialwissenschaften, Technik).

Dieses fast als klassisch zu bezeichnende kybernetische Lernspiel ist sehr bekannt und wird wohl auch sehr häufig in den Schulen eingesetzt, oft jedoch wohl nur als »Bonbon« vor den Ferien, also eigentlich außerhalb des regulären Unterrichtes.
Das von FREDERIC VESTER entwickelte **Ökolopoly** ist erhältlich sowohl als Brettspiel (1984 im Otto Maier Verlag Ravensburg erschienen) wie auch als Computerspiel (1991 überarbeitete Fassung der Studiengruppe für Biologie und Umwelt GmbH, München). Beide Versionen zeigen die Umwelt als komplexes System, in dem wir leben. Angesprochen werden folgende Bereiche: Sanierung, Produktion, Umweltbelastung, Aufklärung, Lebensqualität, Vermehrungsrate, Bevölkerung und Politik.
Insbesondere die Computerversion – in Gruppen durchgeführt – macht deutlich erfahrbar, daß jeder Eingriff in das komplexe System Natur, in dem wir leben, sehr komplexe Auswirkungen hat: Rückkopplungen, Zeitverzögerungen und Spätfolgen. Im fiktiven Industrieland Kybernetien wird erlebbar, welche unerwarteten Entwicklungen schon bei leichten Eingriffen in das System auftreten können.
Das Brettspiel ist leichter überschaubar, weniger komplex und damit m.E. auch für jüngere Spieler[4] geeignet (vgl. auch HALBACH/LEHMANN/SCHILKE 1982, S. 53f.).

---

[4] Entsprechend den neuen NRW-Richtlinien für das Gymnasium für die Sekundarstufe I, 1993, ist für die Jahrgangsstufe 8 das Jahresthema »Grundlagen ökologischer Beziehungen in Lebensgemeinschaften der Heimatregion« verbindlich vorgeschrieben. Auch im Wahlpflichtbereich der Jahrgangsstufen 9/10 werden fächerübergreifend – je nach Möglichkeiten der Schule – ökologie- und umweltschutzorientierte Themen angeboten. Daher erscheint mir der Einsatz des Brettspiels – entgegen den Angaben des Herstellers – auch für diese Schüler möglich.

2.2.3 Turmspiel

Dieses **Turmspiel** (KIRSTEN/MÜLLER-SCHWARZ 1981) stelle ich in zweifacher Weise vor: zum einen mit den ursprünglichen Regeln und zum anderen in einer von mir für den Bereich Ökologie bzw. Umweltschutz veränderten Weise.

2.2.3.1 Ursprüngliche Turmspiel-Fassung

> *Rahmenbedingungen:*
> ☐ in einer Doppelstunde machbar;
> ☐ auf unterschiedliche Themen anwendbar (z.B. Planung eines Feuchtbiotops), Schwierigkeitsgrad vom Thema abhängig;
> ☐ kann fachbezogen oder fächerübergreifend angelegt werden, z.B. Biologie, Erdkunde, Wirtschaftswissenschaften.

Es werden zwei Arbeitsteams gebildet. Jedes Team erhält die Aufgabe, einen Turm mit folgenden zur Verfügung gestellten Materialien zu bauen:

☐ 3 Bogen Kartonpapier DIN A3   ☐ 4 Bogen Papier für Entwürfe
☐ 1 Radiergummi   ☐ 1 Tube Klebstoff
☐ 1 Bleistift   ☐ 1 Schere
☐ 1 Lineal

Der Turm darf ausschließlich aus dem Material bestehen, das der Gruppe bereitgestellt wurde. Der Turm muß auf seinen eigenen Fundamenten stehen. Er darf also weder auf eine Unterlage geklebt, aufgehängt, gegen die Wand oder einen anderen Gegenstand gelehnt werden.
Es dürfen nur Kartonstreifen verwendet werden, die nicht länger und breiter sind als das zur Verfügung stehende Lineal. Der Turm muß so standfest gebaut werden, daß er das Lineal tragen kann, ohne daß er umfällt.
Die beiden Teams stehen im Wettbewerb miteinander. Jedes Team wählt aus seiner Mitte einen Beobachter, der den Arbeitsprozeß verfolgt und sich nicht an der Arbeit beteiligen darf. Die beiden Beobachter bilden anschließend eine Jury, die die Türme nach den Kriterien Höhe, Standfestigkeit und Schönheit beurteilt. Die Jury darf frei entscheiden, welchen Kriterien sie bei der Beurteilung der Türme den Vorrang gibt, sie darf diese aber nicht den Teams mitteilen.
Die beiden Teams haben genau eine Stunde Zeit zum Bauen. Die Gruppen sollen während des Bauens möglichst in verschiedenen Räumen arbeiten. Sieger ist die Gruppe, deren Turm die beste Bewertung von der Jury erhält.
Anschließend diskutieren die Gruppen zunächst getrennt, dann gemeinsam darüber, wie der Arbeitsprozeß in der Gruppe abgelaufen ist und welche Rolle die einzelnen Gruppenmitglieder dabei gespielt haben. Die Beobachter ergänzen dabei den Bericht der Gruppen. Es ist dabei darauf zu achten, daß keiner die Spieler angreift, kritisiert oder beurteilt. Es geht um die Gewinnung von Material im Interesse der Sache. Am meisten lernt man aus Entwicklungen, die schiefgehen (PLATZER-WEDDERWILLE 1993).

2.2.3.2 Veränderte Turmspiel-Fassung

Das **Turmspiel** habe ich als Anregung für viele Fächer gewählt, da besonders deutlich wird, daß im Lernspiel neben dem sachlichen Gehalt sozial bedeutsame Verhaltensweisen erfahrbar werden. Überträgt man die Spielanweisung auf ein Beispiel aus der Biologie, wird klar, wie sehr die zeitliche Begrenzung und die Lernsituation der Schüler den Ablauf mitbestimmen.

Zu Beginn einer Unterrichtseinheit oder am Beginn eines Projektes könte der Arbeitsauftrag lauten:
Planen Sie ein Feuchtbiotop auf dem Schulgelände! Der mögliche Bereich liegt brach, er ist nach Norden und Osten von einer Mauer umgeben. Fertigen Sie mit den gegebenen Materialien eine Collage an! (Die Jury soll sie nach folgenden Kriterien beurteilen: Schönheit, Arbeitsaufwand und Anpassung an die Standortbedingungen.)

Material pro Gruppe:
- 1 Pflanzenlexikon (bebildert)
- 6 ausgemusterte Pflanzenkundebücher
- 1 Pappbogen DIN A3
- 4 Bogen Skizzenpapier
- 2 Tuben Klebstoff
- 6 Scheren
- 3 x 2 Kataloge von gut sortierten Pflanzencentern
- 4 Bleistifte
- 1 Kompaß
- 4 Radiergummis

(In einer Doppelstunde darf es keine Wartezeiten auf Material geben!)

Gibt man den Arbeitsauftrag in Kenntnis der gegebenen biotischen und abiotischen Faktoren, stellt dieses Planspiel praktisch eine Lernzielkontrolle dar, die von der Jury berücksichtigt werden müßte; demnach kann es nur am Ende einer Unterrichtssequenz durchgeführt werden. Von der praktischen Aufgabe kann dann ein neuer Impuls ausgehen.

2.2.4 Wer überlebt am Blauen Meer?

> *Rahmenbedingungen:*
> - nicht in einer Doppelstunde leistbar;
> - eher komplex;
> - fächerübergreifend, z.B. Wirtschaftswissenschaften, Erdkunde, Biologie.

In dem Spiel **Wer überlebt am Blauen Meer?** geht es um das Gleichgewicht zwischen Mensch und Biosphäre, aufgezeigt an Untersuchungen des Problems Überfischung. In Gruppen zu je vier »Fischern« und einem »Öki« (Spielleiter), der die Fischbestände entsprechend den Regeln des ökologischen Gleichgewichts zwischen Räuber- und Friedfischen reguliert, wird um einen Tisch mit alltäglichen Materialien gespielt (Meer = Schüssel, Fische = Spielsteine bzw. Perlen oder Hülsenfrüchte, Würfel, Bleistift, Papier, Tischrechner und Millimeterpapier). Obwohl die eigentlichen Spielregeln eher einfach sind, besteht die Schwierigkeit dieses Spiels darin, kontinuierlich – gegebenenfalls über 20 Fangjahre hinweg – Rechenoperationen durchzuführen und grafische Darstellungen anzulegen, um die Schwankungen der Populationsdichte der Fische sowie den Erlös der Fänge zu ermitteln. Ein Vorteil des Spiels liegt darin, daß Verbesserungsvorschläge eingebracht werden können.

Die vier Fischer, denen je ein Land zugeordnet ist, würfeln um Fried- und Raubfische. Je nach gewürfelter Augenzahl greifen sie Fische aus der Schüssel. Mit der vierten Würfelrunde endet das Fangjahr. Die Fänge werden nach marktwirtschaftlichen Gesichtspunkten verkauft. Entsprechend den Vorgaben werden das Guthaben für die Friedfische und getrennt davon für die Raubfische sowie die Betriebskosten berechnet. Es gewinnt der, der den höchsten Gewinn erwirtschaftet und die meisten Fische übrig hat. Für Fischfang und Gewinnmachen dürfen Spielregeln ausgehandelt werden (Spielanleitung in: TROMMER 1978a).

2.2.5 Das Bachspiel

> *Rahmenbedingungen:*
> - für weniger als eine Doppelstunde geeignet;
> - eher leicht;
> - relativ fachspezifisch, z.B. Biologie.

Das Bachspiel (entwickelt vom Institut für ökologische Forschung und Bildung e.V., Münster, erhältlich bei Ökotopia, Münster) dient dazu, die Methode der Gewässergütebestimmung mit Hilfe von Leitorganismen zu erproben. Es kann somit als Vorbereitung für tatsächliche Untersuchungen an einem wirklichen Bach angesehen werden. Da die Artenkenntnis der Schüler in der Sekundarstufe II eher als gering anzusehen ist, wird dieses Defizit hier spielerisch ausgeglichen. Vorteilhaft ist dieses Spiel auch für Innenstadtschulen, die vielleicht keinen Bach in der Nähe haben.

Die Spieler lernen in Gruppen bis zu 12 Spielern Tiere des Süßwassers kennen, die sie aus dem »Modellbach« angeln. Dann raten sie, in welcher Gewässergüteklasse dieses Tier wohl anzutreffen ist. Mit dem beigefügten Bestimmungsschlüssel wird festgestellt, um welches Tier es sich handelt und in welcher Gewässergüte es wirklich vorkommt. Für richtiges oder falsches Raten werden Punkte vergeben.

2.2.6 Müll

> *Rahmenbedingungen:*
> - länger als eine Doppelstunde;
> - eher komplex;
> - fächerübergreifend.

Der Begriff Müll wird in diesem Spiel weit gefaßt und umgreift somit zahlreiche Belastungen von Ökosystemen. Ziel des Spiels ist der Aufweis verschiedener Kräfte und Tendenzen bei der expansiven industriellen und landwirtschaftlichen Nutzung von Flächen und den dabei entstehenden Belastungen.

Das Spielmaterial muß von der Gruppe, die mindestens aus 6 Spielern bestehen sollte, in 30 Minuten selbst hergestellt werden (Spielanleitung in: FRÖR 1974, S. 151-162). Jeder Spieler ist entweder Fabrikant oder Landwirt mit dem dazugehörigen Besitz; außerdem hat er Geld. Beim Wirtschaften entsteht Müll, der überall abgeladen werden darf, außer auf Fabrikflächen. Die daraus resultierenden Belastungen müssen durch Regelungen, die ausgedacht werden müssen, in Grenzen gehalten werden. Ein Spieldurchgang geht über 10 Runden, eine Runde besteht aus 4 Phasen, die den 4 Jahreszeiten entsprechen.

Neben dem Vorteil, das Material selbst herstellen zu können, liegt die besondere Qualität des Spiels darin, daß die Gruppe als »kleine Gesellschaft« viele Möglichkeiten hat, Systeme nachzuspielen und neue Konzepte zu erfinden und zu erproben (vgl. auch HALBACH/LEHMANN/SCHILKE 1982, S. 76-78).

2.2.7 Müllopoly

Rahmenbedingungen:
- auch für eine Schulstunde geeignet;
- eher einfach;
- nicht spezifisch fachbezogen, doch fächerverknüpfend.

In Anlehnung an andere -opoly-Spiele wird nach entsprechenden Spielregeln gearbeitet (Spielanleitung in: MAYER 1992). In Gruppen von 3-6 Spielern wird gegen die drohende Müllawine gekämpft. Der im ersten Spielabschnitt erworbene Müll wird im zweiten Spielteil abgegeben. Entweder der Müllberg gewinnt oder der Spieler, der alles richtig sortiert und abgegeben hat. Ziel: Müllsortieren und Müllvermeiden.

3. Lernspiele und ihre Ambivalenz – viele Klippen müssen genommen werden

Die genannten Ausführungen und Beispiele sollten Mut machen, das Lernspiel häufiger zu wagen als bisher – auch in der Sekundarstufe II. An dieser Stelle soll noch auf zwei Artikel aufmerksam gemacht werden, die hilfreich bei der Konzeption von Lernspielen im Hinblick auf ökologisches Lernen sein können und auch Anregungen darüber hinaus enthalten: »Wie ein Umweltspiel entsteht« (SCHILKE 1982) und »Zukunftswerkstätten« (WEINBRENNER 1988). Wenn man ein Lernspiel selbst entwickelt, hat man es in der Hand, es auf die jeweilige Lerngruppe zuzuschneiden.

Nachfragen bei Kollegen aus vielen Fachbereichen haben ergeben, daß der Einsatz von Lernspielen meistens abgelehnt wird. Als Gründe werden u.a. angeführt: Zeitverschwendung; unter dem Niveau der gymnasialen Oberstufe; wenn die Lernvoraussetzungen geschaffen sind, dann ist das Spiel für die Schüler langweilig; im Hinblick auf Klausuren gibt es Wichtigeres zu tun; höchstens vor den Ferien; die Anschaffung ist zu aufwendig usw. Zeigten sich Kollegen beim The-

ma Umweltschutz und Ökologie noch überaus interessiert, so brach das Interesse bei der Nennung von Spiel völlig zusammen. Auch in der Referendarausbildung der Lehrer gibt es nur wenige Staatsarbeiten, die sich mit Lernspielen befassen.
Die von den Lehrern geäußerten Bedenken spiegeln auch die Schüler in ihrer Reaktion auf das Spielen wider.
Spielerisch einem Problem auf den Grund zu gehen, das ist, zumal in der Sekundarstufe II, für sie eher ein ungewohntes Unterfangen. So können sich beim Einführen des Spiels Unsicherheiten bei den Schülern bemerkbar machen. Sie fühlen sich vielleicht als Heranwachsende intellektuell unterfordert und können das Lernspiel deshalb leicht als Spielerei abtun. Hier kommt es darauf an, ihnen das Ziel und die Vorteile dieser Arbeitsmethode zu verdeutlichen. Ist erst einmal die beschriebene Reserviertheit überwunden, zeigt gerade die Lerngruppe in der Sekundarstufe II durch ihre differenzierten Betrachtungs- und Analysemöglichkeiten große Stärken bei der Spielauswertung und der Übertragbarkeit von Spielerfahrungen und -ergebnissen.

Zu dem Wagnis, Lernspiele häufiger in der Sekundarstufe II einzusetzen, gehört auch die Kenntnis von und der Umgang mit Klippen.
Die Durchführung von Lernspielen ist für die Teilnehmer zwar sehr lebendig, aber die Vorbereitung ist oft sehr zeitaufwendig und mühselig. Methodische Vielfalt ist daher auch das Gebot der Vorbereitung.
Das Lernspiel eröffnet andererseits die Möglichkeit, umweltbezogene Unterrichtsgegenstände in den Unterricht einzubringen, die noch nicht in ein Lehrbuch aufgenommen werden konnten, es ist also aktuell. Das Lernspiel hat den Vorteil des Zeitraffers und damit der Verdichtung von Entstehungsprozessen, aber notwendigerweise bleibt dabei jene Zeit auf der Strecke, die in der Realität Entscheidungen oft sehr langwierig reifen läßt. Man denke nur an die Umweltdebatte auf allen gesellschaftlichen Ebenen.

Die Teilnehmer kooperieren, nehmen Stellung, engagieren sich, streben Kompromisse an, machen Auswirkungen des eigenen und des Verhaltens von anderen deutlich, kurz: die Teilnehmer agieren demokratisch. Gleichzeitig muß ein entscheidungsbefugter Spielleiter aber darauf achten, daß Regeln eingeübt und eingehalten werden, daß die Sache im Blick bleibt, daß eine Lösung angestrebt wird.
Ökologisches Verhalten ist ein komplexes Lernziel. Lernspiele sind ein Weg, handlungsorientiert vorzugehen. Handlungs- und erfahrungsorientierte Vorgehensweisen dienen dem Zweck, eigene Erlebnisse mit dem Gegenstand, dem Phänomen, das bearbeitet wird, wachzurufen und als Anker für die neue Arbeit verfügbar zu machen oder gar eigene Erlebnisse erst zu schaffen (PLATZER-WEDDERWILLE 1993).

4. Immer nur Lernspiele?

Die vorgestellten Spiele sind von ihrem komplexen Inhalt her und in bezug auf die Reflexion des eigenen Tuns in besonderer Weise für die Sekundarstufe II geeignet. Könnte man nicht auch »einfachere« Spiele einsetzen, in denen der spielerische Aspekt im Vordergrund steht? Schließlich können auch Einsichten zur Translation bei der Proteinbiosynthese am **Angelspiel**, das für Spieler zwischen 3 und 88 Jahren konzipiert ist, erworben werden.

Mit einem Würfelspiel (Unterricht Biologie 1982) kann man der Entwicklung des Lebens auf der Erde nachgehen. Für Teilbereiche (z.B. die chemische Evolution) kann ein solches Würfelspiel von der jeweiligen Lerngruppe individuell gestaltet werden (GERLEVE 1987). So wird auch dieser nur schwer vorstellbare Vorgang begreifbar.

Ein Spiel kann auch ein guter Weg sein, Kenntnisse aus der Sekundarstufe I für die Oberstufenschüler wieder verfügbar zu machen und in einem neuen Kontext zu sehen (z.B. GÜLZ 1993, 1993/94).

Da es immer auf die Einbindung in die Gesamtkonzeption des Unterrichts und damit die stufengemäße Auswertung ankommt, sollte man ruhig Experimente mit dem Spiel wagen. Ein Würfelspiel wie **Sauerbaum** (Spieleautor JOHANNES TRANELIS, Herder Verlag) kann durchaus der sinnvolle Einstieg in eine problemorientierte Unterrichtsreihe zum Unterrichtsinhalt »Saurer Regen« sein.

Auch den Einsatz von Naturerfahrungsspielen erachte ich für die heutzutage eher naturfern lebenden Schüler als sinnvoll. Es geht mir dabei vorwiegend darum, Erfahrungen und sinnliche Wahrnehmungen aus der Natur in Ruhe bewußtzumachen.

Natürlich bieten auch andere Spielformen in der Sekundarstufe II gute Möglichkeiten, Umwelt- und Umweltschutzprobleme zu bearbeiten, etwa das dem Fernsehen nachgeahmte »Pro-und-Kontra-Spiel«, Rollenspiele und nicht zuletzt das kritische Kabarett (wie z.B. das Schülerkabarett »Die Kettwichte« des Theodor-Heuss-Gymnasiums in Essen).

Bei allen Vorgaben und Hinweisen zum Einsatz von Spielen in der Schule sei zum Schluß gesagt: Die Phantasie des Unterrichtenden bleibt immer ebenso gefordert wie sein Engagement, sich auf die jeweilige Gruppe und das Thema einzulassen.

Abschließend möchte ich Herrn StD D. PÜTZ, Ständiger Vertreter des Seminarleiters im Studienseminar für das Lehramt für die Sekundarstufe II in Essen, und Herrn StD Dr. W. KRICKE, Fachleiter für Biologie und Chemie am gleichen Seminar, für ihre überaus konstruktive Mitarbeit danken.

Literatur

BRUCKNER, AMBROS: Flurbereinigung. Westermann Planspiel. Westermann, Braunschweig 1975;
DAUBLEBSKY, BENITA: Spielen in der Schule. Klett, Stuttgart 1978[6];
DÖRNER, DIETRICH: Die Logik des Mißlingens. Rowohlt, Reinbek 1993;
EIGEN, MANFRED/WINKLER, RUTHILD: Das Spiel. Naturgesetze steuern den Zufall. Piper, München/Zürich 1978;
ESCHENHAGEN, DIETER/KATTMANN, ULRICH/RODI, DIETER: Fachdidaktik Biologie. Aulis, Köln 1985;
EUSTERBROCK, DIRK: Wirtschaftsförderung. Westermann Planspiel. Westermann, Braunschweig 1976;
FRITZ, JÜRGEN: Spielbonbons aus der Lernkiste. In: Westermanns Pädagogische Beiträge 34(1982), H. 11, S. 476–479;
FROMMBERGER, HERBERT u.a. (Hrsg.): Lernendes Spielen – Spielendes Lernen. Schroedel, Hannover 1976;

FRÖR, HANS: Spiel und Wechselspiel. Kaiser, München 1974;
FRÖR, HANS: Spielend bei der Sache. Kaiser, München 1978[8];
GERLEVE, ANDREAS: Erarbeitung der Entstehung des Lebens auf der Erde – kontinuierliche Entwicklung eines Evolutionsspieles durch die Schüler zur Überprüfung und Festigung der erworbenen Kenntnisse. Unveröffentlichte schriftliche Hausarbeit im Rahmen der Zweiten Staatsprüfung für das Lehramt für die Sekundarstufe II, Essen 1987;
GESCHICHTE LERNEN 1(1988), H. 4 – Themenheft: Umweltgeschichte;
GROPENGIESSER, ILKA/SCHNEIDER, VOLKER (Hrsg.): Gesundheit – Wohlbefinden, Zusammen leben, Handeln. Jahresheft aller pädagogischen Zeitschriften des Friedrich Verlages, Bd. 8. Friedrich, Seelze 1990;
GUDJONS, HERBERT: Interaktionsspiele im Unterricht. In: Westermanns Pädagogische Beiträge 34(1982), H. 11, S. 466–471;
GÜLZ, GERTRUD: »Spiel mit« im Botanischen Garten. In: Praxis der Naturwissenschaften – Biologie 42(1993), H. 4, S. 16–21;
GÜLZ, GERTRUD: Die Jahreszeiten im Spiel. In: Praxis der Naturwissenschaften – Biologie 42(1993), Teil 1: H. 6, S. 38–41, Teil 2: H. 7, S. 49–51, Teil 3: H. 8, S. 50–53, Teil 4: 43(1994), H. 1, S. 31–34;
HALBACH, UDO/LEHMANN, JÜRGEN/SCHILKE, KARL (Hrsg.): Lernspiele in der Umwelterziehung. Beltz, Weinheim/Basel 1982;
HANNIG, JÜRGEN/HANNIG, CHRISTEL: Unterrichtsspiele als integrierte Elemente der Unterrichtsgestaltung. In: Westermanns Pädagogische Beiträge 33(1981), H. 8, S. 316–322;
HAUBRICH, HARTWIG (Hrsg.): Zur Theorie und zum Einsatz geographischer Planspiele. Westermann, Braunschweig 1978[2];
HOFFMANN, WOLFGANG (Hrsg.): Kommentierte Umweltspieleliste. Ökotopia, Münster 1993;
KIRSTEN, RAINER E./MÜLLER-SCHWARZ, JOACHIM: Gruppen-Training. Rowohlt, Reinbek 1981;
KREIBICH, BARBARA: Industrieansiedlung. Westermann Planspiel. Westermann, Braunschweig 1978;
KULTUSMINISTER DES LANDES NORDRHEIN-WESTFALEN (Hrsg.): Richtlinien für die gymnasiale Oberstufe in Nordrhein-Westfalen. Greven, Köln 1981;
KULTUSMINISTERIUM DES LANDES NORDRHEIN-WESTFALEN (Hrsg.): Richtlinien und Lehrpläne für das Gymnasium – Sekundarstufe I – in NRW. Düsseldorf 1993;
LEHMANN, JÜRGEN/PORTELE, GERHARD (Hrsg.): Simulationsspiele in der Erziehung. Beltz, Weinheim/Basel 1976;
MAYER, MARGARETE: Müllopoly. In: Praxis der Naturwissenschaften – Biologie 41(1992), H. 5, S. 7–9;
NOLZEN, HEINZ: Kernkraftwerk. Westermann Planspiel. Westermann, Braunschweig 1976;
PLATZER-WEDDERWILLE, KARL-REINHOLD: Unveröffentlichtes Manuskript zu einer Fachleitertagung. Essen 1993;
SCHEUERL, HANS: Das Spiel. Untersuchungen über sein Wesen, seine pädagogischen Möglichkeiten und Grenzen. Beltz, Weinheim 1965[4];
SCHILKE, KARL: Wie ein Umweltspiel entsteht. In: HALBACH, UDO u.a. (Hrsg.): Lernspiele in der Umwelterziehung. Beltz, Weinheim/Basel 1982, S. 178–195;
STAECK, LOTHAR: Zeitgemäßer Biologieunterricht. Metzler, Stuttgart 1987[4];
TROMMER, GERHARD: Wer überlebt am Blauen Meer? In: Lehrmittel aktuell 4(1978a), H. 6, S. 41–49;
TROMMER, GERHARD: Ökospiel. Westermann Planspiel. Westermann, Braunschweig 1978b;
UNTERRICHT BIOLOGIE 6(1982), H. 75 – Themenheft: Entstehung des Lebens;
VESTER, FREDERIC: Denken, Lernen, Vergessen. dtv, München 1986[13];
WEINBRENNER, PETER: Zukunftswerkstätten. Eine Methode zur Verknüpfung von ökonomischem, ökologischem und politischem Lernen. In: Gegenwartskunde 37(1988), H. 4, S. 527–560;
ZÜLCH, MARTIN: Ökologie – Ein Leitbild ästhetischen Engagements. In: Kunst+Unterricht (1988), H. 125, S. 12–21.

3.5 Spielerische Elemente in der umweltbezogenen schulischen Berufsbildung

Doris Poklekowski

1. Einführung

Die Qualität des Spielens als eine Form freier menschlicher Handlung in den Zusammenhang der institutionalisierten Bildung zu setzen, das ist besonders im Bereich der schulischen Berufsbildung vom Prinzip her ein gewagtes Unterfangen: Die Pflicht zur schulischen Bildung, die verbindlichen Vorgaben der Richtlinien und Rahmenlehrpläne setzen der Freiwilligkeit als Wesensmerkmal des Spiels eine grundsätzliche, nicht zu durchbrechende Schranke. Im Rahmen von Schule kann es daher nur darum gehen, das »Noch-Spiel« als – zumindest punktuelle und – möglichst weitgehende freie Wahl der Möglichkeiten zur Auseinandersetzung mit Bildungsinhalten durch die Lernenden abzugrenzen von autoritären, gesteuerten Vorgaben des Lernstoffs und der Gestaltungsform des Lernprozesses durch den Lehrer[1].

Nimmt man den objektiven Sachverhalt schulischer Bildungspflicht als Gegebenheit hin, oder mehr noch, ordnet man ihr vom Selbstverständnis her den Rang zu, Möglichkeiten zur Persönlichkeitsentwicklung zu bieten, dann lassen sich vielfältige Ansatzpunkte aufzeigen, die Elemente des »spielerischen Lernens« nicht nur erlauben, sondern als unverzichtbaren Bestandteil der Unterrichtsgestaltung zur Erreichung der Bildungsziele fordern. Sicherlich kann man aber auch ohne breit angelegte empirische Untersuchung davon ausgehen, daß das Selbstverständnis Jugendlicher gegenüber ihrem schulischen Alltag ein breites Spektrum aufweist von »reinem Zwang« bis hin zur »freudigen Freiwilligkeit«. Entsprechend werden diejenigen, die zu letzterer Haltung tendieren, spielerische Lernelemente mittragen können, während es für Vertreter ersterer zumindest der Überzeugung durch eigenes Erfahren bedürfen wird.

Die Möglichkeit des Scheiterns spricht jedoch nicht dagegen, auch der institutionalisierten beruflichen Bildung mittels spielerischer Gestaltungsformen ein – bisher eher vernachlässigtes – breiteres Entwicklungsfeld zu öffnen.

Ausgehend von den Zielen beruflicher Bildung, soll im nachfolgenden an einigen Beispielen der Blick dafür geschärft werden, inwieweit die Ansprüche fachlicher und sozialer Kompetenzen mit spielerischen Elementen in Einklang stehen und weshalb gerade die Komplexität und Unsicherheit umweltbezogener Themen offenere Lernformen herausfordern.

---

1 Aus sprachästhetischen Gründen wird an dieser und nachfolgenden Stellen lediglich eine der Geschlechterformen benannt; der inhaltlichen Aussage nach sollen sie natürlich für beide Geschlechter gleichermaßen verstanden werden.

2. Fachliche Kompetenz – der im Vergleich zur »realen Fachwelt« bestehende Freiraum von Berufsschule

Kindern und Jugendlichen Entwicklungsbedingungen zu schaffen, die es ihnen ermöglichen, in einer den gesellschaftlichen Anforderungen der Zeit angemessenen Weise individuelles und gesellschaftliches Leben gestalten zu können: Diese Leitlinie weist eine der grundlegenden Richtungen für Bildungsarbeit schlechthin. Der schulische Weg zur Verwirklichung dieser wohlwollenden Intention bindet in mehr oder weniger ausgeprägter Form die wahrgenommene gesellschaftliche Realität und ihren geschichtlichen Entstehungsprozeß ein. Der gesellschaftlich als wesentlich herauskristallisierte Stand des Wissens – und hierzu gehören zunehmend auch die umweltbezogenen Erkenntnisse –, die geltenden Umgangsweisen des menschlichen Miteinanders, die als wünschenswert erachtete gesellschaftliche Ordnung, die ihr innewohnenden Normen und Strukturen – auch diese sollten in der beruflichen Umweltbildung eine wesentliche Rolle spielen –: all dies soll Kindern und Jugendlichen nahegebracht werden, um ihnen für ihren eigenen Handlungsraum Anregung und Orientierungshilfe zu bieten.

Der berufsschulische Bildungsprozeß – anders als der allgemeinbildende – konkretisiert die skizzierte Leitlinie an den Rahmenbedingungen und Anforderungen spezieller Berufsprofile. Im Vordergrund steht daher weniger die Überblick schaffende inhaltliche Breite des allgemeinbildenden, auf wissenschaftliche Methoden der Erarbeitung ausgelegten Bildungsweges, sondern fachliche Spezialisierung und praktisch nutzbare Tätigkeit als wesentliche Grundlage beruflicher Handlungsfähigkeit. Nicht der Generalist ist das Bildungsziel, sondern der Spezialist, der die ausdifferenzierten Details seines beruflichen Feldes und auch die feinen Nuancierungen des komplexen Ablaufs und Umfeldes seiner beruflichen Tätigkeit kennt, zu deuten und einzusetzen weiß.

Gewiß wäre es verkehrt, aus der Betonung des spezialisierten, berufsbezogenen Moments zu schließen, daß alleinig das Erlernen spezieller Kenntnisse und einzelner unabhängig voneinander bestehender praktischer Fähigkeiten dem Wunsch nach beruflicher Handlungsfähigkeit Genüge tun könnte. Wer für einen beruflichen Zweck handeln möchte bzw. handelt, der bringt in sein unmittelbares Tun wesentlich mehr seiner produktiven Möglichkeiten ein, die er sich aus seinem individuellen (beruflichen) Zusammenhang erschließt. Nicht ausschließlich die vordergründige – mehr oder weniger – sachgerechte, situative Tätigkeit des beruflich Handelnden steht im Blickfeld beruflicher Bildung, sondern auch das bewußte Einordnen des eigenen Handelns in den Zusammenhang des beruflichen Umfeldes. Überlegungen zur Sinnhaftigkeit und zu den Zielsetzungen des eigenen Tuns, zu den verschiedenen Möglichkeiten und Mitteln der Ausführungen, zur weiteren Verwendung der erzielten Ergebnisse und der reflektierende Rückblick auf die praktische Ausführung spielen ebenso im Vorfeld wie im Anschluß an das eigentliche praktische Tun eine wesentlich Rolle.

Wer sich dieses umfassende Handlungsverständnis als Prinzip der Vorgehensweise aneignen konnte, dessen geschärfte Wahrnehmung für Handlungsmöglichkeiten, dessen Planungs- und Urteilsfähigkeit wird auch in völlig anders gelagerten Situationen von der gewonnenen Selbstverständlichkeit getragen werden.

Ein Beispiel mag das skizzierte im Mittelpunkt beruflicher Bildung stehende Handlungsverständnis deutlich machen. Hierbei handelt es sich um ein Projekt, das an der Kollegschule Kuniberg, Recklinghausen, im Rahmen des Modellversuchs »Entwicklung und Erprobung ganzheitlicher Lernansätze in der Umweltbildung in Kooperation zwischen Betrieb und Berufsschule« durchgeführt wurde (konzeptionelle Grundlagen des Modellversuchs in: AJB 1992, 1993). Jugendliche des Ausbildungsganges »Einzelhandelskaufmann/Einzelhandelskauffrau« griffen die im Unterrichtsgespräch entstandene Idee auf, ein Warenangebot unter dem Gesichtspunkt der Umweltverträglichkeit zusammenzustellen und in einem Schulschaufenster auszustellen. Bevor sie in die Tat umgesetzt werden konnte, wurde diese Idee geprüft und beurteilt im Hinblick auf ihre Zielsetzungen (Schüler bzw. potentielle Kunden auf umweltverträgliche Produktangebote hinzuweisen und dem Informationsbedarf umweltbewußter Schüler bzw. Kunden entgegenzukommen) und im Hinblick auf die Möglichkeiten, sie zu realisieren. Letzteres forderte u.a. die Auseinandersetzung mit den Fragen, welche Verpackungen und Produkte als umweltverträglich beurteilt werden können und welche nicht, welche Kriterien für Umweltverträglichkeit denn überhaupt anzulegen seien, wo und zu welchem Preis Produkte, die den festgelegten Kriterien entsprechen, beschafft werden könnten. Erst als diese vorbereitenden Überlegungen und Recherchen zu einem Ergebnis gelangt waren, konnte die ursprüngliche Idee in einem konkreten Zeit- und Zuständigkeitsplan formuliert werden, konnten Entwürfe für die Schaufenstergestaltung gefertigt und die unmittelbar praktischen Ausführungen begonnen werden. Aber auch mit Abschluß der Dekoration der Waren im Lichte des Schulschaufensters ist der handelnde Prozeß nicht abgeschlossen. Die prüfende Auswertung des Handlungsergebnisses und die Bewertung des abgelaufenen Prozesses durch Rückführung der Ergebnisse zur ursprünglichen Idee und zum entwickelten Plan gehören in den Prozeß des beruflichen Handelns hinein. In dem angeführten Fall beispielsweise hätten die Schüler anderer Klassen dahingehend befragt werden können, welche Wirkung das Schaufenster auf sie hat, um herauszufinden, ob die gesetzten Ziele erreicht wurden. Dieser Möglichkeit wurde aus Zeitgründen nicht, zumindest nicht systematisch, innerhalb des Unterrichts nachgegangen. Wohl aber suchten die »Schaufenstergestalter« untereinander die Hürden aufzuzeigen, die sie – würden sie der Aufgabenstellung nochmals beggenen – anders angehen würden.

Das skizzierte Beispiel einer projektorientierten Unterrichtsgestaltung bei Einzelhandelskaufleuten macht die vielfältigen Facetten beruflichen Handelns deutlich, das sowohl rein berufsspezifische Kenntnisse (der Warenverkaufskunde und Warenpräsentation) als auch berufsungebundene, dennoch für die berufliche Tätigkeit wichtige methodische Fähigkeiten, wie die zur Recherche und Informationsbeschaffung, zur Planung und Organisation, sowie kreative, praktische und urteilende Fähigkeiten umfaßt.

Inwieweit aber steht die Form projektorientierten Lernens in Verbindung mit Spielen, spielerischen Elementen, spielerischem Lernen?

Im Gegensatz zu der Ausbildungswelt, die die Schüler in den Werkstätten und Büros der produzierenden Betriebe, des Handels und der Dienstleistungen bietenden Unternehmen an denjenigen Tagen in der Woche erfahren, die sie nicht in der Berufsschule verbringen, stehen die berufsschulischen Aktivitäten von Auszubildenden per se nicht unter den unternehmerischen Sachzwängen, insbesondere nicht unter dem Zwang, ökonomisch wirtschaften zu müssen.

Diese Tatsache erlaubt weitreichende Konsequenzen für die methodische Gestaltung des lernenden Geschehens: Ohne direkte Folgen im Hinblick auf unmittelbare ökonomische und juristische Verantwortung der Auszubildenden vermag Berufsschule eher als betriebliche Ausbildung Lernformen anzubieten, die »spielerische« Elemente einbeziehen können. Bereits die Tatsache selbst, daß ökonomische und rechtliche Aspekte der Verantwortung für das eigene Tun nicht zum Tragen kommen, bewirkt ein »nicht-reales« Übungsfeld, ein »So-tun-als-ob«, das »Ausprobieren« für eine Realität, der die berufsschulische Übungssituation zwar nahekommen, ihr aber nicht entsprechen kann. Während des Projektes schlüpften die Auszubildenden aus der traditionellen Rolle des »Schülerseins« gedanklich wie praktisch in diejenige des Planers, des Rechercheurs, des Schaufenstergestalters etc. – zwar in direkter Konfrontation mit realer Arbeitswelt, z.B. beim Einkauf der Waren und der Befragung des Verkäufers nach seiner Einschätzung der Umweltverträglichkeit, aber immer aus der besonderen »Übungsfreiheit« des Schülers heraus.

Ohne die Formen des »traditionellen Plan- und Rollenspiels« besonders hervorzuheben, bilden sie doch einen selbstverständlichen Bestandteil dieses und anderer projektorientierter Ansätze. Das Spiel tritt lediglich nicht gesondert hervor, sondern ist vielmehr unmittelbar in einen größeren Zusammenhang integriert. Daß gerade das »Hineinschlüpfen in die Rolle eines anderen« die Perspektive für dessen Handlungsmöglichkeiten und -grenzen schärft, ist in dem Beitrag von GERICKE/KNÖR (Kap. 2.2) zutage getreten und braucht an dieser Stelle nicht weiter betrachtet zu werden. Wichtig allerdings ist, daß der durch den »Rollenwechsel« der Schüler und auch durch den »kreativen Planungsprozeß« ermöglichte Perspektivwechsel mit den hierbei gewonnenen Erfahrungen und Erkenntnissen zukünftig die sachgerechte und sinnvolle Verständigung mit der »anderen« Person, mit der »anderen« Funktion des beruflichen Umfeldes erleichtern wird.

Das angeführte Beispiel der »Präsentation umweltverträglicher Waren in einem Schaufenster« vermag den Freiraum von Berufsschule trefflich auch im Vergleich mit einem inhaltlich ähnlichen, strukturell aber anders angelegten Projekt zu veranschaulichen:

Eine ebenfalls die Idee aufgreifende Parallelklasse des gleichen Bildungsganges wollte ursprünglich das Schaufenster nicht für die Schule, sondern für ein Kaufhaus gestalten. Angesichts der entgegenstehenden Interessenlage eines Industrieunternehmens, das negative Auswirkungen – sprich einen Absatzrückgang – für seine umweltunverträglich verpackten Waren befürchtete und Druck auf die Geschäftsleitung des entsprechenden Kaufhauses ausübte, konnte dieser »reale« Rahmen allerdings nicht genutzt werden. Dennoch konnten die Auszubildenden das Projekt wenigstens bis zum Abschluß der Planungsphase bringen und so die entsprechenden inhaltlichen und methodischen Aspekte kennenlernen. Im »realen« Berufsleben hätte die Idee vermutlich gar nicht so weit entwickelt werden können, sondern wäre bereits im Anfangsstadium gescheitert. Wesentlich und als spielerisches Element gesehen werden kann, daß die Auszubildenden nicht unter einem Handlungszwang standen: Sie konnten Grenzen austesten und erfahren, ohne unter die Sanktionierung des sofortigen Projektabbruchs zu fallen.

Durch die Arbeit an diesem Projekt konnten die Auszubildenden einen weiteren für die Auseinandersetzung gerade mit beruflich relevanten umweltbezogenen Fragestellungen typischen und weit über die eigentliche Zielsetzung hinausgehenden Aspekt unmittelbarer erfahren, als sie ihn je theoretisch hätten erarbeiten können: den Konflikt zwischen ökologischen und ökonomischen Interessenlagen – und in diesem konkreten Fall auch das Unterliegen der umweltorientierten Interessen zugunsten der ökonomischen. Statt der geplanten Schaufenstergestaltung kam es zu einer Diskussion über diesen Konflikt und weitere umweltrelevante Fragen im Einzelhandel zwischen den Auszubildenden und der Geschäftsführung.

Was bleibt, ist die prinzipielle Erkenntnis, daß die Gestaltung einer derartigen Aufgabe in Interessenkonflikte hineingeraten kann und daß im Entscheidungsprozeß Kräfteverhältnisse und die Art der Verhandlungen zwischen diesen Kräften ausschlaggebend sind. Wer eine solche Erfahrung erleben und verarbeiten konnte, wird sie vermutlich auch für die Bewältigung anders verankerter Aufgaben nutzen können; beispielsweise, indem Interessenlagen und Kräfteverhältnisse frühzeitig wahrgenommen und in Überlegungen zur Vorgehensweise miteinbezogen werden.

Fachlich ausgerichtete Unterrichtsprojekte mit ihren spielerischen Elementen des freiwilligen kreativen Planens und des Rollentausches sind zwar nicht als gängiges Selbstverständnis im berufsbildenden Alltag verankert. Es setzt sich aber langsam die Einsicht durch, daß fachliches Können für seine Entwicklung mehr braucht als auf Reproduktion ausgerichtete Unterrichtsformen: die Offenheit nicht klar vorbestimmter Freiräume, den Mut zu eigenen Fehlern und die Fähigkeit, aus ihnen neue konstruktive Handlungsalternativen aufzubauen.

Mit der fachlichen Komponente verbunden, kommt ein weiteres Moment hinzu: die Umgangsweisen menschlichen Miteinanders in dem sozialen Umfeld des Berufs.

3. Umgangsweisen des menschlichen Miteinanders – Anknüpfungspunkte für spielerische Elemente

Berufliche Handlungen finden nicht isoliert statt. Sie stehen in einem sozialen und gesellschaftlichen Kontext und sind ohne diesen nicht denkbar. An dem beruflichen Arbeitsplatz ist die Abstimmung und Zusammenarbeit mit Kollegen ebenso wichtig, wie die Kooperation mit Zulieferern und Kunden erforderlich ist. Die im Arbeitsprozeß erzeugten Produkte oder die getätigten Dienstleistungen sind kein Selbstzweck, sondern finden ihren Sinn in dem Bedürfnis anderer Menschen, diese Produkte respektive diese Dienstleistungen in Anspruch zu nehmen, ohne sie selber leisten zu können.

Vor diesem Hintergrund setzt berufliche Bildung das Ziel, als Grundlage beruflicher Handlungsfähigkeit Qualitäten, Eigenschaften und Befähigungen zu fördern, die die Auseinandersetzung mit dem sozialen Umfeld ermöglichen und das eigene Handeln in eine abgestimmte Relation zu Wünschen, Bedürfnissen und Anforderungen dieses Umfeldes einzuordnen suchen. Das Spektrum dieser Qualitäten umfaßt Kommunikation und Kooperation, die Übernahme von Verantwortung für das eigene Handeln ebenso wie für das Handeln innerhalb eines gemeinschaftlichen Prozesses und die Fähigkeit zur selbständigen Lösung von Problemen und Konflikten in der Auseinandersetzung mit der sozialen Umwelt.

Will Berufsbildung tatsächlich dazu beitragen, soziale Kompetenzen zu fördern, muß sie die Aneignung fachlicher Kenntnisse und Fähigkeiten in einen Kontext bringen, der kommunikative, kooperative und verantwortungsvolle Umgangsweisen praktisch und wie selbstverständlich ermöglicht. Fähigkeiten vertiefend zu entwickeln wie die, seine Gedanken, Intentionen und Problemlösungsansätze zu einem bestimmten Thema verständlich zu artikulieren, die Äußerungen von Gesprächspartnern sachlich und von ihrer Intention her zu verstehen und zu interpretieren und im Fall unterschiedlicher Auffassungen zur Annäherung der Meinungen oder doch durch Akzeptanz zur gemeinsamen Handlungsfähigkeit beizutragen, läßt sich nicht auf theoretischem Weg erreichen. Ebensowenig ließe sich das Spielen eines Instruments durch rein gedankliche Bemühungen bewerkstelligen. Es bedarf einer Unterrichtsform, die kommunikative Abstimmungen ermöglicht, aber auch fordert.

Unterrichtsformen, die die alleinige Verantwortung bei der Lehrperson ansiedeln und von deren Initiative ausgehend Aufgabenstellungen kleinschrittig der Form und dem Inhalt nach ausformulieren, die die nötigen theoretischen Informationen und Wege ausschließlich in Vortragsform einbringen, entziehen einer eigenständigen Auseinandersetzung und der Entwicklung eigener Ideen und Pläne ebenso den Boden, wie sie kommunikative Klärungsprozesse gar nicht erst aufkommen lassen.

Zur Veranschaulichung sei nochmals beispielhaft die Idee der »Zusammenstellung eines Warensortiments unter Umweltgesichtspunkten und dessen Präsentation im Schulschaufenster« herangezogen.

Die Idee hierzu entwickelte sich aus der Auseinandersetzung der Auszubildenden mit Fragen der »Warenpräsentation und Gestaltungsmöglichkeiten«. Weder war den Auszubildenden vorgeschrieben, welche Waren und wie viele verwendet werden sollten, noch welche umweltrelevanten Gesichtspunkte zu berücksichtigen sind. Hierüber mußten sie sich ebenso einvernehmlich verständigen wie über die Fragen, wer woher welche Informationen beschafft, auswertet und den anderen weitervermittelt und wie die gestalterische Konzeption des Schaufensters aussehen sollte. Die Zuständigkeiten von einzelnen der Gruppe bei den Ausführungsschritten und der zeitliche Verlauf der einzelnen Projektschritte blieb dem Klärungsprozeß der Auszubildenden untereinander überlassen (der zeitliche Rahmen allerdings war festgelegt). Lediglich aus dem Hintergrund griff die Lehrerin stützend ein, wenn ein beschrittener Weg sich als Sackgasse herausstellte. Die Auszubildenden konnten in den weitgesteckten Projektrahmen also ihre Ideen, Interessen, ihre Zuständigkeiten und Fähigkeiten weitgehend selbständig einbringen, mußten sich hierfür kommunikativ und kooperativ abstimmen und über ihre jeweilige Teilaufgabe Verantwortung für das Gesamtergebnis übernehmen. Von der methodischen Seite her betrachtet, braucht jeder der genannten Schritte eine offen gestaltete Unterrichtsform, die von dem Selbstverständnis getragen ist, daß gemeinsame Prozesse einer konstruktiven Entwicklung bedürfen, in deren Verlauf fehlende Informationen und Fähigkeiten angeeignet werden können und nicht von vornherein beherrscht werden müssen.

Wenngleich dieses Projekt gewiß nicht als »Spiel« im traditionellen Sinne verstanden werden kann, so enthält es doch wesentliche Momente »spielerischen Lernens«:

- In einem relativ ungestörten und sanktionsfreien Raum – dieses Projekt fand zu einem Zeitpunkt statt, zu dem die Notengebung bereits abgeschlossen war – konnten die Auszubildenden »probeweise« handeln, ohne daß der Ernstcharakter der »realen« beruflichen Arbeitswelt zum Tragen kam.
- Die Idee zu dem Gesamtprojekt entsprang ihren eigenen Wünschen und Interessen. Sie hätten das Projekt auch lassen oder in einem Zwischenstadium abbrechen können, ohne Sanktionen fürchten zu müssen. Es gab keine physische Notwendigkeit, das Projekt zu verwirklichen, und auch keine sittliche Pflicht (wenngleich die Auszubildenden sich mit ihren eigenen Zielsetzungen in die Pflicht genommen haben).
- Die Auszubildenden konnten ihren eigenen Beitrag zu dem Gesamtprojekt inhaltlich, der Form und auch der Quantität nach im wesentlichen selber wählen – ein Vorgang, der erheblich erleichtert wurde durch die Vielfältigkeit von Fähigkeiten, die in diesem Projekt eingesetzt werden konnten. Damit legten sie die Rolle, die sie »spielen« wollten, selber fest. Es handelt sich dabei um eine Rolle, die durch die Momente der Eigenverpflichtung und der eigenen Aktivität ganz erheblich von den typischen Schülerrollen passiver Unterrichtsformen abweicht.
- Die Auszubildenden legten auch die Regeln (Abstimmungs-, Verständigungsmodi, Kooperationsformen) ihrer gemeinsamen Aktivität selber fest und gaben sich damit eine »auf Einsicht beruhende, zumindest aber nicht von außen vorgegebene« soziale Struktur.
- Die Auszubildenden haben sich gedanklich und handelnd mit ihrer sozialen wie dinglichen Umwelt auseinandergesetzt und diesen Prozeß der Auseinandersetzung wesentlich durch ihre Kreativität und Phantasie gestaltet.

Vertreter eines engen Spielbegriffs würden das beschriebene Unterrichtsprojekt entschieden von spielerischen Elementen abgrenzen, da sie das Moment der »Freiwilligkeit« angesichts des schulischen Pflichtrahmens zumindest in Frage stellen würden und die »Zweckfreiheit« als wesentliches Merkmal von Spielen fordern. Insofern grenzt sich das Projekt tatsächlich vom Spiel ab, da es Zwecke und Ziele – und zwar gleich auf mehreren Ebenen – verfolgt. Das gilt sowohl aus der Sicht der »lehrenden« Projektbetreuer (Ziele waren hier die Aneignung fachlicher Kenntnisse und fachlicher wie sozialer Fähigkeiten, die Auseinandersetzung mit umweltbezogenen, beruflich anwendbaren Inhalten und Fragestellungen ...) als auch aus der Sicht der Auszubildenden selber. (Diese wollten u.a. mit ihrem Projekt andere Schüler auf umweltschonende Einkaufsalternativen aufmerksam machen.)

Es bleibt aber zu fragen, inwieweit Zweckungebundenheit wirklich zu den notwendigen Wesensmerkmalen eines Spieles gehört. Findet sich die Spielergemeinschaft nicht auch wegen der sozialen Funktion des Spieles zusammen? Oder auch nur, um ihre eigene Langeweile zu vertreiben? Wird Theater nicht auch »gespielt«, um gesellschaftliche Verknüpfungen, Charaktere, Schicksale zu veranschaulichen, oder auch nur, um andere – nämlich die Zuschauer – zu unterhalten?

Haben nicht viele Spiele auch den »Sinn«, die eigenen Fähigkeiten auszubilden und im Vergleich mit anderen zu messen, beispielsweise sportliche Wettkampf- oder Geschicklichkeitsspiele?

Oder umgekehrt gefragt: Würde die oben beschriebene Form projektorientierten Lernens dann als »Spiel« bezeichnet werden, wenn statt der Auszubildenden kleine Kinder die Akteure gewesen wären und wenn statt der Berufsschule der Kindergarten den Rahmen abgegeben hätte, im übrigen aber die Kinder aus der Idee heraus, ein »Schaufenster« zu gestalten, diese Idee verwirklicht hätten? Wenn dem so ist, würde alleine der verpflichtende Rahmen der Berufsschule und die Intention der Auszubildenden, mit ihrem Projekt bei anderen bestimmte Überlegungen zu bewirken, das »Nicht-Spiel« ausmachen?

Jugendliche, so die Erfahrung dieses und ähnlich angelegter Unterrichtsprojekte, sind eher kreativen Handlungsprozessen zugeneigt, wenn sie ihr Tun als vernünftig und sinnvoll erkennen können.

Vielleicht ist es hilfreich, bei der Hinterfragung der Zweckungebundenheit als Wesensmerkmal des Spielerischen materielle Zwecke von immaterieller Zielsetzung und Sinngebung zu scheiden. HUIZINGA greift die angesprochene Kontroverse der Abgrenzung des Spiels vom »gewöhnlichen Tun« auf und beantwortet die Frage nach dem Stellenwert des Zwecks, der Zielsetzung bzw. des »Uninteressiertseins« des Spiels folgendermaßen (1987, S. 18):

»Verliert nun das Spiel damit, daß es unentbehrlich ist und der Kultur dienstbar wird, ja besser noch, daß es selbst Kultur wird, sein Kennzeichen des Uninteressiertseins? Nein, denn die Ziele, denen es dient, liegen selber außerhalb des Bereichs des direkt materiellen Interesses oder der individuellen Befriedigung von Lebensnotwendigkeiten. ... das Spiel kann dem Wohl der Gruppe dienen, dann aber auf andere Weise und mit anderen Mitteln als mit den unmittelbar auf das Erwerben des Lebensbedarfs gerichteten.«

Wesentlicher als der Streit um die Abgrenzung des Spiels vom »Nicht-mehr-Spielen« ist gewiß der Blick auf die oben skizzierten Qualitäten, die einer projektorientierten Unterrichtsgestaltung ebenso zu eigen sind wie traditionellen Spielen.

Der Zustand von Umwelt, die Einbindung der Umweltqualität in die Beurteilung von Produkten, sich hieraus ergebende Konflikte wurden in den genannten Projekten beiläufig schon angesprochen. Berufliche Bildung sucht die Umweltthematik aufzugreifen und in Verbindung zu setzen mit den genannten fachlichen und sozialen Kompetenzen. Gerade die der Umweltthematik eigenen Besonderheiten – die geringe Anschaulichkeit, die Komplexität und Querschnittsorientierung durch die traditionellen Fächer hindurch – und die interessenabhängigen Unsicherheiten von Urteilen und Prognosen machen deutlich, daß der Umgang mit diesen Themen Formen der Auseinandersetzung benötigt, die Nachforschungen in der Sache und Ausprobieren ebenso ermöglichen wie die Entwicklung eigener Meinungen auf der Basis differierender Interessenlagen und die Herausbildung eigenständiger Handlungsalternativen.

4. Der Zustand der Umwelt in der gesellschaftlichen Diskussion – Integrationsansätze in die berufliche Bildung

Die inhaltliche Ausdifferenzierung der Umweltthematik für die Berufsbildung orientiert sich natürlich an dem Maßstab des gesellschaftlichen Diskussionsstandes und sucht diesen zu beziehen auf den Ausschnitt des Arbeitsplatzes, des Betriebes und dessen kommunaler Einbindung und auf weitergehende politische Handlungsmöglichkeiten.

Der Blick auf den gesellschaftlichen Diskussionsstand zum qualitativen Zustand von Umwelt und zum Umgang mit Umwelt zeigt einen weitgehenden Konsens in mindestens vier Ebenen:

- Die derzeitige Qualität von Umwelt ist gefährdet, wobei (zumindest global gesehen) eine Tendenz zu weiterer Verschlechterung angenommen wird, die als Konsequenz einer zunehmenden Industrialisierung und Ausweitung der Konsumtion und eines damit einhergehenden Verbrauchs von Rohstoffen eintreten wird.
- Der gefährdete Zustand von Umwelt ist bedingt durch menschliche Lebens- bzw. Wirtschaftsformen, wobei im einzelnen darum gestritten wird, welche Lebens- bzw. Wirtschaftsform graduell denn nun mehr oder weniger gefährdende Auswirkungen auf die Qualität von Umwelt hat.
- Die gefährdete Umwelt wirkt negativ zurück auf den Menschen, gefährdet seine Lebensqualität und schränkt seine Lebensformen ein.
- Die erkannte Gefährdung wird nicht einfach hingenommen, sondern es werden Maßnahmen ergriffen, um eine Verbesserung von Umweltqualitäten zu erreichen. Ein solcher Prozeß der Verbesserung erfordert Eingriffe in die bestehenden Lebens- und Wirtschaftsformen und bewirkt unmittelbar oder mittelbar – z.B. über Preisverschiebungen, haftungsrechtliche Fragen etc. – Veränderungen, die sowohl im beruflichen wie auch im privaten Bereich spürbar werden.

Alle vier Ebenen werden in der Berufsbildung, mehr oder weniger im Vordergrund stehend, aufgegriffen: die Betrachtung des Umweltzustandes, dessen Zusammenhang mit menschlichen Aktivitäten, die Gefährdung des Menschen und die Möglichkeiten zur Verbesserung des Zustandes.

Ein Projekt, das ausgehend von der genaueren Betrachtung der Qualität von Umweltmedien vor allem die politische Handlungsfähigkeit Jugendlicher auf der Grundlage ihrer selbsterarbeiteten Kenntnisse in sehr freier Form entwickelte, sei kurz vorgestellt. Dieses Projekt wurde ebenfalls im Rahmen des Modellversuchs »Entwicklung und Erprobung ganzheitlicher Lernansätze in der Umweltbildung in Kooperation zwischen Betrieb und Berufsschule« konzeptualisiert und an dem Beruflichen Schulzentrum für Technik und Wirtschaft, Freital, durchgeführt (vgl. AJB 1992, 1993). Man sollte sich vergegenwärtigen, daß auch in diese projektorientierte Konzeption spielerische Elemente integriert sind: das Einnehmen schülerfremder »Rollen«, der Perspektivenwechsel durch einen kreativen Planungsprozeß und in diesem Fall auch die unmittelbare Naturerfahrung.

Nachdem ein angehender Industriemechaniker – der Bildungsgang umfaßte das Fachabitur und enthielt von daher stärkere Anteile des allgemeinbildenden Bereichs – den anhaltend unangenehmen Geruch eines auch äußerlich durch spärlichen Bewuchs auffälligen Gebietes bemerkt und diese seine Beobachtung in den Fachunterricht eingebracht hatte, wurde sie unter der Fragestellung aufgegriffen,

wie mit einer solchen nicht zufriedenstellenden Situation umgegangen werden kann. Jugendliche und der Lehrer verständigten sich dahingehend, einerseits über das fragliche Gebiet mit Hilfe der Kommunalverwaltung Informationen einzuholen und andererseits in Abstimmung mit den Behörden den Boden auf seine chemische Zusammensetzung hin zu prüfen.
Die Jugendlichen entwarfen in weitgehender Eigenregie einen ausführlichen Arbeitsplan, der neben den zeitlich zu vollziehenden Schritten auch Zuständigkeiten und Verständigungsformen innerhalb der Gruppe, Fragen der Geräte- und Chemikalienausstattung, die Auseinandersetzung mit der Entnahme von Bodenproben vor Ort sowie Zeitpunkte und Formen der Zusammenführung der Ergebnisse einzelner Gruppenmitglieder vorsah.
Der in Form von Briefwechsel und persönlichen Gesprächen geführte Klärungsprozeß mit den kommunalen Behörden brachte zutage, daß eine ehemalige wilde Müllkippe der Stein des Anstoßes war; die chemische Analyse ergab eine außergewöhnlich hohe Schwermetallbelastung. Mit diesen Ergebnissen in der Hand traten die Auszubildenden in Verbindung mit dem Umweltausschuß der Stadt, mit Sanierungsfirmen und der lokalen Presse. Ihr Anliegen dabei war, wenn nicht für eine Sanierung – diese wurde aus Kostengründen vorerst ausgesetzt –, so doch für eine Sicherung des Gebietes zu sorgen.

Wichtig an diesem Beispiel ist weniger die Tatsache, daß die Jugendlichen kennengelernt haben, mit Grenzwerten, Schadstoffen und chemischen Analysen umzugehen, und daß sie in der Lage sind, diese Untersuchungen bei entsprechender Ausstattung wiederholt durchzuführen. Bemerkenswert ist vielmehr, daß sie sich eng aufeinander abgestimmt mit einem komplexen Zusammenhang beschäftigt haben, den ein einzelner in dem verfügbaren Zeitrahmen nicht hätte bewältigen können, und daß sie sich sowohl bei der Beschaffung von Informationen als auch mit ihren Ergebnissen die Unterstützung externer Zuständigkeiten gesichert haben. Auf diese Weise haben sie sich einen Handlungs- und Kommunikationsrahmen und eine Art der Vorgehensweise entwickelt, die ihnen vom Prinzip her auch in anderen Fragestellungen offenstehen wird.

Und ein weiteres Moment hebt den Stellenwert eines derart offen gestalteten Unterrichts für die schulische Arbeit: Die im Verlauf des Projektes gewonnenen Erfahrungen und Kenntnisse aus den Rollen, die die Jugendlichen für diesen begrenzten Zeitraum eingenommen haben, hätten theoretisch nicht erlernt werden können. Die einzelnen Hürden und Fragestellungen hätten nicht im vorhinein klar umrissen werden können, sondern ergaben sich aus dem Zusammenhang heraus. Und selbst dann, wenn sie bekannt gewesen wären, leisten weder die Lehrbücher noch sonstige Unterrichtsmaterialien die Zusammenführung der notwendigen Kenntnisse verschiedener Disziplinen und lokaler Gegebenheiten.

5. Von den Ansätzen offener Unterrichtsgestaltung im schulischen Alltag

Die Akzentuierung berufsbildender Schulen als ein mit Freiheiten ausgestattetes Übungsfeld für die Entwicklung fachlicher und sozialer Fähigkeiten soll und kann nicht darüber hinwegtäuschen, daß dem berufsschulischen Freiraum Grenzen gesetzt sind. Inhaltlich verweisen Lehrpläne wie auch Prüfungsordnungen auf die zu erlernenden Kenntnisse. Strukturell begrenzen Kriterien wie der Klassenverband, Fächerstrukturen, Prüfungstermine und Prüfungsdruck die vorgegebene verfügbare Zeit, und der schulische Zeitrhythmus engt das Handlungsfeld der Auszubildenden ebenso ein wie das der Lehrer.

Angesichts des sehr begrenzten Zeitbudgets von acht bis zwölf Wochenstunden macht es Sinn, die Komponenten des fachlichen und sozialen Lernens unmittelbar mit einer offenen und spielerischen Unterrichtsgestaltung in der Form projektorientierten Lernens, wie sie oben beschrieben wurde, zu verknüpfen. Dennoch gibt es auch darüber hinausgehend Anlässe, nicht nur spielerische Elemente, sondern Umweltspiele in ihrer »reinen« Form und charakteristischen Ausprägung einzubinden. Vor allen Dingen zur ersten Annäherung an ein umweltbezogenes Themenfeld – sei es ein umweltrelevantes Problemfeld, wie z.B. die Abfallproblematik, oder ein Anstoß zum Nachdenken über die Gefährdung der Umweltmedien Wasser, Boden und Luft – bieten sich auch Brettspiele an, aus denen sich zahlreiche weiterführende Fragen für das spezifische Berufsfeld stellen lassen. Die meisten erhältlichen Brettspiele – sicherlich mit Ausnahme des bekannten **Ökolopolys** von FREDERIC VESTER, das in abgewandelter Form im Beitrag von GERICKE/KNÖR vorgestellt wird – sind für jüngere »Umweltspieler« konzipiert und von daher inhaltlich entsprechend allgemein gehalten. Hier seien z.B. das Abfallbrettspiel **Ideen muß man haben** des Kreises Gütersloh (zum Spiel und zur Bezugsquelle vgl. Beitrag SCHLÜTER, Kap. 3.12) genannt, das in die verschiedenen Abfallfraktionen und deren sachgerechte Entsorgung einführt, sowie das Brettspiel **Unser Wasserwettlauf**, das von der Vereinigung Deutscher Gewässerschutz herausgegeben wird und Wassergefährdungspotentiale im privaten Bereich aufzeigt. Ein spezieller beruflicher Aspekt wird bei diesen Brettspielen in aller Regel zumindest explizit nicht berührt. Als Einführungen mögen sie aber doch insofern auch für den berufsschulischen Unterricht geeignet sein, als daß sich – über den meistens privaten Zugang zur Thematik hinaus (»Was kann ich selber in meinem Haushalt umweltgerechter gestalten?«) – auch die Bezüge zum beruflichen Tun herstellen lassen. Die in dem Gütersloher Abfallbrettspiel **Ideen muß man haben** angesprochene Thematik des Verpackungsmülls und der getrennten Erfassung der derzeit bereits technisch gut wiederverwertbaren Stoffe Glas, Papier und Weißblech sowie der Gedanke der vorausschauenden Einbindung möglicher Umweltgefährdungspotentiale stellen beispielsweise für Einzelhandelskaufleute ein für das eigene berufliche Handeln wesentliches Themenfeld dar: Den Fragen und Forderungen umweltbewußter Kunden müssen sie sich ebenso stellen wie den entstehenden Gebühren für die Entsorgung zurückgegebener Verpackungen.

An eine spielerisch gestaltete Einführung von Umweltthemen lassen sich weitere methodisch aufgelockerte Elemente anknüpfen, so z.B. die Einübung des traditionellen Verkaufsgesprächs mit »umweltinteressierten« Kunden in Form von Rollenspielen.

Vielfach wurde auch bereits angeregt, die allgemein gehaltenen Brettspiele spezifisch für das eigene Berufsbild zu konkretisieren und hierfür den Ausbildungsbetrieb als zu erforschendes Objekt zu wählen. Unter dem Titel »Ökologische Spurensuche im Betrieb« ist ein unter der Initiative der IG Metall ins

Leben gerufenes betriebliches Aktionsfeld als inhaltlicher wie strategischer Leitfaden dokumentiert, der hierzu fundierte Anregungen liefern kann (LEISEWITZ/PICKSHAUS 1992).

Warum sollte man nicht die Dokumentation einer derartigen umweltorientierten Aktion oder Betriebserkundung (auch) in Brettspielform präsentieren? Zeit zur Aufarbeitung böten Projekttage oder gar -wochen. Denkanstöße, in methodisch aufgelockerter Form Umweltthemen aufzuarbeiten, gibt es zahlreiche (und in zunehmendem Maße auch erprobte): Warum sollte die im Unterricht behandelte Frage nach der Umweltverträglichkeit von Kleidung und deren Ausarbeitung (z.B. für Kaufleute der entsprechenden Spezialisierung) nicht eine Ergebnis-Präsentation auch darin erfahren, daß eine »Recyclingmodenschau« auf einem Projekttag veranstaltet wird?

Oder aber, um einen ganz anderen Zugang zu nennen: Die Auseinandersetzung mit den Gefährdungspotentialen des Wassers läßt sich vor Ort an Flüssen, Kläranlagen und Trinkwasseraufbereitungsanlagen studieren – wobei nicht nur der Verstand angesichts der Erklärungen und eigener chemischer und biologischer Untersuchungen und Beobachtungen gefordert ist, sondern auch die Sinne, vor allem über Auge und Nase, zur Wahrnehmung reizen, manchmal auch arg strapaziert werden. Die Übung sinnlicher Wahrnehmung von Natur hinterläßt durchaus nachdenkliche Gesichter und so manche Motivation, den Zusammenhängen von Naturnutzung und -verschmutzung, von eigenem Handeln in betrieblichen Organisationsstrukturen und seinen Auswirkungen tiefergehend nachzuspüren (die praktischen Beispiele der Naturerkundung in HÜBNER 1992 lassen sich unter Einbindung betrieblicher Belange auch für die berufliche Handlungsfähigkeit konkretisieren).

Daß die Beschäftigung mit der Gefährdung von Umweltmedien eine für die berufliche Bildung grundlegende ist, wird an allen Berufsbildern deutlich. Auszubildende der Metallberufe sehen sich hiermit beispielsweise im Zusammenhang mit der Frage der Aufarbeitung von Bohremulsionen ebenso konfrontiert wie Elektroinstallateure, die an den technischen Optimierungspotentialen zur Einsparung von Wasser bei Haushaltsgeräten nicht vorbei kommen. Es gilt, und dies mag die Phantasie der Auszubildenden und der Lehrer herausfordern, die jeweils spezifischen Zusammenhänge zum Berufsbild zu schaffen.

Auch Klassenfahrten werden zunehmend mehr als Möglichkeit genutzt, die sinnliche Wahrnehmung von Natur und Umweltgefährdung zu stärken oder auch ganz andere Aufarbeitungsformen zu bieten, z.B. Theater- und Tanzspiele (vgl. hierzu auch den Beitrag von KERSBERG).

Die – abgesehen von besonderen Anlässen wie speziellen Projekttagen und Klassenfahrten – auch für projektorientierte Unterrichtsformen nötigen Auflockerungen von Schulstrukturen können zumindest punktuell erreicht werden. Fächergrenzen zum Beispiel lassen sich durch die enge Zusammenarbeit von Kollegen überspringen, wodurch die Grundlage für interdisziplinäre Fragestellungen und die Komplexität projektorientierten Vorgehens geschaffen wird.
Erforderlich ist allerdings ein Verständnis, das dem traditionellen »Einzelkämpfertum« des Lehrerdaseins entgegensteht.

Und was für Unterrichtsmaterialien gilt, gilt bei im schulischen Geschehen relativ neuen Themenfeldern auch für die Lehrer: Das in den Beispielen skizzierte Erfahrungs- und Handlungswissen kann derzeit gewiß nicht aus ihrer Ausbildung folgen. Um so wichtiger ist es, ein Verständnis dafür zu entwickeln, daß projektorientierte Lernformen im Lerngeschehen einen von Jugendlichen wie Lehrern getragenen gemeinsamen Prozeß des Lernens und Arbeitens darstellen, in dem durchaus nicht alle auftretenden Situationen und Fragestellungen von vornherein durch einen »Allwissenden« lösbar sind. Lernbereitschaft und Offenheit auch von seiten der Lehrer sind gefragt.

6. Ausblick

Die angeführten Beispiele mögen als Anregung dienen, stellen aber gewiß nicht mehr dar als eine punktuelle Annäherung an die Fragestellung, welche spielerischen Möglichkeiten umweltbezogener Unterrichtsgestaltung in der beruflichen Bildung sinnvoll sind und realisiert werden könnten. Eine systematische Bestandsaufnahme vorhandener Konzeptionen fehlt ebenso wie die tiefergreifende theoretische Auseinandersetzung mit dem Wesen des Spiels in Berufsschule. Diese Defizite aufzuarbeiten mag eine Perspektive bieten, spielerischen Lernelementen als Weg gewünschter Persönlichkeitsentwicklung einen höheren Stellenwert in der beruflichen Umweltbildung zu ebnen.

Literatur

AJB: AKADEMIE FÜR JUGEND UND BERUF (Hrsg.): Erster Zwischenbericht Modellversuch: »Entwicklung und Erprobung ganzheitlicher Lernansätze in der Umweltbildung in Kooperation zwischen Betrieb und Berufsschule«. Selbstverlag AJB, Hattingen 1992;

AJB: AKADEMIE FÜR JUGEND UND BERUF (Hrsg.): Zweiter Zwischenbericht Modellversuch: »Entwicklung und Erprobung ganzheitlicher Lernansätze in der Umweltbildung in Kooperation zwischen Betrieb und Berufsschule«. Selbstverlag AJB, Hattingen 1993;

HÜBNER, KLAUS: Wahrnehmen – Erkennen – Handeln. Elemente spielerischer Naturerfahrung. Didaktische Briefe, H. 125. Selbstverlag des Pädagogischen Institutes der Stadt Nürnberg, Nürnberg 1992;

HUIZINGA, JOHAN: Homo ludens. Vom Ursprung der Kultur im Spiel. Rowohlt, Reinbek 1987;

LEISEWITZ, ANDRÉ/PICKSHAUS, KLAUS: Ökologische Spurensuche im Betrieb: Tatort Betrieb – Erfahrungen einer Aktion der IG Metall. Arbeit & Ökologie – Materialien, Bd. 4. Verlag der ökologischen Briefe, Frankfurt a.M. 1992.

3.6 Umweltspiele bei Wanderungen und bei Aufenthalten in Schullandheimen und Jugendherbergen

Herbert Kersberg

1. Einführung

Spiele, die auf eine *unmittelbare* Natur- und Umwelterfahrung ausgerichtet sind, bedürfen entsprechender äußerer Voraussetzungen. Daher sind sie meist eng verbunden mit Freiland und naturnahen Landschaften und im schulischen Bereich mit Erkundungswanderungen bzw. Schülerexkursionen. Besonders prädestiniert für Umweltspiele sind mehrtägige Heimaufenthalte in Schullandheimen, geeigneten Jugendherbergen oder in ähnlichen Heimen. Die verfügbare – nicht durch den Stundentakt des Unterrichts unterbrochene – Zeit sowie die Situation in einer meist naturnahen Landschaft bieten dort die notwendigen Voraussetzungen für ein wirksames Beobachten und Erfahren, für eindrucksvolle Erlebnisse und für hinreichende Muße zum Nachdenken und Diskutieren des Erlebten (vgl. KERSBERG 1987, 1989). Es sind die Vorteile der unmittelbaren Begegnung mit den Erscheinungen vor Ort, mit der freien Landschaft und ihren Naturstrukturen, aber auch mit den Problemen einer durch den Menschen geprägten Kulturlandschaft. Dies alles bildet die erfahrbare und erlebbare »Umwelt«, in die die soziale »Mitwelt« immer miteingeschlossen ist. Die möglichen Nachteile der geringeren Planbarkeit eines Schullandheimaufenthaltes durch nicht vorhersehbare Situationen sowie der (mögliche) höhere Zeit- und Organisationsaufwand für den Lehrer oder Gruppenleiter fallen nicht oder nur kaum ins Gewicht, sie erweisen sich in der Regel sogar als Vorteil im Sinne des ökologischen Lernens. »Natur« und »Erleben« sind nicht bis ins Detail planbar, es überwiegt aber fast immer der positive Aspekt. Dies ergibt sich schon allein aus der Erfahrung, daß die unmittelbar gewonnenen Umwelterfahrungen viel mehr Befriedigung und Freude bereiten. Im Vergleich zum traditionellen Schulunterricht, der meist weniger handlungsorientiert verläuft und bestenfalls mit dem Einsatz von Medien als Ersatzwirklichkeiten verbunden ist, haben wir es hier mit einer Fülle realer Lebenswirklichkeiten zu tun. Sie können konkret erfaßt und häufig auch in spielerischer Form erlebt werden.

Grundsätzlich kann also gelten: Umweltspiele öffnen die Schule! Die Öffnungsbreite und die erforderliche räumliche Distanz können dabei sehr unterschiedlich sein: Einige Umweltspiele können im Rahmen des normalen Schulunterrichts bereits in der unmittelbaren Schulumgebung durchgeführt werden, wenn Grünflächen angrenzen oder leicht erreichbar sind. Andere sind in Verbindung mit einer Erkundungswanderung oder ganztägigen Schülerexkursion eindrucksvoller erlebbar. Viele Ziele, die wir mit spielerischen Umwelterfahrungen anstreben, erreichen wir aber am besten in der Situation einer völligen Lösung von Schule und gewohntem Alltag durch mehrtägige Klassen- oder Gruppenaufenthalte in geeigneten Heimen.

Die Einsatzmöglichkeiten von Umweltspielen sind also abhängig von:
- der örtlichen Umgebung (innerstädtisch, randstädtisch, ländlich);
- den erreichbaren Naturstrukturen (Park, Ödland, landwirtschaftliche Nutzflächen, Wald, Bachlauf, Fluß, See/Talsperre etc.);
- dem jahreszeitlich bedingten Naturgeschehen (Blüh- und Brutzeiten, Herbstlaub und -früchte, Spuren im Schnee etc.);
- den zeitlichen Bedingungen (Umweltspiele vertragen keinen Zeitdruck!);
- den räumlichen Bedingungen der Unterbringung (bei mehrtägigen Aufenthalten in Heimen);
- der Sozialstruktur der Klasse bzw. Gruppe und
- der jeweiligen aktuellen Situation (besondere Erwartungen, Interessen, Geschehnisse, Anlässe, gezielte Vorhaben etc.).

Der Einsatz von Umweltspielen im weiteren Sinne kann sich ganz spontan aus aktuellen Situationen heraus ergeben, er kann aber auch ein geplanter sinnvoller Einstieg oder Abschluß einer Unterrichtseinheit bzw. einer thematischen Einheit oder eines besonderen Vorhabens im Rahmen der Umwelterziehung sein.

2. Zur Bedeutung mehrtägiger Schullandheimaufenthalte für Umweltspiele (gilt auch für »Freizeiten«)

Die besonderen Möglichkeiten und Vorteile eines Schullandheimaufenthaltes können generell etwa so gekennzeichnet werden:
- Ein Schullandheimaufenthalt ist eine schulische Veranstaltung, deren pädagogische Wirksamkeit durch das längere Beisammensein von Schülern und Lehrern in einer insgesamt entlasteten Atmosphäre gegenüber der Schule wesentlich gesteigert ist.
- Im Gegensatz zu dem stark vorgeplanten und in feste zeitliche Raster gezwängten Lernen in der Schule bietet der Schullandheimaufenthalt durch die besseren Möglichkeiten der Anwendung angemessener Arbeitsformen und Methoden (Projektarbeit, arbeitsteiliges Verfahren, Erkundung durch Beobachten, Befragen, Kartieren, Messen usw.) freie Handlungs- und Erfahrungsräume für die Schüler.
- Die Entlastung von zeitlichen Zwängen ermöglicht eine stärkere Berücksichtigung von Lern- und Erlebnisganzheiten, von Diskussion und Nachdenken.
- Die zu erkundenden Objekte und Erscheinungen sind durch die Arbeit »vor Ort« unmittelbar erfahrbar; daraus ergibt sich bei den Schülern eine stärkere Motivation.
- Ein Schullandheimaufenthalt ermöglicht durch »entdeckendes Lernen« vielfältige Aktivitäten und Erlebnisse mit der Erfahrung, daß Unterrichtsvorhaben auch Freude bereiten können.
- Schullandheime können räumlich und instrumentell in bezug auf bestimmte Unterrichtsvorhaben besser ausgestattet sein als Schulen.
- Schullandheime können zu Stätten der Begegnung werden.

Ein Schullandheimaufenthalt sollte also nicht dazu benutzt werden, Themen und Vorhaben zu bearbeiten (oder »nachzuholen«), die ebensogut in der Schule geleistet werden können. Hier gilt es vielmehr, die sonst nicht oder viel schwieriger zu erreichenden besonderen Erfahrungen und Erlebnisse zu ermöglichen.

Für das Vorhaben der Umwelterziehung spielen dabei die Aspekte der Sensibilisierung, der Motivation, der Aktivierung sowie der Diskussion und Bewußtmachung mit dem Ziel einer Umsetzung durch Handeln die zentrale Rolle.

Im folgenden werden einige Beispiele für spielerische Natur- und Umwelterfahrungen in – teilweise aufeinander aufbauenden – Erlebnis- und Erkenntnisstufen erläutert. Sie wollen Möglichkeiten aufzeigen, die je nach Sozialstruktur und Interessenlage der Gruppe und der örtlichen Situation genutzt und ggf. variiert werden können. Damit sind jedoch keine Gestaltungsvorschläge für den Ablauf eines Tages oder einer Woche verbunden.

3. Spielerische Naturerfahrungen (Naturerfahrungsspiele)

Naturerfahrungsspiele wollen einen spielerischen Zugang zu den Erscheinungen und Vorgängen in der Natur ermöglichen. Da das Wissen über Natur und Umwelt heute weitgehend aus sekundären Quellen entnommen wird – vor allem über die audiovisuellen Medien –, wird ein zunehmender Mangel an Primäreindrücken durch eigene, sinnhafte Begegnung und Erfahrung von Naturerscheinungen immer wieder beobachtet. Gerade das unmittelbare Erleben von Natur, die originale Begegnung, ist aber eine wichtige Voraussetzung für die wirksame und bleibende Betroffenheit des Schülers. Diese Betroffenheit führt zum Nachdenken, Verstehen und Handeln, sie kann die Bereitschaft und den Willen zum Schutz der belebten und unbelebten Natur entwickeln. Dabei steht die Förderung der sinnlichen Wahrnehmung zunächst im Vordergrund: Bewußtes Beobachten und Hören, Riechen, Tasten und Schmecken, aber auch das weitgehend abhanden gekommene Erleben von Stille bewirken in spielerischer Form häufig Ersterlebnisse und damit bleibende Eindrücke und Kenntnisse über die Natur.

So können Naturerfahrungsspiele etwa mit folgenden Zielen verbunden werden:

- spielerisch mit allen Sinnen die Natur erfahren und eine Sensibilität für die Vielfalt, Schönheit und Schutzwürdigkeit (auch Gediegenheit) von Naturstrukturen entwickeln;
- die Rolle des Menschen im Spannungsfeld zwischen einer unvermeidbaren Beeinträchtigung der Naturlandschaft und ihrem größtmöglichen Schutz erkennen;
- die eigenen Möglichkeiten der aktiven Mitwirkung zur Vermeidung oder Verminderung von Schäden an Natur und Umwelt erkennen und nutzen.

Ein wichtiges Ziel der Naturerfahrungsspiele liegt also in ihrem Beitrag zur Entwicklung einer harmonischen Beziehung zwischen Mensch und Natur.

In der folgenden Darstellung werden Naturerfahrungsspiele unterteilt in:

- Spiele zur Sensibilisierung und
- Spiele zur Gewinnung von Einsichten in Naturphänomene.

Die Übergänge zwischen diesen beiden Kategorien sind naturgemäß fließend. Die Spiele können nicht immer eindeutig zugeordnet werden, zumal sie auch beide Aspekte enthalten können. Trotzdem kann eine gewisse Rangordnung von »Erlebniseinheiten« angedeutet werden: Spiele zur Sensibilisierung bestimmen stärker die Anfangs- oder Einstiegsphase.

Generell sollten folgende Aspekte bei allen Naturerfahrungsspielen bedacht werden:

- gute Vorbereitung durch eigene Erprobung vor Ort;
- Beachtung der möglichen Organisationsformen: Einzelspiel (z.B. **Laute kartieren**) oder kooperative Klein- oder Großgruppenspiel;
- Vermeiden von (egoistischem) Wettkampfdenken (der Gedanke des »Gewinnens« sollte nicht das Ziel sein!);
- Einplanung von hinreichender Zeit (kein Spiel unter Zeitdruck!);
- Reflektieren von Spielsituationen und Auswertung von Erlebnissen (z.B. **Camera natura, Begegnung mit einem Baum**). Ein wichtiger Aspekt im Rahmen der Umwelterziehung ist: Die mitspielenden Kinder und Jugendlichen müssen Gelegenheit haben, über gewonnene Erfahrungen und Gefühle nachzudenken und zu diskutieren;
- schonender Umgang mit verwendeten Hilfsmitteln und Materialien (Konsumbegrenzung): Vorgefertigte Materialien sind hier weniger geeignet als selbstgesuchte und angefertigte, wiederverwertbare sind besser geeignet als nur einmal verwendbare. Werden Naturmaterialien gesammelt (z.B. Moospolster, Rinden, Humus etc.), sollten sie nach ihrer Auswertung wieder an ihren Fundort zurückgebracht werden. Dies gilt in jedem Fall für lebende Pflanzen und Kleintiere (Käfer, Raupen, Tiere der Bodenstreu: Achtung des Lebens!).

Die Vorschläge zu »Gestalten und Spielen im Raum« (3.3 in diesem Beitrag) sollten im Zusammenhang mit den Spielen draußen gesehen werden. Sie bieten sich daher als sinnvolle Ergänzungen bei ungünstiger Witterung an, teilweise aber auch als »Inwertsetzung« gesammelter Naturmaterialien.

Der umweltpädagogische Wert von Naturerfahrungsspielen liegt also wesentlich im affektiven Bereich, in der erlebnisbetonten Ergänzung und Vertiefung sachlicher Inhalte oder in neuen Erlebnissen und Sichtweisen der natürlichen Umwelt. Dies gilt in besonderem Maße für Spiele zur Sensibilisierung.

3.1 Spiele zur Sensibilisierung

Zu dieser Gruppe können wir eine große Zahl von Spielen rechnen, wie etwa:
- **Suchspiel** (mit Suchliste);
- **Laute kartieren**;
- **Blinde Karawane** (durch eine »sehende« Person geführt);
- **Naturerlebnispfad** (mit verbundenen Augen barfuß gehen, vom Partner geführt);
- **Begegnung mit einem Baum** (mit verbundenen Augen vom Partner geführt);
- **Hände begreifen** (mit verbundenen Augen Naturstrukturen ertasten);
- **Camera natura** (mit verdeckten Augen durch den Partner geführt, der die Sicht an besonders eindrucksvollen Stellen für einen Augenblick freigibt).

Die meisten dieser Spiele eignen sich besonders für ein naturnahes, gehölzreiches Gelände (Wald, aber auch Stadtpark, Obstwiese o.ä.), andere können auch in offenem Gelände durchgeführt werden.

Am Beispiel der beiden erstgenannten Spiele sollen die Absicht und Durchführung kurz erläutert werden (vgl. auch KERSBERG/LACKMANN 1994).

3.1.1 Suchspiel

Es kann von Kindern und Jugendlichen in Gruppengrößen bis etwa Klassenstärke (ca. 25–30 Personen) gespielt werden, möglichst in einem naturnahen Gelände (Wald, auch Stadtpark o.ä.; Zeitdauer etwa 1 Stunde). Mit Hilfe einer

Suchliste (Beispiele: etwas Schönes; etwas Natürliches, was nutzlos ist; etwas, was dich an dich selbst erinnert; das kleinste Teil, das du finden kannst; etwas, mit dem du ein Geräusch machen kannst ...) sollen Dinge in der Natur entdeckt, zugeordnet und bewertet werden. Beim Suchen ist zu beachten, daß nur solche Gegenstände gesammelt werden dürfen, die ohne Beschädigung sicher an den Fundort zurückgebracht werden können.

Spielmaterialien:
Suchlisten in der Zahl der Teilnehmer oder Kleingruppen, Stoffbeutel oder Jutetaschen als Sammelgefäße sowie ggf. kleine Pappdosen zum Transport empfindlicher Fundstücke.

Spielverlauf:
Die Gruppen verteilen sich über ein vereinbartes Areal und bringen die in der Suchliste aufgeführten Dinge nach einer vorher festgelegten Zeit zum Ausgangspunkt, wo sie ausgelegt werden. Die Erlebnisse des Suchens und Findens werden erzählt, die Auswahl nach der Suchliste wird begründet und diskutiert.

Spielziele:
- Formen und besondere Eigenschaften von (biotischen und abiotischen) Erscheinungen in der Natur wahrnehmen und zuordnen können (Holz, Rinde, Blätter, Moose, Früchte, Federn, Kleintiere, Steine ...);
- den Wert unscheinbarer oder scheinbar nutzloser Dinge in der Natur erkennen können;
- zu erkennen, daß in der Natur nichts funktionslos und daher »unwichtig« ist.

Die gesammelten natürlichen Dinge sollten in der Natur verbleiben, nur Abfälle (des Menschen) sollten eingesammelt, ggf. wiederverwertet oder einem Entsorgungsbehälter zugeführt werden.

3.1.2 Laute kartieren

Es kann von Kindern und Jugendlichen in Gruppengrößen bis etwa Klassenstärke (25–30 Personen) gespielt werden (Dauer: etwa ½ Stunde). Der Spielort ist ein lichter Laubwald oder ein naturnahes Gelände mit Gebüsch- und Heckenstrukturen.

Spielmaterialien:
Pappkartons (etwa Postkartengröße) in Teilnehmerzahl und Schreibstifte.

Spielverlauf:
Die Teilnehmer verteilen sich einzeln im Gelände (jüngere Schüler auf Rufweite). Sie suchen sich eine Stelle, an der sie allein sind (etwa hinter einem Baum oder Gebüsch), um ungestört Geräusche und Laute aufnehmen zu können. Die Teilnehmer sollen nun eine gewisse Zeit (etwa 5–15 Minuten) ganz ruhig sein und mit geschlossenen Augen lauschen, wer oder was bestimmte Laute oder Geräusche verursacht und aus welcher Richtung diese kommen. Die Verursacher (Vogel, Wind, Blätter, Auto, Flugzeug, Schritte etc.) werden bildlich oder symbolisch nach ihrer Herkunftsrichtung (ggf. auch nach Stärke oder Häufigkeit) auf der Karte eingetragen, wobei der eigene Standort durch ein Kreuz in der Mitte markiert wird. So entsteht ein »Geräuschbild« der Umgebung.

Bei dem anschließenden Treffen der Gruppe (nach vereinbartem Signal) werden die Karten vorgestellt und erläutert, dabei können besondere Erlebnisse oder Empfindungen mitgeteilt werden.

Spielziele:
- Situationen schaffen, Stille in einer natürlichen Umgebung zu erleben;
- zwischen Naturlauten und Zivilisationslärm unterscheiden können und auf die Vielfalt wohltuender oder störender Geräusche in der Natur achten;
- Geräuschquellen räumlich einordnen können;
- Schulung der Wahrnehmungs- und Konzentrationsfähigkeit.

3.2 Spiele zur Einsicht in Naturphänomene

3.2.1 Den Wurzelteller eines Baumes erkennen

Dies ist eine spielerische Darstellung, an der Kinder und Jugendliche bis Klassenstärke (25–30 Personen) teilnehmen können. Als Spielort eignet sich ein freistehender, möglichst alter und weit ausladender Laubbaum in Wald oder Park.

Spielverlauf:
Nach einer eingehenden Betrachtung und Beschreibung von Krone, Stamm und Rinde sowie der oberirdisch sichtbaren, knorrigen Wurzelansätze des »Individuums« wird die Aufmerksamkeit auf die Reichweite der Wurzeln gelenkt. (Zur Ermittlung des Alters wird auf das Auszählen der Jahresringe an einem gefällten Baum der gleichen Art auf einem etwa gleichen Standort verwiesen, nach dem das Alter dieses Baumes analog grob geschätzt werden kann. Beispiel: Bei einem Dickenwachstum einer Buche von 2–3 mm pro Jahresring ergibt sich eine Zunahme des Stammdurchmessers an der Basis bzw. in Brusthöhe von etwa einem Meter in 200 Jahren.)

Um die Dimension der Größe einer Baumwurzel erlebbar zu machen, fassen sich die Kinder an und bilden einen Kreis um den Baumstamm. Sie schauen nach oben in das Kronendach und gehen dann so lange rückwärts nach außen, bis der Kreis den Rand der äußersten Äste des Baumes erreicht hat. Die jetzt überschaubare große Kreisfläche kennzeichnet das Ausmaß des (schutzbedürftigen) Wurzelbereichs.

Spielziele:
- zu erkennen, daß der Baum nicht mit dem Fuß des Baumstammes endet (wie auf Zeichnungen dargestellt wird), sondern daß ein reich verzweigtes Wurzelwerk genauso zum Baum gehört wie das Laubdach;
- zu verstehen, daß die Dimensionen der Baumwurzeln schutzbedürftige Lebensräume der Bäume sind (hierdurch kann man dann auch auf die Schädlichkeit der Bodenversiegelung bei Straßenbäumen schließen).

3.2.2 Auf Spurensuche

In diesem Partnerspiel, das im Wald oder in anderen vielfältigen Lebensräumen von Tieren gespielt werden kann, gehen jeweils 2 Kinder mit kleinen Markierungsstäben auf die Suche nach Spuren, die auf Aktivitäten von Tieren schließen lassen.

Spielmaterialien:
Kleine Markierungsstäbe (bzw. trockene Aststücke), einige Papier- oder Textilstreifen, Mal- oder Zeichenblätter, Stifte, eventuell Gips sowie Wasser und Gefäß zum Anrühren.

Spielverlauf:
Eine entdeckte Spur wird durch einen Stab markiert: Trittspuren, Losungen, Schlupf- und Scharrlöcher im Boden, Nester, Bruthöhlen, Fraßspuren, Federn, Fellreste u.a. Nach einer festgelegten Zeitspanne sammeln sich die Kleingruppen, und die gesamte Gruppe sucht auf einem Erkundungsgang alle markierten Fundorte auf. Alle Kinder versuchen, die Tierspuren zu deuten und ihre Verursacher zu benennen. Die Gruppenleiterin/der Gruppenleiter hilft beratend mit und stellt ggf. Abbildungen oder erläuternde Kurztexte zur Verfügung. Es sollte auch überlegt werden, ob die Spuren nachgezeichnet oder, wenn diese gut im Boden abgebildet sind, mit einem Gipsabdruck plastisch deutlich gemacht und »mitgenommen« werden können.

Spielziele:
- Wahrnehmen und Deuten von Tierspuren im Gelände (Wald);
- Erkennen und Bewußtwerden, daß der Wald vorrangig ein Lebensraum für viele Tierarten (und Pflanzen) ist.

Die **Spurensuche** kann in Abwandlung auch unter dem Aspekt der vom Menschen hinterlassenen »Spuren« durchgeführt werden: Holznutzungen, Tritt- und Radspuren, wilde Müllkippen u.a.

3.3 Gestalten und Spielen im Raum

Spiele zur Natur- und Umwelterfahrung sollten grundsätzlich mit einem unmittelbaren Bezug zu den realen Erscheinungen und Abläufen draußen, vor Ort, verbunden sein. Sie leben von der originalen Begegnung, vom konkreten Erleben und Entdecken. Es gibt jedoch auch Situationen bzw. Spielphasen, die – in Verbindung mit dem Erleben draußen – ebenso gut im Raum ablaufen können, z.B. das Sortieren, Zuordnen und Auswerten von Dingen, die draußen gesammelt wurden (vgl. das **Suchspiel**, die Anwendung von Naturfarben: **Natur-Farbpalette**, **Frottagen** von Baumrinden und **Baumrindenbilder** in Gips oder das Bemalen und Schmücken von **Gipsmasken**). Hier bietet die Ausstattung eines Raumes fallweise sogar bessere Möglichkeiten des Arbeitens und Gestaltens. Hinzu kommt, daß es Situationen im Verlauf von Vorhaben zur Natur- und Umwelterfahrung gibt, unter denen die beabsichtigten Erfahrungen vor Ort nicht oder nur unter erheblichen Schwierigkeiten möglich sind. Dies gilt insbesondere für mehrtägige Aufenthalte an außerschulischen Lernorten (z.B. in Schullandheimen, Jugendherbergen und verwandten Einrichtungen), die stark von nicht vorhersehbaren Witterungsverhältnissen bestimmt sein können.
Zudem können die – jahreszeitlich bedingt unterschiedlich – langen Heimabende für sinnvolle Ergänzungen der »Draußenerfahrungen« genutzt werden.
Dies gilt für das Gestalten mit Naturmaterialien ebenso wie für bestimmte Rate- und Pantomime-Spiele als auch für das Erfahren von Stille. So ist etwa das **Re-**

gentropfenspiel ein sehr eindrucksvoller Einstieg oder Ausklang bei Spielen, bei Gesprächen oder auch bei Diskussionen zu Beobachtungen und Erlebnissen. Spiele dieser Art sind auch ein geeigneter Übergang zur Nachtruhe (vgl. Kap. 3.3.3 in diesem Beitrag).

Außer diesen ergänzenden oder vertiefenden Spielen zur Natur- und Umwelterfahrung können vor allem viele Rollen- und Planspiele, etwa zu Interessenkonflikten in Bereichen Natur und Umwelt, im Raum gespielt werden. Sie sind ebenso wie Theaterspiele und Brettspiele im Rahmen eines projekt- bzw. themenbezogenen Aufenthalts an einem *außerschulischen* Lernort psychologisch günstiger angesiedelt als in der Schule.

Es ist dabei aber nicht in jedem Falle ein mehrtägiger Aufenthalt an einem außerschulischen Standort die Voraussetzung. Erfahrungsspiele im Raum lassen sich auch mit kürzeren Beobachtungsgängen und Erkundungswanderungen während der Schulzeit verbinden.

3.3.1 Gestalten mit Naturmaterialien

Die Natur bietet uns das ganze Jahr über eine Fülle von Material, aus dem sich phantasievoll kleinere oder größere »Kunstwerke« gestalten lassen. Sie können aus Blättern, Ästen, Früchten, Samen, Rinden, Gräsern, Federn, flachen Steinen oder leeren Schneckenhäuschen entstehen. Im Herbst können die Früchte von Kastanien, Buchen, Ahorn, Erlen, Fichten, Kiefern und anderen Bäumen gesammelt und an einem trockenen, kühlen Ort aufbewahrt werden. Frisch gefallenes Herbstlaub mit den verschiedenen Färbungen kann gepreßt und getrocknet werden. Ganzjährig können im Wald und in der Feldflur Federn von Wildvögeln entdeckt werden, bei einem Besuch auf dem Bauernhof sind es Hühner-, Enten-, Gänse- oder Taubenfedern.

Ziel ist es, die schöpferischen Kräfte und die Phantasie der Kinder durch Umgang mit Naturmaterialien anzusprechen.

Bereits das Suchen und Sammeln von Naturmaterialien läßt Kinder erleben, wie schön und vielfältig Formen und Farben der Natur sein können. Das Wahrnehmen des *Naturschönen* und die persönliche Auseinandersetzung mit den Naturmaterialien können dazu beitragen, den Eigenwert der natürlichen Umwelt zu sehen und sich für ihren Schutz einzusetzen.

Beim Sammeln von Naturmaterialien sollte man darauf achten, daß grundsätzlich keine lebenden Pflanzen oder Tiere zerstört oder geschädigt werden.

3.3.1.1 Gestalten von Gipsmasken mit Naturmaterialien

Es wird mit Hilfe von Gipsbinden ein Abdruck des Gesichts erstellt (Anleitung u.a. in: KERSBERG/LACKMANN 1994, S. 102ff.). Die Masken können nach dem Trocknen mit Erdfarben angemalt und/oder mit Naturmaterialien (Blätter, Gräser, Früchte ...) beklebt werden. Die Masken werden mit Hutgummi oder Bändern versehen, so daß sie von den Kindern als Tarnmaske für Versteckspiele im Wald oder auch für Rollen- und Theaterspiele im Raum getragen werden können.

3.3.1.2 Malen mit Erdfarben

Es werden verschiedenfarbige Erden aus unterschiedlichen Bodenschichten in Gläsern gesammelt und mit Wasser aufgeschlämmt. Nach dem Absetzen und dem Abgießen des überschüssigen Wassers wird die Bodenmasse mit einem Bindemittel angerührt (z.B. Caparol im Verhältnis ca. 1 : 6 oder Tapetenkleister). Farbintensitäten und Konsistenz lassen sich über unterschiedliche Mischungsanteile von Boden und Bindemittel verändern. Mit Pinsel oder Finger können nun Gegenstände, z.B. Gipsmasken, Baumrindenabdrücke aus Gips oder Naturcollagen, bemalt oder auch eigene bildhafte Darstellungen gemalt werden.

3.3.1.3 Drucken mit Naturmaterialien

Hier werden Naturobjekte wie unterschiedliche Laubblätter, Gräser, Flugorgane von Samen oder auch flache Früchte auf der Unterseite eingefärbt (Wasserfarben, Erdfarben), vorsichtig auf ein Zeichenblatt gelegt, mit Zeitungspapier abgedeckt und angedrückt. Mit Stoffmalfarben können auch Gewebe (Stoffbeutel etc.) bedruckt werden.

Die Absicht besteht u.a. darin, die Eigenart und Schönheit von Naturstrukturen kennenzulernen und ihre Gestalt und Anordnung spielerisch zu dokumentieren und zu verändern. Laubblätter können auf Tonpapier (Postkarten, Briefpapier) gelegt und festgesteckt werden und dann mit Farbe durch Sieb und (Zahn-)Bürste überspritzt werden (»Spritztechnik«). Die entstehenden Blatt-»Negative« können dann mit ihrem Namen beschriftet werden (zu weiteren Formen der Gestaltung von Postkarten oder Pappbildern, etwa mit doppelseitig klebendem Teppichband und feinem »Vogelsand« zum Bestreuen der nicht durch Naturmaterialien beklebten Flächen, vgl. z.B. THIELEMANN 1992).

3.3.2 »Umweltspiele« im Raum

Umwelterfahrungen beruhen im wesentlichen auf Sinneserfahrungen. Die natürliche Umwelt *mit allen Sinnen zu erfahren* ist die Grundlage für ihre Einschätzung und Bewertung und damit für eine entsprechende Bewußtseinsbildung und die sich daraus ableitenden Verhaltensweisen. Die Schulung der Sinne in der natürlichen Umwelt kann aber auch durch spielerische Formen im Raum ergänzt werden, die mit Zeugnissen der Natur verbunden sind.

3.3.2.1 Basar der Sinne

In dem Spiel **Basar der Sinne** werden auf Tischen Objekte ausgestellt, die je eine Sinneswahrnehmung besonders ansprechen sollen: das *Hören, Tasten, Riechen* oder *Schmecken*. Diese Objekte werden von jeweils einem Teilnehmer betreut. Die übrigen Teilnehmer tasten sich mit verbundenen Augen an den verschiedenen Stationen entlang. Die gewonnenen Erfahrungen werden anschließend im Kreis besprochen.

❏ An der *Station »Hören«*, die in einer abgetrennten Raumecke oder außerhalb des Raumes liegen kann, werden durch den Betreuer Geräusche oder Laute mit Naturmaterialien erzeugt, etwa mit Hölzern, Steinen, Muscheln, Früchten, Körnern, Kies, Sand, Wasser etc.

- An der *Station »Tasten«* sind flache **Tastkästen** oder Beutel mit natürlichen Materialien gefüllt (Waldboden mit Nadel- oder Laubstreu, Moospolster, Baumrinden, Bucheckern, Eicheln, Kastanien, Sand, Kies, Lehm, Federn etc.), andere mit nicht natürlichem Material, wie Plastik, Styropor, Nylongewebe, Watte, Pappe etc. (vgl. auch Spiele mit der **Tastkiste** oder dem **Grabbelsack** in: KERSBERG/LACKMANN 1994).
- Die *Station »Riechen«* bietet in ähnlicher Weise Naturmaterialien auf Holzbrettchen oder andere duftende Stoffe (in Fläschchen, Stoffbeuteln) an: Waldboden, harzende Zweige, Rinde oder Zapfen von Nadelhölzern, Blüten und Blätter von Wildkräutern (Tee- oder Gewürzpflanzen), Heu, aber auch Essig, Zwiebeln, Küchengewürze oder Getränke (vgl. auch die Memory-Variante von **Was duftet denn da?** in: KERSBERG/LACKMANN 1994).
- Die *Station »Schmecken«* bietet auf Tellern oder in Gläsern allerlei Eßbares und Trinkbares an: Mehl, Zucker, Salz, kleingeschnittene Stückchen von Schwarz- und Graubrot, Obst- und Gemüsesorten, Kräuter (Petersilie, Schnittlauch, Dill, Basilikum, Zitronenmelisse, Minze etc.), Mineralwasser, Limonaden, Milch etc.

3.3.2.2 *Theater- und Pantomimespiele, Rollen- und Planspiele sowie Brettspiele*

Im Hinblick auf Theater- und Pantomimespiele, Rollen- und Planspiele sowie Brettspiele im Rahmen der Umwelterziehung, die sich für mehrtägige Klassen- oder Gruppenaufenthalte in Schullandheimen, Jugendherbergen oder anderen Heimen besonders gut eignen, kann hier auf die entsprechenden Beiträge in diesem Werk (vgl. VORTISCH, HERMSEN, GERICKE/KNÖR und THOLE) bzw. auf die Literaturangaben verwiesen werden.

Unter den Pantomime- und Ratespielen haben sich u.a. **Tierpantomime** und **Was für ein Tier bin ich?** besonders bewährt (vgl. CORNELL 1979 und KERSBERG/LACKMANN 1994).

Tierpantomime wird in Kleingruppen vorbereitet und von allen Gruppenmitgliedern dargestellt. Die anderen Teilnehmer sollen das Tier erraten. Dabei können auch charakteristische Laute abgegeben und ggf. Tücher oder Laken zur Verhüllung verwendet werden. Bei dem Spiel **Was für ein Tier bin ich?** wird jedem Mitspieler eine Karte mit dem Namen oder dem Bild eines Tieres auf den Rücken geheftet. Die Spieler, die selbst nicht wissen, welches Tier sie darstellen, versuchen nun paarweise, voneinander zu erfahren, wer sie sind. Dazu haben sie vorher auf die Karte des anderen geschaut. Die Fragen sollen nur mit »ja«, »nein« oder »vielleicht« beantwortet werden.

Zu den Absichten beider Spiele gehört es, sich mit Tieren als Lebewesen »identifizieren« zu können und damit eine größere Nähe zwischen Mensch und Tier zu schaffen.

Themenbeispiele für Rollen- oder Planspiele sind etwa:

- Pro und Contra: Sperrung der Innenstadt für Motorfahrzeuge (Fußgängerzonen, fahrradfreundliche Stadt);
- Pro und Contra: Errichtung eines Golfplatzes (Campingplatz, Gewerbegebiet, Müllverbrennungsanlage, Mülldeponie etc.);
- Pro und Contra: Bau einer Umgehungsstraße;
- Konflikte im Außenbereich: Wanderweg – Radweg – Reitweg; landwirtschaftliche Nutzfläche oder Bauland?
- Sollten Herbizide und Insektizide verboten werden?
- Was bedeutet »artgerechte Tierhaltung«?

3.3.3 Erfahren von Stille

Da unsere Zeit mitgeprägt wird von einer schier ununterbrochenen Geschäftigkeit und Informationsfülle, begleitet von einer ebenso vielfältigen Geräuschkulisse, sind Phasen von Stille im Alltag kaum noch erlebbar. Sie werden von manchen jüngeren Menschen bereits als unheimlich und geradezu »störend« empfunden. Ständige Unruhe und Konzentrationsschwierigkeiten bei Schülern sind eine permanente Erfahrung der Lehrerinnen und Lehrer.

Spiele zur Natur- und Umwelterfahrung und gemeinsame Erlebnisse außerhalb der Schule können sehr hilfreich sein in dem Bemühen, sich der Ursache bewußt zu werden und die Symptome zu mindern. Unter den Spielen gibt es solche, die mit beruhigender Musik oder mit harmonischen Klängen bzw. mit Naturgeräuschen und Naturlauten verbunden sind, z.B. Vogelstimmen, Bachlauf, Wind und Blätterrauschen, Brandungsgeräusche etc. (vgl. dazu auch Kapitel 3.3.2.1 in diesem Beitrag sowie die Hinweise auf mehrere Tonkassetten in: KERSBERG/LACKMANN 1994, zum Beispiel S. 89: **Traumspiel**; S. 95: **Blumen erblühen**; S. 96: **Klangwald**).

Andere Spiele können ohne Medien oder mit leicht beschaffbaren natürlichen Materialien (Steine, Hölzer) gespielt werden. Unter diesen hat sich das **Regentropfenspiel** im Raum oder auch im Freien in unterschiedlichen Situationen – als Ausklang einer turbulenten Spielphase oder eines Tages, aber auch als Einstieg in eine bewußte Phase der Ruhe und Konzentration – vielfach bewährt. Dies gilt auch für zahlenmäßig große Gruppen.

3.3.3.1 Regentropfenspiel

Inhalt des Spiels ist das Nachahmen und Nacherleben eines Regenschauers mit seiner Dynamik und seinen spezifischen prasselnden Geräuschen.

Die Gruppe sitzt frei verteilt im Raum. Jeder Teilnehmer hält zwei nicht zu kleine Steine (oder harte Hölzer) in den Händen. Der Verlauf des Spiels wird erläutert: Alle schließen ihre Augen, sitzen entspannt und sind ganz still. Nach dem Berühren durch den/die SpielleiterIn (und ggf. Helfern) beginnen die jeweils »Berührten«, die Steine im Takt des (stummen) Wortes »Re-gen-trop-fen« aneinanderzuschlagen, bis schließlich jeder in seinem eigenen Rhythmus am »Regen« beteiligt ist. Nach einer zweiten Berührung stellen die Mitwirkenden das Klopfen ein.

Die Wirkung wird etwa so empfunden: Es fallen vereinzelt erste schwere Regentropfen – sie schwellen allmählich an bis zum prasselnden Starkregen – der Regen klingt langsam ab – der Regen hat aufgehört, es herrscht Stille.

Die Mitwirkenden öffnen nach und nach ihre Augen. Es bleibt meist eine beeindruckende Stille zurück, die nicht voreilig unterbrochen werden sollte.

3.3.3.2 Tropfsteinhöhle

Eine ähnliche Wirkung wie im **Regentropfenspiel** wird durch das Spiel **Tropfsteinhöhle** in einem möglichst abgedunkelten Raum erreicht, wobei die Steine oder Holzstäbe nur in größeren Zeitabständen und sehr leise angeschlagen werden, um die Laute der Wassertropfen nachzuahmen, die von den Tropfsteinen an der Decke (Stalaktiten) zu Boden fallen (Stalagmiten). Das Erfahren von Stille und das Lauschen auf natürliche Laute in der unbelebten Natur (Felshöhle) führen zu Ruhe und Besinnung. Das Spiel kann sich im Anschluß an den Besuch einer Tropfsteinhöhle im Kalkgebiet ergeben.

4. Erfahrungen in Dämmerung und Dunkelheit: die Nachtwanderung

Die Nachtwanderung gehört sicher zu den besonderen Erlebnissen und Höhepunkten eines mehrtägigen Schullandheim- oder Jugendherbergsaufenthaltes. Das Erleben von Dämmerung und Dunkelheit in der freien Landschaft, weit ab von der lichtdurchfluteten Stadt, von Straßenbeleuchtung und Autoscheinwerfern, erzeugt eine besondere Stimmung und Erwartung, in der vor allem Kinder sehr aufmerksam und empfänglich für neue Eindrücke sind. Voraussetzung für ein gelungenes gemeinsames Dämmerungs- oder Nachterlebnis ist, daß von allen (freiwilligen!) Teilnehmern akzeptiert wird, auf Sicht- oder Hörweite beieinander zu bleiben, auf jegliche Störung zu verzichten und unvermeidbare Gespräche nur sehr leise zu führen. Vor allem sollten »Gespräche« und Aktionen, die anderen angst machen und erschrecken sollen, unterbleiben.

Zu den ersten Erfahrungen nach dem Verlassen beleuchteter Räume und Wege gehört die Schwierigkeit des Erkennens von Objekten. Die Augen müssen sich erst an die Dunkelheit anpassen: Die Pupillen weiten sich, so daß mehr Licht in das Auge gelangt. Eine weitere Erfahrung: Farbensehen ist in der Dunkelheit kaum oder gar nicht mehr möglich. Dazu werden während der Nachtwanderung Karten in unterschiedlichen Farben ausgeteilt. Die Teilnehmer sollen versuchen, die Farben zu erkennen und sich diese zu merken. Später werden die Ergebnisse bei Licht überprüft.

Zu den besonderen Erlebnissen einer Nachtwanderung bei nicht bedecktem Himmel gehört die Betrachtung des Sternenhimmels. Es werden Sternbilder gesucht, die dem Namen nach häufig schon bekannt sind. Gute Orientierungspunkte sind der Polarstern und der »Große Wagen«. Vorteilhaft sind hier hinreichende Vorkenntnisse und das Mitführen von Sternkarten (vgl. auch die in Schulatlanten vorhandenen Karten zum Thema »Die Erde im Weltraum« mit Sternbildern des Winter- und Sommerhimmels gegen Süden und Norden). Aus diesen Betrachtungen ergeben sich meist Gespräche über Entfernungen, Größe und Alter der Gestirne und über Theorien zum Ursprung des Weltalls. Dabei spielen auch Begriffe wie Schöpfung, Unendlichkeit und Ewigkeit eine große Rolle. Sie können zu nachdenklichen Situationen und fruchtbaren Erkenntnissen zur Stellung des Menschen auf der Erde vor dem Hintergrund des Kosmos führen.

Von Zeit zu Zeit sollte sich die Gruppe sammeln und versuchen, völlig ruhig zu sein und in die Nacht hineinzulauschen. Dabei gibt es mancherlei Stimmen und Geräusche nachtaktiver Tiere. In der Dämmerung oder in klaren Nächten sind außerdem Eulen, Fledermäuse, Füchse, Reh- oder Schwarzwild etc. zu sehen.

Erfahrungen haben gezeigt, daß ein besonders eindrucksvolles Erlebnis darin besteht, für eine kurze Zeit (etwa 10–15 Minuten) einmal ganz allein zu sein, die Nacht bewußt für sich selbst wahrzunehmen und sich mit seinen Gedanken

»einsam« zu fühlen. Dazu kann folgende Anregung auch für Kinder und Jugendliche gegeben werden: Entlang eines Weges (möglichst im Wald) bleibt jeweils ein Teilnehmer im Abstand von 15 bis 20 Metern bis zur nächsten Person stehen oder sitzen. Ein Gruppenleiter (Lehrerin/Lehrer) bildet die Spitze, ein weiterer (Begleitperson) bleibt am Schluß zurück. So verteilt sich die Gruppe – je nach Größe – auf einer Wegstrecke von mehreren hundert Metern. Es darf nicht gesprochen werden. Jeder soll versuchen, zu lauschen und Geräusche der Nacht wahrzunehmen. Er soll aber auch versuchen, in sich hineinzuhorchen, Gedanken aufkommen zu lassen und die ungewohnte (»einsame«) Situation auf sich wirken zu lassen. Es ist besonders bei Kindern wichtig, vorher noch einmal zu betonen, daß jeder zwar alleine, aber nicht im Wald verlassen ist. Die nächsten Kinder und auch die Begleitpersonen halten sich in der Nähe auf, auch wenn sie nicht sichtbar oder hörbar sind. Es sollte kein Angstgefühl aufkommen! Wer sich fürchtet, kann sich auch dem nächsten Kind zugesellen, ohne miteinander zu sprechen.

Nach einer vereinbarten Zeit (mindestens 10 Minuten) bricht der letzte Teilnehmer (Begleiter) leise auf und sammelt alle weiteren ein, bis er/sie die Spitze erreicht hat. Es wird kontrolliert, ob die Gruppe vollzählig beisammen ist. Dann wird ein Kreis gebildet, um eine Gelegenheit zu geben, darüber zu berichten, wie es einem während des Alleinseins ergangen ist, was man gehört, erlebt und gefühlt hat. Solche Erfahrungen tragen sehr dazu bei, sich selbst und auch die anderen einmal ganz anders – in einer ungewohnten Situation und besonderen Atmosphäre, ganz der »Natur« ausgeliefert – zu erleben.

5. Eine spielerische Bewertung der Landschaft unter ökologischen Aspekten

5.1 Vorüberlegungen

In der Vorstellung der weitaus meisten Kinder und Jugendlichen, aber auch vieler Erwachsener, ist die sie umgebende und vertraute Landschaft im wesentlichen immer so gewesen, wie sie sich ihnen heute darstellt. Dies gilt für ländliche Räume mit ihren Feldern, Wiesen und Wegen, mit Feldgehölzen, Bachläufen und bäuerlichen Siedlungen ebenso wie für städtisch geprägte Räume. Wer hier aufgewachsen ist, wird zumindest im alltäglichen Leben nicht darüber nachdenken, wie die Landschaft vor dem Bau der Hochhäuser, der Straßen, des Bahnhofs und der Fabrikgebäude ausgesehen hat. Ältere Einwohner können sich vielleicht doch daran erinnern, daß dort, wo jetzt eine Wohnsiedlung, der Einkaufspark oder die Werkhalle steht, vorher ein Gartengelände oder Ackerland war. Aber auch hier wird der Nutzungswandel nur registriert, vielleicht mit ein wenig Bedauern über die verlorengegangene Erlebniswelt der Kindheit. Kaum jemand wird weiter zurückdenken, etwa daran, daß unser mitteleuropäischer Raum einmal fast geschlossenen mit Wald bedeckt war, in dem eine entsprechende Pflanzen- und Tierwelt heimisch war. Jede Rodung, jedes Umbrechen des Bodens zu Ackerland, jede Trockenlegung und Uferbefestigung des Flusses oder Bachlaufs bedeutete dann einen gravierenden Eingriff in das bestehende Ökosystem und in das Gleichgewicht seiner Faktoren.

Ein solcher Eingriff in den Naturhaushalt durch den wirtschaftenden Menschen kann in seinen ökologischen Folgen unterschiedlich stark sein: Die Umwandlung eines geschlossenen Hochwaldes in einen Niederwald durch häufigen Einschlag von Nutzholz wird ökologisch weniger gravierend sein als die Rodung des Waldes zur Gewinnung von Weideland. Dauerweiden, Obst- und Mahdwiesen wiederum sind ökologisch höherwertig als das jährlich umgebrochene, bearbeitete Acker- oder Gartenland. Weitere Abstufungen unter ökologischen Aspekten sind etwa der offene Feldweg, der mit einer wasserdurchlässigen Decke oder durch Tritt-, Pflaster- oder Gittersteine befestigte Weg und die betonierte oder asphaltierte Straße als völlig versiegelte Fläche.

Die hier aufgezeigte grobe schematische Abstufung unterliegt naturgemäß – je nach Sichtweise – manchmal Modifikationen. Sie gilt im wesentlichen unter dem Aspekt des Natur- und Artenschutzes, weniger unter dem Aspekt des Erosionsschutzes. Aber auch für den erstgenannten Aspekt kann es starke Abweichungen geben. So kann die offene Feldflur mit Gehölzresten und weg- oder bachbegleitendem Gebüsch artenreicher als der geschlossene Wald sein. Dies gilt z.B. für viele Steppentiere und -pflanzen, die auf eine solche »Kultursteppe« als Lebens- und Nahrungsraum angewiesen sind. Andere Sekundärbiotope wie stillgelegte Abgrabungen und Steinbrüche oder Aufschüttungen und Halden sind Anlaß für ähnliche Überlegungen. Hierbei müssen jeweils die ökologischen Aspekte und Faktoren bedacht werden, unter denen eine ökologische Bewertung erfolgen soll. Geeignete Situationen dazu bietet fast jeder Ausschnitt aus unserer Kulturlandschaft.

5.2 Handlungsorientierte Projekte im Gelände

Für die oben genannten Aspekte einer ökologisch orientierten Landschaftsbetrachtung und -bewertung bieten sich unterschiedliche Vorgehensweisen an, die sowohl Überlegungen und Diskussionen im Gelände als auch eher spielerische Formen der Erkundung und zeichnerischen Darstellung umfassen können.

Für die Überlegungen und Diskussionen vor Ort ist ein Aufsuchen geeigneter Standorte im Gelände erforderlich, von denen aus Eingriffe des Menschen beobachtet und das »Früher und Heute« miteinander verglichen und bewertet werden können. Dies führt erfahrungsgemäß zu Diskussionen mit immer neuen Argumenten.

Für eine zeichnerische bzw. bildhafte Bewertung eines gut überschaubaren Landschaftsausschnittes, etwa im Anschluß an die gemeinsame Betrachtung und Bewertung dieser Landschaft unter ökologischen Gesichtspunkten, bieten sich u.a. selbstgefertigte Landschaftsbilder an (siehe Abb. 1). Sie müssen so angelegt sein, daß sich auch jüngere Schüler darauf orientieren können und flächenhafte Landschaftsbestandteile (zum Beispiel Wald, Acker, Wiese) oder Einzelobjekte (Baum, Gebäude etc.) im Hinblick auf ihre ökologische Bewertung eindeutig zugeordnet werden können. Vereinfacht wurde diese ökologische Landschaftsbewertung auch schon mit einer vierten Grundschulklasse – in spielerischer Form – durchgeführt.

Eine spielerische Variante bzw. ein spielerisches Element der Betrachtung ist gerade bei jüngeren Kindern der Einsatz des bekannten Spiels »Ich sehe was, was Du nicht siehst«. Anstelle einer Farbnennung oder Formenbeschreibung kann man auch Sachverhalte aus dem ökologischen Bereich nehmen. Ein Beispiel ist: »... und das zerschneidet den Wald, die Wiese etc.« – gemeint kann z.B. eine Straße sein. Ein anderes Beispiel bezieht sich auf den Artenreichtum und lautet: »... und auf der leben im Sommer viele Insekten« – gemeint kann z.B. eine Obstbaum- oder Feuchtwiese sein.

Vereinfachend und zeitsparend ist es, wenn zeichnerisch begabte Teilnehmer (Schüler oder Lehrer) Skizzen oder Bilder eines bestimmten Landschaftsausschnittes entwerfen und für alle Teilnehmer vervielfältigen. Dabei muß darauf geachtet werden, daß in der Abbildung genügend Freiflächen ausgespart bleiben (z.B. bei Baumkronen und Waldflächen), die dann bei der ökologischen Bewertung entsprechend farbig angelegt werden. Bei älteren Schülern und Jugendlichen können auch großmaßstäbige Kartenausschnitte (etwa Deutsche Grundkarte 1 : 5000) oder einfache Pläne (z.B. Ortspläne) des betrachteten und zu bewertenden Landschaftsteils eingesetzt werden.

Das Ergebnis, also das gemalte Bild oder die Karte, sollte jeder Mitspieler nach der gemeinsamen Vorstellung und Diskussion der unterschiedlichen Bewertung von Flächen und Einzelobjekten mitnehmen können, um es anderen, auch in der Familie, zeigen, mit ihnen diskutieren und es gegebenenfalls auch auf einen anderen Landschaftsausschnitt übertragen zu können.

Für die ökologische Bewertung bietet sich der Aspekt des Erhaltungsgrades der Landschaft im Hinblick auf sein ursprüngliches Aussehen an (Vegetation, Verlauf von Gewässern, Geländeformen etc.). Dabei können Begriffsinhalte der in der Biologie und Geographie gebräuchlichen Hemerobiestufen (Erhaltungsgrad bzw. Grad der anthropogenen Veränderung) verwendet werden. Die Zahl der gebildeten Kategorien für die entsprechende ökologische Bewertung kann von vier bis sechs reichen, dabei sollten die verwendeten Farben z.B. wie folgt vorgegeben werden:

Tabelle 1

Kategorie	Erhaltungsgrad/Farbzuordnung	Zustandsbeschreibung
1	ursprünglich/Dunkelgrün	Der ursprüngliche Zustand der Landschaft ist erhalten geblieben.
2	natürlich/Hellgrün	Die Naturlandschaft wurde nur kaum verändert.
3	naturnahe/Gelb	Die Naturlandschaft ist insgesamt noch weitgehend erhalten bzw. nur stellenweise stärker verändert worden.
4	naturfern/Orange	Die Naturlandschaft ist insgesamt stark verändert worden.
5	unnatürlich/Rot	Die Naturlandschaft wurde völlig verändert, Naturstrukturen sind vernichtet.

Entwurf: H. KERSBERG

Umweltspiele bei Wanderungen und bei Aufenthalten in Schullandheimen

Abbildung 1: »Wir untersuchen diese Landschaft«

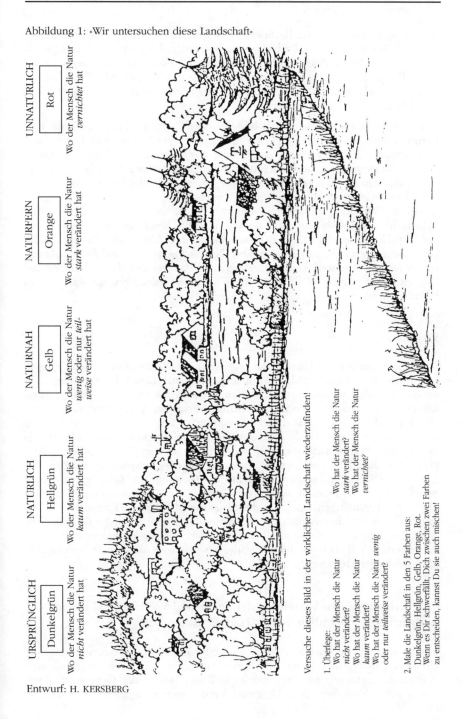

Entwurf: H. KERSBERG

In Zweifelsfällen und unter Berücksichtigung mehrerer Perspektiven der Betroffenheit können auch zwei Farben gemischt werden. Dies tritt erfahrungsgemäß häufig auf und ist verbunden mit fruchtbaren Diskussionen (z.B. die Wahl der Farbe Rosa für eine nicht voll versiegelte Fläche mit Pflaster- oder Gittersteinen oder für ein Haus mit Holzverkleidung, in der noch Insekten oder andere Kleintiere Unterschlupf finden können).

Vor dem Einsatz von »Landschaftsbildern« oder Karten und Plänen für die Kartierung sollten die Begriffe möglichst an Beispielen vor Ort erarbeitet und diskutiert werden. Zur Ermittlung des Grades der Veränderung kann als Bewertungsmaßstab der ursprüngliche, artenreiche Laubmischwald mit unterschiedlichen Schichten und Altersstufen zugrunde gelegt werden (abgesehen von Sonderstandorten wie steile Felswände oder Moore). Dabei wird die erste Kategorie (»ursprünglich«) fast immer herausfallen. Dies ist bereits eine erste wichtige Erkenntnis: Es gibt »bei uns« so gut wie keinen Flecken Landschaft mehr, in den der Mensch (z.B. durch Fällen, Pflanzen, Betreten, Befahren oder Bebauen) noch gar nicht eingegriffen hat. Auch unsere Naturschutzgebiete und Nationalparks tragen fast durchgehend keine ursprüngliche Pflanzen- und Tierwelt mehr und können daher günstigenfalls als »natürlich«, meist jedoch nur als »naturnahe« bewertet werden.

5.3 Konsequenzen

Dies alles mündet schließlich in die Frage nach der Vermeidbarkeit von Eingriffen durch den Menschen. Unsere heutige Kulturlandschaft ist ein Spiegelbild unserer Bedürfnisse und Ansprüche. Zur Befriedigung unserer Daseinsgrundbedürfnisse wie Ernähren, Wohnen, Arbeiten, Versorgen, Verkehren und Erholen sind Eingriffe unvermeidbar. Die Diskussion wird sich auf das Problem konzentrieren, wo im einzelnen die Grenzen zur Vermeidbarkeit liegen. Wo ist dies durch zumutbare Einschränkungen möglich? In welcher Weise kann ein Ausgleich bzw. Ersatz für einen unvermeidbaren Eingriff geschaffen werden?

Es ist eine Diskussion im Spannungsfeld von Ökonomie und Ökologie, die nicht nur die heutige Generation, sondern alle künftigen Generationen im zunehmenden Maße beschäftigen wird. Die beschriebene ökologische Landschaftsbewertung soll – in welcher Form sie auch immer durchgeführt wird – die Fähigkeit entwickeln, die schon vorhandenen anthropogenen Veränderungen zu erkennen, zu bewerten und dadurch in zukünftigen Situationen ökologisch verträgliche Entscheidungen treffen zu können.

6. Überlegungen zu Verteilung der Spiele und Vorhaben bei einem mehrtägigen Schullandheim-/Herbergsaufenthalt

Für die Auswahl der hier beschriebenen Aktivitäten zu spielerischen Natur- und Umwelterfahrungen außerhalb des Lernortes Schule spielen naturgemäß viele individuelle Faktoren eine entscheidende Rolle: Neben der Gruppenstruktur, dem sozialen Verhalten, dem Alter und den bereits vorausgegangenen Erfahrungen sind vor allem die Bedingungen des Heimes und seiner nahen landschaftlichen Umgebung maßgebend. Hinzu treten jahreszeitliche Aspekte und Witterungsbedingungen, aktuelle Ereignisse und besondere Interessenlagen. So können nur wenige allgemeine Hinweise gegeben werden.

Zu Beginn des Aufenthaltes sollten – soweit es die Wetterlage erlaubt – nur solche Spiele und Aktivitäten gewählt werden, die sich aus der Erkundung der nahen Umgebung ergeben bzw. mit den Erkundungswanderungen und den »originalen Begegnungen« verbinden lassen: Spiele zur Sensibilisierung (z.B. **Suchspiel** und **Laute kartieren**, Tastspiele mit verbundenen Augen als Partner- und Gruppenspiele) und Spiele zur Einsicht in Naturphänomene, soweit diese vor Ort konkret wahrgenommen werden können. Spiele im Raum sollten nachrangig sein und für geeignete Abende bzw. für Zeiten mit ungünstiger Witterung vorgesehen werden. Dazu sollten nach Möglichkeit auch Musikinstrumente und geeignete Liedertexte sowie Abspielgeräte für Tonkassetten zur Verfügung stehen (vgl. Hinweise in Kap. 3.3.3). Die Nachtwanderung ist stark abhängig von einer geeigneten Witterung, so daß diese die zeitliche Auswahl bestimmen sollte. In jedem Fall eignet sich die Nachtwanderung als Abschluß und Höhepunkt eines gemeinsamen mehrtägigen Heimaufenthaltes im Rahmen der Umwelterziehung.

Literatur

CORNELL, JOSEPH BHARAT: Mit Kindern die Natur erleben. Ahorn, Oberbrunn 1979;
CORNELL, JOSEPH BHARAT: Mit Freude die Natur erleben. Naturerfahrungsspiele für alle. Verlag an der Ruhr, Mülheim 1991;
KERSBERG, HERBERT: Schullandheim-Aufenthalte im Dienste der Umwelterziehung. In: CALLIESS, JÖRG/LOB, REINHOLD E. (Hrsg.): Praxis der Umwelt- und Friedenserziehung. Bd. 2: Umwelterziehung. Schwann, Düsseldorf 1987, S. 480–489;
KERSBERG, HERBERT: Schullandheime im Dienste der Umwelterziehung. In: Das Schullandheim (1989), H. 1, slh 146, S. 6–15;
KERSBERG, HERBERT: Natur- und Landschaftsschutz in der Nutzungsvielfalt begrenzter Räume. Das mittlere Ruhrtal im Bereich von Harkort- und Hengsteysee. In: Kommunalverband Ruhrgebiet (KVR) (Hrsg.): Umweltschutz im Ruhrgebiet. Materialien zur Umwelterziehung in der Schule und an außerschulischen Lernorten, H. 1. Selbstverlag, Essen 1991[2], S. 67–75;
KERSBERG, HERBERT: Mensch und Landschaft. Ansätze einer (geo-)ökologischen Landschaftsbewertung im Rahmen der Umwelterziehung. In: SEYBOLD, HANSJÖRG/BOLSCHO, DIETMAR (Hrsg.): Umwelterziehung – Bilanz und Perspektiven, Günter Eulefeld zum 65. Geburtstag. IPN, Kiel 1993, S. 106–121;
KERSBERG, HERBERT/LACKMANN, ULLA (Hrsg.): Spiele zur Natur- und Umwelterfahrung. Ein Beitrag zur erlebbaren Umwelterziehung. Verband Deutscher Schullandheime, Hamburg 1994;
THIELEMANN, HELGE: Naturdinge suchen, erleben und gestalten. Aus der Arbeit im Schullandheim. In: SCHREIER, HELMUT (Hrsg.): Kinder auf dem Weg zur Achtung vor der Mitwelt. Dieck, Heinsberg 1992, S. 172–185.

3.7 Umweltspiele mit behinderten Kindern und Jugendlichen

Willy Klawe

Die nachfolgenden Anregungen für die Arbeit mit Spielen in der Umwelterziehung für behinderte Kinder und Jugendliche sind im außerschulischen Feld entstanden und wurden in mehrjähriger Kooperation der Volkshochschule Norderstedt mit der Lebenshilfe Norderstedt praktisch erprobt. Die Intention des Beitrages ist folgerichtig vor allem praktischer Art: Wir wollen mit diesen Anregungen ermutigen, spielpädagogische Methoden für diese Zielgruppe verstärkt zu nutzen. Unsere Erfahrungen haben gezeigt, daß ein breites Spektrum der Arbeitsansätze und Methoden aus der Bildungsarbeit mit nichtbehinderten Kindern und Jugendlichen mit geringfügigen Veränderungen durchaus mit Erfolg für behinderte Kinder und Jugendliche umgesetzt werden können. Zugleich lassen sich unsere außerschulischen Erfahrungen ohne große Probleme in den schulischen Kontext der Umwelterziehung übertragen.

1. Umweltpädagogik – der Gegenstand

Viele der vorfindbaren Konzepte zur Umwelterziehung sind geprägt von einem moralisierend-ökologischen Grundverständnis. Wenngleich viel von Vernetzung, Ganzheitlichkeit und dergleichen geredet wird, soll vor allem ökologisch verstandenes Wohlverhalten dabei herauskommen: Tieren gegenüber schützend und verantwortlich zu handeln, Abfall nicht in die Natur zu schmeißen, sondern nach Wertstoffen getrennt zu entsorgen und den Rasen – bitte schön – nicht zu betreten. Umweltbewußtes Handeln wird so individualisiert und tendenziell entpolitisiert, demgegenüber bleibt die Frage nach einer kind- und jugendgerechten Gestaltung unserer Umwelt ausgeklammert.

Wir gehen in unserer umweltpädagogischen Arbeit von einem umfassenden Umweltverständnis aus: »Umwelt« ist für uns nicht nur die Natur, sondern ebenso soziales Umfeld, Wohnumwelt und Gestaltung des räumlichen Nahbereichs. Gegenstand unserer Umwelterziehung ist »der Mensch in seiner Umwelt«, »der Mensch in der Natur« ist ein Teil dieses Gegenstandsbereichs. So ergibt sich – für manche Leserinnen und Leser vielleicht unerwartet –, daß im Rahmen unserer Umwelterziehung auch Fragen

- ❏ der Selbstreflexion (»Wie sehe ich mich – wie sehen mich andere?«),
- ❏ des sozialen Beziehungsgeflechts,
- ❏ der bewußten Wahrnehmung und Gestaltung des sozialen und räumlichen Nahbereichs,
- ❏ der Transparenz durch die Arbeitsteilung zerstückelter Lebensbereiche (einfaches Beispiel: Woher kommt die Milch?)

behandelt werden. Dieses umfassende Umweltverständnis erweist sich gerade für die Arbeit mit behinderten Kindern und Jugendlichen als wichtig, weil sie – als Folge unseres gesellschaftlichen Umgangs mit Behinderungen – häufig in isolierten, unfreiwilligen Sozialbeziehungen aufwachsen und die nicht menschengerechte (in diesem Falle »behindertengerechte«) Gestaltung unserer Umwelt besonders kraß erleben. Vor diesem Hintergrund kann es nicht darum gehen, behinderte Kinder und Jugendliche gewissermaßen »umweltverträglich« einzupassen in vorfindbare Gestaltungsräume, sondern sie – ihrem jeweiligen Behinderungsgrad entsprechend – zu befähigen und zu ermutigen, eigene Gestaltungswünsche zu artikulieren und deren Umsetzung aktiv anzugehen.

2. Ziele spielpädagogisch orientierter Umwelterziehung

Ausgehend von unserem umfassenden Umweltverständnis, geht es also um mehr als die Vermittlung sinnlicher »Naturerfahrung«. Vielmehr richten sich die Ziele unserer Umwelterziehung auf drei Dimensionen menschlicher Umwelteignung (KLAWE 1990, S. 114f.).

Die *kognitive Dimension* bezieht sich auf Kenntnisse und intellektuelle Fähigkeiten hinsichtlich des Denkens, Wissens und Problemlösens. Hier geht es u.a. um die Vermittlung von Zusammenhängen zwischen Mensch und Umwelt, von Wissen über ökologische Kreisläufe, über Auswirkungen von Umwelteinflüssen, über Handlungsspielräume und -alternativen usw. Es geht darum, »... wissend (zu) durchdringen, was möglich ist und (zu) erlernen, in eigener Zuständigkeit Mögliches zu tun« (BUCHKREMER 1987, S. 106).

Die *affektive Dimension* zielt auf die Veränderung von Gefühlen, Bedürfnissen, Interessenlagen und auf die Bereitschaft, etwas zu tun und zu denken. Im Mittelpunkt stehen damit Einstellungen und Werthaltungen. Hier »handelt es sich um die Vermittlung altersgemäßer Verantwortungsbereitschaft für das Leben und Gedeihen von anvertrauten Lebewesen und Lebensräumen« (BUCHKREMER 1987, S. 106).

Die *pragmatische Dimension* schließlich zielt auf die Umsetzung der im kognitiven und affektiven Bereich gewonnenen Einsichten im Handeln. »Hier geht es darum, Willen und Durchhaltevermögen zu erziehen, das als richtig Entschiedene mit Kraft zu verfolgen« (BUCHKREMER 1987, S. 106).

Bei der Umsetzung dieser Ziele sind die besonderen Ausgangsbedingungen von behinderten Kindern und Jugendlichen zu berücksichtigen.

»Die verantwortliche Identifikation eines Menschen mit Umweltgegebenheiten setzt voraus, daß er die Phasen des naiven Umwelterlebens und die Auseinandersetzung mit der Umwelt ... ungestört durchlaufen konnte. Diese Voraussetzungen sind bei behinderten Kindern, seien sie körperbehindert, sinnesgeschädigt oder geistigbehindert, nicht erfüllt. Ihre Behinderung grenzt sie von vielen elementaren Erfahrungen ab« (BUCHKREMER 1987, S. 107).

Im Rahmen einer zielgruppenangemessenen Umwelterziehung ist daher der Zugang zu elementaren Umwelterfahrungen zu schaffen und deren Verarbeitung zu unterstützen. In diesem Kontext haben wir häufig die Erfahrung gemacht, daß Behinderte durchaus und sehr selbstbewußt in der Lage sind, solche in ihrer bisherigen Entwicklungsgeschichte (scheinbar) nicht möglichen Lernprozesse zu durchlaufen. Statt behinderungsbedingter Defizite haben oft überbehütendes Verhalten, institutionelle Zwänge (Aufsichtspflicht, Betreuungsschlüssel usw.) und eine systematische Unterforderung solche Lernprozesse verhindert.

3. Spielpädagogik als Methode in der Arbeit mit behinderten Kindern und Jugendlichen

»Spielpädagogische Methoden sind planmäßige Verfahren der Erziehung zum und durch Spiel, die soziales Lernen, politisches Lernen (z.B. Selbstagitation einer Gruppe), inhaltliches Lernen (z.B. Spiel als didaktisches Mittel zur Vermittlung von Inhalten), ästhetisch-künstlerisches Lernen (z.B. eine Aufführung als Kunstwerk) beinhalten, aber auch die Bedürfnisse des Menschen nach Spiel befriedigen« (BRANDES 1978, S. 39).

- Spiel ist überwiegend ein Prozeß und wird um des Prozesses willen gemacht. Nicht das Ereignis, nicht irgendein Produkt oder Profit, sondern der Ablauf der Handlung, die Tätigkeit selbst ist interessant;
- Spiel ermöglicht die Übernahme neuer ungewohnter Rollen oder Probehandeln in sanktionsarmen Räumen;
- Spiel als Methode fordert und fördert die ganze Person; Wissen, emotionales Erleben und motorische Fähigkeiten fließen in das Spielgeschehen ein;
- zum Spiel gehört der Spaß, oft der Spaß in der Gruppe – also die Geselligkeit und die individuelle Freude (vgl. KLAWE 1991, S. 105f.).

Durch diese Wesenselemente spielerischer Realitätsaneignung erweisen sich spielpädagogische Ansätze gerade für die Arbeit mit behinderten Kindern und Jugendlichen als besonders geeignet:

- Ganzheitliches Lernen bringt bisher voneinander getrennte Ebenen des Lernprozesses zusammen und bezieht sie sachgerecht aufeinander;
- handelndes Lernen reduziert ausschließlich sprachliche Vermittlung von Inhalten, ermöglicht Probehandeln in Schonräumen und vermittelt persönlichkeitsstabilisierende Erfolgserlebnisse;
- Spaß, Begegnung und Geselligkeit erleichtern eine selbstverantwortliche Gestaltung der Sozialbeziehungen, bauen Kontaktscheu und Isolation ab und fördern neue Sozialerfahrungen.

Gerade wegen der Gleichgewichtigkeit von sozialen und inhaltlichen Elementen im Spiel eignen sich spielpädagogische Ansätze auch, um integrative Bemühungen einzuleiten und Begegnungen von nichtbehinderten mit behinderten Kindern und Jugendlichen zu erleichtern.

Wichtig ist dabei freilich auch, die Grenzen ausschließlich spielpädagogisch gestalteter Lernprozesse im Blick zu behalten. Die genannten Wesensmerkmale des Spiels fördern insbesondere Sensibilisierung und sinnliche Erfahrung, deren kognitive Verarbeitung allerdings können sie nur begrenzt unterstützen. Uns scheint daher wichtig, in der Umwelterziehung spielpädagogische Methoden mit anderen Ansätzen zu verknüpfen, die den kognitiven Reflexionsprozeß forcieren und die Erfahrungen im Spiel fundieren helfen. Dabei haben wir vor allem mit produktorientierten Ansätzen gute Erfahrungen gemacht.

Produktorientiertes Lernen, d.h. die Herstellung eines Produktes (beispielsweise Collage, Hörspiel, Film, Ausstellung o.ä.) als Inhalt und Ziel, erfordert und fördert von/bei den beteiligten Jugendlichen folgende Fähigkeiten:
- innerhalb einer Gruppe zu kommunizieren und zu kooperieren,
- Kreativität und Phantasie im Rahmen der Darstellung der Arbeitsergebnisse,
- Gelerntes anderen mitzuteilen und den Adressaten so mit zum Problem zu machen,
- einfache Hypothesen zu bilden,
- selbstbewußt Material bei fremden Menschen und Institutionen zu sammeln,
- sprachliche und nichtsprachliche Kommunikation zu intensivieren und zu differenzieren,
- eigene Lernprozesse und -ergebnisse zu dokumentieren und anderen gegenüber darzustellen (KLAWE 1991, S. 139).

Um Leserinnen und Lesern die Verknüpfung von Spielen und produktorientierter Arbeit anschaulich zu machen, haben wir diese in den nachfolgenden Praxisbeispielen mit aufgeführt.

4. Die Praxis spielpädagogisch orientierter Umwelterziehung mit behinderten Kindern und Jugendlichen

Nachfolgend werden exemplarisch vier Spielfolgen vorgestellt, die entweder unabhängig voneinander, aber auch aufeinander aufbauend in der Umwelterziehung eingesetzt werden können. Sie sind erprobte Beispiele dafür, wie Spiele in der Umwelterziehung von Behinderten erfolgreich eingesetzt werden können.

4.1 Lernen, meine Umwelt besser wahrzunehmen

Zielsetzung/didaktische Begründung: Diese erste Spielfolge soll den Kindern erleichtern, sich auf die intensive Wahrnehmung ihrer Umwelt zu konzentrieren, sich selbst in ihrer Umwelt zu sehen, zu ihr in Beziehung zu treten und schrittweise verschiedene Unterscheidungsmerkmale zu erkennen.

Material/Bedingungen: Außer einem großen Gegenstand (Staffelholz, großer Schüssel o.ä.) wird nur ein ausreichend großer Raum benötigt. Am Ende der Spielfolge sollten stabile Stühle zur Verfügung stehen.

Zeit: Die Gesamtdauer der Spielfolge beträgt ca. zwei Stunden. Sie kann aber auch mehrfach unterbrochen werden, wenn die Konzentration nachläßt oder Einzelförderung angestrebt wird.

Spielablauf: Im Verlauf der Spielfolge erhalten die Kinder zunehmend differenziertere Wahrnehmungsaufgaben, deshalb sollte die Reihenfolge der Anweisungen möglichst eingehalten werden.

Spiel 1: **Gleich und gleich gesellt sich gern**
Die TeilnehmerInnen bewegen sich, eventuell nach Musik, durch den Raum. Auf Anweisung des Spielleiters finden sich Gruppen mit gleichen Merkmalen zusammen, zum Beispiel alle, die Turnschuhe tragen, alle, die etwas Rotes tragen,

alle Mädchen, alle Jungen, alle, die die gleiche Augenfarbe haben usw. Wenn sich die Gruppe gefunden hat, beginnt die Musik wieder, die Gruppe löst sich auf, die TeilnehmerInnen gehen wieder durch den Raum, bis das neue Merkmal genannt wird.

Spiel 2: Selbst Merkmale finden
Wie Spiel 1, jedoch gibt nicht der Spielleiter das Merkmal vor, sondern die MitspielerInnen nennen auf Zuruf ein Unterscheidungsmerkmal.

Spiel 3: Orgelpfeifen I
Die Gruppe ordnet sich nach Körpergröße.

Spiel 4: Orgelpfeifen II
Zwei TeilnehmerInnen ordnen die Gruppe nach Körpergröße.

Spiel 5: Orgelpfeifen III
Die TeilnehmerInnen teilen sich in zwei Gruppen auf: Jeweils eine Gruppe ordnet die andere nach Körpergröße, anschließend wird gewechselt.

Spiel 6: Gruppe wahrnehmen
Eine Gruppe stellt sich in einer Reihe auf. Die zweite Gruppe merkt sich die Reihenfolge und verläßt den Raum. Die Reihenfolge wird verändert, die Gruppe wieder hereingerufen und aufgefordert, die richtige Reihenfolge wiederherzustellen (anschließend wechseln).

Spiel 7: Positionen im Raum I
Die Kinder gehen durch den Raum. Wird die Musik angehalten, bleiben sie auf der Stelle stehen, an der sie sich gerade befinden, und versuchen, sich diese Stelle zu merken, indem sie genau betrachten, wer (und was) sie umgibt. Läuft die Musik weiter, gehen wieder alle durch den Raum. Hält die Musik erneut, gehen sie auf die alte Position zurück.

Spiel 8: Positionen im Raum II
Wird gespielt wie Übung 7, jedoch sollen sich die Kinder nicht nur ihre Position im Raum, sondern auch ihre Körperhaltung merken und diese dann wieder einnehmen.

Spiel 9: Händedruck weitergeben
Sie Gruppe sitzt am Boden, die TeilnehmerInnen halten sich bei den Händen. Der Spielleiter drückt die Hand seines Nachbarn, der diesen Händedruck weitergeben soll, bis er einmal im Kreis »herumgewandert« ist.

Spiel 10: Gegenstand weitergeben
Die Gruppe steht im Kreis eng zusammen, alle TeilnehmerInnen blicken sich an und halten die Hände auf dem Rücken. Ein Gruppenmitglied steht in der Mitte des Kreises. Der Spielleiter gibt einen großen Gegenstand (beispielsweise Staffelholz) unbemerkt an einen Teilnehmer, der ihn möglichst unbemerkt an den Nachbarn weitergeben soll, dieser an den nächsten usw. Der Teilnehmer im Kreis muß erraten, wer den Gegenstand gerade hat, während dieser im Kreis herumgegeben wird.

Spiel 11: **Bewegung nachahmen**
Die TeilnehmerInnen stehen im großen Kreis, der Spielleiter steht in der Mitte und geht in einer bestimmten Bewegungsform auf ein Kind zu. Jetzt geht dieses in die Mitte und versucht, auf dem Weg dorthin, diese Bewegung nachzuahmen. Von der Mitte aus geht es seinerseits jetzt mit einer selbstgewählten Bewegungsform auf ein anderes Kind zu usw.

Spiel 12: **Blinzeln**
Eine Teilgruppe sitzt auf Stühlen im Kreis. Ein Stuhl bleibt jeweils frei. Hinter jedem Stuhl steht mit den Händen auf dem Rücken ein »Wächter«, der die Flucht seines »Gefangenen« auf dem Stuhl verhindern soll. Auch hinter dem leeren Stuhl steht ein Teilnehmer. Seine Aufgabe ist es, durch Zublinzeln einen anderen Teilnehmer auf seinen Stuhl zu locken. Dieser muß versuchen, so schnell wie möglich seinen Stuhl zu verlassen, bevor ihn der »Wächter« festhalten kann.

Auswertung: Im anschließenden Auswertungsgespräch sollten die Kinder zunächst spontan ihre Eindrücke äußern. Hilfreiche Fragestellungen für die weitere Auswertung können u.a. sein: Was konnte ich gut? Was fiel mir schwer? Was ist mir aufgefallen? Was habe ich mit anderen gemeinsam? Was unterscheidet mich von anderen?

4.2 Ich und meine soziale Umwelt

Zielsetzung/didaktische Begründung: Zur Umwelt gehört auch das soziale Beziehungsgeflecht, das uns umgibt. Uns seiner zu vergewissern, uns über die vorhandenen Beziehungen klarzuwerden, sie zu überprüfen und gegebenenfalls zu verändern, dies sind wichtige Voraussetzungen für die selbständige Gestaltung unserer Sozialbeziehungen. Für behinderte Kinder sind mehr noch als für nicht behinderte viele Sozialbeziehungen nicht selbst gewählt und daher belastend. Die Übung **Mein soziales Atom** soll hier erste Gelegenheit zur Reflexion bieten. Da für diese Übung ein gewisses Maß an Abstraktionsvermögen vorausgesetzt wird, kommt der pädagogischen Anleitung die Aufgabe zu, die Intensität dieser Übung individuell zu »dosieren«.

Material/Bedingungen: Zeichenkarton, Klebstoff, Filzstift, eventuell Sofortbild-Kamera, Illustrierte, Schere.

Zeit: individuell: ca. 30 Minuten; für Auswertung: 30 bis 60 Minuten.

Spielablauf: Jedes Kind erhält einen großen Zeichenbogen oder Plakatkarton. In der Mitte dieses Bogens schreibt es »ich«. Um die Arbeit anschaulicher zu gestalten, kann von jedem Teilnehmer auch ein Sofortbild gemacht und in die Mitte geklebt werden. Dann überlegt jeder Teilnehmer: Wen kenne ich alles, mit wem habe ich jeden Tag zu tun? Die Namen werden mit unserer Hilfe entweder aufgeschrieben, oder jede Bezugsperson erhält ein Symbol. Das Kind soll nun versuchen, diese Namen oder Symbole um sein Foto zu gruppieren, je nachdem, ob er sie näher (»Mit wem versteh ich mich gut.«) oder weiter weg (»Den mag ich nicht.«) empfindet. Dabei sind strukturierende Fragen unsererseits hilfreich.

Auswertung: Anschließend stellen die Jugendlichen mit unserer Hilfe ihr »soziales Atom« vor. Je nach Spektrum der Gruppe kann dies in kleinen Gruppen, zwei Gruppen oder sogar in der großen Gruppe passieren. Dabei sollten wir auch Veränderungswünsche der Kinder in ihren Sozialbeziehungen erfragen und mit ihnen gemeinsam überlegen, wie diese Veränderungen vielleicht zu erreichen sind.

4.3 Ich und meine natürliche Umwelt

Zielsetzung/didaktische Begründung: Diese Spielfolge findet in der freien Natur statt und richtet die bisher trainierte Wahrnehmung auf die Besonderheiten der natürlichen Umwelt ergänzen. Dabei geht es auch darum, verschiedene Erfahrungsebenen kennen- und unterscheiden zu lernen wie Sehen, Fühlen, Tasten und Hören.

Material/Bedingungen: Der Materialaufwand für diese Spielfolge hängt einmal von der Vielfältigkeit der konkreten natürlichen Umwelt ab, in der diese Spielfolge durchgeführt wird. Andererseits ist der Phantasie der pädagogischen MitarbeiterInnen keine Grenze gesetzt, und das kann den Materialaufwand beträchtlich erhöhen. Benötigt werden auf jeden Fall: einige Tücher als Augenbinden, mindestens 50 m möglichst stabiler Bindfaden, diverse Gegenstände (Korken, Cola-Dosen, Flaschen, Alufolie, Luftballons o.ä.), »Geräuschemacher« und/oder Musikinstrumente (z.B. Triangel, Flöten, Rassel usw.) sowie ein großer »Fühlkarton« mit Armlöchern, in dem Gegenstände aus der Natur (Moos, Gras, Äste, Blätter, Federn usw.) »erfühlt« werden sollen.

Zeit: Die Gesamtspielfolge dauert etwa drei Stunden, die Spiele können aber auch einzeln umgesetzt werden.

Spielablauf:

Spiel 1: **Was ist falsch?**
Der Spielleiter hat die natürliche Umgebung verfälscht und fremde Gegenstände an ungewöhnlichen Stellen angebracht: Am Gartenzaun hängt ein Luftballon, an der Tanne wächst ein Apfel, im Moos liegt eine Cola-Dose usw. Die TeilnehmerInnen werden allein oder paarweise in die Landschaft geschickt, sollen sich möglichst viele »Auffälligkeiten« merken und später darüber berichten.
Variation: Die Gruppe teilt sich in zwei Gruppen auf, jede gestaltet ein Terrain für die andere Gruppe. Diese muß möglichst alle »Fehler« finden.

Spiel 2: **Immer am Band lang!**
Der Spielleiter spannt einen langen Faden in ca. 1,20 m Höhe quer durch die Landschaft, vorbei an möglichst vielen »Erfahrungspunkten« (z.B. Baumstämme, Rinde, Zweige, unterschiedlicher Bodenbewuchs, Steine, Tümpel, Blumen zum Riechen). Die TeilnehmerInnen finden sich paarweise zusammen. Einem Mitspieler werden die Augen verbunden, und dieser faßt dann auch den Faden. Während er am Faden entlanggeht, »beschützt« ihn sein sehender Partner und läßt ihn möglichst viel von der Natur erfahren, erfühlen und erriechen (anschließend wird gewechselt).

Spiel 3: **Blinder Spaziergang**
Wird gespielt wie 2, jedoch ohne von der Spielleitung vorgegebene Route. Achtung: Auf Gefahrenquellen vorher hinweisen und das Gelände daraufhin auswählen.

Spiel 4: **Naturklänge**
Die TeilnehmerInnen sitzen im Kreis, jeder hat ein Instrument oder einen »Geräuschemacher«. Zunächst werden alle Instrumente kennengelernt. Dann werden einem Teilnehmer die Augen verbunden. Jetzt werden zunächst mit einem Instrument, dann nacheinander mit verschiedenen Instrumenten und zuletzt dann gleichzeitig mit verschiedenen Instrumenten Geräusche erzeugt. Der Teilnehmer soll daraufhin sagen, aus welcher Richtung die Geräusche kamen und welche Instrumente es waren.
Variation: Kleingruppen nehmen mit Kassettenrecordern in der Umgebung Geräusche auf (Türenschlagen, Autogeräusche, Wasser, Holzknirschen, Tierstimmen, Wind usw.) und spielen sie den anderen vor. Diese müssen erraten, welche Geräusche das wohl sind. Außerdem bietet sich ein Gespräch darüber an, welche Geräusche für die TeilnehmerInnen »Natur« repräsentieren und welche nicht.

Spiel 5: **Natur fühlen**
Jeder Teilnehmer sucht mindestens einen Gegenstand in der Natur, der sich gut fühlen läßt. Alle Gegenstände werden unter den »Fühlkarton« gelegt, so daß sie nicht gesehen werden können. Die Kinder stecken ihre Hände hinein und beschreiben der Gruppe, was sie fühlen. Nun muß geraten werden, welcher Gegenstand das ist.
Variation: Ein Teilnehmer erhält die Aufgabe, einen bestimmten Gegenstand aus dem Karton zu holen.
Auswertung: Für die Auswertung dieser Spielkette sind folgende Fragestellungen hilfreich: Welche Erfahrungen waren neu für Euch? Welche Erfahrungen waren angenehm, welche unangenehm? Was ist nach diesen Erfahrungen »Natur« für Euch?

4.4 Wie wir die Natur und unsere Umwelt sehen

Zielsetzung/didaktische Begründung: Diese Spielfolge verbindet kreative und kooperative Aspekte mit produktorientierten Ansätzen. Die Kinder sollen die vielfältigen Einzelerfahrungen des bisherigen Lernprozesses mit ihren Alltagswahrnehmungen verbinden und in einem Produkt ausdrücken. Da dieses Produkt (Wandbild) in einer kleineren Gruppe gemeinsam hergestellt werden soll, müssen die TeilnehmerInnen zwangsläufig kooperieren und sich mit ihren (auch unterschiedlichen) Wahrnehmungen auseinandersetzen (KLAWE 1991, S. 125ff.).

Material/Bedingungen: Dieser Übungsabschnitt findet sowohl draußen in der Natur als auch drinnen statt. Neben einer möglichst vielfältigen natürlichen Umgebung werden als Material benötigt: Styropor-Platte, ca. 50 x 100 cm, mindestens drei cm dick, Nägel, Draht zum Binden, Zange, Styropor-Spezialkleber, Stecknadeln, Abtönfarbe, Pinsel.

Zeit: Erste Phase (Sammeln): 30 Minuten, zweite Phase (Produktion): 90 bis 120 Minuten. Eventuell kann zwischen den Phasen noch eine Zwischenauswertung stattfinden (Was hat jeder mitgebracht?).

Spielablauf:

1. Phase: **Sammeln**

Die TeilnehmerInnen finden sich zu Paaren zusammen und erkunden gemeinsam ein vorher verabredetes Terrain. Sie sammeln Pflanzen und Gegenstände aus der Natur, die sie besonders schön finden. Aber auch Kuriositäten und Fremdkörper in der Natur, die dort nicht hingehören, die sie aber dort finden, können mitgenommen werden. Neben dem zu erkundenden Terrain sollten einige Regeln vorher vereinbart werden: maximale Größe der Fundstücke, keine massiven Eingriffe in die Natur usw. Außerdem sollte vorher klar werden, daß diese Gegenstände für ein Wandbild bereits vorgegebener Größe verwendet werden sollen. Am Ende der ersten Phase sollten zur Vorbereitung der Wandbilder die Styropor-Platten angestrichen werden. Im Anschluß daran kann eine Zwischenauswertung stattfinden, in der die Paare ihre Fundstücke präsentieren und Unbekanntes erklärt werden kann. Auch dabei ist es wichtig, das Potential der Gruppe zu nutzen und zunächst die Kinder und Jugendlichen erklären zu lassen. So manche versteckte »Kenner« sind dabei entdeckt worden.

2. Phase: **Erstellung eine Wandbildes**

Die verschiedenen Paare sollen sich zu kleinen Gruppen (vier bis sechs TeilnehmerInnen) zusammenfinden, die jeweils aus den Fundstücken ihrer Mitglieder und mit den oben genannten Hilfsmitteln eine Styropor-Platte als Wandbild gestalten. Die pädagogischen BetreuerInnen sollten sich auf technische Hilfestellungen und Hilfen beim Kooperationsprozeß beschränken, in die Gestaltung selbst aber nur in Ausnahmefällen eingreifen.

Auswertung: Präsentation der Wandbilder, Erörterung von umweltbelastendem Material und Umweltverschmutzung, Verhaltensregeln in bezug auf den eigenen Umweltschutz im Alltag.

Erfahrungen: Die Spielfolge zeigt in der Regel, daß sich die Wahrnehmung der natürlichen Umwelt bei der Mehrzahl der Kinder und Jugendlichen beträchtlich erweitert und ausdifferenziert hat. Aufgrund unterschiedlicher motorischer Beeinträchtigungen ist eine handwerkliche Unterstützung im Einzelfall notwendig, dabei sollten aber die eigenen Gestaltungsideen der Kinder unbedingt Ausgangs- und Orientierungspunkte bleiben.

5. Ausblick

Die Erfahrungen in unserer Arbeit zeigen, wie problematisch es ist, aus unserem Verständnis von geistiger Behinderung und den eingeschränkten Entwicklungsmöglichkeiten in ihrem Alltag zu schließen, daß Behinderte ohnehin nur einen begrenzten geistigen und praktischen Handlungshorizont hätten. Vielmehr zeigt sich, daß wir – wenn wir sie mit einem breiten Spektrum unterschiedlicher Anregungen in ihrer Wahrnehmung sensibilisieren – immer wieder neue Kommunikationskanäle erschließen, in denen sie unerwartet und produktiv ansprechbar sind. Die behinderten Kinder und Jugendlichen erfahren so neue Zugänge, Sichtweisen und Umgangsformen mit Alltagsfragen und -konflikten, die für sie in den Alltag übertragbar sind. Darüber hinaus ermutigt sie die Erfahrung, auf Ebenen angesprochen zu werden, auf denen sie »Erfolgserlebnisse« sammeln konnten, auch um im Alltagsbewußtsein ihre Interessen zu vertreten.

Literatur

BAER, ULRICH u.a. (Hrsg.): Remscheider Spielekartei. Verlag U. Baer, Remscheid 1982;
BRANDES, EVA: Methodik der Spielerziehung – Anleitung zu spielpädagogischem Denken. Recklinghausen 1977;
BREUCKER-RUBIN, ANNETTE u.a.: Umwelt-Spiele-Kartei. Ökotopia, Münster/Rhinozeros, Essen o.J.;
BUCHKREMER, HANSJOSEF: Umwelterziehung im Sonderschulbereich In: CALLIESS, JÖRG/LOB, REINHOLD E. (Hrsg.): Handbuch Praxis der Umwelt- und Friedenserziehung. Bd. 2: Umwelterziehung. Schwann, Düsseldorf 1987, S. 106–113;
BÜCKEN, HAJO (Hrsg.): In und mit der Natur – Mit Kindern im Spiel die Natur erkunden. Burckhardthaus-Laetare, Gelnhausen 1983;
KLAWE, WILLY: Politische Bildung als Reflexion des Alltags. In: SARCINELLI, ULRICH u.a. (Hrsg.): Politikvermittlung und politische Bildung. Klinkhardt, Bad Heilbrunn 1990, S. 106–123;
KLAWE, WILLY: Arbeit mit Jugendlichen – Einführung in Bedingungen, Ziele, Methoden und Sozialformen der Jugendarbeit. Juventa, Weinheim/München 1991^2.

3.8 Praktische Anregungen zum Einsatz von Umweltspielen in der Jugendarbeit

Uli Geißler

1. Ausgangslage

Die Jugendarbeit ist – wie so vieles – einem steten Wandel unterlegen, der sich immer an den gesellschaftlichen Bedingungen orientiert. Traditionelle Jugendgruppenarbeit läßt beispielsweise vielerorts nach. Die Jugendlichen lassen sich lieber durch unverbindliche Angebote ansprechen, sind »Freiheit in der Freizeit« gewohnt und scheuen sich vor Bindungen aller Art.

Andererseits bedürfen sie meiner Auffassung nach aber der Orientierung und Diskussionsmöglichkeiten zur individuellen Lebenszielsetzung. Das ist ein wesentlicher Aspekt heutiger Jugendarbeit. Mündige Demokraten soll die Jugendarbeit erzeugen oder zumindest den Weg dazu bereiten. Die jungen Menschen sollen in ihren Lebensbezügen eigenständig und verantwortlich im Kontext des Gemeinwohls leben und wirken, sich als integrativer Teil der Gesellschaft verstehen.

In einer Zeit, in der die Werbung in zahllosen Medien immer wieder suggeriert, nur der für sich selbst sorgende und vor allem konsumierende Mensch könne ein erfülltes Leben führen, ist der kooperative und soziale Aspekt des Zusammenlebens nur schwer zu vermitteln. Bezogen auf unsere Umwelt, verschärft sich diese Situation noch, da jede(r) einerseits das Interesse hat, an unverfälschter, intakter Natur teilzuhaben, sich jedoch zur Erlangung und Befriedigung dieses Bedürfnisses zwangsläufig umweltschädigend verhält.

So stellt sich der Jugendarbeit im allgemeinen die Aufgabe, nicht nur sozial-gemeinschaftliche Erlebnisse und Erfahrungen anzubieten und Jugendliche daran teilhaben zu lassen, sondern auch ökologische Einsicht und Bildung zu vermitteln. Annahme im »Sosein«, Mitwirkungs- und Entfaltungsmöglichkeiten, Chancen der Meinungsbildung, zwischenmenschliche Beziehungen, Konflikte und deren Bearbeitung, Sexualität und Klarheit in weltanschaulichen Fragen geben Jugendlichen Hilfestellung und Lernraum für ihre eigenständige Entwicklung in das Erwachsensein. Dabei ist wichtig, daß die altershomogenen Bedingungen nicht zerstört werden.

Wer nun mit Jugendlichen »Umweltbildung und Umwelterziehung« betreiben will, stößt häufig zunächst auf Ablehnung. Viel zu oft und viel zu verpflichtend wurde und wird das Thema in der Schule behandelt. Wie bei allen »Muß«-Tätigkeiten verfliegt das echte Interesse ziemlich schnell. Dabei ist es keinesfalls so, daß Jugendliche nicht bereit wären, sich mit diesem Thema zu beschäftigen. Auch sie suchen bzw. sehnen sich nach natürlichen Bedingungen oder Umwelt in ursprünglicher Ausprägung. Die allumfassende, ständig präsente mediale Welt macht es ihnen schwer, das Natürliche zu entdecken. Sinneswahrnehmung redu-

ziert sich auf das Hören von Kassetten, Compactdisks oder Radiosendungen. Ein weiterer, starker Reiz sind Videofilme von Musikgruppen, also eine Steigerung des Hörgenusses durch visuelle Bilder. Zigtausende von Informationen für Augen und Ohren müssen in rasender Geschwindigkeit wahrgenommen und verarbeitet werden. Die Folge ist eine Überforderung mit entsprechenden körperlichen und auch seelischen Beeinträchtigungen.
Ein Manko für eine aktive Umweltbildung von Jugendlichen ist meiner Ansicht nach auch die massiv veränderte und kaum mehr natürliche Umwelt selbst. Wo gibt es noch einen unbearbeiteten Auewald, wo wachsen Wildblumen oder leben wilde Tiere in uneingeschränkter Freiheit? Alles ist geregelt und für den Menschen nutzbar gemacht, begradigt, gereinigt, umgeleitet, aufgestaut, eingezäunt, verschmutzt, bebaut, privat oder schlimmstenfalls sogar vernichtet.

Vielfach haben Jugendliche Ziele, die fernab jeglicher sensiblen Nähe zur natürlichen Umwelt liegen. Angeregt und überrumpelt von Werten, die von Medien und Werbung verbreitet werden, hat sich die Definition eines erfüllten Lebens in eine Richtung entwickelt, in der die Natur nicht als lebensspendende Grundlage, sondern allenfalls als zu gebrauchendes Umfeld wahrgenommen und genutzt wird. Um ein Mountain-Bike richtig anzuwenden, bedarf es urwüchsiger und unwegsamer Natur. Die Zerstörung kleinster ökologischer Zusammenhänge wird dabei zugunsten größtmöglicher Selbstverwirklichung in Kauf genommen. Hauptsache, der Mensch hat eine erfüllte Tätigkeit vollbracht. Diese Suche nach dem individuellen und intensiven Glücksgefühl erfährt andauernde Bekräftigung durch die Abstumpfung anderer Lebenserfahrungsbereiche wie Schule und Ausbildung, Wohnen und Freizeit. Individualität zwingt zu immer größerer Abgrenzung vom Gewohnten, und so erscheint es zwingend, beispielsweise »Bungee«-Springen (an einem Gummiseil hängend von einem Kran springen) als notwendig zu vollziehen. Wo sonst gibt es noch echte Herausforderungen und Anerkennung?
Insbesondere in den letzten zehn Jahren macht sich dieser Trend zur krampfhaften Individualisierung breit. Sie vermultipliziert sich schon im frühesten Jugendalter. Artikel werden nach Image und weniger nach Bedarf oder Qualität gekauft, der Wohlstand der Eltern, aber auch der Wohlstand der Jugendlichen selbst – ferienjobverdient – genehmigt selbst ausgefallene und teure »Bedürfnisse«. Das eigentliche Bedürfnis allerdings – die individuelle Anerkennung und Annahme als ganzheitlicher Mensch – kann dadurch nicht befriedigt werden. Energie verschleudernde Freizeitaktivitäten werden zum Schaden einer sensiblen Natur in Kauf genommen, um sich aus der Masse der Bedeutungslosigkeit herauszuheben.
Dennoch erkenne ich ein innerliches Bedürfnis nach mehr Ursprung, mehr Aufrichtigkeit, mehr Echtheit, letztlich mehr Ganzheitlichkeit. Trotz zahlloser Unternehmungen, Erfahrungen und Kontakte fehlt den Jugendlichen die »Erdung«. Sie leben an der Oberfläche und haben kaum tiefgehende Kontakte zu ihren Mitmenschen. Individualität und »coolness« läßt sie emotional vereinsamen. Reize müssen immer stärker werden, um noch als aufregend oder ansprechend empfunden zu werden. Es muß irgendeinen »Überreiz«, einen »thrill« geben – sei es körperlich oder auf der Gefühlsebene. Wo das nicht passiert, macht sich Langeweile, ausgedrückt in Gleichgültigkeit oder Arroganz breit.

Organisierte Jugendliche in Gruppen der Verbände, Vereine, Kirchen oder auch Jugendhäusern sind aufgrund ihrer gegebenen Zusammengehörigkeit leichter für umweltbildende Maßnahmen zu begeistern als einzelne. Allerdings ist es meiner Erfahrung nach notwendig, deutlich zu machen, daß die umwelterzieherischen Angebote offen und freiwillig sind, keine Lehrveranstaltung ersetzen sollen, sondern eine Chance zu selbstbestimmter Erfahrung darstellen. Der spielerische Ansatz hat Vorrang vor allen umweltbildenden Hintergründen. Wenn die Jugendlichen durch das Spielen lernen, werden sie es dankbar oder vielleicht sogar unbemerkt tun. Steht der Lernerfolg jedoch im Vordergrund, ist auch hier der emotionale Ausstieg vorprogrammiert. Anders verhält es sich selbstverständlich in einer engagierten Umweltgruppe, die sich selbstbestimmt Umweltlernen als Ziel auferlegt hat.

Es gibt auch Interessenzusammenschlüsse, die sich spontan, zeitlich oder örtlich begrenzt für ein bestimmtes Projekt begeistern und engagieren. Sie haben ein verstärktes Verantwortungsbewußtsein entwickelt und agieren meistens aus einer persönlichen Betroffenheit heraus. Wer hier unterstützend mitwirken und gegebenenfalls auch einwirken will und kann, sollte dieses Angebot machen. Wichtig ist allerdings, die Eigeninitiative nicht zu untergraben oder Fremdziele mit einfließen zu lassen. Das merken die Jugendlichen schnell und werden Konsequenzen daraus ziehen bis hin zum Abbruch ihres Projektes.

2. Umwelterfahrungen – lebensnotwendig wie das tägliche Brot

Insbesondere in einer medial stark geprägten Lebensumwelt sind ganzheitliche Wahrnehmungen erforderlich, damit der Mensch nicht seelisch verkümmert, emotional abstumpft und körperlich abbaut. Zum Sein des Menschen gehört die Natur wie die Seele. Der Mensch ist ein Bestandteil der Natur und kann sich nicht außerhalb dieses Kontextes stellen. Er lebt von der Natur und hat auch das Recht dazu, andererseits liegt es an ihm, diese Lebensgrundlage – die einzige – zu bewahren und so zu behandeln, daß Leben weiterhin möglich ist. Diese Einstellung Jugendlichen zu vermitteln, sehe ich als wesentliche Aufgabe einer zielgerichteten Umweltbildung und -erziehung.

Es geht dabei um das Angebot echter und tiefgehender Erfahrungen. Jugendliche auf dem Weg zu Eigenständigkeit, Selbstverwirklichung und individueller Persönlichkeit brauchen die Erkenntnis der Erstrangigkeit. Das bedeutet für mich, daß Empfindungen direkt und ohne Umwege erlebt werden müssen. Nicht der Abenteuerfilm über eine Expedition im unwegsamen Dschungel bringt den Reiz, sondern das intensive Bewegen in natürlicher Umgebung, das bewußte Wahrnehmen aller Einflüsse der Natur auf Augen, Nase, Ohren, Mund, Haut, Gliedmaßen, Körper, Herz und Seele. Wer einmal nachts schweigend in weichem Laub auf dem Rücken liegend in den schwarzklaren Himmel mit seinen unendlichen Sternenbildern geblickt und gleichzeitig den Stimmen des Waldes gelauscht hat, weiß vielleicht, was ich meine.

Alltägliche Medienberieselung bewirkt eben eine Abstumpfung der Sinne und der individuellen Erfahrungsebenen. Wenn nun Umweltbildung und -erziehung einen Sinn haben soll, so ist also oberstes Ziel, Jugendliche mit der Natur »in Berührung« zu bringen, sie aus der emotionalen Reserve zu locken und in der Begegnung mit ihrer Umwelt Entdeckungen machen zu lassen, die sie reizen, mehr erfahren zu wollen. Spielerisch wird so die verlorengegangene Sensibilität geweckt, können naturkundliche und ökologische Abläufe und Zusammenhänge aufgezeigt und vermittelt werden. Der eigene Lebensraum wird plötzlich plastischer, verständlicher, übersichtlicher und sensibler wahrgenommen. Die Erkenntnis über die Verletzbarkeit allen Lebens führt zu einem bewußteren Verhalten in und gegenüber der Natur. Persönliche Betroffenheit und das Wissen darüber, daß jeder Schaden am natürlichen Kontext auch jede(n) einzelne(n) trifft, fordert zu Initiative und Engagement auf. Das reicht bis hin zu verändertem Konsumverhalten oder modifizierten Lebensweisen.

Wichtig erscheint mir aber nicht nur diese individuelle und sehr persönliche Erfahrungsebene, sondern es geht mir bei der Umweltbildung und -erziehung für Jugendliche um mehr: Verantwortung lautet das Stichwort. Natürlich ist immer die ältere Generation diejenige, die der jüngeren etwas hinterläßt. Und genau darum geht es. Der Vorwurf vieler Jugendlicher an die Generation ihrer Eltern und Großeltern, sie hätten ihnen eine zerstörte Welt hinterlassen, mag an vielen Punkten berechtigt erscheinen. Aber dennoch trifft es jeden Menschen immer wieder neu, mit dem Schutz seines Lebensraumes zu beginnen, eigeninitiativ zu werden und das eigene Verhalten zu überprüfen. Schließlich gehören auch die Jugendlichen eines Tages zu der Generation, die den Jüngeren die Welt weitervererben.

3. Begrenzungen

Wer Umwelt- und Naturspiele mit Jugendlichen durchführen will, braucht örtliche Vorbedingungen. Wie in einem Kapitel des Handbuchbeitrages zum Thema »Umweltspiele in der Familie« beschrieben, sind auch in der Stadt Umweltspiele möglich. Intensiver und ansprechender sind allerdings »echte« Naturspiele. Hier ergibt sich aber für viele ein großes Problem. Es gibt kaum eine natürliche Umgebung, die dafür genutzt werden könnte. Auch wenn Jugendliche heutzutage in weit höherem Maße motorisiert und mobil sind als beispielsweise vor zehn Jahren, ist es bisweilen nicht möglich, mit einer Jugendgruppe oder einer größeren Anzahl Jugendlicher an einen geeigneten Ort zu gelangen. Öffentliche Verkehrsmittel reichen selten bis an naturnahe Gebiete heran, und die Benutzung von Privatfahrzeugen ist in diesem Kontext ein ökologischer Widerspruch. So bleibt das Fahrrad, das ich allerdings für eine ausgezeichnete Möglichkeit halte. Nicht nur wegen der erforderlichen körperlichen Betätigung, sondern auch zur Demonstration umweltfreundlicher Fortbewegung benutze ich für umweltpädagogische Unternehmungen gerne das Rad als Transportmittel.

Eine andere Begrenzung bildet neben mangelnden natürlichen Gegebenheiten der notwendige Naturschutz: Viele Waldgebiete, Flüsse, Seen, Wiesenflächen oder Bergregionen sind vom Gesetzgeber als geschütztes Gebiet ausgewiesen. Das ist einerseits gut so, andererseits verringern sich dadurch die möglichen Naturspielgebiete. Auch ein(e) GruppenleiterIn hat selbstverständlich gesetzliche Bestimmungen einzuhalten. Allerdings gibt es die Möglichkeit, sich mit den zuständigen Forstämtern abzustimmen, umweltbildende Vorhaben vorzustellen und somit Sondergenehmigungen zu erhalten. Nicht aufgehoben sind dadurch allerdings die Schutzbestimmungen für gefährdete Tiere oder Pflanzen. Hier müssen Veranwortliche in hohem Maße sensibel sein, um nicht der guten Sache willen irreparable Schädigungen an anderer Stelle zu verursachen.

4. Umweltspiele und -aktionen für Jugendliche

Wie eingangs schon beschrieben, brauchen Jugendliche intensive und echte Erlebnisse. Naturnahe Unternehmungen reizen, wenn klar wird, daß es »nicht nur« in den Stadtpark, sondern wirklich in den Wald oder an einen Fluß geht. Wald übt auf die meisten die größte Anziehungskraft aus, was sicher mit der Vielfalt an Erfahrungsmöglichkeiten zusammenhängt. Wasser übt ebenfalls eine große Faszination aus, wobei die Kombination Wald, Wasser und Fels das ansprechendste Gebiet darstellt.

Nicht vergessen werden darf eine Einführung in allgemeine Verhaltensregeln zum Schutz der vorhandenen Umgebung. Dabei kommt es mir immer auch darauf an, deutlich zu machen, daß die Natur vom Menschen schon »benutzt« werden darf – schließlich ist jeder Mensch unabdingbar ein Bestandteil dieser Welt. Wenn nicht sinnlos alles zertrampelt oder abgerissen wird, ist es für die Natur leicht verkraftbar, daß eine Gruppe Jugendlicher über eine Lichtung geht. Lärm und Zerstörung gehören allerdings nicht zu den umweltschützerischen Tugenden.

Sinneswahrnehmungsspiele sind für mich umwelterzieherischer Kern aller Umwelt- und Naturspiele. Erst wer sich selbst und seine eigenen Sinne wahrgenommen hat und weiß, was er mit ihnen »anfangen« kann, wird offen und fähig sein, auch die Dinge um sich herum aufzunehmen. Im Beitrag zum Thema »Umweltspiele in der Familie« sind einige dieser Spiele ausführlich beschrieben. Sie sind in allen Altersstufen durchführbar.

Jugendliche sollen meiner Ansicht nach bewußt teilhaben an umweltbildenden Aktionen. Somit rege ich immer an, aktiv etwas zu tun, sich also ganz und mit allen Sinnen auch in die Spielprozesse einzubringen.

4.1 Wie hat sich alles verändert?

Voraussetzung sind zwei (gegebenenfalls auch mehr) Gruppen. Jede Gruppe steckt sich ein etwa 5 mal 5 Meter großes Gebiet im Wald oder an einer anderen interessanten Stelle ab. Die beiden Gebiete sollten so weit auseinander liegen, daß die beiden Gruppen sich nicht beobachten können. Sind die Gebiete abgesteckt, sieht sich jede Gruppe die Fläche der anderen Gruppe von außen genauestens an. Jedes Detail sollten sie sich merken, auch in bis zu zwei Meter Höhe. Der Lichteinfall ist dabei genauso wichtig wie die Lage bestimmter Rindenstücke oder die Biegung eines Grashalmes. Nach etwa fünf Minuten kommt jede Gruppe zu ihrem eigenen Gebiet zurück. Nun haben sie fünf Minuten Zeit, zehn

Änderungen in ihrem Areal vorzunehmen. Bedingung ist, daß alle Veränderungen deutlich vorgenommen werden müssen. Natürlich versucht jede Gruppe, Änderungen an Stellen zu machen, die nicht sofort ins Auge fallen. Oder sie verblüffen durch exakt spiegelverkehrte Lage eines bestimmten Gegenstandes. Wenn die Zeit um ist, treffen sich die Gruppen zunächst beim Gebiet der ersten, dann der zweiten Gruppe. Aufgabe ist für die jeweilige »Gastgruppe«, die Änderungen herauszufinden. Welche Gruppe entdeckt alle Modifikationen?

Hier geht es um zweierlei Ansprüche an die Gruppen: Einerseits sollen sie sich sensibel und ohne Spuren zu hinterlassen in ihrem Gebiet bewegen, um die Veränderungen vorzunehmen. Eine durchaus starke Anforderung an die Sensomotorik. Andererseits wird ihre Beobachtungs- und Merkfähigkeit auf die Probe gestellt, wenn es darum geht, die Veränderungen festzustellen.

4.2 Nachtspiele

Eine Nachtwanderung ist nicht nur gespenstischer und aufregender Höhepunkt für viele Freizeitmaßnahmen, sondern auch eine äußerst interessante und vor allem intensive Umweltaktion für letztlich alle Altersstufen, vorwiegend jedoch für Jugendliche. Ängste gehören zum Befinden des Menschen ebenso wie das Aufatmen, wenn vermeintlich unheimliche Begebenheiten sich als harmlos erweisen. Ist die Ursache eines Geräusches nicht bekannt, können schon mal ein rauschendes Geäst oder die oft unbekannten Laute eines Waldtieres erschrecken. Hat man dann allerdings herausgefunden, um was es sich tatsächlich handelt, löst sich die anfängliche Verunsicherung in allgemeine Heiterkeit auf. Viele Jugendliche geben sich zu Beginn einer Nachtwanderung oder eines Nachtspieles ziemlich mutig. Später sind sie aber doch gefangen von der beeindruckenden Dunkelheit und der Undurchschaubarkeit des nächtlichen Waldlebens. Diese intensive Erfahrung können sie auch in einem Nachtspiel machen, das meistens großen Anklang findet:

4.2.1 Luchsjagd

Gespielt wird in einem großen, aber klar abgegrenzten Waldgebiet. Mit dem Forstamt sollte vorher abgesprochen werden, ob dieses Spiel dort stattfinden kann. Gegebenenfalls muß das Gelände gewechselt werden. Es ist wichtig, daß dieses Spiel so lautlos wie möglich abläuft und sich eventuell aufbauende Spannungen nicht durch Geschrei im Wald abbauen sollten. Ein nachfolgendes Laufspiel auf freiem Feld eignet sich dazu besser.

Die MitspielerInnen wählen aus ihrer Mitte drei SpielerInnen aus. Sie sind die »Luchse«. Alle drei bekommen eine Taschenlampe und fünf Minuten Zeit, zu verschwinden. Sie verstecken sich im vereinbarten Gebiet. Nach fünf Minuten geben sie das Startzeichen, indem die Luchse kurz mit ihren Taschenlampen in Richtung Startplatz der Gruppe leuchten. Jetzt dürfen alle anderen der Gruppe losgehen. Sie versuchen, die Luchse zu fangen. Jeder Luchs gibt alle zwei Minuten ein kurzes Blinkzeichen, darf dann jedoch den Standort wechseln. So haben die Luchse reelle Chancen, nicht sofort erwischt zu werden. Lautlos schleichen die FängerInnen durch den Wald, um im richtigen Augenblick zuzupacken und einen Luchs einzufangen. Der darf sich nicht wehren, sondern muß sich dem Schicksal ergeben. Sind alle drei Luchse gefangen, treffen sich alle wieder am Ausgangspunkt und vereinbaren, welche drei Jugendlichen die neuen Luchse sein wollen.

Variante:
Bei Dämmerung könnte das Spiel auch so gespielt werden: Die »Luchse« gehen auf Beutejagd. Die anderen MitspielerInnen geben hierbei Lichtzeichen, versuchen allerdings, den Raubtieren zu entkommen.

Variante:
Denkbar ist auch, daß ohne Lichtzeichen gespielt wird. Hierzu sollte allerdings das Gelände vorher erkundet worden sein, damit die SpielerInnen schon eine grobe Orientierung von der Beschaffenheit des Spielgebiets haben.

Variante:
Um einen »Futterplatz« herum wird ein »Sicherheitsbereich« abgesteckt. Innerhalb dieses Bereiches darf sich kein Luchs aufhalten. Für die Beutetiere wird ein »Nest« bzw. eine »Höhle« vereinbart und gekennzeichnet. Jedes Beutetier versucht, vom Futterplatz Futter (markierte Steine zum Beispiel) zu holen und dann lautlos und unbemerkt in die heimische Höhle zu transportieren, ohne dabei von einem Luchs erwischt zu werden. Wem der Luchs auf die Schulter klopft, verliert seine Beute, darf aber neue holen.

Über diese Formen des Spiels erfahren und erspüren die Beteiligten sehr intensiv die natürlichen Zusammenhänge von Jagd und Beute in der Natur.

4.3 Nature-Art

Ganz andere Ansprüche an die Jugendlichen stellt eine künstlerische Aktion, die ich entwickelt und in zahlreichen Seminaren, Freizeitmaßnahmen und umweltbildenden Projekten erprobt und verwirklicht habe. Es geht darum, den Menschen als Geschöpf und als Schöpfer in den Mittelpunkt der Natur zu stellen. Die Auseinandersetzung mit der ihn umgebenden Umwelt wird zwangsläufig dazu führen, das kunstvolle Zeugnis der Schöpfung zu entdecken. Staunend können wir die Schönheit und Faszination der Formen und Farben wahrnehmen, ohne sie jemals ganz begreifen zu können. Doch auch der Mensch ist nicht nur passives, gewordenes Geschöpf, sondern eben – das zeichnet ihn gegenüber der Tier- und Pflanzenwelt aus – auch gestaltender, schöpferischer Mensch. Hier setzt meine Aktion an. Jugendliche sollen angeregt werden, sich in der Auseinandersetzung mit der Natur und ihrer vielfältigen Gestalt künstlerisch und gestaltend zu betätigen. Sie sollen Kunstobjekte schaffen, die natürliche Gegebenheiten einbeziehen und neue Ausdrucksformen bilden. Als Material dient das, was die Natur bietet. Beispiele: Steine werden neu geordnet und vielleicht spiralförmig, in eine Richtung weisend um ein Schneckenhaus plaziert, eine Spur aus Schilfblättern wird vom Ufer eines Tümpels durch das Unterholz zur lichtumfluteten Grasinsel im Fichtenwäldchen gelegt, oder fingerdicke Äste werden um einen Baumstumpf herum senkrecht unter einen lichten Baumwipfel, einem Indianer-Tipi gleich, aufgestellt. Die Struktur knorriger Eichenrinde findet sich mühsam eingeritzt auf einer mit einer Steinplatte flachgepreßten Sandfläche wieder, und loses Laub formt sich ausdrucksvoll zum Riesennest eines Phantasievogels.

Wesentliche Vorbedingungen für diese Aktion sind einerseits das intensive Natur-Wahrnehmungserlebnis, andererseits genügend Zeit, um eine Idee aus dem Gefühl heraus langsam entstehen und sich entwickeln lassen zu können. Wie bei allen anderen Umweltspielen auch, gilt hier noch viel mehr die Prämisse, daß bei der Erstellung eines Kunstobjektes nur umherliegendes Material verwendet werden darf, ohne natürliche Strukturen zu zerstören. Dabei ist es selbstverständlich, daß ein trockener Ast an einer Stelle entfernt und an anderer wieder abgelegt werden kann, ohne daß dadurch gleich eine ökologische Schädigung vorliegt.

5. Umwelterfahrungen ganz intensiv

Im Zusammenhang mit dem zweiten Kapitel »Umwelterfahrungen – lebensnotwendig wie das tägliche Brot« habe ich beschrieben, wie notwendig für Jugendliche Umwelt- und Sinneswahrnehmung ist. Schaffen Spiele und Aktionen erste Zugänge zu umwelterzieherischen Maßnahmen, so bewirken weitergehende Maßnahmen entscheidend Verhaltensänderungen und Einstellungswandel. Besonders geeignet sind sogenannte »erlebnispädagogische Unternehmungen«. Damit sind meistens längere und vor allem sehr naturnahe und gruppendynamisch intensive Freizeiten, Urlaubsgemeinschaften oder auch Wochenendunternehmungen gemeint (vgl. auch Beitrag von KERSBERG in diesem Handbuch). Sie bauen alle auf der Grundlage der Gemeinschaft und gegenseitigen Abhängigkeit auf. Das erweist sich auch bezogen auf eine aufklärende Umweltbildung als äußerst geeignet, denn durch die Erfahrung, daß nur gemeinsam mit anderen eine bestimmte Leistung oder ein Vorhaben Erfolg haben wird, kann leicht auch auf die Zusammenhänge von Natur und Mensch hingewiesen werden.
Wanderungen, Kanu- und Bootsfahrten, Radtouren, Zeltfreizeiten – kaum andere Angebote bieten sich so deutlich zur Umweltbildung an. Dort, wo sich ohnehin alle in der freien Natur bewegen, ist es ein leichtes, naturkundliches Wissen klar durchschaubar und verständlich weiterzugeben, Jugendliche am eigenen Leibe spüren und erfahren zu lassen, welche Kräfte in der Natur wirken und was für Schäden durch den Menschen verursacht wurden und werden. Gleichzeitig ist die einmalige Chance gegeben, am gelebten Beispiel deutlich zu machen, was naturnahes und ökologisch vertretbares Leben bedeutet und wie ein »natürliches« Verhältnis zwischen Mensch und Umwelt aussehen kann. Wer will, kann hier nicht nur Grundlagen zum Verhalten in Wald, Wiese, Fluß und in den Bergen, sondern auch spielerisch Überlebenshinweise für Extremsituationen vermitteln. Auch wenn die wenigsten Jugendlichen jemals in eine derart bedrohliche Situation kommen werden, einen geschliffenen Stein zum Schutz gegen ein wildes Tier einsetzen oder den Saft einer ausgepreßten Wurzel trinken zu müssen, um zu überleben, so helfen doch solche Hinweise und Übungen, um zu einem neuen Naturverständnis zu gelangen. Die Jugendlichen lernen spielerisch Tech-

niken kennen, die Natur schonend zu nutzen, sich mit den Erzeugnissen aus dem Boden zu ernähren, ohne vernichtend in den Lauf der Dinge einzugreifen.

Besonders bei längeren Fahrten oder Freizeiten könnte umweltpädagogisch vieles bewirkt werden. Die Beantwortung der Fragen »Wie macht man umweltschonend Feuer, was ist mit dem anfallenden Abfall, wie müßte ein ökologisch sinnvoller Einkauf aussehen, wie bewegt sich die Gruppe mit dem geringsten Schaden für die Umwelt fort, oder wie kann die Entsorgung der menschlichen Fäkalien bewerkstelligt werden?« regen zwangsläufig eine grundlegende Beschäftigung mit den Möglichkeiten umweltbewußten Lebens an.

6. Umweltbildung im Raum

Läßt es wirklich einmal die Witterung nicht zu, im Freien Umweltbildung zu betreiben, so ergeben sich durchaus einige Möglichkeiten, Jugendlichen auch im geschlossenen Raum die Umwelt nahezubringen. Aus der Natur gesammelte Gegenstände – ein kleiner Vorrat dieses Spielmaterials ist von Vorteil –, selbstverständlich aber auch Eindrücke können in gemütlicher Runde verarbeitet werden.

6.1 Naturgestalten

Aus mitgebrachten Wurzeln, Stöcken, Gras, Blättern, Rindenstücken, Steinen und Felsabbrüchen werden phantastische Gestalten gebildet. Ein Thema kann die Phantasie und aufkommenden Ideen zielgerichteter frei werden lassen und animiert auch leichter zum Mitmachen. Vielleicht mündet die Aktion in eine kleine, spaßige »Vernissage«, bei der die Künstler ihre Werke mit Inbrunst erläutern.

6.2 Naturmasken

Als Material werden von einer Schönwetteraktion mitgebrachte Naturgegenstände, wie Blätter und Rindenstücke, sowie Hosengummilitze und eventuell etwas Pappe benötigt. Jede(r) soll sich aus den vorhandenen Materialien eine Maske bauen. Dabei ist wichtig, daß möglichst eindeutige Charaktere entstehen. So kann eine(r) die Eichenrinde verkörpern, während ein(e) andere(r) zartes Ufergras darstellt. Wenn die Stimmung gut ist, könnte ein »Spiel der Natur« initiiert werden, bei dem die einzelnen **Naturmasken** zu sprechen beginnen.

6.3 Doppelbilder der Natur

Hier wird die Vorarbeit einer Umweltaktion in der freien Natur benötigt. Bei einer Schönwetterunternehmung sollen alle Beteiligten Ausschnitte in der Natur fotografieren. Das kann ein Stück Rinde oder Fels sein, moosbedeckter Boden, Kies, herbstliche Laubhaufen oder ein Knäuel Tierhaare. Es sollen allerdings nur

Dinge fotografiert werden, die ohne Schaden für die Natur mitgenommen werden können. Wichtig: Alles, was fotografiert wurde, wird mitgenommen.
Sind die Fotos entwickelt, beginnt die eigentliche Aktion **Doppelbilder der Natur**. Auf eine große Pappe ordnen die Jugendlichen die von der Schönwetteraktion mitgebrachten Naturgegenstände an. Sie werden nach Möglichkeit aufgeklebt. Nun werden die fertigen Fotos in gleicher Weise auf eine Pappe geklebt. Hierbei ist auf die gleiche Anordnung zu achten wie bei den echten, dreidimensionalen Motiven auf dem anderen Karton. Beide Pappen werden nebeneinander an der Wand angebracht, und alle haben nun einen Vergleich zwischen Natur und Abbild.

6.4 Naturwand

Interessant für Jugendliche, die einen eigenen Raum für ihre Treffen zur Verfügung haben, könnte die **Naturwand** sein. Gebraucht werden Aufnahmen (Dias!) von reizvollen Naturausschnitten. Vielleicht haben sich die Jugendlichen schon beim Fotografieren auf bestimmte Motive geeinigt. Sind die Dias entwickelt, werden sie gemeinsam betrachtet und dann für die Bemalung einer Raumwand ausgewählt. Mit dem Diaprojektor wird dieses Dia auf die entsprechende Wand projiziert. Damit auch die gesamte Fläche ausgenutzt wird, muß der Projektor entweder sehr weit weg gestellt werden (eventuell sogar außerhalb des Raumes, so daß durch die Tür projiziert wird), oder er wird mit einem Vario-Objektiv ausgestattet, das auch aus kurzer Entfernung ein großes Bild erzeugt. Jetzt werden mit Pinsel und Farbe zunächst die Konturen und schließlich auch die Farbflächen des Fotos auf die Wand übertragen. Eine phantastische Gestaltungsmöglichkeit für Innenräume. Um nicht unnötig Enttäuschungen vorzuprogrammieren, sollte darauf geachtet werden, daß kein zu kompliziertes Foto ausgewählt wird.

Immer wieder interessant und spannend ist das Spiel mit den Elementen Feuer, Erde, Wasser, Luft. Viele Anregungen gibt es in zahlreichen Spiel- und Beschäftigungsbüchern (siehe Literaturangaben). Am besten verwirklichen läßt sich das Spiel mit der Luft:

6.5 Drachen

Früher standen sie aus Papier und Holzleisten selbst gebaut am Himmel: die **Drachen**. Einiges hat sich in den letzten Jahren getan, und so gibt es heutzutage richtige »High-Tech«-Drachen, die mit den ursprünglichen Fluggeräten kaum mehr zu vergleichen sind. Die meisten der neuartigen Konstruktionen sind jedoch aus nicht gerade umweltfreundlichen Materialien. Dennoch bleiben genug Modelle übrig, die man guten Gewissens nachbauen kann. Auch hierzu sind zahlreiche Bücher erschienen, die einem stunden- oder tagelanges Herumprobieren ersparen. Jugendliche lassen sich am meisten (wie wohl inzwischen auch Erwachsene) von den sogenannten »Lenkdrachen« ansprechen. Sie können mittels zweier Zugleinen gesteuert werden und phantastische Flugoperationen vollfüh-

ren. Selbstgebaute **Drachen** fliegen zu lassen bringt den meisten Spaß. Beim Bauen und Konstruieren entsteht eine gewisse Spannung und Vorfreude, ob das Gebilde auch wirklich in die Luft steigen und fliegen wird.
In der Gruppe könnten auch ganze Drachenketten entstehen, jeder in einer anderen Farbe oder mit einem anderen Motiv bis hin zu der Möglichkeit, bestimmte Botschaften auf die **Drachen** zu malen und so auf etwas aufmerksam zu machen.

6.6 Heißluftballon

Ein anderes Element ist das Feuer. Damit herumzuexperimentieren ist schwierig und gefährlich. Dennoch gibt es auch hier eine Möglichkeit, die so manchen Jugendlichen »hinter dem Ofen« hervorlocken wird: ein **Heißluftballon**. Bei schlechtem Wetter wird das Flugobjekt gemeinsam gebaut, und wenn es die Witterung erlaubt, wird es zur Jungfernfahrt vorbereitet. Da beim **Heißluftballon** ein offenes Feuer im Spiel ist, müssen entsprechende Sicherheitsmaßnahmen getroffen werden. Hilfreich ist es beispielsweise, den Ballon an eine lange Schnur zu binden, um ihn gegebenenfalls zurückziehen zu können. Auch sollte ein Feuerlöscher in der Nähe bereitstehen. In besonders trockenen Zeiten bleibt der Ballon lieber zu Hause. Bauanleitungen finden sich in verschiedenen Spiel- und Beschäftigungsbüchern (siehe Literaturangaben).

6.7 Wasserrad

Wasser ist ein Element, das eine ungeheure Anziehungskraft ausstrahlt. Die nichtendende Strömung, das beruhigende Rauschen, das erfrischende Naß – aber leider auch die bedrohte Lebensader – animieren, sich mit diesem Element zu befassen.
Eine anregende Idee ist der Bau eines **Wasserrades** aus Naturmaterialien. Hierzu werden Weidenruten und andere Äste und feste Gräser, notfalls Bindfaden benötigt. Zunächst wird ein Rad mit einer Nabe in der Mitte konstruiert. Dabei muß die Nabe nicht unbedingt rund sein. Es ist nur darauf zu achten, daß genug Spielraum ist, um einen weiteren Ast als Achse durchstecken zu können. Als nächstes wird einem Sägebock gleich (zwei Elemente in der Form des Buchstaben X) ein Laufgestell gebaut zur Aufnahme einer abnehmbaren Achse für das Rad. Die Achse muß stabil in den Astgabeln aufliegen können. Schließlich müssen flächige »Schaufeln« aus dicht aneinandergebundenen Ästchen hergestellt und in gleichmäßigen Abständen an der Längsseite des Rades befestigt werden. Das ist das schwierigste Unterfangen. Durch die Radnabe wird die Achse gesteckt, in den beiden Astgabeln aufgelegt, und wenn schönes Wetter ist, geht's mit diesem Gestell zu einem nicht zu kräftig fließenden Bach. Dort wird die Konstruktion so aufgestellt und befestigt, daß die Schaufeln etwa ein bis zwei Zentimeter ins Wasser reichen, damit sie sich noch locker drehen können. Jetzt zeigt sich, ob die Konstruktion funktioniert.

6.8 Tongebilde und -skulpturen

Erde als viertes Element eignet sich in der Umweltbildung besonders in Form von Ton. Kneten, drücken, formen – die Betätigung mit diesem Naturprodukt macht Spaß. Jugendliche kennen Ton meist aus dem Werkunterricht der Schule. Dort werden Becher oder Vasen produziert, leider nur sehr selten wird frei schöpferisch gearbeitet. Der Vorteil der Jugendarbeit ist, daß keine Fertigkeitsprüfung oder Werkgenauigkeit kontrolliert werden muß. Das Ergebnis ist völlig frei von einer zwingenden Bewertung, und so bleibt es den Jugendlichen selbst überlassen, wie gut sie arbeiten. Anleitung sollte dennoch auf jeden Fall angeboten werden. Geformt werden könnten Abbilder interessanter Bäume, Felsstrukturen oder Tiere, es kann aber auch völlig frei eine Skulptur entstehen, die auf die Notwendigkeit des Umweltschutzes hinweist. Wem nichts anderes einfällt, oder wer gerade Bedarf hat: Selbstverständlich dürfen auch ein Becher oder eine Vase geformt werden. Am Schluß sollte alles mit einer schönen Glasur versehen in den Brennofen wandern, damit es auch einen Gebrauchsnutzen bekommt.

6.9 Brettspiele

Es gibt einige Brettspiele, die einem umweltbildenden Anspruch gerecht werden und mit Jugendlichen gespielt werden können. Eines ist das Würfel-Strategiespiel **Sauerbaum** (JOHANNES TRANELIS, Herder Verlag), bei dem es darum geht, in Abstimmung mit der Gruppe herunterfallende Tropfen des Sauren Regens so nach Würfelpunkten anzuordnen, daß Baumwurzeln davon verschont bleiben. Hier werden zwar keine tiefschürfenden Erkenntnisse über die Problematik des Sauren Regens aufgezeigt, aber zumindest könnte sich ein Gespräch hierüber entwickeln.
Ein anderes Umwelt-Brettspiel für die Jugendarbeit ist das klassische kybernetische **Ökolopoly** (FREDERIC VESTER, Otto Maier Verlag 1974). Anschaulich und nachvollziehbar werden hier die Zusammenhänge zwischen wirtschaftlichem Wachstum, Entwicklung des Lebensstandards, technischem Fortschritt und Folgen für die Umwelt simuliert. Die Jugendlichen entscheiden dabei selbst bestimmte Vorgehensweisen und können anhand der einstellbaren Ergebnisse sofort Erkenntnisse und Folgerungen daraus ziehen. Inzwischen gibt es dieses Spiel auch als Computer-Simulationsspiel, was auf Jugendliche heutzutage einen hohen Reiz ausübt (FREDERIC VESTER, Studiengruppe für Biologie und Umwelt, München 1990). Hier brauchen keine Pappscheiben gedreht werden, sondern der Spielablauf wird in bewegter Grafik am Bildschirm dargestellt. Ganz ehrlich: Das Brettspiel halte ich dennoch aus gruppendynamischen – und nicht zuletzt ökologischen – Gesichtspunkten für das geeignetere Umweltspiel.

7. Umweltspiele in der Stadt

Immer weniger naturnahe Gebiete im Lebensraum der Menschen heutzutage bewirken, daß Umweltbildung und -erziehung immer wichtiger, aber auch immer schwerer durchführbar wird. Als Spiel und Beschäftigung »in der Natur«

wird inzwischen von vielen schon das Herumtollen in künstlichen Freizeitanlagen mit »Tarzanbahn« und Riesenbalancescheibe gesehen. Es ist zwar eine durchaus wichtige Entwicklung, daß Spielräume nicht nur für Kinder, sondern für alle Menschen geschaffen werden (Erwachsene sollten viel mehr als Ausgleich zu ihren sonstigen Tätigkeiten spielen), doch kann das niemals natürliche Spielumwelten in freier Natur ersetzen.

Dennoch ist es wichtig, daß Jugendliche (und alle anderen auch) ihre tägliche Lebensumwelt spielerisch erkunden, die vorhandenen Gegebenheiten mit all ihren Sinnen wahrnehmen und sich möglichst umweltfreundlich den Weg für ihre und die Zukunft der Umwelt bahnen. **Stadt-** und **Öko-Rallyes** könnten ein Mittel sein, im direkten Lebens- und Wohnumfeld der Jugendlichen ökologisches Denken zu initiieren und weitergehendes Engagement auszulösen (vgl. GEISSLER, Kap. 3.10 in diesem Handbuch oder FORKEL 1993). Ohne dieses Engagement der Jugendlichen wird sich die ökologische Situation unserer Welt weiter verschlechtern, denn sie sind die Generation, die gelegte Weichen wieder zurückstellen könnte.

8. Umweltschutz praktisch

Umweltspiele animieren und können Spaß machen. Die Erlebnisse sind intensiv und vielfältig. Hieraus erwächst bisweilen das Bedürfnis für Jugendliche, irgend etwas ganz praktisch für die Umwelt zu tun. Damit wollen sie ihren Beitrag zum Erhalt ihrer Lebensgrundlage leisten.

Dieses Bedürfnis sollte nach Möglichkeit aufgegriffen und konkret umgesetzt werden. Einige Beispiele für praktischen Umweltschutz: Krötenzäune aufstellen, ein Biotop anlegen, Aufforstungsaktionen mitmachen, ein Waldpraktikum besuchen oder eine Bachpatenschaft übernehmen. Weitere Hilfen, Anregungen und vor allem Informationen geben die Büros der Umwelt- und Naturschutzverbände, die Umwelt- oder Forstämter.

Wer heutzutage Umweltschutz betreiben möchte, muß zwangsläufig auch politisch aktiv werden. Zu sehr ist die Umweltvernichtung verknüpft mit wirtschaftlichen Interessen und konsumorientierten Bedingungen. Wer einkauft, schädigt meistens auch. Aktionen und Demonstrationen für den Erhalt und den überlegten Einkauf von umweltfreundlichen oder naturschonend produzierten Produkten gehört somit ebenso zum praktischen Umweltschutz wie die Information über umweltschädigende Produkte und ihre Herstellungsweise sowie das Anprangern notorischer Umweltsünder, wie z.B. viele Großunternehmen und -konzerne. Oft sind deren Verwicklungen in umweltschädigende Handlungen wie die Beteiligung bei der Zerstörung von Naturidyllen, Eingriffe in den Lebensraum bedrohter Tiere, die Vernichtung des Regenwaldes, die Zerstörung ganzer Landschaftsgebiete durch Großprojekte bis hin zur Produktion menschen- und naturschädigender Produkte kaum mehr durchschaubar. Um so wichtiger wird es leider auch in Zukunft sein, Jugendlichen Mut zu machen, gegen ökologisches und menschliches Unrecht aufzustehen und ihre Freude und Ausgelassenheit bei den Umweltspielen in qualifizierte und weitergehende Beschäftigung mit der Umweltproblematik umzuwandeln.

Literatur

BRANDT, PETRA/THIESEN, PETER: Umwelt spielend entdecken. Beltz, Weinheim/Basel 1991;
BRUNS, HUBERT/KRÜGER, DETLEV: Wind und Wetter Spielebuch. Lustige Drachen und viele andere Spielzeuge für draußen. Kösel, München 1987;
CORNELL, JOSEPH BHARAT: Auf die Natur hören. Verlag an der Ruhr, Mülheim/Ruhr 1991;
DIEM, WALTER: Flugobjekte zum Selberbauen. Hugendubel, München 1990^3;
FORKEL, JÜRGEN: Stadtsafari. Natur erleben in der Stadt. Verlag an der Ruhr, Mülheim/Ruhr 1993;
GEISSLER, ULI: Jetzt geht's rund. Spielaktionen für alle Gelegenheiten. Ökotopia, Münster 1991;
GEISSLER, ULI: Jolly Joggers und Lilly Lindes großes, grasgrünes Umwelt-Spiel- und Spaßbuch. Ökotopia, Münster 1993;
GEISSLER, ULI: Achtung Aufnahme – 100 Spiele mit Kassettenrecorder und Fotoapparat. Rowohlt, Reinbek bei Hamburg 1994;
MÜLLER-HIESTAND, URSULA: Erde, Wasser, Luft, Feuer. Mit Kindern die 4 Elemente erfahren. AT-Verlag, Aarau 1990;
RUSE, DAVE: City Adventures. Paul Chapman Publishing, London 1989 [erhältlich über Robin Hood Versand, Remscheid];
SCHÖN, BERNHARD: Rallyes mit Köpfchen. Unterwegs auf rätselhaften Spuren. Rowohlt, Reinbek bei Hamburg 1991.

3.9 Einsatzmöglichkeiten ausgewählter Umweltspiele in der Erwachsenenbildung

Dieter Niehoff

> »Der spielende Mensch ist zunächst ein Mensch der ernsten Heiterkeit. (...) Dieser ist imstande, aus seinem Leben ein schönes Spiel zu gestalten, weil er weiß, daß eben dieses Leben eine Tragödie ist oder ein Komödienspiel.«
> (HUGO RAHNER 1952, zit. in: BAUER 1991, S. 9)

1. Einleitung

In diesem Beitrag geht es weder darum, ein »spielerisches« Öko-Konzept zur Rettung des Waldes oder zur Vermeidung von Restmüll herzustellen, noch wird eine frohe Botschaft zur ganzheitlichen Harmonie des Menschen mit der Natur verkündet. Ich glaube auch nicht, daß dem Ozonloch, dem Verkehrsinfarkt oder der Kluft zwischen den nördlichen und südlichen Ländern unseres Erdballs mit einem Natur-Memory oder einem Waldspaziergang unter Volkshochschulbesuchern beizukommen ist.

Mein Anliegen ist es vielmehr, Referenten und Teilnehmern in der Erwachsenenbildung mit folgenden drei recht unterschiedlichen Spielformen vertraut zu machen:

- Brett- oder Gesellschaftsspiele mit Umweltthemen;
- eine sogenannte Fahrradrallye in der näheren Umgebung des Bildungsortes;
- Spiele mit unseren Sinnen, Natur und Umwelt sehen, tasten, hören, schmecken oder riechen.

Alle drei Formen zeichnen sich aus durch:

- eigendynamische Elemente, die im Spiel selbst zu überraschenden Einsichten führen können;
- mehrdimensionale Lernerfahrungen, die sowohl Spuren der Selbsterfahrung als auch Kennenlernen und Akzeptieren anderer Menschen und Meinungen beinhalten;
- sinnliches Erleben des Weiterbildungsthemas; Erlebnisse, die nicht nur den Kopf beschäftigen, sondern auch basaleres Geschehen fördern und zulassen;
- Phantasie erforderndes Ausprobieren, damit aus Zuhörern oder Zuschauern Mitgestalter werden.

Diese Spielformen wurden bislang in Weiterbildungsveranstaltungen für Erwachsene nur am Rande berücksichtigt. Ich möchte mit diesem Beitrag einen kleinen Anstoß geben und dazu anregen, bei der Strukturierung von Bildungsveranstaltungen in der Erwachsenenbildung im Zusammenhang mit Umweltthemen etwas methodisch Neues auszuprobieren.

2. Anmerkungen zur Weiterbildung Erwachsener

Bildung ist mittlerweile keine Notwendigkeit nur für junge Menschen. Es ist unumstritten, daß sich mit dem Stichwort Weiterbildung ein »life long learning« etabliert hat. Dabei geht es nicht ausschließlich um Bildungsinhalte, die persönlichen Reichtum in materiellen Werten versprechen oder Bestrebungen in beruflicher Hinsicht zum Inhalt haben.

Die außerberufliche Weiterbildung *»... in Form der Freizeit- und Persönlichkeitsbildung ist eine freiwillig motivierte und freizeitorientierte Bildung, die Kommunikation ermöglicht, eigene Interessen weckt und weiterentwickelt sowie die Teilnahme am kulturellen Leben erleichtert«* (OPASCHOWSKI 1990, S. 37).

Konzepte zu einer Weiterbildungsarbeit für Erwachsene werden hierzulande inzwischen von allen gesellschaftlich bedeutsamen Gruppen getragen (Kirchen, Arbeitgeber, Gewerkschaften, kommunale Spitzenverbände, Vereine u.a.). Die klassische Weiterbildungsinstitution »Volkshochschule« allein reicht vielerorts kaum noch aus, die Nachfrage nach Kursen verschiedenster Ausrichtungen und Inhalte zu befriedigen. OPASCHOWSKI erstellt ein interessantes Szenario für zukünftige Orte der außerschulischen Bildungsarbeit. Es heißt dort:

»In einer Mischung aus Buchclub und Kulturladen, Werkstatt und Eckkneipe werden neue Lernstätten für die Freizeit entwickelt werden müssen, sozusagen freie Bildungsclubs mit freiwilligen oder freiberuflichen Animateuren« (OPASCHOWSKI 1990, S. 52).

Seine Ideen gehen über die »Gründung von Freizeitakademien« bis hin zu »wohnungsnahen Bildungsangeboten mit Freizeitcharakter« als Bildungsangebote direkt vor der Haustür. Inwieweit derartige Phantasien romantisches Bildungsideal bleiben oder praktikable Konzepte werden, bleibt abzuwarten.

Erwachsene lernen zwar durchaus ebenso gern (oder ungern) wie Kinder und Jugendliche, dennoch gibt es einige Besonderheiten, die bei konzeptionellen Planungen zur Gestaltung einer Weiterbildungsarbeit berücksichtigt werden sollten. So gibt es zum Beispiel bei Erwachsenen häufig eine weitaus existentiellere Betroffenheit gegenüber bestimmten Themenstellungen. Außerdem besteht ein starker Wunsch nach Praxisbezug bzw. nach praktischen Formen der Vermittlung des Stoffes. Sogenanntes Vorratslernen wird häufig abgelehnt. Vielmehr möchte das Erlebte schnell verwertbar mit ins Alltagsleben hinübertransportiert werden. Es gibt eine starke Ablehnung gegenüber abstraktem Theoretisieren, sei es auch noch so interessant oder einleuchtend. Das Abheben eines Referenten in himmlisch zu nennende Gedankengebilde gerät schnell zu einer abgelehnten Form einer Selbstdarstellung, hinter der alle gutgemeinten Inhalte wirkungslos an Zuhörern abprallen. Dies hat übrigens nichts mit dem Vorurteil zu tun, daß Kinder oder Jugendliche lernfähiger sein sollen. Erwachsene sind unter normalen Umständen bis ins hohe Alter hinein geistig ebenso beweglich. Es ist eine Herausforderung an die Kunst des Lehrens – nicht des Lernens! Veranstalter, Mentoren, Kursleiter der Erwachsenenbildung sind gefordert, die konventionellen Lehrmethoden abzulösen. Lernen und (Weiter-)Bilden soll ganzheitlich geschehen, denn schließlich ist unser Erleben von Umwelt ebenso ganzheitlich.

Allen, die selbst in der Erwachsenenbildung tätig sind oder sein möchten, sei das Buch von KLAUS W. DÖRING »Lehren in der Weiterbildung« (1992) empfohlen.

Es ist ein sehr praxisbezogener Ratgeber, der in Form eines Lehrbuches allen Fachleuten, die in der Erwachsenenbildung für Lehr- und Lernprozesse verantwortlich sind (ohne dafür speziell ausgebildet zu sein), Hilfestellungen anbieten kann. Es werden u.a. Fragen der Kursgestaltung (Unterrichtsplanung, Lehrformen, Medien etc.) als auch allgemeintheoretische Bereiche, wie »Was heißt denn eigentlich lernen?« oder »Der Umgang mit den Teilnehmern« berücksichtigt. Das Buch hat jedoch keine umweltbezogene Themenstellung.

Umweltthemen bzw. Themen der Umweltpolitik als Angebote der Erwachsenenbildungsarbeit sind sicherlich nicht Selbstläufer im Veranstaltungskatalog der Bildungsanbieter. Dennoch gelten Veranstaltungen in diesem Bereich als unumstritten wichtig. Weiterbildung soll hier nicht nur ein allgemeines Bewußtsein und Sensibilität für anstehende Umweltproblematiken schaffen, sondern ebenso wichtig scheint es, mit erwachsenengerechten Medien Aktivitäts- und Kreativitätspotentiale anzuschieben. Ob die Zuhörerschaft durch einen gutgemeinten Fachvortrag zur Einsicht gebracht wird oder ob dies im Rahmen einer Veranstaltung mit Hilfe spielerischer Elemente gelingt, bleibt dabei eigentlich von zweitrangigem Interesse. Jedoch bieten gerade Spiele noch ungeahnte Möglichkeiten zur Gestaltung von Weiterbildungsveranstaltungen.

3. Spiel, Erleben, Lernen

Ich möchte den Lesern mit meinem Beitrag »Handwerkszeug« in Sachen »Umweltspiele für Erwachsene« geben. Nachdenken über das eigene Verhalten gegenüber der Umwelt soll im Spiel punktuell und kurzzeitig »vorgemacht« werden. Spontanität, Sichentspannen, Spaß und Sozialkontakte können dabei ebenso Bestandteile geplanter Veranstaltungen sein wie das Überdenken der Lebensgewohnheiten und das Erkennen eigener Verantwortlichkeiten.

Wenn eine Weiterbildungsveranstaltung wirklich Sinn machen soll, so kann dies nur gelingen, wenn durch gutgemeintes didaktisches und methodisches Vorgehen Prozesse des Lernens beim Interessenten in Gang gesetzt werden. Lernen ist ein sehr komplexer Vorgang. Über die Sinnesorgane werden Informationen aufgenommen (hier: durch Spiele). Die Informationen werden verarbeitet, mit bereits vorhandenen Informationen verglichen (hier: Erfahrungen mit anderen Spielen), bewertet und eingeordnet. Hinzu kommen Gefühle, Freude, Spaß und Spannung. Sollten diese (hier: im Spiel gemachten) Erfahrungen beim Erwachsenen positives und einsichtiges Interesse entstehen lassen, so ist die Chance groß, daß dadurch Verhaltensänderungen oder z.B. ein Überdenken des zukünftigen Verhaltens in Dingen des Umweltschutzes in Gang gesetzt werden.

Werden Menschen mit neuen Informationen und Erlebnissen konfrontiert, so werden logische Verknüpfungen der neuen Thematik (hier: Umweltspiele) mit ähnlichen Erfahrungen in der Vergangenheit vollzogen. So entstehen »innere Bilder« (Wahrnehmungs- und Handlungsvorstellungen), die mit gegenwärtig erlebten (hier: »erspielten«) Gefühlen und Stimmungen kombiniert werden: Spannung/Langeweile, Lust/Unlust, Entspannung/Anspannung.

Gleichzeitig erlebt ein Teilnehmer einer Bildungsveranstaltung körperliche Reaktionen, die bewußt, vielleicht auch kaum wahrnehmbar geschehen: Müdigkeit,

Gänsehaut, verstärktes Herzklopfen, Temperaturveränderungen, Entspannungen oder vielleicht Verspannungen.

Mit Spielen verschiedener Art kann es gelingen, die »Botschaften« einer geplanten Veranstaltung sozusagen »eingekleidet« den Teilnehmern nahezubringen. Informationen des Umweltschutzes bzw. des umweltschützenden Verhaltens werden medial durch »Spielen« vermittelt. Beim herkömmlichen Lernen oder Wissensvermitteln bleibt eine Verarbeitung des neu Erfahrenen praktisch völlig dem Zufall, der besonderen Fähigkeiten oder dem guten Willen der Zuhörer überlassen. Bei Spielen werden die »Lernenden« zu aktiven Mitgestaltern eines Lern- und Erfahrungsprozesses. Neben einer reinen intellektuellen Anforderung (z.B. Begreifen der Spielregeln) sind es weitaus komplexere Sinnesleistungen, die ein Erleben ganzheitlich werden lassen. Die Chance, daß gegenwärtig erlebtes Spiel eine Grundlage für neue Aspekte persönlicher Umweltorientierungen wird, ist durchaus nicht gering.

Durch die – in Weiterbildungsveranstaltungen allgemein gebräuchliche – rein intellektuelle Überbetonung der Wissensvermittlung und -verarbeitung sind die Teilnehmer häufig gezwungen, bei der Informationsaufnahme, -verarbeitung und -speicherung die Wahrnehmungen zum Thema ebenfalls auf das Geistige zu reduzieren. So würde z.B. ein Weiterbildungsthema in Form eines Vortrages zunächst einmal bei den Zuhörern zu Wertungen über die Art und Weise des Vortrages selber führen. Konnte man den Referenten gut verstehen? Wirkte er überzeugend? Hat er mir was Neues gesagt?

»Im alltäglichen Lernen schenkt man also ebenso wesentlichen Teilen des Erlebens keine oder nur eine untergeordnete, zufällige oder zeitlich verschobene Beachtung, was unseres Erachtens weitgehend dafür verantwortlich ist, daß im Lernprozeß so viele Informationen verlorengehen« (CRITTIN 1993, S. 22).

Im Spiel werden die Teilnehmer zu Akteuren/Handelnden im Rahmen eines Themas (hier: Spiele und Umwelt) und können über die reine intellektuelle Leistung weit hinaus Erfahrungen sammeln und entscheiden, ob dieses Erleben auch weitreichendere Bedeutungen haben kann. Lernen und Erleben wird durch Spiele mehrdimensional und ganzheitlich. Daher bieten Spiele Chancen, komplexe Sachverhalte vielschichtig erlebbar zu machen.

4. Anmerkungen zum Begriff Spiel

»Spiel« scheint als nicht weiter ableitbare Grundbetätigung des Lebens zunächst unproblematisch zu sein. Für eine Fülle von Handlungen benutzen wir diesen Begriff, vom Spielen im Kindergarten über den Spielfilm im Kino bis zum Liebesspiel Verliebter. Die Lenkstange im Auto hat Spiel. Die Spielsucht am Geldautomaten oder das wöchentliche Lottospiel von Millionen, überall taucht in unserer Sprache der Begriff Spiel auf, sowohl im Rahmen konkreten Tuns als auch bei der Zuschreibung eines bestimmten Verhaltens.

Offensichtlich erscheint uns Spiel in verschiedenen Zusammenhängen des täglichen Lebens selbstverständlich und bleibt dennoch immer ein wenig mit dem Außergewöhnlichen behaftet.

»Spielerische Erscheinungen heben sich von unseren festgelegten Wirklichkeitsvorstellungen ab, sie wirken scheinhaft, sie simulieren Realität, ohne sie ganz zu erreichen, sie sind eine andere Form von Wirklichkeit« (FRITZ 1991, S. 13).

Spiel steht immer ein klein wenig am Rand der ernsthaften Alltagsbeschäftigung. Wer spielt, steht prinzipiell in einem Tun, was im Grunde genommen auch unterlassen werden kann (vgl. auch die Beiträge von BULAND, HOLODYNSKI oder KORTE). Dennoch schiebt es sich immer wieder momentan in den Vordergrund und bietet Abwechslung, Spaß und Spannung als Gegensatz von Routine und zweckgebundener Geschäftigkeit.

Ob eine bestimmte Beschäftigung »spielen« genannt werden kann, ist mittlerweile durchaus überprüfbar. Dem niederländischen Kulturhistoriker JOHAN HUIZINGA ist ein interessanter formaler Kriterienkatalog zu verdanken (HUIZINGA 1987). Im Zusammenhang gemeinsamen Tuns kann dann von »Spiel« gesprochen werden, falls folgende acht Kennzeichen erfüllt sind:

1. Alles Spiel ist freies Handeln. Befohlenes Spiel ist kein Spiel mehr.
2. Im Spiel sind alle gleich.
3. Spiel ist nicht gewöhnlich. Sein Geschehen dient nicht einer unmittelbar lebensnotwendigen Bedürfnisbefriedigung.
4. Spiel ist eine zeitweilig begrenzte Handlung. Sie wird sich als immer wiederkehrende Handlung ins Leben schieben.
5. Die Spieler sind nicht ans Spiel gebunden. Das Spiel kann jederzeit unterbrochen oder auch aufgegeben werden.
6. Nach Beendigung oder Unterbrechung kann ein Spiel wiederholt oder wieder aufgenommen werden. Dies ergibt sich durch vorher getroffene gemeingültige Vereinbarungen, an die sich alle am Spiel Beteiligten zu halten haben. Diese Vereinbarungen nennt man Spielregeln.
7. Spiel ist ein in sich abgeschlossener Vorgang, der zeitlich und örtlich begrenzt bleibt. Ein Spiel beginnt, läuft ab und ist in einem bestimmten Augenblick aus.
8. Zur Chancengleichheit im Spiel gehört ein gewisses Maß an Unsicherheit über einen möglichen Spielverlauf und Spielausgang.

Gegenstand meines Beitrages sind Spiele mit einem bestimmten thematischen Überbau (»Umwelt«), die einem bestimmten Benutzerkreis (»Erwachsene«) zu einem bestimmten Zweck (»Weiterbildung«) gestellt werden. Die von mir vorgeschlagenen Spiele erfüllen die Kriterien nach HUIZINGA.

Die Betonung dieser Formalie ist mir wichtig, weil in der jetzigen Spielmoderne des Computerisierens wichtige Bestandteile der sozialen und persönlichen Erfahrungen verlorengehen. Zwar hat sich allen Unkenrufen zum Trotz das für manchen bereits altbacken und konservativ anmutende Gesellschafts- oder Brettspiel nicht niederringen lassen. Es ist aber zu erwarten, daß tendenziell in den nächsten Jahren die Marktbeherrschung durch die vielen wirklich »guten Spiele« dem leichtgängigen spielerischen Flachsinn und den zumeist sozialfeindlichen Computerspielen wird weichen müssen.

Es ist unbestreitbar, daß z.B. Spiele, die auf einem (Fernseh-)Bildschirm gespielt werden können, dem Medium Fernsehen insoweit voraus sind, daß der Benutzer nun Bewegungen auf dem Bildschirm selbst steuern kann. Das passive »Davorsitzen« weicht einer gebannten Aktivität, die in Hektik, Streß und Aggression umschlägt. Wer sich in diesem Zusammenhang einen gewissen pädagogischen Optimismus bewahren möchte, der könnte mit FRITZ (1989, S. 204) argumentieren:

»Das Videospiel hält als heimliches Lernziel die Erfahrung bereit, daß sich durch Arbeit, Fleiß, Training, Ausdauer, durch Streßbeherrschung und Coolness Positives erreichen läßt.«

Keinesfalls soll durch dieses herausgegriffene Zitat ein »falsches«, eindimensionales Bild der Intention von FRITZ vorgetäuscht werden, vielmehr ist das facettenreiche und kritische Kapitel seines Buches (1989, S. 165–210) sehr lesenswert. Darüber hinaus sei der Infodienst »Computerspiele auf dem Prüfstand« der Bundeszentrale für politische Bildung empfohlen. Der Infodienst will Orientierungs- und Bewertungshilfen anbieten. Besprochen werden insbesondere Spiele, die keine Gewalt enthalten. Die pädagogischen Beurteilungen entstehen in wissenschaftlicher Begleitung durch die Fachhochschule Köln.

5. Erwachsene und Brettspiele

»Es verwundert nicht, daß fast alle klassischen Spiele, die oft Jahrtausende überdauert haben, aus den Ländern kommen, deren Kultur am höchsten entwickelt war: aus Ägypten, Persien, Mesopotamien, Griechenland, dem Römischen Weltreich, aus Indien oder China; den Ursprungsländern unserer heutigen Zivilisation« (GLONNEGGER 1991, S. 27).

Alljährlich erscheinen alleine in den deutschsprachigen Ländern mehr als 300 neue Brettspiele. Eine Minderzahl von ihnen erscheint bei den bekannten Spieleverlagen, deren Produkte z.B. gestapelt in den Regalen von Kaufhäusern oder Spielzeug-Fachgeschäften Kaufanreize bieten sollen. Trotz vieler kreativer Spieleautoren und engagierter Kleinstverleger – die ohne die Möglichkeiten eines bundesweiten Vertriebes »ihre« Spiele mit viel Enthusiasmus und Phantasie in sehr kleinen Auflagen von manchmal nicht mehr als 100 Stück verkaufen – sollte nicht unerwähnt bleiben, daß insgesamt gesehen die Fülle neuer Spiele nicht automatisch eine Garantie für eine ebensolche Fülle wirklich empfehlenswerter Spiele ist. Im Gegenteil: Wie in anderen Kulturbereichen gibt es auch im Spielebereich Titel,

- deren Spielwert gegen null tendiert;
- die in Aufmachung und Material eine Beleidigung des guten Geschmacks sind oder
- die durch eine völlig unverständliche Spielregel jeden Spielspaß gleich von Anfang an unmöglich machen.

Daß Spielen wie Lesen oder Schreiben eine menschliche »Kulturtechnik« ist, wurde bereits betont. Im Spiel erfährt der Mensch sich selbst, er lernt andere zumeist ohne den Schutzmantel einer abstandhaltenden oder Vorurteile schaffenden Oberflächlichkeit (oder einer langweilenden Lustlosigkeit) kennen. Im Spiel gibt ein jeder etwas von seiner Persönlichkeit preis. Ein Spieltisch ist immer eine kleine Bühne, die Akteure schauspielern, so gut sie können, die Spielregeln sind ein Drehbuch. Und insbesondere Erwachsene brauchen Spiele:

»Sie sind es, die sich in festen Gefügen bewegen, Gewohnheiten entwickelt haben und dadurch unflexibel geworden sind« (GEISSLER 1993, S. 25).

Es ist keine Seltenheit mehr, wenn z.B. in freundschaftlicher Runde jemand den Vorschlag macht: »Laß uns doch einfach mal was spielen!«
1984 war das Geburtsjahr des Spiele-Booms für Erwachsene. Damals schwappte die erste Welle der sogenannten Quizspiele aus den Vereinigten Staaten zu uns

herüber. Mit dem hierzulande unaussprechlichen Titel **Trivial Pursuit** zog ein witziges, wenngleich spieltechnisch eher stupides Spiel mit 6000 Fragen in die Wohnzimmer ein. In der Folge brachte jeder größere Spieleverlag sein eigenes Quizspiel auf den Markt, doch den Wortwitz und die Ironie des »Urvaters« erreichte keines von ihnen.
Marktanalysen der Anbieter hatten ergeben, daß Millionen von jungen Erwachsenen potentiell an Spielen interessiert sind. Spielen galt, und gilt immer noch, als eine Alternative zum Kino- oder Diskothekenbesuch. Jedoch sollten es Spiele sein, die ohne größere Regeleinarbeitung gespielt werden können. Der Spaß am gemeinsamen Tun in möglichst großen Gruppen wurde erstrangig gesucht.
Erst in der Folge wurde das Angebot an leichtgängigen Spielen mit einem höheren Maß an Kommunikation differenzierter. »Interaktion« hieß das neue Zauberwort der Branche. Es bedeutet, daß Spieler immer, also auch wenn sie nicht am Zug sind, in das Spielgeschehen einbezogen werden. Das Grundmuster des Frage- und Antwortspiels blieb dabei zumeist erhalten. Ambitionierte Spieler rümpfen bei vielen dieser Titel zwar die Nase, fehlt es doch zumeist an reizvollen Spielmechanismen, an taktischen Möglichkeiten oder anderen innovativen Elementen. Es darf aber nicht unterschlagen werden, daß der Quizspiel-Boom vielen Erwachsenen wieder den Spaß am Spiel zurückgebracht hat.
Außerdem (er-)fanden Autoren im Laufe der nächsten Jahre Spiele, die ein hohes Maß an interaktiven und spieltechnisch reizvollen Elementen miteinander verbanden. Als Beispiele seien hier nur zwei Spiele des Autors KLAUS TEUBER genannt: das Spiel des Jahres 1988 **Barbarossa** (ASS) und das Spiel des Jahres 1990 **Adel verpflichtet** (F.X. Schmid).

6. Umweltspiele

Die Umwelt spielend zu simulieren erscheint recht einfach. Ist doch ein Spiel immer eine Miniaturisierung komplexer Zusammenhänge. Also sollte man meinen, daß es viele Autoren gäbe, die hier zu einem interessanten Thema interessante Spielmechanismen entwerfen. Doch weit gefehlt. Zu sehr haftet Umweltspielen der moralisch/pädagogisch erhobene Zeigefinger an, und gerade diese im weitesten Sinne erzieherischen Aspekte möchten Erwachsene in »ihren« Spielen nun überhaupt nicht antreffen. Mit Titeln und Themen wie »Laßt die Bäume leben!« oder »Rettet unsere Feuchtbiotope!« kann wahrlich kein Verlag mehr einen existenzsichernden Umsatz erreichen.
In einem Artikel zur Entwicklung des in der Spiele-Szene mittlerweile sehr bekannten Ökotopia Verlages äußert sich der Verlagsgründer WOLFGANG HOFFMANN im Rahmen eines Interviews über den schlechten Ruf, den Spiele mit ökologischen Themen haben. »Zudem kommt der ökonomische Aspekt hinzu, der einen kleinen Verlag zwingt, auf seine sicheren Abnehmer hinzuarbeiten, was in letzter Konsequenz bedeutet, Kinderspiele zu machen ...« (GOEMANN 1992, S. 34). Nur dort wird ein lohnender Absatzmarkt gesehen. Doch gibt es auch Umweltspiele in den Angebotskatalogen einiger (unterschiedlich großer) Verlage.
Den Bereich der Brettspiele habe ich in bezug auf Verwendungsmöglichkeiten für die Erwachsenenbildung gesichtet und bin zu dem Ergebnis gekommen, daß

nur in wenigen aktuellen Spielen ökologische Themen interessant umgesetzt werden. Für die Weiterbildung Erwachsener möchte ich als allgemeine Empfehlung daher lediglich folgende Titel nennen:

- **Biotopia**, aufgrund der einfachen Mechanismen bei gleichzeitiger Fülle spielerischer Möglichkeiten;
- **Vertigo** und **Dicke Kartoffeln** als vorzügliche Herausforderungen für erfahrene Spielerunden;
- **Buurejahr** versprüht den »Charme einer Birkenstock-Sandale« und wird daher sicherlich eine ganz eigene Fan-Gemeinde finden;
- **Waldesfrust** kann spieltechnisch überzeugen, transportiert dabei aber keine umweltschützende Botschaft;
- **Sauerbaum** und **Umwelt-Memory** als »Absacker« am Abend nach einem langen Tag der Weiterbildung.

Der Rest bleibt als kulturelle Massenware in Sachen Spiel thematisch nicht überzeugend und reizlos. Folgende Gründe lassen mich zu dieser Auswahl kommen:

6.1 Biotopia

Analyse des Spiels:
Biotopia (Herzblatt Spiele 1992, Hartmann & Kurda, Holzweg 28, 61440 Oberursel, für 2–4 Spieler ab 12 Jahren, ca. 50 DM) ist spieltechnisch gesehen ein wirklich funktionierendes Umweltspiel. Die Idee, Umweltsünder zur Rede zu stellen, dabei einen der Mitspieler in diese Rolle schlüpfen zu lassen, ist herausfordernd, benötigt von so manchem unvorbereiteten Mitspieler aber einiges an Überwindung hin zum Ungewöhnlichen.
Die Idee, einen der Mitspieler in der Rolle des »bösen Umweltverschmutzers« agieren zu lassen, ist prinzipiell natürlich nicht neu, dennoch wird sie in kommunikativen Erwachsenenspielen recht selten angewandt. (Wir kennen derartige Rollenspiele z.B. auch aus der Psychologie, wo sie zu Selbsterfahrungszwecken oder als direkte Therapiemethode angewandt werden.)
Natürlich ist bei einem Spiel dieser Art das Ziehen mit einer Figur über einen Spielplan nicht besonders einfallsreich. Doch wie bei allen anderen Frage- und Antwortspielen sind Mechaniken dieser Art dazu gedacht, eine Partie künstlich in die Länge zu ziehen bzw. die Spieler auch einmal Luft holen zu lassen. Letzteres ist bei **Biotopia** sicherlich notwendig, ansonsten würde eine Partie vielleicht unnötig in reine Ernsthaftigkeit abschwenken.
Biotopia läßt den Spielern genügend Freiraum, um eigene Kreativität im Rahmen der Spielregeln zuzulassen. So erweist es sich als nützlich, dem Redner nicht etwa einen kompletten Sachverhalt vorzugeben, sondern lediglich ein Stichwort, so wie es die Autoren vorschlagen. Dadurch wird Phantasie gefordert. Jedoch müssen alle Beteiligten bereit sein, diese Freiräume mit ein wenig spielerischer Leichtigkeit zu füllen. Ein »Spielmuffel« am Tisch wäre bei diesem Spiel wirklich völlig überfordert.

Verwendung des Spiels in der Erwachsenenbildung:
Biotopia ist im Rahmen von Weiterbildungsveranstaltungen für Erwachsene uneingeschränkt zu empfehlen. Diskussionen zu den Themen des Spiels können

anregen, ohne daß besserwisserisches Geschwafel belohnt wird. Schließlich sorgen die Mitspieler durch ihr Zuhören und ihre Punktevergabe für eine schnelle und eventuell unnachgiebige Bewertung eines »Umweltschutz-Vortrages«.
Leider hat der Verlag das Spiel nur für 2–4 Spieler konzipiert. Dennoch sind Partien auch für Teams mit z.B. je zwei Spielern modifizierbar.
Bei bestehender Motivation aller Beteiligten ist **Biotopia** unter allen derzeitigen Umweltspielen mit betont kommunikativem Charakter sicherlich die beste Wahl.

6.2 Vertigo

Analyse des Spiels:
Die statische Aufmachung von **Vertigo** (SYLVIE RODRIGUEZ und PHILIPPE DES PALLIERES, Eurogames 1991, Wirtschaftsspiel für 2–4 Spieler ab 12 Jahren, ca. 75 DM) bedarf einer gewissen Gewöhnung. Insbesondere die »Kontrollbildschirme des eigenen Landes« (so nennt der Hersteller die Spielpläne) wirken recht seltsam. Im Laufe einer Partie erweisen sie sich aber als äußerst funktional und pfiffig gestaltet.
Der Pferdefuß von **Vertigo** liegt jedoch, wie so häufig bei komplexen Spielen, in der Regel. So können einige Aspekte, die sozusagen »versteckt« in Nebensätzen lauern, nur mit sehr viel Phantasie und Vereinbarungen der Mitspieler untereinander in einer ersten Partie gefunden bzw. gelöst werden. Eine derartig schlampig aufgemachte Regel ist für ein Spiel in dieser Preisklasse nicht akzeptabel.
Wer die Tücken der Regel jedoch gemeistert hat, dem eröffnet sich ein Spiel der Sonderklasse! Es bietet taktische und strategische Elemente zuhauf. Gleichzeitig nötigt es allen Spielern Verhandlungen und gemeinsame Vorgehensweisen ab, damit am Schluß nicht alle gleichermaßen als Verlierer dastehen. Die Koalitionsbildungen zur Verabschiedung verschiedener Gesetzesvorschläge (Ereigniskarten, die allen Spielern je einmal zur Verfügung stehen) bieten außerdem reichlich Gelegenheit zum gekonnten Bluffen.
Vertigo wird am Spieltisch sicher zu mancher heißen Diskussion führen. Immer wieder müssen die Spieler egoistische Interessen zum schnellen Gelderwerb (der reichste Spieler wird gewinnen) zurückstellen, um nicht gemeinsam dem Umweltkollaps zum Opfer zu fallen.

Verwendung des Spiels in der Erwachsenenbildung:
Ein Spiel ist immer eine Vereinfachung und Miniaturisierung der Wirklichkeit. Wer diese Prämissen akzeptiert, der wird in **Vertigo** ein hervorragendes Umweltspiel erkennen. DUCHIO VITALE, Inhaber des Eurogames Verlages, meint dazu im Interview mit einer Spielefachzeitschrift (KLEIN 1992, S. 52):

»Mich reizte zudem die Herausforderung, ein ernst zu nehmendes Umweltspiel zu machen. Die meisten Spiele zu diesem Thema sind entweder nur zynisch oder aber moralisierend, d.h., sie fordern die Spieler mit erhobenem Zeigefinger zur Zusammenarbeit auf. Ich wollte den Leuten klarmachen, wo das eigentliche Problem liegt: Sind sie wirklich bereit, wegen der Umwelt auf Konsum zu verzichten? (...) Da wir aber fanden, daß die mikroökonomische Ebene des privaten Haushalts für die meisten Kunden [= Spieleinteressierte, D.N.] vielleicht doch zu direkt ist, haben wir es auf die natürlich etwas abstrakte Ebene von Staaten verlegt.«

6.3 Dicke Kartoffeln

Analyse des Spiels:
Beim Spiel **Dicke Kartoffeln** (DORIS MATTHÄUS und FRANK NESTEL, Abacus Spiele 1991, Schopenhauerstr. 41, 63303 Dreieich, (Land-)Wirtschaftsspiel für 2–6 Spieler ab 12 Jahren, ca. 55 DM) können die Spieler selbst entscheiden, ob sie die »chemische Keule« oder den biologisch einwandfreien Regenwurm wirken lassen. Sicherlich bietet die Chemie eine zunächst höhere Rendite, doch die Belastung des Bodens läßt auf längere Sicht nur Negatives erwarten.
Die Autoren haben den Wettstreit zwischen Ökonomie und Ökologie übrigens mit zwei verschiedenen Siegmöglichkeiten verknüpft: Wer den gesündesten Hof unterhält, gewinnt ebenso wie derjenige, der am Ende der Spieldauer das meiste Geld besitzt (wobei natürlich beides auch auf einen Hof zutreffen kann).
Sicherlich ist **Dicke Kartoffeln** in erster Linie ein Wirtschaftsspiel. (Laut Aussage eines Autors war es zunächst als Spiel zum Thema »Erdöl« geplant.) Die Einkleidung in eine agrarökonomische (bzw. -ökologische) Handlung ist jedoch nicht nur sympathischer, sondern in bezug auf den Gesamteindruck des Spiels auch stimmig und wirkungsvoll.

Verwendung der Spiels in der Erwachsenenbildung:
Die Autoren sind in der Szene keine Unbekannten mehr. Bis auf das hier behandelte **Dicke Kartoffeln** zeigen ihre Spiele einfache, dennoch sehr gelungene Mechanismen, die insbesondere auch sogenannte »Gelegenheitsspieler« schnell überzeugen. **Dicke Kartoffeln** wird sich allerdings nicht so schnell erschließen lassen. Ich kann es daher nur erfahrenen Spielrunden empfehlen, die neben ein wenig Interesse an komplexeren Spielen auch genügend Zeit mitbringen (mit drei Stunden muß gerechnet werden).

6.4 Buurejahr

Analyse des Spiels:
Buurejahr (Spielwerkstatt Murmel, Zürich, Landwirtschaftsspiel, in verschiedenen Spielvarianten ab 5 Jahren, ca. 80 DM, Bezug über den Heidelberger Spieleverlag, Blumenstr. 39, 69115 Heidelberg) ist ein Würfelspiel und bietet demnach alle Aspekte, die zufallsbedingte Spiele dieser Art besitzen: Würfeln, Setzen, Eintritt eines bestimmten Ereignisses etc. Besonders gewitzt ist diese Spielmechanik nicht – aber sie funktioniert im Falle von **Buurejahr** wirklich ausnahmslos prächtig. Dem etwas kargen Reiz steht die materielle Ausstattung übrigens erfreulich üppig gegenüber.

Verwendung des Spiels in der Erwachsenenbildung:
Buurejahr ist als Umweltspiel wirklich gelungen. Das bäuerliche Leben wird im Spiel zwar sehr simplifiziert (als »Entschuldigung« dafür bietet das dicke Begleitheft Komplexeres), jedoch ist Unterhaltung und nicht etwa Vollkommenheit die erste Pflicht eines Spieles. Daher kann ich **Buurejahr** in der Erwachsenenbildungsarbeit empfehlen, wenngleich der Spielspaß bereits nach einigen Partien merklich nachlassen könnte.

6.5 Waldesfrust

Analyse des Spiels:

Waldesfrust (VALENTIN HERMAN, Fanfor-Verlag, Taktikspiel für 3–6 Personen, ca. 90 DM, Bezug über Fanfor-Verlag, Lange Rötterstr. 74, 68167 Mannheim) besteht aus mehreren Spielphasen (Anwerben eines Waldhüters; Handlanger engagieren; Konflikte austragen, z.B.: Waldhüter erwischen Handlanger, Gericht halten; Wachsen der Bäume; Setzlinge plazieren; Waldhüter entlassen). Dem Spiel merkt man die Liebe zum Detail wirklich an. Die in der Spielregel vorangestellte Danksagung an das 18köpfige (!) Testerteam ist angebracht, da das Spielsystem auf eine lange »Reifungszeit« schließen läßt und auch nach vielen Spieldurchgängen nichts an Reiz verliert.

Dennoch empfehle ich dem Verlag eine nochmalige Überarbeitung des Regelwerks. Die erstmalige Einarbeitung bleibt mühsam. Außerdem wäre es sicherlich nützlich, wenn einige taktische Tips für Anfänger (was ja schließlich zunächst jeder **Waldesfrust**-Spieler sein wird) Bestandteil des Regelwerks wären.

Verwendung des Spiels in der Erwachsenenbildung:

Waldesfrust bietet den Spielern keinerlei Hinweise auf forstwirtschaftliche Tätigkeiten zum Schutz des Waldes; dieser Tatbestand sollte allen potentiell Interessierten klar sein.

6.6 Sauerbaum und Umwelt-Memory

Die folgenden beiden Spiele werden von mir nur kurz dargestellt, da sie sich nur bedingt zum Einsatz in der Erwachsenenbildung eignen.

6.6.1 Sauerbaum

Sauerbaum (JOHANNES TRANELIS, Herder 1988, kooperatives Würfelspiel für 3–7 Spieler ab 8 Jahren, ca. 36 DM) wurde 1988 mit einem Sonderpreis als bestes kooperatives Spiel ausgezeichnet. In der Begründung von BERNWARD THOLE, Sprecher der Jury »Spiel des Jahres«, heißt es:

»*Das Spiel ist schlicht ein großer Wurf. Es widerlegt genaugenommen gleich drei Vorurteile auf einmal: nämlich daß ein kooperatives Spiel nicht spannend und nicht für Erwachsene geeignet sein kann und daß solch ein Spiel kein aktuelles Thema haben darf.*«

Zugegeben, die Spielmechanik bei **Sauerbaum** funktioniert einwandfrei, aber was das Würfelprinzip mit saurem Regen gemein haben soll, ist und bleibt schleierhaft. Zu aufgesetzt und unstimmig ist das Thema. Völlig an den Haaren herbeigezogen, klingelt die böse Botschaft vom üblen sauren Regen, der durch sammelnde Tüchtigkeit (und Würfelglück) von den Spielern recycelt werden kann. Diese Art und Weise des umweltpädagogischen Keulenschlags hat aber nun rein gar nichts mit den wirklichen Problemen des Waldsterbens gemein (siehe im Gegensatz dazu auch Beitrag von THOLE in diesem Handbuch, Anmerkung der Herausgeber).

6.6.2 Umwelt-Memory

Der schönste Aspekt am bekannten Memory-Spielprinzip ist, daß Erwachsene regelmäßig den Kindern unterlegen sind. Im Unterschied zu den bekannteren Varianten wird beim **Umwelt-Memory** (Ravensburger 1993, Merkspiel für 2–5 Spieler ab 8 Jahren, ca. 22 DM) nicht nach Kartenzwillingen, sondern nach thematischen Zuteilungen gesucht. 8 verschiedene Sammelstellenkarten (z.B. »Altpapier«, »Kompost«, »Sondermüll«) passen zu 21 verschiedenen Warenkarten.

7. Unterwegs in Sachen Umweltspiel – eine Fahrradrallye

7.1 Einleitung

Eine gänzlich andere, etwas ungewöhnliche Spielform möchte ich mit dem Begriff »Spieler-Rallye« umschreiben (vgl. SCHÖN 1991, der insgesamt sechs verschiedene Rallyes ausführlich dargestellt).
Im westfälischen Münsterland gehören Fahrradrallyes bereits seit vielen Jahren zum (Spiel-)Repertoire unzähliger Volkshochschulveranstaltungen oder privater Initiativen. Örtliche Naturschutzvereine oder Umweltschutzgruppen (verschiedener Gesinnung und politischer Couleur) bieten in Form von Fahrradrallyes Erkundungsfahrten, um in Sachen Umweltverschmutzung die städtische Umgebung genauer unter die Lupe zu nehmen.
»Spieler-Rallyes« (hier mit Fahrrädern als Fortbewegungsmittel) fordern vom Veranstalter einiges an Vorarbeit. Den Teilnehmern der Weiterbildungsveranstaltung sollte von vornherein klar sein, daß diese auf den ersten Blick etwas unorthodox anmutende Form »spielerischer« Weiterbildung Bestandteil der Veranstaltung sein wird. Ist dies der Fall, so wird sicherlich keine Hemmschwelle bestehen, sich darauf einzulassen. Bei einer Rallye werden mehreren Gruppen (4–6 Mitglieder pro Gruppe) verschiedene Aufgaben gestellt, die sie in völliger Eigenregie lösen sollen. Dabei sind der Phantasie der Gruppen keine Grenzen gesetzt. Der Erfolg oder Mißerfolg einer derartigen Form von Weiterbildung hängt im hohen Maße von der Gruppendynamik und der Kreativität der Teilnehmer ab. Ziel einer Öko-Rallye für Radfahrer ist es, einen kleinen Ausschnitt im ökologischen System der Stadt zu fokussieren und kennenzulernen. Somit wird die Stadt als »Spielpartner« mit einbezogen.

In meinem Beispiel gehe ich von drei Voraussetzungen aus: Allen Teilnehmern werden Fahrräder zur Verfügung gestellt, Natur in Form eines Naherholungsgebietes (o.ä.) liegt in erreichbarer Nähe, es stehen ca. 4 Std. Zeit zur Verfügung.

7.2 Die Öko-Rallye

Nach der Bildung der jeweiligen Gruppen erhält jedes Team einen Aufgabenzettel in Form eines Fragebogens. Zu einer vereinbarten Uhrzeit treffen sich alle Gruppen wieder am Tagungsort zur Auswertung.
Folgende Aufgaben sollen gelöst werden, wobei den einzelnen Teams die Aufgaben in wechselnden Reihenfolgen gestellt werden:

◻ Stellen Sie fest, ob das Wasser am Tagungsort noch zur Zubereitung von Babynahrung zu gebrauchen ist. Informieren Sie sich über die Herkunft des Wassers sowie dessen Zusammensetzung und Belastung mit Schadstoffen. Anbei eine Anfahrtsskizze zur örtlichen Kläranlage und zum Wasserwerk. Fahrstrecke: 2,5 km.
◻ Stellen Sie fest, ob es in der letzten Zeit ein Thema in Sachen Umweltschutz am Orte gab, welches kontrovers diskutiert wurde. Anbei eine Anfahrtsskizze zur Lokalzeitung und zum Büro einer Umweltschutzinitiative am Ort.
◻ Welche Naturschutzgebiete gibt es in der näheren Umgebung?
◻ Welche Gebäude im Zentrum der Stadt stehen unter Denkmalschutz?

Eine Vielzahl andersartiger Aufgabenstellungen wären natürlich ebenso denkbar. Erkundigen Sie sich in der Umgebung, was von umweltbezogenem Interesse sein könnte. Sicherlich werden Sie selbst in einer bis dahin noch »fremden« Umgebung mit ein wenig detektivischem Spürsinn schnell zu Ideen kommen.
Vielleicht probieren Sie auch folgendes aus: Jede der Kleingruppen erhält Fotos, auf denen z.B. ein Energieversorgungsunternehmen, ein Wasserwerk, ein Naherholungsgebiet, der städtische Amtsleiter für Umweltschutzangelegenheiten in seinem Büro, das lokale Müllabfuhrunternehmen mitsamt der Müllhalde oder das Büro der lokalen BUND- und/oder Greenpeace-Initiative abgebildet sind. All diese Orte müssen von den Gruppen angefahren werden. Dort können Informationen eingeholt werden, bzw. Ansprechpartner stehen als Antwort- oder Ideengeber den Rallyegruppen zur Verfügung. Dem Ideenreichtum des lokalen Weiterbildungsveranstalters sind keine Grenzen gesetzt.
Vor Beginn der Weiterbildungsveranstaltung müssen folgende Dinge unbedingt beachtet werden:

◻ Gespräche mit genannten Werken, Unternehmen oder Behörden müssen einige Tage vor Beginn der Veranstaltung geführt werden. (Meiner Erfahrung nach gibt es keine Schwierigkeiten bei der Kooperation.)
◻ Die Fahrräder müssen verkehrssicher sein.
◻ Den Teilnehmern muß deutlich gemacht werden, daß die Rallye kein Wettkampf um Punkte oder Zeit ist.

Spiele dieser Art leben davon, daß die Teilnehmer Spaß am Erkunden haben. Während der Rallye gilt es, als Team zu arbeiten und gemeinsam Strategien zur Lösung der Aufgaben zu finden. Ein schöner »Nebeneffekt« einer Rallye ist, daß sich die Teammitglieder kennenlernen können. Meines Erachtens ist eine Öko-Rallye die ideale Art und Weise, eine z.B. zweitägige Weiterbildungsveranstaltung für Erwachsene einzuleiten.

8. Mit den Sinnen spielen

Eine dritte Spielform, die reichlich Möglichkeiten zu phantasievollen Spielen mit wirklich »sinn-vollen« Selbsterfahrungen bietet, möchte ich für Weiterbildungsveranstaltungen mit Erwachsenen empfehlen: Spiele mit den Sinnen. Dabei handelt es sich um Spiele zum Sehen, Hören, Tasten, Riechen oder Schmecken.
Daß wir mit den Sinnen unsere Umwelt wahrnehmen, ist allgemein bekannt. Daher ist es selbstverständlich, daß wir mit unseren Sinnen auch im Spiel Dinge erleben können:

Einsatzmöglichkeiten ausgewählter Umweltspiele in der Erwachsenenbildung

»Was treibt mich eigentlich, die Füße derart voreinander zu setzen, daß die Schuhe nicht die Nähte zwischen Pflasterplatten berühren? Was läßt mich die Augen wechselnd zukneifen, so daß die Gegenstände vor meiner Nase von links nach rechts tanzen? Weshalb schaue ich mich in neuer Umgebung neugierig um, und warum fasse ich Dinge an?« (BÜCKEN 1991, S. 12).

Im Grunde genommen müssen diese Fragen gar nicht ausgiebig beantwortet werden – oder vielleicht genügt bereits die Feststellung: Es macht Vergnügen, die Sinnesmöglichkeiten zu erproben, um über wahrhaft sinn-liches Erleben Sinnvolles zu erfahren! Mit den Sinnen spielerisch umzugehen ist eine ganzheitliche Form von Spiel. Da alle Menschen dies von Geburt an tun – und eigentlich auch nie damit aufhören –, ist es uns so selbstverständlich geworden, daß wir nur selten gemeinsames »Sinnesspielneuland« betreten. Eine Weiterbildungsveranstaltung mit erwachsenen Teilnehmern und umweltbezogener Themenstellung bietet allerbeste Voraussetzungen für eine in diesem Zusammenhang neue und zugleich so altbekannte Spielform.

Die Spielform ist manchem vielleicht schon als sogenannte Kimspiele begegnet, die erstmals im Roman »Kim« von RUDYARD KIPLING beschrieben wurden. Die Bandbreite dieser Spielideen ist mittlerweile weit über diesen »Urahnen« der Wahrnehmungsspiele hinausgegangen. Kimspiele bzw. Sinnesspiele werden nur selten in Wettbewerbsform ausgetragen. Meistens geht es um pure Lust an der Selbsterfahrung, damit im Alltag Selbstverständliches mal völlig neu und angenehm überraschend erlebt wird. Spiele mit den Sinnen sind konkurrenzlos, kennen keine Verlierer und haben immer ganz einfache knappe Regeln.

Wenn wir mit den Sinnen unsere Umwelt im Spiel erfahren, so werden wir sicherlich nichts über Ursachen von Umweltverschmutzung oder über Zusammenhänge vom Reichtum der nördlichen und der Armut der südlichen Erdhalbkugel erfahren. Jedoch bietet die miniaturisierte Umwelt in sinnlicher Spielform einen grundlegenden Erlebnisteppich für komplexeres Geschehen.

Mit nur einigen wenigen Beispielen aus dem Bereich »tasten und fühlen«, »riechen« und »hören« möchte ich auf die unendlich facettenreichen Möglichkeiten von Sinnesspielen zum Thema Umwelt hinweisen. Anregungen für weitere Sinnesspiele – auch Spiele zum Sehen oder Schmecken – finden sich bei BÜCKEN (1991), FRITZ (1985ff.), BAER (1990) oder BREUCKER-RUBIN u.a. (o.J.). Diese Publikationen enthalten interessante Hinweise für viele weitere Ideen, die dort jedoch nicht ausdrücklich »umweltbezogen« dargeboten werden. Ein Transfer bzw. eine Modifizierung in eine gewünschte Richtung ist aber mit ein wenig Phantasie möglich. Spielleiter benötigen außer dieser Freude am Erfinden natürlich auch noch Zeit, die Spielideen vorzubereiten. Wer sich diese Arbeit macht, dem garantiere ich bereits nach kurzer Zeit hochmotivierte Weiterbildungsteilnehmer!

8.1 Umweltspiele zum Tasten und Fühlen

- Versuchen Sie, Blätter verschiedener Bäume nur mit Hilfe Ihrer Hände (Augen schließen) zu unterscheiden! Welche Eindrücke vermitteln Ihnen Ihre Hände?
- Gelingt es Ihnen, Bäume nur durch Fühlen und Tasten zu differenzieren?
- Können Sie Humus, Mulch, Gartenerde, Lehm und viele Sorten Sand mit geschlossenen Augen und nur mit Hilfe Ihrer Hände (alternativ: Nase!) unterscheiden?
- Gibt es fühlbare Abweichungen bei verschiedenen Getreideähren?

- Ertasten Sie mit geschlossenen Augen verschiedene Dinge, die Ihnen vom Nachbarn während eines Waldspazierganges gereicht werden! Fällt Ihnen an den Zweigen oder Baumfrüchten, an den Moosen, Steinen, Gräsern Unterschiedliches auf?
- Wie fühlen sich Gemüse- und Obstsorten aus kontrolliert biologischem Anbau gegenüber agrar-industriell angebauten Gemüse- und Obstsorten an? Ich behaupte, daß Sie in Zukunft Unterschiede nicht nur schmecken, sondern sogar »fühlen« können!
- Lassen sich beim Anfühlen verschiedener Flüssigkeiten (z.B. »stilles« Wasser, Leitungswasser, stark verschmutztes Wasser) Differenzierungen feststellen?
- Mit den Händen läßt sich vieles ertasten, aber wie empfindlich sind Ihre Fußsohlen? Also Schuhe und Strümpfe ausziehen und mit geschlossenen Augen ruhig und langsam über verschiedene Materialien gehen: Sand, nasses/trockenes Laub, Tannennadeln, Steine u.a. Können Sie die Unterschiede herausfinden?

8.2 Umweltspiele zum Riechen

- Reichen Sie noch einmal die Obst- und Gemüsesorten herum. Lassen sich Unterschiede erriechen? (Bestimmt!)
- Versuchen Sie dies auch bei den Flüssigkeiten, bei den Blättern oder Getreidesorten!
- Riechen diverse Kunststoffe verschiedenartig?
- Schnuppern Sie mal den Unterschied zwischen Baumharz und Klebstoff!
- Können Sie bei verschiedenen Teesorten jene mit künstlichen von denen mit natürlichen Aromastoffen trennen?
- Kann man Müsli von Corn-flakes am Geruch unterscheiden?
- Wie riecht es an »umweltverschmutzenden« Orten, z.B. an einer Tankstelle, in einer verräucherten Kneipe, an einem Betrieb zur Papier- oder Farbenherstellung? Sie wissen es nicht? Dann versuchen Sie es sich bei geschlossenen Augen vorzustellen!
- Wie riecht es an einer Hauptverkehrsstraße, an einer Straße im Industriegebiet, im Wohngebiet, in der Fußgängerzone?
- In der Natur verbreiten einzelne Pflanzen ganz intensive Gerüche. Aber auch Landschaften insgesamt haben ganz spezifische Gerüche: ein Wald, ein See, ein bestelltes bzw. abgeerntetes Feld. Erschnuppern Sie den Unterschied von Laub- und Nadelwald?
- Ein ganz besonders interessantes Geruchsspiel ist es, wenn Sie zusammen mit einem Spielpartner in aller Ruhe Geschehnisse auch mit Gerüchen wieder in Erinnerung holen. Erinnern Sie sich noch an die Gerüche beim letzten Kinobesuch oder bei der letzten Geburtstagsfeier? Wie war es am Bahnhof oder bei der letzten Kirmes?

8.3 Umweltspiele zum Hören

- Können Sie z.B. bei geöffneten Fenstern die Stadtgeräusche hinsichtlich möglicher Umweltverschmutzungen erkennen (Verkehrsmittel, Fabrikgeräusche, Baustellen etc.)?
- Wo hören Sie Angenehmes bzw. Unangenehmes? Was ist für Sie lärmend, was ist »Musik in ihren Ohren«?
- Hören Sie im Wald Dinge, die Sie sonst nirgendwo hören können? Schließen Sie die Augen, machen Sie es sich bequem, und lassen Sie den »Lärm« (oder die Stille?) einer für viele so fremdartigen Umgebung auf sich wirken!
- Sie bringen mehrere Dinge vom Waldspaziergang mit zum Tagungshaus. Lassen Sie die anderen mit geschlossenen Augen hören, was Sie mitgebracht haben! Ist ein raschelndes Blatt nur am Geräusch zu erkennen? Ist der gerade geknackte Ast von einem alten Baum oder jungen Strauch? Hören sich rieselnde Tannennadeln anders an als rieselnder Humusboden? Wie groß mag der Stein sein, der gerade zu Boden gefallen ist?

9. Fazit

Die drei beschriebenen Spielformen lassen sich alle in Weiterbildungsveranstaltungen mit umweltbezogenen Themenstellungen integrieren:

- So können Sie an einem Vormittag die Öko-Rallye durchführen. Nach dem gemeinsamen Mittagessen werden die Erfahrungen ausgetauscht, anschließend wird nachmittags am Tisch gespielt.
- Wer zuerst bei **Biotopia** dabei ist, der versucht sich später beim lockeren **Umwelt-Memory**. Erfahrene Spieler suchen derweil die **Dicken Kartoffeln**. Und am Abend geht es in die komplexe Spielwelt von **Vertigo** oder in das bäuerliche Utopia **Buurejahr**.
- Der nächste Tag beginnt mit einem Spaziergang, um Material für die späteren Sinnesspiele zu sammeln. Für diese Sinnesspiele nimmt man sich genügend Zeit, um den einzelnen Gruppen ausreichend Möglichkeiten zur Vorbereitung zu geben.

Eine derartig konzipierte (mehrtägige) Veranstaltung ist zwar unorthodox, doch sicherlich gerade aufgrund der »spielerischen« Durchführung interessant und von nachhaltiger Wirkung.

Literatur

BAER, ULRICH: 500 Spiele – für jede Gruppe, für alle Situationen. Robin-Wood, Remscheid 1990;
BAUER, GÜNTHER G. (Hrsg.): Homo Ludens. Der spielende Mensch. Bd. 1. Emil Katzbichler, München/Salzburg 1991;
BREUCKER-RUBIN, ANNETTE u.a.: Umweltspielekartei. Rhinozeros, Essen/Ökotopia, Münster o.J.;
BÜCKEN, HAJO: Kimspiele. Hugendubel, München 1991³;
CRITTIN, JEAN-PIERRE: Erfolgreich unterrichten. Die Vorbereitung und die Durchführung von Unterricht. Ein praxisbezogenes Handbuch für Ausbilder und Kursleiter. Haupt, Bern/Stuttgart/Wien 1993;
DÖRING, KLAUS W.: Lehren in der Weiterbildung. Ein Dozentenleitfaden. Deutscher Studien Verlag, Weinheim 1992⁴;
FRITZ, JÜRGEN: Mainzer Spielekartei. Matthias Grünewald, Mainz 1985ff.;
FRITZ, JÜRGEN: Spielzeugwelten. Eine Einführung in die Pädagogik der Spielmittel. Juventa, Weinheim/München 1989;
FRITZ, JÜRGEN: Theorie und Pädagogik des Spiels. Eine praxisorientierte Einführung. Juventa, Weinheim/München 1991;
GEISSLER, ULI: Von der Notwendigkeit »Zweckloses« zu tun. Warum Erwachsene Spaß am Spielen haben. In: Spielbox 13(1993), H. 1, S. 24–25;
GLONNEGGER, ERWIN: Klassische Gesellschaftsspiele. Ursprung, Entwicklung, Geschichte. In: BAUER, GÜNTHER G. (Hrsg.): Homo Ludens. Der spielende Mensch. Bd. 1. Emil Katzbichler, München/Salzburg 1991, S. 25–29;
GOEMANN, JOACHIM: Ökotopia – ein Verlag sieht grün. In: Spielzeit 1(1992), H. 2, S. 33–36 & 2(1993), H. 1, S. 34–36;
HUIZINGA, JOHAN: Homo Ludens. Vom Ursprung der Kultur im Spiel [1938]. Rowohlt, Reinbek 1987;
KLEIN, CHRISTIAN: Ein Historiker schreibt Spielgeschichte. In: Die Pöppel-Revue 15(1992), H. 1/2, S. 49–53;
OPASCHOWSKI, HORST: Pädagogik und Didaktik der Freizeit. Freizeit- und Tourismusstudien, Bd. 1. Leske + Budrich, Opladen 1990²;
SCHÖN, BERNHARD: Rallyes mit Köpfchen. Rowohlt, Reinbek 1991.

3.10 Umweltbildung im Wohnzimmer und beim Spaziergang – Möglichkeiten von Umweltspielen in der Familie

Uli Geißler

1. Gesellschaftlicher Hintergrund

1.1 Ausgangslage

Umwelterziehung beginnt im alltäglichen Umfeld, also auch dort, wo Menschen zu Hause sind: in ihrer Wohnung, ihrem Haus, ihrer Wohngemeinschaft, in aller Regel in der Familie. Die Familie – einstmals unerschütterliche Bastion gemeinschaftlichen Zusammenhalts – ist allerdings nicht mehr das, was sie mal war. Großfamilien gibt es in städtischen Zusammenhängen kaum noch und auch auf dem Land nur noch selten. Die Gründe hierfür sind vielfältig und reichen von Wohnungsmangel und verlagerten Arbeitsplätzen bis hin zu unüberbrückbaren Generationskonflikten oder individualistischer Zukunftsplanung.

Die »normale« Familie bestand und besteht aus Eltern und zwei Kindern, alle anderen konnten als untypisch eingestuft werden. Deutsche Norm auch hier?! In den vergangenen zwanzig Jahren hat sich allerdings eine massive Änderung dieser Einschätzung ergeben. Immer häufiger entstehen sogenannte »Ein-Kind-Familien«, also Vater, Mutter, Kind. Hauptgründe mögen hier individuelle, teils auch sogar egoistische Lebensplanung, Beschäftigungsverhältnisse beider Elternteile zur Wahrung des Besitz- und Wohnungsstandes oder auch die Verhinderung weiterer psychischer Belastung, bis hin zur bewußten ökologisch-ethischen Entscheidung sein.
Viel häufiger entwickelte sich die sogenannte »Ein-Eltern-Familie«, also ein Elternteil mit entsprechenden Kindern. Aufgrund der hohen und leider weiter ansteigenden Scheidungsrate wird sich diese Lebensform sicher noch weiter verbreiten. Bis zur Jahrtausendwende werden voraussichtlich ein Viertel aller jungen »Familien« in dieser Weise leben, und schon heute sind mehr als ein Drittel aller Haushalte sogenannte »Single«-Haushalte (Statistisches Jahrbuch 1993). Besonders für die betroffenen Elternteile und deren Kinder bedeutet das Alleinerziehen eines oder mehrerer Kinder eine große Belastung in psychischer, aber auch finanzieller Hinsicht. Ein Elternteil muß sämtliche Erziehungsarbeit und die alltägliche Lebensorganisation alleine leisten. Dazu kommt, daß auch das Familieneinkommen von nur einer Person zu erwirtschaften ist. Eine nahezu kaum zu bewältigende, häufig überfordernde Aufgabe.

Betrachte ich die veränderte Wohnsituation vieler Menschen, so ist es nur noch schwieriger, mir eine glückende Umwelterziehung vorzustellen. Immer weniger Menschen wohnen in einer intakten Umwelt. Letztlich niemand hat eine unverletzte oder ursprüngliche Natur vor der Haustüre. Alles wurde in irgendeiner

Weise schon bearbeitet, verändert oder schlicht zugebaut. Selbst im ländlichen Raum schreitet Umweltzerstörung schneller voran, als zaghafte Umweltbewahrung greifen kann. Meist aus völlig uneinsichtigen und vor allem unvernünftigen Gründen werden Naturflächen mißbraucht und vergewaltigt. Wirtschaftliche Interessen stehen einer oft hilf- und lobbylosen Natur gegenüber, und der Schaden wird erst dann entdeckt, wenn es schon zu spät ist. Das geschieht übrigens nicht nur bei Großprojekten wie Kanal-, Tunnel-, Straßen- oder Großindustrieanlagenbau, sondern auch im kleineren Bereich der Stadtbebauungsplanung, anderen zahlreichen Erdversiegelungs-, Rodungs- und sonstigen, zum Beispiel gebietsreformerischen Maßnahmen.

Wohnungen werden immer teurer, und größere Familien (damit meine ich auch schon eine vierköpfige »Komplettfamilie«) sind kaum mehr in der Lage, Wohnraum in angemessener Größe zu bezahlen. So leben sie auf beengtem Raum zusammen. Der Lebensraum ist ringsherum versiegelt, zugeteert oder zubetoniert, und die wenigen Blumenrabatten zwischen den Fahrstreifen einer Durchgangsstraße dienen wohl eher der Gewissensberuhigung der Naturzubauer und Stadtverplaner. Lärm, Gestank und triste Häuserschluchten in den Städten, sekundäre Umwelten in Form künstlich gestalteter »Oasen« lassen jegliches Naturerleben verkümmern. Es erfolgt geradezu eine Umkehrung der Erlebniswelten: Echte Naturgegebenheiten werden als »unecht« im Sinne von »untypisch« wahrgenommen.

Das Freizeitverhalten hat sich ebenfalls verändert. Die meiste Freizeit wird außer Haus verbracht: Das ist mit hohem Energieverbrauch verbunden, da mit allen zur Verfügung stehenden Fortbewegungsmitteln gefahren wird. Es werden Räumlichkeiten oder Orte aufgesucht, die künstlich beleuchtet oder beheizt werden müssen, Land verbrauchen und Abgase und Abwässer verursachen. Das gilt für eine Vielzahl von Sportarten ebenso wie für die aufwendigen Freizeit- und Spaßbäder, um nur zwei Beispiele herauszugreifen.

Das Fehlen anregender Umwelt führt dazu, daß anderen Beschäftigungen nachgegangen wird, und die Freizeitindustrie setzt den Menschen auch immer wieder neuartige, materialintensive und energieverschleißende Produkte und Beschäftigungsideen vor, die gierig aufgesogen werden. Lebensbeeinflußende Werbung ergreift jeden und das in allen Bereichen. Die Medienflut überschüttet die Menschen mit Abbildern unzerstörter Natur. Sie bedient sich ständig des Werbeeffektes und der starken emotionalen Wirkung einer intakten Umwelt, verhindert jedoch durch andauernde und gezielte Bindung an Lautsprecher und Bildschirm den Schritt in das »echte Erlebnis«.

Die Computerisierung der Gesellschaft schreitet weiter voran und hat längst den täglichen Lebens- und Freizeitbereich der Menschen übernommen. Es gibt keine Fahrkarte, keinen Kassenzettel, keine Telefonauskunft mehr ohne Computer. In vielen Familien sind Computer- oder Videospiele ein neues, zeitaufwendiges Freizeitvergnügen. Immer faszinierendere Welten eröffnen sich auf den rechteckigen Flächen und machen geradezu süchtig. Die Umwelterfahrung oder gar Umwelterziehung bleibt da freilich auf der Strecke.

1.2 Umwelterfahrungen

Wie eingangs angedeutet, haben sich die Umwelterfahrungen der Menschen massiv geändert. War es früher normal, die Jahreszeiten nicht nur anhand der Wetterkarte mitzubekommen, sondern aufgrund der alltäglichen Erfahrung im Freien, so kommt es heutzutage vor, daß jemand von der Tiefgarage aus ins Auto steigt, vorbei an schallschützenden Wänden durch die halbe Stadt fährt und schließlich vom firmeneigenen Stellplatz, ohne einen Meter unter freiem Himmel laufen zu müssen, mit dem Aufzug in das klimatisierte Büro gelangt. Kinder werden kürzeste Strecken zur Schule gefahren und bekommen den Wandel der Jahreszeiten letztlich nur noch durch Erzählungen oder andere Inhalte im Unterricht mit.

Den frischen Duft einer gewittergereinigten Regennacht, das zarte Erblühen der ersten Schneeglöckchen im beginnenden Frühjahr, die nektarsuchenden bunten Falter oder das wuchtige Zerstreuen welkender Blatthaufen kennen Kinder kaum noch als echtes Erleben.

Dabei wäre es so notwendig und wichtig, daß *Erfahrungen in der freien Natur* gemacht und *alle Sinne* angesprochen werden. Eltern oder Erziehende sollten *gemeinsam* mit ihren Kindern erleben, wie sich die Umwelt heute darbietet, welche Veränderungen es gegeben hat und ständig gibt. Sie sollten eine *Beziehung aufbauen* zu dem, was sie umgibt.

Dabei sollten nicht immer die Erwachsenen Anregungen vorgeben, sondern die Kinder *eigene Kreativität* entwickeln und ausleben lassen. Das ist die notwendige *Gratwanderung zwischen Vorgabe und Anleitung* zu Umweltbildung und Umwelterfahrung.

Es ist wichtig, nicht in die dauernden Klagen über die fortschreitende Umwelt- und Naturzerstörung einzufallen, um nicht als Totengräber der Erde ein tristes Leben zu fristen. Vielmehr bedarf es einer zukunftsorientierten Ideenvielfalt, um den Kindern unserer Zeit die Fürsorgepflicht und Liebe zur Schöpfung nahezubringen. Angst und Unsicherheit waren schon immer sehr schlechte Ratgeber. Zum Positiven ändern wird sich nur etwas, wenn wir uns mutig und phantasievoll, bescheiden und konsequent »auf den Weg machen«. Die »Komplett-Familie« könnte massiv dazu beitragen, daß sich Gemeinsinn oder Solidarität entwickeln, aber auch gesellschaftlich eingeschliffene Verhaltensweisen aufbrechen. Eine in ihrem Verhalten konsequent auftretende Familie wirkt vorbildhaft und intensiv für andere. Gedanken, Ideen und Handlungsweisen multiplizieren sich dadurch schneller.

Die Natur, unser Lebensraum, schlicht unsere Umwelt hat sich stark verändert. Viele echte Erfahrungen sind nicht mehr möglich. Dennoch kann Umweltbildung und -erziehung auch heutzutage wirkungsvoll greifen, wenn sich die Beteiligten auf neue (und alte) Erfahrungen einlassen und bereit sind, offen die Gegebenheiten wahrzunehmen. Wer das Gute um sich herum entdeckt, wird Kraft schöpfen, um gegen das Schlechte vorgehen zu können. Umweltbildung und Erziehung heißt genau das. Wo sonst, als in der kleinsten und intensivsten Zelle, der Familie, könnte diese Einstellung besser gedeihen?!

2. Praktische Umsetzung

2.1 Vorbedingungen zu Umweltspielen

Ein Kernpunkt der Umwelterziehung und -bildung in der Familie ist die mangelnde Zeit. Wer wohnt schon so, daß Hinführung zu natürlichen Abläufen gleich vor der Haustür geschehen kann? Meistens muß die Natur erst »aufgesucht« werden, d.h., es muß dort hingefahren werden. Wer Glück hat, kann das mit dem Fahrrad tun, die meisten werden wohl mit dem Auto diesen Zubringerdienst leisten müssen. Vorhersehbare Staus verringern von vorneherein die Lust zu so einer Unternehmung. So ein Ausflug kostet zudem Zeit, Energie und kann oft nur an Wochenenden stattfinden. Und schließlich wird es immer schwieriger, geeignete Stellen zu finden, um Kindern (aber natürlich auch den Erwachsenen) intakte oder zumindest wenig beeinträchtigte Natur nahezubringen.

Ein anderer Grund für mangelnde Umweltaktivitäten sind die vielfachen Ablenkungen in der Freizeit, wie Tennis, Fußball oder andere Hallensportarten, mit Bekannten essen gehen, Videofilme ansehen und anderes mehr. Selbst Kinder haben einen übervollen Terminkalender, der wenig Raum läßt, mit der Familie etwas zu unternehmen. Sind es gar zeitintensive Vorhaben wie eine Wanderung, so scheitert die Durchführung meist schon in der Planungsphase.

Dabei wäre es so einfach, mit Kindern in der freien Natur zu spielen, sie intensive und unvergeßliche Erfahrungen und Erlebnisse machen zu lassen. Mit den Eltern gemeinsam etwas zu unternehmen stärkt nicht nur das Zusammengehörigkeitsgefühl der Familie, sondern auch die soziale Stellung, das Selbstbewußtsein und schließlich die Langzeitwirkung dieser Umweltwahrnehmungen.

Wer mit Kindern spielt, sollte selbst Spaß daran haben, denn eine griesgrämige Spielanleitung verleidet auch den Spielern den Spaß. Ohne Spaß an der Sache wird jedoch keine Umweltbildung und -erziehung tiefgehende Wirkung hinterlassen.

Kinder wollen mit ihren Eltern etwas erleben, möchten Spaß mit ihnen haben, wollen sie fordern, aber auch von ihnen lernen. Wenn Familien miteinander spielen, sollten Spiele ausgewählt werden, die alle Altersstufen gleichermaßen ansprechen und interessieren. Das muß nicht bei jedem Spiel zutreffen, jedoch sollten die Interessen der Kinder etwas mehr Beachtung finden. Sie brauchen einerseits viel Bewegung, andererseits aber auch die Hinführung zu Stille, Aufmerksamkeit und Konzentration auf das Wesentliche sowie bewußtem Wahrnehmen. Die Ansprache aller Sinne ist ebenso erforderlich wie das Angebot unterschiedlichster Spielformen. Viele elterliche Anregungen werden bei anderen Gelegenheiten dann selbständig von den Kindern weitergegeben und -verbreitet.

Viele der im folgenden Teil beschriebenen Spiele (z.B. der Aktivspaziergang oder die Stadtrallye) lassen sich besonders gut durchführen, wenn mehrere verschiedene (befreundete) Familien dies gemeinsam tun. Selbstverständlich eignen sich die Spiele auch für die Kinder- und Jugendarbeit oder Klassenfahrten.

Mir geht es auch nicht um Umweltbildung im Sinne von Detailwissen zu bestimmten ökologischen Zusammenhängen. Hierzu ist meiner Ansicht nach schon die Schule gefragt. Aber es geht um ein gefühlvolles und anregendes Aufmerksammachen. Natur in ihrer Vielfalt zu erleben ist für die meisten so ansprechend, daß die Neugier auf mehr Informationen automatisch geweckt wird. Wer mehr über die Natur wissen will, lernt auch mehr darüber, wer mehr darüber gelernt hat, kennt sie besser, wer sie besser kennt, liebt sie vielleicht auch, und wer sie liebt, zerstört sie nicht.

Beim Spielen in der Natur sollte man sich auf die vorhandenen Gegebenheiten beschränken und sie nutzen. Gerüche, Geschmäcke, Geräusche, unterschiedlichstes Material mit vielfältigen Oberflächen und Bestandteilen, Geländegegebenheiten sowie die unendlich vorhandenen Farbschattierungen und -nuancen bieten allein durch das bloße Entdecken schon genug Möglichkeiten spielerischer Umwelterfahrung. Selbstverständlich ist für mich, daß die Eltern bei allen Spielen selbst mitspielen, um den Kindern auch zu zeigen, daß Spielen eine befreiende und gewinnbringende Betätigung für jedes Alter ist und insbesondere Umweltspiele immer wieder intensive und schöne Erlebnisse vermitteln.

2.2 Sinneswahrnehmungsspiele

Die meisten Menschen wissen, daß ihre Sinne einer ständigen Überforderung unterliegen. Massenmedien, Verkehrs- und Arbeitslärm, aber auch die viel zu vielen Betätigungen lassen das sensible Empfindungserleben abstumpfen. Die folgenden Anregungen sollen dazu beitragen, die einzelnen Sinne wieder in den Erlebensmittelpunkt zu rücken:

2.2.1 *Hör' mal*

Alle stellen oder legen sich bequem hin und schließen die Augen. Niemand darf mehr sprechen, und jede(r) versucht, sich absolut still zu verhalten. Aufgabe ist, ganz intensiv zu hören. Dabei sollte jede(r) versuchen, Geräusche und Töne auch zu isolieren, also einzeln herauszuhören. Durch dieses Konzentrieren auf ein bestimmtes Geräusch wird es verstärkt wahrgenommen. Nach einer Weile sollte ein anderer Klang ausgewählt werden. Etwa zehn Minuten später öffnen alle wieder die Augen (die Spielleitung könnte z.B. vorgeben: »Wer ab jetzt ein Insekt an sich vorbeifliegen hört, darf vorsichtig die Augen aufmachen«) und berichten der Reihe nach, was sie gehört haben. Ein Austausch über die schönen oder unangenehmen, die natürlichen und unnatürlichen Klänge, Töne und Geräusche sollte sich anschließen.

2.2.2 *Fühl' mal*

Ähnlich wie bei **Hör' mal**, geht es bei dieser spielerischen Übung darum, isolierte Wahrnehmungen zu machen. Vorhandene Strukturen in der näheren Umgebung der MitspielerInnen sollen durch Ertasten erfaßt werden. Ohne zu sprechen, schwärmen alle aus und tasten, fühlen, erforschen alle entdeckbaren Oberflächen. Rauhe Rinden, weiches Moos, feuchtes Holz, glatte Steine, kalter Lehm, warme sonnenbeschienene Blätter werden aufgespürt und abgetastet. Wichtig ist auch hier das geduldige und intensive Erleben. Beispielsweise sollen auch möglichst viele verschiedene Strukturen und Temperaturunterschiede entdeckt werden. Nach etwa zehn Minuten sollten alle wieder zusammenkommen und ihre Empfindungen und Erlebnisse austauschen. Gab es eine Lieblingsoberfläche? Wurden unnatürliche Strukturen gefunden? Welche Strukturen sind natürlich, welche unnatürlich? In einer sehr intensiven Variante werden Paare gebildet. Ein(e) Sehende(r) führt sehr vorsichtig (auf tiefhängende Zweige oder hervorstehende Wurzeln achten) die zweite Person zu unterschiedlichen Oberflächen und läßt diese tasten. Die Überraschung und das Erleben sind so stärker. Beide wechseln natürlich auch mal die Rollen.

2.2.3 Riech' mal

Das Prinzip dieser Wahrnehmungsübung gleicht den beiden vorherigen. Jede(r) soll möglichst viele verschiedene Gerüche entdecken und isoliert wahrnehmen. Den Schluß des Spieles bildet nach etwa fünf bis zehn Minuten der Austausch über die Beschaffenheit des Geschnupperten. Gab es unangenehme Gerüche? Welches war der Lieblingsduft?

2.2.4 Sieh' mal

Schwierig ist folgendes Wahrnehmungsspiel. Paare werden gebildet und verteilen sich mit Abständen zueinander. Von jedem Paar schließt eine(r) die Augen. Die sehende Person sucht sich in einiger Entfernung einen Ausschnitt aus der Umgebung aus (Baum, Strauch, Felsabschnitt) und beschreibt diesen. Danach darf die zweite Person die Augen öffnen und soll anhand der gehörten Beschreibung den entsprechenden Naturausschnitt finden. Im Anschluß wird gewechselt. Kleine Hilfen sind übrigens nach einiger Zeit erlaubt.

2.2.5 Schmeck' mal

Leider ist dieses Spiel wirklich nur mehr ganz selten in der freien Natur möglich. Zu verbreitet sind Schadstoffe oder durchaus auch natürliche Gefahren, wie beispielsweise der »Fuchsbandwurm«. Wieder werden Paare gebildet. Eine(r) schließt die Augen, während die andere Person aus einer Auswahl von Eßbarem (Apfelstückchen, Erdbeere, Tomate, rindenloses Brot, Birne, Himbeere, Banane, Paprikaschote, schalenlose Kastanie, Pfefferminzblatt, Salatblatt) etwas heraussucht. Es muß erraten werden, um was es sich handelt. Das Wichtigste bei diesem Spiel ist die Überraschung, welcher Geschmack sich zeigt. Dann wird getauscht. Besonders wichtig ist, daß nichts verwendet wird, was zu unangenehm schmeckt.

2.2.6 Fall' nicht

Die Balance – eine wichtige Empfindung. Auf dem Boden liegen stabile Stöcke oder Äste. Es kann notfalls auch ein dickes, kurvig ausgelegtes Seil genommen werden. Nacheinander balancieren alle über diese Strecken. Dann werden Paare gebildet, und jeweils eine(r) schließt die Augen. Vorsichtig soll diese(r) nun die gleiche Strecke zurückbalancieren. Die zweite Person geht nebenher und achtet darauf, daß niemand stürzt oder sich verletzt. Gegebenenfalls gibt's stützende Hilfestellung.

Alle bisher vorgestellten Spiele (2.2.1–2.2.6) haben eines gemeinsam: Sie dienen der intensiven Wahrnehmung und sollen sensibilisieren und Lust auf Natur vermitteln. In aller Regel gelingt das. Von Vorteil ist, daß hier Große wie Kleine, Junge wie Ältere gleichermaßen angesprochen sind und sich untereinander austauschen können. Eltern und Kinder können sich über das gleiche Erlebnis unterhalten und einander ihre intensiven Erfahrungen berichten. Für Familien ideal geeignet ist auch:

2.2.7 Blinder Indianer

Indianern wird nachgesagt, sie könnten sich lautlos anschleichen und hätten zudem ein überdurchschnittlich gutes Gehör. Beides ist nun Voraussetzung. Ein Häuptling (oder eine Squaw) wird ausgelost, bekommt mit einem Tuch die Augen verbunden und läßt sich an einem Baum nieder. Der Stamm dient als Rückenlehne. Er erhält ein wichtiges Stammessymbol (Stock, Stein, Tuch), das er vor sich hinlegt. Alle anderen Spieler verteilen sich etwa zehn bis fünfzehn Meter entfernt als Kreis um den Häuptlingsbaum. Auf ein Signal des obersten Indianers schleichen alle los. Der Häuptling lauscht aufmerksam den Geräuschen, die ihn umgeben. Sobald er jemand auftreten hört, zeigt er deutlich in die entsprechende Richtung. Steht dort tatsächlich ein Indianer oder eine Squaw, muß diese(r) wieder zum Ausgangspunkt zurück. Danach schleichen alle weiter, um das Stammessymbol an sich zu bringen. Wer es schafft, ohne dabei ertappt zu werden, wird neuer Häuptling bzw. Chief-Squaw.

Kindern muß bei diesem Spiel meistens eindrücklich gesagt werden, daß sie als »blinder Häuptling« nicht ständig in alle Richtungen zeigen sollen, sondern daß es darauf ankommt, gezielt und exakt jemand herauszuhören und dorthin zu deuten. Ebenso darf nicht weitergeschlichen werden, während ein(e) Ertappte(r) zum Ausgangspunkt zurückläuft.

2.2.8 Wo bist du?

Altbekannt und dennoch reizvoll ist das Versteckspiel. Häufig erlebe ich, daß nicht nur Kinder, sondern auch Erwachsene es mit Begeisterung spielen.
Eine(r) wird ausgelost, lehnt sich an einen Baumstamm, das »Mal«, schließt die Augen und zählt bis 50 (die Gruppe vereinbart gegebenenfalls andere Zahlen, um die Versteckphase zu verlängern). Alle anderen laufen weg und verstecken sich in einem vorher vereinbarten Gebiet, jedoch nicht im Umkreis von 10 Metern um das »Mal«. Bei 50 angekommen, ruft die oder der Suchende: »Ich komme! Über mir, unter mir, neben mir links und rechts gilt's nicht.« Dann wird außerhalb des Zehnmeterkreises um das »Mal« herum gesucht. Sobald ein(e) Versteckte(r) meint, ohne erwischt zu werden, bis zum »Mal« laufen zu können, um sich »freizuschlagen«, rast sie bzw. er los. Wird sie oder er aber doch gesehen, rennt die suchende Person ebenfalls Richtung »Mal« und versucht, vorher dort zu sein und den Namen der entdeckten Person »anzuschlagen«, z.B. »Eins, zwei, drei für ... Mario ...«. Wer zuerst erwischt wurde, muß in der nächsten Runde suchen. Ist die bzw. der andere schneller und schlägt sich frei, bleibt alles beim alten: Wer sucht, muß das solange tun, bis jemand entdeckt und »angeschlagen« wird.
In einer Variante hat sich jede(r) MitspielerIn ein bestimmtes Geräusch ausgedacht. Alle haben sich vor Beginn des Spieles ihre Geräusche vorgemacht. Sind

alle versteckt, machen alle in einem vereinbarten Zeitabstand (alle dreißig Sekunden z.B.) ihr Geräusch. Dabei bleiben sie allerdings in ihrem Versteck. Es gibt kein »Freischlagen«, sondern wer sucht, muß das solange tun, bis er alle entdeckt und zum »Mal« geschickt hat.

Diese Spielform kennt noch viele weitere Varianten. Der Spaß am Suchen und Verstecken ist bei allen jedoch der gleiche.

2.2.9 Sag' mir, was das ist

Immer interessant ist es, herauszubekommen, welche Pflanzen und Tiere am Wegesrand zu entdecken sind. Häufig sind die Kinder den Erwachsenen schon wieder voraus, weil sie – frisch in der Schule gelernt – Blütenstand oder Baumsilhouette erkennen können. Dennoch ist irgendwann Schluß mit den Kenntnissen, und auch die Eltern wissen nicht mehr weiter. Ein übersichtliches Bestimmungsbüchlein leistet dann große Hilfe. Es macht Spaß, sich die Mühe zu machen, nachzublättern und mal wieder Waldmeister oder Wiesenschaumkraut zweifelsfrei benennen zu können. Ein kleines Ratespiel könnte sich anschließen: Eine(r) beginnt und beschreibt eine für sich geheim ausgewählte Pflanze aus der näheren Umgebung. Dabei muß natürlich exakt beschrieben werden, also beispielsweise: »Es hat einen gezackten Rand mit einem feinen Härchen auf jeder Zacke. In der Mitte verläuft ein dunkler Steg ...« Wer es zuerst mit der richtigen Bezeichnung herausbekommt, darf das nächste Rätsel stellen.

2.2.10 Hüttenbau und Sammelspaß

Ein Spaziergang mit der ganzen Familie ist für viele Eltern, aber auch für die Kinder nicht immer ein Genuß. Vielen Kindern ist das einfach zu langweilig, und darüber ärgern sich dann die Erwachsenen. Interessanter wird es vielleicht, wenn die Kinder an einer bestimmten Stelle die Aufgabe bekommen, sich einen Unterschlupf, ein Lager zu bauen. Wichtigste Regel aber ist: Es darf nur herumliegendes, loses Naturmaterial zum Bau verwendet werden und kein Schaden für Pflanzen und Tiere angerichtet werden.
In der Zwischenzeit gehen die Eltern spazieren und müssen bei der Rückkehr fünfzehn verschiedene Blätter oder Blüten gesammelt haben, die sie auch benennen können. Nach der verabredeten Zeit ist wieder Treffpunkt. Die Kinder zeigen den Eltern ihr Bauwerk, und die Eltern präsentieren ihren Kindern die Blätter und Blüten, die als Schmuck und Ausstattung für die Hütte der Kinder verwendet werden können.

2.3 Umweltspiele in der Stadt

Nicht immer ist es möglich, in der freien Natur zu spielen. Die Gründe habe ich schon genannt. Aber auch in der Stadt können Familien miteinander spielen und Umwelterfahrungen machen. Einen Stadtpark gibt es in jeder Stadt. Dort können viele der schon beschriebenen Spielideen verwirklicht werden. Die Stadt bietet völlig andere Spielmöglichkeiten als die freie Natur. Pflanzen und Tiere kommen nur begrenzt vor. Ein Spiel verdeutlicht das augenfällig:

2.3.1 Soviel gibt es in der Stadt

Ein abgegrenztes Gebiet in der Stadt wird vereinbart. Es kann auch ein bestimmter Ausschnitt des Stadtplanes für die MitspielerInnen vervielfältigt werden. Innerhalb einer Stunde sollen alle ausschwärmen und möglichst viele verschiedene Pflanzen entdecken und benennen. Es dürfen allerdings nur die öffentlich zugänglichen Pflanzen notiert werden. Zur Kontrolle werden ihre Standorte auf der Karte mit einer Nummer vermerkt und die Pflanzennamen zu den einzelnen Nummern auf die Rückseite des Blattes geschrieben. Am Schluß treffen sich alle wieder, und wer die meisten Pflanzen entdeckt hat, ist »Städtische(r) UmweltmeisterIn«. Wer möchte, kann das Spiel ausschließlich auf Bäume, Sträucher oder Blumen begrenzen. Variiert kann die Aufgabe auch lauten, möglichst viele Tiere zu entdecken.

Ein anderes Spiel befaßt sich intensiver mit Aspekten der Umweltverschmutzung und -schädigung:

2.3.2 Umweltdetektive

Alle MitspielerInnen bekommen Papier und Stift. Innerhalb einer Stunde notiert sich jeder alle auffälligen Umweltsünden, die im vorher vereinbarten Gebiet zu entdecken sind. Dabei sollte nicht nur allgemein aufgeschrieben werden, wieviel Autos die Straße entlangfahren. Vielmehr sollen möglichst auch kleinere oder weniger deutliche Verstöße gegen den Umweltschutz beobachtet und notiert werden. Am Schluß berichten alle über ihre Entdeckungen. Ganz wichtig ist hierbei, daß die Beteiligten erkennen und sich darüber austauschen, welche dieser Umweltsünden auch von ihnen selbst gemacht werden. Es hat wenig Sinn, stets nur die anderen zu verurteilen, wenn die eigene Bereitschaft fehlt, bestimmte Verhaltensweisen zu ändern, wie z.B. die Einkaufsfahrt mit öffentlichen Verkehrsmitteln zu unternehmen und nicht mit dem eigenen Auto zu fahren.

Vielleicht gab es bei der detektivischen Untersuchung aber auch Erkenntnisse über Umweltsünden, die dem Umweltamt zu melden sind.

2.3.3 Aktivspaziergang

Einfach durch die Stadt bummeln – Kinder haben meist nicht viel davon. Durch die vielen Schaufenster entstehen nicht nur neue Konsumlüste, sondern die Kinder gewöhnen sich daran, ihre Freizeit damit zu verbringen und vielleicht sogar ihr Glück in unerfüllbaren Sehnsüchten zu suchen. Wenn schon keine andere Möglichkeit besteht, ein bißchen Bewegung zu bekommen, dann ist das nächste Spiel eine interessante Abwechslung:

Vor dem Losgehen muß sich ein(e) SpielleiterIn Aufgaben überlegen, auf einen Merkzettel schreiben, eventuell benötigte Dinge vorbereiten und mitnehmen. Unterwegs werden mehrere Halts eingelegt. Jeweils zur Umgebung passend, wird eine bestimmte Aufgabe gestellt, die von allen – also auch von den Erwachsenen – erfüllt werden muß. Die Spielleitung notiert die Ergebnisse der Beteiligten, und zu Hause kann dann eine kleine Überraschung für die glorreichen GewinnerInnen bereitliegen (ein Stück köstlicher Rhabarberkuchen, ein Käsebrot mit Kressespitzen oder sonst irgendeine Kleinigkeit).

Hier ein paar Aufgaben:

- 10 grüne Dinge in der Umgebung benennen (Doppelungen wie Büsche oder Bäume zählen natürlich dabei nicht);
- auf einem Mäuerchen balancieren;
- dreimal über eine Absperrkette springen;
- schätzen, wie viele Sekunden ein vom Brückengeländer gestoßenes Blatt bis zum Auftreffen auf der Wasseroberfläche benötigt (Angabe notieren und dann das Experiment durchführen und dabei die Zeit stoppen);
- die Augen schließen und von fünf vorgemachten Geräuschen drei erkennen (die Geräusche dürfen nur mit in nächster Nähe vorhandenem Material fabriziert werden);
- mit einem Papierknäuel aus einer bestimmten Entfernung dreimal in den öffentlichen Abfallkorb treffen;
- abschätzen, wieviel erwachsene FahrradfahrerInnen in den nächsten zehn Minuten an der Ruhebank vorbeikommen (alle Schätzwerte notieren, hinsetzen, zehn Minuten ruhen und alle großen RadfahrerInnen zählen).

Die meisten Aufgaben ergeben sich aus den örtlichen Gegebenheiten.

2.3.4 Stadtrallye

Eine etwas aufwendigere und länger vorzubereitende, aber spannende Spielaktion in der Stadt ist eine **Stadtrallye**. Ziel derartiger Entdeckungs- und Stationsspiele ist, die nähere und etwas weitere Umgebung kennenzulernen. Die Spielaufgaben sollten so gewählt werden, daß niemand bevorteilt wird, sondern die Chancen für alle Beteiligten etwa gleich sind. Besonders bei altersgemischten Gruppierungen ist darauf zu achten. Eine Stadtrallye bereitet bei guter Vorbereitung allen Spaß und ist eine gelungene Spielform, die alltägliche Umwelt genauer wahrzunehmen und einmal etwas intensiver zu erforschen. Allerdings bedarf es einer guten und ausführlichen Vorbereitung durch eine(n) oder besser zwei SpielleiterInnen. Das müssen nicht die Erwachsenen sein!

Es geht darum, möglichst in zwei, eventuell auch mehr Grüppchen zu zwei bis drei Personen eine Vielzahl an umgebungsbezogenen Aufgaben zu erfüllen. Jede Gruppe erhält einen Laufzettel mit den Aufgaben und dem Plan des Spielgebietes. Eine Zeitvorgabe regelt, wann das Spiel – gleichgültig bei welchem Spielstand – zu Ende ist und sich alle wieder am Ausgangspunkt treffen. Dann erfolgt die Auswertung, und die beste Gruppe bekommt einen kleinen Preis.

Hier einige Aufgaben:

- Welche Bäume pflanzt das Gartenbauamt derzeit auf dem Bahnhofsvorplatz? Zeichnet die Blattform auf!
- Was steht auf der Kupferplatte am Haus Bergweg 19? Wer war die angegebene Person?
- Zu welchen Zeiten ertönt das Glockenspiel aus dem Rathausturm? Fragt den Pförtner!
- Welches Museum verbirgt sich im Hinterhof des Bauamtes in der Wallstraße?
- Lauft zu folgender Stelle und bringt einen Beweis mit, daß Ihr dort wart: Zwischen zwei Birken verläuft ein kleiner Kiesweg. Nach etwa fünf Metern hinter den Birken teilt sich der Weg. Geht in die Richtung, in der die Sonne abends steht. Bei der großen Laterne seht Ihr in genau rechtem Winkel zum Weg links in etwa 15 Metern Entfernung eine Öffnung in einer Mauer. Um was für eine Öffnung handelt es sich? Was ist zu sehen, wenn man durch diese Öffnung nach oben sieht?
- Welche Idee habt Ihr, wenn Ihr den Platz zwischen Postamt und der alten Stadtmauer betrachtet? Was könnte oder sollte auf diesem Platz entstehen?

Solche Entdeckungsspiele machen Kindern ebenso Spaß wie Eltern, wenn die Aufgaben so ausgewählt wurden, daß nichts Unmögliches verlangt wird oder unangenehme Situationen entstehen.

2.4 Umweltspiele zu Hause

Nicht immer ist die Witterung sehr spielfreundlich. Regen allein sollte nicht davon abhalten, auch diese Naturerscheinung einmal ausgiebig und intensiv zu erleben, vielleicht Regenwasser in einem Glas aufzufangen oder mal unter einem ausladenden Baum das Ende eines Regengusses abzuwarten.
Irgendwann ist die Familie aber doch zu Hause. Auch hier, in den vier Wänden, lassen sich interessante, lehrreiche und spaßbringende Umweltspiele verwirklichen.

2.4.1 *Was hab' ich da?*

Zahllose Naturgegenstände wie Schneckenhäuser, Wurzelstückchen, Steine, Blätter, Knospen, Federn, Früchte usw. werden gebraucht (sie können allesamt von einer früheren Naturtour mitgebracht worden sein). Alle Teile kommen in einen undurchsichtigen Beutel. Eine(r) greift hinein, nimmt einen Gegenstand in die Hand und beschreibt das Teil. Wer zuerst errät, um was es sich handelt, darf als nächste(r) ein Naturteil umschreiben.

2.4.2 *Da kommt's her*

Auf einem längeren Ausflug werden Naturgegenstände (wie Steinchen, Wurzelstücke, Blätter, Samenkapseln, Tierhaare usw.) gesammelt. An allen Fundorten werden mit einem Fotoapparat Übersichtsaufnahmen gemacht. Sind die Bilder eines Tages entwickelt, kann das Spiel beginnen. Die Fotos werden in mehreren Reihen offen ausgelegt. Alle gesammelten Naturgegenstände werden in einen undurchsichtigen Beutel gelegt. Eine(r) zieht eines der Fundstücke aus dem Sack und legt es auf den Tisch. Wer zuerst auf das Foto des Fundortes deutet, bekommt das Bild und legt es vor sich ab. Dann wird das nächste Teil gezogen. Wer am Ende die meisten Bilder vor sich liegen hat, ist SiegerIn dieses flotten Wahrnehmungs-Reaktionsspieles.

2.4.3 *Mini-Landschaftsbild*

Eine ansprechende Beschäftigung ist das Gestalten eines Mini-Landschaftsbildes. Eine alte Schublade, ein Schachteldeckel oder ein altes, wertloses Bild im Bilderrahmen werden als Grundlage benötigt. Dazu bedarf es zahlreicher Mitbringsel von einem Ausflug in die Natur: Steine, Moos, Gras, Schilf, Samen, Blüten, Knospen, Zapfen, Rindenstücke, Hölzchen, Tierknochen. Etwas Klebstoff und viel Phantasie lassen mit diesen Materialien eine tolle Landschaft entstehen. Auf den Untergrund – wer will, grundiert vorher mit etwas Farbe – werden die Naturprodukte vorsichtig angeordnet und bei Gefallen aufgeklebt. Wichtig ist, daß alle Bestandteile gut durchgetrocknet sind. Nach der Trocknungsphase kann so ein Landschaftsbild als ausdrucksvoller Zimmerschmuck dienen.

2.4.4 Brettspiele

Es gibt auch die Möglichkeit, sich mit einem der inzwischen reichlich vorhandenen Umwelt-Brettspiele zu befassen. Viele sind zwar leider nur einfache Frage-Antwort-Spiele, die schnell ihren Reiz verlieren, doch es gibt auch einige Spiele, die ganze Denkprozesse auslösen und zum Weiterdenken und -handeln anregen. Als ein Beispiel sei mein Spiel **Am Ende des Regenbogens** (Ökotopia, Münster 1992) genannt.

Hier werden ohne den sonst häufig bei Umweltspielen anzutreffenden »erhobenen pädagogischen Zeigefinger« Einstellungen und Informationen zu Umweltfragen angesprochen, miteinander ausgetauscht und ökologisch sinnvolle und umweltfreundliche Handlungsweisen initiiert. Schon Kindergartenkinder erfahren ganz nebenbei Zusammenhänge im Umweltschutz, und selbst Eltern fiebern mit, wenn die Spieler in dem auf Kooperation angelegten Spiel gemeinsam mit dem kleinen Umweltfreund »Knud« versuchen, Umweltschädigungen durch das »Schmutz-Ich« zu verhindern. Schaffen sie's, strahlt der Regenbogen über Grünland und zeigt den Menschen, wie schön die Natur sein kann, andernfalls wird alles mit »Schlimmatsch« zugedeckt, der meistens leider von uns selbst stammt.

3. Hinweise zum Einsatz von Umweltspielen

Umweltspiele können nahezu überall verwirklicht werden und auch für alle Altersstufen attraktiv und ansprechend sein. Es kommt darauf an, das Lebens- und Wohnumfeld so wahrzunehmen, wie es ist, und »das Beste daraus zu machen«. Damit meine ich, daß die Augen offengehalten werden sollen, um Gegebenheiten in der Umgebung zu sehen und sie in das spielerische Erleben einzubeziehen. Dazu gehört auch die Erkenntnis, daß nicht jeder Mensch im Grünen leben oder einen Garten besitzen kann. Aber jeder Mensch hat die Gelegenheit, sich in freier Natur zu bewegen, die Sinne zu gebrauchen und herauszufordern. Anregungen hierzu gibt dieses Handbuch ebenso wie zahllose Bücher zur Umweltbildung, Umwelterziehung und insbesondere zu Umwelt- und Naturspielen.

Bei allen umweltbildnerischen Maßnahmen sollte zudem eines berücksichtigt werden: *Die Erziehungsverantwortung kann auf keine Institution abgeschoben werden.* Nicht der Kindergarten, nicht die Schule, nicht die Ausbildungsstätte und auch nicht der Staat sind in erster Linie für Umweltbildung und -erziehung verantwortlich, können Umweltschutz allein gewährleisten oder Naturerfahrungen vermitteln. Vielmehr sind ganz besonders die *Primärinstanzen* gefordert, also Eltern, Geschwister, Großeltern, Nachbarn, Freundinnen und Freunde. *Vorbilder erzeugen NachahmerInnen.* Besonders Kinder sind sensibel für die kleinen Verhaltensregeln, die sie klar erkennbar und auch verständig nachvollziehen können. Es geht um die Erkenntnis, daß unsere Umwelt *schützenswert* ist. Wenn dieses im alltäglichen Umfeld erlebt und gelebt wird, dann ist die Übertragung auf größere Ebenen kein Problem und wird schnell augenfällig. Auch sollte immer deutlich werden, daß der Schutz der Umwelt eine überlebensnotwendige Aufgabe für jeden ist und es nicht nur um das Unterbinden von Umweltsünden einzelner geht.

Umweltspiele können dazu beitragen, daß die Menschen eine positive Einstellung zur Natur entwickeln, unkompliziert mit und in ihr leben, sie dabei aber wie selbstverständlich rücksichtsvoll und schonend behandeln. Wer die Schöpfung intensiv wahrnimmt, Zusammenhänge und Gefährdungen versteht und erkennt, wer Freude und Spaß in der eigenen Umwelt erlebt, wird eine andere Beziehung zu ihr aufbauen. Das ist ein wichtiger Schritt zum Erhalt der Erde. Was man liebt, zerstört man nicht!

Literatur

BRANDT, PETRA/THIESEN, PETER: Umwelt spielend entdecken. Beltz, Weinheim/Basel 1991;
CORNELL, JOSEPH: Mit Freude die Natur erleben. Verlag an der Ruhr, Mülheim/R. 1991;
DIEM, WALTER: Spielausflüge. Rallyes und Spiele im Grünen. Rowohlt, Reinbek bei Hamburg 1988;
FORKEL, JÜRGEN: Stadtsafari. Natur erleben in der Stadt. Verlag an der Ruhr, Mülheim/R. 1993;
GEISSLER, ULI: Winterspiel. Burckhardthaus-Laetare, Offenbach 1990;
GEISSLER, ULI: Spiel und Spaß auf Reisen. Für Kinder und die ganze Familie. Falken, Niederhausen/Ts. 1990;
GEISSLER, ULI: Jetzt geht's rund. Ökotopia, Münster 1992;
GEISSLER, ULI: Jolly Joggers und Lilly Lindes großes, grasgrünes Umwelt-Spiel- und Spaßbuch. Ökotopia, Münster 1993;
GEISSLER, ULI: Achtung Aufnahme – 100 Spiele mit Kassettenrecorder und Fotoapparat. Rowohlt, Reinbek bei Hamburg 1994;
ZIMMER, UTE/HANDEL, ALFRED: BLV-Tier- und Pflanzenführer für unterwegs. BLV Verlagsgesellschaft, München 1993[11].

3.11 Umweltspiele machen vor dem Alter nicht halt – Einsatzmöglichkeiten im Seniorenbereich

Barbara Fischer

1. Rahmenbedingungen der Seniorenbetreuung/Pädagogik

Fast jede Gemeinde bietet heutzutage Treffpunkte und Aktivitäten für ältere Menschen an. Institutionen, Verbände und Kirchen bemühen sich, damit auf die Vereinzelung alter Menschen, die ohne Familienverbund leben, zu reagieren. Angeboten werden überwiegend gesellige Nachmittage, Abende und Reisen. Die soziale Betreuung dieser Aktivitäten ist sehr unterschiedlich; oft ist sie auf Grund fehlender Mittel beschränkt auf das Notwendigste, wie die Zurverfügungstellung von Kaffee und Raum. Diese Angebote sind aber für viele Menschen nicht ausreichend, um ihre Isolation zu überwinden, auf andere zuzugehen und mit ihnen Kontakt aufzunehmen. Dort, wo mit sozialarbeiterischen Mitteln versucht wird, hilfreich zur Überwindung von Einsamkeit und Scheu beizutragen, fehlen oft die Ausbildung, das Wissen um den Weg und konkrete Anregungen. Dies gilt nicht zuletzt auch für den Umweltbereich.

Einige dieser Anregungen zu geben ist Sinn und Zweck dieses Beitrags. Die Vorschläge richten sich an Mitarbeiter in der Altenarbeit, die die schöpferischen Kräfte ihrer Gruppe anregen und fördern wollen, die Spaß an Improvisation und Mut zum Ungewöhnlichen haben, die gern mit ihnen zusammen lachen und Spaß haben wollen.

2. Spiele im Seniorenbereich

Viele Menschen spielen gerne Glücks- und Kartenspiele, Spiele, bei denen es auf gedankliche Geschicklichkeit ankommt und bei denen man gewinnen kann. Skat, Canasta, Bridge, Mühle und Dame sind beliebte Spiele, die eine kleine Gruppe zusammenschweißen können und die Zeit vertreiben helfen. Sie sollen hier auf keinen Fall verteufelt werden. Was ich aber anregen will, ist, insbesondere auch größeren Gruppen und bei Anlässen, die ältere Menschen zusammenführen und miteinander bekannt machen sollen, andere Spiele anzubieten und auszuprobieren.

Bericht aus der Praxis:
Durch die freundliche Vermittlung eines Pfarrers öffnet sich für uns eine Altentagesstätte. In einem nüchternen Allzweckraum sitzen 20 Damen bei Kaffee und Kuchen. Wir werden mit erstauntem Kopfnicken empfangen; Besuch ist hier offenbar selten. Wir wollen anfragen, ob diese Gruppe bereit ist, mit uns neue und alte Spiele auszuprobieren. Nach unserer fröhlich ausgesprochenen Einladung haben erst einmal die Älteren das Wort. Wir hören, daß sie mit ihrem Alltag im ganzen recht zufrieden sind. Sie lehnen es ab, daß andere immer meinen, die älteren Menschen müßten irgendwie beschäftigt werden. »Unser Leben ist sinnvoll. Man wird ja nicht auf einen Schlag älter, sondern jeden Tag ein kleines Stückchen.

Barbara Fischer

Wir würden es sicher nicht so merken«, meint eine 80jährige, *»wenn uns die anderen nicht immer darauf hinweisen wollten.«* Nachdenklich wiederholen wir unsere Einladung. Sie wird freundlich aufgenommen. Wir haben den Eindruck, »daß wir mal kommen sollen und zeigen, was wir können«.
An dem vereinbarten Nachmittag werden wir freundlich empfangen. Etwa 25 Damen und ein älterer Herr, dazu der Pfarrer und die Gemeindehelferin wollen mitspielen. Wir bitten die Teilnehmer, sich in einen Kreis zu setzen. Sofort passiert etwas, was wir aus unserer Arbeit gut kennen. Einige wollen »erst mal zusehen«, setzen sich ein Stück zurück, aber immer noch so, daß sie das Spielgeschehen gut beobachten können. Erst später kommen sie dazu, finden den Mut, sich dem Kreis anzuschließen.
Wir starten mit einem ganz einfachen Assoziationsspiel. Einer sagt ein Wort, der nächste Spieler assoziiert dazu usw. Eine Wortkette entsteht. Das nächste Spiel geht wieder im Kreis herum. Wir bauen gemeinsam eine Geschichte auf. Einer beginnt mit »ein«, sein Nachbar sagt »Mann«, der dritte »hat«, so geht es weiter im Kreis, bis eine kleine Geschichte daraus geworden ist.
Wir merken, daß der Gruppe dieses Spiel gefällt. Beim nächsten Spiel geht es um die Anregung von Phantasie. Eine Röhre, aus einem Blatt Papier gedreht, wird als Zauberfernrohr definiert. Die Spielleiterin erzählt: *»Ich sehe durch dieses Fernrohr eine bunte Sommerwiese. Ein kleiner Junge spielt mit einem Ball ... Und was sehen Sie?«* Mit diesen Worten gibt sie das Fernrohr an ihre Nachbarin weiter.
Alle in der Gruppe haben gleich erkannt, daß man eigentlich »nichts« sieht, aber sie steigen sofort ein, obwohl dieses Spiel Vorstellungskraft und den Mut erfordert, die anderen an den eigenen inneren Bildern zu beteiligen. *»Ich sehe einen großen Spielplatz. Die Kinder spielen mit einem Hund ...«,* erzählt die nächste. Eine Dame flüstert fast feierlich, als sie durch das Fernrohr blickt: *»Ich sehe mich als junges Mädchen in einem großen Ballsaal. Die Kapelle spielt einen Walzer ...«* Von diesen Jugendträumen kehrt die nächste zurück in den Alltag: *»Ich sehe die Hermannstraße, überall liegen dreckige Plastiktüten ...«*
Bei diesem Spiel hören alle gespannt zu. Wer zu leise spricht, wird von den anderen ermahnt. Alle wollen an den Bildern teilhaben.
Wir regten dann noch einige Bewegungsspiele und pantomimische Spiele an. Nach zwei Stunden waren alle Teilnehmer fröhlich, angeregt und freuten sich auf das Treffen der nächsten Woche. Es war ansteckend für uns zu sehen, mit welcher Begeisterung alle mitspielten. Eine wichtige Erfahrung dabei war: Die Bewegungs- und pantomimischen Spiele wurden noch besser aufgenommen als die Sprachspiele. Einige Teilnehmer hatten Gehörschwierigkeiten, es war nicht für alle leicht, so laut zu sprechen, daß alle alles verstehen konnten (vgl. FISCHER-TRUMPP/KÖHLER 1992).

Auch im folgenden beziehe ich mich auf unser Buch, das wir 1981 für das Kuratorium Deutsche Altershilfe e.V. schrieben und das 1992 der Ettlinger Verlag übernahm. Die folgenden Spielvorschläge mit Graphiken, damals von uns für die Arbeit mit älteren Menschen entwickelt, sind im oben genannten Buch zu finden. Sie sind hier überarbeitet und durch umweltbezogene Variationen ergänzt.

Gruppenspiele, die für ältere Menschen besonders geeignet sind:

Spiele, die helfen, die Kommunikation in der Gruppe und das Aufeinandereingehen zu unterstützen:
- ❐ Spiele, die ohne Leistungsdruck und Wettbewerb ablaufen; Spiele, die die Phantasie und Kreativität anregen und die allen Beteiligten Spaß machen.

Spiele zum Kennenlernen:
- ❐ Spiele, die dazu verhelfen, sich kennenzulernen, miteinander ins Gespräch zu kommen und sich für einander zu interessieren.

Spiele zum Geschichtenerzählen:
- Erzählen üben; die eigene Phantasie entdecken und anregen; mit anderen zusammen Geschichten erfinden, üben, auf andere einzugehen, ihre Ideen aufzunehmen und weiterzuentwickeln.

Bewegungsspiele, pantomimische Spiele, Spiele ohne Sprache:
- Entdecken, Entwickeln und Verstehen von Körpersprache, sich verständigen ohne Worte; sich ohne Anstrengung, mit Spaß bewegen.

Spiele aus dem Erfahrungsschatz:
- »Alte« Spiele wiederentdecken, sie für die eigene Bezugsgruppe umformen; Spiele erfinden, entwickeln, weitergeben; den eigenen Erfahrungsschatz aktivieren und wertschätzen.

3. Umweltspiele im Seniorenbereich

Der Zustand unserer Umwelt, die fortschreitende Vergiftung der Grundelemente Wasser, Luft, Boden machen jede Anstrengung sinnvoll, die ihr entgegensteuert. In der – im Verhältnis zur Erdgeschichte gesehen – unfaßbar kurzen Zeit unseres Jahrhunderts ist es der Menschheit gelungen, nachhaltig und vermutlich irreparabel die Erde und ihre Atmosphäre so zu schädigen, daß die Folgen für die Lebewesen kaum abzuschätzen sind.

Zusammensein, zusammen arbeiten, zusammen spielen mit alten Menschen, das heißt auch, es mit Menschen zu tun zu haben, deren Erinnerungen noch hineinreichen in eine Zeit, in der mit den Ressourcen der Erde noch nicht so verantwortungslos umgegangen wurde und ihre Verstümmelung im Vergleich zu heute nicht täglich zunahm. Die großen Umweltsünden der ferneren Vergangenheit, wie z.B. der Kahlschlag ganzer Landstriche (Griechenland, Italien ...) für den Holzbedarf der Schiffe, nehmen sich dagegen harmlos aus.

Was liegt näher als der Versuch, im Spiel dieses Erinnerungspotential zu aktivieren und herauszufinden, ob es sinnvoll ist, »alte Praktiken, Erfahrungen« für den Schutz und für die Heilung unserer kranken Umwelt einzusetzen.

Dabei geht es in keinem Moment darum, die Uhr zurückzudrehen oder die »gute alte Zeit« schönzufärben, sondern um die Einsicht, daß jeder Beitrag, jede Idee zum Schutz der Erde willkommen sein muß.

Gemeinsame Umweltspiele können aber auch das Bewußtsein schärfen für die Möglichkeit des eigenen Beitrags, hier und jetzt, den jeder – also auch ältere Menschen – zum Schutz der Umwelt leisten kann, und sie können zeigen, daß die Beteiligung an dieser Arbeit ein lustvoller, kreativer Prozeß sein kann und meistens nur wenig mit edlem Verzicht auf gewohnte Bequemlichkeit zu tun hat.

4. Generationen spielen zusammen – gemeinsame Spiele für jung und alt

Alle im folgenden vorgeschlagenen Spiele sind speziell auf das Spielen mit älteren Menschen hin ausgewählt und entwickelt. Sie finden bis auf eines im Sitzen statt, erfordern also nur geringe körperliche Beweglichkeit. Sie greifen auf einen wert-

vollen Erfahrungsschatz zurück, aktivieren die Wahrnehmungsfähigkeit, das gegenseitige Zuhören und das gemeinsame Erleben.
Das heißt aber nicht, daß sie nicht ebenso oder gerade von Angehörigen verschiedener Generationen gespielt werden können. Hierbei lassen sich in unverkrampfter Weise unterschiedliche Sichtweisen auf den gemeinsamen Lebensbereich austauschen. Die divergenten Erfahrungen und Wahrnehmungen von jungen und alten Menschen können dabei so zum Ausdruck kommen, daß sie das Spielgeschehen bereichern – also eine Menge Spaß machen. Die formulierten Spielziele benennen menschliche Fähigkeiten, die für alle Generationen sinn- und wertvoll sind, den Horizont erweitern und gesprächsfähig machen.
Ergibt sich also die Situation in einer Gemeinde, einer Institution oder in der Familie, daß Angehörige verschiedener Generationen miteinander in einen intensiveren Kontakt treten wollen, so bieten diese Spiele reiche Möglichkeiten.
Die jeweils vorgeschlagenen Umweltvariationen können auch als Basis genutzt werden, um kreative Prozesse der Einmischung in Probleme der Gemeinde in der Art eines Brainstormings zu initiieren. Sie können Ressourcen freisetzen und durch das gemeinsame Entwickeln von Ideen und Gegenmaßnahmen Resignation verhindern.

5. Einige praktische Beispiele

5.1 Spiele zum Kennenlernen

5.1.1 Das Wollknäuel-Spiel

Spielregel:
Die Gruppe sitzt im Kreis. Der Spielleiter hat ein dickes Wollknäuel mitgebracht. Er hält den Anfang des Fadens fest und wirft das Knäuel einem Spieler – möglichst gegenüber im Kreis – zu. Er bittet diesen, etwas von sich zu erzählen, z.B. Namen, Vorlieben, Wünsche, Abneigungen o.ä. Wenn der Spieler sein Erzählen beendet hat, hält er den laufenden Faden fest und wirft das Knäuel einem anderen Spieler im Kreis zu und stellt dabei seine Frage. So entsteht zwischen den Spielern ein sich überkreuzendes Fadennetz. Waren alle Spieler an der Reihe, muß das Netz wieder aufgelöst werden. Das Knäuel geht den gleichen Weg zurück, verbunden mit der Bitte an den Spieler, der jeweils an der Reihe ist, zu erzählen, was er/sie z.B. an sich selbst mag o.ä. Der optische Reiz des Netzes, das sich verdichtet und wieder auflöst,

Abbildung 1

Quelle: FISCHER-TRUMPP/KÖHLER 1992, S. 19

macht es für viele Menschen einfacher, miteinander ins Gespräch zu kommen. Vielen fällt es auch leichter zu erzählen, wenn sie sich dabei an etwas »festhalten« können (das Wollknäuel kann während des Sprechens betrachtet, auf- und abgewickelt, in »Ordnung« gebracht werden).

Spielziel:
Miteinander ins Gespräch kommen; etwas über die anderen erfahren, etwas über sich selbst mitteilen.

Erste Umwelt-Spielvariante

Spielregel:
Erste Runde – Knäuel abwickeln: Wer das Knäuel zugeworfen bekommt, erzählt von einem Umweltproblem, das er in seiner Umgebung wahrgenommen hat, das ihn gestört hat etc.
Zweite Runde – Knäuel wird wieder aufgewickelt: Wer an der Reihe ist, erzählt aus seinen Erinnerungen, wie eines oder mehrere der genannten Probleme früher – in seiner Jugend – gehandhabt wurden.
Beispiel: Heute werden Unmengen von verschiedenen Putzmitteln im Haushalt verwendet, die das Grundwasser belasten. Dagegen wurden früher natürliche, die Umwelt nicht oder kaum belastende Putzmittel benutzt, die die Hygiene ebenso wirksam aufrechterhielten, preiswerter waren, aber vielleicht mühsamer zu handhaben waren?!

Spielziel:
Vergleichen; Problembewußtsein wecken; Erinnerungen an die »gute alte Zeit« wieder aktivieren; Identifikation mit eigenen Erfahrungen und Beobachtungen bewirken.

Zweite Umwelt-Spielvariante

Jetztzeit: Welche Umweltprobleme wurden schon erfolgreich angegangen? Beobachtungen von positiven Ansätzen und Lösungsversuchen sammeln, ins Bewußtsein rufen; eventuelle Widerstände gegen die Maßnahmen aufzeigen, möglicherweise dadurch ausgelöste finanzielle oder Arbeitsbelastungen und/oder Vorteile austauschen.

5.1.2 Das Kugellagerspiel

Spielregel:
Die Teilnehmer werden in zwei Gruppen aufgeteilt. Die eine Gruppe setzt sich in einen inneren Stuhlkreis, Gesicht nach außen, die andere Gruppe nimmt auf dem äußeren Stuhlkreis Platz, Gesicht nach innen gerichtet. Auf diese Weise hat nun jeder Spieler einen Partner, dem er gegenübersitzt. Die so entstandenen Paare machen sich – wenn nötig – kurz miteinander bekannt, um dann gemeinsam zu überlegen, welche Lösungsvorschläge ihnen zu den im **Wollknäuel-Spiel** genannten Problemen einfallen. Nach ca. 3 Minuten unterbricht der Spielleiter das Gespräch und fordert die Personen im Innenkreis (oder im Außenkreis) auf, z.B. zwei Plätze weiterzurutschen, um nun mit einem neuen Partner die Lö-

sungsversuche fortzusetzen. Im allgemeinen sollten nicht mehr als drei Partnergespräche stattfinden, da ansonsten das Thema zu sehr erschöpft ist.

Abschließend werden sämtliche Lösungsvorschläge und Ideen, die die Kleingruppen gefunden haben, berichtet und zum Beispiel in Form einer Wandzeitung zusammengetragen.

Spielziel:
Direkten Kontakt zu anderen herstellen; gemeinsam mit anderen etwas entwickeln, zusammen etwas erfinden; Ideenreichtum und Kreativität fördern.

Abbildung 2

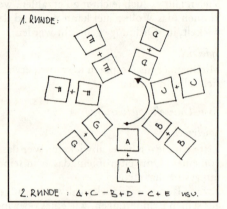

Quelle: FISCHER-TRUMPP/KÖHLER 1992, S. 22

5.2 Bewegungs- und Lockerungsspiele

5.2.1 Auf hundert Arten gehen

Spielregel:
Der Spielleiter erzählt: »Ich habe oft auf der Straße Menschen beobachtet, die ganz verschieden gehen. Einige hasten, rennen, eilen, andere schlendern, trödeln, spazieren; manche wirken bedrückt, andere fröhlich und vergnügt.
Wir versuchen nun, uns in solche Situationen hineinzuversetzen, das in unserem Gang auszudrücken und uns dabei kreuz und quer durch den Raum zu bewegen.«

Einige Beispiele:

- Jeder für sich: Wir machen einen Schaufensterbummel, was wir entdecken, interessiert uns sehr, langweilt uns; wir sind müde, die Füße tun weh; wir haben es eilig; die Sonne scheint; es regnet plötzlich, der Boden wird glitschig; wir tragen schwere Einkaufstaschen usw.
- Zu zweit: Wir bummeln Arm in Arm; einer stolpert, humpelt; die Ampel zeigt erst Rot, dann Grün; Kinder versperren den Weg usw.

Spielziel:
Dieses Spiel soll Bewegung in die Gruppe bringen. Man steht vom Stuhl auf (oft von dem »Gewohnheitsplatz«), findet Freude an der Bewegung.
Durch die Tatsache, daß alle alles gemeinsam machen, wird die mögliche Scheu abgebaut, sich vor anderen zu bewegen, sich zu »produzieren«. Jeder hat die Möglichkeit, sich zu erproben, Körpersprache zu üben und den anderen zu beobachten.

Umwelt-Spielvariante

Spielregel:
Ähnlich wie **Auf hundert Arten gehen**, nur liegt jetzt eine abgeschlossene Geschichte zugrunde.
Spielleiter: »Ich schlage vor, daß wir einen Ausflug ins Grüne machen. Das Wetter ist herrlich, wir sollten alles mitnehmen, was wir brauchen, weil es sein kann, daß wir kein Ausflugslokal finden. Jeder packt nun ein, was er mitnehmen möchte. Nicht die Sonnenschutzcreme vergessen, mindestens Lichtschutzfaktor 20, außerdem meldete das Radio eben starken Ozon-Smog. Was fällt Ihnen noch ein, was wir brauchen?« Der Ausflug kann weiter vom Spielleiter vorgeschlagen und erzählt werden. Es können aber auch, bei einer spielfreudigen und phantasievollen Gruppe, die Teilnehmer abwechselnd die Führung übernehmen.
Anregungen zum Fortlauf des Ausfluges:
- Welche Verkehrsmittel werden benützt? Wie war das früher?
- Welche Ziele werden angesteuert? Wie unterscheiden sich diese von früheren?
- Baden: Ist das Wasser des Sees sauber genug?
- Jemand will aus einem Bach trinken. Wie haben sich Luft, Wasser, Nahrung verändert?
- Ein Unfall passiert, jemand verletzt sich: die Folgen heute und früher.

Spielziel:
Die Teilnehmer sollen gemeinsam ihre Umwelt erleben und reflektieren. Sie übernehmen eine Rolle nach eigener Wahl (z.B. Verletzter oder Helfer) und können ihre Phantasie und ihr kritisches Bewußtsein einbringen. Es kommen hinzu die rein spielerischen Anteile wie spontan reagieren, aufeinander zugehen, Berührungsängste abbauen, z.B. dadurch, daß man jemanden stützt, tröstet, streichelt.
Bei der Reflexion des gemeinsam Erlebten geht es nicht darum, die »neue Zeit« zu verteufeln und die »alte Zeit« zu glorifizieren oder umgekehrt, sondern um Abwägung der Vor- und Nachteile, um Bewußtmachung der Veränderungen und die Bestimmung möglicher Beiträge jedes einzelnen zur Erhaltung und/oder Wiederherstellung einer gesünderen Umwelt.

5.3 Spiele mit Bildern

5.3.1 Das Fernrohr

Spielregel:
Der Spielleiter rollt ein Blatt Papier zu einer Röhre, hält sie sich vors Auge, beschreibt seine Imagination: eine besonders schöne Vorstellung, ein unangenehmes Bild, ein gutes Erlebnis der letzten Woche, ein schlechtes Ereignis ... Danach gibt er die Röhre an seinen Nachbarn weiter, der nun seine Imagination beschreibt usw.

Spielziel:
So entsteht eine Vielzahl von Bildern, die die Gruppenteilnehmer miterleben und die viel von der Erlebniswelt des einzelnen widerspiegeln. Diese Bilder bie-

Barbara Fischer

ten Anlässe zum Gespräch, zum Austausch von Sichtweisen und Wahrnehmungen der gemeinsam bewohnten Umwelt.

5.3.2 Dieses Bild gefällt mir sehr

Spielregel:
Jeder Teilnehmer bringt zum nächsten Treffen ein Bild (aus Zeitungen, Illustrierten, eine Postkarte, ein Foto u.ä.) mit, das ihm besonders gut gefällt.
Variante für den Natur-/Umweltbereich: Bilder mitbringen von Ereignissen, Ansichten, Veränderungen, die einen berührt, bewegt haben o.ä.
Jeder erzählt, warum er gerade dieses Bild auswählte und was es für ihn bedeutet. Sehr schnell ergeben sich daraus Gespräche untereinander. Das Spiel geht dann in einen gemeinsamen Gedankenaustausch über.
Variation: Zuerst assoziieren die Gruppenmitglieder zu den ausgebreiteten Bildern. Erst dann erzählt jeder einzelne, warum er/sie gerade dieses Bild wählte.

Spielziel:
Bewußt hinsehen; Zeitungen und Zeitschriften kritisch betrachten; von sich selbst, seinen Vorlieben und Abneigungen erzählen.

5.3.3 Blick aus dem Fenster

Spielregel:
Jeder Spieler erhält vom Spielleiter ein Blatt Papier, auf dem ein geöffnetes Fenster gezeichnet ist.
Die Teilnehmer werden gebeten, in diese Rahmen bis zum nächsten Treffen zu zeichnen, was sie aus ihrem Wohnungs- oder Heimfenster sehen.
Bei der nächsten Zusammenkunft werden die Bilder in Augenhöhe an die Wand geheftet und gemeinsam besprochen.

Abbildung 3

Quelle: FISCHER-TRUMPP/KÖHLER 1992, S. 50

Spielziel:
Die eigene Umgebung intensiv wahrnehmen; den durch Gewöhnung flüchtig gewordenen Blick schärfen.
Sehr unterschiedliche Produkte werden entstehen. Alle – ob Bleistift- oder Kulizeichnung, ob Strichmännchenbilder oder liebevoll ausgepinselte Aquarelle – bieten Anlaß zum Gespräch, zum Austausch. Vielleicht entdecken auch einige Teilnehmer an der Ähnlichkeit ihrer Fensteraussichten, daß sie dicht nebeneinander wohnen, ohne das bisher bemerkt zu haben.
Unter Umweltaspekten kann z.B. die unterschiedliche Gestaltung der Umgebung ein Gesprächsthema sein. Hierbei können evtl. vorhandene Änderungswünsche ausgesprochen, angeregt, aufgeschrieben und an die Wohnungsverwaltungen weitergeleitet werden (z.B. mehr Bäume im Freigelände, beim nächsten Anstrich eine fröhlichere Farbe u.ä.)

5.3.4 Die gute alte Zeit

Spielregel:
Der Spielleiter hat einige Materialien von »früher« vorbereitet, z.B. Zeitungsausschnitte (in Zeitungen finden sich häufig Rubriken unter dem Titel »Vor 50 Jahren« oder »Wie's früher war«), alte Fotos, Stiche, Karikaturen.
Gemeinsam versucht die Gruppe, ein Bild mit dem dazugehörigen Material zu beschreiben und einzuordnen: In welche Zeit, Umgebung (Stadt, Land), soziale Schicht u.ä. gehört es?
Die Teilnehmer tragen zusammen, welche Vorteile ihrer Meinung nach diese Epoche für ihre Menschen hatte. Welche Nachteile, Defizite werden gegenüber der Jetztzeit festgestellt? Eine zu starke Einengung des Gesprächs durch den Spielleiter auf Umweltfragen erscheint hier unnötig, da sich das Gespräch aller Wahrscheinlichkeit nach ohnehin in diese Richtung entwickeln wird.

Spielziel:
Dieses Spiel kann helfen, die »gute alte Zeit« realistischer, d.h. ohne Glorifizierung zu sehen, es kann aber auch bewirken, sich an manches zu erinnern, das vielleicht nutzbringend für die heutige Zeit reaktiviert werden sollte. Längst Vergessenes kann wieder lebendig werden und möglicherweise die Perspektive auf Heutiges verändern und relativieren.
Vielleicht entdeckt die Gruppe ja auch hier und da Zusammenhänge früherer Umweltsünden mit heutigen Problemen. Ein Beispiel: Durch viele Industriebereiche kam es schon damals zu großen Umweltverschmutzungen – Altlasten, die erst heute durch Bodenproben auf ehemaligen Industriestandorten festgestellt werden.
Ein großer Bogen Papier, auf dem die Gruppe ihre Entdeckungen, ihre Kritik und ihre Ideen festhält, ist dabei hilfreich.

6. Was tun mit der Ernte?

Anwenden, umsetzen, veröffentlichen, Verbündete suchen in jeder Altersgruppe, aktiv werden, sich einmischen.

Anwenden, umsetzen: gemeinsam überlegen, wie die gefundenen Ideen zur Verbesserung der Umweltsituation in die Praxis umgesetzt werden können.
Veröffentlichen: die Ideen und die gemachten Erfahrungen z.B. im Gemeinde- oder Kirchenblatt veröffentlichen, Wandzeitungen in entsprechenden Einrichtungen aufhängen, Gesprächsrunden anregen.
Verbündete suchen in jeder Altersgruppe: Hat erst mal eine Gruppe, z.B. durch gemeinsame Umweltspiele, zueinandergefunden und festgestellt, was für ein reiches Potential in ihr steckt, ist der Weg nicht mehr weit, genug Selbstbewußtsein zu entwickeln, um auch auf Jüngere zuzugehen und sie zu gemeinsamen Aktivitäten einzuladen. Die Erfahrung zeigt, daß die meisten Menschen gerne bereit sind, sich aktiv an einer sinnvollen Sache zu beteiligen, wenn der Weg sichtbar ist.
Sich einmischen: Sätze wie »Es hat ja doch alles keinen Zweck« oder »Sollen sich doch andere drum kümmern« in ein gemeinsames Gefühl der Verantwortung und in die Lust am Sicheinmischen zu verwandeln, das ist Sinn und Zweck dieser Anregungen.

Literatur

BECKER, BRIGITTE: Seniorenspiele. Arbeitshilfe für die Seniorenarbeit in Wohnheimen, Clubs und offenen Zirkeln. Verlag gruppenpädagogischer Literatur, Wehrheim 1991³;
FISCHER-TRUMPP, BARBARA/KÖHLER, ROSEMARIE: Miteinander spielen lernen. Anleitungen, Tips, Erfahrungsberichte für Senioren. Ettlinger Verlag, Ettlingen 1992²;
MERGAST, PAUL/UIHLENKAMP, GISELA: Gesellschaftsspiele im Seniorenclub. Don Bosco Verlag, München 1992⁴.

3.12 Entwicklung und Einsatz von Umweltspielen im kommunalen Bereich

Ursula Schlüter

1. Wesen der Umweltpädagogik im kommunalen Bereich

1.1 Die Kluft zwischen Wissen und Handeln

Umweltschutz ist seit Jahren ein Thema, dem wir im Schul- und Arbeitsalltag, in der Freizeit und durch die gesamte Bandbreite des Medienangebotes fast täglich begegnen.
Doch das Wissen allein um Umweltkatastrophen, den »Ausverkauf der Natur«, ändert noch nicht grundlegend unser Verhalten im Umgang mit der Natur. Nicht allein durch Aufklärung, Gesetze und technische Lösungen, sondern vor allem durch Veränderungen in der Einstellung der Menschen zur Umwelt ist das Ziel realisierbar, unsere natürliche Lebensgrundlage zu erhalten. Daher sieht auch die Landesregierung Nordrhein-Westfalen in der Förderung des Umweltbewußtseins eine wichtige Aufgabe, die in der frühesten Jugend beginnt und sich durch die verschiedenen Stufen der schulischen und beruflichen Bildung fortsetzen muß (MURL 1987).
Gerade aber Verhaltensänderungen zum Schutz der Umwelt fordern von uns immer wieder Mehrarbeit (z.B. beim Sortieren des Abfalls), Zeit (z.B. für den Fußmarsch statt der Fahrt mit dem Auto), Verzicht (z.B. durch das Meiden von umweltbelastenden Produkten) und z.T. leider immer noch Geld (umweltfreundlichere Produkte sind nicht stets auch geldbeutelfreundlicher).
Ein Grund für unsere alltägliche Trägheit liegt vermutlich auch darin, daß die »Pädagogik mit dem erhobenen Zeigefinger« weder bei Erwachsenen noch bei Kindern und Jugendlichen primär eine dauerhafte Verhaltensänderung bewirken kann.
Die Bereitschaft dafür kann dauerhaft nur aus dem Sich-verantwortlich-Fühlen für die Natur aufrechterhalten werden.
Doch ist man bereit, etwas zu schützen, was man nicht kennt?

1.2 Aus den Augen, aus dem Sinn

Eine Überflutung von Reizen, nicht zuletzt durch das Fern-sehen und die verlockenden Freizeitangebote auf dem elektronischen Sektor, hat uns blind und taub gemacht für das Nahe-sehen, das Entdecken natürlicher Phänomene und Schönheiten. Zur *Abstumpfung* unserer Sinne kommt ein *Unwissen* an Artenkenntnissen und ökologischen Zusammenhängen und regionalen ökologischen Besonderheiten und Problemen.

Eine 1990 innerhalb einer Habilitationsarbeit an der Universität Münster durchgeführte Studie beispielsweise befaßt sich mit Umwelterziehung in Schulen der Stadt Münster unter dem Aspekt der Lehreraus- und Lehrerfortbildung. Dabei stellte sich heraus, daß mehr als 75 % aller LehrerInnen sich aufgrund ihrer Ausbildung für nicht kompetent halten, Umwelterziehung in der Schule durchzuführen, und deshalb andere Themen im Unterricht behandeln (HELLBERG-RODE 1993).

Gerade aber die Freilandbeobachtungen, die Entdeckungen und Erlebnisse in der Natur und das Feststellen der existierenden ökologischen Mißstände in unserem Umfeld öffnen uns die Augen und entwickeln in uns das Verantwortungsbewußtsein für unsere Natur – die Basis für umweltschützendes und -erhaltendes Handeln.

Hier setzt die Arbeit einer umweltpädagogischen Einrichtung innerhalb einer Kommune bzw. eines Kreises an.

1.3 Umwelterziehung, kommunal gesehen

Ziel der Umwelterziehung ist die Umwelterhaltung und umweltfreundliche Gestaltung vor Ort.

Damit ist Umwelterziehung in einem *doppelten Zusammenhang kommunalpolitisch relevant*:

- Umwelterziehung braucht die unmittelbare Umwelt-/Naturbegegnung, das tatsächliche »Begreifen« von Natur. So ist die *Kommune selbst Lerngegenstand und Handlungsraum* für Umwelterziehung im positiven wie im negativen Sinne.
- Umwelterziehung hat vor allem umwelt- bzw. lebenspraktische Zielsetzungen. Das umweltgerechte Verhalten und Handeln der Kindergartenkinder und Schüler und ihre häufig zu beobachtende *Multiplikatorwirkung* auf die Eltern kann und wird sich in der *jeweiligen Kommune selbst* auswirken.

So wird eine Konzeption kommunal geförderter Umwelterziehung durch die Einrichtung einer Umweltpädagogenstelle zu einem notwendigen Bestandteil kommunaler Umweltpolitik.

Durch die Einrichtung einer Anlaufstelle für die Erziehungseinrichtungen einer Kommune bzw. eines Kreises zum Thema »Umweltschutz« erhält der Lehrer, Erzieher und Jugendgruppenleiter einen persönlichen Ansprechpartner, von dem er über allgemeine Umweltdaten und Fakten hinaus auch ortsspezifische Sachverhalte und Möglichkeiten aufgezeigt bekommen kann.

Konkret lassen sich daraus u.a. folgende *Angebote* eines Umweltpädagogen an die Erziehungseinrichtungen entwickeln:

- Konzeption Erarbeitung und Herausgabe von ortsbezogenen Materialien zur Umwelterziehung;
- Fortbildungsveranstaltungen für Lehrer, Erzieher und Jugendgruppenleiter;
- Informations- und Beratungsgespräche mit Schülern, Lehrern, Erziehern und Eltern zu fachlichen und organisatorischen Fragen;
- Unterstützung bei der Vorbereitung und Durchführung von Aktionen und Projekten zum Umweltschutz;

- Bereitstellen von allgemeinen Informationsmaterialien (Literatur, Poster, Broschüren, Karten ...);
- Durchführung von Umweltwettbewerben;
- Information und Beratung über Medien zum Umweltschutz (Filme, Videos, Diareihen, Umweltspiele, Umweltbücher etc.);
- Vermittlung und Entwicklung von Unterrichtsmaterialien und Projektanregungen;
- Informationen zu und evtl. Durchführung bzw. Organisation von ökologischen Exkursionsmöglichkeiten innerhalb und außerhalb der Kommune und des Kreises (z.B. biologische Schulstationen, Waldführungen, Besichtigung eines Recyclinghofes, eines Klärwerkes etc.).

2. Einsatz von Umweltspielen im kommunalen Umweltschutz

2.1 Umweltspiele als eine umweltpädagogische Möglichkeit

Das mögliche Angebotsspektrum eines kommunalen bzw. Kreis-Umweltpädagogen greift die Notwendigkeiten der Wissensvermittlung (Informationsbörse), der Anregungen zu praktischem Naturerleben und -beobachten bis hin zu konkreten Umweltschutzmaßnahmen vor Ort auf.

Gerade aber die Wissensvermittlung – sie hat für Schüler auch immer etwas mit »Lernenmüssen« zu tun – fordert von Erziehern und Pädagogen ein besonderes Maß an pädagogischem Geschick, an Kreativität und Ideenreichtum.

So *unterschiedlich die menschlichen Umweltbezüge und die Wahrnehmungsdimensionen* beim Menschen sind, so *vielfältig* müssen auch *die inhaltlichen und methodischen Schwerpunkte bei der Vermittlung* gesetzt werden.

Vermitteln auf *spielerische Weise* ist dabei eine der Lernmethoden, die das Interesse am Lernstoff wecken wollen.

Selbstverständlich kann man mit Umweltspielen die drohenden Umweltzerstörungen nicht beseitigen. Wohl aber kann man die *Fern-seher* zum *Nah-sehen* motivieren und sie auf das schützenswerte und schutzbedürftige Gut Natur aufmerksam machen. Es besteht die Möglichkeit der Wissensvermittlung über Umweltgesetzmäßigkeiten und -gefahren, über umweltgerechtes und verantwortliches Handeln sowie über die Artenvielfalt und das Beziehungsgefüge in der Natur.

Das *Spiel* als Lernmedium kann somit zur *Motivation für konkretes umweltschützendes Handeln und Verhalten* beitragen.

Hervorzuheben ist außerdem, daß mit dem Einsatz von Umweltspielen nicht nur eine für Kinder und Jugendliche motivierende Methode der Wissensvermittlung gewählt wird, sondern sich auch der *Informationsgehalt des Spieles* durch wiederholtes Spielen *fast nebenbei einprägt*.

So sind Umweltspiele neben Pressearbeit, Ausstellungen, Informationsveranstaltungen und -broschüren ein wertvolles Medium, das die Öffentlichkeitsarbeit zu umweltrelevanten Themen abwechslungsreich unterstützen und bereichern kann.

2.2 Welche Spielformen eignen sich besonders zur Unterstützung kommunaler Anliegen?

Die Fülle an Spielformen spiegelt sich auch auf dem Sektor der angebotenen Umweltspiele wider. So gibt es auch hier Brettspiele, Rollenspiele, Planspiele, Kartenspiele, Erfahrungsspiele und Computerspiele. Ebenso vielfältig sind die Schwerpunkte innerhalb der Umweltspiele. Sie reichen von der Thematisierung ökonomischer Aspekte von Umweltproblemen über die naturwissenschaftliche Wissensvermittlung, das Aufzeigen alltäglicher Umweltsünden und möglicher umweltfreundlicher Handlungsalternativen bis hin zu Naturerfahrungsspielen, die den Einsatz und die Sensibilisierung der eigenen Sinne in den Vordergrund stellen.

Bei der Entscheidung für eine bestimmte Spielform gilt es für die kommunale Umweltberatung bzw. Umweltpädagogik, sowohl die Zielgruppe, die Art der Veranstaltung bzw. den Einsatzort mit seinen Möglichkeiten und organisatorischen Einschränkungen im Blick zu behalten als auch das jeweilige aktuelle Anliegen der Kommune bzw. des Kreises und seine finanziellen Möglichkeiten zu berücksichtigen.

2.3 Praktische Beispiele aus dem kommunalen Einsatz von Umweltspielen

Beim kommunalen Einsatz von Umweltspielen kann man zwischen Spielen unterscheiden, die

a) Bürger (oft besonders Kinder und Jugendliche) allgemein für Natur- und Umweltschutz sensibilisieren sollen und
b) über kommunenspezifische Belange, Neuregelungen bzw. Einrichtungen aufklären wollen.

Beispiele zu a):
Spiele zur Vermittlung von

- Artenkenntnissen;
- Lebensgewohnheiten;
- ökologischen Kreisläufen und Zusammenhängen;
- Beschäftigungsmöglichkeiten mit jahreszeitlichen Naturmaterialien;
- Abhängigkeiten zwischen Ökologie und Ökonomie;
- abfallarmem Einkaufen;
- umweltbewußtem Umgang mit unserem Wasser, unseren Energiequellen sowie unserer Natur und Landschaft;
- spielerischem Naturerleben (Naturerfahrungsspiele).

Für diese Themenschwerpunkte kann man auf die Vielzahl der auf dem Markt erhältlichen Umweltspiele und Spielanregungen zurückgreifen. Eingesetzt werden sie neben dem Spielen zu Hause u.a. innerhalb der Kinderbetreuung im Kindergarten sowie im Schulunterricht, in Jugendhäusern, bei Ausflügen und Projekttagen.

Beispiele zu b):
Spiele zu kommunenspezifischen umweltrelevanten Gegebenheiten bzw. Einrichtungen wie

- Einrichtung eines Naturlehrpfades;
- Einführung der Komposttonne;
- Unterstützung der Eigenkompostierung;
- Änderungen in der Wertstoff- und Abfallsammlung;
- Reduzierungsmaßnahmen des lokalen Verkehrsaufkommens;
- heimische Flora und Fauna.

Es versteht sich von selbst, daß man für solche kommunenspezifischen Belange nur in seltenen Fällen auf vorhandene Spiele zurückgreifen kann. Hinzu kommt, daß die *Spielmethode, -strategie und -größe vom Einsatzort* (Umweltmarkt, Messestand, Schulfest etc.) mit seinen *organisatorischen Möglichkeiten* und seiner *angesprochenen Zielgruppe* abhängig gemacht werden muß.
Hier reicht die Bandbreite möglicher Spiele von vorhandenen Spielanregungen, die es entsprechend abzuwandeln gilt, bis hin zur Entwicklung eines neuen Spiels mit genau den Informationen, die im speziellen Falle zu vermitteln sind und die damit beitragen zur Unterstützung gezielter Öffentlichkeitsarbeit für kommunale Belange.

3. Entwicklung von Umweltspielen für den kommunalen Einsatz

3.1 Beispiel für die Abwandlung eines bekannten Spiels

Der Spielentwicklung ging folgende Ausgangssituation voraus:
Die Umweltämter des Kreises und der Stadt Gütersloh planten für eine Wirtschaftsschau einen gemeinsamen Informationsstand zum Thema »Kompostierung«. Auf dieser Messe galt es, bei den Messebesucher trotz der insgesamt überaus großen Reiz- und Informationsüberflutung ein Interesse für diesen Stand zu wecken.

Um die wichtigen Zielgruppen Kinder und Erwachsene auf solch einer Veranstaltung anzusprechen, mußte das Spiel leicht verständlich, spannend und groß aufzumachen sein. Quasi »nebenbei« sollte es noch Informationen und Tips zum Kompostieren vermitteln und Gelegenheit zu einem beratenden Gespräch ermöglichen.
Man entschied sich für das altbekannte Angelspiel, hier in einem »neuen Kleid« als **Kompost-Angelspiel**.

Bedarf und Vorarbeiten:
- Foto- und Klebearbeiten;
- zwei Standbetreuer, und zwar ein Spielbetreuer und ein Kompostberater für interessierte Erwachsene;
- geringe Kosten (Materialkosten für Fotoarbeiten, Klettband und Kompostbehälter sowie Standgebühr).

Erfahrungen mit dem **Kompost-Angelspiel:**
- Die Spielregeln waren für groß und klein bekannt. Dadurch konnte es ohne viel Erklärung von jedem gespielt werden.
- Die neue und übergroße Gestaltung fiel auf und machte neugierig (der Angelbehälter war eine Kompoststiege; die Fische waren vergrößerte, auf Pappe aufgezogene und mit Klettband versehene Fotos von Kompostierbarem und anderen Müllfraktionen; die Angel bildete ein langer Holzstock mit einem Draht, an dessen Ende ein Klettband befestigt war).
- Spiele sprechen besonders Kinder an, so auch hier: Während die Kinder fleißig angelten und im Anschluß daran jeweils entscheiden mußten, was von den Beutestücken auf den Kompost darf, hatten die Eltern z.T. Zeit und Gelegenheit genutzt, sich von dem zweiten Standbetreuer diesbezüglich beraten zu lassen.

Natürlich darf es dabei nicht an umweltfreundlichen Kleinpreisen fehlen, wie beispielsweise unlackierte Stifte, kleine Schreibblöcke aus Recyclingpapier, Umweltbeutel etc. Zur Unterstützung der Beratungsgespräche bieten sich entsprechende Informationsbroschüren an (hier zum Beispiel die Kompostfibel vom MURL 1991).

3.2 Beispiel für die Entwicklung eines neuen Spiels

Die Entwicklung eines solchen Spieles möchte ich an dem von mir entwickelten Kompostspiel **Die Abenteuerreise ins KOMPO-Land mit Willi Wurzel und Wurmeline** aufzeigen. Nähere Angaben über Bezugsadresse etc. stehen am Ende dieses Beitrages.

Bevor ein Spiel auf den Markt gelangt, sollten folgende Punkte zur Spielentwicklung beachtet werden (vgl. auch WERNECK 1993):

3.2.1 Ausgangssituation

Im Kreis Gütersloh stand die stufenweise Einführung der Komposttonne bevor. Parallel dazu sollte eine massive Öffentlichkeitsarbeit zu einer sortenreinen Trennung erfolgen, um eine möglichst gute Qualität des Kompostes zu erreichen.
Da es sich bei dem Kreis Gütersloh um einen grünen Kreis mit nur wenig Ballungsgebieten handelt, galt es gleichzeitig, auch der Möglichkeit und dem Wunsch der Eigenkompostierung gerecht zu werden. Das hieß eine verstärkte Beratung im Bereich der Eigenkompostierung *und* im Umgang mit der Komposttonne.

3.2.2 Thema, Ziel, Zielgruppe

Das Thema ist aus dem Beratungsbedarf abzuleiten: hier die Bedeutung und richtige Handhabung der Kompostierung.
Erreicht werden sollte, den Bürger zur Kompostierung zu motivieren, darüber zu beraten und Vorurteile abzubauen.
Die Zielgruppe des Spiels sind Kinder im Kindergarten und Grundschulalter. Die Gründe dafür sind:

❒ In dieser Altersgruppe (etwa 4-12 Jahre) wird - noch - viel gespielt.
❒ Eltern lassen sich von ihren Kindern in diesem Alter noch verstärkt in die Spiele einbinden. Das heißt, durch das Mitspielen werden beide wichtigen Zielgruppen, Kinder und Erwachsene, an das Kompostieren spielerisch herangeführt.

3.2.3 Spielstrategie – Wissensvermittlung und Spielspaß

Wesentlich für den Erfolg eines Spiels und damit in diesem Falle auch der Kompostberatung ist der *Spaß an dem Spiel*. Denn nicht durch Ermahnungen, sondern durch Freude am Spiel lernt man ganz nebenbei etwas über die Bedeutung und Handhabung eines Komposthaufens.

Erst durch das wiederholte Spielen prägen sich die im Spiel enthaltenen Informationen ein. Aus diesem Grund habe ich Spielhandlungen und Informationsvermittlung miteinander verbunden. So wurden von mir Informationen über das Leben im Komposthaufen, die Bedeutung und Handhabung des Kompostes mit Spielaufgaben kombiniert, die vor allem 4-12jährigen Kindern besonders viel Freude bereiten, wie zum Beispiel Kriechen, Grimassenschneiden, Schimpfen und Streicheln.

Durch diese Art der Aufgaben, die die Spieler in die Rolle der Kompostbewohner und Pflanzen schlüpfen lassen, erfolgt auf spielerische Weise eine Kompostberatung und ein erstes Vertrautmachen mit dem Geschehen im Komposthaufen. So spielt man z.B. eine kranke Pflanze, weil jemand den Kompost mit alten Farbresten vergiftet hat, oder bringt alle Mitspieler zum Lachen, weil sich alle Kompostbewohner im Kompost wohl fühlen. Einige Beispiele mögen dies verdeutlichen:

❒ Der Komposthaufen steht im Halbschatten. Darüber freuen sich alle Kompostbewohner. Bringe alle Mitspieler zum Lachen (auch Kitzeln ist erlaubt)!
❒ Deine Gemüsepflanzen lassen den Kopf hängen, weil jemand mit alten Farbresten den Kompost vergiftet hat. Spiele eine kranke Pflanze!
❒ Fertiger Kompost riecht nach Waldboden. Sprech' den Satz nach: »Wer sagt, daß Kompost stinkt, der spinnt!«
❒ Du warst ein besonders eifriger Regenwurm im Kompost. Alle Mitspieler loben und streicheln dich dafür.
❒ Ein Mitspieler will gekochte Essensreste und Fleisch auf den Kompost geben. Das lockt Ratten an. Schimpf ihn aus!

Da bei diesem Spiel Aufgaben vorgelesen werden müssen, sind größere Geschwister und/oder Eltern als Mitspieler notwendig. Dadurch werden beide Zielgruppen (Kinder und Erwachsene) erreicht.

3.2.4 Spielanleitung

Die Spielanleitung muß für das Kindergarten- und Grundschulalter möglichst kurz und verständlich sein. Aufgaben und Spieldauer dürfen die Kinder nicht überfordern. Ich empfehle dazu, mit Hilfe des Musterspiels (Rohentwurf) mehrere Spieldurchläufe mit verschiedenen Kindern durchzuführen. Fehler in der Spielanleitung, der Anzahl der Spielkarten oder -felder können so früh genug korrigiert werden.

Ursula Schlüter

Abbildung 1: Spielplan »Die Abenteuerreise ins KOMPO-Land«

Entwicklung und Einsatz von Umweltspielen im kommunalen Bereich

Die Abenteuerreise ins KOMPO-Land mit Willi Wurzel und Wurmeline (ein Spiel für 2–6 Kinder und unternehmungslustige Erwachsene):

Ziel des Spiels:
Wer als erster mit genauer Punktzahl oder entsprechender Anzahl von Kürbiskarten ins Kürbisziel gelangt, hat gewonnen (Spieldauer ca. 30 bis 45 Minuten).

Vorbereitung:
- Die Aufgaben- und Kürbiskarten ausschneiden.
- Draußen sechs Steine (in Spielfeldgröße) suchen und mit Buntstiften unterschiedlich anmalen. Anschließend können diese Steine als Spielsteine eingesetzt werden.

Zum Spielverlauf:
- Alle Aufgaben- und Kürbiskarten werden umgedreht und vermischt neben dem Spielplan ausgebreitet.
- Der jüngste Mitspieler fängt an, d.h. zieht zuerst eine Karte.
- Hat man eine *Aufgabenkarte* gezogen, muß diese vorgelesen werden. Nach Ausführung der vorgelesenen Aufgabe darf man um die Punktzahl dieser Karte vorrücken. Anschließend wird diese Aufgabenkarte wieder verdeckt und unter die anderen Karten gemischt.
- Hat man eine *Kürbiskarte* gezogen, darf man um die Anzahl der Wurmköpfe vorrücken und die Karte für den Endspurt aufheben (s. *Ende des Spiels*).
- Erreicht man ein schon besetztes Feld, darf man auf das nächste freie Feld vorrücken.

Bedeutung der Symbole:

Wurmeline ist müde, darum einmal aussetzen!

Hier angekommen, darf man um die gleiche Kartenpunktzahl direkt noch einmal vorsetzen!

Kommt man auf ein Spielfeld mit einem Wurmende, muß man auf das Feld vor- bzw. zurückgehen, auf das der Kopfteil des Wurms hinweist!

Oje, wer dieses Feld erreicht, muß mit dem letzten Mitspieler das Feld tauschen!

Ende des Spiels:
Gewinner ist der Spieler, der mit genauer Punktzahl zuerst das Ziel erreicht. Dazu stehen zwei Möglichkeiten zur Verfügung:
- mit Hilfe einer Aufgaben- oder Kürbiskarte mit benötigter Punktzahl (Achtung: Bei höherer Punktzahl muß man um diese Punkte zurückgehen!) oder
- durch Abgeben der gesammelten Kürbiskarten. Diese darf man erst einsetzen, wenn die Anzahl dieser Karten genau ins Ziel führt, d.h., jede Kürbiskarte zählt hier 1 Punkt (man muß dabei nicht alle Kürbiskarten einsetzen, die man gesammelt hat).

Und nun viel Spaß!

3.2.5 Gestaltung des Spiels (Layout)

Nachdem Spielverlauf und Spielbestandteile ihre endgültige Fassung erhalten haben, geht es nun um das Layout (d.h. Format, Motive, Farben, Schriften) und die Materialien des Spiels.

Um auf Kunststoffartikel zu verzichten und gleichzeitig der eigenen Kreativität noch genügend Raum zu lassen, dienen bei diesem Spiel in der Natur gesuchte und später angemalte Steine als Spielfiguren. Sofern dies nicht möglich ist, kann man z.B. auch mit farbigen Knöpfen spielen. Die Aufgabenkarten können bei Bedarf noch selbst mit Motiven versehen werden, zusätzliche Blankokarten ermöglichen es sogar, das Spiel mit eigenen Aufgaben zu ergänzen.

Erst wenn Layout und Materialfrage geklärt sind, ist eine Ausschreibung für Satz und Druck möglich. Das heißt, im Vorfeld müssen Mehrfarbigkeit, Material (umweltfreundliches), Papierstärke und besondere Ausführungen für alle Spielbestandteile geklärt sein. Die graphische Gestaltung kann zusammen mit einem Setzer erarbeitet werden – wie es bei diesem Spiel der Fall war – oder in die Hand eines Graphikbüros gegeben werden. Auch Kontakte zu Kunsthochschulen machen sich hierbei bezahlt. Der DIN-A3-große vierfarbige Spielplan des Spiels **Die Abenteuerreise ins KOMPO-Land** (s. Abb. 1) wurde z.B. von der Kunststudentin BARBARA PAGENKEMPER gemalt.

3.2.6 Auflagenhöhe/Adressatenkreis

Die Druckkosten eines Spiels variieren selbstverständlich je nach Auflagenhöhe. Darum muß vor der Angebotsnachfrage bereits geklärt sein, wieviel Exemplare welche Einrichtungen erhalten sollen. Bei dem hier beschriebenen Kompostspiel hat jeder Kindergarten des Kreises für jede Gruppe (d.h. 3–4 Spiele pro Kindergarten) sowie jede Grundschulklasse, jedes Jugendhaus und jede Bibliothek im Kreis je ein Spiel erhalten.

Damit darüber hinaus sich auch Bürger mit diesem Spiel und somit auch mit der Materie »Kompostieren« beschäftigen können, besteht für Verwaltungen die Möglichkeit, das Spiel gegen eine angemessene Schutzgebühr zu verkaufen. Wichtig für dieses Angebot an die Bürger sind entsprechende Hinweise in Presse und Erziehungseinrichtungen der Kommune bzw. des Kreises über die Bezugsmöglichkeiten.

3.2.7 Verteiler

Die Verteilung erfolgt in der Regel über die Post. Die Zustellung an Schulen kann kostengünstiger über den städtischen Verteiler gehen, z.B. über eingerichtete wöchentliche Botenfahrten durch städtische Bedienstete, Kreisbildstellen oder durch Hinterlegen in Schulfächern der Verwaltungen, die meist wöchentlich von den jeweiligen Hausmeistern geleert werden.

3.2.8 Pressearbeit

Presse und Regionalfunk sind für die Bekanntmachung des Spiels wichtige Multiplikatoren. Für die Vorstellung des Spiels ist ein Pressetermin zu einer Spielaktion im Kindergarten, Jugendhaus oder in einer Schule besonders geeignet.

Soll das Spiel auch über die Ortsgrenze hinaus bekannt werden, ist es besonders effektiv, die ökologischen und umweltpädagogischen Fachblätter der Kommunen, alle wichtigen Einrichtungen und Organisationen im Bereich des Umweltschutzes bzw. der Umwelterziehung (Hochschulinstitute, Umweltschutzgruppen und -verbände, Erziehungs- und Lehrerverbände), die bekannten pädagogischen Zeitschriften, die diversen Natur- und Umweltmagazine, aber auch die verschiedenen Fachorganisationen und -zeitschriften im Spielebereich durch entsprechende Informationsschreiben davon in Kenntnis zu setzen. Einige wichtige Adressen befinden sich am Ende dieses Handbuches (Beitrag WESSEL, Kap. 5).

4. Können Spiele von anderen Kommunen übernommen werden?

In den meisten Fällen wird ein Spiel seitens einer Verwaltung entwickelt und die Ausführung in die Hand einer Agentur oder Druckerei gegeben. Sind bei dieser Methode die Rechte für dieses Spiel an die Kommune abgetreten bzw. bei ihr verblieben (bei Auftragsvergabe ist dies schriftlich festzuhalten), kann die jeweilige Kommune über die Nachdruckerlaubnis für andere Kommunen selbst entscheiden. Die Kosten für Filmherstellung, Platteneinrichtung und die Werkzeugkosten, die je nach Spielausführung erheblich sein können, kommen dann auf jeden Fall für die nachdruckende Kommune zu den Druckkosten hinzu.

Liegt dagegen das Copyright bei einer Agentur, ist z.T. ein Nachdruck über diese möglich.

Alternativ zur Agentur kann der Spieleautor, soweit er seine Urheberrechte dafür gesichert hat, das Spiel selbst zur Nachbestellung anbieten. (Diese Verfahrensweise wurde sowohl bei dem hier beschriebenen Kompostspiel **Die Abenteuerreise ins KOMPO-Land** als auch bei dem Abfallvermeidungsspiel **Ideen muß man haben** von mir angewandt.) Im Gegensatz zu einem eigenen Nachdruck entfallen für den Auftraggeber bei einer Bestellung über eine Agentur, den Spieleautor oder einen Spieleverlag die Kosten für die aufwendige Platten- und Werkzeugeinrichtung.

Es gibt mittlerweile auch einige andere Kommunen, die auf dem Sektor kommunenspezifischer Umweltspiele aktiv geworden sind (z.B. Hamburg, Bonn, Frankfurt a.M., Stadt Gütersloh, Kreis Gütersloh – eine entsprechende Spieleliste befindet sich am Ende dieses Aufsatzes). Die Abfallthematik wird hierbei zur Zeit noch eindeutig bevorzugt. Gründe dafür sind sowohl die Dringlichkeit, zur Entlastung unserer Abfallproblematik auf diesem Sektor verstärkte Öffentlichkeitsarbeit zu betreiben, als sicherlich auch die Tatsache, daß auch Kinder zu den Abfallproduzenten gehören und Ergebnisse ihrer eigenen Abfallvermeidungsmaßnahmen für sie direkt erfahrbar sind.

5. Abschließende Gedanken

Als Umweltpädagoge oder -berater ist man selbstverständlich daran interessiert, auf aktuelle Neuregelungen bzw. Mißstände im Umweltbereich im Rahmen der

jeweiligen Öffentlichkeitsarbeit hinzuweisen. Ein entsprechendes Spiel dazu zu entwickeln ist eine der möglichen Aufklärungsarbeiten.
Doch wie lange entsprechen die Inhalte des Spiels dem *aktuellen* Stand? Gemessen an den in der Regel hohen Herstellungskosten, sollte man diesen Aspekt ausgiebig prüfen.
Ein Beispiel dafür ist das von mir entwickelte Abfallvermeidungsspiel **Ideen muß man haben**. Schwerpunkt des Spiels sind selbst zu nennende bzw. zu entwickelnde Abfallvermeidungsideen. Für eine umfassende Beratung darf jedoch auch der Hinweis auf das fachgerechte Sortieren der Wertstoffe nicht fehlen. Aus diesem Grund sind die zur Zeit allgemein üblichen Sammelsysteme (Kompostierung, Glas-, Papier-, Grüne-Punkt- und Schadstoffsammlung sowie die Restmülltonne) ebenfalls Bestandteil des Spiels. Als dieses Spiel erst ein Vierteljahr auf dem Markt war, wäre es durch einen Zusammenbruch des Dualen Systems (Finanzierungskrise im Sommer 1993) in kürzester Zeit überholt gewesen. Eine Aktualisierung des Spiels hätte einen neuen Entwurf, Satz und Druck der Spielbeschreibung, des Spielplanes und der Abfallkarten bedurft.

Wenn auch die Aktualität eines Umweltthemas besonders reizvoll und von hohem Informationswert ist, sollte man bei voraussichtlich schnell variierenden Inhalten kostengünstigere Möglichkeiten der Öffentlichkeitsarbeit aufgreifen. In besonderer Weise eignen sich Umweltspiele bei Themen und Aussagen von längerfristiger Aktualität, wie z.B. ein Kompostspiel, Spiele zum Arten- und Umweltschutz und über Naturkreisläufe.

Doch alle Hinweise und Informationen zum Umweltschutz, in einem Umweltspiel aufgegriffen, erreichen letztendlich nur dann ihren Adressaten, wenn *Spaß und Spannung* das Spiel reizvoll machen. Mit einer zündenden Spielidee verbunden, gibt es wohl kaum ein Medium, dessen Inhalt auf so spielerische und damit angenehme Weise – fast »nebenbei« – gelernt werden kann, wie es durch das wiederholte Spielen eines Umweltspiels möglich ist.

Auswahl einiger kommunaler Umweltspiele

Alles Müll oder was? Mecki Müllwurfs Umweltmemo: Landkreis Breisgau-Hochschwarzwald (Hrsg.), Freiburg im Breisgau 1992. Spielidee: GABI HELBING/CLAUDIA FILIPSKI. Bezug: Landratsamt Breisgau-Hochschwarzwald, Stadtstr. 2, 79081 Freiburg im Breisgau
Das Hamburger Fahrradspiel: Freie und Hansestadt Hamburg, Umweltbehörde, Hamburg 1992. Bezug: nur direkt abzuholen in der Umweltbehörde Hamburg, Kreuzweg 7.
Das Müllspiel: Freie und Hansestadt Hamburg, Umweltbehörde/Hamburger Stadtreinigung (Hrsg.), Hamburg 1991. Bezug: nicht möglich, da nur für die Hamburger Unterrichtsmaterialbox vorgesehen.
Die Abenteuerreise ins KOMPO-Land mit Willi Wurzel und Wurmeline: Kreis Gütersloh u.a. (Hrsg.), Rietberg 1992. Spielidee: URSULA SCHLÜTER. Bezug: URSULA SCHLÜTER, Lippstädter Str. 21, 33397 Rietberg.
Ex und stop statt ex und hopp: Landkreis Böblingen, Abfallwirtschaftsamt und Pressestelle (Hrsg.), F.X. Schmid, Prien 1990. Bezug: über den örtlichen Spielwarenhandel, beim Verlag oder beim Landkreis Böblingen.
Ideen muß man haben – Ein Abfallvermeidungsspiel: Kreis Gütersloh u.a. (Hrsg.), Rietberg 1993. Spielidee: URSULA SCHLÜTER. Bezug: URSULA SCHLÜTER, Lippstädter Str. 21, 33397 Rietberg.

Kompost-Memory: Umweltamt der Stadt Gütersloh (Hrsg.), Gütersloh 1992. Spielidee: Umweltamt Stadt Gütersloh. Bezug: Amt für Umweltschutz der Stadt Gütersloh, Eickhoffstr. 33, 33330 Gütersloh.

Müllmemory – Ein Spiel zur Abfallvermeidung: Stadt Bonn (Hrsg.). Spielidee: Arbeitskreis Abfallpädagogik Nordrhein-Westfalen. Bezug: ANTJE VÖDISCH, Hausdorffstr. 65, 53129 Bonn.

Literatur

HELLBERG-RODE, GESINE: Umwelterziehung im Sach- und Biologieunterricht. Waxmann, Münster 1993;

MURL: MINISTERIUM FÜR UMWELT, RAUMORDNUNG UND LANDWIRTSCHAFT DES LANDES NORDRHEIN-WESTFALEN (Hrsg.): Umwelterziehung in Nordrhein-Westfalen. Düsseldorf 1987;

MURL: MINISTERIUM FÜR UMWELT, RAUMORDNUNG UND LANDWIRTSCHAFT DES LANDES NORDRHEIN-WESTFALEN (Hrsg.): Kompostfibel. Düsseldorf 1991;

WERNECK, TOM: Leitfaden für Spieleerfinder. Ravensburger, Ravensburg 1993 [kostenlos direkt über den Verlag zu beziehen].

4. Umweltspiele international

Einleitung

Johannes Wessel/Harald Gesing

Durch die vielfältigen internationalen Kontakte der ZUE war es möglich, für einige ausgewählte Länder ausländische Fachleute zur Beschreibung der Situation der Umweltspiele aus der jeweiligen nationalen Sicht zu gewinnen. Es soll mit diesen Beiträgen zum einen aufgezeigt werden, inwieweit im Vergleich zu Deutschland Übereinstimmungen vorliegen, zum anderen aber auch der Frage nachgegangen werden, wo und in welcher Form abweichende Strukturen vorhanden sind, andere Konzepte und Ideen verfolgt werden und/oder divergierende Sichtweisen existieren. Die Auswahl der Beiträge dieses Kapitels orientierte sich dabei vorrangig an folgenden drei Kriterien: Es sollten Länder berücksichtigt werden,

- die dem deutschsprachigen Raum angehören (Österreich, Schweiz),
- die Deutschland in geographischer und kultureller Hinsicht relativ nahestehen (Niederlande, Italien) und
- die räumlich weiter entfernt sind und Einblicke in unterschiedliche Kulturkreise ermöglichen (USA, russisch-baltischer Raum und Japan).

Für den deutschsprachigen Raum wurde deutlich, daß die Strukturen und Arbeitsweisen vielfach übereinstimmen und auch die gleichen Spiele und Spielformen wie in Deutschland verwendet werden (R. HÜBNER; AMBERGER-DIRRINGER/KOBLER/STEINER).

In den Niederlanden (VAN DER HEIDE) spielen – trotz eines in letzter Zeit stark gewachsenen Interesses am Umweltschutz – Materialien in ausgesprochener Spielform besonders im Schulbereich eine untergeordnete Rolle. Einen höheren Stellenwert besitzt das Umweltspiel nach Meinung des Autors innerhalb der sogenannten Milieustationen, welche in den Niederlanden traditionell zentrale Einrichtungen der Umwelterziehung sind.

Wie die Umwelterziehung in Italien allgemein – an Umfang und Qualität eher noch bescheiden –, wird auch das Umweltspiel, bezogen auf Region und Bildungsstufe, noch recht unterschiedlich gehandhabt, insgesamt jedoch seltener genutzt. MESSNER stellt fest, daß das Spiel in der Schule eher im Bereich der Sprache, des Theaters anzutreffen ist als z.B. in naturwissenschaftlichen Fächern.

Je weiter der Blick in die Ferne schweift, desto größer werden selbstverständlich die Unterschiede. Hier geht es dann nicht mehr allein um differierende Strukturen oder Vermittlungsformen, sondern bereits um völlig andere gesellschaftliche Rahmenbedingungen.

Während im russisch-baltischen Raum – wo das Spiel in der Erziehung und speziell in der Umweltbildung erst nach dem politischen Umbruch eine größere Rolle spielt – gesellschaftspolitische und wirtschaftliche Fragen das öffentliche Leben bestimmen und auch ihre Auswirkungen auf das Spiel(en) (ERNSTEINS/BISTERS/SCHTSCHERBAKOW) haben, kann ELRON in den USA auf eine 20jährige Erfahrung im Bereich der Umweltspiele zurückblicken.

Einleitung

Der japanische Beitrag (OHTAKA) zeigt am stärksten die unterschiedlichen kulturell geprägten Sichtweisen von Umweltspielen. So wird in Japan beispielsweise schon das Angeln als ein Naturspiel bezeichnet und das Fangen kleinerer Vögel gilt als Naturerfahrung.

Selbstverständlich sind diese Berichte nur eine kleine Auswahl und erheben keinen repräsentativen Anspruch. So sind beispielsweise die regionalen Unterschiede innerhalb der USA ähnlich groß wie in Europa. Unsere Beiträge werfen daher nur einige Schlaglichter auf die breite Fülle des Geschehens. Die Erfahrung lehrt, daß es fast immer möglich ist, von anderen zu lernen. Warum sollte das nicht auch hier der Fall sein?

4.1 Praktische Erfahrungen mit Spielen in der österreichischen Umwelterziehung

Edith Amberger-Dirringer/Regina Kobler/Regina Steiner

1. Einleitung

Im Rahmen unserer Tätigkeiten in der österreichischen Lehreraus- und -weiterbildung sowie der außerschulischen Umwelterziehung gewinnen Umweltspiele immer mehr an Bedeutung. Im folgenden möchten wir einige unserer Erfahrungen aus der Praxis mit Erwachsenen, Jugendlichen und Kindern zusammenstellen. Nicht so sehr die Beschreibung der Spiele steht in diesem Beitrag im Vordergrund, sondern wir möchten aus unseren Erfolgen, aber auch Fehlern Tips und Hinweise für die Umsetzung weitergeben.

Den Schwerpunkt dieses Artikels bilden die Naturerfahrungsspiele im Freien, da das originale Erleben der Natur unserer Meinung nach die stärkste Motivation für die kognitive Auseinandersetzung mit Umweltthemen darstellt. Aber auch zu Naturerfahrungsspielen drinnen, zu Brettspielen und zum Rollenspiel möchten wir auch noch einige Erfahrungen mit spielerisch-kreativen Methoden im Gruppenraum oder Klassenzimmer vermitteln.

Für die in Kap. 2 vorgestellten Naturerfahrungsspiele gilt, daß jeweils einer kurzen hervorgehobenen Beschreibung der Aufgaben die praktischen Tips folgen. Diese Aufgabentexte wurden für eine Gruppe von Lehrerinnen und Kindergärtnerinnen geschrieben. Für andere Gruppenkonstellationen (gemischte Gruppen, Kindergruppen etc.) formulieren Sie sie bitte entsprechend um. Das Zeichen 🐗 als Symbol für das spontane Naturerleben steht für die Erfahrung mit Kindern. Das Zeichen ✕ symbolisiert erforschendes Entdecken und steht hier für Jugendliche, und unter ✎ (Reflexion) finden Sie Tips für die Umsetzung mit Erwachsenen.

2. Naturerfahrungsspiele draußen

2.1 Allgemeines

Wenn wir die Schönheit der Natur ebenso wie ihre Zerstörung »übersehen«, weil unsere Sinne abgestumpft sind, werden wir uns nicht um die Erhaltung dieser Natur bemühen. Viele Naturerfahrungsspiele sind Übungen, die unsere Sinne wieder gezielt schärfen sollen. Bei anderen spielerischen Aufgaben werden durch das Begreifen, zum Beispiel eines Baumes, Zugang und Beziehung zu Naturobjekten hergestellt. Dies sehen wir als wertvollen Beitrag zur Umwelterziehung, da Menschen sich nur für das einsetzen werden, was ihnen am Herzen liegt.

Diese Form des emotionalen sinnlichen Erfahrens sollte jedoch nicht isoliert stehen, sondern mit kognitiven Aspekten verknüpft werden.

Zur Wahl des Ortes: Es eignet sich eine möglichst naturbelassene Landschaft mit verschiedenen Elementen (Bach, Wald, Wiese, Hecke etc.). Selbstverständlich lassen sich alle Übungen auch im Schulhof oder Stadtpark durchführen, jedoch ist der Erlebniswert einer natürlichen Landschaft um ein Vielfaches höher. Bedenken Sie bei der Wahl des Gebietes, daß eine Gruppe von Personen unvermeidlich auch Pflanzen zertritt, und verzichten Sie daher auf besonders schützenswerte Standorte. Dennoch erscheint es uns wichtig, den sanften und überlegten Umgang mit der Natur auf jeden Fall am Anfang zu thematisieren (z.B. ist es nicht nötig, bei dem Spiel **Das große Suchen** alles abzureißen, da »etwas Schönes« auch ein abgefallenes buntes Herbstblatt sein kann).

Die folgenden Naturerfahrungsspiele können als Stationen entlang eines Weges aufgebaut werden, aber auch spontan bei einer Wanderung eingesetzt werden. Sie können die TeilnehmerInnen mit einem Aufgabenblatt auf den Weg schicken, jedoch ist eine gute Betreuung wichtig, da dies die Leute stärker motiviert, aktiv mitzumachen.

Sehr wichtig ist es, die eigene Begeisterung zu vermitteln; das bedeutet, daß man die Spiele selbst erlebt hat und die eigenen Gefühle dabei kennt. Ist man selbst unsicher bei einer Übung, dann sollte man sie lieber weglassen.

Bereiten Sie mehr Stationen vor, und entscheiden Sie dann vor Ort je nach Gegebenheit, Stimmung, Anzahl und Alter der Teilnehmer sowie noch vorhandener Zeit, was Sie weglassen bzw. durchführen. So können Sie sehr individuell auf die speziellen Bedürfnisse einer Gruppe eingehen.

Gut bewährt hat sich ein gemeinsamer Anfang und – bevor die Gruppe auseinandergeht – ein gemeinsamer Abschluß. Für den Beginn eignet sich eine Einstimmung (vgl. 2.2.1) auf das Gelände, den Schluß könnte eine Geschichte z.B. über das Leben eines Baumes und anschließendes Untersuchen eines Baumstammes bilden.

(kleine Kinder) Die Veranstaltung sollte auf keinen Fall länger als 1 ½ Stunden dauern, da bei Kindern die Konzentration schnell nachläßt. Denken Sie auch an eine Beschäftigung der Schnelleren für auftretende Wartezeiten.

(Jugendliche ab 12) Für Jugendliche ist es spannender, die Stationen in eine Art Geländespiel mit leichtem Wettbewerbscharakter einzubauen. Es ist ein Ansporn, wenn Selbstgesammeltes, -gestaltetes oder -gedichtetes anschließend präsentiert wird.

(Erwachsene) Erwachsene kann man zwischen den einzelnen Naturübungen zu einem Austauschgespräch zusammenholen. Dabei erklären wir auch den Sinn der einzelnen Aufgaben (z.B. intensiveres Wahrnehmen durch Augenverbinden), um ihnen das Gefühl der albernen Spielerei zu nehmen. Wählen Sie bei Erwachsenen weniger Übungen aus, die dafür lang und intensiv erfahren werden können (z.B. blind ertastete Naturgegenstände in Ton nachformen).

Nach einer Begleitveranstaltung zur KÜKELHAUS-Ausstellung »Die Sinne kommen« in Salzburg fragten wir die TeilnehmerInnen nach ihren Erwartungen an die Veranstaltung »Sinnesabenteuer in der Natur«. Die meisten antworteten: Sensibilisierung für die Natur; Kontakt mit der Natur; Natur genau betrachten und Naturerlebnis.

Der Frage: »Glauben Sie, daß Naturerfahrung ein Beitrag zur Umwelterziehung sein kann?« stimmten ¾ der Befragten zu. Begründet wurde die Vermutung z.B. mit den Argumenten: »Leute, die Natur mit den Sinnen erlebt haben, entscheiden später ganzheitlicher, unter anderem mit mehr Einbeziehung der Natur«; »Natur wird durch hautnahes Erleben bedeutsamer« oder »Was man kennt, schätzt man mehr«. Verwiesen wurde auch auf die wichtige Verknüpfung mit kognitiven Aspekten.

Etwa ¾ der Befragten glaubten, daß sie in Zukunft aufmerksamer durch die Natur gehen werden. Mehr als die Hälfte hatte den Eindruck, daß sie durch diesen Weg mehr Bezug zur Natur und zu ihren eigenen Sinneswahrnehmungen erhalten hat. Immerhin fast die Hälfte glaubte, daß sie bestärkt wurde, sich noch mehr für die Umwelt einzusetzen. Der momentane Eindruck nach dem Naturerlebnis muß zwar nicht mit der tatsächlichen längerfristigen Wirkung übereinstimmen, aber es gaben fast alle an, daß die Übungen Spaß machten.

2.2 Die Spiele im einzelnen

2.2.1 Einstimmung

Suchen Sie sich einen Platz in der Nähe, an dem Sie sich wohl fühlen. Bleiben Sie eine Zeitlang, entspannen Sie sich. Nehmen Sie Ihre Umgebung mit allen Sinnen wahr.

Eine gemeinsame Einstimmung erscheint sehr wichtig, um den Alltagsstreß hinter sich zu lassen! Jedoch ist es auch hier wichtig, sehr sensibel auf Situation und Gruppe einzugehen.

Gut eignet sich hier eine Schmetterlings- oder Baumphantasie.

Mußten Schüler vorher lange ruhig und still sitzen oder bietet die Umgebung eine besondere Attraktion (z.B. einen in der Nähe befindlichen Bach oder ersten Schnee), ist es günstig, ihnen einen großen Freiraum zum Entdecken und Bewegen zu geben, bevor man sie zum sensiblen Naturerleben führt.

Die Einstimmung wird oft sehr angenehm und intensiv erlebt.

2.2.2 Blinde Karawane

Spüren Sie den unterschiedlichen Untergrund und die unterschiedlichen Wärmeempfindungen, während Sie sich blind führen lassen. Ziehen Sie dazu bitte die Schuhe aus, verbinden Sie sich die Augen mit den bereitgestellten Tüchern, und legen Sie die Hände auf die Schultern der Person vor Ihnen.

Die **Blinde Karawane** ist eine spannende Variante, die gleich zu Beginn Neugierde weckt. Gerade Leute, die den Naturerfahrungen skeptisch gegenüberstehen, werden oft durch diese Übung neugierig und sind dann bereit, sich auch auf andere Übungen einzulassen. Achten Sie auf einen abwechslungsreichen Weg (Laubstreu, Wiese, Schotterweg, Wechsel von Schatten und Sonne). Gerade im Sommer hat sich ein Gewässer (z.B. ein Bach) als besonders spannend erwiesen. Weiter ist zu beachten:

❏ langsam führen;
❏ Gefühl von Sicherheit vermitteln;
❏ nicht reden;
❏ zwingen Sie niemanden, die Schuhe auszuziehen, machen Sie es aber sehr »schmackhaft«;
❏ vergessen Sie nicht, etwas zum Abwischen der Füße mitzunehmen!

Viele Kinder nehmen das Führen (als Kopf der Karawane) sehr ernst. Lassen Sie vorne nicht die kleinsten gehen! Während die kleinen unter einem Hindernis leicht durchkommen, stoßen die »blinden« größeren z.B. an einen tiefhängenden Ast.

Es bereitet Erwachsenen manchmal Schwierigkeiten, vor anderen so ungewöhnliche Dinge zu tun. Nehmen Sie Rücksicht auf Hemmungen, und wählen Sie ein Gelände ohne neugierige Zuschauer! Erfahrungsberichte von TeilnehmerInnen danach: Stark wahrgenommen werden kleine Unebenheiten und Temperaturunterschiede des Bodens, das Gras riecht intensiv, Geräusche werden bewußt, der Wechsel von Licht und Schatten wird am Körper deutlich wahrgenommen. Vereinzelt wurde festgestellt: »Ich finde es ein wenig albern, blind oder barfuß herumzulaufen«, und manchem Erwachsenen fällt es schwer, sich so auf seine Sinne einzulassen.

2.2.3 Baumbegreifen und Rindenabrieb

Suchen Sie sich einen Partner oder eine Partnerin! Lassen Sie sich die Augen verbinden, und Sie werden auf Umwegen zu einem Baum geführt. Betasten Sie nun den Baum, riechen Sie an der Rinde, lernen Sie ihn kennen. Nach der Rückkehr zum Ausgangspunkt versuchen Sie, ihn sehend wiederzufinden.
*Versuchen Sie, den **Rindenabrieb** von »Ihrem Baum« zu machen.*
Halten Sie ein Blatt Papier an den Baumstamm, rubbeln Sie mit Wachskreide über die Borke, und nehmen Sie das Blatt mit. Es gelingt besser und leichter, wenn Ihnen dabei Ihre PartnerIn beim Halten hilft. Tauschen Sie auch die Rollen!

Durch das Ausschalten des sonst so dominierenden Auges treten hier andere Sinne in den Vordergrund.
Der Baum wird trotz Umwegen stets leicht wiedererkannt!

Da Kinder gerne etwas mit nach Hause nehmen, ist für sie der **Rindenabrieb** besonders attraktiv. Es kann auch ein Blatt des Baumes dazugeklebt oder die Rinde mit Ton abgedruckt werden. Oft interessieren sich Kinder dann näher für »ihren« Baum und fragen nach seinem Namen. Diese Übung regt dazu an, mit dem Kind den Baum das ganze Jahr über zu beobachten.

Erwachsene vertiefen sich auch gerne intensiver in verschiedene Strukturen (Nachbildungen in Ton oder Zeichnungen).

2.2.4 Foto klick und entwickeln

Suchen Sie sich einen Partner oder eine Partnerin, die Sie blind zu einem schönen Motiv innerhalb des abgegrenzten Gebietes führt.
Sie dreht nun Ihren Kopf in die richtige Lage und tippt Ihnen auf die Schulter. Für einen kurzen Augenblick öffnen Sie die Augen – wie ein Fotoapparat den Verschluß – und prägen sich das »Foto« ein. Nachher »entwickeln« Sie das Bild, indem Sie es zeichnen und an die Leine hängen. Tauschen Sie auch die Rollen!

Soll das gezeichnete Motiv in natura wiedergefunden werden, müssen Sie ein entsprechend kleines Gebiet abstecken. Vergessen Sie nicht die Zeichenunterlagen, und planen Sie genügend Zeit fürs Zeichnen ein!

Kinder zeichnen gerne spontan und sind stolz auf ihr Bild.

 Bei Jugendlichen und Erwachsenen sind durch angelernten Perfektionismus oft Hemmungen beim Malen vorhanden. Diese können durch Ermuntern und eine anonyme Ausstellung überwunden werden.

2.2.5 Schau genau

2.2.5.1 Das gehört nicht hierher

Innerhalb des von der Schnur abgegrenzten Gebietes finden Sie bei genauem Hinschauen Dinge, die nicht an diesen Platz gehören. Wie viele und welche haben Sie entdeckt?

Spannend ist es, die Anzahl der versteckten Dinge nicht bekanntzugeben. Bei dieser Übung ist besonders darauf zu achten, daß nicht das gesamte Gebiet zertrampelt wird!

 Dieses Spiel fasziniert Kinder außerordentlich. Anstatt aufzuschreiben, können sie zu den Betreuern/Betreuerinnen laufen und ihnen die Lösung ins Ohr flüstern.

 Einige Ideen für schwierigere Varianten: Zapfen auf Laubbaum; Blätter von Laubbäumen vertauschen; standortfremde Pflanzen einsetzen ...

2.2.5.2 Ökomemory

Bei diesem grünen Memory muß sich jede Gruppe ihr Revier gut einprägen (Strukturen, Gegenstände, Bodenbeschaffenheit), um dann die fünf Veränderungen, die eine andere Gruppe daran vornimmt, herausfinden zu können.

Diese Übung erfordert ein sehr genaues Beobachten und Schauen, es werden vorher nie beachtete kleine Dinge entdeckt (z.B. Keimlinge).

Das abgesteckte Gebiet sollte beim **Ökomemory** nicht zu stark strukturiert sein, da es sonst zu kompliziert wird.
Beide Spiele bieten Gelegenheit, über Tarnfarben und -formen zu sprechen.

2.2.6 Black box

Befühlen Sie das Blatt im Karton. Ertasten Sie es mit den Fingern auf der Wiese wieder! Orientieren Sie sich dabei z.B. an Blattgröße, Blattrand und Oberfläche. Kennen Sie den Namen der Pflanze?

Gibt man ein frisches Blatt in die **Black box**, so ist zu bedenken, daß es relativ schnell vertrocknet und daher oft erneuert werden muß. Natürlich können auch andere Naturgegenstände genommen werden, z.B. Zapfen, Borke eines Baumes. Eine interessante Ausbaumöglichkeit ist es, die blind gegriffenen Gegenstände zeichnen, modellieren oder beschreiben zu lassen.

2.2.7 Farbpalette

Wählen Sie sich eine Palette aus. Lassen Sie sich von der (herbstlichen) Farbenvielfalt der Natur begeistern, und stellen Sie eine Farbenreihe nach Wunsch zusammen.

Diese Übung wurde bei uns jedesmal mit Begeisterung aufgenommen, da das Schöpferische viel Spaß macht.
Die Paletten werden zu Hause aus Karton ausgeschnitten. Als Klebepunkte eignen sich z.B. Doppelklebeband (zu Hause in kleine Stückchen geschnitten) oder Fotoecken.

 Auf die Palette können schon vorher (wenige) Farbpunkte aufgeklebt werden. Die Kinder suchen die entsprechenden Farbtöne in der Natur.

 Jugendliche und Erwachsene sollten selber entscheiden, ob sie Schattierungen (Grüntöne im Frühjahr, Braun und Gelb eher im Herbst) oder lieber möglichst viele Farben (z.B. Regenbogenpalette) sammeln wollen.

2.2.8 Duftcocktail

Jede sucht sich in der Umgebung etwas intensiv Duftendes. Ein kleines Gefäß (Joghurtbecher) wird damit gefüllt und mit der Hand zugedeckt (Kräuter und Blätter riechen stärker, wenn sie zerrieben werden). Nun stellen Sie sich im Kreis auf und geben mit geschlossenen Augen die Becher reihum weiter, bis sie wieder am Ausgangsort angelangt sind.
Ein zweiter Durchgang wird mit offenen Augen durchgeführt.

Oft sind die TeilnehmerInnen erstaunt, wie vielfältig die Gerüche sind, sie assoziieren andere Dinge mit den Gerüchen und sind beim zweiten Durchgang (mit offenen Augen) ganz überrascht.
Auch bei dieser Übung ist es wichtig, auf den behutsamen Umgang mit der Natur hinzuweisen. Es sollen keine seltenen Pflanzen abgerissen werden.

Pause:
Zum Abschalten sollte eine Pause eingeplant sein. Hier kann man Kräuter suchen lassen (auf jeder Wiese finden sich zahlreiche eßbare Pflanzen) und Jausenbrote damit belegen.

Im Anschluß noch zwei Spiele, die zwischendurch für Bewegung und Spannung sorgen.

2.2.9 Korkstöpselrennen am Wasser

Wenn irgendwie möglich, sollte das Element Wasser immer in die Naturerfahrung eingebaut werden:

Jeweils zwei spielen gegeneinander. Gestartet wird gleichzeitig bei der roten Schnur. Wenn der Stöpsel hängenbleibt, darf nach drei Sekunden mit einem Ast nachgeholfen werden. Am Ziel (blaue Schnur) steht eine Schiedsrichterin mit einer Stoppuhr.

Je nach Strömung treiben die Korken dann um die Wette dem Ziel entgegen. Vergewissern Sie sich bei der Vorbereitung, daß der Bach auch genug Wasser führt und eine ausreichende Strömung besitzt. Eventuell ist es günstig, Gummistiefel bereitzustellen.
Als Wettspiel macht es viel Spaß. Dazu müssen die Korken mit unterschiedlichen Farben bemalt werden. Stoppuhr nicht vergessen!
Ein Nebeneffekt wird sein, daß Strömungen bewußt wahrgenommen werden.

Eine Variante dieses Spiels ist die Aufgabe: »Stellt fest, wie groß die Fließgeschwindigkeit des Baches ist.« Bereitgestellt wird nur eine Stoppuhr.
Man kann auch aus Naturmaterial Schiffe basteln lassen. – Welches schwimmt warum am besten?

2.2.10 Tannenzapfenkorbball

Schauen Sie zu Beginn des Spieles, ob genügend Zapfen am Standort vorhanden sind. In einiger Entfernung wird dann ein Korb oder eine Schachtel aufgestellt. »Wer oder welche Gruppe hat die meisten Treffer?« oder »Wie lange braucht man, um 10 Treffer zu landen?«

2.3 Was bleibt ...

Kinder wollen gerne von einem Spielenachmittag auch etwas mit nach Hause nehmen, z.B.

- etwas Selbstgebasteltes, wie ein Flugobjekt (Ufo) aus Naturmaterialien,
- ein Blatt vom »eigenen« betasteten Baum oder den **Rindenabrieb** oder
- ein Duftsackerl (Leinensackerl mit einem selbstgesuchten Duft).
- Die SpielleiterInnen können zum Schluß Samen zum Einsetzen austeilen. Vergewissern Sie sich, daß sie (noch) keimfähig sind, denn sonst ist die Enttäuschung zu groß.

Folgende Aussagen von Erwachsenen (gemacht nach der Veranstaltung »Sinnesabenteuer in der Natur« im Rahmen der KÜKELHAUS-Ausstellung in Salzburg) verdeutlichen, was nach entsprechenden Spielen Immaterielles mitgenommen werden kann:

- »... *der bewußte Blick auf das Kleine*«;
- »... *daß die Natur für sich (ohne Zweckhaftigkeit) Gegenstand des Interesses sein kann*«;
- »... *unterschiedliche Rauheit und Temperatur des Bodens*«;
- »... *öfter mal die Augen schließen, damit ich dann wieder intensiver sehen kann*«;
- »... *Geruch von Baumblättern*«;
- »... *die welligen Baumrundungen*«;
- »... *die gegen den Himmel ragenden Stengel der Blumen*«.

3. Naturerfahrungsspiele drinnen

Oft ist es sinnvoll, sich zur Sicherheit auch Schlechtwettervarianten zu überlegen. Viele Naturerfahrungsspiele für draußen lassen sich in leicht abgewandelter Form auch in Innenräumen durchführen. Aber auch bei Regen kann jedoch wenigstens ein kleiner Teil des Programmes im Freien durchgeführt werden.
Mit dem folgenden Spiel **Das große Suchen** kann beispielsweise draußen begonnen und mit den gesammelten Sachen notfalls drinnen weitergearbeitet werden:
Für dieses Spiel (abgewandelt nach CORNELL 1979) werden nach einer Liste bestimmte Dinge in der Natur gesammelt, z.B.

- drei verschiedene Samen;
- etwas Flauschiges;
- etwas, mit dem man Musik machen kann;
- zwei gleiche kleine Dinge;
- etwas Natürliches, das »nutzlos« ist;
- etwas Kühles;
- fünf vom Menschen hinterlassene Abfallstücke;
- einen natürlichen Wärmespeicher etc.

Wichtig ist es, daß die gesammelten Dinge anschließend weiterverwendet werden. Hier muß man genügend Zeit einplanen! Folgende Verwendungsmöglichkeiten sind z.B. denkbar:

- Collagen herstellen (u.a. Gegensätze: etwas Warmes – etwas Kühles etc.);
- mit je zwei gleichen Dingen ein Memory spielen (siehe unten);
- ein Lied mit »Naturinstrumenten« vortragen;
- Verwendung als Grundlage für eine Reflexion bzw. eine Nachbesprechung der Veranstaltung (ein Punkt der Liste müßte dann z.B. heißen: »etwas, das Sie an die Naturerfahrung in ... erinnert«);
- als Einstimmung oder Kennenlernspiel (»etwas, das mich an mich selbst erinnert«); jede(r) TeilnehmerIn sagt etwas zu seinem/ihrem Gegenstand.

Anstelle des Suchzettels können Karteikarten mit Zeichnungen ausgeteilt werden.

Zum Fühlen können drinnen mehrere **Black boxes** aufgestellt werden (dazu eignen sich aber auch Socken sehr gut), in denen sich Naturgegenstände befinden. Diese können erraten werden, sie können nachgemalt oder modelliert werden.

Anstelle der **Blinden Karawane** kann drinnen ein **Tastparcours** aufgestellt werden: Große Schachteln oder Wannen (jede mindestens zwei Schritte lang) werden mit verschiedenen Materialien gefüllt, z.B. Erde, Styropor, Ästchen, ein Fell oder eine Glasscheibe. Die TeilnehmerInnen gehen barfuß und blind durch diese Gefäße, daher sollte entlang der Strecke etwas zum Festhalten sein (Schnur, Wand). Den Anfang und Schluß sollten angenehme Materialien bilden. Gut ist es, wenn der Parcours vorher nicht einsehbar ist.
Geht man den Pfad nachher mit offenen Augen noch einmal, ist man oft überrascht. Was sich angenehm anfühlt, schaut nicht immer angenehm aus.

Foto klick kann ebenso in Innenräumen ausgeführt werden, als Motiv dient ein Blumenfenster oder die Nase eines Mitspielers.

Decken-Kim: Verschiedene Materialien werden unter einer Decke versteckt. Für 10 Sekunden wird die Decke gehoben, und man versucht, sich soviel wie möglich zu merken. Auf einem Tisch liegt eine größere Anzahl gleicher und ähnlicher Dinge. Die MitspielerInnen suchen sich diejenigen heraus, von denen sie glauben, sie unter der Decke gesehen zu haben. Schwierig ist es bei ähnlichen Dingen, wie verschiedenen Blättern oder Zapfen etc.

Duftbaum: Unterschiedliche Düfte (Zimt, Kaffee, Essig, Duftöle etc.) werden in dünnes Flies, z.B. ein Papiertaschentuch, gewickelt bzw. aufgetropft und in Filmdöschen gefüllt. Diese Döschen lassen sich sehr hübsch auf die Zweige eines größeren Astes hängen. Ätzende Gerüche markieren Sie bitte besonders!

Schmecken: Mit Lebensmittelfarbe gefärbte, geriebene Obst- und Gemüsesorten sollen gekostet und erraten werden. Man kann auch verschiedene Tees und Säfte raten lassen. Da der Geschmackssinn beim Menschen sehr schwach ausgeprägt ist, lassen wir uns sehr leicht durch eine ungewohnte Farbe irritieren. Noch schwieriger wird es, wenn man sich dabei die Nase zuhält, da die meisten Speisen mit der Nase »geschmeckt« werden.

Joghurtmemory: Dieses Spiel läßt sich leicht in Verbindung mit dem Spiel **Das große Suchen** herstellen (siehe oben). Zwei gleiche Zäpfchen, Nüsse etc. werden unter je einen Joghurtbecher gelegt, Zweige und anderes können in Ton oder Knetmasse gesteckt und dadurch stabiler gemacht werden. Je ähnlicher sich die Sachen sehen, desto genaueres Hinschauen erfordern sie. Auch die Artenkenntnis wird so spielerisch erweitert.

Domino: Auf rechteckige Kartonblättchen werden zwei unterschiedliche kleine Blätter (Blattdrucke, Fotokopien, Bilder, Zeichnungen) geklebt und mit Klarsichtfolie überzogen. Jedes Motiv sollte 8–12mal vorkommen. Beim Spiel müssen immer zwei gleiche Motive aneinanderstoßen. Eine Variante wäre es, Motive anzulegen, die zueinander passen, z.B. Blatt und Name, Blüte und Frucht etc.

4. Brettspiele

Viele assoziieren mit dem Wort Umweltspiel ein Brettspiel. Es gibt eine große Fülle unterschiedlichster Qualität am Markt. Meist handelt es sich um Spiele mit Spielplan und Ereignisfeldern oder -karten und einem Würfel als Zufallsgenerator. Es gibt nur wenige wirklich gute Spiele, die auch in didaktischen Zeitschriften und einschlägigen Büchern beschrieben werden. Wir haben uns entschlossen, Brettspiele eher selten einzusetzen. Die Gründe liegen u.a. in folgenden Nachteilen, wie man sie in vielen dieser Spiele findet:

- ❐ Die meisten Brettspiele bauen auf Konkurrenz und Wettkampf auf. Die implizit gelernten Handlungsweisen (»am schnellsten fertig sein«, »die anderen ausstechen«, »am meisten Geld erwirtschaften auf Kosten der anderen«) sind kaum ökologiefreundlich zu nennen. Für die Erhaltung einer lebenswerten Umwelt braucht es Menschen, die kooperieren und Vertrauen zueinander aufbauen (LEHMANN 1982).
- ❐ Die umweltrelevanten Inhalte werden meist auf Ereigniskarten oder auf Ereignisfeldern vermittelt. Es zeigt sich jedoch, daß vor allem bei jüngeren Spielern der Inhalt eher als störend und den Spielablauf behindernd empfunden wird. Der Text wird häufig überschnell und ironisch gelesen. Die Aufmerksamkeit richtet sich auf die anschließende Spielanweisung (»... rücke zwei Felder vor«, »... zahle 100 Schilling an ...« u.a.) (LEHMANN 1982).
- ❐ Im Brettspiel werden Teilaspekte des komplexen Systems »Umwelt« herausgegriffen und im Modell simplifiziert dargestellt. Dies führt oft zu vereinfachenden und deshalb verfälschenden Sichtweisen. Wenn andererseits versucht wird, möglichst viele Komponenten zu berücksichtigen, wird – von wenigen Ausnahmen abgesehen – die Spielerklärung unübersichtlich, die Spielbarkeit leidet: Spaß und Spannung gehen verloren.

Brettspiele können allerdings als Einstieg in ein Thema oder als Auflockerung zwischendurch geeignet sein. Um umweltrelevante Inhalte oder Verhaltensweisen zu vermitteln, müssen die Spiele sehr kritisch ausgesucht und der Bezug zum Thema in der Vor- und Nachbereitung hergestellt werden.

Etwas anderes ist es, wenn Würfelspiele von den Kindern oder auch Erwachsenen selbst hergestellt und ausgedacht werden. Das Zeichnen und Formulieren macht Spaß, fördert Kreativität und Zusammengehörigkeit. Bei den Anweisungen zu den Ereignisfeldern macht man sich Gedanken, welche Aktionen wie gut oder wie schlecht für die Umwelt sind, z.B.: »Du läßt dich jeden Tag mit dem Auto in die Schule fahren, gehe 10 Felder zurück« oder »Du kaufst keine Getränke in Alu-Dosen mehr, du darfst noch einmal würfeln«. Oft lösen die Formulierungen heiße Diskussionen aus, die eine intensivere Auseinandersetzung mit der Umweltproblematik mit sich bringen. Zusätzlich zu den Ereignisfeldern können auch noch Wissens- und Entscheidungsfragen eingesetzt werden. Von Kindern gezeichnete Ereigniskarten und Spielpläne werden auch von anderen Kindern gerne verwendet.

5. Rollenspiele

Die soziale Komponente von Umweltproblemen kommt noch deutlicher in Rollenspielen zum Tragen. Je nach eigenem Blickwinkel und eigener Interessenlage sieht jede(r) einen anderen Lösungsansatz für bestimmte Probleme; daraus ergeben sich massive Konflikte. Rollenspiele sind gut dazu geeignet, die eigene Konfliktfähigkeit zu trainieren. Die MitspielerInnen üben z.B. das Hineinversetzen in andere Standpunkte, das Verbalisieren der eigenen Meinung, das Hinhören auf den/die andere(n) und das Erfassen der Komplexität von Umweltproblemen. Rollenspiel und Theater bieten Platz für Emotionalität, Identifikation mit anderen Rollen und das kreative Suchen nach neuen Lösungen.

5.1 Beispiele und Erfahrungen

Die Elbe kippt um (HELLWEGER 1981): Eine Diskussionsveranstaltung über die Situation der Elbe wird simuliert. An dem Gespräch nehmen VertreterInnen verschiedener Bereiche, z.B. aus Politik, Wirtschaft ..., und Betroffene teil, um u.a. folgende Fragen zu erörtern: Wie stark ist der Fluß verschmutzt? Welche Folgen ergeben sich daraus? Was wird getan? Was muß verändert werden?
Die MitspielerInnen können sich mit Hilfe von Rollenkarten vorher vorbereiten. Der Lehrer H. SCHUSTER, der das Rollenspiel mit einer 6. Klasse (16 Jahre) im Rahmen eines Ganzjahresprojektes »Wasser in Gefahr« durchführte, schreibt von folgenden Erfahrungen (SCHUSTER 1988):

- ❏ Die Vorbereitungszeit ist sehr wesentlich (mindestens 1 Woche).
- ❏ Die SchülerInnen sollen sich ihre Rollen selber aussuchen dürfen, bei Mehrfachwünschen kann durch das Gespräch untereinander ein Ausweichen ermöglicht werden.
- ❏ Für Foto- und Filmaufnahmen soll gesorgt werden.
- ❏ Gut bewährt hat sich der Einsatz von »Zeitungsreportern«, die im Stil »ihrer« Zeitung berichten.
- ❏ Wichtig ist die Kulisse: Klasse umstellen, Podium, Namensschilder, Kleidung ...

Die Diskussion entwickelte sich sehr realistisch. Statt einer ernsthaften Diskussion kam es zu unsachlichen Argumenten und Polemik (alle Zitate aus der Dokumentationsbroschüre der Schüler):

- *»Einer schrie unentwegt von einer angeblichen Parteifinanzierung, von der sonst niemand wußte ...«*
- *»Ein Schüler verlor sich immer öfter in apokalyptischen Wahnvorstellungen.«*
- *»... Die Gewerkschaft – Hand in Hand mit der Chemie – verharmloste bis ins Bodenlose.«*

Nach dem Rollenspiel ist folgendes Vorgehen günstig: Zunächst bleiben die SpielerInnen auf ihren Plätzen sitzen und sagen, wie es ihnen ergangen ist, z.B. welche Gefühle sie als PolitikerIn, als WissenschafterIn etc. hatten. Sie berichten über ihre Zufriedenheit mit Diskussionsablauf und Ausgang des Gesprächs. Dann sollen sie sich bewußt aus der Rolle zurücknehmen, z.B. sagen: »Ich bin nicht mehr ...« und mit den Händen kräftige Bewegungen zum Körper machen. Erst anschließend geht die Nachbesprechung weiter mit Themen wie: die eigenen Einstellungen, die Identifikation mit der Rolle oder hervorgetretene Probleme bei Beziehungen der MitspielerInnen untereinander. Wären Streitereien vermeidbar gewesen? Woraus ergeben sich Konflikte? Eine Hilfe dazu sind die Filmaufnahmen und die Berichte der »ZeitungsreporterInnen«.

Achten Sie auf genügend Zeit für die Nachbesprechung (mindestens soviel Zeit wie für das Rollenspiel veranschlagen)!

Was man bei Rollenspielen u.a. lernen kann:

- Auseinandersetzung mit verschiedenen Standpunkten,
- mehr Sicherheit in »realen Diskussionen«,
- bessere Diskussionstechniken,
- bessere Wahl von Argumenten.

Abschließend noch einige Ideen zum Variieren dieses oder ähnlicher Rollenspiele für Schule, Jugendarbeit oder Erwachsenenbildung:

- Jedes aktuelle Thema (z.B. Ozonproblem) kann in ähnlicher Weise aufgegriffen und als Podiumsdiskussion »bearbeitet« werden. Die Schüler oder Gruppenmitglieder können nach Festlegung der Rollen ihre Rollenkarten selber entwerfen.
- Es können zusätzliche Rollen erfunden oder einige ausgetauscht werden. Die Diskussion kann auch durch Herausgreifen weniger, aber wichtiger Rollen nach dem Vorbild der in Österreich populären Sendung »Club 2« gestaltet werden. Jedoch sollte man stets auf ein ausgewogenes, interessantes Verhältnis von Pro- und Kontra-Vertretern achten, da sonst entweder die Diskussion zu wenig »fetzig« wird und die Argumentationen zu einseitig verlaufen oder der/die einzelne von den anderen niedergeredet wird.
- Vor allem für eine intensivere Nachbesprechung und anschließende Aufbereitung, aber auch wenn viele MitspielerInnen vorhanden sind, ist es günstig, Beobachterrollen mit ganz bestimmten Aufgaben einzusetzen, z.B.: Wo sind die Argumente nicht mehr sachlich? Hört eine(r) dem/der anderen zu? Wie versuchen die einzelnen TeilnehmerInnen, ihre Meinungen zu verteidigen?

Erfahrungen aus einem Seminar für Erwachsene (es wurde ein »Club 2« zu selbigem Thema mit einigen herausgegriffenen Rollen veranstaltet):

- Erwachsene haben oft nicht unerhebliche Hemmungen zu spielen, zeigen Unsicherheit oder lachen. Nach der Überwindung der Anfangsschwierigkeiten zeigte sich besonders die Lust am Machtspiel, z.B. von oben herab: »Na, Frau Kollegin« etc. Emotionen, die man sich selber ganz verbietet, werden hier mit viel Vergnügen ausgespielt.

❏ Eine Teilnehmerin in der Rolle als Beobachterin stellte fest: »*Jeder bestand auf seiner Meinung, es gab keine Annäherung zwischen Anfang und Ende des Gespräches; keinen Fortschritt! Es wurde nicht wirklich zugehört. Das Ganze war ein Machtkampf; Umweltproblematik ist ein politisches Problem!*«

Daraufhin wurde weiterüberlegt, wie mit dieser Situation (keine Annäherung, kein Zuhören) umgegangen werden könnte:

❏ einzelne »heiße« Szenen abändern und noch einmal probieren,
nachdem sich die Emotionen gelegt haben;
❏ die Situation mit vertauschten Rollen noch einmal spielen,
um Verständnis für die andere Position zu bekommen;
❏ eine Rolle von jemand anderem weiterspielen lassen.

6. Theater

Die Salzburger Volksschullehrerin TRIXI FOIDL arbeitet seit Jahren mit Kinder- und Erwachsenentheatergruppen. Mit ihrer Schulklasse führte sie in Salzburg u.a. eine **Verpackungsmodenschau** und ein **Umweltmärchen** auf.
Ihr Ziel ist es, daß sich die Kinder spielerisch, kreativ mit Umweltthemen beschäftigen; vor allem aber, daß sie die Möglichkeit haben, ihren Gefühlen (Zukunftsängste, Wünsche, Belastung durch die abgegebene Verantwortung der Erwachsenen an Kinder ...) Ausdruck zu verleihen. Sie erleben sich hier als Kinder nicht ausgeliefert, sondern aktiv beteiligt an Veränderungen.

In einem Workshop für LehrerInnen und Multiplikatoren, die mit Kindergruppen ähnlich arbeiten wollen, gab sie ihre Erfahrungen weiter:

Es ist wichtig, Kinder zunächst zum Thema hinzuführen. Als Vorbereitungsphase eignen sich z.B. Naturerfahrungsspiele oder ein Interview. Hierbei können Begriffe wie »Natur« und »Umwelt« deutlicher werden.
Kinder befragen sich z.B. gegenseitig, ausgerüstet mit Rekorder und Mikrophon: »Was bedeutet Dir Natur?« Durch das Reden und das Hören der eigenen Stimme gewinnen sie auch an Selbstsicherheit. Nachdenklich macht, daß die meisten Kinder mit »Natur« positive Begriffe assoziieren (Blume, Sonne etc.), bei der Frage »Was bedeutet für Dich Umwelt?« aber durchweg negative Bilder auftauchen (stinkende Autos, schmutziges Wasser etc.).
Will man mit Kindern oder Jugendlichen ein Theaterstück entwickeln, ist es wichtig, die Kinder gut zu kennen. Man muß einschätzen können, welchem Kind was zuzutrauen ist, welches Kind eine Rolle am besten verkörpert, wer auch über längere Zeit die Lust nicht verliert, Texte zu lernen und immer wieder zu proben.
Das Drehbuch wird gemeinsam mit den Kindern erarbeitet – es soll ein Stück der Kinder sein, mit dem sie sich identifizieren können, keine aufgesetzte Geschichte, die nichts mit der Realität und den Träumen, Sorgen und Wünschen der Kinder zu tun hat. Die einstudierten Texte und das fixe Drehbuch sind für Kinder ein wichtiger Halt.
Besonders wesentlich als Ziel, auf das es sich lohnt hinzuarbeiten, erscheint die Aufführung vor Publikum. Die »Künstler« haben ja den anderen etwas Wichtiges mitzuteilen mit ihrem Theater. Die Kostüme, die Kulisse und Requisiten

– ebenfalls gemeinsam überlegt und hergestellt – sind auch für junge SchauspielerInnen ein bedeutender Teil des Projektes.

Da nicht alle Kinder gleich mutig und gewandt sind und eine Rolle mit Text auf der Bühne übernehmen wollen, ist es gut, einige kurze Rollen oder stumme Statisten (Bäume etc.) zu erfinden. Ruhige oder schüchterne Kinder können dann auch auf der Bühne dabei sein.

Zu guter Letzt ist es entscheidend, als Lehrperson oder GruppenleiterIn absolut und ganz hinter den jungen Menschen und ihrem Theater zu stehen, vor allem, wenn mit einem kritischen Stück an die Öffentlichkeit gegangen wird.

Beim genannten Workshop wurde mit Erwachsenen gearbeitet, die später ihre Erfahrungen in der Theaterarbeit mit Kindern oder Jugendlichen weitergeben wollen.

Je nach Teilnehmerkreis (vertraut oder nicht so geübt in der Darstellung vor anderen) ist hier ein mehr oder weniger langsames Hinführen notwendig (zuerst inhaltliche Einführung durch den/die ArbeitskreisleiterIn; Diskussion; Spiele, damit die Gruppe zusammenwachsen kann; Lockerungsübungen).

Für einen unmittelbaren Einstieg erwies sich hier eine Meditation als sinnvoll, um ruhig zu werden und sich selber finden zu können, bevor wir dann im Theater »aus uns heraustreten« sollen.

In diesem Seminar wurde von den Teilnehmenden die Erarbeitung eines festen Drehbuchs vehement abgelehnt – das freie Rollenspiel wurde von den Erwachsenen bevorzugt.

Für alle, die noch rasch eine Kulisse gestalten müssen, sei hier zum Abschluß noch eine interessante methodische Idee von TRIXI FOIDL aufgeführt: Die einzelnen Bilder des Stückes werden auf Folie gezeichnet und hinter der Bühne mit dem Overheadprojektor auf gespannte Leintücher projiziert. Davor spielen die Darsteller. Rascher Szenenwechsel ist möglich. Die Projektion sollte ein wenig seitlich erfolgen, damit das grelle Projektorlicht nicht die Zuschauer blendet. Achtung: Fotografieren sie ohne Blitz, sonst wird das Projektorbild überstrahlt, und die Kulisse besteht nur noch aus einem herrlich weißen Leintuch.

Auf jeden Fall war die Kreativität, die nach nur einem halben Tag Vorbereitungszeit in den Theaterstücken zutage trat, ein echtes Erlebnis.

Literatur

CORNELL, JOSEPH BHARAT: Mit Kindern die Natur erleben. Ahorn, Oberbrunn 1979;
HELLWEGER, SEBASTIAN: Chemieunterricht 5-10. Urban und Schwarzenberg, Wien 1981;
KRETSCHMER, SUSANNE/REIFENSCHEIDT, UTE: Natur im Wald erleben. In: Unterricht Biologie 12(1988), H. 137 – Themenheft: Natur erleben, S. 30-34;
KÜKELHAUS, HANS: Fassen Fühlen Bilden. Gaia, Köln 1978;
LEHMANN, JÜRGEN: Thesen über mögliche Bedeutung und Wirkung von Umweltspielen. In: HALBACH, UDO/LEHMANN, JÜRGEN/SCHILKE, KARL (Hrsg.): Lernspiele in der Umwelterziehung. Beltz, Weinheim/Basel 1982, S. 29-33;
SALEHIAN, FREDON: Naturerfahrung im Spiel. In: ADAM, HELGA u.a. (Hrsg.): Umwelt im Spiel. Ökotopia, Münster 1988, S. 93-94;
SCHUSTER, HANS: Fürs Leben lernen. Was sich bei Rollenspielen abspielt. In: Lehrer-Service Umwelterziehung (1988), H. 2a – Themenheft: Umweltspiele, S. 16-18;
STEINER, REGINA: Spiel, Spiel, Spiel. In: Lehrer-Service Umwelterziehung (1988), H. 2a – Themenheft: Umweltspiele, S. 3-6.

4.2 Schweizer Umweltspiele – Ein Überblick und eine Kommentierung ausgewählter Spiele

Reinhard Hübner

1. Umwelterziehung in der Schweiz

Bedingt durch die föderalistische und pluralistische Struktur der Schweiz, die sich erwiesenermaßen nicht nur im Bildungsbereich auswirkt, aber hier wiederum besonders deutlich zum Tragen kommt, zeigt die Umwelterziehung gegenwärtig ein überaus uneinheitliches Bild. Von einigen eidgenössischen, sechsundzwanzig kantonalen und einer Vielzahl kommunaler Instanzen, die für die Bildungspolitik in der Schweiz verantwortlich sind, haben längst noch nicht alle die fundamentale Bedeutung der Umwelterziehung erkannt und in entsprechende Lehrpläne, Lehrmittel oder Lehrerfortbildungsmaßnahmen hinreichend umgesetzt.

Während das frühere Bundesamt für Umweltschutz (BUS) und jetzige Bundesamt für Umwelt, Wald und Landschaft (BUWAL) bereits im Jahr 1985 feststellte, daß die »Umwelterziehung noch am Anfang ihrer Aufgabe steht«, sie aber »zweifellos eine der nachhaltigsten Formen der Umweltpolitik« ist (BUS 1985, S. 21), und noch im Herbst 1991 forderte, daß die Behörden »weiterhin umweltrelevante Grundlagen im Bereich Bildung und Erziehung erarbeiten und entsprechende Weiterbildungskurse anbieten« sollen (BUWAL 1991b, S. 76), verfügen im Spätherbst 1992 erst »15 von 26 Kantonen entweder über eine eigentliche Fachstelle für Umwelterziehung ... oder eine/n Beauftragte/n ... und/oder eine Arbeitsgruppe bzw. Kommission« (NAGEL 1992, S. 26). Dabei hatte die Schweizerische Konferenz der kantonalen Erziehungsdirektoren schon 1988 die Initiative ergriffen und ein vielbeachtetes Dossier über die Umwelterziehung an den schweizerischen Schulen vorgelegt. In dieser bemerkenswerten Dokumentation werden unter anderem die Schlußfolgerungen gezogen, daß Umwelterziehung »oft nur ein zufälliges Nebenprodukt« ist und Mühe hat, »sich fächerübergreifend in den Schulunterricht zu integrieren« (EDK 1988, S. 119ff.), und vor diesem Hintergrund schließlich schnelle und wirksame Abhilfemaßnahmen gefordert.

Aber weder ein im gleichen Jahr in Bern durchgeführtes Symposium über die Lehrbarkeit der Ökologie, dessen Beiträge in einem Tagungsband publiziert wurden (CRIBLEZ/GONON 1989), noch eine 1991 veröffentlichte Untersuchung über unzureichende bis fehlende globale Zusammenhänge in den Leitideen der Volksschullehrpläne in der Schweiz (GRAF-ZUMSTEG 1991) bewirkten eine Verbesserung der Situation. Auch ein vom BUWAL veröffentlichter Forschungsbericht über die Notwendigkeit und Dringlichkeit einer außerschulischen Umwelterziehung (BUWAL 1991a) führte zu keiner tiefgreifenden Änderung. Durch eine Reihe bemerkenswerter, aber doch eben vereinzelter kantonaler Aktionen wie beispielsweise im Kanton Aargau (Kanton Aargau 1992) und verschiedener städtischer Initiativen – St. Gallen und Bern geben hervorragende Lehrmaterialien in Ordnerform heraus (Stadt St. Gallen 1991; Schuldirektion der Stadt Bern o.J.); Luzern setzt besonders auf die Wirksamkeit visueller Kommunikation durch das Massenmedium Plakat (MÜLLER 1993) – gelang es zwar, das trübe Bild ein wenig aufzuhellen, aber insgesamt ist jedoch festzuhalten: »Das staatliche Engagement für die Umweltbildung blieb bisher verblüffend klein« (SALZMANN 1992, S. 110).

Ganz anders und erfreulich publikumswirksam stellt sich dagegen die von den nichtstaatlichen Natur- und Umweltschutzorganisationen praktizierte Umwelterziehung dar. In der Schweiz haben diese privaten Verbände – allen voran der WWF (World Wildlife Fund) und der Schweizerische Bund für Naturschutz (SBN) – nicht nur von Anfang an wertvolle Pionierarbeit geleistet, sondern gegenüber den staatlichen und offiziellen Institutionen inzwischen auch ohne jeden Zweifel die Führungsrolle in der schweizerischen Umwelterziehung übernommen (WWF/SZU 1985).

Bereits seit 1976 unterhält der WWF das Schweizerische Zentrum für Umwelterziehung (SZU) in Zofingen und der SBN das Naturschutzzentrum Aletschwald. Weitere nachfolgende Gründungen und Eröffnungen entsprechender Zentren – dazu gehören auch die Einrichtung und administrative Selbständigkeit des WWF-Lehrerservice in Zürich und eines vergleichbaren SBN-Ressorts in Basel – sind wichtige Stationen dieser Entwicklung. Durch diese systematische (und weitsichtige) Institutionalisierung der Umwelterziehung verfügen diese beiden Organisationen inzwischen über eine Akzeptanz, die sie sehr deutlich und ebenso positiv von den zuständigen Stellen der öffentlichen Verwaltung abhebt. Sowohl durch umfassende Angebote an Lehrer und Schulen in Form von Kursen, Veranstaltungen, Publikationen, Medien, Beratungen und eine durchdachte Öffentlichkeitsarbeit als auch aufgrund zahlreicher spezieller Aktionen für Kinder, Jugendliche und ganze Schulklassen, die zudem thematisch gut auf diese Zielgruppen abgestimmt sind, avancierten WWF und SBN unangefochten zu den eigentlichen Trägern und Vermittlern breit angelegter Maßnahmen und Kampagnen im Rahmen einer gesamtschweizerischen Umwelterziehung. Sie verfügen damit über eine Sach- und Fachkompetenz, die sie nicht nur zur Organisation und Durchführung umfangreicher Projekte, Fachtagungen und Kurse befähigt, sondern die auch ermöglicht, deren Ergebnisse zum Zweck der Information und Meinungsbildung in Form von landesweit beachteten Berichten (WWF/SZU 1988) oder Auftragsstudien (SZU/WWF 1990) zu publizieren und so auf Medien, Öffentlichkeit, Schulverwaltungen und Lehrerverbände Einfluß nehmen zu können.

Ein zusätzliches Standbein erwächst der Umwelterziehung als nationale Aufgabe zwar auch aus den Aktivitäten und Impulsen, die der Dachverband Schweizer Lehrerinnen und Lehrer (LCH) vor allem in jüngerer Zeit einbringt. Aber auch er vermag an der Tatsache nur wenig zu ändern, daß die unterschiedliche Gewichtung der Umwelterziehung zwischen staatlichen Stellen und öffentlicher Verwaltung auf der einen und den privaten Umweltverbänden auf der anderen Seite als eine der Hauptursachen für die völlig unzureichende schulische und außerschulische Umwelterziehung angesehen werden muß.

2. Schweizerische Umweltspiele

Grundsätzlich lassen sich einige wesentliche der für die Umwelterziehung in der Schweiz getroffenen Feststellungen und Aussagen auch auf den medialen Bereich der Umweltspiele übertragen. Denn obwohl gerade in der Schweiz bereits sehr frühzeitig die herausragende Bedeutung von Umweltspielen und die damit verbundenen Chancen für die Aufgaben und Ziele der Umwelterziehung erkannt wurden[1] und obwohl es in den vergangenen Jahren durchaus nicht an eigenständigen schweizerischen Spieleentwicklungen und -produktionen mit ökologischer Thematik mangelte, haben Umweltspiele noch immer nicht den Stellenwert, den sie aufgrund ihrer thematischen Vielfalt, ihrer landestypischen Originalität und ihrer methodisch-didaktischen Qualitäten haben sollten und haben könnten.

Unberücksichtigt – zumal typisch schweizerische Merkmale wohl nur schwerlich und in den seltensten Fällen zugeordnet werden können – bleibt im Rahmen dieses Beitrages allerdings der Bereich der Naturbegegnungs- oder Naturerfahrungsspiele, also die zahlreichen Strand-, Feld-, Wald-, Wiesen- und Schulhofspiele, als deren zentrales Element das originale Spielen in und mit der Natur anzusehen ist und die vor allem in Form von Aktions- und Bewegungsspielen schon seit langem Einzug in die praktische Umwelterziehung gefunden haben.

Umweltspiele in der Schweiz, das sind daher zunächst und in der Hauptsache die im Handel erhältlichen, also vorwiegend kommerziellen Natur-, Umwelt- und Ökologiespiele vieler deutscher, einiger österreichischer und schweizerischer Verlage, die – in der Regel als Familien- oder Gesellschaftsspiele mit entsprechendem Unterhaltungswert konzipiert – ein bestimmtes Publikum erreichen bzw. erreichen sollen. Bei dieser bevorzugt als Karten- und Brettspiele auf den Markt gebrachten Ware handelt es sich fast ausschließlich um Fertigprodukte, die für private oder schulische Zwecke gekauft oder auch in Bibliotheken und Ludotheken ausgeliehen werden.

Umweltspiele in der Schweiz, das sind aber ganz besonders auch solche Spieleproduktionen von bestimmten schweizerischen Institutionen oder aus kleineren schweizerischen Verlagen, die im Hinblick auf die jeweils konkret anvisierten Zielgruppen vorrangig und vordergründig ganz spezifische Lehr- und Lernintentionen verfolgen. Bei diesen Umweltspielen, die oft nur als »Halbprodukte« vorliegen (weil z.B. Spielbrett und Spielfiguren erst ausgemalt, ausgeschnitten und zusammengeklebt werden müssen), dominiert die mediale Funktion, d.h. die gezielte Ausrichtung auf ihre mögliche oder beabsichtigte Verwendung als Medien (in) der Umwelterziehung.

Die von den Herausgebern dieses Handbuches eingeräumte Chance, das Thema Umweltspiele im Rahmen eines vornehmlich unter schweizerischen Gesichtspunkten verfaßten Beitrages darzustellen, bietet daher zum einen die hervorragende Gelegenheit, erstmals eine sich ausschließlich auf schweizerische Um-

---

1 Bereits im Oktober 1980 veranstaltete der WWF Schweiz in der Paulus-Akademie in Zürich eine zweitägige Lehrerfortbildungstagung zum Thema »Umweltspiele – Umweltmedien«, bei der u.a. auch die Erprobungsfassung des Planspiels **Alpina** vorgestellt wurde.

weltspiele beschränkte Liste zu dokumentieren. Zum anderen ergibt sich damit die über die bloße Information hinausgehende Möglichkeit, aus diesem durchaus ansehnlichen Angebot wichtige und exemplarische Spiele auszuwählen und durch Annotation und Kurzrezension näher vorzustellen.

2.1 Entwicklung und Stand

Einen 1979 veröffentlichten Aufsatz des Verfassers (HÜBNER 1979) nahm das Schweizerische Zentrum für Umwelterziehung in Zofingen zum Anlaß, seine umfangreiche Medien- und Materialiendokumentation durch den Aufbau einer Spezialsammlung für Umweltspiele zu ergänzen, zumal auch die Schweiz zu diesem Zeitpunkt bereits einige Spiele dieser Art vorzuweisen hatte.[2]

Als Folge der sich daraus entwickelnden regen Kontakte zum SZU und zum WWF-Lehrerservice sowie durch Leserzuschriften und weitere Recherchen konnte bereits zwei Jahre später erstmals eine bis dato nahezu vollständige Auflistung aller im deutschsprachigen Raum bekannten Umweltspiele publiziert werden (HÜBNER 1981). In der Schweiz entstanden in der Folgezeit sehr bald weitere pädagogisch orientierte Umweltspielesammlungen, insbesondere beim Pestalozzianum Zürich, im Didaktischen Zentrum des Kantons Thurgau und in der Umweltbibliothek Luzern, die über ihre stetig anwachsenden Bestände teilweise in Form separater Listen und kommentierter Zusammenstellungen informieren (SZU/WWF 1988; Pestalozzianum 1993; Kanton Thurgau 1993). Über das mit gegenwärtig mehr als 350 verschiedenen Umweltspielen sicherlich umfangreichste Spielearchiv dieser Art in der Schweiz verfügt nach dem derzeitigen Kenntnisstand des Verfassers die Umweltschutzstelle der Stadt Luzern.[3] Läßt man jedoch aus dieser zunächst recht beeindruckenden Zahl alle Spiele, Spielvorschläge und Spielvarianten unberücksichtigt, die nicht eindeutig schweizerischen Ursprungs sind, so reduziert sich die derzeitige Gesamtzahl an schweizerischen Umweltspielen auf fünfzig verschiedene Spiele.

Angesichts der erfreulichen Tatsache, daß ganz offensichtlich erstaunlich viele Spiele zur Umwelt(schutz)thematik zu Verfügung stehen und scheinbar nur darauf warten, als Hilfsmittel in der Umwelterziehung eingesetzt zu werden, stellt sich zwingend die Frage nach der Akzeptanz. Sie ist – um die Antwort, bezogen auf die deutschsprachige Schweiz, vorwegzunehmen – insgesamt befriedigend mit steigender Tendenz. Nicht nur Ausleihstatistiken von Bibliotheken und Spielesammlungen, sondern auch entsprechende Informationen von Spielehändlern belegen die in zahlreichen Gesprächen mit Lehrkräften und Schülern ge-

---

2 Typische Beispiele dafür sind das ursprünglich im Schweizer Verlag Carlit erschienene Spiel **Wild Life**, das später vom deutschen Verlag Ravensburger übernommen und in praktisch unveränderter Form weiter vertrieben wurde, sowie das von der Aktion Saubere Schweiz herausgegebene Würfelspiel **Haltet die Schweiz sauber**.

3 Der Verfasser dankt bei dieser Gelegenheit dem Umweltbeauftragten der Stadt Luzern und Leiter der städtischen Umweltschutzstelle, Herrn DDr. HANS-NIKLAUS MÜLLER, für seine Bereitschaft, aus dem reichhaltigen Fundus seines Umweltspielarchivs die für diesen Beitrag notwendigen schweizerischen Umweltspiele zur weiteren Auswertung zur Verfügung zu stellen.

wonnene Erkenntnis, daß Umweltspiele eine feste Größe sind, d.h. häufig ausgeliehen, immer wieder gekauft oder verschenkt und gerne gespielt werden, letzteres in der Regel aber bevorzugt zu Hause und eben nicht im Schulunterricht oder in der Jugendgruppe. Nicht neu und mehrfach bestätigt wurde die Beobachtung, daß ErzieherInnen Umweltspiele häufiger einsetzen als LehrerInnen und in der Primarstufe häufiger mit Umweltspielen gearbeitet wird als in der Sekundarstufe. Daraus nun den Schluß zu ziehen, daß die Verwendung von Umweltspielen in der Umwelterziehung im umgekehrten Verhältnis zum Alter der Zielgruppen steht, ist zwar übertrieben, aber das berühmte Körnchen Wahrheit kann dieser Aussage offensichtlich nicht abgesprochen werden. Festzuhalten bleibt, daß (zu) viele der mit Aufgaben der Umwelterziehung betreuten Lehrkräfte noch immer ein Art Hemmschwelle haben, die sie daran hindert, Spiele als echte Medien und Spielen als eine alternative Form des Unterrichts zu begreifen.

Das nach wie vor bestehende Mißverhältnis zwischen dem breit gefächerten Angebot an Umweltspielen einerseits und deren Nutzung in der schulischen und außerschulischen Umwelterziehung andererseits hat eine seiner Hauptursachen sicherlich auch in dem Mißtrauen der schweizerischen UmwelterzieherInnen und LehrerInnen gegenüber den kommerziellen, auf Unterhaltungseffekte ausgerichteten Gesellschaftsspielen, insbesondere denen der ausländischen Verlage. Hinzu kommt, daß diese nur in den seltensten Fällen unterrichtspraktische oder methodisch-didaktische Hinweise in ihrem Regelwerk enthalten. Viele Verlage und Spieleautoren vergeben hier eine wertvolle Chance, für ihre Produkte ein zwar kritisches, zahlenmäßig aber lukratives Publikum zu interessieren. Auf der anderen Seite muß aber auch davon ausgegangen werden, daß relativ häufig die fehlende Information über die aktuelle Situation am Umweltspielemarkt und das mangelnde Wissen um die Existenz bestimmter und für die Umwelterziehung besonders geeigneter Spiele dafür verantwortlich ist, daß hier trotz spürbarer Aufklärungsarbeit, bei der sich SZU und WWF wiederum besonders auszeichnen, noch immer ein großer Nachholbedarf besteht.

Es ist allerdings nicht Aufgabe des vorliegenden Beitrages, die Ursachen und Hintergründe dieser auffälligen Diskrepanz zwischen Angebot und Nachfrage, zwischen theoretischer Verfügbarkeit und praktischem Einsatz vor Ort weiter auszulten (zumal hierbei hinsichtlich regionaler Unterschiede, kantonaler Besonderheiten und kommunaler Bedingungen noch deutlich differenziert werden müßte und dieses Faktum außerdem ganz gewiß kein rein schweizerisches Problem darstellt). Vielmehr soll im folgenden und als Vorgriff auf eine bereits in Arbeit befindliche umfassende Dokumentation möglichst aller bisher im deutschsprachigen Raum herausgegebenen Umweltspiele (HÜBNER 1995) eine möglichst ebenso vollständige Übersicht über ausschließlich schweizerische Umweltspiele gegeben werden.

2.2 Tabellarische Übersicht

In den nachfolgenden tabellarischen Zusammenstellungen werden – so komplett wie möglich, aber ohne Anspruch auf Vollständigkeit – in jeweils alphabetischer Auflistung sowohl die bisher in der Schweiz produzierten kommerziellen und nichtkommerziellen Umweltspiele als auch die in der Fachliteratur und in Zeitschriften publizierten Spielvorschläge oder als Beilage(n) veröffentlichten Spielpläne und Spielvorlagen erfaßt, soweit sie umweltrelevante Themen oder Aspekte behandeln und damit ebenfalls den Umweltspielen zugeordnet werden können. Auf der so definierten Grundlage beinhaltet Tabelle 1 genau 50 schweizerische Umweltspiele, von denen der überwiegende Teil in Deutschland und Österreich kaum bekannt sein dürfte.

Tabelle 1: Schweizer Umweltspiele

Name/Titel	Verlag/Hersteller/Fundort	Art
Abfall-Rallye [H]	SZU, Zofingen	W
Alpina ✧	Verlag sabe, Zürich	P/R
ALU 1	in: WALDVOGEL, M.: Unsere Welt wird anders. Zug 1984, S. 79f.	P
Bärenarten-Memory	in: WWF-Rundbrief (1993), Nr. 1, S. 5–6	V
BigBatGame	in: WWF Panda Magazin 13(1980), H. 2: »Fledermäuse«, S. 26–27 und Beilage (nur in Erstauflage)	W
bolo'bolo	Demono-Spielproduktion, Zürich	W
Buurejahr ✧	Spielwerkstatt Murmel, Zürich	W
Das Ess-Spiel [H]	in: WWF Panda Magazin 14(1981), H. 2: »Mahlzeit«, S. 42ff. (nur in Erstauflage)	W
Das große Mobilitätsspiel oder: Wer braucht die N4 im Säuliamt? ✧	S. & M. Schweizer, Mettmenstetten	W
Das kleine Energiespar-Spiel	in: WWF Panda Magazin 10(1977), H. 9: »Energiesparen«, S. 24–25	W
Das Naturgartenspiel	in: Schülermagazin Spick (1984), Nr. 30, S. 12–14	W
Das Umweltspiel ✧	Schweiz. Gesell. für Umweltschutz (SGU), Zürich	W
Der Blauwal [H]	SZU, Zofingen/WWF, Zürich	W
Einkaufsspiel ✧	in: Aktionspaket »Bewußt konsumieren ... Abfall reduzieren«. BUWAL, Bern	S
Energiespar-Spiel [H]	Bundesamt für Energiewirtschaft (BEW), Bern	K
Energiespar-Spiel [H]	Arbeitsgemeinschaft für sinnvolle Energieanwendung, Basel	W
Fruchtfolgespiel ✧	in: Projektkasten »Schauplatz Landwirtschaft«. WWF, Zürich	W
GIB-GAP ✧	GAP Schweiz, Winterthur	W
Gifthaus	Bundesamt für Gesundheitswesen, Bern	W
Güselmax ✧	Polydono, Bern	K
Haltet die Schweiz sauber [H]	Aktion Saubere Schweiz, Zürich	W
Läbesstilspiel [H]	Heimstätte Schloß Wartensee, Rorschacherberg	W
Lebensraum Bach	alle: Reihe »Biologie« im Lehrmittelverlag des Kantons Zürich, Zürich	K
Lebensraum Stadt ✧		K
Lebensraum Wald		K
Lebensraum Weiher		K

Le Grand Zoo. Das große Tierspiel ⌑	Verlag Carlit, Zürich	W
MonDopoly ⌑	Erklärung von Bern, Zürich	W
Nord/Süd	Erklärung von Bern, Zürich	K
Obstsorten-Quartett	Fructus, Zürich	K
Parkzeit läuft	in: Aktionsmappe zum gleichnamigen Spielfilm, WWF, Zürich	P/R
Quartett der Bäume	AG Müller, Neuhausen	K
SanoPoli ✧	Vita Sana Verlag, Breganzona	W
Schweizer Nutzholz-Quartett	F. Brunner, Therwil	K
SoftDump	Büro für Medienarbeit, Basel	C
Spiel um die Aufgaben des Waldes	in: RYSER, M.: Waldwerkstatt. Zytglogge, Bern 1993, S. 75-78	V/W
Stop der Abfall-Lawine	Gemeindeverwaltung Opfikon/ZH; auch in: Schöpfigs-Chischtli, Fastenopfer Luzern	W
SuperBag ✧	Büro für Medienarbeit, Basel	C
Teichspiel ⌑	Verlag Carlit, Zürich	W
Territory ⌑ (Raumplanungsspiel)	M. Jaques, Genf	W
Treppauf – Treppab	in: SZU/WWF: Gschmüder – Ghüder – Güsel. Zofingen/Zürich 1988³, S. 21-27	W
tri d'or ✧	Cridor SA, La Chaux-de-Fonds	W
Umzonung in Oberwil	Verlag sabe, Zürich	P/R
Waldtierspiel	Kant. Zürcher Tierschutzverein, Zürich	W
Weltklimakonferenz	in: Mensch und Atmosphäre. WWF, Zürich	R
Wer die Wahl hat ... ⌑	SZU, Zofingen	R
Wer war's? ✧	Spielwerkstatt Murmel, Zürich	K
Wild Life ⌑	Carlit Verlag, Zürich	W
Zu Besuch bei Go-On	in: WWF-Kindermagazin Pandaclub (1992), H. 1	W
Zugvögel kennen keine Grenzen	SZU, Zofingen	W

⌑ Spiel veraltet, vergriffen oder aus anderen Gründen nicht mehr erhältlich
✧ Spiel wird nachfolgend noch näher beschrieben

C = Computerspiel
K = Kartenspiel
P = Planspiel
R = Rollenspiel
S = Simulationsspiel
V = Kopiervorlage
W = Würfelspiel (Brettspiel)

Einen Sonderfall bilden die von der schweizerischen Aktion »Brot für Brüder« bzw. »Brot für alle« in Basel vertriebenen entwicklungspolitischen Spiele, die sowohl in eigener Regie als auch in Zusammenarbeit mit der deutschen Schwesterorganisation »Brot für die Welt« in Stuttgart und der Aktion »Fastenopfer« in Luzern herausgegeben wurden. Da aber auch bei diesen Spielen die Einbeziehung ökologischer Fakten unverkennbar, teilweise sogar unverzichtbar ist, wurden sie für diesen Beitrag zusätzlich erfaßt und in Tabelle 2 zusammengetragen.

Tabelle 2: Entwicklungspolitische Spiele

Name/Titel	Art
Auf dem Holzweg	P/R
Bafa Bafa	R
Bar Baranta	W
Bisipara	R
Das Kaffeespiel	R
Das Perlen-Spiel	P/R
Das Spiel der Großen im Kleinen	P
Das Spiel mit den Rohstoffen	K
Das Trichterspiel	W
Das Welthungerspiel	P/R
Die Schuldenfalle	S
Ein Indio darf den Tag nicht verschlafen	W
Einkaufsspiel	P
Entscheide Dich ◇	W
Fünf Cruzeiros	W
Für wen 5000?	R
Jambo Afrika!	W/K
Kakao-Spiel	W
Kontaktaufnahme Nord/Süd	W
Limit 20	R
Manomiya	R
Memo Mondo	K
Schatten in Solaria	S
Schwarz/Weiß	P/R
Shamba Letu	W
Überleben in Katonida	P/R
Wen macht die Banane krumm?	P/R

◇ Spiel wird nachfolgend näher beschrieben

K = Kartenspiel
P = Planspiel
R = Rollenspiel
S = Simulationsspiel
W = Würfelspiel (Brettspiel)

2.3 Darstellung ausgewählter Umweltspiele

Da eine ausführliche Kommentierung aller im vorangegangenen Kapitel aufgelisteten Schweizer Umweltspiele im Rahmen dieses Beitrages nicht möglich ist, mußte eine Auswahl derjenigen Spiele getroffen werden, die in Form von Kurzrezensionen näher vorgestellt werden sollen. Für die Festlegung der dafür vorgesehenen Spiele wurden folgende Auswahlkriterien herangezogen: Das betreffende Spiel soll

- exemplarisch bestimmte Bereiche der Umweltthematik behandeln,
- unterrichtlich einsetzbar sein,
- nicht ausschließlich Schweizer Gegebenheiten berücksichtigen,
- einer bestimmten Zielgruppe zugeordnet werden können,
- jeweils eine der verschiedenen Spielarten vertreten,
- außerhalb der Schweiz noch weitgehend unbekannt sein,
- im Handel oder beim Spielhersteller noch erhältlich sein.

Anhand dieser Kriterien und unter Berücksichtigung bereits bewährter Beurteilungsmerkmale (HÜBNER 1982) werden folgende, für den schweizerischen Anteil des Umweltspielemarkts charakteristische Spiele dargestellt:

- Alpina
- Buurejahr
- Das große Mobilitätsspiel
- Das Umweltspiel
- Einkaufsspiel
- Fruchtfolgespiel
- GIB-GAP
- Güselmax
- Lebensraum Bach/Stadt/Wald/Weiher
- SanoPoli
- SuperBag
- tri d'or
- Wer war's?
- Entscheide Dich

2.3.1 Alpina

Dieses Plan- und Rollenspiel – konzipiert für 13–27 Spieler ab Sekundarstufe I – konfrontiert in spielerischer, aber immer realitätsbezogener Weise mit der Entwicklungsproblematik der Berggebiete. Nachdem sich das erstmals 1982 vom WWF-Lehrerservice herausgegebene Spiel aufgrund seiner fächerübergreifenden Einsatzmöglichkeiten hervorragend bewährte, wurde es mit einigen Verbesserungen und Ergänzungen ab 1989 vom sabe-Verlagsinstitut für Lehrmittel verlegt. Anhand der gleichermaßen informativen und instruktiven Spielmaterialien ermöglicht **Alpina** eine lebensnahe Begegnung der Teilnehmer mit den Problemen eines (»typischen«) kleinen Bergdorfes, wobei die SpielerInnen in die Rollen der Bürger der fiktiven Berggemeinde Alpina in den Schweizer Alpen schlüpfen und dabei nachempfinden, wie es ist, wenn man als Bergbewohner von einer möglicherweise ungewollten Entwicklung betroffen ist. Das Planspiel – dessen Zeitaufwand im Minimum kaum unter sechs Stunden beträgt – macht auf eine sehr praxisbezogene Art und Weise die Zusammenhänge zwischen Umwelt, Tourismus, Abwanderung, Arbeitsplatzerhaltung, Wohnsituation, Fortschritt usw. transparent. Neben vielen schulischen Einsatzmöglichkeiten ist **Alpina** auch ein sehr empfehlenswertes Arbeitsmittel im Erwachsenenbildungsbereich.

2.3.2 Buurejahr

Das sehr aufwendige, aber auch sehr vielseitige Würfelspiel für mindestens drei Personen ist seit 1983 auf dem Markt. Durch die Herausgabe eines Ergänzungssets zu den bis 1991 erfolgten Auflagen hat die Spielwerkstatt Murmel für ihr **Buurejahr**-Spiel nicht nur zahlreiche zusätzliche Spielideen und Spielvarianten geschaffen, sondern auch eine Differenzierung hinsichtlich der Zielgruppen ermöglicht. Das »Spiel für die Großen« kann selbständig ab 12 Jahren, im Beisein von Erwachsenen ab 8 Jahren gespielt werden. Das »Spiel für die Kleinen« ist bereits ab 5 Jahren, mit einer entsprechenden Variante ab 7 Jahren möglich. Ziel des Spiels, bei dem die Kinder Bauer und Bäuerin spielen bzw. die SpielerInnen jeweils einen Bauernhof zur Bewirtschaftung erhalten, ist die Versorgung des Dorfladens mit genügend Nahrungsmitteln. Da dieser aber immer nur eine begrenzte Menge abnimmt und Ereignisfelder im Jahresablauf die bäuerliche Arbeit erleichtern oder erschweren, veranschaulicht der Spielverlauf die Probleme und die Zusammenhänge in der heutigen Landwirtschaft (nicht allein in der Schweiz).

2.3.3 Das große Mobilitätsspiel oder: Wer braucht die N4 im Säuliamt?

Dieses für 4 bis 6 Personen ab 16 Jahren gedachte Würfelspiel mit engem schweizerischen Lokalbezug wurde von SUSI und MARCEL SCHWEIZER (nomen est omen!) aufgrund ihrer alltäglichen Erfahrungen als Bewohner und Verkehrsteilnehmer des Bezirkes Affoltern a.A. (Säuliamt) entwickelt. Als Betroffene und Gegner des Autobahnbaus – der »Lückenschluß« der N4 durch diesen Bezirk ist in der Tat bis heute noch nicht fertiggestellt! – versuchen sie mit diesem Spiel, die gegensätzlichen Standpunkte der verkehrspolitischen Diskussion aufzuzeigen und die zum Teil drastisch auseinandergehenden Problemlösungsvorstellungen letztlich dahingehend zu beeinflussen, daß die N4 im Säuliamt überflüssig ist und nicht gebraucht wird. Unabhängig vom weiteren Verlauf und tatsächlichen Bau der N4 dokumentiert das **Mobilitätsspiel** auf exzellente Weise, wie sich privates Engagement, authentische Ereignisse und Meinungen und nicht zuletzt kreative Gestaltungsfähigkeiten in einem vorzeigbaren Spiel verarbeiten lassen. Wegen seines exemplarischen Charakters empfehlenswert!

2.3.4 Das Umweltspiel

Der nicht gerade seltene und besonders originelle Titel des von der Schweizerischen Gesellschaft für Umweltschutz (SGU) 1987 als Werbemittel herausgegebenen Würfelspiels **Das Umweltspiel**, das im Grunde nur aus einem einfachen farbigen Spielplan und einer zusätzlich aufgedruckten Spielanleitung besteht, weist schon darauf hin, daß die Umweltthematik nur allgemein und vordergründig behandelt wird. Je nach Zielgruppe – das Spiel kann schon ab 10 Jahren eingesetzt werden – ist diese vereinfachende Darstellung zum Beispiel für Unterrichtszwecke aber nicht unbedingt ein Nachteil. Über Legenden und Kommentare zu den insgesamt 22 Ereignisfeldern werden hauptsächlich Informationen über umweltfreundliches und umweltschädigendes Verhalten im Alltag vermittelt.

2.3.5 Einkaufsspiel

Dieses speziell auf schweizerische Verhältnisse zugeschnittene **Einkaufsspiel** – eigentlich ein Verpackungsentsorgungsspiel – ist das zentrale Element des für Schulen und Gemeinden zusammengestellten Unterrichts- und Aktionspaketes »Bewußt konsumieren ... Abfall reduzieren«, das im Rahmen der landesweit propagierten Nationalen Abfallkampagne des Bundes entwickelt, durch BUWAL-Wanderausstellungen publik gemacht und über den WWF-Lehrerservice vertrieben wurde. Das Spiel beruht auf der Beurteilung von Umweltbelastungen durch bestimmte Verpackungen. Gleiche Produkte werden in verschiedenen Verpackungen präsentiert, so wie sie in den Regalen der Einkaufsläden stehen. Es gilt, auf der Grundlage der von Umweltbelastungspunkten ausgedrückten Umweltverträglichkeit bei jedem Produkt die umweltschonendste Verpackung auszuwählen und dabei zu erkennen, wie komplex die ökologische Bilanzierung von Verpackungen ist. Den notwendigen Spiel- und Informationshintergrund liefern 14 zweifarbige Plakate und eine Unterrichtseinheit über Ökobilanzen. Die Ergebnissicherung erfolgt über entsprechende Auswertungsbögen, ist aber auch mit einem beigefügten Computerprogramm (Macintosh) möglich. Ein zusätzliches **SoftDump** betiteltes Computerspiel über Abfallverhalten und Abfallwissen mit der Aufgabenstellung »Erstellen Sie ihr persönliches Abfallprofil!« (wiederum leider nur für Macintosh) ergänzt den Inhalt des Aktionspaketes, dessen schulischer Einsatz schon ab Klasse 8 möglich und sinnvoll ist.

2.3.6 Fruchtfolgespiel

Als fester Bestandteil des WWF-Projektkastens »Schauplatz Landwirtschaft« beinhaltet dieses für 4 bis 6 TeilnehmerInnen ab etwa 12 Jahren geeignete Würfelspiel die Aufgabe, für jeden pro SpielerIn belegten Acker einen 8jährigen Anbauplan, also eine Fruchtfolge mit insgesamt 22 zur Auswahl stehenden Haupt- und Zwischenfruchtkulturen zusammenzustellen. Wie in der Realität werden auch im Spiel die Anbauzeiten, der Erlös der Kulturen, ihre Auswirkungen aufeinander und ihre Wirkung auf Struktur und Nährstoffgehalt des Bodens berücksichtigt. Auch der Erwerb von Tieren ist möglich. Anbauziel ist, einen möglichst hohen Erlös und gleichzeitig möglichst viele Fruchtfolge-, Boden- und Düngerpunkte zu erreichen. Da das **Fruchtfolgespiel** über 8 Spieljahre verläuft, kann die Bilanzierung der Ökopunkte und damit die Schlußabrechnung allerdings erst nach 8 Spielrunden erfolgen. Das Spielgeschehen vermittelt eine Fülle wichtiger Informationen über die Landwirtschaft, und verschiedene Ereigniskarten verdeutlichen die entscheidende Rolle, die das gesellschaftliche und politische Umfeld für den Stellenwert der Ökologie in der Landwirtschaft hat.

2.3.7 GIB-GAP

Dieses aus dem GAP (Globaler Aktions-Plan) entstandene und 1992 als »Ökoteam-Spiel zum GAP« herausgebrachte Würfelspiel für 2 bis 4 Personen ab 7 Jahren beruht auf der Vorgabe, durch eine Öko-Renovation eines Hauses dieses umweltgerecht einzurichten und dabei das persönliche ökologische Verhalten zu verbessern. Jeweils 2 Beispiele zu den 5 Themen Wasser, Energie, Abfall, Einkauf und Auto stellen die in Teamarbeit zu lösenden Aufgaben auf eine etwas breitere Basis. Aufgrund dieser kooperativen Elemente und seines einfachen, wenig Anforderungen stellenden Spielablaufs ist **GIB-GAP** für den Einsatz in Grundschulen bestens geeignet.

2.3.8 Güselmax

Bei diesem 1990 erschienenen Kartenspiel nach dem Frage-Antwort-Prinzip handelt es sich um ein aus 36 Karten bestehendes Lernspiel, das den Umgang mit Siedlungsabfällen und deren Beseitigung zum Inhalt hat. Zu entsprechenden Fragekarten rund um das Thema Abfall müssen richtige Antwortkarten abgelegt werden. Sofern der Themenkreis Beseitigung, Verwertung und Vermeidung von Abfall zuvor behandelt worden ist, eignet sich **Güselmax** ganz besonders zur Wissens- und Lernzielkontrolle. Unter der genannten Prämisse können 3 bis 6 SpielerInnen ab etwa 9 Jahren damit beschäftigt werden.

2.3.9 Lebensraum Bach/Stadt/Wald/Weiher

Diese 4 unter dem Reihentitel »Biologie« entwickelten Kartenspiele, die wohl als Ergänzung zu dem im Lehrmittelverlag des Kantons Zürich herausgegebenen Unterrichtswerk »Naturspuren« veröffentlicht wurden, bestehen aus jeweils 40 Karten, wobei jedes Spiel 10 thematisch gegliederte Blöcke zu je 4 Tieren und Pflanzen enthält. Als Quartett oder Memory spielbar, ermöglichen sie die Erarbeitung oder Repetition von Artenkenntnis typischer Vertreter eines Lebensraumes. Leider zeigen die einzelnen Spielkarten aber stets nur Foto und Namen. Der unterrichtliche Nutzen der **Lebensraum**-Spiele wäre sicherlich entschieden größer, wenn zu den jeweils abgebildeten Tieren und Pflanzen noch zusätzliche Angaben und Beschreibungen zu finden wären.

2.3.10 SanoPoli

Bei diesem durchaus bewußt an andere Spiele angelehnten Würfelspiel geht es vorrangig um die Sensibilisierung der TeilnehmerInnen für die Erhaltung der eigenen Gesundheit, wobei immer wieder die enge Verzahnung von persönlicher Gesundheitsfürsorge und persönlicher Umweltverantwortung deutlich wird. Der (umwelt-)erzieherische Wert des als Familienspiel konzipierten und für 2 bis 5 Personen gedachten **SanoPoli** liegt vor allem in den je 21 Bonus-/Malus-Spielkarten, die typische oder weniger typische Verhaltensweisen und positive oder negative Handlungen entsprechend belohnen oder bestrafen. Sinn und Zweck des 1993 erschienenen Spiels ist es also, möglichst gesundheits- und umweltbewußt über die Runden zu kommen. Daß bei diesem Spiel auch gelacht werden kann, darf als zusätzlicher Bonuspunkt gewertet werden.

2.3.11 SuperBag

Mit dem Slogan »Das Computerspiel für Abfallspezialisten und solche, die es noch nicht sind« wirbt das Büro für Medienarbeit für sein im Oktober 1993 herausgebrachtes **SuperBag**. Es geht darin um die richtige Entsorgung der Haushaltsabfälle und um den abfallarmen Einkauf. In einer 4-Zimmer-Wohnung gilt es, Gegenstände zu finden, zu reparieren und richtig zu entsorgen. Wer korrekt entsorgt, wird mit hohen Punktzahlen belohnt. Auch im Supermarkt, wo möglichst umweltgerechte Verpackungen für verschiedene Produkte auszuwählen sind, können Punkte geholt werden. Allzu unsinniges Abfallverhalten wird mit einem Schwein bestraft. Wer mehr als 3 Schweine kassiert, scheidet vorzeitig aus. **SuperBag** gilt als das derzeit einzige Schweizer Öko-Adventure-Game zum Thema Abfall. Berücksichtigt man die Tatsache, daß Computerspiele sich insbesondere bei Jugendlichen großer Beliebtheit erfreuen, und die unbestrittene Faszination, die sie auch auf computerunerfahrene Personen ausüben, dann muß man zugestehen, daß mit diesen elektronischen Medien Bevölkerungsschichten und Zielgruppen angesprochen werden können, die mit traditionellen Medien nicht mehr erreicht werden. **SuperBag** eignet sich sowohl für den Einsatz an Schulen als auch für den Privatgebrauch. Da es bei Umweltaktionen und Ausstellungen bevorzugt als Publikumsmagnet eingesetzt wird – für diesen Zweck gibt es eine eigene Computerversion –, bietet sich seine Verwendung auch und gerade in der außerschulischen Umwelterziehung an. Für IBM-kompatible PCs mit VGA ab Windows 3.0 und für Apple-Macintosh-Computer stehen entsprechende Home-Versionen zur Verfügung.

2.3.12 tri d'or

Gäbe es einen Preis für das beste Schweizer Umweltspiel, so käme **tri d'or**, das Ökospiel für Kinder, ganz gewiß in die allerengste Auswahl! Das vom städtischen Unternehmen Cridor SA in La Chaux-de-Fonds in Zusammenarbeit mit Erziehern der Kindergärten in La Chaux-de-Fonds und Le Locle entwickelte Würfelspiel besticht durch seine optisch gelungene und zudem äußerst robuste Aufmachung. Bei diesem Spiel für 2 bis 4 Kinder ab 4 Jahren lernen die kleinen Umweltschützer, daß gewisse Abfälle wiederverwertbar sind. Sie reinigen »spielend« eine verschmutzte Landschaft, indem sie Abfälle sortieren und in Containern ablegen. Puzzlestücke als Teil einer sauberen Landschaft werden bei richtiger Entsorgung so auf die verschmutzte Landschaft plaziert, daß bei vollständiger und korrekter Beseitigung aller Abfälle das Puzzle vollständig und eine intakte Landschaft sichtbar ist. Für die so wichtige vorschulische Erziehung stellt **tri d'or** eine wertvolle Bereicherung dar.

2.3.13 Wer war's?

In diesem vielseitigen Kartenspiel, das als Lotto, Domino oder Memory gespielt werden kann, geht es um 20 einheimische Tiere und ihre Fraßspuren. Konzipiert für zwei oder mehr Kinder ab 5 Jahren, enthält es 80 farbige Karten (40 Bildpaare, davon 20 Tiere und entsprechend 20 Spuren) sowie 20 schwarzweiße Dominokarten mit einem Tier und seiner zugehörigen Spur. Die Spielkarten dürfen für Bestimmungsübungen im Freien, zum Ausmalen und/oder Einkleben ins Arbeitsheft fotokopiert werden und sind so als echte Unterrichtshilfen nutzbar. Das von der Spielwerkstatt Murmel produzierte Spiel möchte auch dazu anregen, selbst nach Fraßspuren und den zugehörigen Tieren zu suchen und sein naturkundliches Wissen über die einzelnen Tiere zu erweitern. **Wer war's?** läßt sich nicht nur zu Hause im Familienkreis spielen (und benutzen), sondern auch – da sich nach Bedarf der Schwierigkeitsgrad steigern läßt – in Kindergärten und den Anfangsklassen der Grundschule sinnvoll einsetzen.

2.3.14 Entscheide Dich

Stellvertretend für die lange Reihe der entwicklungspolitischen Spiele mit Umweltbezug soll abschließend das Würfelspiel **Entscheide Dich**, ein Spiel für 3 bis 6 Spieler ab etwa 14 Jahren vorgestellt werden. Die Spielenden müssen auf ihrem den Alltag symbolisierenden Weg ständig auf Gebieten wie Arbeitsplatz, Einkaufen oder Freizeit Entscheidungen treffen. Die Umwelt wird durch einen Ständer in der Mitte des Spielfeldes dargestellt; die persönliche Lebensqualität der SpielerInnen kennzeichnet jeweils ein kleiner Holzständer. Für getroffene Entscheidungen werden persönliche Punkte und »Welt-Punkte« (für den zentralen Ständer) verteilt. Da alle Punkte in Form kleiner Metallringe vergeben werden, können sie leicht auf den entsprechenden Ständern gestapelt werden. Je höher die Säule auf dem Ständer eines Spielers ist, desto größer ist seine persönliche Lebensqualität, immer aufgrund seiner getroffenen Entscheidungen. Je höher dagegen die Säule auf dem Weltständer ist, desto größer sind die negativen Auswirkungen für die Umwelt und damit für alle. Das Spiel soll dazu beitragen, oftmals unbewußte oder voreilige Entscheidungen im persönlichen Umwelt bewußt(er) zu treffen und deren Konsequenzen auf die Umwelt als Folge solcher Entscheidungen zu erkennen.

3. Schlußbemerkung

Mit der vorangegangenen Einzeldarstellung von 14 schweizerischen Umweltspielen ist der Versuch gemacht worden, einen bunten, zwar nicht unbedingt repräsentativen, aber in jedem Falle informativen und aktuellen Querschnitt durch das Spektrum des schweizerischen Umweltspielemarktes zu vermitteln. Auch wenn die Quantität an solchen Spielen im Vergleich zum deutschen Umweltspieleangebot gewiß verbesserungswürdig ist, so ist andererseits aber in diesem Beitrag deutlich gemacht worden, daß die Qualität der Schweizer Umweltspiele und damit ihre Nutzanwendung für die Umwelterziehung einen internationalen Vergleich nicht zu scheuen bracht.

Literatur

BUS: BUNDESAMT FÜR UMWELTSCHUTZ: Umwelterziehung. Bedürfnisse und Möglichkeiten einer Förderung. Schriftenreihe Umweltschutz, Bd. 41. Bern 1985;
BUWAL: BUNDESAMT FÜR UMWELT, WALD UND LANDSCHAFT: Ökologie in der Erwachsenenbildung. Schriftenreihe Umwelt, Bd. 158. Bern 1991a;
BUWAL: BUNDESAMT FÜR UMWELT, WALD UND LANDSCHAFT: Grundlagen zur Umweltforschung. Daten – Fakten – Szenarien. Schriftenreihe Umwelt, Bd. 170. Bern 1991b;
CRIBLEZ, LUCIEN/GONON, PHILIPP (Hrsg.): Ist Ökologie lehrbar? Zytglogge, Bern 1989;
EDK: SCHWEIZERISCHE KONFERENZ DER KANTONALEN ERZIEHUNGSDIREKTOREN: Umwelterziehung in den Schweizer Schulen. Dossier 8A. Bern 1988;
GRAF-ZUMSTEG, CHRISTIAN: Raumschiff Erde – Insel Schweiz. Forum »Schule für eine Welt«. Jona 1991;
HÜBNER, REINHARD: Spiele zum Umweltschutz – eine kritische Bestandsaufnahme. In: Naturwissenschaften im Unterricht – Biologie 27(1979), H. 2, S. 57–61;
HÜBNER, REINHARD: Umweltspiele im Überblick. In: Unterricht Biologie 5(1981), H. 64, S. 40–41;
HÜBNER, REINHARD: Zur Kritik der Umweltspiele. In: HALBACH, UDO u.a. (Hrsg.): Lernspiele in der Umwelterziehung. Beltz, Weinheim/Basel 1982, S. 167–177;
HÜBNER, REINHARD: Handbuch der Ökologie- und Umweltspiele. Bestandsaufnahme und Verwendbarkeit als Medien der Umwelterziehung. Luzerner Stadtökologische Studien, Bd. 10. Luzern 1995 (im Druck);
KANTON AARGAU: Ordner Umwelterziehung. Aargau 1992;
KANTON THURGAU – UMWELTERZIEHUNG: Spielen Spielen Spielen – auch in der Umwelterziehung. Frasnacht 1993[2];
MÜLLER, HANS-NIKLAUS (Hrsg.): Umwelt-Plakate in der kommunalen Öffentlichkeitsarbeit. Luzerner Stadtökologische Studien, Bd. 7. Luzern 1993;

NAGEL, UELI: Was leisten Kantone und Gemeinden zur Förderung der Umwelterziehung? In: Doppelpunkt (1992), H. 19, S. 7–12;
PESTALOZZIANUM – FACHSTELLE UMWELTERZIEHUNG: Liste Umweltspiele. Zürich 1993²;
SALZMANN, HANS C.: Wohin soll sich die Umwelterziehung in der Schule entwickeln? In: Bildungsforschung und Bildungspraxis (1992), H. 2, S. 108–119;
SCHULDIREKTION DER STADT BERN: Unterrichtsmaterialien Abfall. Bern o.J.;
STADT ST. GALLEN: Schulprogramm Energie und Schule. St. Gallen 1991;
SZU/WWF: SCHWEIZERISCHES ZENTRUM FÜR UMWELTERZIEHUNG/WORLD WILDLIFE FUND: Spiele-Liste »Umwelt und Entwicklung«. Zofingen 1988² [3. Auflage in Vorbereitung];
SZU/WWF: SCHWEIZERISCHES ZENTRUM FÜR UMWELTERZIEHUNG/WORLD WILDLIFE FUND: Grundlagen für eine ökologische Bildungsoffensive. Eine Standortbestimmung von Hans Zbinden. Zofingen/Zürich 1990;
WWF/SZU: WORLD WILDLIFE FUND/SCHWEIZERISCHES ZENTRUM FÜR UMWELTERZIEHUNG: Umwelterziehung. Anspruch, Wirklichkeit und Zukunft einer zentralen Bildungsaufgabe unserer Zeit. Zürich/Zofingen 1985;
WWF/SZU: WORLD WILDLIFE FUND/SCHWEIZERISCHES ZENTRUM FÜR UMWELTERZIEHUNG: Ökologie und Erwachsenenbildung. Wo stehen wir, was möchten wir, was können wir? Zürich/Zofingen 1988.

4.3 Umweltspiele in den Niederlanden – Praxisbeispiele aus der Provinz Overijssel

Jan van der Heide

1. Einleitung

In den letzten Jahren ist in den Niederlanden das Interesse für die Umwelt und deren Schutz stark gewachsen. Sowohl die Nachfrage als auch das Angebot an Informationen und Unterricht zeigen eine noch immer steigende Kurve. Die Informationsmittel und Unterrichtsmaterialien sind, abhängig von Thema und Zielgruppe, unterschiedlich. Materialien für spielerische Unterrichtsformen spielen eine untergeordnete Rolle.
In den vorhandenen Unterrichtsmaterialien ist selbstverständlich oft die Rede von spielerischem Lernen. Es ist aber nicht das Spielen im wörtlichen Sinne gemeint, sondern eine »spielerische« Arbeitsform im Unterricht.
In diesem Beitrag möchten wir die Erfahrungen von Natuur en Milieu Overijssel (NMO), dem 1973 gegründeten Dachverband der Natur- und Umweltschutzgruppen in der Provinz Overijssel, mit dieser Unterrichtsmethode vorstellen. Dies machen wir nicht als Experten auf dem Gebiet der Spiele, sondern als Mitarbeiter des auf Provinzebene tätigen Umweltverbandes. Um zu verdeutlichen, wo NMO zwischen den vielen Organisationen, die sich mit Natur- und Umweltschutz beschäftigen, steht, zeigen wir zunächst kurz, wie Natur- und Umwelterziehung in den Niederlanden organisiert ist. Anschließend beschreiben wir unsere Arbeitsweise.

2. Umwelterziehung in den Niederlanden

2.1 Nationale Ebene

Die Organisationen, die auf nationaler Ebene aktiv sind, können grob in zwei Gruppen aufgeteilt werden.
An erster Stelle stehen die landesweit agierenden Aktionsgruppen und Naturschutzorganisationen, z.B. »Milieudefensie« oder »Waddenvereniging«. Für diese Organisationen ist Umwelterziehung ein Mittel, um die eigenen spezifischen Zielsetzungen verwirklichen zu können. Andere Organisationen richten sich primär auf Umwelterziehung. Sie sind in der Themenauswahl flexibler.

2.2 Provinzebene

Jede der 12 niederländischen Provinzen verfügt über eine sogenannte Milieufederatie und einen Berater für Umwelterziehung.

Die Milieufederaties sind die jeweiligen Dachverbände der lokalen Umweltgruppen einer Provinz. Zu diesen Gruppen gehören die auf dem Gebiet der Umwelterziehung aktiven Bürger.
Die Berater für Umwelterziehung koordinieren auf lokaler und auf Provinzebene die Aktivitäten auf dem Gebiet der Umwelterziehung und der Umweltbildung. Ihre Arbeit richtet sich vor allem an ehrenamtliche Umwelterziehungsgruppen.
Die Zusammenarbeit zwischen den Beratern für Umwelterziehung und den Milieufederaties ist selbstverständlich. In Overijssel ist der Umwelterziehungsberater integriert in der Milieufederatie Natuur en Milieu Overijssel (NMO), die ihren Sitz in der Stadt Zwolle hat.

2.3 Lokale Ebene

Umwelterziehung wird auf lokaler Ebene in größeren Gemeinden (mit mehr als ca. 50.000 Einwohnern) von städtischen Zentren für Umwelterziehung durchgeführt. Diese Zentren sind auf nationaler Ebene organisiert im Verbund mit den niederländischen Gemeinden. Kleine und mittelgroße Gemeinden verfügen aus finanziellen Gründen selten über eine eigene professionelle Einrichtung zur Umwelterziehung. In Overijssel können diese Gemeinden sich beim Netzwerk Natuur en Milieu Educatie, einem Projekt von Natuur en Milieu Overijssel (NMO), beteiligen.

2.4 Natuur en Milieu Overijssel (NMO)

Für Natuur en Milieu Overijssel sind die lokalen Freiwilligenorganisationen die wichtigsten Zielgruppen. Für diese Organisationen ist NMO das unterstützende Büro. Über das Netzwerk erreichen wir mehrere Zielgruppen in den Gemeinden. Die Schule ist dabei die bedeutendste. Die dem Netzwerk gegen einen finanziellen Beitrag angeschlossenen Gemeinden stellen jeweils einen Mitarbeiter als sogenannten Kontaktbeamten zur Verfügung. Dieser steht in direkter Verbindung mit dem NMO-Büro und ist in der Gemeinde Ansprechpartner in allen Natur- und Umwelterziehungsangelegenheiten. Für die oben genannten Zielgruppen entwickeln wir Aufklärungskampagnen und unterstützen sie bei der praktischen Durchführung. Viele Materialien werden von uns produziert und in der Provinz verteilt.

3. Erfahrungen mit Spielen

Innerhalb der NMO-Aktivitäten werden – wenn möglich und sinnvoll – Spielformen eingesetzt. Diese entwickeln wir selbst, oder wir übernehmen sie von anderen Organisationen und Produzenten. Gerade in den Schulen gibt es hierfür viele Anwendungsmöglichkeiten.

3.1 Spiele im Unterricht

Niederländische Schulen sind relativ frei in der Wahl von Themen und Lehrmitteln. Dies bietet gute Möglichkeiten zur Einführung von alternativen Arbeitsformen und Inhalten der Natur- und Umwelterziehung. Andererseits sind Neuerungen und Änderungen darum aber stark abhängig vom Engagement und Interesse des einzelnen Lehrers.

Weiter kann man feststellen, daß mit wachsender kognitiver Leistungsfähigkeit der Schüler das Interesse des Lehrers nachläßt, Spielformen anzuwenden. Dies bedeutet, daß Spiele am häufigsten bei jüngeren Kindern (4 bis 7 Jahre) angewendet werden. Später lernen die Schüler zunehmend besser Lesen, Hören und Schauen. Andere Arbeitsformen und Medien konkurrieren dann immer stärker mit den Spielen. Aber Spielen ist für Kinder so selbstverständlich, daß auch andere Arbeitsformen als Spiele betrachtet werden. Sie bauen automatisch Wettbewerb und Spiel in andersartige Arbeitsformen ein. In der Beschreibung unserer Materialien können wir daher nicht scharf zwischen Spiel und anderen didaktischen Arbeitsformen trennen.

3.2 Spiele in Unterrichtskisten

Unterrichtskisten sind die wichtigsten Lehrmittel, die wir den Schulen in Overijssel anbieten. Mit Hilfe einer solchen Kiste kann eine Schule ein Projekt durchführen. Inhalt der Kisten sind praktische Materialien für die Durchführung von handlungsorientierten Aktivitäten in der Schule und ihrer Umgebung. Die den Kästen beiliegenden Anleitungen bieten sowohl praktische als auch pädagogische Hilfen. Für die Schüler gibt es Arbeitsblätter, die von der Schule kopiert werden können. Dank der finanziellen Beiträge der Gemeinden für das Netzwerk können die Schulen die Materialien kostenlos benutzen. Die Schulen können aus ca. 20 Themen wählen. Jeder Themenkasten ist durchschnittlich 10mal vorhanden. Durch das große Angebot läßt sich der Verleih normalerweise gut mit der Schulplanung koordinieren. In einigen Kisten sind auch Spielelemente enthalten. Eine Auswahl von Spielen aus fünf verschiedenen Kisten soll in diesem Beitrag vorgestellt werden.

3.2.1 Der Zwergpfad

Der **Zwergpfad** ist ein Projekt für Schüler von 4 bis 7 Jahren. Es besteht aus 10 »Auftrags-Zwergen«. Diese haben eine kleine Hülle, in die die Auftragskarten eingeschoben werden. Die Zwerge werden mit den Aufträgen z.B. in den Schulgarten gestellt. Pro Gruppe bekommen die Kinder eine Zwergpuppe und zusätzlich eine Perlenkette. Die Farben der Perlen stimmen mit den Farben der Auftragskarten überein. Wenn die Perlen systematisch weitergeschoben werden, erfolgt die Lösung der Aufträge in der richtigen Reihenfolge. Die Stärke dieses Materials ist seine Flexibilität. Die Aufträge können von dem/der LehrerIn an die örtlichen Gegebenheiten oder an ein spezielles Thema angepaßt werden. Grundsätzlich sind Aufträge für alle Jahreszeiten enthalten. So kann dieses Projekt auch außerhalb der Vegetationsperiode eingesetzt werden. Wir schlagen vor, der Anleitung selbsterdachte Aufträge beizufügen. Auf diese Weise wird das Auftragsangebot vom Benutzer selbst für die nächsten Nutzer erweitert. Neben Zwergen und Aufträgen sind in der Kiste außerdem noch weitere, zur Ausführung der Aufträge benötigte Materialien, wie z.B. Becher, Schaufel oder Lupen.

Für die Schüler ist dieses Projekt ein absoluter Renner. In diesem Alter regen Zwerge die Phantasie der Kinder stark an, und das Zwergesuchen im Schulgarten ist für sie unheimlich spannend. Die Aufträge sind aus der Sicht des Zwerges formuliert. Neben den Aufträgen halten die Zwerge aber auch Überraschungen für die Kinder, wie z.B. Plätzchen oder ein paar Eßkastanien, bereit.

Ein praktisches Problem der Durchführung ist, daß die Kinder die Aufträge nicht selber lesen können. Die Schulen lösen dies durch den Einsatz von Eltern oder Schülern aus höheren Klassen.

Manchmal entsteht auch eine Zusammenarbeit mit örtlichen Umweltgruppen. Einige Zwergpfadaufträge:

- **Laub**
  Der Spielort sollte sich bei einer Eiche befinden oder an einer Stelle, an der mehrere Bäume stehen. Benötigt werden: Papier, Buntstifte und verschiedene Laubblätter.
  Die Bäume verlieren ihre Blätter. Der Zwerg hat eine ganze Menge gesammelt, aber er weiß nicht mehr, welche Blätter zur Eiche gehören. Kannst du ihm helfen? Zeichne ein Eichenblatt für den Zwerg!
  Zwerge finden es toll, mit den Füßen die Blätter hochzuwirbeln. Kannst du auch so einen Blätterregen machen?

- **Wolken**
  Der Zwerg liegt gern auf seinem Rücken und schaut sich die Wolken an. Manchmal sieht er Schäfchen, dann wieder sieht er Schlösser oder große Monster. Lege dich auch mal neben den Zwerg! Welche Wolken siehst du?

- **Mogelzwerg**
  Der Spielort liegt in der Nähe eines Baumes oder Strauches. Für dieses Spiel braucht man Gegenstände, die man in einen Baum hängen kann: Obst, Blumen oder Gebrauchsgegenstände.
  Der Zwerg will dich täuschen. Am Baum wachsen auf einmal ganz fremde Sachen. Welche sind das? Vielleicht hängt da eine Überraschung vom Zwerg, die du essen kannst.

3.2.2 Umweltkoffer für den Kindergarten

Die für 4–6jährige Kinder konzipierte Unterrichtskiste **Kindergartenkoffer** behandelt drei Gegenstandsbereiche: Wärme, Lärm und Abfall. Diese Themen werden in ihren verschiedenen Aspekten durch Gruppengespräche, Beobachtungen, Experimente und verschiedene Spielformen aufgearbeitet. Weiter wird umweltfreundliches Verhalten geübt.

- *Thema Wärme:* **Auf Reise**

Auf Reise ist ein Verkleidungsspiel. Die Kinder lernen, wie der Mensch sich an seine Umgebung anpaßt, in diesem Fall an Wetter und Klima. Vorher werden viele Kleidungsstücke, die die Kinder selbst von zu Hause mitgebracht haben, in der Klasse verteilt. Zu zweit gehen die Kinder durch die Klasse, während Dias gezeigt werden. Die Dias zeigen verschiedene Bedingungen: z.B. schönes Wetter, eine Wüste, eine Schneelandschaft oder Regen. Immer wenn ein anderes Dia erscheint, kleiden sich die Kinder den gezeigten Bedingungen entsprechend an. Hier erfahren sie, wie die natürlichen Bedingungen das Handeln der Menschen beeinflussen können, und sie lernen, sich in andere (unbekannte) Umstände einzuleben.

Was das Besorgen der benötigten Kleidung betrifft, verlangt dieses Spiel einige Zeit der Vorbereitung. Aber diese lohnt sich, da die Kinder einen unheimlich großen Spaß an dieser Lernmethode haben.

❏ *Thema Lärm:* **Fladder auf Reise**

Dieses Spiel besteht aus einigen Karten mit Abbildungen von Gegenständen, Menschen oder Tieren, die Geräusche produzieren. Diese »Geräuschemacher« sind in einer Geschichte verarbeitet. Die Kinder bekommen pro Gruppe eine Karte. Wenn während des Vorlesens ihre Kartenabbildung in der Geschichte auftaucht, dürfen sie das entsprechende Geräusch nachahmen. Dadurch entsteht ein Durcheinander von Geräuschen, das den Kindern viel Spaß bereitet.

3.2.3 Martin die Maus

Das Thema der Unterrichtskiste **Martin die Maus** richtet sich an 8–10jährige Kinder und handelt vom Leben kleiner Säugetiere. Da sich diese Tiere nicht so oft zeigen, ist das Thema ziemlich abstrakt für die Schüler. Durch ein (Vor-)Lesebuch machen die Kinder daher zuerst Bekanntschaft mit Martin Maus und vielen anderen kleinen Säugetieren, wie z.B. Ratte oder Igel. Weiter begegnet Martin seinen natürlichen Feinden: einem Raubvogel und einer Katze.

Ein kompliziertes Thema ist das natürliche Gleichgewicht: Wie entsteht eine Mäuseplage, und welche Lösung hält die Natur hierfür bereit? Um den Schülern hier eine Einsicht zu vermitteln, entwickelten wir das Spiel **Mäuseplage**. Dieses Simulationsspiel besteht aus einem Spielbrett, einem quadratischen Kreisel (als Alternative ein Würfel mit den Ziffern 2, 4, 6 und 8), eine große Zahl von Klötzchen in vier Farben und Kärtchen.

Auf dem Brett, das für vier Teilnehmer geeignet ist, hat jeder Spieler einen eigenen Teil. Jede Spielerecke ist in vier Bereiche unterteilt. Diese vier Bereiche stellen einen Zeitraum von vier Monaten dar.

Das Spiel wird zweimal gespielt, beim ersten Mal ohne die Kärtchen.

In der Spielbrettmitte wird mit zwei Mäusen (Klötzchen) für jeden Spieler angefangen. Wenn der Spieler an der Reihe ist (einmal pro »Monat«), bekommt er immer 2–8 junge Mäuse, abhängig von der Ziffer auf dem betätigten Kreisel. Nachdem alle Spieler an der Reihe waren, zeigt das Brett eine realistische Übersicht von der wirklichen Situation. Ausgehend von ungebremster Vermehrung, kann nach vier Monaten eine Population von 1.250 Mäusen entstehen.

In der zweiten Spielrunde wird durch Kärtchen ein neues Element hinzugefügt. Auf jedem Kärtchen ist ein Unglück beschrieben: ein Raubtier, das Auslegen von Mäusegift, Futterknappheit oder Verkehrstod usw. Jetzt bleibt eine Mäuseplage aus. Es kann sogar passieren, daß die Mäuse ausgerottet werden. Im günstigsten Fall kann sich ein Gleichgewicht einstellen: Nach vier Monaten leben noch zwei Mäuse.

In der Praxis hat sich gezeigt, daß dieses Spiel funktioniert und in der Lage ist, den Sachverhalt zu vermitteln. Die Rechnerei hat den Schülern allerdings einige

Schwierigkeiten bereitet. Wenn es im Klassenverband (in Gruppen oder mit 4 Spielern zur Demonstration) gespielt wird, kann der/die LehrerIn die Rechenarbeit übernehmen. Die positiven Erfahrungen belegen, daß ein Spiel als pädagogisches Unterrichtsmittel eine ausgezeichnete Methode ist, um abstrakte Informationen spielerisch zu übertragen.

3.2.4 Der Pfau

Die Unterrichtskiste **Der Pfau** ist ein umfangreicheres Projekt für Kinder im Alter von 4–6 Jahren. Die verschiedensten Dinge kommen in einem Spiel zusammen. Es wird sowohl in der Schule als auch in einem Kinderbauernhof gespielt.

Im Mittelpunkt steht Herr Pfau. Herr Pfau ist so traurig, weil er seine Pfauenaugen auf den Federn verloren hat. Dieser Pfau – dargestellt durch eine Abbildung auf einem großen Holzbrett – hat 7 Federn. An jeder Feder können 8 Augen angehängt werden.

Die Klasse wird in 7 Gruppen aufgeteilt. Jede Gruppe nimmt eine gefärbte Murmel aus einem Sack. Zu jeder Murmel gehört ein Spiel, das auf einer gleichfarbigen Karte erklärt wird. Die benötigten Materialien sind in einer gleichfarbigen Kiste untergebracht.

Wenn eine Gruppe ein Spiel beendet hat, darf sie ein farbiges Auge am Schwanz von Herrn Pfau anhängen und eine neue Murmel aus dem Sack nehmen. Wenn jede Gruppe alle Spiele durchgespielt hat, ist Herr Pfau wieder komplett.

Einige Spiele/Aufträge aus der Unterrichtskiste **Der Pfau**:

- **Köttel**
  In einem Kästchen befinden sich einige (präparierte) Kothäufchen. Von welchem Tier stammen diese Köttel?

- **Füße**
  In einem Kästchen befinden sich Fußabdruckstempel von verschiedenen Tieren. Welche Tiere gehören zu diesen Füßen?

- **In Stückchen**
  In einem Kästchen befinden sich Bilder von Tierteilen (ein Maul, ein Ohr usw.). Welches Teil ist von welchem Tier?

3.2.5 Freilandaktivitäten

Dieser Kisteninhalt dient der Beschäftigung mit und in der Umgebung der Schule. Durch verschiedene Aufträge lernen die Kinder, ihre Umgebung zu beobachten und die unterschiedlichen Elemente einzuordnen. Die Aufträge gehen von »an Blumen riechen« bis zur »Inventarisierung von Gebäuden«. Das Projekt ist in der Grundschule[1] breit einsetzbar. Eine Voraussetzung ist allerdings, daß die Kinder einigermaßen lesen können.

Ein wichtiger Bestandteil dieser Kiste ist das Spiel **Beobachte dein Wohnviertel**. Es ist darauf ausgerichtet, daß Kinder ihre Umgebung gut genau wahrnehmen. Das Spiel besteht aus verschiedenen Aktionskarten:

---

[1] in den Niederlanden bis 12 Jahren – die Übersetzerin

- »Tu-Karten« mit aktiven Aufträgen,
- »Sinnes-Karten«, um das Zuhören, Beobachten, Riechen und Fühlen zu trainieren,
- »Kommunikations-Karten« mit Passantenbefragungen,
- »Wertungskarten«, die eine eigene Stellungnahme verlangen, und
- »Beschreibe-Karten«, die zum Beschreiben und Zeichnen verschiedener Elemente auffordern.

Die Karten werden entweder in einer festgelegten Reihenfolge – d.h., die Route ist fest vorgegeben – oder ungeordnet verteilt. Im letzten Fall ist der Endauftrag automatisch »Geh zurück zur Schule!«. Ein »Puzzlezug« in dieser Art funktioniert sehr gut. Damit wird an die Eigenverantwortung und Selbständigkeit der Kinder appelliert. Es entsteht hierdurch ein günstiges Lernklima und eine hohe Motivierung bei den Schülern.

Neben Spielen, die in Projekten und Unterrichtskisten verarbeitet sind, verfügen wir auch über einige Spiele, die unabhängig von anderen Materialien einsetzbar sind. Diese werden seltener ausgeliehen, was nicht heißt, daß Schulen diese Art von Spielen nicht benutzen. Die Schulen verfügen oft selbst über Brett- und Gesellschaftsspiele. Diese werden von Schülern in der Mittagspause[2] gespielt und weniger als Unterrichtsmaterial genutzt. Wenn wir wollen, daß ein Spiel als pädagogische Arbeitsform von den Lehrern ernst genommen wird, müssen wir das Spiel in den Rahmen des Lehrstoffs einbinden und mit praktischen pädagogischen Anleitungen versehen.

4. Spiele für Zielgruppen außerhalb der Schule

NMO verfügt über verschiedene Methoden und Wege, diese Zielgruppen mit (Spiel-)Materialien zu versorgen. Bei der Verbreitung dieser Spiele bedienen wir uns eines Dokumentationszentrums und eines Verkaufsladens. Wir begleiten auch Aktivitäten, die von örtlichen Gruppen organisiert werden. Hier empfehlen wir oft das **Umweltdiskussionsspiel** (siehe Kap. 4.3).

4.1 Nicht-pädagogische Gesellschaftsspiele

In unserem Büro ist ein Raum als Verkaufsladen eingerichtet. Diesen Laden betrachten wir an erster Stelle nicht als ein gewinnbringendes Unternehmen, sondern als Service für unsere Bürobesucher: örtlichen Gruppen, aber auch interessierte Einzelpersonen. Das Angebot besteht z.B. aus unseren eigenen Publikationen über Natur und Umwelt, Kalendern, Recycling-Briefpapier oder Aufklebern und T-Shirts. Dies läßt sich am besten als Geschenksortiment beschreiben. Auch die im Laden angebotenen Spiele fallen in diese Kategorie. Oft entstanden diese Spiele aus eigenen Ideen. So haben wir z.B. ein **Wildkräuterquartett** oder ein **Wattenmeerpuzzle** im Angebot. Der Wert dieser Spiele liegt nicht in der Wis-

---

[2] In den Niederlanden gibt es ausschließlich Ganztagsschulen mit längerer Mittagspause – die Übersetzerin.

sensvermittlung oder dem Erreichen eines bestimmten pädagogischen Ziels, sondern in erster Linie soll das Interesse für Natur und Umwelt geweckt werden. Wir sehen es als unsere Aufgabe an, dieses Interesse auch mit solchen Materialien auszubauen.

4.2 Pädagogische Gesellschaftsspiele

In unserem Dokumentationszentrum gibt es einige pädagogische Spiele, die manchmal im Rahmen von Seminaren oder anderen Veranstaltungen benutzt werden. Beispiele sind das **Landschaftsspiel** und **Greenworld**.
Das **Landschaftsspiel** ist sowohl ein Simulations- als auch ein Rollenspiel. Hier wird von den Spielern auf einem Spielbrett mit Hilfe von Karten eine Landschaft gestaltet. Ein dem Frage- und Antwortspiel **Trivial Pursuit** ähnliches Spiel ist **Greenworld**.
Diese Spiele haben ganz bestimmt ihren pädagogischen Wert. Unser Dokumentationszentrum leiht sie an Jugend- und Erwachsenengruppen aus, die das Organisieren eines gemütlichen Abends an ein Umwelt- oder Naturthema koppeln möchten.

4.3 Das Umweltdiskussionsspiel

Einen besonderen Stellenwert hat das **Umweltdiskussionsspiel** (milieu discussiespel). Dieses Spiel wurde vor einigen Jahren von NMO selbst entwickelt. Das Ziel des Spieles ist es, die örtlichen Gruppen zu unterstützen, organisierte Themenabende auf angenehme Weise sinnvoll zu gestalten bzw. zu ergänzen. Thema dieses Spiels ist Umwelt und Haushalt im allgemeinen. Das **Umweltdiskussionsspiel** ist so erfolgreich, daß mittlerweile eine neue Version produziert wurde. Diese vom Thema her spezialisierte Version beschäftigt sich mit dem Bereich Umwelt und Gesundheit.

Das **Umweltdiskussionsspiel** und das Diskussionsspiel **Umwelt und Gesundheit** haben die gleiche Grundlage. Sie bestehen aus 35 Frage- und Antwortkarten. Das Spiel wird individuell (max. 8 Personen) oder in Gruppen gespielt. Jede Gruppe bekommt einen Stapel Frage- und Antwortkarten. Die Fragekarten werden nacheinander einzeln umgedreht und besprochen. Bei den Karten stößt man bestimmt auf einige Karten, die die Gruppe zu Diskussionen anregen. Diese Diskussionen werden auf 20 Minuten pro Thema begrenzt und abgeschlossen mit dem Umdrehen der entsprechenden Antwortkarte.
Diese Art, in einer Gruppe eine Diskussion anzuregen, ist so einfach wie effektiv. Viele Gruppen haben sich beide Spiele angeschafft, andere leihen sie sich im Dokumentationszentrum aus.
Auch wenn uns Gruppen bezüglich der Gestaltung eines Informationsabends um Auskunft bitten, bieten wir immer ein Diskussionsspiel an. Wir selbst benutzen das Spiel oft, wenn wir Besuchergruppen empfangen. Es ist eine effektive und angenehme Art, mit Menschen ins Gespräch zu kommen.

5. Quintessenz

Wie oben schon angedeutet, haben wir die Erfahrung gemacht, daß Umweltspiele nur benutzt werden, wenn sie in einem klaren pädagogischen Rahmen angeboten werden. Dies gilt sowohl für Schulen als auch für Zielgruppen außerhalb der Schule. Die am meisten benutzten Spiele sind die Spiele, die als Teil einer Unterrichtskiste angeboten werden, und Umweltdiskussionsspiele, die für eine ganz bestimmte Situation entwickelt wurden und die in die pädagogischen Aktivitäten von Gruppen passen, die uns nahestehen.

Die Benutzung von Spielen anderer Hersteller, die von unserem Laden auch verteilt bzw. verkauft werden, ist sehr gering. Die Gründe sind von uns nie untersucht worden, lassen sich aber vermuten.
Ein wichtiger Grund wird sein, daß es in den Schulen und bei den außerschulischen pädagogischen Aktivitäten wenig Anlässe für Spiele gibt. Weiter ist die Bekanntheit der verfügbaren Spiele gering und das Spiel als pädagogische Arbeitsform nicht populär.
Die in den Spielzeugläden angebotenen Umweltspiele unterstreichen aus Gründen der Attraktivität mehr die soziale als die pädagogische Funktion des Spiels. Diese Spiele haben außerdem eine große Konkurrenz in gängigen Gesellschaftsspielen.

Wir meinen deshalb, daß die Umweltspiele wohl nie in großer Zahl im Wohnzimmer Einsatz finden werden. Als Unterrichtsmittel oder als Aufklärungsmaterial sind Umweltspiele aber sehr wertvoll und brauchbar, wenn sie in der richtigen Weise in ein Programm integriert werden.

Alle oben genannten Spiele sowie weitere Informationen über unsere Arbeit kann der Leser unter folgender Adresse erhalten: Natuur en Milieu Overijssel (NMO), Stationsweg 3, NL-8011 CZ Zwolle.

[Marjan van Dijk sei an dieser Stelle für die Übersetzung des Textes gedankt – die Herausgeber.]

4.4 Das Spiel in der Umwelterziehung – Ein Bericht aus Italien

Christa Messner

> E' nel giocare e soltanto mentre gioca che l'individuo, bambino o adulto, è in grado di essere creativo e di fare uso dell'intera personalità, ed è solo nell'essere creativo che l'individuo scopre il sè. Legato a questo è il fatto che solo nel giocare è possibile la comunicazione.[1]
> (WINNICOTT 1986, S. 102)

1. Umwelterziehung in Italien

Die wachsende Beschäftigung der Pädagogik mit der ökologischen Frage ist Antwort auf eine globale Herausforderung, mit der sich die Menschheit konfrontiert sieht. In Italien ist die Entwicklung der Sensibilität für Natur- und Umweltschutzbelange und mithin auch die Verankerung der Umwelterziehung/-bildung eher neueren Datums. Die als soziokulturelle und sozialpolitische Krise erfahrene ökologische Krise tritt erst in der zweiten Hälfte der 60er und dann verstärkt im Laufe der 70er Jahre auf breiter Ebene ins politische Bewußtsein. In Reaktion auf die Beschleunigung der industriellen Entwicklung gründeten sich die ersten Umweltverbände und -organisationen (z.B. WWF, italienische Sektion 1961), und mit ihnen entwickelte sich ein Spürsinn für die sich rapide verschlechternde Umweltsituation. Das Wissen um die großen Umweltprobleme und -risiken – gewachsen in Parallelität zu den großen Umweltkatastrophen Seveso, Tschernobyl, Valtellina, Algen im Adriatischen Meer, Petroleum im Tyrrhenischen Meer – ist noch voller Widersprüche, nur in seltenen Fällen mündet es von der Protestebene in konkrete Vorbeugemaßnahmen und effektive neue Entwicklungspläne.

Erst 1986 ist in Italien das Umweltministerium eingerichtet worden. Es hat u.a. die Aufgabe, die Bevölkerung für die Umweltbelange zu sensibilisieren, in Abstimmung mit dem Unterrichtsministerium auch über die Schule.

Im Schulwesen – das italienische ist zentralistisch ausgerichtet (Lehrpläne, Stundentafeln, Studienrichtungen werden vom Unterrichtsministerium festgelegt) – hat dies zur Ausarbeitung von konkreten Maßnahmen und Richtlinien zur Umwelterziehung geführt. Umwelterziehung war ein Thema geworden, ihre Bedeutung mindestens theoretisch erkannt und anerkannt. Im Lehrplan zur Mittelschule (1979) gibt es konkrete Hinweise zur Umwelterziehung, ebenso in dem 1985 in Kraft getretenen für die Grundschule. In der Oberschule, in der seit 30 Jahren Struktur- und Lehrplanreformen anstehen, sind lediglich einzelne Aspek-

---

1 »Gerade im Spiel und nur im Spielen kann das Kind und der Erwachsene sich kreativ entfalten und seine ganze Persönlichkeit einsetzen, und nur in der kreativen Entfaltung kann das Individuum sich selbst entdecken« (WINNICOTT 1985, S. 66).

te der Umwelterziehung in die Programmentwürfe zu den Schulversuchen eingeflossen. Bei der Erneuerung der Bildungspläne für den Kindergarten 1990 sind auch Aspekte der Umwelterziehung berücksichtigt worden. Insbesondere seit 1985 hat das Unterrichtsministerium verstärkt Fragen der Umweltbildung aufgegriffen. Das zeigt sich in den Aktivitäten wie Fachtagungen, in der Unterstützung von Forschungsvorhaben, in der internationalen Kooperation (Beteiligung am OECD/CERI-Projekt »Umwelt und Schulinitiativen«). An den Universitäten sind die ersten Ökologielehrgänge eingerichtet worden. In einem Rundschreiben des Ministers vom 04. Februar 1989 wird Umwelterziehung für die Pflichtschule zum Unterrichtsprinzip aller Fächer erhoben. Im nationalen Fortbildungsplan wird Umwelterziehung zu einer vorrangigen Thematik erklärt. Dabei ist noch zu bemerken, daß in Italien die Lehrerfortbildung in einem Ausmaß bis zu 40 Stunden pro Jahr verpflichtend ist.

Gemessen an der Bedeutung, die ein der Mitwelt gerecht werdendes Denken und Handeln einfordert, sind Umfang, Intensität und Qualität der Umwelterziehung noch eher bescheiden. Sieht man von der vorbildlichen Praxis einzelner Schulen ab, ist es sicher noch nicht gelungen, die theoretischen Vorgaben von pädagogischer und ministerieller Seite in die Praxis umzusetzen. Der Reflexion der Didaktik, die sich in erster Linie mit der Organisation von Lernsituationen befassen müßte, wie auch den komplexen Inhalten der Umwelterziehung wird wohl immer noch zu wenig Aufmerksamkeit gewidmet, obwohl vielen klar ist, daß neue Wege beschritten werden müssen.

Die herkömmliche Fächerstruktur erschwert die Umsetzung der Umwelterziehung, da es am Verpflichtungscharakter fehlt. Die Form ihrer Verankerung wird kontrovers diskutiert. Die LehrerInnen werden zu fachsystematisch ausgebildet. Ein sichtbares Problem ist die Zeitknappheit in der Schule, auch wenn in den italienischen Schulen in zunehmendem Maße Umweltprojekte über schulergänzende Tätigkeiten durchgeführt werden. An Italiens Pflichtschule sind jährlich 150 Stunden für Projektunterricht vorgesehen. Diese Projektwochen beinhalten viele Möglichkeiten für die Umwelterziehungsarbeit und sollen den Fächerunterricht ergänzen. Sie werden vom Lehrerkollegium der jeweiligen Schulen geplant und entwickelt.

Im Schuljahr 1985/86 wurde in 40.000 öffentlichen Schulen eine Befragung zur Umwelterziehung vorgenommen. Als ein Ergebnis wurde festgestellt, daß unterschiedliche Erfahrungen im Bereich der Umwelterziehung zwischen den Schulen des Nordens, an denen Umweltthemen viel stärker präsent sind, und denen der Mitte und des Südens Italiens vorhanden sind. Ein anderes Ergebnis ist außerdem die Tatsache, daß 60 % der LehrerInnen an den Pflichtschulen Aktivitäten zur Umwelterziehung durchführen, hingegen an der Oberschule dieser Erziehungsbereich – wenn überhaupt – zum größten Teil über Wissensvermittlung abgegolten wird. Die Ergebnisse hinsichtlich der geographisch unterschiedlichen Präsenz scheinen sich auch in der außerschulischen Situation (lokale Institutionen und Organisationen, aber auch in der Sensibilität der Bevölkerung insgesamt) widerzuspiegeln.

Auf indirektem Weg, durch hohe Effizienz in den Ergebnissen ausgewiesen, zeigen sich die von Umweltorganisationen und -verbänden, von lokalen Institutionen (Gemeinde, Landesregierung) – vor allem im Norden und zunehmend auch in der Mitte Italiens – durchgeführten Aktionen, die sich generell an die Bevölkerung richten und im spezifischen immer wieder die Schule einbinden. Die Angebote und Dienstleistungen der privaten Organisationen zur Umwelterziehung legen den Schwerpunkt vordringlich in nachfolgende Bereiche:

- Animation und Begleitung von Umweltinitiativen;
- Aktionen im Bereich der Umwelterziehung (Preisausschreiben, Aktionstage, Themenangebote, Lehrausgänge, grüne Wochen, blaue Wochen im Meeresgebiet);
- Dokumentation und Medienbegleitung von Projekten;
- Fachinformationen und Beratung;
- Unterrichtshilfen für LehrerInnen und AusbilderInnen aller Art;
- Kurse und Lehrgänge in der Erwachsenenbildung;
- kritische Auseinandersetzung mit Umwelterziehung/-bildung im Innern der Umweltverbände und -organisationen und in den Umweltzentren.

Die Kooperation zwischen Schule und außerschulischen Trägern nimmt zunehmend eine wichtigere Rolle ein und zeichnet sich durch die territoriale Verankerung und Anbindung aus: Das Umfeld der Schule bietet eine Fülle von potentiellen Fragen und Problemen und vor allem authentische Bearbeitungsmöglichkeiten. Diese Dimension von Öffnung impliziert, daß Schule einen konkreten Beitrag zur Gestaltung des Umfeldes zu leisten vermag, daß sie zur Bewußtseinsbildung und Verbesserung der Lebensbedingungen beiträgt. In Mantua arbeiten fünf berufsbildende höhere Schulen zusammen, um die Qualität der Grund- und Oberflächengewässer einzelner Gemeinden zu untersuchen. Die Aktivitäten werden von Schülern und Lehrern koordiniert und von den Gemeinden auf Vertragsbasis finanziert. Die Verantwortung der Schüler reicht von der Auswahl und Ziehung der Wasserstichproben und der Analyse an Ort und Stelle, über eine detaillierte biochemische, bakteriologische und mikroplanktische Analyse in den Laboratorien der Schulen bis zur Berichterstattung und Diskussion der Ergebnisse mit den Behörden (SUTTI 1989).

Zusammenfassend stellt sich die Situation so dar:
Der *Kindergarten* ist jene Institution, in der Umwelterziehung im besten Maße verwirklicht wird, eine Umwelterziehung, die Sinneswahrnehmungen, ganzheitliche Projekte, Erlebnisse und Begegnungen ermöglicht und dabei nicht in Zeitnot gerät.
Die *Grundschule* mißt in bewußter Weise den emotionalen und affektiven Aspekten der Beziehung Mensch – Natur Bedeutung bei. Dem Kind wird die Möglichkeit geboten bzw. es wird dazu angeregt, Beziehungen mit seinem Umfeld einzugehen, sich vertraut zu machen mit seiner Umgebung durch sinnlich-handelndes Umgehen, also sinnliche Naturwahrnehmung, beziehungsstiftende begegnend-ästhetische Naturerfahrung, Einsatz und Schulung aller Ausdrucksmittel. Hier korrelieren die Schüleraktivitäten mit der Stärkung des Verantwortungsbewußtseins.
Die *Mittelschule* ist hingegen schon bedeutend kognitiver ausgerichtet, auch wenn sie sich bemüht, das Lernumfeld in den Unterricht einzubeziehen, Alltagswissen aus Landwirtschaft, Handwerk, Gewerbe und Industrie einzubauen. Der Zugriff ist eher historisch ausgerichtet, im Versuch, geschichtliche Zusammenhänge zu kennen, zu erkennen, zu verstehen und daraus Folgerungen zu ziehen.

Die *Oberschule* versucht, in die Problematik einzudringen, Daten zu eruieren, die Probleme unter verschiedenen Blickpunkten wissenschaftlich zu analysieren, die Mechanismen der Ausbeutung, der Verschmutzung zu erforschen, aber doch in einer verbal-kognitiv geprägten Lernkultur.

Auffällig ist, daß beinahe nur die Grundschule auf *umweltverantwortliches Handeln* und *praktische Kompetenzen* abzielt. Mittel- und Oberschule sind *vorrangig kognitiv* ausgerichtet, sie zielen auf Erkenntnis- und Kritikfähigkeit ab, selten auf das Treffen von Entscheidungen und konkretes Handeln; letztere als Aufgaben klassifiziert, die außerhalb des Schulbereichs angesiedelt werden (vgl. IRRSAE Puglia 1991).

In den italienischen Städten ist dem Spiel bereits städtebaulich durch die Piazza Raum geschaffen worden. Die italienischen Städte sind auf die Piazza – als den Ort informellen wie institutionellen Austausches von Kommunikation – hin geordnet (Palio von Siena). Die Piazza konstituiert eine Innen-Außen-Beziehung; an der Piazza wird das Außen des Innen im kommunikativen Austausch sichtbar. Diese Piazza ermöglicht es dem Körper, in Gebärde und im verbalen und nonverbalen Handlungsspiel an seiner Außenseite sein Innen zu zeigen. Der Körper auf der Piazza, auf der Außenseite, wird zu seiner Innenseite. Im Zeitalter der virtuellen Räume verlagert sich vieles von diesem Außenraum in den Raum des Fernsehens, in welchem über Simulation eine Beteiligung der Personen in je unterschiedlichen Formen in spielerischer Nuancierung konstituiert wird. Von diesen kulturellen Größen ausgehend, hat das Spiel zumindest in programmatischer Sicht für die Schule, die Erwachsenenbildung immer eine Bedeutung eingenommen und ist als Programmpunkt in Lehrpläne und Bildungskonzepte eingeschrieben.

Dies gilt grundsätzlich auch für den Bereich der Umweltspiele, wobei natürlich auch hier der Einsatz recht unterschiedlich gehandhabt wird. Dabei gilt: Je älter die SchülerInnen sind, desto weniger werden Umweltspiele im eigentlichen Sinne eingesetzt. Es muß auch festgestellt werden, daß das Spiel in der Schule eher im Bereich der Sprache, des Theaters (obwohl kein eigenes Fach, spielt das Theater in Italiens Schulen eine besondere Rolle) anzutreffen ist als z.B. in naturwissenschaftlichen Fächern.

2. Spiele in der Umwelterziehung

So unentbehrlich das naturwissenschaftliche Wissen für unser Weltverständnis ist, reicht es allein dafür nicht aus. Wirkungsvolles ökologisches Lernen verlangt nach Methoden, die viele sinnliche Eingangskanäle ansprechen und bei denen die Menschen selbst aktiv werden können. Ökologische Mündigkeit erfordert die Befähigung der Menschen, die immer stärker segmentierte Welt in ein sich einheitliches offenes Sinnganzes einzufügen, dieses Ganze in seinen Wert- und Sachstrukturen als Aufgabe anzunehmen und verantwortlich planend anzugehen. Institutionen, vom Kindergarten bis zur Erwachsenenbildung, machen sich diese Aufgabe zu eigen, damit ist der Orientierungsrahmen vorgegeben, und »wenn viele Leute mit vielen kleinen Schritten viele kleine Dinge tun, dann ist Veränderung möglich« (chinesisches Sprichwort).

Wie Kinder im Spiel begreifen und lernen, wie ihre Kreativität und Imaginationskraft angeregt und ihre Intelligenz geschult wird, zeigen die nachfolgenden verschiedenen Spielaktionen:

- ❐ Naturerlebnisspiele, in denen Anschaulichkeit und Lebendigkeit erreicht wird;
- ❐ Rollenspiele;
- ❐ Such- und Sinnesspiele, in denen Naturzusammenhänge sinnlich erfahren und spielerisch nachempfunden werden.

Im folgenden gebe ich einen Erfahrungsbericht mit vielen einzelnen Spielsequenzen wieder, der die Konversation der Kinder, die offenen Fragen, die geschriebenen Texte enthält, nicht weil er ein Modell ergibt, wohl aber weil er verschiedene Wege einer Erkundung und Erforschung zeigt, die in einem anderen Kontext, wenn auch mit je eigenen Prozeßabläufen, wiederbelebt werden könnten.

2.1 Im Wald auf der Suche nach Spuren – Nel bosco a caccia di tracce (CORNACCHIA 1991)

Es handelt sich um eine umfassendere Unterrichtseinheit, um verschiedene Spielsequenzen, die Kinder dazu anregen, den Blickpunkt zu wechseln, vielfältige Perspektiven zu erfahren, selbst verschiedene Standpunkte einzunehmen und sich in die Lage eines Tieres zu versetzen.

Kinder einer dritten Grundschulklasse begeben sich bereits zu Beginn des Schuljahres in die freie Natur, um dort den Tieren in die Augen zu schauen. Die Kinder richten ihren Blick auf die Augen der Tiere, denen sie begegnen, und bemühen sich, so lange wie möglich die Augen in den Augen zu behalten. Die Suche nach den Augen wird zu Hause fortgesetzt: Jedes Kind beobachtet für eine bestimmte Zeit am Tag das eigene Haustier.

Lorena: »*Mein Kanarienvogel ist mein Freund, wenn ich nach Hause komme, sage ich ihm: ›Ciao, wie geht es dir?‹ und ich schaue ihm in die Augen. Der Kanarienvogel antwortet mir, ich höre ihn nicht, aber ich denke mir das aus, was er mir sagt.*«

Die Kinder versetzen sich in die Rolle des Ethologen und übertragen systematisch die beobachteten Verhaltensweisen ins Heft.

Lorena schreibt: »*Das Kanarienmännchen frißt die Eier des Weibchens, dann pickt das Weibchen das Männchen am Rücken.*« Warum – fragen sich die SchülerInnen – frißt das Männchen die Eier der Frau? »*Vielleicht will das Männchen die Frau mit niemandem teilen?*« – Stefano. »*Nein, die Ehe ist schön, wenn Kinder da sind, vielleicht will das Männchen nicht, daß seine Kinder in einem Käfig geboren werden?*« antwortet Silvia.
Carlo Umberto: »*Meine Katze Fiocco ist weiß, und in einem Auge hat sie einen schwarzen Fleck, der Schwanz ist gestreift, er ist weich. Wenn sie Hunger hat, leckt sie mit ihrer rauhen und klebrigen Zunge ihre Füße, wenn sie fernsehen will, setzt sie sich auf den Diwan.*«
Michela: »*Eine unserer Hennen ist weiß, hat einen komischen Blick, wässrig und durchscheinend, und man muß ihre Augen nacheinander ansehen, weil sie ein Auge auf einer Seite und das andere auf der anderen Seite des Kopfes hat.*«

Beim Reden über die Tiere der näheren Umgebung kommt das Gespräch auch auf die Tiere, die weit entfernt von den Kindern leben, die Kinder erfinden Geschichten von Löwen, Tigern und Delphinen.

Paolo: »*Einstmals war der Delphin ein gebeugter alter Mann mit einem Stock. Er wanderte und wanderte, kam zum Meer, fand Gefallen daran und tauchte hinein. Am Anfang fiel es ihm schwer, über Wasser zu bleiben, langsam gewöhnte er sich daran. Im fortwährenden Schwimmen wurden seine Füße zu Schwanz und Rücken, der das Wasser wegschwemmte, dieser Mann war sehr alt, er wurde dünner und wurde zur Flosse, auch seine Arme wurden zu Flossen. Die Nase verlängerte sich zu einem Schnabel, und weil er viel Wasser trank, schwellte er an und wurde länger, so wurde er zum Delphin, und zwischendurch schwimmt er den Schiffen nach, um seine alten menschlichen Freunde zu grüßen.*«

Civitella del Lago, ein Dorf in Umbrien, ist von dichten Wäldern umgeben, die von Tieren besiedelt sind, welche die Großväter und Väter sonntags jagen, oft sind auch die Kinder dabei. Zuerst werden die Eltern befragt, welche Tiere in diesen Wäldern leben, an welchen Orten sie wohnen, wo man sie aufsuchen und zu welcher Zeit im Jahr man ihnen begegnen kann. Die erhobenen Daten werden in Tabellen übertragen. Und dann endlich geht es los auf die Spurensuche.

Carlo: »*Um Spuren zu finden, muß man ein guter Jäger sein, mit scharfem und aufmerksamem Blick, die Schritte wie die Katze setzen, überallhin muß man schauen, wie durch eine Vergrößerungslinse, die Augen müssen jene Dinge suchen, die man nicht leicht sieht, die geheimen Dinge.*«

Die Kinder sind begeistert an diesem Spiel; ausgestattet mit einem Behälter, aufmerksam und still, sammeln sie die ersten Male alles, was sie finden, und für alles wissen sie eine Erklärung. Nach und nach spezialisieren sie sich, finden Fasan- und Taubenfedern, von Wildschweinen angebissene Wurzeln, morsche Äste, zerbissene Eicheln. Silvia bringt Exkremente von einem Fuchs und verschiedene Nester.

Am Tag des ersten Schnees können die SchülerInnen endlich nach den Tierspuren suchen, sie treffen auf Katzenspuren, die sie an den Pölsterchen unter der Pfote erkennen, Hundespuren und viele, viele Spuren von Mäusen. Sie vergleichen die Spuren mit Abbildungen und studieren den Verlauf der Spuren, manche nehmen ihren Weg von einem Erdloch aus, machen ein Stück Weg und führen dann wieder zurück. Wohin ist diese Maus gegangen?

Stefano: »*Eines Tages schaute ein Mäuschen beim Fenster hinaus und sah einen weißen Mantel über die Erde gedeckt. Neugierig ging es hinaus, um nachzuschauen, was sich zugetragen hatte. Dabei spürte es, daß die Füßchen auf etwas sehr Kaltes traten, dennoch wollte es weitergehen. Es näherte sich einem Baumstamm, von da aus nahm es etwas Schwarzes wahr, das sich ihm näherte. Es schaute genauer: Es war eine Katze. Es erschrak sehr und rannte zu seiner Wohnung zurück. Lange mußte es laufen, bis es bei seiner Höhle war, dann blieb es dort im Warmen und wartete auf bessere Zeiten.*«

Carlo: »*Wenn ich Spuren sehe, betrachte ich sie lange, und ich finde sie schön.*«

Die SchülerInnen gehen in den Wald, bilden Paare und suchen nach Spuren; auf dem Rückweg erzählt jedes Paar von seinen Erlebnissen und Entdeckungen. Der Wald bevölkert sich mit sprechenden Tieren, mit Wald- und Baumgöttinnen, eigenartigen Bezauberungen.

Ausgehend von der Imagination entwickeln sich Lernwege und Erforschungen, wie z.B.: Welches ist das größte Tier? Welches ist das kleinste? Sind auch die Menschen Tiere?

Am Boden haben die Kinder viele Nester gefunden, sie betrachten und betasten sie, untersuchen die perfekte Bauweise: dünne verknüpfte Halme, feine glatte Lehmwände, Blätter, Strohhalme und Federn wie weiche Betten.

Paolo: »*Wenn du ein Nest genauer untersuchst, kannst du verschiedene Blätter und Äste, Samen und Blumen feststellen. Einem Nest kannst du ablesen, was in der Gegend angebaut wird.*«
Michela: »*Ein Vogel ist sehr intelligent, er baut sein Nest an ausgewählten Stellen: Er sucht einen sicheren Platz, er baut es dort, wo er Nahrung findet, wo Wasser vorrätig ist und keine wilden Tiere leben. Wenn etwas von dem nicht mehr gegeben ist, wechselt er seinen Ort.*«

Alles, was die SchülerInnen von den Vögeln wissen oder sich über sie vorstellen, folgern sie aus den Spuren. GINZBURG nennt diesen Erkenntnisweg »Indizen-Paradigma«: Es ist eine Form qualitativen Wissens, die aus konkreten Erfahrungen erwächst. Hier wird an der Abwesenheit gearbeitet: Die SchülerInnen haben nicht den Vogel zum Erforschen in der Hand, jedoch sind seine Spuren Zeichen, aus denen sie vieles über ihn ablesen können. Die Anhaltspunkte sind nicht nur naturalistisch, es wird die globale Erfahrung des Kindes einbezogen: Die Erzählungen des Großvaters, die Hypothesen der Eltern, Informationen von Freunden, die Beobachtung vor Ort, Informationen aus Büchern, alles zusammen und gleichen Wertes bildet das kollektive Wissen.

Wenn ich eine Maus wäre, wie würde ich die Welt sehen? Aus dem Klassenzimmer werden die Bänke entfernt, auf allen vieren huschen die Kinder durch den Raum, schnüffeln und riechen. Sie unterhalten sich miteinander. Plötzlich klopft es an der Tür, eine Lehrerin kommt, weil sie etwas sucht. Sofort verkriechen sich alle und warten zitternd, daß das Lebewesen den Raum wieder verläßt.

Luciano: »*Eine Maus erachtet den Boden als sehr groß, und wenn sie sich dort aufhält, ist ein Menschenfuß größer als sie, den Tisch kann sie nicht als Ganzes sehen, weil die Maus sehr klein ist. Den Himmel kann sie nur wenig sehen, aber sie sieht das Licht der Sonne.*«
Stefano: »*Den Mäusen würde es gefallen, menschliche Wesen zu sein, um beruhigt ausgehen zu können. Es würde ihnen aber nicht gefallen, immer Mensch zu sein, ansonsten könnten sie sich nicht von Abfällen ernähren.*«

In die Menschenrolle zurückgekehrt, fahren die SchülerInnen fort, ihre Beziehung Mensch – Tier zu prüfen.

Luciano: »*Anfangs waren alle Tiere wild, und der Mensch lebte von der Jagdbeute und von Wurzeln, dann haben die Menschen die zahmsten Tiere gezähmt, die ihnen helfen konnten, Nahrung zu geben.*«
Stefano: »*Wenn wir die Tiere nicht gezähmt hätten, wären wir jetzt noch Wilde, die Teigwaren geben uns nicht die Tiere, aber sie werden mit Eiern zubereitet, und wenn es keine Hennen gäbe, hätten wir keine Teigwaren.*«

Eine weitere Sequenz: Wenn eine Tierart, nach freier Wahl eines jeden Kindes, die Menschen gezähmt hätte, wie würde die Welt aussehen?
Die Kinder zeichnen Menschen, die auf Schmetterlingsjagd gehen, um Eulenzähmer zu ernähren, andere kämmen Affen, bauen für diese Bananen an, Hunde, die Menschen an der Leine führen, Kühe, die Köstlichkeiten für die Menschen zubereiten, um sie zu mästen, und Affen, die gemütlich vor dem Fernsehgerät sitzen, Elefanten in Anzug und Krawatte im Flugzeug; sie zeichnen Wälder, wo Affen von Ast zu Ast springen und unter ihnen kleine, von der Arbeit gekrümmte Menschen arbeiten.

Spielen und immer wieder den Standpunkt wechseln, die Welt von verschiedenen Blickwinkeln aus betrachten, auseinandernehmen, zerlegen und rekonstruieren, all dies hilft, die Erkenntnis zu festigen, daß kein objektives Wissen existieren kann, das das Sehen, das Fühlen, das Denken außen vorläßt.

2.2 Der geheime Name. Auf der Suche nach einem Element, das dein Freund ist – Il nome segreto. La ricerca di un elemento amico (LORENZONI 1988)

Der Auftrag an die GrundschülerInnen lautet: Sucht in Eurem Gedächtnis ein besonderes Element aus der Natur, das Ihr in irgendeiner Weise als Freund/Partner verspürt. Dieser Freund hatte einen Namen, im Moment ist Euch dieser noch verborgen.
Jedem Kind ist die Zeit gegeben, von Neumond bis Vollmond, um mit Gedanken und Gesten, durch Betrachten und mittels des Gedächtnisses jene lebendige Verbindung aufzuspüren, die es, wenn auch vielleicht nur für einen Augenblick, mit einem ihm äußeren Element vereint hat. Und am 14. Tag, an einem Montag, sagt sich Guglielmo, *Mond*, dem ich das Adjektiv *leuchtend* geschenkt habe, und Nensi *Wasserregenbogen* und Michele *grüne Flamme*, was den Baum benennt, der mit ihm die Blicke wechselt und seine Arme bewegt, wenn der Wind weht, und der ein Freund der Erde ist. *Katze Vogel, Fliehender Fluß, Windpferd, Silbervogel, Hund Bewegung, Fliegender Wind, Schlangen-Bach* ... weitere geheime Namen, die jedes Kind nach und nach aufdeckt.
Der erste Schritt, um sich mit dem Namen, den die Erfahrung unerwartet dem Gedächtnis eingeprägt hat, vertraut zu machen, ist es, seinem Ursprung nachzugehen. Es entstehen eine Reihe von gezeichneten Sequenzen, kleine Filme auf Karton, die die Geschichte einer geheimnisvollen Begegnung erzählen, und viele geschriebene Geschichten, in denen der Name seine Geschichte erzählt. Alessia gibt die Rede des Baches wieder:

»Schlangen-Bach hat Angst. Eines Tages spazierte ich im Wald, als ich plötzlich ein Geräusch hörte. Ich näherte mich und sah einen Bach, er war lang und ähnelte einer Schlange. Er bewegte sich und gab ein Geräusch von sich. Ich verstand, daß er mir etwas sagte, nur konnte ich nicht herausfinden, was er mir mitteilen wollte. Er bewegte sich in derselben Weise weiter, und es war so, als wollte er mir die Botschaft wiederholen. Endlich konnte ich verstehen, was er mir sagen wollte: ›Dir gefällt es, wie ich mich bewege.‹ Während er mir das sagte, hörte ich dasselbe Geräusch, ich drehte mich um und sah eine Schlange ... Ich schaute sie an. Sie schaute mich an. Ich bekam Angst. Ich schrie lautstark um Hilfe. Der Bach begann, sich schneller und schneller zu bewegen. Der Bach wollte mir etwas sagen, ich konnte ihn nicht verstehen, weil ich zu sehr auf die Bewegungen der Schlange achtete. Die Schlange kam immer näher auf mich zu. Der Bach bewegte sich langsamer, und ich konnte nun seine Worte verstehen: ›Du kannst dorthin flüchten, von wo du gekommen bist.‹ Ich verabschiedete mich, und im Gehen sagte mir der Bach: ›Du wirst dich Schlangen-Bach nennen‹ Endlich, der Gefahr entkommen, kehrte ich nach Hause zurück.«

2.3 Die Jagd nach dem Wind – Caccia al vento (BRAMINI 1988)

Die TeilnehmerInnen, vorzugsweise verschiedenen Alters, Kinder, Jugendliche, Erwachsene, mindestens zwei und maximal vier, bilden eine Gruppe. Als Spielgelände eignet sich eine Naturumgebung, die ausreichend Bewegungsraum bietet. Man bewegt sich im Gänsemarsch fort und bemüht sich, so wenig Geräusche wie möglich zu verursachen. Der Abstand zwischen den Menschen ist gering, gerade so, daß sie sich einander nicht berühren. Die Aufmerksamkeit eines jeden richtet sich auf den Wind: Sie horchen auf sein Kommen, auf sein Gehen, nehmen seine

Intensität wahr. Unter den Anweisungen wird außerdem vorgegeben, auf das Licht zu achten, die Richtung des Windes festzustellen, die Temperatur, mit der er über das Gesicht streicht, zu erspüren, die Bewegung, die der Wind dem nahen Gras, den ferneren Bäumen, dem Wald aufdrängt, zu beobachten. Gleichzeitig gilt die Aufmerksamkeit dem Menschen, der die Reihe anführt. Diejenigen, die ihm folgen, ahmen seine Bewegungen nach und dies möglichst simultan. Dem ersten in der Reihe ist jede Freiheit in Rhythmus, Tempo, Richtung, Verlauf gegeben. Das einzige, woran er sich halten muß, ist, sich in enger Beziehung mit dem Wind zu bewegen und in Verbindung mit denen zu bleiben, die ihm folgen. Dieses Spiel zielt darauf ab, daß die TeilnehmerInnen beobachten, horchen und den Impulsen vertrauen, die die Aufmerksamkeit dem Körper eingibt. Zwei- bis dreimal hält der Gruppenführer inne und nimmt eine seine Aufmerksamkeit stärkende Haltung ein. Die, die ihm folgen, nehmen dieselbe Haltung ein, so als wären sie sein Spiegel, sein Schatten oder ein einziger Körper mit ihm. Jede(r) TeilnehmerIn nimmt einmal die Führungsposition ein. Nach mehreren Durchgängen kann der Gänsemarsch auch aufgelöst werden; die Regel ist dann, daß nie mehr als drei Meter Abstand zwischen den einzelnen Gruppenmitgliedern entsteht.

2.4 Computersimulationsspiele

In verschiedenen Computersimulationsspielen können Menschen trainieren, in Systeme einzugreifen, Entscheidungen zu treffen, Strategien zu überprüfen, Erfolg bzw. Mißerfolg zu besprechen. Exemplarisch greife ich eines heraus, das von einer Gruppe von Pflichtschullehrern projektiert worden ist:

2.4.1 »Duck-man«, ein öko-logisches Spiel – un gioco eco-logico (SALA 1991)

In diesem Computersimulationsspiel stellt ein Schiffbrüchiger den Spieler »im Innern« der Situation dar, er strandet mit seinem Schiff auf einer Insel, auf welcher außer einer Wasserquelle nur ein Vogelpaar und verschiedene Pflanzen leben. Täglich verbraucht der Schiffbrüchige ein Quantum an Lebensenergie, das er durch Nahrung wieder aufnehmen muß. Der Spieler wählt die Art der Nahrung, und der Computer gibt bekannt, welche Folgen das hat. Der Spieler, dem das Modell des Ökosystems nicht bekannt ist, entdeckt dieses nach und nach aufgrund der Rückmeldung über die Auswirkungen seiner Entscheidungen und Maßnahmen. So erfährt der Spieler, daß die Pflanzen in einem Rhythmus wachsen, den Zyklus des Legens und Aufbrechens der Eier, daß für diese Prozesse bestimmte Voraussetzungen gegeben sein müssen (z.B. Eier werden nur gelegt, wenn es ein Vogelpaar gibt, und diese brechen nur dann auf, wenn ein Weibchen sie ausbrütet), daß Vernetzungen zu einem Gleichgewicht mit bestimmten Toleranzgrenzen führen. Durch jede Entdeckung, die ein Steinchen zum Mosaik der Erkenntnis des Modells hinzufügt, ändert sich die Spielstrategie. Sobald eine optimale Strategie gefunden ist und das Überleben gesichert scheint, treten neue zufällige Ereignisse ein, die das Gleichgewicht stören. Auch einem besonders aufmerksamen und reflexiven Spieler gelingt es nicht, zu »gewinnen«, bevor er nicht mehrere Spieldurchgänge gemacht hat. Der Erfolg ist nur gegeben, wenn das Gleichgewicht im ganzen Beziehungsnetz hergestellt werden kann. Die Maximierung der Leistung durch rasche Reaktion wie in den klassischen Videospielen wird nicht prämiert. Das Spiel basiert eher auf den allgemeinen Gesetzen des Gleichgewichts als auf einem bestimmten Ökosystem. Das Inselvogelpaar wird nicht klar identifiziert, es wird als den Enten ähnlich vorgestellt. Die Herausforderung des Spiels liegt nicht in der Kompetitivität, sondern in der Beziehung zu einer problematischen Situation. Wenn mehrere Personen miteinander spielen, ergeben sich angeregte Diskussionen. Das Gegenüberstellen von Vorschlägen zwingt zur Legitimierung von Entscheidungen, zur Darlegung der Hypothesen und der Daten, auf die sie sich stützen.

2.5 Rollen- und Planspiele

Rollen- und Planspiele eignen sich zur Bearbeitung von komplexen Thematiken. Sie bieten einen geeigneten Ansatz, können doch unterschiedliche Lernwege beschritten sowie affektive und kognitive Elemente integriert werden. In Rollen- und Planspielen trainieren sich die Menschen in der Lebensbewältigung. Die »animazione teatrale« hat in Italien Tradition, das läßt darauf schließen, daß auch vielerlei Umweltproblematiken mittels dieses Instruments bearbeitet werden. Nachfolgend ein detailliert erarbeitetes und theoretisch untermauertes Beispiel:

2.5.1 Der Abfall: ein Problem, das uns alle angeht – i rifiuti: un problema di tutti (Gruppo Ambiente FNISM 1993)

In diesem Planspiel wird die Problematik der Abfallbeseitigung vorgestellt. Das Szenarium bildet die fiktive Industriestadt Piano Alto, die auf eine frühe Ansiedlung am Fluß Bodenco zurückgeht. Wie in anderen europäischen Städten nimmt auch in Piano Alto, infolge der raschen Industrialisierung, die Bevölkerung rapide zu. Besiedelten am Ende des letzten Jahrhunderts noch ca. 90.000 Menschen die Stadt, beträgt die Einwohnerzahl 1969 1.971.000. Diese Bevölkerungszunahme hat eine Reihe von tiefgreifenden Veränderungen zur Folge, der ökonomische Aufschwung erfolgte auf Kosten der Verbauung, der Verschmutzung, der Gesundheit und Lebensqualität. Die Müllhalde für die Industrieabfälle ist zwar offiziell geschlossen, trotzdem wächst sie noch an. Die Verbrennungsanlage für die Industrieabfälle, die von privater Seite verwaltet wird, ist saniert worden, stinkende Staubpartikel lagern sich immer noch an den umliegenden Balkonen ab. Die abgedichtete Deponie der festen Stadtabfälle kann die wachsende Menge schon kaum mehr fassen. Folgende Lösungsmöglichkeiten stehen zur Diskussion:

a) der Bau einer abgedichteten Mülldeponie für die Stadtabfälle und einer weiteren für die Industrieabfälle;
b) der Bau einer modernen Verbrennungsanlage (mit der Möglichkeit der Wiedergewinnung von Energie) und einer Deponie für den nichtverbrennbaren Müll;
c) der Erlaß von Bestimmungen zu einer differenzierten Sammlung der Abfälle, zum Recycling und zur Beseitigung des Restmülls in einer gesonderten Deponie.

Die SchülerInnen teilen sich in vier Gruppen auf, die erste Gruppe optiert für die Lösung a), die zweite für b), die dritte für c) und die vierte bildet die Kommission, die die Entscheidung am Ende einer öffentlichen Debatte, in der jede Gruppe ihre Argumente für die von ihr gewählte Variante dargelegt hat, trifft. Die Kommission prüft die einzelnen Vorschläge, wiegt Vor- und Nachteile ab, klärt alle Fragen im Detail und gibt am Ende der Diskussion ihre Entscheidung bekannt.

Die Spielanleitung enthält eine theoretische Abhandlung zum Problem der Abfälle, die Sammlung aller gesetzlichen staatlichen Bestimmungen bis zum Jahre 1991, die regionalen Bestimmungen, in diesem Fall der Region Piemont, Reflexionen zur italienischen Gesetzgebung und zu ihrer Anwendung, eine Kostenanalyse, einige informative Anmerkungen für einzelne SchülerInnen zur Stützung ihrer Argumente, einen Text über die Vision eines Einwohners von Sri Lanka zur Recyclingmanie, ein simuliertes Interview mit einer Frau Prof. von Palo Alto, eine kurze Anleitung zum Kompostieren, eine Bibliographie, die Agenda zum Spiel: Zeit- und Strukturierungsplan, Hinweise für die Gruppe A, B und C, gesonderte Hinweise für die Gruppe D, 30 Personenkarten mit den entsprechenden Beschreibungen, eine Aufgabenstellung auf geologischer Grundlage zur Erkundung der Bodenbeschaffenheit von Piano Alto mit mehreren Tabellen und Skizzen und eine theoretische Abhandlung zum Planspiel.

In derselben Reihe sind noch zwei weitere Spielmappen, **un livido giorno di pioggia**, ein Planspiel zum sauren Regen (CAMINO/CALCAGNO 1992), und **cerca l'acqua sottoterra, ferma l'acqua fermando la terra**, ein Planspiel zum Wasser und zur Erosion in der Sahelzone, erschienen. Diese Mappen sind im Buchhandel erhältlich. Sie sind über den ganzen italienischen Raum verbreitet und finden ihre Anwendung vor allem in den ersten Oberschulklassen. Die Reihe wird weiter ausgebaut. Derzeit wird eine Mappe zum Waldsterben ausgearbeitet.

2.6 Würfel-, Brettspiele

Würfel-, Brettspiele und andere Varianten kommerzieller Spiele liegen auch in italienischen Ausgaben vor. Spiele vom deutschen Markt finden natürlich auch in Südtirol Absatz. Sie sind vor allem Teil der schulischen Lehrmittel und scheinen im Repertoire der Freizeitorganisationen für Kinder und Jugendliche aufzutauchen. Ich beschränke mich in der Beschreibung auf solche, die nicht im Handel erhältlich sind:

2.6.1 Biosphäre Ökosystem Latium – Biosfera ecosistema Lazio
(Assessorato alla Cultura, Regione Lazio 1989)

Dieses Würfelspiel in der klassischen Form mit Ereignisfeldern ist das Ergebnis der Zusammenarbeit verschiedener Experten. Es zielt darauf ab, Phänomene, die anscheinend nur im entfernten Bezüge aufweisen, in Zusammenhang zu bringen, vielfältige Wechselbeziehungen aus technischer, ökonomischer, gesellschaftlicher und politisch-administrativer Sicht klar hervortreten zu lassen. Auf einem Spielplan sind 90 Felder eingezeichnet, jedes stellt eine Umweltthematik oder -situation dar, die in Verbindung gesetzt wird mit anderen aufgrund einer logischen Verknüpfung, aber auch aufgrund von Begünstigungen oder Hindernissen, die die Spielfigur Felder weiterspringen oder auch auf zurückliegende hüpfen lassen (z.B. Gewässerschutz, Schutz der Luft, Wiedergewinnung von Natur, Schutz der Gesundheit). Fünf große Thematiken sind der Untergrund dieses Spiels: Umweltschutz, Schutz der Gesundheit, Umweltverschmutzung, Energie und das Ökosystem Latium und die Figur »latinus«, der rote Faden im Spiel. Jede Thematik ist in ihre besonderen Elemente aufgegliedert, insgesamt in 90 Karten. In der Interaktion dieser 90 Spielfelder lernen die SpielerInnen die vielfältigen Zusammenhänge des Ökosystems kennen. Im Anhang laden Anregungen zu Erkundungen ein und dazu, die Erkenntnisse im eigenen Umfeld zu überprüfen.

2.6.2 Über sieben Steine

Dieses Brettspiel ist im Rahmen des Südtiroler Umweltpreises 1990/91 von Schülern und Schülerinnen der Mittelschule Johanneum, Dorf Tirol, entworfen worden: Der Flußlauf der Etsch ist die Spielstrecke dieses Brettspieles. Auf dem Weg von der Quelle zur Mündung sind Hindernisse zu überwinden; beim Betreten eines Feldes kann man plötzlich an die Quelle eines Nebenflusses versetzt werden. Fragen wie: Wie viele Tropfen Wasser werden von einem Tropfen Öl verseucht? Welche Bäume kommen in der Uferzone vor? Woraus besteht der Panzer des Flußkrebses? und ähnliche aus Ökologie, Botanik und Zoologie sind zu beantworten, um auf dem Weg der Etsch entlangzukommen. Ob das Wasser der Etsch heute noch rein wird, wenn es über sieben Steine fließt?

2.6.3 Burggräfler Quintett

In diesem von SchülerInnen einer 1. Oberschulklasse entworfenen Spiel werden positive und negative Seiten der Umwelt von Meran aufgezeigt. Das Umweltspiel besteht aus 40 Bildkarten und 20 Textkarten. Die landschaftliche Schönheit des Burggrafenamtes, seine Gärten, Schlösser und Wälder, aber auch die Dunstglocke über Meran, herumliegender Müll, vollgeparkte Dorfplätze, Monokulturen u.ä. sind die Motive, die von den SchülerInnen fotografiert worden sind. Die Fotografien wurden zu Bildkarten gestaltet. Die Textkarten umfassen Gedichte und rhythmische Prosa und sind den Bildkarten zuzuordnen.

2.6.4 Umweltquartett: Spiel mit, lern mit, hilf mit!

Dieses Spiel ist von OberschülerInnen entworfen und gestaltet worden, um GrundschülerInnen in spielerischer Form zu informieren und ihnen ökologische Inhalte zu vermitteln und sie auf Umweltprobleme hinzuweisen. Der Spielplan, ein Netz, auf dem die Spielfiguren in alle Richtungen ziehen können, ist auf ein 2 x 3 m großes weißes Tuch gemalt. Auf gekennzeichneten Feldern erhält der Spieler eine Quartettkarte ausgehändigt, vorausgesetzt, er kann zu dem Thema (Ernährung, Rohstoffe, Pflanzen, Tiere, Völker der Erde, Elemente) einige Fakten nennen. Ziel des Spieles ist es, möglichst viele Quartettkarten zu sammeln. Auf der Rückseite der 48 Quartettkarten sind ausführliche Informationen zum jeweiligen Thema vermerkt.

Die drei zuletzt genannten Spiele sind in der Dokumentation zum Umweltpreis 1990/91 enthalten, welche weitere Spiele und verschiedene Spielerfahrungen wiedergibt. Dieses Werk ist in der Zwischenzeit auch in Deutschland aufgelegt worden (MESSNER/GASSER 1994).

2.7 Spielepublikationen

Abschließend der Hinweis auf einige Publikationen:

»Ein Wald zum Spielen – Un bosco da giocare«: Dies ist ein Heft mit Spielen und Naturerfahrungen und -erkundungen im Wald. Folgende Spielsequenz soll den Sinn für Tarnfarben und Anpassung in der Tierwelt wecken. Das mimetische Versteckspiel entspricht in seinen Grundregeln dem bekannten Versteckspiel, es weicht nur insofern davon ab, daß es in dieser Variante nicht darum geht, sich hinter Objekten zu verstecken, sondern darum, mit Sorgfalt den Ort im Wald aufzusuchen, der mit dem übergehängten Stoff übereinstimmt, und durch eine ruhige Haltung nicht auf sich aufmerksam zu machen.

Für dieses Spiel sind Stofftücher (70 x 150 cm) in verschiedenen Waldfarben erforderlich, der Stoff wird in der Mitte gefaltet, für den Kopf wird eine Öffnung eingeschnitten.

»Erde – Terra« ist ein Heft mit Spielen und Naturerfahrungen, um die Umwelt zu erforschen. Im ersten Teil wird die Erde untersucht, um herauszufinden, woraus sie sich zusammensetzt und welches ihre Eigenschaften sind. Im zweiten Teil wird die Erde auf ihre Verwendung hin untersucht (zum Bauen, Messen der Zeit, zum Spielen), und im dritten wird Erde verwendet zum Zeichnen und Anmalen, Erzählen von erlebten und erfundenen Geschichten. Der letzte Teil ist dem Leben in der Erde gewidmet, den Samen und Wurzeln, den kleinen Tieren, die versteckt unter der Erdoberfläche leben.

»Raben Katzen & Schreibtische – Corvi gatti & scrivanie« beinhaltet Spiele und Erfahrungen, um die Tiere kennenzulernen. Was unterscheidet einen Raben von einem Schreibtisch? Das ist ein Rätsel aus dem Buch von Alice im Wunderland. Die Lösung hat der Autor des Buches nicht aufgeschrieben, er überläßt es unserer Phantasie, eine mögliche Antwort zu finden. Wenn wir sagen, das ist eine Katze oder das ist ein Schreibtisch, benennen wir eine einfache Sache, und doch ...; eine so banale Behauptung ist das Ergebnis einer Auswahl aller möglichen Wörter unseres Wortschatzes. Dieses Heft handelt von Tieren, ihrem Aussehen, ihrer Gestalt, ihren Farben und auch ihren Namen.

»1, 10, 1000« ist ein Heft mit Spielen und Naturerfahrungen, um das Wachstum zu verstehen und zu erleben.

»Wasser – Acqua«: Dies ist ein Heft mit Spielen und Naturerfahrungen zum Element Wasser.

Fünf Hefte (PAXIA 1988–1990), klein im Format (10,5 x 17 cm), schmal im Umfang (64 Seiten), so daß sie in der Hosentasche wie auch im Rucksack und in der Schultasche leicht Platz finden und vom Gewicht her nicht belasten, reich an Ideen, Spielangeboten, Fragen, Erkundungsaufgaben und Rätseln für LehrerInnen, GrundschülerInnen, Eltern und alle jene, die die Geheimnisse der Natur entdecken und erforschen wollen. Die Hefte regen auch dazu an, ähnliche Spiele selber zu entwerfen.

Zwei Grundlagenwerke auf der Basis von JOSEPH BHARAT CORNELL sind in diesem Zusammenhang zu nennen:

Zum einen handelt es sich um ein Buch von LOOS/DELL'AQUILA (1992), das eine breite Palette von Spielen zur Erkundung und Erfahrung für Menschen ab drei Jahren detailliert vorstellt: Alice und der Dinosaurier Bladimiro begleiten die

Leser auf einer unterhaltsamen und mitreißenden Reise zur Entdeckung der Natur und zu einem größeren Gewahrsein und besseren Verstehen von uns selbst. Im Kapitel »Auf der Erkundung der städtischen Umwelt« geht es um Raumerfahrung, um Spiele zum gegenseitigen Kennenlernen, darum, den eigenen Körper zu erfahren, die Kooperationsbereitschaft und -fähigkeit und die Kreativität zu stärken und im besonderen um die Abfallproblematik. In den Abschnitten »Die Entdeckung der Natur«, »Die Augen in den Händen«, »Die Augen in den Ohren«, »Die Augen in der Nase«, »Die Augen im Mund«, »Die Augen in den Augen«, »In Harmonie mit der Natur« sind viele Anregungen zum unmittelbaren Kontakt mit der Natur, zur Stärkung des Gefühls für die Natur und zur Entwicklung des Verständnisses für ökologische Zusammenhänge enthalten.

Das zweite ist ein Buch von LOOS (1991), dessen Titel »Viaggio a Fantasia. Giochi creativi e non competitivi a scuola e in famiglia« verrät, daß auch hier nicht von der Natur abgesehen werden kann.

Auch auf das Werk von FRANCO LORENZONI (1991) möchte ich noch verweisen. Diesem Buch wünsche ich sehr die Übertragung in andere Sprachen. FRANCO LORENZONI, Mitarbeiter des »Movimento di Cooperazione educativa« und Mitbegründer der casa-laboratorio von Cenci, dokumentiert in diesem Buch seine vielfältigen Erfahrungen mit Kindern und Erwachsenen bei der Erkundung des Kosmos. Dem Himmel können wir überall begegnen, auch in der Stadt ist es möglich, sich mit dem Mond zu verabreden, das langsame Annähern der Planeten zu erwarten und der Sonne in ihrem Untergehen zu folgen. Beobachten, Zeichnen, Gedichteschreiben, Bewegen, Singen, das Lösen geometrischer Aufgaben, das Aufspüren von Mythen, Anhören und Theaterspielen wechseln in diesem Kosmoserkunden einander ab.

Entsprechend den Pfadfindern in Deutschland gibt es auch derlei Organisationen für Kinder und Jugendliche in Italien. Die Handbücher, seien sie für die Leiter dieser Gruppen wie auch für die Mitglieder selbst, enthalten eine Reihe von Spielen zur Naturerfahrung, zur Aufdeckung ökologischer Zusammenhänge, zur Sensibilisierung für Umweltbelange. Die Herkunft der Autoren/Autorinnen der verschiedenen Bücher läßt darauf schließen, daß diese Programme internationalen Charakter haben.

Auch das italienische Komitee für das kindliche Spiel (Comitato Italiano Gioco Infantile, C.I.G.I.) darf in diesem Zusammenhang nicht ungenannt bleiben. In seinen Aktivitäten wie auch in den Publikationen leistet es vieles zur Qualifizierung des Verhältnisses Mensch – Umwelt.

In vielen Großstädten sind Parchi Gioco Robinson – Naturabenteuerparks – eingerichtet worden. C.I.G.I und das Kulturassessorat der Stadt Turin legen in einer Publikation (1987) die Konzeption dieser Naturbegegnung dar und dokumentieren die einzelnen Stationen von der Schulung der BetreuerInnen in diese Arbeit bis zum Aufenthalt der Kinder im Park.

Das »Consorzio Centro di Soggiorno Pracatinat« (Umweltzentrum Pracatinat in der Region Piemont) leistet Nachahmenswertes in der LehrerInnenfortbildung und beherbergt Schülergruppen über das ganze Jahr. In zwei Bänden (1990/1992), je einen für die Grund- und die Mittelschule, ist seine Konzeption zur Umwelterziehung ausführlich dargelegt und das Programm für den Aufenthalt in Pracatinat detailliert geschildert. Es werden außerdem viele Spielbeschreibungen und -anregungen geliefert.

Das Zentrum Ökologie und Kindheit »La Lucertola« von Ravenna stellt ein Angebot für Kinder in der Freizeit bereit: die Werkstatt »Spiel – Natur – Kreativität«. Mit den Zielen, die Kinder jenen Kindern anzunähern, die in Armut und Verlassenheit leben, die Auseinandersetzung mit der Nutzung des Essentiellen und der Verschwendung unserer heutigen konsumorientierten Gesellschaft zu fördern, für eine Spielkultur zu arbeiten, die alle Kinder der Welt in der Unterhaltung, im Lachen, im Übermut, im divergenten Denken vereint, um jene Art von Distanz zu erreichen, die die Aufmerksamkeit des Menschen von sich selbst ablenkt und ihn zur Solidarität und zur Freude am Zusammensein inspiriert, mit all diesen Zielen lädt das Zentrum die Kinder der Stadt und Umgebung ein, mit einfachen Materialien Spiele herzustellen und Spiele mit Obstkisten und anderen wiederverwertbaren Materialien zu entwerfen.

Viele der geschilderten Beispiele beweisen, daß ein anderer Code versucht wird, den Dialog mit der Natur intensiver und lebendiger zu gestalten. Einzelne Beispiele lassen klar werden, wie bedeutsam die spielerische Komponente ist, allerdings gibt das noch nicht darüber Auskunft, wie stark sie im täglichen Leben der Kinder und in den freien Stunden der Erwachsenen zum Einsatz kommt. Das in Erfahrung zu bringen würde eine eigene Studie erfordern.

Auch wenn in diesem Beitrag nur exemplarisch einige Spiele vorgestellt werden konnten, zeugen die Beispiele davon, daß das Spiel ernst genommen wird. Sie zeigen auch, wie viele Themen ins Spiel kommen, und dienen – vielleicht – als Anregung und motivieren zu eigenen Entwicklungen.

Die Verfasserin des Beitrages bedankt sich bei allen, die ihr Unterlagen zur Verfügung gestellt haben, im besonderen bei Frau ROSINA RUATTI, die ihr zusätzlich beratend zur Seite gestanden hat.

Literatur

ASSESSORATO ALLA CULTURA, REGIONE LAZIO (KULTURASSESSORAT DER REGION LATIUM)(Hrsg.): Biosfera ecosistema Lazio. Rom 1989;
BRAMINI, SISTA: Caccia al vento. In: Gruppo di ricerca von Cenci (Hrsg.): A cielo aperto. Corpo, cosmo, percezione, conoscenza. Possibili percorsi di una proposta educativa. Rom 1988, unpaginiert;
CAMINO, ELENA/CALCAGNO, CARLA: Un livido giorno di pioggia. Gioco di ruolo sulle piogge acide. Edizioni Gruppo Abele, Turin 1992;
C.I.G.I./KULTURASSESSORAT DER STADT TURIN (Hrsg.): Scopri ad ogni passo l'avventura. Sinopsia SRL, Mailand 1987;
CONSORZIO CENTRO DI SOGGIORNO PRACATINAT (UMWELTZENTRUM PRACATINAT DER REGION PIEMONT): Quaderni di educazione ambientale 1 e 2. Fenestrelle 1990/1992;
CORNACCHIA, STEFANIA: Nel bosco alla cerca di tracce. In: il Crogiolo, apprenderesecondonatura, mensile di proposte educative (1991), Nr. 26, S. 15–17;
GRUPPO AMBIENTE FNISM – FEDERAZIONE NAZIONALE INSEGNANTI (Hrsg.): I rifiuti: un problema di tutti. Gioco di ruolo sullo smaltimento dei rifiuti. Edizioni Gruppo Abele, Turin 1993;
IRRSAE PUGLIA: Educazione e ambiente. Bari 1991;

LOOS, SIGRID: Viaggio a Fantasia. Giochi creativi e non competitivi a scuola e in famiglia. Edizione Gruppo Abele, Turin 1991;

LOOS, SIGRID/AQUILA, LAURA DELL': Naturalmente giocando. Alla scoperta dell' ambiente attraverso il gioco. Edizioni Gruppo Abele, Turin 1992;

LORENZONI, FRANCO: Il nome segreto. In: Gruppo di ricerca von Cenci (Hrsg.): A cielo aperto. Corpo, cosmo, percezione, conoscenza. Possibili percorsi di una proposta educativa. Rom 1988, unpaginiert;

LORENZONI, FRANCO: Con il cielo negli occhi. Imparare a guardare lo spazio e il tempo. Marcon 1991;

MESSNER, CHRISTA/GASSER, MICHAEL (Hrsg.): Umwelt erfahren - Umwelt bewahren. Projektarbeit im Kindergarten und Schule. AOL, Lichtenau/Kallmeyersche Buchhandlung, Seelze 1994;

PAXIA, GIANNI (Hrsg.): Quaderni dell'ambiente [5 Hefte zur Umwelterziehung]. Gemeinde von Pelago, Pelago 1988-1990;

SALA, MARCELLO: Duck-man l'anatra informatica. In: il Crogiolo, apprenderesecondonatura, mensile di proposte educative (1991), Nr. 26, S. 22-25;

SUTTI, SANDRO: WAP - Un modello alternativo di indagine ambientale. In: MAYER, MICHAELA (Hrsg.): Una scuola per l'ambiente. CEDE, Frascati 1989, S. 207-232;

WINNICOTT, DONALD W.: Gioco e realtà. Armando Editore, Rom 1986 [deutsche Ausgabe: Vom Spiel zur Kreativität. Klett-Cotta, Stuttgart 1985³].

4.5 Umweltspiele in der nordamerikanischen Umwelterziehung – Praxisbeispiele aus Colorado/USA

Orah S. Elron

Die Aufgabe, Umwelterziehungsarbeit in den Vereinigten Staaten, ja sogar nur in einem der Staaten, zusammenzufassen, ist gigantisch und kaum im Rahmen weniger Seiten möglich. Darum sollen in diesem Artikel nach einer allgemeinen Einführung zur Umwelterziehung praktische Beispiele für Umwelterziehungsspiele im Vordergrund stehen.

1. Umwelterziehung in Nordamerika

1.1 Der Anfang

Der Begriff Umwelterziehung, wie wir ihn heute verstehen, kam meines Erachtens um die Zeit des ersten »Earth Day« auf, den wir in Connecticut im Mai 1970 zusammen mit tausenden Studenten in der riesigen Sportarena der Yale University in New Haven miterlebten. Zur selben Zeit bzw. kurz darauf entstanden in großer Anzahl unabhängige Umwelterziehungsgruppen. Sie waren die erste Massenreaktion auf die Veränderungen auf unserem Planeten, der Erde, die zu diesem Zeitpunkt in großem Maße sichtbar wurden. Was war es, das die Menschen plötzlich »umweltbewußt« gemacht hatte?

Jahrtausendelang hatte die Menschheit mit unbegrenzten Quantitäten von Luft, Wasser und Boden gerechnet. Wenn es irgendwo auf Erden nicht mehr gutging, konnte man immer an einem anderen Ort wieder anfangen. Plötzlich war es aber klar geworden, daß es keinen neuen, leeren Platz mehr gab. Alles hatte sich verändert. Die Entwicklung der Landwirtschaft, der Forstwirtschaft, der Energiegewinnung und vor allem die Bevölkerungsexplosion und der sozioökonomische Einfluß dieser Menschenmengen hatten eine neue Situation geschaffen, in der unsere Erde nicht mehr über grenzenlose Reserven verfügte. Der Treibhauseffekt, das Ozonloch, der saure Regen und der Verlust der biologischen Artenvielfalt sind Probleme, die alles Leben auf dieser Erde betreffen und dementsprechend keine nationalen Grenzen kennen.

Um diesen Problemen gerecht zu werden und so weit als möglich neue Wege der Schadensverringerung zu finden, bedarf es weltweiter, grenzüberschreitender Bemühungen. Leider stehen solchen Erwägungen ökonomische, politische und kulturell-religiöse Schwierigkeiten oder Egoismen im Wege. Diese sind oft lokal bedingt und überschatten in vielen Fällen jegliches globale Denken.

Umwelterziehung im weitesten Sinne soll die neue Generation darauf vorbereiten, diesen Problemen mit der richtigen Einstellung und den notwendigen theoretischen und praktischen Kenntnissen entgegenzutreten.

1.2 Globales Denken

Viele der Ideen, die heute zur Umwelterziehung gehören, gab es schon lange bevor wir dieses Spezialfach so definierten. Wir sprachen damals von modernen Unterrichtsmethoden in der Naturwissenschaft, vom »Lernen durch aktives Tun« (learning by doing, hands-on learning).

Doch erst am Anfang der 70er Jahre, ungefähr zeitgleich mit der ersten »Earth Day«-Feier, hatten zum ersten Mal menschliche Augen die Erde als »kleine blaue Kugel« aus der Entfernung eines Satelliten im Weltall gesehen. Da sah man keine nationalen Grenzen, keine Zäune, Mauern oder Wälle, die die Menschheit seit Jahrtausenden errichtet hatte. Globales Bewußtsein war geboren.

Ich persönlich sah den Spruch »Think Globally, Act Locally« (global denken – lokal handeln) zum ersten Mal im Jahre 1978. Überall gab es große Plakate mit Fotos von der Erde aus der Perspektive des Weltalls. Ebenso waren Postkarten und Aufkleber, aber auch T-Shirts und Buttons mit einem solchen Foto sehr beliebt. Heute ist dieses Bild uns allen bekannt, und unsere Schüler nehmen es als selbstverständlich hin. Trotzdem sind die meisten Menschen weit davon entfernt, wirklich »global« zu denken. Es ist daher unsere Aufgabe, eine junge Generation zu schaffen, die tatsächlich global denkt und handelt. Die Informationen durch Filme, Fernsehen und Reisen sind zwar eine Hilfe, können aber Umwelterziehung nicht ersetzen.

Wir waren damals 1978 eine Gruppe von sieben Personen, die sich damit beschäftigten, aus 1700 Broschüren und Büchern über Umwelterziehung die passendsten Unterlagen zu wählen, damit sie in den Elementarschulen des Staates Connecticut in verschiedenen Fächern in den Unterricht aufgenommen werden konnten. Naturwissenschaften, Sozialwissenschaft, Mathematik, Fächer mit handwerklichen Inhalten und sogar Sport wollte man mit mehr Umweltbewußtsein unterrichten.

Politische Veränderungen und finanzielle Schwierigkeiten machten es nötig, viele dieser frühen Versuche zu unterbrechen. Trotzdem war es nicht mehr möglich, die Idee der Umwelterziehung zu stoppen. Obwohl öffentlich finanzierte Maßnahmen seltener wurden, ist die Anzahl der Schriften, Bände und Projekte so sehr gewachsen, daß z.B. 1992 auf einer Umwelterziehungskonferenz in Toronto/Kanada die Adressenliste der Vortragenden aus 67 Ländern (!) 17 Seiten umfaßte. Jeder Teilnehmer war als Vertreter von mindestens einem Umwelterziehungsprojekt nach Toronto gekommen.

1.3 Die Nordamerikanische Umwelterziehungsgesellschaft (NAAEE)

Die Nordamerikanische Umwelterziehungsgesellschaft (NAAEE) wurde 1971 gegründet. Sie sollte als Dachorganisation und Netzwerk dienen mit dem Ziel, Umwelterziehungsorganisationen aus allen Teilen des Kontinents zusammenzubringen und den Erziehern und Lehrern moralische und praktische Hilfen zu geben. Sie sieht ihre Aufgabe in der Unterstützung von umweltbewußtem und globalem Denken sowie in der Förderung neuer, moderner Unterrichtsmetho-

den, unter anderem auch Lernspielen, die den Erziehern ihre Arbeit im lokalen Rahmen erleichtern sollen.
Heute hat die NAAEE Tausende von Mitgliedern in den Vereinigten Staaten, in Kanada und 25 anderen Ländern.
In Belgrad wurden 1975 die Grundsätze der NAAEE folgendermaßen formuliert: Das Ziel von Umwelterziehung ist es, eine Weltbevölkerung zu schaffen, die umweltbewußt und umweltinteressiert ist (aware and concerned) und die Mittel hat, theoretisch und praktisch individuelle und kollektive Lösungen für die Probleme der Gegenwart zu finden und Probleme in der Zukunft zu vermeiden.
In Tiflis 1977 setzte die NAAEE diese Arbeit im Rahmen einer internationalen Konferenz fort und formulierte fünf Kategorien der Umwelterziehung: Bewußtseinsbildung (awareness), Sachwissen (knowledge), Verhaltensnormen (attitudes), Fähigkeiten (skills), praktische Mitwirkung (participation).
Im Jahre 1990 wurde ein umfassender Arbeitsplan der NAAEE geschaffen, der diesmal nicht nur Erzieher, sondern auch Handel, Gewerbe, Industrie und internationale Organisationen umfaßte.

Obwohl diese Arbeit noch nicht vollendet ist, wurde es doch klar, daß es sich hier nicht mehr nur um ein internes Dokument der NAAEE handelt, sondern daß dieser Arbeitsplan auch politischen Einfluß und internationalen Wert hat und daher auch außerhalb der Organisation zugänglich sein sollte. Spezifische Punkte sind dabei:

- *Aus der Vergangenheit für die Zukunft lernen:* Die Umwelterziehung hat seit ihrem Anfang vor mehr als 20 Jahren Höhepunkte und Krisen durchgemacht. Viel wertvolles Material der 70er Jahre wurde – zum Großteil aus finanziellen Gründen – zur Seite gelegt und vergessen. Diese damals geleistete Arbeit sollte wiederaufgegriffen werden und als Grundlage für die Erstellung neuer Materialien dienen.
- *Umwelterziehung als Beruf* ist umfassender als das getrennte Studium der Naturwissenschaften oder der Soziologie. Es bedarf eines intensiven Studiums, um die Inhalte der umfangreichen Literatur auf diesem Gebiet zu beherrschen. Andererseits ist es wünschenswert, daß dieser Spezialausbildung als Grundlage ein Studium der Naturwissenschaften oder der Soziologie vorausgeht.
- *Erweiterter Gesichtskreis durch mehr Zusammenarbeit:* Um den Horizont der Umwelterziehungsorganisationen zu erweitern, ist es wünschenswert, mit anderen Gruppen – wie z.B. Senioren-, Industrieverbänden und religiösen Vereinigungen – zusammenzuarbeiten.
- *Vielfalt der Rassen und Kulturen:* Umweltorganisationen – besonders in der Großstadt – sollen sich bemühen, die ethnische Vielfalt der Bevölkerung positiv zu bewerten und durch diese bereichernden kulturellen Einflüsse ihren Horizont zu erweitern.
- *Aktives Handeln ermutigen:* Die Ziele der Umwelterziehung sind einerseits die Verhaltensänderungen im persönlichen Umfeld, andererseits sozialpolitische Maßnahmen im Rahmen der Gemeinschaft.
- *Umwelterziehung von Erwachsenen:* Zur Unterstützung der Jugenderziehungsprogramme benötigt man den Einsatz der erwachsenen Bevölkerung, um sozial-ökologische Änderungen auf lokalem und nationalem Gebiet zu erreichen.
- *Vorhandenes Material verfügbar machen:* In Anbetracht der großen Mengen bereits entwickelter Umwelterziehungsmaterialien ist es wichtig, diese leicht verfügbar zu machen, damit vielleicht schon lange vorhandene Ideen nicht erneut geschrieben werden. Der Erzieher soll die Möglichkeit haben, aus der Vielfalt der vorhandenen Quellen das beste, ihm passende Material zu wählen. Auch die große Anzahl erfahrener

Umwelterzieher sollte genutzt werden, um fachliche Kompetenzen und deren Anwendungssituationen zusammenzubringen.
- *Lokales Handeln fördern:* Umwelterziehung soll besonders lokale Interessen unterstützen und kann auch Unterstützung von lokalen Gruppen erwarten.
- *Globales Denken:* Umwelterziehung kennt keine nationalen Grenzen. Gemeinsame internationale Projekte sind ein wichtiger Beitrag zu lokaler Erziehung.
- *Wege zu einer ausgewogenen und überlebensfähigen Entwicklung:* Eine der Hauptaufgaben der Umwelterziehung ist es, als Katalysator zu wirken, um ein globales Gleichgewicht zwischen ökonomischer Entwicklung und ökologischen Forderungen zu erzielen. Nord-Süd-Dialog, biologische Artenvielfalt, überlebensfähige Entwicklung sind Gebiete, an denen Umwelterziehung großen Anteil hat.
- *Kritische Bewertung:* Die Überprüfung der Forschung und ihrer Ergebnisse ist ein wichtiger Bestandteil der Umwelterziehung.
- *Mitarbeit an Curriculumentwicklung und Erziehungsreformen* in den verschiedenen Hauptfächern sind nötig, um zu zeigen, daß Umwelterziehung ein effektiver Bestandteil des gesamten Unterrichts sein kann.

2. Umwelterziehung in Colorado

2.1 Colorado

Die geographische Lage des Staates Colorado in der alpinen Hochgebirgslandschaft der Rocky Mountains, die relativ geringe Bevölkerungsdichte (11 Einwohner/qkm – Colorado ist flächenmäßig z.B. größer als Großbritannien, hat aber nur eine Bevölkerung von 3 Millionen Einwohnern) und das hohe Niveau der Universitäten in diesem Staat sind u.a. die Ursachen dafür, daß Colorado ein Zentrum der Umwelterziehung wurde.

Ein Adressenverzeichnis der Umweltorganisationen der Rocky Mountains Region beschreibt 3500 Organisationen in den fünf Staaten Colorado, Utah, Wyoming, Montana und Idaho. Die beiden dominanten Großprojekte der Umwelterziehung »Project Learning Tree« und »Project Wild«, die im folgenden näher beschrieben werden, stammen aus Colorado. Obwohl Umwelterziehungsprojekte in den 20 Jahren ihrer Entwicklung alle Teile des nordamerikanischen Kontinents erreicht haben, blieb Colorado weiterhin ein Zentrum der Umwelterziehung. Viele Studenten kommen deswegen hierher, um ihr Studium der Umwelterziehung zu beginnen oder zu vervollständigen.

2.2 Umwelterziehungs- und Freilandarbeit

Jedes Jahr im Mai, wenn die letzten Schneereste fast geschmolzen sind und die ersten Kuhschellen der Rocky Mountains in den Wäldern blühen, treffen sich im »Colorado Outdoor Education Center« – ungefähr 150 Kilometer südlich von der Hauptstadt Denver – ca. 500 Menschen aller Altersstufen. Das Camp liegt 2500 Meter hoch in den Bergen und umfaßt über 6000 Acres Wälder und Wiesen. Die Teilnehmer eines solchen Workshops kommen aus allen Teilen Colorados und oft auch aus anderen Staaten der USA. Menschen aller Altersgruppen aus den verschiedensten Berufen (z.B. Natur- und Sozialwissenschaftler, Krankenschwestern, Bibliothekare und vor allem Erzieher aus Elementar- und Sekundarschulen) kommen hier zusammen, um im Laufe eines Wochenendes Altes und Neues auf dem Gebiete der Umwelterziehung zu lernen. Vor allem aber kommen sie hierher, um »mitzuspielen«, um Umweltbegriffe und Ideen in Spiel und praktische Arbeit umzusetzen.

Im Laufe eines Jahres gibt es unzählige solcher Workshops in allen Teilen Kanadas und der Vereinigten Staaten. In Ferienlagern und Konferenzzentren, in Zelten oder in eleganten Hotels treffen sich Tausende von Menschen für wenige Stunden oder eine ganze Woche, um voneinander zu lernen und neue Ideen und Spiele der Umwelterziehung mit nach Hause zu nehmen.

»Stalking Education in the Wild« ist ein in Colorado seit nunmehr 20 Jahren bestehender Workshop, der sich jährlich wiederholt.

Um ein Maximum der angebotenen Aktivitäten mitzumachen, muß man meist den Tag um 6 Uhr früh beginnen und erst nach Mitternacht beenden. An die hundert Teilnehmer wirken aktiv am Programm mit, tauschen Ideen aus und ermöglichen es allen, altes und neues Lehrmaterial in ihren eigenen Wirkungskreis nach Hause mitzunehmen, sei es in eine Schule, ein Camp oder nur in eine private Gruppe. Viele der angebotenen Aktivitäten sind das Ergebnis langjähriger Erfahrung, andere wurden erst im letzten Jahr – vielfach als Unterrichtseinheit in der eigenen Klasse – geschaffen. Viele der Teilnehmer an so einem Wochenende kommen jährlich wieder, für andere ist es das erste, wohl aber nicht das letzte Mal.

Jeder Teilnehmer erhält eine dicke Mappe, die – wie bei internationalen Konferenzen – das vielfältige Programm enthält. So kann jeder selbst die Auswahl treffen, ob er/sie den Schwerpunkt auf wissenschaftliche Information oder lieber auf Umweltspiele, Singen und Tanzen oder vielleicht aufs Puppentheater setzen will, um auch zu lernen, wie man leicht seine eigenen Marionetten herstellt.

Es gibt auch immer eine Anzahl von anderen Bastelarbeiten, z.B. wie Indianer aus langen Föhrennadeln Körbchen flechten, oder wie man aus Gipsverbänden Masken machen kann.

All das steht im Sinne eines alten chinesischen Spruches, der besagt: Was ich gesehen habe, kann ich leicht vergessen, was ich gehört habe, kann ich mir zum Teil merken, doch was ich getan habe, weiß ich für immer. Wir nennen es mit modernem Fachausdruck: handlungsorientiertes Lernen.

In einem solchen Workshop kam folgende Frage auf: In welchem Unterrichtsfach und in welchem Maße soll Umwelterziehung Bestandteil des Unterrichts sein? Die Antwort, die wir fanden, war: Umwelterziehung darf nicht isoliert betrachtet werden. Sie kann kein eigenes Unterrichtsfach sein, sondern sie ist eine Einstellung und muß Bestandteil des gesamten Lehrstoffes von Beginn der Schulzeit an sein, um schon den jüngsten Schülern Umweltbewußtsein nahezubringen. Sie sollen sehen, daß all ihr Handeln und Tun Einfluß auf unsere ganze Erde hat, sei es durch das Vergeuden von Papier oder überflüssiges Autofahren. Die Allerjüngsten können schon in ihrem ABC und bei den ersten Schritten im Rechnen Umwelterziehung vermittelt bekommen.

3. Spiele als Lehrmethode

3.1 Umweltethik

In der ersten Zeit der Umwelterziehung, als diese Arbeit noch zumeist lokaler Art war, bemühten wir uns, im Rahmen einer kleinen Gruppe von Umwelterziehern praktische Richtlinien zu formulieren. Einerseits sollten diese anderen behilflich sein, um das bewerten und einordnen zu können, was ihnen schon an entwickeltem Material zur Verfügung stand. Andererseits sollte man auch mit Hilfe dieser Richtlinien in der Lage sein, neues Lehrmaterial zu entwickeln.

Das Resultat dieser Bemühungen stellen die folgenden vier Punkte dar, die ich persönlich seit damals als Richtlinien verwendet habe und die mich noch immer leiten. Sie sind leicht zu übertragen und bieten vielleicht auch dem europäischen Leser eine Hilfe in der Umwelterziehung.

- *Bewußtseinsbildung (awareness):*
  Wir wollen uns alle bemühen, unsere Sinne richtig zu verwenden, zu *sehen,* wenn wir etwas anschauen, zu *lauschen,* wenn wir etwas hören, die Erde unter unseren Füßen zu *spüren,* besonders wenn wir die Großstadt verlassen, um im Freien zu wandern. Nur so können wir uns dessen bewußt werden, daß wir alle ein Teil der Biosphäre sind.

- *Verwaltermentalität (stewardship):*
  Als Menschen haben wir wohl die Verantwortung für alles, was uns die Erde bietet, für Luft und Wasser, Boden und Bodenschätze; auch für alles andere Leben auf dieser Welt, das wir so oft nur als unser »Eigentum« ansehen. Diese Verantwortung verpflichtet uns, daran zu denken, daß wir diesen Reichtum auch zukünftigen Generationen übergeben wollen.

- *umweltgerechtes Verhalten (adaptation):*
  Im Sinne dieser Verantwortung für die Erde und die Biosphäre, der auch wir angehören, wollen wir unser tägliches Leben so führen, daß wir der Umwelt so wenig Schaden zufügen, als es uns möglich ist. Täglich hören wir von neuen Änderungen in der Atmosphäre, vom Treibhauseffekt und sauren Regen, von Ozonlöchern und dem Sterben der Tropenwälder durch unverantwortliches Abholzen. Wir wollen lernen, sparsamer mit Rohstoffen umzugehen, den Müll durch Wiederverwendung von Gebrauchtem zu vermindern. Hier sagen wir vermeiden, wiederverwenden und verwerten.

- *verantwortungsbewußtes Handeln (responsibility):*
  All das führt dazu, nicht nur im eigenen Leben verantwortlich für die Zukunft zu handeln, sondern auch im öffentlichen Leben Anteil an der Entwicklung neuer Einstellungen zu nehmen.

Als Diagramm kann das so dargestellt werden:

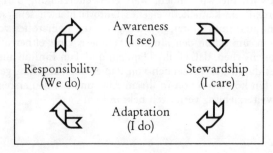

Wenn jeder von uns nur einen kleinen Beitrag zu einem neuen Lebensstil geben kann, wird der Gesamteffekt sehr groß sein. Wenn wir Wege finden, diese Einstellung in jedem Unterricht und der gesamten Erziehung zu betonen, werden wir eine bessere Welt schaffen und an zukünftige Generationen weitergeben können.

3.2 Affektives und kognitives Lernen

Wir lernen ja vom Anfang bis zum Ende unseres Lebens, doch umfaßt dieses Lernen zwei verschiedene Gebiete unserer Persönlichkeit. Die Definitionen dazu haben sich im Laufe der Jahre und in der Entwicklung der Forschung geändert, aber wir sprechen schon lange von affektivem und von kognitivem Lernen. Heute betrachtet die Wissenschaft affektives Lernen (z.B. schöpferisches Denken, das Erfinden von neuen Ideen und Lösungen, die Phantasie, besonders auch das Spielen im weitesten Sinne des Wortes sowie die gefühlsmäßigen Beziehungen zu Themen des Unterrichts) als Funktion der rechten Gehirnhälfte.
Andererseits stellt kognitives Lernen, wie z.B. die Aufnahme neuer Informationen und Begriffe, den Großteil dessen dar, was man früher einfach »Lernen« nannte. Dieser Vorgang wird der linken Gehirnhälfte zugeschrieben.
Spiele können beide Gehirnhälften, beide Formen menschlichen Denkens erfassen, wie wir in den folgenden Umweltspielen sehen werden.
Spielen soll Spaß machen und stellt oft – wenn auch nicht immer – einen Wettbewerb dar. In den meisten Lernspielen geht es nicht darum, wer gewinnt, sondern wer die beste Lösung findet, die allen hilft. Spiele haben mehr oder weniger strikte Regeln, an die man sich halten muß. Viele Spiele geben vereinfachte Situationen wieder, die der Wirklichkeit entnommen sind. Häufig führen Lernspiele die Teilnehmer dazu, als Gruppe zusammenzuarbeiten, um Probleme zu lösen und Entschlüsse zu fassen. Sie dienen auch besonders als Antrieb zum Lernen. Schüler die unaufmerksam und uninteressiert waren, können durch ein Lernspiel wieder in den Unterricht einbezogen werden, »sie müssen ja nicht lernen, sie spielen ja bloß!«
Es hat sich erwiesen, daß auch ein schweres oder »langweiliges« Thema im Spiel das Interesse aller Schüler erweckt, den schwachen Schülern hilft, doch mitzukommen, und den talentierten Schülern die Möglichkeit gibt, ihre eigenen Ideen zu verfolgen, ohne den Unterricht zu stören. Allen mag ein Lernspiel helfen, das Gelernte nachher nicht so schnell zu vergessen.

3.3 Lernen durch Umweltspiele

Viele der Spiele, die hier beschrieben werden sollen, sind ein erster Schritt, Umweltbewußtsein zu wecken und zu verstärken. Diese Spiele können mit Kindern und Jugendlichen jeden Alters gespielt werden und benötigen wenig oder gar keine Vorbereitung.
Es ist hier wichtig zu betonen, daß die Mehrheit der Umwelterziehungsspiele »global« in dem Sinne sind, daß sie überall, in jedem Land und jeder Sprache,

gespielt werden können. Wir wollen ja die »global« denkenden Menschen der Zukunft heranbilden. Ich habe **Piri und Marama**, die Geschichte von zwei Kindern im Urwald, in Wien mit deutschsprechenden Kindern und das Simulationsspiel **Arborainia** mit zweisprachigen Jugendlichen in Costa Rica gespielt. Da die Ideen global sind, muß man nur die jeweilige Landessprache benutzen, um jedes dieser Spiele in irgendein Land zu übertragen.

»Project Wild« wird heute von Lehrern in Island, der Tschechischen Republik und auch in Indien verwendet. Es ist vorgesehen, es bald auch in weitere Länder zu übertragen.

Die Entwicklung von Umwelterziehungsspielen hat sicher mit der Entwicklung von Umwelterziehung im allgemeinen Schritt gehalten, und es gibt so viele Umweltspiele, daß sie – soviel mir bekannt ist – in keiner einzelnen, umfassenden Bibliographie zusammengefaßt sind, die auch nur den Großteil der amerikanischen Spiele enthalten würde. Ein Teil dieser Arbeit wurde in der Form von Großprojekten geleistet, die die Unterstützung von Universitäten und staatlichen Organisationen hatten (von denen drei im weiteren beschrieben werden sollen). Andererseits gibt es unzählige Kleinprojekte, zum Teil als Resultat von Lehrer- und Erzieherinitiativen, die oft mit minimaler oder ohne finanzielle Hilfe hervorragende Umweltspiele entwickelt haben.

Hier soll eine kleine Auswahl geboten werden, die dem europäischen Leser einen Überblick über die Vielfalt des Materials geben soll. Wer darüber hinaus noch mehr Umweltspiele aus dem nordamerikanischen Raum kennenlernen möchte, den verweise ich auf die im Anhang stehende Kontaktadressenliste.

Originalbeschreibungen der hier vorgestellten Spiele kann man entweder als Kopie von mir direkt anfordern oder an der ZUE in der Universität Essen einsehen.

4. Beispiele von Umweltspielen

4.1 »Outdoor Biology Instructional Strategies (OBIS)«

Eines der ersten Großprojekte der Umwelterziehung wurde am Anfang der 70er Jahre in der Lawrence School of Science der California University in Berkeley, Kalifornien entwickelt.

In der Einführung der Projektbeschreibung von »OBIS« ist zu lesen:

> Es ist »... *ein Lehrprogramm, das jungen Schülern Spaß macht und ihnen die Gelegenheit bietet, ökologische Prinzipien in ihrer nahen Umgebung zu erforschen.*
> *Das Format, die einfache Vorbereitung und die kurze Zeitspanne, die jede der Aktivitäten erfordert (meist nur eine Schulstunde), ermöglichen es auch dem Lehrer, der wenig naturwissenschaftliche Kenntnisse besitzt, diese Einheiten im Unterricht zu verwenden.*«

Folgendes Beispiel soll »OBIS« hier charakterisieren:

4.1.1 Erfinde ein Tier!

Erfinde ein Tier! (mein Lieblingsspiel) ist für 10–14jährige Kinder gedacht. (Die Mehrzahl der »OBIS«-Aktivitäten ist für diese Altersstufe bestimmt, sie können aber leicht anderen Gruppen angepaßt werden.)

Die meisten Tiere müssen ständig aufpassen, nicht gefressen zu werden. Daher sind viele Tiere an ihre Umwelt so angepaßt, daß sie nicht leicht zu sehen sind. In diesem Spiel geht es nun darum, ein Tier zu erfinden, das in einem bestimmten Umfeld nur schwer auszumachen ist.
In zwei Gruppen suchen sich die Schüler zuerst je eine spezifische Umgebung aus (Gras, Gebüsch etc.). Dann soll jeder ein Tier basteln, das dieser Umgebung möglichst gut angepaßt ist. Als Körper dienen weißgefärbte Gemüse, wie Kartoffeln, Bohnen, Rüben etc. Die anderen »Körperteile« des Tieres sind aus Papier, Wolle und allerlei anderen Bastelmaterialien.
Wenn die Tiere richtig gefärbt und fertig sind, werden sie an der vorher gewählten Stelle, auf der Wiese, im Gebüsch, »ausgesetzt«.
Dann tauschen die Gruppen ihre Plätze, um die Tiere der anderen zu suchen. Alle gefundenen Tiere werden danach zusammengetragen. Die, die nicht gefunden wurden, waren am besten ihrer Umgebung angepaßt.
Die Erfinder dieser Tiere sollen nun allen zeigen, was ihre Tiere so »unsichtbar« gemacht hat.

4.2 »Project Learning Tree (PLT)«

Dieses Projekt wurde zwischen 1975 und 1977 vom »Western Regional Education Council« und dem »American Forest Institute« entwickelt.

»... das Projekt begann mit dem Ziel, ... Lehrmaterial für Elementar- und Sekundarschulen zu entwickeln, die den Schülern helfen sollten, ihre Abhängigkeiten und Wechselbeziehungen zum Lebensraum Wald zu verstehen und ihr Wissen, ihre Fähigkeiten und ihr Verantwortungsbewußtsein zu erweitern, um diese Ressourcen zum langfristigen Wohle der Gesamtheit zu nutzen.«

Die beiden Bände von »Project Learning Tree«, die ca. 200 Umweltaktivitäten beinhalten, sind nicht käuflich zu erwerben. Man kann sie nur durch die Teilnahme an einem eintägigen Lehrer-Workshop erhalten. Diese Maßnahme soll gewährleisten, daß die Lehrer das Material auch mit der richtigen Einstellung verwenden.
Auch aus diesem Projekt ein Beispiel:

4.2.1 *Adoptiere einen Baum*

Die Schüler (6–10jährige) sollen sich jeder einen bestimmten Baum im Schulhof oder zu Hause aussuchen und dann diesen besonderen Baum »adoptieren«, ihn regelmäßig besuchen. Sie beobachten, wie er sich im Laufe des Jahres verändert, wie die Blätter sprießen und wieder abfallen, ob der Baum dicker geworden ist und wie die Rinde sich verändert. Sie sollen dem Geräusch der Blätter lauschen, sehen, welche Insekten ihren Baum besuchen, und all das in der Form eines illustrierten Tagebuchs aufzeichnen. Sie können auch Spiele erfinden, die sie mit diesem Baum spielen können, Geschichten über ihn erzählen etc.
Wichtig ist, all diese Informationen miteinander zu besprechen und vielleicht den adoptierten Baum eines Freundes zu besuchen und mit dem eigenen zu vergleichen.

4.3 »Project Wild«

»Project Wild« wurde als zoologische Parallele zu dem Pflanzen behandelnden »Project Learning Tree« entwickelt.
1983 entstand das »Project Wild« mit Hilfe vieler Personen, die auch an dem ersten Projekt beteiligt waren. Es wird finanziert vom »Western Environmental Education Council«, der bereits das erste Projekt förderte, und der »Western Association of Fish and Wildlife Agencies«.
Heute ist »Project Wild« wahrscheinlich eines der größten Umwelterziehungsprojekte. In den USA haben 500.000 Lehrer den Trainingskurs des Projekts mitgemacht und ebenso eine sehr große Anzahl kanadischer Erzieher. Es wird angestrebt, das »Project Wild« in Kürze auch in Australien durchzuführen. Wie oben schon erwähnt, ist das Projekt in einige europäische Sprachen übertragen worden, unter anderem ins Schwedische, Griechische und Tschechische.
Als Beispiel für dieses Projekt möchte ich folgendes Spiel vorstellen:

4.3.1 Wieviel Bären können in diesem Wald leben?

Für dieses Spiel (es richtet sich an 10-14jährige, Anpassung an andere Altersgruppen ist möglich) wird eine große Anzahl bunter Kärtchen benötigt, die das Futter der Bären symbolisieren. Die verschiedenfarbigen Kärtchen stellen Nüsse, Beeren, Insekten, Pflanzen und kleine Nagetiere dar. So figurieren z.B. orangegelbe Kärtchen als Nüsse, blaue als Beeren usw. Auf jede Karte schreibt man eine Nummer, die die Menge der Nüsse, Beeren etc. angibt.
Für eine Klasse von ca. 30 Schülern bereiten wir 30 Kärtchen jeder Farbe vor, doch sollen 5 orangegelbe Kärtchen je 10 kg Nüsse darstellen und die übrigen 25 derselben Farbe nur 5 kg. So verfahren wir auch bei den anderen Farben: 5 blaue Kärtchen, die je 10 kg Beeren darstellen, und 25, die je 5 kg Beeren sind etc.

Jeder Bär benötigt	10 kg Nüsse	= 25 % seiner Nahrung
	10 kg Beeren	= 25 % seiner Nahrung
	6 kg Insekten	= 15 % seiner Nahrung
	4 kg Fleisch	= 10 % seiner Nahrung
	10 kg Pflanzen	= 25 % seiner Nahrung
	40 kg	= 100 %

Wir bereiten für die Spieler *weniger* als 40 kg für jeden vor, so daß nicht alle Bären überleben können.
Da die Spieler nicht im voraus wissen, welche Karte mehr Wert hat, sammeln sie einfach so viele verschiedene Farben, wie sie finden, und erfahren erst nach dem Ende der »Futtersuche«, ob sie genug gesammelt haben, um zu überleben.

Nun kann das Spiel beginnen. Jeder der Spieler erhält ein Kuvert, auf das er/sie seinen/ihren Namen schreibt – das ist seine/ihre Höhle. Nun stellen sich alle Spieler in eine Reihe, am besten auf einer Wiese. Die Futterkärtchen werden auf der ganzen Wiese gleichmäßig verstreut.
Unsere Spieler sind nun alle Bären. Doch sie sind nicht alle gleich: Ein Bär hat vorige Woche im Kampf mit einem großen Tier sein Bein gebrochen – der Spieler muß darum auf einem Bein hüpfen. Ein anderer Bär wurde von den Stacheln eines Stachelschweins verletzt und ist nun blind – wir verbinden dem Spieler die

Augen. Ein dritter ist eine Mutter mit zwei noch sehr jungen Tieren, die immer bei ihr bleiben und für die sie auch sorgen muß: Sie benötigt das doppelte Futter von dem, was ein anderer Bär frißt.
Die Aufgabe unserer Spieler ist es jetzt, zur Kennzeichnung ihrer Höhle ihr Kuvert auf den Boden unter einen Stein zu legen.
Auf ein Zeichen des Spielleiters fangen alle »Bären« an, Futter zu sammeln. Im Spiel müssen sie jede Karte, die sie sammeln, in das Kuvert stecken, bevor sie die nächste aufheben dürfen. Die »Bären« wissen nicht den Wert der verschiedenen Farben. Erst wenn alle Karten aufgesammelt wurden, lernen die »Bären« den Wert jeder Karte kennen.
Man schreibt nun auf eine Tafel die unterschiedlichen Werte der verschiedenen Nahrungsmittel und die Menge jeder Nahrung, die ein Bär benötigt, um zu überleben. Wie viele unserer Bären haben genug Futter gefunden? Wie erging es der Bärenmutter, hat sie genug für sich und die Bärenkinder gesammelt? Wie erging es dem erblindeten Bären?
Anschließend kann die Klasse darüber sprechen, wie sehr unsere Simulation dem wirklichen Leben entspricht. Dabei kommen Begriffe wie Populationsdichte auf: Wieviel Bären können tatsächlich in einem begrenzten Waldgebiet überleben? Was bedeutet das für unsere Zivilisation, die immer mehr und mehr Waldgebiete abholzt?

4.4 Spiele zur Bewußtseinsbildung (Awareness Games)

Im Gegensatz zu den oben genannten Großprojekten gibt es eine sehr große Anzahl kleiner, oft lokaler Projekte, die zum Teil die Arbeit nur eines einzelnen Erziehers in seiner Schule darstellen. Viele dieser Spiele werden nur mündlich übertragen. Man spielt sie in einem Workshop und nimmt dann eigene Variationen zu Hause vor. Im weiteren wollen wir eine Anzahl solcher Spiele besprechen.

Wir kommen dabei auf das oben erwähnte Diagramm zurück: Bewußtseinsbildung (awareness), Verwaltermentalität (stewardship), umweltgerechtes Verhalten (adaptation), verantwortungsbewußtes Handeln (responsibility).

Zu der ersten Gruppe gehören Spiele, die die Beobachtungskraft der Spieler fördern sollen. Man kann sie mit jeder Altersstufe spielen. Sie sind jedoch besonders für die Allerjüngsten entwickelt worden. Sie sollten möglichst im Freien gespielt werden, eignen sich aber auch als Spiele im Klassenzimmer.

4.4.1 Aladins Schatzkästchen

In der Vorbereitung des Spiels (Teilnehmeralter beliebig, auch 3jährige können mitspielen!) wird eine kleine Schachtel oder Dose mit bunten Knöpfen, Glasperlen oder mit irgendwelchen anderen *bunten* Dingen gefüllt.
Jeder Teilnehmer soll nun aus der Dose ein »Juwel« aussuchen, das ihm besonders gefällt. (Dabei sind es sicher die schönsten Farben Gold oder Himmelblau, die zuerst ins Auge fallen.)

Nun soll jedes Kind die *genaue* Farbe seiner Wahl auf der Wiese oder im Klassenzimmer versuchen wiederzufinden (farbige Kleidung ist dabei ausgeschlossen). Es ist nicht leicht, auf einer Wiese oder im Wald all die genauen Farben zu finden, doch Kinder haben überraschend gute Augen. Wenn alle die Aufgabe erfüllt haben, kommt die ganze Gruppe zusammen, um zu entscheiden, wie genau die Farben wirklich übereinstimmen.

Man kann dasselbe Spiel auch mit Formen spielen, die der Spielleiter z.B. aus Karton vorbereitet hat: Kreis, Oval, Dreieck, Stern, »Wurm«, Quadrat etc. Es fällt nicht schwer, so viele Formen zu finden, daß jeder der Spieler eine andere wählen kann. Auch hier ist es die Aufgabe, die *genaue* Form in der Natur zu finden. Die Größe der Form spielt dabei keine Rolle.

Da die Aufgabenstellung häufig sehr schwer erscheint, ist es ratsam, wenn zwar jeder Spieler eine Farbe bzw. Form aussuchen darf, er aber nachher mit einem anderen Mitspieler zusammen auf die Suche geht, um zusammen beide Naturobjekte zu finden, die den »Juwelen« entsprechen.

4.4.2 Tannenzapfen-Spiel

Jeder Teilnehmer (Alter beliebig) nimmt einen Tannenzapfen (oder Fichtenzapfen) vom Boden. Wenn wir nicht im Nadelwald sind, kann es auch ein Blatt, ein Grashalm, ein Stein, ja sogar ein Apfel sein.
Nun schaut jeder seinen besonderen Zapfen sehr genau von allen Seiten an und versucht, seine besonderen Merkmale festzustellen, z.B. Form, Duft, Farbe etc. Dann wird nachgesehen, ob dieser Zapfen vielleicht von einem Eichhörnchen angenagt wurde usw. Während alle Spieler ihre speziellen Tannenzapfen untersuchen, erzählt der Spielleiter von Tannenbäumen, ihren Zapfen, was für eine Funktion sie haben, welche Tiere wohl an den Bäumen und Zapfen interessiert sind etc. Nun legen wir alle Tannenzapfen auf einen kleinen Haufen zusammen, geben noch eine Anzahl weiterer dazu und vermischen sie alle recht gut.
Jetzt ist es die Aufgabe eines jeden Teilnehmers, seinen eigenen Tannenzapfen wiederzufinden und uns allen der Reihe nach zu erzählen, woran er den speziellen Zapfen erkannt hat.

Wir spielten dieses Spiel einmal mit einer Kiste voll Orangen. Der Gruppenleiter sprach von einer »goldenen Kugel«, die das Symbol der Sonnenenergie sein könnte, mit deren Hilfe die Orange reifte. Es war gar nicht leicht, die eigene Orange unter den vielen anderen wiederzufinden, obwohl die Spieler erwachsene Naturgeschichtslehrer waren!

4.4.3 Veränderung

Die Spieler (Alter beliebig) sollen mindestens zwei kleine Gruppen (von nicht mehr als 10 Personen) bilden. Jeder der Teilnehmer sucht nun einen interessanten Gegenstand (Steinchen, Blume, Blatt, angeknabberter Radiergummi, Stückchen Buntpapier, Wollfaden etc.). Jede Gruppe sammelt ihre Schätze auf einem kleinen Haufen, so daß man alles richtig sehen kann.
Nun wechseln die Gruppen ihre Plätze und verändern drei Dinge an dem Häufchen der anderen. Dann kommt jede Gruppe wieder an ihren ursprünglichen

Ort zurück und muß jetzt herausfinden, was an ihren Gegenständen verändert worden ist.

Ein besonders beliebtes Spiel ist es, nicht die gesammelten Dinge zu verändern, sondern – im Kreis sitzend – etwas an den Spielern selbst zu ändern. Zwei gehen »hinaus« und müssen herausfinden, welche drei Veränderungen vorgenommen worden sind, wie z.B. vertauschte Armbanduhren, Schuhe oder Haarbänder u.a. Ein ausschließlicher Platzwechsel sollte dabei allerdings nicht erlaubt sein.

4.4.4 Ast-Puzzle

Dieses Spiel (Teilnehmeralter beliebig) kann zwar grundsätzlich überall und jederzeit, am besten jedoch im Herbst oder Winter gespielt werden, wenn die Zweige blätterlos sind.
Der Spielleiter sammelt vor Spielbeginn Zweige von 5–6 verschiedenen Sträuchern oder Bäumen. Jeder Zweig wird nun in vier Teile gebrochen, so daß wir einen kleinen Haufen von Zweigstücken haben. Nun sollen die Teilnehmer – einzeln oder in Gruppen – je einen der ursprünglichen Zweige wieder zusammensetzen. Wir können dann im Garten nach den Büschen oder Bäumen suchen, von denen unsere Zweige stammen.

4.5 Spiele zur Anregung der Phantasie (Creative Thinking Games)

Die folgenden drei Spiele sollen der Phantasie freien Lauf lassen und gleichzeitig die Fähigkeiten zur Naturbeobachtung schärfen.

4.5.1 Wer bin ich wohl?

Bei diesem am besten im Freien durchzuführenden Spiel denkt einer der Teilnehmer (Alter beliebig) an »etwas« aus der nahen Umgebung und erzählt in der Ich-Form die Lebensgeschichte dieser Sache: ein Regentropfen, Berg, Fels, Bach etc. Während der erste Spieler seine »Lebensgeschichte« erzählt, sollen die anderen raten, wer/was das wohl sein kann. Als Beispiel:

»Ich wurde hoch in den Bergen geboren, meine Mutter war eine Wolke. Anfangs war ich ganz klein und schwach, ein Sonnenstrahl hätte mich töten können. Doch ich kam herunter auf die Erde und traf viele meiner Brüder. Gemeinsam liefen wir den Berg herab und hatten viel Spaß daran, mit Steinen zu spielen, bis diese ganz rund wurden. Erst sehr viel später, als wir schon größer waren, beschlossen wir, ein bißchen langsamer zu laufen. Wir hatten noch einen langen Weg vor uns, doch zuletzt kamen wir sicher ins Meer!«

Dieses Spiel eignet sich sehr gut zum Einsatz nach einer langen Wanderung, weil die Teilnehmer aus Interesse an der eigenen Geschichte oder durch das Raten vergessen, wie müde sie sind.

4.5.2 Geschichten aus der Papiertüte

Jeder Teilnehmer (Alter beliebig) versucht – im Freien (am besten während eines Ausflugs) oder im Klassenzimmer – ein paar besonders interessante Dinge zu finden. Der Spielleiter legt noch einiges dazu. Das können Steinchen, Pflanzen, Baumrinde, Schokolade, Verpackungsmaterialien, eine Sicherheitsnadel oder ein ganz kleines Spielzeugtier sein. Schließlich kommen alle diese Gegenstände in eine Papiertüte.

Danach nimmt jeder Mitspieler, ohne hineinzuschauen, drei Dinge aus dem Sack und erzählt dann eine schöne Geschichte über die Gegenstände, die er gezogen hat.

Wenn die Teilnehmer alt genug sind, bereiten wir eine Anzahl von Kärtchen vor, um den Stil der Geschichte zu bestimmen, z.B. ein Krimi, eine Fabel, eine Ballade, eine romantische Geschichte, ein Mythos oder ein Gedicht. Jeder Teilnehmer zieht eine Karte und erzählt im vorgegebenen Stil eine Geschichte.

Ein schönes Beispiel war die Geschichte einer Neunjährigen, die eine Heckenrose, ein himmelblaues Plastikstückchen und eine Stecknadel aus dem Sack gezogen hatte. Sie erzählte:

»*Die kleine Rose schaute immer in den blauen Himmel und wollte so gerne hinaufkommen. Sie wuchs und wuchs, doch der Himmel war noch immer fern. Als sie aber den Himmel endlich erreichte, stach sie sich an einer Stecknadel und purzelte wieder herunter auf die Erde. Die Nadel aber nahm sie mit, und so haben die Rosen noch heute Dornen.*«

4.5.3 Was kann man daraus machen?

Der Spielleiter hebt einen Ast (Stein, Stück Baumrinde etc.) oder, wenn wir im Zimmer sind, z.B. ein Telefonbuch auf und zeigt es allen.

Die Teilnehmer (Alter beliebig) sitzen im Kreis und müssen der Reihe nach vorschlagen, was man »daraus machen kann«. Wenn einer der Spieler nichts Neues mehr weiß, wird er in der nächsten Runde übersprungen. Das Spiel ist zu Ende, wenn keiner mehr neue Ideen hat.

Wie viele Dinge kann man z.B. aus einem Stein oder einem Telefonbuch machen?

4.6 Spiele zur Förderung einer Verwaltermentalität (Stewardship Games)

Zwei der drei folgenden Beispiele sind eigentlich keine Spiele im engeren Sinn des Wortes. Sie sind vielmehr spielerische Geschichten, die die Schüler zu aktivem Mittun anregen. Sie handeln beide vom tropischen Regenwald und sollen unsere Schüler dazu motivieren, über fremde Länder und deren Probleme nachzudenken.

4.6.1 Piri und Marama

Dies ist eine Geschichte für unsere Jüngsten in Kindergarten und Grundschule (bis zur 3. Klasse).

Piri und Marama sind zwei Eingeborenenkinder im Dschungel. Der Tropenwald ist auf einer mit Filz überzogenen Tafel dargestellt. Bilder von Bäumen, Pflanzen, Tieren und den beiden Kinder werden aus buntem Filz ausgeschnitten und an die Filztafel geheftet.

Die Geschichte erzählt von einer Eingeborenenfamilie, die im Tropenwald bescheiden, aber zufrieden von den Früchten und Tieren des Waldes lebt. Sie haben kaum Verbindung zur Außenwelt.

Unsere Geschichte handelt von den drastischen Veränderungen im Leben dieser Kinder und ihrer Eltern, als eines Tages ein Fremder in den Tropenwald kommt. Dieser verspricht ihnen ein leichteres Leben, wenn sie die Dschungelbäume ringsum fällen und verkaufen würden, um – wie er vorschlägt – Vieh zu züchten und Reis zu pflanzen. Die Eingeborenen nehmen seinen Rat an.

Im Verlauf der Geschichte »fällen« unsere Schüler die Bäume, indem sie sie von der Filztafel herunternehmen. Das Bild ändert sich langsam vom Tropenwald zur Weide. Doch der verarmte Tropenboden wird in kurzer Zeit vom Vieh abgefressen (Überweidung) und vom Tropenregen weggeschwemmt (Erosion). Das Vieh muß verkauft werden, der Reis wächst nicht mehr – zuletzt ist die Tafel leer. Die Bäume sind ringsum gefällt und die Pflanzen vertrocknet. Die Eingeborenen haben keine Lebensgrundlage mehr. Um zu ihrer früheren Lebensweise zurückzukehren, wandern sie lange durch abgeholzte Gebiete, bis sie zuletzt noch unberührten Tropenwald finden.

Nun fragen wir unsere Schüler: Wenn aber wieder ein Fremder käme, werden die Dschungelbewohner ihm zuhören und wieder abholzen?
Meiner Erfahrung nach antworten alle Kinder mit einem energischen »Nein!«, und die Lehrerin kann dann mit ihnen über die Probleme der Tropenwälder sprechen.

Es ist vielleicht auch angebracht, Schulkindern zu erzählen, daß die vielen Einflüsse der Außenwelt es immer weiter erschweren, den ursprünglichen Lebensstil der Eingeborenen aufrechtzuerhalten.

4.6.2 Der alte Baumriese im Tropenwald

Diese Geschichte (für 10–12jährige) wird begleitet von einem Puppenspiel mit neun (am besten selbstgebastelten) Handschuhpuppen, die Urwaldtiere darstellen. Ein auf die Seite gelegter Tisch dient dabei als Bühne.

Die Erzählung handelt vom »Farmer Roberto«, der mit seiner Familie am Rande des Tropenwaldes lebt. Er ist ein Selbstversorger, der von den Früchten seiner Farm lebt, doch kaum je etwas verkauft oder kaufen kann. Als er plötzlich seine kleine Tochter zu einem Zahnarzt in die entfernte Stadt bringen muß, stellt dies für ihn ein Problem dar, da er kein oder kaum Bargeld besitzt. Obwohl seine Farm in einem Schutzgebiet des Tropenwaldes liegt, beschließt »Farmer Roberto«, einen der Baumriesen zu fällen und illegal zu verkaufen, um so das notwendige Geld zu beschaffen.

Nachts, als alle anderen schlafen, geht er in den Wald, um den größten Baum zu fällen. Doch von seinem langen Arbeitstag ermüdet, schläft er unter dem Baum ein. In seinem Traum sprechen die Tiere des Tropenwaldes zu ihm, um ihn davon abzuhalten, den Baum zu fällen.

Der Spielleiter erzählt die Geschichte. Ein Schüler ist »Roberto« und begleitet die Erzählung pantomimisch. Die anderen Schüler spielen die Rollen der Tiere auf der Bühne mit den Tierpuppen. Jedes Tier spricht zu dem schlafenden »Roberto«. (Die Schüler bereiten noch vor Beginn der Erzählung in kleinen Gruppen vor, was jedes Tier dem Farmer sagen wird.) Nachdem alle Tiere die ganze Nacht gesprochen haben, wacht »Farmer Roberto« auf. Nun fragen wir

den Schüler, der den Farmer spielt, ob er nun, nach diesem Traum, den Baum fällen wird. Wie könnte er anders den Zahnarzt bezahlen?
Die ganze Klasse kann beraten, ob es vielleicht andere Wege und Lösungsmöglichkeiten gibt, die dem Farmer helfen, die Tropenwälder zu verschonen und trotzdem mit seiner Tochter zum Zahnarzt gehen zu können.

Diese Geschichte basiert auf meinen persönlichen Erfahrungen in Costa Rica, wo illegales Abholzen in den Schutzgebieten weiterhin betrieben wird, weil auch die bescheidenen Subsistenzfarmer manchmal Bargeld brauchen. Mehrere Initiativen bemühen sich, z.B. durch den Verkauf von Tropenwaldprodukten, wie Nüssen statt Holz, ihnen zu helfen. 10jährige Kinder haben oft sehr gute Ideen, wie man da helfen könnte.

4.6.3 Die Konferenz der Tiere

Die Konferenz ist ein Simulationsspiel (für Kinder ab 10 Jahre, aber auch Erwachsene), in dem die Schüler der Klasse die Rollen gefährdeter Tierarten übernehmen. Die »Tiere« diskutieren miteinander, was die Menschen an ihren Lebensweisen ändern müssen, um den wilden Tieren eine bessere Zukunft zu gewährleisten.

Es ist sinnvoller, wenn das Spiel als Teil einer Unterrichtsfolge über dieses Thema gespielt wird, so daß die Schüler schon wissen, welche Tiere aus welchen speziellen Gründen gefährdet sind. Wie bei allen Simulationsspielen ist es wünschenswert, wenigstens zwei Unterrichtsstunden für das Spiel zur Verfügung zu haben.

Viele wilde Tiere sind heute gefährdet, weil wir

- immer mehr Landschaften bebauen oder landwirtschaftlich bearbeiten;
- Wasser und Boden durch Chemikalien vergiften;
- noch immer wilde Tiere jagen und fangen, um exotische Haustiere, Trophäen, Leder, Pelze, Elfenbein usw. zu besitzen.

Die Tiere können so wirklichkeitsnah dargestellt werden, wie es das Alter der Schüler ermöglicht. Mit den jüngeren Schülern haben wir auch Masken gebastelt, um die Tiere nachzuahmen.
Es ist wichtig zu betonen, daß es heutzutage nicht mehr allein genügt, einfach das Jagen von wilden Tieren im allgemeinen zu verbieten. Der internationale Handel mit wilden Tieren ist viel zu weit entwickelt, und andererseits sind die Gebiete, in denen beispielsweise Elefanten oder Nashörner leben können, so begrenzt, daß wir völlig neue Ideen benötigen, um diese Probleme auch nur vermindern zu können.

Simulationsspiele waren in den USA in den 70er Jahren sehr weit entwickelt und wurden häufig im Unterricht verwendet. Ein Grund dafür, daß sie heute weniger bekannt sind, ist wohl die große Zahl der Unterrichtsstunden, die so eine Simulation benötigt. Dennoch bin ich der Meinung, daß Simulationsspiele ein ausgezeichnetes Instrument im Unterricht sind. Sie sind vielleicht am ehesten zu vergleichen mit dem Labor im Studium der Naturwissenschaften und kaum zu ersetzen durch andere Unterrichtsmethoden.

4.7 Spiele zur Förderung des verantwortungsbewußten Handelns (Responsibility Games)

4.7.1 Arborainia

Arborainia ist in diesem Simulationsspiel (für Sekundarschüler) ein Phantasieland in den Tropen (es erinnert ein bißchen an ein verkleinertes Brasilien). Die Simulation ist eine Konferenz der Vertreter verschiedener Interessengruppen, die zusammenkommen, um ein besonderes Problem des Landes gemeinsam zu lösen.
Die Bevölkerung des Landes ist so angestiegen, daß Tausende von Obdachlosen am Rande der Hauptstadt in Baracken hausen. Die Weltbank will dem Staat Arborainia eine Summe von $ 250.000.000 zur Verfügung stellen, um eine neue Straße in der vom Tropenwald bedeckten Region des Landes zu bauen. Dadurch soll die Regierung die Möglichkeit erhalten, die Massen der Obdachlosen entlang der neuen Straße auf neu abgeholztem Land anzusiedeln.
Die Teilnehmer an der Diskussion sind Vertreter der Ökologie und anderer Naturwissenschaften, Geschäftsleute und Industrielle des Landes sowie Vertreter der am meisten betroffenen Bevölkerung: die Obdachlosen und eine Delegation der Eingeborenen, die im Urwald wohnen.
Soll die Straße gebaut werden? Und wenn nicht, was sind die Lösungen für die sozioökonomischen Probleme von Arborainia? Gibt es Alternativlösungen für das Land?

Das Phantasieland Arborainia wurde gewählt, weil auch die besten Schüler einer Sekundarklasse kaum die Komplexität der realen sozioökonomischen Probleme der Tropenländer durchschauen können. Wie alle Simulationsspiele soll **Arborainia** eine stark vereinfachte Sachlage darstellen, um den Schülern die Möglichkeit zu bieten, Lösungen zu finden, die nur eine begrenzte Menge von Faktoren des wirklichen Lebens in Betracht ziehen.

4.7.2 Wer ist schuld am Tod von »Cock Robin«?

»Cock Robin« ist ein »Krimispiel« für Sekundarschüler und Erwachsene. Es gab solche Spiele seinerzeit in großer Anzahl, doch waren sie alle darauf aufgebaut, ausfindig zu machen: Wer wen wann ermordet hat, was die Waffe war, und warum das Opfer ermordet wurde? Im Gegensatz dazu ist »Cock Robin« der Name eines Vogels, ähnlich der europäischen Amsel, der durch Umweltverschmutzung starb.
Die ursprüngliche Geschichte stammt aus dem Jugendbuch »Who killed Cock Robin?« von JEAN CRAIGHEAD GEORGE (E. D. Dutton, New York 1971), dem mit Erlaubnis der Autorin 30 kurze Hinweise entnommen wurden, die es den Schülern ermöglichen sollen, Antworten auf sieben Fragen bezüglich des Vogels zu finden.

Die Geschichte erzählt von einem Bürgermeister, der seine Kleinstadt zum Vorbild einer umweltfreundlichen Stadt gemacht hatte und das bei jeder Gelegenheit auch besonders betonte. Radfahren hatte die Rolle vieler Autos übernommen, und eine neue Müllverarbeitungsanlage sollte die Luft- und Wasserverschmutzung in großem Maße verringern.

Ein Amselpärchen hatte – zur großen Freude des Bürgermeisters – sein Nest in seinem Hut gebaut, den er versehentlich auf seiner Veranda hatte liegenlassen. Der gute Bürgermeister sah in den Vögeln ein Zeichen seiner Umweltfreundlichkeit und hoffte, daß dies auch Einfluß auf die bevorstehenden Wahlen haben werde. Plötzlich lag der Vogel »Cock Robin« tot neben dem Nest! Was und/oder wer war daran schuld? Wie war er umgekommen?

Die Teilnehmer erhalten jeder ein bis zwei Karten mit Tatsachen aus der Erzählung und müssen sie so zusammensetzen, daß sie die Antworten auf alle Fragen finden. Keine der Karten gibt eine vollständige Antwort, nur durch Zusammenarbeit kann die ganze Gruppe die Lösungen finden. Sie lernen dabei auch, daß Umweltverschmutzung sehr unterschiedliche Gründe und Wechselwirkungen beinhaltet und daß man nur durch Zusammenarbeit Lösungen finden kann.

4.7.3 The Town of Riverbend

Dieses letzte Simulationsspiel (ebenfalls für Sekundarschüler) betrifft die Wasserverschmutzung. Es umfaßt drei Teile: eine Lichtbildeinführung, ein Computerprogramm und eine Simulationsdiskussion der Vertreter der Stadt. Die Spielzeit des ganzen Programms beträgt eine Schulwoche.

Riverbend ist eine Kleinstadt am Ufer eines Flusses. Viele der Einwohner sind Bauern, die Milchwirtschaft betreiben und Gemüse pflanzen. Außerdem hat die Stadt eine kleine Papierfabrik und eine große Molkerei. Sowohl die Fabriken als auch die Landwirtschaft leiten ihre Abwässer in den Fluß.

Die Lichtbildvorführung beschreibt die Probleme einer Kleinstadt mit ihrer Wasserversorgung und ihren Kläranlagen.

Der zweite Teil ermöglicht es den Schülern, in vier Gruppen jeweils in die Rollen der vier verschiedenen Produzenten der Stadt zu schlüpfen: als Vertreter der Papierfabrik, der Molkerei, der Gemüsebauern und der Viehzüchter. Diese wollen alle ein Maximum an Profit mit einem Minimum an Wasserverschmutzung erzielen. Die Spieler arbeiten dazu an Computern, die jeweils die finanziellen Konsequenzen eines Beschlusses zeigen. Jede Gruppe bemüht sich, eine für sie günstige Lösung zu finden. Auch wenn jeder einzelne Produzent die erlaubte Verschmutzung nicht überschreitet, ist das Gesamtresultat zu hoch und gefährdet die Gesundheit der Stadt.

Den dritten Teil des Simulationsspieles stellt eine Sitzung dar, in der nun alle Vertreter ihre Bemühungen so koordinieren, daß die Flußverschmutzung die erlaubten Grenzwerte nicht überschreitet.

Wie alle Simulationsspiele betont **Riverbend** die gemeinsame Arbeit, das gemeinschaftliche Problemlösen und Entscheidungtraining und kann ohne Schwierigkeiten in jedem europäischen Land gespielt werden.

5. Folgerungen für Umwelterziehungsspiele

Die oben beschriebenen Spiele sind einzelne Beispiele aus unzähligen solcher Aktivitäten, die hier in Schulen und Camps verwendet werden. Die dargestellte

Auswahl stammt zum Großteil aus meiner eigenen Arbeit im Laufe der Jahre in Connecticut und Colorado. Die meisten dieser Spiele sind hauptsächlich dem affektiven Lernen gewidmet. Eine Vielzahl davon ist leicht in jeden Schulalltag einzuflechten, weil relativ wenig Vorbereitung dazu erforderlich ist.

Im Hinblick auf die oben genannten Richtlinien (Kap. 3.1: Umweltethik) ist der erste und bestimmende Schritt in der Umwelterziehung, unsere Schüler und ihre ganze Generation darauf aufmerksam zu machen, daß jeder einzelne von uns seinen Anteil am Umweltgeschehen hat. In Lernspielen und Simulationen können die Schüler lernen, zu verstehen, wie weittragend Fehler sein können.

Da in unseren Schulen die Probleme der Tropenwälder in den letzten Jahren stark in den Vordergrund der Umwelterziehung traten, wurden hier drei dieser Aktivitäten beschrieben.

Daß Simulationsspiele jungen Menschen dabei helfen, Probleme zu lösen, Entscheidungen zu fällen und vor allem Zusammenarbeit zu üben, können obige Beispiele hoffentlich zeigen.

Spielen als Lehrmethode gab es schon immer. Daß es – trotz politischer und finanzieller Schwierigkeiten – heute unzählbare Lernspiele und besonders Umwelterziehungsspiele gibt, beweist, daß diese eine Notwendigkeit erfüllen.

Wir leben in einer Situation, in der viele Umweltprobleme Ausmaße erreicht haben, die es auch uns Erwachsenen fast unmöglich machen, sie voll zu erfassen. Im Spiel jedoch haben wir ein uraltes Werkzeug, das dazu beitragen kann, wie etwa im Drama auf der Bühne, sogar äußerst verwickelte Probleme zu klären.

Wir wollen hoffen, daß obige Erziehungsmethoden ein wesentlicher Beitrag dazu sind, nachfolgenden Generationen zu helfen, zukünftige Umweltprobleme besser bewältigen zu können bzw. diese erst gar nicht entstehen zu lassen.

Kontaktadressen

»ARBORAINIA« RAINFOREST ACTIVITIES FOR THE CLASSROOM, c/o ORAH ELRON, 1140 Lehigh St., Boulder, CO 80303;
BAG OF TRICKS. 180 GREAT GAMES, Search Publications, 2000 Old Stage Rd., Florissant, CO 80816;
COLORADO OUTDOOR EDUCATION CENTER, c/o JANE SANBORN, Florissant, CO 80816;
NORTH AMERICAN ALLIANCE FOR ENVIRONMENTAL EDUCATION (NAAEE), P.O.Box 400, Troy, Ohio 45373; US-Phone & Fax (513) 676 2514 (Publikationsliste);
OUTDOOR BIOLOGY INSTRUCTIONAL STRATEGIES (OBIS), Delta Education Inc., P.O.Box 915, Hudson, NH 03051-0915 (OBIS ist in 27 Bändchen erhältlich, die zusammen 97 Aktivitäten enthalten. Jeder Band kostet $ 18.95, die vollständige Sammlung $ 225 zzgl. Postgebühr.);
PROJECT LEARNING TREE (PLT), c/o MIKE WAY, Colorado State Forest Service, Colorado State University, Forest Building, Fort Collins, CO 80523; US-Phone (303) 491 6303 oder (303) 482 8185;
PROJECT WILD, COLORADO DIVISION OF WILDLIFE, P.O.Box 18060, Boulder, CO 80308-8060; US-Phone (303) 4442390 (mehr als 100 Aktivitäten in einem Band).

4.6 Umweltspiele im baltisch-russischen Raum

Raimonds Ernsteins/Valdis Bisters/Andrej Schtscherbakow

1. Umweltschutz und Umweltsimulationsspiele in den ostslawischen und baltischen Ländern – ein historischer Abriß

In diesem Beitrag gehen wir nur soweit auf dieses Thema ein, wie es unserer Meinung nach für die Darstellung der heutigen Situation in den ostslawischen und baltischen Staaten notwendig ist. Die Zahl der Veröffentlichungen, die sich mit diesen Problemen beschäftigen, ist nicht besonders groß und umfassend. Dies spiegelt die momentane Situation wider: Zahlreiche Simulationsspiele werden zwar entwickelt und in die Lehrprozesse eingegliedert, nur wenige der Allgemeinheit aber durch Publikation zugänglich gemacht. Wir hoffen jedoch, daß dieser Aufsatz, der auf den Veröffentlichungen und den eigenen Erfahrungen der Autoren basiert, den Lesern die Möglichkeit bietet, Einsicht in diese Spielbereiche zu gewinnen.

Die ostslawischen und baltischen Staaten sind kulturhistorisch und ethnisch unterschiedlich. Daraus ergibt sich, daß die Erfahrung und der Zugang in bezug auf Umweltthemen und Umweltspiele unterschiedlich sind. Die 50 Jahre währende, durch Gewalt erzwungene geschichtliche Verbindung dieser Völker und Staaten und die Absonderung vom Westen haben aber auch viel Gemeinsames geschaffen. Deshalb gebrauchen wir auch weiterhin die Bezeichnung »die ehemaligen Republiken der UdSSR«.

Nach dem ersten Weltkrieg waren die baltischen Staaten unabhängig. In dieser Zeit wurde eine verantwortungsvolle und wissenschaftlich begründete Arbeit im Bereich des Naturschutzes und der Denkmalpflege begonnen. Durch weitere Mithilfe von staatlicher Seite und privaten Vereinen wurden Gebiete und Denkmäler unter gesetzlichen Schutz gestellt. Hierbei ist anzumerken, daß die Wurzeln des Naturschutzes bereits in der Folklore und den Bräuchen des Volkes zu finden waren. Mehr als 2 Millionen Volkslieder sind am Anfang dieses Jahrhunderts in Lettland notiert worden. Schon in den dreißiger Jahren wandten die baltischen Hochschulen den Problemen des Naturschutzes besondere Aufmerksamkeit zu. Leider wurde diese Arbeit im Jahre 1940 durch die sowjetische Okkupation Lettlands unterbrochen (VIMBA 1992; ERNSTEINS/SEGLINS 1993).

DOUGLAS WEINER (1990, 1991) ist ausführlich auf die Geschichte des Umweltschutzes in den Republiken der damaligen UdSSR im ersten Drittel unseres Jahrhunderts eingegangen. Seine Werke empfehlen wir den Lesern, die sich intensiver mit dem Thema beschäftigen wollen.

Vom Ende der 30er Jahre bis zum Ende der 60er Jahre blieb das System des Umweltschutzes in der UdSSR im Grunde unverändert. Die Natur wurde damals oft als eine Kraft betrachtet, die sich gegen die progressive Bewegung des sowjetischen Volkes zum Aufbau der kommunistischen Gesellschaft richtet. »Wir können auf die Gnade der Natur nicht warten. Unsere Aufgabe ist es, sie von ihr zu nehmen.« Diese berühmten Worte des bekannten Biologen J. W. MITSCHURIN wurden falsch verstanden und galten als eine Losung für die Ausbeutung der Natur. Etwa 30 Jahre lang herrschte diese Meinung in der Gesellschaft vor. Dies ging nicht spurlos an der Psychologie und am Verhalten eines Teils der Gesellschaft vorüber. Es betraf alle Bereiche: Gemeinschaftsleben, Produktion und Verwaltung. Die Folgen dieser Veränderungen lassen sich an den vermehrt auftretenden ökologischen Katastrophen der letzten Zeit (im besonderen am Problem in der Aral-Region) erkennen.

In der Mitte der 60er Jahre hatten die Umweltprobleme in den Republiken der damaligen UdSSR ein so großes Ausmaß erreicht, daß es unmöglich war, sie weiterhin zu ignorieren. In Lettland z.B. wurden große Proteste gegen den unbedachten Bau des Wasserkraftwerkes in Plavinas an der Daugava (Düna) erhoben. Während dieser Zeit wurden auch die ersten Naturschutzvereine und Studentengemeinschaften gegründet. Grundsätzliche Veränderungen in der Praxis wurden jedoch nicht erreicht. Die Partei und die Regierung faßten zwar diese oder jene Beschlüsse, welche aber nicht in die Praxis umgesetzt wurden. Als Beispiel kann man hier den Baikal und die Wolga nennen. Es wurden viele Beschlüsse gefaßt, die zur Verbesserung der Situation dieser Regionen dienen sollten, Umsetzungen fanden aber nicht statt. Hinsichtlich der Umweltprobleme existierte auf der Regierungsebene ein zweifacher Standard (der Umweltschutz selbst bildete keine Ausnahme): einerseits die Ebene der Beschlußfassung und andererseits die Ebene des konkreten Handelns. Dieses Verhalten ging auch auf die Handlungsweisen einzelner Gesellschaftsmitglieder und diverser Gruppen über.

Daraus ergibt sich, daß wir all diese Verhaltensweisen in der ehemaligen sowjetischen Gesellschaft berücksichtigen müssen. Nur so können wir angemessene Umweltschutzmaßnahmen planen und durchführen. Man muß das Verhältnis von Natur und Gesellschaft, welches die ältere Generation besitzt, und die bestehende Doppelmoral der mittleren Generation beachten.

In Lettland und den anderen baltischen Staaten sorgten insbesondere außerstaatliche Organisationen und die Ökologiebewegung für ein wachsendes Umweltbewußtsein in der Gesellschaft. Auch das soziale Engagement stieg stetig an. Mit den zunehmenden Problemen im Umweltbereich begann die Bevölkerung allmählich, sich bei der Neuordnung der baltischen Staatsformen einzumischen. Auslöser waren hier u.a. die negativen Folgen der Phosphorgewinnung, die Atomkraftwerke in Estland bzw. Litauen oder das sinnlos große Projekt für das Wasserkraftwerk an der Daugava (Düna) in Lettland (ERNSTEINS 1992).

Die ersten (noch informellen) baltischen Gruppen wollten zu Beginn der 80er Jahre nicht nur in der Gesellschaft die Bereitschaft zur Beteiligung an ihren Aktivitäten fördern, sondern sie entwickelten insbesondere auch verschiedene Umweltschutzprojekte. So erneuerten sie z.B. Natur- und Kulturparks, renovierten bzw. restaurierten Schlösser und Kirchen und rekultivierten kleine Flüsse. Hier muß man besonders den Beitrag der Studentengruppen hervorheben. Ihre Arbeiten werden noch heute in schulischen und außerschulischen Veranstaltungen zum Thema »Umweltschutz« besonders hervorgehoben bzw. dienen als Lehrmaterial für die Unterrichtsvorbereitung (ERNSTEINS 1987).

Noch heute sind es in erster Linie die außerschulischen privaten Organisationen, die in Lettland das Umweltbewußtsein vorantreiben. Besonders durch den Einsatz von interaktiven Lehrformen, wie z.B. Simulationsspiele, lassen sich große Erfolge bei der Umweltbewußtseinsbildung erzielen, was sich nicht zuletzt aus dem Wesen der sowjetischen Schule erklären läßt. Die sowjetische Schule unterschied sich in erster Linie von den anderen Schulen durch ihren ideologischen Charakter und ihre formalen Unterrichtsweisen.

In den letzten Jahren findet die Umweltbildung – besonders in den baltischen Staaten – ihren Platz auch in der formalen Ausbildung. Diese Wege der Umwelterziehung sind sehr verschieden und meist kompliziert. An den Universitäten werden weitaus größere Erfolge erzielt. Einerseits ist dies dem Beitrag einzelner Enthusiasten zu verdanken, andererseits der Anwendung verschiedener interdisziplinärer Unterrichtsformen und Methodiken. In diesen spielen besonders die Simulation und die Modellentwicklung eine wichtige Rolle. Im Studienjahr 1993/94 eröffnete das Ökologiezentrum der Universität in Lettland das M.Sc. Studium »Umweltkenntnisse und Management« für die Studenten der verschiedenen Fakultäten (Fachrichtungen) (ERNSTEINS 1992).

Zur Geschichte der Simulationsspiele sei hier angemerkt, daß das erste Spiel dieser Art im Jahre 1932 in Leningrad erstellt wurde und das Thema »Produktion« zum Gegenstand hatte. Der Erfinder dieses Spiels ist M. M. BIRSCHTEIN (KRJUKOW/KRJUKOWA 1988). Danach wurde diese Spielmethode schnell vergessen, weil sie den ökonomischen und politischen Regeln des totalitären Staates nicht entsprach. Sie wurde erst Mitte der 50er Jahre in den USA erneut genutzt. Von dort kam sie dann Anfang der 60er Jahre wieder in die UdSSR zurück. Erst in den letzten fünf Jahren fand das Simulationsspiel in den slawischen und baltischen Staaten eine breitere Verwendung. Dies geschah aufgrund der Notwendigkeit der ökonomischen Umstellung und der Entstehung von Marktbeziehungen.

Als erster hielt K. N. BLAGOSKLONOW von der Moskauer Universität 1946 Vorlesungen zur Umweltschutzlehre (KAWTARADSE 1990a, 1990b). 1967 schrieb er das erste sowjetische Hochschullehrbuch zum Umweltschutz. Ab 1949 wurden auch an der Universität Tomsk Vorlesungen zum Umweltschutz gehalten (IOGANSEN/MOSKWITINA 1990). In den baltischen Staaten aber war die Integration des Themas Umweltschutz in die Hochschullehre schon deshalb viel komplizierter, weil es fast unmöglich war, die Lehrbücher für die Hochschulen in die Nationalsprache zu übersetzen und herauszugeben. Oft wurden die Vorlesungen in russischer Sprache gehalten. Bis etwa zur Mitte der 70er Jahre waren Umweltschutzvorlesungen in den Hochschulen eine Seltenheit. Erst in der zweiten Hälfte der 70er Jahre wuchs die Anzahl der Vorlesungen aufgrund der zunehmenden Umweltproblematik, und in den 80er Jahren waren Umweltschutzthemen in allen Lehranstalten der damaligen UdSSR obligatorisch. Jedoch wurde diese Ausweitung der Lehrangebote bis zum Ende der 80er Jahre zumeist durch den Einsatz einzelner Personen erzielt. Erst in den letzten Jahren wurden die Kurse zur Umweltbildung interdisziplinär und auch intensiver gestaltet. Dies bietet die Möglichkeit, die im Ausland gesammelte Erfahrung kritisch und entsprechend der realen Umstände zu nutzen. Die Quantität der Lehrveranstaltungen kann als befriedigend eingestuft werden; die Qualität läßt allerdings noch viel zu wünschen übrig. Eine Ursache dafür ist, daß die Hochschulausbildung in der ehemaligen Sowjetunion sehr stark monodisziplinär orientiert war. Heute ist es schwierig, die Problematik der Ökologie und des Umweltschutzes wieder in den Lehrprozeß der Schule zu integrieren. Interdisziplinärer Schulunterricht findet praktisch nicht statt. Bei der dritten All-Unions-Konferenz 1990 in Kasan – mit dem Thema »Die Umweltschutzausbildung« – hatten die Leiter des Ausbildungskomitees der UdSSR angemerkt, daß das Vorbereitungsniveau der Lehrer in diesem Fach unzureichend sei und der Komplexität des Themas nicht entspräche (PONOMAREW 1990). Heute ist es für die Behandlung von Umweltthemen besonders in den ostslawischen Staaten typisch, daß sehr unsystematisch gearbeitet wird. Die Umweltprobleme werden oft nur von ihrer negativen Seite auf rein konstatierender Ebene behandelt. Es wird nicht nach eventuellen Lösungswegen gesucht. Komplexe Themenfelder, wie z.B. »Gesellschaft – Natur – Technologie«, werden nicht behandelt.

Zweifellos hinterläßt solch eine Situation in der Umwelterziehung einen entsprechenden Eindruck bei den einzelnen Vertretern der Gesellschaft sowie bei den Fachleuten. 1975 fand ein großes Seminar der Studentengemeinschaften unter dem Thema »Umweltschutz« in Padmoskowje statt. Besondere Aufmerksamkeit erweckte dabei das amerikanische Simulationsspiel **Pollution Control**. Dieses Spiel fand allgemein große Anerkennung. 1976 wurde eine Arbeitsvariante zusammengestellt. Es war wohl das erste heimische Simulationsspiel dieser Art. Man nannte es später »Koordinations-Kommission« (KAWTARADSE 1990a, 1990b). Diese Methode wurde bis zur Mitte der 80er Jahre nur von einzelnen Fachleuten und ihren Gruppen genutzt. In der zweiten Hälfte der 80er Jahre hat sich die Lage bemerkenswert verändert. Diese Veränderungen geschahen dank der Arbeit derjenigen engagierten Personen, die die Methode der Erarbeitung von Spielen für die Umweltbildung empfohlen haben.
Aber auch die Veränderungen in der Innenpolitik des Staates haben viel dazu beigetragen. Ein besonders deutlicher Wandel im Umgang mit der Umweltproblematik ging mit der Glasnostbewegung einher. Hatten vorher totalitäre Sichtweisen den kritischen Blick auf Zustände im eigenen Land verwehrt, so änderte sich dies nach dem Tode des letzten Staatsoberhauptes der UdSSR. Innerhalb der sich verändernden Gesellschaft wuchs die Bereitschaft, Umweltprobleme in der eigenen Region, im eigenen Ort zu erkennen.
Die Auseinandersetzung mit den eigenen Problemen schlug sich auch in der Gestaltung der Umweltschutzausbildung nieder. Die Regierung änderte Form und Inhalte der Ausbildung aufgrund der neugewonnenen Erkenntnisse. Auch die Methoden bei der Vermittlung des Ausbildungsstoffes wurden durch neue ersetzt. Neben den Staatslehranstalten entstanden erste alternative Schulen. Die Zahl der alternativen Schulen ist bis heute ansteigend. In den alternativen Lehranstalten bieten sich dem Lehrer größere Möglichkeiten als in den staatlichen Schulen, Formen und Lehrmethoden zu variieren. Auch sind die Inhalte des Lehrplanes nicht so starr festgelegt.

Die Empfehlung, Spiele im Umweltschutzunterricht zu nutzen, unterstützen nunmehr auch einzelne Vertreter der Bildungspolitik, z.B. G. A. JAGODIN, der letzte Vorsitzende der staatlichen Ausbildungskommission der UdSSR (JAGODIN/TRETJAKOWA 1990). Die Möglichkeiten, internationale Kontakte zu knüpfen und Informationen auszutauschen, wurden verbessert. Der Wiedergewinn der Unabhängigkeit, die Änderungen im Bildungswesen sowie die Möglichkeiten der Anwendung verschiedener Methoden haben den Ausbildungsprozeß bedeutend gefördert.

Auch die Wissenschafts- und Lehrgemeinschaften erlangten größere Freiheit und damit verbundene Möglichkeiten bei der Organisation und Durchführung ihrer Arbeit. Dies gilt auch für einzelne Forscher und Pädagogen, die sich mit der Ausarbeitung der Simulationsspiele und anderen Methoden beschäftigen.

Die oben genannten Faktoren haben einen positiven Einfluß auf die Verbreitung der Simulationsspielmethoden im Umweltschutzunterricht der ostslawischen und baltischen Staaten ausgeübt. Wenn man das Spielverzeichnis am Ende des Beitrages betrachtet, wird sichtbar, daß der größte Teil dieser Spiele in diesen Staaten erst in den letzten zehn Jahren ausgearbeitet oder eingeführt worden ist.

2. Typenvielfalt der Umweltspiele in den ostslawischen und baltischen Staaten

In diesem Teil werden einige kurze Erläuterungen zu den Simulations-, Rollenspielen und Computermodellen gegeben, die den Autoren zur Zeit des Erscheinens des vorliegenden Artikels bekannt waren. Wir wissen natürlich, daß die Liste nicht vollständig ist, doch ist es uns nicht möglich, ein ausführlicheres Verzeichnis zu erstellen, weil längst nicht alle existierenden Spiele veröffentlicht sind. Eine der wichtigsten Ursachen, warum diese Spiele kaum herausgegeben werden, liegt vorwiegend an der gegenwärtigen ökonomisch schwierigen Lage sowie am Mangel an Publikationen zu diesen Themen. Es ist aber feststellbar, daß das Interesse an interaktiven pädagogischen Methoden und die Möglichkeit, sie anzuwenden, bedeutend zugenommen haben.

Die anderen Ursachen, aufgrund derer es praktisch unmöglich ist, ein umfassendes Verzeichnis zu erstellen, werden im folgenden dargestellt. Erstens ist ein großer Teil der Spiele, wie schon im Verzeichnis ersichtlich, hier das erste Mal veröffentlicht und war bisher nur in der Modellvariante bekannt. Andere wurden schon einmal in einer sehr geringen Auflagenzahl veröffentlicht. Die meisten ausländischen Spiele sind noch nicht in ostslawische und baltische Sprachen übersetzt worden, so daß das Auftreten dieser Spiele auf dem Gebiet der ehemaligen UdSSR rein zufällig und nicht zielgerichtet war.

Zweitens ist nach dem Wiedergewinn der Unabhängigkeit in den baltischen Staaten und dem Zerfall der UdSSR der Informationsaustausch zwischen Pädagogen – nun in verschiedenen Staaten – rückläufig. Zusätzlich erschwert wird ein Austausch durch den Wegfall des Russischen als einheitliche Staatssprache. Jede Republik benutzt heute ihre Muttersprache als offizielle Staatssprache. Materialien in Russisch sind seltener geworden, solche in englischer Sprache allerdings haben zahlenmäßig noch nicht zugenommen.

Drittens gibt es bisher kein Zentrum, das die Ausarbeitung neuer Spiele durchführt und koordiniert. Früher wurden die Koordination und der Austausch von sowjetischen und ausländischen Erfahrungen zum Unterricht mit aktiven Methoden zur Umweltschutzausbildung von der Leitung und dem Personal des staatlichen Komitees für Ausbildung der UdSSR übernommen (G. A. JAGODIN, L. G. TRETJAKOWA, D. N. KAWTARADSE, N. L. PONOMAREW). Jetzt, nach dem Zerfall der UdSSR, beschäftigt sich dieses Komitee kaum noch mit dieser Aufgabe, denn in den letzten zwei Jahren haben die Behörden unter der Reorganisation gelitten (sie wurden zusammengeschlossen, aufgeteilt und intern umstrukturiert).

Auch die privatgesellschaftlichen Organisationen können die staatlichen nicht vollständig ersetzen. Die große öffentliche Organisation der ehemaligen UdSSR »ARISIM« in Sankt Petersburg vereinigt Fachleute der Wirtschaft mit einigen wenigen Naturwissenschaftlern. Gleichzeitig ist aber ersichtlich, daß der größte Teil der Umweltspiele gerade von den Naturwissenschaftlern geschaffen wird. Professionell beschäftigt man sich mit der Gestaltung und Nutzung der Simulationsspiele vorwiegend in den großen Ausbildungszentren wie Riga, Jekaterinburg, Kiew, Moskau, Nowosibirsk, Tomsk.

Für die baltische Region ist das Ökologiezentrum der Universität Lettland zu nennen. Dieses seit 1988 bestehende Informations- und Ausbildungszentrum, welches auch als Herausgeber tätig ist, wendet den Simulationsspielen und deren Weiterentwicklung immer größere Aufmerksamkeit zu. Grundlage zur Beschäftigung mit Simulationsspielen, Simulationsmethoden und zur Entwicklung der ihnen zugrundeliegenden Modelle bildet eine spezialisierte Bibliothek und eine Datenbank. Das Zentrum beschäftigt sich innerhalb seiner Spieleabteilung mit den Simulationsmethoden und Modellentwicklungsmethoden sowie einer konkreten Einbindung von Spielen und Modellen in die Lehrpläne der Umweltschutzausbildung auf allen Ebenen (Schule, Hochschule, private Organisationen etc.). Vor einigen Jahren wurde ein Spielkatalog in russischer Sprache in der ehemaligen Sowjetunion zusammengefaßt und herausgegeben (BISTERS/ERNSTEINS 1991). Dieser Katalog wurde auch auf den verschiedenen Ausbildungsebenen verbreitet, so daß neue Kontakte für die weitere Zusammenarbeit gefördert wurden. Das Ökologiezentrum der Universität Lettland hat begonnen, Spiele aus der ehemalige Sowjetunion und den anderen Ländern in der lettischen, russischen und englischen Sprache herauszugeben, und verbreitet diese unter anderem auch im skandinavischen Bereich. Besonders hervorzuheben sind hier die Bemühungen um die Simulations- und Modellentwicklung sowie die Formen der Seminararbeit (BISTERS/ERNSTEINS 1993a, 1993b, 1993c; KUDRENICKIS/ERNSTEINS/BISTERS 1993). Das Ökologiezentrum der Universität Lettland arbeitet nicht nur mit den vorhandenen Spielen und Modellen und deren Übersetzung und Anpassung an die biogeographischen Gegebenheiten anderer Länder, es hat auch erste eigene Spiele herausgegeben. Diese Spiele beschäftigen sich gerade mit jenen aktuellen Themen, die bisher noch nicht oder unzureichend berücksichtigt worden sind.

Besonders in den letzten Jahren haben die Möglichkeiten der Zusammenarbeit zwischen den westlichen und den östlichen Staaten zugenommen. Die Fachleute der baltischen und ostslawischen Staaten gewinnen neue Partner für die Zusammenarbeit und treten verschiedenen Assoziationen bei. Hier muß man die sogenannte Gruppe von Balaton oder INRIC (International Network of Resource Information Centres) nennen. Diese Gruppe wird von zwei anerkannten Fachleuten, DONELLA und DENNIS MEADOWS, geleitet. Leider bleiben Spiele, die außerhalb der großen Ausbildungszentren ausgearbeitet werden, oft von Fachleuten unbeachtet.

Weiterhin bieten wir das im Beitrag erwähnte Spiel- und Modellverzeichnis an. Es gibt eine Vorstellung über verschiedene Spieltypen und Themen (s. Tabelle 1).

Obwohl den Autoren viele verschiedene Klassifikationen der aktiven Unterrichtsmethoden, Simulationsspiele und Spielmodelle bekannt sind, wird hier einer Klassifikation von W. I. RYBALSKIJ der Vorzug gegeben. Demnach können Spiele für Ziele der Ausbildung in vier Typen eingeteilt werden: in unterweisende, erforschende, testende und entwickelnde Spiele. Selbstverständlich kann jedes Spiel je nach seiner Form verschiedene Funktionen erfüllen. Zum Beispiel hat das **Ökologische Konstruktionsspiel** detailliert ausgearbeitete, leicht verständliche Regeln. So kann es unterweisend, forschend oder auch testend sein. Natürlich gibt es auch Spiele, die ausschließlich einem Typ zugeordnet werden können. So ist **Der Preis des Erdöls** ein unterweisendes Spiel. Das Spiel **Geographisches Mosaik** hingegen ist dem testenden Typ zuzuordnen.

Das Verzeichnis der Spiele am Ende des Beitrages enthält sehr viele testende, erforschende und unterweisende Spiele, solche des entwickelnden Typs sind jedoch wenig verbreitet. Zu diesen Spielen gehört das Spiel **Ökologie in der Philologie**; von den ausländischen Spielen, die auch hier bekannt sind, könnte man STRATEGEM-1 (DENNIS MEADOWS/F. TOTH, USA) und **Fire in the Forest** (M. KENNEDY/M. KEYS, USA) nennen. Will man in der Ausbildung mit komplexeren Modellen arbeiten, sollten vorher einige Übungen durchgeführt werden. Dafür wurden von Fachleuten (A. M. AJLAMASJAN, A. U. CHARASCH, W. P. PANJUSCHKIN, L. I. KRJUKOWOJ, D. N. KAWTARADSE, N. M. DOMANOWOJ u.a.) Methoden des sozialpsychologischen Trainings entwickelt, die die Schüler zu den komplexeren Formen der Zusammenarbeit führen sollen. Sie sind leider bisher noch nicht vollständig veröffentlicht worden. Den speziellen Modellunterricht und die erwähnten Übungsmethoden nutzt auch das Ökologiezentrum der Universität Lettland in seiner Arbeit (vgl. z.B. BISTERS/ERNSTEINS 1993a, 1993b, 1993c; ERNSTEINS/SEGLINS 1993). In der letzten Phase einer solchen Ausbildung können auch sehr spezifische Spiele aus einem anderen Gebiet als dem der Ökologie und des Naturschutzes angewendet werden, so z.B. das Spiel **President** von W. I. RYBALSKIJ (1990).

Die Aufgaben der Zukunft sind in der Entwicklung einer Reihe von Kursen zu sehen, die u.a. das unterschiedliche Alter der Teilnehmer und die unterschiedliche technische Ausrüstung berücksichtigen. Grundlage dieser Kurse sollen Spiele sein, die nach dem Schema RYBALSKIJs dem unterweisenden, erforschenden, testenden und entwickelnden Typ zuzuordnen sind. Für den Aufbau der Kurse müssen geeignete Spiele gesucht und/oder ausgearbeitet werden.

3. Besonderheiten der Anwendung dieser Spiele und Spielmodelle

Die Mehrheit der Simulationsspiele beschreibt Prozesse und Objekte, die eine zeitliche und räumliche Ausdehnung haben. Es ist offensichtlich, daß die Mehrheit der Umweltprobleme ihren globalen Charakter mit der Zeit verändern und daß für das Natur- und Sozialsystem eine große Trägheit charakteristisch ist. Es gibt wenige Spiele, die der lokalen, und in einem noch geringeren Maße solche, die der individuellen Ebene gewidmet sind. Im Verzeichnis befindet sich nur ein Spiel (**Die Erlebnisse unterwegs**), das man zu den individuellen Spielen zählen kann.

Tabelle 1: Zielgruppen und Themenbereiche der erwähnten Spiele

Zielgruppen				Spielnamen	Themenbereiche			
①	②	③	④	*Tischspiele:*	❶	❷	❸	❹
	◇	◇	◇	Die Insel	◆			
◇	◇	◇		Rate mal!		◆		
◇	◇	◇	◇	Ökologie in der Philologie	◆		◆	
	◇	◇		Zoogeographie		◆		
◇	◇	◇		Wir gehen durch den Wald		◆		
◇	◇			Da ist mein Dorf	◆		◆	
◇	◇	◇		Die Erlebnisse unterwegs				◆
◇	◇	◇	◇	Ökologisches Konstruktionsspiel				◆
	◇	◇		Geographisches Mosaik	◆			
◇	◇			Der Kreislauf	◆			
	◇	◇	◇	Am See	◆		◆	
		◇		Die Koordinations-Kommission				◆
		◇		RD-Strat				◆
①	②	③	④	*Computermodelle:*	❶	❷	❸	❹
		◇		Der Preis des Erdöls			◆	
		◇		Der Wald und die Elche			◆	
		◇		Der kleine Fluß	◆			
		◇		Ozon				◆
	◇	◇		Fish Banks, Ltd.			◆	
		◇		STRATEGEM-1				◆

① Grundschule
② Sekundarstufe I
③ Sekundarstufe II
④ Hochschule und Erwachsenenbildung

❶ Funktionen des Ökosystems
❷ Biologie der Arten
❸ Naturressourcen
❹ Beziehung »Mensch – Natur«

Entwurf: V. BISTERS u.a. 1994

Den einzelnen Spielen liegen sehr unterschiedliche Themen und Probleme zugrunde. Dies bedingt die Vielfalt und Unterschiedlichkeit der Spiele. Die Spiele, die globale und regionale Probleme behandeln, nämlich **Ozon** (N. P. TARASOWA u.a., Rußland), **STRATEGEM-1** (DENNIS MEADOWS/F. TOTH, USA) und **Fish Banks, Ltd.** (DENNIS MEADOWS u.a., USA), erklären die Entwicklung der Prozesse zwischen Natur und Gesellschaft in einer ganzheitlichen Betrachtung und beschäftigen sich mit den Gründen und Auslösern. Die Spiele der individuellen oder lokalen Ebene (z.B. **RD-Strat, Fire in the Forest** oder **Die Erlebnisse unterwegs**) helfen, bei den Mitwirkenden einen Standpunkt zu den behandelten aktuellen Fragen herauszubilden. Das ist wichtig, wenn wir auch die psychologischen Besonderheiten von Menschen im mittleren und fortgeschrittenen Alter in Betracht ziehen (vgl. Kap. 1).

In Tabelle 1 kann man erkennen, daß der größte Teil der Spiele für unterschiedliche Altersgruppen und Bildungsebenen vorgesehen ist. Betrachten wir die Besonderheiten etwas genauer.

3.1 Kinder im Vorschul- und Schulalter

In dieser Tabelle ist auch zu sehen, daß die Zahl der Spiele für diese Altersgruppe verhältnismäßig klein ist. Dazu können wir solche Spiele wie **Rate mal!, Da ist mein Dorf**, die Serie **Der Kreislauf, Die Erlebnisse unterwegs, Wir gehen durch den Wald** und einige andere zählen. Leider ist der größte Teil dieser Spiele entweder überhaupt nicht oder in einer verhältnismäßig geringen Auflage herausgegeben. Etwas größere Auflagen haben die Lottospiele, die das Ziel verfolgen, Pflanzen- und Tierarten zu bestimmen. Den größten Teil dieser Spiele haben wir aber mit Absicht im Verzeichnis am Ende des Beitrages nicht aufgeführt, weil ihr Ziel fast nie erreicht wird. In der Regel ist das mit der geringen Qualität der Darstellung auf Spielkärtchen bzw. Spielbrettern verbunden. Das betrifft sowohl die Originalzeichnungen als auch die Drucktechnik. Eine Ausnahme bildet das Spiel von M. M. RUWINSKIJ **Wir lernen die vom Aussterben bedrohten Vögel kennen**. Das Interesse der Vorschul- und Grundschullehrer in bezug auf die Nutzung dieser Spiele im Unterricht ist groß. Die Zahl der vorhandenen Spiele ist leider gering, und die aktivsten Lehrer erstellen die elementaren Spielmodelle selbst (gewöhnlich wohl nur im Rahmen ihrer Klasse oder Schule) und verwenden sie mit Erfolg in der Praxis. Oft sind diese Spiele aber nicht detailliert vorbereitet und nur dem Autor zugänglich. Ohne Zweifel müssen die Spiele für diese Altersgruppe besonders interessant sein. Doch bei weitem nicht alle Spiele entsprechen den Voraussetzungen. Unserer Meinung nach sind die Spiele der Serie **Kreislauf** am besten geeignet.

Leider gibt es für den größten Teil der Spiele kaum Einsatzmöglichkeiten in dieser Altersklasse. In erster Linie ist das mit der Gestaltung des Lehrprozesses in der Schule verbunden. Die in Rußland staatlich vorgeschriebene Klassenstärke von 25 Schülern wird häufig überschritten. Eine Schulstunde dauert 45 Minuten. Die Spiele sind aber für kleinere Gruppen ausgelegt, und sie können meistens nicht in einen 45-Minuten-Rahmen eingeordnet werden. Deshalb können sie im Lehrprozeß kaum genutzt werden. Etwas intensiver werden diese Spiele, Modelle und Übungen in den alternativen Schulen genutzt. Die Zahl solcher Lehranstalten, die im Bereich Umweltschutz unterrichten, ist aber gering. Sinnvoll ist der Einsatz der Spiele in verschiedenen fakultativen Stunden und Arbeitsgemeinschaften. Man kann z.B. die Zusammenarbeit von zwei Parallelklassen wettbewerbsartig organisieren. Auch die sogenannten Fächer- oder Projekttage eignen sich gut. Unserer Meinung nach muß besonderes Gewicht auf die Herausgabe von Spielen gelegt werden, mit deren Hilfe man selbständig lernen kann.

3.2 Erwachsene im Studium und in Fort- und Weiterbildung

Die Anzahl und Vielfalt der Spiele für diese Gruppen ist groß. Jedoch wirken sich auch hier die geringen Auflagen nachteilig aus. Ebenso fehlt es nach wie vor an erfahrenen Lehrern, die diese Methoden in Unterricht und Lehre qualifiziert nutzen könnten (PONOMAREW 1990). Schwierigkeiten bereitet auch die schlechte technische Ausrüstung (Mangel an Computern, Videogeräten usw.), die eines der wichtigsten Merkmale der Situation in den ostslawischen und baltischen Staaten darstellt. So wird sehr häufig die vollständige Anwendung der Spiele und Spielmodelle verhindert.

Die Hochschule verfügt über bessere Möglichkeiten, die Simulationsspiele und Übungen in ihren Arbeitsprozeß einzugliedern. Jedoch kann man auch hier bei weitem nicht alle Spiele nutzen. Der Anteil der Vorlesungen hat sich z.B. verdoppelt. Wenn im Lehrangebot der Hochschule auch Seminare vorgesehen sind, so hat der Dozent noch die Möglichkeit, mit einer annehmbaren Zahl von Studenten zu arbeiten (8 bis 20 Studenten). Wenn aber zum Thema Umweltschutz nur Vorlesungen vorgesehen sind, wird es unmöglich, einen großen Teil dieser Spiele anzuwenden.

In der letzten Zeit gibt es viele Möglichkeiten, die interdisziplinären Programme weiterzuentwickeln. Es bilden sich geleitete und selbstorganisierte Gruppen mit geringer Teilnehmerzahl. Zur Erleichterung der Organisation solch anderer Unterrichtsformen wären die Nutzung interaktiver Lehrmethoden und eine Verringerung der Vorlesungsbelastung sehr hilfreich. Ein vermehrtes Arbeiten in Kleingruppen eröffnet neue Wege.

Bei den Menschen, die ihre Hochschulausbildung abgeschlossen und den Wunsch haben, sich fortzubilden und weiterzuqualifizieren, ist dies leichter möglich, wenn die jeweiligen Dozenten zustimmen. Es entstehen aber einige andere Schwierigkeiten, die mit dem Alter der Teilnehmer in diesen Gruppen zusammenhängen. Vorwiegend werden sie von Menschen der mittleren und älteren Jahrgänge gebildet, dies erfordert Besonderheiten bei der Gestaltung des Unterrichtes (vgl. Kap. 1). Diese Menschen haben schon bestimmte Lebensvorstellungen und Erfahrungen sowie gefestigte Werte. Sie sind oft nicht bereit zu einer spielerischen Betätigung. Die Vorbereitung dieser Teilnehmer fordert vom Dozenten viel Kraft und Zeit sowie bestimmte psychologische Kenntnisse. Die erwähnten Umstände behindern so eine vollständige Anwendung der Spiele im Unterricht für Erwachsene.

Die über so viele Jahre herrschende, streng auf das jeweilige Fachgebiet ausgerichtete Ausbildung in der ehemaligen Sowjetunion und die fehlende interdisziplinäre Zusammenarbeit zeigen heute nun ihre Auswirkungen. Dies betrifft auch die Lehrer der einzelnen Fachrichtungen. Besonders deutlich wird dies bei der Anwendung von fächerübergreifenden Spielen und Methoden. Die Schüler und andere Lernende müssen sich ebenfalls umstellen, da nun statt passivem Zuhören – wie beim Frontalunterricht üblich – aktive Mitarbeit gefordert ist. Es ist allerdings ein wachsendes Interesse aller Seiten an dieser neuen Unterrichtsart feststellbar.

4. Simulationsspiele und Spielmodelle

Aus der Tabelle der Spiele und Spielmodelle (Kap. 3) ist ersichtlich, daß es sich bei einem Drittel um Computerspiele oder -spielmodelle sowie um Spiele mit Computerunterstützung handelt. Natürlich kann die Computertechnik den Unterrichtsprozeß wesentlich erleichtern und beschleunigen, ebenso kann unter Umständen die Auswertung der Handlungen der Teilnehmer objektiviert werden. Die Computertechnik spielt im gesamten Unterrichtsprozeß und besonders auf dem Gebiet des Umweltschutzes eine große Rolle. Allerdings sollte man diese Bedeutung nicht überbewerten, da das wahre Leben und die Entscheidungen der Menschen nicht mit einem Computer simuliert werden können. Deshalb sollten auch manuelle Spiele einen Platz im Unterrichtsprozeß haben.

Ein großer Teil der Spiele, die in den ostslawischen und baltischen Ländern ausgearbeitet wurden, basiert trotz der sehr niedrigen Preise für Druckereidienstleistungen und Papier auf der technisch minderwertigen Computerausstattung der Lehranstalten (besonders in den Schulen). Im Jahre 1990 waren die Preise für Computerspiele ein- bis zweimal höher als die der Spiele ohne Computerunterstützung. Es ist vorauszusehen, daß in der Zukunft die Anzahl der Computerspiele, deren Modelle und auch der Spiele mit Computerunterstützung anwachsen wird. Doch wird in der nächsten Zeit die Anwendung der manuellen Spiele noch überwiegen.

Im ostslawischen und baltischen Fernsehen wurden erst zwei Spiele dieses Typs vorgeführt. Anfang der 80er Jahre leitete L. N. IWANENKO diese Demonstration im Fernsehen. Auch das Spiel **Fish Banks, Ltd.** wurde Ende der 80er Jahre im lettischen Fernsehen gezeigt.

Einen direkten Sinn ergibt eine solche Vorführung jedoch nicht, da die Zuschauer nicht unmittelbar am Spielverlauf teilnehmen können. In der damaligen UdSSR gab es nur wenige Fernsehkanäle, die zudem staatlich waren. Diese Situation hat sich vollkommen verändert. Sehr schnell entwickelt sich ein Netz verschiedener lokaler nichtstaatlicher Fernsehstudios.

5. Probleme der Auflagenhöhe und Verbreitung der Spiele

Die größten Probleme, die in ostslawischen und baltischen Staaten bei der Verbreitung von Spielen bestehen, sind mit der Auflage verbunden. Früher resultierten diese Schwierigkeiten aus einer schlechten Organisation: zum Beispiel Schwierigkeiten mit den Zensurorganen aufgrund der Besonderheit der Materialien oder der erschwerte Zugang zu ausreichenden Mengen an Papier aufgrund der zentralisierten Verteilung.

In der heutigen Zeit treten die ökonomischen Probleme in den Vordergrund. Ein Aufbau verschiedener Spielzentren wie im Westen ist aus diesen Gründen nicht denkbar. Deutlich sichtbar ist auch die Rückständigkeit der Drucktechnik in den ehemaligen Sowjetrepubliken. Dies gilt besonders für Anlagen, mit deren Hilfe man eine große Auflage aufwendig gestalteter, farbiger Spiele drucken könnte. Diese Spiele haben nur eine geringe Auflage und sind sehr teuer, sind also vielen potentiellen Käufern nicht zugänglich. In der Zeit, als sich die Marktbedingungen noch nicht ausgeprägt hatten, lohnte es sich nicht, mit Umweltschutz verbundene Unterrichtsspiele zu produzieren. Weitere Hindernisse für eine solche Produktion sind die hohe Inflation und die Einkommenssituation in diesen Staaten. Die komplizierte allgemeine finanzielle Situation schränkt außerdem die Möglichkeiten von Forschungs- und Bildungsanstalten ein, solche Druckerzeugnisse im Ausland zu bestellen.

In der letzten Zeit war die ökonomische Basis der baltischen Staaten weniger den Inflationsprozessen unterworfen, jedoch ist der Markt 30- bis 40mal kleiner als der der ostslawischen Staaten. Das ist auch der Hauptgrund für die Einschränkung der Übersetzung, Herausgabe und Auflagenhöhe von im Ausland gestalteten Spielen in den baltischen Sprachen.

Die Handels- und Währungsbeziehungen haben sich zwar schon entwickelt, doch macht die eingeschränkte Kaufkraft den Export von Spielen zum Umweltschutzthema einerseits aus den baltischen in die ostslawischen Staaten und andererseits den Import aus dem Westen ganz unmöglich.

Die Situation bei den Computerspielen ist dann ein wenig besser, wenn eine stückweise Auflage möglich ist. Doch ist, wie oben erwähnt, der Markt sehr klein. Simulationsspiele mit Computerunterstützung sind auf dem Markt begehrter als manuelle Spiele, stehen aber in der Nachfrage hinter den Computerspielen. Die Vielfalt der Computermodelltypen ist geringer als die der manuellen Lehrmodelle, der manuellen Simulationsspiele und auch der Simulationsspiele mit Computerunterstützung.

6. Probleme in der Spielanwendung

Bei der aktiven Anwendung der Simulationsspiele und Spielmodelle im Unterricht ergeben sich weitere Probleme. Viele Pädagogen kennen diese Methoden nicht und sind nicht bereit, sie qualifiziert anzuwenden. Das selbständige Aneignen der Methoden ist sehr schwer, verlangt viel Mühe, und das gewünschte Ergebnis wird nicht immer erreicht. Zu Beginn der Anwendung von Simulationsspielen zu Themen der Ökologie und des Umweltschutzes wurde in der ehemaligen UdSSR ein Experiment durchgeführt. 200 Lehrkräfte erhielten je zwei Spiele (**Die Insel** und **Die Koordinations-Kommission**) und die methodische Anweisung »Aktive Methoden in der Umweltschutzausbildung« (KAWTARADSE 1982). Später wurde festgestellt, daß diese Spiele nur in 20 Lehranstalten mehrmals gespielt wurden, in den übrigen Lehranstalten wurde das Spiel nur einmal durchgeführt. Das bedeutet, daß die Aktion einen Erfolg von zehn Prozent hatte. Nach den Beobachtungen der Autoren ist die Erfolgsquote noch geringer, wenn nur die Simulationsspiele einfach verteilt werden. Anders ist dies bei Veranstaltungen, die von kompetenten Personen durchgeführt werden. 1989 leitete DENNIS MEADOWS erfolgreich in Lettland Seminare, in denen die Spiele und Modelle angewandt wurden. Ähnliches trifft auch auf die Arbeitsgruppe »Modellentwicklung und interaktiver Unterricht« des Ökologiezentrums der Universität Lettland zu.

Gut vorbereitete, gesicherte und damit wirkungsvolle Programme der Zusammenarbeit sind jedoch sehr selten zugänglich. Aber auch einzelne Vorlesungen von Fachleuten im Spielbereich oder deren Kooperation (z.B. D. KAWTARADSE, Rußland, und D. SHANNON, USA) haben ihren Beitrag zur Verbreitung der Methodik im Baltikum und in den ostslawischen Staaten geleistet. Erfreulich ist, daß junge und qualifizierte Fachleute im Spielbereich schon Unterricht und Seminare in solchen Ländern wie Schweden, Finnland, Deutschland, Tschechei, Slowakei, Ungarn u.a. leiten konnten.

Die Anwendung der ostslawischen und baltischen Simulationsspiele ist durch die – im Gegensatz zu analogen ausländischen Produkten (**Fish Banks Ltd.**, **Ökolopoly** u.a.) – relativ undetaillierten Spielanweisungen erschwert. Als Ausnahmen können hier nur ein paar einfache Spiele für Kinder und das Spiel **Am See** von W. F. KOMAROW genannt werden (siehe hierzu auch Beitrag von BISTERS/ERNSTEINS/KUDRENICKIS in diesem Handbuch).

Es gibt auch nur sehr wenige Bücher über den Umgang mit derartigen Spielen. Auch das hier schon früher erwähnte Buch »Aktive Methoden der Umweltschutzausbildung« (KAWTARADSE 1982) ist heutzutage veraltet, zum Teil unvollständig und wurde damals nur in geringer Auflage veröffentlicht, deren Exemplare heute bereits einen bibliografischen Seltenheitswert haben. Die Lehrbücher, die sich mit der Ausarbeitung und Anwendung von sachlichen, allerdings wirtschaftsbezogenen Spielen beschäftigen (z.B. KRJUKOW/KRJUKOWA 1988; GERONIMUS 1989; PLATOW 1991; CHRUZKIJ 1991), sind sehr fachbezogen und denen, die sich intensiv mit den Umweltspielen beschäftigen, wenig bekannt. Leider sind die Bücher der berühmten westlichen Fachleute für Spielanweisungen (R. DUKE, K. GREENBLAT, F. GOODMAN und einige andere) bisher noch nicht in den Sprachen der ostslawischen und baltischen Länder erschienen.
Eine Ausnahme bildet hier die Übersetzung und Herausgabe des auf der Basis des Modells »World-3« vorbereiteten Buches »Beyond the Limits« (»Die neuen Grenzen des Wachstums«) von DONELLA MEADOWS und anderen Autoren in Lettland und Rußland. Hier wurde auch die Übersetzung des ersten Buches dieser Autoren »Limits to Growth« (»Grenzen des Wachstums«) vor 20 Jahren herausgegeben. Dieses Buch hinterließ einen starken Eindruck bei den Fachleuten der ehemaligen Sowjetunion. Es wird deutlich, daß eine Ausarbeitung der Lehranweisungen für die Anwendung der Simulations-, Rollenspiele und Spielmodelle für die ostslawischen und baltischen Staaten aktuell sehr notwendig wäre. Wir hoffen, daß die in Kürze in englischer Sprache erscheinende Publikation »Der Simulations- und Spieleinsatz in der Umweltausbildung« von VALDIS BISTERS und RAIMONDS ERNSTEINS (1994) der nächste Beitrag zu diesem Bereich sein wird. Diese Arbeit wird mit Hilfe eines mehrtägigen Unterrichtsmodells in Zentral- und Osteuropa eingeführt.
Fehlende Fremdsprachenkenntnisse, besonders in den ostslawischen Staaten, werden allerdings vielen potentiellen Interessenten die Nutzung erschweren. Aus diesem Grund wird die Arbeit in sechs osteuropäische Sprachen übersetzt. Die finanzielle Lage bereitet aber nach wie vor die größten Probleme. In etwas besserer Situation befinden sich die Einwohner Lettlands, weil in allernächster Zeit die Broschüre »Die Simulation und Modellentwicklung in der Umweltausbildung« in der lettischen Sprache herausgegeben wird.

Wenngleich auch in Estland und Litauen Aktivitäten zu beobachten sind, wird in Lettland dem Spielebereich die größte Aufmerksamkeit gewidmet. In den letzten vier Jahren hat das Ökologiezentrum der Universität Lettland allein mehrere hundert Spieltage und Seminare für die unterschiedlichsten Zielgruppen veranstaltet (für Schüler, Lehrer, Studenten und Hochschullehrer, Umweltschutzfachleute u.a.). Besondere Anerkennung findet das fünftägige Unterrichtsmodell der Umweltausbildung, innerhalb dessen sehr viele verschiedene interaktive Unterrichtsformen, Methoden und Spiele variiert werden.

Im Vorbereitungsprozeß befindet sich auch die Weiterbildung von Lehrkräften und Instruktoren in fächerübergreifenden Bereichen. In diesem Zusammenhang werden nicht nur die eigenen Modelle und Spiele genutzt, sondern auch ausländische Produkte (amerikanische, britische, italienische und deutsche, so z.B. **Ökolopoly** von FREDERIC VESTER) übersetzt und erfolgreich angepaßt.

7. Internationale Zusammenarbeit

In den letzten zehn Jahren, nach dem Fall des eisernen Vorhanges, haben sich die Kontakte zwischen den ostslawischen, baltischen und westeuropäischen Staaten, die Kontakte zwischen den Gestaltern von Simulationsspielen und denen, die sie benutzen, wesentlich erweitert. Doch auch in der ehemaligen Sowjetunion wurden schon Umweltsimulationsspiele im Bildungsbereich eingesetzt und weiterentwickelt. Das amerikanische Spiel **Pollution Control**, welches im Jahr 1975 eingeführt wurde, förderte schon in dieser Zeit die Beschäftigung mit den Fragen des Umweltschutzes und die Bereitschaft, diese Fragen zu Unterrichtsthemen zu machen. Einen großen Einfluß auf die Entwicklung von Spielen im Bereich der Ökologie und des Umweltschutzes in unserem Lande hatten die engen Kontakte zwischen unseren Spielgestaltern und -benutzern sowie bekannten ausländischen Autoren auf diesem Gebiet, wie zum Beispiel DENNIS MEADOWS, K. GREENBLAT, R. DUKE, A. CHIKKINI u.a., sowie der Austausch mit ISAGA, WACRA und anderen Institutionen. Den Lehrern und Fachleuten, die auf diesem Gebiet in den baltischen und ostslawischen Ländern arbeiten, bot das eine Möglichkeit, sich einerseits mit Arbeiten aus aller Welt vertraut zu machen und andererseits ihre Arbeiten dort vorzustellen. Obwohl sich in der letzten Zeit die allgemein schwierige ökonomische Situation auch auf den Bereich der internationalen Kontakte ungünstig auswirkt (also auch auf dem Gebiet der Umweltspiele), hoffen wir doch, daß die Zusammenarbeit auf diesem Sektor in der nächsten Zeit erweitert wird.

8. Besonderheiten bei der Verwendung von Simulationsspielen und Spielmodellen

Aus dem Spieleverzeichnis am Ende des Beitrages ist ersichtlich, daß die Mehrheit der Spiele, die den Erwachsenen gewidmet sind, in Wirklichkeit nicht Spiele, sondern nur Spielmodelle sind. Natürlich muß einem guten Simulationsspiel ein gutes Spielmodell zugrunde liegen, wie es z.B. an den schon bekannten

Spielen **Am See, Fish Banks, Ltd.** (USA) und **STRATEGEM-1** (USA) ersichtlich wird. Allerdings verringert die ausschließliche Arbeit an einem Spielmodell ohne Spielprozeß die Bildungsmöglichkeiten.
Leider beenden viele Spieleautoren ihre Arbeit nach Erfindung eines Modells. Die Beispiele dafür sind solche Modelle wie **Der Wald und die Elche, Der kleine Fluß** und andere, in denen nur das spielerische Moment im gut ausgearbeiteten Modellteil fehlt. N. R. CHUSAINOWA (1990) meinte: »Die Leichtigkeit und Leidenschaftlichkeit bekommt das Spiel erst nach einer tüchtigen Arbeit.« Zu dieser Konstruktionsarbeit gehört die Ausarbeitung des spielerischen Teils, der nicht einmal schwerer und komplizierter als das Modell selbst ist. Es bestehen viele Transformationsmöglichkeiten von schon vorhandenen Spielmodellen zu vollwertigen Spielen. Allerdings gibt es auch hier Schwierigkeiten, z.B. kann es sein, daß zur Umsetzung weitere Autoren notwendig sind, oder aber der Autor des Spielmodells stimmt den Plänen nicht zu. Andererseits gibt es noch andere Möglichkeiten zur Schaffung von inhaltsreichen Spielmodellen und deren Umwandlung zu konkreten Spielen, so daß die Modelle gut herausgestellt werden. So ist eines der besten Spiele, die zur Zeit auch in den ostslawischen und baltischen Ländern genutzt werden, das Spiel **Am See**, nach dem Schema des Spiels **Commons Game** (R. B. POWERS/R. E. DUUS/R. S. NORTON, USA) entwickelt worden. Das Spiel **Der Preis des Erdöls**, welches die Probleme des Umweltschutzes behandelt, wurde vollkommen nach dem Muster des bekannten makroökonomischen Spiels **STRATEGEM-2** (DENNIS MEADOWS/J. STERMAN, USA) hergestellt. Sehr gut konnte man auch die Spielmodelle der Spielserie **President** von RYBALSKIJ (1990) transformieren.

Es ist ersichtlich, daß es Möglichkeiten zur Verbreitung von Spielen mit Umweltthematik gibt, die nur noch überarbeitet werden müssen. Zum Abschluß muß man bemerken, daß ein Benutzerkreis sich zur Zeit erst ausbildet. Eine vollkommene Ausschöpfung aller Anwendungsmöglichkeiten der Umweltspiele ist also augenblicklich noch nicht gegeben. Diese Situation wird sich im Laufe der Entwicklung aber sicherlich noch verbessern.

Verzeichnis der im Aufsatz erwähnten Spiele

Am See (O osera) von W. F. KOMAROW, Nowosibirsker Institut für Volkswirtschaft, Verlag des Nowosibirsker Instituts für Volkswirtschaft, 1986, in russischer Sprache.
Da ist mein Dorf (Wot moja derevna) von A. P. BUKIN, Ökologiestation für Kinder der Stadt Puschtschino im Bezirk Moskau, Modellvariante.
Der kleine Fluß (Malaja reka) von E. W JAKUNIN, A. N. TARKAJEW und J. S. KOTOW, Universität Kasan, Rechenzentrum, Ökologische Fakultät; das Modell wird als Computerprogramm verbreitet, 1989 bis 1990 wurde eine neue Variante vom selben Autorenkollektiv entwickelt, die unter dem Namen **Der Fluß-2** bekannt ist.
Der Kreislauf-1 (Krugoworot-1) von N. M. DOMANOWA, Verlag Argus, Moskau 1993, in russischer Sprache.
Der Kreislauf-2 (Krugoworot-2) von N. M. DOMANOWA, Verlag Argus, Moskau, die Modellvariante.
Der Preis des Erdöls (Zena nefti) von A. W. SCHTSCHERBAKOW, Moskauer Universität, Fakultät für Biologie, Verlag Argus, Moskau 1993, in russischer Sprache.
Der Wald und die Elche (Ljes u losji) von E. N. BUKWAREWA und I. B. BESSONOW, Institut für Evolutionsmorphologie und Tierökologie der russischen Akademie der Wissen-

schaften, Moskauer Universität, Laboratorium für Ausbildungsmittel und -systeme, die Modellvariante.

Die Erlebnisse unterwegs (Priklutsenija w putji) von T. W. ZAREWA und E. M. SHEWELEWA, Moskauer Universität, Fakultät für Bodenforschung, Verlag der Moskauer Universität, 1989, in russischer Sprache.

Die Insel (Ostrov) von E. N. BUKWAREWA und D. N. KAWTARADSE, Moskauer Universität, Biologische Fakultät, Verlag Wneschtorgisdat, Moskau 1985 (in englischer Sprache), 1989 (in russischer und englischer Sprache), das Spiel erschien auch in der populärwissenschaftlichen Zeitschrift »Chimija i Shisnj« (Chemie und Leben), 1987, und in der Fachzeitschrift »Biologija w Schkolje« (Biologie in der Schule), 1990.

Die Koordinations-Kommission (Koordinatsionnaja komissija) von D. N. KAWTARADSE, Moskauer Universität, Biologische Fakultät, Verlag Wneschtorgisdat, Moskau 1985, 1989 in englischer Sprache unter dem Titel **Development without destruction**.

Fish Banks, Ltd. von DENNIS MEADOWS, T. FIDDAMAN und D. SHANNON, University of New Hampshire, USA, 1. Auflage: Staatskomitee der Volksausbildung der UdSSR, Moskau 1989, in russischer Sprache; 2. Auflage: Verlag Argus, Moskau und Ökologiezentrum der Universität Lettland, Riga 1993, in russischer und lettischer Sprache.

Geographisches Mosaik (Geografitcheskaja mosaika) von E. M. SHEWELEWA, N. W. PRASOLOWA, G. A. GRADSOWSKAJA, N. W. FILATOWA und T. I. ZAREWA, Moskauer Universität, Fakultät für Bodenkunde, Verlag der Moskauer Universität, 1989, in russischer Sprache.

Ökologie in der Philologie (Ekologija i filologija) von A. W. SCHTSCHERBAKOW und N. W. DOMANOWA, Moskauer Universität, Fakultät für Biologie, Verlag Wneschtorgisdat, Moskau 1989, in russischer Sprache.

Ökologisches Konstruktionsspiel (Ekologitscheskij konstruktor) von D. N. KAWTARADSE, Moskauer Universität, Fakultät für Biologie, Verlag Wneschtorgisdat, Moskau 1989, in russischer und englischer Sprache.

Ozon (Oson) von N. P. TARASOWA, W. L. GRISCHKIN und W. W. KOSTIKOW, chemischtechnologisches Institut, Moskau, die Modellvariante.

Rate mal! (A, nu – ka dogadaisja) von N. P. CHARITONOW und D. W. KOROTKOW, Jugendhaus für wissenschaftlich-technische Betätigung, Moskau, die Modellvariante.

RD-Strat (Raistrad, Strategie der regionalen Entwicklung) von A. W. SCHTSCHERBAKOW, Moskauer Universität, Biologische Fakultät, Verlag Argus, Moskau 1993, in russischer Sprache.

STRATEGEM-1 von DENNIS MEADOWS und F. TOTH, Darthmouth College, Hannofer, USA, 1. Auflage: Staatskomitee der Volksausbildung der UdSSR, Moskau 1989, in russischer Sprache; 2. Auflage: Verlag Argus Moskau und Ökologiezentrum der Universität Lettland, Riga 1993, in russischer Sprache.

Wir gehen durch den Wald (Mi idjom po ljesu) von N. P. CHARITONOW, Jugendhaus für wissenschaftlich-technische Betätigung, Moskau, die Modellvariante.

Wir lernen die vom Aussterben bedrohten Vögel kennen (Po sljedam istschesajuschih ptiz) von M. M. RUWINSKIJ, Verlag Weselka, Kiew 1982.

Zoogeographie (Zoogeografija) von R. JURMALIETIS, Lettische Universität, Ökologiezentrum der Universität Lettland, Riga, die Modellvariante.

Literatur

ACHTZEHNTES INTERNATIONALES SEMINAR »IGRAWIJE METODI W OBRASOWANII I NAUTSCHNICH ISSLEDOWANIJACH«, Kiew 1991. Materialien. Verlag des Kiewer Institutes für Bauingenieurwesen, Kiew 1991;

BISTERS, V./ERNSTEINS, R.: Ekologija, ochrana okrushajuschtschej sredy: Imitazionnie igri. Verlag Vide, Riga 1991;

BISTERS, V./ERNSTEINS, R.: Simulation and Gaming Library for Environmental Education in Latvia. In: PERCIVALL, F. u.a. (Hrsg.): The Simulation and Gaming Yearbook 1993. Kogan Page, London 1993a, S. 200–203;

BISTERS, V./ERNSTEINS, R.: Interdisciplinarity and System Approach in Training of Sustainable Resource and Energy Management. In: IV International Conference on a System Analysis Approach to Environmental, Energy and Natural Resource Management in the Baltic Sea Region, Tallinn 1993. The Nordic Council of Ministers, Copenhagen 1993b, S. 115-123;
BISTERS, V./ERNSTEINS R.: Interdisciplinary Training in Environmental Education Through Simulation and Gaming. In: KLEIN, H. (Hrsg.): Innovation Through Cooperation. WACRA, Boston 1993c, S. 145-150;
BISTERS, V./ERNSTEINS, R.: Simulation and Gaming Set in Environmental Education. Environmental Education Publishers Vide, University of Latvia, Riga 1994;
CHRUZKIJ, E. A.: Organisazija prowedenija delowich igr [Material zur Lehrmethode]. Wisschaja schkola, Moskau 1991;
CHUSAINOWA, N. R.: Nekatorie prinzipi projektirowanija igrawich dejstwij w obutschajuschtschich kompjuternich igrach s imitazionnimi modeljami. In: Obrasowanie w oblasti okruschajuschtschej sredi. Materialien der 3. Allunionskonferenz, Teil 1. Verlag der Kasaner Universität, Kasan 1990, S. 141-143;
DRITTE ALLUNIONSKONFERENZ »OBRASOWANIE W OBLASTI OKRUSHAJUSCHTSCHEJ SREDI«, Kasan 1990. Materialien: Einladungsschrift und Programm; Teil 1 = Plenarvorträge, Symposium 1; Teil 2 = Sektion 1, 2, 3 (1. Untersektion); Teil 3 = Sektion 3 (2. Untersektion), 4. Symposium 2. Verlag der Kasaner Universität, Kasan 1990;
ERNSTEINS, R.: Practical and Education Environment Protection Activity in Special Student Units as Effective Way in Youth Ecological Training. Review. In: International UNESCO/UNEP Conference on Environmental Education, Moscow 1987, Abstracts. Verlag der Universität Moskau, Moskau 1987, S. 28-29;
ERNSTEINS, R.: Environmental Movement and Independence in Latvia. In: Vide (Environment) (1992), H. 2, S. 20-21;
ERNSTEINS, R.: Environmental Education in the Republic of Latvia. In: Environmental Educational Yearbook '93, Central and Eastern Europe. Environmental Education Publishers Vide, University of Latvia, Riga 1993, S. 56-59;
ERNSTEINS, R./SEGLINS, V.: Environmental Status Reports: 1992. Republic of Latvia. In: IUCN EEP 5(1993), S. 79-137;
ERNSTEINS, R./BISTERS, V./SEGLINS, V.: Team Project Training Module in Environmental Management. In: EE-NET News 3(1993), H. 1, S. 11-14;
GERONIMUS, J. W.: Igra, model, ekonomika. Snanie, Moskau 1989;
IOGANSEN, B. G./MOSKWITINA, N. S.: Sistema ekologitscheskowo obrasowanija i wospitanija studentow biologow i potschwowedow Tomskowo uniwersiteta. In: Obrasowanie w oblasti okruschajuschtschej sredi. Materialien der 3. Allunionskonferenz, Teil 2. Verlag der Kasaner Universität, Kasan 1990, S. 31-48;
JAGODIN, G. A./TRETJAKOWA, L. G.: Problems of Ecological Education. In: Education in the Field of Environmental Protection. Materialien der 3. Allunionskonferenz. Verlag der Kasaner Universität, Kasan 1990, S. 3-15;
KAWTARADSE, D. N. (Red.): Aktiwnie metodi obutschenija w prirodoochrannom obrasowanii (diskussii, rolewije i imitazionie igri). Verlag der Moskauer Universität, Moskau 1982;
KAWTARADSE, D. N.: Imitazionnie igri i prirodoochrannoe obrasowanie. In: Obrasowanie w oblasti okruschajuschtschej sredi. Materialien der 3. Allunionskonferenz, Teil 1. Verlag der Kasaner Universität, Kasan 1990a, S. 31-48;
KAWTARADSE, D. N.: Simulation Gaming and Nature Protection Education. In: Education in the Field of Environmental Protection. Materialien der 3. Allunionskonferenz. Verlag der Kasaner Universität, Kasan 1990b, S. 32-46;
KAWTARADSE, D. N./DOMANOWA, N. M.: Katalog imitazionnich igr po ekologii i ochrane okruschajuschtschej sredi, rasrabatiwajemich i primenjajemich w SSSR. ONTI NZBI, Puschtschino 1988;
KRJUKOW, M. M./KRJUKOWA, L. I.: Prinzipi otraschenija ekonomitscheskoj dejstwitjelnosti w delowich igrach. Nauka, Moskau 1988;

KUDRENICKIS, I./ERNSTEINS, R./BISTERS, V.: The Energy Planning Simulation Model for Educational and Research Purposes in Latvia. In: IV International Conference on a System Analysis Approach to Environmental, Energy and Natural Resource Management in the Baltic Sea Region, Tallinn 1993. The Nordic Council of Ministers, Copenhagen 1993, S. 147-152;
MALOW, W. J./SISKINA, N. W./ANOCHIN N. W./GUSKOWA, I. M.: Teritorialnie delowie igri [Lehrmaterial]. Verlag der Nowosibirsker Universität, Nowosibirsk 1986;
MEADOWS, D. H. u.a.: Beyond the limits. Chelsea Green Publishing, Post Mills 1992;
PLATOW, W. J.: Delowie igri: rasrabotka, organisazija, prowedenie [Lehrbuch]. Profisdat, Moskau 1991;
PONOMAREW, N. L.: 6 Years after Ivanovo. In: Education in the Field of Environmental Protection. Materialien der 3. Allunionskonferenz. Verlag der Kasaner Universität, Kasan 1990, S. 46-70;
RYBALSKIJ, W. I.: Raswiwajuschtschie igri »President« [Kurze Spielbeschreibung]. Verlag des Kiewer Institutes für Bauingenieurwesen, Kiew 1990;
RYBALSKIJ, W. I.: Oblasti effektiwnowo ispolsowanija igrawowo modelirowanija. In: 18. Internationales Seminar »Spielmethoden in Forschung und Lehre«, Kiew 1991. Thesen der Vorträge. Verlag des Kiewer Instituts für Bauingenieurwesen, Kiew 1991, S. 205-207;
SCHTSCHERBAKOW, A. V./CHARITONOV, N. P.: Netradizionnie metodi obutschenija inspektorow ohrani prirodi. In: Obrasowanie w oblasti okruschajuschtschej sredi. Materialien der 3. Allunionskonferenz, Teil 3. Verlag der Kasaner Universität, Kasan 1990, S. 106-108;
SHEWELEWA, E. M. u.a.: Imitazionnie igri w potschwowedenii. Verlag der Moskauer Universität, Moskau 1990;
VIMBA, E.: Nature Protection in Latvia. In: Vide (Environment) (1992), H. 2, S. 13-17;
WEINER, D. R.: Models of Nature: Ecology, Conservation, and Cultural Revolution in Soviet Russia. Indiana University Press, Bloomington/Indianapolis 1990;
WEINER, D. R.: Ekologija w Sowjetskoj Rossii [Übersetzung aus dem Englischen]. Progress, Moskau 1991.

4.7 Umweltspiele in Japan

Izumi Ohtaka

1. Einleitung

Der Begriff *Umweltspiel* läßt sich in der Umwelterziehung in Japan fast nicht finden. Unter dem Umweltspiel soll daher in dem vorliegenden Beitrag ein auf Umwelterziehung zielendes Spiel verstanden werden, das mehr oder weniger zur Bildung des Umweltbewußtseins, umweltgerechter Verhaltensweisen und Einstellungen beitragen soll. Die verschiedenen so definierten Umweltspiele, die in Japan anzutreffen sind, werden im folgenden vorgestellt und zum Teil anhand von Bildern illustriert. Dabei wurden besonders die Umweltspiele beachtet, die nicht aus dem Ausland stammen und die schon bis zu einem gewissen Grad in Japan bekannt geworden sind und Verbreitung gefunden haben. Die Genese der Umweltspiele wird dabei jedoch nicht behandelt. Zudem ist zu beachten, daß die Auswahl der Spiele nach subjektiven Kriterien erfolgte und somit wahrscheinlich nur einen Ausschnitt aus der Gesamtheit der Umweltspiele, die es in Japan gibt, darstellt.

2. Geschichte der Umwelterziehung in Japan

Mit dem zunehmenden Wirtschaftswachstum der 60er Jahre traten verstärkt Naturgefährdung und Umweltzerstörung in den Vordergrund. Die immer deutlicher werdenden Umweltbelastungen wirkten sich drastisch auf die Gesundheit der Menschen aus – besonders in Gebieten wie z.B. Yokkaichi (in der Provinz Mie) und Minamata (in der Provinz Kumamoto). Diese bedenklichen und die Bevölkerung schädigenden Umweltauswirkungen wurden damals im Japanischen *Kogai* genannt. Der zunehmenden Umweltzerstörung entgegenzuwirken war ein Ziel der sogenannten *Kogai*-Erziehung, die als Beginn der japanischen Umwelterziehung betrachtet werden kann. Im Bereich der Naturschutzerziehung engagierten sich anfänglich insbesondere private Naturschutzverbände und Bürgerinitiativen.

Vor allem beeinflußt von amerikanischen und britischen Forschungsergebnissen, nahm die Umwelterziehungsforschung in Japan in den 70er Jahren einen ersten Aufschwung. Die Perspektive des Umweltproblems als eine Frage von Naturschutz und *Kogai* hatte sich inzwischen ausgeweitet zu einem umfassenderen Verständnis von Umwelt. Dementsprechend hatten sich auch Naturschutzerziehung und *Kogai*-Erziehung zur eigentlichen bzw. weitergehenden Umwelterziehung entwickelt. Allerdings soll dies nicht bedeuten, daß Umwelterziehung in ganz Japan bereits flächendeckend institutionalisiert ist.

Mitte der 80er Jahre griffen zahlreiche Gemeinden die außerschulische Umwelterziehung auf, als sie erkannten, daß lokale Umweltprobleme, wie z.B.

Hausmüll, nur durch Aufklärung, also durch präventive bzw. offensiv-kompensatorische Maßnahmen wirksam vermindert oder gelöst werden können. Die Umweltbehörde veröffentlichte 1989 »Für eine bessere Umwelt« als Richtlinie der Umwelterziehung. Darüber hinaus wurde in der Behörde erstmals eine Fachabteilung für Umwelterziehung geschaffen. Damit wurde die Umwelterziehung als eine bedeutende Stütze der Umweltpolitik anerkannt. Die Gemeinden schufen sich 1990 mit Bezirksumweltfonds eine finanzielle Grundlage für ihre Umwelterziehungsprojekte. Auch das Ministerium für Erziehung, Wissenschaft und Kultur veröffentlichte 1991/92 »Unterrichtsrichtlinien für Umwelterziehung«. Damit wurde Umwelterziehung zu einem in ganz Japan zu behandelnden Bestandteil schulischer Bildungsinhalte, und ein starker Anstoß zur Entwicklung einer substantiellen Umwelterziehung war erfolgt. Zudem wurden Umwelterziehungssymposien für Lehrer in ganz Japan veranstaltet. Gemäß den Vorstellungen des Erziehungsministeriums ist Umwelterziehung jedoch nicht interdisziplinär, sondern »multidisziplinär« (EULEFELD u.a. 1980, S. 16) angelegt, so daß Umweltprobleme in verschiedenen Fächern unabhängig voneinander behandelt werden. Auch in der Lehrerausbildung sind kaum Studiengänge zu finden, die eine Schwerpunktsetzung im Bereich der Umwelterziehung anbieten (OHTAKA 1990). Insgesamt betrachtet ist die augenblickliche Situation der Umwelterziehung in Japan noch nicht befriedigend.

3. Umweltspiele in Japan

3.1 Naturspiele

Ohne Unterschiede hat es Naturspiele wahrscheinlich seit Menschengedenken bei allen Völkern und in allen Staaten gegeben. Die Naturspiele als solche sind allerdings nicht unmittelbar auf die Umwelterziehung ausgerichtet. Wer den Umgang der Kinder und Jugendlichen mit der Natur in neuerer Zeit in Japan untersucht, der stellt fest, daß die Beschäftigung mit der Natur ein geringes Ausmaß hat. In einer Untersuchung (ENDO/OHTAKA 1992) zur Situation des Umgangs mit der Natur wurden verschiedene Generationen hinsichtlich ihrer Erfahrungen im Fangen kleinerer in der nahen Umgebung lebender Tiere befragt. Diese in der jeweiligen Kindheit und Jugendzeit gemachten Erfahrungen im Fangen wurden dabei als ein Merkmal der Vertrautheit im Umgang mit der Natur bewertet. Hierbei traten drei verschiedene Typen (vgl. Abb. 1) in Erscheinung:

- von Generationen nahezu unabhängige, weitgehend gleichbleibend hohe Erfahrungen, wie z.B. beim Libellenfang;
- mit dem Alter der Generationen zunehmende Erfahrungen, wie z.B. beim Fang der Schmerle;
- von Generationen nahezu unabhängige, weitgehend gleichbleibend geringe Erfahrungen, wie z.B. im Fangen des japanischen Brillenvogels.

Wenngleich zwar im Einzelfall quantitative Unterschiede deutlich wurden, zeigte sich aber folgende grundsätzliche Erkenntnis: Je jünger die Generation ist, desto seltener ist stets diese Form des Umgangs mit der Natur. Die Untersuchung belegte, daß dieses Ergebnis für alle Jugendlichen zutrifft, unabhängig davon, ob sie in der Stadt oder auf dem Land leben. Dies läßt vermuten, daß der seltene Umgang der Jugendlichen mit der Natur von ihrem direkten Umfeld unabhängig zu sein scheint. Der Grund liegt in der mangelnden Zeit für solche Betätigungen. Sie sind zu stark mit anderen Dingen beschäftigt, um genügend Möglichkeiten zum Erfahrungssammeln in und mit der Natur zu haben.

Da es sehr unterschiedliche Naturspiele gibt, kann hier nicht von *dem* Naturspiel die Rede sein. Auch das Angeln, das bei den Jungen beliebt ist, kann z.B. als Naturspiel bezeichnet werden. Früher fertigten die Jungen ihr Angelwerkzeug allerdings selbst an und erhöhten so ihre Fähig- und Fertigkeiten. Durch die Möglichkeit, fertiges Angelzubehör zu kaufen, entfällt der Ansporn, sich selbst damit zu beschäftigen. Wie am Beispiel des Angelns veranschaulicht, werden Naturspiele insgesamt von den Jugendlichen zunehmend einförmig und normiert praktiziert, so daß das Niveau ihrer Fertigkeiten und Techniken im Naturspiel in Japan deutlich gesunken ist (KIKUTI 1982).

Abbildung 1: Erfahrungen im Fangen kleinerer Tiere in Kindheit und Jugendzeit verschiedener Generationen

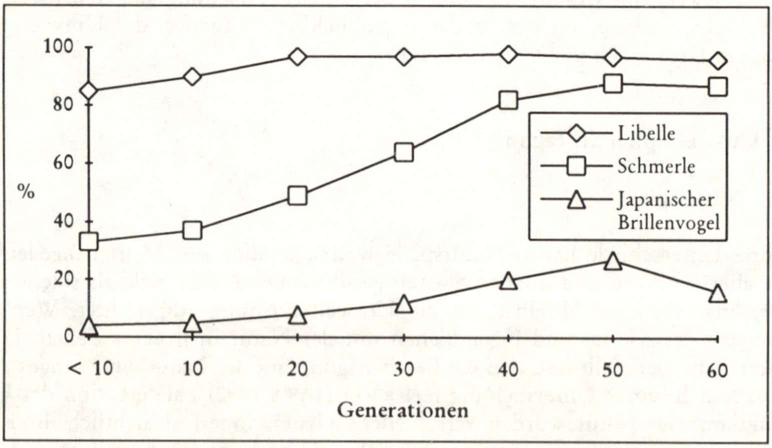

Entwurf: I. OHTAKA 1994

3.2 Postkarten aus alten Milchpackungen

Die Herstellung einer Postkarte aus einer alten Milchpackung ist eine Form von Recycling. Die Machart der Postkarte stimmt weitgehend überein mit dem Herstellungsprozeß des traditionellen japanischen Papiers *Wasi*. Das Anfertigen von Postkarten ist innerhalb und außerhalb der Schule oft zu finden. So auch im sogenannten Lebensumweltunterricht (*Seikatsuka* im Japanischen), der im 1.–2. Schuljahr der Elementarschule unterrichtet wird und vergleichbar ist mit dem Sachunterricht in der Grundschule in Deutschland. Der Prozeß der **Postkartenherstellung** gliedert sich z.B. in der Praxis der »Daigo«-Mittelschule in Ibaraki in folgende Schritte:

Umweltspiele in Japan

- alte Milchpackung auseinandernehmen und in kleine Stücke schneiden;
- die kleinen Stücke längere Zeit in Wasser eintauchen und dann weichkochen;
- Laminat von der Rückseite des weichgewordenen Papiers abziehen;
- Holzschliff durch einen Mixer zerkleinern;
- den durch das Mixen zerkleinerten Holzschliff mit Wasser in ein größeres Gefäß geben und gründlich rühren, weil eine gleichmäßige Dicke der Postkarte sonst nicht erreichbar ist;
- die gut durchgerührte, breiige Masse durch ein kleines, von einem rechteckigem Rahmen eingefaßtes Netz waagerecht schöpfen (gleiche Technik wie bei der Herstellung des traditionellen japanischen Papiers *Wasi*); gibt man z.B. einige herbstlich gefärbte Blätter hinzu, hat die Postkarte sogar ein Motiv auf der Vorderseite;
- den oberen Rahmen aus dem Netz herausnehmen;
- das Wasser aus dem geschöpften Brei herauslaufen lassen;
- ein dickes Papier auf die Masse legen;
- die Masse mit dem dicken Papier umdrehen, darauf ein anderes Netz legen und mit einem Schwamm entwässern (es können auch mehrere Schichten Holzschliffbrei mit jeweils zwischengelegtem Papier gleichzeitig hergestellt und unter Druck entwässert werden);
- dickes Papier entfernen, dann die Masse zum Trocknen plätten. Damit ist die Herstellung einer Postkarte aus einer alten Milchpackung abgeschlossen.

3.3 Objekte aus leeren Dosen

In Veranstaltungen, die Umweltprobleme zum Thema haben, werden zuweilen auch verschiedenartige Objekte aus leeren Dosen hergestellt oder Dosen unterschiedlich bemalt, bevor sie zu Gegenständen zusammengesetzt werden. Foto 1 zeigt das **Dosen-Objekt** »Triumphbogen« beim Schulfest der höheren Schule »Ogawa« in Ibaraki.

Foto 1: »Triumphbogen«

3.4 Vogelspiel und Karuta

Im folgenden werden Umweltspiele dargestellt, die man mit Spielkarten spielt. Ein Beispiel aus dieser Gruppe ist das von S. MURASUGI u.a. entwickelte **Vogelspiel**. MURASUGI ist Lehrerin für Biologie an der höheren Schule »Hakuoh« in Tokio. Dieses käuflich zu erwerbende **Vogelspiel** besteht aus drei verschiedenen Kartenkategorien (Foto 2): Vogelkarten (61 Bögen), Futterkarten (24 Bögen) und Umweltschädigungskarten (3 Bögen). Das Spiel enthält also insgesamt 88 Bögen.

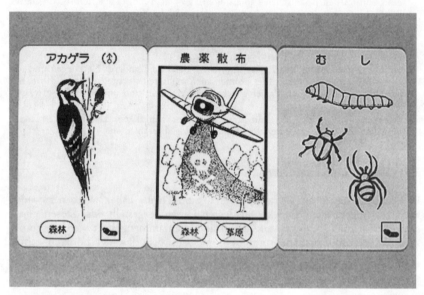

Foto 2: Vogelspielkarten

Die Vogelkarten sind dreifach unterteilt in Eltern- und Nestlingskarten. Vier unterschiedlichen Verbreitungsgebieten sind jeweils fünf verschiedene Vogelfamilien zugeordnet, so daß insgesamt 20 Vogelarten enthalten sind. Als Besonderheit kommt noch der Wanderfalke als Karte hinzu.
Es gibt sechs verschiedene Futterkarten auf je vier Bögen, also insgesamt 24 Bögen. Doch nicht alle im selben Gebiet lebenden Vögel fressen das gleiche Futter. Am unteren Teil jeder einzelnen Karte wird das für die einzelnen Vogelarten geeignete Futter in Symbolzeichen dargestellt.
Die drei verschiedenen Umweltschädigungskarten thematisieren Wasserverschmutzung, Landschaftsverbrauch und Einsatz von Schädlingsbekämpfungsmitteln. Auf dem unteren Teil der einzelnen Karten stehen die Verbreitungsgebiete, die durch die auf dieser Karte dargestellte Umweltschädigung belastet bzw. beeinträchtigt werden.

Das **Vogelspiel** ist in verschiedenen Varianten spielbar. Die Vogelarten, ihre Verbreitungsgebiete, das Futter und die durch Umweltbelastungen auf die Lebensgebiete einwirkenden schädigenden Einflüsse stehen in einer Wechselbeziehung und ermöglichen unterschiedliche Spielinhalte. Mittels der Karten des **Vogelspiels** haben S. MURASUGI und ihre Kollegen u.a. das »Familienzusammensetzungs-Spiel«, das »Futterzuordnungs-Spiel« und das »Schongebiets-Spiel« entwickelt und auch in ihren Unterrichtsstunden durchgeführt (MURASUGI 1989).

Eine in Japan traditionsreiche Form des Kartenspiels sind die **Karutatori-Spiele**. Solch ein Spiel besteht aus einer Anzahl von *Karuta* genannten Kartenpärchen, ähnlich dem **Memory-Spiel**. Statt visueller Symbole befinden sich aber auf den Karten Sprichworte oder Gedichte. Ein Spieler liest ein solches *Tanka* (traditionelles japanisches Gedicht in fester Strophenform) oder Sprichwort vor, die anderen sollen nun das dazu passende Gegenstück aus den verdeckten Karten herausfinden. Sieger wird der Spieler, der die meisten Karten erfolgreich aufgedeckt hat. Inzwischen gibt es auch **Umwelt-Karuta**, d.h. Spiele, deren Sätze aus dem Umweltbereich gewählt sind. S. MURASUGI und ihre Kollegen entwickelten z.B. ein **Vogel-Karuta**. Ein Tonbandgerät kann dabei die Rolle des Spielers, der die Sätze vorliest, ersetzen; dadurch können auch Vogelstimmen vorgespielt werden.

3.5 Simulationsspiel

Die Entwicklung von Computersimulationsspielen schreitet zur Zeit voran. Auch in Museen bzw. Umweltzentren wurden Simulationen zur Umwelterziehung eingerichtet, mit denen man einen bestimmten Ausschnitt der Umwelt erlebbar machen kann. Im staatlichen Naturwissenschaftsmuseum in Tokio gibt es ein Simulationszimmer für Waldpflanzen und -tiere. In diesem Zimmer kann man z.B. ein Spechtnest im Stamm und Insekten unter abgefallenen Blättern betrachten, eine Vogelstimme durch Kopfhörer hören und Vögel beobachten.

3.6 Weitere Umweltspiele

Zum Umweltspiel im weiteren Sinne gehört auch die Herstellung von Spielzeug mittels natürlicher Materialien.
Außerdem wurden zahlreiche Umweltlehrpfade angelegt, die unterschiedliche spielerische Elemente und Naturerfahrungsspiele beinhalten, wie beispielsweise Beobachtungsaufgaben. Foto 3 zeigt eine solche Aufgabenstellung. Auf der Tafel wird gefragt: »Wer ist der Täter, der in diese große Kiefer ein Loch gebohrt hat?« Drei Antworten (Kiefernschädling, Termite oder Rotspecht) stehen zur Auswahl.
Als weiteres Beispiel sei das an Zielen der Umwelterziehung ausgerichtete Camping genannt, das zumeist von privaten Umweltschutzverbänden und Bürgerinitiativen angeboten wird.

Foto 3

4. Schlußbemerkung

Der traditionelle japanische Pantheismus, nach dem in allen Naturelementen Götter verweilen, führte schon früh zur Liebe zur Natur und zur Ehrfurcht vor ihr. Ein Lebensstil in Harmonie mit der Natur ist als Folge erwachsen. Verschiedenste Naturspiele sind im Lauf der Zeit daraus entstanden. Bis jetzt sind aber sowohl die vor allem auf Umwelterziehung ausgerichteten Naturspiele als auch andere Spiele noch nicht in zufriedenstellendem Maße entwickelt worden. Das inzwischen vielfach durchgeführte Umweltspiel **Nature Game** (CORNELL 1991) stammt aus den USA. Abgesehen von solchen Beispielen ist die Entwicklung *unserer eigenen* Umweltspiele und deren Umsetzung in die Praxis unsere dringende Aufgabe.

Danksagungen: Ich möchte vor allem den fünf Lehrerinnen und Lehrern S. MURASUGI, A. YAGUTI, H. YANAI, N. KAWASIMA und N. NEMOTO meinen Dank für ihre freundliche Unterstützung bei der Sammlung von Beispielen für Umweltspiele aussprechen. Der vorliegende Beitrag wurde zum Teil durch Forschungsmittel des japanischen Ministeriums für Erziehung, Wissenschaft und Kultur unterstützt.

Literatur

CORNELL, J. B.: Naturspiel [japanische Übersetzung]. Kasiwasyobo-AG, Tokio 1991;
ENDO, T./OHTAKA, I.: Untersuchung des Umgangs mit Natur in Kindheit und Jugendzeit [in Japanisch]. Kochi 1992;
EULEFELD, G. u.a.: Umweltunterricht in der Bundesrepublik Deutschland 1980. Aulis, Köln 1980;
KIKUTI, R.: Zum Zusammenhang zwischen den Spielen von Kindern bzw. Jugendlichen und ihren Umwelten [in Japanisch]. In: Blätter des Instituts für Familienerziehung 3(1982), S. 16-28;
MINISTERIUM FÜR ERZIEHUNG, WISSENSCHAFT UND KULTUR: Unterrichtsrichtlinien für Umwelterziehung [in Japanisch]. Tokio 1991/92;
MURASUGI, S.: Umwelterziehungsuntersuchung (Teil 2) [in Japanisch]. In: Blätter der höhere Schule Hakuoh 16(1989), S. 88-91;
OHTAKA, I.: Untersuchung über die Einführung der Umwelterziehung in die Schule. Teil 4: Lehrerausbildung [in Japanisch]. Kochi 1990;
UMWELTBEHÖRDE: Für eine bessere Umwelt [in Japanisch]. Tokio 1989.

5. Hinweise und Anmerkungen

5.1 Das »Freiburger Raster« – eine Analyse- und Bewertungshilfe für den Einsatz von Umweltspielen in der Bildungsarbeit

Martin Rauch

1. Einleitung

Das nachfolgend beschriebene Analyseraster[1] zur Beurteilung von Umweltspielen entstand im Zusammenhang mit einer Veranstaltung an der Pädagogischen Hochschule Freiburg zum Thema »Umweltspiele-Krise im Karton«. Der Titel signalisiert zunächst die Beschäftigung mit Brettspielen zur Thematik; tatsächlich bilden sie die größte Gruppe an Umweltspielen, stellen jedoch nur eine Spielart unter andern Umweltspielen dar. Obwohl die Veranstaltung in zwei Durchgängen einmal 70, das andere Mal 90 Zuhörer fand, wurde nicht nur über Spiele geredet, sondern es wurde auch tatsächlich gespielt. Außerdem wurden fertige Spiele analysiert und bewertet und schließlich neue Spiele entwickelt, erprobt und in einer Ausstellung präsentiert.

2. Bewertung von Spielen

Im Rahmen der Veranstaltung galt es, künftige Lehrerinnen und Lehrer zu befähigen, (Umwelt-)Spiele auf ihre Eignung für Kinder und Jugendliche hin überprüfen zu lernen. Den Zielsetzungen einer wissenschaftlichen Lehrerausbildung entsprechend sollte dies keine Angelegenheit des Dafür- bzw. Dagegenhaltens sein, vielmehr sollte die Bewertung anhand von Kriterien erfolgen. Analyse und Bewertung sind Elemente der Evaluation, was bedeutet, daß Daten zu sammeln sind, anhand derer (im Zusammenhang mit Unterricht) didaktische Entscheidungen getroffen werden können.

Als Untersuchungsinstrument bietet sich ein sogenanntes Analyseraster an. Es besteht in der Regel aus einer Sammlung von Kriterien (Merkmalen), die wiederum durch übergeordnete Kategorien einerseits systematisch gegliedert, andererseits zusammengefaßt sind. Diese Hinweise lassen folgende weitere Differenzierungen erkennen:

- ❏ Analyseraster sind nicht nur geeignet zur Beurteilung (Evaluation) *fertiger* Produkte, sie sind ebenso sinnvoll, um Produkte zu *entwickeln*. Entsprechend wurde das »Freiburger Raster« auch für die Entwicklung eigener Spiele gewissermaßen als Ideenlieferant herangezogen.
- ❏ Es muß unterschieden werden zwischen einer Beurteilung »am grünen Tisch«, der sogenannten *Schreibtischevaluation*, und einer Beurteilung in der Anwendungssituation, der sogenannten *Praxisevaluation*. Beide Bewertungsarten können leicht verbun-

---

1 Erstveröffentlichung in der Zeitschrift »Medien + Schulpraxis«, H. 4–5/1994

den werden. Zwar ist es für einen erfahrenen Spieler durchaus möglich, sich nach Lektüre der Spielanleitung und Durchsicht der Spielelemente allein in Verbindung mit dem Raster ein erstes Urteil zu bilden; qualifizierter fällt das Ergebnis jedoch aus, wenn er das betreffende Spiel mit einer altersgerechten Gruppe durchspielt und diese Erfahrungen in sein Urteil einbezieht.

3. Funktionen der Bewertung

Pädagogen und Pädagoginnen müssen in der Lage sein, nützliche von unnützen, spannende von langweiligen und phantasievolle von phantasielosen Spielen unterscheiden zu können. Es geht also bei den verschiedenen Funktionen der Bewertung um folgende Aspekte:

- Bereits bei der *Erfindung* von Spielen sollte eine Bewertung erfolgen; spätestens bei Verlagen, denen neue Spiele angeboten werden, enden schon die meisten neuen Ideen (vgl. hierzu WERNECK 1993).
- Nur ein Teil der Spiele, die zur Serienentwicklung vorgesehen sind, überstehen die dafür erforderlichen Prozeduren wie *Testspiele* mit ausgewählten Vertretern von Zielgruppen.
- Die *Auswahl* eines Spiels aus einem Angebot ist eine Bewertung, sei es durch Eltern für ihre Kinder oder durch Kinder und Jugendliche als Spieler selbst.
- Schließlich ist die Entscheidung, *wie oft* ein Spiel gespielt wird, ein Votum über seine Qualität.

Spielebewertung kann daher

- zur *Zurückweisung* oder Verwerfung einer Spielidee führen;
- der *Annahme* eines Spiels dienen;
- zur *Verbesserung* eines Spiels beitragen;
- die Erarbeitung einer *Spielvariante* ermöglichen;
- zur *Qualifizierung von Personal* führen, das Entscheidungen für andere trifft oder vorbereitet: die Redaktion für den Verlag, der Verlag für den Handel, der Verkäufer für die Kundschaft, die Eltern oder Lehrer für die Kinder, um nur einige Funktionen aufzuführen.

4. Spielebewertung allgemein

Viele kennen – dies zeigte sich auch in den Veranstaltungen – das »spiel gut-Siegel« mit dem roten Punkt. Dahinter steckt der Ulmer Arbeitsausschuß »Gutes Spielzeug«, der seit 1954 Kinder*spielzeug* nach veröffentlichten Kriterien bewertet. Die zwölf Merkmale lassen die Herkunft vom Bauhaus und dem Werkbund erkennen und tragen die Handschrift der Ulmer Hochschule für Gestaltung. Da es sich bei Umweltspielen aber auch um Planspiele, Rollenspiele, Simulationen u.a. handelt, greifen solche Kriterien, die für Spielzeug entwickelt wurden, zu kurz.

Eine andere Tradition haben Autoren wie PETER PETERSEN und dessen Schüler HANS MIESKES, die dem Konzept der Pädagogischen Tatsachenforschung verpflichtet waren und für eine empirisch orientierte Pädagogik stehen. WINFRIED KLINKE (1983) hat diesen Ansatz fortentwickelt und ein sehr umfangreiches

»Modell zur Beschreibung, Analyse und Beurteilung von Spiel- und Arbeitsmitteln« vorgelegt. Bemerkenswert daran ist der gemeinsame Zugriff auf Arbeitsmittel als Medien für Unterricht (als Form organisierten Lernens) und auf Spielmittel als Medien für das Spiel (teils organisiert, teils nicht, nicht in erster Linie dem Lernen verpflichtet).

Während die Kriterien des Ulmer Ausschusses für die Evaluation von Umweltspielen zu eng sind, erscheinen diejenigen für »Pädotropika« aus der Tradition der Tatsachenforschung insgesamt zu weit, wenngleich etliche Kriterien im eigenen Raster Eingang fanden.

5. Erläuterung des »Freiburger Rasters«

Das Analyseraster dient der Bewertung von *Umweltspielen*. Insofern ist es ein Evaluationsinstrument für Spiele speziell zur Umweltthematik.

Gegliedert ist es zunächst grob nach *Kategorien,* d.h. nach allgemeinen, übergeordneten Gesichtspunkten: Allgemeine Daten, Spieltyp, Ausstattung, Umweltthematik, Spielprinzipien, Spieler/Mitspieler, Spielphasen, Spielregeln, Spielort, Spielanleitung und Begleitmaterialien, Selbstevaluation. Diese Kategorien entsprechen zentralen Elementen von Spieltheorien (»Variablen«).

Jede Kategorie ist weiter differenziert nach *Merkmalen.* Jedes Merkmal (Kriterium) besteht aus Aussagen, nicht – wie bei Rastern üblich – aus Fragesätzen. Dadurch ist es möglich, diese Aussagen im Hinblick auf das zu untersuchende Spiel als zutreffend, nur eingeschränkt zutreffend oder als nicht zutreffend zu markieren. Alle Aussagen (bis auf manche Merkmale bei »Allgemeine Daten«) beschreiben einen *positiven Sachverhalt,* etwas Wünschenswertes für ein gutes Spiel. Entsprechend wird ein solches Spiel häufig in der c-Spalte (»trifft voll zu«) zu markieren sein, ein fades Spiel vorwiegend in der a- oder b-Spalte.

Um die Handhabung nicht zu erschweren, wurde auf die Gewichtung einzelner Merkmale verzichtet. Ebenso einfach wurde die Skala zur Bewertung gewählt. Allerdings gestattet sie, abschließend im Überblick festzustellen, in welchem Bereich der Bewertung sich ein Spiel bewegt. Dabei werden die mit »O« gekennzeichneten Merkmale ausgenommen, weil es sich bei ihnen um »alternative« Merkmale handelt.

Das vorliegende Raster kann auch als Hilfe zur Objektivierung von *Rezensionen* für Umweltspiele verwendet werden. Merkmale insgesamt oder in Auswahl miteinander verbunden ergeben einen fortlaufenden Text, der allerdings in seiner Aussagenmassierung ungekürzt zwar stark informationshaltig, aber etwas dröge ausfallen dürfte.

6. Das »Freiburger Raster«

Um zu einem Urteil über die Qualität des untersuchten Spiels zu kommen, können die Einzelurteile zu jedem Merkmal zusammengefaßt werden. Dabei wird vorgeschlagen zu unterscheiden zwischen

Das »Freiburger Raster« – eine Analyse- und Bewertungshilfe

a trifft nicht zu ❏
b trifft teilweise zu ❏
c trifft voll zu ❏

Auf eine weitergehende Differenzierung (z.B. als Fünferskala) wird verzichtet, ebenso auf eine Gewichtung der Merkmale.
Auf diese Weise kann am Ende der Bewertung mit einem Blick festgestellt werden, in welchem Bereich sich die Bewertung bewegt, um zu einem Gesamturteil zu kommen.

I. Allgemeine Daten

Titel des Spiels: ....
Thema: ....
Autor(en): ....
Verlag: ....
Fundort/Bezug: ....
Spielerzahl: .... Preis: ....

Spieltyp:

Simulation	❏	Abenteuerspiel	❏	Fallmethodenspiel	❏
Planspiel	❏	Diskussionsspiel	❏	Naturerkundungs-	
Rollenspiel	❏	Brett-/Tischspiel	❏	spiel	❏
Darstellendes Spiel	❏	Computerspiel	❏	Sonstiges	❏

II. Ausstattung

	a	b	c
1. Die (Natur-)Materialien sind dem Spiel angemessen	❏	❏	❏
2. Die Materialien sind hinreichend haltbar	❏	❏	❏
3. Die Materialien sind hygienisch	❏	❏	❏
4. Das Spiel hat ein gutes Design	❏	❏	❏
5. Der Preis erscheint angemessen	❏	❏	❏

III. Umweltthematik

Das Spiel ist folgendem Thema der Umwelterziehung zuzuordnen:

Luftreinhaltung	❏	Schadstoffe für Mensch, Tier, Pflanzen, Böden	❏
Humansphäre	❏	Lebensmittelbelastungen	❏
Wasserreinhaltung	❏	Land- und Forstwirtschaft	❏
Abfall	❏	Energiegewinnung	❏
Radioaktivität	❏	Lärm/Erschütterungen	❏
Umweltchemie	❏	Umweltplanung, -gestaltung	❏
Fauna und Flora	❏	themenübergreifend	❏

Martin Rauch

IV. *Spielprinzipien*

Allgemeine Spielprinzipien   a   b   c

1. Es handelt sich um ein Wettspiel
   - zwei Gruppen gegeneinander   ○ ○ ○

   Es handelt sich um ein Kooperationsspiel
   - alle gegen das Spiel   ○ ○ ○
2. Das Spiel hat eher konstruktiven Charakter   ❏ ❏ ❏
3. Das Spiel regt die Phantasie an   ❏ ❏ ❏
4. Das Spiel ist persönlichkeitsfördernd   ❏ ❏ ❏
5. Das Spiel ist sachbezogen   ❏ ❏ ❏
6. Es sind keine sachlichen Mängel vorhanden   ❏ ❏ ❏
7. Das Spiel ist variabel angelegt   ❏ ❏ ❏
8. Die Idee »Spiel im Spiel« ist verwirklicht   ❏ ❏ ❏
9. Das Spiel fördert die Kommunikation   ❏ ❏ ❏
10. Die Spielidee ist abwandelbar   ❏ ❏ ❏
11. Das Spiel macht Spaß   ❏ ❏ ❏
12. Das Spiel ist »effektiv« (trotz Zweckfreiheit!)   ❏ ❏ ❏
13. Der Spielerfolg ist
    - zufallsabhängig   ○ ○ ○
    - kenntnisabhängig   ○ ○ ○
    - eine Mischung aus beidem   ○ ○ ○
14. Das Spiel kann nach mehreren Spielregeln gespielt werden   ❏ ❏ ❏
15. Das Spiel vermittelt eine besondere »Spielatmosphäre«   ❏ ❏ ❏
16. Das Spiel ist bezogen auf Situationen wie
    - Jahreszeit   ❏ ❏ ❏
    - folgende Situation: ....
17. Das Spiel erfordert manuelle Geschicklichkeit   ❏ ❏ ❏

Umweltbezogene Spielprinzipien

1. Das Spiel hat reale Bezüge zur Umwelt   ❏ ❏ ❏
2. Der Aspekt der ökologischen Vernetzung ist realisiert   ❏ ❏ ❏

V. *Spieler/Mitspieler*

Die Spielvoraussetzungen sind benannt

1. Es sind Hinweise zum Spielalter benannt (von … bis)   ❏ ❏ ❏
2. - Das Spiel kommt ohne Spielleiter aus   ❏ ❏ ❏
   - Das Spiel benötigt keinen Erwachsenen als Spielleiter   ❏ ❏ ❏
   - Der Spielleiter benötigt keinen Wissensvorsprung   ❏ ❏ ❏
3. - Jeder spielt gegen jeden   ○ ○ ○
   - Gruppen spielen gegeneinander   ○ ○ ○

	a	b	c
▫ Gruppen spielen gegen einzelne	○	○	○
▫ Gruppen spielen gegen das Spiel	○	○	○
▫ Die Gesamtgruppe spielt gegen das Spiel	○	○	○
▫ Das Spiel ist ein Kooperationsspiel (ohne Sieger und Verlierer)	○	○	○
▫ Das Spiel ist ein Kooperationsspiel (mit Einzelsieger)	○	○	○

4. Es werden gefördert
   - ▫ kognitive Fähigkeiten ❏ ❏ ❏
   - ▫ soziale Fähigkeiten ❏ ❏ ❏
   - ▫ emotionale Fähigkeiten ❏ ❏ ❏
   - ▫ psycho-motorische Fähigkeiten ❏ ❏ ❏
5. ▫ Es können Junge gegen Alte spielen (»Generationenspiel«) ❏ ❏ ❏
   - ▫ Es können folgende spezielle Spielgruppen gegen/miteinander spielen:
   ....
   ....
6. Das Spiel vermittelt wenig Frust (Verzicht auf »Rausschmeißen«, Aussetzen u.ä.) ❏ ❏ ❏

VI. Spielphasen

1. ▫ Das Spiel hat außer dem Spielbeginn weitere Spielphasen bis zum Spielende ❏ ❏ ❏
   - ▫ Das Spiel hat innerhalb des Spielablauf folgende Phasen:
   ....
   ....
2. ▫ Das Spiel funktioniert auch, wenn es nicht bis zum definierten Ende gespielt wird ❏ ❏ ❏
   - ▫ Das Spiel kann jederzeit abgebrochen werden, um den Sieger zu ermitteln ❏ ❏ ❏
3. Zum Spielbeginn:
   - ▫ Das Spiel kann ohne lange Vorbereitung begonnen werden ❏ ❏ ❏
   - ▫ Zum ersten Spielbeginn müssen folgende Vorbereitungen getroffen werden:
   ....
   ....
4. Für das Spiel genügt eine Unterrichtsstunde ❏ ❏ ❏
5. Spielphasen können übersprungen oder wiederholt werden ❏ ❏ ❏
6. Es sind Spielpausen vorgesehen ❏ ❏ ❏
7. Das Spiel behält lange seinen Spielreiz ❏ ❏ ❏

VII. *Spielregeln*   a   b   c

1. Die Regeln sind einfach
2. Die Spielzüge sind reizvoll und überraschend
3. Das Spiel hat mehrere Schwierigkeitsstufen nach Wahl
4. Die Spielregeln können verändert werden
5. Das Spielende ist klar definiert
6. Der Spieler gerät nicht in Zeitnot
7. Der Spielverlauf ist nicht schleppend

VIII. *Spielort*

1. Der Spielort ist beliebig
2. ▫ Das Spiel funktioniert nur drinnen
   ▫ Das Spiel funktioniert nur draußen
3. ▫ Das Spiel funktioniert nur bei Licht
   ▫ Das Spiel funktioniert nur bei Dunkelheit

IX. *Spielanleitung und Begleitmaterialien*

1. Das Spiel kommt ohne Anleitung und Materialien aus
2. Das Spiel enthält folgende Anleitung und Materialien:
   ....
   ....
3. Das Spiel benötigt außer den im Spiel enthaltenen Anleitungen und Materialien folgendes (z.B. Verbrauchsmaterialien)
   ....
4. Die Spielanleitung liegt nicht nur als Text, sondern auch als Kassette bei
5. Für das erste Spiel liegt eine Langfassung der Anleitung vor, für weitere Folgen eine Kurzfassung
6. Die Spielanleitung enthält nicht nur Text, sondern auch Bilder und Grafiken (Schemata ...)
7. Die Spielanleitung ist gut verständlich
8. Die Anleitung ist
   ▫ kurz
   ▫ mittel
   ▫ lang
9. Das Spielbrett ist von allen Seiten gleichermaßen verständlich
10. Die Spielanleitung ist im Deckel befestigt

X. *Selbst-Evaluation (Elemente zur Bewertung und*
Spielkontrolle im Spiel selbst)   a   b   c

1. Das Spiel ist leicht durchschaubar   ❏   ❏   ❏
2. Das Spiel enthält folgende Elemente zur unmittelbaren Rückmeldung:

   ....
   ....

3. Das Spiel ist aus folgenden Gründen »spielökonomisch«:

   ....
   ....

4. Das Spiel regt zur Entwicklung von Strategien an   ❏   ❏   ❏
5. Das Spiel kann mit einfachen Mitteln nachgebaut werden (Lizenzbedingungen beachten!)   ❏   ❏   ❏

XI. *Sonstiges*

1. Die Bewertung von Antworten ist den Spielkarten nicht eindeutig zu entnehmen   ❏   ❏   ❏
2. Das Spiel eignet sich zum Einsatz in der/im
   - Kindergarten/Vorschule   ❏   ❏   ❏
   - Primarstufe   ❏   ❏   ❏
   - Sekundarstufe I   ❏   ❏   ❏
   - Sekundarstufe II   ❏   ❏   ❏
   - berufsbildenden Schule   ❏   ❏   ❏
   - Erwachsenenbildung   ❏   ❏   ❏
   - sonderpädagogischen Bereich   ❏   ❏   ❏
   - Jugendarbeit   ❏   ❏   ❏
   - Familie   ❏   ❏   ❏
   - Seniorenbereich   ❏   ❏   ❏
   - Freizeit allgemein   ❏   ❏   ❏

Literatur

ARBEITSAUSSCHUSS GUTES SPIELZEUG (Hrsg.): Gutes Spielzeug von A–Z. Otto Maier, Ravensburg 1979[15];

BAUMGÄRTEL, FRANK: Spiel und Spielentwicklung. In: WIECZERKOWSKI, WILHELM u.a. (Hrsg.): Lehrbuch der Entwicklungspsychologie. Bd. 2. Schwann, Düsseldorf 1982, S. 211–230;

KLINKE, WINFRIED: Modellentwurf zur Beschreibung, Analyse und Beurteilung von Spiel- und Arbeitsmitteln. In: KREUZER, KARL JOSEF (Hrsg.): Handbuch der Spielpädagogik. Bd. 1. Schwann, Düsseldorf 1983, S.431–445;

RETTER, HEIN: Spielzeug. Handbuch zur Geschichte und Pädagogik der Spielmittel. Sonderausgabe. Beltz, Weinheim/Basel 1989;

SCHEUERL, HANS: Spieldeutungen im Wandel. Einführendes Referat für das Symposion »Neues Lernen für Spiel und Freizeit«. In: VON DER HORST, ROLF/WEGENER-SPÖHRING, GISELA (Hrsg.): 1. Göttinger Symposion »Neues Lernen für Spiel und Freizeit«. Dokumentation. Otto Maier, Ravensburg 1989, S. 12–21;

SCHEUERL, HANS: Das Spiel. Bd. 1: Untersuchungen über sein Wesen, seine pädagogischen Möglichkeiten und Grenzen. Beltz, Weinheim/Basel 1990[11];
SCHEUERL, HANS (Hrsg.): Das Spiel. Bd. 2: Theorien des Spiels. Beltz, Weinheim/Basel 1991;
WERNECK, TOM: Leitfaden für Spieleerfinder und solche, die es werden wollen. Ravensburger, Ravensburg 1993.

5.2 Adressen, Spieleveranstaltungen, Spielelisten

Johannes Wessel

1. Einleitung

Wer in der Schule, bei außerschulischen Bildungsveranstaltungen, aber auch in der Freizeit mit seinen eigenen Kindern oder mit Freunden Spiele benutzen will, der kommt nicht umhin, sich in der Regel *vorher* intensiver mit diesen zu befassen. Niemand sollte – sofern dies nicht ausdrücklich vorgesehen ist – ein ihm unbekanntes Spiel in seiner Bildungsarbeit einsetzen. Unkenntnis und Unsicherheit können sehr schnell zu Spielunlust und Langeweile führen. Dies gilt besonders für die Arbeit mit Erwachsenen und trifft vor allem auf Spiele zu, in denen man sich als Person mehr oder weniger selbst einbringen muß (Theater, Rollen- oder Naturerfahrungsspiele). Außerdem ist es wichtig, als Spielleiter auch eine gewisse »Spiellust« zu besitzen. Es ist geradezu unverzichtbar, daß er dieses Spiel auch selber spielen *will*. THOLE spricht in seinem Beitrag in diesem Handbuch hierbei von der Glaubwürdigkeit des Spielleiters. Noch deutlicher drücken dies die Autorinnen des österreichischen Beitrags in diesem Handbuch aus:

> »Sehr wichtig ist es, die eigene Begeisterung zu vermitteln: das bedeutet, daß man die eigenen Gefühle dabei kennt. Ist man selbst unsicher bei der Übung, dann sollte man sie lieber weglassen.«

Ich gehe sogar noch einen Schritt weiter und betone: Wer nicht gerne spielt, wer keinen Zugang dazu hat, der sollte das Spiel in der Bildungsarbeit ganz vermeiden und es anderen überlassen. Der Verlauf und/oder das Ergebnis sind sonst für alle Beteiligten frustrierend. Eine unzureichende Spielvorbereitung kann – um nur ein Beispiel herauszugreifen – auch dazu führen, daß man im Verlauf der Arbeit mit Kindern und Jugendlichen die Kontrolle über die Gruppe verliert. Diese Gefahr ist besonders dann gegeben, wenn in verschiedenen Gruppen und/oder großen Spielräumen (z.B. im Wald oder bei Stadt-Rallyes) gespielt wird.

Wer noch unsicher im Spiel ist, aber trotzdem gerne ein Spiel einsetzen möchte, der sollte auf die entsprechenden Angebote von Bildungseinrichtungen oder Spielpädagogen zurückgreifen. Auch gute Spielebücher können in vielen Fällen erste Hilfestellungen leisten.

Im folgenden Teil möchte ich den Leser auf einige Einrichtungen, Publikationen oder Veranstaltungen hinweisen, die in verschiedener Hinsicht für den Spielbereich von Bedeutung sind.

2. Umwelterziehung

Für den Bereich der Umwelterziehung in Deutschland verzichte ich auf die Nennung einzelner Institutionen, da es hierzu mittlerweile u.a. folgende einschlägige Verzeichnisse gibt:

AKADEMIE FÜR NATUR UND UMWELT DES LANDES SCHLESWIG-HOLSTEIN (Hrsg.): Handbuch zur Natur- und Umweltbildung in Schleswig-Holstein. Lernorte der Natur- und Umweltbildung, Schulbiotope, Tagungshäuser, Wanderausstellungen, Adressen, Bezugsquellen. Neumünster 1993;
DEUTSCHE UMWELTSTIFTUNG (Hrsg.): Adreßbuch Umweltschutz. Handbuch für Presse, Behörden, Wirtschaft, Wissenschaft, Verbände, Bürgerinitiativen. Bauverlag, Wiesbaden/Berlin 1993³;
ENGELS-WILHELMI, SABINE (Hrsg.): Umweltbildung in Deutschland. Adressen, Aufgaben und Angebote von Institutionen und Verbänden. Economica, Bonn 1993;
KOCHANEK, HANS-MARTIN/PLEINES, STEFANI (Hrsg.): Umweltzentren in Deutschland. Ausgabe 1992/93. Dokumentation der Tagung vom 21.–23.09.1990 im Ökowerk Berlin. Schriftenreihe der Arbeitsgemeinschaft Natur- und Umwelterziehung, Bd. 3. Verlag an der Ruhr, Mülheim 1991;
WISSENSCHAFTSLADEN BONN E.V. (Hrsg.): Umweltbibliotheken. Ein aktueller Wegweiser. Bonn 1994.

Ohne Anspruch auf Vollständigkeit sind für Österreich und die Schweiz folgende wichtige überregionale Stellen zu nennen:

ARBEITSGEMEINSCHAFT UMWELTERZIEHUNG (ARGE), Hegelgasse 21, A-1010 Wien, Tel.: (0222) 5132962-12/-13;
ARBEITSGEMEINSCHAFT UMWELTERZIEHUNG (ARGE), Brockmanngasse 53, A-8010 Graz, Tel.: (0316) 835404;
ARBEITSGEMEINSCHAFT UMWELTERZIEHUNG (ARGE), Universität Salzburg, Institut für Didaktik, Hellbrunnerstr. 34, A-5020 Salzburg, Tel.: (0662) 80445815;
FREIRAUM, Davidgasse 79/6, A-1100 Wien, Tel.: (0222) 60417050 od. 60421960;
INSTITUT FÜR ANGEWANDTE UMWELTERZIEHUNG, Wieserfeldplatz 22, A-4400 Steyr, Tel.: (07252) 81199;
NATURKUNDLICHE STATION LINZ, Roseggerstr. 22, A-4020 Linz, Tel.: (0979) 2393-1870;
UMWELTSPÜRNASEN, Mariahilferstr. 89/30, A-1060 Wien, Tel.: (0222) 5811150.

CH WALDWOCHEN, Rebbergstr. 4, CH-4800 Zofingen, Tel.: (062) 510287;
FACHSTELLE FÜR UMWELT- UND GESUNDHEITSERZIEHUNG, ED DES KANTON AARGAU, Rain 24, CH-5001 Aargau, Tel.: (064) 212034;
GREENPEACE SCHWEIZ, UMWELTERZIEHUNG, Postfach, CH-3025 Bern, Tel.: (031) 215511;
PESTALOZZIANUM – FACHSTELLE UMWELTERZIEHUNG, Kurvenstr. 36, CH-8035 Zürich, Tel.: (01) 3617818;
SCHWEIZERISCHER BUND FÜR NATURSCHUTZ (SBN), UMWELTERZIEHUNG, Postfach, CH-4020 Basel, Tel.: (061) 3123987;
SCHWEIZERISCHES ZENTRUM FÜR UMWELTERZIEHUNG DES WWF (SZU), Rebbergstr. 4, CH-4800 Zofingen, Tel.: (062) 515855;
WWF SCHWEIZ, LEHRER/INNEN-SERVICE, Postfach, CH-8010 Zürich, Tel.: (01) 2972280;
WWF SUISSE, SERVICE PÉDAGOGIQUE, 14, ch. de Poussy, CH-1214 Vernier, Tel.: (024) 214476.

3. Spiele, Spielen, Spielpädagogik

In diesem Abschnitt sind Institutionen aufgeführt, die sich intensiver (z.B. in wissenschaftlich-theoretischer, spielpraktischer und/oder spielpädagogischer Hinsicht) mit dem Bereich Spiele und Spielen befassen. Die Auswahl ist dabei rein subjektiv und erhebt nicht den Anspruch auf Vollständigkeit. Die Auflistung erfolgt nach alphabetischer Reihenfolge. Bei den mit dem Zusatz »Spielesammlung« versehenen Adressen besteht die Möglichkeit, eine größere Anzahl

Adressen, Spieleveranstaltungen, Spielelisten

von Umweltspielen auch vor Ort einzusehen. Darüber hinaus gibt es in Deutschland eine große Anzahl von Spieliotheken und Initiativgruppen, in denen man Spiele ausprobieren oder sogar ausleihen kann. Die einzelnen Adressen sind in GEU (1994, s. Kap. 5) enthalten. Auskünfte erteilt auch die Bundesarbeitsgemeinschaft Deutscher Spieliotheken e.V. in Quickborn (Anschrift s.u.). Außerdem ist es sinnvoll, sich bei den hier nicht berücksichtigten Natur- und Umweltschutzverbänden nach Veranstaltungen zum Bereich Umweltspiele zu erkundigen.

AKADEMIE REMSCHEID, Am Küppelstein 34, 42857 Remscheid, Tel.: (02191) 7940 (u.a. zahlreiche spiel- und kulturpädagogische Seminare, Beratung, Information, Veröffentlichungen);
AMT FÜR JUGENDARBEIT DER EVANGELISCHEN KIRCHE DER KIRCHENPROVINZ SACHSEN, SPIELBERATUNGSSTELLE, Dräseckeplatz 1, 39106 Magdeburg, Tel.: (0391) 5616373, Fax: (0391) 5616374;
ARBEITSGEMEINSCHAFT FÜR GRUPPENBERATUNG, Waidhausenstr. 8/1, A-1140 Wien, Tel.: (0222) 9141051 (u.a. spielpädagogische Seminare);
ARBEITSSTELLE FÜR SPIELFORSCHUNG UND SPIELBERATUNG, FH Dortmund, Otto-Hahn-Str. 23, 44227 Dortmund, Tel.: (0231) 755-5197 (u.a. Spielesammlung und spielpädagogische Seminare);
ARBEITSSTELLE NEUES SPIELEN, Am Dobben 109, 28203 Bremen, Tel.: (0421) 703232, Fax: (0421) 76247 (u.a. Förderung der kooperativen Spiele, Seminare, Spielberatungen);
BASELER INSTITUT FÜR PÄDAGOGIK UND SPIEL (BAPS), Adlerstr. 7, CH-4052 Basel, Tel.: (061) 3125765 (u.a. Spielpädagogik, Spielberatung);
BUNDESARBEITSGEMEINSCHAFT DEUTSCHER SPIELIOTHEKEN E.V. (BDS), Geschäftsstelle: c/o ANNEGRET KÖRNER, Elsenseestr. 38, 25451 Quickborn, Tel.: (04106) 67418;
BUNDESVERBAND FÜR UMWELTBERATUNG (BFUB) E.V., Geschäftsstelle: Richard-Wagner-Str. 11–13, 28209 Bremen, Tel.: (0421) 343400, Fax: (0421) 3499267 (u.a. Verleih einer Kinder-Umwelt-Kiste und einer Umweltspiele-Kiste);
BURCKHARDT-HAUS, EV. INSTITUT FÜR JUGEND UND SOZIALARBEIT, Herzbachweg 2, 63571 Gelnhausen, Tel.: (06051) 890 (u.a. Spielpädagogenausbildung);
DEUTSCHER KINDERSCHUTZBUND, Schiffgraben 29, 30175 Hannover, Tel.: (0511) 304850, Fax: (0511) 3048549;
DEUTSCHES KINDERHILFSWERK, Rungestr. 20, 10179 Berlin, Tel.: (030) 2795656;
DEUTSCHES SPIELE-ARCHIV, Ketzerbach 21 ½, 35037 Marburg/Lahn, Tel.: (06421) 62728, Fax: (06421) 65637 (Spielesammlung und Spiele-Literaturarchiv, Beratungen, Spieleforschung);
DIE SPIELBAUSTELLE+SPIELBAUM IM VEREIN FÜR SPIELPÄDAGOGIK, Eichholzer Weg 7, 51519 Odenthal, Tel.: (02207) 3810, Fax: (02207) 2833 (u.a. Förderung des spielpädagogischen Freizeitangebotes im ländlichen Raum, Spieletests für das WDR-Programm »Lilipuz«, spielpädagogische Seminare und Beratungen);
EVANGELISCHES JUGENDWERK NEU-ULM, Friedenstr. 26, 89231 Neu-Ulm, Tel.: (0731) 9748633 (u.a. Spieleberatung, Spielpädagogik, Spieleveranstaltungen);
EVANGELISCHES LANDESJUGENDPFARRAMT DER MARK BRANDENBURG, MITTELSTELLE FÜR WERK UND FEIER, Eberswalder Str. 160, 16227 Eberswalde, Tel.: (03334) 32051 (u.a. Spielpädagogik, Spieleliteratur- und Spielgeräteverleih, Spieleveranstaltungen);
FH KÖLN, FB SOZIALPÄDAGOGIK (ÄSTHETIK/KOMMUNIKATION, BEREICH SPIELPÄDAGOGIK), Mainzer Str. 5, 50678 Köln, Tel.: (0221) 8275-3348 (u.a. Forschung, Beratung und Lehre im spielpädagogischen Bereich);
INFO SPIEL E.V. – DOKUMENTATIONS- UND INFORMATIONSDIENST FÜR DEN BEREICH SPIELEN IM ÖFFENTLICHEN RAUM, Thalkirchner Str. 106, 80337 München, Tel.: (089) 7258900 (u.a. Beratung, Information, Planungshilfen, Gestaltung, Projekte, Tagungen zum Thema Spielplätze/Spielen in der Stadt);
INSTITUT FÜR ÖKOLOGISCHE FORSCHUNG UND BILDUNG E.V., Hafenstr. 26, 48155 Münster, Tel.: (0251) 661035, Fax: (0251) 63852 (u.a. spielpädagogische Veranstaltungen);

INSTITUT FÜR SPIELFORSCHUNG UND SPIELPÄDAGOGIK/HOCHSCHULE »MOZARTEUM«, Schwarzstr. 24, A-5020 Salzburg, Tel.: (0662) 88908-371/-372 (u.a. Literaturarchiv, spieltheoretische Forschungen, Durchführungen von Symposien, Aufbaustudiengang Spielpädagogik);
INSTITUT FÜR SPIELPÄDAGOGIK, SPIELBERATUNG UND SPIELFORSCHUNG, Marienstr. 6, 03046 Cottbus, Fax: (0355) 792485;
INTERESSENGEMEINSCHAFT SPIELE, c/o Mag. FERDINAND DE CASSAN, Raasdorferstr. 28–30, A-2285 Leopoldsdorf, Tel.: (02216) 2223;
KATHOLISCHE FACHSTELLE FÜR GESTALTUNG, Schwalbacher Str. 72, 65183 Wiesbaden, Tel.: (0611) 598444 (spielpädagogische Seminare, Spielesammlung und -ausleihe);
KREISEL, SAARBRÜCKER INSTITUT FÜR PÄDAGOGIK UND SPIEL, Fürstenstr. 1a, 66111 Saarbrücken, Tel.: (0681) 32713 o. 399546, Fax: (0681) 374391 (u.a. Spielpädagogik, Spielberatung, Fortbildung zum Spielpädagogen, Seminare);
MEHR ZEIT FÜR KINDER E.V., Fellnerstr. 12, 60322 Frankfurt a.M., Tel.: (069) 156896-16, Fax: (069) 156896-10 (u.a. Förderung des gemeinsamen Lebens und Erlebens von Kindern und Erwachsenen, Anregungen und Mitmach-Aktionen für sinnvolle Freizeitaktivitäten);
PÄDAGOGISCHE AKTION SPIELKULTUR E.V., Reichenbachstr. 12, 80469 München, Tel.: (089) 2609208 (u.a. Spiel- und Kulturpädagogik, Aktionen, Spieleveranstaltungen, Spielen in der Stadt, Seminare, Kinder- und Jugendmuseum München);
PESTALOZZIANUM ZÜRICH, BIBLIOTHEK/MEDIOTHEK (B/M), Beckenhofstr. 31, CH-8006 Zürich, Tel.: (01) 3620428 (u.a. Spielesammlung);
SAMMLUNG FÜR ARBEITSMITTEL UND SPIELMATERIAL, Universität Dortmund, FB 12 (Erziehungswissenschaft und Biologie), Emil-Figge-Str. 50, Raum: 1.238, 44227 Dortmund, Tel.: (0231) 755-4118 (u.a. Sammlung von Arbeitsmitteln und Spielmaterialien für den Elementar- und den Primarbereich, Seminare, Beratungen);
SPASS (SPIEL-AUTOR/-INNEN-SYNDICAT, SCHWEIZ), Grienstr. 38, CH-4055 Basel, Tel.: (061) 3210044 (Interessenvertretung von SpieleautorInnen);
SPIELE KREIS WIEN, c/o Mag. FERDINAND DE CASSAN, Raasdorferstr. 28–30, A-2285 Leopoldsdorf, Tel.: (02216) 2223;
SPIELEAUTOREN-ZUNFT E.V. (SAZ), Pressestelle: WOLFGANG KRAMER, Carl-Peters-Str. 42, 70825 Korntal, Tel.: (0711) 833726, Fax: (0711) 837358;
SPIELEZENTRUM HERNE, Jean-Vogel-Str. 17, 44625 Herne, Tel.: (02323) 460418 od. 490908 (u.a. Spielesammlung, Seminare);
STADT LUZERN, ABTEILUNG UMWELTERZIEHUNG, Sälisstr. 24, CH-6002 Luzern, Tel.: (041) 218340, Fax: (041) 218339 (Umweltspielesammlung);
VEREIN SCHWEIZER LUDOTHEKEN, Haltikerstr. 41, CH-6403 Küsnacht, Tel.+Fax: (04141) 813918;
VEREINIGUNG ÖSTERREICHISCHER SPIELE-AUTOREN, DIE SPIELE-IDEEN-SCHMIEDE, c/o GERHARD und ELISABETH KODYS, Degengasse 54/3/24–27, A-1160 Wien, Tel.: (0222) 4093359;
WIENER JUGENDLEITERSCHULE+SPIELBOX, Albertgasse 35, A-1080 Wien, Tel.: (0222) 4066555 (u.a. Spielberatung, Spielfortbildung, Spielesammlung und -ausleihe);
ZENTRALSTELLE FÜR UMWELTERZIEHUNG, Institut im FB 9, Universität Essen, Universitätsstr. 15, 45117 Essen, Tel.: (0201) 183-2430, Fax: (0201) 183-3981 (u.a. Spiele- und Literatursammlung zum Bereich Umwelt).

4. Spieleveranstaltungen

Je nach Größe der Veranstaltung bieten die verschiedenen Spielemessen oder -märkte entweder eine Gesamtübersicht über die auf dem Markt befindlichen Spiele oder beschäftigen sich mit diversen Schwerpunktthemen. Oftmals werden solche Veranstaltungen von einem umfangreichen Beiprogramm wie Workshops oder Tagungen begleitet. Die größten und bekanntesten seien hier im zeitlichen Ablauf ohne Anspruch auf Vollständigkeit genannt:

»INTERNATIONALE SPIELWARENMESSE NÜRNBERG« (jährlich in der Regel im Februar; nur für Fachbesucher). Auskunft erteilt: Die Spielwarenmesse e.G., Messezentrum, 90489 Nürnberg, Tel.: (0911) 99813-0, Fax: (0911) 869660;

»REMSCHEIDER SPIELMARKT« (jährlich immer am Donnerstag und Freitag nach Aschermittwoch). Auskunft erteilt: Akademie Remscheid, Küppelstein 34, 42857 Remscheid, Tel.: (02191) 7940;

»DER TOTALE HERNER SPIELWAHNSINN« (jährlich jeweils im Mai). Auskunft erteilt: Städtisches Spielezentrum, c/o PETER JANSHOFF, Jean-Vogel-Str. 17, 44625 Herne, Tel.: (02323) 460418, Fax: (02323) 16-3072;

POTSDAMER »SPIELMARKT« (jährlich jeweils Anfang Mai). Auskunft erteilt: Evangelisches Landesjugendpfarramt der Mark Brandenburg, Mittelstelle für Werk und Feier, Eberswalder Str. 160, 16227 Eberswalde, Tel.: (03334) 32051;

»INTERNATIONALE OBERÖSTERREICHISCHE SPIELETAGE« in Traun (jährlich jeweils langes Wochenende um Christi Himmelfahrt). Auskunft erteilt: Linzer Spielekreis, c/o THOMAS HÜTTNER, In der Auerpeint 13, A-4030 Linz;

»GÖTTINGER AUTORENTREFFEN« (jährlich in der Regel kurz vor den niedersächsischen Sommerferien, auch für Publikum offen). Auskunft erteilt: Edition Perlhuhn, Am Goldgraben 22, 37073 Göttingen, Tel.: (0551) 55110 oder das Kulturamt der Stadt Göttingen, 37083 Göttingen;

»SCHWEIZER SPIELMESSE« (1995 am 6.-10. September). Auskunft erteilt: Felsberger S & A Spiel & Art AG, Leimatstr. 32, CH-9000 St. Gallen, Tel.: (071) 244044, Fax: (071) 244045;

INTERNATIONALE SPIELTAGE »SPIEL '95« (jährlich in der Regel um den 20. Oktober in Essen). Auskunft erteilt: Friedhelm Merz Verlag, Alberichstr. 15-17, 53179 Bonn, Tel.: (0228) 342273, Fax: (0228) 856312;

»LEIPZIGER SPIELFEST« (jährlich in der Regel im November). Auskunft erteilt: Friedhelm Merz Verlag, Alberichstr. 15-17, 53179 Bonn, Tel.: (0228) 342273, Fax: (0228) 856312;

»KOMM, SPIEL MIT.« (jährlich in der Regel im November). Auskunft erteilt: Evangelisches Jugendwerk, Friedenstr. 26, 89231 Neu-Ulm, Tel.: (0731) 9748633;

»SPIELEMARKT WIESBADEN« (jährlich in der Regel im November). Auskunft erteilt: Katholische Fachstelle für Gestaltung, Schwalbacher Str. 72, 65183 Wiesbaden, Tel.: (0611) 598444;

»ÖSTERREICHISCHES SPIELEFEST« in Wien (jährlich in der Regel in der zweiten Novemberhälfte). Auskunft erteilt: Verein Interessengemeinschaft Spiele, c/o Mag. FERDINAND DE CASSAN, Raasdorferstr. 28-30, A-2285 Leopoldsdorf, Tel.: (02216) 2223, Fax: (02216) 222333.

5. Literatur/Zeitschriften/Pressedienste

Zur gesamten Bandbreite des Themas Spiel/Spielen gibt es eine Vielzahl von Literatur. An dieser Stelle verzichte ich auf eine gesonderte Darstellung, weil dies zwangsläufig zu einer Wiederholung der bereits bei den einzelnen Beiträgen gemachten Angaben führen würde. Jedem Autor war aufgetragen, die für seine Themenstellung wichtigsten Publikationen in das Literaturverzeichnis aufzunehmen. Der Leser möge also im einzelnen dort nachsehen oder sich an eine der in Kap. 3 aufgelisteten Institutionen mit der Bitte um Literaturlisten wenden. Darüber hinaus findet man in den im folgenden notierten Zeitschriften Artikel zu diversen Bereichen des Spiels. Viele dieser Organe enthalten neben fachwissenschaftlichen und pädagogischen Beiträgen auch Spielrezensionen oder Anregungen zur Selbstgestaltung von Spielen. Gerade Lehrern seien diese Zeitschriften (neben den allgemein- bzw. fachpädagogischen) für ihren Unterricht empfohlen, da sie häufig Fundorte interessanter – oftmals von Schülern hergestellter – Spiele sind. Um dem Leser angesichts der Fülle der Veröffentlichungen die Auswahl und die Orientierung zu erleichtern, habe ich einige – längst nicht alle – spielrelevanten Zeitschriften ausgewählt und wie folgt zu strukturieren versucht:

Zeitschriften für Spieler und Spieleautoren:

»DIE PÖPPEL-REVUE«, Merz Verlag, Bonn;
»FACHDIENST SPIEL«, Deutsches Spiele-Archiv, Marburg;
»FAIRPLAY«, ROLF SCHULTE, Schlehenweg, 33818 Leopoldshöhe;
»SPIELBOX – DAS MAGAZIN ZUM SPIELEN«, Nostheide Verlag, Bamberg;
»SPIELZEIT – DAS MAGAZIN MIT BISZ«, Alea Verlag, Osnabrück.

Spielorientierte Zeitschriften für den pädagogischen Bereich:

»GRUPPE + SPIEL«, Zeitschrift für kreative Gruppenarbeit, Kallmeyer'sche Verlagsbuchhandlung, Seelze;
»KINDER, KINDER«, Deutsches Kinderhilfswerk, rh-Redaktionsbüro, Winsen/Luhe;
»KLEIN & GROSS – ERZIEHUNG IM VORSCHULALTER«, Luchterhand Verlag, Neuwied;
»PRAXIS SPIEL + GRUPPE«, Zeitschrift für Gruppenarbeit, Grünewald Verlag, Mainz;
»SPIELEN UND LERNEN«, Friedrich Verlag, Seelze;
»SPIELMITTEL – DIE ZEITSCHRIFT FÜR INFORMATION, BERATUNG UND DISKUSSION«, Nostheide Verlag, Bamberg;
»SPIELRAUM«, rh-Redaktionsbüro, Winsen/Luhe;
»SPIELZEIT«, Friedrich Verlag, Seelze.

Pressedienste und Branchenfachzeitschriften:

»BRANCHENBRIEF INTERNATIONAL – SPIELZEUGBRANCHE AKTUELL.«, Nostheide Verlag, Bamberg;
»DAS SPIELZEUG«, Meisenbach Verlag, Bamberg;
»FACHDIENST SPIEL«, Deutsches Spiele-Archiv, Marburg;
»MARKT INTERN, SPIELWAREN, MODELLBAU, BASTELN«, markt-intern Verlag, Düsseldorf;
»RAVENSBURGER ARTIKELSERVICE«, Ravensburger Spieleverlag, Ravensburg;
»SPIELZEUG-MARKT – BRANCHENMAGAZIN FÜR HANDEL UND INDUSTRIE«, Göller Verlag, Baden-Baden.

Deutschsprachige ausländische Spielezeitschriften:

»ALLES GESPIELT – DAS ÖSTERREICHISCHE SPIELMAGAZIN FÜR DIE GANZE FAMILIE«, c/o Mag. FERDINAND DE CASSAN, Raasdorferstr. 28–30, A-2285 Leopoldsdorf, Tel.: (02216) 2223, Fax: (02216) 222333;
»KÄRNTEN SPIELT«, c/o HELMUT WRESNIK, Feistritz 63, A-9560 Feldkirchen, Tel./Fax: (04276) 3419;
»LUDO JOURNAL – ZEITSCHRIFT UND ORGAN DES VEREINS DER SCHWEIZER LUDOTHEKEN«, c/o RENATE FUCHS, Haltikerstr. 41, CH-6403 Küsnacht, Tel./Fax: (041) 813918;
»LUDOVICO«, Verein zur Förderung des Spiels, Mesnergasse 4, A-8010 Graz, Tel.: (0316) 877-3174, Fax: (0316) 877-3945;
»PLAYING PEOPLE – DIE ZEITSCHRIFT FÜR VERSPIELTE«, c/o CHRISTIAN GAWRILOWICZ, Brigittenauer Lände 224, A-1200 Wien, Tel.: (0222) 33109/807;
»SPIEL WIESE – DAS SPIELMAGAZIN AUS ÖSTERREICH«, c/o ARNO MILLER, Wuhrbaumweg 50, A-6900 Bregenz, Tel.: (05574) 61429, Fax: (05574) 409304;
»WIN – DER SPIELKREIS WIEN INFORMIERT«, c/o Mag. FERDINAND DE CASSAN, Raasdorferstr. 28–30, A-2285 Leopoldsdorf, Tel.: (02216) 2223, Fax: (02216) 222333.

Zusätzlich zu den oben aufgeführten Spielezeitschriften, die eine breite Palette der Spielthematik aufbereiten, gibt es eine Reihe spezieller Fachzeitschriften, die in der Regel einen Spielbereich betreffen (z.B. die »Deutsche Go-Zeitung« oder die Skatzeitschrift »Der Skatfreund«).

Neben diesen professionellen Publikationen erscheinen noch zahlreiche Amateurzeitschriften für Spieler. Diese zumeist von lokalen Spielgruppen herausgegebenen Zeitschriften stellen eine wichtige Ergänzung in der Spielepublizistik dar. Aufgrund der Tatsache, daß diese Publikation von Schülern hergestellt wird, möchte ich in diesem Zusammenhang die Zeitschrift »Spielcasino« besonders hervorheben. Hierin sind Spielbeschreibungen und Spiele zum Mitspielen aus der Sicht von Schülern enthalten, eine Perspektive, die sich deutlich von anderen Zeitschriften abhebt. Es sollte dabei nicht unerwähnt bleiben, daß der Herausgeber von »Spielcasino« (DIRK HANNEFORT) ein bekannter Spielautor und Fachautor für Spielpädagogik ist. Zu beziehen ist diese Zeitschrift über den Herausgeber oder über die AG »Spiele und Spielzeug« an der Adolf-Reichwein-Schule (Uchteweg 26, 33689 Bielefeld).

Weitere Adressen von solchen Amateurzeitschriften findet man im folgenden Taschenbuch:

GEU, ROSEMARIE (Red.): Spiel '95. Taschenbuch für Spieler, Spieleautoren, Spielefachhändler, Spielehersteller und die Spielerpresse. Merz, Bonn 1994.

Dieses jährlich aktualisierte Taschenbuch ist für jeden Spieleinteressierten ein unbedingtes Muß. Man findet darin neben spielrelevanten Terminen, nationalen und internationalen Adressen von Verlagen, Tages- und Wochenzeitschriften, Spieliotheken, Initiativgruppen, Fachverbänden, Journalisten und Spielekritikern auch ein Verzeichnis aller lieferbaren Spiele. Außerdem ist eine Liste von Spieleautoren mit ihren Spielen vorhanden.

6. Spielelisten und -rezensionen

Immer wieder interessant – aber vor allem stets subjektiv – sind sogenannte (Umwelt-)Spielelisten bzw. (Umwelt-)Spielerezensionen, die allerdings in der Regel nur Brettspiele aufführen. Derartige Rezensionen können sicherlich nur Anhaltspunkte für die Bewertung eines Spiels liefern. So findet man immer wieder – in den diversen Tages- und Wochenzeitungen oder den genannten Fachzeitschriften – ganz unterschiedliche Ansichten und Bewertungen über ein und dasselbe Spiel. Wer sich möglichst umfassend über ein Spiel informieren möchte und keine Zeit zur Selbstprüfung eines Spieles hat (vgl. Kap. 5.1 in diesem Handbuch), der sei noch einmal auf das Deutsche Spiele-Archiv in Marburg (Adresse in Kap. 2 in diesem Beitrag) hingewiesen, wo die dortigen Mitarbeiter, möglichst alle Beschreibungen, Rezensionen etc. von Spielen in ihrem Archiv sammeln und dokumentieren. Das Archiv steht jedem nach vorheriger Anmeldung offen. Auch diverse lokale Spielegruppen oder Spielberatungsstellen (z.B. Jugendämter oder Kirchen) geben Auskünfte über entsprechende (Umwelt-)Spiele.

Für THOLE (Kap. 2.1 in diesem Handbuch) können Spielelisten und andere Empfehlungen nur Hilfsmittel und Anregungen sein:

»(Es) wird sehr schnell die Forderung nach Auswahlkriterien laut, nach denen man leicht die Spreu vom Weizen scheiden und schnell die guten Spiele herausfiltern könnte.
Eine solche Forderung hat dort einen Sinn, wo man tatsächlich solche Spiele als Selbstläufer, also ohne jede Vor- und Nachbereitung, einsetzen will. Im schulischen und aktiv erzieherischen Alltag aber verkennt die Forderung nach spielbezogenen Auswahlkriterien eine für den Praktiker kaum erstaunliche Tatsache: Bei näherer Untersuchung erweisen sich die merkwürdigsten Spiele als echte Bildungsmittel. In der Hand eines fähigen Lehrers oder Erziehers und in einer spielgünstigen Rahmensituation kann so ziemlich jedes Produkt ein Bildungsmittel sein.
Hier wird noch einmal deutlich: Das Problem ›Spiel in der Umwelterziehung‹ hat nicht nur – man verzeihe das Wortspiel, aber es ist sicherlich hilfreich – einen **apparativen** Aspekt, sondern einen mindestens ebenso wichtigen, wenn nicht noch zentraleren **operativen** Aspekt. Zwischen beiden besteht ein dialektisches Beziehungsfeld, das es zu erkennen, zu beobachten und zu nutzen gilt. (...) Grundsätzlich ist daher alles zu vermeiden, was auf eine Entmündigung des für den eigentlichen Bildungsvorgang vor Ort verantwortlichen Erziehers hinausläuft. Damit er Spiele wirksam für die Umwelterziehung einsetzen kann, braucht er weniger starre Auswahlkriterien als vielmehr eine aus eigener Spielpraxis gewonnene umfassende Produktkenntnis, die ihn befähigt, für seinen jeweiligen erzieherischen Zweck das geeignete Spiel aufzugreifen und einzusetzen. Einschlägige Spielelisten, Umweltspielbücher und -karteien können ihm dabei nur Hilfsmittel und Anregung sein.«

Dem stimme ich zwar zu, gebe aber zu bedenken, daß nicht jeder in der Lage ist, auch vermeintlich »schlechte« Spiele positiv zu nutzen oder Spiele allgemein zu bewerten, da ihm dafür z.B. die Voraussetzungen oder das entsprechende Instrumentarium fehlen. In diesem Zusammenhang helfen könnte ihm das »Freiburger Raster« von MARTIN RAUCH, welches mir zur eigenen Beurteilung von Umweltspielen aller Art gut geeignet erscheint. Ähnlich dem »Reutlinger Raster« zur Analyse und Bewertung von Schulbüchern und Begleitmedien, hat hier jeder selbst die Möglichkeit – vielleicht in Zusammenarbeit mit Freunden und Kollegen –, sich nach entsprechenden Vorgaben ein Bild über diverse Umweltspiele zu machen. Dabei erscheint mir dieses Raster insofern sehr variabel zu sein, als daß man es ergänzen oder verkürzen kann. RAUCH hat dieses Raster – welches nach Angaben des Autors den zentralen Elementen der Spieltheorien entspricht – an der PH Freiburg im Rahmen der Lehrerausbildung entwickelt und stellt es in diesem Handbuch in Kap. 5.1 ausführlicher vor. Wem dies jedoch – aus welchen Gründen auch immer – zu zeitaufwendig ist, dem seien hier u.a. folgende Listen bzw. Publikationen als Anregungen genannt:

HÜBNER, REINHARD: Handbuch der Ökologie- und Umweltspiele. Bestandsaufnahme und Verwendbarkeit als Medien der Umwelterziehung. Luzerner Stadtökologische Studien, Bd. 10. Luzern 1995 (im Druck);
INSTITUT FÜR ÖKOLOGISCHE FORSCHUNG UND BILDUNG E.V. (Hrsg.): Kommentierte Umweltspieleliste. Ökotopia, Münster 1986[6] [z.Z. leider vergriffen];
PESTALOZZIANUM – FACHSTELLE UMWELTERZIEHUNG: Liste Umweltspiele. Zürich 1993[2].

Eine weitere Quelle stellen Empfehlungen dar, wie sie z.B. von einer Berliner Arbeitsgruppe herausgegeben werden. Hierin sind neben Spieleempfehlungen auch solche zu anderen Materialien wie Sachbüchern, Dias oder Filmen enthalten. Jährlich im Herbst soll ein neuer Band der Berliner Empfehlungen erscheinen:

HAAN, GERHARD DE/ARBEITSSTELLE FÜR ÖKOLOGIE UND PÄDAGOGIK AN DER FU BERLIN (Hrsg.): Berliner Empfehlungen Ökologie und Lernen. Verlag an der Ruhr, Mülheim 1992.

Auch Publikationen, wie die folgende, stellen Spieleneuheiten im allgemeinen vor, sie können also auch Umweltspiele enthalten:

ARBEITSSTELLE FÜR SPIELFORSCHUNG UND SPIELBERATUNG, FACHHOCHSCHULE DORTMUND (Hrsg.): Jahrbücher empfehlenswerter Spiel-Neuheiten. Merz, Bonn.

In unregelmäßigen Abständen lassen sich auch in Zeitschriften wie »Ökotest« oder in den Testberichten der Stiftung Warentest Bewertungen über Umweltspiele finden, so z.B.:

Mit der Umwelt spielen. In: Ökotest (1993), H. 11, S. 30–39;
Ökotips vom Spielbrett. In: Test 23(1988), H. 12, S. 74–78;
Konsument-Test Umweltspiele. Die Gewinner und Verlierer. In: Konsument [Österreich] (1990), H. 12, S. 13–17.

Als eine überregionale Beratungsstelle für Spielzeug sei genannt:

»SPIEL GUT«, ARBEITSAUSSCHUSS KINDERSPIEL + SPIELZEUG E.V., Heimstr. 13, 89073 Ulm, Tel.: (0731) 65653 (u.a. pädagogische, psychologische, gesundheitliche und umweltverträgliche Prüfung von Spielmaterialien).

Eine besondere Form der Spieleinformation bieten auch sogenannte Umwelt- bzw. Umweltspiele-Kisten. Diese kontinuierlich aktualisierten Sortimente enthalten neben Spielen auch Bücher und andere Materialien. Sie sind vor allem für größere Veranstaltungen wie Schulfeste, Projektwochen oder Ausstellungen geeignet. Da bei diesen Kisten in der Regel nicht unerhebliche Ausleih- und Transportkosten anfallen, sei Privatpersonen der Rat gegeben, sich bei lokalen Einrichtungen (kommunale Umweltberatung, Umweltschutzgruppen etc.) nach vergleichbaren Angeboten zu erkundigen.

Wurde der Verleih bisher vom Ökotopia-Verlag in Münster organisiert, so sind die Kinder-Umwelt-Kisten (speziell für Kinder im Kindergarten- und Grundschulalter, Inhalt: über 10 Spiele und mehr als 100 Bücher und andere Materialien, Gebühr für 14tägigen Verleih 150 DM plus Transportkosten) und die Umweltspiele-Kisten (keine Altersbegrenzung, Inhalt: über 20 Spiele und mehr als 60 Bücher und andere Materialien, Gebühr für 14tägigen Verleih 200 DM plus Transportkosten) seit 1994 bei folgender Stelle anzufordern:

BUNDESVERBAND FÜR UMWELTBERATUNG (BFUB) E.V., Geschäftsstelle: Richard-Wagner-Str. 11–13, 28209 Bremen, Tel.: (0421) 343400, Fax: (0421) 3499267.

Die Empfehlung von KORTE (vgl. Kap. 1.5 in diesem Handbuch) kann ich mich zum Schluß nur anschließen:

»*Dem Konsumenten kann letztlich nur der Rat erteilt werden, sich möglichst firmenunabhängig zu informieren und ein Spiel nach Möglichkeit vor dem Kauf selbst auszuprobieren, weil sich so am ehesten Enttäuschungen und Fehlkäufe vermeiden lassen.*«

Da dies in Geschäften meist nicht möglich ist, frage man bei Freunden und Bekannten nach oder nutze die diversen Spieleberatungsstellen oder Spieliotheken, auf die ich bereits hingewiesen habe. Wer die Möglichkeit hat, sollte auch eine der oben aufgeführten Spielemessen und -veranstaltungen besuchen, denn dort kann er ohne Kaufzwang viele Spiele ausprobieren. Zudem vermag das erwähnte »Freiburger Raster« zu einer Bewertung beizutragen.

Autorenregister

EDITH AMBERGER-DIRRINGER, Mag., Mitarbeiterin
der ARGE Umwelterziehung Salzburg
Anschrift: Universität Salzburg, Institut für Didaktik, Hellbrunnerstr. 34, A-5020 Salzburg, Tel.: (0662) 80445815

Veröffentlichungen:
Naturbegegnung – was bringt's? (gem. m. KLAUS KALAS/REGINA KOBLER). In: PFLIGERSDORFFER, GEORG/UNTERBRUNER, ULRIKE (Hrsg.): Umwelterziehung auf dem Prüfstand. Österreichischer Studien Verlag, Innsbruck 1994, S. 180–193;
Ein Weg, die Natur zu erfahren. In: Umwelterziehung (1992), H. 3 – Themenheft: »Ferien in Freiheit«, S. 10–11.

VALDIS BISTERS, B.Sc. phys., M.Sc., Direktor
des Ökologiezentrums der Lettischen Universität
Anschrift: Ecological Centre, University of Latvia, Raina blv. 19, LV-1586 Riga, Latvia (Lettland)

Veröffentlichungen:
Interdisciplinarity and System Approach in Training of Sustainable Resource and Energy Management (gem. m. RAIMONDS ERNSTEINS). In: IV International Conference on a System Analysis Approach to Environmental, Energy and Natural Resource Management in the Baltic Sea Region, Tallinn 1993. The Nordic Council of Ministers, Copenhagen 1993, S. 115–123;
Simulation and Gaming Library for Environmental Education in Latvia (gem. m. RAIMONDS ERNSTEINS). In: PERCIVALL, S. u.a. (Hrsg.): The Simulation and Gaming Yearbook 1993. Kogan Page, London 1993, S. 200–204;
Interdisciplinary Training in Environmental Education Through Simulation and Gaming. In: KLEIN, H. (Hrsg.): Innovation Through Cooperation. WACRA, Bosten 1993, S. 145–150.

MARIA-LUISE BRUNN, Studiendirektorin
am Theodor-Heuss-Gymnasium in Essen-Kettwig, Fachleiterin für Biologie am Studienseminar für das Lehramt der Sekundarstufe II in Essen
Privatanschrift: Gellertweg 16, 45219 Essen, Tel.: (02054) 6920

URSULA BUCH, Lehrerin
an einer Grundschule in Eberswalde
Privatanschrift: Carl-von-Ossietzky-Str. 20, 16225 Eberswalde, Tel.: (03334) 24487

RAINER BULAND, Dr., Hochschulassistent
im Institut für Spielforschung und Spielpädagogik an der Hochschule für Musik und Darstellende Kunst »Mozarteum«, Salzburg
Anschrift: Institut für Spielforschung, Schwarzstr. 24, A-5020 Salzburg, Tel.: (0662) 88908-371/-372; Fax: (0662) 884997

Veröffentlichungen:
Zur Grundlegung einer Spielforschung. Definitionen – Systematik – Methodologie. In: BAUER, GÜNTHER G. (Hrsg.): Homo ludens – der spielende Mensch. Bd. 2. Katzbichler, München 1992, S. 43–63;

Grundlagen einer Spielpädagogik. Integration verschiedener Aspekte im Spektrum des Spiels. In: BAUER, GÜNTHER G. (Hrsg.): Homo ludens – der spielende Mensch. Bd. 3. Katzbichler, München 1993, S. 89–114;
Spiellust – Acht Kapitel zur Re-Habilitierung einer Lebensqualität. In: BAUER, GÜNTHER G. (Hrsg.): Homo ludens – der spielende Mensch. Bd. 4. Katzbichler, München 1994, S. 233–253.

ORAH S. ELRON, M.Sc., Umwelterziehungsberaterin
im »Science Discovery Program« der Universität von Colorado
Privatanschrift: 1140 Lehigh St., Boulder, Colorado 80303, USA, Tel.: (303) 4999066

Veröffentlichungen:
Environmental Education Curriculum Activity Guide, K-2, 3-4, 5-6 (86 activities)(gem. m. anderen). Connecticut Department of Environmental Protection, Hartford 1980;
Ecology/Landuse/Population Games and Simulations. An Evaluation (gem. m. H. HAAKONSON/L. SCHAEFER). In: HORN, ROBERT E./CLEAVES, ANNE (Hrsg.): The Guide to Simulations, Games for Education and Training. Sage Publications, Beverly Hill/London 1980[4];
Outdoor Activity Guide: 6 Booklets of Outdoor Activities, K-8 (gem. m. anderen). A cooperative effort of Thorne Ecological Institute with the City of Boulder Open Space Dept. and Boulder Valley Schools, Boulder 1983.

RAIMONDS ERNSTEINS, M.Sc., Direktor
des Zentrums für Umweltwissenschaften und Planungsstudien der Lettischen Universität
Anschrift: Centre for Environment Science and Management Studies (CESAMS), University of Latvia, Raina blv. 19, LV-1586 Riga, Latvia (Lettland)

Veröffentlichungen:
Environmental Education, Awareness and Information. Report for Environmental Protection Commitee, Republic of Latvia, »National Report of Latvia to UNCED 1992«, Riga 1992;
Environmental Status Report 1992. Republic of Latvia (gem. m. V. SEGLINS). In: IUCN EEP 5(1993), S. 79–137;
Environmental Education in the Republic of Latvia. In: Environmental Educational Yearbook '93, Central and Eastern Europe. Environmental Education Publishers Vide, University of Latvia, Riga 1993, S. 56–59.

BARBARA FISCHER, Theaterpädagogin
Privatanschrift: Dachsteinweg 16a, 12107 Berlin, Tel.: (030) 7419237, Fax: (030) 7419481

Veröffentlichungen:
Miteinander spielen lernen. Anleitungen, Tips, Erfahrungsberichte für die Arbeit mit älteren Menschen (gem. m. ROSEMARIE KÖHLER). Ettlinger, Ettlingen 1992.

REGINA MARIA FRERICH, Musiklehrerin
an der Städtischen Musikschule Lippstadt, Inhaberin des FEEDBACK-Musikverlages
Privatanschrift: Schusterstr. 4, 33449 Langenberg, Tel.: (05248) 341

JÜRGEN FRITZ, Dr. phil., Professor
für Spiel- und Interaktionspädagogik an der Fachhochschule Köln, FB Sozialpädagogik
Anschrift: FH Köln, FB Sozialpädagogik, Mainzer Str. 5, 50678 Köln, Tel.: (0221) 82753351

Veröffentlichungen:
Spiele am Meer. Matthias Grünewald, Mainz 1992;
Theorie und Pädagogik des Spiels. Juventa, Weinheim/München 1993;
Erlebnisspiele im Freien. Matthias Grünewald, Mainz 1994.

ULI GEISSLER, Spiel- und Kulturpädagoge
im Evangelischen Jugendwerk Neu-Ulm/Bayern, Spielejournalist und Spieleautor
Anschrift: Evangelisches Jugendwerk, Petrusplatz 8, 89231 Neu-Ulm, Tel.: (0731) 9748633

Veröffentlichungen:
Jetzt geht's rund. Spielaktionen für alle Gelegenheiten. Ökotopia, Münster 1991;
Jolly Joggers und Lilly Lindes großes, grasgrünes Umwelt-Spiel- und Spaßbuch. Ökotopia, Münster 1993;
Achtung Aufnahme. 100 Spiele für Kassettenrecorder und Kamera. Rowohlt, Reinbek 1994.

FRITZ E. GERICKE, ehem. Referent
in der Bundeszentrale für politische Bildung, Bonn (1993 pensioniert)
Privatanschrift: Benfleetstr. 16, 50858 Köln, Tel.: (02234) 70363

Veröffentlichungen:
Erlebnisorientiertes Lernen und Lehren am Beispiel des Rollen- und Planspiels »Kybernetien – das Parlament entscheidet« (gem. m. ALENA KNÖR). In: Bundeszentrale für politische Bildung (Hrsg.): Methoden in der politischen Bildung – Handlungsorientierung. Schriftenreihe der Bundeszentrale für politische Bildung, Bd. 304. Bonn 1991, S. 248–257;
Vorurteile – Feindbild – Toleranz. In: Katholische Bundesarbeitsgemeinschaft für Erwachsenenbildung (Hrsg.): Soziale Integration durch Medien? Reflexion und Anregungen für die Erwachsenenbildung. EB-Buch, Bd. 3. Regensberg, Münster 1994, S. 14–28.

HARALD GESING, Primarstufenlehrer, Hauptseminarleiter
am Studienseminar für die Primarstufe in Solingen
Anschrift: Balkhauser Weg 35, 42659 Solingen, Tel.: (0212) 42372

Veröffentlichungen:
Umwelterziehung in der Primarstufe – Grundlinien eines umfassenden Bildungskonzeptes (Hrsg. gem. m. REINHOLD E. LOB). Agentur Dieck, Heinsberg 1991;
Es tut sich was ... Richtlinien zur Umwelterziehung in Bayern (gem. m. JOHANNES WESSEL). In: Grundschule 23(1991), H. 7–8, S. 68–70;
Symposium Umwelterziehung auf neuen Wegen – Aktuelle Entwicklungen in der Primarstufe. Tagungsbericht (Hrsg. gem. m. REINHOLD E. LOB). Beiträge zur Umwelterziehung, Bd. 10. Zentralstelle für Umwelterziehung, Essen 1993.

MATTHIAS GÜRTLER, Pfarrer, Leiter
der Mittelstelle für Werk und Feier (Außenstelle des Evangelischen Landesjugendpfarramtes der Mark Brandenburg)
Anschrift: Eberswalder Str. 160, 16227 Eberswalde, Tel.: (03334) 32051

Veröffentlichungen:
Bild und Text zur Meditation. H. 22ff. Mittelstelle für Werk und Feier, Eberswalde 1986ff.;
Das Datum – Marc Chagall zum 100. Geburtstag. Bilder und Texte zum Werk von Marc Chagall. Mittelstelle für Werk und Feier, Eberswalde 1987;
Materialheft zur ökumenischen Friedensdekade. Lieder, Bildbetrachtungen, Texte (Hrsg.: Gesprächsforum Friedensdekade i.A. der Arbeitsgemeinschaft Christlicher Kirchen in Deutschland e.V.). Mittelstelle für Werk und Feier, Eberswalde 1994, S. 15–38.

HILDEGUND HARTMANN, Primarstufenlehrerin, Fachleiterin
am Studienseminar GHS in Mainz
Anschrift: Hangen-Weisheimer Str. 53, 55234 Eppelsheim

JAN VAN DER HEIDE, Mitarbeiter
bei »Natuur en Milieu Overijssel«
Anschrift: NMO, Stationsweg 3, NL-8011 CZ Zwolle, Tel.: (039) 217166

HANS HERMSEN, Dr. phil., Dipl.-Psychologe
am Oberstufen-Kolleg der Universität Bielefeld des Landes Nordrhein-Westfalen
Anschrift: Oberstufen-Kolleg, Universitätsstr., Postfach, 33615 Bielefeld, Tel.: (0521) 1062851

Veröffentlichungen:
Studienreform im Fach Psychologie. Klett, Stuttgart 1977;
Lernen im Erwachsenenalter. Eine empirisch-psychologische Studie in berufsqualifizierenden Kursen der Erwachsenenbildung. B. Kleine, Bielefeld 1983;
Projekt »Aktion-Reaktion: Die Wirklichkeit – das unbekannte Wesen«. In: HILLEBRANDT, ELISABETH/WALTRUP, ANNE (Hrsg.): Die Region im Unterricht. Ein Lesebuch zur Öffnung von Schule. Bielefeld 1989, S. 255–265.

PETER HOHENAUER, M.A., Mitarbeiter
beim Dokumentations- und Informationsdienst für den Bereich Spielen im öffentlichen Raum – Info-Spiel e.V. München
Anschrift: Info-Spiel e.V., Thalkirchner Str. 106, 80337 München, Tel.: (089) 7258900, Fax: (089) 7258958

Veröffentlichungen:
Warum wir Spielplätze und Spielgeräte brauchen. Info-Spiel, München 1990;
Stadt, Natur und Spiel. Phantasievolle Konzepte für naturnahe Spielräume sind gefragt. Dokumentation der Veranstaltungsreihe: OIKOS-Sinnenreich, München 1993. In: Spielraum 15(1994), H. 2, S. 62–65;
Spielplatzgestaltung. Naturnah und kindgerecht. Bauverlag, Wiesbaden 1994.

MANFRED HOLODYNSKI, Dr. phil., Dipl.-Psych., Wissenschaftlicher Assistent
an der Fakultät für Psychologie und Sportwissenschaft, Abt. Psychologie, AE »Entwicklung und Erziehung«, Universität Bielefeld
Anschrift: Universität Bielefeld, Abt. für Psychologie, Postfach 100131, 33501 Bielefeld, Tel.: (0521) 1063097

Veröffentlichungen:
Leistungstätigkeit und soziale Interaktion. Ein tätigkeitstheoretisches Modell zur Entstehung der Leistungsmotivation. Asanger, Heidelberg 1992;
Individualisierung im Vorschulalter. Vom autoritären zum konsensuellen Modus der Motivkoordinierung. In: Zentrum für Kindheits- und Jugendforschung (Hrsg.): Wandlungen der Kindheit. Theoretische Überlegungen zum Strukturwandel der Kindheit heute. Leske + Budrich, Opladen 1993, S. 49–76.

KLAUS HÜBNER, Leiter des Referats
Jugend, Freizeit und Umweltpädagogik beim Landesbund für Vogelschutz in Bayern e.V.
Anschrift: Landesbund für Vogelschutz, Kirchenstr. 8, 91161 Hilpoltstein, Tel.: (09174) 3001, Fax: (09174) 2710

Veröffentlichungen:
Die Ökorallye. Schriftenreihe »Natürlich lernen«. Milizer, Hilpoltstein 1988;
Natur und Wintersport. Pro – Kontra, ein Rollenspiel als Hilfe zur Meinungsbildung
  (gem. m. MARKUS ENSER/UTE SOTHMANN). Landesbund für Vogelschutz, Hilpoltstein 1992;
Wahrnehmen – Erkennen – Handeln. Elemente spielerischer Naturerfahrung. Didaktische Briefe, H. 125. Selbstverlag des Pädagogischen Institutes der Stadt Nürnberg, Nürnberg 1992.

REINHARD HÜBNER, Dr. paed., Dipl.-Päd., Mitarbeiter
der Umweltschutzstelle der Stadt Luzern, Abteilung Umwelterziehung
Privatanschrift: Kettelerweg 9, 57462 Olpe, Tel.: (02761) 5687

Veröffentlichungen:
Umweltpädagogik und öffentliche Verwaltung. In: MÜLLER, HANS-NIKLAUS (Hrsg.): Lebensraum Stadt. Luzerner Stadtökologische Studien, Bd. 1. Luzern 1989, S. 119–135;
Umwelt-Plakate und Plakataktionen aus pädagogischer Sicht. In: MÜLLER, HANS-NIKLAUS (Hrsg.): Umwelt-Plakate in der kommunalen Öffentlichkeitsarbeit. Luzerner Stadtökologische Studien, Bd. 7. Luzern 1993, S. 11–31.

GABRIELE JUNG, Grundschullehrerin
an der Otto-Hahn-Schule in Westhofen
Privatanschrift: Friedrich-Silcher-Str. 5, 67593 Westhofen, Tel.: (06244) 4485

HERBERT RINO KERSBERG, Dr. rer. nat., Univ.-Professor
für Geographie und ihre Didaktik, Leiter der Arbeitsstelle Umwelterziehung im FB 16
Anschrift: Universität Dortmund, FB 16, Institut für Geographie und ihre Didaktik, 44227 Dortmund, Tel.: (0231) 7552810 (Sekretariat)

Veröffentlichungen:
Schullandheime im Dienste der Umwelterziehung. In: Das Schullandheim (1989), H. 1, slh 146, S. 6–15;
Mensch und Landschaft. Ansätze einer (geo-)ökologischen Landschaftsbewertung im Rahmen der Umwelterziehung. In: SEYBOLD, HANSJÖRG/BOLSCHO, DIETMAR (Hrsg.): Umwelterziehung – Bilanz und Perspektiven. Günter Eulefeld zum 65. Geburtstag. IPN, Kiel 1993;
Spiele zur Natur- und Umwelterfahrung. Ein Beitrag zur erlebbaren Umwelterziehung (Hrsg. gem. m. ULLA LACKMANN). Verband Deutscher Schullandheime, Hamburg 1994.

WILLY KLAWE, Dipl.-Soziologe, Bildungsreferent
des Deutschen Volkshochschul-Verbandes an der VHS Norderstedt
Privatanschrift: Sülldorfer Landstr. 76, 22589 Hamburg, Tel.: (040) 875636

Veröffentlichungen:
Arbeit mit Jugendlichen – Einführung in Bedingungen, Ziele, Methoden und Sozialformen der Jugendarbeit. Juventa, Weinheim/München 1991[2];
(Er-)Leben statt Reden. Erlebnispädagogik in der offenen Jugendarbeit (gem. m. DIETER FISCHER/HANS-JÜRGEN THIESEN). Juventa, Weinheim/München 1991[2];
Lernen gegen Ausländerfeindlichkeit. Pädagogische Ansätze zur Auseinandersetzung mit Orientierungsverlust, Vorurteilen und Rassismus (gem. m. JÖRG MATZEN). Juventa, Weinheim/München 1993.

GERALD KLENK, Dr. phil., Lehrer
an der Karl-Dehm-Schule, Schwabach
Privatanschrift: Dietersdorfer Str. 44c, 91126 Schwabach, Tel.: (0911) 6320492

Veröffentlichungen:
Umwelterziehung in den allgemeinbildenden Schulen. Entwicklung, Stand, Probleme – aufgezeigt am Beispiel Bayern. Haag & Herchen, Frankfurt a.M. 1987;
Schüler erforschen den Wald. Umweltschutz im Unterricht – Materialien zur Umwelterziehung, H. 12. Aulis, Köln 1992[3];
Schullandheim heute – Religiöse Erziehung im Schullandheim: Anachronismus oder Lebenshilfe? In: Bayerische Akademie für Schullandheimpädagogik (Hrsg.): Schullandheim heute: Zwischen Tradition und neuen Herausforderungen. Verband Deutscher Schullandheime, Hamburg 1993, S. 207–230.

ALENA KNÖR, Managementtrainerin
bei der IGL GmbH für Personal- und Organisationsentwicklung in Remscheid
Anschrift: IGL-GmbH, Kaiser-Wilhelm-Str. 13, 42855 Remscheid, Tel.: (02191) 8791

Veröffentlichungen:
Arbeitshilfen. »Kybernetien – das Parlament entscheidet«. Ein Rollenspiel zu den Themenfeldern »Parlamentarisches Handeln – Ökologie – Ökonomie« für den ganzen Menschen ab 16 Jahren. Ravensburger Arbeitshilfen. Otto Maier, Ravensburg 1987;
Erlebnisorientiertes Lernen und Lehren am Beispiel des Rollen- und Planspiels »Kybernetien – das Parlament entscheidet« (gem. m. FRITZ E. GERICKE). In: Bundeszentrale für politische Bildung (Hrsg.): Methoden in der politischen Bildung – Handlungsorientierung. Schriftenreihe der Bundeszentrale für politische Bildung, Bd. 304. Bonn 1991, S. 248–257.

REGINA KOBLER, Mag. rer. nat., Oberrätin
am Institut für Didaktik der Naturwissenschaften/Biologie an der Universität Salzburg
Anschrift: Universität Salzburg, Institut für Didaktik, Hellbrunnerstr. 34, A-5020 Salzburg, Tel.: (0662) 80445807

Veröffentlichungen:
Lernraum Natur. Ideen für Ökowochen, Wandertage und Jugendgruppen erprobt im Freilandlabor HS Bürmoos (gem. m. GEORG BUCHNER/HANS SCHUSTER/ANTON SCHWAIGER/PAUL WALLINGER). ARGE Umwelterziehung, Wien 1990;
Der Schulgarten im Frühling. In: Umwelterziehung (1990), H. 1 – Themenheft: »Frühling! Frühling?«, S. 16–17;
Naturbegegnung – was bringt's? (gem. m. KLAUS KALAS/EDITH AMBERGER-DIRRINGER). In: PFLIGERSDORFFER, GEORG/UNTERBRUNER, ULRIKE (Hrsg.): Umwelterziehung auf dem Prüfstand. Österreichischer Studien Verlag, Innsbruck 1994, S. 180–193.

RAINER KORTE, Dr. paed., Professor
für Erziehungswissenschaft an der Fachhochschule Dortmund, FB Sozialpädagogik, Leiter der dortigen Arbeitsstelle für Spielforschung und Spielberatung
Privatanschrift: Zur Feldlage 20, 58099 Hagen-Garenfeld, Tel./Fax: (02304) 67563

Veröffentlichungen:
Die Bedeutung des Spiels für die kindliche Entwicklung in den ersten Lebensjahren aus tiefenpsychologischer Sicht. In: KREUZER, KARL JOSEF (Hrsg.): Handbuch der Spielpädagogik. Bd. 2. Schwann, Düsseldorf 1983, S. 21–32;
Spitzen-Spiele (gem. m. SILVIA GREGAREK). Grafit, Dortmund 1992;
Spiele-Report. Jahrbuch empfehlenswerter Spiele-Neuheiten (Hrsg.). Grafit, Dortmund 1993.

IVARS KUDRENICKIS, M.Sc. phys., wissenschaftlicher Mitarbeiter
am Ökologiezentrum der Lettischen Universität
Anschrift: Ecological Centre, University of Latvia, Raina blv. 19, LV-1586 Riga, Latvia (Lettland)

Veröffentlichungen:
The Energy Planning Simulation Model for Educational and Research Purposes in Latvia (gem. m. V. BISTERS/R. ERNSTEINS). In: IV International Conference on a System Analysis Approach to Environmental, Energy and Natural Resource Management in the Baltic Sea Region, Tallinn 1993. The Nordic Council of Ministers, Copenhagen 1993, S. 147–151;
Latvian Power System Study with »Power Plan« Model (gem. m. anderen). In: Latvian Journal of Physics and Technical Sciences (1994), H. 1, S. 63–70.

REINHOLD E. LOB, Dr. phil., Professor
für Geographie und ihre Didaktik, Leiter der Zentralstelle für Umwelterziehung, Institut im FB 9 der Universität Essen
Anschrift: ZUE, Universität Essen, FB 9, Universitätsstr. 15, 45141 Essen, Tel.: (0201) 183-2430 (Sekretariat)/-3106, Fax: (0201) 1833981

Veröffentlichungen:
Praxis der Umwelt- und Friedenserziehung. 3 Bde. (Hrsg. gem. m. JÖRG CALLIESS). Schwann, Düsseldorf 1987/88;
Schulische Umwelterziehung außerhalb der Naturwissenschaften (Hrsg. gem. m. VOLKER WICHERT). Peter Lang, Frankfurt a.M. 1987;
Umwelterziehung in der Primarstufe – Grundlinien eines umfassenden Bildungskonzeptes (Hrsg. gem. m. HARALD GESING). Agentur Dieck, Heinsberg 1991.

CHRISTA MESSNER, Dr. der Soziologie, wissenschaftliche Mitarbeiterin
am Pädagogischen Institut für die deutsche Sprachgruppe in Bozen
Anschrift: Pädagogisches Institut, Bindergasse 29, I-39100 Bozen, Tel.: (0471) 981311/976029, Fax: (0471) 976650

Veröffentlichungen:
Lesen macht die Tage bunt. Geschichten und Gedichte für die 5. Klasse. Edition Raetia, Bozen 1992;
Die Grundschulreform in Italien. In: Erziehung und Unterricht. Österreichische Pädagogische Zeitschrift (1992), H. 10, S. 602–605;
Umwelt erfahren – Umwelt bewahren. Projektarbeit in der Umwelterziehung in Kindergarten und Schule (Hrsg. gem. m. MICHAEL GASSER). AOL, Lichtenau/Kallmeyersche Verlagsbuchhandlung, Seelze 1994.

RITA MÖCKLINGHOFF, Leiterin
einer städtischen Tageseinrichtung für Kinder der Stadt Dortmund
Anschrift: Städtische Kita Osulfweg, Osulfweg 44a, 44379 Dortmund, Tel.: (0231) 672707

Veröffentlichungen:
Natur und Kinderspiel (gem. m. RAINER STRÄTZ). Sozialpädagogisches Institut, Köln 1991.

MATTHIAS NICOLAI, Leiter
des Kommunalen Jugendbildungswerkes der Stadt Marburg
Anschrift: Jugendbildungswerk, Frankfurter Str. 21, 35037 Marburg, Tel.: (06421) 201495

Veröffentlichungen:
Eine Baumpflanzaktion in den Alpen. Klassenfahrten zur Alpenreparatur als Alternative zu Schulskikursen. In: Geographie heute 12(1991), H. 93, S. 14–19;
Die Entdeckung der Stadt als Abenteuer- und Freizeitraum (gem. m. REINHARD HILLEBRAND). In: Geographie heute 12(1991), H. 93, S. 20–25.

DIETER NIEHOFF, Dipl.-Heilpäd., Lehrer
an der Liebfrauenschule Coesfeld, Fachschulen für Heilerziehungspflege, Heilpädagogik, Sozialpädagogik, und Lehrbeauftragter an der Evangelischen Fachhochschule Rheinland-Westfalen-Lippe in Bochum, Fachbereich Heilpädagogik, Spielekritiker und Spielejournalist
Privatanschrift: Landweg 46, 48653 Coesfeld, Tel.: (02541) 81153

Veröffentlichungen:
Brettspiele für geistig behinderte Erwachsene. Empfehlenswerte Spiele – vorgestellt und verändert. In: Geistige Behinderung 30(1991), H. 4, S. 1–32.

IZUMI OHTAKA, ao. Professor
für Pädagogik der Naturwissenschaften am Institut für Pädagogik der Universität Tsukuba
Anschrift: Institute of Education, University of Tsukuba, 1-1-1 Tennodai, Tsukuba-shi, Ibaraki-ken, 305 Japan, Tel. (0298) 53-6735, Fax: (0298) 53-6619

Veröffentlichungen:
Grundlegende Überlegung über die Fragestellung der Forschung nach der Erziehung der Naturwissenschaften [in Japanisch]. In: Bulletin of Japanese Association of School Education 5(1990), S. 85–97;
Kognitivwissenschaftlicher Sinn der genetischen Begriffsbildung in Martin Wagenscheins Unterrichtstheorie der Naturwissenschaft – am Beispiel des Lehrgangs: »Beharrungsgesetzes« [in Japanisch]. In: Research Reports of Kochi University 39(1990), S. 19–32;
Gesichtspunkte für die Analyse der Ziele des naturwissenschaftlichen Unterrichts – im Zusammenhang mit der Vorstellung der Naturwissenschaft [in Japanisch]. In: Bulletin of Society of Japan Science Teaching 32(1991), H. 2, S. 35–45.

MATTHIAS ORIWALL, Lehrer
an der Gesamtschule Hagen-Haspe, ehemaliger Waldlehrer bei der W.U.N.Sch. in Arnsberg
Privatanschrift: Vogelbrink 3, 58644 Iserlohn, Tel.: (02374) 71664

Veröffentlichungen:
Die Waldkartei. Bd. 1: Walderfahrungsspiele (gem. m. ANDREA HIRSCH). Selbstverlag, Iserlohn 1994.

DORIS POKLEKOWSKI, Wissenschaftliche Mitarbeiterin
am Institut Technik und Bildung der Universität Bremen
Anschrift: Institut Technik und Bildung, Grazer Str. 2, 28359 Bremen, Tel.: (0421) 218-4628

Veröffentlichungen:
Modellversuch Entwicklung und Erprobung ganzheitlicher Lernansätze in der Umweltbildung in Kooperation zwischen Betrieb und Berufsschule – Zweiter Zwischenbericht. Bd. 1. Akademie für Jugend und Beruf, Hattingen 1993;
Entwicklung und Erprobung ganzheitlicher Lernansätze in der Umweltbildung in Kooperation zwischen Berufsschule und Betrieb (Modellversuch BUBILE). In: Ministerium für Wirtschaft, Mittelstand und Technologie des Landes NRW u.a. (Hrsg.): Berufsbildungsbericht NRW 1993. Selbstverlag, Düsseldorf 1993, S. 109–116;
Ziele und Zielkonflikte durch Berufsbezug (gem. m. GEROLD BRUMUNDT). In: FRIEDRICH, GUDRUN/ISENSEE, WOLF/STROBL, GOTTFRIED (Hrsg.): Praxis der Umweltbildung. Neue Ansätze für die Sekundarstufe II. Bd. 1: Ergebnisse einer Tagung. Ambos, Bielefeld 1994, S. 161–170.

MARTIN RAUCH, M.A., Dr. rer. soc., Professor
für Schulpädagogik an der Pädagogischen Hochschule Freiburg
Anschrift: PH Freiburg, Kunzenweg 23, 79117 Freiburg, Tel.: (0761) 682456

Veröffentlichungen:
Schulhofhandbuch. Planung und Veränderung von Freiräumen an Schulen. Vaas, Langenau-Albeck 1981;
Schulbücher für den Sachunterricht. Überblick – Analysen – Entscheidungshilfen (gem. m. LOTHAR TOMASCHEWSKI). Beiträge zur Reform der Grundschule, Bd. 66. Arbeitskreis Grundschule, Frankfurt a.M. 1986;
»Reutlinger Raster« zur Analyse und Bewertung von Schulbüchern und Begleitmedien (gem. m. LOTHAR TOMASCHEWSKI). Selbstverlag, Reutlingen 1986[4].

FREDON SALEHIAN, Dipl.-Päd., Referent
am Institut für ökologische Forschung und Bildung e.V., freier Mitarbeiter im Ökotopia Verlag, Münster
Anschrift: Institut für ökologische Forschung und Bildung, Hafenweg 26, 48155 Münster, Tel.: (0251) 661035

ANDREJ V. SCHTSCHERBAKOW, Dr., Biologe, wissenschaftlicher Mitarbeiter
an der Biologischen Fakultät der Moskauer Staats-Universität, Autor von Simulationsspielen
Anschrift: Department of the Higher Plants, Biological Faculty, Moscow State University, Lenin Hills, SU-119899 Moscow, Russia

Veröffentlichungen:
Educational Course »Gaming Simulation Modelling in Applied Ecology and Environmental Protection« [in Russisch] (gem. m. D. N. KAWTARADSE). In: »Education in Environmental Protection«. Materialien der 3. Allunionskonferenz, Teil 1. Verlag der Kasaner Universität, Kasan 1990, S. 135–136;
Synopsis of Flora of Waterbodies of the Moscow Province [in Russisch]. In: Floristic Investigations in the Moscow Province. Nauka, Moskau 1990, S. 106–120;
Use of Simulation Games in Training Course in the Field of Ecology and Nature Protection. In: JURMALIETIS, R. u.a. (Hrsg.): Environmental Science and Management Studies. Yearbook '93. Ökologiezentrum der Lettischen Universität, Riga 1993, S. 110–115.

URSULA SCHLÜTER, Umweltpädagogin
im Umweltamt der Kreisverwaltung Gütersloh in Rheda-Wiedenbrück, Spieleautorin
Privatanschrift: Lippstädter Str. 21, 33397 Rietberg, Tel.: (02944) 359

Veröffentlichungen:
Die Abenteuerreise ins KOMPO-Land mit Willi Wurzel und Wurmeline – ein lustiges und informatives Kompostspiel für 4–12jährige. Der Grüne Zweig, Rietberg 1992;
Ideen muß man haben – Ein Abfallspiel um Ideen, Glück und Strategien für 2–4 Spieler von 8–88 Jahren. Der Grüne Zweig, Rietberg 1993.

REGINA STEINER, Mag., Mitarbeiterin
der ARGE Umwelterziehung in Salzburg
Privatanschrift: Siebenstädterstr. 14, A-5020 Salzburg, Tel.: (0662) 432872

Veröffentlichungen:
Business total. Der Amazonasurwald im Zeichen des Fortschritts. In: Lehrer-Service Umwelterziehung (1987), H. 4 – Themenheft: Umweltzerstörung in der Dritten Welt, S. 5–7;
Spiel, Spiel, Spiel. In: Lehrer-Service Umwelterziehung (1988), H. 2a – Themenheft: Umweltspiele, S. 3–6;
Abfall, die Kehrseite unseres Alltages. ARGE Umwelterziehung, Wien 1989.

RAINER STRÄTZ, Dr. rer. nat., Dipl.-Psych.
am Sozialpädagogischen Institut NRW in Köln
Anschrift: SPI, An den Dominikanern 2–4, 50668 Köln, Tel.: (0221) 16052-20, Fax: (0221) 16052-52

Veröffentlichungen:
Natur und Umwelt im Kindergarten (gem. m. GISELA DERKS-KILLEMANN/SUSANNE BOURGEOIS). Kohlhammer, Köln 1991;
Die Kindergartengruppe. Soziales Verhalten drei- bis fünfjähriger Kinder. Kohlhammer, Köln 1992[2];
Beobachten – Anregungen für ErzieherInnen im Kindergarten. Kohlhammer, Köln 1994[3].

BERNWARD THOLE, Dr. phil., Akademischer Rat
am Institut für Neuere deutsche Literatur und Medien an der Philipps-Universität Marburg, Freier Journalist (DJV) und Leiter des Deutschen Spiele-Archivs
Anschrift: Deutsches Spiele-Archiv, Ketzerbach 21½, 35037 Marburg, Tel./Fax: (06421) 62728

Veröffentlichungen:
Spiele – ohne Sieger? – Marginalien über Konkurrenz und Kooperation in unseren Brettspielen. In: Spielmittel (1981), H. 2, S. 55-56; H. 3, S. 67-68;
Mehr Spielraum für Schulspiele. In: SchulPraxis (1985), H. 5/6, S. 8-12;
Umrisse einer Spielekritik. In: BAUER, GÜNTHER G. (Hrsg.): Homo ludens. Der spielende Mensch. Bd. 2. Katzbichler, München/Salzburg 1992, S. 15-42.

STEPHANIE VORTISCH, Dipl.-Päd., freie Theaterpädagogin, Leiterin
einer Theaterwerkstatt für Kinder, Jugendliche und Erwachsene, Lehrbeauftragte im FB Erziehungswissenschaft an der Philipps-Universität Marburg
Anschrift: Ockershäuser Allee 36, 35037 Marburg, Tel.: (06421) 36361

Veröffentlichungen:
Drachen gibt's hier nicht. 150 Kinder spielen die Geschichte ihrer Stadt. Ein Praxishandbuch. Verlag Puppen und Masken W. Nold, Frankfurt a.M. 1985;
Saure Zeiten. Viel Theater mit der Umwelt (gem. m. HELGA BACHMANN). Ökotopia, Münster 1989;
Theater mit der Umwelt? Umwelterziehung durch Theater an Schulen! Ein Projekt des Landkreises Marburg-Biedenkopf. Marburg 1990.

JOHANNES WESSEL, Lehrer für die Sekundarstufe I, Wissenschaftlicher Mitarbeiter
an der Zentralstelle für Umwelterziehung der Universität Essen
Anschrift: ZUE, Universität Essen, FB 9, Universitätsstr. 15, 45117 Essen, Tel.: (0201) 183-2659

Veröffentlichungen:
Umwelterziehung im Fach Geographie an deutschen Hochschulen. Eine Analyse der Lehrveranstaltungsangebote für die Lehrerausbildung im SS 1982 und im WS 1982/83. Beiträge zur Umwelterziehung, Bd. 5. ZUE, Essen 1984;
Kommunale Umwelterziehung als neue Zukunftsaufgabe – empirische Untersuchung an einem Modellprojekt in Essen. Beiträge zur Umwelterziehung, Bd. 7. ZUE, Essen 1988;
Zur Situation der Umwelterziehung in den neuen Bundesländern (gem. m. REINHOLD E. LOB/HARALD GESING). Waxmann, Münster/New York 1992.

Personenregister

A

ADAM, H. 122, 369
AGDE, G. 298, 302
AJLAMASJAN, A. M. 580
ALSHUTH, D. 81
ALTSTAEDT, I. 217
AMBERGER-DIRRINGER, E. 500
ANTES, W. 260, 262
APEL, H. 282f.
AQUILA, L. DELL' 551
ARISTOTELES 114
ATYS 77

B

BACHMANN, H. 178, 201, 355
BAER, U. 50, 57, 167, 457
BARTL, A. 122, 263, 266ff., 271f., 274
BARTL, M. 122, 263, 266ff., 271f., 274
BARTOS-HÖPPNER, B. 223f.
BASTIAN, T. 212
BAUER, G. G. 47, 50, 444
BECKER, B. 43
BECKER, G. 371
BECKER, P. 280, 285
BEER, W. 25, 368
BEETHOVEN, L. VAN 219
BELTZIG, J. 80
BERENDT, J.-E. 371
BESSONOW, I. B. 588
BETTELHEIM, B. 80
BIANCA 226f.
BIBER, B. 45f.
BINNIG, G. 78, 368, 372
BIRSCHTEIN, M. M. 576
BISTERS, V. 137, 334, 500, 579ff., 586
BLAGOSKLONOW, K. N. 576
BLANKE, S. 342
BOAL, A. 14, 92, 204ff., 211f., 217
BOHM, D. 368
BÖHM, W. 51f.
BÖHNISCH, L. 280
BÖLTS, H. 263
BONDY, A. 223f.
BORCHERT, C. 127
BOSSEL, H. 373
BRAMINI, S. 546
BRANDES, E. 422
BRANDT, P. 354

BRECHT, B. 92, 207
BREUCKER-RUBIN, A. 122, 355, 457
BROWN JR., T. 30f.
BRUHN, C. 223
BRUNN, M. L. 36, 338
BRUNNER, U. 215
BUCH, U. 36, 123, 129
BUCHKREMER, H. 421
BÜCKEN, H. 457
BUDDENSIEK, W. 25, 170
BÜHLER, C. 96f.
BUKIN, A. P. 588
BUKWAREWA, E. N. 588f.
BULAND, F. 28
BULAND, R. 36, 39, 64, 81, 84, 108, 157, 302, 448

C

CAGE, J. 39
CALCAGNO, C. 549
CALLIESS, E. 50f.
CAMINO, E. 549
CAPRA, F. 258
CARTER, J. 19
CASSAN, F. DE 614ff.
CHARASCH, A. U. 580
CHARITONOW, N. P. 589
CHIKKINI, A. 587
CHRISTIANSEN, B.-H. 112
CHRUZKIJ, E. A. 586
CHUSAINOWA, N. R. 588
CLARK, A. 151
CLAUDIUS, M. 228
CLAUS, J. 123
CLAUSSEN, C. 357ff.
COMENIUS, J. A. 165
CORNACCHIA, S. 543
CORNELL, J. B. 136, 221, 263, 268f., 271, 273, 276, 352f., 369f., 411, 508, 551, 598
CRIBLEZ, L. 515
CRITTIN, J.-P. 447
CSIKSZENTMIHALYI, M. 42, 77, 81, 108
CUBE, F. VON 81

D

DANN, C. 195
DAUBLEBSKY, B. 50f., 53f.
DEACOVE, J. 145

DESCARTES, R. 368
DIETZSCH-CAPELLE, E. 195
DIJK, M. VAN 538
DOLLASE, R. 37, 104, 352
DOMANOWA, N. W. 588f.
DOMANOWOJ, N. M. 580
DÖRING, K. W. 445
DÖRNER, D. 70, 99
DUKE, R. 586f.
DÜRR, R. E. 371
DUUS, R. E. 328, 588

E

EBERT, GERHARD 180, 187
EBERT, GÜNTHER 172
EBERTSHÄUSER, M. 359
EDELKÖTTER, L. 223f., 370
EHLERT, D. 180
EIBL-EIBESFELDT, I. 75f.
EIGEN, M. 49
EINSIEDLER, W. 64, 76, 84, 91, 95, 97
ELKONIN, D. B. 88, 90f., 93
ELRON, O. S. 500
ENDO, T. 593
ENGELS-WILHELMI, S. 612
ERB, A. 112
ERIKSON, E. H. 46, 90
ERNST, A. 100
ERNSTEINS, R. 137, 334, 500, 574ff., 579f., 586
ESCHENHAGEN, D. 378
EULEFELD, G. 23, 593

F

FECHNER, H. 354
FERCHHOFF, W. 372
FIDDAMAN, T. 589
FIETKAU, H.-J. 62
FILATOWA, N. W. 589
FILIPSKI, C. 495
FISCHER, B. 43, 338
FISCHER-TRUMPP, B. 474, 476, 478, 480
FLITNER, A. 47, 50, 64f., 79, 125
FOIDL, T. 513f.
FORKEL, J. 442
FREIRE, P. 206f., 217
FRERICH, R. 137
FREUD, S. 46
FRIEDRICH, H. 217
FRITZ, J. 36, 112, 137, 378, 448f., 457
FRÖBEL, F. 339
FRÖR, H. 385
FUCHS, R. 616
FUCHSHUBER, A. 194

G

GALLAGHER, S. 355
GASSER, M. 550
GAWRILOWICZ, C. 616
GEISSLER, U. 154, 338, 442, 449
GEORGE, J. C. 571
GERICKE, F. E. 101, 136, 162, 392, 399, 411
GERLEVE, A. 387
GERONIMUS, J. W. 586
GESING, H. 11f., 24, 37, 350, 352
GEU, R. 613, 617
GINZBURG 545
GIPSER, D. 217
GLONNEGGER, E. 113, 449
GLOTH, V. 345
GOEMANN, J. 450
GOLOMB 172
GONON, P. 515
GOODMAN, F. 586
GÖPPEL, R. 288
GÖRGES, M. 228
GOTTWALD, B. 121
GRADSOWSKAJA, G. A. 589
GRAF-ZUMSTEG, C. 515
GREENBLAT, K. 586f.
GREFE, C. 211
GREGAREK, S. 121
GRIESBECK, J. 370f.
GRIGAT, K. 100
GRISCHKIN, W. L. 589
GUDJONS, H. 378
GÜLZ, G. 387
GÜMBEL, G. 169
GÜNZEL, W. 57
GÜRTLER, M. 36, 123, 131

H

HAAN, G. DE 25, 368, 618
HALBACH, U. 55, 381, 385
HANNEFORT, D. 617
HANNIG, C. 378
HANNIG, J. 378
HARDIN, G. 328
HARTMANN, H. 338
HAWKING, S. 368
HAYDN, J. 219
HECKMANN, W. 123
HEIDE, J. VAN DER 500
HEIDEGGER, M. 32, 64
HEIMLICH, U. 116, 118
HELBING, G. 495
HELLBERG-RODE, G. 484
HELLWEGER, S. 511
HENTIG, H. VON 280

HERMAN, V. 454
HERMSEN, H. 14, 92, 137, 411
HERODOT 77
HEROLD, C. 120
HEROLD, W. 120
HETTICH, M. 355
HETZER, H. 96f.
HILLEBRAND, R. 281
HIRSCH, A. 263ff., 270, 275, 277
HOFER, G. 374
HOFFMANN, W. 122, 450
HOFFRAGE, H. 355
HOHENAUER, P. 97, 101, 137, 306
HÖHLER, G. 78
HÖLDERLIN, F. 31
HOLODYNSKI, M. 36, 41, 64, 91, 117, 157, 448
HOLT, J. 161
HOLZAPFEL, G. 91f., 101
HORN, R. 228
HÜBNER, K. 36, 87, 113, 136, 352, 400
HÜBNER, R. 14f., 100, 500, 518f., 523, 618
HUIZINGA, J. 41, 48F., 113, 125, 291, 396, 448
HÜTTNER, T. 615

I

IOGANSEN, B. G. 576
IWANENKO, L. N. 584

J

JAGODIN, G. A. 577, 579
JAKUNIN, E. W. 588
JANOSCH 154
JANSHOFF, P. 615
JENCHEN, H. J. 55f.
JESKE, W. 123
JOHNSTONE, K. 184
JUNG, G. 338
JUNGK, R. 32, 58
JURMALIETIS, R. 589

K

KAES, B. 150
KAISER, M. 28
KALB-BRENEK, D. 316
KALBERER, M. 316
KANT, I. 64
KAPUNE, T. 23
KATTMANN, U. 80, 378
KAUKE, M. 47f.

KAWASIMA, N. 598
KAWTARADSE, D. N. 576f., 579f., 585f., 589
KEIM, H. 172
KENNEDY, M. 580
KERSBERG, H. 14, 338, 400, 402, 405, 409, 411f., 416f., 437
KERSTE, U. 87
KEY, E. 114
KEYS, M. 580
KIKUTI, R. 594
KIPLING, R. 457
KIRCHMAYER, A. 57
KIRSTEN, R. E. 378, 382
KLAWE, W. 338, 421ff., 427
KLEIN, C. 452
KLENK, G. 338
KLINKE, W. 603
KLIPPERT, H. 173
KLUGE, A. 207
KLUGE, N. 52f.
KNAPP, A. 100
KNIRSCH, R. R. 122
KNOLL, C. 359
KNOPP JR., P. E. 221
KNÖR, A. 101, 136, 162ff., 392, 399, 411
KOBLER, R. 500
KOCHANEK, H.-M. 263, 612
KODYS, E. 614
KODYS, G. 614
KÖHLER, R. 474, 476, 478, 480
KOMAROW, W. F. 328, 333, 586, 588
KÖRNER, A. 613
KOROTKOW, D. W. 589
KORTE, R. 36, 44, 64, 84, 121, 448, 619
KOSTIKOW, W. W. 589
KOTOW, J. S. 588
KRAMER, M. 92, 101
KRAMER, U. 147
KRAMER, W. 147, 614
KRENZER, R. 223f.
KREUZER, K. J. 51, 54f., 85, 124
KRICKE, W. 387
KRJUKOW, M. M. 576, 586
KRJUKOWA, L. I. 576, 586
KRJUKOWOJ, D. N. 580
KROMBUSCH, G. 370
KRÜSS, J. 223
KRYKOWA, I. L. 328
KUDRENICKIS, I. 137, 579, 586
KÜKELHAUS, H. 503, 508
KUNZE, M. 226

L

LACH, P. 224
LACKMANN, U. 405, 409, 411f.
LANDSBERG-BECHER, J.-W. 100
LEHMANN, J. 55, 98, 381, 385, 510
LEISEWITZ, A. 400
LENIN, W. I. 129
LIGENSA, M. 228
LOB, R. E. 11f., 24, 37, 100, 350, 352
LONG, R. 226f.
LOOS, S. 551f.
LORENZONI, F. 546, 552
LUDWIG XIV. 111

M

MAFFAY, P. 226f.
MANDELBROT, B. 368
MATTHÄUS, D. 453
MATURANA, H. 56
MAYER, M. 385
MEADOWS, DENNIS 19, 579ff., 585, 587ff.
MEADOWS, DONELLA 373, 579, 586
MERGAST, P. 43
MERKER, H. 342
MESSNER, C. 500, 550
MEYER, H. 136, 262, 351f.
MICHELSEN, G. 63
MIESKE, H. 603
MILLER, A. 616
MITSCHURIN, J. W. 575
MÖCKLINGHOFF, R. 338
MÖCKLINGHOFF-VORMWEG, R. 345
MOGEL, H. 85, 90
MORSCH-SCHLEICHER, U. 351
MOSKWITINA, N. S. 576
MOZART, W. A. 196
MÜLLER, A. P. 100
MÜLLER, H. C. 108
MÜLLER, H.-N. 516, 518
MÜLLER-SCHWARZ, J. 378, 382
MÜNCHMEIER, R. 280
MURASUGI, S. 596ff.

N

NAGEL, U. 515
NEMOTO, N. 598
NESTEL, F. 453
NICOLAI, M. 136, 281
NICOLE 226f.
NIEHOFF, D. 338
NIETZSCHE, F. 64
NORTON, R. S. 328, 588

O

OBERMAIR, G. 151
OERTER, R. 90
OHTAKA, I. 501, 593f.
OPASCHOWSKI, H. 445
ORIWALL, M. 87, 97, 136, 261, 264f., 270, 275, 277, 352

P

PAGENKEMPER, B. 493
PALLIERES, P. DE 452
PANJUSCHKIN, W. P. 580
PARIS, V. 180
PATER, S. 211
PAUSEWANG, G. 194
PAXIA, G. 551
PETERSEN, P. 603
PFEIFER, R. 215
PIAGET, J. 45
PICKSHAUS, K. 400
PLATO 42
PLATOW, W. J. 586
PLATZER-WEDDERWILLE, K.-R. 382, 386
PLEINES, S. 263, 612
POEPLAU, W. 370
POKLEKOWSKI, D. 338
POLLOK, J. 49
POLT, G. 94, 107f.
PONOMAREW, N. L. 577, 579, 583
PORTELE, G. 100
PORTMANN, A. 76
POWERS, R. B. 328, 588
PRASOLOWA, N. W. 589
PÜTZ, D. 387

R

RAHNER, H. 444
RAUCH, M. 618
REICHEL, R. 57
RETTER, H. 85, 122
RIEMER, C. 57
RIMSKY-KORSSAKOW, N. A. 219
RODI, D. 378
RODRIGUEZ, S. 452
RÖHLKE, G. 91f., 101
RÖHRS, H. 46, 48
ROLFF, H.-G. 280
RUATTI, R. 553
RUMPELTES, C. 169
RUPING, B. 180, 206
RÜSING, B. 342
RUWINSKIJ, M. M. 582, 589
RYBALSKIJ, W. I. 580, 588
RYSER, M. 521

S

SACHER, W. 318
SAINT-EXUPÉRY, A. DE 29
SAINT-SAËNS, C. 219
SALA, M. 547
SALEHIAN, F. 36, 122, 355
SALZMANN, H. 516
SANDER, U. 355
SARTRE, J. P. 42
SAUER, F. 76
SCANDELLUS, A. 219
SCHABLOW, J. 316
SCHÄFER, G. E. 90, 122, 347
SCHENK-DANZINGER, L. 88
SCHENKEL, R. 48
SCHEUERL, H. 39, 50, 79f., 111
SCHILKE, K. 55, 102, 381, 385
SCHILLER, F. 41, 64
SCHILLER-DICKHUT, R. 217
SCHLÜTER, U. 338, 399, 495
SCHMIDTCHEN, S. 112
SCHMIDT-OTT, J. 123
SCHNEIDER, W. 180
SCHOLLES, F. 156
SCHÖN, B. 455
SCHÖNBERG, A. 39
SCHRETTENBRUNNER, H. 373
SCHTSCHERBAKOW, A. W. 500, 588f.
SCHULTE, R. 616
SCHUSTER, H. 511
SCHWEIZER, M. 524
SCHWEIZER, S. 524
SEELAND, K. 258, 260
SEGLINS, V. 574, 580
SHAKESPEARE, W. 140
SHANNON, D. 586, 589
SHEWELEWA, E. M. 589
SIBLER, H. P. 57
SIEBERT, H. 63
SINHART, D. 52, 65f.
SKRODZKI, J. 215
SMETANA, F. 220
SOECKNICK, M. 166
SPADA, H. 100
SPEICHERT, H. 121
SPERRY, R. 349
SPILL, E. 217
STANISLAWSKIJ, K. S. 92
STEINER, R. 500
STEINMANN, B. 172
STEINWEG, R. 92
STELZNER, A. 262
STERMAN, J. 588
STRÄTZ, R. 338, 345
STRAUSS, R. 219
STRECKER, B. 88
STURM, G. 371
SUTTI, S. 541
SUTTON-SMITH, B. 85

T

TAORMINA, F. 224
TARASOWA, N. P. 581, 589
TARKAJEW, A. N. 588
TERKEL, S. 42
TEUBER, K. 450
TEUTLOFF, G. 166
THEML, H. 212
THIELL, B. 54f.
THIELEMANN, H. 410
THIESEN, P. 354
THOLE, B. 13, 15, 136, 142, 338, 411, 454, 611, 617
TÖPFER, K. 21, 151, 159
TOTH, F. 580f., 589
TRANELIS, J. 148f., 153, 387, 441, 454
TRETJAKOWA, L. G. 577, 579
TROMMER, G. 352, 354, 384

U

UDE, C. 312
UIHLENKAMP, G. 43
UNTERBRUNER, U. 350ff.

V

VAHLE, F. 223
VERDEN-ZÖLLER, G. 56
VESTER, F. 70, 99, 116, 156, 161f., 381, 399, 441, 587
VIMBA, E. 574
VITALE, D. 452
VITOUCH, P. 319
VÖDISCH, A. 496
VORTISCH, S. 92, 101, 136, 178, 195, 201, 355, 411

W

WAELDER, R. 46
WALDVOGEL, M. 520
WALTER, G. 56
WEINBRENNER, P. 385
WEINER, D. 574
WENZ, W. 88
WERNECK, T. 488, 603
WESSEL, J. 11, 15, 121, 338, 494
WICHERT, V. 24
WINDISCH, W. W. 154

Spieleregister

Es wurde von den Herausgebern versucht, alle im Handbuch erwähnten Spiele, Lieder etc. den untenstehenden Kategorien zuzuordnen. Nicht immer gelang dies, da entweder die Spiele den Herausgebern nicht bekannt sind oder aus dem Text nicht eindeutig hervorgeht, um welche Form es sich dabei handelt.
Bei einigen Zuordnungen ist die Entscheidung sicherlich subjektiv gewesen. Dies gilt insbesondere für jene Spiele, bei denen mehrere Kategorien angegeben sind (Mischformen).
Spiele, auf die die Autorinnen und Autoren umfangreicher eingegangen sind (z.B. mit Regeln oder Ablaufbeschreibung), sind mit einem »♦« gekennzeichnet. Alle anderen Spiele werden im Text nur kurz erwähnt bzw. nur mit wenigen Zeilen beschrieben.

B	Brettspiel, oft als Würfelspiel	P	Planspiele
C	Computerspiele	PT	Puppentheater
K	Konstruktions-, Bau- oder Bastelspiele	R	Rollenspiel
		S	Sonstige
KA	Kartenspiel	SI	Simulationsspiele
L	Lieder/Tänze	SO	sonderpädagogische Spiele
M	Memoryspiele	T	Tischspiele
NE	Naturerfahrungsspiele	TH	Theater bzw. theaterähnlich

Spiele ohne unmittelbaren Umwelt- und/oder Naturbezug

A
Adel verpflichtet (B)   450
Allmendespiel   100f.
Astro-Weltraumschach   141
Avalanche (B)   143

B
Bank rutschen (S)   130
Barbarossa (B)   143, 450
Bewegung nachahmen (SO/S) ♦   425
Binokel (KA)   140
Blinzeln (SO/S) ♦   425
Buchstaben und Ziffern auf den Partnerrücken schreiben (S)   130

C
Café International (B)   142
Cluedo (B)   143

D
Diplomacy (B)   143f.
Domino (T)   111, 142, 527
Doppelkopf (KA)   64
Drachenspiel (B)   146

G
Gaigel (K)   140
Gegenstand weitergeben (SO/S) ♦   424
Gleich und gleich gesellt sich gern (SO/S) ♦   423f.
Gruppe wahrnehmen (SO/S) ♦   424

H
Halma (B)   142
Händedruck weitergeben (SO/S) ♦   424

I
Ich packe meinen Koffer ... (S)   130

L

Life Style (B)   121
Lotto-Spiele (M/S)   142

M

Malefiz (B)   142, 147
Mastermind (S)   142
Mein rechter Platz ist leer (S)   130
Mein soziales Atom (SO/S) ♦   425f.
Memory (M/T)   64, 142, 150, 355, 509, 597
Mensch ärgere dich nicht (B) ♦   79, 94, 105, 107, 116, 142
Mikado (T/S)   143
Monopoly (B)   122, 143f., 156, 369

O

Öl für uns alle (B)   144
Orgelpfeifen I (SO/S) ♦   424
Orgelpfeifen II (SO/S) ♦   424
Orgelpfeifen III (SO/S) ♦   424

P

Positionen im Raum I (SO/S) ♦   424
Positionen im Raum II (SO/S) ♦   424

R

Risiko (B)   143f.
Rummikub (S)   142

S

Schach (B)   47f., 93, 114, 140ff.
Scrabble (B)   142
Scree (T/S)   143
Selbst Merkmale finden (SO/S) ♦   424
Spitz paß auf (S/T)   143
Stadt, Land, Fluß (S)   130
Strandburg (B)   146
Supermario (C)   64
Sympathie (B/S)   143

T

Therapy (B/S)   143
Trivial Pursuit (B/S)   143, 450, 537

U

Um Reifenbreite (B)   143
Ungeheuer Indiskret (B)   121

W

Waldschattenspiel (B)   121
Wehrschach   141
Wundergarten (B)   146

Umwelt- und Naturspiele

A

Abenteuer Tierwelt (B) ♦   147f.
Abseilen/Höhlenerkundung (NE/S)   288
Adoptiere einen Baum (NE) ♦   563
Aktivspaziergang (NE)   463, 468f.
Aladins Schatzkästchen (NE/S) ♦   565f.
Alles Müll oder was? Mecki Müllwurfs Umweltmemo (M/T)   495
Als Ameise durch die Wiese (NE) ♦   251
Als Forscher durch die Wiese (NE/K) ♦ 252
Am Ende des Regenbogens (B)   154, 471
Am See (O osera) (T/S) ♦   327–334, 581, 586, 588
Ameisenstaat-Duftspiel (NE) ♦   254
Angelspiel (T/S)   387
Arborainia (SI) ♦   562, 571
Arten-Lotto (NE/S) ♦   255
Ast-Puzzle (NE) ♦   567
Auf hundert Arten gehen (NE) ♦   478f.
Auf Spurensuche (NE) ♦   407f.
Augen auf beim Umweltkauf (B)   154

B

Bacherkundung (NE) ♦   242f.
Ballonbootrennen (NE/S) ♦   250
Basar der Sinne (NE) ♦   410f.
Baumbegreifen/Rindenabrieb (NE/K) ♦ 505
Baumklettern (NE)   282, 288
Baumrindenbilder (NE/K)   408
Baumtelefon (NE) ♦   263, 265f.
Begegnung mit einem Baum (NE)   405
Beobachte dein Wohnviertel (NE/S) ♦ 535f.
Bestimmen der Fließgeschwindigkeit (K/NE) ♦   243
Betriebsdirektor (L) ♦   226f.
Beutelgeheimnisse (NE) ♦   266f., 275
Biosphäre Ökosystem Latium (Biosfera ecosistema Lazio) (B) ♦   549f.
Biotopia (B) ♦   451f., 459
Black box (NE) ♦   506, 509
Blick aus dem Fenster (NE/K) ♦   480f.

Spieleregister

Blinde Karawane (NE) ♦ 369, 405, 504f.
Blindenführer (NE) ♦ 268
Blinder Indianer (NE) ♦ 466
Blinder Spaziergang (SO/NE) ♦ 427
Blumen erblühen (NE/S) 412
Burggräfler Quintett (KA) ♦ 550
Buurejahr (B) ♦ 451, 453, 459, 520, 523f.

C

Camera natura (NE) 405
cerca l'acqua sottoterra, ferma l'acqua fermando la terra (P) 549

D

Da ist mein Dorf (Wot moja derevna) (T) 581f., 588
Da kommt's her (NE/S) ♦ 470
Das Anschleichspiel (NE/S) ♦ 247
Das Bachspiel (T) ♦ 384
Das Fernrohr (NE) ♦ 479f.
Das Froschspiel (NE/S) ♦ 247
Das Froschwanderspiel (B) 153
Das gehört nicht hierher (NE) ♦ 506
Das große Suchen (NE/S) ♦ 503, 508ff.
Das Hamburger Fahrradspiel (B) 495
Das Kugellagerspiel (S) ♦ 477f.
Das Lied vom Müll (L) 223
Das Lied von der Müllabfuhr (L) 223
Das Müllspiel 105
Das Müllspiel (Hamburg) (B) 495
Das Naturspiel (T/S) 151
Das Pflanzenratespiel (NE) ♦ 254f.
Das Pflanzensuchspiel (NE) ♦ 255f.
Das Raupenspiel (NE) ♦ 272f.
Das Spiel der Nacht (NE/S) ♦ 371
Das Wollknäuel-Spiel (S) ♦ 476f.
Decken-Kim (NE/S) ♦ 509
Den Wurzelteller eines Baumes erkennen (NE) ♦ 407
Der Abfall: ein Problem, das uns alle angeht (I rifiuti: un problema di tutti) (P) ♦ 548f.
Der alte Baumriese im Tropenwald (P/S) ♦ 569f.
Der Fluß-2 (C/SI) 588
Der geheime Name. Auf der Suche nach einem Element, das dein Freund ist (Il nome segreto. La ricerca di un elemento amico) (R/SI) ♦ 546
Der grüne Korsar – Ein Stück über die Nordsee (TH) ♦ 195–200, 201
Der Kastanienbaum (L) 223
Der kleine Fluß (Malaja reka) (C/SI) 581, 588

Der Kletterbaum (NE/S) ♦ 285f.
Der Kreislauf-1 (Kruguworot-1) (T/SI) 581f., 588
Der Kreislauf-2 (Kruguworot-2) (T/SI) 581f., 588
Der Natur auf der Spur (B) 151
Der Pfau (S) ♦ 535
 – Köttel 535
 – Füße 535
 – In Stückchen 535
Der Preis des Erdöls (Zena nefti) (C/SI) 580f., 588
Der Wald und die Elche (Ljes u losji) (C/SI) 581, 588
Der Zwergpfad (S) ♦ 532f.
 – Laub 533
 – Wolken 533
 – Mogelzwerg 533
Dicke Kartoffeln (B) ♦ 156, 451, 453
Die Abenteuerreise ins KOMPO-Land mit Willi Wurzel und Wurmeline (B) ♦ 488–494, 495
Die Blätterrallye (NE) ♦ 267
Die Elbe kippt um (P/R) ♦ 511ff.
Die Erlebnisse unterwegs (Priklutsenija w putji) (T/SI) 581f., 589
Die Felswand (NE) ♦ 286f.
Die gute alte Zeit (S) ♦ 481
Die Insel (Ostrov) (T/SI) 581, 585, 589
Die Jagd nach dem Wind (Caccia al vento) (NE) ♦ 546f.
Die Kinder von Tschernobyl (L/TH) ♦ 228
Die Konferenz der Tiere (SI) ♦ 570
Die Koordinations-Kommission (Koordinatsionnaja komissija) (T/SI) 581, 585, 589
Die Ökolis (B) 151, 356
Die Siedler (C) 320
Die Verpackungsgesellschaft – Ideen für ein Puppenspiel (PT) ♦ 201
Die Wiese mit allen Sinnen erleben (NE) ♦ 252f.
Dieses Bild gefällt mir sehr (S) ♦ 480
Domino (S) ♦ 510
Doppelbilder der Natur (K/NE) ♦ 438f.
Dosen-Objekt (K) 595
Drachen (K/NE) ♦ 439f.
Drucken mit Naturmaterialien (K/S) ♦ 410
Duck-man, ein öko-logisches Spiel (un gioco eco-logico) (C/SI) ♦ 547f.
Duftbaum (NE/S) ♦ 509
Duftcocktail (NE/S) ♦ 507

639

E

Ein leises Lied (L) ♦ 226f.
Einem Baum begegnen (NE) ♦ 268f.
Emil räumt auf (B) 154
Ene mene ... Müll (B) 116, 154
Entwicklungspolitische Spiele
- Auf dem Holzweg (P/R) 522
- Bafa Bafa (R) 522
- Bar Baranta (B) 522
- Bisipara (R) 522
- Das Kaffeespiel (R) 522
- Das Perlen-Spiel (P/R) 522
- Das Spiel der Großen im Kleinen (P) 522
- Das Spiel mit den Rohstoffen (KA) 522
- Das Trichterspiel (B) 522
- Das Welthungerspiel (P/R) 522
- Die Schuldenfalle (S) 522
- Ein Indio darf den Tag nicht verschlafen (B) 522
- Einkaufsspiel (P) 522
- Entscheide Dich (B) ♦ 522f., 527f.
- Fünf Cruzeiros (B) 522
- Für wen 5000? (R) 522
- Jambo Afrika! (B/KA) 522
- Kakao-Spiel (B) 522
- Kontaktaufnahme Nord/Süd (B) 522
- Limit 20 (R) 522
- Manomiya (R) 522
- Memo Mondo (KA) 522
- Schatten in Solaria (S) 522
- Schwarz/Weiß (P/R) 522
- Shamba Letu (B) 522
- Überleben in Katonida (P/R) ♦ 371, 522
- Wen macht die Banane krumm? (P/R) 522
Erdfenster (NE) ♦ 370
Erfahren von Stille (NE) 408, 412f.
Erfinde ein Tier! (NE/K) ♦ 562f.
Eulen und Krähen (NE) ♦ 269f.
Ex und stop statt ex und hopp (B) 495

F

Fahrradrallye (NE/S) ♦ 444, 455f.
Fahrradsong (L) 224f.
Fall' nicht ♦ 465f.
Fang Dir den Regenbogen (NE) ♦ 270
Fantasiereise durch das Ohr (S) ♦ 371
Farbpalette (NE/S) ♦ 506f.
Feste, Jungs (L) ♦ 226f.
Fire in the Forest (SI) 580, 582
Fish Banks, Ltd. (C/SI) 581, 584, 586, 588f.

Floßbau (NE/K) 288
Forumtheater (TH) ♦ 207, 210, 216f.
Foto klick (NE) ♦ 505f., 509
Frankfurter Umweltspiel (B) 152
Frottagen (NE/K) 408
Fünf vor zwölf (B) 154
Fundstücke wiedererkennen (NE) ♦ 271

G

Geographisches Mosaik (Geografitcheskaja mosaika) (T/SI) 580f., 589
Geräuschkärtchen (NE/S) 370
Geschichten aus der Papiertüte (NE/S) ♦ 567f.
Gipsmasken mit Naturmaterialien (K) ♦ 408ff.
Grabbelsack (NE) 411
Greenworld (B/T/S) 537

H

Hände begreifen (NE) 405
Hausmaus und Feldmaus (B/K) ♦ 357ff.
Heißluftballon (K/NE) ♦ 440
Holz (S/K) ♦ 345f.
Hüttenbau und Sammelspaß (K/NE) ♦ 467

I

Ich und du, Müllers Kuh (L) 223
Ideen muß man haben (T/KA/S) 399, 494f.
Igel, Frosch und Maus ... Wer ist wo zu Haus? (B) 151
Im Wald auf der Suche nach Spuren (Nel bosco a caccia di tracce) (R/S) ♦ 543ff.
Im Zauberwald (S/K/NE) ♦ 359f.
Immer am Band lang! (SO/NE) ♦ 426
In der Stille hören (NE) ♦ 370
In unserem Wald, da haben sie gehaust (L) 224

J

Jagender Uhu (NE) ♦ 271f.
Joghurtmemory (M) ♦ 510

K

Karutatori-Spiele (S) 597
Kennst Du den Baum? (T/S/M) 150f.
Kindergartenkoffer (S) ♦ 533f.
- Thema Lärm: Fladder auf Reise 533f.
- Thema Wärme: Auf Reise 534
Klangwald (NE/S) 412
Kläranlagen (K/NE) ♦ 341f.

Komm mit zur Quelle (S/L) ♦ 370
Kompost-Angelspiel ♦ 487f.
Kompost-Memory (M/T) 496
Korkstöpselrennen am Wasser (K/NE) ♦ 507f.
Körperpyramide (NE/S) ♦ 283f.
Kybernetien – das Parlament entscheidet (P/R) ♦ 160, 164ff., 172ff.

L

Landschaftsspiel (SI/R) 537
Laute kartieren (NE/S) ♦ 405ff., 419
Li-La-Laune-Bär's Natur- und Umweltspiel (B) 151
Lieber Gott, laß uns erhalten (L) ♦ 226f.
Lied vom kranken Feldmäuschen (L) 224f.
Luchsjagd (NE) ♦ 435f.

M

Macht die Bäume wieder grün (B) 151f., 155
Malen mit Erdfarben (K/S) ♦ 410
Martin die Maus (S) ♦ 534f.
– Mäuseplage 534f.
Mäxchens Umwelt-Quiz (B) 152
Mein Einkaufskorb (L) 224
Mein erstes Biotop-Lotto (T/S/M) 150
Mein erstes Naturspiel (T/S/M) 150f., 355
Mini-Klärwerk (K/NE) ♦ 245
Mini-Landschaftsbild (K/NE) ♦ 470
Müll (SI/K) ♦ 384f.
Müllmemory – Ein Spiel zur Abfallvermeidung (M) 496
Müllopoly (T) ♦ 385

N

Nachtwanderung (NE) ♦ 413f., 419, 435
Natur als Malerin (K/S/NE) ♦ 372
Natur fühlen (SO/NE) ♦ 427
Nature Game (NE) 598
Nature-Art (K/NE) ♦ 436f.
Naturerlebnispfad (NE) 405
Naturfarbpalette (K/NE) ♦ 257, 408
Naturgestalten (K/NE) ♦ 438
Naturklänge (SO/NE) ♦ 427
Naturmasken (K/NE) ♦ 438
Naturspielecken (S) ♦ 343f.
Naturwand (K) ♦ 439
Netz knüpfen (NE/S) ♦ 353
Neubauwohnungen in Stadtwaldnähe (R/P/S) ♦ 380f.
Noch ist Zeit (L) 224

O

Öko (B) 156
Öko-Detektiv (B) 153f.
Öko-Rallye (NE/S) ♦ 442, 455f., 459
Ökologie in der Philologie (Ekologija i filologija) (T/SI) 580f., 589
ökologische Landschaftsbewertung (NE/S) ♦ 414–418
Ökologisches Konstruktionsspiel (Ekologitscheskij konstruktor) (T/SI) 580f., 589
Ökolopoly (B/C) 70, 116, 156, 161ff., 381, 399, 441, 586f.
Ökomemory (NE/M) ♦ 370, 506
Ozon (Oson) (C/SI) 581, 589

P

Papierherstellung (K) ♦ 342f.
Pflanzen bestimmen rückwärts (NE/S) ♦ 353f.
Pflanzen- und Tiereraten (NE/S) ♦ 246, 256
Phantasie-Wiesenblumen (K/NE) ♦ 256f.
Piri und Marama (R/S) ♦ 562, 568f.
Plastikbecher wachsen nicht auf Bäumen (PT) 201
Pollution Control (SI) 577, 587
Postkartenherstellung (K) ♦ 594f.
President (SI) 580, 588

Q

Quodo (L/TH) ♦ 228-232

R

Rate mal! (A, nu – ka dogadaisja) (T/SI) 581f., 589
RD-Strat (Raistrad, Strategie der regionalen Entwicklung) (T/SI) 581f., 589
Regentropfenspiel (SI/NE/S) ♦ 408f., 412
Rettet den Regenwald (B) 155
Rettet die Wale (B) 155
Rettet unsere Erde! (B) 155

S

Sag' mir, was das ist (NE/S) ♦ 467
Sauerbaum (B) ♦ 148f., 153, 387, 441, 451, 454
Schlaufuchs und Stachelhaut (B) 153, 356
Schützt unsere Erde (B) 155
Schützt unseren Teich! (B) 153, 155, 355f.
Schweizer Umweltspiele
 – Abfall-Rallye (B) 520
 – Alpina (P/R) ♦ 517, 520, 523

- ALU 1 (P/R)   520
- Bärenarten-Memory (M/S)   520
- BigBatGame (B)   520
- bolo'bolo (B)   520
- Buurejahr (B) ♦ 451, 453, 459, 520, 523f.
- Das Ess-Spiel (B)   520
- Das große Mobilitätsspiel oder: Wer braucht die N4 im Säuliamt? (B) ♦ 520, 523f.
- Das kleine Energiespar-Spiel (B)   520
- Das Naturgartenspiel (B)   520
- Das Umweltspiel (B) ♦ 520, 523f.
- Der Blauwal (B)   520
- Einkaufsspiel (S) ♦ 520, 523ff.
- Energiespar-Spiel (B)   520
- Energiespar-Spiel (KA)   520
- Fruchtfolgespiel (B) ♦ 520, 523, 525
- GIB-GAP (B) ♦ 520, 523, 525
- Gifthaus (B)   520
- Güselmax (KA) ♦ 520, 523, 525f.
- Haltet die Schweiz sauber (B)   518, 520
- Läbesstilspiel (B)   520
- Le Grand Zoo. Das große Tierspiel (W)   521
- Lebensraum Bach (KA) ♦ 520, 523, 526
- Lebensraum Stadt (KA) ♦ 520, 523, 526
- Lebensraum Wald (KA) ♦ 520, 523, 526
- Lebensraum Weiher (KA) ♦ 520, 523, 526
- MonDopoly (B)   521
- Nord/Süd (KA)   521
- Obstsorten-Quartett (KA)   521
- Parkzeit läuft (P/R)   521
- Quartett der Bäume (KA)   521
- SanoPoli (B) ♦ 521, 523, 526
- Schweizer Nutzholz-Quartett (KA)   521
- SoftDump (C)   521, 525
- Spiel um die Aufgaben des Waldes (B)   521
- Stop der Abfall-Lawine (B)   521
- SuperBag (C) ♦ 521, 523, 526f.
- Teichspiel (B)   521
- Territory (Raumplanungsspiel) (B)   521
- Treppauf – Treppab (B)   521
- tri d'or (B) ♦ 521, 523, 527
- Umzonung in Oberwil (P/R)   521
- Waldtierspiel (B)   521
- Weltklimakonferenz (R)   521
- Wer die Wahl hat ... (R)   521
- Wer war's? (KA) ♦ 521, 523, 527
- Wild Life (B)   518, 521
- Zu Besuch bei Go-On (B)   521
- Zugvögel kennen keine Grenzen (B)   521

Seetang-Ziehen (NE/S) ♦ 249
Seilblindgang (NE) ♦ 284f.
SimAnt (C) ♦ 322–326
Sinnesspiele (NE)   457, 459, 543
- Fühlen ♦ 252f., 362, 427, 457f.
- Hören ♦ 252f., 362, 410, 458
- Riechen ♦ 252f., 410f., 458
- Schmecken ♦ 410f., 510
- Sehen ♦ 252f.
- Tasten ♦ 252f., 410f., 457f.

Sorry, Lady (L) ♦ 226f.
Soviel gibt es in der Stadt (S/NE) ♦ 468
Spielplatz (S) ♦ 290-317
Spinnennetz (NE/S) ♦ 284
Stadtrallye (S/NE) ♦ 469f.
Steine (S/K) ♦ 345
STRATEGEM-1 (C/SI)   580f., 588f.
STRATEGEM-2 (C/SI)   588
Suchspiel (NE) ♦ 405f., 408, 419
Sumja, die Honigbiene (B) ♦ 369

T

Tannenzapfen-Spiel (NE/S) ♦ 566
Tannenzapfenkorbball (NE/S) ♦ 508
Tarnung und Warnung (NE) ♦ 372
Tastkiste (NE/S)   411
Tastparcours (NE/S)   509
Taucher (K/NE) ♦ 244
The Commons Game (SI)   588
The Town of Riverbend (SI/C/S) ♦ 572
Tiere entdecken (L)   223
Tiere in Gefahr (B)   150
Tieren auf der Spur (B)   151
Tierpantomime (TH)   411
Tongebilde und -skulpturen (K/NE) ♦ 441
Traumspiel (NE/S)   412
Tropfsteinhöhle (SI/NE/S) ♦ 412f.
Turmspiel (K/P) ♦ 380, 382f.

U

Über sieben Steine (B) ♦ 550
Umwelt und Gesundheit (S)   537
Umweltdetektive (NE/S) ♦ 468
Umweltdiskussionsspiel (milieu discussie-spel) (S)   536f.
Umwelt-Karuta (KA/S)   597
Umwelt-Memory (M) ♦ 154, 451, 455, 459
Umweltquartett: Spiel mit, lern mit, hilf mit! (KA) ♦ 550
un livido giorno di pioggia (P)   549

Unser Wasserwettlauf (B/S) 399
Unsichtbares Theater (TH) ♦ 204–218
Unterwasserlupe (K/NE) ♦ 243f.

V

Veränderung (NE/S) ♦ 566f.
Verstehen – Entdecken (NE) ♦ 352f.
Vertigo (B) ♦ 156, 158, 451f., 459
Vogel-Karuta (KA) 597
Vogelspiel (KA) ♦ 596f.

W

Waldesfrust (B) ♦ 451, 454
Waldkamera (NE) ♦ 273f.
Waldlabyrinth (NE) ♦ 274f.
Waldpantomime (NE) ♦ 275f.
Waldschatz raten (NE) ♦ 276
Waldspiel (NE/S) ♦ 359, 360–363
Wandbilderstellung (SO/NE) ♦ 427f.
Was duftet denn da? (NE) 411
Was für ein Tier bin ich? (TH) 411
Was hab' ich da? (NE) ♦ 470
Was ist falsch? (SO/NE) ♦ 426
Was kann man daraus machen? (K/NE) ♦ 568
Was weißt Du über Deine Umwelt? (B) 152
Wassereierwerfen (NE/S) ♦ 248
Wasserleitungen (K/NE) ♦ 246
Wassermännchen (K/NE) ♦ 245
Wasserorchester (K/NE) ♦ 248
Wasserrad (K/NE) ♦ 244

Wassertransport (NE/S) ♦ 249
Wattenmeerpuzzle (S) 536f.
Weltenlaube (K/NE) ♦ 311–316
Wer bin ich wohl? (NE/S) ♦ 567
Wer ist schuld am Tod von »Cock Robin«? (SI/S) ♦ 571f.
Wer überlebt am Blauen Meer? (SI) ♦ 383f.
Wie hat sich alles verändert? (Öko-Memory) (NE/M) ♦ 434f.
Wie Tiere groß werden (T/S/M) 151
Wieviel Bären können in diesem Wald leben? (NE/S) ♦ 564f.
Wilde Wiese (B) 152f.
Wildkräuterquartett (KA) 536f.
Wir bauen uns ein Sperrmüllhaus (L) 224
Wir finden den Waldschatz (NE) ♦ 277
Wir gehen durch den Wald (Mi idjom po ljesu) (T) 581f., 589
Wir lernen die vom Aussterben bedrohten Vögel kennen (Po sljedam istschesajuschih ptiz) (T) 582, 589
Wir pflügen und wir streuen – Musik zum Erntedank (L) ♦ 228
Wo bist du? (NE/S) ♦ 466f.
Woher kommt mein Essen? (T/S/M) 151
WORLD 3-91 (C/S) ♦ 373

Z

Zoogeographie (Zoogeografija) (T/SI) 581, 589

Fotonachweis

C. Borchert, S. 128; D. Bruns, S. 176, 177, 181; H. Hermsen, S. 213; P. Hohenauer, S. 106, 133, 290, 293, 295, 296, 304, 309, 312, 313, 314, 315, 335, 599; J. Köhnen, S. 341; R. Möcklinghoff, S. 346; M. Nicolai, S. 283, 285, 286; I. Ohtaka, S. 595, 596, 597; P. Reineking, S. 188, 192; U. Severin, S. 178; R. Strätz, S. 347; J. Wessel, S. 9, 15, 33, 241, 242, 497.

Hartmut Breß

Erlebnispädagogik und ökologische Bildung

Förderung ökologischen Bewußtseins durch Outward Bound

Band 3 Schriftenreihe erleben & lernen

L Luchterhand

Hartmut Breß
Erlebnispädagogik und ökologische Bildung
(Schriftenreihe: erleben und lernen Band 3)

*1994, 292 Seiten, kartoniert,
DM 48,–/öS 370,–/sFR 45,80*
ISBN 3-472-01934-4

Ökologische Bildung wird angesichts der sich verschärfenden Umweltprobleme zu einem zentralen Gegenstand unterschiedlicher Bildungs- und Erziehungskonzepte.

Das auf Kurt Hahn zurückgehende erlebnispädagogische Konzept wird auf seine didaktisch-methodische Umsetzbarkeit im Bereich ökologischer Bildung untersucht. Mittelpunkt dieses modernen Ansatzes ist es, die Natur als wichtigstes Medium zu nutzen, ökologisches Handeln zu praktizieren, die Umwelt unmittelbar physisch und psychisch zu erfahren. Durch **konkret erlebbare** Expeditionen und Aktivitäten in der Natur, wie Skilaufen, Wandern, Klettern, Segeln kann ökologisches Bewußtsein gefördert, können die vielfältigen Wechselwirkungen und Rückkopplungen ökologischer Systeme unmittelbar erfaßt werden.

Der Autor stellt dieses Konzept den unterschiedlichen Ansätzen ökologischer Bildung wie der »Umwelterziehung«, dem »ökologischen Lernen« und der »Ökopädagogik« gegenüber, die mit konventionellen Methoden wie Unterricht, Sozialisation und Reflexion versuchen, ökologisches Bewußtsein zu entwickeln.

L Luchterhand Verlag
Postfach 2352
56513 Neuwied

Bezug über den Fachhandel
oder direkt beim Verlag.